JN412100

회사법

김건식 · 노혁준 · 천경훈

박영사

제10판 머리말

회사법에 대한 정치적, 사회적 관심이 이렇게 높았던 때가 있었나 싶다. 2025년 한해 여러 드라마틱한 이슈가 많았지만, 그 중 세계적으로 관심을 모은 것은 한국 증권시장의 활황이었다. '박스피'라는 달갑지 않은 별명에서 탈출한 코스피(KOSPI)는 2025년 세계 최고의 상승률을 기록했다. 많은 이유들이 제시되지만 그 중 몇 손가락 안에 꼽히는 것이 이른바 상법 개정, 더 정확히 말하면 2025년 두 차례에 걸쳐 이루어진 회사법 개정이다. 7월의 1차 개정으로 이른바 이사의 주주에 관한 충실의무가 명시되었고, 상장회사에 전자주주총회가 도입되었으며, 감사위원회 위원 선임 시 소위 합산 3%룰을 확대적용하게 되었다. 9월의 2차 개정으로 대규모상장회사에서 집중투표가 의무화되었고, 분리선출해야 하는 감사위원 숫자가 최소 2인으로 확대되었다. 회사법 개정과 주가상승이 관련되어 있다면, 이는 정부 및 국회가 소액투자자의 권익에 관심을 갖고 있다는 신호가 자본시장에 충분히 전달된 결과로 볼 수 있다. 당장 상장회사 이사회에서 중요한 결정을 할 때 이사들이 소액주주들을 의식하고 사후적 책임에 부담을 느끼게 된 것은 개정 회사법의 긍정적 효과라 할 수 있다. 다만 충실의무 등 개정 회사법 조문의 추상성, 집중투표 · 합산 3%룰 · 분리선출이 동시다발적으로 적용될 때의 부작용 등에 대하여는 논란의 여지가 남아 있다. 이 책이 이러한 혼선의 정리에 조금이나마 길라잡이가 되기를 바라는 마음뿐이다.

2025년 한해 회사법 개정과 더불어 자본시장법령 등 관련 법령도 꽤 바뀐 것이 있고, 다양한 회사법 판례 및 훌륭한 회사법 논문들이 나왔다. 특히 해가 갈수록 회사법 판례들이 그 폭과 깊이에서 넓어지고 깊어지는 것을 실감하게 된다. 이 역시 역동적이고 탄력적인 회사법리의 특성을 반영하는 것이 아닌가 싶다. 이번 개정에서 각 장별로 추가, 수정된 주요부분을 정리하면 다음과 같다.

제3장(주식과 주주): 주식의 준공유

제4장(주식회사의 기관): 상호보유주식, 의결권 계약, 전자주주총회, 이사의 선임, 이사의 의무, 대표소송, 감사위원회 구성

제6장(주식회사의 재무): 특정목적 자기주식 취득, 주식소각, 전환사채 및 교환사채

제7장(기업구조 개편): 영업양도, 합병무효와 가처분
제8장(기타의 중요한 변경): 감자

이번 개정으로 본서는 제10판에 이르게 되었다. 어느 책이든 열 번째 판의 출간은 나름 기념할 일이다. 전문서적으로 자리잡고 나름의 틀도 갖추었다는 뜻일 터이니. 공저자로 참여할 당시만 하더라도 판을 거듭할수록 개정 사항도 줄고 수정작업도 간단히 마무리될 것이라고 생각했었다. 하지만 이번에도 회사법 개정 등 영향으로 공저자들 모두 적지 않은 시간을 투입하였다. 독자분들 읽기에 너무 과하지도 어렵지도 않은 서술을 목표로 하지만, 짧으면서도 이해가 쉬운 서술이란 쉽지 않음을 절감한다. 그래도 가급적 분량을 크게 늘리지는 않으려 노력 중이다. 다만 올해에도 다양한 업데이트 수요가 기다리고 있어 향후 그 바람을 지킬 수 있을지는 확실하지 않다. 사족을 붙이자면 근간 자기주식 의무소각 등을 포함한 회사법 개정이 이루어질 가능성이 높아 보이나, 더 이상 미룰 수 없어 일단 2026년 1월말 법령을 기준으로 출간하기에 이르렀다.

감사할 분들이 많다. 공저자분들은 말할 것 없고, 학계와 실무계의 선후배분들은 필자가 의지할 단단한 버팀목이다. 이모저모 피드백과 인풋을 제공하는 대학원 및 로스쿨 학생들에도 고마움을 표하고 싶다. 마지막으로 연이은 개정 작업을 흔쾌히 진행해주시는 박영사 안종만 회장님, 조성호 이사님, 김선민 이사님께도 감사의 마음을 전한다.

2026년 2월

공저자를 대표하여

노 혁 준

머리말

이 책은 저자가 이제까지 회사법을 연구하고 강의하면서 정리한 자료를 토대로 집필한 것이다. 교과서라고 부르기는 너무 길고 체계서라고 하기는 전체를 아우르는 '체계'가 튼실하지 못하니 그저 회사법에 관심 있는 독자를 위한 참고서라고 하는 편이 나을 것 같다.

저자가 처음 회사법에 입문한 1970년대에 비하면 회사법은 국내외적으로 그야말로 상전벽해(桑田碧海)와 같은 변화를 겪었다. 특히 우리 회사법은 1997년 외환위기를 계기로 이론과 실무 양쪽에서 눈부신 성취를 이뤄냈다. 2000년대에 들어서는 회사법 관련 거래와 분쟁이 급속히 늘어남과 동시에 고도화되고 있다. 그 결과 회사법에 관한 연구도 질적, 양적으로 괄목할 만한 진전을 보이고 있다. 이 같은 회사법분야의 성숙은 우리 기업과 경제의 역동적인 움직임에 힘입은 바 크다. 이제 국제적으로 논의되는 회사법적 현상치고 우리 경제계에서 찾아볼 수 없는 것은 거의 없다고 해도 과언이 아니다. 변명 섞어 말하자면 이런 변화의 물결 속에서 우리 회사법의 전체상을 그리는 것은 쉬운 일이 아니다. 더욱이 짧은 기간 내에 대규모 개정을 거듭하는 과정에서 생겨난 입법적 결함과 아울러 과거와 현재의 공존에서 비롯된 충돌과 모순을 정합적인 논리로 풀어내는 것은 애초부터 무망한 일인지도 모른다. 이 책을 준비하면서 저자는 끊임없이 크고 작은 의문과 마주쳤고 새삼 천학(淺學)의 한계를 절감하였다.

이 책을 쓰면서 저자가 염두에 둔 것은 다음 세 가지이다.

첫째, 회사법 실무에 종사하는 법률가에게 유용한 정보를 제공하는 것을 목표로 삼았다. 실무상 의미 있는 사항은 가급적 짧게라도 빠짐없이 언급하되 주요 논점과 판례에 대해서는 보다 집중적으로 검토하고자 했다.

둘째, 학설과 판례를 평면적으로 서술하는 것에 머물지 않고 적어도 회사법의 경혈(經穴)에 해당하는 사항의 경우에는 이론적인 관점에서, 특히 기능적인 관점에서, 조명함으로써 독자의 심층적인 이해를 돕고자 노력했다.

셋째, 회사법 법리의 세부요소를 꼼꼼히 따져보는 것에 만족하지 않고 우리 기업지배구조의 현황에 관한 정보를 전달하려고 시도했다. 우리 기업의 현실과 회사법적 과제를 충분히 인식하지 못한 상태에서 그 과제를 해결하는 수단에 불과한 회사법의 개별 법리에 대한 공부를 시작하는 것은 자칫 맹목이나 공론에 빠지기 십상이기 때문이다.

저자의 이런 야심찬 의도가 과연 얼마나 실현되었는지는 잘 모르겠다. 미진한 구석은 앞으로 꾸준히 보완해나갈 요량이다. 문헌인용과 관련해서도 양해를 구하고 싶다. 평소는 물론이고 이 책을 쓰면서도 선배·동학의 선행연구로부터 배운 바가 적지 않았다. 그러나 교과서와 논문이 워낙 많고 또 저자가 게으르다보니 솔직히 참고한 것보다는 아쉽게도 참고하지 못한 것이 훨씬 더 많았다. 게다가 인용한 문헌의 선택도 특별한 기준에 따른 것이기보다는 우연에 따른 경우가 대부분이다. 본격적인 연구서가 아니라 문헌인용은 제한할 수밖에 없겠지만 이 부분도 앞으로 차츰 보완해나갈 것을 다짐한다.

이 책을 쓰면서도 많은 분의 도움을 받았다. 먼저 초고단계에서 김&장 법률사무소의 고창현, 김혜성, 김지평, 박권의, 윤태한 다섯 분 변호사님과 박재홍 위원님이 유익한 지적을 해주셨다. 문헌인용과 교정과 관련해서는 서울대 로스쿨에서 저자의 지도를 받고 졸업한 고정표 군과 전예라 양의 도움이 컸다. 특히 고군은 지난 1년간 여러 면에서 저자의 잡무를 덜어주었다. 또한 저자가 관여하는 법률전문저널인 BFL의 편집위원들도 정보와 자료 등 여러 면에서 도움을 주셨다. 이 분들께 이 자리를 빌려 다시 한번 감사의 뜻을 표한다. 한편 정년이 얼마 남지 않은 상태에서 제법 두툼한 책을 내다보니 새삼 학부시절 회사법을 가르쳐주신 고 정희철 선생님을 비롯한 옛 은사의 기억이 떠오른다. 특히 여러모로 부족한 저자가 과분하게도 모교에서 일생을 보낼 수 있도록 허락해주신 최기원, 양승규, 송상현 선생님께는 나이가 들어갈수록 감사의 마음이 절실해지고 있다. 끝으로 박영사 안종만 회장님과 편집을 맡아주신 김선민 부장님, 그리고 항상 웃음을 잃지 않고 대해주시는 조성호 이사님께 감사드리는 바이다.

2014년 12월 21일

김 건 식

목차 요약

제 1 장 총 설

제 2 장 주식회사의 설립

제 3 장 주식과 주주

제 4 장 주식회사의 기관

제 5 장 주식회사의 회계

제 6 장 주식회사의 재무

제 7 장 기업구조개편

제 8 장 기타의 중요한 변경

제 9 장 기타의 기업형태

목 차

제1장 총 설

제 2 장 주식회사의 설립

제 3 장 주식과 주주

제 4 장 주식회사의 기관

제 5 장 주식회사의 회계

제 6 장　주식회사의 재무

제 7 장 기업구조개편

제 8 장 기타의 중요한 변경

제 9 장　기타의 기업형태

법령약어표

[공등(令)]	공사채 등록법(동 시행령)
[공정거래(令)]	독점규제 및 공정거래에 관한 법률(동 시행령)
[구상]	개정 전 상법
[국세]	국세기본법
[금산]	금융산업의 구조개선에 관한 법률
[금융지배(令)]	금융회사의 지배구조에 관한 법률(동 시행령)
[금융지주]	금융지주회사법
[단사]	전자단기사채등의 발행 및 유통에 관한 법률
[도산]	채무자 회생 및 파산에 관한 법률
[獨株]	독일 주식법
[민]	민법
[민소]	민사소송법
[민집]	민사집행법
[발행공시규정]	증권의 발행 및 공시 등에 관한 규정(금융위원회)
[법세(令)]	법인세법(동 시행령)
[부정경쟁방지]	부정경쟁방지 및 영업비밀보호에 관한 법률
[비송]	비송사건절차법
[상등]	상업등기법
[상등규]	상업등기규칙
[상증(令)]	상속세 및 증여세법(동 시행령)
[소세]	소득세법
[신탁]	신탁법
[令]	상법 시행령
[외감(令)]	주식회사 등의 외부감사에 관한 법률(동 시행령)
[은행]	은행법
[日會]	일본 회사법
[자시(令)(규칙)]	자본시장과 금융투자업에 관한 법률(동 시행령, 시행규칙)
[전등]	주식·사채등의 전자등록에 관한 법률
[조특(令)]	조세특례제한법(동 시행령)
[형]	형법

※ 괄호 속에 단지 숫자만 기재한 것은 **상법**의 조문을 가리킨다. 다만 앞의 본문에서 법령명이 표시된 경우에는 그 법령의 조문을 가리킨다.

참고문헌 약어표

[국내서]	[약칭]
권기범, 현대회사법론 (제6판), 삼영사, 2015	권기범6
권재열 · 노혁준 · 양기진 · 이재호, 국제회계기준에 부합하는 상법, 회계제도 정비를 위한 개선연구, 법무부 연구용역 보고서, 2011	권재열 외, 보고서
김건식, 회사법연구 Ⅰ, Ⅱ, 소화, 2011, 회사법연구 Ⅲ, 박영사, 2021	연구Ⅰ, Ⅱ, Ⅲ
김건식 · 노혁준 · 박준 · 송옥렬 · 안수현 · 윤영신 · 천경훈 · 최문희 옮김, 회사법의 해부, 소화, 2014 (Reinier Kraakman, The Anatomy of Corporate Law [2nd ed], Oxford University Press, 2009)	해부
김건식 · 정순섭, 자본시장법 (제3판), 두성사, 2013	김/정3
김정호, 회사법 (제5판), 법문사, 2019	김정호5
김홍기, 상법강의 (제4판), 박영사, 2019	김홍기4
석광현, 국제사법해설, 박영사, 2013	석광현
송옥렬, 상법강의 (제9판), 홍문사, 2019	송옥렬9
오성근, 회사법, 박영사, 2019	오성근1
이기수 · 최병규, 회사법 (제11판), 박영사, 2019	이/최11
이창희, 세법강의 (제20판), 박영사, 2022	이창희20
이철송, 회사법강의 (제30판), 박영사, 2022	이철송30
임재연, 회사법Ⅰ, Ⅱ (개정6판), 박영사, 2019	임재연6Ⅰ, Ⅱ
장덕조, 회사법 (제3판), 법문사, 2017	장덕조3
정동윤, 상법(상) (제6판), 법문사, 2012	정동윤6
정찬형, 상법강의(상) (제22판), 박영사, 2019	정찬형22
최기원, 신회사법론 (제14대정판), 박영사, 2012	최기원14
최준선, 회사법 (제14판), 삼영사, 2019	최준선14
홍복기 · 박세화, 회사법강의 (제7판), 2019	홍/박7
한국상사법학회(편), 주식회사법대계Ⅰ, Ⅱ, Ⅲ(제3판), 2019	대계3Ⅰ, Ⅱ, Ⅲ
한국예탁결제원, 증권예탁결제제도 (전정3판), 박영사, 2014	예탁결제

[외국서]	[약칭]
江頭憲治郎, 株式会社法 (第8版), 有斐閣, 2021	江頭8
江頭憲治郎, 株式会社 · 有限会社法 (第4版), 有斐閣, 2005	江頭(구)
田中亘, 会社法 (第3版), 東京大学出版会, 2021	田中(3)
新版 注釋會社法, 有斐閣	日注會
Uwe Hüffer, Akiengesetz (11. Auflage), 2014	Hüffer11

제 1 장
총 설

제 1 절

기업과 회사

Ⅰ. 기　　업

1. 기업의 의의

인간의 생존에는 다양한 재화(또는 서비스)가 필요하다. 인류문명의 진보에 따라 인간이 원하는 재화는 종류와 규모 면에서 모두 증가 일로를 걷고 있다. 재화의 자급자족이 어려워지면서 자연히 생산이나 유통을 전문으로 영위하는 기업이 등장하였다. 회사는 이러한 기업의 대표적인 형태이다. 기업은 크게 **공기업**과 **사기업**으로 나눌 수 있다.

공기업과 사기업

공기업과 사기업의 분류기준에 대해서는 아직 정설이 없는 것으로 보인다.[1] 일상의 용례에 의하면 경영주체가 누구냐에 따라 국가나 공공단체가 운영하는 경우를 공기업으로, 그리고 사인(私人)이 운영하는 경우를 사기업으로 보는 것이 보통이다. 이런 의미의 공기업은 다양한 형태의 기업을 포함한다. 과거에는 정부부처의 일부로 운영되는 경우도 적지 않았으나(예: 전매청, 철도청 등) 시간이 흐름에 따라 특별법에 따른 특수법인의 형태로 전환되었다(예: 한국전력공사, 한국가스공사 등). 최근에는 공기업이면서도 상법상 주식회사 형태를 취하는 경우가 많다(예: 한국수력원자력주식회사, 한국중부발전주식회사 등).

개별 공기업에 대해서는 많은 경우 특별법이 존재한다. 일부 특별법은 상법 주식회사편의 규정을 준용하기도 한다.[2] 한편 「공공기관의 운영에 관한 법률」은 정부지원액이 총수입액의 50%를 초과하는 기관, 정부가 지분의 50% 이상을 보유하거나 30% 이상을 보유하며 사실상 지배력을 확보하고 있는 기관 등을 공공기관으로 지정할 수 있도록 하고(공공기관의 운영에 관한 법률 4(1)) 그와 같이 지정된 공공기관(이는 공기업과 준정부기관으로 구분됨)에 대하여는 상법과 달리 특별한 규제를 가하고 있다. 또한 인천국제공항공사와 같이 국민경제에 중요한 영향을 미치는 일부 공기업에 대해서는 「공기업경영구조개선 및 민영화에 관한 법률」이 적용된다.[3]

---

1) 상세한 것은 김동희, 행정법 Ⅱ(제23판), 박영사(2017), 297~305면.
2) 예컨대 한국가스공사법 제18조 제3항; 한국도로공사법 제19조.
3) 공기업의 지배구조와 조직형태에 관하여는, 천경훈, "공기업 지배구조의 법적 문제: 공공기관운영법의 법리, 현실, 문제점", 경제규제와 법 8-2(2015), 7~34면 참조.

민영화와 국유화

자본주의 경제를 표방하는 국가에서는 사기업의 비중과 역할이 두드러지게 마련이다. 그러나 세계 어느 곳에서도 경제활동을 사기업에만 의존하는 나라는 없다. 국민경제에 불가결한 경제활동 중에서 사기업에 맡기기 적합하지 않은 분야는 공기업이 맡고 있다. 그러나 구체적으로 어느 분야가 공기업에 적합하고 어느 분야가 사기업에 적합한지를 구분하는 것이 반드시 쉬운 일은 아니다. 결국 공기업과 사기업의 구체적인 역할분담은 특정 국가, 특정 시대를 지배하는 정치 내지 경제이념에 달려있다. 그것은 보다 순수한 시장경제를 추구하는 정권이 들어선 나라에서 공기업의 민영화가, 반대로 사회주의적 정당이 집권한 나라에서 국유화가 추진되는 것을 보아도 알 수 있다.

2. 개인기업과 공동기업

사기업은 다시 개인기업과 공동기업으로 나눌 수 있다. **개인기업**이란 기업활동에서 발생하는 권리와 의무가 한 명의 자연인, 즉 기업주에게 귀속되는 가장 단순한 기업형태를 말한다. 개인기업의 경우 투자, 경영 등 기업의 모든 사항을 기업주 개인이 최종적으로 결정한다. 소유와 경영이 기업주 개인에 집중되어 있기 때문에 투자자와 경영자 사이의 이익충돌(이른바 대리문제(agency problem))은 발생할 여지가 없다.

개인기업이라고 해서 반드시 규모가 작은 것은 아니다. 개인기업도 외부차입으로 자금을 조달하고 종업원을 다수 고용하는 경우에는 상당한 규모에 달할 수 있다. 그러나 사업위험을 기업주가 전적으로 부담할 뿐 아니라 아무래도 자금조달이나 인재확보 면에서 불리하기 때문에 소규모에 머무는 경우가 많다. 반면에 흔히 동업이라 불리는 **공동기업**은 기업활동의 비용과 성과를 다수의 동업자가 나누는 기업형태이다. 여러 사람이 힘을 합치기 때문에 경영할 수 있는 기업의 규모도 크지만 동업자 사이에 갈등이 발생할 소지도 크다.

기업의 범위

기업이 재화를 생산하는 등의 경제활동을 기업조직 내부에서 수행할 것인가(자체조달) 아니면 기업조직 외부의 시장에서 계약을 통해서 조달할 것인가(이른바 외주(外注: outsourcing))는 기업조직의 테두리를 정하는 중요한 결정이다. 외주에 소요되는 거래비용이 과도한 경우에는 기업조직 내부에서 직접 수행하는 것이 효율적이다. 반대로 거래비용이 그다지 크지 않다면 기업이 핵심역량에 속하지 않는 경제활동은 모두 외주에 의존하는 것이 보다 효율적일 수 있다.[1)]

1) 노벨경제학상을 수상한 코즈(Ronald Coase)가 1937년 발표한 유명한 논문에서 설파한 것이다. Coase, The Nature of the Firm, 4 Economica 386 (1937).

Ⅱ. 공동기업

1. 공동기업의 다양한 형태

일반적으로 기업은 재화나 용역을 고객에 제공하는 경제활동을 통해서 이익을 얻는 것, 즉 영리를 추구하는 조직이다. 그러나 공동기업 중에는 동업자가 재화의 제공을 통해서 이익을 얻기보다는 보다 유리한 조건으로 재화를 제공받는 것을 목적으로 운영하는 경우도 있다. 그 대표적인 예가 후술하는 각종의 협동조합과 상호회사이다.

영리를 추구하는 통상의 공동기업은 동업자가 기업의 운영이나 손익배분에 관여하는 정도에 따라 여러 유형으로 나눌 수 있다. 한편으로 ① 주식회사와 같이 동업자(주주)가 기업운영에 소극적으로 관여하면서 사업으로 인한 손실위험을 전혀 부담하지 않는 형태가 있는가 하면 다른 한편으로 ② 민법상 조합과 같이 동업자가 사업위험을 공동으로 부담하며 경영에 적극 참여하는 형태가 있다. ①이 자본에 중점이 놓인 기업형태라면 ②는 노동, 즉 인적자본이 중요한 기업에 적합한 형태라고 할 수 있다. 법은 이러한 양극단의 유형 외에도 시장 수요를 고려하여 다양한 기업형태를 마련하고 있다. 이하에서는 법이 정한 공동기업의 형태 중 대표적인 것에 대해서 간단히 살펴보기로 한다.[1)]

2. 조합형 기업형태

(1) 민법상 조합

민법상 조합은 공동기업의 가장 기본적인 형태인 동시에 조합형 기업의 대표라고 할 수 있다.[2)] 민법상 전형계약의 한 형태인 조합은 복수의 당사자가 출자를 하여 공동의 사업[3)]을 하기로 합의하는 경우에 성립한다(민 703(1)).[4)] 출자의 대상으로는 금전 등의 재산은 물론이고 노무도 허용된다(민 703(2)). 또한 재산의 제공 없이 단지 조합의 도산 시에 손실을 분담하기로 약정하는 경우에도 출자로 인정된다. 조합원의 출자로 이루어진 조합재산은 조합원의 합유에 속하며(민 704) 조합의 존속 중에는 분할을 청구할 수 없다(민 273(2)).

조합의 업무집행은 원칙적으로 조합원의 다수결로 행하지만(민 706(2)) 통상사무는 각 조합원이 집행할 수 있다(민 706(3)). 조합원들이 직접 참여하는 대신 조합계약이나 조합원 3분의 2 이상의 찬성으로 업무집행조합원을 선임하여 업무집행을 위임하는 것도 가능하다(민 706(1)). 각 조합원은 언제든지 조합의 업무 및 재산상태를 검사할 수 있다(민 710).

---

1) 그 밖에 선박공유(756 이하)도 동업으로 볼 수 있지만 실제 동업형태로서의 의의는 크지 않다.
2) 조합이란 명칭이 붙었다고 해서 반드시 민법상 조합인 것은 아니다. 그 대표적인 예가 후술하는 협동조합이다.
3) 영리사업에 한하지 않는다.
4) 당사자가 계약체결 시에 조합이란 명칭을 사용하지 않은 경우에는 물론이고 민법상 조합에 해당한다는 의식이 전혀 없는 경우에도 이러한 내용의 계약에 대해서는 민법상의 조합 규정이 적용된다.

회사와 달리 조합은 법인격이 없으므로 그 자체가 법률행위의 주체가 되거나 소송의 당사자가 될 수 없다.[1] 조합원 전원에게 법률효과를 귀속시키려면 조합원 전원의 이름으로 법률행위를 하거나 조합원 전원의 대리인이 대리인으로서 법률행위를 하여야 한다. 후자가 일반적인데(조합대리), 이 경우에도 모든 조합원의 이름을 반드시 표시할 필요는 없고 단지 조합원 전원을 대리한다는 취지를 표시하는 것으로 충분하다. 업무집행조합원은 업무집행의 대리권이 있는 것으로 추정한다(민 709).

조합원 사이에 이익과 손실을 분배하는 비율은 조합계약으로 정할 수 있고, 정하지 않은 경우에는 출자액 비율에 따른다(민 711(1)).[2] 조합의 채무에 대해서는 조합재산과 아울러 각 조합원이 공동으로 책임을 부담한다. 즉 조합채권자는 조합채권 전액에 관하여 조합재산으로부터 만족을 얻을 수도 있고, 각 조합원의 분담액에 관하여 각 조합원 개인재산으로부터 만족을 얻을 수도 있다. 조합채권자가 조합원 개인에게 채권을 행사하는 경우에는 그 손실부담비율에 따르되, 조합채권자가 채권발생 당시에 조합원의 손실부담비율을 알지 못한 때에는 각 조합원에게 균분하여 청구할 수 있다(민 712). 이처럼 조합원들의 채무는 분할채무인 것이 원칙이다. 그러나 조합원 일부에게라도 상행위가 되는 행위로 채무를 부담한 때에는 조합원들은 연대책임을 지므로(57(1)), 실제로는 조합채무에 대해 각 조합원이 연대채무를 지는 경우가 많다(대법원 2001. 11. 13, 2001다55574 판결 등). 조합원은 그 부담분에 대해서는 전 재산으로 책임을 진다(무한책임).

조합원은 임의탈퇴가 가능하지만(민 716) 임의로 그 지위를 양도할 수는 없다.[3]

(2) 익명조합

민법상 조합과 유사한 것으로 상법상 익명조합이 있다. 익명조합은 출자자가 타인(영업자)의 영업을 위해서 출자하고 영업에서 발생하는 이익의 분배를 받기로 합의하는 경우에 성립한다(78). 익명조합은 경제적으로 동업의 한 형태라는 점에서 조합과 같지만 외부적으로는 영업자의 단독기업으로 나타난다는 점에서 차이가 있다.[4]

조합의 경우와 달리 익명조합원은 재산출자만이 허용되고 신용이나 노무의 출자는 허용되지 않는다(86→272). 또한 출자한 재산은 합유의 대상이 되는 것이 아니라 모두 영업자의 재산으로 본다(79).

업무집행은 영업자만이 담당한다.[5] 영업자와 익명조합원의 관계는 조합이므로 영업자는

---

1) 독일에서는 최근 조합이 재산을 보유하고 채무를 부담하는 범위에서는 권리능력을 갖는 것으로 보는 견해가 힘을 얻고 있다. Barbara Grunewald, Gesellschaftsrecht(8. Aufl. 2011), 53~56.

2) 이익이나 손실 어느 한쪽의 분배비율만을 정한 경우에는 그 비율이 다른 쪽에도 적용되는 것으로 추정한다(민 711(2)).

3) 조합원 지위의 양도는 조합원 전원의 동의를 요한다(민 273(1)).

4) 명칭에 익명(匿名)을 붙인 것은 그 때문이다.

5) 익명조합원은 업무집행을 할 수 없다(86, 278).

익명조합원에 대해서 선관주의의무를 부담한다(민707→민681). 익명조합원은 영업자에 대해서 감시권이 있다(86→277).

출자자인 익명조합원은 영업자의 채권자에 대해서 아무런 책임을 지지 않는다(80). 구체적인 손익분담은 계약으로 정한다. 계약에 정함이 없는 경우에는 민법상 조합의 규정을 유추적용하여 출자액에 따라 정한다. 사업이 실패하여 손실이 출자액을 초과하는 경우에도 익명조합원은 이미 수령한 이익을 반환하거나 추가출자를 해야 하는 것은 아니다(82(2)). 이익의 분배는 익명조합의 본질적인 요소이지만(78) 손실의 분담은 그렇지 않기 때문에 익명조합원이 손실을 분담하지 않기로 하는 합의도 유효하다(82(3)).

(3) 합자조합

합자조합은 미국의 유한책임조합(limited partnership)을 모델로 2011년 개정 상법에서 도입한 새로운 기업형태이다. 합자조합은 조합의 업무집행자로서 조합의 채무에 대하여 무한책임을 지는 **업무집행조합원**과 출자가액을 한도로 유한책임을 지는 **유한책임조합원**으로 구성된다(86-2). 유한책임조합원은 기업경영에 참여할 수 있다는 점에서 합자회사의 유한책임사원(278)과 구별된다. 민법상 조합과 마찬가지로 설립, 운영, 해산과 관련하여 사적자치를 폭넓게 수용하면서도 조합원이 유한책임을 누릴 수 있다는 점 때문에 이른바 **사모투자펀드**(private equity fund: PEF)와 같은 펀드 형태로 널리 활용될 수 있을 것으로 기대된다.

벤처투자조합

창업 후 초기 단계의 스타트업 기업에 투자하는 경우에는 위험을 분산하기 위해 여러 투자자들이 투자조합을 결성하여 투자하는 경우가 많다. 2020년 제정·시행된 「벤처투자 촉진에 관한 법률」(벤처투자법)에서는 종래 「중소기업창업지원법」에 따른 중소기업창업투자조합을 대체하여 벤처투자조합 제도를 규정하였다. 벤처투자조합은 창업자 등에게 투자하고 그 성과를 배분하는 것을 주된 목적으로 설립된 조합으로서(벤처투자법 2(xi)), 조합의 채무에 대하여 무한책임을 지는 1인 이상의 업무집행조합원과 유한책임을 지는 유한책임조합원으로 구성된다(벤처투자법 50(3)). 벤처투자법에 규정된 것 외에는 상법의 합자조합에 관한 규정이 준용된다(벤처투자법 65).

자본시장법상의 투자합자조합과 투자익명조합

자본시장법은 기존의 집합투자기구인 신탁형펀드와 회사형펀드 외에 조합형펀드로 투자합자조합과 투자익명조합의 두 가지 형태를 새로이 도입하였다(자시 218~228). 투자합자조합은 조합재산을 자산에 운용하여 그 수익을 조합원에게 배분하는 것을 목적으로 설립된 집합투자기구로서 상법에 따른 합자조합의 형태를 취한다(자시 9(18)(v)). 투자합자조합은 조합채무에 대해서 무한책임을 지는 업무집행조합원 1인과 유한책임조합원으로 구성된다(자시 219(1)). 투자합자조합에 대해서는 원칙적으로 상법과 민법의 규정이 적용되지만(자시 181) 일부 조합규정은 적용이 배제되고 있다(자시 223(2), (3)). 투자합자조합은 조합계약이 정하는 바에 따라 이익을 배당할 때 무한책임조합원과 유한책임조합원의 배당률이나 배당순서 등을 달리 정할 수 있지만 손실을 배분할 때에는 그 배분율이나 배분순서 등을 달리 할 수 없다(자시 223(5), (6)).

투자익명조합은 상법상 익명조합형태의 집합투자기구이다(자시 9(18)(vi)). 투자익명조합은 익명조합형태를 취함에도 불구하고 다른 기업형태에 관한 규정을 대폭 준용하고 있다. 예컨대 투자익명조합재산에 관해서는 신탁법상의 신탁재산에 관한 규정(자시 228(2)→신탁법 제3장), 투자익명조합의 영업자에 관해서는 투자회사의 법인이사에 관한 규정(자시 225(2)→자시 198(1), (4), (5)), 익명조합원총회에 관해서는 투자신탁의 수익자총회에 관한 규정(자시 226(4)→자시 190(3), (4), (6)~(10)), 그리고 투자익명조합의 해산·청산에 관해서는 투자합자조합에 관한 규정(자시 227(3)→자시 221) 등을 각각 준용하고 있다.

3. 상법상 회사

공동기업의 형태 중 국민경제상 중요한 것은 역시 상법상 회사이다. 상법은 합명회사, 합자회사, 주식회사, 유한회사, 유한책임회사라는 다섯 가지 회사형태를 규정하고 있다.[1] 이들 회사형태의 차이는 주로 회사채무에 대한 사원의 책임부담의 차이에서 비롯된다. 회사채무에 대해서 회사와 별도로 사원이 책임을 지는 경우를 무한책임, 책임을 지지 않는 경우를 유한책임이라고 한다. 또한 회사채권자에 대해서 사원이 직접 책임을 지는지 아니면 회사에 대해서 출자할 의무만 있는지에 따라 직접책임과 간접책임으로 나뉜다. 각 회사형태에 대한 상세한 설명은 제2장 이하로 미루고 이곳에서는 그 특징만을 간단히 설명한다.

(1) 합명회사

합명회사는 회사의 채무에 대해서 무한책임을 지는 사원, 즉 무한책임사원만으로 구성되는 회사이다.[2] 상법상의 회사 중에서 가장 민법상의 조합에 가까운 형태라고 할 수 있다. 따라서 내부관계에 관해서는 조합에 관한 민법규정이 준용된다(195).

합명회사의 사원은 회사의 채권자에 대해서 무한의 직접 책임을 부담한다(212(1)). 분할책임을 지는 민법상 조합원과는 달리[3] 회사의 채무에 대해서 전원이 연대책임을 부담한다. 조합원과 달리 사원은 회사채권자에 대해서 먼저 회사재산으로부터 변제받을 것을 청구할 수 있다.[4]

1) 회사법상으로도 민법상의 물권법정주의(민 185)에 상응하는 회사법정주의(numerus clausus)가 적용되므로 당사자가 임의로 법에 정해진 회사와 다른 종류의 회사를 창설하는 것은 허용되지 않는다.

2) 합명회사라는 명칭은 유럽에서 사원의 이름을 병기한 상호를 사용한데서 비롯된다. 프랑스법의 société en nom collectif를 번역한 것이다.

3) 물론 조합원 중 1인에 대해서라도 상행위가 되는 행위로 부담한 조합채무에 대해서는 조합원 전원이 연대책임을 지고(57(1)), 실제에 있어서는 이러한 경우가 더 많다.

4) 신입사원은 입사 전에 생긴 회사채무에 대해서도 책임을 지고(213) 퇴사원은 퇴사의 등기 후에도 2년간 책임을 진다(225(1)).

이처럼 합명회사의 사원은 무거운 책임을 지기 때문에 원칙적으로 각자 회사의 업무집행권과 대표권을 갖는다(200(1), 207).[1] 다만 업무집행사원을 선임한 경우에는 업무집행사원이 업무집행권과 대표권을 갖는다(201, 207). 사원이 무한책임을 지고 업무집행을 담당하기 때문에 사원이 누구인가는 매우 중요하다. 따라서 사원의 인적사항 등을 정관에 명시하도록 하고 있다(179(iii)).

사원이 무한책임을 지기 때문에 출자는 상대적으로 덜 중요하다. 따라서 노무나 신용의 출자도 허용된다(222, 195→민 703(2)). 합명회사 사원의 지위는 **지분**이라고 한다. 사원의 지분은 출자액에 따라 크기가 다를 뿐 하나이고 의결권도 하나만이 부여된다(두수(頭數)다수결).[2] 사원의 개성이 중요하기 때문에 지분의 양도에는 사원 전원의 동의가 필요하다(197).[3]

회사성립 후에는 사원의 지분을 양수하는 방법 외에 새로이 출자를 함으로써 사원의 지위를 취득할 수도 있다. 그러나 사원의 인적사항은 정관기재사항이므로(179(iii)) 입사하기 위해서는 정관을 변경해야 한다. 정관변경에는 사원 전원의 동의가 필요하므로(204) 결국 합명회사에 입사하기 위해서는 사원 전원의 동의가 필요한 셈이다.

사원의 퇴사는 비교적 자유롭게 인정되고 있다. 사원 전원의 동의가 있으면 물론이고(218(ii)) 그렇지 않은 경우에도 원칙적으로 영업연도 말에는 퇴사할 수 있다(217(1)).[4] 퇴사 시에는 원칙적으로 지분의 환급을 받을 수 있다(222). 회사재산은 감소하지만 나머지 사원이 무한책임을 지고 또한 퇴사한 사원도 퇴사등기 후 2년간은 책임을 지므로(225(1)) 회사채권자의 위험이 그렇게 큰 것은 아니다. 사원이 무한책임을 지는 합명회사에서 회사재산은 상대적으로 덜 중요하므로 주식회사에서와 같은 배당에 대한 규제는 없다.

(2) 합자회사

합자회사는 무한책임사원과 유한책임사원이라는 두 가지 종류의 사원으로 구성되는 회사이다(268).[5] 무한책임사원의 지위는 합명회사의 경우와 같다. 유한책임사원은 회사채권자에 대해서 직접 책임을 지지만 그 책임은 출자가액의 범위로 제한된다(279(1)).[6] 유한책임사원은 금전, 기타 재산만을 출자할 수 있을 뿐 신용이나 노무의 출자는 할 수 없다(272). 누가 무한책임사원이고 누가 유한책임사원인지에 관해서는 정관에 기재해야 한다(270).

업무집행은 무한책임사원만이 맡을 수 있다. 유한책임사원은 업무집행이나 대표행위를

---

1) 일부의 자만을 업무집행사원으로 하거나 대표사원으로 하기 위해서는 정관에 규정을 두어야 한다.
2) 다만 정관으로 자본다수결원칙을 채택할 수도 있다.
3) 지분의 일부만을 양도하는 경우에도 사원 전원의 동의가 필요하다.
4) 부득이한 사유가 있으면 언제든지 퇴사할 수 있다(217(2)).
5) 중세 지중해연안상업도시에서 기업자와 자산가가 결합하여 해상무역을 운영하고 후에 이익을 분배하던 제도에서 발전된 형태로서 출자자가 표면에 드러나지 않은 형태가 익명조합이고 드러난 형태가 합자회사이다.
6) 일부사원을 제외하고는 무한책임을 진다는 점에서 합명회사와 유사하므로 합명회사에 관한 규정이 준용된다(269). 따라서 조합에 대한 규정도 합자회사에 준용된다(195).

할 수 없다(278).[1] 유한책임사원도 손익은 분담하므로 회사의 업무 및 재산상태에 대한 감시권이 있다(277). 무한책임사원에 비하여 유한책임사원의 개성은 덜 중요하므로 그 지분의 양도는 정관변경이 필요한 경우에도 무한책임사원 전원의 동의만으로 가능하다(276).

(3) 주식회사

주식회사는 사원인 주주가 회사의 채무에 대해서 책임을 지지 않는 회사형태로 우리나라에서 압도적으로 많이 이용되고 있다.[2] 회사채권자에게는 회사재산만이 실질적인 담보가 될 수 있으므로 출자는 재산에 한정되고 신용이나 노무의 출자는 인정되지 않는다. 또한 재산의 출자라 하더라도 금전이 아닌 현물을 출자하는 경우에는 채권자보호의 관점에서 엄격한 규제가 가해지고 있다.

주주가 유한책임을 지기 때문에 주주의 개성은 상대적으로 덜 중요하다. 사업의 안정성을 위하여 주주의 퇴사는 원칙적으로 허용되지 않지만 출자회수를 위한 지분의 양도는 자유롭게 인정되고 있다(335(1)). 나아가 지분의 양도를 용이하게 하기 위하여 지분을 균등한 크기의 주식으로 분할하였으며 주식의 유통성을 높이기 위하여 주권제도를 채택하고 있다(355(1)). 주식과 주권제도를 채택함에 따라 순수한 투자목적의 회사 참여가 용이하게 되었고 그 결과 대규모 자본형성을 위한 발판이 마련되었다.

투자목적의 주주는 회사경영에 참여할 능력이나 시간이 부족할 뿐 아니라 어차피 책임이 제한되기 때문에 관심도 적은 것이 보통이다. 따라서 주주로 구성된 주주총회에서는 극히 한정된 사항만을 결정하고 회사경영은 이사회와 대표이사가 담당한다. 주식소유가 널리 분산된 회사에서는 주식을 소유하지 않는 경영전문가가 사실상 경영을 전담하게 되는데 이를 일반적으로 '소유와 경영의 분리'(separation of ownership and control)라고 한다. 이처럼 소유와 경영이 분리된 회사에서는 업무집행기관의 권한남용을 억제하는 장치가 중요성을 띄게 된다. 그리하여 업무집행기관의 감독을 위하여 별도로 감사(또는 감사위원회)의 설치가 강제되고 있다.

(4) 유한회사

유한회사는 유한책임을 지는 사원만으로 구성된다는 점에서는 주식회사와 같지만 보다 소규모의 폐쇄적 기업에 적합한 형태이다.[3] 주식회사에 비하여 사원의 개성이 중요한 폐쇄적인 조직이라는 이유로 2011년 개정 전 상법은 사원의 수를 원칙적으로 50인 이하로 제한하였으나(구상 545) 2011년 개정 시 그 제한을 폐지하였다. 또한 2011년 개정 전에는 폐쇄성을 유지

1) 유한책임사원은 정관이나 총사원의 동의로 대표자로 선임되어 등기된 경우에도 회사대표권을 갖지 못한다(대법원 1966. 1. 25, 65다2128 판결).

2) 1602년 네덜란드의 동인도회사에서 비롯된 것으로 당초에는 국가의 특허장이 있어야 설립할 수 있었으나(특허주의) 차츰 일정한 요건을 갖추면 설립이 가능하게 되었다(준칙주의). 초기에는 국가가 사업의 독점권도 아울러 부여하는 것이 보통이었다.

3) 다른 회사형태가 역사가 오랜 것인데 비하여 유한회사는 19세기 말 독일의 입법자가 창작한 인위적인 기업형태이다.

하기 위하여 사원 이외의 자에 대한 지분양도에 사원총회 특별결의를 요건으로 하고 있었으나 2011년 개정 상법은 정관으로 정한 경우 외에는 양도의 자유를 인정하고 있다(556). 현재는 증권발행을 금지하고 광고에 의한 사원공모를 금지하는 것(555, 589(2)) 정도가 유한회사의 폐쇄성을 뒷받침하고 있다.

상법이 명시하고 있지는 않지만 유한회사는 사채의 발행도 허용되지 않는다고 본다.[1] 회사의 기관은 이사 1명의 선임이 강제될 뿐으로 주식회사에 비하여 훨씬 간단하다(561). 주식회사와 달리 감사는 임의기관이며 사원총회의 절차는 생략할 수 있다(568(1), 573). 또한 자본다수결도 엄격치 않아 출자에 대해서 정관으로 의결권 수를 달리 할 수 있다(575).

(5) 유한책임회사

2011년 개정 상법에서 도입된 유한책임회사는 미국의 유한책임회사(limited liability company)를 모방한 것이다. 유한책임회사는 내부적으로는 조합적인 실질을 가지면서도 외부적으로는 사원의 유한책임이 확보되는 기업형태로서 법인격이 인정된다. 사원의 유한책임을 제외하고는 대체로 기존의 합명회사, 합자회사와 유사한 법리가 적용된다.[2]

인적회사와 물적회사

이들 회사형태는 회사의 중점이 인적 요소와 물적 요소의 어느 쪽에 놓여 있는가에 따라 강학상 인적회사와 물적회사로 구분된다. **인적회사**는 사원이 개성이 중시되는 회사로 사원이 회사채무에 대해서 무한책임을 지고 업무집행을 담당하는 회사형태이다. 전형적인 예는 합명회사이지만 합자회사도 인적회사에 속하는 것으로 본다. 반면 **물적회사**는 회사재산이 중시되는 회사로 사원이 회사채무에 대해서 책임을 지지 않을 뿐 아니라 사원이 회사경영에 참여할 필요가 없는 회사형태이다. 대표적인 것은 주식회사지만 유한회사와 유한책임회사도 물적회사에 속한다. 인적회사와 물적회사는 법적 개념이 아닌 이론상의 이념형에 불과하고 구별의 실익은 크지 않다.

기업형태와 계약

공동기업은 당사자의 합의에 기하여 성립한다. 당사자의 합의를 기초로 삼는다면 당사자가 개별적 수요에 적합한 기업형태를 계약에 의하여 구성할 수 있어야 할 것이다. 가장 복잡한 동업형태인 주식회사까지도 기본적으로 **계약의 연결점**(nexus of contracts)으로 파악하는 법경제학적 견해는 바로 이러한 관점의 연장선상에 있다.[3] 이러한 계약설의 시각에 의하면 회사와 같이 법률에 정해진 기업형태는 표준적인 계약양식에 불과하다. 법률상의 공동기업형태는 당사자의 거래비용을 줄이기 위하여 정부가 일종의 서비스차원에서 제공한 것에 불과하므로 당사자가 필요에 따라 임의로 그것을 변경할 수 있어야 할 것이다. 이런 계약설적 시각이 기업형태에 관한 이해에 신선한 자극을 주는 것은 사실이다. 그러나 모든 기업형태를 계약으로 환원하여 설명하는 것에는 현실

1) 제600조 제2항과 제604조 제1항이 그것을 전제하고 있다고 한다(최기원14, 978면).
2) 그리하여 유한책임회사의 내부관계에 관해서는 합명회사에 관한 규정을 준용한다(287-18).
3) 계약의 연결점에 대한 간단한 설명으로는 해부, 28~29면.

적으로 난점이 있다. 계약설의 한계를 가장 극명하게 보여주는 것은 바로 주주의 유한책임이다. 공동기업에 참여하는 당사자가 모두 유한책임에 동의한다고 해서 제3자인 채권자, 특히 사전에 교섭의 여지가 없는 불법행위채권자가 그에 구속된다고 볼 수 있는 근거가 없기 때문이다. 주주의 유한책임은 계약이 아니라 법에 의하여 부과된 것이다.[1] 또한 기업형태의 구성을 완전히 당사자의 자유에 맡긴다면 경제계의 혼란을 피할 수 없을 것이다. 따라서 앞서 살펴본 바와 같이 국가는 공동기업의 형태로 몇 가지 표준적인 형태를 제시하고 있다. 기업형태의 구성과 관련한 사적자치와 표준성의 요구 사이의 대립은 회사법 전반에 걸쳐 발견된다.[2]

4. 기타의 공동기업형태

기타의 공동기업형태로는 협동조합, 「보험업법」상의 상호회사, 특별법상의 특수목적회사 등이 있다. 이에 관해서는 후술한다.[3]

유한책임신탁

2011년 개정 신탁법은 수탁자가 신탁재산에 속하는 채무에 대해서 신탁재산만으로 책임지는 유한책임신탁을 도입하였다(신탁 114(1)). 과거에는 수탁자가 신탁사무처리로 인한 채무에 대해서도 자신의 고유재산으로 무한책임을 지는 것이 원칙이었기 때문에 위험이 수반되는 거래를 신탁형태로 수행하는 것은 쉽지 않았다. 그러나 유한책임신탁의 도입으로 고위험이 수반되는 재산의 운용을 목적으로 하는 신탁은 물론이고 예컨대 유전개발과 같은 일반 사업도 신탁형태로 수행할 수 있게 되었다. 신탁은 의사결정구조나 과세 등 측면에서 주식회사와는 차이가 있다.[4]

민사회사

농업·어업·임업과 같이 상행위가 아닌 영리행위를 목적으로 하는 회사를 민사회사라고 부른다. 그러나 상법은 상행위가 아닌 행위를 목적으로 하는 경우에도 회사로 할 수 있음을 명시하고 있을 뿐 아니라(169) 그러한 회사의 행위에 대해서도 상행위에 관한 규정을 준용하고 있으므로 (5(2), 66) 특별히 민사회사를 구별할 실익은 없다.

5. 회사형태의 이용실태

[표 1-1]은 법인의 종류별 수를 보여준다. 그에 의하면 우리나라 회사 중 약 90.5%가 주식회사 형태를 취하고 있다. 이처럼 주식회사의 비중이 압도적으로 큰 것은 우리나라에 특유한

1) 유한책임의 기능과 한계에 관한 간단한 설명으로는 해부, 33~36면.
2) 계약설이 실증적으로도 근거가 박약하다는 점을 논증한 논문으로 Michael Klausner, Fact and Fiction in Corporate Law and Governance, 65 Stanford Law Review 1325(2013).
3) 제9장 제7절.
4) 유한책임신탁에 관해서 상세한 것은 오영준, "유한책임신탁", BFL(2010), 22면.

표 1-1 법인종류별 법인수 (2025년 법인등기부 기준) (단위: 개)

주식회사	1,407,038 (89.87%)
유한회사	136,044 (8.69%)
합자회사	16,148 (1.03%)
합명회사	2,540 (0.16%)
유한책임회사	3,887 (0.25%)
총 계	1,565,657 (100%)

출처: 대한민국법원 등기정보광장(2025. 11.)

현상이다. 이러한 현실을 반영하여 이 책에서도 주식회사에 초점을 맞추어 서술하기로 한다.

Ⅲ. 주식회사의 분류 — 회사에 대한 법적 규율의 다양화

1. 서 설

앞서 살펴본 바와 같이 우리 기업은 대부분 주식회사 형태를 취하고 있다. 그러나 동일하게 주식회사 형태를 취하는 기업이라도 실제의 모습은 각양각색이다. 주주가 1인뿐으로 실질적으로는 개인기업과 다름없는 회사가 있는가 하면 주주 수가 만명이 넘는 문자 그대로 공개회사도 있다. 또한 자본금 수천만원인 영세회사에서부터 자산규모가 수십조원에 달하는 세계적 기업에 이르기까지 그 규모도 천차만별이다. 규모에 못지않게 중요한 의미를 갖는 것이 회사의 독립성 여부이다. 다른 회사와 아무런 관계 없이 독립적으로 운영되는 경우도 있지만 점차 다른 회사와 함께 기업집단을 구성하는 경우가 늘고 있다. 이러한 회사의 차이는 법적 규율의 차이를 낳기도 한다. 이하에서는 강학상으로나 법적으로 중요한 의미를 갖는 몇 가지 분류에 대해서 간단히 설명한다.

2. 공개회사와 폐쇄회사

공개회사와 폐쇄회사는 주로 주식회사에 적용되는 분류이다. 이 분류도 법률이 아닌 이론상 인정되는 이념형(ideal type)으로서 분류기준에 대한 정설은 없다. 일반적으로 **공개회사**는 주주 수가 많고 주주의 개성이 중요하지 않은 회사를 말하고 **폐쇄회사**는 주주 수가 적고 주주의 개성이 중요시되는, 말하자면 조합적 성격을 지닌 회사를 가리킨다. 공개회사의 대표적인 예는 뒤에 설명하는 **상장회사**로 양자는 때로 같은 의미로 사용되기도 하지만 일반적으로 공개회사는 상장회사보다 넓은 개념으로 보고 있다. 공개회사는 주주 수가 많기 때문에 폐쇄회사에 비하여 주식이 시장에서 거래될 가능성, 즉 주식의 유동성이 높다. 특히 주식이 거래소에 상장된 상장회사는 주식의 유동성이 한층 더 높다.

공개회사는 주식의 유동성이 높기 때문에 경영에 불만이 있는 주주는 시장에서 주식을 처분하고 회사를 떠날 수 있다(이른바 Wall Street Rule). 따라서 불만이 있어도 보유주식 처분이 어려워 회사를 떠날 수 없는 폐쇄회사 주주와는 달리 공개회사 주주는 법적 보호의 필요성이 덜하다는 견해도 존재한다.[1] 반면에 폐쇄회사에 참여하는 주주는 사전에 주주간계약 등의 방법으로 자신의 이익을 보호할 수 있지만 공개회사 주주는 대부분 수동적인 투자자에 불과하므로 오히려 보호의 필요성이 더 높다고 볼 수도 있다.

실제 조합적 성격이 강한 폐쇄회사의 경우에는 주식회사에 적용되는 복잡한 절차규정이 부담스러울 수도 있다. 실제로 폐쇄회사는 그러한 복잡한 절차규정을 거의 무시하는 방식으로 운영되는 경우가 많다. 그리하여 우리나라에서는 폐쇄회사에서의 절차규정위반을 문제 삼는 회사분쟁이 적지 않다. 이처럼 주식회사 형태를 취하는 폐쇄회사의 절차무시 현상을 어떻게 규율할 것인가는 실무상 중요한 문제이다. 상법은 주식회사 형태를 취하는 폐쇄회사에 대해서 특별한 배려를 하지 않고 있다. 예외적으로 1995년 개정 상법에서는 정관으로 주식양도를 제한할 수 있도록 허용함으로써(335(1)단) 폐쇄성을 유지할 수 있는 법적 수단을 도입하였다.

3. 상장회사와 비상장회사

자본시장법은 거래소에 상장된 증권을 발행한 법인을 상장법인, 그리고 그 이외의 법인을 비상장법인으로 정의하고 있다(자시 9(15)(i), (ii)). 자본시장법은 거래소에 주권(또는 주권과 관련된 증권예탁증권)을 상장한 법인을 따로 **주권상장법인**으로 부르고 있다(자시 9(15)(iii)).[2] 자본시장법상의 주권상장법인은 상법상의 상장회사와 거의 일치하므로(542-2(1))[3] 이 책에서는 주권상장법인 대신 상장회사라는 용어를 주로 사용하기로 한다. 상장회사에 대해서는 상법(542-2~542-13)과 자본시장법(자시 165-2~165-20)에서 각각 일련의 특칙을 두고 있다.

4. 소규모주식회사와 대규모상장회사

주식회사는 규모의 면에서 천차만별이다. 주식회사는 주주가 많은 대기업에 적합한 회사형태이지만 실제 우리나라에서는 소규모기업도 주식회사 형태를 취하는 경우가 많기 때문이다. 같은 주식회사라도 규모에 따라 이해관계자의 수와 자본시장에 미치는 영향이 매우 다르

1) 이런 논리는 주로 미국에서 주식매수청구권의 부여 여부를 둘러싸고 유력하게 주장된 바 있다.

2) 현재 한국거래소에서 주식은 유가증권시장, 코스닥시장, 그리고 2013년 개설된 코넥스시장 중 어느 한 곳에 상장할 수 있지만 법적으로는 큰 차이가 없기 때문에 특별히 구분하지 않는다. 2019년 현재 유가증권시장 상장회사는 799사, 코스닥시장 상장회사는 1,405사이다.

3) 집합투자에 이용되는 주식회사는 상법상의 상장회사에서 제외된다는 점이 다르다(542-2(1)단).

므로, 상법은 [표 1-2]와 같이 소규모 회사에 대하여는 일부 규제를 완화하고 자본금 또는 자산총액이 일정액 이상인 상장회사에 대하여는 일부 규제를 강화하고 있다.

▮표 1-2 상법상 주식회사의 규모에 따른 특칙

적용기준		특칙의 내용
자본금 10억원 미만의 소규모 회사		발기설립의 경우 정관에 대한 공증인의 인증 면제(292단)
		발기설립의 경우 납입금보관증명서를 잔고증명서로 대체 가능(318(3))
		주주총회 소집기간을 10일로 단축(363(3))
		주주 전원 동의로 주주총회 소집절차 생략 및 서면결의 가능(363(4))
		이사의 수 3인 미만 가능(383(1)단)
		감사의 임의기관화(409(4))
상장회사	자본금 1천억원 이상	소수주주권 행사를 위한 지주요건을 일반 상장회사 지주요건의 1/2로 인하(542-6(2)~(5), 슈 32)
	자산총액 1천억원 이상	상근감사의 선임강제(542-10(1), 슈 36(1))
	자산총액 5천억원 이상	준법통제기준 마련 및 준법지원인 선임 의무(542-13(1), 슈 39)
	자산총액 2조원 이상	집중투표에 관한 소수주주 보호 강화(542-7, 슈 33)
		독립이사가 3명 이상이고, 이사 총수의 과반수일 것(542-8(1), 슈 34(2))
		독립이사가 과반수인 독립이사후보추천위원회를 설치하고 그 추천을 받은 자 중에서 독립이사를 선임할 것(542-8(4)(5), 슈 34(2))
		감사위원회 설치의 강제(542-11(1), 슈 37(1))
		감사위원회 구성 시의 특례: 감사위원 중 1명은 회계·재무 전문가일 것, 감사위원회 대표는 독립이사일 것, 감사위원은 주주총회에서 선임·해임하며 2명은 분리선출할 것(542-12, 슈 38(2))

기업의 자산규모에 따른 차별은 공정거래법에서 기업집단을 규제할 때에도 나타나고 있다. 공정거래법은 경제력집중에 따른 폐해를 억제한다는 차원에서 자산총액 5조원 이상의 기업집단(공시대상기업집단)에 다양한 공시의무를 부과하고(공정거래 26, 27, 28) 자산총액 10조원[1] 이상의 기업집단(상호출자제한기업집단)에 대해서는 상호출자, 순환출자, 채무보증 등을 제한하고 있다(공정거래 21, 22, 24).

5. 모회사와 자회사

한 회사가 다른 회사 발행주식총수의 50%를 초과하여 보유하는 경우 상법은 그 회사를

1) 2021. 12. 30. 이후 국내총생산액이 2천조원을 초과하면 그 다음해부터는 국내총생산액의 0.5%를 기준으로 한다(공정거래 2020. 12. 29. 부칙4).

모회사, 다른 회사를 자회사라고 한다(342-2(1)).[1] 모회사가 자회사 주식의 전부를 소유하는 경우에는 그 모회사를 완전모회사, 그 자회사를 완전자회사라고 부른다(360-2). 경제계에서는 보유주식이 50%에 미달하지만 다른 회사에 종속된 회사도 자회사라고 부르는 경우가 많다. 그러나 이곳에서는 원칙적으로 상법상의 자회사 요건을 갖춘 회사만을 자회사로 부르기로 한다. 자회사는 독립된 회사와는 상당히 다른 방식으로 운영될 뿐 아니라 독립된 회사에서와는 다른 문제를 발생시키는 경우가 많다. 그럼에도 불구하고 상법은 원칙적으로 자회사의 모회사 주식 취득을 금지하는 규정(342-2(1))[2] 및 다중대표소송(406-2)[3]을 제외하고는 특별히 규정을 두고 있지 않다.

6. 지배회사와 종속회사

앞서 설명한 모자회사 사이에는 지배종속관계가 존재한다. 그러나 지배종속관계가 모자회사 간에만 존재하는 것은 아니다. 주식소유의 분산형태에 따라서는 50%에 훨씬 미달한 주식만으로도 다른 회사를 지배할 수 있다.

상법은 지배회사나 종속회사에 대하여 직접 규정을 두고 있지 않다.[4] 다만 외감법상의 지배회사에 대하여 연결재무제표의 작성을 강제하고 있다(447(2), 令 16(2)). 외감법은 다른 회사의 '재무정책과 영업정책을 결정할 수 있는 능력'을 기준으로 제시하고 소정의 회계처리기준에 따라 지배·종속관계를 정하도록 하고 있다(외감 2(iii), 외감令 3(1)).[5]

한편 공정거래법의 적용대상인 **기업집단**은 지배관계로 연결된 회사들의 집단으로 정의되고 있다(공정거래 2(xi)). 공정거래법상 **지배**는 동일인관련자와 합하여 주식 30% 이상을 보유하는 최대주주인 경우에는 물론이고 다른 주요주주와의 합의, 거래관계나 임원겸임을 통해서 지배적 영향력을 미치는 경우에도 인정된다.

7. 기업집단, 지주회사, 계열회사

일반적으로 상법 규정은 독립된 회사를 전제로 하고 있다. 그러나 현실세계에서는 규모가 큰 회사일수록 다른 회사와 지배종속관계를 맺고 있는 것이 보통이다. 그리하여 회사의 의사결정이 다른 회사의 영향을 받는 경우가 많을 뿐 아니라 복수의 회사가 법적으로는 서로

---

1) 모회사 지분을 계산할 때에는 다른 자회사가 가진 지분도 합산한다(342-2(3)).

2) 제6장 제3절 Ⅶ. 1. 참조.

3) 제4장 제5절 Ⅴ. 5. 참조.

4) 상법은 발행주식총수의 95% 이상을 자기계산으로 보유하는 주주를 지배주주라고 하며 지배주주에 대해서 소수주주에게 보유주식의 매도를 청구할 수 있는 권리를 인정하고 있다(360-24(1)). 그러나 95% 기준은 일반적으로 지배주주에 해당하는지를 판별하는 기준으로는 너무 높기 때문에 이 책에서는 95% 기준을 충족하는 주주는 특별지배주주라고 부르기로 한다.

5) 한국채택국제회계기준의 경우 구체적인 기준은 K-IFRS 1028 문단13.

독립된 별개의 실체이지만 경제적으로는 하나의 기업처럼 운영되는 경우도 적지 않다.

앞서 설명한 바와 같이 공정거래법은 지배관계를 기초로 결합된 회사의 집단을 **기업집단**이라고 하고(공정거래 2(xi)) 동일한 기업집단에 속하는 회사를 **계열회사**라고 한다(공정거래 2(xii)). 지배관계가 가장 뚜렷한 것은 P회사가 S회사 주식의 전부를 지배하는 것과 같은 완전모자회사관계이다. 모회사 중에서 특히 자회사관리를 주된 사업으로 하는 회사를 **지주회사**라고 부른다(공정거래 2(vii)).

우리나라의 대기업은 대부분 기업집단에 속하고 있다. 흔히 재벌이라고 불리는 이들 기업집단은 보통 총수(總帥)라고 불리는 특정의 자연인 지배주주가 지배하고 있다. 이들 기업집단은 지주회사와 같은 단순한 소유구조를 취하고 있는 경우도 있지만 후술하는 바와 같이 총수가 계열회사 사이의 복잡한 주식소유관계를 통해서 모든 계열회사를 지배하는 경우도 많다. 공정거래법은 기업집단의 규모에 따라 상호출자금지(공정거래 31), 순환출자금지(공정거래 22), 계열회사에 대한 채무보증금지(공정거래 24) 등 규제를 가하고 있다.[1)]

회사법의 관점에서도 기업집단은 독립적인 회사에 비하여 구조적으로 더 어려운 문제를 야기한다. 회사가 기업집단에 속하는 경우 그 회사는 그 회사 자체의 이익이 아닌 기업집단전체나 총수 개인의 이익을 위해서 운영될 가능성이 크기 때문이다. 그러나 상법은 아직 기업집단의 회사법적 문제를 정면으로 다루고 있지 않다. 상법은 기업집단에 속하는 계열회사와 독립적인 회사를 구별하고 있지 않다. 대법원도 개별 계열회사들이 독립 법인격을 갖는 별개 회사라는 전제 하에 각 이사들로 하여금 자신이 소속된 회사의 이익 관점에서 거래 당부를 판단하도록 한다(대법원 2023. 3. 30, 2019다280481 판결 등). 상법을 기업집단의 현실에 적합하게 해석·적용하는 일은 결국 학설과 판례의 발전에 맡겨져 있는 셈이다.

8. 내국회사와 외국회사

회사는 내국회사와 외국회사로 나눌 수 있다. 상법은 제614조 이하에서 외국회사에 대한 일련의 규정을 두면서도 그에 대한 정의를 두고 있지 않다.[2)] 따라서 상법상 외국회사가 무엇을 의미하는지부터 확정할 필요가 있다. 외국회사에 관해서는 외국법을 준거법으로 설립된 회사로 보는 준거법설과 영업의 본거지가 외국에 있는 회사로 보는 본거지법설이 대립하지만 우리나라에서는 준거법설이 통설이다. 외국회사에 대해서는 제9장 제6절에서 상세히 설명한다.

---

1) 기업집단은 공정거래법 외에도 세법, 도산법, 노동법, 행정규제법상으로 어려운 문제를 야기한다.
2) 다른 법에서는 외국법인에 대한 정의를 두고 있다(예컨대 자시 9(16)).

공공적 법인

자본시장법에 의하면 금융위원회는 국민경제상 중요한 산업을 영위하는 상장법인 중 일정한 요건을 갖춘 법인을 공공적 법인으로 지정할 수 있다(자시 152(3), 자시令 162). 현재는 한국전력공사가 유일하다. 자본시장법상 공공적 법인에 대한 특례는 다음과 같다.

- 의결권 대리행사의 권유를 당해 회사만 할 수 있음(자시 152(3))
- 이익배당 및 무상증자의 특례(자시 165-14)
- 주식소유의 제한(자시 167) 및 외국인의 주식취득 제한(자시 168(2))

제 2 절

회사와 회사법

Ⅰ. 서 설

1. 회사법의 의의: 형식적 의의와 실질적 의의

우리나라는 대부분의 입법례와는 달리 회사법이란 명칭의 법률이 따로 없다. 회사에 관한 일반 법규정은 상법 회사편(제3편)에 들어 있다.[1] 이를 **형식적 의의의 회사법**으로 부른다. 상법 회사편은 주로 회사의 성립에서 소멸에 이르기까지의 조직 및 운영에 관한 사법적(私法的) 규정으로 구성되어 있다. 그 밖에 일부 소송 및 비송절차와 벌칙에 관한 조항도 포함되어 있다.

이론상으로는 독자적인 법분야로서의 회사법, 즉 **실질적 의의의 회사법**도 상정해 볼 수 있다. 실질적 의의의 회사법이 형식적 의의의 회사법과 일치하지 않는 것은 분명하지만 그것이 어떠한 내용을 담아야 할지는 분명치 않다. 가장 넓은 의미로는 회사에 관한 법규범의 총체를 회사법이라고 부를 수도 있다. 그러나 회사와 관련된 무수한 법규범을 모두 회사법의 범주에 포함시키는 것은 현실적으로 별 실익을 찾기 어렵다. 보다 좁은 의미로는 회사법을 회사에 이해관계를 갖는 다양한 주체의 이익을 조정하기 위한 법으로 파악할 수도 있다. 이러한 관점에 의하면 공정거래법, 은행법 등의 각종 규제법, 법인세법 등은 대부분 회사법에서 제외될 것이다.[2]

어려운 것은 회사의 이해관계자에 누구까지 포함시킬 것인가의 문제이다. 실제로 회사에 이해관계를 갖는 주체는 주주, 채권자, 경영자, 근로자, 거래처, 소비자, 지역사회, 국가 등 실로 다양하다. 특히 근로자는 대체로 회사와 운명을 같이 한다는 점에서 가장 중요한 이해관계자라고 할 수 있다. 그러나 근로자의 이익은 노동법 분야에서 규율하는 것으로 보아 회사법의 대상에서는 배제하는 것이 선진 입법의 추세이다.[3] 전통적으로 회사법은 회사의 많은 이해관

1) 우리와 비슷한 처지에 있던 일본은 2005년에 회사법을 단행법으로 독립시켰다.

2) 그러나 실제로는 이들 법률이 회사의 운영에는 결정적인 영향을 미칠 수 있음을 주의할 필요가 있다. 또한 이익조정 이외의 목표를 가졌지만 이해관계자의 이해에 영향을 미치는 규정도 존재한다. 공정거래법상의 상호출자제한 규정(공정거래 21)이 그 대표적인 예이다.

3) 다만 사회주의 색채가 상대적으로 강한 스칸디나비아제국, 독일 등 일부국가에 따라서는 근로자대표를 회사의 의사결정기구에 참여시키기도 한다. 근로자의 이익을 회사법의 영역에서 배제하더라도 실제 회사운영에서는 그것이

계자 중에서 주로 주주와 채권자에 초점을 맞추고 있다. 상법 회사편도 주주와 채권자가 관련되는 사법적인 권리관계에 관한 규정이 대부분을 차지한다.[1)]

2. 회사법의 법원(法源)

(1) 상법 회사편

실질적 의의의 회사법을 회사의 사원과 채권자의 이익을 보호하기 위한 법으로 좁게 이해하는 경우 가장 중요한 법원(法源)은 형식적 의의의 회사법인 상법 회사편이다. 상법 회사편은 회사의 탄생에서 소멸에 이르기까지 회사의 일생에 관해서 포괄적이고도 체계적인 규정을 두고 있다. 또한 최근에는 회사편의 규정을 보완하기 위한 시행령 규정이 점차 증가하고 있다.

(2) 자본시장법

상법 회사편 다음으로 중요한 회사법의 법원은 2007년 제정된 「자본시장과 금융투자업에 관한 법률」(자본시장법)이다. 과거의 「증권거래법」을 대폭 확대 개편한 자본시장법은 크게 두 가지 점에서 중요한 의미가 있다. 먼저 투자자보호를 목적으로 하는 자본시장법은 주주와 채권자의 보호를 주된 과제로 삼는 회사법과 공통분모가 크다. 다만 자본시장법상의 **투자자**는 주주나 사채권자보다는 넓은 개념이다. 또한 자본시장법의 규율대상인 **금융투자상품**(자시 3)과 **증권**(자시 4)은 주식이나 사채 외에도 수많은 투자대상을 포함하지만 주식이나 사채가 여전히 주류를 이루고 있다. 회사법에 비하여 자본시장법은 특히 투자자가 주주나 사채권자가 되는 '과정'에 주목한다. 자본시장법은 증권을 발행하는 회사와 투자자 사이의 '정보 비대칭'을 해소하기 위하여 정보공시를 강제할 뿐 아니라[2)] 증권이 일단 발행된 후 유통시장에서 투자자를 보호하기 위한 일련의 규정을 두고 있다.[3)]

회사법에 대한 영향이 보다 직접적인 것은 자본시장법에 포함된 주권상장법인에 관한 특례규정이다. 과거 증권거래법은 거래소에 상장하고 있는 상장법인에 대해서 여러 가지 특칙을 두었다. 이들 특칙은 엄밀히 말하면 증권거래법보다는 상법 회사편에 포함되어야 할 규정으로 체계상, 해석상 상당한 혼선을 빚었다. 2009년 증권거래법이 자본시장법으로 확대 개편되면서 이들 특례규정은 상당부분 상법 회사편으로 그대로 옮겨졌지만(542-2~542-13) 아직 회사재무에 관한 특례규정은 자본시장법에 남아 있다(자시 165-2~165-20). 자본시장법의 위임에 따라 제정된 금융위원회의 "증권의 발행 및 공시 등에 관한 규정"(발행공시규정)에는 상장회사가 준

중요한 의미를 갖는 것은 어느 나라나 마찬가지이다.

1) 상법 회사편은 채권자 이익에 관한 규정을 많이 포함하고 있다. 그러나 채권자 이익을 보호하는 방식은 나라에 따라 차이가 있다. 대부분의 국가는 우리처럼 회사법이 채권자 이익에 상당한 배려를 가하고 있지만 미국과 같이 채권자 이익을 거의 전적으로 계약법과 도산법의 영역에 맡기는 나라도 있다.

2) 상법에서도 그런 취지의 규정이 전혀 없는 것은 아니지만(예컨대 주식청약서(302)) 그 강도는 훨씬 미약하다.

3) 예컨대 시세조종이나 내부자거래에 관한 규제와 공개매수규제 등.

수해야할 상세한 기준이 포함되어 있다(5-16~5-25: 주권상장법인 재무관리기준).

(3) 외 감 법

회사실무상 자본시장법 못지않게 중요한 것은 1980년 제정된 「주식회사 등의 외부감사에 관한 법률」(외감법)이다. 외감법은 특히 회사의 회계와 관련하여 중요한 의미가 있다. 외감법은 일정 규모 이상의 주식회사에 대해서 외부감사를 강제함(외감 4)과 아울러 금융위원회에 대상회사의 회계처리기준을 마련할 것을 위임하고 있다(외감 5(1)).[1] 금융위원회는 회계처리기준에 관한 업무를 1999년 민간기구로 설립된 '한국회계기준원'에 다시 위탁하였다(외감令 7(1)). 한국회계기준원이 제정한 회계처리기준은 회계분야의 기본규범으로 외감법 적용 대상이 아닌 회사의 회계처리에도 큰 영향을 주고 있다.

(4) 기타의 법령

「독점규제 및 공정거래에 관한 법률」(공정거래법)은 일반적인 경쟁제한규제 외에 회사법적인 규정을 다수 포함하고 있다. 지주회사, 상호출자금지, 내부거래공시 등 기업집단에 관한 규정이 그 대표적인 예라고 할 수 있다. 그 밖에도 수많은 특별법이 회사법을 보충하거나 변경하는 규정을 두고 있다. 예컨대 「금융회사의 지배구조에 관한 법률」은 종래 여러 금융규제법령에 산재하던 지배구조 관련 특칙을 모은 법률로서 금융지주회사, 은행, 금융투자업자, 보험회사 등 금융회사의 임원, 이사회, 내부통제 등 지배구조에 관하여 규정하고 있다. 「공공기관의 운영에 관한 법률」은 흔히 공기업이라고 하는 공공기관의 임원, 이사회, 경영평가 등에 관한 여러 규정을 두고 있다. 「한국전력공사법」, 「한국가스공사법」 등과 같이 특정 특수회사에 적용되는 회사법의 특례규정을 포함하는 법률도 다수 존재한다. 또한 「주식·사채 등의 전자등록에 관한 법률」(전자증권법), 「담보부사채신탁법」, 「채무자 회생 및 파산에 관한 법률」(도산법) 등과 같이 회사의 특정 분야와 관련하여 회사법을 보완하는 체계적 입법도 존재한다.

(5) 자 치 법

자치규범인 상사자치법의 예로 정관을 드는 것이 보통이다. 정관의 성격에 관해서는 학설상 다툼이 있지만 어느 정도 규범성을 인정할 수밖에 없을 것이다. 장차 회사에 가입하는 구성원을 그 내용을 아는지 여부와 관계없이 모두 구속하기 때문이다. 그러나 정관은 계약적인 측면도 아울러 지니고 있기 때문에 주주가 사적자치의 원칙에 따라 내용을 적절히 구성하는 것을 허용하여야 할 것이다.

---

1) 외감법에 따라 외부감사가 강제되는 회사는 (i) 주권상장법인, (ii) 자산총액 또는 매출액 500억원 이상인 회사, (iii) 자산총액 120억원 이상, 부채총액 70억원 이상, 매출액 100억원 이상, 근로자 100명 이상 중 2개 이상에 해당하는 주식회사 등이고, 일부 유한회사도 포함된다(외감令 5).

한국거래소의 각종 규정도 상장회사를 구속한다는 점에서 자치법에 속한다고 볼 수 있다. 이들 규정의 구속력은 한국거래소와 상장회사 사이의 상장계약(유가증권시장상장규정 16)에 근거한다는 점에서 계약적 요소가 있는 것이 사실이다. 그러나 현실적으로 상장회사가 규정내용을 교섭에 의하여 변경할 수 있는 가능성이 없다는 점에서 규범성이 강하다.[1)]

회사법과 soft law

법적 구속력은 없지만 사실상의 규범력을 가지고 회사 및 구성원의 행동에 영향을 미치는 非법적 규범을 soft law(연성(軟性)규범)라고 한다. Soft law는 정규 입법절차를 거쳐야 하는 법규범에 비해 신속하고 유연하게 시대변화에 대응할 수 있고 수범자들의 자율성을 존중할 수 있다는 장점이 있다. 반면 그 실효성이 미약할 때에는 법규범의 제정을 회피하거나 지연시키기 위한 구실에 불과하다는 비판을 받고, 반대로 그 실효성이 강할 때에는 정상적인 입법절차를 우회하여 soft law 제정 주체들의 권한을 확대시킨다는 비판을 받기도 한다.

국제적으로 영향력을 가지는 회사법 분야 soft law의 대표적인 예로는 OECD가 1999년 제정하고 수차 개정한 기업지배구조원칙(Principles of Corporate Governance)을 들 수 있다. 이는 각국 기업의 지배구조를 평가할 때 적용하는 기준으로서 아직 상당한 영향력을 갖고 있다.[2)] 또한 독일은 2002년 기업지배구조모범규준(Deutscher Corporate Governance Kodex)을 제정하여 상장회사가 그 것을 준수하지 않는 경우에는 그 이유를 설명하도록 하고 있다(獨株 161(1))(이른바 comply-or-explain). 일본도 2015년 유사한 모범규준을 채택하여 동경증권거래소 규정에 반영하고 있다.

우리나라에서는 1999년 민간기구인 기업지배구조개선위원회에서 마련한 「기업지배구조모범규준」을 그 예로 들 수 있다.[3)] 한편 2019년부터 한국거래소 규정(유가증권시장공시규정 24-2)에 의해 대규모 상장회사의 경우 기업지배구조 보고서 제출이 의무화되었다. 이 보고서에서는 '기업지배구조 보고서 가이드라인'에 열거된 항목에 따라 각 회사의 상황을 공시하고 특히 15개 핵심지표에 관해서는 그 준수 여부를 공시하고 미준수시 그 사유를 설명하도록 하고 있어 comply-or-explain 방식의 soft law에 해당한다.

3. 회사법의 연혁

다수의 투자자가 자금을 출연하여 공동의 사업을 수행하는 현상은 역사상 오래전부터 존재하였다. 그러나 유럽에서 독자적 법인격을 지닌 회사라는 기업형태가 처음 등장한 것은 그리 오래되지 않는다.[4)] 당초에는 시민들의 결사(結社)인 회사에 대해서 왕실이 강한 의구심을

1) 거래소 각종 규정의 내용은 금융위원회의 광범위한 허가권이 미치는 사항이다(자시 373-2(2)(v), 373-5).
2) 2023년 9월 공표된 최신판은 OECD 홈페이지(https://www.oecd-ilibrary.org/governance/g20-oecd-principles-of-corporate-governance-2023_ed750b30-en)에서 구할 수 있다.
3) 2021년 개정에 의해 'ESG 모범규준'의 일부인 '지배구조 모범규준'의 형태로 존재하게 되었다. 한국ESG기준원 홈페이지(www.cgs.or.kr)에서 구할 수 있다.
4) 근대적인 회사의 효시로는 1602년 설립된 네덜란드 동인도회사를 꼽는 것이 보통이다.

가졌기 때문에 하나의 회사를 설립할 때마다 국왕의 칙허나 의회의 법률을 필요로 했다(특허주의). 그러나 회사설립을 요하는 사업이 늘어남에 따라 개별적으로 특허절차를 밟는 것은 번잡할 뿐 아니라 부패의 소지도 적지 않았다. 그리하여 모든 회사에 적용되는 일반 회사법을 제정하고 정부가 소정의 요건에 적합한 회사인지 여부를 심사하여 법인격을 부여하는 체제(면허주의 내지 인가주의)로 넘어가게 되었다. 그러나 회사설립의 수요가 폭증함에 따라 19세기 후반에 이르러서는 일정한 요건을 충족하면 정부의 심사를 거치지 않고서도 회사를 자유로이 설립할 수 있는 제도(준칙주의)가 확산되었다.

기본적으로 판례법 국가에 속하는 영국과 미국에서도 회사법은 이른바 제정법(statutory law)의 형태를 취하고 있다. 1962년 제정된 우리 상법 회사편은 당시 일본법의 골격을 그대로 이어받은 것이었다. 우리가 계수한 일본의 회사법은 1890년 당시 독일법의 영향을 받아 제정된 것이므로 구태여 뿌리를 따지자면 우리 회사법도 독일법계에 속한다고 볼 수 있다. 그러나 제2차 세계대전 후 미군의 점령 하에 있던 일본이 1950년 회사법을 개정하면서 이사회, 수권자본, 주주대표소송 등 미국법적 요소를 많이 흡수하게 되었다. 그리하여 우리 회사법도 이미 출발부터 미국법적 요소를 많이 포함하였다. 특히 1997년 경제위기를 계기로 우리 회사법은 감사위원회를 도입하고 소수주주권을 강화하는 등 미국법적 색채가 한층 강화되었다. 제정 후 최대의 개정이라고 할 수 있는 2011년 상법 개정에서는 대륙법계 회사법의 전통에서 벗어나 회사의 조직과 운영 면에서 자율적인 선택의 폭을 넓히는 한편으로 채권자 보호를 목적으로 하는 규정들의 경직성을 대폭 완화하였다. 그리하여 우리 회사법은 이제 적어도 기능 면에서는 미국의 회사법에 한층 더 접근하게 되었다.

Ⅱ. 회사법의 과제

앞서 언급한 바와 같이 회사에 이해관계를 가진 주체는 주주, 채권자, 경영자, 근로자, 거래처, 소비자, 지역사회, 국가 등 실로 다양하다. 이들 **이해관계자**(stakeholder)의 이익은 한편으로는 서로 일치되기도 하지만 다른 한편으로는 서로 갈등을 빚기도 한다. 이해관계자 사이의 이익충돌을 적절히 조정하지 않고는 회사가 제대로 발전할 수 없다. 따라서 회사법의 과제는 이해관계자의 이익을 적절히 조정하는 것이라고 할 수 있다. 특히 최근에는 ESG에 관한 논의[1]에서 보는 바와 같이 이해관계자의 이익이 주목을 끌고 있다. 전통적으로 회사법은 자본을 투입하는 주주와 채권자만을 회사의 이해관계자로 파악하여 왔지만[2] 실제의 회사경영에서 그

1) 제1장 제2절 V. 3. (6) 참조.
2) 우리 회사법도 주주와 채권자 이외의 이해관계자에 대해서 직접 배려하는 경우는 없다(예외적으로 468(사용인의 우선변제권)).

밖의 이해관계자를 완전히 무시하는 것은 현실적으로 불가능할 뿐 아니라 바람직하지도 않다.

1. 주주와 채권자 사이의 이익충돌

이들 이해관계자 사이의 이익충돌 중에서 가장 두드러지는 것은 선순위(先順位)권리자인 회사채권자와 후순위(後順位)권리자인 주주 사이의 이익충돌이다. 기본적으로 주주와 회사채권자 사이의 이익충돌은 주주가 회사채무에 대해서 원칙적으로 책임을 지지 않음(주주유한책임의 원칙)에도 불구하고 회사의 의사결정을 지배하는 구조 때문에 발생한다. 회사가 망하더라도 주주는 유한책임의 원칙에 따라 자신의 투자액을 상실할 뿐이지만 성공 시에는 그 열매를 독차지한다. 반면 채권자는 회사가 아무리 큰 성공을 거두더라도 약정한 원금과 이자보다 더 받을 수 있는 것은 아니다. 따라서 주주는 채권자보다 위험한 투자를 선호하고 회사의 부채비율을 높이려 할 소지가 있다.

채권자가 주주의 이런 **기회주의적 행동**(strategic behavior)을 막기 위하여 미리 계약에 그러한 행동을 막기 위한 규정을 두는 것도 불가능한 것은 아니다.[1] 상법은 이러한 계약에 의한 채권자 보호수단에 대해서는 아무런 규정도 두고 있지 않다. 이 문제는 결국 계약법상의 문제라고 하겠지만 계약만으로 이러한 이익충돌의 사례를 완전히 예방하기는 어렵다.[2]

대륙법계 국가의 회사법은 전통적으로 채권자 이익을 중시해왔다. 회사설립과 신주발행에 관한 복잡한 규정은 대부분 채권자 보호를 위한 것이다. 그러나 채권자 이익을 회사법으로 보호하는 것이 과연 효율적인가에 대해서는 국내외에서 비판이 많이 제기된 바 있다.[3] 채권자 이익보호를 겨냥한 회사법규정이 기동성 있는 회사경영을 저해하는 측면이 있기 때문이다. 후술하는 바와 같이 2011년 개정 상법은 국제적 입법동향에 따라 채권자 보호를 위한 규정의 경직성을 대폭 완화함으로써 회사운영상의 편의를 도모하고 있다.

2. 경영자와 주주 사이의 이익충돌

채권자에 대한 관심이 엷어짐에 따라 한층 부각되는 것은 주주이다. 회사의 흥망성쇠에 가장 밀접한 이해관계를 갖는 동시에 그 이익이 침해될 여지도 가장 큰 것이 주주라는 점에서 회사법이 주주에 주목하는 것은 당연한 일이다. 회사법은 전통적으로 회사경영을 담당하는 경영자, 특히 이사와 주주 사이의 이익충돌에 초점을 맞춰왔다. 주식소유의 분산으로 소유와 경영이 분리되면 경영자와 주주 사이의 이익충돌 위험은 한층 높아진다.

---

1) 실제로 사채발행의 경우에 작성되는 사채계약이나 대규모 차입계약에는 그러한 규정이 많이 포함되고 있다.
2) 이사의 선관주의의무를 회사와 주주뿐 아니라 채권자의 이익까지 고려하도록 확대하자는 주장도 있지만 널리 지지를 받지 못하고 있다. 김건식, "도산에 임박한 회사와 이사의 의무", 상사법연구 30-3(2011), 273면 이하.
3) 간단한 소개로 김건식, "자본제도와 유연한 회사법", 연구Ⅱ, 259면 이하. 채권자 이익보호에 관한 보다 포괄적인 논의에 대해서는 해부, 188~245면.

상법은 경영자인 이사의 행동을 규율하기 위한 규정을 다수 마련하고 있다. 먼저 경영자의 업무수행은 이사의 선관주의의무(382(2)→민 681)와 충실의무(382-3)에 의하여 규율된다. 따라서 회사 이익과 부합하지 않은 투자를 행하거나 회사 재산을 사적으로 빼돌리는 이사는 선관주의의무와 충실의무 위반을 이유로 손해배상책임을 질 수 있다(399, 401). 그러나 현실적으로 이사의 책임을 추궁하는 것이 반드시 용이한 것은 아니다. 보다 근본적인 해결은 주주와 경영자의 인센티브를 일치시키는 것이다. 그것을 위한 장치의 대표적인 예가 바로 흔히 스톡옵션(stock option)이라고 불리는 주식매수선택권이다(340-2, 542-3). 그러나 실제로 경영자와 주주의 이익을 일치시키는 것은 기술적으로 쉽지 않다. 외국에서 특히 많이 논의되는 것은 이른바 적대적 기업인수를 비롯한 시장에 의한 압력이다. 적대적 인수가 활성화되면 경영자가 방만한 투자를 감행하기 어려운 것이 사실이다. 그러나 적대적 인수에는 적지 않은 비용과 부작용도 수반된다. 또한 우리나라에서는 아직 대기업의 경우에도 지배주주가 존재하기 때문에 적대적 인수의 가능성은 아직 그리 높지 않은 것으로 판단된다.

3. 지배주주와 일반주주 사이의 이익충돌

주식소유가 널리 분산된 회사에서는 전술한 경영자와 주주 사이의 이익충돌에 대처하는 것이 주된 과제이다. 그러나 주식소유가 특정인에게 집중된 회사에서는 회사 경영을 지배하는 지배주주와 일반주주 사이의 이익충돌이 보다 더 심각한 문제이다. 우리나라에서는 극소수 예외를 제외하고는 대기업에도 지배주주가 존재한다. 과거 이들 지배주주의 소유지분은 50%를 넘는 경우가 많았지만 기업 규모가 팽창함에 따라 점차 줄어들고 있다.[1] 지배주주의 지분이 줄어들수록 소수주주와 이익이 충돌할 가능성은 높아진다. 지배주주의 경영편의를 강조할수록 소수주주의 이익이 희생될 위험이 커지고 반대로 소수주주 이익을 강조할수록 경영의 기동성이 저해될 위험이 커진다. 현재 우리 기업현실에서는 지배주주와 소수주주 사이의 이익충돌이 훨씬 더 심각한 문제임에도 불구하고 그에 대한 상법의 배려는 아직 충분하다고 하기 어렵다. 앞으로 입법적인 개선이 행해지기 전까지는 결국 법원의 창의적인 노력에 의존할 수밖에 없을 것이다.

대리문제와 회사법의 수단성

앞서 설명한 세 가지 이익충돌은 학계에서는 **대리문제**(agency problem)라는 개념으로 설명하고 있다. 회사법의 과제는 대리문제에서 발생하는 이른바 **대리비용**(agency cost)을 최소화하는 것이다. 이러한 기능적 사고에 따르면 회사법은 오랜 전통의 산물인 정태적인 법개념의 체계가 아니라 앞서 언급한 대리문제의 해결을 위한 수단에 불과하다. 나아가 회사법의 가치는 그 논리적, 체계

1) 제1장 제2절 V. 참조.

적 정합성이 아니라 앞서 언급한 과제를 얼마나 적절하게 수행하고 있는가에 달려 있다. 만약 회사법에 포함된 기존의 법리만으로 대리문제를 효과적으로 해결할 수 없다면 새로운 법리를 모색할 필요가 있을 것이다.

회사법의 법리 그 자체를 목적으로 보는 것이 아니라 특정의 목적을 위한 수단으로 보는 기능적 접근의 출발점은 먼저 회사법이 해결할 문제를 정확하게 파악하는 것이다. 다음 단계로 그 문제 해결을 위하여 동원되는 수단이 과연 문제 해결에 얼마나 효과적인가를 평가할 필요가 있다. 이를 위해서는 앞으로 우리 기업현실에 관한 실증적 연구에 보다 관심을 기울일 필요가 있을 것이다.

Ⅲ. 회사법의 규제방식

전술한 회사법의 과제를 수행하기 위해서는 경영자나 지배주주와 같은 인간의 행동을 바람직한 방향으로 통제할 필요가 있다. 회사법은 이들의 행동을 통제하기 위하여 다양한 수단을 동원하고 있다.[1] 이곳에서는 형사처벌을 제외한 수단들에 대해서 간단히 설명하기로 한다.[2]

1. 회사경영에 대한 참여

회사경영에 대한 참여는 경영자의 임면과 보상결정에 관여하는 것이 기본이다. 보다 적극적인 참여는 회사경영의 의사결정에 참여하는 방식으로 이루어진다. 경영자의 의사결정에 이사회나 주주총회와 같은 다른 기관의 승인을 요하는 것이 그 대표적인 예이다. 또한 감사와 같은 감독기관의 적절한 직무수행을 통해서도 경영자의 권한남용은 크게 억제될 수 있다. 이러한 참여형 접근방식이 실효를 거두기 위해서는 참여하는 주체가 독립성과 전문성을 갖춰야 할 뿐 아니라 적절한 정보를 가져야 할 것이다.

2. 저지형 구제수단 — 효력의 부인

형사처벌에 버금가는 강력한 통제방식으로는 바람직하지 않은 행위를 저지할 수 있는 구제수단을 부여하는 것이다. 저지형 구제수단은 문제의 행위를 사전적으로 저지하는 **사전적 저지**와 사후적으로 그 효력을 부인하는 **사후적 저지**로 나눌 수 있다. 상법이 사전적 저지를 명시한 경우는 극히 제한된다(예컨대 이사의 위법행위유지청구(402)나 신주발행유지청구(424)). 그렇지만 주주는 실제로 다양한 형태의 가처분(민집 300 이하)을 활용함으로써 경영자나 지배주주의 부당한 행위에 사전적으로 대처할 수 있다.[3]

1) 회사법만 아니라 형법 등 다른 법도 이들의 행동을 제약할 수 있다. 또한 법규범을 넘어서 사회규범이나 시장에서의 압력 등 다른 요인들도 이들의 행동에 영향을 줄 수 있지만 이곳에서는 회사법의 규제수단만을 살펴본다.

2) 회사의 대리문제와 그 해결을 위한 다양한 법적 전략의 분류에 관한 간단한 설명으로는 해부, 70~85면.

3) 회사분쟁에서 활용되는 가처분에 관해서는 노혁준, "회사가처분에 관한 연구: 기본구조와 주요가처분의 당사자

반면에 사후적 저지에 관한 규정은 상법의 도처에 존재한다. 주주총회 결의의 하자를 다투는 소송(376 이하), 합병무효의 소(529) 등이 그 대표적인 예이다. 주의할 것은 사후적 저지가 반드시 상법의 명시적인 규정이 있어야만 가능한 것은 아니라는 점이다. 상법의 규정은 일반 민사상의 저지수단에 대한 특칙을 규정하기 위하여 마련된 것이므로 명시적 규정이 없는 경우에는 일반 민사법상의 저지수단을 동원할 필요가 있다.

3. 배상형 구제수단

배상형 구제수단은 특정한 행위자체를 저지하는 대신 행위자에게 그 행위로 인한 손해를 전보하도록 하는 것을 말한다. 이사, 감사 등의 손해배상책임에 관한 규정(399, 401, 401-2, 415)이 그 대표적인 예이다. 배상형 구제수단도 상법에 명시적인 규정이 있는 경우에만 부여되는 것은 아니다.[1]

배상형 구제수단은 문제된 행위자체를 봉쇄하는 것이 아니라는 점에서 저지형 구제수단보다 덜 경직적이다. 배상형 구제수단은 행위자의 귀책사유가 있는 경우에만 인정되고, 현실적으로 손해의 증명이 어려운 경우에는 그 실효성이 떨어진다는 점이 한계이다. 손해의 증명이 어렵거나 피해자의 손해보다 행위자의 이익이 훨씬 큰 경우에는 이익반환청구도 허용하는 것이 그러한 행위를 억지한다는 관점에서 바람직할 것이다.[2] 저지형 구제수단에 비하여 배상형 구제수단은 법원을 포함한 사법(司法)인프라가 성숙된 사회에서 비로소 제대로 작동할 수 있다.[3] 배상형 구제수단의 대표격인 주주대표소송도 사법제도의 뒷받침 없이는 활성화될 수 없다.

4. 퇴사형 구제수단

배상형 구제수단과 유사한 것으로 퇴사형(退社型) 구제수단이 있다. 회사의 어떤 행위가 자신의 기대에 반할 때 만약 당해 주주가 자신의 보유주식을 포기하는 대가로 그 경제적 이익을 반환받을 수 있다면 주주이익은 크게 보호될 것이다. 그 대표적인 예가 반대주주의 주식매수청구권이다(374-2).[4] 주식매수청구권은 배상형 구제수단과는 달리 행위자의 귀책사유를 묻

및 효력을 중심으로", 민사판례연구 32(2010), 973~1041면.

1) 저지형규제에서와 마찬가지로 상법에 달리 규정이 없는 경우에도 민법상 채무불이행이나 불법행위로 인한 손해배상책임이 발생할 수 있다(민 390, 750).

2) 상법은 경업금지위반의 경우에는 이사에 대하여 이득의 양도를 청구하는 것을 인정하고(397(2)) 회사기회유용의 경우에는 이사나 제3자가 얻은 이익을 손해로 추정한다(397-2(2)).

3) 법관의 전문성과 독립성이 특히 중요할 것이다.

4) 입법론상으로는 회사가 아니라 지배주주나 이사가 매수의 주체가 되는 방식도 생각해볼 수 있다. 2011년 개정 상법에서는 지배주주의 지분이 95% 이상에 달하는 경우에는 소수주주가 지배주주에게 자신의 주식을 매수할 것을 청구할 수 있는 권한을 인정하고 있다(360-25).

지 않기 때문에 보다 손쉽게 행사할 수 있다. 퇴사형 구제수단이 실효성을 가지려면 주식의 가치평가가 제대로 이루어질 수 있어야 한다. 퇴사형 구제수단은 회사의 자금조달이 여의치 않은 상태에서는 사실상 저지형 구제수단과 마찬가지로 기능할 수 있다.

5. 정보개시의 강제

회사법의 규제방식 중 가장 간접적인 것은 정보개시(開示)(disclosure)의 강제이다. 정보개시는 정보의 비대칭을 완화함으로써 주주나 채권자의 권리행사를 돕는 한편 경영자나 지배주주의 권한남용을 억지하는 기능을 수행한다. 정보개시는 크게 직접개시와 간접개시로 나눌 수 있다. **직접개시**는 공고나 통지와 같이 이해관계자에게 직접 정보를 제공하는 방식을 말한다. 한편 **간접개시**란 등기소나 회사 본점과 같은 특정 장소에서 이해관계자가 정보를 취득할 수 있도록 하는 방식을 가리킨다. 직접개시의 예로는 주주총회 소집의 통지 · 공고(363)나 제3자에 대한 신주발행 시의 통지 · 공고(418(4)) 등이 있다. 간접개시의 예로는 정관 등의 비치 · 공시(396)나 재무제표의 비치 · 공시(448) 등이 있다.

정보개시는 합명회사나 합자회사에서는 미미하지만 이해관계자가 많은 주식회사의 경우에는 크게 강화되고 있다. 나아가 일반투자자 보호를 목적으로 하는 자본시장법은 한층 더 폭넓은 정보개시를 강제하고 있다.[1] 외감법에 따른 감사보고서 역시 전자적으로 공시되어 정보제공에 크게 기여하고 있다. 정보개시형 접근방식은 가장 덜 간섭적일 뿐 아니라 집행이 용이하다는 장점 때문에 인터넷망의 발달과 더불어 급속히 확산되고 있다.[2]

형사처벌의 한계

현재 우리나라에서 경영자나 지배주주의 행동을 통제하는 가장 강력한 수단은 형사처벌이다. 그러나 형사처벌에 과도하게 의존하는 것은 다음과 같은 이유로 바람직하지 않다. ①형사처벌은 비난가능성이 아주 높은 행위에 대해서만 타당성을 가진다. 형사처벌이 확대되면 바람직한 사업수행도 위축될 위험이 있기 때문이다. ② 유죄판결에는 엄격한 증거가 필요하기 때문에 증거확보가 어려운 경우에는 검찰이 쉽게 나서기 어렵다. ③ 형사소추를 담당하는 검찰은 아무래도 여론이나 정치적 상황에 영향을 받을 가능성이 높다.

---

1) 특히 상장회사의 사업보고서, 반기보고서, 분기보고서, 주요사항보고서(자시 159이하)는 회사의 이해관계자에게 중요한 정보원(源)이라고 할 수 있다.

2) 예컨대 2013년 개정 자본시장법은 임원 개인별 보수도 5억원이 넘는 경우에는 그 산정기준 및 방법까지 사업보고서와 반기 · 분기보고서에 기재하도록 하고 있다(자시 159(2)(iii)).

Ⅳ. 회사법의 성격: 강행성과 사적자치

1. 서 설

회사법 규정은 ① 회사채권자를 비롯한 제3자에 영향을 주는 외부관계에 관한 규정과 ② 회사의 내부조직 등의 내부관계에 관한 규정으로 나눌 수 있다. 종래 ①은 물론이고 ②도 원칙적으로 강행규정으로 보는 것이 일반적이었다. 따라서 상법이 명시적으로 인정한 경우를 제외하고는 정관이나 당사자의 합의에 의한 변용은 허용되지 않는 것으로 인식되어 왔다. 그러나 최근에는 회사를 **'계약의 연결점**(nexus of contracts)'으로 파악하는 계약설적 회사관(會社觀)의 확산에 따라 회사규정의 임의법규성이 강조되고 있다. 그에 의하면 회사는 주주, 경영자, 채권자, 종업원, 거래처 등의 이해관계자들 사이에 체결된 다양한 계약의 네트워크에 불과하며[1] 회사법의 영역에서도 사적자치 내지 사적조정(private ordering)의 여지가 생겨나게 된다. 즉 회사법은 기본적으로 임의법규로서 당사자들의 거래비용을 절감하기 위한 표준계약서식의 기능을 수행하는데 불과한 셈이다. 계약설이 반드시 강행규정의 존재를 완전히 부정하는 것은 아니지만 강행규정으로 판단하기 위해서는 합리적인 근거가 필요하다고 본다.

2. 강행규정의 근거

종래 우리나라에서는 회사법 규정을 강행규정으로 보는 근거에 대해서는 별로 논의가 없었다. 다만 일부 하급심 판결은 "일반적으로 주식회사법의 규정은 고도의 강행성을 갖고 있어 외부관계에 관한 규정 뿐 아니라 내부관계에 관한 대부분의 규정도 강행법규로 본다"고 판시한 바 있다(서울고등법원 2008. 4. 18, 2007나95965 판결). 그 판결에서 강행법규로 보는 근거로는 "외부적으로는 회사채권자와 공공의 이익을 보호하고 내부적으로는 이사의 전횡이나 대주주의 권한남용 등으로부터 회사와 일반주주의 이익을 보호하기 위하여 법의 후견적 작용이 필요하다"는 점을 들었다. 내부관계에 관한 규정의 경우 합의에 의한 변경을 허용한다면 약자인 소수주주가 대주주로부터 스스로를 보호할 수 없기 때문에 합의를 제한한다는 후견적 고려가 발동한 것이다. 실제 인간의 합리성이 제한적이라는 점(이른바 bounded rationality)을 고려하면 약자보호를 근거로 강행규정성을 인정하는 견해도 일리가 없지 않다. 그러나 만약 이 논리를 따르면 자기방어가 가능한 출자자로 구성된 폐쇄회사의 경우에는 구태여 강행규정성을 인정할 필요가 없을 것이다. 또한 내부관계규정 중 약자보호와 관계없는 것은 합의에 의한 변경을 허용할 수 있을 것이다. 따라서 단순히 내부관계에 관한 규정이란 이유만으로 모두 강행규정으로 볼 것이 아니라 개별 규정별로 강행규정성을 판단해야 할 것이다.[2]

1) 이 견해는 회사를 주주의 소유물로 보는 통설과는 달리 각 이해관계자에 독자적인 지위를 인정하는 견해와 일맥상통한다.

2) 일본에서도 내부관계에 관한 규정을 일반적으로 강행법규로 보는 도그마는 급속히 쇠퇴하고 있다. 오히려 각 규

강행규정의 대안적 근거: 회사 내부관계의 통일성

강행규정의 근거에 대해서는 다양한 견해가 제시되고 있다. 그 중 특히 주목할 것은 내부관계의 통일성을 근거로 강행규정성을 인정하는 견해이다.[1] 만약 회사의 내부관계를 완전히 마음대로 꾸밀 수 있다면 투자자는 투자할 때마다 그 회사 내부관계의 구체적인 모습에 대해서 조사할 필요가 있게 될 것이다. 이러한 조사에는 결국 비용이 소요된다. 만약 회사 내부관계가 강행규정에 의하여 통일성을 갖게 된다면 투자자의 거래비용은 크게 줄어들 것이다. 이러한 통일성의 필요는 특히 투자자가 많은 공개회사에서 클 것이므로 적어도 공개회사의 내부관계에 관한 규정은 강행규정으로 보아야 한다는 견해가 설득력을 가질 수 있다.

3. 주주간계약

(1) 의 의

회사법에서 사적자치는 정관규정을 통한 정관자치나 주주간계약의 형태로 행해지는 것이 보통이다. 주주간계약은 회사법이 기본 원칙으로 제시한 이른바 디폴트규정(default rule)을 수정하기 위하여 주주간에 체결되는 계약을 말한다.[2] 주주전원이 참여하는 경우도 있지만 일부 주주 사이에서만 체결되는 경우도 있다. 보통 주주들 사이에 체결되는 계약을 가리키지만 때로는 회사도 당사자로 참여하는 경우도 있다. 주주간계약은 폐쇄회사에서 체결되는 것이 대부분이지만 사모펀드에 의한 투자의 경우에는 공개회사의 일부 주주 사이에서 체결되는 일도 없지 않다.

(2) 취지 및 기능

주주간계약은 그들의 법률관계를 상법 규정 및 다수결 원리에 맡기기보다 사적인 교섭을 통해 자율적으로 정하려는 주주들의 수요에서 비롯된다. 예컨대 51:49의 지분비율로 합작투자기업을 설립하는 경우 49% 주주는 단순히 상법상의 다수결원칙에 따르기보다는 임원선임 및 회사경영 등에 관해 일정한 권리를 확보하고자 할 것이다. 최대주주가 아닌 소수주주로서 투자하는 벤처캐피탈은 상법상 주주에게 주어지는 의결권 및 소수주주권을 넘어 주요경영사항에 대한 동의권이나 이사 지명권 등을 확보하고자 할 것이다. 또한 이러한 경우에 서로 계약상대방이기도 한 주주들이 언제든 상법상 원칙에 따라 주식을 자유롭게 처분할 수 있다면 투자의 전제가 흔들리므로, 당사자들은 함부로 주식을 양도하지 못하도록 서로 일정한 제약을 가

정에 대해서 개별적으로 강행법규에 해당하는지, 그리고 그 근거는 무엇인지를 따져야 한다는 견해가 유력하다. 日本銀行金融研究所, 「組織形態と法に關する研究會」報告書(金融研究 2003. 12), 60면.

1) 神田秀樹·藤田友敬, "株式會社法の特質, 多樣性, 變化", 會社法の經濟學(1998), 453면.

2) 주주간계약에 관해서는 천경훈, "주주간 계약의 실태와 법리 — 투자촉진 수단으로서의 기능에 주목하여", 상사판례연구 26-3(2013), 3면. 일본법의 동향에 관한 최신 문헌으로 田中 亘 & 森·濱田松本法律事務所 編, 会社·株主間契約の理論と実務(2021).

하려고 할 것이다. 이런 수요들이 모두 주주간계약을 통해 구현된다. 이처럼 주주간계약은 당사자들이 합의한 자발적 질서에 따라 주주들의 권리의무를 정함으로써, 그러한 계약이 없었더라면 투자를 하지 않았거나 망설였을 당사자들의 투자를 촉진하는 기능을 수행한다.

(3) 대 상

주주간계약의 대상이 되는 사항은 크게 ① 인사, 재무 등 회사의 운영에 관한 사항과 ② 주식의 거래에 관한 사항으로 나눌 수 있다. ①은 다시 (i) 주주총회에서의 의사결정, (ii) 이사회에서의 의사결정, (iii) 회사정보의 제공으로 나눌 수 있다. 주주간계약의 가장 대표적인 두 유형이라고 할 수 있는 의결권구속계약과 주식양도제한계약은 각각 ①-(i)과 ②에 속하는 대표적인 계약이다. "주주들이 자신이 지명한 이사로 하여금 이러이러한 행위를 하도록 하여야 한다"는 취지의 이른바 프로큐어 조항은 대체로 ①-(ii)에 해당하는 경우가 많다.

(4) 계약의 효력과 이행강제(집행)

주주간계약의 효력에서 가장 기본적인 문제는 당해 계약이 계약당사자인 주주 사이에 채권적 효력(내지 법적 구속력)을 갖는지 여부이다. 과거에는 회사법 규정의 강행성을 근거로 그 효력을 부정하는 견해가 우세했다. 그러나 계약을 통해서 주주의 특별한 기대를 보호해야 할 실무상의 필요성이 널리 인식됨에 따라 차츰 유효설이 널리 지지를 받게 되었다. 예컨대 대법원은 주식양도제한약정은 투하자본의 회수를 불가능하게 하는 정도에 이르지 않는 한 채권적 효력을 가진다고 하고(대법원 2008. 7. 10, 2007다14193 판결), 다수의 하급심은 이사 선임 등에 관한 의결권구속계약이 유효하다는 전제 하에 그에 위반하는 의결권 행사를 금지하는 가처분 및 그에 따른 의결권 행사를 명하는 가처분을 인정하고 있다. 비교법적으로도 주주간계약의 취지가 실현될 수 있도록 이행강제를 가급적 긍정하는 것이 선진국의 최근 경향이라고 할 수 있다. 주주간계약의 효력 및 집행의 문제는 계약의 내용과 유형에 따라 상이하므로 **주식양도제한계약에 관하여는 제3장 제5절 Ⅲ. 3**에서, **의결권구속계약에 대하여는 제4장 제2절 Ⅴ. 7**에서 각각 상술하기로 한다.

4. 정관자치

앞서 지적한 바와 같이 회사법에서의 사적자치는 주주간계약만이 아니라 정관자치의 형태로도 이루어질 수 있다. 상법은 여러 곳에서 정관자치의 여지를 명시적으로 인정하고 있다(예컨대 389(1)단(대표이사 선임), 418(2)(주주 외의 자에 대한 신주배정) 등). 그러나 법문에 명시적 근거가 없더라도 정관에 임의적 기재사항을 두는 방식으로 자치를 시도하는 것이 가능하다. 다만 강행규정이나 공서양속에 반하는 정관규정은 무효이므로 정관자치도 그 테두리내에서만 허용된다.

정관에는 주주간계약과 동일한 내용을 규정하는 경우도 있지만 그렇지 않은 경우도 많다. 정관에 포함된 내용은 ① 그 효력이 회사에 대해서도 미치고, ② 그 내용에 반대하는 주주나 장래의 주주에 대해서도 효력이 미치며, ③ 일부 주주가 반대하더라도 정관변경절차를 통해서 수정될 수 있다는 점에서 주주간계약의 경우와 차이가 있다.

판례는 정관자치에 관해 과거에 비해 유연한 태도를 보이고 있다. 예컨대 이익배당에 관해 주주들간 협의된 내용이 정관에 구체적으로 반영(당기순이익 발생 시 일정 비율 우선배당)된 사안에서, 정관상 요건이 충족되면 회사의 배당승인결의 없이도 구체적 배당청구권이 발생한다고 보아 그 이행청구를 허용하였다(대법원 2022. 8. 19, 2020다263574 판결).

V. 회사법과 기업지배구조[1)]

1. 서 설

(1) 의 의

회사법은 기업지배구조(corporate governance)[2)]와 밀접한 관련이 있다. 회사법은 기업지배구조를 뒷받침하는 핵심 인프라이고 거꾸로 기업지배구조는 회사법의 형성과 기능에 영향을 미치는 환경이다. 이곳에서는 회사법의 이해를 돕는 차원에서 우리 기업지배구조에 관하여 간단히 살펴본다.

기업지배구조는 다양한 맥락에서 다양한 의미로 사용되는 다면적인 개념이지만 대체로 회사의 운영시스템을 가리키는 것으로 볼 수 있다. 기업지배구조에 관한 논의는 크게 두 갈래로 나눌 수 있다. 넓은 의미의 기업지배구조는 전통적으로 회사의 소유자로 인식되는 주주뿐 아니라 채권자, 근로자, 소비자, 거래처 등 회사의 각종 이해관계자(stakeholders)와 회사 사이의 관계에 초점을 맞춘다. 반면 좁은 의미의 기업지배구조는 기업의 소유와 경영의 분리로 인하여 발생하는 경영자와 주주 사이의 이익충돌, 즉 경제학에서 말하는 대리문제의 해결을 과제로 삼는다.[3)]

(2) 논의의 출범

기업지배구조에 관한 논의는 이미 1930년대부터 원형을 찾아볼 수 있다. 소유자인 주주와 경영자 사이의 이익충돌은 Berle와 Means가 1932년에 출간한 명저, '현대회사와 사유재산'의

---

1) 이 부분의 서술은 상당부분 다음 논문에 의존하고 있다. 김건식, "기업지배구조", 대계4 I, 238~279면. 회사법을 처음 공부하는 사람은 나중에 읽는 편이 좋을 것이다.

2) 기업지배구조 대신 기업통치나 기업통할 등의 용어가 사용되는 경우도 있다.

3) 기업지배구조에 관한 이제까지의 담론은 광의와 협의의 논의, 그리고 규범적 논의와 실증적 논의가 서로 얽히고 섞여 다소 혼란스런 상황이라고 할 수 있다. 과거에는 좁은 의미의 기업지배구조가 주로 논의의 대상이었지만 최근에는 광의의 기업지배구조에 대한 담론도 왕성하다.

주된 테마였다.[1] 이사의 의무는 누구를 위한 것인가라는 넓은 의미의 기업지배구조에 관련된 물음도 이미 비슷한 시기에 제기되었다.[2]

그러나 발상지인 미국에서도 기업지배구조가 줄곧 주목의 대상이었던 것은 아니다. 특히 넓은 의미의 기업지배구조는 오랫동안 별로 학계의 관심을 끌지 못하였다. 회사법학계는 좁은 의미의 기업지배구조에 관한 요소인 이사회, 충실의무, 주주대표소송, 적대적 기업인수 등을 연구대상으로 삼았지만 이들을 이익충돌이나 대리문제에 대한 대처라는 통일적 관점에서 체계적으로 분석하기 시작한 것은 1970년대 말의 일이다. 미국에서 기업지배구조에 관한 담론이 본격적으로 불붙은 것은 1980년대이고 1990년대에는 그것이 유럽으로 확산되었다. 그 담론은 1997년 외환위기를 계기로 우리나라에서도 크게 관심을 끌게 되었다.

(3) 은행중심모델과 자본시장중심모델

과거에는 기업지배구조가 경제발전의 단계에 따라 단선(單線)적으로 발전한다는 암묵적인 전제를 토대로 논의가 진행되는 것이 일반적이었다. 즉 경제발전의 초기단계에는 회사의 주식소유가 지배주주에 집중되지만 시간이 흐름에 따라 주식소유의 분산이 진행되고 그 결과 자본시장이 발달할 것이라는 전망이 우세했다. 그러나 일본과 독일은 미국에 버금가는 경제 선진국임에도 미국과는 전혀 다른 기업지배구조를 취하고 있는 점이 주목을 끌게 되었다. 두 나라에서는 주식소유 집중도가 상대적으로 더 높을 뿐 아니라 기업에 대한 자금공급의 면에서 은행이 자본시장보다는 훨씬 더 중요한 역할을 수행하였다(은행중심모델). 이러한 사실에 비추어 자본주의의 발전경로는 종전의 통념과는 달리 복수의 대안이 존재한다는 인식이 확산되었다. 나아가 일본이나 독일의 은행중심모델이 오히려 경영자를 단기적 이익에 집착하게 만드는 미국식 자본시장중심모델보다 더 바람직한 것이 아닌가 하는 의문까지 제기되었다. 그러나 1990년대 초반부터 미국경제가 상대적으로 더 활력을 갖게 되면서 거꾸로 미국식 기업지배구조에 대한 평가가 다시 높아지게 되었다. 자본시장중심모델에 대한 믿음은 1997년 시작된 아시아 경제위기를 계기로 한층 강화되었으나 2000년대 초의 엔론(Enron)사태 등에 이어 2008년 국제금융위기를 겪으면서 다시 약화된 상태이다.

(4) 회사법의 역할

앞서 설명한 은행중심모델에서는 사업자금을 주로 은행이 공급하므로 회사법의 역할은 제한적일 수밖에 없다. 그러나 자본시장중심모델에서는 투자자인 주주의 이익보호가 관건이 되므로 회사법의 역할이 부각된다. 기업지배구조에 회사법을 비롯한 법제도가 얼마나 영향을 주는

---

1) Adolf Berle & Gardiner Means, The Modern Corporation and Private Property(1932).

2) Berle와 Dodd 사이에 벌어진 논쟁이 그것이다. Adolf Berle, Corporate Powers as Powers in Trust, 44 Harvard Law Review 1049(1931); E. Merrick Dodd, For Whom Are Corporate Managers Trustees?, 45 Harvard Law Review 1145(1932); Adolf Berle, For Whom Corporate Managers Are Trustees: A Note, 45 Harvard Law Review 1365(1932).

것인지에 대해서는 학자들 사이에 다툼이 있다.[1] 그러나 자본시장을 구축하는 데 법, 특히 회사법은 비록 가장 중요한 것은 아니라도 적어도 중요한 요소 중 하나라는 점은 부정하기 어렵다.

2. 우리 기업지배구조의 형성과 변화

(1) 개발국가와 기업지배구조

기업지배구조는 다양한 환경적인 요인에 의하여 영향을 받는 종속변수이다. 과거 우리 기업지배구조의 형성에 영향을 미친 여러 요인 중 가장 중요한 것은 당시 우리나라의 개발국가(developmental state)적 성격이라고 할 수 있다. 1961년 쿠데타를 거쳐 출범한 제3공화국은 취약한 정통성을 강화하기 위한 수단으로 정부주도의 경제개발에 매진하였다. 경제개발과정에서는 시장원리와 법치에 의존하기보다는 관료집단에 의한 개입이 광범하게 이루어졌다. 이러한 관료주도의 개발국가 모델은 눈부신 경제성장을 가져온 동시에 우리 기업지배구조의 기본 틀을 결정하였다.

개발국가 정책의 핵심은 자금의 배분이다. 경제관료는 부족한 자금의 배분을 시장에 맡기지 않고 정부지배 하의 은행을 통해서 적극 개입하였다.[2] 기업의 자금조달은 주로 차입의 형태로 이루어졌다. 이러한 **차입경영**의 결과 기업의 부채비율은 높아졌지만 창업자가 지배주식을 유지할 수 있었다.

(2) 지배주주의 절대적 지배

과거 지배주주로부터 일반주주 이익을 보호하는 장치는 다음과 같은 이유로 거의 실효성이 없었다. ① 회사법상의 기관구조는 경영자를 거의 견제하지 못했다. 지배주주가 주식을 과반수 보유하는 상태에서 주주총회는 형식에 지나지 않았다. 지배주주의 심복들만으로 구성된 이사회가 지배주주에 반기를 드는 것은 애초에 기대할 수 없었다. 감사 또한 거의 명목상의 존재에 불과했다. ② 주주가 경영자의 불성실로 인하여 손해를 본 경우에도 경영자를 상대로 제소하는 길은 거의 봉쇄되어 있었다. 집단소송은 부존재했고 주주대표소송은 무엇보다도 5%라는 주식보유요건 때문에 그림의 떡에 지나지 않았다. ③ 지배주주가 절대적인 지분을 확보하고 있는 상황에서 미국에서와 같은 경영권시장(market for corporate control)이 작동할 여지도 없었다. ④ 그렇다고 해서 사회의 도덕규범이나 제도(institution)가 지배주주의 전횡을 견제할 수 있을 정도로 강력하지도 못했다. 지배주주가 회사재산을 사적으로 낭비하는 것은 몰라도 계열회사를 돕는 데 사용하는 것은 여론도 크게 문제 삼지 않았다.

1) 심지어 미국의 일부 법경제학자들은 회사법보다는 시장의 압력이 경영자 통제에 더 효과적이라는 주장을 하기도 한다. 일부 학자들은 심지어 회사법의 핵심을 이루는 충실의무와 주주대표소송도 주주이익보호에는 거의 기여하는 바가 없다고 주장할 정도이다.

2) 5. 16 쿠데타 후 민간은행이 국유화된 것은 바로 그것을 위한 것이었다.

(3) 1997년 외환위기와 기업지배구조의 전환

이런 개발국가 모델은 1980년대에 접어들면서 경제환경의 변화로 인하여 점점 폐단이 커져갔다. 특히 1997년 밀어닥친 외환위기는 이제 더 이상 기존의 기업지배구조를 유지할 수 없다는 인식이 힘을 얻는 계기가 되었다.

1997년 외환위기에 대해서는 초기부터 그것이 상당부분 기존의 기업지배구조에 문제가 있었기 때문이라는 견해가 널리 퍼져 있었다. 그리하여 IMF가 기업지배구조 개선을 자금지원의 조건으로 요구한 것은 모두가 당연한 것으로 받아들이는 분위기였다. 한편 개혁조치에 대한 최대의 저항세력이라고 할 수 있는 재벌 쪽에서는 외환위기의 주범으로 수세에 몰리다보니 적어도 초기에는 적극적으로 반대의 목소리를 내지 못했다.

그리하여 1997년 외환위기를 계기로 우리 기업지배구조에 관한 법규정은 커다란 변화를 겪게 되었다. 사외이사와 감사위원회제도의 도입, 소수주주권 강화, 회계 및 외부감사규정의 정비 등 수많은 규정이 새로 도입되거나 개정되었다.

3. 우리 기업지배구조의 현재

(1) 기업지배구조의 요소

기업지배구조에 관한 논의의 핵심은 회사가 실제로 무엇을 목적으로 운영되는가—그리고 나아가 당위적으로 무엇을 목적으로 운영되어야 하는가—라는 물음일 것이다.[1] 회사의 목적은 회사운영의 방향과 행태를 결정한다는 점에서 기업지배구조의 가장 기본적인 요소이다. 그러나 회사가 실제로 추구하는 목적을 외부에서 파악하기는 쉽지 않다. 회사의 목적을 파악하는 데 실마리를 제공하는 것은 회사의 의사결정을 통제하는 주체의 속성이다. 누가 회사를 통제하는가에 따라서 구체적인 회사운영의 행태가 달라질 수 있기 때문이다.

실제로 회사의 통제주체를 결정짓는 가장 중요한 요소는 회사의 주식소유구조이다. 따라서 회사의 통제주체를 파악하기 위해서는 당해 회사의 주식소유구조를 살펴볼 필요가 있다. 회사의 주식소유구조는 여러 요소의 영향을 받지만 특히 회사의 자금조달행태와 밀접한 관련이 있다. 자금조달을 자본시장이 아닌 은행차입에 의존하는 나라에서는 주식소유가 분산되기 어렵다. 또한 자금을 자본시장에서 신주발행을 통해서 조달하는 기업의 경우에는 주식소유가 분산될 가능성이 높다.

한편 기업지배구조에 관한 논의에서 빼놓을 수 없는 것은 통제주체의 행동이 회사목적에 부합하도록 담보하는 각종 법적, 제도적 장치이다. 회사의 주식소유구조나 자금조달행태가 주로 경제학자의 연구대상이었다면 이러한 통제주체의 견제장치에 대해서는 주로 회사법학자가 주목해왔다. 이하에서는 우리 기업지배구조를 ① 회사의 주식소유구조, ② 자금조달행태, ③

1) 최근 이 논의는 세계적으로 학계는 물론 경제계에서도 큰 관심을 끌고 있다.

통제주체와 목적, ④ 통제주체에 대한 견제장치의 측면에서 간단히 살펴보기로 한다.

(2) 주식소유구조

가. 지배소수주주체제

우리 대기업의 소유구조는 한마디로 **지배소수주주**(controlling minority shareholder)체제라고 요약할 수 있다. 공기업 민영화의 산물인 일부 대기업과 금융지주회사를 제외하고는 거의 모든 기업에 지배주주가 존재한다. 대기업의 지배주주는 통상 수십 개의 크고 작은 상장, 비상장 법인으로 구성된 기업집단을 지배한다. 이들 기업집단은 통상 재벌이라고 불리며 그룹회장을 맡는 지배주주는 총수라고 불린다.

앞서 언급한 바와 같이 1960년대 경제개발 초기에는 기업의 자금조달은 은행차입을 비롯한 간접금융에 의존하였으므로 회사주식의 대부분은 창업자 손에 남아 있었다. 1960년대 말부터 정부가 자본시장 육성에 나섬에 따라 창업자 지분은 차츰 낮아졌지만 1980년대까지도 20%를 넘었고 계열회사의 지분은 미미하였다.[1] 그러나 1990년대에 이르면 총수의 지분이 평균 10%선으로 떨어지고 대신 계열회사가 보유하는 지분이 30%대로 상승하였다. 2020년 5월 1일 현재 개인지배주주인 총수가 있는 55개 기업집단의 내부지분율[2]은 57.0%에 달하며 그중 총수 지분율은 1.7%, 친족 지분율은 1.9%, 계열회사 지분율은 50.7%이다.[3] 총수지분율은 규모가 큰 기업집단일수록 더 낮다.

나. 복잡한 소유구조

앞서 언급한 바와 같이 총수일가가 직접 보유하는 지분은 미미하지만 계열회사의 주식보유를 통해서 전체 기업집단에 대한 지배력을 유지하고 있다.[4] 계열회사 사이에는 피라미드식 출자나 순환출자가 흔히 발견된다.[5]

과거 재벌은 정경유착, 세습경영, 비관련 다각화 등 여러 면에서 비판의 표적이 되었다. 특히 주식소유구조와 관련해서는 경제적 지분은 미미함에도 절대적인 권력을 행사한다는 지적이 많았다. 또한 계열회사 사이의 복잡한 주식소유형태는 투명성 차원에서 비판을 받았다. 정부는 1999년부터 소유구조의 단순화를 위하여 기업집단이 지주회사구조로 전환하는 것을 정책적으로 유도하였다.[6]

---

1) 김건식 외, 기업집단 규율의 국제비교, 공정거래위원회 연구용역보고서(2008), 75면.
2) 총수개인, 친족, 계열회사, 계열비영리법인, 임원의 지분율과 자기주식을 모두 합한 수치를 말한다.
3) 공정거래위원회, 2020년 공시대상기업집단 주식소유현황 분석·공개(2020. 8. 31.).
4) 공정거래위원회 발표에 의하면 2008년 현재 삼성그룹의 지배소수주주의 경제적 지분은 3.57%인데 비하여 의결권 지분은 28.88%이고 현대차그룹의 경우에는 그 수치가 각각 6.62%와 37.05%이다. 공정거래위원회, 2008년도 집단단위대응비교(괴리도/의결권승수).
5) 순환출자는 최근 대폭 감소하여 일부 재벌을 제외하고는 거의 중요성을 상실하였다.
6) 이러한 정부정책의 결과 2023년 12월말 현재 164개의 일반지주회사가 존재한다. 공정거래위원회, 2024년 공정거래법상 지주회사 및 기업형 벤처캐피탈 현황 분석·공개(2024. 6. 26).

(3) 자금조달

가. 자금조달과 기업지배구조

기업의 자금조달행태는 기업지배구조에 영향을 준다. 영향은 크게 두 가지로 볼 수 있다. 하나는 기업의 목적에 주는 영향이다. 기업이 신주발행을 통한 자금조달에 의존하는 비중이 커질수록 투자자의 관심을 끌기 위해서 주주이익을 더 중시하지 않을 수 없다. 이른바 자본시장의 압력을 받게 되는 것이다. 다른 하나는 소유구조에 주는 영향이다. 소유구조에 주는 영향은 신주발행이 주주배정방식인지 아니면 일반공모방식인지에 따라 다를 것이다. 일반공모방식으로 이루어지는 경우에는 주식소유의 분산을 초래할 여지가 있다.

그러나 정부주도 경제발전의 초기단계에서는 주식발행보다는 은행차입에 의존할 수밖에 없다. 자본시장이 제대로 작동하려면 고도의 인프라가 필요한 반면에 은행을 통한 자금의 융통은 기본적인 법제도만 갖추면 가능하기 때문이다. 또한 경제개발을 주도하는 정부가 자금배분에 개입하기에도 은행중심모델이 편리하다. 그러나 기업의 자금조달을 은행에 과도하게 의존하는 경우에는 기업부실이 금융기관부실로 이어져 시스템위험을 초래할 가능성이 높다. 따라서 어느 정도 경제성장이 진전되면 자본시장을 육성할 필요가 생기게 된다.

나. 직접금융을 통한 자금조달

과거에는 우리 기업도 자금조달을 주로 은행에 의존하였다. 그 결과 고도성장의 과정에서 기업의 부채비율은 폭발적으로 증가하였다.[1] 외환위기 후 정부가 200%선을 가이드라인으로 제시하는 등 재무구조개선을 유도한 결과 기업의 부채비율은 대폭 하락하였다. 2019년 현재 제조업 부채비율은 73.49%에 불과하다.[2] 부채비율이 낮아졌지만 그것이 주식발행규모가 늘어난 결과는 아니다. 우리나라에서는 아직 주식발행규모가 크지 않고 기업공개에 비하여 기존 상장회사의 유상증자가 차지하는 비중이 크다.

주목할 것은 유상증자는 대부분 주주배정으로 이루어지고 일반투자자에 대한 공모발행이 차지하는 비중이 극히 낮다는 점이다. 조금 오래된 통계지만 2011년 유가증권시장 상장법인이 행한 45건의 주식발행 중 **일반공모**는 단 1건에 불과하였다. 기업공개와 일반공모를 합쳐도 금액 면에서는 14%에 미달한다. 이처럼 주로 **주주배정증자**에 의존하는 경우에는 주식소유의 분산이 진전되기 어렵다. 주식발행이 주로 주주배정방식으로 이뤄지는 이유는 무엇보다도 지배소수주주가 자신의 보유비율이 희석되는 것을 꺼리기 때문일 것이다. 또한 계열회사가 보유하는 주식비중이 높은 현실을 고려하면 일반공모증자보다는 주주배정증자가 자금확보 면에서 보다 안전할 것이다.[3]

---

1) 1997년 외환위기를 맞이했을 당시 일부 대기업의 부채비율은 1,000%를 넘기도 했다.
2) 한국은행 경제통계시스템(ecos.bok.or.kr).
3) 그러나 계열회사의 재무상태가 좋지 않은 상황에서는 자금조달이 어려울 것이다.

(4) 기업의 통제주체와 목적

가. 지배주주의 인센티브

앞서 살펴본 주식소유구조에 따르면 아직 우리 기업의 통제주체는 대부분 지배주주라고 해도 과언이 아니다. 지배주주도 주주지만 그가 추구하는 이익은 반드시 일반 주주와 같지 않다. 일반적으로 지배주주는 전문경영인과는 달리 단기적인 실적이나 주가에 집착하지 않고 기업의 장기적인 성장을 도모하는 것으로 알려져 있다. 특히 우리나라의 지배주주는 거의 예외 없이 자신의 기업집단을 후손에게 물려주기를 원하기 때문에 그런 경향이 한층 강한 것으로 보인다.[1)]

장기적 성장을 추구하는 지배주주의 인센티브는 기업의 다른 이해관계자의 인센티브와 대체로 일치한다. 먼저 지배주주를 보좌하는 전문경영인의 인센티브와 일치한다. 우리나라에서는 전문경영자의 전직(轉職)이 쉽지 않기 때문에 보수의 액수보다도 경영자 지위를 계속 유지하는 것을 원하는 경향이 있다. 그러므로 전문경영자도 지배주주와 마찬가지로 단기적인 성과보다는 장기적인 성장을 선호하게 마련이다. 사실상 종신고용이 보장된 정규직 근로자와 회사와 계속 거래하기를 원하는 거래처도 회사의 장기적인 성장을 선호한다는 점에는 차이가 없다.

지배주주는 전문경영인과 달리 지위가 확고하기 때문에 단기적으로는 어려움을 겪더라도 자신의 장기적 비전(vision)을 지속적으로 추구하는 것이 가능하다. 또한 기업의 흥망에 가장 큰 이해관계를 갖는 자이기 때문에 대담한 결정을 내리더라도 사회적으로 받아주는 분위기가 있는 것이 사실이다. 지배주주의 능력이 뛰어난 경우에는 장기적 비전에 입각한 과감한 결정이 기업발전에 결정적 영향을 미치기도 한다.[2)]

나. 일반주주와의 이익충돌

지배소수주주체제의 가장 큰 문제는 일반주주의 이익과 충돌될 가능성이 크다는 점이다. 가장 전형적인 이익충돌은 지배주주가 자신의 사익을 위해서 회사의 부(富)를 빼돌리는 경우(이른바 **터널링**(tunneling))라고 할 수 있다. 실제로 재벌총수가 각종 터널링 행위로 인하여 민·형사상 책임을 추궁당한 사례는 최근까지 끊이지 않고 있다. 그러나 **경영권의 사적 이익**(private benefit of control)을 노골적으로 추구하는 행위는 이제 우리나라에서도 회사법을 비롯한 각종 규제강화로 점점 어려워지고 있다.

(5) 통제주체에 대한 견제장치

협의의 기업지배구조에 관해서는 기업의 통제주체가 주주이익을 위하여 일하도록 담보하

---

1) 주가의 상승은 후손에 대한 증여나 상속의 경우에 조세부담을 가중시키기 때문에 지배주주들이 반기지 않는다는 점이 우리 지배구조의 중대한 약점으로 지적되고 있다.

2) 이 점은 국제학계에서도 점점 널리 주목을 받고 있다. Zohar Goshen & Assaf Hamdani, Corporate Control and Idiosyncratic Vision, 125 Yale Law Journal 560 (2016).

는 장치가 관심의 초점이다. 그러한 견제장치는 대체로 다음과 같은 요소로 구성된다.

① 회사내부기관에 의한 통제 — 이사회, 감사, 주주총회 등
② 소송에 의한 통제 — 이사의 신인의무와 주주대표소송 등
③ 정보공시와 외부감사제도
④ 출자회수의 보장
⑤ 시장에 의한 통제 — 경영권시장, 자본시장 등
⑥ 기타 — 정부, 사회규범, 언론 등

이상의 견제장치는 1997년 외환위기를 계기로 대폭 강화되었다. 변화는 그것이 비교적 변경이 용이한 ① 내지 ③을 중심으로 이루어졌다. ①의 예로 상장회사에 대해서는 사외이사의 선임을 의무화하였고 대규모 상장회사에 대해서는 이사의 과반수를 사외이사로 선임하도록 하였다(542-8, 영 34). 그러나 지배주주가 있는 상장회사에서 지배주주의 뜻에 맞지 않는 사외이사가 선임되는 경우는 거의 없다. 그리하여 독립성이 없는 사외이사가 거수기 노릇을 하고 있다는 식의 비판이 끊이지 않고 있다. 그러나 과거 이사회가 지배주주의 부하들만으로 구성되었던 시절에 비해서는 이사회 기능이 다소 향상된 것으로 볼 수 있다. 또한 감사위원회의 독립성 강화를 위해서 2020년 상법개정으로 감사위원회위원 중 적어도 1명은 주주총회에서 다른 이사들과 분리하여 선임해야 하고 그 결의 시에는 3%를 초과하는 주식에 대해 의결권 행사를 제한하게 되었다(542-12(2), (4)). 또한 주주권행사에 소극적이었던 과거의 주주들에 비하여 오늘날의 주주들이 상대적으로 자신들의 의견을 경영진에 적극적으로 제시함에 따라(이른바 주주행동주의(shareholder activism)) 주주총회의 위상도 크게 향상되었다.

②와 관련해서 특기할 것은 법 개정으로 주주대표소송을 제기할 수 있는 주주의 지주요건을 대폭 인하한 것이다. 그 결과 주주대표소송의 수가 대폭 증가하였고 지배주주에 대해서 업무상배임과 같은 형사책임을 묻는 소송도 끊이지 않고 있다.[1)] 2020년 개정상법에서는 다중대표소송이 도입되었다(406-2). 한편 2011년에는 자기거래에 관한 규제가 강화되고(398) 회사기회의 유용에 관한 규정(397-2)이 신설되는 등 주주이익을 침해하는 행위에 대한 규제가 대폭 강화되었다.

③의 기업공시와 외부감사제도는 1997년 외환위기 이후 변화의 폭이 가장 큰 분야라고 할 수 있다. 부실공시나 부실감사를 이유로 경영자나 회계법인에 대해서 손해배상책임을 묻는 소는 실제로 많이 제기되고 있다.

---

1) 실제로 삼성, 현대자동차, SK, 한화와 같은 대규모그룹의 지배주주들도 이러한 형사소송에서 유죄판결을 받은 바 있다. 그러나 이들은 유죄가 인정된 후에도 집행유예를 받고 바로 사면을 받는 경우가 많아서 법집행의 공정성에 대한 비판이 확산되었다.

④의 대표적인 예는 반대주주의 주식매수청구권(374-2, 자시 165-5)이다. 주식매수청구권은 실제로 많이 활용되고 있지만 문제점도 적지 않다. 외국에서는 특정 주주가 일정 지분 이상의 주식을 취득하는 경우 다른 주주들이 당해 주주에게 주식을 매수할 것을 청구할 수 있는 권리를 부여하는 예가 많다(이른바 강제매수(mandatory bid)). 우리 상법은 2011년 개정에서 95% 이상을 보유하는 지배주주가 있는 경우에만 소수주주의 매수청구권(360-25)을 도입하였다.

한편 ⑤와 관련하여 경영권 시장은 아직 활성화되고 있지 않다. 적대적 기업인수가 시도되어 실제로 성공된 사례가 없는 것은 아니지만 대기업을 상대로 시도된 경우는 극히 드물다. 그러나 현실적으로 지배주주 쪽에서 느끼는 불안은 회사에 따라 차이가 있지만 상당히 큰 것 같다. 경영권 방어수단에 대한 경제계의 높은 관심은 그 증거라고 할 것이다.

⑥과 관련해서도 변화의 조짐이 있다. 주주이익에 대한 일반 국민의 인식이 높아짐에 따라 주주행동주의에 대한 반감도 약화되고 있다. 과거 관행으로 여겨졌던 **'일감 몰아주기'**에 대해서는 이미 2000년대 초반부터 시민단체 등이 문제를 제기하였다. 공정거래위원회가 이러한 일감 몰아주기를 공정거래법상의 부당지원행위로 보아 과징금을 부과한 것[1]에 이어서 법문에 명시한 것(공정거래 47)이나 회사기회에 관한 규정(397-2)과 다중대표소송(406-2)이 상법에 새로이 도입되는 등의 변화는 달라진 여론의 뒷받침 없이는 어려웠을 것이다. 특히 2020년 이후에는 급격히 늘어난 개인투자자들이 주주행동주의의 물결을 타고 소액주주 플랫폼을 통해 결집하거나 일부 기관투자자들과 연계하여 회사에 배당증액이나 잘못된 경영관행의 개선 등을 요구하는 사례도 늘어나고 있다.

(6) 넓은 의미의 지배구조와 ESG 논의[2]

역사적으로 먼저 부각된 것은 좁은 의미의 지배구조가 아니라 넓은 의미의 지배구조에 관한 논의였다.[3] 미국에서는 이미 1930년대 초 회사가 누구를 위한 존재인가의 문제를 둘러싸고 Berle와 Dodd 사이에 유명한 논쟁이 벌어진 바 있다. 1980년대 미국법률가협회(American Law Institute)의 회사지배구조 프로젝트(Principles of Corporate Governance)에서 회사의 목적에 관한 정의규정(§2.01)을 둘러싸고 잠시 논의가 있었지만 실제 회사의 운영에 영향을 미치지는 못했다. 전통적 견해는 회사가 사회적 이익을 추구할 법적 의무는 없지만 일정 범위에서 사회적 이익을 배려하여 행동하는 것은 허용되는 것으로 보았다. 그에 따르면 회사의 사회적 목적 추구는 결국 경영자의 재량에 맡겨진 셈이었고 주주가 경영자 행동을 통제할 여지는 거의 없었다. 한편 20세기말 법경제학의 영향력이 강해짐에 따라 회사(경영자)가 주주이익을 우선해야

1) 2007. 10. 24. 공정거래위원회 전원회의 의결 제2007-504호(사건번호 2007조사0845).
2) 이 문제에 관한 본격적인 국내 문헌으로 정준혁, "ESG와 회사법의 과제", 상사법연구 40-2(2021), 13면.
3) 넓은 의미의 지배구조에 관한 과거의 논의에 대한 간단한 서술로는 김건식, "회사법의 구조개혁", 연구 I, 34~50면.

한다는 견해[1)]가 점차 득세하게 되었다. 이러한 주주이익우선주의는 자연스럽게 회사의 의사결정에서 경영자의 사익추구를 억제하고 주주관여의 폭을 넓히는 쪽으로 작용해왔다. 이런 변화는 기업의 사회적 책임을 지지하는 사회구성원은 물론이고 보다 광범한 재량을 원하는 경영자에게도 달갑지 않은 것이었다. ESG에 관한 논의는 주주이익우선주의에 대한 반작용으로 대두된 것으로 볼 수 있다.

ESG란 기업의 경영에서 재무적 관점만이 아니라 환경(E), 사회(S), 지배구조(G) 같은 요소도 함께 고려해야 한다는 사고를 가리킨다. "사회"는 오래전부터 논의되어 온 사회적 책임과 관련이 있고 "지배구조"도 비교적 널리 알려진 것이란 점에서 특히 주목할 것은 "환경"이다. 환경은 다양한 요소를 포함하지만 논의의 초점이 된 것은 기후변화이다. 우리나라에서도 ESG에 관하여 정부와 민간 모두 활발한 관심을 보이고 있다. 금융위원회는 ESG 공시의 대표적인 예인 지속가능보고서 공시를 2025년부터 단계적으로 의무화할 계획을 발표하였고, 다양한 ESG 정보공개지표를 담은 한국거래소의 'ESG 정보공개 가이던스', 다양한 ESG 경영지표와 평가기준을 담은 산업통상자원부 주도의 'K-ESG 가이드라인', 환경친화적 경제활동을 지정하여 이른바 K-Taxonomy라고도 불리는 환경부의 '한국형 녹색분류체계 가이드라인'도 발표되었다. 한국기업지배구조원이 명칭을 변경한 한국ESG기준원 등 다양한 평가기관에 의해 기업의 ESG 활동에 대한 평가도 이루어지고 있다. 2022년부터 대규모 상장회사에 대해서 1명 이상의 여성이사 선임을 의무화한 것(자시 165-20)도 ESG와 무관하지 않다.

현재 ESG는 사회각계의 폭넓은 지지를 받고 있을 뿐 아니라 학계나 실무계에서도 기업의 ESG 활동을 촉구하는 목소리가 높다.[2)] 그러나 ESG 옹호론에 대해서는 반대론도 만만치 않다.[3)] ESG에 대한 고려를 법적으로 의무화하는 경우에도 회사의 주된 이해관계자가 주주라는 점을 부정할 수는 없다. 현실적으로 ESG가 회사경영에 얼마나 영향을 미칠 수 있는지는 아직 지켜볼 필요가 있을 것이다. 그 밖에 ESG 논의와 관련해서는 ESG가 이사의 신인의무나 기관투자자의 신인의무와 조화될 수 있는지 등의 법적 쟁점이 존재한다.[4)]

---

1) 그런 견해의 뿌리가 된 글로 Milton Friedman, "A Friedman Doctrine: The Social Responsibility of Business is to Increase its Profits", New York Times, 13 September 1970.

2) 그런 견해를 지지하는 대표적 문헌으로 Colin Mayer, Prosperity: Better Business Makes the Greater Good (Oxford University Press, 2018).

3) 이 논의에 관한 문헌은 이루 열거할 수 없을 정도로 많다. 이해관계자이익을 강조하는 견해를 비판하는 대표적인 문헌으로 Lucian A. Bebchuk & Roberto Tallarita, The Illusory Promise of Stakeholder Governance, 106 Cornell Law Review 91(2020). 한편 이 논문에 대한 비판으로는 Colin Mayer, Shareholderism Versus Stakeholderism — a Misconceived Contradiction. A Comment on 'The Illusory Promise of Stakeholder Governance' by Lucian Bebchuk and Roberto Tallarita, European Corporate Governance Institute — Law Working Paper No. 522/2020.

4) 이에 관해서는 정준혁, 전게논문, 56~68면.

4. 기업지배구조의 향후 변화

회사의 주식소유구조는 쉽게 변화하지 않는다. 기업전체 차원에서 볼 때 집중형 소유구조가 분산형으로 변화하는 것도 어렵지만 분산된 소유구조가 다시 집중형으로 바뀌는 것도 쉽지 않다. 회사의 통제주체가 바뀌는 것은 더욱 어렵다. 지난 수십 년간 지배주주가 직접 보유하는 지분은 대폭 감소하였지만 지배주주는 계열회사의 주식보유를 통해서 여전히 통제주체로서의 지위를 유지하고 있다.

회사가 추구하는 목적은 통제주체가 누구인지에 따라 크게 달라질 수 있다. 그러나 통제주체에 변함이 없더라도 회사가 실제 추구하는 목적은 환경의 변화에 따라 보다 유연하게 변화할 수 있다. 1997년 외환위기 이후 경제계에서는 종전에 비하여 주주이익을 훨씬 더 중시하는 경향이 있다. 지배주주의 터널링 행위에 대한 부정적 시각이 확산된 것은 이미 언급한 바와 같다.[1]

기업의 소유구조나 통제주체, 기업목적을 변화시키는 것에 비하여 통제주체에 대한 견제장치를 변화시키는 것은 상대적으로 용이하다. 우리나라를 비롯한 각국의 기업지배구조는 이 측면에서 상당한 변화를 겪었다.

기업지배구조의 변화에 영향을 주는 요소는 많다. 법제도의 변화도 하나의 요소이다. 법제도의 변화는 정치적 여론의 뒷받침 없이는 일어나기 어렵다. 정치적 여론을 움직이는 것은 스캔들이나 경제위기인 경우가 태반이다. 그러나 스캔들이나 위기의 여파는 성격상 일시적이므로 그로 인하여 형성된 여론도 시간이 흐름에 따라 수그러들게 마련이다. 기업지배구조의 변화를 보다 지속적으로 촉진하는 요인은 경제환경의 변화라고 할 수 있다. 이와 관련하여 먼저 주목할 것은 주주 구성과 행동양식의 변화이다. 재벌기업의 지배주주는 여전히 경영권을 유지하고 있지만 과거에 비해서 기관투자자와 외국인 주주를 포함한 일반주주의 보유비율이 높아진 것이 사실이다. 이들이 모두 반기를 드는 경우에는 아무리 지배주주라도 경영권을 잃을 수 있다. 그러나 이제까지 도산기업을 제외하고는 지배주주가 경영권을 박탈당한 일은 거의 없었고, 기관투자자를 포함한 일반투자자들이 지배소수주주체제 자체를 위협할 정도로 불만을 표출한 적도 드물었다.[2] 투자자로서는 회사의 안정적인 경영을 담보할 뿐 아니라 정부, 국회, 언론 등 사회의 권력집단을 보다 효과적으로 다룰 수 있는 지배주주가 사라진다면 오히려 불안을 느낄 수도 있다.

---

1) 특히 외국인 보유비율이 높은 기업에서는 영업이익과 배당에 대해서 신경을 많이 쓰고 있다. 그 결과 신규투자와 인력채용에 대해서는 신중한 자세를 유지하고 있다.

2) 예외적인 사례로는 2019년에서 2021년 사이에 진행된 국내 사모펀드 KCGI에 의한 한진칼 경영권 장악 시도를 들 수 있다.

그러나 현재와 같은 상황이 한없이 지속될 것으로 단정할 수는 없다. 2015년 삼성물산합병사례를 비롯한 일련의 사태에서 드러난 바와 같이 외국인투자자의 영향력행사는 앞으로도 중요할 것이다.[1] 이와 관련하여 특히 잠재적 영향력이 큰 것은 날로 비중이 높아지고 있는 국민연금의 움직임이다.[2] 삼성물산합병사례에서 국민연금의 의결권행사와 관련한 의혹이 형사소추로까지 이어지며 국민적 관심사로 부각됨에 따라 앞으로 국민연금의 행보에는 큰 변화가 일어날 것으로 전망된다. 2018년 8월 국민연금이 마침내 스튜어드십코드를 도입하기로 결정한 것은 그 변화의 시작으로 볼 수 있다.[3] 국민연금이 투자대상기업의 기업지배구조와 관련하여 목소리를 높이는 경우에는 그간 지배주주의 결정에 수동적으로 지지해왔던 국내 기관투자자의 행동양식에도 변화가 생길 가능성이 높다.

현재의 지배소수주주체제에 보다 큰 변화를 일으킬 수 있는 잠재적 요인으로는 크게 두 가지를 생각해볼 수 있다. 하나는 대기업의 실적이 악화되어 지배주주의 경영능력에 대한 신뢰가 무너지는 경우이다. 예컨대 삼성전자나 현대자동차와 같이 이제까지 우량한 실적을 보여준 대기업이 부진에 빠지는 시점이 되면 지배소수주주체제에 대한 회의가 깊어질 수 있다. 다른 하나의 요인으로 상정할 수 있는 것은 재벌총수일가에 대한 일반 국민의 반감과 불신이 한계점을 넘게 되는 경우이다. 지배소수주주체제가 경제전체에 미치는 악영향이 크다는 인식이 일반 국민 사이에 널리 확산되는 경우에는 정치권도 지배소수주주체제를 근본적으로 흔드는 개혁에 대한 정치적 압력과 유혹을 이겨내기 어려울 것이다.

당장 그러한 요인이 현실화되고 있는 것 같지는 않지만 변화의 조짐을 찾아볼 수 없는 것은 아니다. 최근 활발한 상법개정 논의는 그런 조짐을 극명하게 보여주는 예로 꼽을 수 있을 것이다. 이러한 변화의 동력을 제공하는 것은 코로나 시기를 거치면서 무려 1,400만명이 넘는 이해집단으로 등장한 개인투자자들이라고 할 수 있다. 최근의 상법개정은 이들의 표를 얻기 위한 정치인들의 노력의 산물이라는 측면을 부정하기 어렵다.

이상에서 논한 바와 같이 우리 기업지배구조는 일견 현상이 유지되고 있는 것처럼 보이지만 변화의 움직임도 존재한다. 통제주체의 면에서는 거의 변화가 없지만 견제장치의 면에서는

---

1) 삼성물산합병사례에서 합병비율의 공정성에 대한 논란이 있었음에도 불구하고 국민연금을 비롯한 국내 기관투자자들이 찬성표를 던진 것도 투자자들의 소극성을 뒷받침하는 증거가 될 수 있을 것이다. 이 사례에서의 국민연금을 비롯한 기관투자자의 행태에 관해서는 김건식, "삼성물산 사례를 통해 본 우리 기업지배구조의 과제", BFL 74(2015), 92~95면.

2) 2020년말 현재 국민연금의 유가증권시장 투자규모는 168.9조원으로 시가총액의 8.6%에 달하고 있다. 국민연금기금 2020년 연차보고서, 22면.

3) 스튜어드십코드는 2021년 9월 17일 현재 169개 기관투자자가 참여하고 있다(http://sc.cgs.or.kr/participation/investors.jsp(2021. 9. 17 방문)). 참여 기관투자자가 증가할수록 투자자의 의결권행사를 자문하는 의결권자문회사(proxy advisor)의 영향력도 커질 것으로 보인다. 의결권자문회사의 법적 쟁점에 관해서는 최문희, "의결권 자문회사에 관한 입법 과제와 법적 쟁점", 서울대학교 법학 57-2(2016), 185면.

상당한 변화가 있고 그 변화의 방향은 대체로 주주이익을 중시하는 쪽인 것으로 보인다. 고도 경제성장시기에 주주이익이 상대적으로 경시되었다는 사실을 고려하면 이러한 변화는 바람직한 측면이 없지 않다. 문제는 주주이익의 강조가 자칫 너무 단기적인 이익에 치중할 가능성이 있다는 것이다. 회사가 너무 단기적인 영업이익에 몰두하게 되면 장기적인 투자는 위축될 수밖에 없다. 그러한 상황이 계속되면 회사의 지속적 성장을 저해할 뿐 아니라 전체 경제의 활력도 살아날 수 없다. 또한 주주이익의 강조는 앞서 언급한 ESG를 강조하는 최근의 흐름과 충돌될 뿐 아니라 근로자를 비롯한 이해관계자와의 갈등을 심화시킴으로써 장기적으로 주주의 이익에도 배치될 우려마저 있다. 이처럼 단기적 주주이익과 장기적 주주이익, 그리고 이해관계자 이익을 조화하는 문제는 바로 넓은 의미의 기업지배구조에 속하는 문제인 동시에 현재 세계 모든 자본주의 국가에서 열띤 논쟁의 대상이 되고 있는 문제이기도 하다. 그러한 의미에서도 앞으로 회사의 목적, ESG, 주주행동주의 등을 중심으로 진행 중인 세계적인 기업지배구조 담론의 향방을 계속 지켜볼 필요가 있을 것이다.

회사법 사이의 경쟁

최근에는 국제적으로 회사법 사이의 경쟁이 관심을 끌고 있다.[1] 종래 회사법 사이의 경쟁은 주로 미국에서 경영자에 우호적인 델라웨어(Delaware)주 회사법과 다른 주회사법 사이의 경쟁이란 관점에서 논의되었다.[2] 그러나 최근 EU에서는 다른 회원국의 법을 의식하여 자국의 회사법을 개정하는 움직임이 일고 있다. EU법원은 다른 회원국의 회사법 적용을 받기 위해서 본점은 형식적으로 다른 회원국에 두고 실질적인 영업은 본국에서 지점의 형태로 수행하는 것을 허용하고 있다.[3] 그러므로 회사의 수요를 너무 무시하는 법을 유지하는 회원국은 회사가 선호하는 법을 가진 다른 회원국에 회사를 뺏길 가능성이 있다. 우리나라에서는 아직 기존 회사가 외국 회사법의 적용을 받을 목적으로 외국으로 본점을 옮겨갈 가능성은 현실적으로 높지 않은 것 같다. 그러나 외국의 입법동향은 회사법 개정에 영향을 미치고 있다. 최근 회사기관의 구조에 관한 변화는 모두 다소간 외국법의 영향을 받았다고 해도 과언이 아니다.

1) 회사법을 포함한 규제의 경쟁에 관해서는 해부, 56~59면.
2) 이러한 주회사법 사이의 경쟁이 바람직한 것인지에 관해서 견해가 갈리지만 적어도 학자들 사이에서는 경쟁을 옹호하는 견해가 더 유력한 것 같다.
3) 그에 관한 선구적인 판결은 이른바 Centros 판결이다. Centros Ltd v Erhvervs- og Selskabsstyrelsen(1999) C-212/97, [1999] ECR I-1459.

제 3 절

회사법의 기본 개념과 법리

Ⅰ. 서　　설

상법상 회사는 영리를 목적으로 하는 법인으로 규정되어 있다(169). 과거에는 회사를 사단으로 명시하였으나(구상 169) 2011년 개정 상법은 그 부분을 삭제하였다. 그러나 여전히 회사의 **영리성**, **사단성**, **법인성**은 회사의 기본적인 속성으로 보고 있다. 회사의 법인성이 반드시 사원의 유한책임을 의미하는 것은 아니다. 실제로 합명회사는 법인임에도 불구하고 사원은 회사의 채무에 대해서 무한책임을 진다(212). 그러나 법인인 경우에는 유한책임원칙을 도입하기 용이한 것이 사실이다. 반면에 주주의 유한책임원칙이 정의와 형평에 반하는 결과를 낳는 경우에는 회사의 법인격이 부인될 여지도 있다(법인격부인법리). 한편 상법은 회사의 단체적 법률관계가 갖는 특수성을 고려하여 회사소송에 관해서는 일련의 특칙을 두고 있다. 이하에서는 이들 요소를 차례로 살펴본다.

Ⅱ. 영리성과 회사의 목적

1. 영리성의 의의

회사는 '영리를 목적으로' 한다(169). 따라서 이론상으로는 영리를 전혀 목적으로 하지 않는 순수한 비영리단체는 상법상 회사가 될 수 없다.[1] 여기서 말하는 영리란 회사가 대외적 사업활동을 통하여 이익을 얻는 것뿐 아니라 그 이익을 구성원에게 분배하는 것을 말한다.[2] 주식회사의 경우 이익분배는 평상 시의 이익배당(462)이나 청산 시의 잔여재산분배(538)의 형태로 행한다.

여기서 말하는 이익은 회사가 대외적 사업활동을 통해서 얻는 이익을 말한다. 따라서 구성원만을 상대로 하는 내부적 사업활동에 의하여 구성원에게 직접 경제적 이익을 부여하는 것

1) 그러나 실제로는 비영리목적을 추구하면서도 회사형태를 취하는 경우도 없지 않다.
2) 따라서 널리 수입과 지출을 맞추는 것도 포함되는 상인의 영리성과는 구별된다.

을 목적으로 하는 협동조합, 상호회사 등은 상법상 회사가 아니다.[1)]

2. 영리성과 주주이익극대화원칙

(1) 주주이익극대화원칙

영리성을 주주에 대한 이익분배를 위한 개념으로 이해한다면 영리목적은 주주이익(또는 주주가치)을 극대화하는 것으로 볼 수 있다.[2)] 법경제학에서는 주주이익극대화원칙의 근거를 주주가 **잔여청구권자**(residual claimant)라는 점에서 찾고 있다. 그에 의하면 주주는 회사의 소유자가 아니라 채권자와 같은 선순위 권리자가 차지하고 남은 재산을 후순위로 차지하는 잔여청구권자이다. 채권자의 청구권은 고정되어 있기 때문에 주주 이익을 극대화하면 회사 이해관계자 전체의 가치는 자동적으로 극대화된다는 논리를 편다.

이해관계자에는 주주나 채권자뿐 아니라 근로자, 거래처, 지역주민 등 실로 다양한 주체가 포함된다. 이들 이해관계자가 장래 발생할 수 있는 모든 사태를 예견하여 그에 대한 조치를 사전에 계약으로 확정할 수 있다면 주주이익만을 고려하면 된다는 논리도 설득력을 가질 수 있을 것이다. 그러나 이해관계자가 그처럼 사전에 계약을 통하여 자기이익을 적절히 보호하는 것은 현실적으로 불가능하다. 또한 노동법, 소비자보호법, 환경법 등 공법적 규제만으로 이들 이해관계자의 이익을 보호하는 것도 쉬운 일이 아니다.[3)]

이처럼 주주이익극대화원칙은 이론적으로나 현실적으로 한계가 있다. 문제는 그것을 대체할만한 대안이 마땅치 않다는 것이다. 경영자가 주주 이외에 다양한 이해관계자 이익을 함께 고려해야 한다면 경영자를 평가하고 권한남용을 통제하는 것이 어려울 것이다. 경영자가 다른 이해관계자 이익을 고려하는 것을 어느 정도까지 허용할 것인지 선을 긋기 어렵기 때문이다. 그러나 이러한 난점에도 불구하고 최근 외국에서는 회사의 사업활동에서 주주이익만이 아니라 환경을 비롯한 사회적 과제도 고려해야 한다는 차원에서 회사의 목적에 관한 논의가 활발히 전개되고 있다.[4)]

(2) 주주의 장기적 이익과 단기적 이익

앞서 주주는 모두 동일한 이해관계를 갖는 것으로 전제하였다. 그러나 실제로 투자를 하는 주주의 선호는 동일하지 않다. 단기적인 주가 상승을 노리는 주주가 있는가 하면 회사의

---

1) 또한 이익의 분배를 수반하는 한 공익성 있는 사업을 회사형태로 영위하는 것이 불가능한 것은 아니다. 따라서 병원이나 학교와 같은 공익적 사업도 법률에서 금하지 않는다면 회사형태로 영위할 수 있을 것이다.

2) 주주를 회사의 소유자로 보는 전통적인 관점에 따르면 이는 당연한 결과로 보인다.

3) 나아가 대기업이 근로자, 거래처, 소비자 등 다른 이해관계자의 이익을 무시하고 주주이익만을 추구하는 것은 일반 여론의 지지를 받기도 어렵다.

4) 예컨대 Pollman/Thompson(ed.), Research Handbook on Corporate Purpose and Personhood, Cambridge University Press, 2021에 수록된 글들 참조.

장기적 성장을 원하는 주주도 있다. 자본시장이 효율적이라면 시장에서의 주가는 회사의 장기 이익을 정확하게 반영할 것이다. 그러나 현실적으로 주가와 회사의 내재 가치는 상당한 괴리를 보이는 경우가 많다. 시장주가에 민감한 경영자는 단기적 투자자의 기대와 요구에 따라 의사결정을 할 염려가 있다. 그러나 단기적 주가 상승에 너무 집착하게 되면 회사의 장기적이고 지속적인 발전이 저해될 우려가 있다. 따라서 주주이익극대화에서 말하는 주주이익은 장기적 관점에서 판단할 필요가 있다.

경영자가 주주의 장기 이익을 추구한다면 다른 이해관계자의 이익도 상당 부분 고려하지 않을 수 없다. 종업원, 고객, 협력업체, 지역사회 등 이해관계자의 이익을 적절히 배려하는 것은 회사의 장기적 발전에 도움이 될 것이기 때문이다. 즉 주주이익을 장기적 관점에서 파악하면 다른 이해관계자들의 이익과 충돌을 피해 조화를 이룰 수 있다.

근로자이익

주주이익과 가장 극적으로 대립하는 것은 근로자이익이다. 근로자들의 높은 보수와 안정된 근로조건은 재무적 관점에서는 높은 비용과 낮은 이익으로 이어질 수 있기 때문이다. 그런데 분산투자를 할 수 있는 주주와 달리 근로자는 그런 위험분산이 불가능하므로, 근로자는 회사의 흥망성쇠로부터 주주보다 훨씬 큰 영향을 받는다고 할 수 있고 특히 회사가 도산하는 경우에는 주주보다 더 심각한 타격을 받는다. 회사법상 주주에게 의결권을 부여하는 근거를 주주가 투자위험을 부담한다는 점에서 찾는다면, 근로자도 위험을 부담하므로 그에게도 상당한 발언권을 부여해야 한다는 논리도 성립할 수 있다. 그러나 근로자가 회사의 의사결정기관에 참여하는 독일식 공동결정제도는 우리나라에서 폭넓은 지지를 받지 못하고 있다.

우리나라를 비롯한 대부분 국가에서는 근로자이익 보호는 기업지배구조의 문제라기보다는 노동법의 과제로 인식한다. 근로자이익이 주주이익과 가장 극적으로 충돌하는 것은 시장의 환경변화로 인하여 기존 근로자를 대량 해고할 수밖에 없는 경우일 것이다(근로기준법 제24조의 정리해고). 우리나라에서는 이러한 상황에서 근로자이익을 적절히 보호하는 것은 회사법의 테두리를 벗어나는 문제로 보고 있다. 다만 근로자의 숙련된 기술과 헌신이 경영성과에 큰 영향을 주는 회사일수록 근로자이익을 존중하는 것은 장기적으로 주주이익에도 부합할 것이고, 여기에서 주주이익과 근로자이익의 접점을 찾을 수 있을 것이다.

(3) 채권자이익과의 조화

주주와 채권자 이익은 충돌되는 측면이 있다. 잔여청구권자인 주주는 회사 청산 시 채권자 다음으로 회사의 잔여재산을 차지할 뿐 회사 채무에 대한 책임은 부담하지 않는다(주주유한책임원칙). 따라서 주주는 채권자보다 위험을 선호하게 마련이다. 특히 회사의 재무상태가 악화되는 상황에서는 어차피 더 잃을 것이 없는 주주로서는 투기적 거래를 감행할 인센티브가 크다.[1] 주주이익극대화만을 추구한다면 투기를 조장할 수 있기 때문에 그러한 상황에서는 주주와 채권자의 이익을 포괄하는 **회사이익**이란 개념이 유용할 수 있다.[2] 특정 투기 거래가 주주의 기대수익을 증가시키는 경우라도 그로 인하여 채권자의 기대수익이 더 크게 감소한다면 전체적으로는 회사이익이 감소할 것이기 때문에 정당화될 수 없다.[3]

주주이익과 회사이익

주주이익과 회사이익은 회사의 재정상태가 건전하다면 별 차이가 없을 것이다. 그러나 회사이익이란 용어를 사용할 때에는 그것이 회사의 회계상 이익과 다르다는 점을 주의할 필요가 있다. 예컨대 부채 없이 자본금 500억원으로 매년 50억원의 이익을 거두어 전액 배당하는 주식회사가 추가로 500억원을 투자하면 30억원의 이익을 올릴 수 있는 새로운 사업프로젝트가 있고 그 자금은 은행에서 연 8%로 차입하거나 주주에게 신주를 발행하여 조달할 수 있다고 하자. 이 경우 회사는 그 프로젝트를 위해서 은행에서 차입하지는 않을 것이다. 30억원의 이익으로는 40억원의 이자도 감당할 수 없기 때문이다. 반면 경영자가 신주발행을 감행할 가능성은 더 높다. 차입과 같은 타인자본의 경우와는 달리 자기자본의 비용은 당장 부담으로 느껴지지 않기 때문이다. 프로젝트 수행의 결과 회사의 회계상 이익은 50억원에서 80억원으로 증가하겠지만 이러한 투자를 정당화할 수는 없다. 주주의 관점에서는 수익성이 10% (50/500)에서 8%(80/1000)로 하락하기 때문에 주가도 하락할 가능성이 높기 때문이다.[4][5]

회사재산을 증가시키는 신주발행이 이처럼 반드시 회사이익에 부합하는 것이 아니라면 회사재산을 감소시키는 결과를 가져오는 주주에 대한 배당지급도 반드시 회사이익을 해치는 행위로 볼 수는 없을 것이다.

3. 주주이익극대화원칙의 법적 효과

전술한 바와 같이 주주이익극대화원칙은 여러 면에서 한계가 없지 않다. 그러나 그것이

1) 상세한 것은 김건식, "도산에 임박한 회사와 이사의 의무", 연구Ⅲ, 247면 이하 참조.

2) 독일에서는 채권자 외에 근로자의 이익까지 포함하는 개념인 기업이익(Unternehmensinteresse)이란 용어가 많이 사용되고 있다.

3) 미국에서는 회사가 도산상태에 빠진 경우에는 경영자는 주주가 아니라 채권자에 대해서 신인의무를 부담한다는 판결도 존재한다. 그러나 그러한 의무상대방의 전환은 과감한 구조조정노력을 저해할 수 있다는 점에서 찬성하기 어렵다. 김건식, 전게논문, 266면.

4) 엄밀히 따지면 주주의 신규투자에 따르는 기회비용은 은행금리가 아니라 자기자본비용을 적용해야 하겠지만 예를 단순화하기 위하여 은행금리를 기준으로 하였다.

5) 그러나 현실적으로는 신규투자가 이루어질 가능성도 없지 않다. 경영자로서는 일단 기업규모가 커지는 것을 선호할 수도 있고 근로자로서도 사업확장으로 승진기회가 늘어나는 것을 마다할 이유가 없기 때문이다. 정부에서는 사업확장이 일자리를 창출하기 때문에 그것을 음양으로 지원한다. 오로지 반대할 가능성이 있는 주체는 주주뿐이다. 장기적으로 이러한 사업확장이 이익에 의하여 뒷받침될 수 없다면 불황으로 이어지고 결국 구조조정을 피할 수 없을 것이다. 그 경우에는 주주뿐 아니라 모든 이해관계자가 타격을 피할 수 없다.

주주의 장기적 이익 추구를 의미하는 것이라면 일응 회사의 목적으로 수용할 수 있을 것이다. 주주이익극대화는 회사기관의 모든 행위에 대해서 평가기준으로 적용할 수 있다. 즉 회사의 자금조달, 투자, 합병, 자금반환 등 모든 의사결정에서 이사가 뒤에 설명하는 선관주의 의무와 충실의무를 준수하였는지 여부를 판단할 때 주주이익극대화를 기준으로 삼을 수 있을 것이다.[1)]

그러나 주주이익이란 개념의 한계를 고려할 때 이 원칙에 강력한 구속력을 부여할 수는 없을 것이다. 실제로 우리나라에서는 회사가 주주 이외의 이익을 고려하는 것을 배제할 정도로 이 원칙의 구속력을 강하게 인정하는 견해는 찾기 어렵다. 또한 경영자가 장기적인 주주이익을 근거로 다른 이해관계자 이익을 배려하여 내린 결정은 뒤에 설명하는 경영판단원칙에 의하여 보호받을 가능성이 크다.

4. 공익의 추구

회사가 영리법인인 이상 원칙적으로 비영리 목적만을 추구하는 회사는 허용할 수 없다. 따라서 회사가 사업활동에서 얻은 이익을 주주에 분배하지 않고 모두 공익목적으로 사용하기로 하는 정관규정은 무효이다. 그렇지만 회사의 영리성이 비영리 목적을 완전히 배제하는 것은 아니다. 회사 운영에서 공익목적을 가미하는 것은 얼마든지 가능하다. 이처럼 공익을 아울러 추구하는 회사의 대표적인 예로 「사회적기업 육성법」이 규정하는 **사회적기업**을 들 수 있다.[2)] 사회적기업이 아니라도 이익 일부를 공익목적으로 사용하기로 하는 정관규정은 유효하다고 볼 것이다.[3)]

이처럼 공익과 영리를 동시에 추구하는 회사는 성과를 제대로 평가하기 어렵다. 그러나 주주가 그러한 사정을 알면서도 투자하는 것을 구태여 막을 필요는 없을 것이다. 현실적으로 이런 공익적 회사가 공익과 영리를 어떻게 조화할 것인지에 대해서는 기준을 정하기 어렵다. 영리활동을 사업목적에 열거하면서도 실제로는 순전히 비영리활동에 전념하는 회사도 존재할 수 있을 것이다. 그러한 비영리활동에 대해서 주주전원의 합의가 있다면 구태여 회사의 해산

---

1) 주주총회의 결의가 주주이익극대화에 명백하게 위반되는 경우에는 무효로 볼 여지도 있다. 江頭8, 23면. 그러나 주주가 스스로 자신의 이익에 반하는 결의를 채택하는 경우는 매우 드물 것이다.

2) 「사회적기업 육성법」상 사회적기업은 "취약계층에게 사회서비스 또는 일자리를 제공하거나 지역사회에 공헌함으로써 지역주민의 삶의 질을 높이는 등의 사회적 목적을 추구하면서 재화 및 서비스의 생산·판매 등 영업활동을 하는 기업으로서" 소정의 인증을 받은 기업이다(사회적기업 육성법 2(i)). 사회적기업으로 인증받기 위해서는 당해 연도에 발생한 이윤의 3분의 2 이상을 사회적 목적을 위하여 사용하여야 한다(사회적기업 육성법 8(1)(vii)).

3) 예컨대 신문이나 방송과 같이 공익성 있는 언론기업이 건전한 여론형성과 문화창달을 위한 활동을 정관의 사업목적으로 채택하는 것을 구태여 금지할 이유는 없을 것이다. 미국의 여러 주회사법은 공익목적을 수행하는 것을 정면으로 허용하기 위하여 공익회사(public benefit corporation)란 특별한 회사형태를 도입하고 있다(예컨대 Del. Code Ann. tit. 8 § 362(a)).

사유가 있다고 볼 것은 아니다.

5. 사회공헌활동

영리를 추구하는 기업도 때로는 기부 등 사회적인 활동을 하는 경우가 많다. 회사의 영리성에 비추어 과연 이러한 비영리활동을 법적으로 어떻게 정당화할 수 있을 것인가? 기업의 사회적 책임을 긍정하는 입장에서는 원칙적으로 이를 문제삼지 않을 것이고, 기업의 사회적 책임을 부정하는 견해를 취하더라도 회사가 장기 이익을 위해서 자신의 이미지를 제고하는 자선행위 등을 하는 것은 허용하지 않을 수 없을 것이다. 특히 최근에는 회사의 공익활동에 대한 사회적 요구가 높아지고 있기 때문에 회사업무와 직접 관련이 없는 분야의 기부라도 주주의 장기 이익과 반드시 무관하다고 단정할 수는 없다. 물론 이론상 회사 규모나 경영실적에 비추어 과도한 비영리활동에 대해서는 경영자에게 책임을 물을 수 있다. 그러나 경영자의 사적인 이해가 결부된 경우가 아니고 그러한 비영리활동의 내용과 효과를 충분히 검토하여 결정했다면 경영자의 경영판단을 존중해야 할 것이다.[1)]

회사의 정치활동[2)]

특정 정당이나 정치인에 대한 회사의 정치헌금도 일종의 비영리활동으로 볼 수 있다. 일반인으로부터의 정치헌금모집이 현실적으로 어렵다는 점을 감안하더라도 다음과 같이 폐해가 더 크므로 규제해야 할 것이다. ① 회사의 정치헌금을 인정하면 정치적 의사결정에 기업이 과도한 영향을 미칠 우려가 있다. ② 회사가 특정정당에 헌금하는 것은 그 정당 지지자가 아닌 주주의 이익에 반한다. 이에 대해서는 경영자가 회사이익에 가장 잘 부합하는 정당을 선택하여 헌금하고 그에 반대하는 주주는 주식을 매각하면 된다는 주장도 있을 수 있다. 그러나 주주가 투자대상을 찾을 때 대상회사의 정치적 성향까지 고려하도록 하는 것은 비효율적이다. ③ 정치헌금을 허용하면 특정사안에서 회사에 유리한 조치를 취해주는 대가로 헌금을 제공하는 부패적 거래를 막기 어렵다.

---

1) 퇴임을 앞둔 은행장이 은행으로 하여금 자신이 초빙교수로 취임할 대학에 2억원을 기부하여 자신의 급여지급용도로 사용하도록 한 사안에서 대법원은 기부금이 과다한 수준이 아니고 장차 대학과의 관계에서 반대급부를 기대할 수 있으므로 은행의 주주권을 실질적으로 침해하였다고 볼 수 없다고 판시하며 배임죄의 성립을 부정한 바 있다(대법원 2010. 5. 13, 2010도568 판결(기부행위와 배임죄)). 물론 기부행위도 이사회 승인 등의 요건을 갖추지 못하면 무효가 될 수 있다. 주식회사의 대표이사가 자신이 이사장으로 있는 학교법인에 주식회사의 자금을 기부하면서 주식회사의 이사회 승인을 받지 않은 경우, 그 기부행위는 이사회 승인 없는 자기거래로서 무효라는 이유로 주식회사의 학교법인에 대한 부당이득반환청구를 인정하였다(대법원 2007. 5. 10, 2005다4284 판결). 한편 카지노사업자의 지방자치단체에 대한 기부행위가 문제된 사안에서는 기부행위가 공익과 회사의 이익에 기여하는 정도가 크지 않고 기부의 대상 및 사용처에 비추어 공익 달성에 상당한 방법으로 이루어졌다고 보기 어려우며 이사들이 충분히 검토했다고 보기 어렵다는 등의 이유로 기부에 찬성한 이사들의 손해배상책임을 인정하였다(대법원 2019. 5. 16, 2016다260455 판결).

2) 보다 상세한 것은 김건식, "회사의 정치헌금", 연구Ⅱ, 325면 이하. 회사의 정치헌금 문제는 아직도 특히 미국에서 첨예한 논의의 대상이다.

회사의 정치헌금이 금지된다면 결국 주주가 회사로부터 받은 배당금을 가지고 헌금 여부와 그 대상정당을 결정해야 할 것이다. 현행 「정치자금법」은 회사를 포함한 법인의 모든 정치헌금을 금지함으로써 부정설을 취하고 있다(정치자금법 31(1)).

나아가 회사가 자기 비용으로 특정의 정치적 의사를 표명하는 등의 정치적 활동도 정치헌금과 비슷한 문제를 야기할 수 있다. 그러나 회사의 정치적 활동을 전면적으로 금지하는 것은 바람직하지 않을 것이다. 회사이익을 위한 입법의 지원활동과 같이 영리성과 정치성을 공유하는 활동이 많을 뿐 아니라 정치적 활동은 정치헌금에 비해서는 폐해가 덜하기 때문이다.

Ⅲ. 사단성과 1인회사

1. 상법 제169조와 사단성

과거 상법은 회사를 모두 사단(社團)으로 규정하였으나(구상 169) 2011년 개정에서 사단성 요건을 삭제하였다. 일반적으로 사단은 조합과 대비되는 개념으로 사용되고 있다. 즉 사단은 특정의 공동목적을 위한 사람의 결합체 중에서 단체로서의 조직을 갖춘 것을 가리키는 데 비하여 조합은 그러한 조직을 갖추지 않은 단순한 사람의 결합체를 가리킨다.[1] 그러나 회사 중에는 합명회사와 같이 조합의 성질을 갖는 것도 존재한다.[2] 따라서 사단을 조합에 대응하는 의미로 이해하는 것은 이미 구 상법 하에서도 적절치 않았다.

우리 상법의 모법(母法)이라고 할 수 있는 일본 상법이 제정되었던 19세기 말에는 사단은 단순히 인적 결합이란 의미로 사용되었다고 한다.[3] 이처럼 사단을 같은 인적 결합체인 조합에 대비되는 개념이라기보다 재산을 중심으로 하는 재단에 대비되는 개념으로 이해한다면 현행 상법상으로도 회사는 여전히 사단에 속한다고 보아도 무방할 것이다.

회사와 조합

과거 회사의 사단성을 명시한 상법 하에서는 회사와 조합은 서로 명백히 구별되는 개념으로 보는 것이 일반적이었다. 그러나 회사는 독일법상 Gesellschaft를 번역한 것으로서 독일에서 Gesellschaft는 상법상 회사는 물론이고 민법상 조합과 사단을 비롯한 각종 인적결합체를 의미하는 지극히 폭넓은 개념이다.

1) 곽윤직/김재형, 민법총칙(제8판), 박영사(2012), 155면.
2) 예컨대 상법은 합명회사의 내부관계에 관해서는 보충적으로 민법상 조합에 관한 규정을 준용하고 있다(195).
3) 사단을 조합과는 달리 일정한 요건을 갖춘 단체로 이해하기 시작한 것은 1899년 상법제정 후 독일법의 영향을 받으면서 생겨난 현상이라고 한다. 會社法コンメンタール 1(2008), 84면(江頭憲治郎).

2. 1인회사의 적법성

과거와 같이 회사의 사단성을 인적 결합의 의미로 이해하더라도 개념상 복수의 사원을 요할 것이다. 따라서 사원이 1인인 1인회사는 사단성을 충족하지 못하는 것이 아니냐는 의문이 제기될 수 있다. 그러나 기존 사업부문을 분리하여 완전자회사 형태로 운영하는 경우와 같이 현실적으로 1인회사에 대한 경제계의 수요가 존재함을 고려하면 1인회사의 존립을 부정할 수는 없었다.

사단성의 관점에서 1인회사의 문제는 회사의 설립과 존속단계에서 모두 발생할 수 있다. 사단성에 관한 의문은 먼저 회사의 **존속단계**에서 제기되었다. 상법상 합명회사와 합자회사의 경우에는 사원의 수가 1인으로 줄어들면 해산사유에 해당한다(227(iii), 269). 유한회사의 경우 과거 합명회사와 같이 사원이 1인밖에 없는 경우를 해산사유로 규정하였으나(구상 609(1)(i)) 2001년 개정 시 그것을 해산사유에서 배제하였다. 주식회사의 경우에는 다음과 같은 이유로 1인회사도 허용된다는 것이 통설 · 판례이다. ① 합명회사와 합자회사의 경우와는 달리 주식회사의 경우에는 주주가 1인밖에 없는 경우에도 해산사유로 되어 있지 않다. ② 특정시점에 주주가 1인으로 줄어든 경우라도 언제든 주식의 일부를 양도함으로써 쉽게 사단성을 회복할 수 있다(이른바 잠재적 사단성). ③ 기업이 전략상 사업부문을 완전자회사의 형태로 운영할 현실적인 필요가 존재한다.

종래 회사의 **설립단계**에서는 사단성을 보다 엄격히 요구하였다. 상법은 모든 종류의 회사를 설립하는데 2인 이상의 사원을 요하였다(178, 268, 구상 543(1)). 특히 주식회사의 경우 존속단계에서는 1인회사를 인정하면서도 설립 시에는 7인 이상(1995년 개정 상법에서는 3인 이상)의 발기인을 요하였다(구상 288). 실제 출자자가 소수인 회사에서는 이러한 7인의 발기인 요건은 다소 불편을 초래하였지만 1인 설립을 인정하는 상법개정에 대해서는 사단성에 반한다는 이유로 반대하는 견해가 유력했다. 그러나 1인회사의 잠재적 사단성을 존속단계에서 인정할 수 있다면 설립단계에서도 인정하지 못할 이유도 없었다. 세계적으로 1인 설립을 인정하는 입법례가 늘어남에 따라 마침내 2001년 개정 상법에서 주식회사와 유한회사의 경우에는 1인 설립을 인정하게 되었다.

이처럼 1인회사가 전면적으로 허용되는 상황에서 회사의 사단성을 더 이상 복수의 사원의 인적 결합으로 이해할 수는 없다. 따라서 이제는 사단은 재산이 중심이 되는 재단과는 달리 출자자인 사원을 구성원으로 하는 조직체라는 의미로 이해해야 할 것이다.[1)]

---

1) 江頭憲治郎, "會社の社團性と法人性", 會社法の爭點(2009), 9면. 독일, 일본 등에서도 법에서 회사의 사단성을 명시하지 않고 있다.

3. 1인회사의 법률관계

(1) 개 관

협의의 1인회사란 해당 회사의 주주가 자연인 또는 법인 1인인 경우를 가리킨다. 즉 1인 주주가 유일한 주식 소유자이자 주주명부상 주주인 경우이다. 광의의 1인회사란 배후의 1인 주주가 회사를 지배하지만 차명보유 등을 통해 명의상으로는 주식이 분산되어 있는 경우를 말한다. 종래 대법원은 광의의 1인회사를 실질적 1인회사로 보아 주주총회 운영 등에 관하여 협의의 1인회사와 마찬가지로 취급하였다(대법원 2004. 12. 10, 2004다25123 판결). 특별한 사정이 없는 한 주주명부상 주주만이 회사에 대하여 주주권을 행사할 수 있다고 보는 2017년 전원합의체 판결(대법원(전) 2017. 3. 23, 2015다248342 판결) 이후에도 광의의 1인회사를 협의의 1인회사와 동일하게 취급할 수 있을 것인가? 전체 주주가 한 뜻으로 움직인다면 아래 논의되는 1인회사의 법률관계가 마찬가지로 적용될 수 있을 것이다. 반면 주주 중 1인이라도 다른 뜻을 표한다면, 설사 남은 주식으로 결의요건을 넉넉히 충족할 것이 예상되더라도 1인회사 법리를 적용할 수 없다. 대법원도 (주주가 1인인 1인회사가 아니라면) "특별한 사정이 없는 한, 주주총회의 의결정족수를 충족하는 주식을 가진 주주들이 동의하거나 승인하였다는 사정만으로 주주총회에서 그러한 내용의 결의가 이루어질 것이 명백하다거나 그러한 내용의 주주총회 결의가 있었던 것과 마찬가지라고 볼 수는 없다"고 본다(대법원 2020. 6. 4, 2016다241515, 241522 판결).[1)]

(2) 주주총회의 운영 및 주주의 의결권

주주가 1인인 경우에는 그 실질을 반영하여 간이하게 주주총회를 운영할 수 있다. 대법원은 1인회사의 경우 주주총회의 소집절차가 없더라도 1인 주주가 출석하면 하자가 치유된다고 본다(대법원 1966. 9. 20, 66다1187, 1188 판결). 실제 총회가 개최되지 않고 의사록만 작성되더라도 주주총회는 유효하다(대법원 1993. 6. 11, 93다8702 판결).[2)] 나아가 의사록이 작성되지 않더라도 1인 주주의 의사가 주주총회 결의내용과 일치한다면 증거에 의하여 그러한 내용의 결의가 있었던 것으로 인정된다(대법원 2020. 6. 4, 2016다241515, 241522 판결).

이러한 법리는 협의 또는 광의의 1인회사가 아니라 하더라도 주주 전원이 동의한 경우에는 확장하여 적용할 수 있다. 즉 주주총회 소집절차의 하자가 있더라도 하자사유가 발생한 주주를 포함한 주주전원이 이의 없이 출석하였다면 소집절차의 하자는 치유된다(전원출석총회의

---

1) A, B 주주(이사)로 구성된 주식회사인데 A의 승인만으로 B 이사 보수가 지급된 사안에서, 설령 B가 특별이해관계인으로서 의결권이 제한되더라도 해당 회사가 1인회사는 아니므로 이사보수에 관한 주주총회 결의가 있는 것과 동일시할 수 없다는 판례로 대법원 2024. 11. 28, 2024다263435 판결.

2) 1인회사의 경우에도 개인기업과 같이 운영해서는 안 된다는 이유로 이사회의 소집결의가 필요하다는 견해도 있다(이철송30, 528면). 1인회사를 개인기업과 같이 운영하는 경우 필요에 따라 법인격을 부인할 수도 있겠지만 구태여 그러한 융통성 있는 운영 자체를 봉쇄할 필요는 없을 것이다.

법리. 대법원 1993. 2. 26, 92다48727 판결). 그러나 이는 주주전원의 승인을 전제로 한 것이므로 일부 주주라도 반대하는 경우에는 주주총회의 하자가 치유되지 않는다. 실제로 대법원은 98%를 소유한 지배주주가 주주총회의 소집과 결의 없이 의결이 있는 것처럼 의사록만 작성한 경우에는 총회결의의 부존재에 해당한다고 보았다(대법원 2007. 2. 22, 2005다73020 판결).

한편 1인회사의 경우 상법상 의결권 제한이 무의미하게 될 수 있다. 원래 주주총회에 부의된 안건에 특별이해관계 있는 주주는 의결권이 없고(368(3)), 감사 선임시에도 대주주의 의결권은 3%로 제한된다(409). 그러나 1인 주주의 의결권을 박탈 또는 제한하더라도 의결권을 행사할 다른 주주가 없으므로 이러한 제한은 특별한 의미를 갖지 않게 된다.

(3) 이사회와 주주총회의 권한

1인 주주인 이사와 회사 사이의 거래도 형식적으로는 자기거래에 해당하지만 이익충돌의 위험은 없다. 따라서 이사회 승인을 요하지 않는다고 본다. 회사채권자 보호를 내세워 자기거래에 해당한다고 보는 견해도 있다.[1] 그러나 1인회사에서 이사회 승인을 요구하더라도 실제로 채권자에게 별로 도움이 될 수 없다는 점에서 불요설이 타당하다.[2] 그러한 상황에서 채권자 보호는 채권자취소권(민 406(1)), 도산법상의 부인권(100, 391), 이사나 1인 주주에 대한 손해배상청구권(401, 401-2)에 의하여 달성할 수 있을 것이다. 제398조의 취지가 회사 및 주주의 손해를 방지하는 것이라는 이유로 주주 전원의 동의가 있는 경우에는 이사회 승인이 필요치 않다고 보는 대법원 판례(대법원 2002. 7. 12, 2002다20544 판결 등)도 불요설에 기반한 것으로 볼 수 있다.[3]

정관에 주식 양도제한 조항이 있으면 주주는 주식 양도시에 이사회의 승인을 얻어야 한다(335(1)단). 이러한 정관 조항은 1인 주주에도 적용되는가? 원래 복수의 주주가 있다가 사후적으로 1인 회사가 된 경우 이런 상황이 발생할 수 있다. 이 경우 이사회의 승인 없이 임의 양도가 가능하다고 볼 것이다. 이사회 승인을 요한 이유는 주주구성의 폐쇄성을 유지하여 기존 주주들의 이익을 지키고자 함이기 때문이다.[4]

마지막으로 이사회를 개최하지 않고 1인 주주의 뜻에 따라 이사회 의사록을 작성한 경우이다. 주주총회와 이사회 간 기관분화 관점에서 볼 때, 1인 주주의 의사로 주주총회를 갈음하는 것은 가능하나 이사회를 갈음할 수는 없다고 볼 것이다.[5] 일례로 금융지주회사의 100% 자

1) 이철송30, 788면.
2) 승인이 필요하다고 하면 결의에 찬성한 이사의 책임을 물을 수 있다는 차이가 생길 뿐이다. 송옥렬9, 1059면.
3) 1인 주주의 지위는 주식 100%를 양수하여 주식소유권을 이전받았을 때 성립하고, 이러한 점은 약정된 주식매매대금을 지급하지 못했더라도 마찬가지이다. 대법원 2017. 8. 18, 2015다5569 판결 참조.
4) 송옥렬9, 720면. 이 경우 1인 주주로서는 정관을 개정하여 양도제한 조항을 삭제한 후 양도할 수도 있다.
5) 다만 대법원의 입장은 불명확하다. 즉 이사의 사임서 위조 여부가 문제된 사안이기는 하지만 "1인주주의 의사는 바로 주주총회나 이사회의 의사와 같은 것이어서 가사 주주총회나 이사회의 결의나 그에 의한 임원변경등기가 불법하게 되었다 하더라도 그것이 1인주주의 의사에 합치되는 이상 이를 가리켜 의사록을 위조하거나 불실의 등기를 한 것이라고는 볼 수 없다"고 설시한 적이 있다(대법원 1992. 9. 14, 92도1564 판결).

회사인 은행의 경우에도 이사회가 따로 구성될 뿐 아니라 은행의 의사는 금융지주회사의 지시가 아니라 이사회 결의로 정하고 있다.[1)]

(4) 형사책임의 문제

1인 주주가 회사재산을 사적 목적으로 사용한 경우 횡령, 배임죄가 성립하는지 논란이 된다. 대법원은 "주식회사 상호간 및 주식회사와 주주는 별개의 법인격을 가진 존재로서 동일인이라 할 수 없으므로 **1인 주주나 대주주라 하여도 그 본인인 주식회사에 손해를 주는 임무위배행위가 있는 경우에는 배임죄가 성립**하고, 회사의 임원이 그 임무에 위배되는 행위로 재산상 이익을 취득하거나 제3자로 하여금 이를 취득하게 하여 회사에 손해를 가한 때에는 이로써 배임죄가 성립하며, 위와 같은 임무위배행위에 대하여 **사실상 주주의 양해를 얻었다고 하여 본인인 회사에게 손해가 없었다거나 또는 배임의 범의가 없었다고 볼 수 없다**" 하여 범죄의 성립을 인정한다(대법원 2006. 11. 9, 2004도7027 판결; 대법원(전) 1983. 12. 13, 83도2330 판결 등 다수). 이는 회사가 별도의 법인격을 가진다는 점에 초점을 맞추어 회사의 손해를 주주 이익과 관계없이 형식적으로만 판단하는 것이어서 비판의 소지가 있다.

Ⅳ. 법인성과 권리능력

1. 의 의

상법상 회사는 모두 법인으로 규정되고 있다(169). 주식회사나 유한회사는 물론이고 조합적 성격이 강한 합명회사나 합자회사도 법인격이 인정된다. 이처럼 회사에 법인격을 인정한 이유는 회사를 둘러싼 법률관계를 간명하게 처리하기 위한 것이다. **법인격의 효과**는 두 가지로 나눌 수 있다.[2)] ① 회사는 구성원인 사원과는 별개의 독립적인 권리의무의 주체로서 자기명의로 재산을 보유하거나 채무를 부담할 뿐 아니라 소송에서 당사자가 될 수 있다. 따라서 회사의 대외적 활동에서 발생하는 권리·의무는 모두 회사에 귀속되고 사원은 회사에 대해서 권리·의무를 가질 뿐이다. ② 회사의 권리·의무를 발생시키는 행위를 할 권한은 사원이 아니라 회사의 기관이 갖는다.

법인격에 의한 재산분리

회사의 법인격은 사원과 회사의 재산을 분리하는 기능을 수행한다. 재산분리기능은 회사형태에 고유한 것은 아니고 그 기능의 강도는 회사 형태에 따라 차이가 있다. 이 곳에서는 재산분리기능이 가장 강한 주식회사를 중심으로 설명한다. 주식회사의 재산분리기능은 조직격리(entity

1) 입법론상으로는 주주가 1인인 경우에도 별도로 이사회 설치를 요구할 필요가 있는지 의문이 제기될 수 있다.
2) 江頭8, 30면.

shielding)와 유한책임(limited liability)의 두 가지 요소에 의하여 수행된다.[1]

조직격리는 회사 재산을 주주와 주주의 채권자로부터 격리시키는 것을 의미한다. 조직격리도 두 가지 요소로 구성된다. 조직격리의 첫 번째 요소는 **청산방지**(liquidation protection)원칙이다. 이에 의하면 주주는 회사재산을 직접 지배할 수 없을 뿐 아니라 자기 몫에 해당하는 회사재산을 회수하기 위하여 임의로 회사를 청산할 수도 없다. 또한 [그림 1-1]에서 보는 바와 같이 주주 s의 채권자 sC는 s의 몫에 상당하는 회사X의 재산에 대해서 강제집행할 수 없다. 청산방지원칙은 개별 주주나 그 채권자가 회사를 해체하는 것을 금지함으로써 회사의 계속기업가치를 보호하는 기능을 한다.[2]

조직격리의 두 번째 요소는 **우선(優先)의 원칙**(priority rule)이다. 그것은 [그림 1-1]에서 보는 바와 같이 회사의 채권자 XC가 회사재산에 대한 관계에서 주주의 채권자 sC보다 우선한다는 원칙이다. 즉 우선의 원칙에 의하면 s가 회사인 경우 s의 채권자 sC는 자회사인 X의 채권자 XC에 비하여 구조적으로 후순위에 서게 된다(**구조적 후순위화**(structural subordination)).[3] 우선의 원칙은 회사 채권자를 주주의 채권자보다 우선함으로써 회사와의 거래를 촉진하는 기능을 한다.

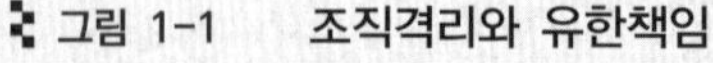
그림 1-1 조직격리와 유한책임

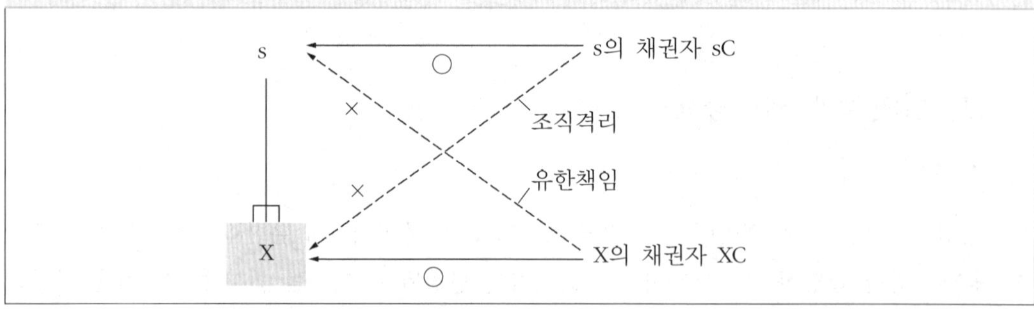

조직격리와 반대편에 있는 것이 바로 유한책임이다. 유한책임원칙은 [그림 1-1]에서 보는 바와 같이 주주 s가 회사 채권자 XC에 대해서 책임을 지지 않는 것을 의미한다. 조직격리가 회사재산을 주주와 주주의 채권자로부터 격리시키는 것임에 비하여 유한책임은 주주의 개인재산을 회사의 채권자로부터 보호하는 기능을 한다.

조직격리와 유한책임에 의하여 회사 X의 재산과 주주 s의 다른 재산이 서로 분리된다. 이러한 재산의 분리는 폐해를 낳는 경우도 없지 않지만[4] 현실적으로 재산과 그에 수반하는 위

1) 보다 상세한 것은 해부, 28~36면.
2) 조합원의 채권자는 조합재산을 구성하는 개개의 재산에 대한 조합원의 합유지분을 압류하거나 그에 대해서 강제집행할 수 없다(대법원 2007. 11. 30, 2005마1130 결정). 조합원의 채권자는 우선 조합원의 합유지분을 압류하여 장래의 이익배당과 지분반환권을 확보하고(민 714), 조합원의 탈퇴 의사표시를 대위행사함으로써 자신의 채권을 실현할 수 있다. 결과적으로 조합에서는 주식회사에서와는 달리 청산방지원칙이 적용되지 않는다.
3) 따라서 채권자 사이의 순위를 나누기 위한 목적으로 모자회사형태를 취할 수도 있다.
4) 그러한 폐해는 뒤에 설명하는 법인격부인법리에 의하여 처리한다.

험의 효율적 관리를 돕는다. **재산분리의 효용**이 실제로 부각되는 것은 다음 세 가지 경우이다. ① 법인격에 의한 재산분리를 이용함으로써 특정사업으로부터 발생하는 위험을 분리하는 경우이다. 그 대표적인 예는 회사가 기존의 사업부문을 자회사로 독립시킴으로써 뒤에 설명하는 모자회사 내지 지주회사구조를 구성하는 경우이다. ② 사업위험의 분리와 자금조달이 동시에 일어나는 경우이다. 그 예는 이른바 프로젝트 파이낸스(project finance)에서 사업주체로 설립하는 **특수목적회사**(special purpose company: SPC)를 들 수 있다. ③ 위의 ①이나 ②처럼 분리된 회사가 독자적으로 사업을 영위하는 것이 아니라 회사가 단순히 재산을 분리하는 수단으로 활용되는 경우도 적지 않다. 대표적인 예는 「자산유동화에 관한 법률」상의 유동화전문회사(자산유동화에 관한 법률 17)와 자본시장법상의 투자회사(자시 9(18)(ii))이다. 이 경우 회사는 자산을 보유하는 용기(容器: vehicle)로서의 수동적인 기능을 가질 뿐이다.

사업이나 재산의 분리를 목적으로 회사형태를 이용하는 것에 대해서는 분리된 사업이나 재산으로부터 배제되는 자의 관점에서 부정적으로 보는 견해도 있다. 특히 재산분리목적의 특수목적회사에 대해서는 **명목상의 회사**(paper company)라는 명칭이 시사하는 바와 같이 의혹의 눈길이 강했다. 그러나 자산유동화나 간접투자는 모두 경제적으로 유용한 기능을 수행하는 것이라는 점을 고려하면 특수목적회사를 보다 저렴하고 편리하게 이용할 수 있도록 법제를 운용할 필요가 있을 것이다.[1)]

2. 회사의 권리능력

(1) 의 의

회사는 법인으로서 법률상 권리와 의무의 주체가 될 수 있는 능력, 즉 권리능력을 갖는다. 다만 자연인과는 달리 회사의 권리능력은 여러 면에서 제한된다.

회사의 행위능력, 불법행위능력, 범죄능력

회사에 대해서도 자연인과 마찬가지로 행위능력이나 불법행위능력 여부를 논하기도 하지만 그 실익은 크지 않다. 행위능력에 관하여, 회사인 경우 미성년, 후견 등 제한능력제도가 적용되지 않고 권리능력 범위 내에서 행위능력을 갖는 것으로 인정된다.

불법행위능력에 대하여는 상법 제210조가 명시적으로 이를 인정하였다. 즉 회사의 대표기관이 업무집행으로 인하여 타인에게 손해를 가한 경우 '회사'의 불법행위책임이 인정된다.[2)] 나아가

1) 자산유동화법이나 자본시장법은 유동화전문회사와 투자회사에 관하여 상법의 회사편에 대한 예외를 널리 인정하고 있다. 우리 법상 특수목적회사에 관한 문헌으로 김중곤, "특수목적법인(SPC)의 권리능력", BFL 13(2005), 74면.

2) 대표기관이 아니라 회사의 피용자가 불법행위를 하는 경우 회사는 그 선임, 감독상 과실에 관해 민법 제756조의 사용자책임을 부담하는바, 이 책임은 상법 제210조의 책임과는 근거를 달리하는 것이다(대법원 2005. 2. 25, 2003다67007 판결). 다만 어느 경우이든 소멸시효는 민법 제766조에 따른다(대법원 2022. 5. 12, 2020다255375 외 판결).

'대표기관'도 회사와 연대책임을 부담하는바, 이는 대표기관 개인의 불법행위책임을 뜻한다고 볼 것이다. 회사와 대표기관의 책임은 공동불법행위로서 부진정연대책임 관계에 있다(대법원 2003. 3. 11, 2000다48272 판결). '업무집행으로 인하여'의 판단은 행위의 외형에 따르는바, 실제 대표기관의 개인적 이익을 도모하기 위한 것이나 법령 규정에 위배된 경우에도 위 조항이 적용된다(대법원 2017. 9. 26, 2014다27425 판결). 다만 대표이사의 행위가 업무 또는 직무권한에 속하지 아니함을 상대방이 알았거나 중과실로 몰랐던 경우 회사는 손해배상책임을 부담하지 않는다(대법원 2022. 5. 12, 2020다255375 외 판결). 한편 상법 제210조는 회사의 불법행위책임에 관하여 적용되므로, 회사의 채무불이행책임에 대해서는 위 조항에 근거하여 대표기관의 연대책임을 물을 수 없다(대법원 2013. 2. 14, 2012다77969 판결).

법인의 범죄능력에 관해서는 크게 ① 법인도 자연인과 마찬가지로 범죄능력이 인정된다는 긍정설과 ② 부정설, ③ 양벌규정에 의해 법인을 처벌하는 경우에 한하여 예외적으로 범죄능력이 인정된다고 보는 부분적 긍정설 등 학설이 나뉘고 있다.[1] 우리 헌법재판소와 대법원은 대체로 ③의 부분적 긍정설을 취하고 있는 것으로 보인다. 그에 따르면 법인의 범죄능력은 양벌규정이 있는 경우에만 인정되므로 양벌규정이 없는 경우에는 대표자의 행위를 이유로 법인을 처벌할 수는 없다. 현재 법인에 대한 형사처벌을 정한 양벌규정은 계속 증가하고 있다. 현행 양벌규정의 해석상 행위의 주체가 대표자인 경우와 대리인이나 사용인 등 종업원인 경우를 나누어 검토할 필요가 있다. 전자의 경우 법인의 책임은 대표자의 행위를 법인의 행위와 동일시함(이른바 동일시이론)에 따른 행위책임이므로 법인이 감독상 무과실을 이유로 책임을 면할 수는 없다. 반면에 후자의 경우에는 법인의 책임은 감독상 주의의무의 위반에 따른 감독책임이므로 감독상 무과실에 대한 합리적 의심이 있는 경우에는 법인은 면책된다.[2] 회사에 대한 처벌은 자유형이 불가능하므로 주로 벌금의 형태를 취하고 있다. 최근에는 회사가 공정거래법 등 각종 규제법의 위반을 이유로 과징금을 부과받는 사례와 아울러 그 규모도 점차 증가하고 있다.

(2) 법인의 성질에 따른 제한

회사에 법인격을 인정하는 것은 회사가 자연인과 같기 때문이 아니라 회사를 독립된 거래 주체로 인정하는 것이 효율적이라는 법정책적 판단에 따른 것이다. 따라서 성질상 자연인에게만 인정되는 권리·의무가 회사에도 인정된다고 볼 이유는 없다. 회사가 생명, 신체에 대한 권리, 친권, 상속권이 없는 것은 당연하다. 다만 회사의 명예나 신용은 회사의 영업에 중요한 영향을 줄 수 있으므로 회사에게도 명예와 신용에 관한 인격권을 인정해야 할 것이다.[3]

1) 현행법상 양벌규정의 해석에 관한 상세한 문헌으로 김웅재, "동일시이론에 기초한 양벌규정 법인처벌 해석론", 서울대학교 법학 64-2(2023), 35면 이하.

2) 2009년 헌법재판소는 법인의 감독상 과실여부와 관계없이 종업원의 범죄만 인정되면 법인을 처벌하는 양벌규정은 책임주의 원칙에 반한다는 이유로 위헌을 선언한 바 있다(헌법재판소 2009. 7. 30, 2008헌가14 결정 등). 이어서 2010년에는 대표자의 위반행위로 인하여 법인을 처벌하는 경우에는 면책규정이 없더라도 책임주의 원칙에 반하지 않는다고 판시한 바 있다(헌법재판소 2010. 7. 29, 2009헌가25등 결정). 2010년 결정을 수용한 대법원 판결로 대법원 2010. 9. 30, 2009도3876 판결 등.

3) 권기범6, 119면.

회사는 고용계약상 근로자가 될 수 없으므로 지배인 등 상업사용인이 될 수 없다. 이사나 감사와 같은 회사기관이 될 수 있는지에 대해서는 명문의 규정은 없지만 부정해야 할 것이다. 자연인과는 달리 회사의 경우에는 민사책임을 지움으로써 적절한 직무수행을 확보하는 것이 쉽지 않을 것이기 때문이다.[1] 그러나 발기인이나 검사인의 경우에는 업무의 성격상 회사가 되는 것도 막을 필요는 없을 것이다.[2]

(3) 법령에 의한 제한

회사의 법인격은 법이 부여한 것이므로 법인은 당연히 법률이 인정하는 범위 내에서만 권리능력을 갖는다. 이하에서는 법령상 제한의 몇 가지 대표적인 예를 살펴본다.

① 상법상 회사는 다른 회사의 무한책임사원이 될 수 없다(173). 따라서 두 개의 회사가 합명회사의 사원이 되는 형태로 동업하는 것은 허용되지 않는다. 과거 일본 상법(구日會 55)에서 유래한 이 규정의 근거는 회사가 고유한 목적 외의 사업 때문에 재산적 기초가 위협받아서는 안 된다는 것이다. 그러나 회사가 조합의 조합원이 되는 것은 비슷한 위험을 수반함에도 불구하고 아무런 제약이 없다는 점에서 그 근거의 합리성은 의문이다.[3]

② 해산으로 청산 중인 회사는 청산의 목적범위 내에서만 권리능력이 있다(245, 542).[4]

③ 은행법 등 다수의 규제법에서는 그 법이 적용되는 회사의 행위를 여러 가지로 제한하고 있다. 그러나 그 규정이 회사의 권리능력을 직접 제한한 것으로 보는 것은 적절치 않다.[5] 그렇게 본다면 규정위반행위는 모두 권리능력을 벗어난 행위로 사법상 무효가 되기 때문이다. 그러한 규정위반행위의 사법상 무효 여부는 자연인의 규제법률 위반행위와 마찬가지로 그 행위가 공서양속에 위반하는지 여부에 따라 결정하여야 할 것이다. 판례는 대체로 이들 규정에 위반한 행위를 무효로 보는 데 소극적인 태도를 유지하고 있다.[6]

(4) 성관상 목적에 의한 제한

가. 의 의

민법상 법인은 정관에 정한 목적범위 내에서만 권리능력을 가진다(민 34). 민법상 법인은 비영리법인으로 이 규정이 영리법인인 회사에도 유추적용될 수 있는지에 대해서는 다툼이 있

---

1) 회사가 이사인 경우에는 다른 이사들과의 의견교환도 쉽지 않을 것이다. 적어도 법인이사의 수요가 큰 폐쇄회사의 경우에는 입법론으로 회사의 이사자격을 허용하자는 견해도 있다. 江頭8, 397면 주 1.

2) 江頭8, 32면, 67면.

3) 결국 일본은 2005년 그 규정을 삭제하였다. 江頭8, 32면 주 1.

4) 또한 회사는 해산한 경우에도 파산의 목적 범위 안에서는 아직 존속하는 것으로 본다(도산 328).

5) 권기범6, 119면.

6) 대법원은 상호저축은행법상 차입한도(상호저축은행법 17)를 위반한 채무보증이 무효임을 선언한 바 있나(대법원 1985. 11. 26, 85다카122 판결(상호신용금고법 하에서의 전원합의체 판결)). 그러나 같은 법상 대주주등에 대한 신용공여금지(상호저축은행법 37(1))에 위반한 대출이나 개별차주에 대한 신용공여한도(상호저축은행법 12)에 위반한 대출은 모두 유효라고 보았다(대법원 1994. 10. 28, 94다28604 판결, 대법원 1987. 12. 22, 87다카1458 판결).

다. 민법규정이 유추적용된다는 제한긍정설에 따르면 정관목적범위를 벗어난 행위는 효력이 없으므로 회사와 거래하는 상대방은 주의할 필요가 있다. 우리나라에서는 거래안전 등을 이유로 정관목적에 의한 회사의 권리능력제한을 부정하는 견해가 일반적이다.[1] 대법원은 제한긍정설을 유지하면서도 '목적범위 내의 행위'라는 개념을 유연하게 해석함으로써 실질적으로 제한부정설을 취한 것과 큰 차이가 없다. 즉 대법원은 목적범위 내의 행위란 정관에 명시된 목적 자체에 한정되는 것이 아니라 **목적수행에 직접, 간접으로 필요한 행위를 모두 포함**한다고 하고 있다(대법원 1999. 10. 8, 98다2488 판결 등)(이른바 필요설). 목적수행에 필요한지 여부는 **행위의 객관적 성질에 따라 판단**하고 행위자의 주관적·구체적 의사에 따라 판단할 것은 아니다(대법원 1987. 12. 8, 86다카1230 판결; 대법원 2009. 12. 10, 2009다63236 판결 등).

나. 판례에서 문제된 거래

판례에서 주로 많이 문제된 것은 대표이사가 제3자를 위하여 신용을 제공한 경우, 특히 회사명의로 연대보증을 서준 경우이다.[2] 대법원은 처음에는 상당히 융통성 있는 태도를 취하였으나[3] 1975년 연대보증을 정관소정목적범위 외라는 이유로 무효로 선언함으로써 엄격한 태도를 취한 바 있다(대법원 1975. 12. 23, 75다1479 판결(철우회판결)).[4] 그러나 철우회 판결 이후에는 회사에게 불리한 연대보증에 대해서도 권리능력범위 외라는 이유로 무효를 선언한 판결을 발견할 수 없다. 1987년 대법원은 계열회사를 위한 채무보증을 위하여 어음배서를 한 사안에서 그러한 보증행위는 회사의 정관에 명시된 목적 그 자체는 아니라 할지라도 그 행위의 객관적 성질에 비추어 보아 그 목적수행에 필요한 행위로서 회사의 목적범위내의 행위라고 판시하였다(대법원 1987. 10. 13, 86다카1522 판결). 한편 2005년 대법원은 지배주주를 위하여 회사가 체결한 연대보증계약의 효력이 문제된 사안에서 목적수행에 필요한지 여부를 판단할 때에는 "거래행위를 업으로 하는 영리법인으로서 회사의 속성과 신속성 및 정형성을 요체로 하는 거래의 안전을 충분히 고려하여야 할 것인바, 회사가 거래관계 또는 자본관계에 있는 주채무자를 위하여 보증하는 등의 행위는 그것이 상법상의 대표권 남용에 해당하여 무효로 될 수 있음은 별론으로 하더라도 그 행위의 객관적 성질에 비추어 특별한 사정이 없는 한 회사의 목적범위 내

1) 권기범6, 123면; 김정호5, 66면; 김홍기4, 313면; 이/최11, 104면; 이철송30, 83면; 임재연6 I, 78면; 장덕조3, 30면; 정동윤6, 357면; 정찬형22, 485면; 최기원14, 88면; 홍/박7, 64면.

2) 회사재산을 담보로 제공하는 행위도 효과면에서는 연대보증과 유사하지만 정관소정목적 범위와 관련하여 문제되는 경우는 찾기 어렵다. 대법원은 회사의 실질적 대표이사인 1인주주가 회사재산을 개인적인 채무담보를 위하여 제공한 사안에서 배임죄의 성립을 인정하였다(대법원 2005. 10. 28, 2005도4915 판결).

3) 벽지를 수출하는 회사가 벽지수출조합에 근무하던 공동대표이사의 아들이 횡령으로 변제하지 못하게 된 제3자에 대한 조합채무를 인수한 사안에서 대법원은 "이러한 채무인수는 적어도 피고회사의 목적사업(벽지제조, 국내외수출)을 수행함에 필요한 행위로서 회사의 목적범위 내의 행위라고 할 것"이라고 판시하였다(대법원 1968. 5. 21, 68다461 판결).

4) 이 판결에서는 회사의 이사와 주주들이 채무보증을 결의하였음에도 결론에 영향이 없다고 하고 있다.

의 행위"라고 판시하였다(대법원 2005. 5. 27, 2005다480 판결).[1)2)]

이러한 판례의 태도에 따르면 현실적으로 정관에 정한 목적범위 외라는 이유로 효력이 부정될 거래는 별로 없을 것이다. 실제로도 최근 30년간 목적범위 외라는 이유로 회사의 거래를 무효로 선언한 판례는 없는 것으로 보인다.[3)]

다. 대안적 법리

정관에 기재된 사업목적은 등기에 의하여 공시된다(317(2)(i)(주식회사)). 제한긍정설의 주된 근거는 공시된 사업목적에 대한 투자자의 기대가 경영자의 권한남용에 의하여 허물어지는 것을 막는다는 것이다. 그러나 제한부정설을 취한다고 해서 경영자의 권한남용을 통제할 길이 없는 것은 아니다. 대표이사가 정관에 정해진 사업목적을 위반하여 한 행위는 후술하는 **대표권 남용의 법리**에 따라 무효로 처리될 여지가 있다. 또한 회사 내부적으로는 정관에 정한 사업목적을 넓게 해석할 필요가 없으므로 사업목적을 위반한 이사에 대해서는 선관주의의무의 위반으로 인한 손해배상을 청구하고 이사해임을 시도할 수도 있다. 이사의 위법행위 유지청구는 물론이고 심한 경우에는 회사의 해산명령(176(1)(iii))도 구제수단이 될 수 있다.[4)]

제한부정설과 정관소정목적의 효과

제한부정설을 취하는 경우 정관에 정한 목적은 대표기관의 대표권을 제한한 것으로 보는 견해도 있다. 대표기관은 영업에 관한 모든 권한을 갖는데(209(1)) 그 영업의 범위를 정관에서 제한한 것으로 보는 것이다. 대표권의 제한은 악의의 제3자에 대해서 대항할 수 있다(209(2)의 반대해석). 그런데 회사의 사업목적은 등기사항이므로(179(i), 317(1)(i)) 등기된 사업목적에 대해서는 제3자가 정당한 사유로 알지 못한 경우를 제외하고는 악의로 간주될 것이다(37(2)). 그러므로 이 논리에 따르면 회사는 대표권의 제한을 주장할 수 있게 된다. 그러나 이러한 결과는 실질적으로 제한긍정설을 따른 것과 다를 바 없으므로 대표권 제한으로 보는 견해는 따르기 어렵다. 따라서 사업목적은 단지 내부적으로 대표기관의 행동범위를 정한 것으로 보아야 할 것이다. 그 경우에는 사업목적을 넘은 회사의 행위도 대표권남용법리에 따라 무효가 되는 경우 외에는 행위자체는 유효하고 단지 대표기관이 책임을 질뿐이다.

---

1) 다만 법원이 회사와 거래관계나 자본관계가 있는 주채무자가 보증의 수혜자가 되는 경우로 한정한 것이 '행위의 객관적 성질'을 기준으로 삼는 기존의 태도와 어떻게 조화할 수 있는 것인지 의문이다. 특히 '자본관계'가 앞으로 어떻게 해석될 것인지는 지켜보아야 할 것이다.

2) 한편 2009년 개정 상법은 상장회사가 대주주를 위하여 채무보증을 하는 것을 명시적으로 금지하고 있다(542-9(1)). 또한 계열회사 사이의 연대보증에 대해서 '행위의 객관적 성질에 비추어 보아 그 목적 수행에 필요한 행위'라고 본 판결로 광주고등법원 1997. 12. 12, 96나7860 판결(상고기각으로 확정).

3) 그러나 아직 판례가 제한긍정설을 완전히 포기하지 않고 있는 상황에서는 회사의 사업목적과 직접 관련이 없는 대규모거래를 처음으로 체결할 때에는 회사의 정관에 정한 사업목적수행에 적어도 간접적으로 필요한지 여부를 확인할 필요가 있을 것이다. 예컨대 제조업체가 사업상의 리스크를 헷지하기 위한 목적이 아닌 투기목적으로 대규모 파생상품거래를 행한 경우에는 목적범위 내의 행위인지 여부가 문제될 여지가 있다.

4) 인적회사에서는 법원이 대표사원의 제명이나 권한상실선고를 청구할 수 있을 것이다(220, 216→205, 269).

영미법상의 능력외(ultra vires)법리

정관 목적에 의한 권리능력제한법리는 영미법상의 능력외(能力外)법리(ultra vires doctrine)에서 유래한 것이다. 그러나 발상지인 영국에서도 유럽 지침의 영향을 받아 1989년 회사법 개정 시에 일반 회사의 경우에는 악의의 상대방에 대해서도 능력외라는 항변을 제출할 수 없도록 함으로써 사실상 능력외법리를 폐지하였다(영국 회사법 109(1)). 미국에서는 현재 회사의 목적을 '모든 적법한 행위'라는 식으로 폭넓게 정하는 것이 허용되고 있기 때문에(예컨대 모범사업회사법 §3.04) 능력외법리에 따라 회사가 책임을 면하는 경우는 거의 찾아볼 수 없게 되었다.

V. 법인격부인법리

1. 총 설

(1) 의 의

회사는 사원과 별도로 독립적인 법인격을 갖는다(169). 그러나 때로는 회사와 사원을 가르는 법인격이라는 벽을 인정하는 것이 오히려 정의와 형평에 반하는 결과를 초래할 수도 있다. 그러한 경우 회사와 사원의 인위적인 구별을 무시하고 양자를 동일시하는 것을 허용하는 법리를 통상 '법인격부인의 법리'라고 부른다. 법인격부인법리는 상법에서 명시적으로 채택하고 있지는 않지만 판례와 통설은 모두 긍정하고 있다.[1] 주의할 것은 법인격부인법리는 특정 회사의 법인격을 전면적으로 소멸시키는 것이 아니라 법원이 구체적인 사안에서 형평에 맞는 해결을 위하여 법인격을 제한적으로 부정하는 것이라는 점이다.

(2) 근 거

초기 판례는 법인격부인법리의 실정법상 근거로 신의성실의 원칙과 권리남용금지원칙(민 2)을 들었다(대법원 1988. 11. 22, 87다카1671 판결 등). 그러나 시간이 흐름에 따라 법인격부인법리의 근거로는 주로 신의칙만이 제시되고 있다(대법원 2004. 11. 12, 2002다66892 판결; 대법원 2008. 8. 21, 2006다24438 판결). 법인격부인법리는 신의칙과 같은 실정법 원칙 뿐 아니라 법질서의 바탕에 깔린 '정의와 형평'의 이념에 의하여 뒷받침된다고 볼 것이다.[2] 법질서에 의하여 인정되는 법인격이란 법적 형식을 법질서의 이상인 정의와 형평에 반하는 결과를 초래하는 경우에까지 존중할 이유는 없기 때문이다.

(3) 사실유형

법인격의 부인이 적용되는 사실유형은 다양하지만 전형적인 것은 다음 두 가지 유형이다.

---

1) 선진국에서는 대부분 구체적 명칭이나 내용에서는 다소 차이가 있지만 유사한 기능의 법리를 인정하고 있다.
2) 신의칙 외에 정의와 형평을 근거로 제시한 판결로 대법원 2001. 1. 19, 97다21604 판결.

① 하나는 실질적으로 개인기업과 마찬가지로 운영되는 회사가 채무를 이행할 수 없을 때에 회사의 채권자가 배후의 대주주에게 회사채무에 대한 책임을 묻는 경우이다. 대주주는 자연인인 경우도 있지만 회사인 경우도 있다. ② 다른 하나는 채무를 이행할 수 없는 상태에 이른 기존 회사의 경영자가 채무를 면탈할 목적으로 다른 회사를 설립하여 동일한 사업을 계속하는 경우에 기존 회사의 채권자가 신설회사에 대해서 채무이행을 구하는 사안이다.

(4) 법인격부인을 주장할 수 있는 자

법인격부인법리는 회사나 주주와 거래한 상대방을 보호하기 위하여 동원되는 것이 일반적이다.[1] 거꾸로 회사나 주주가 자신의 이익을 위하여 법인격의 부인을 주장하는 것이 허용되는지에 대해서 일본에서는 부정하는 판례가 많다.[2] 그러나 법인격부인의 근거를 권리남용이 아니라 법인격을 인정하는 것이 정의와 형평에 합치되지 않는다는 점에서 찾는다면 일률적으로 회사와 주주가 그러한 주장을 할 수 없다고 단정할 수는 없을 것이다. 법인격부인의 근거가 되는 요건의 입증책임은 그것을 주장하는 자에게 있다(대법원 2011. 12. 22, 2011다88856 판결).

2. 요 건

(1) 개 관

회사의 이해관계자, 특히 주주는 회사가 별도의 법인격을 갖기 때문에 자신은 회사와 거래한 제3자와는 아무런 법률관계가 없다는 전제 하에 회사에 투자한다. 법인격의 부인은 이러한 주주의 기본적 기대에 정면으로 반하므로 극히 예외적으로 허용해야 할 것이다.

전술한 바와 같이 법인격은 회사와 사원의 재산을 분리하기 위하여 인정되는 개념이다. 그렇다면 주주와 회사 사이의 **재산분리**가 제대로 지켜지지 않은 경우에 법인격을 부인하는 것이 타당할 것이다. 그러나 학설과 판례는 법인격이 부인되는 예외적인 경우의 기준을 법인격의 이론적 근거에서 찾기보다는 법인격부인이 현실적으로 필요한 사실유형에서 찾고 있다. 학설은 법인격이 부인될 수 있는 경우를 ① **법인격이 형해화**(形骸化)**된 경우**와 ② **법인격이 남용된 경우**, 두 가지로 나누는 것이 보통이다. 이 두 가지 유형은 우리 판례에서도 거의 예외 없이 등장하고 있다. 다만 실제 판례에서 두 유형의 구별이 반드시 명확한 것은 아니고,[3] 일반적으로 형해화와 남용 중 어느 하나의 요건을 충족하기만 하면 법인격이 부인될 수 있다고 본다.[4]

---

1) 그러나 그 상대방이 법인격의 형해화에 가담한 자라면 법인격부인의 주장이 배척될 수도 있을 것이다. 江頭8, 44면.

2) 江頭8, 44면.

3) 예컨대 법인격 남용 여부를 판단할 때 '법인격 형해화의 정도 및 거래상대방의 인식이나 신뢰'를 고려해야 한다고 판시한 경우도 있다(대법원 2008. 9. 11, 2007다90982 판결; 대법원 2016. 4. 28, 2015다13690 판결 등).

4) 방론에서 마치 두 가지 요건이 모두 충족된 경우에만 법인격이 부인될 수 있는 것 같은 표현을 사용한 판례(대법원 2006. 8. 25, 2004다26119 판결(KT해외법인판결))도 없지 않지만 실제로 한 가지 요건만을 충족했다는 이유로 법인격부인을 인정하지 않은 예는 없다.

이하에서는 판례에 나타난 법인격의 형해화와 남용의 의미를 분석해 본다.

(2) 법인격의 형해화

회사의 법인격이 재산분리를 위하여 인정되는 것이라면 실제 회사 운영에서 회사의 법인격이 껍데기에 지나지 않고 재산분리가 제대로 지켜지지 않는 경우에는 회사에 독자적 법인격을 인정할 필요가 없을 것이다. 문제는 어떠한 경우에 법인격의 형해화를 인정할 수 있는가이다. 판례는 형해화를 뒷받침하는 요소로 흔히 다음과 같은 사항을 제시하고 있다.

① 회사의 전(全)주식의 실질적 소유
② 회사에 대한 완전한 지배력의 행사
③ 이사회나 주주총회 등 회사법 절차의 무시
④ 주주와 회사의 업무와 재산의 혼용[1] 내지 이익의 이전
⑤ 사업의 성질이나 규모에 비추어 과소한 자본
⑥ 거래상대방의 오인

성격상 법률적용의 회피나 채무면탈이라는 주관적 목적요건을 필요로 하는 법인격 남용의 경우와는 달리 위에서 형해화를 뒷받침하는 요소로 제시된 것은 모두 객관적인 사실이다. 그러나 이러한 요소가 반드시 모두 충족되어야만 형해화를 인정할 수 있는 것은 아니다. 이들 중 회사 채권자 보호의 관점에서 형해화를 뒷받침하는 가장 중요한 요소는 ④로 판단된다. 그것은 재산분리라는 법인격의 기능을 정면 부정하는 행태라는 점에서 당연한 일이다. ①과 ②가 존재하는 사안에서도 판례는 회사계좌와 지배주주 개인계좌가 일부 혼용된 것만으로는 '심각한 재산의 혼용'이라고 할 수 없다는 이유로 형해화를 부정한 바 있다(대법원 2008. 9. 11, 2007다90982 판결; 대법원 2016. 4. 28, 2015다13690 판결). 다만 ①과 ②가 존재하지 않는 사안에서 형해화가 인정되는 경우는 찾기 어렵다.[2] 그러나 ③은 회사 채권자 보호와 관련하여 크게 중요한 것은 아니므로 형해화를 뒷받침하는 필수적인 요소로 볼 필요는 없다.

⑤나 ⑥은 형해화와는 개념상 성격을 달리하지만 법인격부인의 필요를 뒷받침하는 실질적인 요소로서 형해화의 인정을 쉽게 만드는 쪽으로 작용한다. ⑤와 관련하여 판례는 자회사가 사업규모에 비하여 자본금의 규모가 작은 경우에도 그것만으로 법인격을 부인할 수는 없다고 본다(대법원 2006. 8. 25, 2004다26119 판결(KT해외법인판결)). ⑥과 관련하여 법인격이 형해화된 경우에는 거래상대방이 계약체결 시에 상대방 당사자가 회사인지 아니면 배후에 있는 주주

---

1) 때로는 혼융(混融)이란 표현도 사용된다.
2) 그것은 아마도 ①과 ②가 존재하지 않는 회사에서는 재산의 혼용이 일어나기 어렵기 때문으로 짐작된다. 또한 ①과 ②는 후술하는 법인격의 남용을 인정하기 위한 전제요건으로 보는 판례도 있다(대법원 2013. 2. 15, 2011다103984 판결).

인지에 대해서 착오를 일으키거나 적어도 배후의 주주도 책임을 질 것으로 믿을 가능성이 높다. 이 경우에는 당사자확정의 문제로 보아 계약해석에 의하여 거래상대방을 보호할 수도 있겠으나, 법인격부인법리를 원용하는 것을 굳이 막을 이유는 없을 것이다.

이들 형해화를 뒷받침하는 요소는 배후의 주주가 회사라는 별도의 실체를 두려는 진정한 의사가 있는가를 의심하게 하는 사정이다. 그러므로 형해화가 인정되는 상황이라면 권리남용의 주관적 요건을 충족한다고 볼 수 있는 경우도 적지 않을 것이다. 판례는 형해화를 판단하는 기준시점을 원칙적으로 문제된 법률행위나 사실행위를 한 시점으로 보고 있다(대법원 2016. 4. 28, 2015다13690 판결).[1]

(3) 법인격의 남용

가. 법률적용의 회피

법인격의 남용은 주주가 위법하거나 부당한 목적을 실현하기 위하여 새 회사를 동원하는 경우에 인정된다. 위법·부당목적은 주로 ① 법률적용의 회피와 ② 채무면탈의 두 가지 경우와 관련하여 인정된다. ①의 예로는 영업의 양도인이 상법상의 경업금지의무(41)를 피하기 위하여 회사를 신설하여 동일한 영업을 수행하는 사안에서 양수인이 회사의 경업을 금지시키기 위하여 회사가 양도인과 동일함을 주장하는 경우를 들 수 있다.[2] 법인격 남용을 판단하는 기준시점은 채무면탈 등 남용행위를 한 시점이다(대법원 2023. 2. 2, 2022다276703 판결).[3]

나. 채무면탈을 위한 회사설립

실제로 많은 것은 ②의 경우이다. 대법원은 기존회사가 채무를 면탈하기 위하여 기업의 형태·내용이 실질적으로 동일한 신설회사를 설립하였다면 이는 회사제도를 남용한 것이므로,[4] 기존회사의 채권자에 대하여 두 회사가 별개의 법인격을 갖고 있음을 주장하는 것은 신의성실의 원칙상 허용될 수 없고, 따라서 기존회사의 채권자는 두 회사 어느 쪽에 대하여도 채무의 이행을 청구할 수 있다고 한다(대법원 2004. 11. 12, 2002다66892 판결, 대법원 2008. 8. 21, 2006다24438 판결 등).

대법원은 **기존회사와 신설회사의 실질적 동일성**이라는 객관적 요건과 **채무면탈 목적**이라는 주관적 요건을 요구한다. **기존회사와 신설회사의 실질적 동일성**은 주주의 구성, 임직원의 구성, 사

1) 구체적으로 원고의 채권 발생 시점에 형해화된 상태였는지를 판단하게 될 것이다("... 물품대금 채무발생 당시 피고 개인이 소외 2 주식회사라는 법인의 형태를 빌려 개인사업을 하고 있는 것에 지나지 아니하여..." 대법원 2008. 9. 11, 2007다90982 판결 참조).

2) ①의 경우에는 구태여 법인격부인법리를 동원하지 않더라도 법규정의 해석(즉 양도인이 신설회사를 통해 동일영업을 수행하는 것 자체가 금지된 경업행위라는 해석)을 통해서도 같은 목적을 달성할 수 있을 것이다.

3) 구체적으로 문제되는 주주가 기존회사의 재산 이전 등 행위를 할 당시에 채무면탈목적이 있었는지를 판단하게 될 것이다(대법원 2010. 1. 28, 2009다73400 판결).

4) 엄밀히 말하면 신설회사를 설립하는 주체는 기존회사 그 자체라기보다는 기존회사의 지배주주나 경영진일 것이지만, 판례는 일관되게 "기존회사가 신설회사를 설립하였다면"이라는 표현을 사용한다.

업의 내용, 상호나 로고, 사업에 활용되는 인허가, 공장설비 등의 영업용재산, 거래처, 회사의 홍보와 외부의 인식의 측면 등에서 동일성이 있는지를 고려하여 판단한다. 지배주주가 동일하고 기존회사에서 신설회사로 이전된 영업용 자산이 많은 경우에는 실질적 동일성을 인정하기 용이할 것이다. 회사를 신설하지 않고 이미 설립된 회사를 이용하여 기존회사와 실질적으로 동일한 영업을 수행하는 경우에도 채무면탈 목적이 인정되면 법인격이 부인될 수 있다(대법원 2011. 5. 13, 2010다94472 판결).[1)]

채무면탈 목적은 판례에 따르면 "기존회사의 폐업 당시 경영상태나 자산상황, 기존회사에서 다른 회사로 유용된 자산의 유무와 그 정도, 기존회사에서 다른 회사로 이전된 자산이 있는 경우 그 정당한 대가가 지급되었는지 등 제반 사정을 종합적으로 고려하여" 판단하여야 한다(대법원 2016. 4. 28, 2015다13690 판결; 대법원 2011. 5. 13, 2010다94472 판결 등). 기존회사와 실질적으로 동일한 회사를 구태여 신설하는 것 자체가 채무면탈 목적을 의심케 하는 요소이고, 실질적 동일성을 주된 근거로 채무면탈 목적을 인정한 예도 있었지만(대법원 2004. 11. 12, 2002다66892 판결), 최근에는 정당한 **대가의 지급 여부를** 중시한다. 즉 대법원은 부실에 빠진 기존회사를 폐업하고 실질적으로 동일한 새 회사를 설립한 경우에도 신설회사가 기존회사로부터 영업이나 영업용재산을 적정한 대가로 양수하여 기존회사의 채권자에 불리한 결과를 초래하지 않은 경우에는 채무면탈의 목적을 부정하고 있다(대법원 2008. 8. 21, 2006다24438 판결; 대법원 2008. 9. 11, 2007다90982 판결).[2)] 기존회사의 채권자에게 피해를 주지 않는 한 실패한 사업가의 재기를 막을 이유가 없다는 점에서 판례의 태도는 타당한 것으로 판단된다. 요컨대 채무면탈 목적이 인정되는 것은 신설회사가 기존회사와 실질적으로 동일할 뿐 아니라 정당한 대가를 지급하지 않고 영업용 재산을 양수한 경우에 한할 것이다.[3)]

(4) 모자회사관계

법인격부인법리는 모자회사의 경우에도 적용될 수 있다. 모자관계에 있는 회사 사이의 법인격부인과 관련해서 먼저 문제되는 것은 형해화에 해당하는지 여부이다. 모자회사의 관계에서 모회사가 자회사 주식의 100%를 보유한다고 해서 바로 자회사 법인격을 부인할 수는 없다. 대법원은 지배력의 보유만으로는 부족하고 "적어도 자회사가 그 자체의 독자적인 의사 또는 존재를 상실하고 모회사가 자산의 사업의 일부로서 자회사를 운영한다고 할 수 있을 정도로

1) 채무자인 회사가 부도에 임박하여 사업용 자산을 다른 회사에 이전하면서 아무런 대가도 받지 않았고 두 회사의 지배주주가 동일할 뿐 아니라 사업내용도 동일한 경우에 법인격이 부인될 수 있음을 인정하였다.

2) 또한 기존 회사를 정식으로 폐업하고 청산한 후에 신규자금을 투입하여 새로운 회사를 설립하는 경우에도 채무면탈의 목적을 인정할 수 없을 것이다. 대법원은 신설회사가 기존회사로부터 사업용자산을 그대로 인수하여 종전과 동일한 사업을 하지만 두 회사의 주주구성이 다르고 사업용자산의 무상이전이 없는 사안에서 채무면탈의 목적을 부정한 바 있다(대법원 2010. 1. 14, 2009다77327 판결).

3) 이 경우 기존회사의 채권자는 민법상의 채권자취소권(민 406)이나 도산법상의 부인권(도산 100, 391)을 주장할 수도 있다. 또한 영업양도와 상호속용이 인정되면 상법 제42조를 근거로 양수회사의 책임을 물을 수 있을 것이다.

완전한 지배력을 행사하고 있을 것"을 요구하고 있다(대법원 2006. 8. 25, 2004다26119 판결(KT해외법인판결)).

모회사가 자회사를 사업의 일부와 같이 운영하는 경우는 실제로 많기 때문에 자칫 법인격이 부인되는 자회사의 범위가 상당히 넓은 것처럼 보일 수도 있다. 그러나 대법원은 **완전한 지배력 행사**를 상당히 엄격히 해석하고 있다. 대법원은 구체적으로 "모회사와 자회사 간의 재산과 업무 및 대외적인 기업거래활동 등이 명확히 구분되어 있지 않고 양자가 서로 혼용되어 있다는 등의 객관적 징표"를 요구할 뿐 아니라 추가로 "자회사의 법인격이 모회사에 대한 법률적용을 회피하기 위한 수단으로 함부로 사용되거나 채무면탈이라는 위법한 목적 달성을 위하여 회사제도를 남용하는 등의 주관적 의도 또는 목적"을 요하고 있다(대법원 2006. 8. 25, 2004다26119 판결(KT해외법인판결)). 즉 재산과 업무 및 영업활동의 혼용에서 더 나아가 회사제도의 남용이라는 주관적 목적까지 요구하고 있다.

그러나 대법원이 모자회사의 사안에서 이처럼 주관적 목적까지 요구한 것은 형해화와 남용의 두 가지 유형 사이에서 혼선을 빚은 것으로 판단된다. 실제로 자회사의 설립 자체를 채무면탈 목적의 법인격 남용으로 인정하기는 어려울 것이다. 특히 거래를 통해서 자회사의 채권자가 된 자는 자회사와 거래할 당시에 거래의 상대방이 누구인지를 고려할 기회가 있었기 때문에 구태여 법인격부인법리를 동원하여 보호할 필요는 없다. 만약 자회사의 자력에 불안을 느낀다면 담보나 모회사의 보증을 요구해야 할 것이다.

주의할 것은 자회사와 거래한 채권자가 거래상대방을 모회사로 오해한 경우이다. 대법원은 국내 해운회사가 외국에 설립한 명목상의 자회사(paper company)를 외형상 실질적으로 동일한 회사인 것처럼 운영한 사안에서 계약서상 그 자회사가 당사자로 명시된 경우에도 모회사가 당사자가 아니라는 이유로 계약상의 채무를 면할 수는 없다고 판시한 바 있다(대법원 2006. 10. 26, 2004다27082 판결).[1)]

3. 효 과

법인격부인법리는 회사의 법인격을 전면적으로 부정하는 것이 아니라 특정 사안에서 회사에 법인격을 인정할 때 발생하는 불합리를 회피하기 위하여 그 사안에 한하여 법인격을 부정하는 것에 불과하다. 이 점에서 법인격을 부인하는 판결은 회사의 해산명령, 설립무효의 소, 설립취소의 소와 같은 형성판결과는 전혀 다르고, 회사의 채무에 대해 책임을 지는 자의 범위를 확장하는 것이 주된 법률효과가 된다.

회사의 채권자가 법인격 형해화 또는 남용을 이유로 배후의 주주(배후자)의 책임을 묻는

1) 채권자의 오인에 모회사나 자회사의 책임이 없는 경우나 자회사만이 책임이 있는 경우에도 모회사의 책임을 인정할지는 검토의 여지가 있을 것이다.

사안에서 회사의 법인격이 부인되면, 회사의 채무에 대하여 **회사 및 배후자가 부진정연대책임**을 지게 된다. 법인격부인으로 배후자가 책임을 지게 된다고 하여 원래 채무자인 회사의 책임이 부정되는 것은 아니다. 회사채권자는 배후자에 대한 집행권원을 얻어 배후자의 개인재산을 강제집행의 대상으로 삼을 수 있게 된다. 법인격부인법리는 이처럼 주주의 유한책임이 부정되는 예외적인 경우이다.[1)]

한편 기존회사의 채권자가 채무면탈 목적의 법인격 남용을 이유로 신설회사(또는 다른 기존회사)의 책임을 묻는 사안에서 기존회사의 법인격이 부인되면, 기존회사의 채무에 대하여 **기존회사 및 신설회사**(또는 다른 기존회사)**가 부진정연대책임**을 지게 된다. 법인격부인으로 신설회사가 책임을 지게 된다고 하여 원래 채무자인 기존회사의 책임이 부정되는 것은 아니다. 법률이나 계약상의 의무(예컨대 경업금지의무)를 회피하기 위하여 회사를 신설하는 경우에 법인격이 부인되면 그러한 의무가 신설회사에도 미치게 된다.

원래 부진정연대책임 관계인 경우 어떤 채무자를 상대로 한 시효중단이 다른 채무자의 채무의 시효소멸을 막지 못한다(대법원 2017. 9. 12, 2017다865 판결 등). 그러나 법인격 남용에 관한 대법원 판례 중에는 신의칙을 통해 채권자를 보호한 예가 있다. 즉 기존회사에 대한 채권의 소멸시효가 완성되지 않은 상태에서 신설회사가 별도로 자신에 대한 채권의 소멸시효 완성 주장을 하는 것은 신의성실의 원칙상 허용될 수 없다고 보았다(대법원 2024. 3. 28, 2023다265700 판결).

4. 적용범위

(1) 보 충 성

회사의 가장 기본적인 속성인 법인격이 부인되는 경우에는 회사를 이용하는 당사자의 기대가 무너지고 법적 안정성이 흔들릴 수 있다. 따라서 법인격부인법리는 구체적인 법 규정이나 법리만으로는 도저히 정의와 형평에 맞는 결론을 도출할 수 없는 경우에만 예외적으로 적용하는 것이 바람직하다. 그러나 법인격부인법리가 결국 정의와 형평에 맞는 구제를 실현하기 위한 수단이라는 점을 고려하면 대안적 법리에 의하여 당사자를 구제할 수 있는 사안이라는 이유만으로 법원이 법인격부인법리를 활용하는 것을 탓할 필요는 없을 것이다.

(2) 불법행위책임

계약상 채권 이외에 불법행위 채권자도 법인격부인을 주장할 수 있는지 문제된다. 법인격부인의 근거를 신의칙으로 보면 이를 부인할 여지가 있으나, 그 근저에 정의와 형평의 이념이 있다는 점을 고려할 때 긍정적으로 보아야 할 것이다.

---

1) 이는 다른 관점에서 보면 회사의 재산분리기능을 부정하는 것이다.

(3) 법인격부인법리의 역적용

회사채권자가 배후의 주주에게 권리를 주장하는 것이 아니라 주주의 채권자가 회사에 대해서 권리를 주장하는 경우를 법인격부인법리의 역(逆)적용이라고 한다. 이러한 역적용을 인정할지에 대해서는 다툼이 있다. 부정설은 ① 역적용을 인정하면 회사 채권자에 우선하여 주주에게 출자를 환급해 주는 결과를 초래한다는 점, ② 주주의 채권자는 주주의 보유주식에 대해서 강제집행을 할 수 있으므로 구태여 역적용을 인정할 필요가 없다는 점을 근거로 한다.[1] 그러나 ① 주주의 채권자에 대해 회사의 책임을 부인하는 것이 심히 형평에 반하는 상황이 예외적으로 있을 수 있는 점, ② 비상장회사의 주식은 현실적으로 일반 재산보다 압류 및 환가가 더 어렵기 때문에 주주의 채권자로서는 회사재산에 대해 직접 강제집행하는 편이 유리하다는 점에서 긍정설[2]을 지지한다. 다만 역적용의 결과 다른 주주나 회사 채권자가 손해를 볼 위험이 있기 때문에 역적용을 인정하려면 엄격한 요건을 적용해야 할 것이다.

최근 대법원은 지배주주 개인의 채권자가 회사를 상대로 제기한 청구를 인용함으로써 법인격부인론의 역적용을 인정한 바 있다. 사안은 개인인 채무자가 채무면탈을 위하여 회사를 설립하여 실질적으로 운영한 경우였는바, 대법원은 "회사 설립과 관련된 개인의 자산 변동 내역, 특히 개인의 자산이 설립된 회사에 이전되었다면 그에 대하여 정당한 대가가 지급되었는지 여부, 개인의 자산이 회사에 유용되었는지 여부와 그 정도 및 제3자에 대한 회사의 채무 부담 여부와 그 부담 경위 등을 종합적으로 살펴보아 회사와 개인이 별개의 인격체임을 내세워 회사 설립 전 개인의 채무 부담행위에 대한 회사의 책임을 부인하는 것이 심히 정의와 형평에 반한다고 인정되는 때에는 회사에 대하여 회사 설립 전에 개인이 부담한 채무의 이행을 청구하는 것도 가능하다"고 설시하였다(대법원 2021. 4. 15, 2019다293449 판결).[3] 위 판시에서도 다른 주주, 회사 채권자와의 관계가 고려되었다.[4] 이 판결은 앞서 살펴본 **채무면탈을 위한 법인격 남용** 규율의 연장선상에 있는 것으로 보인다. 나아가 대법원은 역적용 법리가 법인격 남용 이외에 **법인격 형해화** 형태로도 적용될 수 있다고 본다(대법원 2023. 2. 2, 2022다276703 판결). 다만 판례가 법인격부인론의 순적용과 역적용에 동일한 논리를 적용하려는 취지라면 무조건 따르기는 어렵다. 예컨대 지배주주와 회사간 재산혼용이 있고 회사기관이 유명무실화하는 등 법인격 형해화가 인정되더라도 회사에 다른 주주, 회사 채권자가 있다면 섣불리 역적용을 인정해서는

---

1) 권기범6, 97~98면; 김홍기4, 302면; 이철송30, 58면.

2) 김정호5, 48면; 송옥렬9, 713~714면; 임재연6 I, 72면; 장덕조3, 18면; 최기원14, 60면; 최준선14, 75~76면; 홍/박7, 40면.

3) 이에 대한 평석으로 노혁준, "법인격부인의 역적용 — 대법원 2021. 4. 15. 선고 2019다293449 판결을 글감으로", 기업법연구 36-3(2022), 67면 참조.

4) 신설된 회사의 다른 주주들은 모두 지배주주의 가족으로서 이해관계를 같이하는 상태였고, 신설회사는 지배주주 개인사업체의 장부상 채무를 포괄적으로 인수하면서 이 사건 채권자에 대하여 부담하는 채무는 인수하지 않았다.

안 될 것이다. 지배주주 개인재산에 대한 집행(법인격부인)과 달리 회사재산에 대한 집행(법인격부인의 역적용)은 회사의 여러 이해관계자들에게 직접적 피해를 초래할 수 있기 때문이다.

(4) 절차적 법률관계에 대한 적용가능성

법인격부인의 법리를 소송이나 집행절차에 적용하는 것에 대해서는 절차의 명확성과 안정성을 근거로 부정하는 견해가 일반적이다.[1] 대법원도 채무면탈을 목적으로 회사를 설립한 경우 기존 회사에 대한 승소판결을 가지고 신설회사에 대해서 집행할 수 없다고 판시한 바 있다(대법원 1995. 5. 12, 93다44531 판결).[2]

외국회사에 대한 법인격부인법리의 적용

외국회사에 대해서 법인격부인법리를 적용하는 경우 준거법은 원칙적으로 회사의 속인법인 설립준거법이다. 대법원은 일제 강점기 징용피해자들이 일본 회사를 상대로 미지급임금 및 손해배상을 청구한 사안에서 일제 당시 존재하던 구(舊)회사가 전후에 설립된 신(新)회사와 동일한 회사인지를 판단할 때 적용할 법률은 법인의 설립준거법이자 본거지법인 일본법이 되는 것이 원칙이라고 하였다. 그러나 이 사건에서는 일본의 실정법에 의하여 구 회사가 소멸하고 신 회사가 설립되었지만 양자 사이에 실질적인 동일성이 인정됨에도 불구하고 일본법에 의하여 원고에 대한 구 회사의 채무가 면탈되는 것은 대한민국의 공서양속에 반한다는 이유로 일본법의 적용을 배제하고, "당시의 대한민국 법률"을 적용하면 두 회사가 법적으로는 동일한 회사로 평가된다는 이유로 신 회사의 책임을 인정하였다(대법원 2012. 5. 24, 2009다22549 판결 등).[3]

Ⅵ. 회사법상의 소

1. 의 의

회사의 법률관계에 관한 분쟁은 최종적으로 법원에서의 소송절차에 의하여 해결된다. 회사의 법률관계에 관한 분쟁은 이해관계자가 다수이고 법률관계의 조속한 안정을 도모할 필요가 크기 때문에 일반 민사소송법의 법리에 따라 처리하는 것이 부적절한 경우가 적지 않다. 그리하여 상법은 회사가 관련된 각종 소송에 관하여 특칙을 두고 있다. 상법의 특칙은 합명회사의 설립무효·취소의 소에 관한 규정(184~193)을 기본으로 하고 다른 소송에서는 그 규정을

---

1) 송옥렬9, 714면. 실체법상 법인격이 부인되는 경우가 다양하다는 점을 들어 절차적 법률관계에 대한 적용가능성을 일률적으로 부정하는 것에 반대하는 견해로 江頭8, 48면.

2) 일본에서는 회사나 주주 중 한쪽에 대한 강제집행절차에서 다른 쪽이 제3자이의의 소를 제기하고 집행채권자가 법인격부인의 법리의 적용을 주장한 사안에서 원고를 '제3자'로 볼 수 없다는 이유로 제3자이의의 소를 기각한 판례가 다수 존재한다. 江頭8, 48면.

3) 이 판결의 회사법적 측면에 관한 문헌으로 천경훈, "전후 일본의 재벌해체와 채무귀속 — 일제강제징용사건의 회사법적 문제에 관한 검토", 법학 54-3(2013), 435면 참조.

준용하는 방식을 취하고 있다. 이처럼 상법에 특별히 규정된 소송은 일반적으로 **회사법상의 소**라고 한다. 회사의 법률관계와 관련한 분쟁으로는 회사법상의 소 이외에 회사법상의 권리에 근거한 소송이 있다. 이러한 소송을 포괄하여 널리 **회사소송**이라고 부르기도 한다.

2. 종 류

상법이 특별히 규정하는 회사법상의 소는 다음 세 가지로 정리할 수 있다: ① 모든 형태의 회사에서 공통적으로 인정되는 소송, ② 인적회사에서 인정되는 소송, ③ 물적회사에서 인정되는 소송.

① 모든 형태의 회사에서 공통적으로 인정되는 소송으로는 설립하자에 관한 소송,[1] 회사해산을 구하는 소송, 합병무효의 소 등이 있다.

② 인적회사에서 인정되는 소송으로는 업무집행사원의 권한상실선고를 구하는 소송(205, 269)과 사원의 제명을 구하는 소송(220, 269)을 들 수 있다. 이러한 소송은 인적회사적 성격을 겸한 물적회사인 유한책임회사의 경우에도 인정된다(287-17, 287-27).

③ 물적회사에서 인정되는 소송은 실로 다양하다. 가장 대표적인 것은 주주(또는 사원)총회결의하자에 관한 소송이지만 주주대표소송도 점차 많이 제기되고 있다. 신주발행(증자)과 감자의 무효를 구하는 소송, 채권자가 위법배당을 회사에 반환할 것을 구하는 소송은 주식회사와 유한회사에서 공히 인정된다. 주식회사에 특유한 회사분할, 주식교환, 주식이전에 관해서는 따로 무효를 구하는 소가 인정된다.

이러한 소를 회사의 종류에 따라 열거해 보면 [표 1-3]과 같다.

표 1-3 회사법상의 소

	소의 내용	관련 조문	원고	제소기간	대세효	소급효
합명회사	설립무효의 소	184	사원	성립후 2년	○	×
	설립취소의 소	184	취소권자	성립후 2년	○	×
	사해설립취소의 소	185	채권자	성립후 2년	○	×
	업무집행사원 권한상실 청구	205	사원	–	○	×
	사원제명 청구	220	다른 사원 과반수의 결의	–	○	×
	합병무효의 소	236	사원, 청산인, 파산관재인, 미승인 채권자	합병등기일로부터 6월	○	×
	해산 청구	241(1)	사원	–	○	×
합자회사	합명회사와 동일	269→합명회사 각 조문				

1) 주식회사의 경우에는 예외적으로 설립취소의 소는 허용되지 않고 설립무효의 소만 허용된다.

유한책임회사	합명회사와 동일	287-6→184 (설립무효의 소, 설립취소의 소) 287-6→185 (사해설립취소의 소) 287-17→205 (업무집행자 권한상실 청구) 287-27→220 (사원제명 청구) 287-41→236 (합병무효의 소) 287-42→241(1) (해산 청구)				
	사원대표소송	287-22	3% 사원	–	×	×
	위법배당반환 청구	287-37(2)	채권자	–	×	×
주식회사	설립무효의 소	328	주주·이사·감사	성립후 2년	○	×
	결의취소의 소	376	주주·이사·감사	결의일로부터 2월	○	○
	결의무효·부존재확인의 소	380	확인의 이익이 있는 자	기간제한 없음	○	○
	부당결의취소·변경의 소	381	특별이해관계 있는 주주	결의일로부터 2월	○	○
	이사 해임의 소	385(2)	3% 주주	결의일로부터 1월	○	×
	주주대표소송	403	1% 주주	–	×	×
	다중대표소송	406-2	1% 주주	–	×	×
	위법배당반환 청구	462(3)	채권자	–	×	×
	신주발행무효의 소	429	주주·이사·감사	신주발행일로부터 6월	○	× (431)
	자본금감소무효의 소	445	주주·이사·감사·청산인·파산관재인·미승인 채권자	등기일로부터 6월	○	○ (이견 있음)
	합병무효의 소	529	상동	상동	○	×
	분할·분할합병무효의 소	530-11(1)→529	상동	상동	○	×
	주식교환무효의 소	360-14	주주·이사·감사·감사위원·청산인	주식교환일로부터 6월	○	× (431 준용)
	주식이전무효의 소	360-23	상동	주식이전일로부터 6월	○	×
	회사해산의 소	520	10% 주주	–	○	×
유한회사	설립무효의 소	552	사원·이사·감사	성립후 2년	○	×
	설립취소의 소	552	취소권자	성립후 2년	○	×
	결의취소의 소	578→376	사원·이사·감사	결의일로부터 2월	○	○
	결의무효·부존재확인의 소	578→380	확인의 이익이 있는 자	기간제한 없음	○	○
	부당결의취소·변경의 소	578→381	특별이해관계 있는 사원	결의일로부터 2월	○	○
	이사 해임의 소	567→385(2)	3% 사원	결의일로	○	×

			부터 1월		
사원대표소송	565	3% 사원	–	×	×
위법배당반환 청구	583→462(3)	채권자	–	×	×
증자무효의 소	595	사원 · 이사 · 감사	등기일로 부터 6월	○	×
자본금감소무효의 소	597→445	사원 · 이사 · 감사 · 청산인 · 파산관재인 · 미승인 채권자	상동	○	○ (이견 있음)
합병무효의 소	603→529	상동	상동	○	×
회사해산의 소	613(1)→520	10% 사원	–	○	×

3. 소송절차상의 특칙

(1) 소송의 제한

이들 회사법상의 소는 대부분 **형성의 소**에 속한다.[1] 문제된 법률관계의 효력은 소에 의하여만 다툴 수 있도록 하거나 **제소권자**를 제한하는 경우가 많다. 또한 대부분 **제소기간**을 단기로 제한함으로써 법률관계의 안정을 도모하고 있다.

(2) 절차상의 특칙

먼저 **효율적 진행을 위한 특칙**이다. 회사법상의 소는 대부분 당해 회사의 본점소재지 지방법원의 관할에 전속한다(186 등).[2] 한편 회사법상의 소에서는 판결에 편면적 대세효가 부여되는 경우가 많은데, 이 경우 소송의 진행은 유사필수적 공동소송의 절차에 따른다(대법원(전) 2021. 7. 22, 2020다284977 판결). 이에 따라 소송자료와 진행은 엄격히 통일된다(민소 67). 다수의 원고들이 개별소송을 진행한 결과, 일부 소송에서는 특정 원고가 패소한 반면 다른 소송에서 나른 원고가 승소한 경우 결국 전자의 판결은 의미를 상실하게 되므로 소송경제상 합일확정의 필요가 있다. 판결의 효력이 제3자에 미칠 수 있으므로, 회사법상의 소가 제기된 때에는 회사는 대부분 이를 지체 없이 공고하여야 한다(187 등).

다음으로 **남소 억제를 위한 특칙**이다. 위 제소권자 및 제소기간 제한 이외에, 상법은 패소한 원고가 악의 또는 중대한 과실이 있는 때에는 회사에 대하여 연대하여 손해를 배상할 책임을 지운다(191 등). 같은 취지로 원고에게 **담보제공의무**를 부과하는 경우가 있다(176(3), (4) 등).

마지막으로 **법원의 후견적 개입**이다. 회사를 둘러싼 이해관계인이 많다는 점을 고려한 조항들이다. 먼저 원고 청구가 타당하더라도 그것을 인용하면 기존 법률관계의 안정을 크게 해치

1) 주주대표소송이나 회사에 대한 위법배당반환을 구하는 소는 이행의 소에 해당한다. 후술하는 바와 같이 결의무효확인의 소와 부존재확인의 소에 대해서는 '확인'이란 명칭에도 불구하고 형성소송으로 보는 견해가 있지만 주주보호의 관점에서 확인소송으로 볼 것이다.

2) 주주대표소송과 위법배당반환을 구하는 소 같은 이행의 소의 경우에도 본점소재지를 전속관할로 하고 있다.

는 경우에는 법원 재량에 의한 청구기각을 허용한다(189, 379 등). 다음으로 일정한 경우 당사자의 처분권주의가 제한된다. 주주대표소송의 경우에는 소의 취하, 청구의 포기·인낙, 화해 등의 경우에 명시적으로 법원의 허가를 요한다(403(6)). 명문의 규정이 없는 경우에도 대법원은 주주총회 결의의 하자를 다투는 소나 합병무효의 소 등의 경우에는 당사자의 자유로운 처분이 허용되는 권리에 관한 소송이 아니라는 전제에서 청구의 인낙이 허용되지 않는다고 하고 있다(대법원 1993. 5. 27, 92누14908 판결).

(3) 원고승소 판결의 효력

원래 형성의 소에 따른 형성판결은 판결에 의하여 법률관계가 만들어지는 것이므로 소급효가 없다(예컨대 이사해임판결. 385(2)). 대체로 회사법상의 소에는 많은 이해관계자가 관련되어 있으므로 상법은 판결의 효력이 소급되지 않도록 명시하고 있다. 예컨대 합병무효 판결, 신주발행무효 판결은 형성판결로 이해되는바, 상법에서도 명시적으로 소급효를 제한한다(합병무효의 경우(530(2), 240, 190단); 신주발행무효의 경우(431(1))). 다만 주주총회 결의하자를 인정하는 판결은 그것이 형성의 소이든(결의취소의 소, 부당결의 취소·변경의 소), 확인의 소이든(결의무효확인의 소, 결의부존재확인의 소) 소급효가 인정된다(376(2)가 190단 준용배제). 감자무효 판결도 형성판결이지만 소급효가 인정된다(446이 190단 준용배제).[1)]

일반적으로 형성판결은 대세효(對世效)를 갖는다. 나아가 상법은 회사의 법률관계를 획일적으로 처리하기 위해 많은 회사소송에 편면적(片面的) 대세효를 인정한다. 편면적 대세효란 청구인용 판결에 대하여는 원고와 회사뿐 아니라 제3자도 구속하는 효력(대세효)을 인정하지만 청구기각 판결에 대하여는 대세효를 인정하지 않는 것을 말한다. 예컨대 주주총회 결의하자를 인정하는 판결은 그것이 형성판결(예: 취소판결)이든 확인판결(예: 부존재확인판결)이든 대세효가 있다(376(2), 190본). 반대로 원고 청구를 기각하는 판결은 대세효가 없어 다른 원고적격자가 별소를 제기할 수 있으나, 실제 제소기간 도과로 더 이상 다툴 수 없는 경우가 일반적이다.

회사가처분

회사법상의 소를 포함한 회사소송에서는 본안소송보다 가처분이 중요한 경우가 많다. 다수의 이해관계자가 존재하고 하나의 법률관계를 토대로 새로운 법률관계가 계속 축적되는 회사가 관련된 소송에서는 본안판결이 확정될 때까지 기다리다가는 권리실현이 곤란하거나 회복 불가능한 손해를 입을 우려가 크기 때문이다. 따라서 회사소송에서는 '다툼이 있는 권리관계에 대하여 임시의 지위를 정하기 위[한]' 가처분(민집 300(2))이 많이 활용된다. 이러한 가처분을 흔히 회사가처분이라고 한다.[2)]

---

1) 다만 감자무효 판결의 소급효를 부정하는 견해도 유력하다. 제8장 제2절 V. 참조.

2) 회사가처분에 관해서는 노혁준, "회사가처분에 관한 연구: 기본구조와 주요가처분의 당사자 및 효력을 중심으로",

회사가처분도 피보전권리(被保全權利)와 보전의 필요성이 있는 경우에만 허용된다. 회사가처분과 같은 임시의 지위를 정하기 위한 가처분에서 보전의 필요성은 '계속하는 권리관계에 끼칠 현저한 손해를 피하거나 급박한 위험을 막기' 위한 경우이거나 '그 밖의 필요한 이유가 있을 경우'에 인정된다(민집 300(2)). 이처럼 막연한 보전의 필요성의 해석과 관련해서는 법원의 재량이 크게 작용할 수밖에 없으므로 실제 회사소송에서 특히 많이 다투어지고 있다. 회사가처분은 형식적으로는 임시적인 구제수단에 불과하지만 실질적으로는 분쟁을 종결시킴으로써 본안소송을 대체하는 효과를 갖는 경우가 많다.

상사비송(商事非訟)

상법은 회사의 운영과 관련하여 법원이 소송 이외의 국면에서 후견적으로 관여할 것을 요구하고 있다. 그러한 경우는 다음과 같이 정리할 수 있다. ① 주주의 권한행사에 법원의 허가가 필요한 경우이다. 소수주주에 의한 임시주주총회의 소집(366(2)), 이사회 의사록의 열람등사(391-3(4)) 등이 그 대표적인 예이다. ② 법원에서 적임자를 선임하는 경우이다. 검사인(298(4), 310(1)), 일시이사(386(2)), 이사와 회사 사이의 소에서 회사를 대표할 자(394(2)), 청산인(252, 531(2)) 등의 선임이 그 대표적인 예이다. ③ 법원이 후견적 관점에서 적극적인 행위를 하는 경우이다. 해산명령(176(1)), 변태설립 시의 변경처분(300(1)), 주주총회의 소집(467(3)) 등이 그 예이다. ④ 당사자 간에 협의가 성립하지 않아 법원이 주식가액을 결정하는 경우이다. 주식매수청구권과 관련한 매수가액결정(374-2(4)), 주식양도제한과 관련한 매도가액 결정(335-5(2)) 등이 그 예이다. 법원의 결정에 관한 절차는 「비송사건절차법」에 따른다.

회사소송과 회생절차

회사에 대한 회생절차가 개시된 이후에는 관리인이 채무자(회사)의 '재산에 관한 소'의 당사자가 된다(도산 78). 재산에 관한 소가 계속 중이었다면 그 절차는 중단되고 관리인이 이를 수계한다(도산 59). 반면 채무자의 '조직법적, 사단법적 행위에 관한 소'의 경우 여전히 회사의 대표자에 소송수행권이 있다. 따라서 이사회나 주주총회결의의 하자를 다투는 소, 회사설립의 무효를 다투는 소의 당사자는 관리인이 아니라 회사이다. 효과적 응소의 관점에서 볼 때 회생절차 개시 이후 관리인의 소송수행권을 폭넓게 인정할 필요가 있다. 판례 중에도 전형적인 재산에 관한 소로 보기 어려운 회계장부 열람청구 사건의 소송수행권이 관리인에게 있다고 본 사례가 있다(대법원 2020. 10. 20, 2020마6195 결정).

민사판례연구 32(2010), 975면.

제 4 절

주식회사법의 기초

Ⅰ. 주주의 유한책임

1. 의 의

회사는 법인격이 있으므로 사원과는 별도로 채무를 부담할 수 있다. 상법상 주식회사의 주주와 유한회사, 유한책임회사의 사원은 회사의 채무에 대해서 책임을 지지 않는다(331, 553, 287-7). 특히 주주는 자신이 인수한 주식의 가액을 납입할 책임을 질 뿐 회사채무에 대해서는 책임을 지지 않는다(331). 이를 주주유한책임원칙이라고 한다. 주주의 유한책임은 회사의 법인격에서 논리필연적으로 도출되는 것은 아니다. 이 점은 합명회사의 경우 사원이 회사채무에 대해서 무한책임을 지는 것을 보더라도 분명하다. 회사채무에 대한 사원의 책임을 인정할지 여부는 결국 정책적인 고려에 따라 결정한다.

2. 기 능

(1) 순 기 능

주주유한책임원칙은 다음과 같은 순기능이 있다. ① 주주의 개인재산이 사업상의 위험으로부터 격리되므로 경영에 관여하지 않는 소극적 투자자가 마음 놓고 투자할 수 있다. ② 주주가 부담하는 위험이 사업상 위험에 한정되므로 주식이 내용적으로 균일하게 되어 주식시장에서 거래하기에 적합하다. ③ 사회적으로 바람직하지만 실패 위험이 높은 사업도 자금조달이 가능하게 된다.

(2) 역 기 능

반면에 주주는 유한책임을 지기 때문에 채권자에 비하여 위험을 선호할 가능성이 크다. 주주와 회사채권자의 이익충돌은 특히 회사가 도산에 임박한 상황에서 더욱 두드러진다. 회사가 도산하더라도 더 잃을 것이 없는 주주로서는 요행을 바라고 과도한 위험을 수반하는 조치를 감행할 인센티브가 있다.

3. 회사채권자의 보호

주주유한책임원칙에 따르는 부담은 결국 채권자가 지게 된다. 채권자의 부담을 최소화하기 위하여 우리 상법은 여러 가지로 배려하고 있다. 뒤에 설명하는 자본금제도, 자본충실원칙, 채권자 이의절차 등은 그런 배려의 예이다.[1] 한편 전술한 바와 같이 법원은 유한책임원칙이 정의와 형평에 반하는 결과를 가져오는 경우에는 회사의 법인격을 부인함으로써 회사채권자를 보호하고 있다.

회사와의 계약으로 채권을 취득하는 자는 계약 체결 시에 회사도산의 가능성을 고려하여 금리를 높이거나 보증을 요구하는 등 계약조건을 조정할 수 있다. 그러나 불법행위로 인하여 회사에 채권을 갖게 된 자는 그처럼 자신을 보호할 기회를 갖지 못한다. 그리하여 외국에서는 회사의 불법행위채무의 경우에는 채권자 보호를 위하여 주주들에게 지분에 비례한 책임을 인정해야 한다는 견해도 주장되고 있지만 아직 폭넓은 지지를 받지 못하고 있다.

4. 사적자치에 의한 변경

주주는 회사채무에 대해서 원칙적으로 책임을 지지 않지만 주주가 자발적으로 회사채무를 부담하는 것이 금지되는 것은 아니다(대법원 1983. 12. 13, 82도735 판결).[2]

정관에서 주주의 추가출자의무를 정한 규정은 주주유한책임원칙에 반하여 무효이다. 실제로는 주주들 사이에, 또는 주주와 금융기관 사이에 계약으로 추가출자의무를 규정하는 예가 없지 않다. 그러한 규정은 당사자 사이에서 채권계약으로서 유효한 것으로 본다.

Ⅱ. 자 본 금

1. 서 설

(1) 의 의

주주유한책임원칙에 따르면 회사 채권자의 담보가 될 수 있는 것은 회사의 재산뿐이다. 따라서 채권자 보호를 위해서는 회사재산을 충분히 확보할 필요가 있다. 자본금은 이처럼 **회사재산을 확보하기 위한 기준이 되는 계산상의 금액**으로 상법은 원칙적으로 이를 발행주식의 액면총액으로 하고 있다(451(1)).[3]

---

1) 재무제표의 공시도 회사채권자에게 정보를 제공한다는 점에서 채권자 보호기능이 있다.
2) 실제로 지배주주는 회사가 차입할 때 개인적으로 보증을 서는 경우가 많다.
3) 무액면주식을 발행하는 경우에는 발행가액의 50% 이상의 금액으로 이사회가 정한 금액의 총액으로 한다(451(2)).

(2) 기 능

자본금은 회사 설립 시에는 그에 상당하는 재산을 회사로 납입시키고 회사의 존속 중에는 자본금에 상당하는 재산을 사내에 유보시키는 기능을 수행한다. 자본금은 회사가 회사 내에 확보할 재산의 규범적 금액에 불과하고 회사가 현실적으로 보유하고 있는 순자산과는 구별된다.[1] 회사의 설립 당시에는 자본금과 회사의 순자산이 대체로 일치하지만 설립 후에는 달라지는 것이 보통이다. 회사의 순자산은 회사의 실적에 따라 끊임없이 변화하지만 자본금은 신주발행이나 자본금감소 등 법정 절차에 의하지 않고서는 변경되지 않기 때문이다. 회사의 순자산이 자본금에 미달하는 경우는 흔히 **자본잠식**이라고 한다.

(3) 규 모

현재 자본금에 대해서는 액면주식을 발행하는 경우 발행주식의 액면총액으로 하고 있을 뿐(451(1)) 최저한도에 대한 규정은 없다. 그러나 과거에는 **최저자본금**을 5천만원으로 정하였던 시기도 있었다(2009년 개정 전 구상 329(1)). 최저자본금을 정한 취지는 재산적 기초가 부실한 주식회사의 남설을 막고 소규모회사로 하여금 주식회사 형태를 취하지 않도록 유도하기 위한 것이었다. 그러나 최저자본금제도는 채권자보호의 실효는 거두지 못한 채 회사설립의 장애요소로 작용한다는 비판이 있었다.[2] 그리하여 2009년 마침내 최저자본금제도를 폐지하였다.

(4) 공 시

상법상 자본금은 등기와 대차대조표에 의하여 공시된다(317(2)(ii), 449(3)). 정관에는 자본금 대신 설립 시에 발행하는 주식의 총수와 수권주식수가 기재될 뿐이다(289(1)(iii), (v)).

(5) 수권자본금

자본금과 구별되는 개념으로 수권자본금이 있다.[3] 수권자본금은 정관에 정해놓은 회사가 발행할 주식의 총수(289(1)(iii))에 액면금액을 곱한 금액이다. 현재는 수권주식수라는 개념이 더 많이 사용되는 것으로 보인다. 이사회는 수권주식의 테두리 내에서 신주를 발행할 수 있고(416) 신주발행과 동시에 자본금이 증가한다.[4]

---

1) 상법 시행령은 소상인을 자본금액이 1천만원에 미달하는 상인으로서 회사가 아닌 자로 정의하고 있다(令 2). 여기서 자본금액은 상인의 영업재산과 같은 의미로 이해된다.

2) 그리하여 현재는 모두 없어졌지만 「벤처기업육성에 관한 특별조치법」이나 「소기업 및 소상공인지원을 위한 특별조치법」에서는 모두 최저자본금의 예외를 규정하였다.

3) 자본금 대신 자본이란 용어가 사용되던 시절에는 일반적으로 수권자본이란 용어가 일반적으로 사용되었다.

4) 발행되는 신주가 액면주식인지 무액면주식인지에 따라 증가되는 금액에 차이가 있다(450(1), (2)).

2. 자본금에 관한 원칙

(1) 자본의 3원칙

과거에는 자본금에 관하여 자본확정의 원칙, 자본충실의 원칙, 자본불변의 원칙이라는 세 가지가 이른바 자본의 3원칙으로 널리 인정받았다. 현행법상으로는 자본충실의 원칙을 제외하고는 그 의의가 크게 퇴색되었다. 현행 상법에서는 자본 대신 자본금이란 용어를 사용하고 있지만 아직 자본의 3원칙과 관련해서는 자본이란 용어가 관용되고 있으므로 이하에서도 그에 따르기로 한다.

(2) 자본충실의 원칙

자본충실(充實)의 원칙은 회사의 존속 중에 항상 자본금에 상응하는 재산을 현실적으로 보유할 것을 요구하는 원칙을 말한다. 이 원칙이 적용되는 국면은 두 가지로 나눌 수 있다. ① 회사의 설립과 증자 시에는 자본금에 상당하는 재산이 회사로 이전되어야 하고 ② 회사의 운영 시에는 자본금에 상당하는 재산이 회사 밖으로 유출되는 것이 제한된다. ②에 대해서는 따로 '**자본유지의 원칙**'이란 용어를 사용하기도 한다.

회사 설립과 증자 시 자본충실의 원칙을 구체화하는 제도로는 금전출자의 전액납입과 현물출자의 전부이행(295, 305, 421, 425), 액면미달발행의 제한(330, 417), 변태설립사항의 규제(299, 310, 313, 314, 422) 등이 있다. 한편 회사 운영 시 자본충실의 원칙을 구체화하는 제도로는 배당가능이익의 제한(462), 자기주식 취득제한(341, 341-3), 법정준비금제도(458~461-2) 등을 들 수 있다.

자본충실원칙은 주주유한책임의 폐해를 최소화하기 위한 회사법의 기본 원칙이다. 그러나 자본충실원칙을 강조하다보면 회사운영의 기동성과 융통성이 손상될 우려가 있다. 최근에는 자본충실원칙조차도 회사운영의 편의를 도모한다는 관점에서 후퇴하는 경향이 있다.

(3) 자본확정의 원칙

자본확정의 원칙은 회사 설립 시와 증자 시에 자본금이 확정되고 발행주식 전부의 인수인이 확정될 것을 요하는 원칙이다. 자본확정의 원칙은 회사의 재산적 기초를 확보하여 회사와 거래하는 자를 보호함을 목적으로 한다. 자본확정의 원칙은 원래 자본금이 정관에 확정되는 것을 전제하였지만 수권자본금제도를 취하는 현행 상법에서는 대폭 수정되어 정관에는 자본금 대신 회사의 발행예정주식총수만이 기재된다(289(1)(iii)). 또한 과거에는 설립 시 발행예정주식총수의 적어도 4분의 1 이상을 발행하여야 했으나(2011년 개정 전 구상 289(2)) 현재는 그러한 제한도 없다. 설립 시 발행하는 주식의 총수는 정관에 기재하고(289(1)(v)) 전부 인수하여야 한다(317(1)). 따라서 회사의 설립 시에는 제한적으로나마 자본확정의 원칙이 유지된다고 볼 수 있다.[1] 그러나 신주발행 시에는 발행주식의 수가 정관에 기재되지 않을 뿐 아니라 인수인이 납입하지 않은 경우에 주식이 발행되지 않는다는 점(423(2))에서 자본확정의 원칙은 관철되고 있지 않다.

(4) 자본불변의 원칙

자본불변의 원칙이란 자본금을 엄격한 절차를 밟지 않고는 임의로 변경하지 못한다는 원칙이다. 그러나 수권자본금제도를 택하고 있는 현행 상법상으로는 이사회 결의만으로 자본금을 증가시킬 수 있기 때문에(416) 자본불변의 원칙은 자본금 증가의 측면에서는 이미 타당하지 않다. 다만 여전히 자본금의 감소는 엄격한 절차를 요하므로(438~446) 자본금감소 제한의 원칙으로 부를 수 있을 것이다.

과소자본금과 자본충분의 원칙

위에서 설명한 자본의 3원칙 외에 추가로 자본충분의 원칙이란 개념을 주장하는 견해도 있다.[2] 자본충분의 원칙이란 주식회사가 영위하는 사업의 규모와 성질에 비추어 충분하다고 인정되는 자본금을 갖춰야 한다는 원칙을 말한다. 자본충분의 원칙은 두 가지 측면에서 살펴볼 수 있다. ① 하나는 자본금이 과소한 회사에서 사원이 회사에 추가로 출자를 하는 대신 대여를 한 경우에 관한 논의이다. 과거 독일 유한회사법은 유한회사가 파산한 경우 사원이 회사를 상대로 대여금 반환을 청구할 수 없다는 법리를 명시적으로 규정하였다(32a(1))(이른바 사원에 의한 자기자본 대체적 대여).[3] ② 다른 하나는 자본금이 과소한 회사가 파산한 경우 채권자가 사원에 대해서 책임을 물을 수 있는지에 관한 논의이다.[4]

우리나라에서는 ①과 ② 모두 수용하기 어렵다. 독일과는 달리 실정법의 근거를 찾기 어려울 뿐 아니라 자본금의 과소여부를 판단하는 기준도 마땅치 않다. 또한 자본금의 과소를 주된 이유로 법인격이 부인된 판례도 찾기 어렵다.

---

3. 자본금과 발행주식액면총액과의 괴리

액면주식을 발행한 경우 자본금은 상법에서 '달리 규정한 경우 외에는 발행주식의 액면총액'이다(451(1)). 상법이 자본금을 명시적으로 달리 규정한 경우로는 무액면주식을 발행한 경우(451(2))가 유일하다. 그러나 해석상으로 자본금이 '발행주식의 액면총액'과 일치하지 않

1) 권기범6, 375면; 이철송30, 220~221면.
2) 정동윤6, 371~372면.
3) 이 규정은 일반적으로 주식회사에도 유추적용되는 것으로 보았으나 2008년 개정으로 삭제되고 도산법 39(1)(v)에 같은 취지의 규정이 신설되었다.
4) 만약 이것이 인정된다면 자본금이 과소한 경우에는 항상 법인격이 부인되는 것과 마찬가지의 결과가 될 것이다.

게 되는 예외로 뒤에 설명하는 상환주식의 상환(345)과 자기주식의 소각(343(1)단)의 경우가 있다(제5장 제3절 Ⅱ. 3. 참조).

4. 자본금의 변동

자본금은 법정절차에 의하여 증가하거나 감소될 수 있다. 자본금의 증가는 통상의 신주발행절차(416 이하)에 의하여 이루어지는 것이 보통이다. 그러나 특수한 신주발행의 경우에도 자본금 증가의 효과가 발생할 수 있다. 예컨대 준비금의 자본금 전입(461), 주식배당(462-2), 전환사채의 전환(516(2)→350), 신주인수권부사채의 신주인수권의 행사(516-10)의 경우에는 자본금 증가의 효과가 수반된다.[1] 또한 흡수합병(523)의 경우에는 자본금이 증가하는 것이 보통이나 뒤에 설명하는 바와 같이 무증자합병도 불가능한 것은 아니다. 자본금의 감소를 위해서는 원칙적으로 주주총회 특별결의(438(1))와 채권자 이의절차(439(2)→232) 같은 엄격한 절차가 요구된다.

Ⅲ. 주식의 평가

1. 서설: 주식의 평가가 문제되는 국면

전술한 바와 같이 주주이익 극대화는 회사의 모든 의사결정의 평가에 적용하는 기준으로 볼 수 있다. 주주이익의 판단에 중심이 되는 것은 주식가치의 평가이다. 주식의 평가는 다양한 맥락에서 문제되지만[2] 회사법에서는 주로 다음과 같은 국면에서 문제된다.

① 새로운 주주를 맞이하는 국면이다. 회사설립 시에는 주식의 평가는 문제될 여지가 없다. 그러나 일단 설립된 회사에서 신주를 발행할 때에는 신주를 인수하는 투자자는 물론이고 기존 주주의 관점에서도 신주발행 당시의 주식가치를 평가할 필요가 있다.[3] 상법상 신주가 현저하게 불공정한 가격으로 발행되는 경우에는 인수인과 이사가 책임을 질 수 있다(424-2). 가격의 불공정 여부를 판단할 때 주식의 평가가 결정적 의미를 갖는 것은 너무도 당연하다.

② 회사가 보유하는 다른 회사의 주식을 거래하는 국면이다. 회사가 지배주주나 계열회사와 같은 특수관계인을 상대로 보유주식을 거래하는 경우 그 거래의 공정성 판단은 주식의 평가에 크게 좌우될 수밖에 없다.

---

1) 전환주식의 전환(348)의 경우에도 전환비율에 따라서는 자본금이 증가하는 경우가 있다.

2) 주식의 가치평가는 비단 회사법분야에서만 문제되는 것은 아니다. 비상장주식의 상속증여 시 세액을 결정하는 경우나 회사의 회생절차에서 부실기업의 청산가치와 계속기업가치를 비교하는 경우(도산 222(1))에도 가치평가는 핵심적인 지위를 차지한다.

3) 자본시장법은 주로 주식의 평가에 필요한 정보의 제공을 강제하는 방법으로 신주를 인수하는 투자자 보호를 도모하고 있다. 기존 주주의 보호는 주로 상법이 담당하고 있다.

③ 주주가 임의 또는 강제로 퇴사하는 국면이다. 원칙적으로 주주는 퇴사가 불가능하다. 그러나 주식매수청구권을 행사하는 경우(374-2 등)는 예외이다. 2011년 개정 상법에 의하면 지배주주가 소수주주를 강제로 축출하는 것도 가능하다(360-24). 두 가지 경우 모두 주식의 평가가 중요한 의미를 갖는다.

④ 합병, 주식교환과 같은 기업구조개편의 국면이다. 이 경우는 위 세 가지 유형이 모두 혼합된 경우라 할 수 있다. 예컨대 흡수합병의 경우 존속회사의 관점에서는 신주발행과 주식의 거래로, 소멸회사의 관점에서는 퇴사와 주식의 거래로 볼 수 있기 때문이다.

이상의 문제상황은 ③을 제외하고는 모두 거래적 요소가 포함되어 있다. 예컨대 신주를 독립적인 제3자에게 발행하거나 독립적인 회사와 합병을 하는 경우와 같이 거래가 독립당사자와의 사이에 일어나는 경우(이른바 arm's length 거래)에는 주식의 평가를 문제 삼을 필요는 별로 없을 것이다. 거래 당사자가 교섭을 통해서 합의한 가격은 일응 시장가격으로서 공정성을 인정할 수 있기 때문이다.[1] 그러나 거래가 특수관계인과의 사이에서 일어나거나 거래적 요소가 결여된 주주의 퇴사의 경우에는 평가의 공정성을 확보할 필요가 생기게 된다.

이상의 구체적인 문맥과 관련한 논의는 뒤로 미루고 이하에서는 주식 평가의 일반론만을 소개하기로 한다.

2. 기본적인 평가방법

(1) 시장가치

시장가치란 시장에서 거래되는 주식의 시세를 기초로 정하는 가치를 말한다. 비상장주식의 경우에도 시장에서 거래되는 경우에는 시장가치가 존재할 수 있다. 그러나 시장가치의 신뢰도는 거래소에 상장된 주식의 경우가 훨씬 더 높다. 시장에서의 주가에 발행주식총수를 곱한 것을 일반적으로 회사의 **시가총액**이라고 하며 일응 회사의 시장가치를 판단하는 기초자료로 이용하고 있다.

시장주가가 비정상적인 수요와 공급에 의하여 왜곡되는 경우에는 시장가치의 신뢰도는 저하된다. 따라서 시장가치방식을 택할 때는 특정 시점의 주가가 아니라 일정기간의 평균주가를 이용함으로써 비정상적인 주가변동의 영향을 최소화하는 경우가 많다.

시장주가는 경영권과 무관한 일반주식을 전제로 결정된다. 경영권을 가진 지배주주가 회사를 지배하며 소수주주의 이익을 착취하고 있는, 즉 이른바 **경영권의 사적 이익**(private benefit of control)이 높은 상황에서는 주가가 낮게 형성될 수밖에 없다. 따라서 경영권이 수반되는 지배주식을 평가할 때에는 시장주가에 상당한 프리미엄을 가산하는 경우가 많다.[2]

---

1) 주식의 평가를 담당한 경영자는 경영판단원칙에 의하여 보호될 것이다.

2) 상속세 및 증여세법은 지배주식의 계산 시에 그러한 경영권 프리미엄을 붙이도록 규정하고 있다(상증 63(3)).

(2) 수익가치

시장가치가 존재하지 않는 비상장회사의 경우에는 먼저 회사의 가치를 구하고 그것을 발행주식총수로 나누어 주식가치를 구하는 것이 보통이다. 회사의 가치를 구하는 방법으로는 회사에서 장차 발생하는 현금흐름(cash-flow)[1]을 적정한 할인율로 나눈 현재가치를 산정하는 방식이 학계에서는 물론이고 실무상으로도 널리 사용되고 있다.[2] 현금흐름에 근거한 가치라는 점에서 일반적으로 수익가치라고 부른다.

만약 예측된 현금흐름이 확실히 발생하는 것이라면 일반 금리를 할인율로 삼아도 무방할 것이다. 그러나 회사에서 창출되는 현금흐름은 불확실성이 크므로 현금흐름을 그러한 불확실성을 반영한 할인율로 할인할 필요가 있다. 이러한 할인율로 일반적으로 사용되는 것이 이른바 **자본비용**(cost of capital)이다. 자본비용은 투하된 자본의 기회비용으로 통상 자기자본과 타인자본(부채)의 비용을 가중평균하여 산정한다.[3]

수익가치는 이론적으로 가장 합리적이지만 그 산정이 쉽지 않을 뿐 아니라 다음과 같이 자의적인 측면이 있다. ① 먼저 미래에 발생할 현금흐름을 예측하는 것이 어렵다. 미래의 현금흐름은 공장가동률, 매출액, 임금 등 수많은 예측치에 의존하고 있다. 만약 그러한 예측치중 하나라도 잘못되면 현금흐름의 크기가 달라진다.[4] ② 할인율인 자본비용의 결정에도 평가자의 재량이 개입될 수밖에 없다. 이처럼 수익가치는 외관상 과학적인 것처럼 보이지만 실제로는 조작의 여지가 크다. 그리하여 실제로 법원에서는 미래의 현금흐름에 기초한 수익가치를 수용할 때에는 신중한 태도를 취하고 있다(서울중앙지방법원 2005. 10. 4, 2003고합1300 판결(에버랜드사건)).

(3) 자산가치

수익가치가 갖는 불확실성을 크게 해소하는 것이 자산가치이다. 자산가치를 구하는 가장 단순한 방법은 대차대조표의 자산에서 부채를 공제하는 것이다.[5] 그러나 자산가치는 두 가지 점에서 한계가 있다. ① 대차대조표에 기재된 자산의 가액은 기본적으로 과거의 취득원가를 기준으로 하기 때문에 실제의 가치와 크게 차이가 있을 수 있다.[6] 따라서 부동산 등 일부 중요자산에 대해서는 장부가액 대신 실사를 통해서 얻은 시가를 적용하는 것이 보통이다. ② 자

1) 현금흐름이란 세후당기순이익에서 실제로 현금지출되는 것이 아닌 감가상각비를 합산하고 자본지출을 공제한 금액을 말한다.
2) 현금흐름을 할인하는 평가방법이란 점에서 DCF(discounted cash-flow)방법이라고도 불린다.
3) 자기자본비용은 위험프리미엄을 측정하는 자본자산평가모델(capital asset pricing model: CAPM)을 이용하여 구하는 것이 보통이다.
4) 실제로는 5년 정도의 단기간의 현금흐름을 예측하거나 아예 과거의 손익액을 기초로 하는 경우가 많다.
5) 때문에 '순자산가치'라고도 불린다. 또한 회계장부에 의존한 방법이라는 이유로 '장부가치'라고도 한다.
6) 현재 한국채택국제회계기준에 의하면 자산평가에서 시가주의를 널리 적용하고 있으므로 그 차이는 크게 줄어들 것이다.

산가치의 보다 큰 문제는 기업이 해체되는 것이 아니라 계속기업으로 운영되는 경우에 진정한 회사가치와 크게 괴리될 수 있다는 점이다.[1] 이러한 근본적인 문제점에도 불구하고 자산가치는 계산이 용이하고 조작이 어렵다는 장점 때문에 여전히 널리 활용되고 있다.

기타의 평가방법

실제로는 이상에서 소개한 방법 외에도 다양한 방법이 사용되고 있다. 시장주가가 없는 비상장주식의 경우에는 상장기업 중 동일 업종의 유사한 기업의 주가를 기초로 가치를 산정하기도 한다. 이러한 가치를 특별히 **상대가치**라고 한다. 당장의 수익보다 고객의 수가 중요한 통신회사나 케이블방송회사와 같이 고객 수가 중요한 업종의 경우에는 고객 수에 일정한 금액을 곱하는 방식으로 회사가치를 산정하는 경우도 많다.

3. 법령상의 주식평가방법

일부 법령에서는 비상장주식의 평가방법을 명시하고 있다. 그 대표적인 예가 「상속세 및 증여세법」(상증세법)과 자본시장법이다. 상증세법에 의하면 비상장주식은 원칙적으로 수익가치와 자산가치를 3 : 2의 비율로 가중평균한 가액으로 평가하도록 하고 있다(상증 63(1)(i)(나), 상증슈 54(1)). 다만 수익가치의 경우에는 미래의 현금흐름 대신 최근 3년간의 순손익액을 기준으로 하고 있다. 이는 대량으로 발생되는 평가문제를 기계적으로 처리할 수 있도록 하기 위한 특칙으로 다른 맥락에서의 주식평가에서도 당연히 타당하다고 볼 수는 없다.

한편 자본시장법은 합병비율의 산정과 관련하여 비상장주식의 평가규정을 두고 있다(자시 165-4, 자시슈 176-5(1)(ii)(나), (2), 발행공시규정 5-13, 시행세칙 4~7). 이에 따르면 비상장주식은 자산가치와 수익가치를 1 : 1.5의 비율로 가중평균한 가액으로 평가한다(시행세칙 4).[2] 상증세법과는 달리 수익가치로는 현금흐름할인모형, 배당할인모형 등 일반적으로 공정하고 타당한 것으로 인정되는 모형을 적용하도록 되어 있다(시행세칙 6). 자본시장법은 또한 합병비율의 산정과 주식매수청구권의 행사와 관련하여 상장주식의 평가기준도 제시하고 있다(자시슈 176-5(1)(i), (ii)(가), 176-7(3)(i)). 이에 대해서는 제7장 제4절 Ⅷ. 3.(합병비율) 및 제7장 제7절 Ⅱ. 6.(주식매수청구권)에서 설명하기로 한다.

4. 판례상의 주식평가방법

주식의 평가와 관련하여 법원은 어느 한 가지 평가방법이나 법령상의 평가방법에 구속되는 것이 아니라 "당해 회사의 상황이나 업종의 특성 등을 종합적으로 고려하여 공정한 가액을

1) 물론 재산을 개별적으로 처분하는 경우에도 장부가액으로 처분할 수 있다는 보장은 없다.
2) 이때 상대가치, 즉 유사한 업종을 영위하는 법인의 가치를 함께 비교하여 공시해야 한다(자시슈 176-5(2)).

산정하여야 할 것"이라고 하여 폭넓은 재량을 허용하고 있다(대법원 2006. 11. 24, 2004마1022 결정(은평방송주식매수청구사건) 등). 과거에는 특수관계인에게 비상장주식을 매매하면서 상증세법에 따른 가격에 의하는 경우가 많았다. 그러나 상증세법에 따른 것만으로 공정한 가격에 거래하여야 할 이사의 의무를 다하였다고 단정하기는 어렵다.

실제로 법원은 사안에 따라 다양한 평가방법을 채택하고 있다. 상세한 설명은 주식의 평가가 문제되는 구체적인 문제 상황에 관한 부분으로 미루기로 한다.

제 2 장

주식회사의 설립

제 1 절

총 설

Ⅰ. 의 의

회사를 법인으로서 성립시키기 위한 일련의 절차를 회사의 설립이라고 한다. 과거 회사의 성립에 정부의 특허를 요하던 시대도 있었지만 현재 대부분의 국가에서 법에 정해진 일정한 요건을 갖춘 경우에는 회사의 성립을 인정하는 **준칙주의**를 취하고 있다. 회사는 설립에 의한 경우 이외에 신설합병, 분할, 주식의 포괄적 이전 등의 경우에도 새로이 성립한다.

구체적으로 회사의 성립을 위하여 필요한 행위는 회사의 종류에 따라 복잡성이나 엄격성에 상당한 차이가 있다. 그러나 기본적으로 모든 회사에서 회사의 설립은 회사의 **실체를 형성하는 행위**와 법인격 취득을 위한 **설립등기**의 두 가지로 나눌 수 있다. 어느 회사의 경우에도 실체형성행위만으로는 법률상 회사로 인정되지 않으며 법인격을 취득하기 위해서는 설립등기를 마쳐야 한다(172). 회사가 법에 정한 요건을 충족하였는지 여부는 설립등기 시에 심사를 받는다(예컨대 상등규 129). 설립등기는 회사의 종류에 따라 차이가 없지만[1] 회사의 실체형성행위는 회사의 종류에 따라 큰 차이가 있다. 회사가 실체를 형성하는 과정은 기본적으로 다음과 같은 요소로 이루어진다.

① 회사운영의 기본규칙인 정관의 작성
② 회사의 구성원인 사원(주주)의 확정
③ 사원의 출자에 의한 회사재산의 형성
④ 회사의 활동을 담당할 기관의 구성

합명회사와 합자회사와 같은 인적회사에서는 ③과 ④는 설립단계에서 마칠 필요가 없다.[2] 그러나 주식회사나 유한회사와 같은 물적회사의 경우에는 설립 시에 위의 요소를 모두

1) 등기신청 시 첨부서류에 차이가 있을 뿐이다.
2) 즉 합명회사의 경우에는 2인 이상이 합의하여 정관을 작성하면 회사의 실체는 완성된다. 사원이 무한책임을 부담하기 때문에(212) ③은 필요치 않으며 사원은 당연히 업무집행권한을 갖기 때문에(200(1)) ④도 필요치 않다. 합자

갖춰야 한다. 특히 주식회사는 회사 채권자와 주주의 이익을 보호하기 위하여 복잡한 설립절차를 거치도록 하고 있다. 즉 설립 시부터 재정적 기초가 취약한 회사가 등장하는 것을 막고 출자자 사이의 형평을 유지하기 위하여 엄격한 설립절차를 규정한 것이다.[1] 그러나 설립절차를 강화할수록 설립에 드는 시간과 비용이 증가할 수밖에 없다. 반면에 강화된 설립절차가 과연 채권자나 출자자의 이익을 얼마나 효과적으로 보호해 주는지에 대해서는 의문이 없지 않다. 따라서 회사의 설립절차와 관련해서는 앞으로도 비용과 편익의 관점에서 계속 검토할 필요가 있을 것이다.

설립의 실제

주식회사의 설립은 반드시 다수의 투자자가 공동으로 투자한 자금으로 새로이 사업을 시작하는 경우만 있는 것은 아니다. 오히려 실제로 회사의 설립은 새로이 사업을 시작할 때보다는 기존 사업의 법적 형식을 전환하기 위하여 행하는 경우가 많다. 개인사업을 영위하던 기업주가 자신의 사업을 주식회사로 전환하거나(**법인화**(法人化)) 기존에 여러 사업을 영위하던 주식회사가 사업 중 일부를 별도의 법인으로 독립하여 운영하는 경우(**자회사화**(子會社化)가 그것이다.[2] 어느 경우든 실제의 출자자는 1인에 불과하다. 법이 정한 설립절차는 다소 복잡하지만 출자자가 1인에 불과한 단독설립의 경우에는 실제로는 간단하게 진행된다.

출자자가 복수인 공동설립의 경우에는 출자자 사이에 출자비율, 회사의 운영방향 등에 관해서 교섭이 이루어지는 경우가 많다. 특히 대등한 사업자 사이에 합작투자가 이루어지는 경우에는 이러한 교섭의 결과가 통상 **주주간계약**(shareholders' agreement)이라고 불리는 정식의 계약서로 구체화되는 것이 일반적이다. 경우에 따라서는 합의의 내용이 정관에 반영되기도 한다. 주주에 대한 상법상의 보호만으로는 이러한 출자자의 기대를 충족시키지 못할 수도 있기 때문에 출자자로서 별도의 수단을 강구하는 것이다. 이러한 정관규정이나 계약규정의 효력에 대해서는 후술하기로 한다.

Ⅱ. 설립의 형태: 발기설립과 모집설립

1. 의 의

상법은 주식회사의 설립방식으로 발기설립과 모집설립의 두 가지를 규정하고 있다. **발기설립**은 '설립 시에 발행하는 주식의 총수'를 발기인만이 인수하여 회사를 설립하는 경우이고 **모집설립**은 발기인 이외의 자도 인수에 참여하는 경우이다.[3] 원래는 발기인이 인수하고 남은

회사는 사원 중 1인이 유한책임사원이라는 점을 제외하고는 합명회사의 경우와 같다.

1) 권기범6, 386면.

2) 후자의 경우에는 일반적인 회사설립절차를 밟는 대신 회사분할, 특히 물적분할에 의하는 것도 가능하다.

3) 따라서 상법상의 모집설립개념은 50인 이상의 투자자의 참여를 요하는 자본시장법상의 모집(9(7))과는 구별된다.

부분의 모집방식에 대해서 상법은 아무런 제한이 없다. 공모는 물론이고 연고(緣故)모집도 가능하다. 다만 일반투자자에게 공모하는 경우에는 자본시장법상의 규제가 적용될 수 있다. 개념상으로는 연고모집에 의하여 발기인 이외에 1명만 인수에 참여시켜도 모집설립에 해당하게 된다. 외부인수인의 수가 줄어들수록 발기설립과 모집설립의 실질적인 차이는 줄어든다.

2. 상법상의 구별

상법의 절차상 발기설립과 모집설립은 뚜렷이 구별된다. 이런 차이는 특히 1995년 상법개정 전에는 보다 뚜렷했다. 과거 발기설립의 경우에는 자본의 충실을 도모한다는 취지에서 법원이 선임하는 검사인의 조사가 요구되었으나(구상 298) 모집설립의 경우에는 변태설립사항이 없는 한 검사인의 조사는 받을 필요가 없었다(310(1)). 검사인의 조사에는 비용은 물론이고 특히 2~3주의 시간이 소요된다는 부담이 따랐다. 그리하여 종래 실무상으로는 실제로 출자하는 자가 소수에 불과한 경우에도 발기인 이외에 명목상의 인수인을 참여시켜 모집설립의 형식을 취하는 것이 보통이었다.[1]

그러나 1995년 개정 상법은 발기설립의 경우에도 변태설립사항이 없는 한 검사인의 조사 대신 이사와 감사에 의한 설립경과조사만을 요하고 있다(298(1), (4)). 따라서 이제 구태여 모집설립의 형식을 취할 실익은 물론이고 실제 사례도 크게 감소하였다.[2] 물론 처음부터 다수 투자자로부터 자금을 모집하여 회사를 설립해야 할 경우가 전혀 없지는 않을 것이다.[3] 그러나 그 경우에도 일단 발기설립으로 회사를 설립하고 바로 일반투자자의 출자를 받는 것이 가능하다. 그렇다면 입법론상 과연 모집설립이라는 별도의 설립형태를 유지할 필요가 있는지 의문이 있다.[4]

발기설립과 모집설립의 설립절차상 차이는 [표 2-1]과 같이 정리할 수 있다.

---

1) 다만 대법원은 발기인이 주식의 대부분을 인수하고 나머지 주식은 타인의 명의를 모용하여 인수한 경우에는 모집설립이 아니라 발기설립으로 보고 발기설립절차의 흠결을 이유로 설립무효를 선언한 바 있다(대법원 1992. 2. 14, 91다31494 판결).

2) 다만 모집설립은 아직 실무상 편리한 점이 없지 않다. 먼저 변태설립사항에 관한 보고를 발기설립의 경우에는 법원에 해야 하는 것(299(1))에 비하여 모집설립의 경우에는 창립총회에 하면 되는데(310(2)) 아무래도 후자가 덜 부담스러울 것이다. 또한 모집설립의 경우에는 창립총회에서 자유롭게 원시정관의 변경이 가능한 점(316)도 장점이 될 수 있을 것이다.

3) 우리나라에서도 과거 한겨레신문사와 일부 은행들이 그러한 방식으로 회사를 설립한 바 있다.

4) 독일은 모집설립을 폐지하였다. 일본에서도 폐지론이 있었지만 원시주주가 되고자 하는 자 중에서도 설립관련책임을 원하지 않는 자가 있다는 등의 이유로 존치하게 되었다. 江頭8, 63면 주 4.

표 2-1 발기설립과 모집설립의 설립절차상 차이

	발기설립	모집설립
주식인수	발기인(293)	발기인과 모집된 인수인(301)
주금납입	발기인이 지정한 금융기관과 납입장소(295(1))	주식청약서에 기재된 납입장소(305(2))
주금납입의 해태	실권절차 없음	실권절차 있음(307)
창립총회	부존재	존재(308)
임원선임	발기인이 선임(296)	창립총회에서 선임(312)
변태설립사항	법원에 보고(299(1))	창립총회에 보고(310(2))
설립경과조사의 보고	발기인에 보고(298(1))	창립총회에 보고(313(1))
설립전 정관변경	발기인 전원의 동의와 공증인의 인증을 새로이 취득	창립총회의 결의(316)

Ⅲ. 설립절차의 개관

1. 서 설

발기설립이나 모집설립이나 위에서 설명한 설립의 각 단계를 모두 밟아야 한다는 점에서는 차이가 없다. 다만 모집설립의 경우에는 발기인 이외의 자가 주식을 인수한다는 점에서 절차가 다소 복잡할 뿐이다. 이하에서는 발기설립을 중심으로 설립과정의 주요과정을 간단히 설명하되 모집설립에 대해서는 차이점만을 언급하기로 한다.

2. 정관의 작성

설립형태와 무관하게 정관은 발기인이 작성한다(288).

3. 주주의 확정

회사설립 시에 발행하는 주식에 관한 사항을 미리 정관으로 정해 놓지 않은 경우 발기인 전원의 동의로 정한다(291). 발기설립의 경우 주식 전부를 각 발기인이 1주 이상 서면으로 인수하여야 한다(293). 모집설립의 경우에는 발기인이 인수하고 남은 주식을 인수할 자를 모집하여야 한다(301). 모집에 따른 주식인수의 청약(302)과 그에 대한 발기인의 배정(303)으로 인수계약이 체결됨으로써 주주가 될 자가 확정된다.

▌표 2-2 설립절차의 개요

	발기설립	모집설립
정관의 작성	발기인이 작성	발기인이 작성
주주의 확정	발기인이 인수	발기인이 인수+청약과 배정
회사재산의 형성	전액납입	전액납입
기관의 구성	발기인이 선임	창립총회에서 선임
설립경과의 조사	변태설립사항: 법원에 보고 일반사항: 발기인에 보고	변태설립사항: 창립총회에 보고 일반사항: 창립총회에 보고
설립등기	대표이사	대표이사

4. 회사재산의 형성

주식회사에서는 주주유한책임원칙이 적용되기 때문에 회사의 성립 전에 회사재산을 확보할 필요가 있다. 따라서 설립형태와 무관하게 현금출자인 경우에는 인수인이 지체 없이 인수가액의 전액을 납입하고, 현물출자인 경우에는 납입기일에 목적재산의 인도를 비롯하여 필요한 절차를 모두 이행해야 한다(295, 305).

5. 기관의 구성

발기설립의 경우 납입과 현물출자의 이행이 완료된 시점에 발기인이 의결권의 과반수로 이사와 감사를 선임한다(296(1)). 모집설립의 경우에는 발기인이 소집하는 창립총회에서 선임한다(312). 창립총회는 주주총회의 전신(前身)으로 소집절차나 의사진행도 주주총회와 거의 동일하다.[1)]

6. 설립경과의 조사

종래 발기설립의 경우 뒤에 설명하는 변태설립사항이 없더라도 언제나 법원이 선임하는 검사인의 조사를 받게 되어 있었다. 그리하여 실무상으로는 검사인의 조사를 피하기 위하여 실질적으로 발기설립임에도 불구하고 모집설립의 형식을 취하는 것이 관행이었다. 그러나 현행 상법은 발기설립에 대한 검사인의 조사를 폐지하였다.

현물출자와 같은 변태설립사항이 있는 경우에는 여전히 검사인에 의한 조사를 받아야 한다(298(4), 310). 다만 변태설립사항에 대한 검사인의 조사도 효용에 비하여 부담이 크다는 비판에 따라 현행 상법에서는 크게 완화되었다(299(2), 299-2, 310(3)). 검사인이 조사결과를 보고

1) 다만 결의요건은 보다 엄격하여 출석한 주식인수인의 의결권의 3분의 2 이상인 동시에 인수된 주식의 총수의 과반수의 찬성을 요한다(309).

해야 하는 기관은 발기설립의 경우에는 법원이고 모집설립의 경우에는 창립총회이다(299(1), 310(2)). 법원이나 창립총회는 변태설립사항을 변경할 수 있는 권한이 있다(300(1), 314(1)).[1)]

일반적인 주식납입과 현물출자의 이행 등의 사항은 이사와 감사가 조사하여 발기설립의 경우에는 발기인에게, 모집설립의 경우에는 창립총회에 각각 보고하여야 한다(298(1), 313(1)).

7. 설립등기

설립형태와 관계없이 소정의 기간 내에 등기를 마침으로써 설립절차가 종료하며 회사는 법인으로서 성립하게 된다(172). 설립등기는 대표이사가 소정의 기간 내에 본점소재지의 등기소에서 마쳐야 한다(317(1)).[2)]

Ⅳ. 설립의 주체: 발기인, 발기인조합, 설립중의 회사

1. 발 기 인

(1) 의 의

회사의 설립에는 그것을 기획하고 필요한 사무를 집행하는 자가 필요하다. 일반적으로 그런 기능을 수행하는 자를 발기인이라고 한다. 그러나 상법은 실질적으로 회사설립에 관여하였는지 여부에 관계없이 정관에 발기인으로서 기명날인(또는 서명)한 자(289(1))를 발기인으로 보고 있다. 발기인을 이처럼 형식적으로 파악하는 이유는 발기인의 신분이 불확실한 경우에 발생할 수 있는 설립단계에서의 혼란을 최소화하기 위해서이다. 따라서 아무리 사실상 설립사무를 주도한 자라고 해도 정관에 발기인으로 기명날인하지 않은 한 법적으로는 발기인이 아니다.[3)] 반면에 설립사무와 아무런 관련이 없는 자라도 발기인으로 기명날인하였으면 발기인으로 간주된다.[4)]

발기인을 두는 취지는 회사의 설립 시 모든 투자자가 주도적 역할을 수행하는 것이 아니고 일부 투자자는 오히려 설립과 관련된 책임을 회피하고자 하는 경우도 있기 때문에 이들의 수요를 충족시키기 위한 것이다.

---

1) 법원에 의한 변경가능성은 발기설립을 꺼릴 요인으로 작용할 수 있다.

2) 법인세법상 내국법인은 설립등기 후 2개월 이내에 법인설립신고 및 사업자등록신청을 마쳐야 한다(법세 109, 111).

3) 경우에 따라서 유사발기인으로서 책임을 질 수 있을 뿐이다(327).

4) 그러나 이처럼 발기인을 형식적으로 확정하는 것이 반드시 합리적인지는 의문이다. 설립사무를 주도한 자에 대해서는 사실상의 발기인으로 보아 책임을 인정하는 것이 오히려 합리적일 것이다. 물론 발기인과 같은 외관을 나타낸 자는 유사발기인으로서 발기인과 동일한 책임을 진다(327). 그러나 사실상의 발기인을 항상 유사발기인으로 볼 수 있는 것은 아니다.

(2) 자격과 수

상법상 발기인의 자격에 제한은 없다. 외국인이나 제한능력자도 발기인이 될 수 있다. 법인도 공법인, 사법인, 영리법인, 비영리법인을 불문하고 발기인이 될 수 있다. 회사가 발기인이 될 수 있는 것은 신설회사의 사업목적이 발기인인 회사의 목적범위 내에 포함되는 경우에 한하는 것은 아니다. 회사가 정관을 변경함이 없이 타 회사의 주식을 취득하여 지배하는 것이 허용된다고 본다면 타 회사의 발기인이 되는 것까지 제한할 필요는 없기 때문이다.

1995년 상법 개정 전에는 발기인의 수는 회사규모에 관계없이 7인 이상으로 되어 있었다(구상 288). 그리하여 사실상 단독설립인 경우에도 설립과 무관한 사람의 명의만을 차용하여 7인 요건을 충족하는 일이 많았다. 그러나 사후적으로는 1인회사도 허용되었기 때문에 구태여 설립과정에서만 다수의 발기인을 요구하는 것에 대해서는 비판이 많았다.[1] 결국 두 차례의 상법개정을 통해서 발기인의 수는 7인에서 3인으로, 다시 3인에서 1인으로 감소하였다.[2]

2. 발기인조합

현행 상법상 발기인은 1인만 있어도 무방하지만 발기인이 복수인 경우도 있을 수 있다. 그 경우 복수의 발기인 사이에는 회사의 설립을 목적으로 하는 일종의 조합계약(민 703 이하)이 성립한다. 발기인 사이에 존재하는 이러한 조합계약관계를 발기인조합이라고 한다. 발기인은 이러한 조합계약의 이행으로 정관과 주식청약서의 작성, 주식인수 등 회사설립에 필요한 행위를 하게 된다. 이러한 행위의 효과가 발기인조합에 귀속하는 것은 당연하다. 발기인조합은 민법상의 조합에 해당하므로 민법상의 조합규정이 적용된다.[3] 설립등기에 의하여 회사가 성립되면 발기인조합은 목적의 도달로 인하여 해산하고 청산이 개시된다.

3. 설립중의 회사

(1) 의 의

우리 통설과 판례는 발기인조합과는 별도로 설립중의 회사라는 개념을 인정하고 있다(대법원 1994. 1. 28, 93다50215 판결 등). 설립중의 회사는 발기인이 설립과정 중에 행한 행위의 효과를 권리이전절차를 거치지 않고 바로 신설회사에 귀속시키기 위하여 고안된 도구개념이다.[4]

---

1) 구태여 그 규정의 의미를 찾자면 회사설립의 하자로 인한 책임을 지는 자의 수가 많아진다는 점을 들 수 있을 것이다.

2) 1인 설립은 독일은 1994년부터, 일본은 1990년부터 인정하였다. 우리 상법에서 1인 설립을 허용하는 데 걸림돌로 작용했던 것은 회사의 사단성을 정한 구상법 제169조였는데 2011년 개정에서 '사단'이란 단어를 삭제하였다.

3) 그러므로 통상사무는 발기인이 단독으로 집행할 수 있으나(민 706(3)), 중요한 업무집행은 발기인 과반수의 찬성으로 결정한다(민 706(2)). 다만 주식발행사항의 결정은 발기인 전원의 동의가 필요하다(291).

4) 이는 독일법에서 유래한 개념으로 독일에서도 그 해석에 관해서는 논의가 많다.

그 논리는 대체로 다음과 같다. 발기인이 정관작성 등 회사설립을 위한 각종 행위를 행함에 따라 점차 회사의 실체가 형성된다. 그리하여 어느 단계에 이르면 아직 법인격을 갖추지는 못했지만 회사의 전신(또는 태아)과 같은 실체가 존재하게 되며 그 실체를 설립중의 회사라고 한다.

발기인이 행한 행위의 효과는 일단 설립중 회사에 귀속하지만 회사가 성립되면 그 효과는 특별한 이전행위를 요함이 없이 바로 신설회사에 귀속하게 된다. 그 근거로는 설립중 회사가 신설회사의 전신으로 양자가 실질적으로 동일하다는 점을 든다(동일성설).

(2) 창립시기

설립중 회사가 창립되는 시기에 관해서는 학설상 다툼이 있다. 다수설과 판례는 정관이 작성되고 발기인이 1주 이상의 주식을 인수하였을 때 비로소 성립된다고 본다(대법원 1985. 7. 23, 84누678 판결; 대법원 1994. 1. 28, 93다50215 판결 등).[1] 설립등기와 동시에 설립중 회사는 동일성을 유지한 채 완전한 회사로 전환하게 된다. 따라서 발기인조합이 존재하는 경우 회사가 성립되기까지는 설립중 회사와 병존하게 된다.

(3) 법적 성질

설립중 회사는 회사성립을 목적으로 하는 일종의 권리능력 없는 사단으로 보는 것이 일반적이다.[2] 발기인은 그 집행기관, 주식인수인은 주주, 창립총회는 주주총회에 상응한다.

(4) 한 계

설립중 회사는 신설회사가 설립과정에서 행한 행위의 효과를 귀속받는 것을 원만하게 설명하기 위한 도구개념이다. 그러나 실제로 설립절차는 보통 단기간에 종료되기 때문에 그 실익은 그렇게 크지 않다. 이러한 도구개념을 너무 확장한 나머지 설립과정에서 행해진 행위의 효과가 과도하게 설립중 회사에 귀속됨으로써 신설회사의 재산적 기초를 침해하는 것은 경계해야 할 것이다.[3]

---

1) 같은 견해(1주이상인수시설)로 권기범6, 412면; 김정호5, 84면; 김홍기4, 344면; 장덕조3, 79면; 정찬형22, 661~662면; 최기원14, 148면; 홍/박7, 158면. 한편, 정관작성 시에 성립된다는 견해(정관작성시설; 송옥렬9, 776면; 이철송30, 234면; 임재연6 Ⅰ, 244~245면; 최준선14, 162면)와 주식전부가 인수되었을 때 비로소 성립된다는 견해(발행주식총수인수시설; 정동윤6, 410면)가 존재한다.

2) 그러나 회사가 성립되기까지 잠정적으로 존재할 뿐인 설립중 회사를 민법에서 말하는 법인격 없는 사단과 동일시하는 것에는 의문이 없지 않다. 특히 회사가 발기인 1인의 출자만으로 설립되는 경우에는 사단성이 별 의미를 갖기 어려울 것이다. 독일에서는 최근 설립중 회사의 권리능력을 인정하는 견해가 유력하다. Barbara Grunewald, Gesellschaftsrecht(8. Aufl. 2011), 347~348.

3) 江頭8, 110면 주 2.

4. 발기인의 행위와 그 효과

(1) 서 설

발기인이 행하는 행위의 효과를 설립중 회사에 귀속시키기 위해서는 다음 두 가지 요건을 갖출 필요가 있다. ① 자신의 명의가 아니라 설립중 회사 명의로 하여야 한다. ② 그 행위가 발기인의 권한 범위 내에 속하여야 한다. 주로 문제가 되는 것은 ②라고 할 수 있다.

(2) 설립과정에서의 행위의 유형

발기인이 회사설립과정에서 하는 행위는 다음과 같이 분류할 수 있다.

① 설립을 위하여 법률상 필요한 행위
② 설립을 위하여 경제적으로 필요한 거래행위
③ 개업준비행위
④ 영업행위

먼저 ① 설립을 위하여 법률상 필요한 행위의 예로는 정관의 작성과 인증, 주식의 인수, 납입에 관한 행위, 이사, 감사의 선임, 검사인(또는 공증인이나 감정인)의 선임, 창립총회의 소집, 납입금보관계약의 체결, 설립등기의 신청 등을 들 수 있다.

② 설립을 위하여 경제적으로 필요한 거래행위는 설립사무소의 임차, 직원의 고용, 주식청약서 등의 인쇄위탁 등과 같이 설립자체를 위한 것은 아니지만 설립에 사실상 필요한 거래행위를 말한다.

③ **개업준비행위**는 회사설립자체를 위하여 필요한 것은 아니지만 회사의 성립 후에 바로 영업을 개시하기 위한 준비행위를 말한다.[1] 공장용 부지나 건물의 매수나 임대차, 기계의 주문, 상품의 구매, 영업자금의 차입 등과 같은 행위가 그 예이다. 후술하는 **재산인수**도 이러한 개업준비행위의 일종이라고 할 수 있다.

발기인이 단순히 개업을 준비하는 것에 그치지 않고 나아가 ④ 영업행위를 하는 경우 그것은 설립 후의 회사에 대해서 효력이 없을 뿐 아니라 과태료의 대상이 된다(636(1)).[2]

(3) 발기인의 권한범위

발기인이 권한이 없는 행위를 한 경우 그 행위의 법적 효과는 발기인 개인에게 귀속된다. 발기인의 권한은 두 가지 관계, 즉 ① 발기인이 복수 있는 경우 발기인조합과의 관계와 ② 설립중 회사와의 관계에서 문제된다.

먼저 발기인조합과의 관계에서 발기인권한을 살펴본다. 발기인조합은 원래 회사설립을

---

1) 협의의 개업준비행위는 그 중에서도 회사의 성립을 조건으로 효력이 발생하기로 합의한 행위만을 가리킨다.
2) 다만 영업행위를 한 것이 발기인조합의 목적사항에 해당하는 경우에는 행위의 효과가 발기인조합에 귀속할 것이다.

목적으로 하기 때문에 발기인이 회사설립을 위하여 행한 행위는 당연히 발기인조합에 귀속된다. 발기인조합은 사적자치원칙에 의하여 발기인의 권한을 확장할 수 있다. 그 경우 발기인은 그 밖의 행위도 행할 수 있다. 그 가장 대표적인 예가 앞서 언급한 개업준비행위이다. 조합계약에서 개업준비행위에 대한 수권이 있는 경우 발기인의 개업준비행위는 그 효과가 발기인조합에 귀속하게 된다.[1)]

다음에는 설립중 회사와의 관계에서 발기인 권한을 살펴보자. 발기인 권한을 문제삼는 것은 발기인이 한 행위의 효과를 어느 범위까지 신설회사에 귀속시킬 것인가를 결정하기 위해서이다. 설립중 회사를 인정하는 견해에 의하면 먼저 그 행위의 효과가 설립중 회사에 귀속되는지 여부가 문제될 것이다. 발기인 권한이 논의되는 것은 주로 이 문맥에서이다.

설립중 회사의 기관으로서 발기인의 권한이 어느 범위까지 미치는가에 대해서는 견해가 나뉜다. 먼저 ① 설립을 위하여 법률상 필요한 행위를 할 권한이 있다는 점에 대해서는 별로 다툼이 없다. 따라서 이러한 행위의 효과는 바로 신설회사에 귀속한다. 그러나 ② 회사설립을 위하여 경제적으로 필요할 뿐인 행위에 대해서는 학설이 대립하고 있다. 다수설은 발기인 권한을 폭넓게 해석하여 ②도 발기인 권한범위 내에 속하는 것으로 보고 있다.[2)] 이렇게 해석하는 경우에는 ②의 효과도 바로 신설회사에 귀속하게 되어 회사의 재산적 기초가 훼손될 우려가 있다. 후술하는 바와 같이 **설립비용**의 제한이 있기는 하지만 발기인의 자력이 부족한 경우에는 회사가 설립비용의 초과액을 발기인으로부터 구상받을 수 없다. 따라서 ②도 발기인 권한 외의 행위로 보아 그 효과는 설립중 회사가 아니라 발기인 내지 발기인조합에 귀속하는 것으로 보는 것이 타당하다.[3)] 비용을 지급한 발기인은 사후적으로 법정의 요건을 충족하여 회사에 귀속시킬 수 있는 설립비용의 총액 한도 내에서 신설회사에 구상할 수 있을 뿐이다.[4)] 반면 대법원은 "회사의 설립비용은 발기인이 설립중의 회사의 기관으로서 회사설립을 위하여 지출한 비용으로서 원래 회사성립 후에는 회사가 부담하여야 하는 것"(대법원 1994. 3. 28, 93마1916 결정)이라는 설시를 통해서 다수설과 같은 견해를 취하고 있는 것으로 보인다.

대법원은 한 걸음 더 나아가 ③ 개업준비행위도 발기인 권한에 속한다고 본다(대법원 1970. 8. 31, 70다1357 판결).[5)] 그에 동조하는 견해도 있다.[6)] 그에 의하면 재산인수도 개업준비행위에

---

1) 발기인조합의 목적에 해당하지 않는 경우에는 발기인이 무권대리인으로서 책임을 진다(민 135(1)).

2) 이러한 견해(협의설)로 권기범6, 417면; 김정호5, 87면; 이/최11, 157면; 장덕조3, 81면; 정동윤6, 413~414면; 홍/박7, 162면.

3) 같은 견해(최협의설)로 이철송30, 236면; 최기원14, 541면.

4) 이 견해는 설립비용의 귀속에 관한 발기인귀속설과 통한다.

5) 장래 운송사업을 목적으로 설립중인 회사의 발기인이 발기인대표로서 자동차조립계약을 체결한 사안이다. 법원은 이 계약을 회사설립사무의 집행을 위하여 체결한 것으로 보고 신설회사로 하여금 자동차조립대금을 변제하도록 하였다.

6) 이러한 견해(광의설)로 김홍기4, 347면; 송옥렬9, 777면; 임재연6 I, 247면; 정찬형22, 658면; 최준선14, 153면.

해당하지만 특히 남용의 위험이 크기 때문에 상법이 변태설립사항으로 규정한 것으로 본다. 그러나 특히 재산인수가 다른 개업준비행위에 비하여 남용의 여지가 크다고 볼 이유는 없다. 적어도 회사의 재산적 기초를 강조하는 현행법 하에서는 개업준비행위는 발기인 권한에 속하지 않는 것으로 볼 것이다.[1] 그에 의하면 개업준비행위의 한 유형인 재산인수는 예외적으로 그 필요성이 크기 때문에 엄격한 법정의 요건을 갖춘 경우에 허용하는 것으로 본다. 대법원은 발기인이 사업을 위해서 토지를 자기 이름으로 매입하고 회사를 설립한 다음 신설회사가 매도인을 상대로 소유권 이전등기청구를 한 사안에서 "설립중의 회사가 성립되기 전에 발기인이 취득한 권리는 설립중의 회사에 귀속될 수 없으므로 설립된 회사로 자동적으로 이전될 수 없고 발기인 또는 발기인조합에 귀속되는 것"이라고 하여 재산양도절차를 거쳐야 한다고 판시한 바 있다(대법원 1994. 1. 28, 93다50215 판결).[2]

(4) 권한 외의 행위의 추인

위와 같이 발기인의 권한범위를 좁게 해석하는 경우 회사설립에 경제적으로 필요한 행위나 개업준비행위는 원칙적으로 발기인의 권한범위를 넘고 그 효과는 신설회사에 귀속하지 않고 발기인 내지 발기인조합에 귀속한다.

발기인이 그 행위를 장차 성립할 회사의 명의로 행한 경우에는 일종의 무권대리라고 할 수 있다. 발기인에게 무권대리를 유추하여 책임을 물을 수 있을 것이다(민 135(1)). 그러한 행위를 무권대리의 경우와 마찬가지로 신설회사가 추인할 수 있는가? 이 문제는 주로 개업준비행위와 관련하여 제기된다.[3] 부정설은 추인을 인정하면 재산인수에 대한 엄격한 규제가 잠탈되는 효과를 가져온다는 점을 들어 추인을 부정한다.[4] 그러나 회사가 그러한 거래를 원하는 경우에는 구태여 추인을 금지할 이유는 없을 것이다.[5] 다만 그러한 거래가 사후설립이나 이사의 자기거래에 해당하는 경우에는 회사법상 그에 필요한 절차를 거쳐야 할 것이다.[6]

발기인의 개업준비행위와 법률효과의 귀속

발기인 A가 B 주식회사의 설립을 준비하면서 설립 후에 B 주식회사가 사용할 사무실을 임차한다고 가정하자. 그 임대차계약서에 누구를 임차인으로 기재할 것인가? 아직 설립되지 않은 B회사는 임차인으로서 권리의무를 가질 수 없지만, 그렇다고 발기인인 A가 임차인으로서 권리의무를

1) 그러한 권한이 발기인조합계약에 의하여 인정되는 경우에는 개업준비행위의 효과는 발기인조합에 귀속될 뿐이다.
2) 법원은 설립중의 회사가 성립된 후라면 다른 결론이 나올 수 있을 것 같은 표현을 쓰고 있으나 그렇게 해석해서는 아니 될 것이다.
3) 이는 정관에 기재되지 않은 재산인수를 회사가 추인할 수 있는지의 문제와 유사하다.
4) 권기범6, 418면; 정동윤6, 414면; 최기원14, 149면; 홍/박7, 164면.
5) 동지: 김홍기4, 347면; 임재연6 I, 248면; 정찬형22, 666면.
6) 그러한 거래는 발기인대표나 발기인조합의 명의로 하는 경우도 있으나 신설회사의 대표이사라고 표시하여 행하는 경우도 없지 않다.

가지겠다는 것도 아니다. 이때 임차인을 "설립중의 회사 (가칭) B주식회사 발기인 A"와 같이 표시한다면 당사자들의 의사를 가장 잘 나타내게 된다. 임대차계약에 따른 임차인의 권리의무는 잠정적으로 설립중의 회사에 귀속시키되, B 회사가 설립될 때에 별도의 양도절차 없이 그 권리의무를 B 회사에 귀속시키려는 것이 당사자들의 의사일 것이기 때문이다.

다만 그와 같은 의도가 실제로 구현되려면 ① 임대차계약 시점에서 이미 설립중의 회사가 성립되어 있어야 하고 (정관 작성, 신주 인수 등) ② 위와 같은 임대차계약 체결이 발기인의 권한범위에 속하여야 한다. 이 중 ②에 관해 보자면, 설립 후 사용할 사무실의 임차는 개업준비행위에 해당한다. 따라서 개업준비행위는 발기인의 권한범위에 속하지 않는다는 이 책의 견해에 따르면 위와 같은 계약에도 불구하고 설립 시 자동적으로 B 회사에 권리의무가 귀속되지는 않으며, 다만 설립 후 B 회사가 이를 추인할 수 있을 뿐이다. 반면 개업준비행위도 발기인의 권한범위에 속한다는 견해에 따르면 위 계약에 따른 임차인으로서의 권리의무는 설립과 동시에 B 회사에 자동적으로 귀속된다.

제 2 절

정관의 작성

I. 서　　설

1. 정관의 의의

주식회사 설립의 첫 단계로서 발기인은 정관을 작성하고 각자 그에 기명날인(또는 서명)해야 한다(288, 289(1)). 정관은 실질적으로는 회사의 조직과 운영에 관한 근본규범 그 자체를 의미하지만 형식적으로는 그러한 근본규범을 기재한 서면을 의미한다.[1)]

일부 외국에서와는 달리 상법상 정관은 한 가지만 존재하고 기본정관과 부속정관과 같은 구별은 존재하지 않는다. 그러나 정관에 회사의 조직과 운영에 관한 구체적인 사항을 모두 정할 수는 없으므로 이사회규정 등 하부규정을 제정할 수 있고 실제로 어느 정도 규모의 회사는 대부분 그러한 하부규정을 두고 있다. 하부규정은 정관은 아니므로 변경하는 경우에도 정관변경의 절차를 요하지 않는다.

2. 정관의 성격

정관은 회사의 기본적인 규칙을 정한 것으로 **상사자치법**의 일종이라고 보는 것이 통설이다. 정관은 발기인이 자치적으로 정하는 것으로서 발기인이 복수인 경우에는 계약적인 성격을 갖는 것이 사실이다. 특히 회사를 계약의 연결점으로 보는 계약설의 관점에서는 정관은 계약 중에서도 가장 기본적인 계약이다. 그러나 정관이 동의(심지어는 인식)의 여부에 관계없이 회사기관과 장래의 주주까지 구속한다는 점에서 순수한 계약에 불과한 것으로 보기는 어렵다. 따라서 계약적 성격이 강하기는 하지만 일종의 규범, 즉 자치법규로 보아야 할 것이다.[2)]

---

1) 회사설립 시에 작성한 정관을 그 후에 변경된 정관과 구별하여 **원시정관**이라고 부르기도 한다.

2) 대법원도 사단법인의 정관에 대해서 같은 견해를 표명하고 있다(대법원 2000. 11. 24, 99다12437 판결(대한민국헌정회사건)).

3. 정관과 사적자치

정관이 진정한 자치법규라면 발기인이 자유롭게 내용을 결정할 수 있어야 할 것이다. 그러나 상법은 정관에 기재할 사항에 대해서 비교적 상세한 규정을 두고 있다. 이처럼 법률에서 정한 사항 이외에 정관에 어떠한 사항을 규정할 수 있는지, 달리 말해서 정관에 의한 사적자치, 즉 **정관자치**가 어느 정도로 허용되는지는 결국 구체적인 사안에 따라서 결정될 문제이다. 다만 정관의 자치법규성에 비추어 법령과 공서양속에 반하지 않는 한 원칙적으로 사적자치가 존중된다고 볼 것이다.

Ⅱ. 정관의 기재사항

1. 의 의

정관의 기재사항은 ① 절대적(필요적) 기재사항, ② 상대적 기재사항 및 ③ 임의적 기재사항의 세 가지로 나눌 수 있다. ① **절대적 기재사항**은 정관에 반드시 기재하여야 하며 그 기재가 누락되거나 위법한 때에는 정관이 무효가 되는 사항이다. ② **상대적 기재사항**은 정관에 기재하지 않아도 정관의 효력에는 영향이 없으나 해당 사항의 효력을 인정받기 위해서는 반드시 정관에 기재해야 하는 사항을 말한다. ③ **임의적 기재사항**은 해당 사항의 효력을 인정받기 위해 반드시 정관에 기재해야 하는 것은 아니나, 정관이 갖는 구속력을 부여하고자 정관에 기재하는 사항을 말한다. 이러한 사항도 일단 정관에 기재되면 회사의 기관과 주주를 구속하며 그 변경 시에는 정관변경의 절차를 밟아야 한다. ③의 예로는 정기총회 소집시기, 총회의 의장, 이사·감사의 수, 회장, 사장 등 경영임원을 정하는 방법과 그 권한, 영업연도, 주주의 명의개서절차 등을 들 수 있다.

③ 임의적 기재사항과 구별되는 것으로 무익적(無益的) 기재사항이 있다. 무익적 기재사항은 정관에 규정을 두는 경우에도 회사법상 아무런 효력이 생기지 않는 사항을 말한다. 정관의 기재사항 중에는 상법의 규정을 그대로 반복하고 있는 경우가 많다. 이러한 규정은 회사의 이해관계자들의 이해를 돕는다는 점에 의의가 있지만 법적으로는 의미가 없는 무익적 기재사항에 해당한다.

때로는 주주가 자신의 이익을 보호하기 위하여 별도로 주주간계약을 체결하면서 그 내용의 일부를 정관에 포함시키는 경우가 있다. 이처럼 정관자치에 의하여 포함되는 사항은 그 효력의 인정여부에 따라 임의적 기재사항이거나 무익적 기재사항에 해당할 것이다. 이하에서는 ① 절대적 기재사항과 ② 상대적 기재사항만을 설명하기로 한다.

2. 절대적 기재사항

절대적 기재사항은 다음과 같다(289(1)).

(1) 목 적

여기서 목적은 회사의 사업목적을 말한다. 사업의 종류에 관하여는 상법상 특별한 제한이 없으므로 상행위 기타 영리를 목적으로 하는 것이면 된다(169)(영리성). 또한 위법한 사업목적은 기재할 수 없다(적법성).[1] 문제는 사업목적을 어느 정도로 구체적으로 기재해야 하는가이다. 사업목적은 법적으로 크게 두 가지 의미를 갖는다. 하나는 앞서 살펴본 회사의 권리능력의 범위를 제한하는 효과이고 다른 하나는 상호전용권(22)의 범위를 제한하는 효과이다. 어느 쪽 측면에서도 회사로서는 사업목적을 가급적 넓게 정할 유인이 있다. 상호전용권을 부당히 확장하는 효과만 없다면 사업목적은 가급적 넓게 정하는 것을 허용해야 할 것이다.

우리나라의 등기실무는 사업목적의 기재와 관련하여 구체적인 기준을 제시하고 있지 않지만 사회통념상 그 사업이 무엇인가를 알 수 있을 정도로 개별적, 구체적으로 기재할 것을 요하고 있다. 회사의 목적사업으로 '상업'이나 '제조업' 같은 식으로 추상적으로 기재하는 것은 허용되지 않지만 '은행업', '운송업', '자동차부품제조판매' 정도의 포괄성은 인정된다고 할 것이다. 이 사업목적은 복수 기재하는 것도 가능하며 실제 여러 업종을 기재한 후에 '기타 위의 사업에 부수하는 사업' 등과 같은 포괄적인 범주를 추가하는 것이 보통이다.

지주회사와 사업목적

지주회사, 특히 순수지주회사는 자회사를 통제하는 것 이외에는 직접 아무런 사업활동도 영위하지 않는 것이 보통이다. 따라서 순수지주회사의 정관에 사업목적을 어떻게 기재할 것인가가 문제된다. 사업목적으로 '자회사의 지배 내지 경영관리'와 같이 포괄적으로 규정할 것인가, 아니면 자회사가 행하는 주요사업을 일일이 따로 기재하여야 하는가? 후자의 경우에는 자회사가 신규사업에 진출할 때마다 지주회사의 정관을 변경해야 하기 때문에 실무상 불편이 따른다. 또한 정관의 사업목적에 의하여 주주를 보호하는 것은 별로 실효성이 없으므로 사업목적의 포괄적 기재를 허용해야 할 것이다. 현재 순수지주회사인 금융지주회사는 대부분 정관에 사업목적으로 다음과 같이 포괄적으로 규정하고 있다.

제○조(목적) 이 회사는 다음의 사업을 영위함을 목적으로 한다.

1. 금융업을 영위하는 회사 또는 금융업의 영위와 밀접한 관련이 있는 회사의 지배 내지 경영관리
2. 자회사등(자회사, 손자회사 및 손자회사가 지배하는 회사 등 금융지주회사법 제4조 제1항 제2호에서 규정하는 자회사등을 말한다. 이하 같다)에 대한 자금지원

1) 회사 설립목적의 불법은 해산명령사유에 해당한다(176(1)(i)).

3. 자회사에 대한 출자 또는 자회사 등에 대한 자금지원을 위한 자금조달
4. 자회사등의 공동상품의 개발 · 판매를 위한 사무지원 등 자회사등의 업무에 필요한 자원의 제공
5. 전산, 법무, 회계 등 자회사등의 업무를 지원하기 위하여 자회사등으로부터 위탁받은 업무
6. 자회사등에 대한 상표권 및 특허권 등 지적재산권의 제공
7. 기타 법령상 허용된 업무
8. 위 각 호에 부수 또는 관련되는 업무

---

(2) 상 호

회사의 상호는 회사의 동일성을 표시하는 명칭으로 복수의 영업을 영위하는 경우에도 하나의 상호만을 사용할 수 있다. 상호는 자유롭게 선택할 수 있지만 주식회사의 상호에는 반드시 '주식회사'라는 문자를 사용하여야 한다(19). 다른 회사의 상호와 동일한 상호의 사용은 금지되므로 실무상 기존 상호와의 동일성여부를 검토할 필요가 있다.

(3) 회사가 발행할 주식의 총수

회사가 발행할 주식의 총수는 **수권주식수**라고 한다. 이처럼 발행할 주식의 총수를 제한하는 이유는 이사회의 과도한 신주발행을 억제하기 위한 것이다. 주주에게 신주인수권이 있는 경우에도 과도한 신주발행은 주주에게 커다란 부담이 될 수 있다. 이처럼 수권주식수가 정관기재사항이기 때문에 수권주식수의 증가는 정관변경을 수반하고 주주총회의 특별결의가 필요하다.[1)]

(4) 액면주식을 발행하는 경우 1주의 금액

여기서 금액이란 주식의 액면가액을 가리킨다. 액면가액은 100원 이상의 균일한 금액으로 하여야 한다(329(2), (3)). 1주의 금액의 최고액에 대한 제한은 없다.

(5) 회사의 설립 시에 발행하는 주식의 총수

과거에는 수권주식수를 과도하게 높게 정함으로써 주주의 견제를 피하는 것을 막는다는 취지에서 회사의 설립 시에 수권주식수의 4분의 1 이상을 발행할 것을 요구하였다(구상 289(2)). 그러나 증자 시의 최고한도가 1995년 폐지된 마당에 설립 시의 제한만을 남겨두는 것은 적절치 않다는 의견에 따라 2011년 상법 개정 시에 그 제한을 폐지하였다. 이제 정관에 특별한 규정이 없으면 이사회가 필요에 따라 수권주식수의 범위 내에서 신주를 발행할 수 있다(416(1)). 설립 이후의 발행주식총수는 정관기재사항이 아니다.

---

1) 과거에는 주주에 의한 견제가능성을 확보하기 위하여 정관변경으로 수권주식수를 증가시킬 때에도 이미 발행한 주식총수의 4배를 초과할 수 없도록 하였다(구상 437). 그러나 그러한 제한은 급속히 성장하는 회사의 대규모 증자에 방해가 된다는 이유로 1995년 개정 시에 삭제하였다.

(6) 본점의 소재지

여기서 소재지란 주소지와는 다른 개념으로서 본점이 소재하는 독립한 행정구획, 즉 특별시, 광역시, 시, 군을 기재하면 충분하고 번지까지 기재할 필요는 없다.[1] 본점 소재지는 회사에 관한 각종 소송사건의 전속관할지가 된다(328(2)→186, 376(2)→186 등).[2] 따라서 상법에 의하여 설립된 회사가 본점을 외국에 두는 것은 허용되지 않는다고 볼 것이다.[3]

(7) 회사가 공고를 하는 방법

공고방법을 정관에 기재하도록 한 것은 회사의 공고를 주주 기타의 이해관계인에게 충분히 주지시키기 위한 것이다. 회사의 공고는 관보나 시사에 관한 사항을 게재하는 일간신문에 하도록 하고 있으나(289(3)) 일간신문을 택하는 것이 보통이다. 정관으로 정하는 경우에는 회사의 인터넷 홈페이지에 게재하는 방법도 허용된다(289(3)단, 令 6(1)).

(8) 발기인의 인적사항

발기인은 정관을 작성하고 기명날인(또는 서명)하는 것은 물론이고 자신의 성명, 주민등록번호 및 주소를 기재하여야 한다.[4]

3. 상대적 기재사항

정관에 기재되지 않아도 정관의 효력 자체에는 영향이 없지만 그 사항이 효력을 가지려면 정관에 기재되어야 하는 사항을 상대적 기재사항이라고 한다. 법문에서 흔히 "정관에 기재함으로써 효력이 있다", "정관으로 정하는 바에 따라 … 할 수 있다", "정관으로 … 를 정하여야 한다" 등으로 규정하는 경우에 이에 해당한다. "정관에 다른 정함이 없으면 … 한다" 또는 "정관에 다른 정함이 있는 경우를 제외하고는 … 한다"라고 규정한 경우 그 '다른 정함' 역시 정관에 기재되어야 효력이 있으므로 상대적 기재사항이라고 할 수 있다.

상대적 기재사항의 대표적인 예는 현물출자 등 신설회사의 재정적 기초를 위태롭게 할 수 있는 사항, 즉 **변태설립사항**(290)이다. 이에 관해서는 뒤에 따로 설명한다. 그 밖의 상대적 기재사항의 예로는 무액면주식의 발행(329(1)), 주식의 양도제한(335(1)단), 주식매수선택권의 부여(340-2(1)), 종류주식(344~346), 주주총회의 소집지(364(1)), 주주총회의 보통결의방법(368(1)), 서면투표(368-3(1)), 자격주(387), 주주총회에서의 대표이사 선임(389(1)단), 이사회 소집기간 단축(390(3)단), 주주총회에서의 신주발행(416단), 제3자배정 신주발행(418(2)), 회사의 해산사유(517

---

1) 현재의 실무 관행도 그러하다. 이와 달리 본점소재지는 회사의 주소이므로 최소의 행정구획단위와 도로명주소로 특정되어야 한다는 견해로, 이철송30, 240면.
2) 회사의 비송사건에서 재판관할을 정하는 표준이 되기도 한다(비송 72(1), 109 등).
3) 이철송30, 240면. 일본에서 같은 견해로 江頭8, 72면.
4) 발기인의 주소는 누가 발기인인가 하는 것을 명백히 하기 위한 것이므로 발기인의 동일성을 인식할 수 있는 한 그 주소가 기재되지 않는 경우에도 정관을 무효로 볼 것은 아니다.

(i)→227(i)) 등을 들 수 있다.

정관작성의 실제

발기인이 정관을 작성할 때에는 절대적 기재사항 외에는 사적자치의 여지가 상당히 크다. 그러나 실제로는 회사의 특수한 사정을 고려하여 정관에 독창적인 규정을 포함시키기보다는 기존 양식의 공란을 채우는 식으로 작성하는 것이 보통이다. 상장회사의 경우에는 한국상장회사협의회가 마련한 상장회사표준정관을 많이 이용하고 있고 이는 비상장회사의 정관에도 많은 영향을 미치고 있다. 상장회사표준정관 및 그에 기초한 실제 정관에서 분량상 가장 많은 부분을 차지하는 것은 임의적 기재사항이다. 즉 우리나라 회사의 실제 정관에서는 절대적 및 상대적 기재사항 외에 자본의 구성 및 회사의 운영에 관한 다양한 사항들을 상세히 기재하고 있고, 그중 상당 부분은 법령의 내용을 반영하거나 그대로 옮겨놓은 것이다. 따라서 상법 등 주요 기업관련 법령이 개정되는 경우 그에 맞춰 정관을 개정해야 하는 경우가 많다.

Ⅲ. 정관의 효력

정관은 공증인의 인증을 받음으로써 효력이 발생한다(292). 예외적으로 자본금이 10억원 미만인 소규모 회사를 발기설립하는 경우에는 발기인의 기명날인(또는 서명)만으로 효력이 발생한다(292단). 공증인의 인증은 정관이 진정하게 작성되고 내용이 적법함을 확보하기 위한 것이다. 그러나 공증인의 인증은 원시정관의 경우에만 요구되고 정관의 변경 시에는 요구되지 않는다.

정관은 강행법규나 공서양속에 반하지 않는 한 효력이 인정된다. 정관을 작성한 발기인뿐 아니라 이사, 감사 등 회사의 기관과 주주를 모두 구속한다. 그러나 정관은 자치법규이므로 회사의 외부에 있는 자에게는 구속력이 미치지 않는다.

Ⅳ. 기 타

1. 등 기

정관은 설립등기를 신청할 때 첨부서류로 요구된다(상등규 129(i)). 그리고 절대적 기재사항은 발기인의 인적사항을 제외하고는 모두 등기사항으로 규정되어 있다(317(2)).

2. 정관의 비치·열람

회사의 정관은 본점과 지점에 비치하고 주주나 채권자의 청구가 있으면 열람 또는 등사를 허용해야 한다(396).

제 3 절

주식의 인수와 출자의 이행

Ⅰ. 서　　설

물적회사인 주식회사의 설립 시에는 회사의 재산적 기초를 형성하는 절차가 중요하다. 그 절차는 크게 ① 주식발행사항의 결정, ② 주식의 인수와 ③ 출자의 이행이라는 세 단계로 이루어진다. ②와 ③의 구체적 내용은 설립형태가 발기설립인가 모집설립인가에 따라 다소 차이가 있다.

Ⅱ. 주식발행사항의 결정

회사설립 시에는 발행하는 주식에 관한 사항을 결정하여야 한다. 수권주식수, 1주의 금액, 설립 시 발행주식총수 등 기본적인 주식발행사항은 앞서 살펴본 바와 같이 정관에 정하도록 되어 있다(289(1)(iii)~(v)). 그 밖의 사항은 정관에 따로 정하지 않은 한 발기인이 정할 수 있다. 그러한 결정은 설립에 관한 업무집행에 해당하기 때문에 발기인 과반수 결의로 정할 수 있다(민 706(2)). 그러나 상법은 예외적으로 특히 중요한 다음 사항에 대해서는 발기인 전원의 동의를 요한다(291).[1]

① 주식의 종류와 수

② 액면주식의 경우 액면 이상의 주식을 발행하는 때에는 그 수와 금액

③ 무액면주식의 경우 주식의 발행가액과 주식의 발행가액 중 자본금으로 계상하는 금액

종류주식을 발행할 때에는 미리 정관에 그 내용과 수를 정하여야 한다(344(2)). 발기인이 결정하는 것은 구체적으로 어떤 종류의 주식을 몇 주 발행할 것인가이다.[2]

회사설립 시에는 액면미달의 주식발행은 허용되지 않지만(330) 발행가액이 액면을 초과하

1) 발기인의 동의를 증명하는 서면을 설립등기 시에 첨부해야 한다(상등규 129(iv)).

2) 이는 등기사항이기도 하다(317(2)(iii)).

는 것은 가능하다. 정관 작성 시점에는 액면을 초과하는 구체적인 발행가액을 확정하기 어려울 수 있으므로 발행 시의 상황을 고려하여 발기인 전원의 동의로 정할 수 있게 한 것이다.

Ⅲ. 발기설립

1. 주식인수

발기설립의 경우 발기인은 설립 시 발행하는 주식총수를 모두 인수해야 한다(295(1)). 인수시기는 정관작성 후가 보통이지만 그 전이라도 무방하다. 인수는 서면에 의하여야 한다(293). 서면을 요하는 이유는 인수사실을 분명히 하기 위한 것으로 서면에 의하지 않은 인수는 효력이 없다.[1)]

발기인의 인수주식 수에 대해서는 제한이 없으므로 이론상으로는 1주만을 인수하는 것도 가능하다. 발기인은 정관에 기재된 설립 시의 발행주식총수(289(1)(v))를 전부 인수해야 하므로 실제 인수한 수가 정관에 기재된 수에 미달하는 때에는 발기인이 미(未)인수주식을 인수하여야 한다. 발기인이 더 인수할 수 없는 경우에는 정관을 변경하여 설립시의 발행주식총수를 줄이거나 미인수주식을 제3자에게 인수시킬 수밖에 없다. 후자의 경우는 모집설립에 해당한다.

뒤에 설명하는 바와 같이 회사성립 후에는 회사의 재산적 기초를 보호하기 위하여 인수의 무효나 취소가 제한된다(320(1)).

2. 납 입

(1) 전액납입주의

발기인이 회사의 설립 시에 발행하는 주식의 총수를 인수한 때에는 지체 없이 각 주식에 대하여 그 인수가액의 전액을 납입하여야 한다(295(1))(전액납입주의).[2)] 액면을 초과한 가액으로 인수한 때에는 그 초과금액도 납입하여야 한다.

(2) 금전에 의한 납입

주금납입은 원칙적으로 금전으로 하여야 하고 어음이나 수표 기타의 대물변제로는 하지 못한다. 어음이나 수표를 교부한 경우에는 교부 시가 아니라 지급이 있을 때 납입을 한 것으로 본다(대법원 1977. 4. 12, 76다943 판결). 과거에는 주주가 납입에 관하여 상계로 대항할 수 없다는 규정(구상 334)이 있었으나 2011년 상법 개정으로 삭제되었다.[3)]

---

1) 인수를 증명하는 서면은 설립등기신청서의 첨부서류이다(상등규 129(ii)).

2) 전액납입주의를 채택한 점에서 유한회사와 공통되고(548(1)), 합명회사와 합자회사와 다르다.

3) 제334조가 삭제되었다고 해서 설립 시 상계가 허용된 것은 아니다. 설립도 되지 않은 회사에 대한 채권이 존재할 수 없으므로 제334조는 설립 단계에서는 의미가 없어 삭제된 것으로 보아야 한다. 실제로 상계가 문제되는 것은 설립 시가 아니라 신주발행 시인데, 신주발행 시에는 회사의 동의 없이 회사에 대한 채권과 주금납입의무를 상계

(3) 납입금보관

발기설립의 경우에도 납입의 확실을 기하기 위하여 발기인이 납입을 맡을 은행 기타 금융기관과 납입장소를 지정하도록 하고 있다(295(1)). 납입금보관자는 발기인이나 이사의 청구가 있으면 보관금액의 증명서를 발급해야 한다(318(1)). 납입금보관자는 증명한 보관금액에 대해서는 납입이 부실하거나 금액의 반환에 제한이 있다는 이유로 회사에 대항할 수 없다(318(2)). 자본금 10억원 미만인 회사를 발기설립하는 경우에는 납입금보관증명서를 잔고증명서로 대체할 수 있다(318(3)).[1)]

(4) 납입의 불이행

모집설립과 달리 발기설립의 경우에는 발기인이 납입을 불이행하더라도 주식인수인의 실권절차(307)가 인정되지 않는다. 따라서 일반 강제집행의 방법에 의하여 납입을 강제하거나 그것이 여의치 않으면 다른 발기인이 인수하거나 회사설립을 포기할 수밖에 없다. 납입이 일부 불이행되었음에도 불구하고 설립등기가 이루어진 경우에는 불이행의 정도가 크지 않으면 발기인의 납입담보책임(321(2))으로 해결한다. 그러나 불이행의 정도가 심한 경우에는 회사설립의 무효사유가 될 것이다.

3. 현물출자의 이행

현물출자를 하는 발기인은 납입기일에 지체 없이 출자의 목적인 재산을 인도하고 등기, 등록 기타 권리의 설정 또는 이전을 요할 경우에는 이에 관한 서류를 완비하여 교부하여야 한다(295(2)). 현물출자에 관한 사항은 정관에 구체적으로 기재되지만(290(ii)), 그 기재만으로 출자의 목적물이 회사에 이전되는 것이 아니므로 발기인의 이행청구에 의하여 납입기일에 이전절차를 밟아야 한다. 현물출자에 관해서는 뒤에서 다시 설명한다.

Ⅳ. 모집설립

1. 주식인수

(1) 주주모집

모집설립의 경우에는 발기인이 인수하지 않은 나머지 주식을 인수할 주주를 모집하여야 한다(301). 모집방법에는 제한이 없으므로 공모도 가능하지만 실제로 설립 시에 주주를 공모하는 경우는 극히 드물다. 공모의 경우에는 자본시장법에 따른 공시의무가 발생할 수 있다(자시

할 수 없다는 규정(421(1))이 2011년 개정에서 신설되었다.

1) 납입금보관증명서(또는 잔고증명서)는 설립등기 시의 첨부서류이다(상등규 129(xii)).

119 이하).[1] 상법상 회사설립의 개요와 청약조건은 주식청약서(302)에 의하여 제공된다.

(2) 주식인수의 청약

가. 주식청약서에 의한 청약

주식인수의 청약은 주주가 되고자 하는 자가 주식청약서에 의해서만 할 수 있다(302(1)). 청약의 주체는 주주가 되고자 하는 자이지만 주식청약서는 발기인이 작성하고 정관의 절대적 기재사항과 변태설립사항 등 법정기재사항을 기재한다(302(2)).[2] 주식청약서를 강제하는 이유는 청약자에 대한 정보제공과 아울러 신중한 판단을 유도하기 위한 것이다. 주식청약서에 의하지 않은 청약은 무효지만 주식청약서에 법정기재사항의 일부가 결여된 경우에도 그것이 중요한 사항이 아니라면 반드시 청약을 무효로 볼 것은 아니다.

청약에는 주식청약서 외에 다른 절차는 요구되지 않는다. 그러나 실제로는 청약 시에 납입금액의 일부 또는 전부를 증거금으로 납입시키는 경우가 적지 않다.

나. 진의 아닌 의사표시와 청약

주식인수의 청약은 다수인이 관여하는 회사설립절차의 일부를 구성하므로 법률관계의 안정을 위하여 진의 아닌 의사표시인 경우에도 항상 유효로 본다(302(3)).[3]

(3) 주식의 배정

청약자의 청약에 대한 발기인의 승낙은 배정이라고 부른다(303). 배정은 청약자가 청약한 주식 수의 범위 내에서 발기인이 자유롭게 할 수 있다(주식배정자유의 원칙). 그러나 발기인이 미리 배정원칙을 공표한 경우에는 그에 따라 배정해야 할 것이다. 청약과 배정으로 주식인수가 성립한다.

2. 출자의 이행

(1) 발기설립의 경우와 대체로 동일

출자의 이행은 발기설립의 경우와 대체로 같다. 주식 총수가 인수된 때에는 발기인이 지체 없이 주식인수인에 대하여 인수가액 전액을 납입시켜야 한다(305(1)). 납입은 주식청약서에 기재한 납입장소에서 해야 한다(305(2)). 현물출자의 이행에 대해서는 발기설립에 관한 규정이 준용된다(305(3)→295(2)).

---

1) 그러나 사모의 경우에도 모집에 응하는 주주에게 일정한 정보를 제공할 필요가 있다.

2) 청약자는 주식청약서 2통에 인수할 주식의 종류와 수와 주소를 기재하여야 한다(302(1)). 1통은 설립등기 신청 시 첨부하고 1통은 회사 보관용이므로 1통의 청약서에 의한 청약도 유효한 것으로 볼 것이다.

3) 발기인과 통정에 의한 주식청약의 경우에도 마찬가지로 무효가 되지 않는 것으로 본다.

(2) 실권절차

주식인수인이 출자의 이행을 하지 않은 때에는 발기설립의 경우와는 달리 실권절차가 적용된다(307). 발기인은 일정한 기일을 정하여 그 기일 내에 이행하지 않으면 주식인수인으로서의 권리를 상실한다는 취지를 그 기일의 2주일 전에 통지하여야 한다(307(1)). 주식인수인이 그 기일 내에 출자를 이행하지 않는 경우에는 권리를 상실한다(307(2)). 그 경우 주주의 개성이 중요하지 않기 때문에 발기인은 주주를 새로 모집할 수 있다.

(3) 타인 명의의 인수

주식인수는 가끔 타인의 명의로 행해지는 경우가 있다.[1] 타인의 승낙을 얻지 않은 경우에는 실제로 행위한 자가 주식인수인으로서의 책임이 있다(332(1)). 타인의 승낙을 얻은 경우에는 행위자와 그 타인은 연대하여 납입의무를 부담한다(332(2)).[2] 후술하는 바와 같이 판례는 법적으로 주주가 되는 것은 명의를 대여한 타인이 아니라 행위자로 보고 있다(실질설)(대법원 2008. 3. 27, 2007다70599, 70605 판결 등).

V. 주식인수의 무효주장 · 취소의 제한

1. 의사표시의 무효와 취소에 관한 일반원칙

주식인수의 법적 성격에 관해서는 학설상 다툼이 있지만 의사표시를 요소로 하는 법률행위라고 보는 데는 다툼이 없다.[3] 따라서 주식인수의 무효, 취소에 관해서도 의사표시에 관한 일반원칙(민 107 이하)을 그대로 적용해야 할 것이다. 그러나 주식인수는 다수가 관여하는 주식회사의 설립에 관한 행위이므로 주식인수인과 회사와 거래한 상대방의 신뢰를 보호할 필요가 있다. 진의 아닌 의사표시에 의한 청약도 언제나 유효로 본다는 점(302(3))은 이미 언급한 바 있다. 나아가 상법은 일정한 경우 주식인수의 무효주장이나 취소를 제한하고 있다.

2. 제한되는 시기

무효주장 또는 취소를 할 수 없게 되는 시기는 회사성립 후이다(320(1)). 그러나 회사성립 전이라도 창립총회에 주식인수인이 출석하여 의결권 등의 권리를 행사한 때에도 무효주장이나 취소가 제한된다(320(2)).

---

1) 과거에는 가설인(假設人) 명의의 주식인수도 없지 않았으나 현재는 거의 찾아보기 어렵다.
2) 다만 주금의 가장납입으로 일단 주금납입의 효력이 발생한 후에 회사에 대하여 차입금반환의무를 부담하는 자는 행위자에 한한다(대법원 2004. 3. 26, 2002다29138 판결).
3) 상대방을 누구로 볼 것인지에 대해서 의문이 없지 않지만 실질적으로 계약으로 보아야 할 것이다.

3. 제한되는 사유

주식인수의 무효주장이 제한되는 것은 주식청약서 요건의 흠결을 이유로 하는 경우이다(320(1)). 주식청약서의 요건의 흠결은 발기인이 기재할 법정사항(302(2))을 기재하지 않는 경우를 말한다. 한편 주식인수의 취소가 제한되는 것은 사기, 강박 또는 착오를 이유로 하는 경우이다.

이상의 경우 이외에는 무효주장이나 취소가 제한되지 않는다. 따라서 의사무능력을 이유로 한 무효주장, 미성년자 등의 제한능력(민 5(2), 10(1)), 사해행위취소(민 406)를 이유로 한 취소는 제한되지 않는다.

Ⅵ. 가장납입

1. 서 설

실무상 회사설립은 기존 사업을 회사화(會社化)하기 위하여 행하는 경우가 대부분이다. 그 경우 현물출자의 방식을 취하는 것이 원칙이지만 현물출자에 대한 절차상 부담을 피하기 위하여 우선 금전출자로 회사를 설립한 후 회사에 영업을 양도하는 형식을 취하는 경우가 많다.[1] 금전출자의 경우 전액납입원칙이 적용되므로(295(1), 305(1)) 기존 사업을 회사화하는 경우에도 상당한 자금을 동원할 필요가 있었다. 그리하여 납입에 필요한 자금을 외부로부터 동원하여 납입의 형식을 갖추는 가장납입이 널리 행하여졌다.[2]

2. 예합과 견금

가장납입은 이른바 예합(預合)과 견금(見金)으로 나눌 수 있다. **예합**은 발기인이 납입금보관은행으로부터 대출을 받아 주금을 납입하되 회사성립 후에도 대출금을 반환하기 전에는 납입된 예금을 인출하지 않기로 금융기관과 약정하는 경우를 말한다. 상법은 금융기관이 납입금보관증명을 발급하여 증명한 보관금액에 대하여는 납입의 부실이나 그 금액의 반환에 관하여 제한이 있더라도 그것을 이유로 하여 회사에 대항하지 못한다고(318(2)) 규정함으로써 예합의 여지를 봉쇄하였다.

예합이 봉쇄됨에 따라 대안으로 등장한 것이 바로 견금이다. **견금**이란 발기인이 납입금보관은행이 아닌 제3자로부터 자금을 차입하여 주금을 납입하고 회사가 성립한 후 바로 은행으

---

1) 이 경우는 통상 사후설립(375)과 이사의 자기거래(398)에 해당할 것이지만 그 요건을 충족하는 것은 그다지 어렵지 않을 것이다.

2) 가장납입은 회사설립 시는 물론이고 신주발행 시에도 널리 행하여졌다.

로부터 출금하여 채권자에게 변제하는 경우를 가리킨다. 현재 가장납입은 주로 견금의 의미로 사용된다.

3. 사법적 효력

가장납입의 사법적(私法的) 효력에 관하여는 학설이 대립하고 있다. **유효설**[1]은 가장납입의 경우에도 법률상으로는 금원의 이동에 의한 현실의 납입이 있다는 점을 중시하여 납입이 유효하다고 본다. 반면 **무효설**[2]은 가장납입은 비록 주금납입의 형식은 갖추었지만 실질적으로는 납입이 없는 것과 마찬가지이므로 자본충실원칙에 반하여 무효라고 한다. 또한 애초에 납입의사가 없다는 점도 근거로 든다. 대법원은 일관되게 유효설을 취하고 있다(대법원 1983. 5. 24, 82누522 판결; 대법원 2004. 3. 26, 2002다29138 판결 등). 발기인의 납입의사와 같은 주관적 사정에 따라 회사설립과 같은 집단적 절차의 일환을 이루는 주금납입의 효력을 결정하는 것은 부당하다는 점에서 유효설을 따르기로 한다.

가장납입을 유효로 본다면 회사계좌로부터 출금하여 차입금을 변제한 대표이사에 대해서 회사가 대여금채권을 가진다고 보아야 할 것이다.[3] 이는 금전을 실제로 납입하는 대신 장래 납입하기로 약속한 것과 실질적으로 마찬가지 결과라고 할 것이다.[4]

4. 형사책임

상법은 '납입 또는 현물출자의 이행을 가장하는 행위'를 **납입가장죄**로 처벌한다(628(1)).[5] 앞서 본 이른바 예합과 견금이 모두 그 대상이 되고, 설립 시에는 물론 설립 후 증자 시에도 적용된다.

판례는 가장납입에 대하여 사법적으로는 유효하다는 입장을 취하면서도 형사적으로는 납입가장죄를 인정한다. 즉 주금으로 납입할 의사가 없으면서도 마치 납입한 것처럼 돈을 은행

---

1) 김홍기4, 363면; 정찬형22, 686면.
2) 권기범6, 436면; 김정호5, 116면; 이/최11, 195면; 이철송30, 268면; 정동윤6, 402면; 최기원14, 195면; 최준선14, 196면.
3) 대법원도 같은 취지로 판단한 예가 있다(대법원 1983. 5. 24, 82누522 판결). 다수의 판례는 회사가 주금을 '체당납입'(즉 가장납입자의 주금납입의무를 대신 이행)한 것이라고 표현하는데, 결국 회사가 가장납입자에게 채권을 가진다는 점에서 유사한 취지로 볼 수 있다(대법원 2004. 3. 26, 2002다29138 판결; 대법원 2007. 8. 23, 2005두5574 판결 등).
4) 일본 회사법은 가장납입한 발기인은 지급의무를 이행하기 전까지는 주주권을 행사할 수 없음을 명시하고 있다(日會52-2(4)).
5) 전환사채는 전환권이 행사되기 전에는 주식이 아닌 사채이므로, 전환사채가 가장납입된 경우 "신주인수대금의 납입을 가장하는 편법에 불과하다고 평가될 수 있는 등의 특별한 사정이 없는 한" 납입가장죄가 성립하지 않는다(대법원 2008. 5. 29, 2007도5206 판결). 이 경우 전환사채 발행회사의 이사는 전환사채 인수대금이 납입되지 않았음에도 전환사채를 발행함으로써 회사로 하여금 사채상환의무를 부담하면서도 이에 상응한 인수대금을 취득하지 못하게 한 것이므로 업무상 배임죄의 죄책을 진다(대법원 2015. 12. 10, 2012도235 판결).

에 예치하여 설립등기 또는 증자등기를 마친 후 즉시 인출하였다면, 이를 회사를 위하여 사용하였다는 등 특별한 사정이 없는 한 납입가장죄가 성립한다고 한다. 인출한 자금으로 발기인 또는 납입주주의 차입금을 변제한 경우가 대표적이다.[1] 반면 인출한 자금으로 회사의 채무를 변제하거나 회사 명의로 자산을 양수하는 등 회사를 위하여 사용하였다면, 이는 진정한 납입 및 그에 이은 회사자금의 소비행위로 보아야 할 것이므로 납입가장죄가 성립하지 않는다.[2] 일시차입금에 의한 가장납입을 하면 회사는 가장납입 주주에 대해 채권을 가지게 되므로 회사에 채권 상당의 재산이 남아있다고 볼 수 있지만 납입가장죄의 성립에는 지장이 없다.[3]

납입가장죄와 **다른 범죄와의 관계**가 종종 문제된다. 과거 판례는 가장납입 후 회사를 위한 목적 없이 즉시 납입금을 인출한 경우 납입가장죄에 더하여 회사 자금을 가져간 행위에 대한 횡령죄까지 인정하였다. 그러나 2004년 전원합의체 판결(대법원(전) 2004. 6. 17, 2003도7645 판결)은 "납입 및 인출의 전과정에서 회사의 자본금에는 실제 아무런 변동이 없"으므로 "회사의 돈을 임의로 유용한다는 불법영득의 의사가 있다고 보기 어렵다"는 이유로 납입가장죄가 성립하는 경우에 횡령죄는 성립되지 않는다고 판례를 변경하였다. 또한 가장납입으로써 자본금에 관하여 사실과 다른 등기가 이루어진다고 보아 납입가장죄와 함께 공정증서원본불실기재죄와 불실공정증서원본행사죄도 성립한다고 본다(대법원 1997. 2. 14, 96도2904 판결 등).

납입가장죄 및 관련된 다른 범죄들에 관한 이러한 형사판례들은 가장납입으로 인해 자본금이 실제로는 증가하지 않는다는 전제에 서 있다. 이는 가장납입의 유효성을 인정하는 민사판례들과 논리적으로는 일관되지 않은 면이 있다. 다만 제대로 된 납입이 아니라는 이유로 납입가장죄로 처벌하면서 그것이 유효한 납입임을 전제로 그 돈을 인출한 행위를 횡령죄로 또 처벌한다면 과도한 중복처벌에 해당할 수 있을 것이다. 이런 점에서 민사판례들과의 논리적 비일관성에도 불구하고 형사판례들의 결론을 선해해 볼 수 있을 것이다.

1) 납입가장죄의 성립을 인정한 판례로는 대법원 1997. 2. 14, 96도2904 판결; 대법원 1993. 8. 24, 93도1200 판결; 대법원 1986. 9. 9, 85도2297 판결; 대법원 1982. 4. 13, 80도537 판결 등.

2) 증자대금을 인출하여 회사를 위하여 사용하였음을 이유로 납입가장죄의 성립을 부정한 판례로는 대법원 2005. 4. 29, 2005도856 판결(다른 회사의 주식 취득); 대법원(전) 2004. 6. 17, 2003도7645 판결(회사채무 변제); 대법원 2001. 8. 21, 2000도5418 판결(자산양수); 대법원 1999. 10. 12, 99도3057 판결(대차관계 정산); 대법원 1979. 12. 11, 79도1489 판결(회사 운영자금); 대법원 1977. 11. 8, 77도2439 판결(회사 운영자금); 대법원 1973. 8. 31, 73다824 판결(회사 운영자금) 등.

3) 대법원 1982. 4. 13, 80도537 판결; 대법원 1993. 8. 24, 93도1200 판결.

제 4 절

기관의 구성과 창립총회

Ⅰ. 서　　설

출자의 이행으로 회사의 재산적 실체가 형성되면 회사의 기관을 구성하여야 한다. 발기설립의 경우 출자의 이행이 완료되면 발기인이 지체 없이 의결권의 과반수로 이사와 감사를 선임하는데 반하여(296(1)) 모집설립의 경우에는 먼저 창립총회를 소집하고 그곳에서 이사와 감사를 선임한다(312). 이사와 감사는 선임된 때로부터 바로 설립중 회사의 기관이 되고 설립등기에 따라 회사가 성립되면 별도의 절차 없이 바로 신설회사의 기관이 된다.

Ⅱ. 발기설립

1. 이사와 감사의 선임

발기설립의 경우 출자의 이행이 완료되면 발기인이 지체 없이 의결권의 과반수로 이사와 감사를 선임하여야 한다(296(1)).[1] 발기인조합의 의사결정을 원칙적으로 1인 1의결권으로 하는 것과는 달리 이때 발기인은 인수주식의 1주당 1개의 의결권을 가진다(296(2)).[2] 이사와 감사의 선임은 발기인의 자격이 아니라 출자자의 자격으로 하는 것이기 때문이다.[3]

2. 대표이사의 선임

회사설립등기에는 대표이사의 인적사항도 등기하여야 하므로(317(2)(ix)) 회사 성립 전에

---

1) 출자의 이행이 완료되기 전에 선임하는 경우에는 그 선임은 무효이다. 그러나 그 하자는 출자의 이행이 완료되면 치유되는 것으로 본다.

2) 발기인이 인수한 주식이 의결권 없는 주식인 경우(344-3)에는 의결권을 갖지 않는다고 보는 것이 타당할 것이다. 회사 성립 후 기관구성에서는 의결권을 행사할 수 없는 무의결권주주가 최초의 기관구성에서는 의결권 행사가 가능하다고 해석하는 것은 불합리하기 때문이다.

3) 발기인이 이사와 감사를 선임한 때에는 그에 관한 서면을 작성하여 그것을 설립등기 신청서에 첨부하여야 한다(상등규 129(viii)). 발기인이 복수 있는 경우에는 의사록(297)을 그러한 서면으로 볼 수 있을 것이다.

대표이사를 선임할 필요가 있다. 대표이사의 선임을 누가 하는 것인지는 분명치 않다. 이론상으로는 발기인이 직접 대표이사를 선임하는 것이 아니라 발기인에 의하여 선임된 이사가 설립등기 이전에 대표이사를 선임한다고 해석하는 것이 합리적일 것이다.[1)]

3. 이사와 감사의 지위

발기인이 이사와 감사의 선임을 결의하면 설립중 회사의 대표기관인 발기인이 피선임자에 대하여 위임의 청약을 하고 피선임자가 이를 승낙함으로써 피선임자와 설립중 회사사이에 임용계약이 성립된다. 이사와 감사의 임기가 시작되는 시기에 관하여는 명시적 규정이 없다. 그러나 발기설립의 경우 이사와 감사는 취임 후 지체 없이 회사설립의 경과에 대해서 조사하여 발기인에게 보고하게 되어 있기 때문에(298(1)) 이들의 임기는 회사성립 전이지만 선임된 때부터 시작되는 것으로 본다.

이사와 감사의 선임 후에도 설립중 회사의 집행기관은 발기인이고 이사와 감사는 설립의 경과를 조사하는 기관에 불과하다.

Ⅲ. 모집설립 — 창립총회

1. 이사와 감사의 선임

모집설립의 경우 출자의 이행을 완료한 때에는 발기인은 지체 없이 창립총회를 소집해야 한다(308(1)). 이사와 감사의 선임은 창립총회에서 행한다(312). 대표이사의 선임, 이사와 감사의 지위는 발기설립에서 설명한 바와 같다.

2. 창립총회

(1) 의 의

창립총회는 모집설립의 경우 주식인수인으로 구성되는 설립중 회사의 의사결정기관이다. 창립총회는 기능면에서 성립 후 회사의 주주총회와 유사하므로 소집절차, 의결권, 총회의 운영, 결의의 하자 등에 관해서는 주주총회에 관한 규정들이 준용된다(308(2)).

(2) 권 한

창립총회는 이사와 감사 선임(312) 외에도 다음과 같은 법정권한을 갖는다.

① 발기인의 서면보고 수령(311(1))

② 설립경과에 관한 이사와 감사의 보고 수령(313(1))

---

1) 현실적인 결과에서는 양자가 큰 차이가 없을 것이다.

③ 변태설립사항의 변경(314(1))

④ 정관변경 또는 설립폐지의 결의(316)

창립총회는 이러한 법정사항 외에도 설립과정에서 결의를 필요로 하는 모든 사항을 결의할 수 있다. 창립총회의 권한에 속하는지 여부는 창립총회가 설립중 회사의 의사결정기관이라는 점을 고려하여 구체적으로 판단하여야 할 것이다. 예컨대 회사설립과 무관한 영업준비행위는 창립총회에서 결의할 수 없지만 창립총회에서 선임한 이사와 감사의 보수는 창립총회가 정할 수 있을 것이다.

(3) 소 집

창립총회는 출자의 이행이 완료한 때 지체 없이 발기인이 소집한다(308(1)). 소집절차와 소집지에 관해서는 주주총회의 절차에 관한 규정이 준용된다(308(2)→363(1), (2), 364)).

(4) 운 영

결의방법은 주주총회 특별결의(434)보다 엄격하여 출석한 주식인수인의 의결권 2/3 이상과 인수된 주식총수의 과반수가 찬성할 것을 요한다(309). 의결권은 인수된 주식 1주마다 1개이다(308(2)→369(1)). 대리인에 의한 의결권 행사나 특별이해관계 있는 자의 의결권 행사금지, 총회의 연기·속행과 의사록에 대한 규정도 준용된다(308(2)→368(3), (4), 372, 373).

(5) 기 타

창립총회 결의의 하자에 대해서도 주주총회 결의의 취소의 소와 이에 관련된 규정 및 주주총회결의무효확인의 소와 부당결의취소변경의 소에 관한 규정 등이 준용된다(308(2)→376~381). 창립총회에는 종류주주총회에 관한 규정도 준용된다(308(2)→435). 따라서 종류주식을 발행한 경우에 창립총회에서 정관을 변경함으로써 어느 종류의 주식의 인수인에게 손해를 미치게 될 때에는 창립총회의 결의 외에 그 종류의 주식인수인의 총회 결의도 거쳐야 한다.

제 5 절

설립경과의 조사

Ⅰ. 서　　설

주식회사의 경우에는 설립형태와 관계없이 설립경과의 조사가 요구된다. 모집설립의 경우에는 발기인 이외의 주식인수인도 참여하는 창립총회를 중심으로 설립경과의 조사를 행한다. 그러나 발기설립의 경우에는 창립총회가 존재하지 않으므로 이사와 감사에 맡기고 있다(298).

Ⅱ. 발기설립

이사와 감사는 취임 후 지체 없이 회사의 설립에 관한 사항이 법령 또는 정관의 규정에 위반되지 아니하는지 여부를 조사하여 발기인에게 보고하여야 한다(298(1)).[1] 이사와 감사 중 발기인이었던 자, 현물출자자, 재산인수의 당사자는 이상의 조사·보고에 참가하지 못한다(298(2)). 조사의 공정성을 확보하기 위한 규정이다. 전원이 이러한 제척사유에 해당하는 경우에는 조사·보고를 공증인에게 맡기도록 하고 있다(298(3)). 뒤에 살펴보는 바와 같이 변태설립사항을 정한 경우에는 법원이 선임하는 검사인의 조사를 받는 것이 원칙이다(298(4)).

1995년 상법개정 전에는 발기설립의 경우 법원이 선임하는 검사인에 의한 조사가 강제되었다(구상 298). 당시 실무계에서는 검사인 조사의 부담을 피하기 위하여 실질적으로는 발기설립임에도 불구하고 발기인이 아닌 주식인수인을 참여시킴으로써 모집설립의 형식을 취하는 것이 보통이었다. 현행 상법에서는 이제 발기설립의 경우에도 이사와 감사의 조사를 받도록 함으로써 검사인 조사의 부담은 사라졌다.

1) 이사와 감사의 조사보고에 관한 정보는 등기신청 시에 제공하여야 한다(상등규 129(v)).

Ⅲ. 모집설립

1. 발기인의 보고

모집설립의 경우 설립경과의 조사를 주도하는 것은 창립총회이다. 설립사무를 담당한 것은 발기인이므로 먼저 발기인이 '회사의 창립에 관한 사항'을 서면으로 창립총회에 보고해야 한다(311(1)). 상법은 보고서에 기재할 사항으로서 ① 주식의 인수와 납입에 관한 제반상황과 ② 변태설립사항에 관한 실태의 두 가지를 열거하고 있다(311(2)).

2. 이사와 감사의 조사·보고

발기인의 보고와 별도로 모집설립의 경우에도 이사와 감사는 취임 후 지체 없이 회사의 설립에 관한 모든 사항이 법령 또는 정관의 규정에 위반되지 아니하는지 여부를 조사하여 창립총회에 보고하여야 한다(313(1)).[1] 이사와 감사의 제척사유에 관해서는 발기설립의 규정이 준용된다(313(2)→298(2), (3)).

이사와 감사가 이러한 조사·보고에 관한 임무를 해태한 때에는 회사나 제3자에 대하여 연대하여 손해배상책임을 지며 발기인도 책임을 지는 경우에는 이들은 모두 연대책임을 진다(323). 이사와 감사가 창립총회에 부실한 보고를 하거나 사실을 은폐한 때에는 형사제재(625(i))나 과태료에 의한 제재(635(1)(v))를 받는다.

3. 창립총회의 조치

창립총회는 발기인의 보고와 이사와 감사의 보고를 토대로 정관을 변경하거나 회사설립의 폐지를 결의할 수 있다(316(1)). 이러한 결의는 소집통지서에 기재가 없는 경우에도 가능하다(316(2)).

---

1) 이사와 감사의 조사보고에 관한 정보는 등기신청 시에 제공하여야 한다(상등규 129(v)).

제 6 절

설립등기

Ⅰ. 의 의

회사는 본점소재지에서 설립등기를 함으로써 성립한다(172). 설립등기는 국가가 회사설립을 위한 법정요건이 적법하게 갖추어졌는지를 확인할 기회를 부여하는 기능과 아울러 회사와 이해관계가 있는 제3자에 대하여 회사성립의 사실과 그 조직의 대강에 관한 정보를 제공하는 기능을 수행한다.

주식회사의 설립등기는 발기설립의 경우에는 변태설립사항에 대한 조사·보고(299)와 법원의 변경처분절차(300)가 종료한 날로부터,[1] 그리고 모집설립의 경우에는 창립총회의 종료일 또는 변태설립사항의 변경절차(314)가 종료한 날로부터 2주 내에 하여야 한다(317(1)).[2]

설립등기의 절차에 관해서는 상업등기법과 상업등기규칙이 규율하고 있다. 설립등기의 신청 시에는 대표이사가 일정한 사항에 관한 정보를 제공하여야 한다(상등규 129).[3]

Ⅱ. 등기사항과 제공할 정보

상법은 설립등기 시에 등기할 사항을 명시하고 있다(317(2)).[4] 등기사항은 정관의 절대적

---

1) 변태설립사항이 없는 경우에는 해석상 이사·감사의 보고를 마친 날을 기산일로 해야 할 것이다. 이철송30, 265면.

2) 등기를 게을리한 경우에는 과태료가 부과된다(635(1)(i)).

3) 회사가 지점을 설치하는 경우에는 지점 설치일로부터 2주일 내에 본점소재지에서 지점의 소재지와 설치 연월일을 등기하여야 한다(317(4)→181). 그동안 상법은 지점을 설치한 경우 본점소재지와 지점소재지에서 각각 일정한 사항을 등기하도록 정하고 있었으나 2024. 9. 30. 개정된 상법(2025. 1. 31. 시행)은 지점소재지에서의 별도 등기 의무를 폐지하고 본점소재지에서만 등기를 요구한다. 이는 등기부의 전산화에 따라 지점소재지에서 따로 등기부를 만들지 않게 된 현실을 반영한 것이다.

4) ① 정관의 절대적 기재사항 중 목적, 상호, 수권주식 수, 액면주식을 발행하는 경우 1주의 금액, 본점의 소재지, 공고방법
② 정관자본금의 액
③ 발행주식총수, 그 종류와 각종주식의 내용과 수
④ 주식양도제한의 경우 그에 관한 사항

기재사항(289(1))과 유사하면서도 차이가 있다. 정관은 회사의 조직과 활동을 규율하는 근본규칙으로서 주로 회사내부자에게 의미를 갖는데 비하여 등기사항은 주주 및 회사와 거래하는 제3자에게 의미를 갖기 때문이다. 상업등기규칙은 설립등기신청 시에 정관 등 일정한 사항에 관한 정보를 제공하도록 하고 있다(상등규 129).

Ⅲ. 설립등기의 효과

1. 본연의 효과

설립등기의 본연의 효과는 회사가 법인격을 취득하여 성립하는 것이다(172). 그 결과 주식인수인은 주주로 되고 설립중 회사가 취득한 권리의무는 당연히 신설회사에 귀속한다.

2. 부수적 효과

설립등기는 다음과 같은 부수적 효과를 낳는다. ① 회사성립 후에는 주식인수인이 주식청약서의 요건흠결을 이유로 인수의 무효를 주장하거나 사기, 강박, 착오를 이유로 인수를 취소하지 못한다(320(1)). ② 주식의 인수로 인한 권리인 권리주는 양도가 제한되지만(319) 회사가 성립되면 권리주는 주식으로 전환되므로 양도가 자유롭게 허용된다. ③ 회사성립 전에는 주권발행이 금지되고(355(2)) 발행되더라도 무효가 되지만(355(3)) 회사성립 후에는 발행이 가능할 뿐 아니라 지체 없이 발행하여야 한다(355(1)).

---

⑤ 주식매수선택권을 부여하는 경우 그에 관한 사항
⑥ 지점의 소재지
⑦ 회사의 존립기간 또는 해산사유를 정하는 경우 그에 관한 사항
⑧ 이익소각을 정하는 경우 그에 관한 사항
⑨ 전환주식을 발행하는 경우 그에 관한 사항
⑩ 사내이사, 사외이사, 그 밖에 상무에 종사하지 않는 이사, 감사 및 집행임원의 성명과 주민등록번호
⑪ 대표이사 또는 대표집행임원의 성명·주민등록번호 및 주소
⑫ 공동대표이사 또는 공동대표집행임원을 두는 경우 그에 관한 사항
⑬ 명의개서대리인을 두는 경우 그 상호 및 본점소재지
⑭ 감사위원회를 설치한 때에는 위원의 성명 및 주민등록번호

제7절

변태설립사항

Ⅰ. 의　　의

상법상 회사설립규제의 밑바닥에는 자본충실원칙에 대한 고려가 깔려 있다. 그것이 특히 부각되는 것이 변태설립사항의 경우이다. 변태설립사항이란 회사설립 시에 발기인의 권한남용으로 인하여 회사의 재산적 기초가 훼손될 위험이 있는 경우 중에서 상법이 특별히 정한 사항을 말한다. 상법은 다음 네 가지를 변태설립사항으로 정하고 정관에 기재할 것을 요하고 있다(290): ① 발기인의 특별이익, ② 현물출자, ③ 재산인수, ④ 설립비용과 발기인 보수.

변태설립에 대한 상법의 규제는 다음 요소로 구성된다. ① 변태설립사항을 정관에 기재하도록 함으로써 회사의 이해관계자에게 알린다. 정관에 기재하지 않은 변태설립사항은 무효로 본다(290). ② 법원이 선임한 검사인 등에 의한 조사를 받도록 한다(299, 310). 변태설립사항이 부당하다고 인정하는 경우에는 법원이나 창립총회가 정관에 정한 변태설립사항을 변경할 수 있다(300, 314). ③ 모집설립의 경우에는 변태설립사항을 주식청약서에도 기재하도록 함으로써 (302(1)(ii)) 주식인수인에게 알린다. 정관에 변태설립사항이 기재된 경우에도 주식청약서에 그 기재가 없으면 그러한 청약서에 의한 주식청약은 무효이다. 그러나 주식청약서에 그 기재가 없다고 해서 정관에 기재된 변태설립사항 자체가 무효가 되는 것은 아니다.

Ⅱ. 종　　류

1. 발기인의 특별이익

발기인의 특별이익이란 회사설립을 위한 발기인의 공로에 대하여 회사가 제공하는 특별한 이익으로 후술하는 보수 이외의 것을 가리킨다. 발기인의 보수가 회사가 확정된 금액을 지급하고 비용으로 처리하는 것임에 비하여 특별이익은 발기인이 장래 개인적으로 이익을 얻을 수 있는 지위를 의미한다. 그러나 발기인의 특별이익과 보수는 상법상 모두 변태설립사항에 속하기 때문에 양자를 구별할 실익은 없다. 정관에는 특별이익을 받을 발기인의 성명을 기재하여야 한다. 실제로 발기인의 특별이익을 정하는 사례는 드물다.

발기인의 특별이익은 경제적 이익인 것이 보통이지만 반드시 그에 한정할 필요는 없다. 예컨대 회계장부열람권이나 주주제안권을 부여하는 것도 허용된다.[1] 그러나 발기인이 인수한 주식의 수를 넘어서는 의결권, 주주총회 결의에 대한 이의권 등을 부여하거나 발기인에게 이사나 감사의 지위를 약속하는 것은 주식회사의 의사결정을 과도하게 제약하는 것으로 허용되지 않는다.[2]

특별이익의 예로는 이익배당이나 잔여재산의 분배 또는 신주인수에 관한 우선권, 회사설비의 이용에 관한 특권 등을 들 수 있다. 이익배당이나 잔여재산의 분배에 대한 우선권에 대해서는 주주평등원칙을 이유로 반대하는 견해도 있다.[3] 그러나 정관에 기재된다는 점에서는 이익배당우선주(344-2)와 다를 바 없으므로 구태여 금지할 이유는 없을 것이다.[4]

발기인이 받을 특별이익은 자본충실원칙에 벗어나지 않는 범위에서만 인정된다. 따라서 발기인에게 무상주를 부여하거나 발기인이 인수하는 주식에 대해서 확정이자의 지급을 약속할 수는 없다.[5]

발기인의 특별이익은 원칙적으로 발기인에 전속하는 권리로서 발기인이 보유주식을 양도하는 경우에도 소멸하지 않고[6] 정관에서 특별히 허용하고 있지 않는 한 양도할 수도 없다.

2. 현물출자

(1) 의 의

현물출자는 금전 이외의 재산으로 하는 출자를 가리킨다. 기존 사업을 법인화하기 위한 회사설립은 현물출자를 수반하기 마련이다. 그러나 주식회사에서는 금전출자가 원칙이며 현물출자는 변태설립사항으로 처리된다. 현물출자의 목적물이 과대평가되는 경우에는 자본충실원칙에 반할 뿐 아니라 금전을 출자한 주주가 손해를 입을 위험이 있기 때문이다. 과거에는 현물출자를 할 수 있는 자를 발기인에 한정하였으나(구상 294)[7] 1995년 상법 개정 시에 그 제한을 폐지하였다.

1) 江頭8, 77면.
2) 이철송30, 245면; 정동윤6, 388면; 정찬형22, 671면.
3) 예컨대 이철송30, 245면.
4) 정찬형22, 671면.
5) 이철송30, 245면.
6) 정관에서 특별이익의 소멸사유를 정할 수 있음은 물론이다.
7) 현물출자에는 폐해가 따르기 쉬우므로 현물출자자에게 발기인으로서의 책임을 지게 하기 위한 것이었다.

차량의 지입(持入)계약

현물출자를 정관에 기재하기 아니하고 출자자들 사이의 계약만으로 행하는 경우에는 당사자들 사이의 채권적 효력은 인정될 수 있지만 회사법상 현물출자로는 무효이다. 그 대표적인 예가 차량의 지입계약이다.[1] 차량의 지입계약은 영세한 차주들이 자기 차량을 출자하여 회사를 설립하고 출자한 차량은 출자한 차주가 계속 독립적으로 관리, 수익, 처분할 수 있다는 취지의 계약을 말한다. 이러한 지입계약은 운수업계의 관행이지만 대법원은 그것이 회사법상 현물출자에 해당되지 아니하고 출자한 차주가 당연히 주주가 되는 것은 아니라는 취지로 판시한 바 있다(대법원 1967. 6. 13, 67다302 판결). 반면에 차량의 소유자가 차량을 현물출자한 경우에는 소유자는 주주의 지위를 얻고 주주가 차량을 회사와의 관리계약에 의하여 계속 운행관리하는 경우에도 차량은 대외적으로는 물론 대내적으로도 회사의 소유가 된다(대법원 1970. 10. 23, 70다2032 판결).

(2) 법적 성질

현물출자는 목적물의 매매나 주식과의 교환이 아닌 것은 분명하다. 또한 현물출자는 주식인수계약의 체결 시부터 금전출자와는 달리 특정 재산을 인도하기로 정한 것이므로 금전출자에 의한 주식인수가 성립한 후에 금전 대신 다른 재산을 제공하는 대물변제(민 466)도 아니다. 그러므로 법원이나 창립총회가 변태설립사항을 변경하면서 출자목적물의 평가액을 낮춘 경우(300(1), 314(1)) 현물출자자가 그 차액분에 관하여 당연히 추가 현금납입 의무가 생기는 것은 아니다.[2]

현물출자는 재산의 급부와 주식의 취득이 대가관계에 있으므로 유상의 쌍무계약으로 보는 것이 통설이다. 유상의 쌍무계약이므로 민법상 위험부담이나 하자담보책임에 관한 규정(민 537, 570)이 적용된다.

(3) 현물출자의 목적물

현물출자의 목적물은 금전 이외의 이전가능한 재산으로서 대차대조표에 자산으로 계상할 수 있는 것이기만 하면 된다. 예컨대 동산, 부동산, 채권(債權),[3] 사법상의 유가증권, 자본시장법상의 증권, 특허권을 비롯한 지식재산권, 영업의 일부 또는 전부도 목적물이 될 수 있다. 노무나 신용은 이전가능한 재산으로 볼 수 없기 때문에 현물출자의 대상이 될 수 없다.[4]

1) 지입이란 가지고 들어간다는 의미의 일본어에서 유래한 것이다.
2) 또한 현물출자가 정관에 기재되지 않은 경우에는 주식인수자체가 무효가 되는 것이지 주식인수인이 금전출자의무를 부담하는 것은 아니다.
3) 출자자가 회사에 대해서 채무를 부담하는 형식으로 자기에 대한 채권을 출자하는 것은 현물출자의 이행에 관한 제295조 제2항의 취지상 허용되지 않는다고 볼 것이다.
4) 기술상의 지식이나 경험과 같은 이른바 노하우(know-how)도 평가의 어려움이 있지만 회사에 이전할 수 있는 것이라면 현물출자의 대상이 될 수 있다고 볼 것이다. 거래처 관계나 영업상의 비결 같은 영업권도 마찬가지로 볼 것이다. 會社法コンメンタール 1(2008), 309면(江頭憲治郎).

(4) 정관의 기재

현물출자는 정관에 기재한 경우에만 효력이 있다. 정관에는 현물출자자의 성명과 출자목적물인 재산의 종류, 수량, 가격과 이에 대하여 부여할 주식의 종류와 수를 기재하여야 한다(290(ii)). 목적물인 재산은 그 동일성을 알 수 있는 정도로 구체적으로 기재하여야 한다.

(5) 현물출자의 이행

현물출자자는 납입기일에 지체 없이 출자의 목적인 재산을 인도하고 등기, 등록 기타 권리의 설정 또는 이전을 요할 경우에는 이에 관한 서류를 완비하여 교부하여야 한다(295(2), 305(3)). 현물출자자의 이행행위에는 효력발생요건뿐 아니라 대항요건인 행위도 포함된다. 즉 현물출자의 목적이 동산인 경우의 인도(민 188), 부동산인 경우의 등기(민 186), 특허권과 같은 지식재산권인 경우의 등록(특허법 101(1)(i) 등)은 물론이고 지명채권인 경우의 현물출자자의 통지(민 450)도 포함된다. 이러한 이행행위 중 동산의 인도 같은 것은 납입기일에 실행해야 하지만 등기, 등록 등의 절차가 필요한 경우에는 그에 관한 서류를 완비하여 교부하면 된다.[1)]

현물출자의 이행은 설립중 회사의 기관인 발기인을 상대로 한다. 현물출자된 재산이 회사성립 후에 회사에 속하는 것은 당연하다. 문제는 회사성립 전에 누구를 권리자로 볼 것인가이다. 동산과 같이 인도로 소유권이 이전되는 경우에는 일단 설립중 회사에 속하는 것으로 보아야 할 것이다. 그러나 부동산의 경우에는 등기관련서류만을 교부받는 것만으로는 권리가 이전되지 않는다. 따라서 회사가 이전등기를 마치고 정식으로 소유권을 취득하는 시점 전에는 여전히 현물출자자의 소유권을 인정할 수밖에 없을 것이다.

(6) 현물출자의 불이행

현물출자자가 임의로 출자를 이행하지 않는 경우 발기인은 일정 기일을 정하여 그 기일에 납입하지 않으면 권리를 잃는다는 통지를 하여야 한다(307(1)). 다만 현물출자의 목적물은 개성적이므로 이행불능 또는 출자 불이행으로 인해 현물출자의 효력이 상실된 경우에도 통상적인 주주 재모집 절차(307(2))를 밟을 수는 없다. 현물출자에 관한 사항은 정관기재사항이므로 정관을 변경하여 설립절차를 다시 진행하여야 한다. 출자를 불이행한 현물출자자에 대해서는 손해배상(민 390, 394)이나 강제이행(민 389)을 법원에 청구할 수도 있다.

3. 재산인수

(1) 의 의

재산인수란 발기인이 회사의 성립 전에 설립중 회사를 대표하여 특정인과 회사의 성립 후

---

1) 이는 회사설립 전의 납입기일에 발기인의 명의로 등기나 등록을 하고 회사성립 후 다시 회사명의로 이전의 등기·등록을 하는 이중적 부담을 피하기 위한 것이다.

특정 재산을 양수하기로 약정하는 것을 말한다(290(iii)). 재산인수는 법률상 매매에 해당하는 것이 보통이지만 교환이나 도급으로 하는 것도 가능하다. 재산인수의 목적인 재산은 현물출자의 경우와 같다. 재산인수에서 설립중 회사를 대표하는 것은 이사나 대표이사가 아니라 발기인이다. 양도인은 제3자는 물론이고 발기인이나 주식인수인도 될 수 있다.

재산인수는 이행시점이 회사 성립 후이고 재산양도자가 주식 이외의 대가를 받는다는 점에서 현물출자와 구별된다. 그러나 자본충실을 해칠 우려가 있다는 점에서는 현물출자와 유사하므로 변태설립사항으로 규제한다. 재산인수는 계약이 회사성립 전에 이루어진다는 점에서 뒤에 설명하는 **사후설립**(375)과 구별된다.

재산인수는 발기인이 설립중 회사의 기관으로서 회사를 위해 체결하는 계약이지만 회사의 설립 자체를 위해서 필요한 행위가 아니라 신설회사를 위한 개업준비행위에 속한다. 개업준비행위가 발기인의 권한범위에 포함되는지에 대해서는 앞서 살펴본 바와 같이 견해가 대립한다. 적어도 설립 시의 자본충실을 중시하는 현행법 하에서는 개업준비행위는 발기인 권한에 속하지 않는다고 보는 것이 타당할 것이다. 다만 개업준비행위의 한 유형인 재산인수는 예외적으로 회사 활동의 편의를 위해서 엄격한 법정의 요건을 갖춘 경우에 허용하는 것이다.

(2) 정관의 기재

재산인수도 현물출자와 마찬가지로 정관에 기재하여야 비로소 그 효력이 있다(290(iii)). 정관에 기재할 사항은 목적재산의 종류, 수량, 가격과 그 양도인의 성명이다. 여기서 가격은 회사가 재산인수의 대가로서 지급하는 금액을 말한다. 회사가 금전 대신 물건을 교부하는 경우에는 그 물건이 어떠한 것인지와 아울러 그 가격도 정관에 기재해야 할 것이다.

정관에 기재하지 아니한 재산인수는 무효이다(대법원 1994. 5. 13, 94다323 판결). 따라서 회사가 성립하더라도 발기인이 한 행위의 효과는 당연히 회사에 귀속하지 않는다. 판례는 재산인수의 무효를 회사뿐 아니라 양도인도 주장할 수 있는 것으로 전제한다(대법원 1994. 5. 13, 94다323 판결). 그러나 재산인수규제가 양도인이 아니라 회사의 이익을 위한 것이라는 점을 고려할 때 계약을 체결한 양도인이 정관기재의 결여라는 절차적 하자를 이유로 무효를 주장하는 것을 허용할 필요가 있는지는 의문이다.[1)]

(3) 추인의 허용여부

재산인수가 무효인 경우 신설회사가 양도인과 다시 그 재산을 매수하기로 하는 계약을 체결하는 것은 당연히 가능하다. 이는 뒤에 설명하는 사후설립(375)에 해당할 수 있고 그 경우

---

1) 양도인이 회사설립 후 15년 가까이 지난 다음 정관의 기재 없는 재산인수임을 내세워 무효를 주장한 사안에서 대법원은 그러한 주장은 주주 또는 회사채권자 등 이해관계인의 이익보호라는 상법 제290조의 목적과 무관하거나 오히려 배치되는 것으로 신의성실의 원칙에 반하여 허용될 수 없다고 판시한 바 있다(대법원 2015. 3. 20, 2013다88829 판결).

주주총회의 특별결의를 얻어야 한다.

문제는 무효인 재산인수를 발기인의 무권대리로 보아 **신설회사가 추인할 수 있는지 여부**이다. 사후설립은 회사설립 후 양도인과 회사 사이에 계약이 체결될 것을 요하는데, 재산인수의 추인은 양도인의 동의를 요하지 않고 회사가 단독으로 할 수 있다는 점에서 차이가 있다. 또한 사후설립은 그때부터 효력이 발생하지만 추인은 재산인수행위를 소급적으로 유효하게 한다는 점에서도 차이가 있다. 추인은 재산인수를 변태설립사항으로 규제하는 취지를 훼손한다는 이유로 부정하는 견해가 유력하다.[1] 그러나 어차피 사후설립의 길이 열려있는 마당에 추인을 부정할 이유는 없을 것이다.[2] 이때 추인은 사후설립과 동일하게 주주총회의 특별결의를 요한다고 본다. 판례도 재산인수 약정이 동시에 사후설립에 해당하고 이에 대하여 주주총회의 특별결의에 의한 추인이 있었다면 유효하다고 한다(대법원 1992. 9. 14, 91다33087 판결).[3]

4. 설립비용과 발기인의 보수

(1) 의 의

상법은 회사가 부담할 설립비용과 발기인의 보수도 변태설립사항으로 규정하고 있다(290(iv)). 설립비용은 회사설립을 위하여 법적으로나 경제적으로 필요한 행위를 하는데 지출된 비용을 말한다. 그 예로는 정관이나 주식청약서의 작성인쇄비용, 설립사무소의 임대료, 주주모집을 위한 광고비, 설립담당직원의 보수 등을 들 수 있다. 2011년 개정 전 구 상법은 설립등기에 지출한 세액은 설립비용에서 제외되는 것으로 보았다(구상 453(1)). 법적으로 요구되고 금액도 정해진 비용으로 남용의 위험이 없기 때문이다. 그러나 2011년 상법 개정으로 그 근거가 삭제되었으므로 이제는 설립등기에 지출한 세액도 설립비용에 포함되는 것으로 볼 것이다.

한편 발기인의 보수는 발기인이 회사의 설립을 위하여 노력한 대가로 지급하는 확정된 금액으로 앞서 설명한 발기인의 특별이익과 구별된다. 발기인 보수도 앞서 언급한 설립비용에 속하지만 남용방지를 위하여 변태설립사항에 해당함을 명시한 것이다. 정관에는 발기인의 보수와 설립비용은 따로 기재하여야 하지만 적용되는 법리는 같으므로 이하에서는 설립비용에 포함시켜서 설명하기로 한다.

설립비용은 회사설립을 위하여 법적으로나 경제적으로 필요한 행위를 하는데 지출된 비용만을 가리키므로 예컨대 공장대지의 매입이나 기계의 주문에 따르는 비용과 같이 개업준비

---

1) 권기범6, 405면; 김정호5, 88, 93면; 송옥렬9, 760~761면; 이/최11, 170면; 이철송30, 249면; 장덕조3, 90면; 정동윤6, 390면; 최기원14, 165면; 최준선14, 176면; 홍/박7, 169면.

2) 김홍기4, 356면; 정찬형22, 674면.

3) 다만 이 판결의 사안에서는 설립 전에 재산인수 약정이 있었지만 설립 후에 같은 재산에 대해 다시 사후설립에 해당하는 매매계약이 체결되어 이것이 주주총회에서 승인되었으므로, 엄밀하게 말하면 재산인수의 추인이라기보다는 사후설립의 승인에 해당한다.

행위를 위한 비용은 설립비용에 포함되지 않는다.

(2) 정관의 기재

설립비용은 항목별로 기재할 수도 있고 전체의 총액만을 기재할 수도 있다. 항목별로 기재한 경우에는 정관에 기재되지 아니한 항목의 설립비용은 회사가 부담하지 않고 발기인이 부담한다. 이러한 항목의 비용에 대해서는 발기인이 사무관리 또는 부당이득의 규정에 의해서도 회사에 청구하지 못한다.

(3) 설립비용의 귀속

설립절차 중에는 주식인수인이 이미 주금을 납입한 경우에도 그것으로 설립비용을 지급할 수 없다. 회사 성립 전에 지급해야 하는 경우에는 발기인이 먼저 지급하고 사후에 정관의 범위 내에서 회사에 구상하여야 한다. 회사 성립 후 아직 지급을 마치지 않은 설립비용에 대해서는 다툼이 있다. **회사책임설**[1]은 발기인 권한 내의 행위는 그 효과가 성립 후의 회사에 당연히 귀속하므로 회사가 일단 지급하고 지급한 금액이 정관에 기재한 한도를 초과하는 경우에 발기인에게 그 초과액을 구상할 수 있다고 본다. 반면에 **발기인책임설**[2]은 회사성립 후에도 발기인이 먼저 지급하고 정관에 기재된 한도 내에서 발기인이 회사로부터 구상할 수 있다고 한다. 설립비용을 변태설립사항으로 하여 정관에 정한 범위 내에서 조사를 거쳐 결정된 금액만을 회사의 부담으로 하고 있는 취지에 비추어 보면 발기인책임설이 타당하다.[3]

(4) 설립비용의 증가

회사가 부담할 설립비용의 한도를 증가시키는 것은 회사 성립 후에는 허용되지 않지만 성립 전에는 정관의 기재를 변경하는 방법으로 가능하다. 정관변경을 위해서는 발기설립의 경우에는 발기인 전원의 동의를 얻어야 하고 모집설립의 경우에는 주식인수인 전원의 동의를 얻어야 한다.

Ⅲ. 변태설립사항에 대한 조사

1. 검사인의 선임

(1) 원 칙

변태설립사항이 있는 경우 그에 관한 조사를 위하여 발기설립의 경우에는 이사가, 그리고

---

1) 권기범6, 406면; 이/최11, 171면; 임재연6 Ⅰ, 259면; 장덕조3, 92면; 정동윤6, 391면; 정찬형22, 675면; 최준선14, 180면; 홍/박7, 173면.

2) 최기원14, 169면. 한편 회사·발기인이 분담하여야 한다는 견해로 김정호5, 96면.

3) 그 경우에도 현실적으로는 회사가 발기인의 채무를 대신 변제하는 형태로 처리될 것이므로 학설의 차이가 드러나는 경우는 그리 많지 않을 것이다.

모집설립의 경우에는 발기인이 법원에 검사인을 선임해줄 것을 청구하여야 한다(298(4), 310(1)). 실무상으로는 검사인 조사의 부담을 피하기 위하여 변태설립사항을 억지로 회피하는 경우가 많다. 그리하여 검사인 조사의 부담을 덜어주기 위하여 검사인 선임의 예외를 인정하는 법개정이 이루어졌다.

(2) 예 외

가. 공증인과 감정인에 의한 대체: 예외 (1)

발기인의 특별이익 및 보수와 설립비용에 관해서는 공증인의 조사·보고로, 현물출자와 재산인수에 관해서는 공인된 감정인의 감정으로 검사인의 조사에 갈음할 수 있다. 이 경우 공증인 또는 감정인은 조사·감정결과를 법원에 보고해야 한다. 이 예외는 발기설립에 관하여 규정되어 있고(299-2) 모집설립에도 준용된다(310(3)).

나. 조사의 면제: 예외 (2)

다음 경우에는 자본충실을 해칠 우려가 작으므로 검사인의 조사·보고가 면제된다(299(2)).

① 현물출자 또는 재산인수의 대상인 재산총액이 자본금의 20%와 5천만원(令 7(1))을 초과하지 않는 경우

② 현물출자 또는 재산인수의 대상인 재산이 거래소에서 시세 있는 유가증권이고 정관에 적힌 가격이 소정의 방법(令 7(2))으로 산정된 시세를 초과하지 않는 경우[1)]

③ 그 밖에 ①, ②에 준하는 경우로 대통령령에 정하는 경우[2)]

위 각 경우에 법문상으로는 검사인의 조사·보고만 면제되는 것처럼 보이지만, 조사·보고를 요하지 않는 사항에 관해 검사인을 선임하는 것은 무의미하므로 달리 변태설립사항이 존재하지 않는다면 검사인의 선임 자체가 면제된다고 할 것이다.[3)] 한편 위 예외는 발기설립에 관하여만 규정되어 있고 모집설립에 관하여는 명시적인 준용규정이 없어 입법의 정비가 필요하다.

(3) 검사인의 지위

법원이 선임하는 검사인은 주주총회에서 선임하는 검사인(366(3))의 경우와는 달리 회사와의 사이에 사법상의 계약관계는 없다. 발기설립의 경우 검사인은 법원에 대하여 보고해야 하는데 비하여(299(1)) 모집설립의 경우에는 법원이 아닌 창립총회에 보고해야 한다(310(2)). 그러나 검사인은 어느 경우든 법원이 선임하고 법원이 검사인의 보수를 정하는 권한을 가지므로

1) 다만 대상재산에 사용, 수익 등에 대한 물권적 또는 채권적 제한이나 부담이 설정된 경우에는 예외이다.
2) 장차 조사면제대상을 확대하기 위하여 마련한 범주이지만 아직 대통령령에서 정한 경우는 없다.
3) 이철송30, 257면.

(비송 77) 공적인 성격을 갖는다. 법원은 그가 선임한 검사인에 대하여 일반적인 감독권이 있고 또 해임할 권한도 있지만 조사에 대한 구체적인 지시권은 없다.

2. 검사인의 조사·보고

(1) 조 사

검사인의 조사대상은 변태설립사항이다(299(1), 310(1)). 발기설립의 경우에는 조사대상에 현물출자의 이행도 포함시키고 있다(299(1)). 모집설립의 경우에는 그것을 명시하고 있지 않지만 현물출자에 관한 사항에는 현물출자의 이행도 포함된다고 할 것이므로 조사대상에 현물출자의 이행이 포함된다고 볼 것이다.[1)]

조사의 범위는 계산의 정확성뿐 아니라 현물출자와 재산인수의 경우에는 대상재산 평가의 객관적 적정성에도 미친다. 설립비용이나 발기인의 보수에 관하여는 회사의 규모나 발기인의 노력과 회사의 자본충실에 미치는 영향 등을 고려하여 객관적으로 판단해야 한다.

(2) 보 고

발기설립의 경우 검사인은 법원에 대하여 서면으로 보고해야 한다(299(1), 비송74(1)).[2)] 검사인이 법원에 제출하기 위하여 작성한 조사보고서의 등본은 각 발기인에게 교부하여야 한다(299(3)). 조사보고서에 사실과 다른 사항이 있는 경우에는 발기인이 그에 관한 설명서를 법원에 제출할 수 있다(299(4)). 모집설립의 경우에는 보고의 상대방이 법원이 아니라 창립총회이다(310(2)).

3. 공증인의 조사와 감정인의 감정

앞서 언급한 바와 같이 발기인의 특별이익 및 보수와 설립비용에 관해서는 공증인의 조사·보고로, 현물출자와 재산인수에 관해서는 공인된 감정인의 감정으로 검사인의 조사를 대체할 수 있다(299-2, 310(3)).[3)] 그러나 이처럼 검사인의 조사를 대체한 경우에도 법원에 대한 보고는 필요하고(299-2) 후술하는 법원의 변경처분도 가능하다(300(1)). 모집설립의 경우에도 보고상대방은 창립총회가 아니라 법원이 되고(310(3)→299-2) 법원의 변경처분도 가능하므로 법원의 간섭은 피할 수 없다.

---

1) 발기인 등이 검사인의 조사를 방해할 때에는 과태료가 부과된다(635(1)(iii)).

2) 법원은 검사에 관한 설명이 필요한 때에는 검사인을 심문할 수도 있다(비송 74(2)).

3) 벤처기업에 특허권 등 산업재산권을 현물출자하는 경우에는 대통령령이 정하는 기술평가기관의 평가로 공인된 감정인의 감정에 갈음할 수 있다(벤처기업육성에 관한 특별조치법 6(2)).

4. 변태설립사항의 변경

(1) 발기설립

가. 법원의 변경처분

법원은 검사인의 조사보고서나 감정인의 감정결과와 발기인의 설명서를 심사하여 변태설립사항을 부당하다고 인정한 때에는 이를 변경하여 각 발기인에게 통고할 수가 있다(300(1)).[1] 변경처분이 없더라도 법원의 심사에는 아무래도 시간이 소요될 것이므로 설립주체들이 신속한 설립을 원하는 경우에는 변태설립사항을 회피할 유인이 크다. 다만 실무적으로 법원이 실제로 변경처분을 하는 경우는 드물다.

변태설립사항에 대한 변경은 현물출자자에게 배정하는 주식의 수, 발기인의 특별이익, 재산인수의 가격, 회사가 부담할 설립비용이나 발기인의 보수를 감소하는 방향으로만 가능하다. 한편 재산인수는 회사와 양도인 간의 계약이므로 가격의 변경에 대한 양도인의 동의가 없으면 재산인수는 그 효력을 상실한다.

나. 법원의 변경처분에 대한 발기인의 대응

발기인과 이사는 법원의 변경처분에 대해서 즉시 항고할 수 있다(비송 75(3)). 또한 발기인은 변경처분의 통고가 있은 후 2주 내에는 주식인수를 취소할 수 있다(300(2)). 발기인은 주식인수를 하게 되어 있으므로(293) 주식인수를 취소한 인수인은 발기인 지위를 잃는다. 이 경우 다른 발기인은 정관을 변경하여 설립절차를 속행할 수 있다(300(2)).[2] 법원의 변경통고 후 2주 내에 주식인수를 취소한 발기인이 없는 때에는 정관은 법원이 통고한 바에 따라 변경된 것으로 본다(300(3)).

다. 법원이 변경하지 않는 경우

상법은 법원이 변태설립사항을 변경하는 경우 각 발기인에게 통고할 것을 요하지만(300(1)) 변경하지 않는 경우에는 그것을 요하는 규정이 없다. 그러나 발기설립의 경우 설립등기를 법원의 심사와 변경절차가 종료한 날로부터 2주 내에 하여야 하는바(317(1)) 변경이 없다는 통고가 없다면 이 절차가 언제 종료하는지를 알 수 없다. 따라서 법원은 심사가 끝나면 변경처분이 없더라도 발기인에게 통고할 필요가 있다.

---

1) 법원의 변경처분은 이유를 붙인 결정으로 하여야 하며, 재판을 하기 전에 발기인과 이사의 진술을 청취하여야 한다(비송 75(1), (2)).

2) 인수가 취소된 주식에 대해서 별도로 주식인수인을 모집함으로써 모집설립의 방식으로 설립절차를 속행할 수도 있을 것이다.

(2) 모집설립

가. 창립총회의 변경

발기설립과는 달리 모집설립의 경우에는 변경권을 창립총회가 갖는다(314(1)). 이는 주식인수인으로 구성된 창립총회의 자치적 감독을 인정한 것이다. 정관에 기재된 변태설립사항의 변경은 결국 정관의 변경에 해당하므로 창립총회의 권한사항이고(316(1)) 소집통지에 기재가 없는 경우에도 당연히 할 수 있다(316(2)). 창립총회의 결의요건은 출석한 주식인수인의 의결권의 3분의 2 이상이며 인수된 주식 총수의 과반수에 해당하는 다수이다(309). 다만 발기인은 그 변경결의에 관하여 특별한 이해관계가 있다고 할 것이므로 의결권을 행사하지 못한다(308(2)→368(3)).

나. 주식인수의 취소

발기설립의 경우와 마찬가지로 변태설립사항의 변경에 불복하는 발기인은 그 주식의 인수를 취소할 수 있다(314(2)→300(2)).[1)]

주식인수의 취소는 변경결의일로부터 2주 내에 하여야 하며 이 기간 내에 취소한 발기인이 없는 때에는 그 정관은 창립총회에서 변경된 것으로 본다(314(2)→300(3)).[2)] 창립총회에서의 변경은 발기인의 손해배상책임에는 영향이 없다(315).

Ⅳ. 사후설립

사후설립이란 "회사가 그 성립 후 2년 내에 그 성립 전부터 존재하는 재산으로서 영업을 위하여 계속하여 사용하여야 할 것을 자본금의 100분의 5 이상에 해당하는 대가로 취득하는 계약"을 말한다(375). 현물출자가 설립 전부터 존재하던 재산을 설립 전에 회사에 출자하기로 하는 설립 전의 계약이고, 재산인수가 설립 전부터 존재하던 재산을 설립 후에 회사에 양도하기로 하는 설립 전의 계약이라면, 사후설립은 설립 전부터 존재하던 재산을 설립 후에 회사에 양도하기로 하는 설립 후의 계약이라고 할 수 있다.

사후설립은 회사가 이미 설립된 후에 체결하는 계약이므로 변태설립사항은 아니지만 현물출자 또는 재산인수의 우회수단으로 사용되어 회사의 재산적 기초를 훼손할 우려가 있다. 이에 상법은 이를 단순히 이사회 및 대표이사에 맡기지 않고 주주총회의 특별결의를 얻도록 하고 있다. 재산의 양도인이 이사나 주요주주인 경우에는 후술하는 자기거래(398)에도 해당하

---

1) 반면에 발기인이 아닌 주식인수인은 주식의 인수를 취소할 수 없다. 창립총회에서의 변경결의는 주식인수인이 자신의 이익을 고려하여 행하는 것이므로 주식인수의 취소까지 인정할 필요가 없기 때문이다.

2) 다만 재산인수는 회사와 양도인 간의 계약이므로 가격의 변경에 대한 양도인의 동의가 없으면 재산인수는 그 효력을 상실한다.

므로 재적이사 3분의2 이상의 찬성에 의한 이사회의 승인도 받아야 할 것이다.

현물출자의 우회수단으로서의 사후설립

회사설립단계에서는 주식회사가 대부분 1인회사이거나 대주주에 의해서 지배되고 있는 것이 현실이다. 이러한 상황에서 주주총회의 특별결의는 별 제약이 되지 못한다. 그리하여 실무상 사후설립은 현물출자이나 재산인수의 우회수단으로서 널리 활용되고 있다.

기존의 사업을 회사로 전환하는 경우 현물출자 대신 금전출자로 회사설립을 마치고[1] 주금으로 납입된 자금으로 기존 사업을 양수한다면 실질적으로 현물출자와 같은 결과를 얻을 수 있다. 이것이 바로 사후설립에 해당한다. 이 경우 사업의 양도인이 주식을 전부 보유하거나 사전에 다른 주식인수인의 양해를 얻은 경우라면 회사성립 후 주주총회의 특별결의를 얻는 것은 문제되지 않을 것이다.[2] 따라서 사후설립도 변태설립사항과 마찬가지로 검사인의 조사 또는 감정인의 감정을 요구하는 등 규제가 필요하다는 주장도 성립할 수 있다.[3] 변태설립사항에 대한 현재의 규제가 합리적인 것이라면 그러한 주장의 설득력이 커질 것이다. 따라서 사후설립에 대한 규제를 강화하기에 앞서 현행 변태설립규제가 비용과 편익에 비추어 과연 합리적인지 검토가 필요할 것이다.

---

1) 이 경우 납입자금은 차입을 하는 경우가 많을 것이다.

2) 사후설립이 자기거래에 해당하여 이사회 승인을 받아야 할 경우에도 양도인이 이사회 구성을 주도한 경우라면 이사회 승인을 받는 것은 큰 문제가 되지 않을 것이다.

3) 일본의 구상법은 사후설립에 대한 검사인 조사를 요하였으나(246(2)) 2005년 회사법에서는 그것을 폐지하였다. 반면에 독일 주식법은 감사와 설립검사인의 검사를 요한다(52(3), (4)). 우리 상법상으로도 사후설립은 감사의 감사대상에 속하는 것으로 볼 수 있다.

제 8 절

설립관여자의 책임

Ⅰ. 서 설

주식회사의 설립절차는 점차 설립의 편의를 고려하여 간소화되고 있는 추세이다. 그러나 주식회사의 설립과정이 부적절한 경우에는 채권자와 주식인수인 같은 다수의 이해관계자가 손해를 입을 우려가 있다. 상법은 설립절차를 간소화하는 한편으로 설립관여자의 잘못에 대해서 형벌(622, 627~630 등)과 과태료(635)와 아울러 엄격한 민사책임을 부과하고 있다.

회사설립에 관여하는 자로는 발기인, 이사, 감사, 검사인 등이 있으나 이하에서는 회사설립의 주체인 발기인의 민사책임을 중심으로 설명한다.

Ⅱ. 발기인의 책임

1. 회사가 성립한 경우의 책임

(1) 서 설

발기인의 민사책임은 ① 회사가 성립한 경우의 책임과 ② 회사가 불성립한 경우의 책임으로 나눌 수 있다. ① 회사가 성립한 경우의 책임은 다시 (i) 제321조의 자본충실책임과 (ii) 제322조의 손해배상책임으로 나눌 수 있다. 자본충실책임은 다시 인수담보책임(321(1))과 납입담보책임(321(2))으로 구분된다. 이하 차례로 설명한다.

(2) 자본충실책임 — 인수 및 납입의 담보책임

가. 의 의

1) 취 지

주식회사의 설립 시에는 발행하는 주식의 총수가 인수되고 인수된 주식에 대한 납입이 완료되는 것이 원칙이다. 그러나 회사의 성립 후에도 아직 인수되지 않은 주식이 있거나 인수가 취소된 경우, 또는 인수된 주식에 대한 납입이 완료되지 않은 경우가 있을 수 있다. 이러한 경우 항상 회사설립을 무효로 한다면 주식인수인을 비롯한 다수 이해관계자의 기대에 반할 뿐 아니라 설립절차의 반복이라는 비용을 초래할 수 있다. 상법은 설립무효의 가능성을 최소화하기 위하여 발기인에게 인수와 납입의 담보책임, 즉 자본충실책임을 부과하고 있다.

2) 공통의 요건

발기인의 자본충실책임은 일종의 무과실책임으로서 발기인의 임무해태를 요하지 않는다. 이 책임은 회사의 성립을 조건으로 인정된다. 따라서 회사의 설립등기 전에는 이 책임은 발생하지 않는다. 또한 회사설립의 실체가 없이 오로지 설립등기만 있는 경우에는 회사가 부존재하므로 이 책임은 발생하지 않는다.

3) 설립무효와의 관계

자본충실책임은 인수나 납입의 흠결로 인하여 회사설립이 무효가 되는 것을 막는 기능을 한다. 그러나 자본충실책임이 있다고 해서 설립무효를 항상 막을 수 있는 것은 아니다. 인수나 납입의 흠결이 중대하여 현실적으로 발기인의 자본충실책임만으로 치유되기 어려운 경우에는 회사설립은 무효가 된다고 할 것이다. 흠결이 중대한지 여부에 대한 판단은 설립무효소송의 사실심변론종결시를 기준으로 한다. 회사설립이 무효가 되는 경우에도 발기인의 자본충실책임이 소멸하는 것은 아니다.

나. 인수담보책임

회사가 설립 시에 발행한 주식으로서 회사의 성립 후에 아직 인수되지 아니하였거나 주식인수의 청약이 취소된 때에는 발기인이 이를 공동 인수한 것으로 본다(321(1)). 회사 성립 후에는 사기, 강박, 착오를 이유로 주식인수의 청약은 취소할 수 없으므로(320(1)), 청약이 취소되는 경우의 예로는 미성년자나 피성년후견인 등의 행위(민 5(2), 10(1), 13(4))를 들 수 있다.

발기인은 공동 인수한 주식을 연대하여 납입할 책임이 있다. 납입책임을 이행한 발기인은 다른 발기인에 대해서 구상권이 있다(민 425(1)).

다. 납입담보책임

회사성립 후 납입이 미완료된 주식이 있는 때에는 발기인이 연대하여 납입할 책임이 있다(321(2)). 차입금으로 납입하고 회사 성립 후 자금을 인출하여 차입금을 변제하는 방식의 가장납입의 경우에도 납입은 유효한 것으로 보기 때문에 발기인은 납입담보책임을 지지 않는다. 현물출자는 성질상 원래의 현물출자자만이 이행할 수 있으므로 현물출자의 이행이 없는 경우에도 발기인이 납입담보책임을 지는 것은 아니다.[1)]

---

1) 같은 견해로 장덕조3, 103면; 정찬형22, 699면; 최기원14, 209면. 이에 대하여 대체불가능한 현물출자의 경우에도 그 가액 상당의 금전을 납입담보책임으로서 출자하게 하는 것이 가능하다는 반대 견해로 권기범6, 446면; 정동윤6, 425면. 현물출자의 목적재산이 목적사업의 수행에 불가결한 것이라면 현물출자의 불이행은 설립무효 사유이지

발기인의 납입담보책임은 법정의 특별책임으로 주식인수인과의 사이에는 연대채무나 보증채무 등의 관계가 있는 것이 아니라 부진정연대채무의 관계가 있다. 따라서 회사는 발기인에 대한 납입청구와 병행하여 납입을 마치지 않은 주식인수인에 대한 본래의 납입청구를 할 수 있다. 발기인이 대신 납입하더라도 바로 주주가 되는 것은 아니다. 실권절차(307)를 거치지 않은 경우에는 납입을 하지 않은 주식인수인이 회사 성립과 동시에 주주가 된다. 납입담보책임을 이행한 발기인은 본래의 납입의무자인 주식인수인에 대하여 구상권을 가질 뿐이다(민 481).

라. 손해배상책임과의 경합

발기인이 자본충실책임을 지는 경우에도 회사는 발기인에 대한 손해배상의 청구를 할 수 있다(321(3)→315).

(3) 손해배상책임

가. 회사에 대한 책임

발기인이 회사의 설립에 관하여 그 임무를 해태한 때에는 회사에 대하여 연대하여 손해를 배상할 책임이 있다(322(1)). 발기인은 설립중 회사의 기관으로서 설립중 회사에 대하여 선량한 관리자의 주의로써 설립사무를 수행할 의무가 있으므로 그 임무를 게을리한 때에는 회사에 대하여 당연히 손해배상책임을 지게 되는 것이다.

회사에 대한 손해배상책임은 회사가 성립한 것을 전제로 하여 생기는 것이다. 성립한 회사가 발기인의 임무해태로 인하여 설립무효가 된 때에도 일단 발생한 발기인의 책임에는 영향이 없다. 발기인의 손해배상책임은 발기인의 임무해태를 요한다는 점에서 과실책임이다. 과실의 예로는 현물출자의 평가나 납입자금의 관리를 잘못한 경우를 들 수 있다. 사업의 개시결정 자체는 설립에 관한 임무라고 볼 수 없으므로 그것이 잘못된 경우에도 손해배상책임을 지울 수는 없다.

나. 제3자에 대한 책임

발기인이 악의 또는 중대한 과실로 인하여 그 임무를 해태한 때에는 제3자에 대해서도 연대하여 손해배상책임을 진다(322(2)). 발기인의 제3자에 대한 책임은 이사의 제3자에 대한 책임에 상응하는 것으로 상세한 것은 이사의 제3자에 대한 책임에 관한 설명으로 미루기로 한다.

제3자에 대한 손해배상책임은 회사에 대한 책임이 아니므로 반드시 회사의 성립을 요하지 않는 것처럼 보이기도 한다. 그러나 회사의 불성립의 경우에는 따로 규정(326)이 있으므로 제3자에 대한 손해배상책임도 회사의 성립을 전제로 하는 것으로 본다.

임무해태의 예로는 납입의 흠결, 사업계획서의 부실기재 등을 들 수 있다. 손해배상을 청구할 수 있는 제3자에는 주주도 포함된다고 할 것이다.

만 불가결한 것이 아니라면 발기인의 납입담보책임을 물을 수 있다는 견해로 이철송30, 272면.

다. 기 타

이사나 감사가 설립경과에 관한 조사·보고에 관한 임무를 해태하여 회사나 제3자에 대하여 손해배상책임을 지는 경우 발기인도 책임을 질 때에는 이들은 연대하여 책임을 진다(323). 발기인의 손해배상책임은 일반민사채권의 경우와 같이 10년으로 시효가 소멸한다(민 162(1)).

(4) 책임의 추궁과 면제

주주는 대표소송(403 이하) 또는 다중대표소송(406-2)에 의하여 발기인의 책임을 추궁할 수 있다(324). 대표소송에 의하여 추궁할 수 있는 발기인의 책임은 회사에 대한 손해배상책임(322(1))만이 아니라 자본충실책임(321)도 포함된다.

발기인의 책임에 대해서도 이사의 책임감면에 관한 제400조가 준용된다(324). 그러나 자본충실책임은 회사성립 시의 재산적 기초를 확보하기 위한 것이므로 감면대상이 아니라고 본다.[1)]

2. 회사가 불성립한 경우의 책임

(1) 제326조

상법은 회사가 불성립한 경우의 발기인의 책임을 특별히 규정하고 있다. 그에 의하면 회사가 성립하지 못한 경우 발기인은 그 설립에 관한 행위에 대하여 연대하여 책임을 지고(326(1)) 회사의 설립에 관하여 지급한 비용을 부담한다(326(2)).

(2) 회사의 불성립

회사가 성립하지 못한 경우란 발기인이 설립절차를 시작하였으나 설립등기를 마치지 못한 경우를 말한다. 회사가 설립등기에 의하여 형식상 일단 성립한 후에는 설립절차의 하자로 인하여 설립무효판결이 확정된 경우에도 회사불성립이 되는 것은 아니다.

불성립의 예로는 설립 시에 발행하는 주식총수의 인수와 납입이 없거나 현물출자가 이행되지 않음으로써 설립이 좌절되거나 창립총회에서 설립폐지의 결의(316(1))를 한 경우 등을 들 수 있다.

(3) 설립에 관한 행위에 대한 책임과 설립비용의 부담

회사의 불성립에 관한 발기인의 책임과 관련해서 주로 문제되는 것은 ① 설립비용의 부담과 ② 납입된 주금의 반환이다. ①과 관련하여 제326조 제2항은 이미 지급한 설립비용은 발기인이 부담한다는 점을 확인하고 있다. 미지급의 설립비용은 제326조 제1항에 따라 '설립에 관한 행위'에 대한 책임에 해당하므로 역시 발기인의 책임으로 볼 수 있다. 이는 설립비용에 관

1) 이철송30, 274면.

한 발기인책임설에 의하면 당연한 결과라고 할 수 있다.

②도 역시 제326조 제1항에 따라 발기인의 책임으로 볼 것이다. 즉 회사가 불성립하는 경우 발기인은 납입된 주금을 주식인수인에게 반환할 책임을 진다. 앞서 지적한 바와 같이 설립비용은 지급여부를 불문하고 발기인이 부담하여야 하므로 발기인은 납입된 주금의 전액을 주식인수인에게 반환하여야 한다. 결과적으로 회사 불성립의 위험을 부담하는 것은 주식인수인이 아니라 발기인이다.

(4) 발기인의 손해배상책임

제326조에 따른 발기인의 책임은 무과실책임이다. 회사의 불성립이 발기인의 귀책사유에 의한 경우에는 발기인은 제322조 제2항에 따라 손해배상책임을 질 수 있다.

Ⅲ. 유사발기인의 책임

1. 의 의

상법상 발기인은 정관에 기명날인(또는 서명)한 자를 말하므로 실제로 설립사무에 관여하지만 정관에 기명날인하지 않은 자는 발기인으로서의 책임을 지지 않는 결과가 된다. 발기인으로서의 외관을 창출한 자도 상법상 발기인이 아니라는 이유로 아무런 책임을 지지 않는 것은 부당할 것이므로 상법은 이러한 자, 즉 유사발기인에 대해서도 발기인과 같은 책임을 인정하고 있다(327).

2. 요 건

발기인의 외관은 법문상 '주식청약서 기타 주식모집에 관한 서면에 성명과 회사의 설립에 찬조하는 뜻'이 기재된 경우에 인정된다. 주식모집에 관한 서면에는 사업계획서, 설립취지문, 주식모집의 광고, 주식인수권고문 등이 포함된다. 자본시장법상 공모에 의한 회사설립은 드물지만 그 경우에 작성되는 증권신고서나 사업설명서도 주식모집에 관한 서면으로 볼 수 있을 것이다. 라디오, TV, 인터넷을 통한 광고는 엄격한 의미의 서면은 아니지만 외관창출의 면에서는 서면과 다를 바 없으므로 서면과 같이 해석하는 것이 타당할 것이다.

널리 알려진 유명인사의 경우에는 성명이 아닌 사진이나 동영상이 이용된 경우도 책임을 인정할 수 있을 것이다. 설립에 대한 찬조는 직접 또는 간접으로 설립을 지원하는 취지가 표시된 경우에 인정할 수 있다.

유사발기인의 책임은 일종의 외관법리에 의한 책임으로 잘못된 외관의 창출에 책임이 없는 자에 대해서는 인정되지 않는다. 따라서 자신의 성명이 그러한 서면에 사용된다는 점을 명시적 또는 묵시적으로 승낙한 경우에 한하여 책임이 인정된다.

유사발기인의 책임은 외관법리에 의한 것이기는 하지만 법문상 제3자의 오인은 요구되지 않는다.

3. 책임의 범위

유사발기인은 발기인과 동일한 책임을 진다. 회사가 성립한 경우에는 자본충실책임(321)만을 진다. 유사발기인은 발기인으로서의 임무가 있다고 볼 수 없기 때문에 임무해태로 인한 손해배상책임(322)은 지지 않는다. 회사가 불성립한 경우에는 유사발기인도 발기인과 마찬가지로 설립에 관한 행위에 대한 책임과 설립비용에 대한 책임을 부담한다(326). 악의 또는 중대한 과실의 임무해태로 인한 제3자에 대한 책임(322(2))은 역시 임무해태를 인정할 수 없으므로 지지 않는 것으로 본다.

유사발기인은 발기인과 동일한 책임이 있으므로 책임의 감면과 주주대표소송에 관한 규정도 마찬가지로 준용된다(324).[1]

Ⅳ. 기타 설립관여자의 책임

1. 이사 · 감사의 책임

이사 또는 감사는 회사성립 후에는 회사의 기관으로서 임무를 해태한 경우 손해배상책임을 진다(399, 414). 회사 성립 전에는 설립중 회사의 기관은 발기인이지만 이사와 감사도 제한적인 범위에서 임무를 수행한다. 상법은 이사나 감사가 그러한 제한적인 임무를 해태한 경우에는 손해배상책임을 진다는 전제 하에 그 경우 발기인도 책임을 지는 때에는 이사 또는 감사와 발기인은 연대하여 책임을 진다고 하고 있다(323). 문제가 되는 경우는 모집설립에서 이사 또는 감사가 설립경과의 조사와 보고에 관한 임무(313(1))를 해태하여 회사나 제3자에 대하여 손해를 배상할 책임을 지는 경우이다.

발기인이 이사 또는 감사와 연대책임을 지는 것은 자본충실의 책임이 아니라 임무해태로 인한 손해배상책임(322)의 경우이다. 이들의 손해배상책임 사이에서 연대관계가 인정되는 것은 동일한 사항에 관하여 임무해태가 경합하는 경우에 한한다. 예컨대 발기인이 설립사무의 집행에 관한 임무를 해태하였는데 이사와 감사가 고의 또는 과실로 이를 발견하지 못한 경우에는 이들의 연대책임을 인정할 수 있을 것이다.

---

1) 일부 학설에 따르면 자본충실의 책임을 소수주주가 대표소송으로 추궁하는 것은 인정하나, 주주 전원의 동의에 의한 면제(400)는 인정되지 않는다고 한다. 최기원14, 217면.

2. 검사인의 손해배상책임[1)]

(1) 법원에 의하여 선임된 검사인의 책임

법원이 선임한 검사인이 악의 또는 중대한 과실로 인하여 그 임무를 해태한 때에는 회사 또는 제3자에 대하여 손해를 배상할 책임이 있다(325). 설립단계에서 법원이 검사인을 선임하는 경우는 정관에 기재된 변태설립사항의 조사와 보고를 위한 경우이다(298(4), 310(1)).

검사인의 책임은 회사에 대한 경우에도 악의 또는 중대한 과실로 인한 임무해태를 요한다는 점에서 발기인이나 이사의 손해배상책임과는 다르다. 검사인의 회사에 대한 책임은 발기인이나 이사, 감사의 책임과는 달리 책임의 감면(400)이나 주주대표소송의 적용을 받지 않는다.

검사인의 책임에 대한 제325조는 그 위치로 보아 회사설립과정에서 법원이 선임한 검사인의 책임을 대상으로 한 것처럼 보인다. 그러나 회사 성립 후 법원이 선임한 검사인의 책임을 달리 취급할 필요는 없다. 법문도 법원의 선임이 회사 성립 전일 것을 요하지 않으므로 구태여 회사 성립 후 선임된 검사인을 제외할 이유는 없을 것이다.

(2) 창립총회에 의하여 선임된 검사인의 책임

창립총회에서 선임되는 검사인의 책임에 대해서는 상법의 규정이 없다. 창립총회에서 선임되는 검사인은 설립중 회사에 대하여 수임인의 지위에 서게 되므로 선량한 관리자의 주의로써 그 임무를 수행하여야 한다(민 681). 검사인이 선관주의의무를 해태한 경우에는 채무불이행 또는 불법행위책임을 지고 제3자에 대하여는 불법행위책임을 진다.

---

1) 검사인은 회사재산을 위태롭게 하는 죄(625), 독직죄(630)로 형사처벌을 받을 수 있고 과태료의 제재(635)를 받을 수 있다.

제9절
설립의 무효

Ⅰ. 회사설립의 하자 유형

주식회사는 상법이 정하는 일련의 설립절차를 거쳐서 성립한다. 이러한 설립절차에 하자가 있는 경우에는 주식회사는 유효하게 성립될 수 없다. 일반적으로 회사설립의 하자는 회사의 불성립, 회사의 부존재, 회사설립의 무효, 회사설립의 취소 네 유형으로 나뉘는데, 주식회사의 경우 회사설립의 취소는 인정되지 않는다.

① 회사의 불성립은 회사의 실체형성절차가 개시되었지만 중도에 좌절되어 결국 설립등기에 이르지 못한 경우를 말한다.[1] 회사가 불성립된 경우 앞서 살펴본 발기인의 책임조항(326)이 발동된다. 회사의 불성립은 민사소송의 일반원칙에 따라 누구나 시기나 방법의 제한없이 주장할 수 있다.

② 회사의 부존재는 회사의 실체를 인정할 수 있는 것이 전혀 또는 거의 존재하지 않음에도 불구하고 설립등기가 행하여진 경우를 말한다. 상법은 그 책임 및 쟁송방법에 관하여 별도로 규정하지 않는다. 따라서 누구나 시기, 방법 제한 없이 회사 부존재를 주장할 수 있다.[2]

③ 설립의 무효는 회사의 실체가 형성되고 설립등기도 마쳤지만 설립절차상 중대한 하자가 있는 경우를 말한다. 설립무효에 관한 다툼을 일반원칙에 맡기는 것은 법적 안정성을 해치므로 상법은 후술하는 바와 같이 설립무효의 소를 별도로 규정한다.

④ 설립의 취소는 의사표시 취소사유인 특정 사원의 제한능력, 착오 등의 하자가 곧 회사설립의 취소사유로 인정되는 경우이다. 합명회사, 합자회사, 유한책임회사, 유한회사(184, 269, 287-6, 552)와 달리 사원의 개성이 중시되지 않는 주식회사의 경우 회사설립의 취소가 인정되지 않는다. 앞서 설명한 바와 같이 상법은 주식인수의 무효와 취소를 제한하고(320) 인수나 납

1) 그 예로는 ① 설립 시에 발행하는 주식의 총수에 대하여 인수 또는 납입의 불이행 때문에 설립이 좌절된 경우, ② 주식청약서에 기재한 일정한 시기까지 창립총회를 종결하지 못하여 주식인수인이 주식인수를 취소한 경우(302(2)(viii)), ③ 창립총회에서 설립폐지의 결의를 행한 경우(316(1)) 등을 들 수 있다.

2) 불성립의 회사 또는 부존재인 회사와 거래한 제3자에 대하여는 이를 대표한 자가 무권대리인으로서의 책임을 지게 된다(민 135, 136).

입의 흠결은 발기인의 담보책임(321)으로 보완하고 있으므로, 주식회사인 경우 사원의 주관적 하자를 설립하자로 연결할 필요가 없기도 하다.

형사적으로, 주식회사의 부존재와 설립 무효인 경우 설립등기 및 그 기재내용이 형법 제228조 공정증서원본 불실기재죄의 '불실의 사실'에 해당하는지 문제된다. 설립 무효의 경우 일단 회사가 성립된 것이므로 불실의 사실에 해당하지 않는다. 반면 회사 부존재의 경우에는 회사의 실체 없이 등기가 경료된 것이므로 이에 해당할 수 있을 것이다.[1)]

Ⅱ. 회사설립무효의 소

주식회사의 부존재와 설립무효는 설립등기가 되어 있다는 점에서 동일하다. 회사의 부존재는 하자가 너무 커서 회사실체를 인정할 수 없는 경우이므로 회사 관련자들의 보호 문제가 크지 않다. 반면 설립무효 사안의 경우 하자가 중하긴 하지만 회사실체를 부인할 정도는 아니어서 이미 다수 당사자 사이에 복잡한 법률관계가 성립했을 가능성이 높으므로, 설립무효를 자유롭게 주장할 수 있도록 하면 거래안전을 해할 수 있다. 이에 상법은 설립무효의 소를 엄격한 요건 하에 별도로 규정함으로써(328) 법률관계의 획일적 처리를 도모하고 있다.

1. 당 사 자

원고는 주주, 이사 또는 감사에 한한다(328(1)). 원고는 변론이 종결할 때까지 그 자격을 유지하여야 한다. 원고가 되는 주주는 회사성립 시부터 주주이어야 하는 것은 아니고 후에 주식을 양수한 경우에도 무방하다. 의결권 유무는 묻지 않는다. 원고가 주식의 양도, 퇴임 등의 이유로 원고적격을 상실한 때에는 다른 주주, 이사 또는 감사가 소송을 수계할 수 있다(민소 237(1)). 한편 피고는 회사이다.

2. 설립무효의 원인

상법은 설립무효사유에 대하여는 규정하고 있지 않으므로 해석에 맡겨져 있다. 설립무효사유는 회사의 설립 자체가 강행규정에 반하거나, 선량한 풍속 기타 사회질서에 반하는 경우 또는 주식회사의 본질에 반하는 경우 등으로 한정된다. 인적회사 등과 달리 주식회사에서는 설립에 관련된 사원 개인의 의사무능력이나 의사표시의 하자는 설립무효사유가 아니다(대법원 2020. 5. 14, 2019다299614 판결). 구체적인 무효사유의 예는 다음과 같다.

---

1) 대법원은 소위 대포통장을 유통시킬 목적으로 설립된 회사에 관한 사안에서, 설사 정관에 기재된 대로 운영할 의사가 없고 영업에 필요한 조직을 갖추지 않았다 하더라도 회사설립에 필요한 절차 및 요건을 밟은 이상 회사가 부존재하지는 않는다고 보아 불실기재죄 성립을 부인하였다(대법원 2020. 2. 27, 2019도9293 판결).

① 정관의 절대적 기재사항의 중대한 흠결이나 위법
② 주식발행사항에 대한 발기인 동의(291)의 부존재
③ 창립총회(308)의 부존재
④ 설립등기의 무효[1)]
⑤ 주식의 인수나 납입의 흠결이 현저한 경우[2)]

한편 대법원은 설립과정의 일부 절차 누락이 곧 설립무효사유로 되는 것은 아니라고 하여 그 사유를 엄격하게 판단한다. 이에 따르면 변태설립사항으로서 정관에 기재된 재산인수에 관해 검사인 등의 조사절차를 결한 점만으로는 설립무효사유를 구성하지 않는다(대법원 2020. 5. 14, 2019다299614 판결).

3. 절차상의 특칙

설립무효의 소는 회사성립의 날로부터 2년 내에 제기하여야 한다(328(1)). 이 기간은 제척기간으로 2년이 경과한 후에는 누구도 무효를 주장할 수 없고 그 결과 설립의 하자는 치유된다.

설립무효의 소에는 합명회사 설립무효의 소에 관한 일련의 규정이 준용된다(328(2)). 설립무효의 소는 본점소재지의 지방법원의 관할에 속한다(328(2)→186). 설립무효의 소가 제기된 때에는 회사는 지체 없이 이를 공고하여야 하며 수개의 소가 제기된 때에는 법원은 이를 병합심리하여야 한다(328(2)→187, 188). 그 심리 중에 원인이 된 하자가 보완되고 회사의 현황과 제반사정을 참작하여 설립을 무효로 하는 것이 부적당하다고 인정한 때에는 법원은 그 청구를 기각할 수 있다(328(2)→189).

4. 판결의 효력

(1) 원고가 승소한 경우

설립무효의 판결은 당사자뿐 아니라 제3자에 대하여도 그 효력이 있다(328(2)→190본). 즉 무효판결은 대세적 효력을 가진 형성판결이다.

설립무효의 판결은 판결확정 전에 생긴 회사와 주주 및 제3자 간의 권리의무에는 영향을 미치지 않는다(328(2)→190단)(불소급효). 그 결과 이미 행하여진 주식의 인수와 출자의 이행은 유효하며 대표이사가 회사의 기관으로서 행한 대외적 거래도 모두 유효하다. 이사나 감사가 임무를 해태한 경우에는 회사나 제3자에 대하여 손해배상책임을 질 수 있다. 이처럼 설립무효

---

1) 설립등기를 하지 않은 경우는 설립무효가 아니라 불성립에 해당할 것이다.
2) 흠결이 경미한 경우에는 발기인의 담보책임으로 치유될 수 있을 것이다.

의 판결이 확정될 때까지는 기존상태를 존중하여 회사가 법률상으로 유효하게 설립된 것과 마찬가지로 취급한다. 이를 **사실상의 회사**라고 한다.

설립무효의 판결이 확정된 때에는 설립무효의 등기를 해야 하고 사실상의 회사를 해산의 경우에 준하여 청산하여야 한다(328(2)→192, 193).

(2) 원고가 패소한 경우

원고의 패소판결의 효력은 승소판결과는 달리 당사자에게만 미친다. 따라서 이론상 원고 이외의 제소권자는 동일한 사유로도 다시 설립무효의 소를 제기할 수 있지만 현실적으로는 제소기간의 도과로 제소가 어려울 것이다.

패소한 원고가 악의 또는 중대한 과실이 있을 때에는 회사에 대하여 연대하여 손해를 배상할 책임이 있다(328(2)→191). 그러나 설립무효의 소의 경우에는 주주총회결의취소의 소를 비롯한 주식회사에 관한 다른 소송에서와는 달리 원고는 담보제공의무가 없다.

제 3 장

주식과 주주

제 1 절

총 설

Ⅰ. 서 설

이 장에서는 주식회사의 핵심 개념인 주식과 주주에 대해서 살펴본다. 주식에 관한 주요 사항은 주식의 발행, 권리행사, 유통, 소멸 등이지만 주식이 발생하고 소멸하는 동적인 측면은 회사재무에 관한 제6장에서 설명한다. 이하에서는 이미 발생한 주식의 정적인 측면인 주주의 권리행사와 주식의 유통을 중심으로 설명하기로 한다.

Ⅱ. 주식의 의의

1. 주주, 주식, 주권

회사의 구성원은 일반적으로 사원이라고 하지만 주식회사의 경우에는 특별히 주주라고 한다. 회사채권자와는 달리 주주는 회사라는 사단의 구성원으로서 회사와 다양한 법률관계를 갖는다. 이러한 주주의 지위를 출자액을 기준으로 균등하게 세분한 것을 주식이라고 한다.[1] 따라서 주주는 주식을 소유하는 자라고 할 수 있다. 이처럼 주주의 지위를 동일한 단위로 세분화하는 이유는 회사와 주주 사이의 법률관계를 표준화함으로써 그 집단적 처리를 간편하게 하고 양도를 용이하게 함으로써 투자를 촉진하기 위한 것이다.

주식은 주식회사에 고유한 개념으로 주주의 지위 내지 주주권을 기초로 한다는 점에서 물권이나 채권과 구별된다. 주식은 주주의 지위에서 비롯되는 이익배당청구권, 의결권 등 다양한 성격의 권리를 포함한다. 주식은 내용면에서 동일한 것이 원칙이지만 예외적으로 서로 내용이 다른 유형의 주식으로 구분할 수도 있다(종류주식). 상법은 주식의 유통성을 강화하기 위하여 주식을 표창하는 유가증권, 즉 주권을 발행하도록 하고 있다(355(1)). 경제계에서는 주식과 주권이란 용어가 혼용되는 경우가 많다.

1) 과거에는 주식은 자본금을 구성하는 단위로서의 의미도 있었지만(구상 329(2)) 2011년 개정 상법에서는 주식과 자본금과의 연계는 단절되었다.

2. 사채와의 차이

주식과 사채는 출자자로서의 지위를 균등하게 세분한 것이라는 점에는 차이가 없다. 양자는 현금흐름에 대한 권리의 순위에서 차이가 있다. 주식은 사채보다 순위가 뒤처지는 가장 후순위의 권리를 가리킨다. 한편 사채의 발행은 선택사항이지만 주식을 발행하지 않고는 회사설립이 불가능하다는 점에서 주주는 회사의 기본적인 출자자라고 할 수 있다.

과거 주주는 회사의 구성원이고 사채권자는 회사 외부의 채권자라고 하여 양자를 준별하는 것이 일반적이었다. 그러나 현재는 양자가 모두 다양한 내용으로 발행할 수 있고 양자 사이에 여러 혼합형태가 등장함에 따라 양자 사이의 경계는 크게 흐려진 상태이다.[1]

3. 주식과 자본금

상법상 자본금은 발행주식의 액면총액으로 하는 것이 원칙이다(451(1)). 이 원칙에 의하면 주식은 자본금을 구성하는 단위로 볼 수 있다. 그러나 자본금이 회사재산을 회사 내에 유보하기 위한 규범적 수치에 불과한 것임을 고려하면 반드시 그것을 주식에 연결시킬 필요는 없다. 그리하여 현재는 무액면주식이 발행되는 경우(451(2))나 주식이 소각된 경우(343, 345)에는 그 연결은 단절된다.

Ⅲ. 주식의 단위

1. 주식의 균일성

합명회사나 합자회사와 같은 인적회사에서는 각 사원이 하나의 지분을 가진다(지분단일주의). 지분의 크기는 사원의 출자액을 기준으로 정해지기 때문에 균일하지 않다(지분불균일주의). 그러나 주식회사에서는 유통성을 높이기 위하여 주주의 지위를 균일한 단위인 주식으로 세분하고 있다(지분균일주의). 따라서 주주의 출자액이 커질수록 보유주식의 수는 늘게 된다(지분복수주의).

2. 주식의 불가분성

(1) 1주 미만으로의 분할

1주 미만의 주식, 즉 단주(端株)는 우리 법상 허용되지 않는다. 예컨대 주주가 하나의 주식을 둘로 나누어 반을 타인에 양도하는 것은 허용되지 않는다. 기존의 주식단위가 너무 커서

---

1) 상세한 것은 제6장 제1절 V 참조.

거래가 불편한 경우에는 주식분할(329-2))을 통하여 크기를 축소할 수 있다.[1] 단주는 신주발행, 주식배당, 무상증자, 주식병합(443(1)), 합병, 전환사채의 전환 등 다양한 경우에 발생할 수 있는바, 이때에는 이를 금전으로 환가하여 처리하게 된다(제3장 제8절 Ⅱ. 3. 참조).

(2) 주식의 내용적 분할

주주가 자신의 권리 중 일부, 예컨대 이익배당청구권과 같은 재산적 권리나 의결권과 같은 지배적 권리만을 타인에게 양도하는 것은 가능한가? 그처럼 주식을 내용적으로 분할하는 것은 허용되지 않는다고 보는 것이 통설이다. 그 근거로는 원칙적으로 회사에 경제적인 이해관계가 있는 자가 의결권을 행사하는 것이 바람직하다는 점을 든다.[2] 최근에는 파생상품거래를 통해서 주주가 주식에서 발생하는 현금흐름만을 계약에 의하여 타인에게 양도하는 사례가 많다. 그러한 계약이 당사자들 사이에 원칙적으로 유효하다는 점에는 다툼이 없다.[3] 그러나 이러한 경우에도 주식에 수반되는 권리가 당사자 사이에서 분할된 것일 뿐 주식자체가 재산적 권리와 지배적 권리로 분할되는 것은 아니다.

3. 주식의 준공유

(1) 의 의

주식을 임의로 나눌 수는 없지만 수인이 준공유, 준합유할 수는 있다. 주식은 물건이 아니므로 공유, 합유보다는 준공유, 준합유가 정확한 표현이다. 주식의 준공유가 발생하는 대표적인 경우로서 ① 주식의 공동인수(333(1)), ② 주식의 공동상속(민 1006)이 있다.

① 주식의 공동인수인 경우 수인의 인수인이 연대하여 주금액을 납입할 책임이 있다(333(1)). 채무자가 다수인 경우에는 원칙적으로 분할채무관계가 성립되어 각 채무자가 균등한 비율로 의무를 부담하게 된다(민 408).[4] 상법은 자본충실의 요청과 사무처리의 편의를 고려하여 특별히 각 인수인의 연대책임을 인정한 것이다. 주식발행 효력이 발생하면 그 주식은 공동인수인의 준공유에 속하게 된다. ② 주식의 공동상속인 경우 주식은 가분채권이 아니므로 분할귀속되지 않고 공동상속인들 사이에 준공유가 발생한다(대법원 2023. 12. 21, 2023다221144 판결).

---

1) 해외의 예탁기관이 자신이 보유하는 주식을 기초로 그것을 표창하는 이른바 주식예탁증서(Depositary Receipt: DR)를 발행하는 경우에는 한 주당 복수의 증서를 발행하는 경우도 적지 않다. 이 경우에는 사실상 주식을 분할한 것과 동일한 효과를 거둘 수 있다. 2022년부터는 국내 증권사들도 예탁결제원에 신탁하는 방식을 통해서 국내주식의 소수단위거래(예탁결제원 시스템상 0.000001주 단위까지 가능)를 개시하였다(예탁결제원으로 하여금 위 업무를 가능하게 하는 근거조항으로서 자시(令) 7(4)(xi). 7(5)(ix), 119(2)(vii)). 거래계에서는 이 경우의 소수단위주식을 흔히 소수점 주식, 그리고 그 거래를 소수점 매매라고 부른다.

2) 의결권 없는 주식은 그러한 원칙의 예외라고 할 수 있다.

3) 이처럼 주식의 현금흐름과 의결권이 분리되는 문제에 관하여 상세한 것은 김지평, 주식에 대한 경제적 이익과 의결권(2012) 참조.

4) 주식의 청약과 인수는 상행위로 볼 수 없으므로 제57조 제1항(다수채무자의 연대책임)도 적용될 여지가 없다.

(2) **준공유주식의 일반적 법률관계**

준공유된 주식에 대하여는 민법 제262조 이하의 공유에 관한 규정이 준용된다(민 278). 공유에 관한 민법 규정은 주로 공유자 사이의 내부관계에 관한 것인바, 준공유자의 회사에 대한 권리행사는 아래 보듯이 상법에서 별도로 규율한다.

(3) **주주권의 행사자**

주식이 수인의 준공유에 속하는 때에 준공유자들은 주주의 권리를 행사할 자 1인을 정하여야 한다(333(2)). 이는 회사의 사무처리 편의를 위한 조항이다(대법원 2025. 9. 11, 2025다211120 판결). 회사에 대한 주주권 행사가 문제되는 것이므로 이른바 준공유상태 명의개서, 즉 준공유자들의 이름으로 명의개서 되어 있음을 전제로 한다. 예컨대 준공유자 1인의 단독명의인 경우 명의자만이 주주권 행사자이므로 위 조항은 발동되지 않는다. 주식준공유만 된 상태에서 준공유상태 명의개서를 하려면 준공유자 전원이 회사에 이를 신청해야 한다(위 2025다211120 판결). 각 준공유자는 준공유상태 명의개서 없이 자신의 준공유지분을 매각할 자유가 있기 때문이다. 준공유자들 중 일부의 거부로 준공유상태 명의개서가 이루어지지 않았다면 개별 준공유자는 회사를 상대로 준공유지분에 관한 주주권 확인의 소를 제기할 수 있다(위 2025다211120 판결).

권리행사자는 준공유자 중에서 정해야 할 것이다. 권리행사자의 결정은 준공유물의 관리행위로서 준공유자 지분의 과반수로 결정한다(민 265). 제도의 취지가 준공유주식의 권리행사를 처리하는 회사의 편의를 도모하는 것이므로 권리행사자를 정한 때에는 회사에 통지하여야 한다. 권리행사자는 이익배당청구권 등의 자익권은 물론이고 총회에서의 의결권, 각종 소권 등의 공익권도 다른 준공유자의 의사와 무관하게 행사할 수 있다.[1]

(4) **주주권 행사자 미지정의 효과**

권리행사자가 지정되지 않은 경우 원칙적으로 어떤 준공유자도 권리행사를 할 수 없다.[2][3] 다만 준공유상태 명의개서 신청은 상법 제333조 제2항의 권리행사가 아니므로(대법원 2025. 9. 11, 2025다211120 판결) 권리행사자 미지정인 상태에서도 준공유자 전원이 이를 신청할 수 있다.

한편 회사는 준공유자들 중에서 회사가 임의로 정한 1인에게 준공유자들에 대한 통지, 최고를 할 수 있다다(333(3)).

---

1) 공유자 사이의 합의에 반하는 경우에도 그러하다.

2) 최기원14, 270면. 일본 회사법은 회사가 동의한 경우에는 권리행사가 허용된다고 하고 있다(日會 106단).

3) 권리행사자가 지정되지 않은 상태에서 주식 준공유자들 중 일부가 이사직무집행정지가처분을 신청한 경우 이러한 가처분은 개별 준공유자가 할 수 있는 민법 제265조 단서의 공유물보존행위에 해당하지 않는다고 보아 각하한 사안으로 수원지방법원 2024. 6. 17, 2024카합10131 결정. 상세는 임현수, "상속과 주식의 준공유 — 일본에서의 논의와 그 시사점을 중심으로", BFL 128(2024), 45면 참조.

Ⅳ. 주식의 액면: 액면주식과 무액면주식

1. 의 의

액면주식은 정관(289(1)(iv))과 주권(356(iv))에 1주의 금액(권면액)이 기재된 주식을 말한다. 반면에 무액면주식은 권면액이 기재되지 않은 주식으로 주권에는 권면액 대신 주식의 수만 기재된다. 액면주식과 무액면주식을 나누는 기준은 이처럼 권면액의 존부이다. 과거에는 액면주식만을 발행할 수 있었으나 2011년 상법 개정으로 이제 정관으로 정한 경우에는 무액면주식을 발행할 수 있다. 무액면주식을 발행하는 경우에는 액면주식을 발행할 수 없다(329(1)).

주식은 주주의 지위를 출자액을 기준으로 균등하게 세분한 것이므로 주주의 지위는 기본적으로 보유주식의 수, 엄밀히 말하면 보유지분, 즉 발행주식총수에서 차지하는 보유주식 수의 비율에 달려 있다.

2. 액면주식

(1) 권 면 액

액면주식을 발행할 때에는 1주의 금액을 정관에 기재하여야 한다(289(1)(iv)). 권면액(액면금액)은 100원 이상의 균일액이어야 한다(329(2), (3)). 개정 전 상법은 자본금은 주식으로 분할해야 한다고 규정함으로써(구상 329(2)) 주식이 자본금의 일부를 표창하는 것으로 보았다. 자본금을 원칙적으로 발행주식의 액면총액으로 본다는 상법 규정(451(1))은 원래 이러한 자본금과 주식 사이의 관계에서 비롯된 것이다.

(2) 최저권면액

상법 제정 당시 최저권면액은 5백원이었으나 1984년 개정에서 주식관리의 적정을 기한다는 이유로 5천원으로 인상되었다. 액면발행된 주식의 주가가 영세투자자가 투자하기에 부담을 느낄 정도로 상승한 경우에도 최저권면액 때문에 주식을 분할하는 것이 불가능했다. 그리하여 주식분할을 용이하게 하기 위하여 1998년 개정 시에 최저권면액을 100원으로 낮추게 되었다. 그러나 이제 무액면주식의 발행이 허용된 마당에 이처럼 최저권면액을 유지할 필요가 있는지는 의문이다.

(3) 권면액의 기능

2011년 개정으로 자본금과 주식과의 연결은 단절되었지만 아직도 권면액은 원칙적으로 자본금을 결정하는 기능을 한다(451(1)). 그러나 입법론적으로 권면액을 계속 인정할 필요가 있는지에 대해서는 다음과 같은 이유로 의문이 없지 않다. ① 액면미달발행이 아직 제한되고 있기 때문에(417(1)) 주가가 액면에 미달하는 부실기업의 경우 증자가 어렵다. ② 최저권면액이 100원으로 인하되기는 했지만 주가가 아주 높은 회사의 경우에는 주식분할에 장애가 될 수 있다. ③ 권면액은 실제 주식의 가치와 관계가 별로 없음에도 불구하고 경험이 없는 투자자는 오해를 일으킬 여지가 있다. 2011년 개정에서 무액면주식을 허용한 것은 이러한 고려 때문이다. 그러나 이론상으로는 무액면주식이 보다 합리적이라고 하더라도 투자자에게 생소하기 때문에 당분간 현실적으로 많이 활용되기는 어려울 것이다.

(4) 권면액의 변경

권면액은 정관의 절대적 기재사항이므로(289(1)(iv)) 권면액을 변경하려면 정관변경의 절차(433, 434)를 밟아야 한다. 권면액의 인상은 주주의 추가출자나 주식의 병합으로 할 수 있다. 주주의 추가출자에 의한 권면액 인상은 주주유한책임원칙상 주주 전원의 동의가 필요하다고 본다. 그러나 주식의 병합을 통한 권면액 인상은 정관변경의 특별결의만으로 가능하다고 볼 것이다.

권면액의 인하도 정관변경의 절차를 밟아야 한다. 자본금이 감소하는 경우에는 감자절차도 거쳐야 한다. 주식분할을 하는 경우에는 주주총회 특별결의만으로 할 수 있다(329-2(1)). 어떠한 경우든 권면액을 100원 이하로 인하하는 것은 허용되지 않는다(329(3), 329-2(2)).

3. 무액면주식

(1) 발　　행

2011년 개정 상법에 의하면 주식회사는 액면주식과 무액면주식 중 한 가지를 선택하여 발행할 수 있다(329(1)).[1] 액면주식을 발행하는 경우와는 달리 무액면주식을 발행하는 경우에는 자본금 산정의 기초가 되는 권면액이 존재하지 않는다. 따라서 회사설립 시의 발기인이나 신주발행 시의 이사회는 발행가액 중 자본금으로 계상하는 금액을 자율적으로 결정한다(291(iii), 416(ii-2)). 다만 발행가액의 50% 이상을 자본금으로 계상하고, 나머지 금액은 자본준비금으로 계상하여야 한다(451(2)).

(2) 액면주식과 무액면주식의 전환

정관의 정함에 따라 액면주식을 무액면주식으로 전환하거나 무액면주식을 액면주식으로 전환할 수 있다(329(4)). 다만 어느 쪽으로 전환하는 경우든 정관변경절차를 거쳐야 한다. 무액면주식의 발행을 위해서는 정관의 정함이 필요하고(329(1)), 액면주식의 발행 시에는 정관에 1주의 금액을 기재해야 하기 때문이다(289(1)(iv)). 또한 전환 시에는 주권의 기재사항이 변경되므로 주주에 대한 공고 및 통지, 구주권의 제출 및 신주권의 교부와 같은 주권교환절차가 수반

---

1) 미국에서 무액면주식의 발행이 처음 허용된 것은 1912년의 일이지만 실제로는 세부담 등의 문제 때문에 저액면주식이 더 많이 이용되고 있다고 한다.

된다(329(5)→440, 441본, 442). 전환만으로 회사의 자본금을 변경할 수는 없다(451(3)).

기명주식과 무기명주식

기명주식은 주권과 주주명부에 주주의 성명이 표시된 주식을 말한다. 반면에 무기명주식은 주주의 성명이 주권과 주주명부에 표시되지 않는 주식을 말한다. 양자의 차이는 뒤에 설명하는 종류주식과 같이 주식의 내용에 차이가 있는 것이 아니라 주권과 주주명부의 기재에 차이가 있을 뿐이다. 2014년 상법 개정 전에는 상법상 기명주식이 원칙이지만 예외적으로 정관에 정한 경우에는 무기명주식도 발행할 수 있었다(구상 357(1)). 그러나 실제로 무기명주식이 발행되는 예는 거의 없었다.[1] 이처럼 우리 기업이 무기명주식의 발행을 꺼렸던 이유는 경영진 쪽에서 주식소유의 상황을 파악할 수 없기 때문으로 짐작된다.

무기명주식은 양도세를 회피하기 위한 수단으로 악용될 여지가 있으며 지배구조의 투명성을 결여한다는 등의 비판[2]에 따라 2014년 폐지하게 되었다. 따라서 이제 주식이라고 할 때에는 모두 기명주식만을 가리킨다.

V. 주식의 취득과 상실

1. 주식의 취득

주식의 취득은 원시취득과 승계취득으로 나눌 수 있다. **원시취득**은 회사의 설립 시나 신주발행 시에 발행되는 주식을 취득하는 경우이다.[3] 주식인수인은 주금을 납입한 단계에서는 이른바 권리주를 취득하고 권리주는 회사설립 시에는 설립등기를 한 때, 그리고 신주발행 시에는 납입기일 다음 날 신주발행의 효력이 발생할 때(423) 비로소 주식으로 전환된다.

승계취득은 주식을 양수하거나 상속이나 합병과 같은 포괄승계로 취득하는 경우를 말한다. 주식을 승계취득한 경우 회사에 대해서 주주권을 행사하기 위해서는 명의개서를 하여야 한다(337(1)).

2. 주식의 상실

주식의 상실은 주식자체가 소멸하는 **절대적 상실**과 주식이 소멸되지 않고 단지 권리자가 변경될 뿐인 **상대적 상실**로 나눌 수 있다.

먼저 **절대적 상실**은 회사가 소멸하는 경우와 회사의 존속 중에 주식만 소멸하는 경우로 나

1) 이제껏 무기명주식이 발행된 예를 들은 일이 없을 정도이다.
2) 권기범5, 470~471면.
3) 선의취득도 원시취득에 속한다.

눌 수 있다. 회사가 해산과 청산을 거쳐 법인격이 소멸하면 그 회사의 주식도 당연히 소멸한다.[1] 회사의 존속 중에는 주식의 소각으로 주식이 소멸한다(343(1)). 주권을 훼손하거나 회사에 주식포기의 의사표시를 하고 반환하더라도 주식이 소멸되는 것은 아니다(대법원 1991. 4. 30, 90마672 결정, 대법원 2002. 12. 24, 2002다54691 판결). 퇴사제도가 있는 합명회사, 합자회사(218(i), 269)와 달리 주식회사에는 퇴사제도가 없으므로, 일정사유 발생 시 주주지위를 상실시키고 출자금을 환급하도록 하는 정관조항은 효력이 없다(대법원 2024. 7. 11, 2020다258824 판결).[2]

상대적 상실은 주식이 양도 등의 특정승계나 합병 등의 포괄승계에 의하여 이전하는 경우로 원래 주주의 관점에서는 상실이지만 주식이 소멸하지 않고 타인에게 이전되는 경우를 가리킨다. 주권이 선의취득되는 경우에도 원래의 권리자는 주식을 상실하지만 주식자체가 소멸되는 것은 아니라는 점에서 상대적 상실에 해당한다.

주식반환의무의 법적 성격

주주가 계약에 의해 타인에게 특정수량의 주식을 맡긴 경우 주주는 그 주식에 대한 반환청구권을 갖는다. 이 반환청구권의 성격에 관해서는 예전부터 논의가 있었다. 특히 문제가 되는 것은 양도담보, 명의신탁 등 목적으로 타인에게 주권을 교부하고 명의개서까지 마쳤는데, 그 명의주주가 임의로 주식을 매각하여 제3자에게 소유권이 적법하게 이전된 경우이다. 이 경우 원래의 주주가 양도담보 종료 후 또는 명의신탁 해지 후 갖게 되는 주식반환청구권은 이행불능된 것으로 볼 것인가? 이런 종류의 사안에서 우리 판례는 주식의 반환채무가 특정물채무가 아니라 종류채무라는 이유로 동종 동량의 주식을 인도해야 된다는 태도를 취해왔다. 최근 대법원은 명의신탁 사안에서 수탁자의 의무가 특정물채무가 아니라 종류채무라고 보아 수탁자의 주식반환 의무를 인정한 바 있다(대법원 2015. 2. 26, 2014다37040 판결).

한편 주식의 매각이 아니라 소각이 문제된 사안에서 반대의 태도를 취한 대법원판례도 존재한다. 회사가 특정주주를 배제할 목적으로 그의 주식 전량을 취득하여 소각절차를 마쳤으나 후에 그 주주와 회사 간의 주식매매계약이 해제된 사안에서 대법원은 소각된 주식은 특정물이므로 원상회복 약정에 따른 회사의 반환의무는 이행불능되었다고 판단했다(대법원 2015. 5. 29, 2012다104854 판결).[3]

---

1) 회사의 법인격이 소멸하는 것은 등기와 무관하고 실제로 청산사무가 종결되고 주주총회에서 결산보고서의 승인을 받은 때이다. 실제로 청산종결의 등기(542(1)→264)를 마친 경우에도 청산사무가 남아있는 경우에는 법인격은 남아 있다(대법원 2001. 7. 13, 2000두5333 판결).

2) 이러한 조항은 자기주식 취득금지에 반하는 것이기도 하다. 제6장 제3절 Ⅲ. 2. 참조

3) 결국 이 판결은 구주의 반환이 불가능하다고 본 것이다. 한편 동일한 사실관계에서 주주가 회사에 신주발행을 청구한 데 대하여 대법원은 상법 제418조 제2항의 제3자 배정 사유에 해당하지 않는다고 보아 불허하였다(대법원 2009. 3. 12, 2007다10399 판결). 이러한 판례들에 따르면 결국 기존 주주가 주식 소각 이전의 지분을 회복하기는 쉽지 않게 된다. 타인의 주식을 보관하는 자의 임의처분에 관한 문헌으로 김건식, "고객의 주식을 보관하는 증권회사의 의무", 상사판례연구(Ⅲ)(1996), 486면.

제2절
주식의 종류

Ⅰ. 서 설

1. 종류주식의 의의

주식은 권리의 내용면에서 차이가 없는 것이 원칙이다(주식의 동질성). 그러나 상법은 예외적으로 권리 내용이 다른 주식, 즉 종류주식의 발행을 허용하고 있다(344 이하). 상법상 종류주식은 권리의 내용에 차이가 있는 것만을 가리킨다. 액면주식과 무액면주식은 권면액의 부여여부에 차이가 있을 뿐 주식의 권리내용에는 차이가 없으므로 종류주식에는 포함되지 않는다.

2011년 상법개정 이전에는 종류주식(내지 '수종의 주식')은 기본적으로 회사의 이익이나 잔여재산, 즉 현금흐름에 대한 권리의 내용이 다른 주식만을 가리켰다. 권리 내용의 차이는 현금흐름의 분배에서 순위를 달리하는 것이라고 이해하였다. 그리하여 현금흐름에 대한 권리의 순위가 앞서는 주식을 우선주, 그리고 뒤처지는 주식을 열후주(劣後株)(또는 후배주(後配株))로 부르고 기준이 되는 일반주식을 보통주라고 불렀다. 우선주에 한하여 상환주식과 무의결권주식을 인정하는 한편 서로 다른 종류의 주식 사이에 전환이 가능한 주식의 발행도 허용하였다.

2011년 개정 상법은 주식의 다양성을 다음과 같이 한층 강화하였다. ① 현금흐름에 관한 권리 내용의 차이는 분배 순위의 차이에 국한되지 않음을 명시하였다. ② 무의결권 주식 외에 특정한 사항에 관하여 의결권이 제한되는 주식도 종류주식의 일종으로 인정하고 우선주가 아닌 주식에도 의결권의 배제·제한을 허용하였다. ③ 전환주식과 상환주식의 내용도 한층 다양화하고 이들을 모두 종류주식에 포함시켰다.

2. 종류주식의 기능

내용이 상이한 주식의 발행을 인정하는 근본적 이유는 회사나 투자자의 다양한 수요를 충족하기 위한 것이다. 종류주식의 범위를 확대하면 결과적으로 회사운영에 관한 사적자치의 여지가 확대된다. 사적자치의 폭을 어느 범위까지 확대할 것인가는 정책적인 선택의 문제지만 선진각국에서는 발행 가능한 종류주식의 범위를 넓히는 추세이다. 2011년 개정 상법은 이러한 국제적 추세를 따르면서도 경영권 방어수단으로 남용될 여지가 있는 거부권부주식, 임원임면권부주식, 양도제한주식, 복수의결권주식 등을 채택하지 않음으로써 신중한 태도를 취하고 있다.

종류주식의 발행이 항상 긍정적 측면만 있는 것은 아니다. 주주의 동질성이 깨지고 이질적인 주주집단의 수가 늘어날수록 이들 사이의 이해를 조정하는 것이 어려워진다. 따라서 종류주식의 발행은 그로 인한 효용이 비용을 초과하는 경우에 비로소 타당성을 갖는다. 실제로 종류주식이 개별주주의 특별한 수요를 충족시킬 필요가 큰 폐쇄회사에서 주로 발행되는 것도 그 때문이라고 할 것이다.

3. 종류주식과 보통주

2011년 개정 전 상법상 종류주식 내지 수종의 주식은 회사의 현금흐름 분배 순위에서 차이가 있는 우선주나 열후주를 의미하였다. 그리고 보통주는 상법이 채택한 용어는 아니지만 일반적으로 현금흐름 분배의 순위에서 기준이 되는 주식이라는 의미로 사용되었다. 그러나 2011년 개정 상법에서는 이러한 용례가 크게 변화하였을 뿐 아니라 그 과정에서 해석상 혼란이 존재한다.

2011년 개정 상법은 "회사는 이익의 배당, 잔여재산의 분배, 주주총회에서의 의결권의 행사, 상환 및 전환 등에 관하여 내용이 다른 종류의 주식(이하 '종류주식'이라 한다)을 발행할 수 있다"고 하고 있다(344(1)). 여기서 말하는 종류주식이 보통주도 포함하는가라는 기본적인 문제에 관해서도 다툼이 있다. 상법의 관련규정은 종류주식에 보통주가 포함되지 않는 것을 전제로 구성되어 있으므로 불포함설이 타당하다.[1] 예컨대 배당우선주에 관한 규정(344-2(1))에 의하면 "이익의 배당에 관하여 내용이 다른 종류주식을 발행하는 경우에는 정관에 그 종류주식의 주주"에 대한 배당에 관한 내용을 정하도록 하고 있다. 여기서 '그 종류주식'이 우선주나 열후주만을 가리킨다는 데 대해서는 의문이 없다. 다른 규정(344(1), 344-3, 345(1))에서도 기준이 되는 주식과 권리 내용이 다른 당해주식만을 종류주식으로 부르고 있다.

이러한 견해에 의하면 앞서 열거한 특성의 하나라도 구비한 주식은 종류주식에 해당하고 보통주는 종류주식이 아닌 주식을 의미한다. 그러나 후술하는 바와 같이 전환주식의 전환을 비롯한 일부 경우에는 이러한 해석을 관철하면 불합리가 생기는 경우가 있다. 이는 입법상의 부주의에서 비롯된 것으로 이에 관해서는 따로 살펴보기로 한다.

4. 종류주식의 발행

종류주식을 발행하는 경우에는 **정관으로 각 종류주식의 내용과 수를 정하여야** 한다(344(2)).[2]

---

1) 동지: 권기범6, 485~486면; 송옥렬9, 792~793면; 이철송30, 288면.

2) 따라서 종류주식을 회사와 투자자 사이의 계약만으로 발행하는 것은 허용되지 않는다.

종류주식의 발행은 종류주식을 인수하는 자뿐 아니라 현재와 미래의 주주에게도 영향을 미칠 수 있으므로 이들이 미리 그 영향의 범위를 파악할 수 있도록 하기 위해서이다.[1)]

그러나 이처럼 정관에 미리 종류주식의 내용을 구체적으로 정해두어야 한다면 발행의 기동성이 저해될 우려가 있다. 그리하여 현재는 발행의 기동성을 고려하여 정관기재를 그다지 엄격하게 요구하지 않는 견해가 일반적이다. 예컨대 우선배당률을 "액면금액을 기준으로 년 ○% 이상 ○% 이내에서 발행 시에 이사회가 정한 비율"이라고 하거나, 상환가액을 "발행가액에 년 ○%를 초과하지 않는 범위에서 발행 시에 이사회가 정한 비율에 의한 금액을 가산한 금액"이라고 하거나, 전환기간을 "발행일로부터 ○년 이상 ○년 이내의 범위에서 이사회가 정하는 기간"이라고 할 수 있다. 이것이 실무상 더 일반적이고 상장회사 표준정관에서 택하고 있는 방식이기도 하다. 정관에 정한 범위 내에서는 발기인(회사 설립 시)이나 이사회(신주발행 시)[2)]가 신주발행 절차에 따라 종류주식을 자유롭게 발행할 수 있다(291(i), 416(i)).

5. 종류주식에 대한 특수한 취급

일단 종류주식이 발행되면 주주의 동질성이 깨지므로 보통주주와 종류주주 사이에 이익충돌의 여지가 커진다. 특히 신주발행이나 합병과 같이 회사의 변화가 있을 때 **보통주주와 우선주주의 이익을 조정**하는 것은 실무상 몹시 어려운 문제이다. 예를 들어 주주배정 방식의 신주발행 시에 우선주주에게 우선주식을 배정해야 하는지 보통주식을 배정해도 되는지, 후자라면 우선주식 1주당 보통주식 몇 주를 배정해야 하는지 문제된다. 흡수합병에서 소멸회사에는 보통주와 우선주가 발행되어 있는데 존속회사에는 보통주만 발행되어 있는 경우, 소멸회사의 우선주주에게 합병대가로 무엇을 얼마나 주어야 하고 그것이 보통주주와의 관계에서 차별이 되지는 않는지 문제된다.

이러한 문제에 대한 가장 이상적인 해결책은 회사 변화 시의 종류주식 처리에 대해서 사전에 **정관**에 상세한 규정을 두는 것이다. 그러나 현실적으로는 모든 경우에 대비하여 정관에 미리 규정을 두기는 어렵고, 실제로 정관에 구체적인 정함 없이 종류주식을 발행하는 회사가 대부분이다. 이에 회사의 융통성 있는 처리를 위해서 상법은 "정관에 다른 정함이 없는 경우에도 주식의 종류에 따라 신주의 인수, 주식의 병합·분할·소각 또는 **회사의 합병·분할로 인한 주식의 배정에 관하여 특수하게 정할 수 있다**"고 한다(344(3)).[3)] 준비금의 자본전입에 의한 신주발

1) 그러나 이처럼 정관에 미리 종류주식의 내용을 정해두도록 하는 것은 발행의 기동성을 저해하는 것이 사실이다. 주식을 발행하는 이사회에 대한 통제가 적절히 이루어질 수 있다면 장차 정관에 의한 통제는 완화할 수도 있을 것이다.

2) 신주발행을 주주총회에서 결정하도록 정관에서 정한 경우에는 종류주식 발행도 주주총회 결의로 하여야 함은 물론이다(416단).

3) 다만 이 경우 종류주주총회의 결의가 필요할 수 있다(436→435).

행, 주식배당에 대해서는 언급하고 있지 않으나 그 경우에도 특수한 정함을 할 수 있다고 해석해야 할 것이다.[1)]

이러한 '특수한 정함'은 누가, 언제 해야 하는가? 회사의 일정한 변화 시 종류주식을 어떻게 취급할 것인가는 종류주식의 중요한 내용을 구성하므로 이사회(또는 정관으로 신주발행 권한을 주주총회에 부여한 경우에는 주주총회)가 종류주식을 발행하는 시점에 미리 특수한 정함을 할 수도 있다. 다만 반드시 종류주식 발행 시에 그러한 특수한 정함이 되어 있어야 하는 것은 아니다. 신주발행·합병·분할 등 종류주식에 대한 특수한 정함을 필요로 하는 해당 사안을 결정하는 주체, 즉 신주발행의 경우에는 이사회, 자본감소나 합병결의의 경우에는 주주총회가 그 결의 시점에 특수한 정함을 할 수도 있고 이것이 더 일반적이다.[2)] 특수한 정함을 종류주식 발행 시에 하든 해당 사안 결의 시에 하든, 그에 더하여 후술하는 종류주주총회의 결의도 필요하다.

요컨대 종류주식에 대한 특수한 취급은 ① 정관이 정한 바에 따라 또는 ② 위에서 본 일정한 경우에 '특수한 정함'을 함으로써 가능하다. 그 결과 종류주주에게 불리한 결과가 초래될 수 있으므로, 상법은 종류주주를 보호하기 위해 일정한 경우 종류주주만으로 구성된 종류주주총회의 결의를 받도록 요구하고 있다. 이에 관한 상세는 제4장 제2절 Ⅷ 참조.

주식의 종류변경

종류주식의 내용을 변경하는 것은 정관의 변경을 통해서 가능하다. 다만 종류주식의 주주에게 손해를 미치게 될 때에는 종류주주총회의 결의를 요할 뿐이다(435(1)).

한 걸음 더 나아가 이미 발행된 주식의 종류를 변경하는 것도 가능한가? 예컨대 이미 발행된 보통주식을 우선주식으로 변경하거나, 전환권이 없는 우선주식을 전환우선주식으로 변경하는 것이 가능한지의 문제이다. 이미 발행된 주식의 종류가 변경된다면 기존 주주의 이익이 침해될 수 있으므로 기존 주주의 이익보호를 위한 절차와 요건이 필요할 것인데, 우리 상법은 주식의 종류변경을 예정하고 있지 않으므로 그에 관한 별다른 절차나 요건이 마련되어 있지 않다. 그 때문인지 현재의 등기선례는 "이미 발행한 보통주식을 우선주식으로 변경함에는 회사와 우선주식으로 변경을 희망하는 주주와의 합의 및 보통주식으로 남는 주주 전원의 동의가 있으면 가능할 것이며, 그 변경등기신청서에는 그러한 합의 및 동의가 있음을 증명하는 서면과 정관을 첨부하여야 할 것"이라고 하여(2000. 7. 13. 등기 3402-490 질의회답), 주주 전원의 동의를 요구하고 있다. 주주 전원의 동의를 얻을 수 없다면 해당 주식을 소각하고 새로 종류주식을 발행해야 같은 결과를 얻을 수 있을 텐데, 해당 주식만을 소각하는 것은 주주평등원칙에 반하여 역시 가능하지 않다.

주식의 종류변경이 경우에 따라 회사와 전체주주에게 이득이 될 수도 있음을 고려하면, 단체의 의사결정에 의한 종류변경의 여지를 사실상 봉쇄하는 위 등기선례의 입장은 지나치게 엄격하다.

---

1) 송옥렬9, 794면.
2) 이철송30, 290면.

해당 주주들의 종류주주총회 결의 및 해당 주주를 제외한 주주들의 주주총회 특별결의가 있다면 그러한 종류변경이 가능하다는 해석도 있을 수 있고, 나아가 입법으로 종류변경의 요건과 절차를 명확히 정하는 방안도 고려할 수 있을 것이다.

Ⅱ. 이익배당 및 잔여재산분배에 관한 종류주식

1. 서 설

상법은 이익의 배당이나 잔여재산의 분배에 관하여 내용이 다른 종류주식의 발행을 허용한다(344(1)). 과거에는 이익배당에 관하여 '내용이 다른' 것이 무엇을 가리키는지 구체적으로 규정하고 있지 않았는데, 이는 이익배당순위의 차이를 말하고 따라서 이익배당에 관한 종류주식은 우선주나 열후주를 가리킨다고 이해하였다. 그러나 현행 상법은 이익배당에 관한 종류주식을 발행하는 경우에는 "정관에 그 종류주식의 주주에게 교부하는 배당재산의 종류, 배당재산의 가액의 결정방법, 이익을 배당하는 조건 등 이익배당에 관한 내용"을 정하도록 함으로써(344-2(1)) 배당순위뿐 아니라 배당의 규모나 배당결정의 기준이 되는 사업의 범위 등 다양한 점에서 내용이 다른 주식의 발행을 예상하고 있다.[1] 그러나 현실적으로는 과거와 같이 우선주가 많을 것이므로 먼저 우선주에 대해서 설명한 후 다른 형태의 배당관련 종류주식을 언급하기로 한다.

2. 우 선 주[2]

(1) 의 의

우선주란 이익의 배당이나 잔여재산의 분배 또는 그 양자에 관하여 다른 주식보다도 앞서 배당받거나 분배받을 수 있는 주식을 말한다. 실제로는 위 세 가지 중에서 이익배당에 관한 우선적인 지위를 인정함이 없이 잔여재산분배에 관한 우선적 지위만이 인정된 우선주는 거의 없다. 이하에서는 달리 명시하지 않는 한 우선주는 이익배당우선주와 같은 의미로 사용한다.

우선주에 비하여 기준이 되는 다른 주식은 통상 보통주라고 한다.[3] 보통주보다 후순위로 배당받는 주식은 열후주 또는 후배주라고 한다.[4] 우선주는 보통 재무상태가 좋지 않은 회사나 벤처회사가 재무적 투자자를 유치하는데 적합한 형태의 주식이다.[5] 한편 열후주는 부실회사

---

1) 다만 배당을 영구히 하지 않기로 하는 영구무배당주식은 발행할 수 없다고 볼 것이다.
2) 상세한 것은 김건식, "무의결권우선주에 관한 연구", 연구Ⅱ, 167~194면 참조.
3) 여기서 말하는 보통주도 의결권이 배제되거나 제한되는 경우에는 종류주식(344-3)에 해당한다.
4) 이익배당의 면에서는 우선하지만 잔여재산분배의 면에서는 열위에 서는 주식과 같이 우선적 지위와 열후적 지위가 혼합된 주식을 혼합주라고 한다. 실제로는 거의 없다.
5) 2011년 상법 개정 전에는 배당우선주의 경우에만 의결권 없이 발행하는 것이 가능했으므로 무의결권주를 발행하

가 특별한 관계자에 대해서 발행하기에 적합한 형태의 주식이지만 실제로 발행되는 예는 찾기 어렵다. 동일한 회사가 같은 내용의 우선주를 수차에 걸쳐 분할하여 발행하는 것은 물론이고 서로 권리의 내용이 다른 우선주를 발행하는 것도 가능하다고 볼 것이다.[1]

(2) 우선배당금 내지 우선배당률

가. 의 의

우선주는 배당의 순위에서 보통주에 앞서는 주식이므로 보통주에 앞서서 배당할 금액이 얼마인가를 정할 필요가 있다. 이러한 금액을 우선배당금이라고 한다. 우선배당금은 금액으로 표시할 수도 있고 권면액에 대한 비율로도 표시할 수 있는데 우리나라에서는 통상 권면액에 대한 비율, 즉 우선배당률로 표시된다.[2] 다만 무액면주식의 경우에는 권면액이 없으므로 금액으로 표시할 수밖에 없다.

나. 발행 시의 확정

보통주주에 앞서 지급되는 우선배당금의 금액 내지 우선배당률은 보통주주와 우선주주에게 모두 중요하므로 발행 시에 발행결의로 확정될 필요가 있다. 우선배당률을 특정하지 않고 예컨대 '3년 만기 국채금리+1%'라는 식으로 특정 지표에 연동시킬 수 있는가? 그러한 주식은 발행시점에서 구체적인 우선배당금의 금액은 미확정이지만 금액의 결정방법은 확정되어 있고 나아가 금액의 예측도 어느 정도 가능하므로 허용된다고 볼 것이다.

다. 정관의 기재

상법은 우선주를 발행하는 경우 정관에 '이익배당에 관한 내용'을 정하도록 하고 있다(344-2(1)). 우선주의 경우 무엇을 어느 정도로 정관에 정해야 할 것인가? 과거에는 우선배당금 내지 우선배당률을 정관에 특정해야 한다는 견해가 일반적이었으나, 이에 따르면 자본시장의 상황이나 회사의 여건에 따라 우선배당금을 조정하는 것이 불가능하게 되는 문제가 있었다. 1995년 개정 상법은 최저배당률을 기재하도록 요구하였다(구상 344(2)후). 그러나 정관에 기재를 요구하는 취지가 우선배당금이 과도하게 지급됨으로써 후순위자인 보통주주가 불이익을 입을 위험을 억제하기 위한 것이라는 점을 고려하면 최고한도 대신 최저한도를 기재하도록 한 것은 적절치 않다는 비판을 받았다. 다행히 2011년 개정 상법은 다시 '이익을 배당하는 조건 등 이익배당에 관한 내용'이라는 추상적인 표현으로 후퇴하였다. 그러므로 이제는 구체적인

기 위하여 우선주를 발행하는 경우가 많았다.

1) 정관에 근거가 있다면 우선배당률이 다른 우선주는 물론이고 순위가 다른 우선주를 발행하는 것도 막을 이유는 없을 것이다.

2) 현재 우리나라 자본시장에 상장된 우선주의 우선배당률은 대개 권면액의 1% 내지 2% 수준인 경우가 많은데 이는 주식의 시가에 대비하면 대부분 극히 미미한 금액이다. 따라서 우선주 1주당 배당금과 보통주 1주당 배당금의 액수에는 유의미한 차이가 없는 경우가 대부분이다. 다만 무의결권 주식으로 발행되는 우선주는 보통주보다 시가가 훨씬 낮게 형성되어 있으므로, 투자금액 대비 배당률로 보면 우선주가 보통주보다 배당률이 높다.

수치 대신에 이익배당금을 정하는 방법만 기재하는 것도 허용된다고 볼 것이다. 그것만으로도 우선주 발행권한의 남용을 막고 보통주주의 이익을 보호하는 데 충분하기 때문이다.[1)]

라. 우선배당금의 법적 성격

우선배당금도 법적으로 이익배당이므로 배당가능이익(462(1))이 있는 경우에만 그 범위에서 배당결의를 거쳐 지급할 수 있다. 그러나 회사에 충분한 배당가능이익이 있는 경우에도 반드시 우선배당금을 배당해야 할 '법적인' 의무가 있는 것은 아니고, 배당결의가 없는 이상 우선주주가 우선배당금 지급청구권을 가지는 것도 아니다. 이 점에서 우선배당금은 회사의 이익 유무를 불문하고 지급해야 하는 사채의 이자와 확연히 구별된다. 우선주주로서는 우선배당금의 지급을 확보하기 위한 수단으로 ① 배당가능이익이 있는 한 회사가 반드시 우선배당금의 일부 또는 전부를 지급하기로 정관에 규정을 두거나,[2)] ② 무의결권 우선주의 경우 우선배당금이 지급되지 않으면 의결권이 부활하는 것으로 발행조건을 정하거나, ③ 상환우선주의 경우 우선배당금이 지급되지 않으면 상환가액이 늘어나거나 상환기간이 빨리 도래하도록 발행조건을 정하는 방법 등을 고려할 수 있다. 위 ①과 같은 정관규정의 효력은 판례도 긍정한 바 있다.[3)]

(3) 우선주의 분류

가. 누적여부

우선주는 특정연도의 배당금이 우선배당금에 미달한 경우에 미달금액을 다음 연도의 배당에 추가로 누적하여 수취할 수 있는지 여부에 따라 **누적적우선주**와 **비누적적우선주**로 나눌 수 있다. 정관이나 발행결의에서 누적 여부를 명시하고 있지 않다면 누적적우선주로 보는 것이 일반적이다. 발행 후 일정기간만 누적적우선주로 하거나 예컨대 과거 3년분만 누적한다는 식으로 누적기간을 제한하는 것도 가능하다. 누적분을 지급할 때에는 달리 정함이 없는 한 오래된 누적분부터 지급하고 누적분을 모두 지급한 후에야 비로소 당해 연도의 우선배당금을 지급할 수 있다. 누적분도 우선배당금과 마찬가지로 채권성이 인정되지 않는다.[4)]

나. 참가여부

우선배당금을 지급한 후에도 잔여이익이 있는 경우 보통주와 더불어 잔여이익의 배당에

---

1) 이론상으로 보통주주의 이익이 침해될 가능성은 회사가 은행차입이나 회사채발행을 하는 경우에 오히려 더 크다고 할 수 있는데 그 이자율에 대하여 아무런 제한을 가하지 않으면서 유독 우선배당금을 특정할 것을 요구하는 것은 의문이다. 회사에 따라서는 정관에서 이사회가 우선주식의 발행 시마다 우선배당률을 정하도록 규정한 경우도 있다.

2) 김건식, "무의결권우선주에 관한 연구", 연구Ⅱ, 182면.

3) 대법원은 정관이 배당금 지급조건 및 배당금 산정방식을 구체적으로 규정하면서도 대표이사, 이사회로 하여금 배당금 지급여부, 시기, 금액을 달리 정할 수 있도록 규정하지 않았다면, 정관에서 정한 지급조건이 갖추어지는 때에 주주에게 배당금지급청구권이 발생한다고 본다(대법원 2022. 8. 19, 2020다263574 판결).

4) 독일 주식법은 누적분의 채권성을 명시적으로 부정하고 있다(140(3)).

참가할 수 있는 주식을 **참가적우선주**, 그렇지 않은 주식을 **비참가적우선주**라 한다. 참가적우선주의 참가방법은 여러 가지로 정할 수 있지만 중요한 것은 단순참가(보통참가)와 즉시참가이다.[1]

단순참가는 우선주에 먼저 우선배당금을 지급하고 잔여이익으로 보통주에 우선주와 같은 금액의 배당을 한 후에 그래도 잔여이익이 있으면 우선주와 보통주가 같은 비율로 배당에 참가하는 방식을 말한다. 이 방식에 의하면 총배당액이 충분히 크다면 우선주와 보통주의 배당률이 일치할 것이다. **즉시참가**는 우선주에 먼저 우선배당금을 배당하고 잔여이익이 있으면 우선주와 보통주가 같은 비율로 배당에 참가하는 방식이다. 이 방식에 의하면 배당가능이익이 어느 정도 이상인 한 우선주는 항상 보통주보다 우선배당금만큼 더 많은 배당을 받을 것이다. 아래 설명하는 이른바 **1%우선주**는 우선배당률이 1%인 즉시참가형 우선주로 볼 수 있다. 상장회사 표준정관에서는 단순참가와 즉시참가 문구를 모두 제시하여 회사가 선택하게 하고 있는데, 실제로는 즉시참가 방식이 더 일반적인 것으로 보인다. 이처럼 참가방법이 다양한 점을 고려하면 참가여부를 명시하지 않고 발행된 우선주는 비참가적우선주로 보는 것이 타당할 것이다.

1% 우선주

1980년대 후반 우리 자본시장에서는 이른바 '1% 우선주'라는 주식이 널리 발행된 바 있다.[2] 1% 우선주는 보통주의 배당금에 액면금액의 1%에 해당하는 금액을 더한 금액을 배당하는 주식을 말한다. 이처럼 보통주와 유사한 형태의 우선주가 유행한 이유는 경영권에 영향을 주지 않는 의결권 없는 주식을 발행하기 위해서였다. 당시 상법은 의결권 없는 주식은 배당우선주의 경우에만 허용하였기 때문에(370) 우선주 형식을 취하면서도 실질적으로 보통주와 유사한 1% 우선주를 발행한 것이다. 1% 우선주는 우선배당률이 1%인 즉시참가형 우선주라고 이해할 수 있었음에도 불구하고 상법상 허용되는 우선주로 볼 수 없다는 비판이 많았다.

남발로 인한 폐해가 많았던 이러한 편법적 우선주의 발행을 봉쇄하기 위하여 1995년 개정 상법은 배당우선주에 대해서는 "정관으로 최저배당률을 정하여야 한다"는 규정을 도입하였다(구상 344(2)). 그러나 우선주의 내용을 정관에 정하는 취지가 주로 보통주주들의 이익을 보호하기 위한 것이라는 점을 고려하면 이처럼 정관에 최저배당률을 정하도록 요구하는 것은 유례를 찾기 어려운 기이한 입법이었다.

2011년 개정 상법에서는 다행히 최저배당률 조항이 삭제되었을 뿐 아니라 이익배당에 관한 종류주식도 폭넓게 허용하고 있다. 그리하여 1% 우선주를 우선주로 볼 것인지 여부는 차치하고 그러한 주식도 상법상 발행이 허용된다는 점에는 다툼이 없다. 그러나 개정 상법에 의하면 의결권 없는 주식은 우선주만이 아니라 보통주로도 발행할 수 있기 때문에 구태여 1% 우선주와 같은 편법을 사용할 필요는 없을 것이다.

---

1) 단순참가나 즉시참가 이외의 참가방식을 특수참가라고 하며 이론상으로는 다양한 형태가 있을 수 있다. 자세한 것은 김건식, 전게 논문, 148~151면.

2) 1% 우선주에 대해서 보다 상세한 것은 김건식, 전게 논문, 116~133면 참조.

사채형 우선주와 보통주형 우선주

우선주는 그 내용을 꾸미기에 따라서 주식이나 사채에 접근시키는 것이 가능하다. 예컨대 우선배당률이 낮은 참가적·비누적적우선주는 보통주에 접근할 것이고, 반면에 우선배당률이 시장금리수준으로 정해진 비참가적·누적적우선주는 사채에 접근할 것이다. 후자의 의결권을 배제하고 상환을 인정하는 경우에는 사채성이 더욱 짙어질 것이다.[1)]

(4) 정관의 기재와 공시

가. 정관의 기재

우선주도 종류주식이므로 전술하였듯이 그 내용과 수를 미리 정관에 정하여야 한다(344(2)). 그에 더하여 상법은 이익배당 및 잔여재산분배에 관한 종류주식에 관해 정관에 기재할 사항을 추가로 정하고 있다.

첫째, 이익배당에 관한 종류주식에 대하여 정관에 '주주에게 교부하는 배당재산의 종류, 배당재산의 가액의 결정방법, 이익을 배당하는 조건 등 이익배당에 관한 내용'을 정하여야 한다(344-2(1)). 이 중 배당재산에 관한 부분은 현물배당을 전제한 것이므로 우선주에 적용될 것은 '이익을 배당하는 조건'이라는 추상적인 표현에 불과하다. 우선주의 내용을 구체적으로 기재할 것을 요구할수록 우선주 발행의 기동성이 저해될 것이므로 정관에 기재할 우선주의 내용은 보통주주의 이익과 우선주 발행의 기동성을 적절히 조화하여 정할 필요가 있다. 따라서 정관에 기재할 우선주의 내용으로 가장 중요한 것은 앞서 설명한 우선배당금이고, 누적이나 참가에 관한 사항도 기재해야 한다.

둘째, 잔여재산분배에 관한 종류주식을 발행하는 경우 "잔여재산의 종류, 잔여재산의 가액의 결정방법, 그 밖에 잔여재산분배에 관한 내용을" 기재하도록 하고 있다(344-2(2)). 그러나 잔여재산은 금전으로 환가하여 채무를 변제한 후에 남은 재산을 말하므로 잔여재산분배는 현물이 아닌 금전으로 하게 된다. 따라서 잔여재산의 종류, 가액의 결정방법은 의미가 없고 우선분배금을 비롯한 금전분배의 순위와 방법을 규정하면 충분하다고 할 것이다.[2)]

나. 공 시

우선주의 발행은 등기사항이며(317(2)(iii)), 주식청약서(302(2)(v)→291(i)), 주주명부(352(1)(ii)), 주권(356(vi)), 신주인수권증서(420-2(2)(iii)) 등에도 그 취지를 기재해야 한다.

1) 주주가 상환청구권을 갖는 우선주의 경우에는 회계상으로는 자본이 아닌 부채로 분류된다(K-IFRS 1032 문단 18).
2) 이철송30, 291면.

3. 배당과 관련된 기타의 종류주식

이익배당에 관한 종류주식에 대한 상법 규정(344-2)은 상당히 추상적이어서 우선주나 열후주 외에도 다양한 내용의 주식을 발행하는 것이 가능할 것이다. 이와 관련해서는 두 가지 경우만을 살펴본다.

(1) 배당재원이 다른 주식: 이른바 트래킹스톡

트래킹스톡(tracking stock)이란 이익배당이나 재산분배가 특정 자회사나 사업부문의 성과에 연동하는 주식을 말한다.[1] 트래킹스톡의 장점은 회사로서는 자회사나 사업부문에 대한 완전한 지배를 유지하면서 그 현금흐름을 기초로 주식을 발행할 수 있고 투자자로서는 사실상 특정 자회사나 사업부문에 한정하여 투자할 수 있다는 것이다. 단점은 경영자가 트래킹스톡에 연동되는 사업부문과 다른 사업부문 사이의 이익충돌을 조절하기가 어렵다는 점이다. 트래킹스톡의 단점에 비하여 실제 경제계의 수요는 그렇게 크지 않다는 판단에 따라 2011년 상법개정 시 명시적인 도입은 유보하였다. 그러나 트래킹스톡은 상법(344-2)에서 말하는 '이익을 배당하는 조건 등 이익배당에 관한 내용'이나 '잔여재산분배에 관한 내용'이 다른 주식으로서 허용된다고 볼 여지가 없지 않다.

현행 상법상 트래킹스톡의 발행이 허용된다고 해도 트래킹스톡도 주식인 이상 배당가능이익에 관한 규제(462)를 피할 수 없다. 따라서 비록 배당에 연동된 특정 자회사나 사업부문에 이익이 있는 경우에도 발행회사 전체에 배당가능이익이 부족하면 그에 따른 배당은 허용되지 않는다.

(2) 배당의 순위가 아니라 배당의 크기가 다른 주식

우선주는 배당의 순위가 앞선 주식일 뿐 반드시 배당을 더 많이 받는 주식은 아니다. 배당을 더 많이 받는 주식, 예컨대 보통주배당금의 10배를 배당받는 주식도 배당에 관한 종류주식으로 발행할 수 있는가? 이러한 주식도 '이익배당에 관한 내용'이 다른 주식이므로 일응 허용되는 것처럼 보인다. 이러한 주식은 실질적으로는 보통주 10주에 의결권만 1개가 있는 경우와 유사하다. 상법은 1주 1의결권원칙을 채택하고 의결권 없는 주식을 제한적으로 인정하고 있을 뿐이므로(344-3(2)) 이처럼 주주의 경제적권리와 지배적권리의 괴리가 큰 주식은 적어도 현행 상법의 해석상으로는 허용되지 않는다고 볼 것이다.[2] 이처럼 경제적권리와 지배적권리의 괴리를 억제하는 것이 정책적으로 합리적인지는 신중한 검토를 요할 것이다. 예컨대 보통주배당금의 1.1배를 받는 주식과 같이 그 괴리가 크지 않은 경우에는 현행법의 해석상으로도 허용된

1) 트래킹스톡에 대해서는 윤영신, "미국법상 트랙킹스톡에 대한 고찰", 이십일세기 한국상사법학의 과제와 전망(송상현 선생 화갑기념)(2002), 225~229면 참조.

2) 김순석, "종류주식", 대계4 I, 504면(다만 비공개회사의 경우에는 무효로 해석할 필요가 없다고 함).

다고 봐도 무방할 것이다.

Ⅲ. 의결권의 배제 · 제한에 관한 종류주식

1. 의 의

(1) 재산적 권리와 의결권과의 비례관계

상법상 1주당 의결권은 1개가 부여되는 것이 원칙이다(369(1)). 2011년 개정 전 상법은 배당우선주를 의결권 없이 발행하는 경우(370(1))를 제외하고는 의결권이 배제되거나 제한된 주식의 발행을 허용하지 않았다. 그러나 경우에 따라서는 주주의 재산적 권리와 의결권의 비례관계를 변경할 필요가 있다는 주장이 경제계에서 꾸준히 제기되었다. 2011년 개정 상법은 그러한 수요를 고려하여 1주 1의결권 원칙을 다소 완화하여 보통주의 경우에도 25%의 한도 내에서 의결권의 배제나 제한을 허용함으로써 비례관계를 완화할 수 있는 융통성을 부여하였다. 그러나 의결권이 복수인 **복수의결권주식**이나 1개에 못 미치는 **부분의결권주식**과 같은 이른바 **차등의결권주식**의 발행은 여전히 금지하고 있다.

벤처기업육성에 관한 특별조치법(이하 "벤처법")에 따른 복수의결권주식

복수의결권주식은 회사에 대한 경제적 권리와 지배권 사이의 괴리를 심화시켜 해당주주의 사익추구 및 일반주주의 이익침해 가능성을 높인다는 것이 종래의 통념이었다. 그러나 창업주의 독창성과 리더십이 중요한 스타트업의 경우 창업주의 지분 저하에도 불구하고 그의 지배력을 유지시키는 것이 기업의 성장에 도움이 되는 경우도 있고, 벤처캐피탈 등 투자자들이 이를 원하기도 한다. 실제로 2000년대 들어 세계 각지의 증권거래소가 규정을 바꾸어가며 구글(현 알파벳), 페이스북(현 메타), 알리바바 등 유수한 스타트업의 창업주에게 복수의결권을 인정하였다.

우리나라에서도 찬반 논란 끝에 벤처법 개정(2023. 11. 17. 시행)을 통해 복수의결권주식을 허용하게 되었다. 다만 그 부작용을 방지하기 위해 발행주체, 발행절차, 발행대상, 내용, 존속기간 등에 관하여 매우 엄격한 제한을 가하고 있다.

① **발행주체**: (i) 주식회사인 벤처기업(벤처2-2)으로서 (ii) 특수관계인 아닌 자로부터 받은 창업 이후 누적투자액이 100억원 이상이고 최종투자액이 50억원 이상이며, (iii) 최종투자를 받음에 따라 창업주가 의결권 있는 발행주식총수의 30% 미만(공동창업주의 경우 합계 50% 미만)을 소유하게 되는 경우에만 복수의결권주식을 발행할 수 있다(벤처16-11(1)).

② **발행절차**: 우선 정관에 복수의결권주식 발행에 관한 근거규정을 마련하고(벤처16-11(2)), 이에 근거하여 주주총회의 결의로 복수의결권주식을 발행해야 한다(벤처16-11(3)). 정관에서는 복수의결권주식을 받을 자의 자격요건, 발행절차, 발행할 복수의결권주식의 총수, 1주당 의결권의 수, 존속기간 등을 정하고, 발행결의에서는 복수의결권주식을 받을 자의 성명, 발행수량, 1주의 금액, 납입에 관한 사항을 정한다. 위 정관규정을 마련하기 위한 정관변경결의 및 발행결의는

의결권 있는 발행주식 총수의 4분의3 이상의 수로써 하여야 한다(벤처16-11(4)). 한편 창업주는 주주총회에서 총주주 동의로 결의한 경우에는 복수의결권주식의 발행가액을 자신이 가진 보통주식으로 납입할 수 있고, 이 경우 상법상 현물출자 및 자기주식취득에 관한 규제는 적용되지 않는다(벤처16-11(8)). 즉 총주주의 동의가 있을 때에는 기존의 보통주를 복수의결권주식으로 사실상 전환할 수 있는 가능성을 열어준 것이다.

③ **발행대상**: 복수의결권주식을 발행받을 수 있는 자는 창업주에 한한다(벤처16-11(5)). 여기서 창업주란 (i) 설립 당시 정관에 기재된 발기인으로서, (ii) 복수의결권주식 발행 당시 회사의 상무에 종사하는 이사여야 하고, (iii) 설립 당시부터 최종투자를 받기 전까지 계속하여 의결권 있는 발행주식 총수의 30% 이상(공동창업주의 경우 합하여 50% 이상)으로서 가장 많은 주식을 소유한 자이어야 하며, (iv) 금고 이상의 실형을 선고받고 집행이 종료 또는 면제된 지 2년이 지나지 않은 자에 해당하지 않아야 한다.

④ **복수의결권주식의 내용**: 복수의결권주식의 의결권의 수는 1주마다 1개 초과 10개 이하의 범위에서 정관으로 정한다(벤처16-11(7)). 다만 그 경우에도 복수의결권주식의 존속기간 변경을 위한 정관변경, 이사의 보수, 이사의 책임감면, 감사 또는 감사위원회위원의 선임·해임, 자본금감소, 이익배당, 해산에 관한 결의에서는 1주마다 1개의 의결권만을 가진다(벤처16-13).

⑤ **존속기간 및 자동전환**: 복수의결권주식의 존속기간은 10년 이내의 범위에서 정관으로 정한다(벤처16-11(1)). 존속기간의 만료, 복수의결권주식의 상속 또는 양도, 창업주의 이사직 상실, 상장 후 3년 경과, 공시대상기업집단으로의 지정 또는 편입 등의 경우에는 복수의결권주식은 자동적으로 보통주식으로 전환된다(벤처16-12). 복수의결권주식이 기업의 초기단계에서 창업주의 리더십 유지라는 목적을 넘어 경영권승계 등의 수단으로 활용되는 것을 막으려는 취지이다.

⑥ **보고 및 공시**: 복수의결권주식을 발행한 때에는 대통령령으로 정하는 일정한 사항을 중소벤처기업부장관에게 보고하고 본점과 지점에 비치·공시해야 한다(벤처16-14).

---

(2) 의결권 없는 주식과 의결권제한주식

2011년 개정 상법이 1주 1의결권원칙(369(1))에 대한 변경을 허용하는 것은 의결권이 배제되거나 제한된 주식에 한한다. 의결권 없는 주식은 주주총회의 모든 결의사항에 대해서 의결권이 전면적으로 제한되는 주식을 말한다. 과거와는 달리 우선주가 아닌 주식에 대해서도 의결권의 배제가 허용된다.

의결권제한주식으로 가장 전형적인 것은 주주총회의 일정한 결의사항에 관하여만 의결권이 제한되는 주식이다. 그 예로는 이사의 임면에 관해서 의결권이 제한되는 주식을 들 수 있다. 의결권에 대한 제한은 시기나 조건을 붙이는 방법으로 할 수도 있을 것이다. 상법도 의결권행사의 조건을 정하는 경우 그 조건을 정관 기재사항으로 규정함으로써(344-2(1)) 그러한 형태의 제한을 인정하고 있다. 이 경우와 의결권 없는 주식에 기한이나 조건이 붙은 경우 사이의 경계는 분명치 않다.

조건은 의결권의 부활에는 물론이고 의결권의 행사에도 붙일 수 있다. 전자의 예로는 의결권 없는 우선주에서 우선배당이 이루어지지 않으면 의결권이 부활한다고 규정하는 경우를 들 수 있다. 후자의 예로는 최초의 주주가 양도하는 경우에는 의결권이 소멸하는 주식을 들 수 있다.[1)]

거부권부 주식, 임원임면권부 주식

거부권부 주식은 정관으로 특정한 사항에 관하여 주주총회 결의 외에 특정종류주주들의 결의를 요하는 경우의 주식을 말한다. 임원임면권부 주식은 특별히 이사 또는 감사를 선임할 권한이 부여된 주식을 의미한다. 이러한 거부권부 주식과 임원임면권부 주식은 합작투자회사와 같은 폐쇄회사의 경우에 존재하는 실무상의 수요를 수용하기 위하여 2006년 상법개정 시에 도입여부가 논의된 바 있다. 그러나 적대적 기업인수에 대한 경영권 방어수단으로 악용될 수 있다는 우려 때문에 입법과정에서 제외되었다.

2. 발　행

(1) 대상주식과 의결권의 근거

의결권 없는 주식과 의결권제한주식은 우선주는 물론이고 보통주의 경우에도 발행할 수 있다. 과거 의결권의 배제를 우선주의 경우에만 허용하던 시절에는 의결권이 주식의 고유한 요소이지만 이익배당에서 우선적 지위를 누리는 대가로 포기된 것이라고 설명하는 견해가 많았다. 그러나 2011년 개정 상법에서는 보통주의 경우에도 의결권의 배제가 허용되고 있기 때문에 그러한 설명보다는 이제는 의결권의 배분에 관한 사적자치를 허용한 것으로 보는 것이 타당할 것이다. 이러한 관점에 의하면 정책적 판단에 따라서 의결권 배분이 가능한 범위를 보다 확대하는 것도 가능할 것이다.

(2) 발행주식수의 제한

의결권 없는 주식과 의결권제한주식의 총수는 발행주식총수의 25%를 초과할 수 없다(344-3(2)). 상장회사에 대해서는 그 제한이 완화되어 일정한 경우 50% 한도가 적용된다(자시 165-15). 이러한 제한은 재산적 권리와 의결권의 괴리를 억제하기 위한 것이다. 한도를 적용할 때의 기준은 정관에 기재된 예정 주식 수가 아니라 실제로 발행한 주식의 수이다.

그 한도를 초과하여 발행된 경우에는 회사는 지체 없이 그 초과를 시정하기 위하여 필요한 조치를 취하여야 한다(344-3(2)). 발행 시에는 그 한도를 지켰으나 다른 주식의 소각으로 인하여 사후적으로 한도를 초과하게 된 경우도 이에 포함되는 것으로 볼 것인가? 그 경우는 엄격하게는 '초과하여 발행된 경우'는 아니지만 재산적 권리와 의결권의 괴리를 억제하려는 입법취지를 고려하면 포함되는 것으로 볼 것이다.[2)] 한도를 초과한 발행은 회사의 조치의무를 발

1) 이러한 주식이 주식의 양도를 제한하는 효과가 있는 것은 분명하지만 구태여 무효라고 볼 이유는 없을 것이다.
2) 송옥렬9, 800면.

생시킬 뿐 초과하여 발행된 주식이 무효가 되는 것은 아니다.

필요한 회사의 조치로는 당해 종류의 주식을 감소시키거나, 당해 종류가 아닌 주식을 추가로 발행하는 것을 생각해볼 수 있다. 주식을 감소시키기 위해서는 당해 종류의 주식을 취득하는 것만으로는 부족하고 소각(343(1))까지 마쳐야 할 것이다. 회사가 필요한 조치를 취하지 않는 경우에도 초과하여 발행된 의결권 없는 주식이나 의결권제한주식이 전부 무효가 된다고 볼 것은 아니다.

(3) 정관의 기재

의결권 없는 주식이나 의결권제한주식을 발행하는 경우에는 정관에 그 내용과 수를 정해야 하는 것은 물론이고(344(2)) 의결권을 행사할 수 없는 사항, 의결권행사 또는 부활의 조건을 정한 경우에는 그 조건 등을 기재해야 한다(344-3(1)).[1]

3. 주주의 권리

(1) 자 익 권

의결권제한주식은 사항이나 조건에 따라 의결권행사가 불가능한 경우가 있다. 의결권행사가 허용되는 범위에서는 의결권제한주식도 통상의 주식과 차이가 없고, 의결권행사가 불가능한 경우에는 의결권 없는 주식과 마찬가지로 대우해야 할 것이다. 의결권 없는 주주도 원칙적으로 주주인 이상 의결권 이외의 주주권은 보통주주와 마찬가지로 누릴 수 있다. 의결권 없는 주주도 이익배당청구권 및 잔여재산분배청구권 등의 자익권을 갖는 것은 당연하다. 자익권에 속하는 반대주주의 주식매수청구권과 관련하여 자본시장법(자시 165-5(1))과 상법(374-2(1))은 의결권이 없거나 제한되는 주주도 주식매수청구권을 갖는다는 점을 명시하고 있다.

(2) 공 익 권

가. 의결권을 전제로 하는 권한

의결권과 무관한 공익권의 경우에는 의결권 없는 주식의 주주도 행사할 수 있다. 따라서 주주대표소송청구권과 같은 소수주주권은 물론이고 주주총회 결의취소의 소와 같은 단독주주권도 행사할 수 있다.[2] 문제는 성질상 의결권의 존재를 전제로 하는 권리를 인정할 수 있는지 여부이다. 우리 상법은 의결권 없는 주주에게는 총회소집의 통지를 발송할 필요가 없다는 규정(363(7)) 외에는 아무런 규정도 두고 있지 않다.[3] 그 밖에 성질상 의결권의 존재를 전

---

1) 법문에서 조건 뒤에 붙은 '등'이 어떠한 의미를 갖는지는 분명치 않지만 기한을 붙인 경우 그 역시 기재해야 한다는 의미로 이해할 수 있다.

2) 결의 당시에 주주가 아니었던 자, 결의에 참가하지 않았던 자, 결의에 찬성했던 자 등에 의한 취소청구도 허용한다는 점에서 이러한 주주의 감독시정권은 의결권 유무와 무관한 것으로 볼 것이다.

3) 다만 합병이나 영업양도 등과 같이 주식매수청구권을 발생시키는 의결사항에 관한 주주총회를 소집하는 경우에는 의결권 없는 주주에게도 소집의 통지를 하여야 한다(363(7)단). 상장회사에 대하여도 같은 취지의 특칙이 있다(자

제로 하거나 의결권과 관련이 있는 권한의 경우에는 개별적으로 판단할 수밖에 없을 것이다.

나. 주주총회참여권

의결권 없는 주주도 주주총회에 출석하여 발언할 수 있는 총회참여권을 갖는가에 대해서 학설이 대립한다.[1] 다음과 같은 이유에서 부정설이 타당하다. ① 의결권 없는 주주를 소집통지대상에서 제외하는 법문(363(7))의 취지상 참여권이 없다고 보는 것이 타당하다. ② 의결권 없는 주주를 주주총회에 참여시킴으로써 회의장소의 혼잡과 총회진행의 지연이 초래될 가능성이 있는 데 비하여 의결권 없는 주주에게 총회참여권을 주는 실익을 찾기 어렵다. 주주총회는 토론을 통해서 의사를 형성하는 장이라기보다는 이미 결정된 의사를 표시함으로써 회사 의사를 결정하는 장이라고 할 수 있으므로[2] 의결권 없는 주주에게 참여를 허용할 필요는 없을 것이다.

같은 이유에서 의결권 없는 주주는 주주제안권도 행사할 수 없다. 상법도 주주제안권을 위한 지주요건의 계산 시 의결권 있는 주식수를 기준으로 하고 있다(363-2, 542-6(2)).[3]

다. 주주총회소집청구권

소수주주의 임시주주총회소집청구권은 경영에 대한 감독권의 성격을 가지므로 의결권 없는 주주도 소집청구를 할 수 있다.[4]

라. 이사, 감사의 해임청구권

소수주주권으로서 이사, 감사의 해임을 법원에 청구하는 권리(385(2), 415)는 의결권 없는 주주도 행사할 수 있다. 의결권 없는 주주가 해임결의에서 배제되는 것은 당연하지만 해임청구는 이사, 감사의 '부정행위 또는 법령이나 정관에 위반한 중대한 사실'이 있는 경우에 인정되는 경영감독권에 속하는 것이기 때문이다.

마. 회계장부열람권, 검사인선임권

소수주주의 회계장부열람권(466(1))이나 검사인선임권(467(1))도 의결권의 행사를 전제로 한 것이 아니라 경영감독권에 속하는 것이므로 의결권 없는 주주도 그 권한을 갖는다.

바. 종류주주총회에서의 의결권

의결권 없는 주식도 종류주식이기 때문에 종류주주총회에서는 당연히 의결권을 행사할 수 있다(435(3)).

시 165-5(5)).

1) 긍정설: 권기범6, 495면; 송옥렬9, 799면. 부정설: 정동윤6, 452면.

2) 대리인에 의한 참여를 이사회에서는 허용하지 않으면서 주주총회의 경우에는 허용하는 것은 바로 그러한 이유에서이다.

3) 권기범6, 495면. 반대: 정동윤6, 452면.

4) 권기범6, 495면; 송옥렬9, 799면; 최기원14, 241면.

Ⅳ. 주식의 상환에 관한 종류주식

1. 의의와 유형

상환주식은 발행 시부터 회사의 이익으로 소각하는 것이 예정된 주식을 말한다. 주식의 소각은 자본금감소의 절차에 의하는 경우와 자기주식의 소각만이 허용되고 있다(343(1)). 상환주식의 상환은 자기주식의 취득과 소각이 동시에 일어나는 경우로 볼 수 있다.[1)]

원칙적으로 상환주식은 상환의 선택권을 회사와 주주 중에 누가 갖는가에 따라 **회사상환주식**(callable stock)[2)]과 **주주상환주식**(put stock)[3)]으로 나눌 수 있다. 회사상환주식은 상환의 선택권을 회사가 갖는 주식이고, 주주상환주식은 상환의 선택권을 주주가 갖고 주주가 상환을 청구하면 회사가 상환의무를 부담하는 주식이다. 2011년 개정 상법은 종래부터 허용되던 회사상환주식 이외에 주주상환주식의 발행도 허용됨을 명시하고 있다(345(3)).[4)] 회사와 주주가 모두 상환청구권을 가지는 주식, 즉 회사상환주식으로서의 성격과 주주상환주식으로서의 성격을 모두 가지는 상환주식의 발행도 가능하다고 할 것이다.

주주상환주식은 주주가 상환청구권을 갖는다는 점에서 회사채와 유사하고 특히 주식으로의 전환권이 부착된 전환사채와 정반대의 속성을 갖는다.[5)] 다만 상법상 상환 재원은 해석상 배당가능이익에 한정되고 있으므로(345(1), (3)) 주주의 상환청구권은 회사에 배당가능이익이 존재하는 경우에 그 금액 한도에서만 인정된다. 따라서 채권자 이익을 해칠 우려는 크지 않다.

2. 발행요건

(1) 상환대상인 주식

가. 대상의 확대

2011년 개정 전 상법에서는 상환조항을 붙일 수 있는 주식은 우선주에 한정되었다(구상 345(1)). 당시 상환주식은 일시적인 자금조달을 위하여 발행한 우선주를 소멸시킴으로써 이질적인 주주집단의 존재로 인한 불편을 해소하기 위한 방안으로 활용되었다. 그러나 이질적인 주주집단이 존재하는 경우의 불편은 비단 우선주와 보통주 사이에서만 일어나는 것은 아니다. 2011년 개정 상법은 상환조항을 붙일 수 있는 주식의 범위를 우선주만이 아니라 일반 종류주식으로 확장하였다.

---

1) 상법은 상환주식의 상환을 자기주식 취득이 인정되는 예외로 전제하고 있다(341(1)(ii)).
2) 수의상환주식이라고도 한다.
3) 의무상환주식이라고도 한다.
4) 2011년 개정 전 상법은 상환주식은 "이익으로써 소각할 수 있는 것으로 할 수 있다"고 규정하여(구상 345(1)) 상환의 주체는 회사이고 주주는 상환의 선택권을 가질 수 없는 것처럼 해석될 여지가 있었다. 그러나 실제로는 정관에 주주의 상환 선택권을 규정하는 방식으로 주주상환주식이 많이 발행되었다.
5) 주주상환주식은 한국채택국제회계기준(K-IFRS)에 의하면 자본이 아니라 부채로 인식된다.

개정 상법은 상환주식을 “종류주식(상환과 전환에 관한 것은 제외한다)에 한정하여 발행할 수 있다”고 규정하고 있다(345(5)). 여기서 말하는 종류주식에는 보통주식까지 포함한다고 보는 견해도 있다. 그러나 전술한 바와 같이 종류주식은 보통주식을 포함하지 않는 것으로 보아야 할 것이다.[1]

나. ‘상환에 관한 것은 제외한다’의 의미

법문상 종류주식 다음의 괄호에 포함된 “상환과 전환에 관한 것은 제외한다”는 표현의 해석에 대해서는 의문이 있다. 먼저 ‘상환에 관한 것’을 제외한다는 취지는 분명치 않지만 다음과 같은 설명이 가능할 것이다. 2011년 개정 상법상으로는 상환주식도 정의상 종류주식에 포함된다. 따라서 괄호 안의 표현이 없다면 자칫 보통주식에 상환조항을 붙이면 종류주식이 되기 때문에 보통주식도 상환주식으로 만드는 것이 가능하다고 해석할 여지가 있다. 괄호 안의 표현은 보통주식에 상환조항을 붙일 수 없음을 명시하기 위한 것으로 볼 수 있다. 그러나 법문의 종류주식은 상환조항이 붙기 전에 이미 종류주식으로서의 속성을 갖춘 것이란 의미로 해석한다면 구태여 괄호안의 상환에 관한 부분은 필요 없으므로 삭제해도 무방할 것이다.

다. ‘전환에 관한 것은 제외한다’의 의미

현행 상법은 ‘전환에 관한 것’을 제외하고 있지만 그 취지는 분명치 않다. 예컨대 우선주식에 보통주식으로 전환할 수 있는 전환권이 붙어 있는 일반적인 전환주식의 경우 두 가지 해석이 가능할 것이다. ① 전환조항이 붙어 있다는 점을 중시하여 상환대상으로 할 수 없다고 보는 해석과 ② 우선주식이란 점만으로도 종류주식에 해당한다는 점을 중시하여 전환조항을 무시하고 상환대상으로 볼 수 있다는 해석이 그것이다. 다만 ②의 해석을 따르더라도 일단 보통주식으로 전환된 후에는 상환이 불가능하다고 본다. ①과 ②중 어느 해석을 택하느냐에 따라 현재 벤처기업 등의 자금조달실무에서 많이 사용되는 **상환전환우선주**(redeemable convertible preference shares: RCPS)의 적법성이 좌우된다. 상환전환우선주는 상환권과 보통주식으로의 전환권을 선택적으로 행사할 수 있는 우선주식으로서, 예컨대 벤처기업에 투자한 우선주식의 주주가 회사의 성공[2] 시에는 그것을 보통주식으로 전환할 수 있고 그렇지 못한 경우에는 상환을 청구할 수 있는 주식이다. 위 ①의 해석에 따르면 상환전환우선주는 전환주식이므로 발행할 수 없을 것이다. 그러나 ②의 해석에 따르면 상환전환우선주의 전환 전에는 우선주식으로서 종류주식에 해당하므로 상환이 허용되고, 단지 보통주식으로 전환한 후에는 상환을 청구하지 못할 뿐이다. 상환전환우선주의 관행적인 조건은 ②의 해석과 일치하고, 이러한 해석이 타당하다. 이처럼 해석론상 반드시 상환전환우선주가 금지된다고 할 것은 아니지만, 불필요한

---

1) 만약 보통주식까지 포함하는 의미라면 결국 모든 주식을 대상으로 할 수 있다는 의미인데 그렇다면 ‘종류주식에 한정’한다는 표현은 적절치 않을 것이다.

2) 해당 주식이 증권시장에 상장되는 경우가 대표적인 예이다.

오해를 피하기 위해서 입법론상 이 부분은 삭제하는 편이 좋을 것이다.[1)]

(2) 정관기재

회사상환주식을 발행할 때에는 일반 종류주식과 같이 당연히 정관에 그 내용과 수를 기재하고(344(2)) 나아가 상환가액, 상환기간, 상환방법과 상환할 주식의 수를 정관에 기재하여야 한다(345(1)). 주주상환주식을 발행하는 경우에는 주주의 상환청구권, 상환가액, 상환청구기간, 상환방법을 정관에 기재하여야 한다(345(3)).

이러한 정관의 기재는 상환주식을 발행하기 전에 행하는 것이 보통이다. 이미 발행된 우선주식을 정관변경을 통하여 상환주식으로 만들 수 있는가? 이에 대해서는 견해가 나뉘고 있으나 긍정하는 것이 타당하다. 상법상 종류주주총회의 결의만 있으면 우선주만을 강제소각하는 것도 가능하다(344(3), 436→435).[2)] 그렇다면 실질적으로 별 차이 없는 상환조항의 사후포함도 같은 조건 하에 허용하는 것이 바람직할 것이다.

(3) 상환조건

가. 상환의 방법

상환의 방법은 정관기재사항이다(345(1)). 회사상환주식의 경우 상환의 방법으로는 임의상환과 강제상환이 있다. 임의상환이란 회사가 주주와의 사이에 자유로운 계약에 의하여 상환주식을 취득하여 실효시키는 것으로 매입상환이라고도 한다.[3)] 임의상환은 주주의 동의를 전제로 한다는 점에서 자기주식 취득에 이은 주식소각과 다를 바 없다. 따라서 임의상환만을 허용하는 회사상환주식은 상환주식으로 볼 수 없을 것이다.

강제상환이란 회사가 주주의 의사와 관계없이 상환주식을 소멸시키는 것을 말한다. 다만 상환주주 상호간에는 주주평등의 원칙이 적용되기 때문에 일부상환의 경우에는 상환을 받을 주식은 추첨, 안분비례 등의 방법에 의하여 정하는 것으로 해야 한다.

나. 상환가액

상환가액은 상환대가로 지급하는 금액으로 정관기재사항이다(345(1)). 정관에는 주식의 액면액, 발행가액 등 구체적인 금액을 기재하거나 시가와 같이 구체적인 금액을 정하는 기준만을 기재할 수도 있다. 이처럼 구체적인 금액이 아닌 기준만을 기재한 경우에는 발행 시에 구체적인 금액을 정하여야 할 것이다. 다만 상환가액은 결국 발행 시에 이사회가 시장사정을 고려

---

1) 법무부, 상법 회사편 해설(2012), 151면에서도 이 문구가 현재 실무상 발행되고 있는 전환상환우선주의 발행을 금지하는 취지는 아니고 향후 개정시 표현을 수정할 예정이라고 밝히고 있다.

2) 상환주식을 가진 주주를 포함한 주주 전원의 동의를 요한다는 견해도 있지만(임재연6 Ⅰ, 399면) 상법상 정관변경과 관련한 주주의 보호는 주주총회의 특별결의요건(434)과 종류주주총회(435)에 의한다는 점에서 입법론상으로는 몰라도 해석론상으로는 찬성하기 어렵다.

3) 이 경우에는 적어도 상환주식을 보유하는 주주 전원에게 처분의 기회를 주어야 할 것이다.

하여 결정하는 것이 바람직하다는 관점에서 보면 미리 정관에 상환가액까지 기재하게 하는 상법의 태도는 입법론적으로 의문이다.[1]

다. 상환기간 내지 상환청구기간

상환기간은 상환이 이루어져야 하는 기간을 말하고 상환청구기간은 주주상환주식의 경우 주주가 상환청구를 해야 하는 기간을 말한다. 두 기간 모두 예컨대 주식발행일로부터 일정한 기간이 지난 후 몇 년 내라는 식으로 정관에서 직접 시기(始期)와 종기를 정할 수도 있지만, 정관에서 정한 시기와 종기 이내에서 이사회가 발행시에 구체적인 기간을 정하도록 위임할 수도 있다.[2] 벤처투자계약에서는 종종 "우선주식의 존속기간까지"라는 정도로만 상환기간을 특정하고, 상환청구가 있었음에도 배당가능이익의 부족으로 상환되지 아니한 경우 상환이 완료될 때까지 상환기간을 연장하는 조항을 두고 있는데, 이 역시 정관에 근거를 둔다면 유효하다고 할 것이다.[3] 회사의 상환 및 주주의 상환청구는 상환주식 전부에 대하여 일시에 하는 것이 보통이지만 정관이 정하는 바에 따라 일부씩 여러번에 걸쳐서 할 수도 있다.

3. 상 환

(1) 상환절차

가. 상환의 결정

상환을 결정할 수 있는 권한은 회사상환주식의 경우에는 회사가 갖고 주주상환주식의 경우에는 주주가 갖는다. 회사상환주식의 경우 구체적으로 어느 기관이 상환결정의 권한을 갖는가에 대해서는 상법에 규정이 없다. 상법상 주식이 소각되는 경우는 자본금감소와 자기주식의 소각이 있지만(343(1)) 상환은 후자와 유사하다. 자기주식을 취득하기 위해서는 미리 일정한 사항을 주주총회 결의로 정해야 한다(341(2)). 이는 상한주식의 경우 미리 일정한 사항을 정관에 정해두어야 하는 것(345(1))과 유사하다. 그러므로 실제 상환의 결정은 자기주식 취득의 경우와 마찬가지로 정관이 정한 테두리 내에서 이사회가 한다고 볼 것이다.

구체적인 상환의 결정은 일단 확정된 배당가능이익의 테두리 내에서는 다음의 결산기에 이르기까지 언제라도 가능하다.

나. 상환결정의 통지

강제상환의 경우에는 주주의 의사에 관계없이 상환이 이루어지지만 사전통지절차가 필요

---

1) 실무상으로는 정관에서 상환가액을 구체적으로 정하지 않고 발행 시에 시장상황 등을 고려하여 구체적인 금액을 정하도록 이사회에 위임하고 있다.

2) 상장회사표준정관 제8조의5 제7항 제2호에서도 "상환기간(상환청구기간)은 발행일이 속하는 회계연도의 정기주주총회 종료일 다음날부터 발행 후 ○년이 되는 날이 속하는 회계연도에 대한 정기주주총회 종료일 이후 1개월이 되는 날까지의 범위에서 이사회가 정한다"는 취지로 규정하고 있다.

3) 박상철, "벤처투자계약의 국내법상 수용과 관련한 쟁점", 상사법연구 37-2(2018), 406면.

하다. "회사는 상환대상인 주식의 취득일부터 2주 전에 그 사실을 그 주식의 주주 및 주주명부에 적힌 권리자에게 따로 통지하여야 한다"(345(2)). 주주는 상환 가능성을 이미 알고 있지만 주주에게 중요한 권리변경이므로 사전통지를 하도록 한 것이다. 다만 통지는 공고로 갈음할 수 있다(345(2)단).[1] 통지대상인 '주주명부에 적힌 권리자'는 질권자를 가리킨다.

주주상환주식의 경우에는 회사에 대한 사전통지절차가 없으므로 회사에 대해서 바로 상환을 청구할 수 있다.

(2) 상환재원

상법은 상환재원을 단순히 이익이라고 하고 있다(345(1)). 2011년 개정 전에는 이익소각시의 이익은 배당가능이익을 가리키는 것이 조문상 명백했다(구상 343(1)). 현행 상법에서도 배당가능이익의 범위 내에서 취득한 자기주식을 이사회결의로 소각할 수 있으므로(343(1)단) 이것과의 균형상 상환재원인 이익도 전기말의 배당가능이익을 의미한다고 볼 것이다.

주주상환주식의 경우에는 법문상 상환재원에 대한 언급이 없다(345(3)). 그러나 회사상환주식과 달리 취급할 필요는 없으므로 마찬가지로 상환재원의 제한을 받는 것으로 볼 것이다.[2] 그러므로 주주상환주식의 경우 주주가 상환을 청구하더라도 전기말의 배당가능이익이 없으면 상환이 불가능하다. 전기말의 배당가능이익이 상환청구액에 미치지 못한다면 배당가능이익 한도 내에서 일부 상환을 하여야 할 것이고, 상환청구 주주가 다수라면 배당가능이익 한도 내에서 상환청구 주식의 수에 따라 비례적으로 상환해야 할 것이다.

만약 전기말의 배당가능이익 범위 내에서 상환을 한 결과 당기말에 배당가능이익이 음수가 된 경우는 어떠한가? 자기주식취득 및 중간배당의 경우에는 유사한 상황에 관한 특칙이 있다. 즉 당기말에 배당가능이익이 부족하게 될 우려가 있다면 비록 전기말 배당가능이익이 있더라도 자기주식취득 및 중간배당을 해서는 안 되고(341(3), 462-3(3)), 자기주식취득 또는 중간배당으로 인해 당기말에 배당가능이익이 부족하게 되었다면 이사들이 주의를 다하였음을 입증하지 못하는 한 연대하여 회사에 그 부족분을 배상하여야 한다(341(4), 462-3(4)). 그러나 상환주식의 상환에 관하여는 이러한 특칙이 없으므로 이사의 배상책임을 함부로 인정하기는 곤란하다. 특히 주주상환주식의 경우에 회사는 배당가능이익이 존재하는 한 상환조건에 따라 상환의무가 있으므로, 당기말에 배당가능이익이 부족하게 될 우려를 이유로 상환의무를 거절할 수 없다고 할 것이다.[3]

1) 중요한 권리변경이라는 점에서 공고로 대체할 수 있도록 한 것에 대해서 비판하는 견해가 있다(이철송30, 303면). 그러나 상환은 미리 예정된 것이라는 점에서 반드시 통지를 강제할 필요는 없을 것이다.

2) 제345조 제4항 단서도 그러한 해석을 뒷받침한다.

3) 과거 일본에서는 상환주식의 상환이 배당가능이익의 제한을 받는다는 점을 의식하여 주주의 상환청구를 배당가능이익을 확정하는 정기주주총회 전에 해야 한다고 보는 견해가 유력했으나(日注會(3) 326면(管原)) 우리법의 해석상으로는 반드시 그렇게 볼 필요는 없을 것이다.

상환재원에 관한 입법론

상환의 재원을 이익에 한정하는 상법의 태도에 대해서는 입법론상 의문이 있다. 이익으로만 상환이 가능하다면 이익의 규모가 충분한 경우에만 상환이 가능할 것이다. 그러나 상환의 필요는 이익이 없는 경우에도 생겨날 수 있다. 예컨대 시장금리의 인하로 말미암아 우선주의 우선배당률보다 훨씬 낮은 금리의 차입이나 보다 낮은 우선배당률로 우선주를 새로 발행하는 것이 가능한 경우에는 기존 상환우선주를 상환할 수 있는 길을 열어줄 필요가 있다. 따라서 입법론상으로는 이익뿐 아니라 자본준비금, 나아가 새로이 발행하는 주식의 발행대금으로 상환하는 것도 허용할 필요가 있다. 상환재원을 확대하면 회사채권자에 불리한 측면이 있지만 그 불이익보다는 회사재무관리의 융통성이 증가하는 이익이 더 클 것이다.

상환기금

상환은 배당가능이익이 존재하는 경우에만 가능하므로 장차 상환을 담보하기 위하여 미리 배당가능이익 중 일부를 상환기금으로 적립하도록 정관에 규정하는 예가 있다. 이러한 상환기금의 적립이 요구되는 상환우선주를 특별히 보호우선주(protected preferred stock)라고 한다. 상환기금은 배당가능이익으로 적립되는 것이므로 성질상 정관의 규정에 의한 임의적립금이라고 할 수 있다. 정관에 규정이 없더라도 상환기금을 주총결의로 적립하는 것도 물론 가능하다.

(3) 현물상환: 현금 이외의 자산에 의한 상환

2011년 개정 상법은 현금이 아니라 유가증권(다른 종류주식은 제외)이나 기타 자산으로 상환하는 현물상환을 명시적으로 인정하고 있다(345(4)). 현물상환은 원칙적으로 정관에 근거가 있는 경우에 한하여 가능하다. 정관에 근거가 없는 경우에는 주주의 동의를 얻은 경우에만 현물로 상환할 수 있다.[1)]

다른 종류주식을 제외하는 이유는 그 경우는 전환주식과 구별이 불가능하기 때문이다. 법문이 종류주식만을 제외하기 때문에 해석상 종류주식이 아닌 보통주식으로 상환하는 것은 허용된다. 다만 현금 대신 보유 중인 보통주식을 교부하거나 새로 발행하는 경우는 뒤에 설명하는 전환주식에 해당한다고 볼 것이다.

상법은 현금 대신 교부하는 자산의 장부가액은 배당가능이익을 초과할 수 없음을 명시하고 있다(345(4)단). 그러나 상환재원이 배당가능이익으로 제한된다는 점에 비추어 이는 주의적 규정에 불과하다.[2)]

1) 이 경우 법적 성질은 대물변제라고 할 것이다. 이철송30, 303면.

2) 이 부분은 자산의 시가가 상환가액을 초과해서는 아니 된다는 취지를 잘못 표현한 입법의 착오로 보는 견해도 있다. 김순석, "종류주식", 대계4 I, 536면.

(4) 상환의 효력발생

상환의 효력발생에 대해서 상법은 따로 규정을 두고 있지 않다. 상환의 효력발생은 반대주주의 주식매수청구권(374-2)의 경우와 유사하게 두 차원으로 나눠볼 수 있다.[1] ① 하나는 회사와 상환주식의 주주 사이에 구체적인 상환의무 및 권리가 발생한 시점의 문제이다. ② 다른 하나는 상환주식의 주주가 주주로서의 지위를 상실하는 시점의 문제이다. 상법은 어느 쪽에 대해서도 규정을 두고 있지 않으므로 상환주식 발행 시에 회사와 신주인수인이 그 시점을 자유롭게 정할 수 있다. 예컨대 주주가 상환권을 행사하면 회사로부터 상환대금을 수령하기 전에도 바로 주주 지위를 상실하고 대금채권자 지위만을 갖는다고 정할 수도 있다.[2] 문제는 별도의 정함이 없는 경우이므로 이하에서는 이 경우를 중심으로 설명한다.

먼저 ① 상환의무 및 권리의 발생시점 문제를 살펴보자. 상환권은 형성권이므로 회사상환주식의 경우 이사회의 상환결정 및 주주에 대한 회사의 상환결정통지가 있으면 구체적인 권리, 의무가 발생한다고 볼 것이다. 다만 상환대금의 지급일은 달리 정함이 없으면 통지에 기재한 '취득일'로 볼 것이다. 주주상환주식의 경우에는 회사에 대한 상환청구가 있으면 바로 상환의무 및 권리가 발생한 것으로 본다. 상환대금의 지급시기는 상환조건에 의해 정해진다(예컨대 상환청구기간 내 상환청구가 있는 경우 상환청구기간 경과 후 10일 이내).

② 주주지위 상실 시점은 회사상환주식이나 주주상환주식이나 모두 원칙적으로 회사가 상환대금을 지급하는 시점이라고 볼 것이다. 대법원은 주주상환주식에 관한 사안에서 "정관이나 상환주식인수계약 등에서 특별히 정한 바가 없으면" 주주가 회사로부터 상환금을 지급받을 때까지는 상환권을 행사한 이후에도 여전히 주주의 지위에 있다고 보았다(대법원 2020. 4. 9, 2017다251564 판결). 이런 판단은 회사상환주식의 경우에도 달라질 이유가 없을 것이다.

상환대금의 지급시기를 도과하면 지연손해금이 발생함은 물론이다. 문제는 상환대금이 확정되지 않은 경우이다. 예컨대 상환가액을 시가로 정해둔 경우 구체적 액수에 관해 다툼이 있으면, 회사 측이 나름의 시가액을 공탁하여 그 부분 지연책임을 면하려 할 수 있다. 이에 대하여 대법원은 일부 공탁으로 변제 효력이 없을 뿐 아니라, 주주의 지연손해금 전액 청구가 신의성실 원칙에 반하지도 않는다고 보아 상환가액 전체에 대한 지연책임을 부과하였다(대법원 2020. 4. 9, 2016다32582 판결).[3]

---

1) 다만 주식매수청구권의 경우 그 행사로 회사와 반대주주간 별도의 주식매매계약이 체결되는 반면, 상환주식인 경우 상환권이 행사되더라도 새로운 매매계약이 체결되는 것은 아니므로 도산법제 적용에 있어서 차이가 있다. 즉 대법원은 주식매수청구권의 경우 관리인이 쌍방미이행 쌍무계약의 법리(도산 119(1))에 따라 매매계약을 해제할 수 있다고 보지만(대법원 2017. 4. 26, 2015다6517, 6524, 6531 판결), 이러한 판례가 상환주식에는 적용되지 않을 것이다.

2) 주주상환주식의 경우 대법원은 "정관이나 상환주식인수계약 등에서 특별히 정한 바가 없으면" 주주가 회사로부터 상환금을 지급받을 때까지는 상환권을 행사한 이후에도 여전히 주주의 지위에 있다고 보았다(대법원 2020. 4. 9, 2017다251564 판결).

3) 지연이자율(상사법정이율 6%)이 고율임을 고려하면 일정 요건 하에서는 일부 공탁된 부분에 관해 지연책임을 면

(5) 상환의 효과

가. 자본금에 대한 영향

상환의 효력이 발생하여 주식이 소멸하는 경우에도 자본금이 감소하는 것은 아니다. 따라서 그 경우 발행주식의 액면총액과 자본금과의 사이에는 괴리가 생겨난다.

나. 변경등기

상환으로 자본금은 감소하지 않지만 주식의 소멸로 인하여 발행주식총수와 종류주식의 수에 변화가 생기므로 변경등기를 해야 한다(317(2)(iii), 183).

다. 상환으로 소멸된 주식의 재발행

회사가 상환으로 소멸된 상환주식의 수만큼을 다시 발행할 수 있는가에 대해서는 다툼이 있다.[1] 종래 우리 학계에서는 정관에 재발행 가능성을 규정해두지 않는 한 불가능하다는 부정설이 유력했다.[2] 그 근거로는 대체로 다음 두 가지를 든다. ① 이사회에 의한 재발행을 허용하면 사실상 이사회가 무제한의 신주발행권한을 갖는 결과가 된다. ② 상환주식의 상환은 이익으로 하게 되어 있으므로 새로이 상환주식을 발행하면 기존 주주들이 이익배당을 받을 권리가 침해된다. 그러나 이 근거들은 모두 설득력이 별로 없다. 먼저 이사회는 이익으로 상환주식을 상환한 경우에만 다시 상환주식을 발행할 수 있을 뿐이어서 이사회의 신주발행권한이 무제한이라고 보기는 어렵다. 또한 이사회가 상환과 재발행을 반복하는 경우 수차에 걸쳐 발행하는 상환주식의 총수는 이론상 무제한이 될 수 있지만 특정 시점에 존재하는 상환주식의 수는 정관에 정한 수로 엄격히 제한된다.

상환주식의 상환과 재발행을 반복하면 배당가능이익이 감소하지만 그만큼 자본금이 증가한다는 점에서 주식배당의 경우와 유사하다. 남용가능성을 우려하여 재발행이 전면 금지된다고 보기보다는 재무활동의 유연성을 폭넓게 인정하는 현대 회사법의 추세에 비추어 재발행이 인정된다고 해석하는 것이 타당할 것이다.[3] 재발행가능설에 의하면 정관에 정한 상환주식의 수(345(1))는 회사가 발행을 수권한 상환주식의 총수가 아니라 특정 시점에 존재하는 상환주식의 최대한도를 정한 것으로 볼 것이다.

할 수 있는 길을 열어줄 필요가 있을 것이다.

1) 이 문제는 자본금감소에 의한 소각 및 자기주식의 소각에서도 발생한다. 제8절 Ⅰ. 3. (5) 나. 및 4. (4) 참조.

2) 권기범6, 504면; 김정호5, 151면; 김홍기4, 383면; 임재연6 Ⅰ, 410면; 장덕조3, 127면; 정동윤6, 456면; 정찬형22, 730면; 최기원14, 243면; 홍/박7, 216면.

3) 이철송30, 305면. 최준선14, 236면. 등기선례는 과거 재발행불가설의 입장이었으나 2012. 7. 9. 상업등기선례 제2-55호로 재발행가능설을 따른다. 실무적으로는 정관에 재발행가능성을 명시하는 경우가 많다고 한다.

V. 주식의 전환에 관한 종류주식

1. 서 설

(1) 의 의

회사가 종류주식을 발행하는 경우 정관으로 정하는 바에 따라 그 주식을 내용이 다른 종류의 주식으로 전환할 것을 청구할 수 있는 권리, 즉 **전환권**을 부여할 수 있다(346(1), (2)). 이러한 전환권이 부여된 주식을 **전환주식**이라고 한다.

과거 상법은 주주가 전환권을 갖는 전환주식만을 규정하였으나 2011년 개정 상법은 회사가 전환권을 갖는 주식도 명시적으로 허용하고 있다(346(2)). 전자를 **주주전환주식**이라고 하고 후자를 **회사전환주식**이라고 부르기로 한다. 일정한 요건 하에 주주와 회사가 모두 전환권을 가지는 주식의 발행도 가능하다고 할 것이다.

(2) 전환주식의 기능

과거에는 우선주와 같은 수종의 주식을 발행하는 경우에만 전환이 허용되었지만 2011년 개정 상법에서는 종류주식의 허용범위가 확대됨에 따라 전환주식의 형태를 다양하게 구성할 수 있게 되었다. 그러나 현실적으로는 우선주에서 보통주로 전환할 수 있는 전환주식이 주로 발행될 것으로 전망된다. 이러한 **전환우선주**는 특히 사업 초기에 이익발생여부가 불투명한 벤처기업의 경우에 유용하다.[1] 전환우선주를 취득한 벤처캐피탈은 회사의 이익이 크게 증가하기 전에는 우선주주로서 정해진 배당을 받을 수 있고 회사의 성공 시에는 보통주로 전환하여 성장의 과실을 나누어 가질 수 있다.[2]

(3) 전환주식의 허용범위

전환주식의 경우에는 전환권이 부여되는 주식(대상주식)과 전환 후 발행하는 주식(신주식)의 두 가지 주식이 관련된다. 상법상 '종류주식을 발행하는 경우'라고 하고 있어 대상주식은 종류주식에 한하는 것으로 해석된다(346(1)). 일반적으로 보통주는 종류주식에 포함되지 않으므로 종류주식이 아닌 보통주에는 전환권을 부여할 수 없다. 따라서 예컨대 우선주로 전환할 수 있는 권리가 부여된 보통주는 발행할 수 없다.[3] 다만 입법론적으로는 보통주식을 대상주식으로 하는 전환주식을 굳이 금지할 필요가 있는지는 의문이다.

---

1) 실제로 우선주 1주를 보통주 10주로 전환하는 권리가 부여된 전환우선주를 취득한 사모펀드가 전환권을 행사하여 경영권을 장악한 사례도 있다.

2) 전환우선주는 실질적으로 전환사채에 접근한다. 전환사채의 경우 이자를 지급하지 않으면 채무불이행이 되지만 전환우선주의 경우에는 우선배당을 하지 않아도 채무불이행이 되지 않는다는 점이 발행회사로서는 유리한 점이다.

3) 그러나 제346조 제1항의 해석상으로는 무의결권보통주를 무의결권우선주로 전환하는 것은 가능할 것이다. 무의결권보통주도 종류주식(344-3)에 속하기 때문이다.

상법상 신주식은 '다른 종류주식'이라고 하고 있다. 따라서 보통주가 종류주식에 포함되지 않는다는 통설에 따라 이 문구를 해석한다면 실무상 수요가 큰 전환우선주는 발행할 수 없다는 결론에 이른다. 상법 개정 시에 전환우선주를 금지하려는 입법의도가 전혀 없었다는 점에 비추어 이러한 결과가 현실적으로 부당함은 물론이다. 이 문제는 상법 개정 과정에서 만연히 종전의 '다른 종류의 주식'이란 표현을 '다른 종류주식'으로 바꾼 것에서 비롯된다. 이 문제는 입법적으로 '다른 종류주식'을 '내용이 다른 주식'과 같은 표현으로 개정함으로써 해결해야 할 것이다. 그러나 그러한 입법적 해결 전에도 개정 전과 마찬가지로 보통주도 신주식으로 할 수 있다고 해석하는 것이 타당할 것이다.[1)]

(4) 유사개념 — 기한부 또는 조건부 우선주

전환주식은 전환권이 주주나 회사에 부여된 것만을 가리킨다. 이론상으로는 전환이 전환권의 행사에 의해서가 아니라 일정한 기한도래나 조건성취로 인하여 자동적으로 발생하는 주식도 상정할 수 있다. 이러한 주식의 예로는 기한부 또는 조건부 우선주를 들 수 있다. 조건부 우선주의 예로는 보통주가 일정기간 우선주와 동률의 배당을 받는 경우나 회사가 기업공개를 하는 경우 보통주로 전환되는 **해제조건부 우선주**가 대표적이다. 이러한 해제조건은 흔히 강제전환조항이라는 용어로 표현된다.

이들 기한도래나 조건성취로 인하여 자동적으로 전환되는 주식은 주주나 회사에 전환권이 부여된 것이 아니므로 엄밀한 의미에서 상법상의 전환주식은 아니다. 그러나 이런 주식의 발행을 구태여 금지할 이유도 없으므로 발행이 가능하다고 볼 것이다. 이런 주식의 발행 및 전환조건은 원칙적으로 상법상 전환주식에 준하는 것으로 볼 것이다.

2. 발 행

(1) 정관기재 및 공시

전환주식은 정관이 정하는 범위 내에서 이사회의 결의로 발행할 수 있다.[2)] 상법은 상환주식의 경우와는 달리 일정한 사항을 정해야 한다고 할 뿐이므로(346(1), (2)) 그 사항을 미리 정관에 기재할 필요 없이 이사회 결의로 정하면 된다고 해석할 여지도 없지 않다. 그러나 전환주식을 상환주식의 경우와 구태여 달리 취급할 이유는 없으므로 마찬가지로 그러한 사항은 정관에 기재해야 한다고 볼 것이다.

주주전환주식을 발행할 때에는 전환의 조건, 전환의 청구기간, 전환으로 인하여 발행할 주식의 수와 내용을 정하여야 한다(346(1)). 회사전환주식을 발행하는 경우에는 전환의 사유, 전환의 조건, 전환의 기간, 전환으로 인하여 발행할 주식의 수와 내용을 정하여야 한다(346(2)).

---

1) 권기범6, 505면.

2) 회사설립 시에는 정관의 규정이 없으면 발기인 전원의 동의로 발행할 수 있다(291).

전환주식에 관한 일정한 사항은 주식청약서나 신주인수권증서에도 기재하여야 함은 물론이고 등기사항이기도 하다(347, 317(2)(iii), 317(4)→183).

정관에서 미리 이러한 사항을 고정하는 것은 자금조달의 기동성이란 측면에서 바람직하지 않다. 그러므로 실무상으로는 정관에서 이사회에 대한 폭넓은 위임이 이루어지는 경우가 많다. 기존 주주에게 가장 중요한 전환대상주식과 신주식의 수를 제외한 나머지 사항에 대해서는 위임이 폭넓게 허용된다고 볼 것이다.

전환조항은 발행 시에 붙이는 것이 보통이지만 발행 후에 정관변경을 통해 추가하는 것도 가능하다. 주주가 전환권을 갖는 전환주식의 경우 그러한 정관변경은 주주에게 불리한 것이 아니므로 종류주주총회의 결의(435(1))는 불필요할 것이다.

(2) 전환의 조건: 전환가액과 전환율

전환의 조건은 전환가액이나 전환율로 표시된다. 전환가액이란 전환에 의하여 발행되는 주식의 발행가액에 해당하는 것으로서, 예컨대 보통주 1주의 발행가액 5천원이라는 식으로 표시된다. 전환율이란 대상주식과 전환발행주식의 비율을 말하는 것으로서, 예컨대 우선주 1주에 대하여 보통주 1주라는 식으로 표시된다.

전환조건은 얼핏 자유로이 정할 수 있는 것처럼 보이기도 하지만 실제로는 제약을 받는다. 상법은 전환전 주식의 발행가액과 전환으로 발행된 신주식의 발행가액이 일치하도록 하고 있기 때문이다(348). 예를 들어 1주당 액면금 5,000원인 회사에서 우선주 100주를 주당 발행가액 10,000원에 발행한 경우 발행가액은 1,000,000원이다. 이것을 보통주로 전환함으로써 발행되는 보통주의 발행가액(전환으로 발행되는 보통주의 수와 그 주당 발행가액을 곱한 금액)도 이와 동일한 1,000,000원이어야 한다. 그런데 보통주의 주당 발행가액은 액면금인 5,000원에 미달해서는 안 되므로(330), 전환으로 발행되는 보통주의 수는 200주를 넘을 수 없다. 즉 전환 전후의 총발행가액이 일치해야 하는 제약 하에서, 전환으로 발행되는 신주식의 주당 발행가가 액면금에 미달할 수 없기 때문에 전환으로 발행되는 신주식의 수에는 일정한 상한이 있게 된다.

우선주를 보통주로 전환할 수 있는 전환주식을 발행하는 경우 전환가액은 대체로 발행당시 보통주의 시가에 프리미엄을 붙여 정하는 경우가 많다. 이 경우 시간이 지나 전환권행사가 가능해졌음에도 보통주의 시가가 전환가액에 미달하는 상태가 계속된다면 전환은 이루어지지 않을 것이다. 이와 관련하여 전환가액을 보통주의 시가에 연동시키는 방법이 허용되는지 여부가 문제된다. 부정설은 그처럼 전환가액의 변동을 인정한다면 회사의 발행예정주식총수가 변동될 뿐 아니라 기존 보통주주의 이익도 침해될 우려가 있으므로 허용되지 않는다고 본다. 그러나 유연한 자금조달을 촉진하기 위해서는 그러한 형태의 주식을 전면 금지할 필요는 없을 것이다.

(3) 전환의 청구기간 또는 전환의 기간

주주가 전환을 청구하거나 회사가 전환할 수 있는 기간은 통상 시기와 종기로 정해진다. 예를 들면 전환주식 발행 후 1년을 경과한 날로부터 2년을 경과한 날까지라고 하는 식으로 정해진다. 회사는 전환의 청구기간이나 전환의 기간 내에는 전환에 의하여 발행할 주식의 수를 정관에 정한 종류의 주식의 수에 남겨두어야 한다(346(4)).

(4) 전환의 사유

회사전환주식의 경우 상법은 정관에 전환의 사유를 정하도록 하고 있다(346(2)). 이는 회사의 전환권 남용을 막기 위한 규정으로 그 사유를 구체적으로 정할수록 회사의 전환권은 제약을 받게 된다. 회사상환주식의 경우 회사의 상환사유를 제한하지 않는 점에 비추어 회사전환주식에 대해서만 이러한 제한을 두는 것의 타당성에 대해서는 의문이 없지 않다. 따라서 해석상 전환의 사유는 일반추상적으로 기재하는 것도 허용할 필요가 있다.[1]

3. 전환권의 보호

(1) 희석화방지

보통주로 전환할 수 있는 권리가 부여된 전환우선주가 발행된 후에 회사가 전환권의 가치를 실질적으로 감소시키는 행위, 즉 전환권을 희석시키는 행위를 하는 경우에는 전환주식을 보유한 주주의 이익이 침해된다. 예컨대 저가의 신주발행이나 무상증자 등으로 인하여 주식의 실질적인 가치가 하락한 경우에는 전환권의 가치가 희석될 것이다. 상법에는 이러한 희석을 막기 위한 희석화방지조항(anti-dilution clause)에 관해 아무 규정이 없으나, 상장회사의 경우 일정 범위에서만 전환가액을 조정할 수 있도록 특칙이 적용된다.[2]

(2) 전환권의 소멸

전환권의 행사 전에 회사의 해산이나 합병 등에 의하여 전환권이 소멸하는 경우에도 전환권이 희석된 경우와 마찬가지로 주주를 보호할 필요가 있다. 회사가 해산한 경우에는 해산회사의 법인격의 소멸에 따라 전환주주의 전환권은 소멸하는 것이 원칙이다.[3]

회사의 합병의 경우에는 흡수합병이냐 신설합병이냐를 불문하고 소멸회사의 전환주식의 전환권은 소멸하는 것이 원칙이다. 합병으로 인하여 전환주주가 불이익을 입는 경우에는 종류

---

1) 표준정관은 전환사유의 예로 보통주식의 주가가 전환주식의 주가를 상회하는 경우, 전환주식의 유통주식 비율이 일정 비율 미만인 경우, 특정인이 일정 비율 이상의 주식을 취득한 경우 등을 들고 있다.

2) 전환사채, 신주인수권부사채와 마찬가지의 법리가 적용된다(발행공시규정 5-24-2(1)→5-23, 5-23-2). 전환주식에노 희석화방지조항 외에 리픽싱조항(refixing clause)이 활용될 수 있는바, 희석화방지조항과 리픽싱조항에 관한 상세는 제6장 제4절 VI.1.(4) 참조.

3) 다만 오로지 전환주주의 전환권의 행사를 방해하기 위하여 해산결의를 한 경우에는 의결권행사의 남용으로서 결의무효의 원인이 된다고 할 것이다.

주주총회의 결의에서 반대함으로써 자신의 이익을 보호할 수 있다. 또한 주식매수청구권을 행사함으로써 자신의 이익을 보호할 수 있을 것이다.

4. 전환권의 행사

주주나 회사의 전환권은 일종의 형성권으로 전환기간 내에는 언제든지 행사할 수 있다.[1] 주주가 전환권을 행사할 때에는 전환청구서 2통에 주식의 종류, 수, 청구년월일을 기재하고 주권을 첨부하여 회사에 제출해야 한다(349). 회사가 전환하는 때에는 이사회가 그 주식의 주주와 주주명부상의 권리자에게 전환할 주식, 2주 이상의 일정한 기간 내에 그 주권을 회사에 제출해야 한다는 뜻, 그 기간 내에 주권을 제출하지 않으면 그 주권이 무효로 된다는 뜻을 통지 또는 공고하여야 한다(346(3)). 이처럼 상법에서는 회사전환주식의 전환통지 주체를 이사회로 명시하고 있으므로, 회사전환주식의 전환결정도 원칙적으로 이사회 결의로 하여야 할 것이다.[2]

5. 전환의 효과

(1) 전환의 효력발생

전환의 효력은 주주의 전환 청구 시에는 그 청구 시에, 회사가 전환을 한 경우에는 주권제출기간(346(3)(ii)에 따라 2주 이상이어야 함)의 만료 시에 발생한다(350(1)).[3] 전환의 효력이 발생하면 대상주식은 소멸하고 그에 갈음하여 신주식이 발행된다. 따라서 주주는 전환주주의 지위를 잃고 신주의 주주가 되어 신주의 권리를 행사할 수 있다. 다만 주주명부폐쇄(354(1))의 기간 중에 전환된 주식의 주주는 그 기간 중의 총회의 결의에 관하여는 의결권을 행사할 수 없다(350(2)). 이는 사무적인 번잡을 피하기 위한 규정이다.

한편 전환으로 발행된 주식의 이익배당은 일반 원칙에 따라 전환의 효력발생 시점과 배당기준일의 선후에 따라 결정된다. 즉 전환의 효력이 배당기준일 이전에 발생하였으면 신주식을 기준으로 배당을 받고, 배당기준일 이후에 발생하였다면 구주식을 기준으로 배당을 받는다.[4]

(2) 발행주식의 수의 증감 및 등기

전환비율이 1:1을 초과하는 경우에는 전환으로 인해 주식수가 증가하므로 자본금이 증가한다. 따라서 그러한 취지의 변경등기가 필요하다(317(2)(iii)). 다만 전환청구가 있을 때마다 등기하는 것은 불편하므로, 상법은 전환의 효력이 발생하는 날이 속하는 달의 마지막 날부터 2

---

1) 과거 상법은 주주명부의 폐쇄기간 중에는 전환청구를 할 수 없도록 규정했었다(1995년 개정 전 구상 349(3)).
2) 이철송30, 310면; 김순석, “종류주식”, 대계4 Ⅰ, 543면.
3) 주권이 발행되지 않은 전환주식의 경우에는 주권제출이 불가능하므로 입법적 보완이 이루어지기 전에는 통지 시에 2주 이상 후의 일정 시점을 정해서 그 시점에 전환의 효력이 발생하는 것으로 보아야 할 것이다.
4) 구상법 제350조 제3항에 따르면, 전환권이 행사된 경우에도 구주식을 기준으로 이익배당을 받고 정관 규정이 있는 경우에 한해 신주식을 기준으로 이익배당을 받도록 하였는바, 이 조항은 2020년 개정으로 삭제되었다.

주 내에 본점소재지에서 등기하도록 함으로써 1개월 단위로 일괄 등기할 수 있는 길을 열어주고 있다(351).

반면 전환비율이 1:1에 미달하는 경우에는 전환으로 인해 주식수가 감소하므로 자본금의 감소를 초래하게 된다. 이에 ① 그러한 전환 시에는 자본금감소에 준하여 채권자보호절차를 거쳐야 한다는 견해,[1] ② 결손보전을 위한 자본금감소에 관한 규정을 유추적용하여 채권자보호절차 없이 주주총회 보통결의만으로 족하다는 견해[2] 등이 제시되고 있다. 이와 달리 이 경우 정관에 근거하여 발행된 전환주식의 전환조건에 따라 자본금감소라는 효과가 일어난 것일 뿐이므로 별도의 주주총회 결의는 (보통결의이든 특별결의이든) 필요하지 않고, 실제 회사자산의 유출이 일어나지 않으므로 결손보전을 위한 자본금감소에 준하여 채권자보호절차도 필요하지 않다고 볼 여지도 있을 것이나, 해석론으로는 무리라는 반론도 있을 수 있다. 상업등기선례 중에는 1:1에 미달하는 전환을 불허한 것이 있다.[3]

(3) 소멸된 대상주식의 부활

전환주식의 전환에 의하여 소멸된 대상주식만큼 그 종류의 미발행주식이 부활하는가에 대하여는 다툼이 있다. 상환주식의 경우와 마찬가지로 소멸된 대상주식 수만큼 발행하는 것이 가능하다고 볼 것이다.[4] 이 경우 부활되는 주식은 전환권이 없는 전환 전의 종류주식이라고 보는 견해도 있지만[5] 소멸된 것과 같은 내용의 전환주식으로 볼 것이다.[6]

(4) 단주의 처리

주식의 전환 시에 발생하는 단주의 처리에 관하여는 별로 논의가 없다. 정관으로 단주처리방식이 정해진 경우에는 그에 따르면 된다. 그렇지 않은 경우에는 주식병합에 관한 제443조를 준용하여 단주의 매각대금을 주주에게 지급하는 방식을 취하는 것이 타당할 것이다.[7]

---

1) 김순석, "종류주식", 대계4 Ⅰ, 546면.
2) 이철송30, 312면.
3) 전환주식과 전환권의 행사에 의하여 새로이 발행되는 주식의 비율이 1 : 1 미만인 주식의 전환은 자본금감소 시에 엄격한 채권자보호 등의 절차를 요구하는 상법의 취지에 비추어 받아들이지 않았다(상업등기선례 제200510-1호). 그러나 이는 2011년 상법 개정으로 결손보전을 위한 자본금감소의 경우 채권자보호절차를 면제하는 특례를 마련하기 전의 선례이므로 변경의 여지가 있다고 본다.
4) 권기범6, 509면; 김홍기4, 389면; 임재연6 Ⅰ, 417면; 장덕조3, 131면; 정동윤6, 459면; 정찬형22, 735면; 최기원14, 245면; 최순선14, 239면; 홍/박7, 220면.
5) 이철송30, 313면.
6) 송옥렬9, 808면.
7) 단주 처리에 관하여는 제3장 제8절 Ⅱ. 3. 참조.

제 3 절

주 권

Ⅰ. 서 설

1. 의 의

주권은 주식, 즉 주주의 지위를 표창한 유가증권을 가리킨다.[1] 주식을 유가증권인 주권에 화체시키는 이유는 주식의 유통성을 높여 자금조달을 촉진하기 위해서이다. 주권의 점유자는 적법한 소지인으로 추정되므로(336(2)) 회사에 대해서 주주임을 증명하는 것이 용이하다. 또한 주권의 교부에 의하여 주식을 양도하거나 입질할 수 있다(336(1), 338(1)). 그러나 주권이 이런 장점만 있는 것은 아니다. 주권이 분실되는 경우에는 주주의 지위를 상실할 위험이 있다. **주권불소지**(不所持)제도(358-2)는 이러한 위험에 대비하여 발생한 제도이다. 나아가 주식거래가 대량으로 빈번하게 일어나는 경우에는 주권교부 자체가 오히려 거추장스러울 수도 있다. 이 문제를 해결하기 위하여 출현한 것이 주권의 **대체결제**에 의한 거래이다. 이러한 변화의 최종 단계는 2019년부터 시행된 주식의 **전자등록**제도(이른바 무권화(無券化))로서 그에 의하면 상장회사는 제도적으로 주권을 발행할 수 없게 되었다(주식 · 사채 등의 전자등록에 관한 법률 25(1)(i), 36).

2. 주권의 종류[2]

(1) 액면주권과 무액면주권

2011년 개정 상법에서는 무액면주식의 발행을 허용한다(329(1)). 따라서 주권도 액면의 표시여부에 따라 액면주권과 무액면주권으로 구분할 수 있다.

(2) 단일주권과 병합주권

주권은 발행단위에 따라 1개의 주식을 표창하는 단일주권과 복수의 주식을 표창하는 병

---

1) 주권은 유가증권으로서 법적으로 비설권(非設權)증권, 비문언(非文言)증권, 무기명증권, 완화된 요식증권, 요인증권의 성질을 갖는다.

2) 주권은 주식을 표창하는 증권이므로 표창하는 주식이 기명주식인가 무기명주식인가에 따라 주권도 기명주권과 무기명주권으로 구분된다. 2014년 개정 상법에서는 무기명주식을 폐지하였으므로 이제 모든 주권은 기명주권이다.

합주권으로 나눌 수 있다.[1)]

3. 주권의 양식

주권에는 다음 사항의 기재와 대표이사의 기명날인 또는 서명을 요한다(356).[2)]

① 회사의 상호
② 회사의 성립연월일
③ 회사가 발행할 주식의 총수
④ 액면주식인 경우 1주의 금액
⑤ 신주인 경우 발행연월일
⑥ 종류주식이 있는 경우 그 주식의 종류와 내용[3)]
⑦ 주식의 양도에 관하여 이사회의 승인을 요하는 경우 그 규정

위 사항을 기재해야 한다는 점에서 주권은 **요식증권**이다.[4)] 그러나 그 요식증권성은 어음이나 수표처럼 엄격한 것은 아니다. 대표이사의 기명날인[5)]이나 회사의 상호 등과 같은 중요사항은 반드시 기재해야 하지만 주주의 이름이나 발행일자와 같은 기재사항은 누락되어도 주권으로서의 효력에는 영향이 없다.[6)] 주권의 기재가 실제와 다른 경우에는 실제가 우선한다(**비문언증권성**).[7)]

Ⅱ. 발 행

1. 회사의 주권발행의무와 권한

회사는 성립 후 또는 신주의 납입기일 후 지체 없이 주권을 발행하여야 한다(355(1)).[8)] 주

1) 주권의 발행단위에 대해서는 정관에 규정을 두는 것이 보통이지만 그 규정에 기재되지 않은 단위의 병합주권을 발행한 경우에도 무효는 아니다(대법원 1996. 1. 26, 94다24039 판결).
2) 주권을 대량으로 발행하는 경우 날인을 인쇄하는 것이 보통이지만 실무상 필요를 고려할 때 이를 무효로 볼 필요는 없을 것이다.
3) 종류주식이 아닌 보통주의 경우에도 주권에 종류주식에 관한 사항을 기재해야 한다는 취지이다. 종류주식인 경우에는 당연히 주권에 그 내용을 기재해야 할 것이다.
4) 주권에 기재할 사항을 기재하지 아니하거나 부실한 기재를 한 때에는 과태료에 의한 제재를 받는다(635(1) (vi)).
5) 대표이사가 주권을 발행하지 않는다고 하여 전무이사가 자신의 명의로 발행한 주권은 무효이다(대법원 1970. 3. 10, 69다1812 판결).
6) 대법원은 주주의 이름이나 발행일자는 '주식의 본질에 관한 사항이 아니므로' 기재가 누락되더라도 주권이 무효가 되는 것은 아니라고 본다(대법원 1996. 1. 26, 94다24039 판결).
7) 기재사항의 오기도 실제를 파악할 수 있는 정도의 것이면 그러한 주권은 무효가 되지 않는다. 오기의 정정은 주권발행의 권한이 있는 대표이사가 적당한 방법으로 하면 된다.
8) 다만 주권불소지의 신고가 있는 경우에는 그러하지 아니하다(358-2(2)). 또한 주권을 발행할 때에는 인지세를 납

식을 양도하려면 원칙적으로 주권 교부가 필요하므로 주식의 양도성을 확보하기 위하여 주권을 발행하도록 한 것이다. 따라서 '지체 없이'는 문자 그대로 가능한 한 빠른 시기를 말한다고 볼 것이다. 상법은 주권발행을 회사설립의 경우와 납입을 수반하는 신주발행의 경우만을 명시하고 있으나 그 밖에 준비금의 자본전입으로 인한 신주발행(461(2)), 전환주식의 전환으로 인한 신주발행(350), 전환사채의 전환으로 인한 신주발행(516) 등의 경우에도 회사는 마찬가지로 주권을 지체 없이 발행할 의무가 있다고 볼 것이다. 이러한 회사의 의무에 상응하여 주주는 **주권교부청구권**을 갖는다.[1)] 주권발행비용은 회사가 부담해야 하지만 재교부 또는 주식의 병합 등의 경우에는 정관규정에 의하여 교부를 청구하는 주주에게 부담시킬 수 있다. 이러한 의무규정에도 불구하고 소규모 기업의 경우 실제로는 주권이 발행되지 않는 경우가 많다.[2)] 또한 2019년부터 시행된 주식·사채 등의 전자등록에 관한 법률에 의하여 상장회사는 주권을 발행할 수 없게 되었다(25(1)(i), 36).[3)]

법문은 회사가 주권을 발행한다고 하고 있지만 발행권한은 특별한 사정이 없는 한 대표이사가 행사하고 주주총회나 이사회 결의를 요하지 않는다(대법원 1996. 1. 26, 94다24039 판결).

2. 주식의 존재와 주권발행

한편 주권은 회사의 성립 후 또는 신주의 납입기일 후가 아니면 발행할 수 없다(355(2)). 이 시점 이전에는 아직 주식이 존재하지 않으므로 주식을 표창하는 주권을 발행할 수 없는 것은 이론상 당연하다. 주식이 존재하기 전에 주권이 발행되면 이른바 권리주(319) 양도를 조장할 위험이 있기 때문에 명시적으로 그것을 금지하는 규정을 둔 것이다.

주식이 존재하지 않는 시점에 발행된 주권은 무효이며(**비설권증권성**) 그것을 발행한 자는 주권취득자에 대하여 손해배상책임을 진다(355(3)).[4)] 일단 주식의 효력이 발생한 후에는 효력발생 전에 발행된 주권이 유효하게 된다고 볼 것이다. 권리주 양도가 소급적으로 유효해진다는 이유로 반대하는 견해가 있지만[5)] 구태여 새로 주권을 발행하도록 할 실익은 없을 것이다.

부해야 한다(인지세법 3). 그러나 인지세를 납부하지 않고 발행한 주권도 무효가 되는 것은 아니다.

1) 이 청구권은 일신전속권이 아니므로 주주의 채권자도 주주의 주권교부청구권을 대위하여 행사할 수 있다(대법원 1982. 9. 28, 82다카21 판결).

2) 주권을 발행하지 않는 경우에는 과태료의 제재가 부과된다(635(1)(xix)).

3) 이제는 주권발행을 회사의 선택에 맡기자는 입법론(예컨대, 김이수, "주권불발행제도와 관련된 회사법상 문제점에 관한 고찰", 상사판례연구 18-3(2005))이 한층 설득력을 갖게 되었다. 일본 회사법도 주권발행여부를 정관으로 정할 수 있도록 하고 있다(214).

4) 그 밖에 과태료의 제재도 부과된다(635(1)(xix)).

5) 이철송30, 333면.

3. 주권의 효력발생시기

주식의 효력발생 후에 발행된 주권의 효력발생시점에 관해서는 학설이 대립한다.[1] ① **작성시설**은 회사가 주권을 작성한 시점에 효력이 발생한다고 보는 견해이다. 작성시설에 따르면 주주는 주권이 자기의 지배영역에 들어오기 전에 선의취득되는 경우 주주권을 상실할 위험이 있다. ② **발행시설**은 주권이 작성된 후 회사의 의사로 교부가 이루어진 경우에 효력이 발생한다는 견해이다. ③ **교부시설**[2]은 회사가 주권을 주주에게 교부한 때에 비로소 효력이 발생한다는 견해이다. 교부시설에 대해서는 주권 자체에 아무런 차이가 없는데 양수인이 알 수 없는 사정에 의하여 선의취득의 여지를 부정하는 것은 부당하다는 비판이 있을 수 있다. 그러나 어음·수표와 같은 일반 유가증권에 비하여 주권의 경우에는 거래안전보다는 주주의 권리보호가 중요하다는 점에서 교부시설이 타당하다. 통설과 판례도 교부시설을 따르고 있다(대법원 1977. 4. 12, 76다2766 판결).

교부시설에 의하면 주권이 정당한 주주에게 교부되기 전에는 주권으로서의 효력을 가지지 않기 때문에 선의취득이나 채권자에 의한 압류는 불가능하다(대법원 2000. 3. 23, 99다67529 판결).[3] 예컨대 회사가 예비로 보관하고 있는 주권(정확히 말하면 미완성주권)을 대표이사가 자금조달을 위하여 유출한 경우에도 그 주권은 효력이 없다.[4] 또한 회사가 동일한 주식에 대하여 이중으로 주권을 발행한 경우에는 처음 효력을 발생한 주권만이 유효하다.

4. 주권의 실효

주권은 주식을 표창하는 증권이므로 주식이 소멸되면 주권도 효력을 상실한다. 그러나 주식이 존재하는 한 일단 발행된 주권의 효력을 상실시키려면 일정한 절차가 필요하다. 주권의 훼손으로 인한 교환, 주식의 병합, 주식의 포괄적 교환(360-8)이나 포괄적 이전(360-19), 주권불소지(358-2(3))의 경우에는 회사에 의하여, 그리고 주권상실의 경우에는 법원의 제권판결(360)에 의하여 주권이 실효된다.

---

1) 주권의 효력발생에 관한 실무상 문제에 관해서는 송옥렬, "주권의 효력발생에 관한 몇 가지 문제들", 증권법연구 21-2(2020), 87~113면.

2) 권기범6, 608면; 김정호5, 196면; 김홍기4, 402면; 이/최11, 257면; 이철송30, 333면; 임재연6 Ⅰ, 420~421면; 장덕조3, 147~148면; 정동윤6, 467면; 최기원14, 305면; 최준선14, 260면; 홍/박7, 245면. 다만 정찬형22, 747면은 원칙적으로는 교부시설을 따르면서도, 예외적으로 회사가 주주 아닌 자에게 주권을 교부하고, 선의·무중과실인 제3자가 이를 전득한 경우에는 '발행시설'에 의하여 제3자에게 주권의 선의취득을 인정하여야 한다고 한다.

3) 무효인 주권을 취득한 자는 양도인에게 손해배상책임을 물을 수밖에 없을 것이다.

4) 대표이사와 회사는 불법행위책임을 질 것이다(389(3)→210).

Ⅲ. 주권의 선의취득

1. 의 의

주권의 선의취득은 주권의 소지라는 권리외관을 신뢰하여 거래한 사람을 보호하는 제도이다. 상법은 주권의 유가증권성을 고려하여 수표법의 선의취득조항(수표법 21)을 준용함으로써 일반 동산의 경우보다 선의취득이 인정되는 범위를 넓히고 있다(359).[1)]

2. 선의취득의 요건

(1) 주권이 유효할 것

주권의 선의취득은 유효한 주권을 전제로 한다. 주권은 정당한 권리자에게 교부된 때에 비로소 주권으로서의 효력이 발생한다(교부시설). 따라서 회사가 주주에게 교부할 목적으로 작성하여 보관중인 주권은 아직 유효하지 않으므로 직원이 이를 절취하여 제3자에게 교부한 경우에도 선의취득이 성립하지 않는다.

(2) 주권의 소지

가. 포괄승계는 제외

주권의 선의취득은 주권을 소지한 자에게 인정된다(359→수표법 21). 법문은 주권소지의 원인을 명시하고 있지 않다. 그러나 선의취득제도가 주권의 유통보호를 목적으로 한다는 점에서 교부에 의한 취득을 요한다고 볼 것이다.[2)] 따라서 상속이나 회사의 합병 등과 같은 포괄승계의 경우에는 선의취득이 인정되지 않는다.

나. 원래의 권리자의 주권상실사유

법문은 원래의 권리자가 주권을 상실하게 된 사유를 제한하지 않는다. 선의취득이 인정되는 가장 전형적인 경우는 주주가 도난이나 유실로 상실한 주권을 도취하거나 습득한 자가 자신이 진정한 소유자인 것처럼 양도한 경우이다. 그러나 주주의 부탁으로 보관 중인 주권을 보관자가 권한 없이 제3자에게 양도하는 경우와 같은 무권대리인에 의한 양도의 경우에도 주권의 점유에 대한 신뢰를 보호할 필요가 있으므로 선의취득의 성립을 인정한다(대법원 1997. 12. 12, 95다49646 판결).[3)]

---

1) 동산의 선의취득과는 달리 주권의 경우는 취득자에 경과실이 있는 경우에도 선의취득이 성립할 수 있으며, 동산의 경우에는 피해자 또는 유실자가 2년 내에 반환청구를 할 수 있으나(민 250) 주권의 경우에는 이러한 반환청구가 인정되지 않는다.

2) 교부의 방법으로는 현실의 인도, 간이인도, 목적물반환청구권의 양도, 점유개정이 있다. 동산의 선의취득과 마찬가지로 주권의 선의취득의 경우에도 점유개정에 의한 선의취득은 허용되지 않는다고 볼 것이다(대법원 1964. 5. 5, 63다775 판결(점유개정에 의한 동산의 선의취득을 부정한 사례)). 목적물반환청구권을 양도하려면 지명채권양도의 대항요건(민 450)까지 충족하여야 한다(대법원 2000. 9. 8, 99다58471 판결).

3) 같은 견해(확장설)로는 김정호5, 257면; 김홍기4, 446면; 이/최11, 340면; 정동윤6, 515면; 최기원14, 388면; 최준선

(3) 취득자의 주관적 요건

주권의 취득자가 선의이며 중대한 과실이 없어야 한다(359→수표법 21). 즉 양도인이 무권리자라는 것을 모르고 또 몰랐다는 것에 대하여 중대한 과실이 없어야 한다. 선의의 판단시점은 주권의 취득 시이므로 취득 후에 양도인이 무권리자라는 것을 알게 된 경우에도 선의취득이 인정된다.[1] 취득자의 악의 또는 중과실의 증명책임은 선의취득을 부정하는 자가 부담한다. 여기서 악의란 교부계약에 하자가 있다는 것을 알고 있었던 경우, 즉 종전 소지인이 무권리자 또는 무능력자라거나 대리권이 흠결되었다는 등의 사정을 알고 취득한 것을 말하고, 중대한 과실이란 거래에서 필요로 하는 주의의무를 현저히 결여한 것을 말한다(대법원 2018. 7. 12, 2015다251812 판결).

비공개회사 주식을 대량 인수하는 자는 회사나 주주명부상의 명의주주에 조회하는 것이 보통일 것이다. 따라서 단순히 상대방의 주권점유만을 믿고 거래하는 경우에는 중과실로 판단될 가능성이 높다.[2]

3. 선의취득의 효과

주권을 선의취득한 자는 이를 주권을 도난당했거나 유실한 원래의 주주에게 반환할 의무가 없다. 즉 취득자는 그 주식 자체 또는 주식에 대한 질권을 취득한다.[3]

Ⅳ. 주권의 상실과 제권판결

1. 주권의 상실이나 멸실

주권이 분실 또는 도난 등의 사유로 상실되거나 멸실되는 경우에도 주주가 주주의 지위를 바로 상실하는 것은 아니다. 주권이 없으므로 주식의 양도나 입질은 불가능하지만 이미 명의개서가 되어 있다면 주주권은 행사할 수 있다. 그러나 제3자가 상실된 주권을 선의취득하는 경우에는 원래의 주주는 주주 지위를 상실한다. 따라서 선의취득을 막고 주식의 양도를 가능하게 하려면 기존 주권을 무효화하고 새로운 주권을 재발행 받을 필요가 있다. 주권의 무효화는 이해관계자의 이익을 해칠 수 있으므로 사적으로 할 수는 없고 반드시 법원의 공시최고절

14, 266면. 무권대리인으로부터 약속어음을 취득한 경우 선의취득을 인정한 판결로는 대법원 1995. 2. 10, 94다55217 판결. 그러나 민법상 제한능력이나 의사표시의 하자의 경우는 주권의 점유에 대한 신뢰와는 관련이 덜하므로 선의취득을 인정할 필요가 없을 것이다. 반면 양도인이 무권리자에 한정된다는 견해로 이철송30, 384면; 임재연6 Ⅰ, 429면.

1) 자기에게 직접 양도한 자가 무권리자임을 몰랐다면 그 이전의 양도인이 무권리자였음을 알았던 경우에도 선의취득이 인정될 수 있다.

2) 예탁된 주권의 선의취득에 대해서는 김/정4, 688~689면 참조.

3) 다만 주주권을 행사하려면 명의개서를 하여야 한다(337(1)).

차를 거치도록 하고 있다(360(1)). 공시최고절차에서 제권판결을 받은 후에는 회사에 주권의 재발행을 청구할 수 있다(360(2)). 공시최고는 민사소송법상 증권의 무효선언을 위한 공시최고 절차(492~497)에 따른다.

2. 공시최고와 제권판결

(1) 의 의

공시최고절차란 법원이 이해관계인에게 권리 또는 청구의 신고를 최고하고 그 신고가 없는 경우 권리를 상실시키는 효과를 발생시키기 위한 절차로 법률이 정한 경우에 한하여 인정된다(민소 475).

(2) 공시최고절차의 개시

가. 주권의 상실사유

법문은 주권을 상실한 경우를 공시최고절차의 대상으로 하고 있다(360(2)). 상실의 원인으로는 **도난**이나 **분실**을 든다(민소 492(1)). 주권이 **멸실**된 경우에도 도난이나 분실의 경우와 마찬가지로 공시최고의 대상으로 삼을 수 있다.[1] 그러나 멸실사실이 발행회사에 명백한 경우에는 공시최고절차에 의하지 않고도 주권을 재발행할 수 있다. 분실이나 도난으로 상실한 주권은 소재가 불명한 경우에 한하여 공시최고의 대상으로 삼을 수 있다. 타인이 상실된 주권을 점유하고 있는 경우에는 주주는 주권의 점유자에 대하여 반환청구를 하여야 한다. 사기 등의 이유로 주권을 상실한 경우에도 공시최고의 대상이 될 수 없다.

나. 공시최고 신청권자

공시최고를 신청할 수 있는 것은 그 '증서에 따라서 권리를 주장할 수 있는 사람'(민소 493)으로 주권의 최종의 소지인이 이에 해당한다.

(3) 공시최고의 절차

가. 일반적 절차

민사소송법은 관할법원을 비롯하여 공시최고절차의 일반적 사항에 대해서 규정을 두고(476~491), 증권의 공시최고에 대해서는 특별히 따로 규정하고 있다(492~497). 이 곳에서는 증권의 공시최고에 특별히 적용되는 사항만을 설명한다.

나. 신청사유의 소명

신청인은 신청의 증거로서 주권의 존재와 내용에 관한 증거를 제시하고 그것이 상실된 사실 등 공시최고절차를 신청할 수 있는 이유를 소명하여야 한다(민소 494).

---

1) 주권이 동일성을 인정할 수 없는 정도로 훼손된 경우에도 멸실된 것으로 본다.

다. 공시최고의 공고

공시최고를 공고(민소 480)할 때에는 먼저 일정한 기간[1] 내에 주권을 제출하여 권리 또는 청구의 신고를 하도록 최고하고 그것을 게을리 하면 권리를 상실하고 주권의 무효가 선고된다는 점을 경고해야 한다(민소 495).

공시최고의 공고가 있은 후에도 제권판결이 있기 전까지는 주권은 효력이 유지된다. 또한 공시최고의 공고가 있다고 하여 그 후에 주권을 취득한 자의 악의가 당연히 인정되는 것은 아니다. 따라서 공시최고의 공고 후 주권을 제시하여 명의개서를 신청하는 자가 있으면 회사는 그의 무권리를 증명하지 않는 한 이를 거절할 수 없다. 후에 제권판결이 내려진 경우에도 주권이 공시최고 신청 시에 소급하여 무효로 되는 것은 아니다.

(4) 제권판결의 효력

가. 소극적 효력

제권판결이 내려지면 주권은 무효가 된다(민소 496). 주권이 무효로 되면 추정력, 면책력, 선의취득의 효력을 잃는다. 주권의 점유자는 적법한 소지인(336(2))으로 추정되지 않으므로 회사가 그에게 명의개서를 해준 때에는 면책을 주장하지 못한다.

나. 적극적 효력

제권판결로 주권이 무효가 됨과 동시에 신청인은 주권을 소지한 것과 마찬가지로 권리를 주장할 수 있다(민소 497). 이는 주권을 상실한 최후의 소지인으로 하여금 주권을 소지하는 것과 같은 상태로 회복시키는 것으로 그가 당초 무권리자였다면 제권판결로 인하여 실질적 권리를 갖게 되는 것은 아니다.

다. 제권판결과 선의취득

공시최고의 공고 후에도 제권판결이 선고되기 전에는 주권이 효력을 잃지 않을 뿐 아니라 취득자의 악의나 중과실이 의제되는 것도 아니므로 선의취득이 성립할 수 있다. 선의취득자가 공시최고기간 중에 권리신고를 하지 않은 결과 제권판결이 선고된 경우 선의취득자가 주주로서의 지위를 상실하는지에 대해서는 다툼이 있다.[2] ① 공시최고절차의 실효성을 위해서 선의취득자가 지위를 상실한다고 보는 견해,[3] ② 주권의 유통보호를 위하여 선의취득자가 지위를 상실하지 않는다고 보는 견해,[4] 그리고 ③ 제권판결 전에 권리신고는 하지 않았더라도 명의개서를 하였다면 지위를 상실하지 않는다고 보는 절충설 등이 대립하고 있다.

---

1) 공시최고기간은 공고가 끝난 후 3월 뒤로 정하여야 한다(민소 481).
2) 학설 대립에 관해서는 권기범6, 612면 참조.
3) 제권판결취득자우선설. 이철송30, 341면; 임재연6 I, 434면; 최기원14, 313면; 최준선14, 269면.
4) 선의취득자우선설. 권기범6, 614면; 김정호5, 202면; 김홍기4, 449면; 이/최11, 264면; 정동윤6, 471면.

제권판결은 신청인을 실질적 권리자로 확정하는 효력은 없지만, 신청인이 그 주권을 소지하는 것과 같은 상태를 회복시키고 원래 주권을 무효로 만드는 효력이 있다(대법원 1994. 10. 11, 94다18614 판결(약속어음이 문제된 판결)). 주권의 선의취득자도 공시최고기간 중에 권리신고를 하지 않았다면 이러한 제권판결의 효력으로부터 예외가 될 수 없다. 선의취득자의 보호 근거는 유효한 주권을 선의로 취득했다는 데 있는 것인데 제권판결로 그 주권의 효력이 상실된 이상 보호근거가 없다는 점에서 ①설이 타당하다.[1] 따라서 제권판결로 인하여 무효가 된 주권의 선의취득자는 제권판결이 취소되지 않는 한 회사를 상대로 주주로서의 권리를 행사할 수 없다(대법원 1991. 5. 28, 90다6774 판결 등). 선의취득자는 신청인을 상대로 재발행된 주권의 반환을 구할 수 있다는 견해도 있으나[2] 이는 원래 주권의 효력을 상실시키고 신청인에게 주권 소지 상태를 회복시키려는 제권판결의 취지와 모순된다.

(5) 주권의 재발행

주권을 상실한 자는 제권판결을 얻으면 회사에 대하여 주권의 재발행을 청구할 수 있다(360(2)).[3] 제권판결 신청인이 주주명부상의 주주인 경우에는 회사는 그 신청인 명의의 주권을 교부하면 된다. 명의개서를 하지 않은 상태에서 주권을 상실한 신청인이 제권판결을 얻은 경우에는 회사는 신청인을 소지인으로 보고 주권을 교부해도 무방할 것이다.

(6) 제권판결의 취소

제권판결은 상소가 허용되지 않지만 일정한 경우에는 신청인에 대한 소로써 법원에 불복할 수 있다(민소 490). 그 결과 제권판결을 취소하는 판결이 확정되면 제권판결은 소급하여 효력을 잃고 정당한 권리자가 소지하고 있던 주권은 소급하여 그 효력을 회복하고 제권판결에 기하여 재발행된 주권은 소급하여 무효가 된다(대법원 2013. 12. 12, 2011다112247, 112254 판결).

V. 주권불소지

1. 의 의

주권불소지제도란 회사에 대한 신고로 주권을 소지하지 않는 것을 허용하는 제도를 말한다(358-2(1)).[4] 주주명부에 기재된 주주는 회사에 대한 권리행사 시에 주권이 필요하지 않다. 그러므로 주권상실의 위험을 고려하면 주식을 양도할 계획이 없는 주주는 구태여 주권을 소지

---

1) 제1판에서는 ②설을 택했지만 견해를 변경한다.
2) 권기범6, 614면.
3) 제권판결 없이 재발행된 주권은 무효이다(대법원 2013. 12. 12, 2011다112247, 112254 판결).
4) 주권불소지제도는 주주가 선택권을 갖는다는 점에서 주주의 의사와 무관하게 주권 자체를 발행하지 않는 전자등록의 경우와 구별된다.

하지 않는 편이 나을 수 있다. 주권불소지제도는 주주에게는 유용하지만 회사로서는 번잡할 수도 있으므로 정관으로 금지할 수 있도록 하고 있다(358-2(1)).

2. 불소지의 신고

모든 주주는 주권불소지의 뜻을 신고할 수 있다(358-2(1)). 신고가 있으면 주주명부에 그 취지를 기재하도록 하고 있으므로(335-2(2)) 신고를 할 수 있는 것은 주주명부상의 주주에 한한다.[1] 이미 주권이 발행된 경우에는 주주가 주권을 회사에 제출하여야 한다(358-2(3)).

3. 회사의 조치

주권불소지의 신고가 있는 때에는 회사는 지체 없이 주권을 발행하지 아니한다는 뜻을 주주명부와 복본에 기재하고 그 사실을 주주에게 통지하여야 한다(358-2(2)).[2] 아직 주권이 발행되지 않은 경우에는 주권을 발행할 수 없고(358-2(2)) 설사 주권이 발행되더라도 효력이 없다. 그러나 이미 발행된 주권이 있는 경우에는 회사에 제출하여야 하고 회사는 이를 무효로 하거나 명의개서대리인에 임치하여야 한다(358-2(3)). 주권이 효력을 상실하는 것은 회사가 주주명부에 불발행사실을 기재하는 시점이다. 주주명부에 불발행사실이 기재되는 경우에는 이미 발행된 주권은 폐기되거나 명의개서대리인에 임치되는 경우에도 주권으로서 효력이 없다.

4. 주권의 발행 또는 반환의 청구

불소지신고를 한 주주는 언제든지 다시 주권의 발행 또는 반환을 청구할 수 있다(358-2(4)). 주권불소지 신고가 된 주식의 경우에도 여전히 그 양도방식은 주권의 교부이므로, 주식양도를 위해서는 주권 발행이 필요하기 때문이다. 주주의 주권발행청구권은 정관에 의해서도 제한할 수 없다. 법문은 반환이라고 하고 있으나 명의개서대리인에 임치된 주권도 무효가 된다는 견해에 의하면 임치된 주권이 반환되는 경우에도 주권이 발행되는 것으로 볼 것이다.

주권의 발행비용의 부담에 관해서는 다툼이 있지만 원칙적으로 회사가 부담한다고 볼 것이다. 다만 주권발행 후 불소지를 신고하는 경우에는 회사가 정관으로 주주가 비용을 부담하는 것으로 정할 수 있다.

---

1) 다만 예탁결제원의 명의로 기재된 주식에 관해서는 예탁결제원도 불소지신고를 할 수 있다(자시 314(3)).

2) 기재나 통지를 해태하거나 부실한 통지를 한 때에는 과태료의 제재를 받는다(635(1)(ii), (xx)).

제4절

주주명부

Ⅰ. 서 설

1. 의 의

주주명부는 회사가 주주와 그 보유주식에 관한 사항을 명백히 하기 위하여 상법의 규정에 따라 작성하는 장부이다.[1] 주주명부는 전자문서로도 작성할 수 있다(352-2(1)). 한편 「주식·사채등의 전자등록에 관한 법률」에 따라 전자등록제도를 채택한 회사이더라도, 전자등록계좌부는 주주명부가 아니므로 여전히 주주명부를 작성, 보관해야 한다.

2. 기 능

주식은 주권의 교부라는 간편한 방법에 의하여 자유로이 양도할 수 있으므로(335(1), 336(1)) 주식의 소유자인 주주는 끊임없이 변동한다. 이러한 상황에서 회사가 진정한 주주를 파악하여 그들에게 의결권이나 배당청구권 등 주주권을 행사시켜야 한다면 회사의 부담이 클 것이다. 한편 주주의 관점에서도 주주권을 행사할 때마다 주권을 제시하여 자신이 주주임을 증명하는 것은 불편한 일이다. 주주명부제도는 이러한 불편을 제거하기 위하여 고안된 기술적 제도이다. 즉, 회사와의 관계에서 주주의 확정을 주주명부라는 장부의 기재에 따름으로써 사무처리의 편의와 분쟁의 최소화를 도모할 수 있다.

판례도 주주명부제도의 존재 이유에 관하여 "주식의 발행과 양도에 따라 주주의 구성이 계속 변화하는 단체법적 법률관계의 특성상 회사가 다수의 주주와 관련된 법률관계를 외부적으로 용이하게 식별할 수 있는 형식적이고도 획일적인 기준에 의하여 처리할 수 있도록 하여 이와 관련된 사무처리의 효율성과 법적 안정성을 도모하기 위함"이라고 설명한다. 다만 "주주권의 행사가 회사와 주주를 둘러싼 다수의 이해관계인 사이의 법률관계에 중대한 영향을 줄 수 있음"을 지적하면서 주주명부제도가 단지 회사의 편의만을 위해 존재하는 것은 아니라는 점도 강

1) 주주명부는 회사의 영업과 재산상태를 명백히 하기 위한 서류가 아니므로 상업장부에 해당하지 않는다.

조하고 있다(대법원(전) 2017. 3. 23, 2015다248342 판결).

Ⅱ. 주주명부의 작성 및 열람 등

1. 기재사항

주주명부의 기재사항은 다음과 같다(352, 347).[1]

① 주주의 성명과 주소[2]
② 각 주주가 가진 주식의 종류, 그 수
③ 주권을 발행한 때에는 그 주권의 번호[3]
④ 각 주식의 취득연월일
⑤ 전환주식을 발행한 경우에는 그에 관한 사항

2. 비치 및 열람

이사는 주주명부를 작성하여 회사의 본점에 비치하여야 한다(396(1)). 주주와 회사채권자는 영업시간 내에는 언제든지 주주명부의 열람이나 등사를 청구할 수 있다(396(2)). 회사가 명의개서대리인을 둔 때에는 주주명부를 명의개서대리인의 영업소에 비치하여 열람청구에 응할 수 있다(396(1)).[4] 주주명부에 대한 열람청구는 회계장부에 대한 열람청구(466)와 동시에 이루어지는 경우가 많다. 주주명부의 열람청구에 대해서는 이사회의사록, 회계장부 등 다른 회사서류에 대한 주주의 접근권과 함께 후술한다(제3장 제10절 Ⅱ).

Ⅲ. 명의개서 — 주주명부의 효력

1. 의 의

명의개서란 회사가 주식 취득자의 성명과 주소를 주주명부에 기재하는 것을 말한다. 상법상 주식의 이전은 명의개서를 하지 않으면 회사에 대항할 수 없다(337(1)). 여기서 '이전'은 매매 등에 의한 특정승계뿐 아니라 상속, 합병 등에 의한 포괄승계도 포함하는 개념이다. 따라서 상속인 등도 명의개서를 하지 않으면 회사에 대항할 수 없다(대법원 2017. 8. 29, 2016다267722 판

---

1) 그 밖에도 질권의 등록(340(1)), 불소지신고(358-2), 신탁재산의 표시(신탁 4(4))를 기재할 수 있다. 주주명부에 기재할 사항을 불기재, 부실기재한 경우는 이사나 명의개서대리인은 과태료의 제재를 받는다(635(1)(ix)).

2) 전자주주명부를 작성할 때에는 주주의 전자우편주소도 기재해야 한다(352-2(2)).

3) 주권불소지제도를 인정함에 따라(358-2) 기명주식에 관하여는 주권이 발행되지 않는 경우가 있으므로 주주명부 기재사항에 관하여도 기명주권을 발행한 때에만 주권번호를 기재하도록 하고 있다.

4) 실무상 명의개서대리인은 회사의 동의 없이는 주주명부를 제공하지 않는다고 한다.

결 참조).

2. 절　차

(1) 청구권자

명의개서는 주식을 취득하여 주주가 된 자가 회사에 대해서 단독으로 청구할 수 있다(대법원 2000. 1. 28, 98다17183 판결).[1] 회사가 명의개서대리인을 둔 때에는 명의개서대리인에게 청구할 수 있다. 회사가 정당한 사유 없이 명의개서를 거부한 때에는 주식취득자는 회사에 대하여 명의개서청구의 소를 제기할 수 있다. 주식이 명의개서 전에 다시 이전되면 명의개서청구권도 당연히 함께 이전한다.

주식의 취득자는 원칙적으로 명의개서를 하지 않고 다시 타인에게 처분할 수 있으므로 다른 특별한 사정이 없는 한 주식을 양도한 자가 회사에 대하여 주식의 양수인 명의로 명의개서를 하여 달라고 청구할 권리는 없다(대법원 2010. 10. 14, 2009다89665 판결).[2]

(2) 주권의 제시

주식취득자가 회사에 대하여 명의개서를 청구하기 위해서는 자기가 주주임을 증명하여야 한다. 그러나 주권을 제시하여 명의개서를 청구하는 자는 주주임을 증명할 필요가 없다. 주권의 점유자는 적법한 소지인으로 추정되기 때문이다(336(2))(**자격수여적 효력**).[3]

주권발행 전의 주식을 양수한 양수인은 주권의 제시 없이도 주식의 양수를 증명함으로써 명의개서를 청구할 수 있다(대법원 1992. 10. 27, 92다16386 판결).[4] 상속이나 합병과 같은 포괄승계의 경우에도 그 사실을 증명할 수 있다면 주권의 제시 없이 명의개서를 청구할 수 있다고 볼 것이다.[5]

(3) 회사의 심사

명의개서의 청구자가 주권을 제시하는 경우에는 적법한 권리자로 추정되므로(336(2)) 회사는 정당한 사유 없이 명의개서를 거부할 수 없다. 회사는 청구자가 진정한 주권을 점유하고

---

1) 다만 양수인이 단순히 회사에 대해서 주식의 양수사실을 통지한 것만으로는 명의개서를 청구한 것으로 보지 않는다(대법원 1995. 7. 28, 94다25735 판결).

2) 이러한 법리는 회사 성립 후 6월이 경과하도록 주권이 발행되지 아니하여 양도인과 양수인 사이의 의사표시에 의하여 주식이 양도되는 경우에도 동일하게 적용된다.

3) 인감증명 등 기타 서류를 추가로 요구하는 정관은 상법 제336조 제2항에 위반하여 무효이다(대법원 1995. 3. 24, 94다47728 판결).

4) 그러나 제3자에 대한 대항요건을 갖추려면 확정일자있는 증서에 의한 양도통지나 회사의 승낙이 필요하다(대법원 2010. 4. 29, 2009다88631 판결).

5) 권기범6, 548면; 이철송30, 372면; 정찬형22, 805면; 최기원14, 390면. "명의개서의 청구에 소정 서류의 제출을 요한다고 하는 정관의 규정이 있다 하더라도, 이는 주식의 취득이 적법하게 이루어진 것임을 회사로 하여금 간이명료하게 알 수 있게 하는 방법을 정한 것에 불과하여 주식을 취득한 자가 그 취득사실을 증명한 이상 회사는 위와 같은 서류가 갖추어지지 아니하였다는 이유로 명의개서를 거부할 수는 없다"(대법원 1995. 3. 24, 94다47728 판결).

있는가 등에 대한 형식적 자격만을 심사하면 족하고, 나아가 청구자의 **실질적 권리유무를 심사할 의무**는 없다. 따라서 주권을 제시하거나 기타 주식의 취득사실을 증명하는 방법으로 명의개서를 신청하고, 그 신청에 관하여 주주명부를 작성할 권한 있는 자가 형식적 심사의무를 다하였으며, 그에 따라 명의개서가 이루어졌다면, 특별한 사정이 없는 한 그 명의개서는 적법한 것으로 보아야 한다(대법원 2019. 8. 14, 2017다231980 판결).

회사가 **실질적 권리유무에 대하여 조사할 권한**이 있는지 여부에 대해서는 다툼이 있지만 부정하는 것이 타당할 것이다.[1] 조사권을 긍정한다면 조사를 이유로 명의개서를 지연시킴으로써 주권의 점유에 따르는 자격수여적 효력이 약화될 우려가 있기 때문이다. 주권의 분실 또는 도난신고가 있거나 공시최고절차가 진행 중인 경우에도 명의개서를 거부할 수는 없다.[2]

그러나 회사는 청구자가 무권리자인 때에는 명의개서를 거부할 수 있다. 청구자가 무권리자임을 용이하게 증명할 수 있음에도 불구하고 악의 또는 중대한 과실로 명의개서를 한 때에는 회사는 면책이 될 수 없다.

3. 명의개서의 효과

(1) 대 항 력

주식의 이전은 취득자의 성명과 주소를 주주명부에 기재하지 아니하면 회사에 대항하지 못한다(337(1)). 따라서 실제 주식을 양수한 자도 명의개서를 하기 전에는 회사에 대해서 주주권을 행사할 수 없다. 나아가 회사도 명부상 주주의 권리행사를 부정하거나 명부상 주주 아닌 자의 권리행사를 인정하여서는 안 된다(대법원(전) 2017. 3. 23, 2015다248342 판결). 이러한 법리는 주식 양도담보에서처럼 주식 양도 및 명의개서가 채무담보 목적으로 이루어지더라도 마찬가지이다. 따라서 회사는 양도담보라는 점을 들어 명의인인 담보권자의 주주권 행사를 거부할 수 없다(대법원 2020. 6. 11, 2020마5263 결정).

다만 명의개서는 회사에 대한 대항요건일 뿐 그 자체로서 권리창설적 효력을 갖거나 주식양도의 효력발생요건인 것은 아니다. 따라서 **명의개서를 했다고 해서 무권리자가 주주가 되는 것은 아니고, 명의개서를 하지 않았다고 해서 주주가 그 권리를 상실하는 것도 아니다**(대법원 2018. 10. 12, 2017다221501 판결). 또한 명의개서는 주주와 회사와의 관계를 규율하는 것이므로 회사 이외의 제3자에 대한 관계에서는 명의개서의 유무와 상관없이 자신이 주주임을 주장할 수 있다. 판례도 "주식의 소유권 귀속에 관한 회사 이외의 주체들 사이의 권리관계"와 "주주의 회사에 대한 주주권 행사국면"을 구분하여, 명의개서의 대항력은 후자의 국면에 한정됨을 명시하고 있다

---

1) 같은 견해(심사권 부정설)로는 최기원14, 394면; 최준선14, 281면. 반대의 견해(심사권 긍정설)로는 권기범6, 549면; 정동윤6, 510면.

2) 권기범6, 549면; 이철송30, 373면.

(대법원 2020. 6. 11, 2017다278385 판결 등).[1]

(2) 추정력: 주주의 편의

원칙적으로 유가증권의 권리자는 권리행사시 증권을 제시하여야 한다. 그러나 주주는 명의개서를 하면 회사에 대해서 따로 주권을 제시할 필요 없이 권리를 행사할 수 있다. 이를 주주명부 또는 명의개서의 추정력(또는 자격수여적 효력)이라고 한다. 상법에 명문의 규정은 없지만 회사에 대한 대항력을 근거로 그것을 인정하는 것이 일반적이다. 주권의 점유자는 적법한 소지인으로 추정되고(336(2)) 명의개서는 통상 주권의 제시를 요하므로 주주명부의 기재에 주권의 소지와 동등한 효과를 인정해도 무방할 것이다.

명의개서는 추정력만을 가질 뿐이므로 적법한 소지인이 아닌 자가 명의개서를 했다고 해서 주주가 되는 것은 아니다(대법원 1989. 7. 11, 89다카5345 판결). 명의개서의 추정력을 번복하기 위해서는 주주권을 부인하는 측이 입증책임을 진다(대법원 2010. 3. 11, 2007다51505 판결).

(3) 면책적 효력: 회사의 편의

회사로서도 명의주주에게 주주권 행사를 허용하면 그 자가 비록 진정한 주주가 아닌 경우에도 면책된다.[2] 예컨대 주주명부상의 명의인에게 주주총회에서 의결권을 행사하게 하거나 이익배당을 한 경우에는 명의인이 실제로 주주가 아닌 때에도 회사는 면책된다. 이를 명의개서의 면책적 효력이라고 한다. 상법은 주주에 대한 통지나 최고[3]를 주주명부에 기재된 주주의 주소로 하도록 함으로써(353(1))[4] 면책적 효력을 전제하고 있다.[5]

그러나 명의개서의 면책적 효력도 절대적인 것은 아니다. 예컨대 주권절취자에 의한 신청, 신청오류 등으로 주주명부에 잘못 기재된 무권리자임을 알았거나 쉽게 알 수 있었을 뿐 아니라 이 점을 용이하게 증명할 수 있었음에도, 회사가 그 자를 주주로 취급한 경우 면책되지 않는다고 보아야 한다(대법원 1998. 9. 8, 96다45818 판결 참조).[6] 고의뿐 아니라 중과실도 포함된

---

1) 이 판결은 회사와 주주 사이에서 주식의 소유권, 즉 주주권의 귀속이 다투어진 경우에도 주식의 소유권 귀속에 관한 권리관계의 문제이므로, 명의개서 여부에 따라 판단할 것이 아니라는 취지로 판시하였다.

2) 이러한 면책적 효력은 예탁제도하의 실질주주명부에도 미친다. 따라서 회사는 실질주주에게 주주총회의 소집통지 등을 하면 면책된다(대법원 2009. 4. 23, 2005다22701, 22718 판결).

3) 예컨대 총회소집의 통지(363(1)), 신주발행시 신주인수권자에 대한 최고(419).

4) 이러한 통지는 보통 도달할 시기에 도달한 것으로 보고 있다(353(2)→ 304(2)). 이러한 통지·최고가 빠짐없이 모든 사람에게 도달되어야 한다고 하면 집단적 법률관계를 신속하게 획일적으로 처리할 수 없으므로 민법상의 도달주의원칙(민 111(1))에 대한 예외를 인정한 것이다. 한편 상법 제353조 제1항(304(1)의 형식도 마찬가지임)은 주주(304(1)의 경우 주식인수인 또는 주식청약인)의 '주소지'에 관한 면책력일 뿐이므로 이를 곧 '주주의 지위'에 관한 면책력의 근거로 삼기는 부족하다는 견해도 제기될 수 있을 것이다.

5) 주식의 취득이 양도에 의한 것이든 상속이나 합병과 같은 포괄승계에 의한 것이든 명의개서를 하지 않은 주주에게 주주총회 소집통지를 하지 않았다고 해서 주주총회 결의에 절차상의 하자가 있는 것은 아니다(대법원 2012. 6. 14, 2012다20925 판결).

6) 이 판결은 대법원(전) 2017. 3. 23, 2015다248342 판결에 의해 회사가 주주명부상 주주가 후술하는 '형식 주주'라는 점을 알았거나 중과실로 몰랐던 경우에 관하여 폐기되었으나, 주주명부상 주주가 '주권절취자에 의한 신청, 신청

것은 상사관계에서 중과실은 고의와 유사하게 취급되기 때문이다. 이 문제는 어찌 보면 진정한 주주의 이익과 회사의 편의가 충돌하는 지점이다. 업무의 획일적 처리 및 법률관계의 안정성을 위해 부득이하게 면책적 효력을 인정하기는 하지만, 회사에 고의에 준하는 중과실이 있는 경우 면책적 효력을 후퇴시킴으로써 진정한 주주의 이익과 조화시킬 필요가 있다. 한편 면책적 효력 배제의 판단시점과 관련하여, 최초 명의개서 시에는 회사에 고의, 중과실이 없거나 또는 용이하게 증명할 수단이 없었으나 이후에 면책력 배제사유에 해당하게 되었다면 어떠한가? 위 면책력 배제사유에 해당하게 된 시점부터 회사는 더 이상 무권리자를 주주로 취급할 수 없다고 보아야 할 것이다.[1)]

진정한 주주의 쟁송방법

주주 아닌 자가 위조된 주식매매계약서 등에 기해 명의개서를 한 경우에 진정한 주주로서는 회사를 상대로 주주권을 행사하기 위해 어떤 쟁송방법을 취해야 하는가? 진정한 주주로서는 회사에 자신이 주주임을 증명하여 명의개서를 청구하고, 회사가 거절하면 명의개서절차의 이행을 소로써 구할 수 있다.[2)] 회사를 상대로 주주권 확인을 구하는 것은 권리 또는 법률상 지위에 현존하는 불안·위험을 제거하는 유효·적절한 수단이 아니거나 분쟁의 종국적 해결방법이 아니어서 확인의 이익이 없다(대법원 2019. 5. 16, 2016다240338 판결). 주식매매 및 이에 따른 명의개서 이후 매매계약이 적법하게 해제된 경우에도, 양도인은 주주권 회복을 증명하여 회사를 상대로 명의개서를 청구해야 하고 양수인을 상대로 명의개서절차의 이행을 구할 수 없다. 이 경우 해제의 적법성이 다투어진다면 양도인은 양수인을 상대로 주주권 확인을 구하거나 해제에 따른 원상회복으로 주권인도를 구할 수는 있을 것이다(대법원 2024. 6. 13, 2024다213713 판결).

한편 명의개서된 주주임에도 불구하고 회사가 주주권 행사를 정당한 이유 없이 거절하는 경우 대법원은 주주명부상 주주가 회사를 상대로 주주권 확인을 구할 이익이 있다고 본다(대법원 2025. 6. 5, 2024다202652 판결). 주주권 귀속이 다투어지는 경우이므로 주주권 행사와 구분하여 보아야 한다는 것이다.

4. 명의개서를 하지 않은 주주의 지위

(1) 회사의 주주권 인정 가부

주식의 이전은 명의개서 전에는 회사에 대항할 수 없다(337(1)). 명의개서를 마치지 않은

오류 등으로 기재된 무권리자'라는 점을 알았거나 중과실로 몰랐던 경우에는 그 취지가 유지된다고 볼 것이다. 그렇지 않으면 무권리자에 의한 주주명부 기재에 너무 강력한 효력을 부여하는 결과가 될 것이기 때문이다.

1) 주주명부상 명의인이 습득주권으로 명의개서를 하는 등 무권리자라는 점을 회사가 알게 되었더라도, 진정 명의회복시점까지는 그 명의인을 주주로 취급해도 면책적 효력을 적용받는다는 견해로서, 심영, "명의주주와 주주권의 행사", 상사법연구 36-3(2017), 49면.

2) 회사를 상대로 위법한 명의개서의 말소만을 구하는 것은 일반적으로 적절한 구제수단이 아니다. 부동산 소유권이전등기의 말소등기와 달리 명의개서 말소는 이전의 주주명부상 기재를 당연히 복원하지는 않기 때문이다.

주식취득자의 주주권 행사를 회사가 허용할 수 있는가에 대하여는 견해가 나뉜다. 이를 긍정하는 견해(편면적 구속설)[1]는 ① "회사에 대항하지 못한다"는 문언의 해석상 회사 스스로 인정하는 것은 가능하다고 볼 수 있는 점, ② 주주명부제도는 회사의 편의를 위한 것이므로 회사가 그 편의를 포기하는 것을 금할 필요가 없다는 점을 근거로 든다. 이를 부인하는 견해(쌍방적 구속설)[2]는 ① 단체적 법률관계를 획일적으로 처리할 필요가 있는 점, ② 편면적 구속설에 따르면 명의개서 미필 상황에서 회사가 주식양도인에 대해서는 실질적 권리가 없다는 이유로, 주식양수인에 대해서는 명의개서가 없다는 이유로 각기 권리행사를 거절할 우려도 있다는 점을 지적한다.

대법원은 종래 편면적 구속설을 취하였으나 2017년 전원합의체 판결에 의하여 쌍방적 구속설로 전환하였다(대법원(전) 2017. 3. 23, 2015다248342 판결). 이 판례에 따르면 주식발행 단계이든 주식양도 단계이든 회사에 대해 주주권을 행사할 자는 주주명부의 기재에 따라 획일적으로 정해지고 회사가 실질적인 취득자를 임의로 주주로 인정할 수 없다. 다만 주주명부에 절대적 효력이 인정되는 것은 아니므로, 주주명부에 적법하게 주주로 기재된 자에 한하여 이러한 법리가 적용된다고 할 것이다.[3]

(2) 명의개서의 부당거절

가. 의 의

명의개서의 부당거절이란 명의개서를 신청한 주주에 대해서 회사가 정당한 사유 없이 명의개서를 거절하는 것을 말한다. 명의개서의 부당거절은 주권을 제시한 경우 뿐 아니라 대표이사의 승낙 하에 주권발행 전 주식양도로 주식을 양수한 자가 명의개서를 청구하는 경우(대법원 1997. 7. 13, 92다40952 판결)와 같이 주권제시가 없는 경우에도 성립할 수 있다.

나. 구제수단

명의개서의 부당거절에 대해서는 명의개서 이행을 구하는 소를 제기할 수 있음은 물론 불법행위로 인한 손해배상청구(민 750)도 할 수 있다.[4] 명의개서 부당거절을 당한 주주가 명의개서가 이루어지기 이전에도 회사에 대하여 주주권을 행사할 수 있는가에 대해서는 긍정하는 것이 통설과 판례이다(대법원(전) 2017. 3. 23, 2015다248342 판결). 그리하여 예컨대 주주의 명의개

---

1) 권기범6, 555면; 이/최11, 338면; 장덕조3, 165면; 정동윤6, 512면; 정찬형22, 807~808면; 최준선14, 285면; 홍/박7, 287면.

2) 김정호5, 262면; 이철송30, 377~378면; 최기원14, 398면.

3) 대법원(전) 2017. 3. 23, 2015다248342 판결도 "… 주주명부에 적법하게 주주로 기재되어 있는 자는 회사에 대한 관계에서 그 주식에 관한 의결권 등 주주권을 행사할 수 있고, 회사 역시 주주명부상 주주 외에 실제 주식을 인수하거나 양수하고자 하였던 자가 따로 존재한다는 사실을 알았든 몰랐든 간에 주주명부상 주주의 주주권 행사를 부인할 수 없으며 주주명부에 기재를 마치지 아니한 자의 주주권 행사를 인정할 수도 없다"고 판시하였다.

4) 전자와 관련해서는 임시로 주주의 지위를 정하는 가처분(민집 300(2))을 구할 수도 있다. 또는 부당거절에 관여한 이사 등에게는 과태료가 부과된다(635(1)(vii)).

서청구를 부당하게 거절한 회사가 당해 주주에게 소집통지를 하지 않고 주주총회를 개최한 경우에는 그 결의에 소집절차상의 하자가 있다(대법원 1993. 7. 13, 92다40952 판결).[1] 회사가 명의개서에 응할 의무를 위반하였음에도 불구하고 명의개서가 없음을 이유로 주주권행사를 막는 것은 신의칙에 반하기 때문이다.[2]

(3) 실기주(失期株)

실기주의 문제는 기준일 전에 주식을 양수한 자가 기준일까지 명의개서를 게을리 함으로써 이익배당이나 신주발행이 명의주주인 양도인에게 이루어진 경우에 발생한다. 실기주는 명의주주인 양도인에게 배정된 신주를 가리키는 경우도 있지만(**협의의 실기주**) 이하에서는 양수인이 명의개서를 해태한 주식 자체를 가리키는 의미로 사용한다(**광의의 실기주**).

가. 배당금의 귀속

명의개서를 게을리 한 실기주주는 회사에 대하여 주주권을 행사할 수 없고(337(1)) 회사는 명의주주에게 배당금을 지급하거나 신주를 배정해야 한다. 실기주주는 명의주주로부터 '배당금'을 반환받을 수 있는가? 주주명부란 주주와 회사 사이의 관계를 규율하는 것이고 양도인과 양수인의 관계를 규율하는 것은 아니다. 양도인과 양수인과의 사이에서는 양수인이 진정한 주주이고 양수인이 지급한 주식의 양도대가에는 특별한 사정이 없는 한 사후에 지급될 배당금 등에 대한 대가가 포함된 것으로 볼 수 있다. 따라서 원칙적으로는 양도인이 취득한 배당금은 양수인에게 부당이득법리에 따라 반환해야 한다.[3] 주식매매계약의 해석상 배당금이 당연히 양수인에 귀속됨에도 양도인이 이를 수령한 것이므로 법률상 원인이 없다고 보아야 한다.

나. 무상신주의 귀속

다음으로 준비금의 자본금전입이나 주식배당에 따른 '무상신주' 역시 반환해야 한다. 양수인은 그 신주에 대해서 채권적인 반환청구권만을 갖는가 아니면 물권적인 소유권을 갖는가?[4] 무상신주는 실질적으로는 기존 주식이 분할된 것이라는 점에서 양수인은 채권적이 아니라 물권적 반환청구권을 갖는 것으로 볼 것이다. 실기주주는 (비록 명의개서 이전이라 하더라도) 양

---

1) 반면 주식양도의 효력에 대한 다툼을 이유로 명의개서를 거절한 경우와 같이 정당한 사유로 인한 거절인 경우에는 회사가 주주명부에 등재되어 있는 자에게만 소집통지를 하더라도 그 주주총회 결의에는 하자가 없다고 볼 것이다(대법원 1996. 12. 23, 96다32768, 32775, 32782 판결).

2) 회사가 과실로 명부상의 기재를 하지 못한 경우에는 회사가 기재라는 사실행위만을 잊은 것에 불과하므로 법률적으로는 양수인명의의 명의개서가 있는 것으로 보아야 할 것이다.

3) 그 법적인 이론구성에 대해서는 부당이득설(정동윤6, 513면) 외에 양도인이 배당금을 수령하거나 신주를 인수한 것은 양수인을 위한 사무관리에 해당하므로 양도인은 배당금이나 신주를 양수인에게 넘겨주는 대신 그것에 소요된 비용을 유익비로 청구할 수 있나는 사무관리설(성잔형22, 809면), 양도인에게 양수인을 위한 관리의사가 없는 경우에도 같은 결과를 도출하려면 준사무관리로 보아야 한다는 준사무관리설(권기범6, 513면; 김정호5, 265면; 송옥렬9, 839면; 이/최11, 282면; 장덕조3, 167면; 최기원14, 402면; 최준선14, 632면)이 대립하고 있다.

4) 어느 쪽이냐에 따라 양도인의 채권자가 신주를 압류할 수 있는지 여부가 달라질 것이다.

도인에 대하여는 기존 주식의 주주이기 때문이다. 그러나 대법원은 준비금의 자본전입으로 인하여 발행된 무상신주에 대해서 제461조를 근거로 "회사에 대한 관계에서는 이사회의 결의로 정한 일정한 날에 주주명부에 주주로 기재된 자만이 신주의 주주가 된다"고 판시하며 양도인(명의주주)의 채권자가 행한 무상신주의 압류를 유효한 것으로 보았다(대법원 1988. 6. 14, 87다카2599, 2600 판결).[1]

다. 유상신주의 귀속

유상증자에 따라 발행하는 신주의 경우에는 양도인의 납입이 수반되므로 위의 법리를 바로 적용하기 어려운 면이 있다. 양수인이 납입대금과 상환으로 주식 반환을 요구할 수 있다면 주가상승의 경우에만 반환을 청구하는 등 전략적으로 행동할 우려가 있다. 그러나 일단 주식을 양도한 후 명의가 남아 있음을 기화로 신주인수에 나선 양도인을 구태여 보호할 필요는 없을 것이므로 양수인의 부당이득반환청구를 인정하여야 할 것이다. 구체적으로 주식의 공정한 시가로부터 신주발행가액을 차감한 부분이 원래 양수인에게 귀속되어야 할 이익이므로 부당이득액에 해당한다고 할 것이다.

대법원은 신주인수권은 주주의 고유권에 속하는 것이 아니므로 주주권의 이전에 수반되어 이전되지 않고 기준일 현재의 명의주주에게 귀속된다고 판시하며 명의주주가 신주대금을 납입한 경우에는 신주를 취득한다고 판시한 바 있다(대법원 1995. 7. 28, 94다25735 판결).[2]

5. 명의개서대리인

명의개서는 본래 회사가 하는 것이지만 주식거래가 빈번하게 이루어지는 경우에는 번거로움을 피하기 위하여 회사가 정관의 정함에 따라 명의개서사무를 타인에 위임할 수 있다(337(2)). 이처럼 명의개서사무를 수임받은 자를 명의개서대리인이라고 한다.[3] 명의개서대리인을 둔 경우에는 주주명부 원본이나 복본을 명의개서대리인의 영업소에 비치할 수 있다(396(1)). 명의개서대리인이 주주명부의 복본에 명의개서한 때에는 적법하게 명의개서가 이루어진 것으로 본다(337(2)). 명의개서대리인은 회사의 주식발행 및 교부, 명의개서업무의 이행보조자 또는 수임인일 뿐이다. 따라서 명의개서대리인이 있더라도 주주는 직접 회사를 상대로 주권 인도를 구할 수 있고(대법원 2017. 10. 26, 2016다23274 판결), 주주의 주주명부 열람·등사 청구의 상대방은 회사에 한한다(대법원 2023. 5. 23, 2022마6500 결정).

---

1) 이 판결에 대한 비판적인 평석으로 김건식, "명의개서의 해태와 무상발행신주의 귀속", 연구Ⅱ, 355면. 같은 취지의 판결로 대법원 2010. 2. 25, 2008다96963, 96970 판결.

2) 다만 실기주주가 명의주주에게 신주대금과 상환으로 주식의 반환을 청구하는 것이나 부당이득반환청구가 가능한지 여부는 명시하고 있지 않다.

3) 명의개서는 법률행위가 아니므로 대리라는 용어는 적절치 않다. 자본시장법은 대신 명의개서의 대행이라는 용어를 사용하고 있다(자시 365(1)). 명의개서대행회사의 자격은 예탁결제원과 금융위원회에 등록한 은행에 한정된다(자시 365(2)). 명의개서대행회사는 명의개서 외에 배당금의 지급, 주권의 발행 등의 업무도 대행할 수 있다(자시 366). 명의개서대행회사는 명의개서 내용을 관할세무서장에게 제출할 의무가 있다(상증 82(3)).

Ⅳ. 주주명부의 폐쇄와 기준일: 주주의 확정

1. 서 설

회사를 상대로 주주권을 행사할 수 있는 자는 권리행사 시 주주명부상의 주주인 것이 원칙이다. 주주권을 행사하는 주주가 많지 않은 경우에는 주주가 개별적으로 주주명부상의 주주임을 증명하도록 하면 된다. 그러나 주주총회에서 의결권을 행사하거나 이익배당을 수령하는 경우와 같이 다수의 주주가 동시에 주주권을 행사하는 경우에는 주주를 간편하게 확정할 필요가 있다. 상법은 이를 위하여 주주명부의 폐쇄와 기준일이라는 두 가지 제도를 마련하고 있다(354). **주주명부의 폐쇄란 일정기간 주주명부 기재의 변경을 정지하는 것**을 말하며 **기준일(record date)이란 특정 시점에 주주명부에 기재된 자를 주주권을 행사할 수 있는 자로 확정하기 위하여 정한 날**을 말한다(354(1)).

주주의 확정이라는 면에서 보면 기준일만으로도 충분하지만 실무상으로는 기준일과 동시에 폐쇄기간까지 같이 정하는 예가 많다. 예컨대 정기주주총회의 경우 의결권을 행사하고 배당을 받을 주주를 확정하기 위하여 결산기 말일을 기준일로 삼는 동시에 총회일에 이르기까지 주주명부를 폐쇄하는 경우가 많았다. 다만 상장주식 등 전자등록방식에 따르는 경우 주주명부 폐쇄는 인정되지 않고 기준일에 의해 주주를 확정하므로(전등 37(1)) 현재 상장회사 실무상으로는 기준일만이 활용된다.

2. 주주명부의 폐쇄

(1) 절 차

주주명부 폐쇄는 회사의 사무처리 필요상 인정된 것이므로 정관에 정함이 없는 경우에도 할 수 있다. 다만 정관에 폐쇄기간의 정함이 없는 경우에는 그 기간의 2주 전에 공고하여야 한다(354(4)). 명의개서를 하지 않은 주주에게 명의개서의 기회를 주기 위해서이다. 주주명부폐쇄는 주주에게 중대한 이해관계가 걸린 문제이므로 이사회의 결의를 요한다. 주주명부의 폐쇄기간은 3월을 넘지 못한다(354(2)). 폐쇄기간이 지나치게 길어질 경우 권리행사일로부터 먼 과거의 주주가 의결권 등 주주권을 행사하게 되는 문제가 있기 때문이다.

(2) 효 과

주주명부의 폐쇄기간 중에는 주주 또는 질권자의 권리에 관한 명의개서를 할 수 없다.[1] 폐쇄기간 중 주주의 변동이 있더라도 주주명부에 주주로서 기재되어 있는 명의주주만이 권리행사를 할 수 있다. 폐쇄기간 중 이루어진 명의개서는 무효지만 폐쇄기간이 경과한 후에는 명

1) 그러나 주주 또는 질권자의 권리의 변동과 무관한 사항, 예컨대 주주의 주소변경이나 개명, 상호 변경, 법인의 대표자 변경과 같은 사항은 회사가 임의로 기재할 수 있다.

의개서의 효력이 발생한다.

주주명부의 폐쇄기간 중에도 전환주식이나 전환사채의 전환청구(350(1), 516(2)), 신주인수권부사채의 신주인수권 행사(516-10)는 가능하다. 그러나 그러한 권리행사의 결과 발행된 신주는 폐쇄기간 중 개최된 주주총회에서는 의결권을 행사할 수 없다(350(2), 516(2), 516-10).

3. 기 준 일

기준일은 주주나 질권자가 권리를 행사할 날에 앞선 3월 내의 날로 정한다(354(3)). 여기서 '권리를 행사할 날'이란 의결권의 경우에는 의결권을 행사하는 총회일, 배당수취권의 경우에는 배당금액과 배당을 받을 자가 정해지고 이를 수령할 수 있게 된 날, 신주인수권의 경우에는 신주배정일을 의미한다. '3월 내'라는 제한을 둔 이유는 기준일과 권리행사일의 괴리가 지나치게 커질 경우 권리행사일로부터 먼 과거의 주주가 의결권 등 주주권을 행사하게 되는 문제가 있기 때문이다.[1)]

주주명부의 폐쇄와 마찬가지로 기준일의 2주 전에 공고하여야 하지만 정관에 정함이 있는 경우에는 공고가 면제된다(354(4)). 기준일을 정관에서 정하지 않은 경우에는 이사회 결의로 정한다. 기준일이 정해지면 그 후에 주식이 이전되고 명의개서가 이루어진 경우에도 기준일 현재의 주주명부상 주주가 주주권을 행사한다.

상장회사 정기총회와 기준일

기존 실무상 영업연도는 1월 1일부터 12월 31일로 정하고 정기주주총회의 의결권기준일 및 배당기준일을 결산기말인 연말로 정하는 것이 보통이었다. 이처럼 기준일을 결산기말과 일치시키는 이유는 ① 결산기말을 기준으로 작성되는 재무제표를 결산기말 주주가 승인하도록 하고 ② 결산기말에 확정되는 배당가능이익을 결산기말 주주에게 배당하기 위해서였다. 그러나 ①과 관련하여 재무제표를 반드시 결산기말 주주에게 승인하도록 할 이유는 없고 ②와 관련하여 배당가능이익의 확정을 반드시 배당기준일과 결부시킬 이유도 없다.

위 관행은 다음 문제가 있었다. ① 의결권기준일과 총회일 사이의 기간이 장기화함에 따라 그 사이에 주식매매가 있는 경우 총회일 현재 주주가 아닌 과거의 주주가 의결권을 행사하게 된다(이른바 empty voting). ② 배당기준일과 총회일(배당결정일) 사이에는 배당받을 주주는 정해졌지만 아직 배당액이 확정되지 않은 상태에서 주식을 거래하기 때문에 매매가를 산정하기 어렵다(미확정 배당락 문제). ③ 의결권기준일 겸 결산일로부터 3개월 내에 주주총회를 개최하려다 보니 재무제표, 감사보고서, 사업보고서 등 관련 자료의 작성 시간이 촉박해지고 3월말에 정기주주총

1) 기준일과 권리행사일의 괴리로 인해 (i) 현재 주주가 아닌 자가 의결권을 행사하게 되는 이른바 공의결권(empty voting)의 문제, (ii) 단기자금을 동원해서 기준일 전후로 매우 짧은 기간에만 주식을 보유하여 의결권 등 주주권을 확보하는 이른바 기준일 포획의 문제 등이 발생한다. 상법은 기준일과 권리행사일 간의 간격을 3개월 내로 제한하여 이 문제에 대처하고 있지만, 3개월 범위 내에서는 이런 문제가 실제로 발생하게 된다.

회가 집중되어, 회사의 부담이 가중되는 한편 실질적인 주주권 행사를 제약하였다.

이러한 문제를 해소하기 위해 결산기말, 의결권기준일, 배당기준일을 분리하자는 제안이 있었으나, 구상법 제350조 제3항이 결산기말을 배당기준일로 전제하였기 때문에 실무상 위 관행을 벗어나기 어려웠다. 그러나 2020년 개정상법이 위 제350조 제3항을 삭제하였으므로, 더 이상 의결권기준일, 배당기준일을 결산기말로 맞출 이유가 없어졌다.[1] 예컨대 개정상법 하에서는 결산기말이 12. 31.인 회사가 다음 해 2. 15.을 의결권기준일로 하여 4. 15. 정기주주총회를 개최하여 배당을 승인하고, 4. 20.을 배당기준일로 하여 그날의 명부상 주주에게 배당금을 지급하는 것도 가능하다. 실제로 상장회사협의회 표준정관 제45조는 의결권기준일과 배당기준일을 구분하고 있다. 다만 주식배당의 경우 주식배당을 결의한 주주총회가 종결한 때 그 효력이 발생하기 때문에(462-2(4)) 총회일 이후 별도의 주식배당 기준일을 설정하기 어렵다(제5장 제4절 XI, 4.(2) 참조).

1) 또한 법무부는 기준일이 권리를 행사할 날에 앞선 3월 내의 날이어야 한다는 상법 제354조 제3항의 해석과 관련하여 '배당을 받을 권리를 행사할 날'이란 배당금액과 배당을 받을 자가 정해지고 이를 수령할 수 있게 된 날을 뜻하는 것이라고 유권해석함으로써, 배당액 확정 이후 배당받을 주주가 결정되어도 무방하다는 입장을 택한바 있다. 법률신문 2023. 2. 7.자 "금융위원회의 배당절차 개선방안 발표"

제 5 절

주식의 양도

Ⅰ. 의　　의

주식의 양도란 법률행위에 의하여 주식을 이전하는 것을 말한다. 양도는 의사표시에 의한 특정승계를 의미하므로 포괄승계는 이에 포함되지 않는다. 주식양도의 원인행위로는 매매가 가장 전형적이지만 교환, 증여 등에 의한 주식의 이전도 주식양도에 속한다. 주식의 양도에 의하여 양도인인 주주의 지위는 완전히 양수인에게 이전한다.

주식은 원칙적으로 자유롭게 양도할 수 있다(**주식양도자유원칙**)(335(1)). 주식회사에서는 민법상의 조합, 합명회사, 합자회사의 경우와는 달리 탈퇴나 퇴사에 의한 출자회수가 원칙적으로 허용되지 않는다(**출자반환금지원칙**).[1] 따라서 주식양도는 주식회사의 주주가 출자를 회수할 수 있는 가장 중요한 수단이라고 할 수 있다.

Ⅱ. 주식양도의 방법

1. 주권의 교부

주식의 양도는 매매와 같은 원인행위와 주권의 교부, 즉 주권의 점유이전이 필요하다(336(1)). 주권의 교부는 현실의 인도 외에 간이인도(민 188(2)), 점유개정(민 189), 반환청구권의 양도(민 190)의 방법으로도 행할 수 있다(대법원 2014. 12. 24, 2014다221258, 221265 판결). 주권불소지 신고가 된 경우(358-2)에도 주식을 양도하려면 회사에 주권발행을 신청하여 이를 양수인에게 교부하여야 한다.

주권의 교부는 주식양도의 대항요건이 아닌 효력요건이다. 따라서 주권의 교부 없이 양도계약을 체결한 것만으로는 당사자 간에 주식을 양도하기로 하는 채권적 효력이 있을 뿐이고, 그것만으로는 회사에 대해서 아직 주식양도의 효력을 주장할 수 없으므로 명의개서를 청구할

1) 후술하는 주식매수청구권을 행사하는 경우는 그 예외이다.

수도 없다.

2. 적용범위

예외적으로 주권의 교부 없이 주식이 이전되는 경우가 있다. ① 주권의 교부는 양도라는 특정승계에 의하여 주식을 이전하는 경우에만 요구되므로 상속, 합병 등 포괄승계의 경우에는 주권의 교부가 필요하지 않다. ② 주식양도계약이 해제되는 경우에는 주권 교부 없이도 주식은 당연히 복귀한다(대법원 1994. 6. 28, 93다44906 판결. 해제의 물권적 효력). ③ 주권발행 전의 양도가 예외적으로 허용되는 경우에는 당사자 사이의 의사표시만으로 주식이 양도된다(335(3)후). ④ 예탁결제원에 예탁된 주식의 경우에는 주권이 직접 교부되는 것이 아니라 장부의 기재를 변경하는 방법으로 양도가 이루어지지만 법적 구성은 주권에 대한 간접점유가 이전되는 형식을 취하고 있다. ⑤ 전자등록된 주식은 계좌간 대체로 이전의 효력이 발생한다(356-2(2), 전등 35(2)). 어느 경우에나 주식을 이전받은 승계인이 회사에 주주권을 행사하려면 별도의 명의개서를 마쳐야 한다(337(1)).

Ⅲ. 주식양도의 제한

1. 서 설

(1) 주식양도자유의 원칙

주식은 자유롭게 양도할 수 있는 것이 원칙이다(335(1)본)). 다른 동업형태와 달리 주식회사에서 주식의 양도를 자유롭게 허용하는 것은 사원인 주주의 개성이 중요하지 않기 때문이다. 주주는 회사의 업무집행에 직접 관여하지 않을 뿐 아니라 회사채무에 대해서도 책임을 지지 않기 때문에(331) 주주의 변화는 통상 다른 주주나 채권자 이익에 영향을 주지 않는다. 자금이 필요하거나 회사 경영에 불만이 있는 경우 주식을 양도하여 출자를 회수할 수 있기 때문에 주주로서는 출자의 부담이 덜하고 그에 따라 회사도 수월하게 자금을 조달할 수 있다.

(2) 주식양도가 제한되는 경우

주식양도의 자유는 주주의 개성이 중요하지 않은 것을 전제로 한다. 그러나 실제로는 주주의 개성이 중요함에도 불구하고 주식회사 형태를 택하는 경우가 적지 않다. 상법은 그런 회사를 위하여 정관으로 주식의 양도성을 제한할 수 있는 길을 열어주고 있다(335(1)단)). 실제로는 정관 대신 **주주간계약**에 의하여 주식양도를 제한하는 경우도 많다. 그 밖에 다음과 같은 경우에 주식 양도가 제한된다. ① 주식의 취득·보유가 경쟁법적, 규제법적 관점에서 제한되는 경우; ② 자기주식 취득(341, 342-2); ③ 권리주의 양도(319); ④ 주권발행 전 주식양도(335(3)).

①은 양도 자체를 금지하는 것이 아니라 규제당국에 의한 사전 심사를 받도록 하는 경우이다. ②는 특정인에게 양도하는 것을 제한하는 경우로서 양도제한의 측면보다는 회사재무와 관련하여 중요한 의미를 가지므로 뒤에 따로 설명한다.[1] 이하에서는 정관에 의한 양도제한과 계약에 의한 양도제한에 이어 ③과 ④만을 설명한다.

2. 정관에 의한 주식양도제한

(1) 양도제한의 취지 — 폐쇄성의 유지

1995년 개정 전 상법에서는 주식의 양도성은 정관에 의하여도 제한할 수 없었다(구상 335(1)). 따라서 예컨대 합작회사(joint venture)와 같이 주주의 개성이 중요하여 주주의 변경을 제한할 필요가 있는 회사는 주주간계약에 의존할 수밖에 없었다. 그러나 뒤에 살펴보는 바와 같이 주주간계약의 구속력에는 한계가 있으므로 기업의 수요를 충족하기 어려웠다. 1995년 개정 상법은 기업의 현실적 수요를 감안하여 정관으로 주식의 양도성을 제한할 수 있는 길을 열어주었다(335(1)단)).[2] 다만 뒤에 보는 바와 같이 양도성을 제한하는 방법은 엄격히 제한하고 있다.

(2) 양도제한의 방법

회사는 정관으로 정하는 바에 따라 그 주식의 양도에 관하여 이사회의 승인을 받도록 할 수 있다(335(1)단). 이것이 상법이 예정하는 유일한 양도제한의 방법으로서, 정관으로 정해야 한다는 점과 이사회의 승인을 요구할 수 있다는 점을 두 요소로 한다.

양도제한은 **정관에 정한 경우**에 한해서 가능하다. 그러한 규정이 원시정관에 없으면 정관 변경으로도 채택할 수 있다.[3] 정관 이외의 내부규정이나 주주간계약 등에 정한 것으로는 여기에서 말하는 양도제한에 해당하지 않는다.

상법은 정관에 의한 양도제한의 방법으로 **이사회 승인**을 얻도록 하는 것만을 예정하고 있다. 주주 전원의 동의 또는 특정인의 승인을 얻도록 하는 것과 같이 이사회 승인 이외의 방법으로 제한하는 것은 허용되지 않는다.[4] 정관으로 이사회 승인이 아닌 주주총회의 승인을 얻도록 하는 것이 가능한지는 다툼의 여지가 있다. 상법상 이사회 권한으로 명시한 사항이라도 정관으

1) 제6장 제4절 참조.
2) 다만 주식의 양도에 대한 제한이 있는 경우에는 상장이 허용되지 않는다(유가증권시장 상장규정 29(1)(vii), 코스닥시장 상장규정 6(1)(xiv)).
3) 주권미발행 주식이 이미 유효하게 양도된 이후에 회사가 정관을 변경하여 주식양도를 제한하는 조항을 신설한 경우, 아직 명의개서가 이루어지지 않았다면 양수인은 이사회의 승인 없이 명의개서를 청구할 수 있고 회사는 명의개서절차를 이행해야 한다(대법원 2016. 3. 24, 2015다71795 판결). 주식양도를 제한하는 정관 조항이 정관변경으로 신설된 경우에 그 조항은 그 조항의 효력이 발생한 이후의 양도에만 적용되기 때문이다.
4) 정관에서 주주 전원의 동의를 얻도록 하는 것을 금지하더라도, 일단 주주 전원의 동의를 받았다면 이사회 승인 없이도 양도는 회사에 대해 유효할 것이다(最高裁 1993. 3. 30, 民集 47권 4호, 3439면 참조).

로 주주총회 권한으로 정할 수 있다는 견해(주주총회의 권한에 관한 확장설; 제4장 제2절 Ⅱ. 3. 참조)에 따르면 주식양도의 경우에도 정관으로 주주총회 승인을 받도록 정할 수 있다는 추론이 가능하다. 반면 주식양도 허용 여부에 관한 판단을 이사회에 맡긴 상법의 취지를 고려하여 그러한 정함은 허용되지 않는다는 주장도 제기될 수 있다. 절충적인 입장에서 적어도 이사회 승인 '또는' 주주총회 승인을 받도록 정관에서 규정하는 것은 가능하다고 볼 수 있을 것이다.[1)]

(3) 양도제한의 범위

양도제한은 원칙적으로 모든 주식을 대상으로 한다. 따라서 특정 주주가 보유하는 주식(예컨대 종업원 보유 주식)만을 또는 특정수량 이상의 주식(예컨대 1% 이상의 주식)만을 제한대상으로 삼는 것은 허용되지 않는다. 그러나 종류주식을 발행하는 경우 보통주나 우선주 같은 특정 종류의 주식에 한정하여 양도를 제한하는 것은 허용된다고 볼 것이다. 법문상으로는 물론이고 정책적으로도 구태여 그것이 금지된다고 볼 근거가 없기 때문이다.[2)]

주주 이외의 자나 외국인에게 양도하는 경우 같이 특정한 상대방에게 양도하는 경우에만 이사회 승인을 요하는 것도 허용된다.[3)] 상법상 허용되는 한도보다 제한범위를 좁히는 것을 구태여 금할 필요가 없기 때문이다.[4)] 같은 취지로 예컨대 설립 후 10년 기간만 양도에 이사회 승인을 요하는 것과 같은 시간적 제한도 허용된다고 할 것이다.

정관으로 제한할 수 있는 것은 주식의 '양도'에 한정된다. 따라서 상속, 합병에 의한 포괄승계는 제한할 수 없다. 한편 입질 등 주식의 담보제공은 제한되지 않으나 담보권의 실행으로 주식을 취득하는 자는 이사회 승인을 받아야 할 것이다.

(4) 양도제한의 공시

양도제한은 주주의 이해관계에 중요한 사항이므로 등기해야 할 뿐 아니라(317(2) (iii-2)), 주권(356(vi-2))이나 주식청약서(302(2)(v-2))에도 기재하여야 한다.[5)]

---

1) 입법론상으로는 정관으로 주주총회의 승인을 얻도록 규정하는 것도 허용할 필요가 있을 것이다. 누구를 주주로 참여시킬 것인가에 대해서는 이사회보다 주주가 정하는 것이 더 적절한 경우가 있기 때문이다.

2) 이철송30, 390면; 정동윤6, 482면.

3) 다만 이렇듯 특정 양수인에 대한 양도에만 이사회 승인을 요하는 사유가 어느 정도 합리성이 있어야 할 것이다. 한편 양수인 자격을 한국인이나 종업원같이 일정한 범위의 자로 제한하는 것은 양도제한의 범위가 상법이 정한 것보다 넓어진다는 점에서 허용되지 않는다고 볼 것이다.

4) 특정인 또는 특정인 이외의 자에게 양도하는 경우만을 승인대상으로 규정하는 것은 주주평등의 원칙상 무효라고 보는 견해도 있지만(이철송30, 390면) 특별히 공서양속에 반하지 않는 한 허용된다고 볼 것이다.

5) 제420조에서 명시적으로 지시하고 있지는 않지만 신주발행시의 주식청약서에도 기재해야 할 것이다. 뿐만 아니라 장차 신주발행을 초래할 수 있는 전환사채나 신주인수권부사채를 발행하는 경우 법문에서 명시하듯이 청약서, 사채권, 사채원부, 신주인수권증권에도 기재해야 한다(514(1)(v), 516-4(iv), 516-5(2)(v)).

(5) 양도에 대한 승인

가. 양도의 승인청구

양도가 제한된 주식을 양도하고자 하는 주주는 사전에 서면으로 회사에 대하여 양도승인을 청구하여야 한다(335-2(1)). 서면에는 양도의 상대방 및 양도하고자 하는 주식의 종류와 수를 기재하여야 한다. 상대방은 개인, 회사 모두 가능하고 설립 예정이거나 설립 중인 회사도 무방하다. 다만 주주가 될 경우 회사에 미치는 영향을 이사회가 판단할 수 있도록 특정되어야 한다. 상대방이 양수자금을 조달할 의사와 능력이 없음이 명백하다는 등 특별한 사정이 없는 한, 주식양도계약이 체결되거나 그 협상이 상당히 진행되었어야 하는 것은 아니다(대법원 2022. 7. 28, 2020마5054 결정).

양도인이 사전 승인절차를 밟지 않은 경우에는 양수인도 사후에 취득승인을 청구할 수 있다(335-7(1)). 양수인이 승인을 청구하는 경우에 대한 처리는 양도인이 청구하는 경우와 동일하다(335-7(2)).

정관으로 승인청구의 시기를 제한하는 것은 주식의 양도성에 대한 제한을 강화하는 것이므로 허용되지 않는다.

나. 이사회의 승인

승인 여부는 이사회가 재량에 따라 결정한다. 정관에서 승인기관을 대표이사로 정하거나 이사회가 포괄적으로 승인권한을 대표이사에게 위임하는 것은 허용되지 않는다. 양도인 또는 양수인이 이사인 경우에는 그는 승인 여부를 결정하는 이사회 결의에서 특별이해관계 있는 이사(391(3)→368(3))에 해당하여 의결권이 없다.

다. 통 지

승인청구가 있는 경우 회사는 1월 이내에 서면으로 승인여부를 통지해야 한다(335- 2(2), 335-7(2)). 그 기간 내에 거부의 통지를 하지 않는 경우에는 이사회 승인이 있는 것으로 본다(335-2(3), 335-7(2)). 회사가 승인거부 통지를 하지 않아 이사회 승인이 간주된 경우에는 승인이 있었던 경우와 동일하게 주식양도의 효력이 발생하므로, 후술하는 양도상대방 지정청구 또는 주식매수청구는 허용되지 않는다.

(6) 승인의 거부

이사회는 재량에 따라 승인을 거부할 수 있다. 거절에 반드시 정당한 사유가 필요한 것은 아니다.[1] 양도승인거부의 통지를 받은 주주[2]는 20일 내에 양도의 상대방의 지정이나 주식의 매수

---

1) 물론 이사회의 결정도 선관의무의 테두리를 벗어날 수 없지만 선관의무를 위반하는 경우를 상정하기 어렵다.

2) 주식의 양수인이 승인을 청구한 경우에는 양수인도 마찬가지의 권리를 갖는다. 이하 주주에는 그러한 양수인도 포함되는 의미로 사용한다. 다만 양수인이 주식매수청구권을 행사하려면 주권교부 등을 통해 주식을 취득한 상태

를 청구할 수 있다(335-2(4), 335-7(2)). 어느 쪽을 선택할 것인지는 주주의 선택에 맡겨져 있다.[1)]

가. 양도상대방의 지정 청구

1) 양도상대방의 지정

주주가 양도상대방 지정을 청구한 경우 이사회는 2주일 내에 이를 지정하고 주주 및 지정된 상대방에게 그 취지를 서면으로 통지하여야 한다(335-3(1), 335-7(2)). 그 기간 내에 통지를 하지 않은 때에는 주식양도에 대한 이사회 승인이 있는 것으로 본다(335-3(2), 335-7(2)).

2) 지정상대방의 매도청구

지정된 상대방은 통지받은 날로부터 10일 이내에 지정청구를 한 주주에 대하여 서면으로 주식의 매도를 청구할 수 있다(335-4(1), 335-7(2)). 지정상대방이 매도청구를 하지 않는 경우에는 주식의 양도에 관하여 이사회의 승인이 있은 것으로 보므로(335-4(2)) 주주는 원래의 양도상대방에게 주식을 양도할 수 있다.

3) 매수가액의 결정

지정상대방의 매도청구에 의하여 주식의 매매계약이 성립하지만 주식의 매도가액은 주주와 지정상대방과의 협의로 결정한다(335-5(1), 335-7(2)). 협의가 이루어지지 않는 경우에는 주주나 지정상대방은 법원에 매수가액의 결정을 청구할 수 있다(335-5(2)→374-2(4)).

나. 회사에 대한 매수청구

주주는 상대방의 지정을 청구하는 대신 회사가 주식을 매수할 것을 청구할 수 있다(335-2(4)). 청구의 효과에 관해서는 주식매수청구권에 관한 규정이 준용되므로 주식매수청구권이 행사된 것과 마찬가지의 효과가 발생하는 것으로 보아야 할 것이다(335-6→374- 2(2)~(5)).[2)] 따라서 청구 시에 매매계약이 성립되지만 매수가액은 2월 이내에 지급해야 한다. 매수가액의 결정은 회사와 협의로 결정하지만 협의가 성립되지 않는 경우에는 법원에 매수가액의 결정을 청구할 수 있다.

(7) 이사회 승인 없는 주식양도의 효력

이사회의 승인을 얻지 않은 주식의 양도는 회사에 대하여 효력이 없다(335(2)). 따라서 이사회 승인을 얻지 않은 양수인은 회사에 명의개서를 청구할 수 없고, 그러한 청구를 회사가

여야 한다. 형성권인 주식매수청구권 행사로 곧바로 매매계약이 성립하기 때문이다. 사후적으로 양수인이 주식취득 요건을 갖추더라도 하자는 치유되지 않는다(대법원 2014. 12. 24, 2014다221258, 221265 판결).

1) 같은 견해(주주가 선택권을 보유한다)로는 권기범6, 568면; 송옥렬9, 851면; 임재연6 I, 447면; 장덕조3, 193면; 정동윤6, 485면, 정찬형22, 799면; 최기원14, 340면; 최준선14, 320면; 홍/박7, 262면. 반면 회사가 선택권을 보유한다는 견해로 김홍기4, 427면.

2) 판례도 상법 제335조의2 제4항에 따른 주주의 청구권의 법적 성질을 형성권으로 보면서 주주 지위는 주식매매대금을 지급받은 때 이전한다고 본다(대법원 2019. 7. 10, 2018다292975 판결).

거절하더라도 부당거절에 해당하지 않는다. 회사가 그러한 양도의 효력을 임의로 인정할 수도 없고, 임의로 인정하여 명의개서를 했다고 하더라도 이는 적법한 명의개서가 아니다. 다만 회사에 대하여 효력이 없을 뿐 당사자 사이에서는 유효하므로 이사회 승인을 얻지 않았더라도 주식양도계약이 무효가 되는 것은 아니다(대법원 2008. 7. 10, 2007다14193 판결).[1)]

3. 계약에 의한 제한

(1) 의 의

주식양도의 제한이 상법에서 정식으로 허용되기 전에는 주로 주주 사이의 계약에 의하여 이루어졌다. 전술한 바와 같이 상법상 주식양도의 제한은 좁은 범위에서만 인정되고 있으므로 계약에 의한 제한은 수요가 여전히 존재할 뿐 아니라 실무상 더 자주 활용되고 있다. 계약에 의한 주식양도제한은 주로 주주들 사이의 계약, 즉 주주간계약으로 행해지는 것이 보통이다. 그러나 실무상으로는 회사도 주주간 계약에 당사자로 참여하는 경우가 적지 않다.

(2) 주주와 회사와의 계약

회사와 주주 사이에 체결된 주식양도제한약정은 무효로서, 그 약정의 효력을 회사에 대하여 주장하거나 회사가 주장할 수 없다는 것이 일반적이다. 그 근거로는 상법상 주식의 양도는 자유이고 그 자유는 정관에서 이사회 승인을 받도록 하는 방식으로만 제한할 수 있다는 점을 든다(335(1)). 다만 주주들과 회사가 함께 당사자로 참여한 계약에서 주식양도제한약정을 두고 있는 경우에 주주들 사이에서의 효력까지 부정할 것은 아니다. 최근에는 더 나아가 회사와 주주 사이의 계약의 경우에도 아래에서 살펴보는 주주간계약과 마찬가지로 그 효력을 인정해야 한다는 견해가 힘을 얻고 있다.[2)]

(3) 주주간계약

가. 의 의

주식양도를 제한하는 주주간계약은 합작투자나 벤처투자에서 체결되는 것이 보통이다. 양도제한은 다양한 형태로 이루어진다. 대표적인 예로는 ① 일정기간 양도를 금지하는 약정(lock-up), ② 양도에 상대방 주주의 동의를 얻도록 하는 약정, ③ 상대방 주주에게 우선매수권을 부여하는 약정,[3)] ④ 일방 주주가 보유주식을 매도할 때 상대방 주주도 함께 지분

---

1) 그 근거로는 양수인이 이사회에 승인을 직접 청구할 수 있을 뿐 아니라 이사회가 승인을 거부할 때에는 양도의 상대방 지정을 청구할 수 있다는 규정(335-7)을 들 수 있다.

2) 대표적으로 田中亘 編, 会社·株主間契約の理論と実務(2021) 12면(田中).

3) 우선매수권은 실무상 ① 일방 주주가 양수후보자를 찾아 거래조건에 잠정합의한 후 그 거래조건을 상대방 주주에게 제시하며 우선매수 기회를 부여하고 그가 이를 거절한 경우에 양수후보자에게 매도할 수 있도록 하는 right of first refusal과 ② 일방 주주가 주식매각을 원하는 경우 먼저 상대방 주주에게 일정한 거래조건을 제안하고 그가 거절한 후에 그 제안보다 낮지 않은 가격으로 제3자에게 매도할 수 있도록 하는 right of first offer로 구분된다. 후자

비율에 따라 매도인으로 참여할 수 있는 동반매도참여권(tag-along right)을 상대방 주주에게 부여하는 약정, ⑤ 일방 주주가 보유주식을 매도할 때 상대방 주주가 가진 주식까지 함께 매각하도록 하는 동반매각청구권(drag-along right)을 일방 주주에게 부여하는 약정 등이 있다.

나. 효 력

주주 사이의 주식양도제한약정의 효력은 회사에 대한 효력과 주주 사이에서의 효력을 구분하여 살펴야 한다.

먼저 이사회 승인을 요구하는 방식으로만 주식양도의 제한을 허용하는 상법(335(1))에 비추어 볼 때, 주식양도제한약정의 **회사에 대한 효력은 부정**되어야 할 것이다. 예컨대 주식양도제한약정에 위반한 양도에 의하여 주식을 양수한 자가 회사에 명의개서를 청구하였다면 회사는 이를 거절할 수 없다.[1] 즉 회사를 상대로 주주권을 행사할 수 있는 자가 누구인가를 판단함에 있어서 주식양도제한약정의 존재 및 그 위반 여부는 고려 요소가 아니다.

그러나 주주 사이에서의 채권적 효력까지 일률적으로 부정할 것은 아니다. 대법원도 주식양도제한약정이 주주의 투하자본회수의 가능성을 전면적으로 부정하는 것이 아니고 공서양속에 반하지 않는다면 **당사자 사이에서는 원칙적으로 유효**하다고 하여, 주식양도제한약정을 위반한 주주는 그 계약에서 정한 위약금을 지급할 의무가 있다고 보았다(대법원 2008. 7. 10, 2007다14193 판결). 그렇다면 어느 정도로 양도를 제한하였을 때에 "주주의 투하자본회수의 가능성을 전면적으로 부정하는" 정도에 이른다고 볼 것인가? 대법원은 회사설립 후 5년간 주식의 양도를 금하는 주주간약정은 '주주의 투하자본회수의 가능성을 전면적으로 부정하는 것으로서 무효'라고 선언한 바 있다(대법원 2000. 9. 26, 99다48429 판결(신세기통신판결)).[2] 반면에 합작투자계약에서 주식양도에 상대방 주주의 동의를 얻도록 하거나 상대방 주주에게 우선매수권을 부여하는 약정은 합작상대방의 동일성에 대한 기대를 보호할 현실적 필요성이 있을 뿐 아니라 투하자본 회수 가능성의 전면적 부정이라고 볼 수 없고 달리 공서양속에도 반하지 않는다고 볼 것이다.[3]

의 경우 양수후보자와의 협의가 선행될 필요가 없으므로 양도희망주주로서는 후자가 대체로 더 유리하다. 이동건·류명현·이수균, "주주간 계약"(천경훈 편, 우호적 M&A의 이론과 실무 제2권, 소화, 2017), 363~364.

1) 다만 그 양도가 주식양도제한약정에 위반하였다는 점에 대해서 양수인이 악의인 경우에도 그렇게 볼 것인지는 논의의 여지가 있다는 견해로 田中亘 編, 会社·株主間契約の理論と実務(2021) 10면(田中).

2) 그러나 사안의 주식양도제한은 정부의 허가조건을 충족하기 위하여 포함된 것으로서 과연 5년이란 기간이 그처럼 투하자본회수의 가능성을 '전면적으로 부정'한 것으로 평가할 수 있는지에 대해서는 강한 의문이 있다. 또한 이 판결은 양도제한약정에 위반하여 주식을 양수한 자가 회사에 명의개서를 청구한 데 대하여 회사가 약정위반을 이유로 명의개서를 거절할 수 없다고 판단한 건인데, 그러한 결론을 위해서는 굳이 양도제한약정의 효력 자체를 부정할 것이 아니라 주주 간의 양도제한약정이 회사에 대하여는 효력이 없다는 점을 논거로 하는 것이 옳았다고 본다.

3) 주식양도를 위해 다른 주주 전원의 동의를 받도록 한 주주간 협약의 효력에 관하여, 대법원 2022. 3. 31, 2019다274639 판결은 주주가 8인이어서 동의를 받는 것이 불가능하지 않고, 회사 존립기간이 13년이어서 투하자본 회수가 불가능하지 않다는 점 등을 들어 유효라고 판단하였다.

우리사주조합규약상의 주식양도제한

회사의 종업원이 자사주를 보유하는 것을 촉진하기 위한 종업원지주제도를 채택한 회사에서는 통상 우리사주조합이 결성되고 조합의 규약이 제정된다. 조합규약에서는 종업원인 주주가 주식을 양도하고자 할 때에는 조합이나 다른 조합원에게 양도하여야 하고 조합은 일정한 양도가액에 우선적으로 매수할 수 있다는 규정을 두는 경우가 있다. 이러한 규정은 일종의 계약에 의한 양도제한으로 볼 수 있는데, 투하자본의 회수를 전면적으로 부인하는 것이 아닐 뿐 아니라 우리사주조합의 목적 달성을 위한 현실적인 필요성이 인정되므로, 조합 및 조합원들 사이에서 유효라고 볼 것이다.

주식양도제한약정의 실현

주식양도제한약정을 위반한 주주에 대해서는 손해배상청구가 가능하지만 손해액의 증명이 어려우므로 실무상으로는 손해배상액의 예정이나 위약벌을 규정하는 사례가 많다. 금전만으로는 주식양도제한을 원하는 주주의 기대를 충분히 만족시킬 수 없는 경우라면 그 주주는 사전구제수단으로 처분금지가처분을 신청할 수 있을 것이다. 계약에 위반하여 주식을 양도한 주주에게 그 주식을 재취득할 의무를 부과하는 조항은 유효하다고 볼 것이다.[1)]

4. 권리주의 양도제한

(1) 의　의

주식의 인수계약은 청약과 배정에 의하여 성립한다. 인수계약이 체결된 후 주식의 효력이 발생하기까지 인수인이 갖는 권리를 상법은 '주식의 인수로 인한 권리'(319)라고 하지만 통상 권리주라고 부른다. 권리주는 장차 주식으로 전환되는 것이므로 주식의 전신이라 할 수 있다. 권리주는 주식의 청약을 한 자가 배정을 받는 시점에 발생하며 회사설립 시뿐 아니라 신주발행 시에도 발생한다. 상법상 권리주의 양도는 회사에 대하여 효력이 없다(319, 425(1)).[2)]

(2) 양도제한의 취지

과거에는 권리주 양도를 제한하는 논거를 아직 주식이 되기 이전의 불확실한 권리의 양도를 인정하면 투기나 사기가 일어날 가능성이 높다는 점에서 찾았다. 그러나 어차피 주식을 둘러싼 투기나 사기의 위험은 완전히 배제할 수 없다. 그리하여 현재는 회사 사무처리의 번잡을 피한다는 기술적인 고려를 강조하고 있다. 주권도 발행되지 않은 상황에서 권리주가 전전유통되는 경우에는 회사가 진정한 권리자를 확인하여 주주 지위를 인정하는 것이 어렵기 때문이

1) 田中亘 編, 会社·株主間契約の理論と実務(2021) 286면(飯田).

2) 권리주를 양도한 발기인, 이사, 집행임원에게는 과태료를 부과한다(635(2)).

다. 이런 사정은 회사설립 시뿐만 아니라 신주발행 시에도 마찬가지이므로 신주발행 시에도 권리주 양도의 제한규정이 준용된다(425(1)).[1]

(3) 양도제한의 효과

회사에 대하여 효력이 없다는 것은 단순히 대항할 수 없다는 것과는 다르다. 따라서 권리주의 양수인만이 아니라 회사도 권리주 양도의 효력을 인정할 수 없고[2] 양도인을 주식인수인으로 대우해야 한다.[3] 따라서 주금납입 전이라면 양도인이 주금을 납입하여야 한다.

권리주 양도가 회사에 대하여 효력이 없다고 해서 그것이 전적으로 무효는 아니다. 양도의 당사자 사이에서는 회사성립 후 주식을 양도하는 취지의 채권계약으로 유효하다. 따라서 양도인은 자신에게 발행된 주식을 양수인에게 양도해야 할 것이다.

5. 주권발행 전의 주식양도

(1) 의 의

권리주가 회사의 설립등기나 신주발행의 효력발생에 의하여 주식이 된 후에도 "주권발행 전에 한 주식의 양도는 회사에 대하여 효력이 없다"(335(3)본). 이 규정은 회사설립 시에 발행되는 주식과 회사성립 후 발행하는 모든 신주에 대해서 적용된다.

주권발행 전의 주식양도를 제한하는 취지는 주권발행사무의 원활한 처리와 획일적인 주주확정이라는 요청에서 찾는 것이 일반적이다. 회사는 정당한 주주에게 주권을 발행해야 하는데 당초의 주식인수인이 아니고 주권도 소지하지 않은 채 주식을 양수하였다고 주장하는 사람이 과연 진정한 주주인지 확인하는 것은 용이하지 않기 때문이다. 상법상 주식양도에는 주권교부를 요한다는 점도(336(1)) 주권발행 전에 주식양도가 불가하다는 것과 논리적으로 부합한다.

그러나 주권발행 전의 주식양도를 무한정 제한한다면 회사는 주권발행을 미룸으로써 주식양도를 막을 수 있어 주식양도자유의 원칙은 유명무실하게 될 것이다. 상법상 '회사는 성립 후 또는 신주의 납입기일 후 지체 없이 주권을 발행하여야' 하지만(355(1)) 실제로 특히 중소기업의 경우에는 주권발행을 미루는 예가 적지 않았다. 그런 회사에서 지배주주가 일단 주식을 양도하고 나서는 나중에 사정이 변하면 주권발행 전 양도라는 이유로 무효를 주장하는 경우도 없지 않았다.[4] 이러한 부당한 결과를 피하기 위하여 1984년의 개정 상법은 회사성립 후 또는

---

1) 다만 회사는 신주발행시에 주주가 가지는 신주인수권을 양도할 수 있도록 정할 수 있고, 그 경우 신주인수인은 신주인수권증서를 교부함으로써 신주인수권을 양도할 수 있다(416(v), 420-2(1), 420-3(1)). 제6장 제2절 Ⅲ.7. 참조. 이처럼 신주인수권의 양도가 적법하게 인정되는 한도에서는 권리주 양도제한 규정이 적용되지 아니한다.

2) 오래전 대법원은 방론으로 그 취지를 밝힌 바 있다(대법원 1965. 12. 7, 65다2069 판결).

3) 권리주 양도의 제한은 앞서 설명한 바와 같이 주로 회사의 사무처리 편의를 위하여 인정되는 것이므로 입법론상으로는 회사에 대하여 무효라고 하기보다는 대항할 수 없는 것으로 하는 편이 나을 것이다.

4) 실제로는 양수인이 주주가 아니라는 이유로 양수인이 주주총회에 참여하여 행한 결의의 부존재를 주장하는 사례가 많았다. 법원은 양도인이 결의의 부존재를 주장하는 것이 신의칙에 반하는 경우에는 소권을 인정하지 않는 방

신주의 납입기일 후 6월이 경과한 후에도 주권을 발행하지 않은 경우에는 양도를 허용함으로써 무효인 양도의 범위를 대폭 축소하였다(335(3)단).

(2) 6개월 경과 전의 양도

가. 회사에 대해서 무효

주권발행 전 주식양도는 회사에 대해서 무효이다(335(3)본). 회사의 주권발행사무상의 편의라는 입법취지만 본다면 회사에 대항할 수 없다고 볼 수도 있겠지만, 대법원은 법문에 근거하여 회사도 임의로 효력을 인정할 수 없다고 본다. 그리하여 양수인은 회사에 주권발행청구를 할 수 없고(대법원 1981. 9. 8, 81다141 판결) 회사가 양수인에게 명의개서를 하고 주권을 교부한 경우에도 주권은 무효이고 양수인은 주식을 취득할 수 없다(대법원 1987. 5. 26, 86다카982, 983 판결).[1]

나. 당사자 간에는 유효

법문의 반대해석상 주권발행 전 주식양도는 **당사자 사이에서는 효력이 있다.**[2] 따라서 회사가 후에 양도인에게 주권을 발행하면 양수인이 양도인에 대해서 주권의 교부를 청구할 수 있을 뿐 아니라, 양수인은 양도인의 주권발행청구권을 대위행사하여 회사에 대하여 양도인에게 주권을 발행할 것을 청구할 수도 있다(대법원 1982. 9. 28, 82다카21 판결).

(3) 6개월 경과 후의 양도

가. 회사에 대한 효력

회사 성립 후 또는 신주의 납입기일 후 6월이 경과할 때까지 주권을 발행하지 않은 경우에는 앞서 설명한 제한은 적용되지 않는다(335(3)단).[3] 그 경우 **주권교부 없이 양도의 합의만으로 주식의 양도가 이루어지고 이는 회사에 대해서도 효력이 있다**(대법원 2016. 3. 24. 2015다71795 판결 등). 회사 성립 후 또는 신주의 납입기일 후 6개월이 경과하는 시점 이전에 양도가 이루어진 경우에도 그 시점이 경과할 때까지 주권이 발행되지 않은 경우에는 기존의 양도는 하자가 치유되어 유효로 본다(대법원 2000. 3. 23, 99다67529 판결 등).[4] 한편 매도인이 매매사실을 다투는 경우 매수인은 법원으로부터 주권발행 전 주식의 양도를 명하는 판결(이는 의사의 진술을 명하는 판결

법으로 구체적 타당성을 도모하기도 하였다(대법원 1991. 12. 13, 90다카1158 판결; 대법원 1992. 8. 14, 91다45141 판결).

1) 따라서 그러한 양수인이 참여한 주주총회 결의는 해당 주식의 비중에 따라 결의취소나 부존재의 원인이 된다. 실제로 과거 우리나라에서 주주총회 결의의 부존재를 주장하는 소송이 많았던 것은 주권발행전 주식양도가 많았기 때문이기도 하다.

2) 단순히 채권적 효력만을 갖는데 그치는 것은 아니다. 같은 취지의 일본 판례로 最高裁 2024. 4. 19, 2022년(受) 제1266호.

3) 주식병합으로 구주권이 실효되었음에도 주식병합 후 6월이 경과할 때까지 회사가 신주권을 발행하지 않은 경우에도 주권교부 없이 당사자의 의사표시만으로 주식양도의 효력이 생긴다(대법원 2012. 2. 9, 2011다62076, 62083 판결).

4) 같은 견해(하자치유설)로 김정호5, 215면; 이/최11, 295면; 정동윤6, 489면; 최준선14, 295면. 반면 6개월이 경과하여도 하자의 치유를 인정하여서는 안 된다는 견해로 최기원14, 345면.

임)을 받아 주식소유자가 될 수 있다(대법원 2021. 7. 29, 2017다3222, 3239 판결).

여기서 6개월 경과 후의 양도가 양도합의만으로 "회사에 대하여 효력이 있다"는 의미는 이로써 양수인은 적법하게 명의개서를 청구할 수 있는 지위를 갖게 되어 회사도 이에 응하여야 한다는 뜻이고, 명의개서 자체가 불필요하다는 취지는 아니다. 즉 양수인이 회사에 대하여 적법하게 주주권을 행사하려면 양도인과 양수인 사이의 양도합의 이외에 명의개서를 하여야 한다(337(1)). 그런데 주권이 발행된 경우에는 주권을 제시하여 명의개서를 청구하면 되지만, 주권이 발행되지 않은 경우에는 어떤 요건을 갖추어 명의개서를 청구할 수 있는지 문제된다.[1)]

양수인으로서는 양도인의 통지 또는 회사의 승낙에 의한 민법상 지명채권 양도의 대항요건을 갖추어 명의개서를 청구할 수도 있을 것이다. 그러나 반드시 지명채권양도의 대항요건을 갖추어야만 적법하게 명의개서 청구를 할 수 있다고 한다면, 양도인(통지) 또는 회사(승낙)의 협력 없이는 명의개서를 할 수 없다는 부당한 결론에 이르게 된다. 따라서 주권미발행 상태에서의 주식양수인은 지명채권양도의 대항요건을 갖추지 못하였더라도 주식매매계약서, 영수증, 확인서 등을 통해 양수 사실을 증명함으로써 단독으로 명의개서를 청구할 수 있다고 볼 것이다. 판례도 "주권발행 전 주식의 양도가 회사 성립 후 6월이 경과한 후에 이루어진 때에는 당사자의 의사표시만으로 회사에 대하여 효력이 있으므로, 그 주식양수인은 특별한 사정이 없는 한 **양도인의 협력을 받을 필요 없이 단독으로 자신이 주식을 양수한 사실을 증명함으로써 회사에 대하여 그 명의개서를 청구할 수 있다**"고 본다(대법원 2000. 3. 23, 99다67529 판결 등).

나. 제3자에 대한 효력

주권발행 전 주식의 양수인이 회사 이외의 제3자에 대하여 양도사실을 대항하기 위해서는 지명채권의 양도에 준하여 **확정일자 있는 증서에 의한 양도통지 또는 승낙**을 갖추어야 한다(민450). 양도인은 회사에 그러한 양도통지를 함으로써 양수인으로 하여금 제3자에 대한 대항요건을 갖출 수 있도록 해 줄 의무를 부담한다(대법원 2006. 9. 14, 2005다45537 판결).

제3자에 대한 대항요건이 문제되는 것은 동일한 주식이 여러 사람에게 이중양도된 경우 누가 권리자인지를 정하기 위해서이다. 주권이 발행된 경우에는 주식양도인과 양수인 사이의 주권 교부로 주식양도가 이루어지므로 이중양도의 위험이 크지 않은 반면, 주권발행전 주식을 양도하는 경우에는 이중양도의 위험이 있다. 형사적으로 대법원은 이러한 이중양도가 배임죄를 구성하지는 않는다고 본다(대법원 2020. 6. 4, 2015도6057 판결).[2)]

---

1) 물론 실제로 주권미발행 상황에서 양수인이 취할 수 있는 최선의 방법은 양도인으로부터 주권을 교부받을 때까지 대금지급을 거절함으로써, 양도인으로 하여금 회사로부터 적법한 주권을 발행받아 양수인에게 교부하도록 압박하는 것이다. 지명채권양도의 대항요건을 확정일자 있는 증서로 갖추더라도 여전히 이중양도의 위험에서 자유롭지 못하므로, 양수인의 입장에서는 주권을 교부받는 것만 같지 못하다.

2) 주권발행 전 주식의 양수인은 단독으로 회사에 명의개서를 청구할 수 있으므로, "양도인이 양수인으로 하여금 회사 이외의 제3자에게 대항할 수 있도록 확정일자 있는 증서에 의한 양도통지 또는 승낙을 갖추어 주어야 할 채무

민사적으로 이중양수인 사이에서 누가 권리자로 인정되는지는 경우를 나누어 살펴본다.

1) 확정일자 있는 대항요건을 갖춘 양수인이 있는 경우

이중양수인 간의 우열은 "확정일자 있는 양도통지가 회사에 도달한 일시 또는 확정일자 있는 승낙의 일시의 선후에 의하여 결정함이 원칙"이다(대법원 2006. 9. 14, 2005다45537 판결).[1] 즉 확정일자 있는 대항요건을 양수인 중 어느 한 쪽만 갖추었다면 그가 우선하고, 복수의 양수인이 갖추었다면 통지의 도달일시 또는 승낙의 일시에서 앞서는 자가 우선하는 것이다. 따라서 회사로서는 확정일자가 늦은 제1양수인의 명의개서를 경료할 수 없고 설사 경료하였다고 하더라도 그 명의개서는 무효이다. 다만 확정일자를 먼저 갖춘 자의 경우에도 회사에 대하여 주주권을 행사하기 위해서는 별도로 명의개서를 마쳐야 함은 물론이다.

확정일자에 따라 이중양수인 사이의 우열을 판단한다는 원칙에는 중요한 예외가 있다. 제2양수인이 양도인의 배임적 제2양도행위에 적극 가담한 경우에는 제2양수계약 자체가 사회질서에 반하는 법률행위로서 무효이므로(민 103), 비록 제2양수인이 확정일자에 의한 대항요건에 있어 선순위라고 하더라도 권리가 인정되지 아니한다(대법원 2006. 9. 14, 2005다45537 판결(메디팜주식 이중양도)). 그 후의 대법원 판결에서 주권발행 전 주식의 이중양도가 형사상 배임죄를 구성하지는 않는다고 하였으나(대법원 2020. 6. 4, 2015도6057 판결), 그 행위의 경위와 양태에 따라 사회질서에 반하여 무효가 될 가능성은 여전히 남아 있을 것이다.

2) 확정일자 있는 대항요건을 갖춘 양수인이 없는 경우

다음으로 복수의 양수인이 모두 채무자(회사)에 대한 일반적 대항요건만 갖추었을 뿐 확정일자를 갖추지 못한 경우이다. 이런 경우에는 어느 쪽도 우선하지 못하고 상호 동순위라는 견해도 있으나, (확정일자 없는) 대항요건을 먼저 갖춘 양수인이 우선한다고 보아야 할 것이다.[2] 따라서 확정일자 없는 대항요건을 먼저 갖춘 양수인(대항요건 선취득자. 이하 제1양수인이라 한다)의 신청에 따라 명의개서가 이루어진 경우, 확정일자를 갖추지 못한 다른 양수인(제2양수인이라 한다)이 이를 말소하고 자기 명의로 바꾸어달라고 신청할 수는 없다(대법원 2010. 4. 29, 2009다88631 판결).[3]

를 부담한다 하더라도 이는 자기의 사무라고 보아야 하고, 이를 양수인과의 신임관계에 기초하여 양수인의 사무를 맡아 처리하는 것으로 볼 수 없다"고 한다.

1) 양도통지에 사후적으로 확정일자를 얻은 경우에는 그 시점부터 제3자에 대한 대항력을 취득한다(대법원 2010. 4. 29, 2009다88631 판결 등). 또한 확정일자 제도의 취지에 비추어 확정일자는 사본에 표시된 경우에도 대항력이 인정된다(대법원 2006. 9. 14, 2005다45537 판결).

2) 매수시기는 늦지만 대항요건을 먼저 갖춘 양수인이 회사에 대하여 명의개서를 신청한 경우 회사가 이를 거부할 수 없으므로, 주식매수가 아니라 대항요건 구비의 선후가 판단기준이 되어야 한다.

3) 이때 회사가 이러한 제2양수인의 신청에 따라 제2양수인 앞으로 명의개서를 해 주더라도 이는 무효이므로 회사에 대한 주주권을 행사할 수 있는 자는 제1양수인이다. 따라서 제1양수인은 제2양수인 앞으로 이루어진 명의개서의 말소와 자신의 명의개서의 회복을 회사에 청구할 수 있고, 그러한 청구를 하였다면 명의개서의 말소 및 회복 전이

한편 제1양수인이 확정일자 없는 대항요건은 갖추었으나 아직 명의개서를 하지 않은 상태에서 제2양수인이 먼저 명의개서를 마친 경우는 어떠한가? 기본적으로 대항요건을 먼저 갖춘 제1양수인이 우선한다는 원칙을 관철한다면 제2양수인의 명의개서를 무효로 보아야할 것이다. 이 원칙에 따르면 주식양도인으로부터 이미 제1양수인으로의 주식양도 통지를 받은 회사가 재차 제2양수인으로의 주식양도 통지를 받았다는 이유로 제2양수인으로 명의개서를 해준 경우에도 회사는 앞서 언급한 명의개서의 면책적 효력을 주장할 수 없을 것이다. 이미 제1양수에 관한 통지를 받은 이상 회사는 제1양수인의 우선적 지위를 인식한 것으로 볼 것이기 때문이다. 그리하여 제1양수인 및 제2양수인이 모두 확정일자를 갖추지 못한 상태에서 제2양수인으로의 명의개서가 이루어진 경우에는 그 명의개서는 무효이므로 회사로서는 결국 주주명부상 유효한 명의주주인 양도인에게 주주총회 소집통지를 해야 할 것이다. 대법원 2014. 4. 30. 선고 2013다99942 판결은 회사가 양도인에게 적법하게 소집통지할 수 있음을 전제로 한다.[1)]

라도 회사에 대하여 주주권을 행사할 수 있다.

1) 이 판결에서 대법원은 (a) 제1양수인의 경우 명의개서를 하지 않아 회사에 대하여 주주 지위를 주장할 수 없고, (b) 제2양수인의 경우 명의개서에 불구하고 회사 또는 제1양수인에 대하여 우선적 지위를 주장할 수 없다는 점을 지적하였다. 또한 대법원은 '제2양수인에 의한 명의개서 이전 상태를 기준으로' 전체 주주들 중 55%에 통지가 이루어졌음을 근거로 주주총회 결의 부존재 또는 무효사유는 없었다고 판단했다(또한 '제2주식양수인들로 명의개서되기 전의 종전 주주명부상의 나머지 주주인 소외 2에 대하여 소집통지하지 않았다'는 것이 하자라고 보았다). 이는 양도인에게 행한 주주총회 소집통지가 유효함을 전제한 것으로 볼 수 있다. 다만 이 판결이 제2양수인에 대한 소집통지를 부적법하게 본 것은 아니라는 분석도 있다.

제 6 절

주식의 담보와 대차

Ⅰ. 주식의 담보

1. 서　설

주식은 재산적 가치가 있을 뿐 아니라 양도성이 있으므로 채권의 담보로 제공할 수 있다. 실제로 특히 상장주식은 환가가 용이하므로 담보로 많이 활용된다. 상법은 주식의 입질에 대해서 특별히 규정을 두고 있지만(338~340) 양도담보도 가능하다.

주권발행 전 주식에 대한 담보설정

주권발행 전의 주식도 양도가 가능하고(335(3)) 담보제공을 금하는 법률규정도 없으므로 담보제공이 가능하다. 다만 주권발행 전 주식의 입질인 경우 주권 교부가 불가능하므로 권리질권설정에 관한 민법 규정(346)에 따라 주권발행 전 주식의 양도방법에 의한다(대법원 2000. 8. 16, 99그1 결정). 주권발행 전 주식의 양도담보도 가능하며 그 경우 대외적으로는 양도담보권자가 주식의 소유권자이므로 양도담보설정자는 양도담보권자로부터 담보주식을 매수한 자에 대해서 원칙적으로 소유권을 주장할 수 없다(대법원 1995. 7. 28, 93다61338 판결).

---

2. 주식의 입질

(1) 의　의

주식은 앞서 언급한 바와 같이 입질이 가능하다. 주권발행 전의 주식도 입질이 가능하지만 주권교부가 불가능하므로 권리질권의 설정방법(민 346)에 따른다. 양도에 이사회 승인을 요하는 주식(335(1)본)도 입질에는 이사회 승인을 요하지 않는다. 질권실행으로 주식을 취득한 자가 양도승인을 청구해야 한다(335-7). 자기주식의 질취는 뒤에 살펴보는 바와 같이 제한적으로 허용된다(341-3). 주식의 입질은 약식질과 등록질로 나뉜다.

(2) 설정방법

가. 약 식 질

약식질은 질권설정의 합의와 질권자에 대한 주권의 교부로 성립한다(338(1)). 약식질은 외부로 드러나지 않으므로 등록질보다 선호된다. 주권의 교부는 현실의 인도는 물론이고 간이인도(민 188(2))나 반환청구권의 양도(민 190)의 방법으로도 가능하다.[1] 질권자가 그 질권으로 제3자에게 대항하기 위해서는 주권을 계속 점유하여야 한다(338(2)).[2]

나. 등 록 질

등록질은 약식질에 요구되는 질권설정의 합의와 주권의 교부 외에 질권설정자의 청구에 따라 질권자의 성명과 주소를 주주명부에 부기하고 그 성명을 주권에 기재하는 방법으로 한다(340(1)). 법문에서는 주주명부와 주권 양쪽에 성명을 기재하도록 하고 있으나, 주주명부에 질권자의 성명과 주소가 기재되어 있다면 주권에 질권자의 성명이 기재되어 있지 않더라도 질권의 효력에 영향이 없는 것으로 보는 것이 통설이다. 등록질은 설정 절차가 복잡하지만 질권자가 회사로부터 이익배당 등을 받아 직접 자기채권의 변제에 충당할 수 있다(340(1))는 점에서 약식질보다 유리하다.

등록질의 경우에도 약식질과 마찬가지로 제3자에 대항하기 위해서는 주권을 계속 점유하여야 한다(338(2)). 다만 회사에 대한 관계에서는 주권 제시 없이도 질권을 행사할 수 있다는 점이 약식질과 다르다.

(3) 질권의 효력

가. 서 설

약식질은 물론 등록질의 경우에도 질권자는 주식의 의결권을 행사할 수 없다. 질권은 주식의 교환가치만을 담보로 파악하기 때문이다. 질권자가 담보제공자인 주주로부터 의결권을 위임받아 직접 의결권을 행사하기로 하는 등 특별한 약정이 있는 경우를 제외하고 질권설정자인 주주는 여전히 주주로서의 지위를 가지고 의결권을 행사할 수 있다(대법원 2017. 8. 18, 2015다5569 판결).

주식에 대한 질권의 효력에 대해서는 당연히 민법의 권리질에 관한 규정이 적용된다. 따라서 질권자는 주권을 유치할 수 있고(민 355→민 335), 전질할 수 있으며(민 355→민 336) 우선변제(민 355→민 329)와 물상대위(민 342)에 대한 권리가 있다. 한편 상행위로 인한 채권을 담보하기 위한 주식의 입질로서 유질 약정(59)이 체결된 경우, 질권의 실행방법이나 절차는 질권설

---

1) 질권설정자가 주권을 보관하는 제3자에 대한 반환청구권을 질권자에 양도하는 경우에는 제3자에 대한 통지나 제3자의 승낙과 같은 대항요건을 갖춰야 한다. 제3자가 주권을 다시 타인에게 보관시키는 경우에도 통지나 승낙은 제3자에 대해서 갖추면 족하고 직접점유자인 타인에 대해서도 갖출 필요는 없다(대법원 2012. 8. 23, 2012다34764 판결).

2) 여기서 제3자에는 동일주식에 관하여 이중으로 권리를 양수한 자 또는 압류채권자는 물론이고 회사도 포함된다.

정계약에서 정한 바에 따른다(대법원 2021. 11. 25, 2018다304007 판결).[1] 상법 회사편은 물상대위와 우선변제에 관하여 특칙을 규정하고 있다(339, 340).

나. 물상대위

1) 적용범위

민법상 질권자는 질물의 멸실, 훼손 등의 경우에 질권설정자가 받을 금전 기타 물건과 같은 질물의 대체물에 대해서도 질권을 행사할 수 있다(민 342). 상법상 주식질의 경우에는 질권을 행사할 수 있는 범위가 주식의 소각, 병합, 분할, 전환으로 인하여 주주가 받을 금전이나 주식에까지 확장된다(339). 또한 준비금의 자본전입으로 발행하는 신주(461(5))와 합병 시에 소멸회사 주주에게 지급 또는 교부되는 교부금이나 신주(530(4))에도 질권을 행사할 수 있다.[2] 한편 명문의 규정은 없지만 주주가 주식매수청구권의 행사에 의하여 받은 주식대금(335-2(4), 374-2(1) 등), 회사분할 시에 분할회사 주주가 받는 신설회사의 주식 또는 교부금(530-5(1)(iv), (v))도 기존 주식의 대체물이므로 질권의 효력이 미친다.

기타의 경우

등록질의 경우 질권이 이익배당에도 미친다는 점은 상법상 분명하지만(340(1)) 약식질의 경우에는 학설상 다툼이 있다. 그러나 주권의 점유만을 이전받는 약식질의 경우에는 주식의 교환가치만을 담보로 한 것으로 볼 것이다. 한편 잔여재산분배청구권은 이익배당과는 달리 기존 주식의 대체물이라고 할 것이므로 등록질은 물론 약식질의 경우에도 질권의 효력이 미친다고 할 것이다.

신주발행의 경우 신주인수권은 기존 주식의 대체물이라고 할 수 없으므로 질권자가 아니라 주주에 속한다. 따라서 질권자가 주주를 대신하여 신주를 인수할 수는 없다. 주주가 저가로 발행된 신주를 인수한 경우에는 기존 주식의 담보가치가 저하된다. 그러나 통설은 주주의 신규투자에 의하여 발행되는 신주는 기존 주식의 대체물은 아니므로 질권의 대상에 포함되지 않는 것으로 본다.[3]

2) 물상대위권의 행사방법

등록질의 경우에는 이미 질권자가 주주명부에 등록이 되어 있으므로 압류할 필요 없이 바로 물상대위권을 행사할 수 있다. 그러나 약식질은 회사와 무관하게 행해지는 것이므로 원칙

1) 질권설정계약이 평가방식을 특정하지 않은 상태에서 채권자가 상증세법상 보충적 평가방법에 의해 비상장주식의 가치를 0으로 산정해 처분정산한 사안인바, 대법원은 질권 실행 시 일반적으로 허용된 여러 비상장주식 가격 산정방식 중 하나를 채택한 이상 해당 가격이 비합리적이라도 처분행위 자체는 유효라고 보았다. 다만 가격이 비합리적인 경우 채권자와 채무자 사이에 피담보채권의 소멸범위, 초과액 반환 여부, 손해배상 등이 문제될 여지가 있을 뿐이다.

2) 그 밖에 신주발행무효의 판결이 확정된 때 주주에게 반환하는 주식납입금(432(3)), 회사회생절차에서 권리변경으로 주주가 받을 금전 기타의 물건, 주식, 채권 등(도산 252(2))에 대해서도 질권을 행사할 수 있다.

3) 이철송30, 450면.

적으로는 민법상 물상대위의 절차(민 355→민 342)에 따라 그 목적물의 지급 또는 인도 전에 압류한 후 물상대위권을 행사해야 할 것이다. 이에 대해서는 주식의 소각(343(2)→440), 병합(440), 주식의 전환(349(1))과 같이 회사가 물상대위의 목적물을 주권과 상환하여서만 지급 또는 인도하여야 할 경우에는 목적물이 주주의 일반재산과 섞일 염려가 없으므로 압류를 요하지 않는다는 견해가 유력하다.[1] 그러나 이 견해를 따르기 어렵다. 법에 근거가 없을 뿐 아니라 회사의 부담을 고려하면 주권의 제시만으로 회사에 대한 권리행사를 인정하는 것은 바람직하지 않기 때문이다.[2]

다. 우선변제

약식질이든 등록질이든 채권의 변제기가 도래한 질권자는 민법 규정에 따라 주식을 경매하여 우선변제를 받을 수 있다(민 355→민 338(1)). 등록질의 경우 질권자는 그 주식에 관하여 회사로부터 직접 이익배당, 잔여재산의 분배, 물상대위(339)에 따른 금전의 지급을 받아 다른 채권자에 우선하여 자기채권의 변제에 충당할 수 있다(340(1)). 그러나 질권자의 채권의 변제기가 도래하지 아니한 때에는 우선변제를 받을 수 없고 회사에 대하여 그 금전의 공탁을 청구할 수 있을 뿐이다(340(2)→민 353(3)).[3]

등록질의 이전, 전질 등

등록질의 경우 피담보채권의 양도에 따른 질권의 이전이나 전질에 대해서는 절차규정이 없다. 이 경우 등록의 방법으로는 구(舊) 질권자의 청구에 의하는 방법과 신·구 질권자 쌍방의 공동청구에 의하는 방법의 두 가지를 생각할 수 있다. 그러나 등록질을 설정할 때 질권설정자의 청구에 의한다(340(1))는 점에 비추어 구 질권자의 청구로 족하다고 볼 것이다.

피담보채권이 변제 등으로 소멸된 때에는 질권이 소멸하므로 회사가 등록을 말소하여야 한다. 이 경우에는 질권설정자가 반환받은 주권을 회사에 제시함으로써 등록의 말소를 청구할 수 있다고 볼 것이다.

3. 주식의 양도담보

(1) 의 의

주식의 양도담보도 주권을 담보권자에게 교부함으로써 설정하는 약식양도담보와 담보권자가 주주명부에 명의개서까지 하는 등록양도담보로 나눌 수 있다. 약식양도담보는 주권의 교

1) 송옥렬9, 891면; 이철송30, 450면.
2) 박형준, "주식의 약식질과 관련된 실무상 문제점", 민사재판의 제문제 17(2008), 199면 및 여기 인용된 대법원 2007. 12. 13, 2007다50519 판결도 압류필요설을 취한다.
3) 이 경우 질권은 공탁금에 존재한다(민 353(3)).

부만으로 설정된다는 점에서 외형상 약식질과 유사하다. 결국 어느 쪽에 속하는지는 당사자의 의사에 따라 결정할 수밖에 없다. 채무의 변제가 없는 경우 담보권자가 주식을 임의로 처분할 수 있음을 약정한 경우에는 양도담보로 볼 것이다.

양도담보의 법적 효과에 관해, 판례는 신탁적 양도설에 따라 대외적으로는 담보권자, 대내적으로는 담보권설정자가 주식 소유자가 된다고 본다(대법원 2018. 10. 12, 2017다221501 판결; 대법원 1995. 7. 28, 93다61338 판결 등). 다만 회사와의 관계에서 담보권자가 주주권을 행사하려면 명의개서를 해야 한다(337(1)). 따라서 등록양도담보만이 회사에 대한 대항요건을 갖추는 효과가 있다.[1)]

(2) 주식의 약식양도담보

약식양도담보의 경우에는 약식질과 마찬가지의 효력을 갖는다. 다만 약식질의 경우와는 달리 반드시 경매절차를 거치지 않고 임의로 처분할 수 있다. 처분하지 않고 담보권자가 주식을 취득하는 유(流)담보는 원칙적으로 허용되지 않는다.[2)] 처분하여 얻은 대금으로 우선변제한 후 남은 대금은 청산하여야 한다.

(3) 주식의 등록양도담보

주식의 등록양도담보의 경우 회사는 양도담보 사실을 알고 있는 경우에도 담보권자를 주주로서 취급해야 한다. 회사가 주주에게 지급 또는 인도할 금전 또는 주식은 담보권자에게 지급 또는 인도해야 한다. 질권의 경우와는 달리 피담보채권의 변제기가 아직 도래하지 않는 때에도 회사가 지급할 금전은 담보권자에게 지급한다.[3)]

입질의 경우 의결권 등 공익권을 질권설정자가 행사하지만, 등록양도담보의 경우에는 회사에 대한 관계에서 담보권자가 주주의 자격을 갖고 의결권 기타 공익권을 행사한다(대법원 1992. 5. 26, 92다84 판결). 다만 이 경우에도 당사자 간에는 달리 합의가 없는 한 담보권자가 담보권설정자에게 위임장을 교부하여 의결권을 대리행사시키는 경우가 많다.

피담보채권이 소멸된 경우에는 어떠한가? 담보권설정자가 주식을 반환받고 명의개서를 회복하지 않는 이상 여전히 담보권자가 주주권을 행사할 수 있다고 볼 것이다(대법원 2020. 6. 11, 2020마5263 결정 참조).[4)]

---

1) 한편 형사적 측면에서 양도담보권설정자가 제3자에 해당 주식을 매각하더라도 배임죄가 성립하지 않는다고 본 것으로서, 대법원(전) 2020. 2. 20, 2019도9756 판결.

2) 이철송30, 452면. 상법은 상행위로 인한 채권담보에서는 유질계약을 허용하고 있으며(59) 그 경우 유담보도 허용된다고 본다.

3) 즉 등록질에 관한 제340조 제2항은 등록양도담보의 경우에 적용되지 않는다.

4) 이는 양도담보의 소멸시 대외관계는 채권적 효력설에 따른다는 일반 법리(대법원 1979. 9. 25, 79다709 판결)에 따른 것이다.

(4) 양도담보와 압류명령의 경합

주권발행 전 주식의 **양도담보권자**와 동일 주식에 대하여 **압류명령을 집행한 자** 사이의 우열 역시 주식양도의 경우와 마찬가지로 확정일자 있는 증서에 의한 양도통지 또는 승낙의 일시와 압류명령의 송달일시를 비교하여 그 선후에 따라 결정되고, 이때 그들이 주주명부에 명의개서를 하였는지 여부와는 상관없다(대법원 2018. 10. 12, 2017다221501 판결).

주식에 대한 강제집행

주식에 대한 집행방법은 주권의 발행여부 및 예탁원에 예탁중인지 여부에 따라 차이가 있다.[1] 먼저 주권이 발행된 경우에는 유체동산에 대한 강제집행의 방법에 따른다(민집 189(2)(iii)). 주권이 증권회사를 통해서 예탁결제원에 예탁된 경우에는 주식자체를 압류할 수는 없고 대신 채무자와 증권회사가 갖는 공유지분에 대해서 '그 밖의 재산권'에 대한 집행(민집 251(1))의 방법으로 집행한다.[2] 주권이 금융기관에 보호예수된 경우에는 금융기관에 대한 채무자의 주권반환청구권을 집행대상으로 한다(민집 242).

주권이 발행되지 않은 경우에는 주주의 주권교부청구권을 압류하는 방법으로 강제집행할 수 있다(민집 251→242, 243)(대법원 1974. 12. 28, 73마332 결정). 한편 회사성립 후 6개월이 지난 경우라면 주권 없이도 주식의 양도가 가능하므로(335(3)) 직접 주식에 대한 압류명령을 받고 양도명령 등 특별현금화명령(민집 241)을 받아 현금화할 수 있다(민집 251).

Ⅱ. 주식의 대차[3]

1. 의 의

주식을 빌리는 거래는 국내외에서 실제로 많이 행해진다. 이러한 주식의 대차는 이론상으로는 임대차와 소비대차로 나눌 수 있지만 실제로 문제되는 것은 후자이므로 이하에서도 후자만을 다룬다. 주식의 대차는 주식의 보유자가 주식의 소유권을 차주에게 이전할 것을 약정하고 차주가 동종·동량의 주식을 반환할 것을 약정함으로써 성립한다.

주식의 대차는 주식의 리포(Repo)거래와 기능적으로 유사하다. 주식의 **리포거래**는 주식을 매매함과 동시에 장래 일정한 조건으로 환매할 것을 약정하는 거래로서 법적으로 매매의 형식을 취한다는 점에서 주식의 대차와 차이가 있다. 그러나 주식의 소유권이 이전한다는 점에서는 양자에 차이가 없다.[4] 그리하여 이론상 양자를 동일한 범주에 포함시키는 견해도 있지만

---

1) 유가증권의 강제집행에 관하여 상세한 것은 오상현, "유가증권에 대한 강제집행", 저스티스 97(2007), 94면.
2) 예탁유가증권에 대한 강제집행에 관해서는 민사집행규칙이 따로 규정한다(민사집행규칙 176 이하).
3) 증권대차와 관련하여 보다 상세한 것은 한국예탁결제원, 증권예탁결제제도 개정증보4판(2018), 645~698면; 정재은, "자기주식과 대차거래", BFL 87(2018), 24~41면.
4) 매매로 구성하는 경우에는 대여자가 담보책임을 진다는 점에 차이가 있다.

실무상으로는 양자를 구별하고 있다.[1)]

주식의 대차에서 차주는 대주에게 주식사용에 대한 대가로 수수료를 지급하고 증권이나 현금을 담보로 제공하는 것이 일반적이다. 주식의 대차는 거래법상의 측면은 물론이고 회사법, 자본시장법, 세법 등 다양한 분야에서 문제될 수 있다.[2)]

2. 유 형

주식의 대차는 실무상 다음과 같은 경우에 이루어진다. ① 증권회사의 고객이 증권회사로부터 주식을 빌려서 매도하는 경우로 이를 실무상 **대주**(貸株)라고 부른다. 이론상으로는 미보유 상태의 주식을 먼저 매도하고 후에 주식을 빌려서 결제하는 것도 가능하지만 현재 우리 증권시장에서는 이러한 무(無)차입 **공매도**는 원칙적으로 허용되지 않는다(자시 180(1)본). ② 통상 증권회사의 중개에 따라 국내외 기관투자자나 법인 사이에 행해지는 주식의 대차이다.[3)] 이러한 주식의 대차는 차익거래나 헤지거래를 목적으로 하는 것이 보통이다. 그러나 대차기간 중에는 주식의 소유권이 차주에 속하므로 규제를 회피하거나 의결권을 확보하기 위한 수단으로 사용될 여지가 있다.[4)]

1) 주식의 대차는 또한 금전의 소비대차에 주식을 양도담보로 제공하는 거래와도 유사한 면이 있다. 그러나 주식의 반환이 대여금의 상환을 조건으로 하고 있다는 점에서 주식의 대차와는 다르다.

2) 자본시장법적 측면에 관한 간단한 설명으로는 김/정4, 649~650면 참조.

3) 자본시장법상 증권대차거래 또는 그 중개·주선·대리업무를 영위할 수 있는 자는 투자매매업자와 투자중개업자, 예탁결제원과 증권금융회사이다(금융투자업규정 5-25(1)). 투자매매업자와 투자중개업자(자시 40(v), 자시슈 43(5)(v)) 및 증권금융회사(자시 326(2)(i)(라))는 겸영업무로서 증권대차업무를 영위할 수 있다.

4) 실제로도 의결권 확보를 위하여 대차한 주식에 대해서 의결권행사금지가처분이 신청된 사안에서 법원이 그러한 주식의 의결권행사를 상법과 자본시장법이 금지하고 있지 않다는 이유로 가처분 신청을 기각한 사례가 있다고 한다. 김지평/김재겸, "상장회사 의결권 대리행사 권유 규제의 실무상 쟁점", BFL 130(2025), 108면.

제 7 절

주식의 전자등록과 예탁결제제도

Ⅰ. 서　　설

1. 증권의 부동화(不動化): 예탁결제제도

관념적 존재인 주식이 유체물인 주권에 표창되면 주권의 교부에 의하여 양도가 간편하게 이루어진다. 그러나 거래가 대량으로 빈번하게 행해지는 자본시장에서 일일이 주권을 현실적으로 교부하는 것은 번거로운 일이다. 이처럼 결제를 위하여 증권실물을 이동하는 데 따르는 번잡과 위험을 해결하기 위하여 먼저 고안된 것이 바로 증권예탁결제제도이다. **증권예탁결제제도**는 중앙예탁기관에 예탁하는 **예탁제도**와 증권을 장부기재의 변경으로 결제하는 **대체결제제도**로 이루어진다. 그 방식을 개관하면 다음과 같다. 먼저 투자자는 증권을 금융투자업자(예탁자)에 예탁한다(제1차 예탁). 예탁자는 이 증권을 다른 투자자의 증권과 혼합하여 스스로 관리하거나 자신의 증권과 함께 다시 중앙예탁기구인 한국예탁결제원에 예탁한다(제2차 예탁). 예탁결제원은 예탁자가 예탁한 증권을 종류별·종목별로 모아 혼합·보관한다. 금융투자업자는 **투자자계좌부**를 작성하고 예탁결제원은 다시 **예탁자계좌부**를 작성하며 이후의 권리이전은 증권 실물을 이동함이 없이 계좌부상의 대체기재만으로 이루어진다. 또한 예탁된 증권에 관한 권리행사도 계좌부의 기재를 기초로 이루어진다. 예탁된 증권을 예탁자에게 반환하는 경우에는 당해 증권 자체가 아니라 그와 동종·동량의 증권을 반환한다.

2. 증권의 무권화(無券化): 전자등록제도

그 다음 단계로 발전한 것이 이른바 증권의 전자등록이다. 증권예탁결제제도는 중앙예탁기관에 서면을 예탁함으로서 그 이동을 생략할 수 있지만, 증권실물의 존재를 전제로 한다. 반면 전자등록 방식은 실물증권 없이 계좌상으로만 증권 발행 및 거래를 실행하는 완전한 무권화 방식이다. 발행회사로서는 증권발행 및 관리비용을 절감할 수 있고, 증권보유자로서는 증권 상실위험을 제거하는 장점이 있다.[1] 이렇듯 전자등록방식에 의해 발행, 유통되는 증권을 통상 전자증권이라고 부른다. 2011년 개정 상법은 주식, 신주인수권, 사채 등에 관하여 전자등록 근거조항을 도입하였고(356-2, 420-4, 478(3)),[2] 2013년부터 시행된 「전자단기사채등의 발행 및 유통에 관한 법률」은 단기사채에 관하여 전자등록에 의한 무권화를 실현하였다. 나아가 2016. 3. 제정되어 2019. 9. 16.부터 시행된 「주식·사채등의 전자등록에 관한 법률」(이하 "전자증권법" 또는 "전등"으로 약칭)에 의하면 주식, 사채 등 거의 모든 증권의 전자등록이 가능하게 되었다.

3. 전자등록제도와 예탁결제제도의 활용범위

자본시장법령은 예탁대상이 될 수 있는 것으로서 자본시장법상 증권, 원화표시 양도성예금증서 등을 열거하고 있는바(자시 294(1), 자시令 310, 금융투자업규정 8-2), 전자등록이 허용되는 대상도 대체로 이와 유사하다(전등 2(i)). 이하에서는 그 중 주식을 중심으로 살펴본다.

전자등록대상 또는 예탁대상이라고 하여 반드시 전자등록, 예탁을 하여야 하는 것은 아니다. 상법 제356조의2 제1항도 "정관으로 정하는 바에 따라", 즉 해당 주식회사의 선택으로 전자등록 여부를 결정할 수 있도록 한다. 하지만 상장주식은 반드시 **전자등록**을 하여야 한다. 즉 종래 상장주식은 의무적 예탁대상이었다가, 2019. 9. 16.부터는 의무적 전자등록대상이 되었다(전등 25(1)). 따라서 기존 예탁된 상장주식은 위 날짜에 전자등록된 것으로 간주되었고(전등 부칙 3(1)), 이후 상장회사 발행 신주는 반드시 전자등록 방식에 의하여야 한다.

한편 비상장주식의 경우 종래 임의적 예탁대상이었다. 전자증권제도 도입 이후 비상장주식 발행인은 세 가지 선택지를 가질 수 있다. 즉 ① 전자증권제도를 도입하거나, ② 기존 예탁결제제도에 의하거나, ③ 실물주권제도를 유지하는 것이다. 향후 입법적으로는 ①, ②를 전자증권제도로 통합하는 것이 바람직하다. 전자증권제도를 도입한 이상 그와 유사하면서 (실물증권을 전제로 하는 탓에) 효율성이 떨어지는 기존 예탁결제제도를 굳이 존속시킬 필요성은 크지 않다.

이하에서는 주식 전자등록제도를 먼저 살펴본 다음 예탁결제제도를 살펴보기로 한다.

Ⅱ. 주식의 전자등록[3]

1. 개 관

주식의 전자등록에 관한 일반법은 전자증권법이다.[4] 이에 따르면 주식을 발행하는 회사

---

1) 전자증권제도의 도입배경 및 증권예탁제도와의 비교에 관하여는 정승화, "전자증권 발행 및 유통상의 주요 이슈", BFL 96(2019), 26~27면.

2) 나아가 2011년 상법 제65조 제2항은 일반적인 유가증권을 전자등록할 수 있는 근거조항을 도입한 바 있다.

3) 상세한 내용에 관하여는 노혁준, "전자증권법의 상법상 쟁점에 관한 연구: 주식관련 법리를 중심으로", 비교사법 24-4(2017) 참조.

4) "전자등록주식등에 관하여 다른 법률에 특별한 규정이 있는 경우를 제외하고는 이 법에서 정하는 바에 따른다."

와 실제 주식을 거래하는 투자자 사이에 전자등록기관과 계좌관리기관이 개입하게 된다. 전자등록기관은 최상위 중앙등록기관이고, 계좌관리기관은 직접 투자자들과 접하는 하위 등록기관이다(전등 2 (vi)(vii)). 일본의 경우 계좌관리기관이 차하위 계좌관리기관을 둘 수도 있으나, 우리나라는 전자등록기관－계좌관리기관－투자자의 3단계만을 인정한다. 다만 예외적으로 투자자가 직접 전자등록기관에 계좌를 개설하는 경우에는(전등 23(1)) 전자등록기관－투자자의 2단계도 가능하다. 전자등록기관은 계좌관리기관별 투자종목의 합계만 취합할 뿐 개별투자자의 보유사항은 관리하지 않는다(통합관리방식, 전등 22(3)).

(1) 전자등록대상

전자증권법은 전자등록이 가능한 증권의 유형을 열거하는바, 주식은 당연히 전자등록가능 증권이다(전등 2 (i) 가). 앞서 언급한 바와 같이 상장회사인 경우 반드시 주식을 전자등록하여야 한다(전등 25(1)(i)). 따라서 상장회사의 주주는 회사를 상대로 실물주권의 발행 및 인도를 청구할 수 없다(대법원 2024. 7. 25, 2020다273403 판결).[1] 비상장회사의 경우 주식의 전자등록 여부는 선택사항이다. 주식을 전자등록하기로 한 경우 정관에 근거조항을 마련해야 하고(상법 356-2(1)), 전자등록 이외에 실물주권을 발행하여서는 안 되고 발행하더라도 무효이다(전등 36(1),(2)). 비상장회사가 발행주식 중 일부 종류주식에 대하여만 전자등록제도를 활용할 수 있는가? 전자증권법상 금지되어 있지 않으나, 실제로는 주식 종목별로 일부만 전자등록하는 경우는 찾기 어렵다.[2]

전자등록기관은 해당 주식의 양도성이 제한되거나 대체가능성이 없는 경우 등을 제외하고는 발행회사의 주식 전자등록신청을 거부할 수 없다(전등 25(6)).

(2) 전자등록제도의 작동방식

가. 주식발행회사의 관점

주식발행회사(발행인)는 전자등록기관만 접하면 된다. 발행인이 신규 주식을 전자등록할 때에 전자등록기관에 발행인관리계좌를 개설하면(전등 21(1)) 전자등록기관은 발행인별로 발행인관리계좌부를 작성, 관리한다(같은 조 (2)). 주식발행사항에 변동이 발생한 경우, ① 발행인이 전자등록기관에 통지하면 전자등록기관은 발행인관리계좌부의 기록을 변경하고(전등 21(4)),

---

(전등 3)

1) 이 판결의 취지에 따르면 상장주식인 경우 "… 주권을 발행하여 인도하라"는 청구취지는 부적절하고, "… 신규 전자등록절차를 이행하고… 원고 명의의 000계좌로 계좌간 대체의 전자등록절차를 이행하라"고 청구해야 한다. 서울고등법원 2024. 12. 18, 2024나2035362 판결 참조.

2) 즉 전자증권법 제25조 제3항 전단은 발행인이 주식등의 '종목별로' 전자등록신청서를 제출하도록 하고 있지만, 2019년 상장회사 표준정관 제9조는 "이 회사는 주권 및 신주인수권증서를 발행하는 대신 전자등록기관의 전자등록계좌부에 주식 및 신주인수권증서에 표시되어야 할 권리를 전자등록한다"고 하여 주식 또는 신주인수권 전부를 규정하는 방식에 의한다. 상세한 논의는 정순섭, "전자증권제도의 구조와 범위", BFL 96(2019), 8면; 안수현, "전자증권법과 회사법의 관계", BFL 96(2019), 44면.

그림 3-1 전자증권법상 계좌관리체계

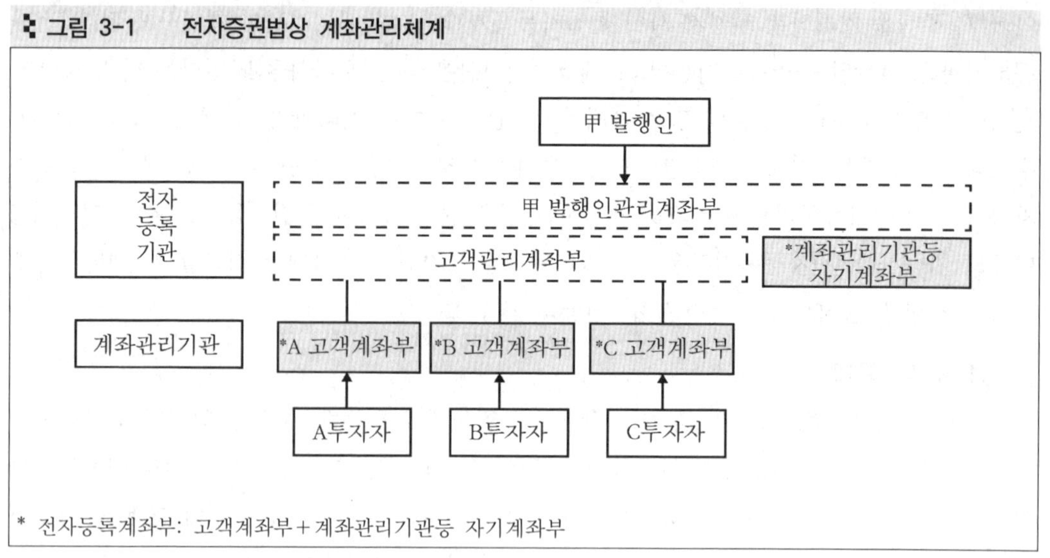

② 이어 전자등록기관은 고객관리계좌부에 위 변경을 반영하는 한편 변경사항을 계좌관리기관에 통지하고(전등 21(5)), ③ 계좌관리기관은 이를 고객계좌부에 반영하게 된다(전등 21(6)).

전자등록기관이 관리하는 발행인관리계좌부에는 주식 발행내역 등이 상세하게 나타나지만, 이는 단순히 증거자료로서의 의미를 가질 뿐 별도의 법적 효력이 부여되지는 않는다. 또한 발행인관리계좌부와 발행인이 관리하는 주주명부상 수량, 금액에 차이가 발생하는 경우 주주명부의 수치가 기준이 된다(전등 21(3)).

나. 투자자(주주)의 관점

다음으로 투자자의 입장에서 본다. 앞서 언급한 바와 같이 투자자가 직접 전자등록기관에 계좌를 개설하는 길이 열려있기는 하지만, 이하에서는 계좌관리기관에 고객계좌를 개설하는 일반적 사안을 중심으로 살펴본다. 고객계좌가 개설된 경우 계좌관리기관은 권리자별로 고객계좌부를 작성하고(전등 22(2)), 나아가 전자등록기관에 고객관리계좌를 개설해야 한다(전등 22(3)). 이때 고객관리계좌에는 고객계좌부에 전자등록된 주식의 총수량 및 총금액이 기록된다(전등 22(3)). 전자등록기관은 계좌관리기관별로 고객관리계좌부를 작성, 관리하게 된다.

계좌관리기관이 직접 투자자로서 자기명의와 계산으로 주식등을 보유하는 경우는 어떠한가? 이러한 경우 계좌관리기관은 전자등록기관에 계좌를 개설할 수 있으며 이를 '계좌관리기관등 자기계좌'라고 부른다(전등 23(1)). 이러한 계좌관리기관등 자기계좌에 대하여 전자등록기관은 계좌관리기관등 자기계좌부를 작성, 관리하게 된다. 위 고객계좌부와 계좌관리기관등 자기계좌부를 합쳐서 '전자등록계좌부'라고 부른다(전등 2 (iii)). 전자등록계좌부에는 권리추정력 등 법적 장부로서의 효력이 인정된다는 점(전등 35)에서 발행인관리계좌부와 큰 차이가 있다.

2. 권리의 발생

신규 전자등록이 경료되는 시점은 전자등록계좌부에 권리내역이 등록된 때이다. 이러한 전자등록의 효력은 다음 두 가지 측면에서 검토될 필요가 있다.

첫 번째로 회사설립 또는 신주납입기일의 경과로서 주식이 발행되었으나, 아직 전자등록은 이루어지지 않은 경우이다. 전자등록은 단지 '주권 발행'을 갈음하는 것이지 그 자체를 주식의 효력발생요건으로 볼 수는 없다. 전자증권법 제35조 제2, 3항도 전자등록을 (주식발행이 아니라) 주식양도 및 질권의 효력발생요건으로 규정할 뿐이다. 기존 상법 법리대로 주식은 회사설립시 또는 신주납입기일 다음 날 효력이 발한다고 보아야 한다.

두 번째로 실제 주식이 발행되지 않았으나 전자등록이 이루어진 경우이다. 전자등록은 기존 권리상태를 보여주기 위한 제도일 뿐 그 등록 내지 기재가 권리를 의제한다고 보기는 어렵다. 전자증권법도 전자등록된 자가 전자등록된 권리를 적법하게 가지는 것으로 '추정'할 뿐이다(전등 35(1)). 전자증권법 제35조 제5항은 전자등록주식의 선의취득을 규정하나, 발행등록으로 인한 선의취득은 인정되지 않는다고 보아야 한다.[1] 위 조항상 선의취득의 요건은 '전자등록계좌부'의 권리내용을 신뢰하는 것인바, 신주인수인의 신주취득인 경우 아직 신뢰할 전자등록계좌부의 기재가 없었기 때문이다. 다만 이후 해당 전자등록계좌부를 신뢰한 양수인은 전자증권법상 선의취득의 보호를 받을 수 있을 것이다.

3. 권리의 승계

전자증권법 제35조 제2항은 계좌간 대체의 전자등록을 양도의 효력발생요건으로 정하고 있다.[2] 물론 전자등록만으로 유효한 양도가 되는 것은 아니고 양도인과 양수인간 양도합의가 있어야 함은 당연하다. 실물주권의 양도에 관해 주권 교부를 요건으로 정하고 있는 상법 제336조는 적용되지 않는다. 한편 포괄승계의 경우, 즉 기존 주주의 사망 또는 합병에 따른 승계라면 포괄승계 원인사실이 발생한 시점에서 권리승계가 이루어진다고 볼 것이다. 다만 포괄승계를 받은 자가 이를 다시 제3자에게 처분하기 위해서는 본인 명의로의 대체등록이 필요할 것이다(전등 30(1)(ii)).

(1) 권리주의 양도

전자증권제도 하에서도 아직 주식으로서 성립되기 전, 즉 회사설립 이전이나 신주납입기일

---

1) 심인숙, "주식 및 사채의 전자등록제 도입에 관한 상법개정안 고찰", 상사법연구 28-3(2009), 231면.

2) 상장주식의 양도의무를 이행하지 않는 양도인을 상대로 한 판결의 주문은 "피고는 별지목록 주식에 관하여 원고 명의의 000계좌로 계좌간 대체의 전자등록절차를 이행하라"는 형태이다(서울고등법원 2024. 7. 26, 2023나2044185 판결 등).

다음 날 이전의 이른바 '권리주'인 상태에서 주주가 될 지위를 이전한 경우 상법 제319조가 그대로 적용된다고 할 것이다. 권리주를 규제하는 입법적 취지는 전자증권제도 도입을 전후하여 동일하기 때문이다. 따라서 당사자들간 채권적 효력은 별론으로 하고, 회사에 대한 효력은 없다.

(2) 전자등록되지 않은 주식의 양도

한편 주식으로서 성립은 되었으나 아직 주식의 신규 전자등록이 이루어지지 않은 경우는 어떠한가? 이미 전자등록 방식으로 발행한 상태에서 신주를 추가발행하는 경우[1] 또는 회사를 설립하면서 전자등록 방식에 의하기로 결의한 경우라면 대표이사는 주식발행 효력이 발생한 후 지체없이 신규 전자등록절차를 밟을 의무가 있다고 할 것이다. 만약 회사성립 후 또는 신주 납입기일 후 6월이 경과할 때까지도 전자등록이 이루어지지 않았다면, 상법 제335조 제3항 단서를 유추하여 회사에 대하여 효력 있는 양도를 할 수 있는가? 이를 인정하면, 예컨대 보통주식이 전자등록방식으로 발행되어 있는 상태에서 추가 신주의 전자등록을 지연되고 있는 상황을 전제할 때, 한 회사의 보통주식에 대하여 두 가지 적법한 양도방식이 공존하는 난점이 나타날 수 있다.

(3) 선의취득

마지막으로 선의취득에 관하여 상법 제356조의2 제3항은 "전자등록부에 주식을 등록한 자는 그 등록된 주식에 대한 권리를 적법하게 보유한 것으로 추정하며, 이러한 전자등록부를 선의로 그리고 중대한 과실 없이 신뢰하고 제2항의 등록에 따라 권리를 취득한 자는 그 권리를 적법하게 취득한다"고 규정하고, 전자증권법 제35조 제5항도 유사한 요건을 규정한다. 입증책임 측면에서 보면 선의취득을 부인하는 자가 양수인의 악의 또는 중과실을 입증해야 할 것이다. 다만 집중차감 시스템 하에서는 애초 누가 양도인인지 파악하기 어렵기 때문에 양수인의 악의 또는 중과실을 입증하기란 쉽지 않다.

4. 권리의 행사

전자등록계좌부는 상법상 주주명부가 아니므로, 전자등록을 채택한 회사도 주주명부를 작성, 비치해야 한다. 따라서 명의개서의 대항력 등 상법 법리는 전자등록된 주식에도 마찬가지로 적용된다.

전자증권법하에서 개별 주주들은 주식 발행회사에 대한 직접적이고 개별적인 주식보유자이다. 이 점에서 주주들이 혼장임치된 주권에 관한 공유지분을 가지면서도(자시 312 (1)) 주주권행사에 있어서는 공유지분에 상당하는 주식을 개별 보유하는 것(자시 315 (1))으로 구성되는 예탁결제제도와 차이가 있다.[2] 전자증권법은 주주권 행사와 관련하여 소유자명세, 소유내용

1) 동일한 종류의 주식에 대하여 일부를 전자등록방식으로 나머지는 실물주권 방식으로 발행하는 것은 금지된다.

2) 예탁된 주권은 재물이므로 횡령죄의 객체이지만(대법원 2007. 10. 11, 2007도6406 판결), 전자등록된 주식은 재물이 아니므로 횡령죄의 객체가 아니다(대법원 2023. 6. 1, 2020도2884 판결 참조).

통지, 소유자증명서 제도를 두고 있다. 이 중 소유자명세는 주주명단의 집단적 확인을 위한 것이고, 소유내용통지 및 소유자증명서는 주주 지위의 개별적 확인을 위한 것이다.

(1) 소유자명세

소유자명세는 일정 기준일의 전체 주주의 인적사항 및 주식보유 현황을 기재한 문서로서 발행인의 신청 또는 전자등록기관 직권으로 전자등록기관이 작성한다(전등 37). 발행인은 상법상 기준일이 정해지면 전자등록기관에 소유자명세를 신청하여야 한다(전등 37 (1)). 일단 소유자명세가 작성되어 발행인에게 통지되면 발행인은 그 내용을 주주명부에 반영하여야 한다(전등 37 (6)). 이러한 소유자명세를 통한 명의개서는 전자증권법에서 인정되는 유일한 명의개서 방식이다. 대체의 전자등록을 통해 주식을 양수한 자인 경우 관련 증빙(예컨대 소유자증명서)을 제시하더라도 회사에 별도로 명의개서를 청구할 수 없다고 할 것이다. 주식을 수량만으로 관리하고 특정성을 상실시키는 전자증권 제도 하에서 누가 위 주식을 매도하였는지 특정하기 어렵기 때문이다.

(2) 소유내용통지와 소유자증명서

소유내용통지는 개별 주주의 신청에 따라 전자등록기관이 발행인에게 해당 주주의 주식보유내용을 통지하는 것이고(전등 40), 소유자증명서는 개별 주주의 신청에 따라 전자등록기관이 보유주식 내용을 기재하여 발급하는 증명서이다(전등 39). 소수주주권 등 개별 주주권을 행사하기 위하여 사용된다. 어느 것이나 주주명부 기재에도 불구하고 회사에 대항력을 주장할 수 있도록 해 준다는 점에서 의미가 있다. 일본은 소수주주권 행사시 반드시 이러한 개별적 통지를 선행하도록 하지만,[1] 우리나라에서는 이미 주주명부에 주주로 나타나 있는 경우 소유내용통지 또는 소유자증명서 없이도 회사에 대항할 수 있다고 해석된다.

5. 관련 문제[2]

(1) 초과등록분의 처리

전자등록계좌부상 주식 수가 실제보다 적은 과소기재인 경우 그 수습이 크게 복잡하지는 않다. 이 때에는 어느 고객계좌부 또는 계좌관리기관등 자기계좌부에 과소기재가 발생하였는지 쉽게 파악가능하고 그 오류를 시정하면 족하다.[3] 문제는 전자등록계좌부상 주식 수가 실제보다 많은 과다기재인 경우 초과등록분을 어떻게 처리할지이다.

전자증권법은 위 초과분이 계좌관리기관등 자기계좌부에서 발생한 경우에는 전자등록기

1) 일본의 社債 株式等の振替に関する法律 154(1)의 해석에 관한 最決 平成 22. 12. 7. 民集 64卷 8号 2003頁.

2) 그밖에 전자증권의 집행법적 이슈에 관하여는 이연갑, "전자증권과 집행법제", BFL 96(2019), 국제사법 이슈에 관하여는 천창민, "전자증권의 국제사법적 쟁점", BFL 96(2019) 참조.

3) 오류시정의 방식에 관하여 김연미, "전자증권의 오류와 법적 과제", BFL 96(2019), 19면.

관이, 고객계좌부에서 발생한 경우에는 해당 계좌관리기관이 이른바 '해소의무기관'으로서 이를 각기 해소하도록 한다(전등 42(1), (2)). 초과분에 대한 거래 이전이라면 해소의무기관이 단순히 초과분을 말소하면 족하다. 만약 초과분에 대한 거래가 이루어져 선의취득이 발생했다면, 해소의무기관은 초과분에 해당하는 전자등록주식을 매입해 말소해야 할 것이다(전등令 35(3)). 이러한 말소등록이 이루어지기 전까지는 관련 주주들의 주주권행사가 안분적으로 제한된다(전등 43(1), (2)). 발행회사 입장으로서는 실제 발행주식 이외의 초과등록분에 대하여까지 주주권을 인정해 줄 수 없기 때문이다.

(2) 전자등록주식에 대한 질권

민사 또는 상사유치권이 성립하려면 목적물이 물건 또는 유가증권이어야 하고 유치권자가 이를 점유해야 하는바, 전자등록주식의 경우 이러한 전통적 요건을 갖추기 어렵다. 이하에서는 전자등록주식에 관한 등록질 및 약식질에 관해 검토한다.

전자증권법은 이른바 부기방식에 의한다. 즉 질권자 계좌로 전자등록주식을 대체기재하는 방식(대체기재방식)이 아니라, 질권설정자 계좌에 해당 전자등록주식을 그대로 유지한채 그 전자등록계좌부에 질물이라는 점과 질권자의 이름을 부기하는 방식이다(전등 31).[1]

위 방식에 의해 설정되는 것은 약식질이다. 등록질권자가 되기를 원하는 약식질권자는 (해당 계좌관리기관을 통하여) 전자등록기관에 질권 내용을 신고하여야 한다. 이 때 전자등록기관은 이를 포함한 소유자명세를 발행인에게 통지하고, 발행인은 소유자명세를 주주명부에 반영할 때 위 질권도 기재하게 된다(전등 37(5), (6)).

Ⅲ. 주식 예탁결제제도[2]

1. 주권의 예탁

(1) 예탁계약의 당사자

예탁계약은 투자자와 예탁자 사이의 제1차 예탁과 예탁자와 예탁결제원 사이의 제2차 예탁으로 이루어진다. **예탁자**는 자기가 소유하거나 투자자로부터 예탁받은 증권을 예탁하기 위하여 예탁결제원에 계좌를 개설한 자로서(자시 309(1), (2)), 주로 증권회사나 은행 등 금융기관이 된다. 예탁결제원, 예탁자는 앞서 살펴본 전자등록제도의 전자등록기관, 계좌관리기관에 각기 준한다고 할 수 있다.

---

1) 부기방식에 대한 비판으로, 정성구, "전자증권과 담보", BFL 96(2019), 62면.
2) 상세한 것은 김/정4, 684~694면 참조 증권예탁결제 전반에 관해서는 한국예탁결제원, 증권예탁결제제도 개정증보4판(2018) 참조.

(2) 예탁의 유형

예탁은 ① 일반예탁, ② 일괄예탁, ③ 권리예탁, ④ 대행예탁의 네 가지로 나눌 수 있다. ① **일반예탁**은 예탁자가 투자자로부터 예탁받았거나 자기가 소유하는 주권을 예탁결제원에 예탁하는 것을 말한다. ② **일괄예탁**은 예탁결제원이 발행회사로부터 신규발행되는 주권을 일괄교부받아[1] 그 내역을 예탁자계좌부에 기재하고 예탁자에 통지하여 투자자계좌부에 기재함으로써 성립한다.[2] ③ **권리예탁**(신규발행주식의 예탁)은 신주발행 · 무상증자 · 주식배당 등의 사유로 새로이 발행되는 주식을 예탁결제원이 예탁자계좌부에 예탁된 것으로 기재하는 경우를 말한다. 주권에 표창되기 전의 권리가 예탁된 것이므로 이를 권리예탁이라고 한다. 권리예탁된 주식은 주권발행 전 주식양도금지규정(335(3))에도 불구하고 주권발행 전에 계좌대체의 방법으로 양도할 수 있다(자시 311(4)). ④ **대행예탁**은 무상증자 등의 사유로 새 주권이 발행되는 경우 명의개서대행기관이 주주의 요청에 따라 당해 주권을 예탁결제원(주주의 거래금융투자업자계좌)에 직접 예탁하는 것을 말한다.

(3) 예탁의 강제

예탁은 원래 임의적인 거래지만 금융투자업자는 업무상 보유하는 투자자의 주권은 지체없이 예탁결제원에 예탁하여야 한다(자시 75). 투자자가 예탁한 주권을 예탁하기 위해서는 투자자의 동의를 받아야 한다(자시 309(2)). 주권에 대한 투자자의 단독소유권이 공유지분으로 바뀔 뿐 아니라 권리행사방식도 조금 달라지기 때문이다.[3]

(4) 예탁의 법적 성질

증권예탁의 법적 성질은 금융투자업자에 대한 제1차 예탁과 예탁결제원에 대한 제2차 예탁을 나누어 살펴봐야 한다. 제1차 예탁은 민법상 임치, 특히 그 중에서도 혼장임치라고 할 수 있다. 제2차 예탁은 혼장임치와 위임적 요소가 공존하는 계약으로 보는 것이 일반적이다.

(5) 예탁주권의 법률관계

가. 예탁의 효력개시

예탁의 효력은 원칙적으로 예탁결제원이 주권을 예탁자계좌부에 기재하는 시점에 발생한다(증권등예탁업무규정 14). 그러나 예탁자가 예탁결제원에 아직 주권을 예탁하지 않은 경우라도 일단 예탁자의 투자자계좌부에 기재되면 그 기재시점에 예탁결제원에 예탁된 것으로 본다

---

1) 예탁결제원이 주권불소지제도(358-2)를 활용하면 권면의 발행을 피할 수도 있다.

2) 주권을 인수 또는 청약하는 예탁자나 그의 투자자가 신청하는 경우 발행회사는 예탁결제원을 명의인으로 하여 당해 주권을 발행할 수 있다(자시 309(5)).

3) 실제로 투자자가 금융투자업자에 계좌 개설시 체결하는 계좌설정약정서에는 대부분 투자자의 동의규정이 포함되고 있다.

(자시 310(4)).[1)]

나. 예탁주권의 소유 및 점유

예탁제도의 가장 중요한 목표는 예탁자(자기계정)와 투자자(투자자계정)가 실질적으로 주권에 대한 권리를 행사할 수 있도록 하는 동시에 예탁결제원이나 예탁자의 파산위험으로부터 예탁자와 투자자의 이익을 보호하는 것이다. 이 두 가지 목표를 달성하는 방안으로 자본시장법은 예탁자와 투자자가 주권의 공유지분을 갖는 것으로 이론구성하고 있다.

자본시장법상 예탁자의 투자자와 예탁자는 각각 투자자계좌부와 예탁자계좌부에 기재된 주권의 종류·종목 및 수량에 따라 예탁주권에 대한 공유지분을 가지는 것으로 추정한다(자시 312(1)). 즉 자신이 예탁한 주권에 대한 개별소유권은 상실하는 대신 혼장임치된 주권 전체에 대한 공유지분을 자기가 예탁한 수량에 비례하여 취득한다. 민법상의 공유와는 달리 공유물의 분할청구절차(민 268)를 거칠 필요 없이 공유지분에 해당하는 예탁증권의 반환을 청구할 수 있다(자시 312(2)). 그리고 권리행사의 경우 예탁자, 투자자는 공유지분에 상당하는 주식을 갖는 것으로 보기 때문에(자시 315(1)) 상법 제333조 제2항의 권리행사자 지정 등 일반적인 주식 공유 시의 문제는 발생하지 않는다.

한편 투자자와 예탁자는 각각 예탁한 주권을 '점유'하는 것으로 본다(자시 311(1)). 여기서의 점유는 간접점유를 말하는 것이고 직접점유는 예탁결제원이 하게 된다.

다. 예탁주권의 선의취득

주권의 경우 민법상의 선의취득요건을 한층 완화하여 취득자가 소지인이 무권리자임을 알지 못한 데 중과실이 없는 한 선의취득이 인정된다(359). 즉 계좌부 기재의 신뢰를 점유에 대한 신뢰로 보아 선의취득을 인정한 것이다.[2)]

라. 예탁주권의 권리행사

1) 실질주주제도

상법상 주주가 회사에 대하여 권리를 행사하기 위해서는 주주명부에 기재되어 있어야 한다(337(1)). 자본시장법상 예탁결제원은 예탁주권에 대해서 자기명의로 명의개서를 청구할 수 있다(자시 314(2)).[3)] 이에 따라 예탁주식에 대해 주주명부에 주주로 나타나는 것은 예탁결제원이다. 자본시장법은 이른바 실질주주제도를 통하여 배후 주주들의 권리행사를 인정하고 있다.

회사가 주주권을 행사할 자를 정하기 위하여 주주명부를 폐쇄하거나 기준일을 정하는 경

---

1) 그러므로 예탁자의 파산이나 주권의 멸실 등의 이유로 실제로 예탁이 이루어지지 않은 경우에도 투자자는 보호된다(자시 313).

2) 선의취득에 대해서 보다 상세한 것은 김/정4, 688~689면.

3) 법문상으로는 마치 예탁결제원이 선택권을 갖는 것처럼 보이지만 의무사항이라고 할 것이다.

우(354) 예탁결제원은 예탁자에게 주주명부폐쇄기준일의 실질주주에 관한 사항을 통보해 줄 것을 요청할 수 있고, 요청받은 예탁자는 지체 없이 이를 통보해야 한다(자시 315(4)). 예탁결제원은 이 사항을 발행회사나 명의개서대리인에게 통지하고(자시 315(3)) 발행회사는 이를 기초로 **실질주주명부**를 작성하여 비치하여야 한다(자시 316(1)). 이렇게 실질주주명부에 기재된 실질주주는 주주명부에 기재된 것과 동일한 법적 효력을 인정받는다(자시 316(2)).[1] 이 점에서 전자등록주식의 경우, 즉 소유자명세 자체에 주주명부 효력을 인정하지는 않고, 그 내용을 일괄적으로 주주명부에 반영하도록 하는 방식과는 다소 차이가 있다(전등 37(6)과 비교).

주식예탁증서와 실질주주

해외예탁기관이 국내 회사의 신규 발행주식 또는 당해 회사가 보유하는 자기주식을 원주로 하여 이를 국내에 보관하고 해외에서 그 원주를 대신한 주식예탁증서(Depositary Receipts: DR)를 발행한 경우 실질주주명부에는 해외예탁기관이 실질주주로 기재된다. 따라서 회사로서는 주식예탁증서의 실제 소유자가 아니라 실질주주로 기재된 해외예탁기관에게 주주권을 행사시키면 면책된다.

2) 실질주주의 권리행사

전자등록주식의 경우 ① 주주총회 의결권 등 주주의 집단적 권리행사는 소유자명세에 바탕한 일괄적 명의개서를 통하여, ② 소수주주권 등 주주의 개별적 권리행사는 소유내용통지, 소유자증명서를 통해서 이루어진다. 예탁주식의 경우 ① 집단적 권리행사는 실질주주명부에 근거하고, ② 개별적 권리행사는 실질주주증명서에 의한다(자시 318). 실질주주증명서는 명의개서 없이 회사에 대한 대항력이 인정되는 등 전자등록주식의 소유자증명서와 유사한 효력을 갖는다(전등 39(5)).

3) 예탁결제원의 권리행사

자본시장법상 실질주주만이 법적인 주주이지만 그렇다고 해서 그가 모든 주주권을 행사할 수 있는 것은 아니다. 자본시장법은 주권불소지, 주주명부 및 주권에 관한 권리는 예탁결제원만이 행사할 수 있는 것으로 규정하고 있다(자시 315(2), 314(3)).[2] 그러므로 결국 실질주주가 행사할 수 있는 권리는 의결권·신주인수권·주식매수청구권 등에 한정된다.

---

1) 회사가 관리하는 주주명부와 실질주주명부의 내용이 다른 때에도 실질주주명부상 주주가 주주권 행사의 주체이다(대법원 2025. 2. 20, 2022다282746 판결). 회사는 실질주주명부상 주주에게 주주총회의 소집통지 등을 하면 면책된다(대법원 2009. 4. 23, 2005다22701, 22718 판결).

2) 여기서 주주명부 및 주권에 관한 권리라 함은 주권의 병합·분할의 청구, 회사의 합병 등으로 주권의 교체가 있는 경우 그 청구, 준비금의 자본전입·주식배당·신주인수권의 행사 등에 의하여 발행하는 주권의 수령, 주권상실 시의 공시최고 등에 관한 권리를 말한다. 이러한 권리행사를 예탁결제원에 맡긴 것은 그것이 실질주주의 판단이 불필요한 비교적 기계적인 업무일 뿐만 아니라 회사의 주식사무의 혼란을 피하기 위해서이다.

예탁결제원은 주권불소지, 주주명부, 주권에 관한 권리 외에도 실질주주가 예탁자를 통해서 신청하는 경우에는 예탁결제원이 행사할 수 있다(자시 314(1)).[1)]

4) 의결권행사에 관한 특칙의 폐지

과거 자본시장법은 예탁주식의 의결권 행사에 관하여 이른바 **섀도우 보팅**(shadow voting)의 특칙을 두고 있었다. 그에 의하면 실질주주가 주주총회 5일 전까지 예탁결제원에 직접행사, 대리행사 또는 불행사의 뜻을 표시하지 않는 경우에는 예탁결제원이 그 의결권을 행사할 수 있고(개정 전 자시 314(5)), 의결권행사 시에는 의결내용에 영향을 주지 않도록 나머지 주식의 찬반비율에 따라 의결권을 행사하게 되어 있었다(개정 전 자시슈 317(1)). 이는 주식의 분산으로 인하여 의결정족수의 확보에 곤란을 겪는 상장회사를 구제하기 위하여 도입된 제도이다.[2)] 그러나 이 제도로 인하여 상장회사들은 위임장권유나 서면투표, 전자투표 등 주주총회의 활성화를 위한 다양한 제도를 활용하는 데 소극적이라는 비판이 있었다. 그리하여 2013년 개정 자본시장법에서는 쉐도우 보팅제도를 폐지하였다.[3)]

마. 예탁주권의 보관·관리·반환

예탁결제원은 예탁계약에 따라 예탁증권을 보관·관리한다. 예탁증권이 부족하게 된 경우에는 예탁결제원과 예탁자가 이를 보전하여야 한다(자시 313(1)). 투자자는 예탁자에 대하여, 그리고 예탁자는 예탁결제원에 대하여 언제든지 공유지분에 해당하는 예탁증권의 반환을 청구할 수 있다(자시 312(2)). 그러나 투자자가 예탁결제원에 직접 청구하는 것은 허용되지 않는다.[4)]

2. 주식의 대체결제

주식의 거래는 주권의 인도와 대금의 지급이 이루어짐으로써 결제된다. 예탁결제원에 예탁된 주권의 양도 시에도 실물을 교부해야 한다면 투자자가 예탁결제원으로부터 주권을 반환받아야 할 것이다. 민법상 예탁증권반환청구권을 양도하는 방법(민 190)도 있지만 그 경우에는

---

1) 그렇다고 해서 예탁결제원이 모든 주주권을 행사하게 하는 것은 바람직하지 않으므로, 주식등예탁업무규정에서는 실질주주가 예탁결제원에 행사를 신청할 수 있는 권리의 종류를 제한하고 있다(주식등예탁업무규정 50~57).

2) 상세한 논의는 박철영, "섀도보팅(Shadow Voting) 폐지와 주주총회 활성화", BFL 60(2013), 45~54면.

3) 섀도우보팅 폐지의 시행시기는 당초 2015년 초로 되어 있었다. 그러나 섀도우보팅이 폐지되면 특히 감사나 감사위원선임의 경우 결의요건 충족이 어렵다는 경제계의 비판에 따라 2014년 말 자본시장법을 개정하여 전자투표와 위임장권유를 실시하는 상장회사의 경우 부분적으로 그 시행시기를 2018년 초로 연기하였다(자시 부칙(2013. 5. 28) 18). 섀도우보팅 완전 폐지 이후 많은 회사들이 의결정족수 충족에 어려움을 겪고 있는 것은 사실이다. 2019년 정기주주총회의 경우 총 188개 상장회사(유가증권시장 31개, 코스닥 157개)에서 의결정족수 부족에 따라 안건이 부결되었고, 의결정족수 부족으로 부결된 안건 238개 중 149개는 감사 또는 감사위원 선임 건이었다고 한다(상장회사협의회 2019. 4. 8. 보도자료).

4) 상세한 것은 김/정4, 693면.

채권양도의 대항요건(민 450)을 갖춰야 하는 불편이 따른다. 이러한 불편을 피하기 위하여 자본시장법은 이른바 대체결제제도를 채택하고 있다. 앞서 설명한 바와 같이 자본시장법은 투자자계좌부와 예탁자계좌부에 기재된 자는 주권을 점유하는 것으로 보고 있다(자시 311(1)). 또한 투자자계좌부와 예탁자계좌부의 기재를 대체하는 것이 양도나 질권설정을 목적으로 하는 경우에는 주권의 교부가 있었던 것과 동일한 것으로 보고 있다(자시 311(2)). 주식의 양도 시에 주권의 교부를 요하는 것은 원래 주권의 점유가 권리관계를 나타내기 때문이다. 중앙예탁기구에 주권이 예탁된 경우에는 현실적인 점유는 의미를 가질 수 없다. 따라서 그러한 경우에는 점유 대신 계좌부의 기재에 점유로서의 기능을 부여한 것이다. 이처럼 계좌부의 기재를 변경시키는 방법에 의하여 주식의 결제가 이루어지는 것을 대체결제라고 한다.

예탁결제원이 운영하는 대체결제에서 가장 전형적인 것은 거래소에서 회원 간에 체결된 거래의 결제를 일괄처리하는 장내결제라고 할 수 있다.[1] 장내결제에서는 이른바 **다자간차감**(多者間差減)이 일어나고 있다. 먼저 주식은 각 회원별로 종목별 총매도수량과 총매수수량을 차감한 수량을 계좌대체로 결제한다. 거래대금도 각 회원별로 총매도대금과 총매수대금을 차감한 금액을 지정금융기관을 통해서 자금이체방식으로 결제한다. 또한 결제는 1일을 단위로 연속적으로 이루어진다(연속결제방식).

1) 그 밖에 장외시장에서의 매매거래에 대한 결제방법인 '장외결제'와 금융투자업자의 기관투자자 간의 매매거래에 대한 결제방법인 '기관결제'가 있다.

제 8 절

주식의 소각, 병합, 분할

Ⅰ. 주식의 소각

1. 의　　의

주식의 소각은 회사의 존속 중 일부 주식만을 절대적으로 소멸시키는 회사의 행위를 말한다. 일부 주식만을 소멸시킨다는 점에서 주식 전부의 소멸을 가져오는 회사의 해산과 구별되고 주식이 존속하는 상태에서 주권만 효력을 상실하는 제권판결(360)과도 구별된다.

주식의 소각은 회사의 존속 중 주식이 소멸하는 유일한 사유이다. 주주가 회사에 대해서 주주권 포기 의사를 표시하고 주권을 반환하거나 멸각하더라도 주식 그 자체가 소멸하는 것은 아니다.

2. 종　　류

상법상 주식의 소각은 ① 자본금감소에 의한 소각(343(1)본), ② 자기주식의 소각(343(1)단), ③ 상환주식의 소각(345(1))의 경우에 가능하다. ③ 상환주식의 소각은 상환과 동시에 발생하는 것으로 이곳에서 다시 설명하지 않는다.

주식의 소각은 소각되는 주식의 주주로부터 동의를 얻는지 여부에 따라 임의소각과 강제소각으로 구분할 수 있다. 임의소각의 대표적인 예는 매입소각이다.

주식의 소각은 또한 주주에게 대가를 지급하는지 여부에 따라 **유상소각**과 **무상소각**으로 구분할 수 있다. 유상소각은 주주에게 출자를 반환하는 수단으로 이용되고 무상소각은 결손으로 이익배당이 불가능한 상태를 벗어나기 위한 자본금감소의 수단으로 이용된다.

3. 자본금감소에 의한 소각

(1) 자본금감소의 절차

자본금감소에 의한 소각은 자본금감소 절차를 밟아야 한다. 따라서 주주총회의 특별결의(438)와 채권자보호절차(439(2)→232)를 거쳐야 한다. 자본금감소에 의한 소각에는 주식병합에 관한 일부 규정(440, 441)이 준용된다(343(2)).

(2) 공고와 통지

주식을 소각할 경우 회사는 1월 이상의 기간을 정하여 소각의 뜻과 그 기간 내에 주권을 회사에 제출할 것을 공고하고 주주명부에 기재된 주주와 질권자에 대하여는 각별로 그 통지를 하여야 한다(343(2)→440).

(3) 효력의 발생

주식 소각의 효력은 주권제출기간이 만료한 때에 생긴다(343(2)→441본). 다만 채권자보호절차가 종료하지 아니한 때에는 그 절차가 종료한 때에 소각의 효력이 생긴다(343(2)→441단).

(4) 방법: 강제소각

자본금감소를 위한 소각은 주주의 동의 없이 행하는 강제소각이므로 주주평등의 원칙을 따라야 한다. 따라서 각 주식에 평등한 기회가 주어지도록 추첨이나 안분비례 등의 방법에 의하여야 한다. 소각의 구체적인 방법은 자본금감소 결의에서 정한다(439(1)).

(5) 효 과

가. 주식의 소멸

소각의 효력이 발생하면 주식은 소멸한다. 회사에 제출하지 아니한 주권을 선의로 취득하는 경우에도 선의취득은 성립하지 않는다. 선의취득은 유효한 주식을 전제로 하기 때문이다.

나. 소각된 주식의 재발행

주식의 소각에 의하여 현재 존재하는 주식의 수는 감소한다. 그 경우 회사의 미발행주식수가 소각된 주식 수만큼 증가한 것으로 보아 주식을 재발행할 수 있는가?[1] 과거 이 문제에 대해서는 ① 일단 주식이 발행되면 그 부분의 수권은 목적을 달성하여 소멸하고, ② 소각 후 재발행이 허용되면 이사회가 이를 남용하여 소각과 발행을 반복함으로써 수권주식수의 제한을 잠탈할 가능성이 있다는 이유로 허용되지 않는다는 견해가 일반적이었다(재발행불가설).[2]

그러나 ① 주주 등 이해관계자들에게 중요한 것은 현재 발행되어 있는 주식의 수이지 과거에 발행된 적이 있었던 주식의 누적 총수가 아니므로, 적법하게 소각된 주식 수만큼 재발행할 수 있다고 하더라도 주주 등 이해관계자의 이익은 특별히 침해될 것이 없다. ② 주식소각은 자본금감소 절차에 따르거나 자기주식 소각 또는 상환주식의 상환 등 제한적으로만 인정되므로 남용의 우려도 크지 않다. 또한 ③ 재발행가능설에 따르면 어떤 회사가 정관 변경 없이 발행할 수 있는 주식의 수를 알려면 등기부상 '발행할 주식의 총수'에서 '발행주식의 총수'를 차

---

1) 이 문제는 상환주식이나 자기주식의 소각의 경우에도 발생한다. 제2절 Ⅳ. 3. (5) 다. 및 제8절 Ⅰ. 4. (4) 참조.
2) 권기범6, 520면; 장덕조3, 205면; 정동윤6, 529면; 정찬형22, 832면; 최기원14, 251면; 홍/박7, 312면.

감하면 되지만, 재발행불가설에 따르면 회사 설립 이래 발행되었다가 소각된 주식 수를 모두 찾아내어 추가로 차감해야 한다.[1] 이런 점들과 재무활동의 유연성을 폭넓게 인정하는 현대 회사법의 동향에 비추어 보면 재발행을 긍정함이 타당할 것이다(재발행가능설).[2]

(6) 무액면주식의 소각

무액면주식은 액면이 존재하지 않는다는 점에서 원칙적으로 자본금과는 무관하다.[3] 따라서 이론상으로는 무액면주식의 소각이 반드시 자본금감소를 수반하는 것은 아니다. 그러나 상법은 주식의 소각을 원칙적으로 자본금감소에 관한 규정에 따르도록 하고 있으므로(343(1)) 무액면주식의 소각도 액면주식의 경우와 마찬가지로 ① 자본금감소에 관한 규정에 따르거나 ② 자기주식의 소각 또는 ③ 상환주식의 소각의 방식으로만 가능하다.

4. 자기주식의 소각

(1) 의 의

2011년 개정 상법은 회사가 이사회 결의로 자기주식을 소각하는 경우에는 자본금감소의 규정을 따를 필요가 없다고 하고 있다(343(1)). 자기주식을 소각하는 경우에는 상환주식의 상환과 마찬가지로 발행주식수는 감소하지만 자본금은 변하지 않는다는 점에서 당연한 규정이라고 할 수 있다.[4]

(2) 자기주식의 범위

이사회 결의로 소각할 수 있는 자기주식의 범위에 관해서는 ① 무액면주식에 한한다는 견해,[5] ② 배당가능이익으로 취득한 자기주식(341(1))에 한한다는 견해,[6] ③ 모든 자기주식을 다 포함한다는 견해가 있으나 ③설이 타당하다.[7] 이에 관한 상세는 제6장 제3절 Ⅳ. 4. 참조.

---

1) '발행할 주식의 총수'는 정관 기재사항(289(1)(iii))이자 등기사항(317(2)(i))이고 '발행주식의 총수'는 등기사항(317(2)(iii))이다. 여기서 '발행할 주식의 총수'는 회사가 존속하는 동안 발행할 수 있는 주식의 누적적 총수가 아니라 특정 시점에 존재할 수 있는 주식의 최대치를 말하고, '발행주식의 총수'는 설립 이래 발행한 주식의 누적수가 아니라 현재 발행되어 있는 주식의 총수를 의미한다. 이것이 등기실무 및 공시실무와도 부합한다. 참고로 현재 자본시장법에 따른 사업보고서 및 반기/분기보고서 서식에는 '발행할 주식의 총수', '발행주식의 총수' 외에 '현재까지 발행한 주식의 총수', '현재까지 감소한 주식의 총수(감자, 이익소각, 상환, 기타)'도 별도로 기재하도록 되어 있어 재발행불가설에 따른 발행가능 주식 수도 계산할 수 있도록 되어 있으나, 사업보고서 작성 대상이 아닌 대부분의 비상장회사의 경우 그런 정보는 따로 공시 또는 등기되지 않는다.

2) 동지: 이철송30, 459면; 최준선14, 348면.

3) 다만 무액면주식의 발행 시 발행가액의 1/2 이상의 금액으로 이사회가 정하는 금액을 자본금으로 계상해야 할 뿐이다(451(2)).

4) 송옥렬9, 899~900면. 자본금과 발행주식액면총액의 일치(451(1))를 이유로 액면주식의 경우에는 자기주식의 소각도 자본금감소를 가져온다는 반대설(이철송30, 457면)이 있다. 그러나 상환주식의 상환의 경우에서 보는 바와 같이 자본금이 발행주식액면총액과 반드시 일치되는 것은 아니라는 점에서 이 견해를 따르기 어렵다.

5) 이철송30, 457면.

6) 송옥렬9, 900면.

(3) 절 차

자기주식의 소각은 이사회 결의만으로 이루어진다. 자기주식은 정의상 이미 회사가 보유하고 있으므로 주권제출을 위한 절차(440)는 필요하지 않다(343(2)). 감자가 수반되는 것이 아니므로 채권자보호절차도 거칠 필요가 없다.

(4) 효 과

자기주식 소각의 경우에는 주권제출이 불필요하므로 일반적인 소각과는 달리 주권제출기간의 만료 시가 아니라 이사회가 소각을 결의한 시점에 효력이 발생한다.

자기주식이 소각되는 경우에는 발행주식총수는 감소하지만 자본금은 감소되지 않는다.[1] 주식소각의 다른 경우에서와 마찬가지로 소각한 주식은 재무활동의 유연성의 관점에서 재발행이 가능한 것으로 볼 것이다.[2]

Ⅱ. 주식의 병합

1. 의 의

주식의 병합이란 주식분할과 정반대로 복수의 주식을 그보다 적은 수의 주식으로 합치는 회사의 행위이다. 예컨대 10주를 합하여 1주로 하는 것이다. 주식병합은 무액면주식의 경우도, 액면주식의 경우도 가능하다. 무액면주식의 병합인 경우 주식 수만 줄어들게 되고 자본금은 동일하게 유지된다. 액면주식의 병합은 병합 전후 액면이 그대로 유지되는 것이 일반적인바, 그 결과 자본금은 감소하게 된다.

먼저 액면주식의 병합 시 액면까지도 병합할 수 있는지 문제된다. 10주를 합쳐서 1주로 하면서 액면도 천원에서 만원으로 병합하는 것이다. 그 결과 자본금은 그대로 유지된다. 실제 1984년 상법 개정으로 주식 액면최저금액이 5백원에서 5천원으로 인상됨에 따라 액면을 증가시키는 주식 병합이 법으로 강제된 바 있다(상법부칙(1984. 4. 10) 5(2)). 굳이 액면병합을 금지할 필요성은 크지 않다.[3] 이 경우 자본금감소는 없으므로 채권자보호절차가 필요 없는 대신, 액면이 변경되는 것이므로 주주총회 특별결의 등 정관변경절차를 밟아야 한다.

주식병합은 주로 액면주식의 숫자를 줄여서 형식적, 실질적 감자를 하기 위한 방편으로 이루어진다. 상법도 주식분할과 달리 주식병합을 주식에 관한 절이 아니라 자본금감소에 관한

---

7) 동지: 권기범6, 517~518면.

1) 송옥렬9, 900면. 상장회사의 경우 자기주식의 소각은 잠재적인 유동주식 수를 감소시킨다는 점에서 호재로 인식되는 것이 보통이다.

2) 이철송30, 459면. 이 문제는 상환주식의 상환 및 자본금감소에 의한 소각에서도 발생한다. 제2절 Ⅳ. 3. (5) 다. 및 제8절 Ⅰ. 3. (5) 나. 참조.

3) 권기범6, 523~524면; 송옥렬9, 810면.

절에서 규정한다(440~443). 다만 다음과 같은 경우에도 주식병합이 이루어질 수 있다. ① 합병(530(3)), 분할(530-11(1))에 주식병합 조항이 준용되는바, 그 주목적은 합병비율, 분할비율을 조정하는 것이다. ② 유통주식 수를 줄여서 주가를 관리하기 위한 경우도 상정할 수 있다. 어느 경우이든 주식병합은 상법이 허용한 경우에 상법이 정한 방식으로만 실행할 수 있다.[1] 이하에서는 자본금감소의 수단으로 이루어지는 액면주식의 병합을 중심으로 설명한다.

2. 절 차

(1) 주권제출의 통지와 공고

주식을 병합하는 경우에는 회사는 1월 이상의 기간을 정하여 그 뜻과 그 기간 내에 주권을 회사에 제출할 것을 공고하고, 주주명부에 기재된 주주와 등록질권자에 대하여 각별로 통지를 하여야 한다(440). 구주권을 회사에 제출할 수 없는 자가 있는 경우 회사는 그 자의 청구에 의하여 3월 이상의 기간을 정하여 이해관계인에 대하여 그 주권에 대한 이의를 그 기간 내에 제출할 뜻을 공고하고 그 기간 내에 이의제출이 없으면 신(新)주권을 청구자에게 교부할 수 있다(442(1)).[2]

(2) 감자를 위한 주주총회 특별결의와 채권자보호절차

주식병합으로 자본금감소가 이루어지는 때에는, 일반적인 감자와 마찬가지로 주주총회 특별결의(438(1)) 및 채권자 보호절차(439(2)본)가 필요하다. 결손보전 목적인 경우 보통결의로 족하고(438(2)), 채권자보호절차가 필요 없다(439(2)단).

무액면주식의 병합인 경우 자본의 감소가 없으므로 주주총회 특별결의가 필요하지 않고,[3] 채권자보호절차도 거칠 필요가 없다.

3. 단주처리와 소수주주 보호

(1) 단주의 개념

상법은 단주의 개념을 별도로 정의하지 않는다. 구주식 중 주식병합에 적당하지 않은 수의 주식으로 정의하는 입장도 가능할 것이나, 실무상 단주는 "주식병합 등으로 인해 발생하는 1주 미만의 주식"으로 이해되고 있다. 예컨대 10주를 7주로 병합하는 경우 21주를 보유한 기존주주는 완전한 신주식 14주(구주식 20주의 병합)와 함께 '부분적 신주식' 0.7주(구주식 1주의 병합)를 갖게 된다. 후자의 0.7주가 단주이다. 위 사례에서 기존주주가 19주를 보유한 경우, 주식

---

1) 권기범6, 521면; 이철송30, 463면. 우리 상법과 비슷한 규정을 두고 있던 일본의 2001년 개정 전 상법하에서도 같은 해석을 따르고 있었다. 江頭8, 287면.
2) 공고 비용은 청구자가 부담한다(442(2)).
3) 송옥렬9, 810면.

병합을 어떻게 구성할지에 따라 단주의 범위에 차이가 있을 수 있다. 10주에 미치지 못하는 수량을 모두 단주화한다면 기존주주의 지분율은 크게 떨어진다. 이를 막기 위해서는 기존 주식수에 위 병합비율을 곱하여(19주 × 0.7 = 13.3주), 완전한 신주식 13주를 제외한 0.3주를 단주로 봄이 타당하다.[1)]

실제 단주는 주식병합 이외에 여러 경우에 발생가능한바, 상법은 주식병합에 관해 단주 처리원칙을 규정하고(443), 이를 주식분할(329-2(3)), 주식교환(360-11(1)), 준비금의 자본금전입(461(2)), 주식배당(462-2(3)), 합병으로 인한 주식병합·주식분할(530(3)), 분할 또는 분할합병(530-11(1)), 유한회사의 감자(597), 합병(603)에 준용한다.

(2) 단주의 처리방식

주식병합에 적당하지 아니한 수의 주식이 있는 경우, 회사는 그 부분에 대해 발행된 주식을 경매하여 그 대금을 각 주수에 따라 종전의 주주에게 지급해야 한다(443(1)본). 즉 1주 미만의 주식을 발행할 수는 없으므로, 단주들을 모아 신주를 발행하고 이를 경매하는 것이다. 다만 거래소의 시세 있는 주식은 경매 대신 거래소를 통하여 매각하고, 거래소의 시세 없는 주식도 법원의 허가를 얻으면 경매 이외의 방법으로 매각할 수 있다(443(1)단).[2)]

실제 문제되는 것은 위 방식으로 회사 자신이 단주를 취득할 수 있는지 여부이다. 상법 제341조의2 제3호에 따르면 회사는 '단주의 처리를 위하여 필요한 경우' 자기주식을 취득할 수 있다. 이 조항이 단주처리 조항(443 등)이 별도로 없는 경우에 한해 적용될 수 있다고 보는 입장에서는 주식병합 시 단주를 회사가 취득할 수 없다고 본다.[3)] 그러나 상법 제443조는 단주를 처리할 경우 거쳐야 하는 절차에 관한 규정이고, 제341조의2는 회사가 배당가능이익과 무관하게 자기주식을 취득할 수 있는 실체적 사유에 관한 규정이므로, 두 조문을 서로 배척하는 관계로 볼 필요는 없다. 따라서 제443조의 절차를 거쳐 회사가 스스로 단주를 취득할 수도 있다고 볼 것이다.[4)] 회사가 법원허가 등 제443조의 절차없이 저가로 단주를 취득한 경우 해당 소수주주에 대한 불법행위가 성립할 수 있다.[5)]

주식분할 등의 경우 주식병합에 관한 단주 조항이 준용되는 것은 앞서 살펴본 바와 같다. 그 밖에 다른 경우에도 단주가 발생할 수 있는바,[6)] 실무상 특히 신주발행의 경우가 문제된다

---

1) 박지형, "단주 처리에 관한 법적 문제", BFL 76(2016), 59면.

2) 단주에 대한 주권을 제출할 수 없는 자가 있는 때에는 회사는 앞서 언급한 이의제기절차(442)가 끝난 다음에 대금을 지급할 수 있다(443(2)).

3) 이철송30, 418면

4) 실무적으로도 특히 환가가 어려운 비상장회사의 경우에는 자본금감소 과정에서 발생한 단주를 자기주식으로 매입한 데 대하여 법원이 매각허가결정을 내린 사례가 많다. 박지형, 전게논문, 65~66면.

5) 이 경우 손해액을 '법원허가절차 등을 밟았더라면 산정되었을 적정한 가액'과 '실제 지급된 가액'의 차액으로 본 하급심 판결로 서울고등법원 2024. 5. 3. 2023나2049630 판결 참조(심리불속행 확정).

6) 예컨대 전환주식, 전환사채의 전환, 신주인수권부사채의 신주인수권 행사 등이다.

(예컨대 10대 1의 비율로 유상증자하는 경우 15주를 보유한 기존주주에는 1.5주의 신주배정). 이 경우 단주를 시가로 처분하여 시가와 신주 발행가액과의 차액을 원래의 단주 주주에게 분배하는 것이 타당할 것이다.[1)]

(3) 단주와 소수주주 축출문제

주식병합 시 다량의 단주를 발생시켜 실질적으로 소수주주를 축출하는 사례가 종종 문제되고 있다. 대법원은 상당히 관대한 입장을 취하고 있다. 즉 회사가 10,000:1의 주식병합 및 감자를 실행하면서 10,000주에 미치지 못하는 주식을 보유한 소수주주들에게 1주당 액면가인 5,000원을 지급한 사안에서, 대법원은 소수주주에 의한 감자무효의 소를 기각하였다(대법원 2020. 11. 26, 2018다283315 판결). 그 근거로서 ① 위 주식병합 및 감자로 인해 주주의 비율적 지위에 변동이 발생하지 않았으므로 주주평등원칙에 위반되지 않고, ② 주식병합을 통한 소수주주 축출인 경우에도 단주 임의매각에 법원 허가가 요구되는 등 규율을 받게 되므로(443(1)단) 소수주식의 강제매수(360-24)를 탈법적으로 회피한 것도 아니며, ③ 원고 이외에 거의 모든 주주가 단주 보상금액에 만족하여 이 주식병합에 찬성하였다는 점 등을 들었다.

단주를 활용한 소수주주 축출이 당연히 위법하다고 보기는 어렵지만, 주주총회 결의가 있었다고 하여 언제나 적법하다고 단정하기도 어렵다. 결국 중요한 것은 단주 주주에 대한 보상이 절차적, 실질적으로 공정하게 이루어졌는지 여부일 것이다. 비록 주주총회 결의가 있었다고 하더라도 적정하지 않은 보상액의 수령을 일방적으로 강요한 경우에는 그 결의 자체가 다수결 남용이 될 수 있다. 위 판례 사안에서는 원고 이외 대부분의 소수주주들조차 보상에 동의하는 등 주식병합 및 감자를 위한 주주총회 특별결의가 현저히 불공정하다고 보기 어려운 점이 감안되었다.

4. 효　　과

주식병합으로 회사의 발행주식총수와 각 주주의 보유주식 수가 감소한다.[2)] 주식병합은 단지 주식 수만 줄어드는 것이므로 회사 재산의 실체가 바뀌지는 않는다. 무액면주식의 병합인 경우 자본금은 유지되나, 액면주식의 경우 액면까지 병합되는 것이 아니라면 주식 수가 줄어드는 이상 자본금이 줄어든다.

주식병합의 효력발생 시점은 주권제출기간 만료시이다(441본). 다만 채권자보호를 위한 절차가 종료하지 않은 때에는 그 절차가 종료한 때에 효력이 생긴다(441단).

주식병합으로 발행된 신주식은 구주식과 동일성을 유지한다(대법원 2005. 6. 23, 2004다51887 판결). 따라서 구주식에 대한 질권자는 병합으로 인하여 주주가 받을 신주식과 금전에 대해서

---

1) 이는 현재의 실무이고, 다수설의 입장이다. 권기범6, 1013면; 박지형, 전게논문, 69면.
2) 등기사항인 발행주식총수(317(2)(iii))가 변경되므로 변경등기를 해야 한다(317(2)→183).

질권을 행사할 수 있다(339).

감자를 수반하는 위법한 주식병합은 감자무효의 소로 다툴 수 있다(445). 차등감자 등 주주평등의 원칙에 반하는 경우, 주식병합을 통한 감자가 현저히 불공정하게 이루어진 경우 감자무효의 원인이 될 수 있다(대법원 2020. 11. 26, 2018다283315 판결). 감자를 수반하지 않는 위법한 주식병합인 경우 대법원은 감자무효의 소를 준용하여 주식병합 무효의 소를 제기할 수 있다고 한다(대법원 2009. 12. 24, 2008다15520 판결).[1]

Ⅲ. 주식의 분할

1. 서 설

(1) 의 의

주식의 분할이란 주식의 병합과는 반대로 회사의 자본금이나 자산을 변경시킴이 없이 기존의 주식을 세분화하여 발행주식 수를 증가시키는 것을 말한다. 이는 단지 주권이 표창하는 주식의 단위를 세분할 뿐, 주식 수에는 변화가 없는 주권의 분할과 구별된다. 또한 회사재산의 변동 없이 발행주식 수가 증가하지만 아울러 자본금 증가가 따르는 주식배당과 무상증자와도 구별된다. 주식배당이나 무상증자가 대규모로 일어나는 경우에는 실질적으로 주식이 분할되는 것과 같은 효과가 있다.

(2) 필 요 성

주식분할의 필요성은 소액투자자의 거래가 불편할 정도로 주가가 상승할 경우에 주로 발생한다. 현재 거래소의 매매단위는 1주로 되어 있지만(유가증권시장 업무규정시행세칙 33(1)) 주가가 높아지면 소액투자자가 투자에 부담을 느낄 가능성이 있다.[2] 주식분할을 통해서 소액투자자의 참여를 유도하고 유동주식 수를 증가시킴으로써 주가의 상승을 도모할 수 있다.

(3) 액면과의 관계

과거 액면의 최저한도가 5천원이던 시절에는 경제계에서 주식분할에 대한 수요가 컸지만 최저한도 때문에 현실적으로 분할이 불가능한 경우가 많았다. 그러나 현행 상법상 액면의 최저가액은 100원에 불과하기 때문에(329(3)) 액면 5천원인 주식은 1주를 최고 50주로 분할하는 것도 가능하다. 나아가 2011년 개정 상법에 의하여 도입된 무액면주식의 경우에는 액면이 없

1) 전술한 1984년 개정 상법에 따라 행해진 감자 없는 주식병합 사안이었다. 대법원은 "어느 누구든지 그 시기나 방법 등에서 아무런 제한을 받지 않고 다툴 수 있게 한다면 … 주식회사의 내부적인 안정은 물론 대외적인 거래의 안전도 해칠 우려가 있다"라고 설시하면서, 그 제소기간을 감자무효의 소에서처럼 변경등기일로부터 6월로 제한하였다.

2) 예컨대 삼성전자의 경우 주가가 250만원을 상회하게 되자, 2018. 5. 4. 액면가를 50분의 1로 하는 주식분할을 실시하였다.

으므로 한층 자유로운 분할이 가능하다.

2. 절 차

(1) 주주총회의 특별결의

주식분할에는 주주총회의 특별결의가 필요하다(329-2(1)). 주식분할은 주주 이익을 해칠 위험이 있는 거래는 아니지만 정관의 절대적 기재사항인 1주의 금액(289(1)(iv))을 변경하고 경우에 따라서는 발행예정주식총수도 변경해야 한다는 점에서 정관변경의 경우와 같이 주주총회의 특별결의를 요한 것이다. 이처럼 주식분할에는 정관변경이 수반되지만 반드시 두 결의를 따로 할 필요는 없다.

(2) 공고와 통지

주식을 분할할 경우 회사는 1월 이상의 기간을 정하여 분할의 뜻과 그 기간 내에 주권을 회사에 제출할 것을 공고하고 주주명부에 기재된 주주와 질권자에 대하여는 각별로 그 통지를 하여야 한다(329-2(3)→440).

(3) 신주권의 교부와 단주의 처리

신주권의 교부와 단주의 처리에 관해서는 주식병합에 관한 규정을 준용한다(329-3→440~443).

3. 효 과

주식 분할의 효력은 주권제출기간이 만료한 때에 생긴다(329-2(3)→441본).[1] 주식분할의 효력이 생기면 등기사항인 회사의 발행주식총수(317(2)(iii))가 증가하므로 변경등기를 해야 한다(317(4)→183). 또한 구주식에 대한 질권은 물상대위에 의하여 신주식에 대하여 행사할 수 있다(339).

4. 위법한 주식분할

주식의 분할이 위법한 경우에는 신주발행유지청구권과 신주발행무효의 소에 관한 규정(424, 429)이 유추적용된다고 할 것이다.

5. 무액면주식의 분할

무액면주식의 경우에는 액면이 없으므로 액면변경을 위한 정관변경은 필요하지 않다. 따

1) 주식의 분할에는 채권자보호절차가 적용되지 않으므로 채권자보호절차가 종료된 시점에 효력이 발생한다는 제441조 단서의 규정은 적용될 여지가 없다.

라서 발행예정주식총수를 변경해야 하는 경우가 아니라면 정관변경은 필요하지 않다. 그렇지만 상법은 무액면주식에 대해서 특칙을 정하고 있지 않으므로 무액면주식의 분할도 주주총회 특별결의를 요한다.

제9절

주주의 권리와 의무

Ⅰ. 총　설: 누가 주주인가?

1. 주주의 의의

주주에 관해서는 학설이나 실무상 다양한 용어가 사용되고 있으나 그 의미가 명확하지 않아 다소 혼란스러운 상태이다. 원래 상법이 전형적으로 상정한 주주란 (i) 주식을 취득하여 이를 소유하고, (ii) 명의개서를 마쳐서 회사에 대한 대항력을 확보하고 있으며, (iii) 주식 가치의 등락에 따른 경제적 이해관계가 귀속되는 주체를 가리킨다. 이러한 주주를 이른바 '협의의 주주'라고 부를 수 있을 것이다. 다만 학계와 실무계에서는 실질 주주, 형식 주주, 경제적 주주 등의 용어도 혼용하고 있으므로 이곳에서는 먼저 [그림 3-2]를 이용하여 주주에 관한 용어를 정리하기로 한다.

그림 3-2　주주의 유형

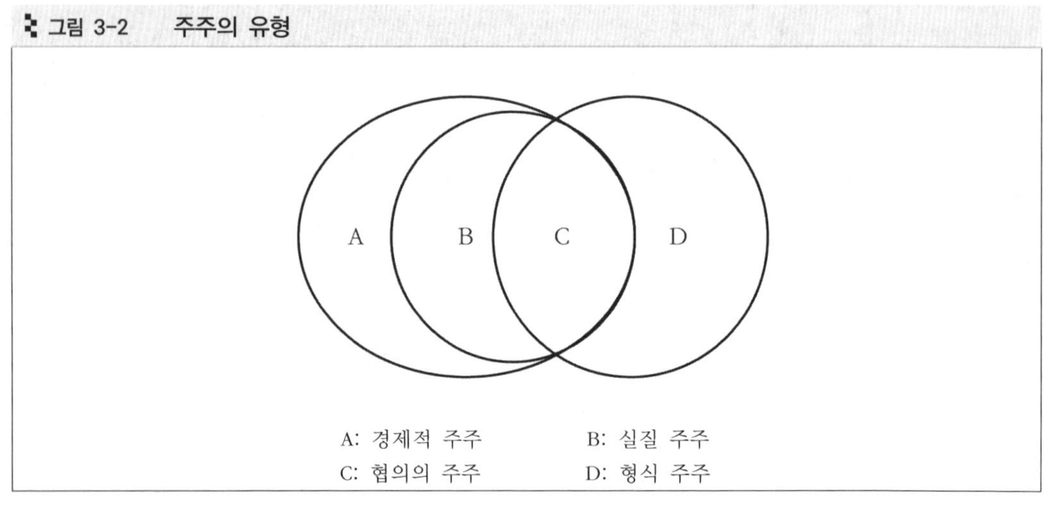

[그림 3-2]는 세 가지 원으로 구성된다. 좌측의 원은 주식에서 발생하는 경제적 손익의 귀속주체를 표시한 것이다(위 (iii)의 기준). 원 안쪽에 포함된 A, B, C는 주식가치의 변동에 대하여 경제적 이해관계를 갖는다. 중앙의 원은 주식을 취득하여 법적으로 소유하는 주체를 표시한 것이다(위 (i)의 기준). 이는 이른바 '주주권의 귀속' 주체라고 할 수 있다. 주식을 적법하게 취득한 주체는 명의개서 여부를 불문하고 이 원의 내부에 위치하며 B와 C가 그에 해당한다. 가장 우측의 원은 명의개서에 따른 구분이다(위 (ii)의 기준). 이는 '주주권의 행사' 주체를 판단하는 기준이다. 명의개서를 하지 않은 A와 B는 이 원의 밖에 위치하게 된다.

'주주권의 귀속'은 누가 주식을 취득하는지의 문제로 특히 명의차용이 이루어진 경우, 즉 타인 명의로 주식을 인수하거나 양수한 경우 판례는 당사자 확정에 관한 일반 법리를 적용한다.[1] 먼저 신주발행의 경우 주식인수 청약자와 회사 사이에 신주 인수계약이 이루어지는 것이므로, 배후자(실제 인수인)가 타인의 승낙 하에 타인 명의로 주식을 인수한 사안에서 원칙적으로 명의자에게 주주권이 귀속된다. 일반적으로 회사는 명의자를 상대방으로 이해하였다고 봄이 합리적이기 때문이다. 다만 실제 인수인과 명의자 사이에 실제 인수인을 주주로 삼기로 약정하였고, 이러한 점을 회사가 알고 승낙하는 등 특별한 사정이 있다면 예외적으로 실제 인수인에 주주권이 귀속될 수 있다(대법원 2017. 12. 5, 2016다265351 판결). 한편 구주양도의 경우에는 주식양도인과 양수인 사이에 양도계약이 맺어지는 것인바, 양도계약 당사자간의 당사자 확정 법리가 적용될 것이다. 주식양도는 주권 교부에 의하여 이루어지므로 일반적으로 주권의 점유를 이전받은 자에게 주주권이 귀속되었다고 볼 것이다.

'주주권의 행사'는 회사에 대해 주주권을 행사할 자격이 누구에게 있는지의 문제이다. '주주권의 귀속'이 주주권 취득 문제로서 회사 및 제3자에게 모두 관련되는 반면, '주주권 행사'는 회사와의 관계에서만 문제된다. 주주권 행사는 주주명부에 적법하게 주주로 기재되어 있는 자만이 할 수 있다(대법원(전) 2017. 3. 23, 2015다248342 판결). 명의개서 없이 주주권을 행사할 수 있는 것은 명의개서의 부당거절 등 극히 예외적 경우에 한한다. 대법원 판례가 지적하였듯이 주주권 행사를 위해서는 단순한 '명의개서' 기재에서 더 나아가 명의개서의 '적법성'이 필요하다. 명의개서에 권리창설적 효력을 인정할 수 없는 이상 이는 당연한 결론이다. 앞서 '주주권의 귀속' 판단에서 주주권이 인정된 자가 명의개서를 하였다면 적법성에 별다른 의문이 없다. 문제는 그밖의 경우 명의개서의 적법성을 일체 부인할 것인지의 문제이다. 첫 번째 예로서 주권을

---

1) 대법원 2017. 12. 5, 2016다265351 판결. 타인명의 주식인수 문제를 당사자 확정의 문제로 파악하는 대표적인 글로서 정대익, "타인명의 주식인수 시 주주결정에 관한 새로운 해석론", 비교사법 21-1(2014) 참조. 다만 대법원 2019. 5. 16, 2016다240338 판결은 "주주명부상의 주주가 아닌 제3자가 주식을 인수하고 그 대금을 납입한 경우 그 제3자를 실질상의 주주로 보기 위해서는 단순히 제3자가 주식인수대금을 납입하였다는 사정만으로는 부족하고 그 제3자와 주주명부상의 주주 사이의 내부관계, 주식 인수와 주주명부 등재에 관한 경위 및 목적, 주주명부 등재 후 주주로서의 권리행사 내용 등을 종합하여 판단해야 한다"고 하여 종합적인 판단 필요성을 제기하기도 하였다.

절취한 자가 임의로 명의개서한 경우 이 명의개서는 원천적으로 부적법하다. 반면 두 번째 예로서 구주를 양수한 자(주주권의 귀속 주체)가 타인을 내세워 명의개서를 하도록 한 경우 그 명의개서 자체를 부적법하다고 하기는 어렵다. 적법한 주권의 제시 및 당사자들의 의사에 의해 신청된 명의개서이기 때문이다. 두 번째 예에서는 주주권의 귀속 주체와 행사주체가 달라질 수 있다. [그림 3-2]로 돌아와 본다면, 첫 번째 예에서 명의개서된 자는 아무런 자격도 없는 자로서 아예 원 외부에 위치하는 반면 두 번째 예의 명의개서된 자는 D 영역에 위치하는 자이다. 결국 명의개서의 적법성 문제는 D 영역을 어떻게 정할 것인지의 문제가 된다.

[그림 3-2]에서 보듯이 A, B, C, D의 영역이 생기게 되는바, 이하에서는 이를 각기 경제적 주주, 실질 주주, 협의의 주주, 형식 주주라고 부른다. 협의의 주주의 법적 지위에 대해서는 다툼이 없으므로 이하에서는 그 밖의 주주들에 관하여 설명한다. 대법원은 각 주주 지위 여부를 판단함에 있어서 신주의 발행이든 기존 주식의 양도이든 원칙적으로 동일한 잣대를 적용해야 한다는 입장이다(대법원(전) 2017. 3. 23, 2015다248342 판결).

(1) 경제적 주주

경제적 주주란 A 영역에 위치한 자로서, 주식에 대한 경제적 이해관계는 귀속되나 법적으로 주식을 소유하지도 않고 주주명부상 명의개서도 하지 않은 자를 가리킨다. 특히 최근에는 파생상품거래의 확산으로 투자자의 이익이 주주의 경제적 이익과 실질적으로 동일하게 구성되는 경우가 늘어나고 있다. 예컨대 앞서 설명한 주식 대차의 경우 원래의 주주를 경제적 주주라 할 수 있다.

경제적 주주는 법적 관점에서 주주가 아니다. 하지만 형식보다 실질을 중시해야 할 상황에서는 주주에 준하여 취급된다. 예컨대 제3자 명의로 회사의 주식을 취득하더라도, 그 주식취득을 위한 자금이 회사의 출연에 의한 것이고 그 주식취득에 따른 손익이 회사에 귀속되는 경우라면 자기주식 취득에 대한 규제가 적용된다(대법원 2003. 5. 16, 2001다44109 판결). 또한 주식의 인도청구권이나 매수선택권 등을 갖는 자는 자본시장법상 대량보유보고규제와 관련해서는 주주와 마찬가지로 취급된다(자시 133(3), 자시슈 142).

(2) 실질 주주[1)]

실질 주주란 B 영역에 위치한 자로서, 주식을 취득한 주주권의 귀속주체이지만 아직 명의개서를 마치지 않은 경우를 가리킨다. 주식의 특정 또는 포괄승계 후 명의개서를 마치지 않은

1) 원래 '실질 주주'는 앞서 설명한 주식예탁결제제도상의 '실질주주'를 가리키는 의미로도 사용되기도 하지만 여기에서는 예탁결제제도상의 실질주주는 논의로 한다. 예탁결제제도상의 실질주주는 실질주주명부에 기재되므로 제3자에 대하여는 물론이고 회사에 대하여도 주주권을 행사할 수 있다. 이 때 예탁결제원은 회사의 주주명부에 주주로 기재되어 있지만 이 경우 주주명부는 실질주주명부에 의하여 대체되는 것이기 때문에 예탁결제원 명의는 제한적인 의미를 가질 뿐이다. 그런 면에서 보면 예탁결제제도상의 실질주주는 위 그림의 협의의 주주(C)에 해당한다고 할 것이다.

경우가 여기에 해당한다. 판례에 따르면 타인 명의의 주식 인수에 있어서 예외적인 경우, 즉 실제 인수인과 명의자 사이에 실제 인수인을 출자자로 하기로 약정하고 그러한 사실을 주식인수계약의 상대방인 회사가 알고 승낙하는 등 특별한 사정이 있는 경우에는 실제 인수인에게 주주권이 귀속된다(대법원 2017. 12. 5, 2016다265351 판결). 이러한 실제 인수인은 실질 주주이다. 다만 후술하듯이 이러한 때에도 회사에 대한 주주권 행사 주체는 실질 주주(실제 인수인)가 아니라 명의개서를 마친 명의자라고 보아야 한다.

실질 주주는 회사에 대하여 주주권을 행사할 수 없고(337(1)), 회사도 실질 주주를 주주로 취급할 수 없다(대법원(전) 2017. 3. 23. 2015다248342 판결). 반면 실질 주주는 주식의 귀속 주체이므로 회사 이외의 자에 대하여는 자신이 주주임을 주장할 수 있다.

(3) 형식 주주

형식 주주란 D 영역에 위치한 자로서, 주주명부상 적법하게 주주로 기재되어 있지만 법적으로 주식을 취득하지 못하였거나 이를 이미 처분한 자이다. 앞서 언급하였듯이 주주명부에 기재되어 있다고 하여 모두 형식 주주에 해당하는 것은 아니다. 명의개서의 '적법성'이 인정되지 않으면 D 영역에 포함될 수 없다.

주주권 귀속 없이 명의개서의 적법성이 인정되는 경우, 즉 형식 주주에 해당하는 대표적 유형으로는 두 가지가 있다. 먼저 주식의 귀속 주체는 아니지만 **귀속 주체의 묵시적·명시적 승낙 하에 새로이 주주명부에 기재된 자**이다. 앞서 언급한 바와 같이 이러한 명의개서는 적법하다. 다음으로 **보유 주식을 처분함으로써 주식의 귀속 주체로서의 지위를 상실하였으나 귀속 주체(즉 양수인)의 승낙 하에 또는 그의 불찰로 그대로 주주명부상 주주로 남아 있는 자**이다. 이 경우에도 양도인 명의의 명의개서를 부적법한 명의개서라고 볼 수는 없다. 어느 경우에나 명의를 갖는 형식 주주는 회사에 대한 유일한 주주권 행사 주체이다. 형식 주주는 앞서의 실질 주주와 대립되는 개념이라고 할 수 있다. 그 법적 지위도 실질 주주와 반대이다. 즉 형식 주주는 회사에 대하여 주주권을 행사할 수 있을 뿐 제3자에 대하여는 주주 지위를 주장할 수 없다.

반면 주주권의 귀속도 없고 명의개서의 적법성도 부인되는 사례로는 널리 그 밖의 **무권리자에 의한 명의개서**를 들 수 있을 것이다. 이러한 자는 형식 주주도 아니므로 주주권이 귀속되지 않을 뿐 아니라(대법원 2018. 10. 12, 2017다221501 판결) 주주명부 기재를 빌미로 주주권을 행사할 수도 없다. 절취 또는 분실된 주권으로 명의개서한 자, 명의개서 신청자 내지 회사의 오류에 의하여 우연히 주주명부에 기재된 자, 보관된 주권을 이용하여 임의로 명의개서한 자[1] 등이 여기에 해당한다.

A의 경제적 주주인 경우 앞서 언급한 특별한 경우 이외에는 주주로 보는 경우는 없다. 협

1) 대법원 1989. 7. 11, 89다카5345 판결의 사안.

의의 주주인 C가 주주라는 것에 대해서는 다툼이 없다. 주주 지위가 다투어지는 것은 주로 실질 주주인 B와 형식 주주인 D의 경우이다. 이하에서는 주로 문제되는 네 가지 사례를 중심으로 살펴본다.

2. 타인명의의 주식인수인 경우

(1) 가공의 명의 또는 타인 명의 도용

타인 명의로 주식을 인수하고 명의개서를 마친 경우 실제 인수인과 명의자 중 누구를 주주로 볼 것인가? 만약 가공의 명의로 인수하거나 타인 명의를 도용한 경우에는 문제가 간단하다. 상법은 이러한 경우 인수인이 단독으로 납입책임을 진다고 규정한다(332(1)). 가설인이나 명의를 도용당한 사람이 주주가 될 수는 없으므로 특별한 사정이 없는 이상 실제 인수인이 주주이다(대법원 2017. 12. 5, 2016다265351 판결).[1] 이 경우 주식인수인은 실질 주주(B 영역)이고 명의개서를 하지 않는 이상 회사에 주주권을 행사할 수 없다. 한편 명의를 도용당한 사람은 형식주주(D 영역)라고 할 수도 없다. 주식인수인에 의해 무단으로 이루어진 피도용인 명의의 명의개서 신청은 무효이기 때문이다. 다만 회사가 그 명의자를 주주로 취급한 때에는 면책력을 주장할 수 있을 것이다.

(2) 타인 승낙 하의 타인 명의 주식인수

어려운 문제는 타인의 승낙을 얻어 주식을 인수한 경우이다. 위 승낙이 주식 명의신탁 약정에 해당하는 경우에 관하여는 별도로 분석하기로 하고, 이하에서는 주식 명의신탁은 성립하지 않았다고 전제한다. 상법은 명의인과 실제 인수인의 납입의무에 대하여만 연대책임을 규정할 뿐(332(2))[2] 누가 주주인지는 규정하지 않는다.

타인 승낙 하의 타인 명의 주식인수의 경우 누가 주주인지에 관해 종래 학설은 형식설과 실질설로 나뉘었다. 형식설은 실제인수인, 회사, 그 밖의 제3자에 관한 모든 관계에서 주주는 '명의자'라고 본다. 이에 따르면 명의자는 주식의 명의자이자 주식의 귀속주체인 '협의의 주주'(C 영역)가 된다. 형식설은 주주 여부를 명의에 따라 일률적으로 결정함으로써 법률관계를 안정시키는 장점이 있다.[3] 반면 실질설은 위 모든 관계에서 '실제 인수인'이 주주라고 본다. 실질설에 의하는 경우 명의자는 형식 주주인 반면(D 영역), 실제 인수인은 실질 주주(B 영역)이

---

1) 특별한 사정으로서, 예컨대 실제 인수인과의 거래가 주식인수계약의 상대방인 회사의 의사에 명백히 반한다면 주식인수계약의 효력 자체가 부인되고 주주 지위가 발생하지 않을 여지도 있다.

2) 대법원 2004. 3. 26. 2002다29138 판결은 본조 연대책임의 적용범위와 관련하여, 본조는 주금 납입 이전에 연대책임을 부과하는 조항이므로 이미 주금납입효력이 발생한 후 체당납입한 주금의 상환의무에 대하여는 실질 주주인 명의차용자만이 부담하고 명의대여자는 부담하지 않는다고 판단하였다. 이 판결은 실제 체당지급을 받은 자(실질주주)의 상환의무에 관한 것이므로 대법원(전) 2017. 3. 23, 2015다248342 판결에도 불구하고 그대로 유지된다고 볼 것이다. 심영, "명의주주와 주주권의 행사", 상사법연구 36-3(2017), 21면.

3) 이철송30, 328면.

다. 타인 명의를 이용하였다고 하여 곧 권리의 귀속 자체가 변경되는 것은 아니라는 점이 실질설의 논거이다.[1)] 한편 **대법원은 종래 실질설에 의하다가,**[2)] **앞서 언급한 바와 같이 이제는 차명거래 시의 당사자 확정의 문제로 접근**하고 있다.[3)]

이 문제를 다룰 때에는 회사에 대한 법률관계와 그 밖의 제3자에 대한 법률관계로 나누어 고찰하는 것이 유용하다. 회사에 대한 법률관계란 주주총회에서 의결권을 행사하고 배당을 받으며 각종 소수주주권을 행사하는 것 등을 가리킨다. 사실 주식은 기본적으로 회사에 대한 지분적 권리이므로 이러한 회사에 대한 법률관계가 주주 지위에 관한 논의의 중핵이라고 할 수 있다. 회사 이외의 제3자에 대한 법률관계는 주식의 처분, 주식에 대한 강제집행, 주식의 귀속에 관한 분쟁 등의 경우에 문제된다. 주식 인수 및 양수가 적법하였는지를 검토하면 족하고 원칙적으로 명의개서 여부는 중요하지 않다.[4)]

한편 주주 지위에 관한 논의는 앞서 살펴보았듯이 '주주권의 귀속 주체'와 '주주권의 행사 주체'에 관한 것으로 나누어 볼 수도 있다. 다만 앞서 언급하였듯이 주주권의 행사는 회사와의 관계에서만 문제된다.

가. 회사에 대한 법률관계

먼저 **회사에 대한 관계에서의 '주주권 귀속'**을 살펴본다. 앞서 언급하였듯이 타인명의 주식인수의 주주권 귀속 문제는 주식인수 청약자와 회사간 신주인수계약의 계약당사자를 누구로 볼 것인지의 당사자 확정의 문제로 다루어진다. 대법원은 원칙적으로 명의인에게 주주권이 귀속된다고 본다. 예외적으로 실제 출자자와 명의인 사이에 실제 출자자를 주식인수인으로 하기로 약정하였고 그러한 사실을 주식인수계약의 상대방인 회사가 알고 승낙하는 등 특별한 사정이 있는 때에 한하여, 실제 출자자에게 주주권이 귀속될 수 있다(대법원 2017. 12. 5, 2016다265351 판결).

다음으로 **회사에 대한 '주주권 행사'**의 문제이다. 앞서 언급한 바와 같이 대법원은 명의개서를 한 명의인만이 주주권을 행사할 수 있고 회사도 이를 달리 인정할 수 없다고 본다(대법원(전) 2017. 3. 23, 2015나248342 판결). 결국 대부분의 경우에 명의자는 회사에 대한 관계에서 주주로 인정되고(주주권 귀속 측면), 명의개서가 된 상태이니 주주권을 적법하게 행사할 수 있을 것

1) 권기범6, 456면; 김정호5, 105면; 송옥렬9, 814면; 이/최11, 189면; 임재연6 I, 269면; 정동윤6, 399면; 정찬형22, 740면; 최기원14, 185면; 최준선14, 190~191면.

2) 일본의 판례, 통설은 계속 실질설을 견지하고 있다. 최문희, "일본 회사법상 차명주식과 실질주주에 관한 논의", 판례실무연구 XII(2017), 121면.

3) 대법원 2017. 12. 5, 2016다265351 판결. 한편 대법원(전) 2017. 3. 23, 2015다248342 판결이 형식설을 채택한 것이 아니라는 설명으로서 양민호, "타인의 승낙을 얻어 그 명의로 주식을 인수하거나 양수한 경우 주주권을 행사할 수 있는 자", 사법 41(2017), 672면.

4) 명의개서를 하지 않은 주주이더라도 회생절차에서는 주주 지위를 인정받을 수 있다. 서울고등법원 2021. 11. 26, 2021나2016551 판결 참조.

이다(주주권 행사 측면). 이러한 경우 명의자는 협의의 주주(C)에 해당되고 명의자와 실제 인수인 간의 법적 다툼은 단지 그들간 내부관계일 뿐이다. 문제는 특별한 사정이 인정되는 경우, 즉 회사가 실제 인수인과 명의자 사이의 약정을 알고 실제 인수인의 주주 지위를 승낙한 경우이다. 위 2016다265351 판결의 논리에 따르면 이 경우 회사에 대한 주식의 귀속주체는 실제 인수인, 주주명부상 주주는 명의자인 형태가 된다. 회사는 실제 인수인에 대하여는 명의개서가 없음을 이유로, 명의자에 대하여는 주식 귀속이 없다는 이유로 각기 주주권 행사를 거절할 수 있는가? 이 결론이 부당함은 자명하고, 이러한 경우에도 명의자만이 주주권을 행사할 수 있다고 보아야 한다.[1] 그렇다면 타인명의 주식인수의 회사에 대한 법률관계에서 '주주권 귀속' 문제를 검토할 실익은 적다고 할 수 있다.[2] 어떤 결론이 나더라도 회사에 대한 권리행사는 명의자만이 할 수 있기 때문이다. 그럼에도 여기에서 '주주권 귀속'에 관해 논의하는 실익은 이를 바탕으로 회사 이외의 제3자에 대한 관계에서의 주주권 귀속까지도 함께 결정된다는 점에 있다.

나. 회사 이외의 제3자에 대한 법률관계

특히 타인명의 신주인수인 경우 앞서 논의한 회사에 대한 관계에서의 '주주권 귀속' 결론이 그대로 회사 이외의 제3자에게도 적용된다고 할 것이다. 결국 원칙적으로 명의자가 주주이고 특별한 경우에만 실제 인수인에게 주주권이 귀속된다. 이러한 결론은 원칙적으로 명의자를 우선한다는 점에서 종래의 형식설에 가까운 것이 된다.

3. 주식양수 후 명의개서가 이루어지지 않은 경우

이러한 상황에 관하여는 앞서 명의개서를 하지 않은 주주의 지위에 관하여 설명한바 있다. 명의가 남아 있는 양도인은 형식 주주(D 영역)이고, 주식을 매수하였으나 명의개서를 하지 않은 양수인은 실질 주주(B 영역)이다. 회사에 대하여는 형식 주주만이 주주권을 행사할 수 있고(쌍방적 구속설), 회사 이외의 자에 대하여는 적법하게 주식을 양수한 실질 주주만이 주주권을 행사할 수 있다.

---

1) 이와 같은 행태를 방지하고 명의자에게 주주권을 부여하고자 한 것이 대법원(전) 2017. 3. 23, 2015다248342 판결의 취지이다. 이러한 사안은 [그림 3-2]의 형식 주주와 실질 주주간 지위가 문제되는 명의개서 미필주주 사안과 유사하다. 회사에 대한 관계에서는 주식의 귀속 여부를 불문하고 주주명부의 기재에 의해야 한다는 입장으로서 양민호, 앞의 글, 672면.

2) 대법원(전) 2017. 3. 23, 2015다248342 판결이 '주식의 소유권 귀속에 관한 회사 이외의 주체들 사이의 권리관계'와 '주주의 회사에 대한 주주권 행사 국면'으로 나눔으로써, 회사에 대한 관계에서는 별도의 '주주권 귀속' 문제를 논하지 않은 배경도 이러한 관점에서 이해될 수 있다. 반면 대법원 2017. 12. 5, 2016다265351 판결은 회사에 대한 관계에서의 '주주권 귀속'을 정면으로 다루었다.

4. 주권절취자에 의한 신청 또는 신청 오류 등으로 명의개서된 경우

주권을 절취한 자 또는 분실주권을 습득한 자가 명의개서를 했거나 신청오류 등으로 인해 무권리자가 우연히 주주명부상 주주로 나타나게 된 경우는 어떠한가? 형식 주주에 관한 논의에서 보았듯이, 이러한 명의개서는 적법하지 않고 이러한 명의자는 무권리자로서 D 영역의 형식 주주도 아니다(대법원 2018. 10. 12, 2017다221501 판결).[1]

회사가 이러한 명의자를 주주로 취급한 경우 주주명부의 면책적 효력에 의해 면책받을 수 있으나, 이러한 면책적 효력에는 한계가 있다. 즉 회사가 위 명의인이 무권리자라는 점을 알거나 쉽게 알 수 있었고 그러한 점을 용이하게 증명할 수 있었음에도 그 자를 주주로 취급한 경우 면책되지 않는다고 보아야 할 것이다(대법원 1998. 9. 8, 96다45818 판결 참조).[2] 고의뿐 아니라 중과실도 포함된 것은 상사관계에서 중과실은 고의와 유사하게 취급되기 때문이다. 이 문제는 어찌 보면 진정한 주주의 이익과 회사의 편의가 충돌하는 지점이다. 업무의 획일적 처리 및 법률관계의 안정성을 위해 부득이하게 면책적 효력을 인정하기는 하지만, 회사에 고의에 준하는 중과실이 있는 경우 면책적 효력을 후퇴시킴으로써 진정한 주주의 이익과 조화시킬 필요가 있다.

한편 원래 명의개서가 되어 있었으나 위 무권리자의 부적법한 명의개서에 의해 명의를 잃게 된 주주는 뒤의 명의개서 자체가 무효이므로 여전히 협의의 주주 지위를 갖는다(C 영역). 즉 그 상태로 명부상 주주이자 진정한 주주로서 회사 및 제3자에 대하여 주주 지위를 주장할 수 있다(대법원 2024. 6. 13, 2018다261322 판결[3] 참조).

5. 주식 명의신탁의 경우

일반적으로 명의신탁이란 **명의신탁자가 특정 재산에 관한 명의를 명의수탁자에게 맡김으로써 대외적인 권리자와 대내적인 권리자를 분리시키는 방식**이다. 부동산 명의신탁은 부동산 실권리자명의 등기에 관한 법률에 의하여 원칙적으로 금지되지만, 그 종중, 배우자에 대한 명의신탁 등

1) 나아가 주권을 위조하여 명의개서를 마친 자 역시 D 영역의 형식 주주가 될 수 없을 것이다. 다만 회사가 선의, 무중과실로 이러한 명의자를 주주로 취급한 때에 면책력을 적용받을 수 있는지에 관해서는 논란의 소지가 있다. 즉 주권 자체가 무효인 탓에 주권 점유자의 권리추정(337(2))을 받지 못하므로 면책력도 적용받을 수 없다는 주장이 제기될 수 있다.

2) 이 판결은 대법원(전) 2017. 3. 23. 2015다248342 판결에 의해 회사가 주주명부상 주주가 '형식 주주'라는 점을 알았거나 중과실로 몰랐던 경우에 관하여 폐기되었으나, 주주명부상 주주가 '주권절취자에 의한 신청, 신청오류 등에 의해 기재된 무권리자'라는 점을 알았거나 중과실로 몰랐던 경우에는 그 취지가 유지된다고 볼 것이다. 그렇지 않으면 무권리자에 의한 주주명부 기재에 너무 강력한 효력을 부여하는 결과가 된다.

3) B가 주주 A로부터 주식을 취득하지 않았음에도 명의개서를 청구한다는 사실을 회사가 알고 있었고 B가 A로부터 주식을 취득했다는 사실에 관하여 아무런 증명을 하지 않았음에도 B 명의로 명의개서를 하였다면 주주명부의 기재가 적법하다고 볼 수 없다고 하며, "명의개서에 따른 주주명부의 기재가 적법하다고 볼 수 없는 경우 명의개서 직전에 작성된 주주명부가 존재하고, 그 주주명부의 기재가 적법하게 이루어진 것으로 볼 수 있다면 그 주주명부상 주주[A]가 회사에 대한 관계에서 주주권을 행사할 수 있다"고 판시하였다.

예외 사유에 해당하는 경우이거나 주식 명의신탁의 경우 등에는 그 사법적 효력이 인정된다. 명의신탁의 일반법리에 따르면, 주식의 명의수탁자는 대외적 관계 전반에 관하여, 즉 회사뿐 아니라 제3자에 대하여까지 주주 지위를 갖는다. 이 점에서 협의의 주주라고 할 수 있다(C의 영역). 다만 대내적 관계, 즉 명의신탁자에 대하여 주주임을 주장할 수 없다는 점에서 일반적인 협의의 주주와 다소 차이가 있을 뿐이다.

문제는 단순히 주주명부상 명의인을 타인으로 해 두었다고 하여(예컨대 ① 양수인이 주식을 양수하는 시점에 타인의 승낙을 얻어 타인의 명의로 명의개서한 경우와 ② 기존 주주가 보유주식을 타인 명의 하에 보관하기로 하고 그에게 명의개서한 경우) 모두 주식 명의신탁으로 보기는 어렵다는 것이다.

예를 들어 갑의 자금으로 을이 명의인이 되어 기존 주주(Q)로부터 주식을 양수했다고 가정한다. 회사에 대한 관계에서는 주주명부에 나타난 을이 주주이고 회사도 달리 갑을 주주로 취급할 수 없음은 물론이다(쌍방적 구속설). 한편 갑과 을과의 관계, 회사 이외의 제3자에 대한 관계에서 누구를 주주로 볼 것인지에 따라 다음 세 종류의 법률관계가 성립할 수 있다. 일반적으로는 갑이 실질적으로 자금을 출연했다 하더라도, 이는 **자금지원**(Ⅲ)일 뿐이고 갑이 곧 주주가 되는 것은 아니다.[1] 다만 특별한 사실관계가 인정될 때에는, 회사 이외에 자와의 관계에서는 갑을 주주로 인정할 여지가 있다. 첫 번째가 을이 순전히 명의만을 대여해 주었을 뿐 주주로서의 권리는 일체 행사하지 않기로 갑과 을이 합의하였고 주식양도인 Q도 이를 알고 승낙한 점이 입증된 경우이다(Ⅰ. **단순한 명의차용**(일종의 은닉행위)). 이 경우 앞서 살펴본 '주주권 귀속' 관점(대법원 2017. 12. 5, 2016다265351 판결)에서 볼 때 양도인 Q가 갑을 거래상대방으로 한 것이므로 갑에게 주주권이 귀속된다.[2] 두 번째가 명의신탁 약정, 즉 대외적으로는 을이 주주권을 행사하나 갑과 을 사이에서는 갑을 주주로 하기로 합의한 점이 입증된 경우이다(Ⅱ. **명의신탁**).[3]

---

1) 원칙적으로 주주명부상 주주가 그 회사의 주주로 추정되며, 이를 번복하려면 그 주주권을 부인하는 측에 입증책임이 있다(대법원 2014. 12. 11, 2014다218511 판결).

2) 이에 관한 사례로서 대법원 2018. 7. 12, 2015다251812 판결을 들 수 있다. 모그룹 회장이 계열사 보유 갑회사 주식을 임원 A 명의로 매입하였는데, 해당 임원이 이를 임의로 매각한 사안이다. 대법원은 위 주식이 위 회장에 귀속되고 A는 무권리자임을 전제로 위 매각시 선의취득 성립 여부를 검토하였다. 양도인인 계열사도 이러한 상황을 인지하고 있었던 것으로 보인다. 비록 판결 중 '주식 명의신탁'이라는 용어를 쓰고 있으나 이는 당시 회장과 A 사이에 맺어진 계약명칭에서 비롯된 정교하지 못한 표현으로 보인다. 만약 전형적인 주식 명의신탁이 성립하였다면 위 처분은 상대방의 선의, 악의를 불문하고 유효했을 것이다. 이에 관한 평석으로 정응기, "타인명의의 주식양수와 주식명의신탁의 효력", 선진상사법률연구 85(2019).

3) 이 경우 주식양도인 Q가 그러한 명의신탁 약정을 몰랐더라도 주식 명의신탁이 성립할 수 있을 것이다(나아가 명의신탁 약정을 알았더라도 이는 주주권 귀속 자체를 갑으로 하는 취지의 약정은 아니므로 여전히 을에게 주주권이 귀속된다). 이 경우 주주권은 을에게 귀속되고 갑과 을의 합의에 따라 대내적으로 갑이 을에게 주주지위를 주장할 수 있는 명의신탁 효력이 발생할 뿐이다.

[갑의 자금으로 을 명의로 주식을 취득한 경우의 주주]

	갑과 을 사이에서의 주주	회사 이외 제3자에 대한 주주	회사에 대한 주주
Ⅰ. 단순한 명의차용	갑	갑	을
Ⅱ. 명의신탁	갑	을	을
Ⅲ. 자금지원	을	을	을

명의신탁 약정이 인정되는 경우 법률관계는 아래와 같다. (i) **대내적 관계**에서는 명의신탁자에 소유권이 귀속되므로 명의신탁자는 수탁자에 대하여 소유권 확인을 구할 수 있다(대법원 2013. 2. 14, 2011다109708 판결[1]). (ii) **대외적 관계**에서는 명의수탁자가 주주이다. 회사는 명의신탁 관계를 알았더라도 명의수탁자를 주주로 인정해야 한다(대법원 2017. 8. 29, 2016다267722 판결). 또한 명의수탁자로부터 주식을 양수한 자는 명의신탁에 관한 선·악의를 불문하고 주식을 유효하게 취득한다. 판례 중에는 주식 명의신탁의 명의수탁자는 무권리자이므로 그로부터 주식을 양수한 자는 선의취득과 같은 특별한 사정이 없는 한 주식을 취득하지 못한다고 표현한 것이 있으나(대법원 2002. 6. 25, 2000다63622 판결), 위 사안은 실제 명의신탁에 이르지 못한 단순한 명의 차용의 건이었다.[2] (iii) **주식 명의신탁이 해지**되는 경우, 명의신탁자와 명의수탁자 사이에서 주주권이 당연히 복귀한다(물권적 효력. 대법원 2013. 2. 14, 2011다109708 판결). 회사에 대하여는 명의신탁자가 주주권을 행사하려면 명의개서를 마쳐야 한다. 제3자에 대한 관계(예컨대 명의신탁 해지 직후 명의수탁자가 그 주식을 처분해버린 경우 그 양수인과의 관계)에서는, 주권이 발행된 경우 전통적 명의신탁 법리에 따른다(대법원 1982. 12. 28, 82다카984 판결). 즉 명의신탁자가 명의수탁자로부터 주권을 교부받아야 비로소 주주권이 복귀한다고 볼 것이다(채권적 효력). 반면 주권 미발행인 경우 명의신탁 해지만으로 주주권이 복귀할 것이다.

---

1) 명의신탁 해지 이후 명의신탁자와 명의수탁자 사이 주주권에 관한 분쟁이 발생한 사안이다. 대법원은 설령 명의신탁자가 회사를 상대로 명의개서를 구할 수 있더라도 확인의 이익이 있다고 보았다(반면 명의신탁자가 명의신탁 해지 이후 명의수탁자를 상대로 명의개서절차 이행을 구한 것에 대하여, 회사를 상대로 명의개서 청구할 수 있다는 이유로 각하한 것으로서 대법원 1992. 10. 27, 92다16386 판결). 한편 명의수탁자가 신탁주식을 제3자에 양도하고 명의개서도 되었다면, 명의수탁자를 상대로 주주권을 확인받더라도 판결의 효력이 회사나 제3자에 미치지 않아 확인의 이익이 없다는 것으로서 대법원 2014. 12. 11, 2014다218511 판결.

2) 이 판결 중 명의수탁자가 무권리자라는 설시는 주식 명의신탁 해지로 명의수탁자의 권리가 명의신탁자에 복귀한다고 본 대법원 2013. 2. 14, 2011다109708 판결과도 어긋난다. 판례상 용어의 혼란은 널리 주식의 차명보유라는 의미로 '명의신탁' 표제를 사용한 상속세법 및 증여세법 제45조의2 관련 표현이 그대로 회사법 판례에도 쓰인 것에서 비롯된 듯하다. 상세한 논의로서, 노혁준, "주식 명의신탁에 관한 연구", 서울대학교 법학 61-3(2020), 31면 이하.

기타의 경우

주식에 대해서 신탁법상 신탁을 설정한 경우에는 주식에서 발생하는 경제적 이익은 수익자가 갖지만 의결권 행사를 포함한 주식의 관리 처분 권한은 수탁자가 행사한다(신탁 31). 신탁업자가 신탁재산으로 취득한 주식의 의결권도 신탁업자가 행사한다(자시 112(1)).[1] 그러나 투자신탁재산에 포함된 주식의 경우에는 주주명부에는 신탁업자가 주주로 등재되지만[2] 의결권은 투자신탁의 위탁자인 집합투자업자가 행사한다(자시 184(1)전).[3]

주식의 양도담보에서 주식의 명의개서까지 마친 경우(등록양도담보)에는 양도담보권자가 대외적으로 소유자가 되므로 의결권을 포함한 모든 주주권을 행사한다(대법원 1993. 12. 28, 93다8719 판결 등). 그러나 명의개서 없이 주권만을 교부하는 경우(약식양도담보)에는 여전히 주주명부상의 주주인 담보설정자가 의결권을 행사한다.

주식대차가 이루어진 경우에 주식의 차입자는 주식에 대한 완전한 소유권을 갖게 된다. 따라서 명의개서가 이루어진 경우 차입자가 의결권을 행사할 수 있다.

우리사주조합에 속하는 주식의 의결권 행사에 대해서는 근로복지기본법이 상세한 규정을 두고 있다(근로복지기본법 46(1), 영 28). 조합원 계정에 속하는 주식의 경우 조합의 대표자가 의결권을 행사하지만 조합원의 지시에 따르거나 조합원의 청구가 있으면 조합원에게 위임하여야 한다.

주요주주, 최대주주, 지배주주, 소수주주, 소액주주

주주의 유형에 관하여 주요주주, 최대주주, 지배주주, 소수주주, 소액주주 등의 용어가 강학상으로는 물론 법령이나 실무에서도 자주 사용되므로 그 의미를 간략히 정리할 필요가 있다.

주요주주는 "누구의 명의로 하든지 자기의 계산으로 의결권 없는 주식을 제외한 발행주식총수의 **100분의 10 이상의 주식을 소유하거나** 이사 · 집행임원 · 감사의 선임과 해임 등 상장회사의 주요 경영사항에 대하여 **사실상의 영향력을 행사하는 주주**"를 말한다(542-8(2)(vi)). 상장회사에 관한 특례규정에서 정의되고 있기 때문에 '상장회사의 주요 경영사항에 대하여'라는 표현이 사용되었지만, 상장회사 아닌 회사에서도 같은 방식으로 주요주주의 개념을 인정할 수 있을 것이다. 그 용례로는 이사회의 승인을 요하는 자기거래의 상대방(398(i)), 상장회사의 독립이사 결격(542-8(2)(vi)), 상장회사의 신용공여금지 대상(542-9(1)(i)) 등이 있고, 직접 주요주주라는 용어를 사용하지는 않지만 주식매수선택권 부여 결격(340-2(2)(i)(ii))도 이와 같다. 자본시장법상 주요주주 개념도 이와 거의 동일한데(자시 9(1) → 금융회사의 지배구조에 관한 법률 2(vi)), 자본시장법상 주요주주는 단기매매차익(매수한 후 6개월 이내에 매도하거나 매도한 후 6개월 이내에 매수하여 얻은 이익) 반환의무(자172(1)), 주식 등 소유상황 보고의무(자173(1)), 미공개 중요정보 이용행위 금지의무(자174(1)) 등의 대상이 된다. 이처럼 회사의 의결권 있는 주식의 10% 이상을 소유하거나 경영사항에 관한 사실상의 영향력을 갖게 되면 주요주주에 해당하여 위와 같은 여러 제한에 걸리게 된다는 점을 유의해야 한다.

---

1) 다만 의결권 행사에 대해서는 제한이 따른다(자시 112(2), (3) 등).

2) 신탁업자가 예탁원에 예탁하는 경우에는 예탁원이 주주명부상의 주주로 등재되고 신탁업자는 실질주주가 된다. 김지평, 주식에 대한 경제적 이익과 의결권(2012), 30면.

3) 상세한 것은 김/정4, 948면.

최대주주는 "상장회사의 주주로서 의결권 없는 주식을 제외한 발행주식총수를 기준으로 본인 및 그와 대통령령으로 정하는 특수한 관계에 있는 자가 소유하는 주식의 수가 가장 많은 경우 그 본인"을 의미한다(542-8(1)(v)). 상장회사에 관한 특례규정에서 정의되고 있기 때문에 위 정의 규정에서도 '상장회사의 주주'라는 표현이 사용되었지만, 상장회사 아닌 회사에서도 같은 방식으로 최대주주의 개념을 인정할 수 있을 것이다. 그 용례로는 일반적인 사외이사 결격(382(3)(ii)(iii)), 상장회사 독립이사 결격(542-8(2)(v)), 상장회사의 주식매수선택권 부여 결격(542-3(1)), 이사회 승인을 요하는 상장회사 대규모내부거래 상대방(542-9(3)) 등이 있다. 이처럼 최대주주와 주요주주는 판별기준이 다르므로, 최대주주 아닌 주요주주도 있을 수 있고, 주요주주 아닌 최대주주도 있을 수 있다.

지배주주는 상법상 지배주주의 매도청구권과 관련하여 정의된 협의의 개념과 일반적으로 사용되는 광의의 개념으로 구분할 수 있다. 협의의 지배주주(이 책에서는 '특별지배주주'라 한다. 제7장 제7절 Ⅲ 참조)는 "회사의 발행주식총수의 100분의 95 이상을 자기의 계산으로 보유하고 있는 주주"로서(360-24(1)) 다른 주주("소수주주")에 대해 매도청구권(call option)을 가지고, 소수주주는 특별지배주주에 대해 매수청구권(put option)을 가진다. 그러나 이보다 더 일반적으로 통용되는 광의의 지배주주(controlling shareholder) 개념은 특수관계인과 합하여 회사에 대해 법률상·사실상 지배력을 가진 주주를 지칭한다. 최대주주 또는 주요주주에 해당하더라도 회사에 대한 충분한 지배력을 확보하지 못한 경우에는 지배주주라고 부르기 어려울 것이다. 광의의 지배주주가 존재하는 회사에서 나머지 주주들을 소액주주라고 부르기도 하지만, 예컨대 국민연금과 같은 대형 기관투자자들을 소액주주라고 부르는 것은 어색하므로, 광의의 지배주주 이외의 주주들을 비지배주주(non-controlling shareholder) 또는 일반주주라고 통칭하기도 한다.

소수주주란 용어는 대체로 세 가지 정도의 뜻으로 사용된다. 첫째는 앞서 본 특별지배주주의 매도청구권 및 소수주주의 매수청구권과 관련하여 정의된 협의의 소수주주(360-24(1)) 개념으로서, 특별지배주주(95% 이상 보유주주)가 존재하는 회사에서 나머지 주주를 가리킨다. 둘째는 일정한 지분율 이상을 가진 주주에 한하여 일정한 주주권을 인정하는 '소수주주권'이라는 용어에 등장하는 소수주주로서, 일정한 지분율 이상을 가진 주주라는 의미를 담고 있다. 셋째는 비법률적인 개념으로서, 회사에 대한 지배력을 갖지 못하고 최대주주, 주요주주에도 해당하지 않는 주주를 널리 지칭하기도 한다.

소액주주란 용어는 대체로 위 소수주주의 셋째 용례와 비슷한 뜻으로 사용되는데, 특히 그 중에서도 기관투자자를 제외한 개인투자자를 의미할 때가 많다. 물론 이는 법적으로 정의되지 않은 사실상의 개념에 불과하다.

Ⅱ. 주주평등의 원칙

1. 서 설

(1) 의 의

주주평등의 원칙이란 회사는 주주와의 법률관계에서 주주를 보유주식의 내용과 수에 따라 평등하게 대우하여야 한다는 원칙이다(대법원 2018. 9. 13, 2018다9920, 9936 판결).[1] 주주평등원칙을 명시한 입법례도 있지만[2] 상법은 이 원칙을 일반적으로 명시하고 있지는 않다. 다만 상법은 가장 중요한 주주의 권리인 의결권(369(1)), 이익배당청구권(464), 잔여재산분배청구권(538)에 대하여 지분에 따른 평등한 취급을 규정하고 있고, 2025년 개정상법은 이사들에게 전체주주의 이익을 공평하게 대우할 의무를 부과한다(382-3(2)). 현재 우리 판례나 학설상 주주평등원칙이 회사와 주주와의 관계를 규율하는 실정법상의 강행규정이라는 데에는 다툼이 없다(대법원 2007. 6. 28, 2006다38161, 38178 판결).

(2) 근 거

주주평등원칙은 정의와 형평의 이념상 당연히 인정되는 것으로 이해되고 있다. 그러나 주주평등의 원칙이 처음부터 정당성을 인정받았던 것은 아니다. 회사가 출현하는 초기에는 주주는 보유주식에 관계없이 동등한 발언권을 누렸다(1인1표). 이처럼 출자액에 관계없이 모든 주주를 평등하게 취급하는 사원평등의 원칙은 사원 각자가 무한책임을 부담하는 합명회사에 적합하다. 그러나 전형적인 물적회사인 주식회사에서는 주주의 책임은 원칙적으로 출자액에 한정되므로 주주는 출자지분에 따라 대우하는 것이 타당하다(1주1표). 그러므로 주주평등원칙의 근거는 순수한 정의와 형평의 관념이 아니라 주식투자의 촉진이라는 경제적 관점에서 찾아야 할 것이다. 주주평등원칙이 결국 경제적 관점에서 도출되는 것이라면 그 해석적용과 관련해서도 기계적 평등이 아니라 합리적 평등을 추구해야 할 것이다.

(3) 기 능

주식회사의 의사결정은 자본다수결에 의하여 이루어지므로 다수결에서 패한 소수주주를 보호할 필요가 있다. 주주평등원칙은 다수결의 남용이나 회사경영진의 자의적인 권한행사를 제한함으로써 소수주주를 보호하는 기능을 수행한다. 예컨대 사후적으로 정관에 일정 비율 이상의 주주만 이익배당을 받는다든가 주주권을 행사할 수 있다는 규정을 두는 것은 주주평등원칙에 위반하여 무효라고 볼 것이다.

2. 내 용

(1) 수 범 자

주주평등의 원칙을 지켜야 하는 주체는 회사와 회사의 기관이다. 회사가 아닌 제3자와 주주와의 관계도 이 원칙의 적용을 받지 않는다. 예컨대 주식의 매수를 원하는 투자자는 회사가

---

1) 같은 주식은 회사에 대해서 같은 권리를 갖는다는 의미에서 주식평등의 원칙이라고 부르기도 한다. 그러나 결국 차별이 구체적으로 문제되는 것은 일부 주주와 관련되는 경우라는 점에서 주주평등의 원칙으로 부르는 편이 더 나을 것이다.

2) 독일 회사법 제53a조; 일본 회사법 제109조 제1항.

아니므로 특정주주에 대해서만 매수청약을 하더라도 무방하다.[1)]

(2) 수 혜 자

주주평등원칙은 주주를 수혜자로 상정하고 있으므로 주주 아닌 자에는 적용되지 않는다. 예컨대 회사가 제3자에게 신주를 발행할 때는 모든 투자자를 평등하게 대우할 의무가 없으므로 이사회는 주주의 신주인수권과 그 예외에 관한 상법규정 및 신인의무의 범위 내에서 자유롭게 배정할 수 있다. 일부 주주에게 특별한 이익을 제공하기로 하는 약정은 당해 주주가 주주의 자격을 취득하기 이전에 체결되었거나, 신주인수계약과 별도의 계약으로 체결된 경우에도 주주평등원칙에 위배되어 무효이다(대법원 2020. 8. 13, 2018다236241 판결). 다만 채권자의 지위를 겸한 주주에게는 주주평등원칙에도 불구하고 특별한 이익이 제공될 수도 있다. 대법원판례에 따르면 회사는 주주 겸 채권자인 자에 대하여는 임원추천권 행사에 갈음한 일정액을 지급할 수 있으나, 이후 그 채권이 소멸하여 주주 지위만 갖게 되었다면 주주평등원칙상 회사는 더 이상 위 지급을 할 수 없다(대법원 2018. 9. 13, 2018다9920, 9937 판결).

수혜자인 주주가 스스로 평등한 대우의 혜택을 포기한 경우 차별적인 대우는 허용된다. 예컨대 대주주가 자신에게 불리한 차등배당 또는 차등감자에 동의한 경우에는 대주주에 대한 배당률 또는 환급비율을 다른 주주보다 낮출 수 있다. 결국 전체 주주가 동의하는 경우 적어도 주주평등원칙 위반 문제는 생기지 않는다고 볼 것이다. 대법원도 "주주 전원의 동의에 따라 이루어진 차등적 취급 약정이 상법 등 강행법규에 위반하지 않고 법질서가 허용하는 범위 내의 것이라면 사안에 따라서 그 효력을 인정할 여지가 있다"고 판시하고 있다(대법원 2023. 7. 27, 2022다290778 판결).[2)]

(3) 평등의 내용

가. 동일한 종류의 주식 사이의 평등

주주평등원칙은 주주가 가진 주식의 수에 따라 평등하게 대우할 것을 요구한다. 내용이 다른 주식, 즉 종류주식이 발행된 경우에 주주들을 달리 대우할 수 있는 것은 당연하다. 같은 종류의 주식 사이에서는 주식의 수에 따라 평등한 대우를 해야 한다.

나. 주주권과 관련된 사항에 관한 평등

주주평등원칙은 회사와 주주 사이에 주주권이 관련된 모든 사항에 대해서 적용된다. 의결권(369(1)), 신주인수권(418(1)), 이익배당청구권(464), 잔여재산분배청구권(538) 등 **주요 주주권에**

---

1) 다만 자본시장법은 공개매수를 하는 제3자로 하여금 모든 주주가 참여할 수 있도록 하고 있다(자시 133(1)).

2) 판례 중에는 "나른 주주 전원이 그와 같은 차등적 취급에 동의하였다 하더라도 주주평등의 원칙에 위반하여 무효이다"라고 설시한 것이 있지만(대법원 2023. 7. 13, 2022다224986 판결) 이 사안은 투하자본의 회수를 절대적으로 보장한 건이므로 회사의 자본적 기초를 위협하는 것으로 주주평등원칙과 무관한 강행법규 위반의 사례로 보아야 할 것이다.

대해서는 법문상 주주평등원칙이 명시되어 있다. 주주의 지위는 기준일에 결정되는 것이므로 그 날 주주명부상 주주이면 해당 주주권을 완전히 행사할 수 있는 것이고, 사업연도 중의 보유기간에 비례하여 주주권을 행사하는 것은 아니다. 사업연도 중 신주가 발행된 경우에도 신주의 주주 역시 일할배당이 아닌 동등배당 청구권을 갖는다.

다. 적용기준

주주평등여부를 판단할 때 적용하는 기준은 대상인 주주권에 따라 다르다.[1] 주된 주주권에 속하는 의결권(369(1)), 신주인수권(418(1)), 이익배당청구권(464), 잔여재산분배청구권(538)의 경우에는 주주를 주식 수에 비례하여 대우해야 한다. 반면에 예컨대 정관 등 열람청구권(396(2)) 등과 같은 보조적 주주권의 경우에는 주식 수에 무관하게 평등하게 대우해야 한다.

라. 형식적 평등과 실질적 평등

주주평등원칙은 주주를 그가 가진 주식의 수에 따라 평등하게 취급하여야 한다는 원칙이므로 우선 형식적 평등이 준수되었는지 여부를 따져봐야 할 것이다. 문제는 어떤 조치가 형식적 평등은 갖췄지만 주주의 사정에 따라 다른 영향을 미치는 경우에도 평등한 취급으로 볼 수 있는지 여부이다. 예컨대 1대주주와 2대주주가 대립하고 있는 상황에서 2대주주가 재정난 때문에 신주를 인수할 수 없음을 알면서도 이사회가 대규모 주주배정증자를 단행했다면, 그 결과 실제로는 2대주주가 불이익을 입게 되더라도 회사가 모든 주주에게 형식적으로 평등한 신주인수 기회를 부여했으므로 주주평등원칙을 위반하였다고 보기 어려울 것이다. 독일에서는 이와 같이 회사법관계 외부에 존재하는 주주의 개인적 사정에 기한 불평등은 실질적 불평등이 아니라고 보아 평등원칙의 보호대상에서 제외하는 반면에 주주자격에 기한 불평등은 실질적 불평등으로 보아 평등원칙에 위반하는 것으로 본다.[2] 주주자격에 기한 불평등의 예로는 소수주주들의 반대에도 불구하고 1만주를 1주로 병합하는 경우와 같이 기준주식수에 미달하는 주식의 보유라고 하는 주주자격에 기한 사정으로 인하여 주주지위를 상실하는 소수주주의 불평등을 들 수 있다.[3]

3. 주주평등원칙의 예외

법률이 차등적 취급을 명시하는 경우 주주평등원칙의 예외가 인정됨은 물론이다. 종류주식(344), 각종 소수주주권, 감사 선임 시의 의결권 제한(409), 단주의 처리(443) 등이 그 예이다.

---

1) Katja Langenbucher, Aktien- und Kapitalmarktrecht (3. Aufl. 2015), S. 195.
2) 山下徹哉, 株主平等の原則の機能と判断構造の検討(2024), 36~42면.
3) 다만 단주 보상금액이 제시된 주주총회에서 발행주식총수의 97%가 찬성하는 등 지배주주뿐만 아니라 소수주주의 대다수가 찬성한 경우에는 1만주를 1주로 병합한 주식병합도 적법하다고 본 판례가 있다(대법원 2020. 11. 26, 2018다283315 판결). 제3장 제8절 Ⅱ. 3. (3) 참조. 이런 논리에 따르면 병합의 비율이 높지 않아 소수주주 축출의 효과가 미미한 경우도 실질적 불평등이 아니라고 볼 여지가 있을 것이다.

명문의 법률조항이 없는 경우에도 합리적 범위에서 그 예외가 인정된다. 예컨대 회사가 주식을 많이 보유한 5대주주에게만 직접 직원을 보내 위임장을 받거나, 대표이사가 주요주주들을 초청하여 회사운영에 대한 간담회를 갖는 것을 주주평등원칙에 어긋난다고 할 수는 없다. 대법원은 예외의 허용기준에 관하여 "차등적 취급을 허용할 수 있는지 여부는, 차등적 취급의 구체적 내용, 회사가 차등적 취급을 하게 된 경위와 목적, 차등적 취급이 회사 및 주주 전체의 이익을 위해 필요하였는지 여부와 정도, 일부 주주에 대한 차등적 취급이 상법 등 관계 법령에 근거를 두었는지 아니면 상법 등의 강행법규와 저촉되거나 채권자보다 후순위에 있는 주주로서의 본질적인 지위를 부정하는지 여부, 일부 주주에게 회사의 경영참여 및 감독과 관련하여 특별한 권한을 부여하는 경우 그 권한 부여로 회사의 기관이 가지는 의사결정 권한을 제한하여 종국적으로 주주의 의결권을 침해하는지 여부를 비롯하여 차등적 취급에 따라 다른 주주가 입는 불이익의 내용과 정도, 개별 주주가 처분할 수 있는 사항에 관한 차등적 취급으로 불이익을 입게 되는 주주의 동의 여부와 전반적인 동의율, 그 밖에 회사의 상장 여부, 사업목적, 지배구조, 사업현황, 재무상태 등 제반 사정을 고려하여 **일부 주주에게 우월적 권리나 이익을 부여하여 주주를 차등 취급하는 것이 주주와 회사 전체의 이익에 부합하는지를 따져서** 정의와 형평의 관념에 비추어 신중하게 판단하여야 한다"는 입장이다(대법원 2023. 7. 13, 2021다293213 판결). 주주평등원칙도 결국 전체 주주와 회사의 이익을 보호하기 위한 것이므로 그런 취지에 부합하는 합리적 사유가 있는 경우에는 탄력적으로 그 예외를 인정할 필요가 있다.

주주우대제도

주로 일본에서 많이 논의되는 것으로 주주우대제도가 주주평등원칙에 반하는가의 문제가 있다. 예컨대 항공사가 주주들에게 신규로 취항하는 노선의 항공권을 10% 할인한 가격에 구입할 수 있는 쿠폰을 제공하면서 각 주주 보유주식 수에 무관하게 1장만을 제공하는 것이 허용되는가? 이러한 쿠폰이 실질적으로 이익배당을 대체하는 것이 아니라 주주에 대한 홍보를 겸한 의례적 선물로 평가할 수 있다면 주주평등원칙에 위반하지 않는 것으로 볼 것이다.

4. 투자유치를 위한 특별한 권리부여의 경우

투자를 유치하기 위해 신규투자자에게 주요 경영사항에 관한 동의권 등 특별한 권리를 부여하는 것도 주주평등의 원칙에 위배되는가?[1] 대법원은 일정 범위에서 그 유효성을 인정한다. 먼저 ① 신규투자자에 **유상증자, 회생절차 개시신청 등에 관한 동의권**을 부여하는 경우이다. 판례는 투자유치를 위해 동의권 부여가 불가피한 상황이었고, 이로 인해 다른 주주에 실질적, 직접적 손해가 없고 오히려 경영감독으로 다른 주주 및 회사에 이익이 되는 등 **차등취급을 정당**

1) 특히 스타트업이 벤처캐피탈로부터 투자를 유치할 때 이러한 계약상의 동의권 및 정보수령권 등을 부여한다.

화할 특별한 사정이 있다면 유효하다고 본다. 특히 위 유상증자, 회생절차 개시신청 등은 주주의 권한이 아니라 이사회의 권한이라는 점에서 다른 주주의 권한을 직접 침해하지는 않는다고 본다(대법원 2023. 7. 13, 2021다293213 판결, 대법원 2023. 7. 13, 2023다210670 판결).[1]

다음으로 ② 회사가 위 동의권 약정에 따른 의무 등을 이행하지 않을 때 **일정한 금액을 손해배상 명목으로 지급하기로 약정**한 경우이다. 대법원은 그 약정이 "사전동의를 받을 의무 위반으로 주주가 입을 손해를 배상 또는 전보하고 의무의 이행을 확보하기 위한 것"이라면 손해배상액의 예정으로서 유효하고, 다만 그 금액이 부당히 과다하다면 법원이 민법 제398조 제2항에 따라 이를 감액할 수 있다고 본다(위 2021다293213 판결[2]). 그러나 그것이 단순한 손해배상이 아니라 실질적으로 **투하자본의 회수를 절대적으로 보장하는 것이라면**, 배당가능이익이 없어도 회사의 재산으로 사실상 출자를 환급하여 주는 것이어서 자본충실의 원칙에 반하고, 다른 주주들에게 인정되지 않는 우월한 권리를 부여하는 것이어서 설령 다른 주주 전원이 그와 같은 차등적 취급에 동의하였다 하더라도 **주주평등의 원칙을 위반하여 무효**라고 한다.[3] 회사의 약정 위반 등 채무불이행시 투자자가 회사에 주식매수를 청구할 수 있도록 정하는 경우도 있는데, 이는 법에서 허용되지 않는 자기주식 취득 약정에 해당하여 효력이 없다.

이렇듯 투자자에게 회사에 대한 특별한 권리를 부여하는 경우 주주평등원칙 위반 등으로 무효로 될 수 있으므로, 투자계약에서 그 회사 대주주 등[4]에 대해서도 손해배상청구권, 주식매수청구권 등을 규정하는 경우가 있다. 주주평등원칙은 주주와 회사 간의 법률관계에 적용되는 것이므로, 투자자가 회사의 대주주 등에 대해 가지는 권리에는 주주평등원칙이 적용되지 않는다(대법원 2023. 7. 13, 2022다224986 판결). 다만 투자자와 회사와의 약정이 주주평등원칙 위반 등으로 무효가 되는 경우, 투자자와 대주주 등과의 약정은 이것이 회사의 채무를 보증하는 성격을 갖는다면 부종성으로 인해 무효가 되지만, 대주주 등이 회사와 동일한 연대책임을 부담하는 약정을 체결한 것으로 볼 수 있다면 여전히 효력을 갖는다(위 2022다224986 판결). 회사

---

1) 다만 회생절차 개시신청 여부는 주주뿐 아니라 채권자들에게도 중대한 영향을 미치는 사항이므로, 특정주주에게 그에 관한 동의권을 부여하는 약정은 유상증자 등에 관한 동의권 부여 약정과는 달리 당사자 사이에서도 효력을 인정할 수 없다는 논의도 있을 수 있다.

2) 투하자본의 절대적 보장은 아니라고 본 것이다. 본건은 사전동의 없는 유상증자라는 피투자회사의 의무위반행위에 대해 피투자회사의 손해배상책임이 발생하도록 한 사안이었다. 한편 회생절차 개시에 관한 피투자회사의 설명, 설득 또는 소명이 없는 때에 한하여 피투자회사의 손해배상책임이 발생하도록 한 사안에서도 대법원은 이를 유효하다고 판단한 바 있다(대법원 2023. 7. 13, 2023다210670 판결).

3) 투하자본의 절대적 보장으로서 무효라고 본 사안으로서 (i) 피투자회사가 그의 귀책사유와 무관하게 다른 주주의 회생절차 개시신청이 있거나 그 절차가 개시된 것만으로 투자원리금 상당 손해배상액 지급의무를 부담하도록 한 경우(대법원 2023. 7. 13, 2022다224986 판결), (ii) 피투자회사가 일정기간 내에 질병관리본부에의 제품등록 및 조달등록에 실패했다는 객관적 사실만으로 투자금반환의무를 부담하도록 한 경우(대법원 2023. 7. 27, 2022다290778 판결) 등이 있다.

4) 실무상 '이해관계자'라고 지칭하는 경우가 많다. 이들과 투자자, 피투자회사가 투자계약의 세 당사자가 된다.

의 채무불이행 등 일정한 사유가 발생한 때에 투자자가 대주주 등을 상대로 주식매수청구권(풋옵션)을 갖도록 약정하는 경우도 있는데 이는 주주간의 약정이므로 주주평등원칙이나 자기주식 취득금지에 반하지는 않는다.[1] 그러나 회사의 채무불이행에 대해 대주주의 개인 책임을 묻는 것은 실패한 창업자의 재기를 어렵게 한다는 비판도 많다.[2]

5. 주주평등원칙 위반의 효과

법에 근거가 없는 한 주주평등원칙에 반하는 정관의 규정, 주주총회나 이사회결의, 이사의 업무집행은 모두 무효이다. 회사의 악의를 요하지 않는다.[3] 주주평등원칙에 반하는 행위를 한 이사에게는 임무해태로 인한 손해배상책임을 물을 수 있다(399).

6. 주주평등원칙의 보충성

주주평등원칙은 그 적용범위가 일반적, 추상적이다보니 법원이 그것을 너무 쉽게 적용하는 경향이 있다. 예컨대 법원은 부실회사가 유상증자에 참여하는 직원들에게 퇴직 시 출자 손실금을 전액 보전해 주기로 한 약정은 다른 주주에게 인정되지 않는 우월한 권리를 부여하는 것으로서 주주평등원칙에 위반되어 무효라고 본다(대법원 2007. 6. 28, 2006다38161, 38178 판결). 앞서 살펴본 바와 같이 일부 주주에 대한 특별한 권리부여도 상황에 따라 허용될 수 있다는 점을 고려하면 단순히 "다른 주주에게 인정되지 않는 우월한 권리를 부여하는 것"을 근거로 주주평등원칙 위반으로 단정하는 것에는 문제가 있다. 사안에서의 손실보전약정은 투하자본 회수의 절대적 보장으로서 회사의 자본적 기초를 위협하는 것이기 때문에 강행법규에 반하는 것으로 무효라고 할 것이다.[4] 따라서 일부 주주에 이득이 돌아간다고 하여 곧바로 주주평등원칙을 적용하기보다 가급적 이를 보충적으로 적용할 필요가 있다.[5] 즉 주주평등원칙의 적용에 앞서 자본충실원칙, 자기주식 취득금지, 출자환급금지 등 강행적 원칙에 위배되는지 여부를 우선적으로 따져보아야 할 것이다.

---

1) 회사가 회생신청을 하자 벤처투자자가 회사의 개인대주주(창업주)에 대해 약정상 주식매수청구권을 행사하고 그 대금청구가 인용된 건으로 서울중앙지방법원 2025. 7. 16, 2024가합59259 판결.

2) 이런 고려에서 2025. 12. 30. 개정된 '벤처투자촉진에 관한 법률'은 피투자회사의 의무를 제3자(주로 창업자)가 연대하여 부담하는 것을 원칙적으로 금지한다.

3) 권기범6, 476면.

4) 예컨대 모든 주주에게 평등하게 손실보장약정을 제공했다면 주주평등원칙에 위반한다고는 할 수 없겠지만 그 경우에도 손실보장약정은 위법한 자본환급을 약정한 것이어서 무효이다. 즉 일부 주주에 대한 손실보장약정이 무효인 이유는 그것이 "일부 주주"에 대한 것이기 때문이 아니라 법상 허용되지 않는 "손실보장"이기 때문이다.

5) 천경훈, "회사와 신주인수인 간의 투자자보호약정의 효력—주주평등원칙과의 관계를 중심으로", 상사법연구 40-3(2021), 110면.

포이즌필과 주주평등원칙

미국에서 주로 경영권 방어에 활용되는 포이즌필은 아직 우리나라에서 허용되고 있지 않지만 주주평등의 원칙과 관련하여 검토할 필요가 있다. 통상 워런트(warrant)[1]의 형태로 주주들에게 무상배정되는 포이즌필의 구체적 내용은 회사에 따라 차이가 있으나 대표적인 유형은 다음과 같다. 예컨대 20% 이상의 주식을 취득한 주주가 등장하는 경우 포이즌필을 보유한 일반 주주는 포이즌필을 발행한 대상회사의 보통주를 할인된 가격에 매수할 수 있지만 20%를 취득한 주주는 그 매수권을 행사할 수 없다.

우리나라에서는 이처럼 20%를 취득한 주주를 차별하는 것은 주주평등원칙에 위반한다고 보는 견해가 많다.[2] 이미 20%를 넘는 주식을 보유한 주주가 존재하는 상황에서 그의 매수권을 박탈하는 것은 주주평등원칙에 반한다고 볼 여지가 있을 것이다. 그러나 아직 20% 이상 보유한 주주가 없는 상황에서 '20% 이상 주식을 보유한 주주는 매수권을 갖지 못한다'는 취지의 포이즌필 규정을 둔다면, 그 후에 20% 이상 취득한 주주의 매수권이 부정되더라도 이는 모든 주주에게 동일한 규정이 적용된 결과에 불과하므로 주주평등원칙에 반하지 않는다고 해석할 여지도 있다.

참고로 일본의 최고법원은 이른바 불독소스 판결에서 포이즌필의 적법성을 인정하였다. 이 사건에서 회사는 적대적 기업인수의 방어목적으로 주주전원에게 1주당 3개의 비율로 신주예약권을 무상 배정하였는데, 그 신주예약권을 행사하면 1주당 1엔을 납입하고 회사의 신주를 교부받을 수 있도록 되어 있었다. 다만 이미 상당수의 주식을 취득한 특정 주주는 신주예약권을 행사할 수 없도록 하는 등 그를 차별하는 내용으로 조건이 정해졌다.[3] 법원은 특정 주주가 불이익을 입게 된다는 점을 인정하면서도, 특정 주주에 의한 경영지배권의 취득에 수반하여 회사의 존립·발전이 저해될 우려가 발생하는 등 회사의 기업가치가 손상되고 회사이익 나아가 주주공동의 이익을 해하게 되는 경우에는 이를 방지하기 위해 당해 주주를 차별적으로 취급하더라도 주주평등원칙에 반하지 않는다고 판시하였다.[4] 이러한 태도는 주주평등원칙을 회사이익을 위한 합리적 차별대우를 가로막지 않는 방향으로 유연하게 해석하는 최근의 경향과 일치한다.

Ⅲ. 주주의 권리 일반

1. 잔여청구권자로서의 주주

주주는 채권자와 더불어 주식회사의 재산에 대한 청구권을 갖는다. 다만 주주의 권리는 채권자의 권리가 충족되고 남은 재산에만 미친다. 그러한 의미에서 경제학에서는 주주의 권리

1) 일본에서는 신주예약권이라고 부른다.

2) 그리하여 우리나라에서 포이즌필을 도입하려면 입법이 필요하다는 것이 일반적인 인식이다. 실제로 포이즌필 도입을 위한 정부안과 의원안이 국회에 수차례 제출되었으나 입법으로 이어지지 못했다. 제7장 제1절 Ⅲ. 참조.

3) 다만 회사는 당해 주주가 신주예약권을 행사할 수 없게 됨에 따른 경제적 불이익을 보상하기 위해서 상당한 금액을 지급하였다.

4) 最高裁 2007. 8. 7, 商事法務 제1809호, 16면(이른바 불독소스판결). 이 판결에 대한 해설로는 최문희, "일본의 포이즌필 발행사례와 법적 쟁점", BFL 26(2007), 98면 이하 참조.

를 **잔여청구권**(residual claim), 주주를 **잔여청구권자**(residual claimant)라고 부른다.

회사재산에 대한 관계에서 보면 채권자와 주주의 권리는 순위의 차이가 있을 뿐이다. 즉 채권자는 선순위권리자이고 주주는 후순위권리자이다. 선순위 권리인 채권의 내용은 확정되어 있다.[1] 그에 비하여 잔여청구권인 주식의 가치는 회사의 흥망성쇠에 따라 크게 달라진다. 일반적으로 주주를 회사의 주인이라고 부르고 의결권을 부여하는 것은 주주를 회사에 대해서 가장 이해관계가 큰 자로 보기 때문이다.[2]

2. 사원권으로서의 주주권

출자자로서 주주는 회사에 대해서 다양한 권리를 갖는다. 이처럼 주주의 지위에 기한 권리를 주주권이라고 한다. 주주권은 사원인 주주의 지위에서 비롯된 권리로서 물권도 채권도 아닌 사원권이라고 보는 것이 일반적인 견해이다.[3] 주주권에는 다양한 권리가 포함되는데 내용에 따라 자익권과 공익권으로 나뉜다.

3. 자익권과 공익권

자익권(自益權)은 주주가 회사로부터 직접 경제적 이익을 받을 권리를 말한다. 이익배당청구권이 그 중심을 이루고, 그 밖에 신주인수권(418(1)), 반대주주의 주식매수청구권(374-2), 청산 시의 잔여재산분배청구권(538)도 이에 포함된다. 자익권은 각 주주가 단독으로 행사할 수 있는 이른바 단독주주권이다.

공익권(共益權)은 회사경영에 참여하고 감독하는 권리를 말한다.[4] 경영참여는 주주총회를 통하여 이루어지므로 주주총회에서의 의결권(369(1))을 중심으로 주주총회소집청구권(366), 주주제안권(363-2) 등이 중요하다. 경영감독에 관한 공익권에는 총회결의를 다투는 소송(376, 380, 381), 대표소송(403), 신주발행무효소송(429), 설립, 합병, 분할 등의 무효소송(328, 529, 530-11(1)) 등 각종 소권, 검사인 선임청구권, 회계장부열람권 등이 포함된다.

자익권은 권리행사의 효과가 그 권리를 행사한 주주에게만 미치는 반면, 공익권은 권리행사의 효과가 회사와 주주 전체에 미치므로 그 남용을 방지할 필요가 있다. 공익권 남용의 방지는 두 가지 방면에서 시도되고 있다. 하나는 주주대표소송의 경우와 같이 일부 공익권을 일정

---

1) 예컨대 원금 1억원, 연리 10퍼센트라는 식으로 그 내용이 확정되어 있다. 금리가 다른 지수에 연동되는 경우에는 그 크기가 변동하지만 그것을 확정하는 방법이 고정되었다는 점에서 주식과는 차이가 있다.

2) 이러한 주주중심적 사고에 대해서는 비판도 없지 않다. 예컨대 Lynn Stout, The Shareholder Value Myth: How Putting Shareholders First Harms Investors, Corporations, and the Public(Berret-Koehler 2012).

3) 권기범6, 462면; 이철송30, 280면.

4) 그 권리행사의 효과가 당해 주주만이 아니라 회사와 주주 전체에 공통으로 미치기 때문에 공익권이라고 한다. 공익(公益), 즉 공공의 이익을 위한 권리라는 뜻이 아니다.

한 비율 이상의 주식을 가진 주주만 행사할 수 있는 소수주주권으로 하는 것이다. 이에 대하여는 다음 항에서 상세히 살펴본다.

다른 하나는 일반적 권리와는 달리 공익권을 행사할 때 당해 주주는 자신의 이익만이 아니라 회사와 다른 주주의 이익까지 고려할 의무가 있다고 볼 것인가의 문제이다. 공익권의 의무적 성격을 강조하는 논리는 결국 주주권을 자익권에 국한시키는 사원권부인론으로 연결된다. 그러나 공익권의 의무적 성격은 아직 일반적으로 받아들여지고 있지는 않다. 공익권의 의무성을 인정하지 않는 경우에도 그것은 일반적인 권리로서 권리남용금지원칙(민 2(2))의 적용을 받는 것은 물론이다. 이는 지배주주의 권리남용은 물론 소수주주권의 남용에도 적용될 수 있다.

4. 단독주주권과 소수주주권

(1) 의의 및 취지

단독주주권은 1주라도 주식을 가진 주주가 행사할 수 있는 권리를 의미한다. 단독주주권의 예로는 각종 자익권(이익배당청구권, 주권교부청구권, 명의개서청구권, 잔여재산분배청구권, 신주인수권 등), 각종 소제기권(주총결의 취소·부존재·무효확인의 소, 부당결의 취소의 소, 설립·합병·신주발행·자본금감소·분할·분할합병 무효의 소 등을 제기할 권리), 신주발행유지청구권(424), 이사회의사록 열람등사청구권(391-3), 정관·주총의사록·주주명부·사채원부 열람등사청구권(396) 등이 있다.

소수주주권은 이와 달리 발행주식총수의 일정 비율에 해당하는 주식을 가진 주주만 행사할 수 있도록 법에서 인정한 권리를 의미한다. 일정한 공익권은 일정한 수의 주식을 가진 주주에 한하여 행사할 수 있도록 함으로써 공익권의 남용을 방지하려는 데에 그 취지가 있다.

(2) 소수주주권의 행사요건

현행 상법상 소수주주권의 행사요건은 주식회사 전체에 적용되는 일반요건과 상장회사에 적용되는 특례요건으로 구분된다. 상장회사의 경우 주식이 대량 발행되어 분산되어 있으므로 일반적인 소수주주권 행사요건을 그대로 적용한다면 주주권 행사가 쉽지 않다. 따라서 상장회사 특례조항에서는 행사시점 6개월 전부터 계속하여 해당 주식을 보유하고 있는 주주에 대하여는 소수주주권의 행사요건인 보유주식 비율을 일반요건보다 낮춰 주고 정관으로 이보다 더 낮출 수 있도록 하고 있다.

일반요건이든 특례요건이든 다수의 주주가 공동으로 권리를 행사하는 경우에 그들이 보유한 지분을 합산하여 충족해도 무방하다. 구체적인 요건은 다음 [표 3-1]과 같다.

▌표 3-1 소수주주권 행사요건

소수주주권	일반요건	상장회사 특례요건
해산판결청구(520)	10%	없음
주주총회소집청구(366)	3%	1.5%(542-6(1))(6개월 이상)
업무·재산상태 검사인선임(467)		
집중투표청구(382-2)		1%(542-7(2))(자산총액 2조원 이상인 상장회사에 한함. 6개월 보유 요건 없음)
주주제안권(363-2)		자본금 1천억원 미만 1% / 이상 0.5%(542-6(2))(각 6개월 이상)
이사·감사·청산인 해임청구(385, 415, 539)		자본금 1천억원 미만 0.5% / 이상 0.25%(542-6(3))(각 6개월 이상)
회계장부 열람등사청구(466)		자본금 1천억원 미만 0.1% / 이상 0.05%(542-6(4))(각 6개월 이상)
총회검사인선임(367(2))	1%	없음
위법행위유지청구(402)(준용되는 경우 포함)		자본금 1천억원 미만 0.05% / 이상 0.025%(542-6(5))(각 6개월 이상)
대표소송(403)(준용되는 경우 포함)		0.01%(542-6(6))(6개월 이상)
다중대표소송(406-2)(준용되는 경우 포함)		0.5%(542-6(7))(6개월 이상)

※ 위 %는 원칙적으로 발행주식총수 기준이나, 집중투표청구와 주주제안권의 경우 의결권 없는 주식을 제외한 발행주식총수 기준임.

(3) 일반요건과 상장회사 특례요건 간의 관계

소수주주권에 관한 일반요건과 상장회사 특례요건 간의 관계가 자주 문제된다. 예컨대 상장회사에서 일반요건에 따른 지분율은 충족하지만 보유기간이 6개월에 미달하여 특례요건을 충족하지 못하는 주주는 소수주주권을 행사할 수 있는가?

이에 관하여 과거 학설이 대립되었다.[1)] 중첩적 적용설(선택적 적용설)은 상장회사에 대하여는 일반조항과 특례조항이 중첩적으로 적용되므로 위 경우 소수주주권을 행사할 수 있다고 해석하였다. 반면 배타적 적용설은 상장회사에는 특례조항만이 배타적으로 적용되므로 위와 같은 경우 소수주주권을 행사할 수 없다고 해석하였다. 상장회사 특례에 관한 상법 제542조의 2 제2항에서 '이 절은 이 장 다른 절에 우선하여 적용한다'고 규정한 점을 가장 중요한 논거로 삼았다.

원래 특례조항이 상장회사에서 소수주주권 행사를 용이하게 하기 위해 도입된 것임을 고

1) 이에 관한 상세는 천경훈, "상장회사의 소수주주권 행사요건", 상사판례연구 32-3(2019), 3~45면 참조.

려할 때 중첩적 적용설이 타당함에도, 하급심 판례가 엇갈리고 있었다. 2020년 개정상법은 명시적으로 중첩적 적용설을 채택하였다(542-6(10)).

Ⅳ. 주주권과 관련된 회사의 이익공여금지

1. 의　　의

회사는 주주의 권리행사와 관련하여 누구에게라도 재산상 이익을 공여할 수 없다(467-2(1)). 이는 일본이 이른바 총회꾼[1]의 횡포를 막기 위하여 도입한 특별한 규정을 이어받은 것이다. 그러나 일본과 달리 총회꾼의 폐해가 심각하지 않았던 우리나라에서는 실제로 과거 이 규정이 적용된 사례는 거의 없었다. 현재는 총회꾼의 폐해를 막는 것에 초점을 맞추기보다는 널리 회사경영의 공정성을 확보하기 위한 규정으로 이해되고 있다.[2]

2. 이익공여의 당사자

(1) 이익공여자

금지되는 이익공여의 주체는 회사이다. 회사의 공여행위는 결국 자연인이 행할 수밖에 없다. 대표이사가 직접 공여하는 경우에는 물론이고 임직원이 공여하는 경우에도 회사의 계산으로 하는 경우에는 금지대상으로 본다. 한편 주주제안을 한 주주가 다른 주주에게 찬성해줄 것을 요청하며 자신의 재산을 공여하는 경우와 같이 회사가 아닌 자에 의한 이익공여는 이 규정의 적용대상이 아니다.

(2) 공여의 상대방

법문은 「누구에게든지」 라고 하고 있으므로 이익을 공여받는 상대방에는 주주는 물론이고 주주 이외의 자도 포함된다. 주주 이외의 자는 주주의 친지 등 주주와 특별한 관계에 있는 자인 경우가 많겠지만 반드시 그에 한정되는 것은 아니다.[3]

3. 재산상 이익의 공여

공여가 금지되는 것은 재산상의 이익이다. 재산상의 이익이란 금전 기타 경제적 이익으로

1) 총회꾼이란 주주총회 개최 전에 경영진에 접근하여 의사진행을 방해하지 않을 것(또는 나아가 의사진행에 적극적으로 협조할 것)을 조건으로 금품을 갈취하는 자를 말한다. 과거에는 이들의 폐해가 사회적으로도 주목을 끌었지만 현재는 거의 자취를 감추었다고 한다.

2) 일본에서도 그러한 해석이 일반적이다. 田中3, 91면.

3) 일본 최고재판소는 "회사가 볼 때 바람직하지 않다고 판단되는 주주가 의결권 등의 주주의 권리를 행사하는 것을 회피할 목적으로 당해주주로부터 주식을 양수하기 위한 대가를 누군가에 공여하는 행위"까지 이익공여에 해당한다고 하여 주주권행사에 영향을 줄 목적으로 회사재산을 사용하는 행위를 폭넓게 포함시키고 있다. 最高裁 2006. 4. 10, 民集 60권 4호, 1273면(이른바 蛇の目ミシン判決).

서비스, 향응, 정보의 제공은 물론이고 신용의 제공이나 거래기회의 제공과 같이 유상의 거래도 포함된다.[1] 그러나 주주총회에 참석한 주주들에게 기념품이나 도시락을 제공하는 것과 같이 관행상 인정되는 범위의 이익공여는 금지대상으로 볼 수 없다.[2]

4. 주주권행사와의 관련성

회사에 의한 이익공여는 '주주의 권리행사와 관련하여' 이루어질 것을 요한다. 여기서 주주의 권리는 법률과 정관에 따라 주주로서 행사할 수 있는 모든 권리를 뜻한다. 의결권, 대표소송제기권, 주총결의취소의 소권 같은 공익권이 대부분일 것이다. 나아가 판례는 배당청구권, 잔여재산분배청구권, 신주인수권과 같은 자익권도 포함된다고 본다(대법원 2017. 1. 12, 2015다68355, 68362 판결). 반면 토지인도청구권이나 대금지급청구권과 같이 주주가 주주 이외의 지위에서 갖는 권리는 포함되지 않는다. 판례도 주식매수 및 운영자금 조달의 대가로 받게 된 임원추천권은 회사에 대한 별도 계약상의 특수한 권리이므로 제467조의2 제1항의 '주주의 권리'에 해당하지 않는다고 본다(대법원 2017. 1. 12, 2015다68355, 68362 판결).

주주권 행사와 관련된다는 것은 주주의 정당한 권리행사에 영향을 미치는 경우를 모두 포함한다. 따라서 주주권의 적극적 행사뿐 아니라 소극적 불행사도 포함된다. 그리하여 주주총회에서 곤란한 질문이나 의안에 대한 반대발언을 하지 않는다는 조건으로 재산상 이익을 공여하는 경우는 당연히 관련성이 인정된다.[3]

회사의 이익공여가 주주의 권리행사와 관련이 없는 경우 또는 이익공여의 상대방이 주주라 하더라도 주주자격과 관계가 없는 제3자적 권리의 행사와 관련이 있을 뿐인 경우는 포함되지 아니한다. 공공목적의 기부, 종업원복지후생비의 지급, 거래처에 대한 구제금융 등이 그 예이다.

회사의 이익공여와 주주권 행사와의 관련성에 대한 증명부담을 덜어주기 위하여 상법은 추정규정을 두고 있다. 즉 회사가 특정주주에게 무상으로 재산상 이익을 공여하였거나 유상으로 재산상 이익을 공여하였더라도 회사가 얻은 이익이 공여이익에 비하여 현저하게 적은 경우에는 관련성이 있는 것으로 추정한다(467-2(2)). 다만 이러한 관련성의 추정은 이익공여를 받

---

1) 주주인 협력업체에 대해서 과도하게 유리한 조건을 적용하는 것은 금지대상에 해당한다고 볼 여지가 있을 것이다. 田中3, 92~93면.

2) 대법원은 회사가 투표에 참가한 주주에게 1회에 한하여 양도가능한 골프장 예약권과 20만원에 상당하는 상품권을 제공한 사안에서 그것이 사회통념상 허용되는 범위를 넘은 것일 뿐 아니라 그러한 이익이 단순한 정족수 확보가 아니라 의결권이라는 권리행사에 영향을 미칠 의도로 공여된 것이라고 판단한 바 있다(대법원 2014. 7. 11, 2013마2397 결정).

3) 일본 판례는 회사가 껄끄러운 주주를 배제하기 위하여 그 주주의 주식을 매입하는 자에게 자금을 빌려주는 행위도 주주권행사와 관련이 있는 것으로 본다. 最高裁 2006. 4. 10, 民集 60권 4호, 1273면(이른바 蛇の目ミシン判決). 자사 주식 취득에 대한 회사의 금융지원과 이익공여규제와의 관련에 관해서는 김건식, "자사주식 취득에 대한 회사의 금융지원—영국 회사법을 중심으로—", 연구Ⅲ, 352~359면.

은 자가 주주인 경우에만 적용되며, 주주 아닌 자가 이익공여를 받는 경우에는 적용이 없다. 따라서 회사의 이익반환청구의 상대방이 주주인 경우에는 주주 쪽에서 관련성이 없음을 증명하여야 하며, 주주가 아닌 경우에는 거꾸로 회사측이 관련성을 증명하여야 한다.[1]

5. 금지위반의 효과

(1) 이익반환의무

위법한 이익을 공여받은 자는 그 이익을 회사에 반환하여야 한다(467-2(3)). 이익공여를 약속하는 계약은 강행법규위반으로 무효이므로[2] 일단 이익공여를 받은 자는 민법상 부당이득반환의무를 부담하는 것이 원칙이다. 그러나 비채변제(민 742)나 불법원인급여(민 746)에 해당되어 회사가 반환을 청구할 수 없는 경우가 있을 것이기에 상법은 민법상의 부당이득반환청구규정에만 의존하지 않고 이익공여를 받은 자의 이익반환의무를 법정한 것이다.[3]

반환의무자는 이익의 공여를 받은 자로서 반드시 주주일 것을 요하지 않는다. 또한 주주권을 행사하였는지 여부와 선의 여부도 불문한다.[4] 이익공여를 받은 자가 회사에 지급한 대가가 있으면 그 반환을 받을 수 있다(467-2(3)후).

이익반환청구권의 주체는 회사이다. 그러나 이익을 공여한 회사가 스스로 과거의 잘못을 인정하고 반환청구에 나서는 것은 사실상 기대하기 어렵다. 따라서 상법은 소수주주권자가 대표소송에 의하여 공여이익의 반환을 청구할 수 있도록 하였다(467-2(4)).[5]

(2) 주주권 및 총회 결의에 미치는 영향

회사의 이익공여는 주주권 행사의 효력에는 영향이 없는 것이 원칙이다. 따라서 이익을 공여받은 주주가 대표소송이나 주총결의취소의 소를 취하한 경우에도 취하 자체는 유효하다. 다만 주주총회에서의 의결권행사에 관해 이루어진 이익공여가 의결권에 영향을 미치기 위한 것으로서 그 액수가 사회통념상 허용되는 범위를 넘어서는 경우, 주주총회 결의방법의 법령위반(376(1))으로서 결의취소사유에 해당하게 된다(대법원 2014. 7. 11, 2013마2397 결정[6]).

---

1) 관련성의 추정은 이익공여를 받은 주주에게 반환청구하는 경우뿐 아니라 이사에 대한 손해배상을 청구하는 경우에도 적용된다.

2) 따라서 위법한 이익공여를 약속받은 자가 회사에 그 이행을 청구할 수는 없다.

3) 그러나 민법의 부당이득규정의 적용이 배제되는 것은 아니다. 따라서 회사가 이득수령자의 악의를 증명할 수 있다면 이익에 대한 이자까지 반환받을 수 있다(민 748(2)).

4) 이 점이 선의의 부당이익의 경우의 반환의무(민 748(1))와 차이가 있다.

5) 이익공여는 형사처벌의 대상이기도 하다(634-2). 이익을 공여한 자는 물론이고 수수하거나 제3자에게 공여하게 한 자도 동일한 책임을 진다. 상법상의 권리행사방해 등에 관한 증수뢰죄에 관한 규정(631(i))과는 달리 '부정한 청탁'을 요건으로 하지 않는다.

6) 관련 평석으로서 김진오, "정관에 위반한 사전투표기간 연장 및 의결권행사와 관련한 위법한 이익공여가 주주총회 결의의 효력에 미치는 영향", BFL 71(2015), 92면 이하.

(3) 민형사책임

위법한 이익을 공여하여 회사에 손해를 입힌 이사 · 감사 · 집행임원은 회사에 대한 손해배상책임을 진다(399, 414(1), 408-8(1)). 또한 상법은 이사 · 감사 · 집행임원 등이 주주의 권리행사와 관련하여 회사의 계산으로 재산상 이익을 공여한 경우에 1년 이하의 징역 또는 300만원 이하의 벌금에 처하고, 그러한 이익을 수수하거나 제3자에게 공여하게 한 자도 동일하게 처벌한다(634-2). 예컨대 대표이사가 사전투표와 직접투표를 한 주주들에게 회사의 계산으로 20만원 상당의 상품교환권을 무상제공한 것은 의결권 행사와 관련된 이익공여로서 사회통념상 허용되는 범위를 넘어서므로 이익공여죄에 해당한다(대법원 2018. 2. 8, 2015도7397 판결).

V. 주주의 의무

1. 회사에 대한 의무

주주는 인수한 주식의 인수가액을 한도로 출자의무를 부담한다(331). 그 밖에 주주가 회사에 대해서 지는 의무는 없다. 출자의무는 회사성립 전 또는 신주발행 효력발생 전에 이행을 마쳐야 하므로(전액납입주의) 엄밀히 말하면 출자의무는 주주가 아니라 주식인수인의 의무이다.

2. 채권자에 대한 의무

주주는 회사의 채무에 대해서 원칙적으로 책임을 지지 아니한다(주주유한책임의 원칙). 예외적으로 법인격부인법리가 적용되는 경우에는 주주가 회사채무를 부담할 수 있다.[1)]

주주가 회사채무에 대해서 자발적으로 책임을 지는 것은 당연히 허용되고 실제 사례도 적지 않다(대법원 1989. 9. 12, 89다카890 판결). 특히 중소기업의 지배주주는 회사채무에 대해서 연대보증을 섬으로써 법적 의무를 부담하는 경우가 많다.

3. 주주의 신인(信認)의무

주주는 회사의 구성원일 뿐 원칙적으로 주주와 회사 사이에는 계약관계가 존재하지 않고, 특별한 사정이 없는 한 주주와 다른 주주 사이에도 계약관계가 존재하지 않는다. 상법도 이사의 의무를 명시하면서도 주주의 의무는 명시하고 있지 않다. 그럼에도 불구하고 최근에는 주주도 회사나 다른 주주에 대해서 일종의 신인의무[2)]를 부담한다고 보는 견해가 폭넓은 지지를

---

1) 국세기본법상 비상장회사의 과점주주에게 부과되는 제2차 납세의무(국세 39)도 주주유한책임원칙의 중대한 예외이다.

2) 신인의무 대신 충실의무나 성실의무라는 용어를 사용하는 경우도 있다. 신인의무개념에 대해서 상세한 것은 이

받고 있다.[1)]

주주의 신인의무를 인정한다고 해도 따로 보수를 받는 것도 아닌 주주가 이사와 같은 정도로 회사나 주주의 이익을 위하여 적극적으로 행동할 의무가 있다고 볼 수는 없다.[2)] 그러나 주주권 행사를 포함한 주주의 행동이 회사나 다른 주주의 이익을 부당하게 침해하는 경우에는 권한과 책임을 일치시킨다는 차원에서 주주에게 책임을 지울 필요가 있다. 미국, 독일 등 외국에서도 주주의 행동을 제약하는 추상적인 의무를 인정하고 있다. 이에 대해서는 실정법적 근거도 없고 신인의무의 내용이 불명확하다는 점을 근거로 반대하는 견해가 유력하다.[3)] 그러나 법원이 신인의무를 융통성 있게 해석할 수 있다는 점은 오히려 신인의무의 장점이라고 할 수 있고 내용의 불명확성은 선관주의의무(382(2))나 충실의무(382-3)에 비하여 특별히 더 심한 것도 아니다.

주주의 신인의무는 특히 이사직을 맡지 않은 상태에서 회장 등의 명칭으로 불리며 회사의 의사결정을 좌우하는 지배주주의 행동을 통제하는데 유용하다. 1998년 상법 개정으로 도입된 업무집행관여자의 책임(401-2)도 비슷한 기능을 수행하지만 신인의무 쪽이 적용상 융통성이 더 높다.

신인의무는 지배주주뿐 아니라 소수주주에게도 적용될 수 있다. 소수주주가 회사의 중요한 결정을 부당하게 가로막는 경우에는 권리남용의 법리를 적용할 수도 있지만, 회사 및 다른 주주에 대한 신인의무를 인정하고 그 위반 여부를 판단하는 편이 더 효과적일 것이다. 신인의무를 인정하는 경우에는 당해 행위의 효력을 부인하는 것은 물론이고 손해배상책임의 근거가 될 수도 있으나, 아직 이에 관하여는 학설과 판례의 형성을 기다려야 할 것으로 보인다.[4)]

책 제4장 제4절 Ⅰ. 이하 참조.

1) 같은 견해(신인의무 긍정설)로 권기범6, 470면; 김정호5, 180면; 정동윤6, 462면; 최기원14, 287면; 홍/박7, 243면. 반대설(신인의무 부정설)로는 이철송30, 324면.

2) 권기범6, 470~471면.

3) 이철송30, 324면.

4) 주주의 신인의무가 실효성을 높이기 위해서는 지배주주에 대한 주주대표소송도 허용할 필요가 있을 것이다. 중국 회사법상 주주대표소송의 피고인 '타인'에는 주주도 포함된다고 본다. 范健/王建文, 公司法 3판(2011), 327면.

제10절

주주의 정보접근권

Ⅰ. 총 설

법률로 주주에게 다양한 권리를 인정하더라도 그것이 유명무실한 장식품에 그치지 않고 실효성을 가지려면 주주가 일정한 회사 정보에 접근할 수 있어야 한다. 우선 뜻을 같이 하는 주주들을 모아 소수주주권 행사요건을 충족하려면 주주명부를 열람하는 등 주주에 관한 정보를 확보할 필요가 있고, 의사결정 및 업무집행 과정의 적법·적절 여부를 판단하려면 이사회 의사록과 회계장부 등을 열람할 필요가 있다. 이처럼 주주의 정보접근권은 내실 있는 주주권 행사의 전제를 이루는 것이다. 다만 이러한 권리가 남용됨으로써 회사의 비밀이 누설되고 영업에 방해가 초래되지 않도록 하여야 한다.

이를 위해 상법은 다양한 제도를 마련하고 있다. 주주와 채권자는 정관·주주총회의사록·주주명부·사채원부에 대하여 열람·등사청구권을 가진다(396(2)). 주주는 이사회의사록에 대하여 열람·등사청구권을 가진다(391-3(3)). 일정 지분 이상을 보유한 주주는 회계장부와 서류에 대한 열람·등사청구권을 가진다(466(1)). 일정 지분 이상을 보유한 주주는 일정한 경우 회사의 업무 및 재산상태를 조사하기 위해 검사인의 선임을 법원에 청구할 수 있다(467). 그 밖에 자본시장법은 투자자 보호를 위한 다양한 공시제도를 마련하고 있고, 공정거래법은 대규모기업집단의 내부거래 및 지배구조에 관한 주요사항을 공시하도록 하고 있다. 아래에서는 이 중 주주명부, 이사회의사록, 회계장부와 서류에 관한 권리를 상세히 살펴본다.

Ⅱ. 주주명부의 열람·등사청구

1. 의의 및 청구요건

주주권 행사의 실효성을 높이려면 주주 간의 협력이 필요하다. 소수주주권 행사요건을 충족하기 위해 필요한 경우도 있고, 의결권대리행사의 권유 등을 통해 더 높은 비율의 의결권을 확보하기 위해 필요한 경우도 있다. 그러한 협력을 위해서는 우선 주주명부를 통해 주주의 현황과 연락처를 파악해야 한다.

이에 상법은 회사로 하여금 주주명부를 본점에 비치하도록 하고 영업시간 내에는 주주와 회사채권자가 열람 또는 등사할 수 있도록 하고 있다(396). 이는 1주를 가진 주주라도 행사할 수 있는 단독주주권이다. 회사가 명의개서대리인을 둔 때에는 주주명부를 명의개서대리인의 영업소에 비치하여 열람청구에 응할 수 있다.[1] 일반적으로 주주는 우선 재판 외에서 회사에 주주명부의 열람·등사를 청구하고, 회사가 이를 거부하는 경우 회사를 상대로 열람·등사를 청구하는 소를 제기하거나 이를 피보전권리로 하여 열람·등사가처분을 신청하게 된다.[2]

2. 회사의 거부

회사는 주주의 주주명부 열람·등사청구를 거부할 수 있는가? 상법은 회계장부의 경우와는 달리 주주명부의 경우에는 열람·등사청구 이유를 기재하도록 요구하지 않고 회사가 열람을 거부할 수 있다는 명문의 규정도 두고 있지 않다(회계장부열람에 관한 제466조 제2항과 비교). 그러나 일반적으로 권리남용은 금지되므로(민 2(2)) 부당한 목적의 열람청구는 허용되지 않는다고 볼 것이다. 대법원도 회계장부의 경우와 마찬가지로 회사가 열람·등사청구의 목적이 정당하지 않음을 입증하는 경우에는 거부할 수 있다고 본다(대법원 1997. 3. 19, 97그7 결정(금복주)).

다만 주주명부 열람 거부사유로서의 **부당한 목적**은 좁게 해석되어야 할 것이다. 주주명부는 이사회 의사록, 회계장부 등과 달리 회사의 영업상 기밀과 관련된 것도 아니고, 항상 본점 내지 영업소에 비치하도록 되어 있기 때문이다(396(1)). 주주들의 정보를 취합하여 외부에 유상으로 제공하는 등 영리적 목적으로 사용하는 경우에는 부당한 목적이 인정될 수 있을 것이다. 반면 위임장 대리행사 권유목적의 열람청구는 부당하지 않다. 주주가 주주총회에서 동조자를 규합하는 것은 주주권 행사의 일환이기 때문이다. 나아가 적대적 인수 목적의 열람청구도 그 자체로써 부당한 목적이라고 보기는 어렵다. 실무상으로도 주주의 주주명부 열람·등사가처분 신청이 부당한 목적을 이유로 기각된 사례는 드물다.[3]

---

1) 실무상 명의개서대리인은 회사의 동의 없이는 주주명부를 제공하지 않는다고 한다.

2) 명의개서대리인이 있더라도 주주명부 열람·등사 청구의 상대방은 명의대서대리인이 아닌 회사이다(대법원 2023. 5. 23, 2022마6500 결정).

3) 이종문, "상사가처분 사건의 현황과 실무적 쟁점", BFL 54(2012), 75면. 반면 일본에서는 주주가 부실공시로 인한 손해배상을 구하는 소송에서 원고를 모집할 목적으로 주주명부의 열람을 구하는 경우에도 목적의 정당성을 부정한 판례가 있다. 名古屋高裁 2010. 6. 17, 資料版 商事法務 제316호, 209면. 한편 공개매수권유를 위한 주주명부열람청구도 '주주의 권리 확보 또는 행사에 관한 조사'를 위한 것으로 보아 거부할 수 없다고 판시한 일본 사례로서 東京地裁 2012. 12. 21, 金融·商事判例 제1408호, 52면 참조.

일본 회사법상의 거부사유

일본 회사법은 주주명부 열람·등사청구를 거부할 수 있는 사유를 다음과 같이 명시하고 있다(日會 125(3)).

① 청구자가 그 권리의 확보 또는 행사에 관한 조사 이외의 목적으로 청구한 경우
② 청구자가 회사의 업무수행을 방해하거나 주주 공동의 이익을 해할 목적으로 청구한 경우
③ 청구자가 회사업무와 실질적으로 경쟁관계에 있는 사업을 영위하거나 그에 종사하는 자인 경우
④ 청구자가 주주명부의 열람 또는 등사에 의하여 알게 된 사실을 이익을 받고 제3자에게 통보하기 위하여 청구를 행한 경우
⑤ 청구자가 지난 3년 이내에 주주명부의 열람 또는 등사에 의하여 알게 된 사실을 이익을 받고 제3자에게 통보한 일이 있는 자인 경우

3. 실질주주명부의 열람·등사

자본시장법 제315조 제2항은 실질주주의 주주명부 열람·등사청구권을 인정하고 있는바, 그 대상이 무엇인지가 문제된다. 주권이 예탁결제원에 예탁된 회사의 경우에는 주주명부에 예탁결제원이 주주로 등재될 뿐이므로 실질주주명부가 더 중요한 의미를 갖는다. 주주명부 열람청구권의 보장을 위해서는 당연히 실질주주명부 열람이 보장되어야 할 것이다. 대법원도 상법 제396조 제2항을 유추하여 실질주주명부의 열람·등사를 인정한다. 즉 실질주주명부의 기재사항 중 실질주주의 성명 및 주소, 실질주주별 주식의 종류와 수와 같이 주주명부 기재사항에 해당하는 것은 열람·등사의 대상이다(대법원 2017. 11. 9, 2015다235841 판결).[1]

실질주주명부는 수천 명 이상의 주주에 관한 방대한 정보를 포함하므로 열람청구 주주는 이를 활용에 편리한 액셀파일 등 전산자료의 형태로 받고자 하고 회사는 인쇄물의 형태로 제공하려는 경우가 있다. 주주권의 행사를 용이하게 하려는 제도의 취지상 회사의 정당한 거부사유가 인정되지 않는다면 추가 작업이 용이한 전산자료의 형태로 제공할 의무가 있다고 할 것이다. 현재 법원의 실무도 그러하다.

Ⅲ. 이사회 의사록의 열람·등사청구

1. 의의 및 청구요건

회사의 업무집행은 이사회의 결의로 하므로(393(1)), 주주가 이사의 책임을 묻거나 기타

1) 그러나 이 판결은 실질주주명부의 기재사항 중 주주명부 기재사항이 아닌 실질주주의 전자우편주소는 열람 및 등사의 대상이 아니라고 보았다.

주주권을 효과적으로 행사하려면 이사회의 결의내용을 파악할 필요가 있다. 이에 주주는 영업시간 내에 이사회 의사록의 열람·등사를 청구할 수 있다(391-3(3)). 이는 1주를 가진 주주도 행사할 수 있는 단독주주권이다.

이사회 결의 시 이사에게 제공된 참고자료도 열람대상에 포함되는지 실무상 간혹 다투어진다. 만약 이사회에 제출되는 참고자료가 모두 열람대상에 포함된다면 회사가 참고자료의 제출을 최소화할 우려가 있다. 대법원은 이사회에 단순히 참고자료로 제출된 서류는 열람대상에 포함되지 않지만 "이사회 의사록에서 '별첨', '별지' 또는 '첨부' 등의 용어를 사용하면서 그 내용을 인용하고 있는 첨부자료는 해당 이사회 의사록의 일부를 구성하는 것으로서" 열람청구의 대상이 된다고 판시한 바 있다(대법원 2014. 7. 21, 2013마657 결정). 그러나 열람대상에 포함되는지 여부를 이처럼 내용인용이라는 형식적인 기준에 의하여 결정한다면 의사록에서 내용인용을 피하려 할 가능성이 있다. 그러므로 의사록의 의미를 이해하는 데 필요한지 여부라는 실질적 기준에 따라 판단하는 것이 더 합리적이라고 판단된다.

2. 회사의 거부

이처럼 열람대상을 의사록과 그에 관련된 일부 서류로 한정한다면 회계장부보다는 더 쉽게 접근을 허용해야 할 것이다. 회계장부열람청구권이 소수주주권(466)으로 되어 있는데 비하여 의사록열람청구권이 단독주주권으로 되어 있는 것은 그러한 점에서 이해할 수 있다.

그러나 법원은 많은 점에서는 의사록의 열람을 회계장부열람과 비슷하게 취급하고 있다. 회사는 이유를 붙여 의사록 열람 청구를 거절할 수 있고 그 경우 주주는 법원의 허가를 얻어 이사회의사록을 열람 또는 등사할 수 있다(391-3(4)).[1] 회사가 주주의 회계장부열람청구를 거부하려면 청구의 부당성을 증명해야 한다는 것(466(2))과 표현의 차이가 있지만 법원은 양자를 같은 의미로 파악하고 있다. 그리하여 대법원은 회사가 주주의 의사록열람청구를 거부하려면 그 청구가 부당함을 증명해야 하고, 부당한지 여부는 "그 행사에 이르게 된 경위, 행사의 목적, 악의성 유무 등 제반 사정을 종합적으로 고려하여 판단하여야 할 것이고, 특히 주주의 이와 같은 열람·등사권의 행사가 회사업무의 운영 또는 주주 공동의 이익을 해치거나 주주가 회사의 경쟁자로서 그 취득한 정보를 경업에 이용할 우려가 있거나, 또는 회사에 지나치게 불리한 시기를 택하여 행사하는 경우 등에는 정당한 목적을 결하여 부당한 것이라고 보아야 [한다]"고 판시하였다(대법원 2004. 12. 24, 2003마1575 결정).

의사록이 한정된 정보만을 담고 있다는 점을 고려하면 청구의 부당성을 쉽게 인정해서는 아니 될 것이다. 대법원도 대표소송을 통한 책임추궁 등 주주권 행사를 위하여 필요한 경우라면

---

1) 이처럼 상법은 회사의 거절시 법원의 허가를 구하도록 하고 있고 이는 비송사건이므로(비송 72(1)) 민사소송의 방법으로 회사를 상대로 열람을 청구하는 것은 허용되지 않는다(대법원 2013. 3. 28, 2012다42604 판결).

"그 청구는 회사의 경영을 감독하여 회사와 주주의 이익을 보호하기 위한 것이라고 할 것이므로, 이를 청구하는 주주가 적대적 인수·합병을 시도하고 있다는 사정만으로 그 청구가 정당한 목적을 결하여 부당한 것이라고 볼 수 없[다]"고 판시하였다(대법원 2014. 7. 21, 2013마657 결정).[1]

Ⅳ. 회계장부의 열람·등사청구

1. 의의 및 청구요건

발행주식총수의 3% 이상을 보유하는 주주는 회계의 장부와 서류의 열람이나 등사를 청구할 수 있다(466(1)).[2] 등사할 수 있는 권리도 포함되지만 이 권리는 흔히 회계장부열람권으로 불린다. 상법상 주주는 이사해임청구권(385(2)), 이사의 위법행위유지청구권(402), 대표소송제기권(403~406)과 같은 이사에 대한 견제권을 갖지만, 주주의 이러한 견제권은 적절한 정보 없이는 실효를 거두기 어렵다.[3] 회사의 회계정보는 회사에 비치된 재무제표를 열람하는 방법(448)으로도 얻을 수 있지만 재무제표에 포함된 정보는 극히 제한된다. 따라서 상법은 재무제표의 기초를 이루는 회계장부와 서류까지 열람할 수 있는 권한을 인정한 것이다.

다만 열람청구권은 남용방지를 위해 발행주식수의 3% 이상에 해당하는 주식을 가진 소수주주에게만 인정된다(466(1)).[4] 상장회사에서 6개월 간 보유한 주주의 경우에는 0.1%(자본금이 1천억원 이상인 상장회사에서는 0.05%)로 인하된다(542-6(4), 令 32). 열람대상인 회계장부와 서류는 협의설을 따르는 경우에도 회사의 기밀을 포함할 수 있으므로 회사에 상당한 이해관계를 가진 주주에게만 열람을 허용한 것이다. 회사에 대하여 회생절차가 개시되더라도 주주는 열람청구권을 행사할 수 있다(대법원 2020. 10. 20, 2020마6195 결정).[5] 또한 주식매수청구권을 행사한 주주도 대금 지급 시까지는 주주의 지위를 유지하므로 열람청구권을 행사할 수 있다(대법원 2018. 2. 28, 2017다270916 판결).

1) 35% 주주가 의사록열람을 청구한 사안으로 같은 사건의 하급심에서는 회사를 압박하여 영업 일부를 인수하기 위한 수단으로 이용하는 것이라는 이유로 청구를 기각하였다(서울고등법원 2013. 4. 16, 2012라674 결정).

2) 상법 제466조는 일본이 미국법의 영향을 받아 도입한 조문을 계수한 것으로 독일 회사법과는 무관하다. 회계장부열람권의 비교법적 검토에 관한 문헌으로는 김건식, "주주의 회계장부열람권에 관한 비교법적 고찰", 연구Ⅲ(2021), 395면 이하; 김건식, "미국법상 주주의 회계장부열람권", 연구Ⅱ(2010), 301면 이하 참조.

3) 열람권은 주주가 경영자에 대한 견제권뿐 아니라 의결권이나 보유주식처분권을 행사하는데 필요한 정보를 확보하는 수단으로도 활용될 수 있다(대구지방법원 2002. 5. 31, 2002카합144 결정).

4) 열람권을 재판에 의하여 행사하는 경우와 같이 행사에 시간이 소요되는 경우에는 열람권을 행사하는 주주는 그 기간이 끝날 때까지 주식보유요건을 충족해야 한다(대법원 2017. 11. 9, 2015다252037 판결).

5) 회사를 상대로 한 열람등사가처분 사건의 진행 중에 회생절차가 개시되었다면 회사가 그대로 피신청인 지위를 유지해야 하는가 아니면 관리인으로 수계가 이루어져야 하는가의 문제가 있다. 회생절차가 개시된 채무자의 업무수행 및 재산 관리처분권은 관리인에게 전속하므로(도산 56(1)) 관리인이 수계한다고 볼 것이다. 위 2020마6195 결정도 항고심에서 관리인으로 수계가 이루어진 상태에서 나온 것이다.

2. 열람의 대상

열람의 대상은 '회계의 장부와 서류'로 그 문언상 회계와의 관련성이 요구된다.[1] 장부와 서류의 구분은 반드시 명백한 것이 아니고 논자에 따라 차이가 있다. 또한 양자는 열람권의 대상이란 면에서 동등하게 취급되므로 굳이 엄격히 구별할 실익도 없다. 먼저 "회계의 장부"는 그 문언상 상법 제29조상의 회계장부를 연상시키는 것이 사실이다. 그에 따르면 회계장부는 "거래와 기타 영업상의 재산에 영향이 있는 사항"을 기재하는 장부(30(1))를 가리킨다. 그러나 상법상의 "회계장부"와 "회계의 장부"가 각각 다른 경로를 거쳐 도입된 개념임을 고려하면 문언상 유사성만을 이유로 양자를 동일한 의미로 해석할 필요는 없을 것이다. 판례도 그렇게 엄격한 태도를 취하지 않고 회계의 장부는 널리 "회사의 경리상황을 알 수 있도록 표시한 장부"를 의미한다고 본다(대구지방법원 2002. 5. 31, 2002카합144 결정).[2] 한편 회계의 서류(회계서류)는 "[회계장부]를 작성하는 재료로 되는 서류 기타 회계장부를 실질적으로 보충하는 서류"로서(대구지방법원 2002. 5. 31, 2002카합144 결정) 전표, 주문서, 영수증, 계약서, 납품서, 지출결의서, 통장사본 등 회사의 경리상황을 나타내는 일체의 서류를 포함하는 것으로 본다.[3] 판례는 자회사의 회계장부라도 모회사가 보관하고 있고 모회사의 회계상황을 파악하기 위하여 필요한 경우에는 모회사의 회계서류에 해당한다고 해석하고 있다(대법원 2001. 10. 26, 99다58051 판결).[4]

전표 등 위에 열거한 서류들은 모두 거래자체를 표시한 것이다. 한편 일부 판례는 위의 서류들과는 달리 내부보고서나 품의서, 주식가치 내지 기업가치평가서와 같이 거래가 발생하게 된 원인이나 거래의 경과 등을 나타내는 서류는 원칙적으로 회계서류에 해당하지 않는다고 본다(서울고등법원 2016. 1. 18, 2015라20032 결정 등).[5] 그러나 앞서 언급한 바와 같이 열람권의 실효성을 높인다는 관점에서는 구태여 회계서류를 이렇게 좁게 해석할 이유가 없다. 대법원도 거래의 경과를 보여주는 내부서류에 불과한 품의서도 열람권의 대상에 포함된다고 판시한 바 있다(대법원 2001. 10. 26, 99다58051 판결).

법문상 "장부와 서류"라고 되어 있지만 이것이 반드시 문서에 한정된다고 볼 이유는 없

---

1) 미국의 주회사법에서는 회계관련성이 요구되지 않으므로 일반적인 회사의 장부와 서류가 모두 포함된다.

2) 반면 회계의 장부를 상법상 회계장부와 같은 의미로 해석한 판례로 서울지방법원 1998. 7. 3, 98카합1497 결정.

3) 또한 회계서류의 작성명의인이 반드시 열람·등사제공의무를 부담하는 회사로 국한되어야 하거나, 원본에 국한되는 것은 아니다(대법원 2001. 10. 26, 99다58051 판결).

4) 유의할 것은 이 사건의 피고가 모회사이지 자회사가 아니라는 점이다. 즉 이 판결은 모회사가 자회사의 회계장부를 보관하고 있다면 그 작성명의와 상관없이 모회사의 주주에 의한 열람대상이 된다고 설시하고 있을 뿐, 모회사 주주가 직접 자회사를 상대로 열람청구권을 갖는다고 판시한 것은 아니다. 천경훈, "기업집단의 법적 문제 개관", BFL 59(2013), 16면.

5) 비슷한 취지로 부킹대장, 캐디일지, 노사협의서류들을 회계장부 작성의 기초가 되는 서류에 해당한다고 보기 어렵다고 하여 열람청구를 기각한 사례로 대구지방법원 2002. 5. 31, 2002카합144 결정.

다. 오늘날 회사의 내부문서는 하드카피로 보관하는 대신 컴퓨터를 비롯한 전자장치에 저장되는 경우가 많다. 따라서 열람권이 의미를 갖기 위해서는 이들 전자장치에 저장된 문서도 열람의 대상이 된다고 보아야 할 것이다. 실제로 법원이 열람을 허가할 때에도 전자적 방식으로 다운받는 것을 명시적으로 허용하는 것이 보통이다(서울지방법원 1998. 7. 3, 98카합1497 결정 등).

3. 열람청구권의 행사

(1) 이유를 붙인 서면에 의한 청구

주주의 청구는 '이유를 붙인 서면으로' 하여야 한다. 따라서 구두에 의한 청구나 서면에 의하더라도 이유가 붙어 있지 않은 청구는 효력이 없다. 이유는 구체적으로 기재하여야 한다(대법원 1999. 12. 21, 99다137 판결). 구체적인 기재를 요구하는 이유는 남용을 막고 열람에 제공할 장부와 서류의 범위를 쉽게 판단할 수 있도록 하기 위한 것이다.

이유의 구체성 요건은 결국 주주의 열람권 행사로부터 회사이익을 보호하기 위하여 부과되는 것이라는 점을 고려하면 어느 정도의 구체성을 요구할지는 회사이익을 기준으로 판단해야 할 것이다. 즉 열람권을 통해서 주주권의 실효성을 제고함에 따라 증진되는 회사이익과 열람권 행사로 인하여 훼손되는 회사이익의 균형을 맞추는 선에서 구체성의 수준을 정해야 할 것이다. 그렇다면 구체적인 단서가 없이 막연한 불신감만으로 개시하는 이른바 모색적 증거수집(fishing expedition)은 허용되지 않는다고 볼 것이다.[1] 예컨대 '주주의 권리의 확보나 행사에 관한 조사', '주주의 이익보호', '회계부정의 조사'와 같은 막연한 기재로는 충분치 않다. 그러나 경영자의 부정을 조사하기 위한 열람권 행사의 경우 문제된 부정행위를 구체적으로 기재해야 한다면 현실적으로 열람권 행사는 어려울 것이다. 부정의 구체적 내용은 열람 후에나 비로소 밝혀질 것이기 때문이다. 대법원은 7~8년간 주주총회를 개최하지 않고, 이익배당을 실시하지 않으며 회사의 중요자산을 임의처분하는 등 구체적인 사유를 주주가 제시한 경우에는 구체성 요건을 충족한 것으로 보았다(대법원 1999. 12. 21, 99다137 판결).

과거 하급심은 이러한 구체성의 정도를 "부정행위가 사실일지도 모른다는 최소한의 합리적인 의심이 생기는 정도"일 것을 요한다고 해석해왔으나 최근 대법원은 "그 이유가 사실일지도 모른다는 합리적 의심이 생기게 할 정도로 기재하거나 그 이유를 뒷받침하는 자료를 첨부할 필요는 없다"고 판시함으로써(대법원 2022. 5. 13, 2019다270163 판결) 다소 완화된 태도를 보이고 있다.

---

1) 대법원 2022. 5. 13, 2019다270163 판결도 모색적 증거수집을 위한 열람청구는 허용되지 않는다고 설시하면서, 다만 모색적 증거수집에 해당하는지 여부는 신중하고 엄격하게 판단해야 한다고 보았다.

(2) 실질적 관련성과 주주의 적시

주주가 열람할 수 있는 장부나 서류는 주주가 서면청구 시 기재한 '이유'와 관련 있는 것에 한정된다. 사소한 문제를 이유로 언제나 회사의 모든 서류를 열람할 수 있다고 해석할 수는 없기 때문이다. 판례는 구체적인 열람청구의 대상이 되는 자료는 '소수주주가 열람·등사를 구하는 이유와 실질적으로 관련이 있는 회계장부와 그 근거자료가 되는 회계서류'를 의미한다고 보고 있다(대법원 2001. 10. 26, 99다58051 판결). 따라서 열람청구권을 행사하는 주주는 이유와 실질적 관련성 있는 서류를 어느 정도 구체적으로 적시할 필요가 있다. 그러나 주주에게 열람대상의 특정을 엄격히 요구하면 열람권 행사가 어려워지며 회사내부문서의 상황을 알 수 없는 주주가 열람대상을 정확하게 특정하기는 어렵다는 점에서 적시의 구체성은 너무 엄격히 요구해서는 아니될 것이다.[1)]

(3) 열람청구의 부당성과 회사의 거부

가. 부당성의 의미와 회사이익

상법은 회사가 청구의 부당성을 증명하지 아니하면 소수주주의 열람청구를 거부할 수 없음을 명시하고 있다(466(2)).[2)] 어떠한 경우에 부당성이 인정되는지에 관하여 상법은 구체적으로 규정하고 있지 않다.[3)] 실제 가장 많이 문제되는 것은 열람청구의 "목적"이 부당한 경우이다. "목적"이란 열람권자의 주관적 상태를 말하지만 반드시 열람권자의 주관적 상태에 국한되지 않고 열람의 객관적 "결과"가 부당한 경우도 청구의 부당성이 인정될 것이다. 나아가 이유의 기재가 없거나 불충분한 경우, 열람대상문서의 적시가 너무 막연하거나 너무 포괄적인 경우 등도 부당성이 인정될 수 있을 것이다.

열람청구권도 주주이익보호를 위하여 인정되는 것이므로 청구의 부당성을 판단하는 기준도 결국은 회사이익에서 찾을 수밖에 없을 것이다. 따라서 주주의 권리행사가 회사(내지 주주전체)의 이익에 반하거나 주주지위와 관계없이 개인적 이익을 위한 것이라면 부당한 청구에 해당될 것이다. 판례는 "주주의 열람·등사권 행사가 부당한 것인지 여부는 그 행사에 이르게 된 경위, 행사의 목적, 악의성 유무 등 제반 사정을 종합적으로 고려하여 판단"하여야 하고, 특히 그 행사가 "회사업무의 운영 또는 주주 공동의 이익을 해치거나, 주주가 회사의 경쟁자로서 그 취득한 정보를 경업에 이용할 우려가 있거나, 또는 회사에 지나치게 불리한 시기를 택하여 행사하는 경우 등에는 정당한 목적을 결하여 부당"하다고 한다(대법원 2004. 12. 24, 2003마

---

1) 법원에 가처분을 신청하는 주주는 대상자료가 "존재"하고 회사가 이를 "보관"하고 있음을 소명해야 한다(서울중앙지방법원 2017. 12. 14, 2017카합387 결정 등). 다만 회사가 상법상 작성의무가 있는 대차대조표 등 회계서류나 회사의 재무제표상 기재에 의하여 존재가 추정되는 계정별원장과 같은 회계장부는 회사가 그 부존재사실을 입증하여야 한다(서울고등법원 2017. 1. 5, 2016라21098 결정 등).

2) 은행법은 "은행이용자의 권익을 심하게 해칠 염려가 있을 때"에도 열람청구를 거부할 수 있음을 규정한다(43).

3) 일본 회사법은 회사의 거부사유를 구체적으로 규정한다(433(2)).

1575 결정; 대법원 2014. 7. 21, 2013마657 결정). 판례가 열람권 행사의 부당성이 인정되는 경우로 제시한 것은 다음 세 가지이다: ① 회사나 주주 공동의 이익 침해, ② 경업에 이용할 우려, ③ 회사에 불리한 시기. 이 세 가지 경우는 모두 회사이익이 훼손되는 경우지만 실제로 많이 문제되는 것은 ①과 ②이다.

나. 주주의 개인적 이익을 위한 열람권 행사

먼저 열람권 행사가 회사 내지 주주공동의 이익을 침해하는 경우 부당성이 인정되는 것은 당연하다.[1] 문제는 열람권자인 주주가 주주공동의 이익이 아니라 자신의 개인적 이익을 위하여 열람권을 행사하는 경우를 어떻게 볼 것인가이다. 그런 경우에도 주주가 노리는 이익이 주주 지위와 관련이 있는 경우에는 정당한 것으로 보아야 할 것이다. 주주 지위에서 나오는 이익을 누리기 위한 목적의 열람권 행사를 허용하는 것은 잠재적으로 나머지 주주도 같은 혜택을 누릴 수 있다는 점에서 주주공동의 이익, 즉 회사이익에 부합한다고 볼 수 있기 때문이다. 판례도 같은 태도를 취하고 있는 것으로 보인다. 법원은 투자금 회수를 원하는 주주가 회사의 경영상태를 파악할 목적으로 행하는 열람권 행사(대구지방법원 2002. 5. 31, 2002카합144 결정)와 주식매수청구권 행사에 필요한 정보를 얻기 위한 목적의 열람권행사(대법원 2018. 2. 28, 2017다270916 판결)를 모두 정당한 것으로 보고 있다.[2]

다. 경업에 이용할 우려가 있는 경우

열람권 행사의 부당성이 인정되는 경우로는 주주가 열람권 행사로 얻은 정보를 경업에 이용할 우려가 있는 경우를 들 수 있다. 구체적인 예로서 소주업체인 (주)무학이 다른 소주업체인 대선주조(주)를 상대로 회계장부 열람·등사청구를 한 사안에서 대법원은 그 권리행사가 적대적 경영권 인수를 용이하게 하기 위한 것이라는 점과 두 회사가 경업관계에 있어 영업상 비밀이 경업에 악용될 우려가 있다는 점을 들어 정당한 목적을 결한 것으로 판단하였다(대법원 2004. 12. 24, 2003마1575 결정).

라. 경영권탈취의 우려가 있는 경우

경업의 우려와 아울러 자주 언급되는 것이 경영권탈취의 우려이다. 실제로 열람권이 경영권 분쟁의 상황에서 많이 동원되는 것은 사실이다. 경영권 분쟁 중에 있는 회사에서 주주의

1) 대법원은 회생절차가 개시된 회사의 주주가 회사의 회생을 방해할 목적으로 열람청구권을 행사한 것을 부당하다고 인정한 바 있다(대법원 2020. 10. 20, 2020마6195 결정).

2) 주주의 투자금 회수나 주식매수청구권 행사는 직접 주주공동의 이익을 위한 것이 아니라 주주개인의 이익을 위한 것이지만 투자금 회수나 주식매수청구권 행사는 모두 주주지위와 관련 있는 것으로서 그것을 촉진하는 것은 주주공동의 이익에 부합하는 것이라는 점에서 그것을 위한 열람권 행사는 정당한 것으로 평가할 수 있을 것이다. 반면에 판례는 주주의 열람권 행사가 주주 지위와 관련 있는 이익을 지키기 위한 것이 아니라 회사의 동업자로서 회사로부터 대여금을 반환받고 감사로서의 업무수행에 대한 보수를 지급받기 위한 것인 경우에는 부당하다고 보았다(대전지방법원천안지원 2016. 10. 14, 2015가합697 판결).

열람권 행사가 경영진을 압박하기 위한 것으로 의심된다는 이유로 청구의 부당성을 인정한 판례도 존재한다(대구지방법원 2002. 5. 31, 2002카합144 결정). 그러나 열람에 필요한 지주요건을 갖춘 주주라면 누구나 잠재적으로 경영권 인수의 가능성이 있으므로, 경영권 인수에 활용할 가능성이 있다는 이유로 정당한 목적을 부정한다면 열람권이 지나치게 제한될 우려가 있다. 현 경영진의 위법행위를 확인하기 위하여 구체적인 서류의 열람을 청구하는 경우에는 경영권 인수 가능성을 내세워 만연히 청구를 거부하는 것은 허용되지 않는다고 볼 것이다.

이사회 의사록에 관한 것이기는 하지만 대법원 역시 "주주가 회사의 이사에 대하여 대표소송을 통한 책임추궁이나 유지청구, 해임청구를 하는 등 주주로서의 권리를 행사하기 위하여 이사회 의사록의 열람·등사가 필요하다고 인정되는 경우에는 특별한 사정이 없는 한 그 청구는 회사의 경영을 감독하여 회사와 주주의 이익을 보호하기 위한 것이라고 할 것이므로, 이를 청구하는 주주가 적대적 인수·합병을 시도하고 있다는 사정만으로 그 청구가 정당한 목적을 결하여 부당한 것이라고 볼 수 없"다고 판시하였다(대법원 2014. 7. 21, 2013마657 결정).

일본 회사법상의 열람청구거부사유

상법과는 달리 일본 회사법은 주주의 열람청구를 회사가 거부할 수 있는 사유를 구체적으로 열거하고 있다(日會 433(2)). 이들 사유는 우리 법의 해석상으로도 참고가 될 수 있을 것이므로 이곳에 소개한다.

① 당해청구를 행한 주주(이하 이 항에서는 '청구자'라고 함)가 그 권리의 확보 또는 행사에 관한 조사 이외의 목적으로 청구한 때
② 청구자가 당해 주식회사의 업무의 수행을 방해하고 주주의 공동의 이익을 해할 목적으로 청구한 때
③ 청구자가 당해 주식회사의 업무와 실질적으로 경쟁관계에 있는 사업을 영위하거나 그에 종사하는 자일 때
④ 청구자가 회계장부 또는 그에 관한 자료의 열람 또는 등사에 의하여 지득한 사실을 이익을 얻고 제3자에 통보하기 위하여 청구한 때
⑤ 청구자가 과거 2년 이내에 회계장부 또는 그에 관한 자료의 열람 또는 등사에 의하여 지득한 사실을 이익을 얻고서 제3자에게 통보한 일이 있는 자인 때

(4) 부당한 열람거부와 구제수단

회사가 정당한 사유 없이 주주의 열람청구에 응하지 않은 경우 회사의 이사는 5백만원 이하의 과태료에 처한다(635(1)(iv)). 그러나 이러한 과태료만으로는 부당한 열람거부를 막을 수 없으므로 주주는 회사를 피고로 하여 장부의 열람·등사를 청구하는 소를 제기할 수 있다.

나아가 열람청구의 소를 본안으로 하여 **장부나 서류의 열람을 구하는 가처분**을 신청할 수 있

고 실제로 그러한 사례가 자주 있다. 가처분에 의하여 열람을 인정하면 본안소송의 목적이 달성되고(이른바 만족적 가처분) 본안에서 원고패소 시 현상회복이 어려운 것이 사실이다. 그러나 판례는 "나중에 본안소송에서 패소가 확정되면 손해배상청구권이 인정되는 등으로 법률적으로는 여전히 잠정적인 면을 가지고 있기 때문에 임시적인 조치로서 이러한 회계장부열람등사청구권을 피보전권리로 하는 가처분도 허용된다"고 하면서 "피신청인인 회사에 대하여 직접 열람·등사를 허용하라는 명령을 내리는 방법뿐만 아니라, 열람·등사의 대상 장부 등에 관하여 훼손, 폐기, 은닉, 개찬이 행하여질 위험이 있는 때에는 이를 방지하기 위하여 그 장부 등을 집행관에게 이전 보관시키는 가처분을 허용할 수도 있"다고 한다(대법원 1999. 12. 21, 99다137 판결). 가처분에 의한 열람은 열람청구자의 보전의 필요와 가처분이 인정됨으로써 회사가 입을 불이익을 비교형량하여 전자가 큰 경우에만 인정될 것이다.

판례는 일단 가처분 결정이 내려진 경우 단순히 그것이 상급심에서 취소될 가능성이 있다는 이유로 집행을 정지할 수는 없지만 '그 집행에 의하여 채무자에게 회복할 수 없는 손해를 생기게 할 우려가 있는 때'에는 예외적으로 집행을 정지할 수 있다고 한다(대법원 1997. 3. 19, 97그7 결정).[1)]

회계장부 열람·등사가처분의 주문

현재 실무에서 활용되는 전형적인 주문례는 다음과 같다.[2)]

1. 채무자는 이 결정을 송달받은 날로부터 3일 후부터 토요일 및 공휴일을 제외한 00일 동안 09:00부터 18:00까지의 시간 중 영업시간 내에 한하여 채무자의 본점에서 채권자 또는 그 대리인에 대하여 별지 목록 기재 각 회계장부 및 서류를 열람·등사(사진촬영 및 컴퓨터디스켓에의 복사를 포함)하도록 허용하여야 한다.
2. 채무자가 제1항 기재 의무를 이행하지 않을 경우 그 이행완료일까지 위반일수 1일당 00원씩을 채권자에게 지급하라.

위 주문 제2항은 회사가 열람·등사 허용의무(부대체적 작위의무)를 이행하지 않은 경우에 대비한 간접강제 조항이다. 가처분에도 불구하고 회사가 협조하지 않는 경우, 소수주주는 위 간접강제 조건의 성취, 즉 가처분에 기재된 특정서류의 열람·등사를 회사에 요구했다가 거절

1) 가집행선고 있는 판결의 집행정지에 대한 당시 민사소송법 제474조, 제473조를 유추적용한 판결이나 현행 민사집행법 제309조는 그 취지를 명시하고 있다.

2) 열람·등사기간은 통상 10일에서 30일간으로 정해진다. 대법원은 위 기간이 경과하면 가처분효력이 소멸하여 더 이상 집행권원이 될 수 없다고 본다(대법원 2017. 4. 7, 2013다80627 판결). 한편 위 주문은 이른바 '의무부과형' 주문인바, 그 밖에 '집행관보관형' 주문, 즉 회계장부 등을 집행관에 인도하여 집행관으로 하여금 열람, 등사를 허용하도록 하는 방식도 있다. 상세는 문영화, "회계장부 등의 열람 및 등사의 허용을 명하는 가처분의 집행기간", 법조 733(2019), 498~520면; 이인수, "회계장부 열람·등사가처분과 간접강제", 사법논집 67(2018), 141~172면.

된 사실을 증명하여[1] 배상금을 청구할 수 있다. 위 배상금은 회사의 허용의무 위반이 이어지더라도 제1항에 정한 기간이 경과함으로써 그 발생이 중단된다(대법원 2021. 6. 24, 2016다268695 판결). 회사로서는 차라리 의무이행을 거부하고 단기간 부과되는 배상금을 부담하는 것이 유리하다고 판단할 수 있다. 의무이행기간 부과는 우리나라 특유의 실무관행인바 폐지함이 타당하다.[2]

(5) 열람 또는 등사의 실행

열람 및 등사는 주주권 행사에 필요한 범위 내에서 허용될 것으로 그 회수를 사전에 제한할 것은 아니다(대법원 1999. 12. 21, 99다137 판결). 등사는 사진촬영이나 USB와 같은 전자적 장치에 복사하는 방법으로도 할 수 있다. 최근에는 회사 측 담당자가 입회한 가운데 신청인 측이 전산화된 데이터베이스에 직접 접속하여 특정한 정보를 열람할 수 있도록 허용하는 예도 하급심 실무상 발견된다. 열람이나 등사는 반드시 주주가 직접 해야 하는 것은 아니고 변호사, 공인회계사 등의 전문가를 대리인이나 보조자로 사용할 수도 있다. 열람 또는 등사에 필요한 비용은 권리를 행사하는 주주가 부담하여야 한다.

열람권과 사적자치

열람권에 대한 사적자치는 주주의 열람권을 강화하는 경우와 제한하는 경우의 두 가지로 나눌 수 있다. 후자는 특히 미국에서 많이 논의되고 있다.[3] 그 이유는 미국에서는 그만큼 열람권 행사가 폭넓게 인정되고 그에 따른 남용의 위험도 절실하게 느껴지기 때문이라고 할 것이다. 그러나 우리나라에서는 후자에 관한 논의는 아직 없지만 아마도 부정하는 견해가 우세할 것으로 판단된다. 한편 전자의 가능성에 대해서는 상법에서도 단서가 존재한다. 상장회사의 경우에는 주식보유요건(§542-6(4))을 정관으로 완화할 수 있음을 명시한 규정(§542-6(7))이 바로 그것이다. 그러나 법문에 명시적인 근거가 없더라도 열람권에 관한 사적자치는 가급적 폭넓게 인정할 필요가 있을 것이다.

상법의 열람권조항이 존재함에도 불구하고 실제로 합작투자나 벤처투자의 실무상으로는 당사자들 사이에 별도로 회사정보의 제공에 관한 합의를 체결하는 경우가 많다. 이 경우 투자자의 지분은 열람권 행사에 필요한 주식보유요건을 초과하는 것이 보통일 것이므로 합의는 주로 접근의 방법과 대상을 확대하는 의미가 클 것이다. 때로는 상장회사가 사모펀드나 전략적 투자기업으로부터

---

1) 이는 집행의 조건이므로 민사집행법 제30조에 따라 채권자가 이를 증명하여 별도로 집행문을 부여받아야 한다(대법원 2021. 6. 24, 2016다268695 판결).

2) 일본 실무례도 의무이행기간을 부여하지 않는다(문영화, 전게논문, 515면). 우리나라에서도 부대체적 작위의무에 대해 의무이행기간을 정하는 예는 회계장부 열람·등사가처분을 제외하고는 찾기 어렵다. 판례도 회계장부 등 열람·등사의 가처분이 아닌 본안사건에서는 원칙적으로 의무이행기간을 부과할 수 없다고 본다(대법원 2013. 11. 28, 2013다50367 판결).

3) 미국에는 정관으로 열람권을 배제할 수는 없지만 주주간계약으로 배제하는 것은 허용하는 취지의 판례들이 존재한다.

대규모 투자를 유치하는 경우에도 회사와 주주 사이에 자료나 시설에 관한 접근권을 제공하는 계약을 체결하는 경우가 있다. 이처럼 회사가 일부 주주에 대해서만 회사정보를 제공하는 것이 과연 주주평등원칙상 허용될 수 있는지 여부가 문제될 수 있다. 오늘날 주주평등원칙은 기계적 평등을 추구할 것이 아니라 회사와 주주의 이익을 고려하여 유연하게 해석해야 한다고 보는 것이 특히 선진외국의 추세이다. 그런 관점에서 보면 회사이익에 부합하는 외부투자를 유치하기 위해서 회사정보의 제공을 약정한 경우에 그 약정이 주주평등원칙에 위반된다고 보는 것은 불합리할 것이다.

회사정보의 제공과 관련된 사적자치는 주주간계약의 형태를 취하는 경우가 보통이다. 그러나 실제로 정보를 제공하는 쪽은 회사라는 점에서 회사도 당사자로 참여시키는 것이 바람직할 것이다. 물론 그런 합의가 회사에 대해서도 효력이 있는가에 대해서 우리나라에서는 회의적 견해가 우세한 것 같지만 국제적인 추세는 원칙적으로 회사에 대한 효력을 인정하는 쪽이라고 할 수 있다.[1] 회사를 당사자로 참여시키는 것보다 더 강력한 보호수단은 합의를 정관에 반영하는 것이다. 앞서 언급한 바와 같이 상장회사의 경우에는 법에 정한 주식보유요건(542-6(4))을 정관으로 완화하는 것이 가능함을 명시하고 있다(542-6(7)). 정관자치의 대상을 법에 명시되지 않은 일반회사의 주식보유요건, 그리고 열람권의 범위에까지 확대하는 것이 가능한지에 대해서는 별 논의가 없지만 특별한 사정이 없는 한 역시 구태여 금지할 필요는 없을 것이다.

1) 김건식, "이사회 업무집행에 관한 주주간계약", 연구Ⅲ(2021), 322~323면.

제 4 장

주식회사의 기관

제 1 절
총 설

1. 기관의 의의

회사는 관념상의 존재인 법인이다(169). 따라서 회사가 실제로 사업을 영위하기 위해서는 그 의사를 결정하고 결정된 의사를 집행하는 자가 필요하다. 때로는 그러한 의사결정과 집행에 대해서 감독하는 자를 두기도 한다. 이처럼 회사를 위해서 의사결정, 집행, 또는 감독을 할 권한을 가진 자를 기관이라고 한다.

2. 출자자와 전문경영인의 분리

기관의 적격자로 먼저 떠오르는 자는 출자자인 사원이다. 회사의 의사결정에 경제적으로 가장 큰 이해관계를 갖는 자가 사원이라면[1)]사원에 의사결정권한을 부여하는 것이 경제적인 관점에서 가장 효율적이다. 실제로 합명회사에서는 출자자인 각 사원이 업무를 집행하는 것이 원칙이다(200). 소규모 주식회사의 경우에는 출자자인 주주가 실제로 경영에 관한 의사결정에 폭넓게 관여하는 사례가 많다. 그러나 주주 수가 많고 주식소유가 분산된 대규모 주식회사에서는 주주가 직접 경영에 참여하는 것은 비현실적이다. 일반 주주는 기업경영에 무관심하거나 전문능력을 갖추지 못한 것이 보통이기 때문이다. 또한 많은 수의 주주를 빈번하게 소집하여 총회를 개최하는 것은 시간과 비용 면에서 비효율적이다. 따라서 주식회사에서는 주주가 전문적인 경영능력을 갖춘 경영자에게 경영을 위임할 수 있는 길을 열어놓고 있다.

3. 경영자와 대리문제

(1) 소유와 경영의 분리

주주는 경영자의 전문성에 의존하는 한편으로 경영자가 주주의 이익에 부합하게 행동하도록 통제할 필요가 있다. 그러나 주식소유의 분산이 심화되면 개별주주가 경영자를 감독하고

---

1) 출자자가 회사에 대해서 가장 큰 이해관계가 있다고 보는 것이 전통적인 견해이지만 이에 대해서는 근로자를 비롯한 다른 이해관계자의 이익을 강조하는 견해도 만만치 않다.

통제할 유인이 감소함에 따라 경영자의 재량이 확대되는 것이 보통이다. 이른바 **소유와 경영의 분리**라는 현상이 발생하는 것이다.

(2) 대리문제와 대리비용

소유와 경영이 분리된 회사에서는 의사결정을 하는 경영자와 그 경제적 효과가 귀속되는 출자자의 이해관계가 반드시 일치하지 않는다. 이러한 이해관계의 불일치에서 발생하는 문제를 경제학에서는 **대리문제**(agency problem)라고 하고 그것이 초래하는 비용을 **대리비용**(agency cost)이라고 한다.[1] 대리문제는 반드시 회사법만으로 해결할 수 있는 것은 아니지만 회사법, 특히 이 장에서 설명하는 회사기관에 관한 규정과 법리의 주된 과제이다.[2]

(3) 지배주주와 일반주주 사이의 대리문제

앞서 언급한 소유와 경영의 분리현상은 영미 등 일부 국가를 제외하고는 그렇게 흔한 것이 아니다. 우리나라에서는 대기업에서도 거의 예외 없이 회사의 의사결정기구를 자연인인 지배주주가 장악하고 있다. 따라서 우리 현실에서는 주주와 경영자 사이의 대리문제보다는 지배주주와 소수주주 사이의 대리문제가 더 중요한 의미를 지닌다. 특히 지배주주의 경제적 이익과 의결권 지분의 괴리가 큰 회사일수록 대리문제는 심각하다. 그러나 이 문제에 대한 회사법의 대처는 아직 미흡한 상태이다. 지배주주가 이 장에서 설명하는 기관과 반드시 일치하지 않는 것도 그 원인 중의 하나라고 할 수 있을 것이다. 따라서 기관에 대한 규정이나 법리를 검토할 때에는 그 배후에 있는 지배주주의 존재를 의식할 필요가 있다.[3]

(4) 대리문제와 회사법

대리문제에 대한 회사법의 대처방식은 크게 두 가지로 구분할 수 있다. 하나는 회사의 기관을 적절히 구성함으로써 경영자의 무능과 사익추구를 견제하는 것이다. 다른 하나의 대처방법은 회사의 의사결정을 사전적 또는 사후적으로 통제하는 것이다. 회사의 의사결정을 위한 사전적 절차에 관한 규정이나 주주대표소송과 같은 사후적 구제에 관한 규정이 그 예라고 할 수 있다.

---

1) 대리라는 용어가 사용되지만 민법상의 대리와는 반드시 일치하지 않는다. 대리문제는 반드시 경영자와 출자자 사이에만 발생하는 것이 아닐 뿐 아니라 변호사와 고객, 의사와 환자 등과 같이 한 사람(대리인)의 행위가 다른 사람(본인)의 이익에 영향을 주는 관계에서도 발생한다.

2) 현행 상법상 기관에 관한 규정과 법리 중에는 회사와 거래하는 제3자의 보호를 위한 것들도 없지 않다. 표현대표이사에 관한 제395조나 대표권남용행위의 효력에 관한 법리 등이 가장 대표적인 예이다. 과거 우리나라에서 발생되는 분쟁은 회사와 회사외부의 제3자와의 관계에 관한 것이 많았다. 그러나 최근에는 주주와 경영자, 또는 소수주주와 지배주주 사이의 대리문제에 관한 분쟁이 늘고 있다.

3) 최근에는 이들 두 가지 대리문제 외에도 주주와 채권자 사이의 이익충돌로 인한 대리문제도 부각되고 있다. 제1장 제2절 Ⅱ 참조.

4. 기관의 분화와 기관에 의한 감독

기관의 분화는 주주와 경영자의 분리로부터 시작된다. 만약 주주가 경영자를 제대로 견제할 수 있다면 대리문제는 사라질 것이다. 그러나 주식소유의 분산이 진행될수록 주주는 경영에 참여하거나 경영자를 감시하고 통제할 인센티브를 잃게 된다. 대안으로 등장한 것이 기관을 분화시켜 경영자에 대한 감독을 맡기는 방안이다.

기관을 통한 감독은 다음 두 가지 방식으로 나눌 수 있다. 하나는 회사의 업무집행을 **의사결정**과 **집행**의 두 단계로 나누어 의사결정을 맡는 기관이 집행하는 기관을 감독하는 방식이다. 이사회가 대표이사의 업무집행을 감독하는 것은 그 대표적인 예라고 할 수 있다. 다른 하나는 업무집행기관과 별도로 감독기관을 두는 방식이다. 상법상 감사는 그 대표적인 예이다.

우리 상법은 원칙적으로 이사회와 아울러 감사를 두고 있으므로 두 가지 방식을 모두 채택하고 있는 셈이다. 과거 회사실무는 이사들이 이사회에서 업무집행에 관한 의사결정에 참여하는데 머물지 않고 그 집행에까지 참여하는 것이 일반적이었다. 이들 **업무집행이사**에게 자신의 업무집행을 제대로 감독할 것을 기대하는 것은 애당초 비현실적이었다. 1998년 외환위기 후 이사회의 감독기능을 개선하기 위한 방안으로 당시 증권거래법을 개정하여 상장회사의 경우 사외이사를 선임하도록 강제하였고 2009년 증권거래법이 폐지됨에 따라 그 규정은 상법으로 옮겨왔다(542-8). 2025. 7. 22. 개정(2026. 7. 23. 시행)에서는 상장회사의 사외이사를 '독립이사'로 그 명칭을 변경하였다(542-8(1)).

이사회의 감독기능을 높이기 위해서는 **사외이사**의 비중을 높일 수밖에 없다. 그 경우 이사회에서 결정된 사항의 집행은 대표이사를 비롯한 사내이사가 맡게 된다. 사외이사의 비중이 높아지면서 사내이사의 숫자는 감소하였고, 한정된 수의 사내이사만으로는 업무집행을 하기에 부족하므로 대규모 회사의 업무집행에서는 이사가 아닌 임원이 차지하는 비중이 높아졌다. 사외이사제도 도입과 함께 이러한 이사 아닌 임원이 급속히 확산되었음에도 불구하고 상법은 한동안 아무런 규정을 두지 않았다. 이에 대해서는 입법의 공백이라고 비판하는 학자들이 많았다. 그리하여 마침내 2011년 개정 상법에서는 집행을 전담하는 임원, 즉 **집행임원**을 대표이사 대신 선임할 수 있는 길을 열어주고 있다(408-2).

한편 감사는 상법상 폭넓은 권한을 가짐에도 불구하고 실제로는 유명무실에 그치는 경우가 많았다. 이사회의 감독이 활성화되는 경우에는 따로 감사를 둘 실익은 크게 줄어들게 된다. 1999년 개정 상법은 이러한 사정을 고려하여 사외이사를 중심으로 감사위원회를 두는 경우에는 감사를 두지 않을 수 있는 길을 열어주었다(415-2).[1]

이처럼 과거와 달리 현행 상법은 회사가 상이한 기관구조를 택할 수 있는 여지를 넓게 인

1) 대규모 상장회사에 대해서는 감사위원회 설치가 의무화되고 있다(542-11(1)).

정하고 있다. 감사와 감사위원회 사이의 선택, 기존의 업무집행이사와 집행임원 사이의 선택이 가능할 뿐 아니라 소규모회사에서는 이사회를 두지 않을 수도 있다(383(1)).

5. 기관구조와 권한배분

(1) 개 요

주식회사의 기관구조는 가장 복잡하게 분화하여 왔다. 상법상 주식회사는 ① 투자자인 주주 전체로 구성된 **주주총회**, ② 경영에 관한 의사결정을 담당하는 **이사회**, ③ 이사회의 의사결정을 집행하고 회사를 대표하는 **대표이사**(또는 집행임원), ④ 이사의 업무집행과 회계처리를 감독하는 **감사**(또는 감사위원회) 등 네 가지 기관을 두고 있다.

상법상 주주총회의 권한은 법률 및 정관에 정하여진 사항에 한정된다(361). 법률에 정하여진 사항은 다음 세 가지이다. ① 회사의 기초를 변경하는 경우로 정관변경, 합병, 영업양도, 해산등이 그 예이다. ② 이사, 감사 등 회사기관을 선임하는 경우이다. ③ 재무제표의 승인이나 이사보수의 결정 등 기타 주주의 이해에 영향을 주는 사항이다.

이사회는 업무집행에 관한 권한을 갖는다(393(1)). 업무집행의 결정은 이사회가 하며(393(1)) 이사회의 구성원인 이사가 단독으로 권한을 행사하는 경우는 예외적이다.[1] 과거 상법은 이사회가 결정한 사항의 집행에 관해서는 명시적으로 규정하지 않았다. 예외적으로 대외적인 집행과 관련해서 회사를 대표할 권한을 가진 대표이사에 관한 규정(389)을 두었을 뿐이다. 그러나 실무상으로는 대표이사가 대내적으로도 집행권한이 있다고 보는 것이 일반적이었다. 2011년 개정 상법은 이사회 결정사항의 집행만을 담당하는 집행임원을 따로 선임할 수 있는 길을 열어주었다(408-2). 이사회는 업무집행을 담당하는 이사와 집행임원의 직무집행을 감독한다(393(2), 408-2(3)(ii)).

감사는 회사의 회계 및 업무를 감사한다(412, 447-4). 회사는 선택적으로 감사 대신 감사위원회를 둘 수 있지만 일정 규모 이상의 상장회사는 감사위원회 설치가 강제되고 있다(542-11(1)).[2] 또한 자산총액 500억원 이상의 회사를 비롯한 일정한 회사는 외부감사인의 감사를 받는다(외감 4, 외감슈 5).

(2) 기관간 권한배분과 사적자치

회사의 사정에 따라서는 이상에서 설명한 상법상 기관구조와 권한배분이 불편한 경우도 있다. 예컨대 사실상의 **1인회사**에서 주주총회와 이사회를 운영하기는 번거로울 것이다. 또한 두 회사의 동업을 위하여 설립한 **합작투자회사**는 실제 운영상 주주총회와 이사회의 역할구분이 명확하지 않을 수도 있다. 따라서 회사의 구체적 여건에 따라 기관구조와 권한배분을 적절히

---

1) 주주총회 결의취소나 합병무효의 제소권은 그 예라고 할 수 있다(376(1), 529(1)).

2) 변태설립의 조사와 같은 특별한 사항과 관련해서는 검사인이 선임되는 경우가 있다(예컨대 298(4), 310(1)).

조정할 필요가 있을 것이다. 상법이 정한 기관구조나 권한배분이 탐탁지 않다면 주식회사 대신 상법이 허용하는 다른 종류의 회사형태를 택하는 것이 근본적인 방안이 될 수도 있다. 그러나 상법은 주식회사를 취하면서도 기관구조와 권한배분을 조정할 수 있는 여지를 명시적으로 인정하고 있다. 기관구조와 관련하여 **소규모 주식회사**의 경우에는 이사회를 두지 않거나(383(1)단) 비상장회사의 경우에도 감사 대신 감사위원회를 두는 것이 허용된다(415-2). 또한 기관의 권한배분과 관련해서는 예컨대 정관으로 대표이사의 선임을 주주총회의 권한사항으로 할 수 있다(389(1)단).

문제는 상법에 명시적인 근거가 없음에도 사적자치에 따라 기관구조나 권한배분을 변경할 수 있는가 여부이다. 예컨대 합작투자회사나 지주회사의 자회사에서 이사회나 감사를 폐지하거나 경영위원회나 운영위원회와 같은 임의기관을 설치하여 이사회를 대체하는 것이 가능한가? 그처럼 기관구조를 변경하는 것은 명시적 법적 근거가 없이는 허용되지 않는다고 보는 것이 일반적이다. 시장의 혼란을 피한다는 관점에서 회사 조직에 관한 규정은 강행규정으로 보는 것이 보통이다.

한편 기관 간의 권한배분을 변경하는 문제는 주로 주주총회와 이사회, 그리고 이사회와 대표이사(또는 소위원회) 사이에서 발생한다. 구체적으로 허용되는 변경의 범위와 관련해서는 견해가 나뉘고 있지만 특별히 금지할 이유가 없는 한 사적자치의 여지를 폭넓게 인정하는 것이 타당할 것이다.

제2절
주주총회

Ⅰ. 서 설

1. 의 의

주주총회는 주주로 구성되는 회사의 필요적 의사결정기관이다. 주주총회는 회사의 기관이라는 의미(기관으로서의 주주총회) 외에 권한행사를 위하여 개최한 구체적인 회의라는 의미(회의로서의 주주총회)도 아울러 갖고 있다. 회의로서의 주주총회에는 대표이사를 비롯한 이사와 감사가 출석하지만 이들이 기관으로서의 주주총회의 구성원이 되는 것은 아니다. 의결권 없는 주주가 주주총회의 구성원이 되는가에 대해서는 긍정설과 부정설이 대립하고 있다. 의결권 없는 주주는 소집통지대상에서 제외되어 있으나 이들 역시 주주이고 주주총회결의하자를 다투는 소송의 원고적격이 있다는 점에서 긍정설이 타당할 것이다.

2. 필요적 기관

주주총회는 회사의 필요적 기관으로 정관으로도 배제할 수 없다. 그러나 회의로서의 주주총회는 반드시 개최해야 하는 것은 아니다. 예컨대 자본금 총액이 10억원 미만인 **소규모주식회사**는 주주 전원의 동의가 있는 경우 서면에 의한 결의로써 주주총회의 결의를 갈음할 수 있다(363(5)). 나아가 **1인회사**의 경우 1인 주주의 의사가 입증되면 주주총회 결의로 인정되는 등(대법원 2020. 6. 4, 2016다241515, 241522 판결) 간이한 운영이 인정된다(상세는 제1장 제3절 Ⅲ. 3. (1) 참조).

3. 최고의사결정기관

주주총회는 흔히 회사의 최고의사결정기관이라고 불린다.[1] 주주이익극대화모델을 따르는 경우 주주총회의 최고기관성을 쉽게 수용할 수 있지만 상법에 명시적 규정이 없기 때문에 다소 의문이 있다. 주주총회의 최고기관성은 주로 이사회와의 관계에서 문제된다. 주주총회가 이사에 대한 임면권이 있고(382(1), 385(1)) 정관변경(433(1))과 같은 중요 사항에 대한 결정권이

1) 권기범6, 642면.

있다는 점은 최고기관성을 뒷받침하는 근거로 제시된다. 그러나 주주총회가 결의할 수 있는 사항은 상법이나 정관이 정한 사항에 국한될 뿐 아니라(361(1)) 이사회에 특정한 결의를 지시할 수 없고 이사회가 일단 결의한 사항을 번복할 수도 없다는 점에서 최고기관성에는 한계가 있다.[1] 다만 후술하는 바와 같이 정관변경을 통해서 주주총회의 업무집행권한을 무제한 확장할 수 있다는 견해를 따른다면 주주총회의 최고기관성은 한층 부각될 것이다. 한편 우리 판례는 주주 전원의 동의가 있는 경우에는 이사회의 승인이 없는 자기거래도 회사를 구속한다고 판시함으로써 주주 전원의 의사가 이사회에 우선할 수 있음을 암묵적으로 인정하고 있다(대법원 1992. 3. 31, 91다16310 판결).

주주총회의 현실과 이상

현실적으로 주주총회는 이사회나 그 배후에 있는 지배주주의 의사에 따라 좌우되는 형식적인 절차에 그치는 것이 보통이다. 이러한 주주총회의 형해화는 비단 우리나라뿐 아니라 외국에서도 보편적인 현상으로 이에 대해서는 비판적인 의견이 많다. 그렇다고 해서 주주총회의 활성화가 무조건 바람직한 것인지는 의문이다. 특히 주주가 많은 상장회사의 경우에는 주주총회를 개최하여 토의와 표결을 진행하는 데는 시간과 비용이 적잖이 소요되므로 주주총회 안건을 과도하게 확장하여 회의시간을 늘리는 것은 비효율적인 면이 없지 않다.

기존 주주총회제도에 대한 회의는 최근 주주 수가 백만이 넘는 초대형 상장회사의 출현과 아울러 코로나 사태를 맞으면서 한층 강화되었다. 그리하여 주주총회제도의 근본적인 변화를 시도하는 움직임이 일고 있다. 변화의 시도는 주주총회의 기능을 확인하는 것에서부터 출발해야 할 것이다. 주주총회의 기능으로는 크게 주주와 회사 사이의 의사소통과 회사의사의 결정이라고 할 수 있다. 의사소통과 관련해서는 최근 이른바 주주행동주의가 확산됨에 따라 평상시 의견교환의 중요성이 상대적으로 더 부각되고 있다. 한편 의사결정은 주주총회의 본질적인 기능이므로 결코 생략할 수 없을 것이다. 그러나 반드시 모든 주주가 실제로 한자리에 모인 회의에서 의사를 결정하는 방식을 계속 유지할 것인가에 대해서는 부정적인 견해를 갖는 이들이 늘고 있다. 이런 관점을 택한다면 전자주주총회나 서면결의에 대해서 보다 긍정적으로 보게 될 것이다.

Ⅱ. 권 한

1. 서 설

주주가 회사의 사업위험을 부담하는 잔여청구권자라는 관점에서 주주총회에 회사의 모든 사항에 대한 결정권을 부여하는 것도 생각해볼 수 있다. 그러나 전술한 바와 같이 주식소유가

1) 이사회가 주주만이 아니라 다른 이해관계자의 이익까지 고려해야 한다고 보는 이해관계자이익모델에 의하면 이사회는 주주총회의 하위기관이 아니라 동렬(同列)의 기관이다.

분산된 회사에서 주주는 경영에 참여할 인센티브도 능력도 없다. 그러므로 상법은 원칙적으로 회사의 업무집행은 이사회에 맡기고 주주총회는 상법이나 정관에 정하는 사항에 한하여 결의하도록 하고 있다(361).

2. 상법상의 권한

(1) 권한의 범위

주주총회는 상법이나 정관에 정하는 사항에 한하여 결의할 수 있다(361). 권한범위 밖의 사항에 대한 결의는 무효이다(대법원 1991. 5. 28, 90다20084 판결). 이사회는 권한범위 밖의 사항에 대한 주주제안을 거부할 수 있다(363-2(3)). 그러나 외국에서는 명시적인 권한사항 밖의 사항에 대해서 권고적 효력을 갖는 주주총회 결의가 이루어지는 경우가 많다.[1)] 이런 권고적 효력만 있는 결의도 어떤 사안에 관한 주주들의 총의를 확인하거나 이사회 및 경영진 나아가 주식시장의 잠재적 투자자들에게 회사의 경영 방향이나 비전을 제시하는 등의 의미가 있으므로 정관에 **권고적 결의**에 관한 근거를 명시하는 것은 금지할 이유가 없을 것이다.[2)] 정관에 그런 근거가 없는 경우에도 이사회가 그런 주주총회 결의를 추진하는 경우 현실적으로 결의자체를 막기는 어려울 것이다.[3)]

상법과 정관에 명시되지 않은 사항에 대한 주주총회 결의의 예

주주총회에서 이사와 감사의 책임을 추궁하는 결의가 시도된 예가 있다(대법원 2007. 9. 6, 2007다40000 판결). 그러나 이러한 결의는 원칙적으로 주주총회의 권한사항에 속하지 않는다. 따라서 사실상 주주총회에서 이러한 결의가 행해지는 경우에도 그것이 법률적으로 구속력을 갖는 것은 아니다. 다만 책임해제(450)와 관련하여 이를 저지하는 효력이 있을 뿐이다.

한편 주주회원제로 골프장을 운영하는 주식회사가 주주회원의 골프장 이용혜택을 변경할 경우 중요 사항을 주주총회에 회부하기로 일부 주주회원과 약정을 체결하고 그 약정에 따라 주주총회에서 주주회원의 골프장 이용혜택을 축소하는 내용의 결의를 한 사안이 소송상 문제된 바 있다. 원심은 주주회원의 골프장 이용혜택 범위에 관한 사항은 법령 및 정관상 주주총회 결의사항이 아니므로 주주총회 결의무효 사유에 해당한다고 보았다. 반면 대법원은 이 사건 결의가 임의로 약정한 절차적 요건에 불과할 뿐 회사의 단체법적 법률관계를 규율하는 의미가 전혀 없으므로 상법상의 주주총회 결의가 아니고 결의하자를 다투는 소의 대상조차 되지 않는다고 판단했다(대

1) 예컨대 미국에서는 적대적 기업인수로부터 경영권을 보호하기 위하여 발행된 이른바 독약증권(poison pill)을 상환하자는 결의는 주주총회 권한사항이 아니므로 권고적 효력만을 갖는 것으로 보고 있다. 또한 환경보호, 인권보호, 인적 다양성 확보 등에 관한 권고적 주주제안에 응하여 권고적 결의가 이루어지는 경우도 늘어나고 있다.

2) 상세한 논의는 배용만/이소영, "HDC 현대산업개발 주주제안 사례를 통해 살펴 본 권고적 주주제안 관련 쟁점", BFL 114(2022) 및 후술 IV. 3. (4) 참조.

3) 예컨대 이사회가 계열회사에 대한 지원을 결정하면서 민·형사책임의 부담을 덜기 위하여 주주총회의 승인을 조건으로 붙이는 경우 그러한 주주총회 결의를 구태여 막을 필요는 없을 것이다.

법원 2013. 2. 28, 2010다58223 판결). 상법 및 정관에 정하지 않은 사항에 대해 주주총회 형태로 결의했을 때, 어떠한 경우 상법상 결의무효의 소로 다툴 수 있고 어떠한 경우 (상법상 주주총회 결의가 없다고 보아) 단순한 민사소송상의 무효확인의 소로 다툴 수 있는지 분명하지 않다. 대법원은 일응 단체법적 법률관계를 획일적으로 규율하는 의미가 전혀 없을 때에는 후자에 해당한다는 기준을 제시하고 있다.

---

(2) 상법에 정한 사항

상법에서 주주총회의 권한사항으로 정한 것은 다음과 같이 나누어 볼 수 있다.

첫째, **회사의 근본적인 변경**에 관한 사항으로는 정관변경(433(1)), 합병(522(1)), 영업양수도(374(1)), 회사의 분할 및 분할합병(530-3(1)), 주식의 포괄적 교환(360-3(1))과 이전(360-16(1)), 자본금의 감소(438(1)), 해산(517(ii)) 등을 들 수 있다.

둘째, **회사기관의 임면**에 관한 사항으로서 이사, 감사, 청산인 등의 임면이 이에 속한다(382(1), 385(1), 409(1), 415, 531(1), 539(1)).

셋째, 주주총회는 회의체로서 **의사운영에 관한 사항**은 정관에 특별한 정함이 없더라도 당연히 결의할 수 있다. 회의의 속행과 연기(372(1))는 물론이고 동의의 채택여부, 총회장의 변경 등이 이에 속한다.

위의 사항은 대부분의 입법례에서 공통된다. 우리 상법은 그 밖에 다음과 같이 주주이익과 밀접한 관련이 있는 몇 가지 사항도 주주총회의 권한에 포함시키고 있다. ① 회계에 관한 사항(재무제표의 승인(449(1)과 이익배당의 결정(462(2))[1]과 ② 이사의 권한남용을 억제하기 위한 사항(이사보수의 결정(388)과 사후설립(375))이 그 예이다.

3. 정관에 의한 권한의 확장

(1) 권한확장의 한계

상법은 주주총회의 권한을 정관으로 확장할 수 있는 여지를 인정하고 있다(361). 그렇다면 정관으로 정하기만 하면 얼마든지 주주총회의 권한을 확장할 수 있을까? 주주총회의 권한확장은 이사회의 권한축소를 의미하기 때문에 이 문제는 이사회의 업무집행권한을 얼마나 정관으로 제한할 수 있는가의 문제이기도 하다.

주주가 잔여청구권자라는 관점에서 보면 주주총회 소집과 같이 성질상 불가능한 것을 제외하고는 이사회의 모든 권한을 정관으로 주주총회에게 귀속시키는 선택지도 이론적으로는 성립가능하다(무제한설). 그러나 사실상 이사회를 폐지하는 것과 같은 정도로 이사회의 권한을 축소하는 것은 상법에서 정한 회사의 기관구조를 변경하는 것과 마찬가지로 무효로 보아야 할

---

1) 다만 2011년 개정 상법은 이를 이사회 결의로 결정할 수 있는 길을 열어 주었다(449-2, 462(2)단).

것이다. 실제로도 이런 극단론을 주장하는 견해는 찾아보기 어렵다.

한편 다른 극단으로는 상법이 주주총회의 권한사항으로 할 수 있음을 명시한 경우(예컨대 389(1)단, 416단, 461(1)단 등)에만 확장이 허용된다고 보는 견해(제한설)가 있다.[1] 제한설은 상법상 주주총회와 이사회의 권한배분은 '유한책임제도 하에서 회사의 독립적 기능을 확보하기 위한' 것이라는 점을 근거로 든다.[2] 그러나 제한설은 회사의 사정에 따라 기관 간의 권한배분을 조정하는 사적자치를 불필요하게 억제한다는 점에서 찬성하기 어렵다.

결국 상법에서 정한 회사의 기관구조를 존중하면서도 정관 자치에 의한 기관 간 권한배분을 인정하는 접근이 타당할 것이다(확장설). 즉 이사회를 사실상 형해화시키는 정도가 아니라면 상법이 이사회의 권한사항으로 명시한 것이라도 정관으로 주주총회에 귀속시키는 것은 허용된다고 볼 것이다.[3] 대법원은 자기거래의 승인은 '주주 전원의 동의가 있다거나 그 승인이 정관에 주주총회의 권한사항으로 정해져 있다는 등의 특별한 사정이 없는 한' 이사회의 전결사항이라고 판시한 바 있다(대법원 2007. 5. 10, 2005다4284 판결). 이 판시는 자기거래승인과 같이 상법이 이사회 승인을 받도록 명시한 사항도 정관이 정하는 바에 따라 주주총회 권한사항으로 변경할 수 있다는 전제에 서있는 것으로 보인다.[4]

(2) 권한확장의 득실

이처럼 상법상 주주총회의 권한은 정관에 의하여 상당히 확장할 수 있다. 그러나 그것이 법적으로 가능하더라도 현실적으로는 적절치 않을 수도 있다. 주주총회의 권한으로 하는 경우에는 결정대상에 관한 정보가 보다 폭넓게 공유되고 반대측 주주에게 반론의 기회가 보장되는 반면, 주주총회는 이사회보다 시간과 비용이 더 많이 소요되기 때문이다. 그리하여 폐쇄회사에서는 주주간계약을 반영하는 등의 이유로 정관에서 주주총회의 권한을 확장하는 예가 상대적으로 많으나 대규모 상장회사에서는 정관으로 주주총회의 권한을 확장하는 예가 드물었다. 다만 최근에는 주주행동주의의 영향으로 상장회사에서도 그런 예가 등장하고 있다.[5]

(3) 업무집행에 관한 결의에 따른 책임

주주총회가 정관에 따라 업무집행에 관한 사항을 결의한 경우에는 두 가지 차원에서 책임문제가 발생할 수 있다. ① 하나는 그러한 결의에 찬성한 주주의 책임이다. 찬성한 주주의 역

---

1) 이철송30, 506면; 장덕조3, 217면; 정찬형22, 878면.
2) 이철송30, 506면.
3) 같은 견해(확장설)로 권기범6, 647면; 김정호5, 284면; 김홍기4, 487면; 송옥렬9, 912면; 이/최11, 517면; 임재연6 Ⅱ, 8면; 정동윤6, 541면; 최기원14, 435면; 최준선14, 357면; 홍/박7, 337면.
4) 또한 주주전원의 동의가 있으면 이사회 승인이 필요치 않다는 이 판결의 논리도 기본적으로 이사회 승인이 모든 경우에 필요불가결한 것은 아니라는 태도를 보여준다.
5) 예를 들어 KT의 정관에서는 회사의 자기주식을 교부하고 그 대가로 다른 회사의 주식을 취득하는 행위에 대해 주주총회의 승인을 받도록 하고 있는데, 이는 2023년 정기주주총회에서 주주제안에 따라 정관에 추가된 것이다.

할이 실질적으로 이사에 상응할 정도로 결정적인 경우가 아니라면 책임을 인정하기 어려울 것이다. 일반적으로 잘못된 주주총회 결의에 수동적으로 찬성한 주주에 대해서 그 책임을 물을 수는 없기 때문이다. 주주총회의 의제를 결정하는 것은 이사회이므로 이사의 책임을 묻는 방법으로 해결하는 것이 옳을 것이다. ② 다른 하나는 그런 결의를 실행한 이사의 책임이다. 이사는 주주총회의 결의내용이 위법한 것이 아닌 한 따를 의무가 있다.[1] 따라서 주주총회에서 이사가 결의내용의 부당성을 지적하였음에도 그 결의가 통과된 경우에는 그 결의를 실행한 이사에게 책임을 지울 수 없을 것이다.

4. 주주총회 권한사항의 제한

이론상 주주총회 권한은 확장하는 것뿐 아니라 제한하는 것도 생각해볼 수 있다. 상법에서 주주총회 결의를 요하는 사항은 대체로 주주이익과 밀접한 관련이 있으므로 회사는 정관으로도 그 결정권한을 이사회나 대표이사에 귀속시킬 수 없다고 보는 것이 일반적이다.[2] 그러나 이와 관련해서는 다양한 예외를 인정할 수 있을 것이다.

① 주주총회 권한의 전면 위임이 아니라 주주총회가 상법이 총회결의를 요구한 취지에 비추어 중요하다고 판단되는 사항에 대해서만 결정하고 세부사항의 결정을 다른 기관에 위임하는 것은 허용된다고 볼 것이다. 그 대표적인 예가 이사보수에 관한 결정이다. 이사의 보수는 주주총회가 결정하도록 되어 있으나(388) 실무상 주주총회에서는 보수의 상한만을 결정하고 그 범위 내에서 각 이사에 대한 지급액을 결정하는 것은 이사회에 일임하는 것이 보통이다. 이사보수에 관한 규정이 이사보수가 과다하게 지급되는 것을 억제하기 위한 취지라면 이러한 실무는 적법하다고 볼 것이다.[3]

② 이사 선임과 같은 주주총회의 법정권한을 일정 기간 동안 제3자에게 위탁하기로 하는 정관 규정의 유효여부가 문제될 수 있다. 이러한 위탁의 수요는 기업집단에 속하는 기업이나 경영위기를 겪는 기업에서 발생할 수 있다. 전면적인 경영위임도 주주총회의 특별결의로 허용한다는 점(374(1)(ii))에 비추어 그러한 규정도 허용된다고 볼 것이다.[4]

③ 정관으로 예컨대 이익배당결의의 효력을 특정 채권자 승인을 조건으로 삼는 경우와 같이 제3자의 승인을 주주총회 결의의 효력발생조건으로 부과하는 것이 가능한지가 문제될 수 있다. 이러한 규정은 회사의 자치에 따른 자발적인 제약으로서 특별히 다른 이익을 해치는 경우가 아니라면 구태여 무효로 볼 이유는 없을 것이다.[5]

---

1) 江頭8, 322면.
2) 일본 회사법(295(3))은 그 취지를 명시하고 있다.
3) 본장 제4절 Ⅸ. 3. 참조.
4) 江頭8, 322~323면.
5) 江頭8, 322~323면. 국내의 반대견해로 권기범6, 649면; 오성근1, 429면.

Ⅲ. 소 집

1. 서 설

주주들이 임의로 모였다고 해서 주주총회 성립을 인정한다면 일부주주가 배제될 우려가 있고 주주총회의 중복 개최로 인한 혼란도 우려된다. 따라서 상법은 주주총회를 소집권자가 법에 정한 절차를 거쳐 소집하도록 하고 있다(362 이하). 주주총회는 소집권자가 소집한 경우에만 유효한 결의를 할 수 있다. 소집권자가 아닌 자가 소집한 주주 모임에서 결의한 경우에는 원칙적으로 주주총회 결의는 존재하지 않는 것으로 본다. 다만 예외적으로 주주 전원이 출석하여 회의를 개최하는 데에 동의하는 경우에는 위와 같은 문제가 없으므로 소집절차 없이 주주총회가 성립된 것으로 본다(대법원 1996. 10. 11, 96다24309 판결).

주주총회의 소집방법은 이사회보다 엄격하다. 이사회의 구성원인 이사는 회사에 위임계약상의 선관주의의무를 부담하므로(382(2)→민 681) 이사회에 참석할 의무가 있다. 반면에 주주는 회사에 대해서 그러한 의무를 부담하지 않기 때문에 자신의 판단에 따라 불참하는 것이 허용된다. 상법은 주주총회에 대한 참석 여부 및 의결권행사에 관한 주주의 의사결정을 돕는 차원에서 소집의 통지에 관해서도 규정을 두고 있다.

2. 소집권자: 원칙

주주총회의 소집은 상법에 달리 정하는 경우를 제외하고는 이사회가 결정한다(362). 이사회는 총회의 일시, 장소, 의제 및 의안을 정한다.[1] 일시와 장소에 대해서는 이사회에서 상당한 범위를 정하고 대표이사가 구체적인 사정을 고려하여 결정하도록 위임하는 것도 허용된다고 볼 것이다.[2] 실제 소집의 집행, 즉 이사회가 결정한 소집사항을 담은 소집통지서의 발송 및 공고는 대표이사가 맡는다.

이사회 결의 없이 대표이사가 소집하거나(대법원 1987. 4. 28, 86다카553 판결) 반대로 이사회 결의는 있지만 대표이사가 아닌 이사가 소집하는 것(대법원 1993. 9. 10, 93도698 판결)은 주주총회 결의의 취소사유에 해당한다.

소집권자인 이사회가 소집을 거부하는 경우에도 주주총회 개최가 필요한 경우가 있다. 상법은 예외적으로 소수주주, 감사(또는 감사위원회), 법원에 의한 주주총회 소집을 허용하고 있다. 이하 차례로 설명한다.

---

1) 상장회사 주주총회의 경우 이사회의 소집결의 당일 공시하게 되어 있다(유가증권시장공시규정 7(1)(iii)라).
2) 권기범6, 650면; 이철송30, 509면.

3. 소집권자: 예외

(1) 소수주주

가. 요 건

상법은 주주가 주주총회를 소집할 수 있는 길을 열어 주되 남용을 막기 위하여 소수주주권으로 하고 있다(366(1)). 소수주주의 주식보유요건은 발행주식총수의 3% 이상이다. 상장회사에 대해서는 6개월 이상 보유할 경우 1.5%로 완화하는 특례가 적용된다(542-6(1)). 상장회사 특례는 소수주주권 행사를 용이하게 하기 위한 것이므로 상장회사 소수주주는 양쪽 규정을 선택적으로 활용할 수 있다(542-6(10)). 그리하여 상장회사 소수주주가 6개월 보유요건을 갖추지 못한 경우에도 3% 지주요건을 갖춘 경우에는 주주총회 소집권을 행사할 수 있다(대법원 2004. 12. 10, 2003다41715 판결).

주식보유요건을 계산할 때 의결권 없는 주식을 포함시킬 것인지 여부에 대해서 다툼이 있다. 통설은 포함설을 취하나 의결권 없는 주주는 주총 소집의 실익이 없다는 이유로 의결권 없는 주식을 계산에 포함시키지 말아야 한다는 견해[1)]도 있다. 다음과 같은 이유로 통설인 포함설이 타당하다. ① 상법에서 주식보유요건을 판단할 때 의결권 없는 주식을 제외하는 경우에는 그것을 명시하고 있는데 반하여(예컨대 주주제안권에 관한 363-2(1), 542-6(2), 집중투표에 관한 382-2(1), 542-7(2)) 주주총회 소집청구권의 근거조항(366(1), 542-6(1))은 그것을 명시하고 있지 않다. ② 주주총회 소집청구권은 경영자를 견제하는 성격을 가지며 경영자의 권한남용을 억제할 필요가 있는 점에서는 의결권 없는 주주도 일반 주주와 다를 바가 없다.

나. 이사회에 대한 청구와 법원의 허가

소수주주는 바로 주주총회를 소집할 수 있는 것이 아니라 이사회에 회의의 목적사항과 소집의 이유를 적은 서면(또는 전자문서)을 제출하여 소집을 청구할 수 있을 뿐이다(366(1)). 여기에서 이사회는 원칙적으로 대표이사를 뜻하고, 전자문서란 정보처리시스템에 의하여 전자적 형태로 작성, 변환, 송신, 수신, 저장된 정보를 의미한다. 재현가능한 형태로 보존되어 열람가능한 이상 전자우편, 휴대전화 문자메시지, 모바일메시지(카카오톡 포함)도 전자문서에 해당한다(대법원 2022. 12. 16, 2022그734 결정). 회의의 목적사항은 주주총회 권한에 속하는 사항에 한한다.[2)] 이사의 해임이나 정관 변경과 같이 주주총회 결의만으로 효력이 발생하는 사항은 가능하지만

---

1) 이철송30, 510면; 김교창, "주주총회의 소집", 대계4 Ⅱ, 27면.

2) 정관상 별도의 정함이 없는 이상 대표이사의 해임 및 선임은 이사회 결의사항이므로 주주는 원칙적으로 '대표이사 해임 및 선임'을 회의목적으로 삼아 주주총회 소집을 청구할 수 없다(대법원 2022. 4. 19, 2022그501 결정). 다만 주주가 회의목적을 '대표이사 해임 및 선임'으로 기재하였더라도 이것이 이사의 해임 및 선임을 통한 대표이사 해임 및 선임(상법 제389조 제1항에 따르면 이사 자격을 상실하면 대표이사 자격도 상실함)을 뜻하는 것으로 볼 여지가 있으면, 법원은 그 정확한 취지를 석명하여야 한다(대법원 2022. 9. 7, 2022마5372 결정).

합병과 같이 상대방과의 계약체결이 필요한 사항의 경우에는 성질상 불가능하다고 볼 것이다.

이사회는 소수주주의 소집청구가 있으면 지체 없이 그에 따르는 것이 원칙이다. 실무상으로도 주주총회의 주도권을 소수주주에게 넘기지 않기 위해 소수주주의 소집청구에 따라 이사회가 직접 주주총회의 소집절차를 밟는 경우가 많다. 이사회가 지체 없이 소집절차를 밟지 않는 경우에는 소집을 청구한 주주가 법원의 허가를 얻어 소집할 수 있다(366(2)). 법원에 허가를 신청할 때에는 주주는 이사가 소집을 게을리한 사실을 소명하여야 한다(비송 80(1)).

법원은 소수주주의 신청이 형식적 요건을 충족한 경우에는 허가를 하여야 한다.[1] 법원은 정관의 규정에도 불구하고 이해관계인의 청구나 직권으로 주주총회의 의장을 선임할 수 있는데(366(2)), 법원이 소집허가결정을 하면서 임시총회 의장도 함께 정하는 것이 보통이다.

예외적으로 소수주주의 신청이 권리남용에 해당하는 경우에는 신청을 기각할 수 있다. 과거 어느 상장회사의 발행주식 약 15%를 보유한 외국투자펀드가 '이사가 기소된 경우 직무를 정지하는 내용의 정관변경'을 위해 임시주총소집허가를 신청한 사안에서 법원은 권리남용을 부정하면서도 주총소집의 필요성이 없다는 이유로 신청을 기각하였다(서울중앙지방법원 2004. 12. 15, 2004비합347 결정). 이 결정에 대한 항고심에서는 제1심과는 달리 권리남용을 인정함으로써 제1심의 결정을 유지하였다(서울고등법원 2005. 5. 13, 2004라885 결정). 항고심은 임시주총소집청구가 권리남용에 해당한다는 근거로 ① 직전 정기주총에서 비슷한 내용의 주주제안을 했으나 부결되었음에도 임시주총의 소집을 통해서 같은 목적을 이루려는 것은 반복제안을 금하는 법의 취지를 잠탈하는 것이며, ② 당해 안건이 통과될 가능성은 희박하다는 점 등을 들었다. 그러나 이러한 근거는 통상 권리남용에서 요구하는 엄격한 요건과는 다소 거리가 있다.[2][3]

법원의 허가를 얻은 동일한 의제에 대해서 이사회의 주주총회 소집권한은 상실된다. 따라서 이사회가 소집한 주주총회에서 동일한 의제에 대하여 의결하는 것은 결의취소사유에 해당한다(수원지방법원 2007. 8. 30, 2007카합392 판결). 다만 소집허가결정 이후 상당한 기간이 경과하도록 총회가 소집되지 않았다면 소집허가결정에 따른 소집권한은 특별한 사정이 없는 한 소멸한다(대법원 2018. 3. 15, 2016다275679 판결 — 소집허가결정 이후 약 7년이 경과한 사안).

다. 소수주주에 의한 소집

법원이 소집을 허가하면 소수주주가 회사의 일시적 기관으로 총회를 소집한다. 따라서 소수주주는 기준일의 설정 등 총회소집을 위하여 필요한 모든 절차를 취할 수 있다. 소수주주의

1) 신청을 인용한 재판에 대해서는 불복신청할 수 없고(비송 81(2)) 민사소송법상 특별항고(민소 449(1))가 가능할 뿐이다(대법원 1991. 4. 30, 90마672 결정).

2) 이는 국내 대기업에 대한 외국인 펀드의 적대적 기업인수시도라는 식으로 언론의 지탄을 받았던 사안이므로 이 결정의 논리가 일반적인 소수주주의 임시주총소집청구사안에서 그대로 추종될지는 의문이다.

3) 상장회사의 임원 해임에 관한 주주제안은 회사가 적법하게 거절할 수 있지만, 상장회사의 임원 해임을 목적으로 한 임시총회 소집청구는 가능하다고 볼 것이다. 상세는 이사 해임에 관한 제3절 Ⅱ. 3. 다. 2) 참조.

청구에 의하여 소집된 주주총회는 회사의 업무와 재산상태를 검사하게 하기 위하여 검사인을 선임할 수 있다(366(3)). 소수주주가 소집한 주주총회의 비용은 회사가 부담하는 것으로 볼 것이다.[1)]

(2) 감사 및 감사위원회

우리 상법은 소수주주뿐 아니라 감사에게도 임시총회의 소집을 이사회에 청구할 수 있는 권한을 부여하고 있다(412-3(1)).[2)] 감사위원회도 감사와 마찬가지로 소집권한이 있다(415-2(7)→412-3). 감사의 청구에도 불구하고 이사회가 지체 없이 소집절차를 밟지 않는 경우에는 감사가 법원의 허가를 얻어 총회를 소집할 수 있다(412-3(2)→366(2)).

감사의 임시주총소집청구권은 감사업무의 실효성을 확보하기 위한 것으로서 감사업무와 관련한 긴급한 의견진술을 위해서만 소집을 청구할 수 있다는 견해도 있다.[3)] 그러나 법문상으로는 물론이고 정책적으로 보더라도 그렇게 한정할 이유가 없으므로 예컨대 이사의 해임을 위해서도 주주총회 소집이 가능하다고 볼 것이다.[4)]

(3) 법원의 명령

뒤에 설명하는 바와 같이 소수주주는 회사의 업무집행에 부정행위 등이 있다고 의심되는 경우에는 회사의 업무와 재산상태를 조사하기 위하여 법원에 검사인의 선임을 청구할 수 있다(467(1)). 법원이 검사인의 조사결과를 보고받고 필요하다고 인정한 때에는 대표이사에게 주주총회의 소집을 명할 수 있다(467(3)). 이 경우에는 이사회의 소집결의 없이 대표이사가 바로 주총을 소집해야 한다.

4. 소집시기: 정기총회와 임시총회

주주총회는 그 소집시기에 따라 정기총회와 임시총회로 나눌 수 있다. 정기총회는 매 사업연도 종료 후 일정한 시기에 소집하는 주주총회이다(365(1)).[5)] 임시총회는 필요한 경우 언제라도 소집할 수 있다(365(3)). 양자에 소집절차의 차이는 없다. 정기총회의 일시, 장소가 정관에 정해져 있는 경우에도 이사회가 소집을 결정하고 그것을 주주에 통지하여야 한다.

정기총회와 임시총회는 시기에 차이가 있을 뿐이고 다룰 수 있는 의제에는 원칙적으로 차이가 없다. 예컨대 정기총회에서 합병승인결의를 하여도 무방하다. 다만 재무제표의 승인과 이익배당의 결정은 정기총회에서 하여야 한다.

---

1) 권기범6, 653면.
2) 독일 주식법은 감사회의 주주총회소집권을 인정하지만(獨株 111(3)) 일본 회사법은 그렇지 않다.
3) 이철송30, 884면.
4) 실제로 감사가 이사해임을 목적으로 주주총회의 소집을 청구한 사례가 없지 않다.
5) 연 2회 이상의 결산기를 정한 회사는 매기마다 정기총회를 소집해야 한다(365(2)). 정기총회를 개최하지 않은 이사에 대해서는 과태료의 제재가 부과된다(635(1)(xxii)).

5. 총회의 소집지, 소집장소, 소집시간

(1) 소 집 지

총회의 소집지는 정관에 달리 정함이 없는 한 회사의 '본점소재지나 인접한 곳'이다(364(1)). 본점소재지나 인접한 곳을 어떻게 정하는지에 대해서는 의문이 있지만 영업양도인의 경업금지에 관한 상법 제41조에서와 같이 특별시, 광역시, 시, 군으로 정하는 것이 타당할 것이다.1) 전자주주총회(후술 Ⅵ. 7. 참조)가 아닌 한 "주주가 소집지에 직접 출석하는 방식으로 총회를 개최한다"고 규정하는데(364(2)), 여기서 소집지는 아래의 소집장소의 의미로 보아야 할 것이다.

(2) 소집장소

소집지와 구별할 것이 총회가 열리는 구체적인 소집장소, 즉 회장(會場)이다. 소집장소가 소집지 내에 있더라도 주주가 모이기 어려운 장소인 경우에는 현저하게 불공정한 소집절차로 결의의 취소원인이 될 수 있다.2) 회장은 출석이 예상되는 주주를 수용할 수 있을 정도로 넓어야 한다. 예상 외로 많은 수의 주주가 출석하여 전원의 입장이 어려운 경우에는 다른 장소로 주주를 인도하여야 하고 그것이 불가능하다면 총회를 연기하여야 한다. 소집장소가 좁아서 입장을 못한 주주가 있음에도 불구하고 의사를 진행하는 경우에는 주주의 의결권행사의 기회를 박탈한 것을 이유로 결의의 취소사유로 볼 수 있다.

노조 등 집단의 방해 때문에 원래의 소집장소에서 총회를 개최하기 어려운 상황에서는 소집장소를 변경해야 한다. 소집장소의 변경은 후술하는 소집의 변경에 해당하므로 아직 총회가 개최되지 않은 상황에서는 소집권자가 결정하는 것이 원칙이다. 대법원은 그러한 경우에는 '소집권자가 대체 장소를 정한 다음 당초의 소집장소에 출석한 주주들로 하여금 변경된 장소에 모일 수 있도록 상당한 방법으로 알리고 이동에 필요한 조치를 다한 때에 한하여 적법하게 소집장소가 변경'된 것으로 본다고 판시하였다(대법원 2003. 7. 11, 2001다45584 판결). 법적으로 소집권자는 이사회이지만 소집장소의 변경은 현실적으로 대표이사가 결정할 수 있다고 보아야 할 것이다.3)

(3) 소집시간

소집통지된 시간보다 총회가 다소 늦게 개최되는 것은 무방하다. 대법원은 주주총회가 언제 개회될 것인지 알 수 없는 상태로 12시간을 경과한 후에 개회된 경우에는 사회통념상 당초의 개회시각에 출석하였던 주주들의 참석을 기대할 수 없기 때문에 소집절차가 현저하게

---

1) 하급심 판례 중에는 정관에 본점소재지를 서울특별시로 정한 회사가 서울특별시와 '인접한 지'인 고양시에서 주주총회를 개최한 경우에 소집지 위반의 하자가 없다고 판시한 것이 있다(서울고등법원 2006. 4. 12, 2005나74384 판결).

2) 소집장소로는 주로 회사의 강당이나 일반 회의시설이 사용된다.

3) 상황에 따른 회의장소 변경권한은 대표이사에게 사전에 위임된 것으로 볼 수 있을 것이다.

불공정하다고 판시한 바 있다(대법원 2003. 7. 11, 2001다45584 판결(국민은행주총사건)).

6. 소집의 통지 · 공고

(1) 주주에 대한 통지 · 공고

가. 2주 전의 통지

주주총회를 소집할 때에는 주주총회일의 2주 전에 각 주주에게 서면으로 통지를 발송하거나 각 주주의 동의를 받아 전자문서로 통지를 발송하여야 한다(363(1)). 여기서 2주 전 발송이란 발송일과 총회일 사이에 적어도 14일을 두어야 한다는 뜻이다.[1)]

상법은 통지비용의 절감을 위하여 일정한 경우 통지의무를 면제해 준다. 첫째, 통지가 주주명부상 주주의 주소에 계속 3년간 도달하지 않는 때에는 회사의 통지의무는 면제된다(363(1) 단). 둘째, 상장회사의 경우 의결권 있는 발행주식총수의 100분의 1 이하를 소유한 주주에게는 정관의 정함에 따라 둘 이상의 일간신문에 각각 2회 이상 공고하거나 금융감독원이나 한국거래소의 전자공시시스템에 공고함으로써 통지에 갈음할 수 있다(542-4(1), 令 31(1)(2)). 그러나 실무상으로는 상당수 상장회사에서 1% 이하 주주에게도 서면통지를 하고 있다.

나. 통지기간의 연장

주식의 간접보유가 확산되고 있는 상황에서 상법이 정한 2주 전의 통지는 실질적인 권리자가 안건을 파악하고 의결권 위임 여부 및 찬반 여부를 판단하는데 너무 짧다는 지적이 있다.[2)] 통지기간은 주주이익을 위한 기간이므로 정관으로 통지기간을 연장하는 것도 가능하다고 본다.[3)]

상장법인에서의 통지기간 연장의 필요

소집통지기간은 상법상으로 14일 이상으로 되어 있지만 실제로 KOSPI200에 해당하는 회사의 평균 통지기간은 17일이라고 한다. 외국인 투자자 사이에서는 2주의 통지기간이 의결권을 제대로 행사하기에 너무 짧다는 불만이 많다. 이런 불만은 특히 주식예탁증서(DR) 형태로 투자하는 외국인 투자자가 많이 제기하고 있다. DR소유자로서는 발행회사가 원주보관기관에 보낸 소집통지가 DR예탁기관, 외국중앙예탁기관, DR소유자 보관기관을 거쳐서 도달되고 의결권행사에 관한 지시는 다시 거꾸로 원주보관기관에까지 보내야 하기 때문에 14일 사이에 의결권행사의 방향을 결정하고 이러한 모든 절차를 마치기 어려운 것이 사실이다. 그리하여 통지기간을 외국에서와 같이 1개월로 연장하자는 목소리가 높다.[4)]

---

1) 예컨대 3. 20.에 총회를 개최하려면 늦어도 3. 5.에는 (3. 6.이 아니라) 통지가 발송되어야 한다.
2) 이러한 지적은 특히 외국인투자자들로부터 많이 나오고 있다.
3) 권기범6, 657면. 2020년 상법 개정 및 그에 따른 정관 개정으로 정기주주총회를 4월 이후에 개최할 수 있게 되면 자율적으로 2주보다 긴 통지기간을 부여하는 것이 실무상 용이해 질 것이다.
4) 독일 주식법은 주주총회는 적어도 총회일 30일 전에 소집하고(123(1)) 소집사실과 의사일정을 공고하도록 하고 있

다. 통지기간의 단축

이와는 정반대로 2주 전의 통지가 기동성 있는 총회개최에 방해가 되는 경우도 있다. 이런 사정을 고려하여 상법은 2009년 개정에서 자본금 총액이 10억원 미만인 회사의 경우에는 통지기간을 10일로 단축하고(363(3)) 나아가 주주 전원의 동의가 있을 경우에는 소집절차 없이 주주총회를 개최할 수 있음을 명시하고 있다(363(4)). 그러나 전원출석주주총회에 관한 판례(대법원 1996. 10. 11, 96다24309 판결)에 비추어 주주 전원의 동의가 있으면 그 밖의 회사의 경우에도 소집절차의 생략이 가능하다고 볼 것이다. 통지기간은 주주이익보호를 위한 것이므로 이런 예외적인 경우가 아니면 정관으로 단축하는 것은 허용되지 않는다고 볼 것이다.

라. 의결권 없는 주주

의결권 없는 주주에 대해서는 통지할 필요가 없다(363(7)). 여기서 의결권 없는 주주는 의결권이 전면적으로 배제되는 주식(344-3(1)) 및 자기주식(369(2))을 가진 주주를 말한다. 이에서 더 나아가 당해 총회의 안건에 대해 의결권이 제한되는 종류주식(344-3(1))을 보유한 주주, 특별이해관계 있는 주주(368(3)), 상호보유주식(369(3)), 기타 상법 또는 특별법에서 의결권을 제한하는 주식을 소유하는 주주에게도 소집통지를 할 필요가 없다는 견해도 있다.[1] 그러나 ① 수정동의 등에 의하여 의안이 다소 변경되어 의결권이 제한되지 않게 될 수도 있는 점, ② 특별이해관계 및 상호보유관계의 존부는 총회일을 기준으로 판단하여야 하는데 통지 시점에 존재하던 특별이해관계 또는 상호보유관계가 총회일에 해소될 수도 있는 점 등을 고려하면, 주주총회 소집통지 의무가 면제되는 의결권 없는 주주는 의결권이 전면적으로 배제되는 주식의 주주만을 의미한다고 보아야 할 것이다. 다만 의결권 없는 주주라도 주총의 안건에 관하여 주식매수청구권을 갖는 경우에는 주식매수청구권 행사 여부에 관한 의사결정을 할 수 있도록 주주총회 소집통지를 하여야 한다(363(7)단).

마. 통지의 방법

소집통지는 서면이나 전자문서의 방법에 의한다(363(1)). 서면은 직접 전달하는 것은 물론이고 팩스를 이용해도 무방하다. 허용되는 전자문서의 범위를 어떻게 볼 것인가에 대해서는 다툼이 있다.[2] 전자문서에 의한 통지에는 주주의 동의를 요하므로 주주의 동의를 얻은 전자문서는 모두 허용된다고 볼 것이다.

다(121(3), (4)).

1) 이철송30, 513면.

2) 학설 대립에 대해서는 권기범6, 657면.

(2) 통지사항

주주는 소집통지를 보고 출석여부, 의안에 대한 찬성여부, 추가로 정보를 입수할 것인지 여부 등을 결정한다. 따라서 주주총회의 소집통지에는 **일시, 장소** 외에 **회의의 목적사항**, 즉 의제를 기재하여야 한다(363(2)). 원칙적으로 의제는 그 취지를 알 수 있는 정도로 기재하면 충분하다. 예컨대 '이사선임의 건', '재무제표승인의 건' 등으로 표시하면 된다. 그러나 합병(522(2)), 정관변경(433(2)), 자본금감소(438(3))의 경우에는 의제만이 아니라 의안의 요령, 즉 결의할 사항의 주된 내용과 그 제안취지를 기재해야 한다.

상장회사의 경우에는 기재해야 할 사항이 더 많다. 첫째, 독립이사(사외이사)의 활동내역과 보수에 관한 사항, 사업개요, 제542조의9 제3항 각호에 따른 거래(자산총액 2조원 이상인 상장회사와 그 최대주주 등 사이의 대규모거래)의 내역, 사업보고서(자시 159), 감사보고서(외감 23(1)) 등 대통령령으로 정하는 사항을 통지 또는 공고해야 한다(542-4(3), 슈31(4)). 이 중 사업보고서 및 감사보고서는 주주총회 개최 1주 전까지 전자문서로 발송하거나 홈페이지에 게재하는 것으로 갈음할 수 있다(슈31(4)iv). 둘째, 의제가 이사나 감사의 선임인 경우에는 후보자의 성명, 약력, 추천인, 후보자와 최대주주와의 관계, 후보자와 회사와의 최근 3년간 거래 내역, 후보자에 대한 최근 5년간 조세 체납처분 여부, 후보자가 최근 5년간 임원으로 재직한 기업의 도산 여부, 이사·감사 결격 사유 유무 등 후보자에 관한 상세한 사항을 기재해야 한다(542-4(2), 슈 31(3)).

상장회사의 정기주주총회 소집과 사업보고서 첨부

전술했듯이 상장회사의 경우 사업보고서(자시159)와 감사보고서(외감 23(1))를 정기주주총회 소집통지에 첨부해야 하고, 주주총회 개최 1주 전까지 전자문서로 발송하거나 홈페이지에 게재하는 것으로 갈음할 수 있다(슈31(4)). 이는 주주들에게 총회에 앞서 충분한 정보를 제공하기 위해 2020년 1월에 개정된 시행령에서 정한 사항이다.

사업보고서는 사업연도 경과 후 90일 이내에 금융위원회와 거래소에 제출해야 하며(자시 159(1)), 12월말 결산법인들은 통상 3월말에 이를 완성하여 제출 및 공시해 왔다. 따라서 3월말까지 정기주주총회를 개최하면서 개최일로부터 최소한 2주 전인 주주총회 소집통지·공고 시에 사업보고서를 첨부하거나 개최 1주 전까지 이를 발송 또는 게재하기는 현실적인 부담이 크다.

다만 종래에는 의결권기준일, 배당기준일, 사업연도말일이 모두 같았으므로 의결권기준일로부터 3월 내에 주주총회를 소집해야 한다는 제약(상 354(4))에 따라 3월말까지 정기총회를 개최해야 했으나, 2020년 상법개정으로 기준일과 사업연도말일을 분리할 수 있게 되어 이제는 4월 이후에도 정기총회를 개최할 수 있게 되었다. 총회를 4월 이후에 개최하는 경우에는 감사보고서 및 사업보고서 제공에 관한 시행령의 위 요구도 무리 없이 준수할 수 있을 것으로 보인다. 다만 실제로는 대부분의 상장회사들이 여전히 3월 중에 정기총회를 개최하면서 사업보고서 제출·공시 시기를 앞당겨서 총회 공고시에 첨부하거나 총회일 1주 전 홈페이지에 게재하는 방식을 따르고 있다.

7. 소집의 철회 및 변경

소집통지를 발송한 후 주주총회가 개회되기 전에 사정의 변경에 따라 소집을 철회하거나 변경할 필요가 생길 수 있다. 불필요한 총회를 개최하는 것은 불합리하므로 소집의 철회와 변경은 모두 허용된다는데 다툼이 없다.[1] 소집의 철회와 변경은 총회의 개회 전에 하는 것이라는 점에서 총회의 개회 후에 하는 주주총회의 연기나 속행(VI.1. 참조)과 구별된다.

소집의 철회나 변경의 방법에 관해서 상법은 아무런 규정도 두고 있지 않다. 통설과 판례는 **소집의 철회나 변경도 소집과 동일한 절차와 방법에 따라야 한다**고 본다(대법원 2009. 3. 26, 2007도8195 판결). 그에 의하면 이사회 결의와 대표이사의 통지가 필요할 것이다. 통지는 원칙적으로 서면에 의하고 총회 개회 전에 주주에게 도달할 필요가 있다. 그것이 불가능하다면 일단 예정대로 총회를 개최하고 그 곳에서 총회의 연기나 속행을 결정하여야 한다. 철회나 변경통지의 경우에 소집통지에 요구되는 14일의 기간을 준수할 필요는 없다.

대법원은 주주들에게 사전에 휴대전화 문자메시지를 발송하고 일간신문에 공고하고 총회장소에 공고문을 부착하는 등의 방법으로 통지한 것으로는 철회가 유효하게 이루어지지 않았다고 판시함으로써 엄격한 태도를 취한 바 있다(대법원 2009. 3. 26, 2007도8195 판결). 반면 공고문 부착과 휴대전화의 방법 외에 추가로 퀵서비스로 소집철회통지서를 보낸 사안에서는 소집통지와 같은 방법인 '서면에 의한 통지'가 있었으므로 소집이 적법하게 철회되었다고 판시한 바 있다(대법원 2011. 6. 24, 2009다35033 판결).

한편 소집의 철회가 부적법하다고 해서 그것을 무시하고 개최된 주주총회의 결의가 반드시 유효한 것은 아니다. 일부 주주는 부적법한 철회를 신뢰하여 주주총회에 불참할 수도 있기 때문이다. 이처럼 서면에 의하지 않는 부적법한 소집철회라도 원래 예정대로 개최된 주주총회 결의의 효력에 영향을 줄 수 있음을 고려하면, 주주에게 소집철회통지서를 송부하지 못했지만 다른 적절한 방법으로 철회의 통지가 이루어진 경우에는 철회의 효력을 인정하는 것이 합리적일 것이다.[2] 전술한 소집장소의 변경이 소집의 변경에 해당함에도 불구하고 이사회 대신 대표이사가 결정하는 것을 허용하고 '상당한 방법으로 알리고 이동에 필요한 조치를 다한 때'에는 소집장소가 적법하게 변경된 것으로 보는 대법원 판례(대법원 2003. 7. 11, 2001다45584 판결)도 위와 같은 유연한 해석을 뒷받침한다고 볼 것이다.

---

1) 대법원은 "법인이나 법인 아닌 사단의 총회에 있어서, 소집된 총회가 개최되기 전에 당초 그 총회의 소집이 필요하거나 가능하였던 기초사정에 변경이 생길 경우 특별한 사정이 없는 한 소집권자는 소집된 총회의 개최를 연기하거나 소집을 철회할 수 있다"고 판시한 바 있다(대법원 2007. 4. 12, 2006다77593 판결). 주주총회에 관한 판례는 아니지만 주주총회의 소집에 대해서도 같은 논리를 적용할 수 있을 것이다.

2) 대법원은 법인이나 법인 아닌 사단에서 총회소집의 철회는 반드시 총회소집과 동일한 방법으로 통지할 필요는 없고 총회 구성원들에게 소집철회결정을 알릴 수 있는 적절한 조치를 취한 경우에는 철회의 효력이 발생한다고 판시한 바 있다(대법원 2007. 4. 12, 2006다77593 판결).

Ⅳ. 의제와 의안

1. 의제와 의안

주주총회의 **의제**는 이사의 선임, 재무제표의 승인, 이익배당의 결정 등과 같이 **주주총회의 목적이 되는 사항**을 말하고(363(2) '회의의 목적사항'), **의안**은 의제의 내용을 이루는 **구체적인 결의 대상**을 말한다(433(2), 363-2(2) '의안의 요령'; 522(2) '합병계약의 요령'). 예컨대 재무제표 승인의 경우에는 의제와 의안이 일치하지만 이익배당의 결정이 의제인 경우에는 의안은 '액면금액 5% 배당'과 같이 구체적으로 그 내용을 특정할 필요가 있다.

주주총회에서는 소집통지서에 기재한 회의의 목적, 즉 의제에 대해서만 결의할 수 있고 그 밖의 의제에 대해서는 결의할 수 없다. 주주 전원이 출석하지 않은 한 출석주주 전원이 의제의 추가에 동의한 경우에도 마찬가지이다(대법원 1979. 3. 27, 79다19 판결).

그러나 정해진 의제의 범위 내에서 주주가 **수정의안**을 내는 것은 가능하다. 예컨대 주주가 회사가 제시한 배당률을 인상하는 수정의안을 내거나 회사가 제시한 이사후보자 X 대신 Y를 선임하자는 안을 내는 것이 가능하다. 다만 상장회사가 이사나 감사를 선임하는 경우에는 미리 후보자에 관한 사항을 통지하고(542-4(2)) 그 후보자 중에서 선임하도록 하고 있기 때문에(542-5) 상장회사의 경우에는 총회장에서 주주가 다른 후보자를 추천하는 수정의안을 낼 수는 없다.[1] 다만 미리 통지된 후보자의 사망, 중병, 구속 등 그 직무를 수행할 수 없는 불가피한 사정이 발생한 경우에도 후보자 교체가 허용되지 않는다고 볼 것인지에 대해서는 실무상 논란이 있다. 미리 통지한 후보자 중에서 이사나 감사를 선임하도록 한 취지는 후보자에 대한 검증을 돕기 위한 것이지만 이러한 경우까지 후보자 교체를 불허하고 새로 주주총회를 소집하도록 할 필요가 있는지는 의문이다.

주주총회의 소집을 철회하는 것이 가능하기 때문에 의제의 일부를 철회하는 것도 가능하다고 볼 것이다.

2. 이사회의 결정

주주총회의 의제와 의안을 누가 결정하는지에 대해서는 상법이 명시하고 있지 않다. 그러나 주주총회의 소집은 이사회가 결정하게 되어 있기 때문에(362) **의제와 의안도 이사회가 결정**한다고 본다. 주주는 이사회가 정한 의안과 다른 의안을 제출하는 것은 가능하지만 의제를 추가하는 것은 원칙적으로 허용되지 않는다. 예외적으로 상법은 제한된 범위에서 주주에게 의제와 의안을 통제할 수 있는 권한, 즉 주주제안권을 부여하고 있다.

---

1) 상장회사의 소수주주가 독립이사 후보를 추천하기 위해서는 주주총회 전에 추천절차를 밟아야 한다(542-8(5)후).

3. 주주제안권

(1) 의 의

주주제안권은 주주가 주주총회의 의제와 의안을 제안할 수 있는 권한을 말한다. 원래 주주총회의 목적사항을 정하는 것은 이사회의 권한이나, 그에 대한 예외로서 일정한 요건 하에 주주가 회사의 의사결정에 자신의 의사를 반영시키는 것을 돕는 제도이다. 다만 주주제안권이 남용되면 주주총회의 운영이 어려워질 수도 있으므로 상법은 소수주주권으로 하는 등 제한을 가하고 있다.

주주총회와 관련한 주주의 주도권은 임시주주총회를 소집하는 형태로도 행사될 수 있다. 주주제안권은 이미 소집이 예정된 주주총회에서 의제나 의안을 추가하는 것이라는 점에서 소수주주의 주주총회소집청구권과 차이가 있다.[1)]

(2) 권리의 주체: 소수주주

주주제안권을 갖는 자는 의결권 없는 주식을 제외한 발행주식총수의 3% 이상을 보유하는 주주이다(363-2(1), (2)). 여기서 의결권 없는 주식이란 의결권배제주식(344-3(1)) 및 자기주식(369(2))을 의미한다.[2)] 상장회사의 경우에는 1%(자본금 1천억원 이상인 회사의 경우에는 0.5%)를 6개월 이상 계속하여 보유하는 주주도 주주제안권을 행사할 수 있다(542-6(2)). 상장회사의 주주가 6개월 보유요건을 충족하지 못하더라도 3% 이상을 보유하는 경우에는 비상장회사의 경우와 마찬가지로 주주제안권행사가 가능하다(542-6(10)). 이러한 지분 요건은 주주제안권 행사시점에 충족되어야 함은 물론이고 의결권행사를 위한 기준일(또는 주주명부폐쇄일의 전일)까지는 계속 충족되어야 할 것이다.[3)] 주주제안권은 총회에서 의결권을 행사할 수 있음을 전제로 하기 때문이다.

(3) 제안의 내용

주주제안권은 **의제제안권**과 **의안제안권**으로 나눌 수 있다.[4)] 의제제안권을 행사할 때에는 당연히 자신의 의안을 제시해야 한다. 문제는 이사회가 제시한 의제에 대해서 의안만을 제안할 수 있는가이다. 상법은 소수주주가 의제에 추가하여 자신이 제출하는 의안의 요령을 통지

---

1) 주주제안권과 임시주주총회소집청구권은 서로 별개의 권리로서 소수주주가 양자를 선택적으로 행사할 수 있다(서울북부지방법원 2007. 2. 28, 2007카합215 결정).

2) 특별이해관계인 소유 주식, 상호보유주식, 감사선임시 3% 초과주식 등은 여기서 말하는 의결권 없는 주식에 해당하지 않는다고 할 것이다. Ⅲ. 6. (1) 라. 참조.

3) 동지: 김선정, "주주제안권", 대계4 Ⅱ, 114면.

4) 제363조의2의 모호한 문언으로 인해 제1항과 제2항의 관계에 관해 해석론이 대립한다. ① 제1항은 의제제안권, 제2항은 의안제안권을 각각 규정한 것으로 보기도 하고, ② 제1항이 의제·의안제안권을 모두 규정한 것이고 제2항은 통지서 기재청구권을 규정한 것으로 보기도 한다. 어느 견해에 따르든 상법이 의제제안권 및 의안제안권을 모두 인정하고 소집통지서에 이를 기재할 것을 청구할 권리도 인정한다는 데에는 큰 차이가 없다.

에 기재할 것을 청구할 수 있다(363-2(2))고 규정한다. 여기서 말하는 의제는 소수주주 자신이 제안하는 의제는 물론이고 이사회가 제시하였거나 제시할 것으로 예상되는 의제도 포함한다.[1)] 예를 들어 이사회는 정관변경을 의제로 제시하지 않았음에도 소수주주가 주주제안권을 행사하여 일정한 정관변경을 제안할 수 있고, 이사회가 일정한 정관변경을 의제로 제시하였거나 제시할 것으로 예상되는 상황에서 소수주주도 주주제안권을 행사하여 그와 다른 내용의 정관변경을 제안할 수 있다.

회의체의 일반원칙상 주주는 이미 제출된 의안에 대해서 총회 중에 **수정의안**을 제출할 수도 있다. 그러나 의안제안권을 행사하면 의안의 요령이 통지에 기재되므로 주주에게 의사전달이 용이하다는 장점이 있다. 또한 총회 중에 의안이 수정되면 수정 전 의안을 전제로 이루어진 전자투표, 서면투표, 의결권 대리행사 등을 어떻게 처리할지 문제되기 때문에 의안제안권을 행사하는 편이 여러모로 효과적이다.

(4) 제안권의 제한

가. 내용적 제한

주주제안권의 남용을 막기 위해서 상법은 그것이 허용되는 범위를 제한하고 있다. 주주제안의 내용이 법령이나 정관에 위반하거나 시행령으로 정한 경우에는 주주총회의 목적사항으로 삼지 않아도 무방하다(363-2(3)). 시행령은 다음 사항을 거부사항으로 정하고 있다(令 5).

① 의결권의 10% 미만의 찬성밖에 얻지 못하여 부결된 내용과 동일한 의안을 부결된 날부터 3년 내에 다시 제안하는 경우
② 주주 개인의 고충에 관한 사항
③ 주주가 권리를 행사하기 위해서 일정 비율을 초과하는 주식을 보유해야 하는 소수주주권에 관한 사항
④ 상장회사 임원의 임기 중 해임에 관한 사항
⑤ 회사가 실현할 수 없는 사항 또는 제안이유가 명백히 거짓이거나 특정인의 명예를 훼손하는 사항

주주총회 결의사항은 상법이나 정관에 정해진 사항에 한정되기 때문에(361) 주주총회 권한 밖의 사항은 법령에 위반하는 것으로 거부사항에 해당할 것이다. 이러한 관점에서 보면 시행령에서 정한 다섯 가지 사항 중에서 ②, ③, ⑤는 주주총회 권한 밖의 사항이기 때문에 당연히 거부사항에 해당하고 실제로 문제되는 경우는 ①과 ④정도밖에 없다. ①은 실효성 없이 주주총회 결의를 반복하는 것이 무익하다는 점에서 타당성을 인정할 수 있다. 그러나 ④에서 이

---

1) 권기범6, 663~669면. 한편 제안자인 주주 자신이 반대할 의제에 대한 주주제안권을 긍정한 판결로 대법원 2025. 10. 16, 2019다236385 판결(반대주주로서 주식매수청구권 행사를 주목적으로 영업양도 추인의 건을 제안한 사안).

사의 해임을 배제한 것은 정당화하기 어렵다.[1)] 이사의 해임이 주주총회의 특별결의사항이라는 것(385(1))만으로도 이사는 충분히 보호가 되고 있다고 할 것이기 때문이다.

이사의 선임에 관해서는 상장회사의 경우에도 주주제안권을 행사할 수 있다. 상법은 자산총액 2조원 이상의 상장회사의 경우에는 소수주주가 독립이사후보를 추천할 수 있는 길을 명시적으로 열어두고 있다(542-8(5)). 판례는 소수주주가 일반적인 주주제안권이나 사외이사후보의 추천권 중 하나를 선택하여 행사할 수 있다고 본다(대전지방법원 2006. 3. 14, 2006카합242 결정(KT&G사건)).

주주총회 권한 밖의 사항에 대한 주주제안

예컨대 주주가 회사의 특정제품의 가격을 10% 인상하라는 주주제안을 할 수 있는가? 제품의 가격결정은 궁극적으로 업무집행기관인 이사회에 속한다. 따라서 정관에 근거를 두지 않는 한 제품가격인상과 같이 이사회의 업무집행에 속하는 사항을 주주제안의 대상으로 삼을 수는 없을 것이다.

정관변경은 주주총회의 승인사항(433(1))으로 원칙적으로는 이사회가 절차를 시작하지만 주주제안의 대상이라는데 다툼이 없다. 이익배당 및 자기주식취득도 주주제안의 대상이 될 수 있다고 할 것이다(자기주식취득 주주제안에 관한 의안상정가처분 신청을 인용한 예로 대전지방법원 2023. 3. 10, 2023카합50070 결정). 그러나 주주총회의 승인사항 중에는 성격상 이사회의 발의에 의해서만 부의할 수 있다고 여겨지는 사항도 존재한다. 그 대표적인 예로는 합병계약이나 영업양도와 같이 상대방이 존재하기 때문에 주주가 의안을 작성하는 것이 사실상 불가능한 의제를 들 수 있다. 그런 의제에 대한 주주제안이 있는 경우 이사회는 주주총회에 부의할 의무는 없지만 주주의 다수의사를 확인할 필요가 있다면 경영판단에 따라 임의로 부의할 수 있다고 볼 것이다.[2)] 우리 판례로는 단순분할(인적분할)의 경우에도 이사회를 거치지 않고 바로 주주제안을 주주총회에 상정할 수 없다는 취지의 하급심 결정이 있다(대전지방법원 2023. 3. 13, 2023카합50089 결정). 분할계획서에 관한 이사회의 검토를 거치지 않고 바로 주주총회에 상정하여 가결될 경우 (i) 그 분할의 내용이 위법부당하더라도 책임질 사람이 없다는 점, (ii) 인적분할에 수반되는 거래소 주권재상장 절차를 수행하려면 관련 규정상 일정 준수가 불가능하다는 점 등이 근거가 되었다.

한편 최근 미국과 유럽 각국에서는 환경, 인권, 사회적 책임 등에 관한 회사의 일정한 조치를 촉구하는 주주제안이 증가하고 있고, 이에 응한 주주총회의 권고적 결의도 증가하고 있다. 그러나 현행 상법상 주주총회는 법률과 정관에 정한 사항만을 결의할 수 있으므로(361), 이러한 주주제안은 그 자체로서는 법적인 효력을 갖기 어려울 것이다. 이에 최근에는 일정한 사항에 관한 주주총회의 권고적 결의 또는 주주들의 권고적 주주제안을 허용하는 정관변경을 소수주주들이 제안하는 사례도 발견된다.[3)] 그러한 정관변경이 이루어지면 일정한 권고적 결의 또는 그러한 권고적 결의

1) 송옥렬9, 924면.

2) 다만 그 결의는 법적 구속력이 없는 권고적 결의에 해당할 것이다. 일본의 다수설도 같은 취지이다. 太田洋, 会社法下の株主提案権, ジュリスト 1346호(2007), 42~44면.

3) 예컨대 HDC현대산업개발(주)의 소수주주인 네덜란드 연금자산운용은 2022. 2. "[법령상 주주제안권 행사요건을

를 촉구하는 권고적 주주제안도 가능해질 것이다.[1] 이처럼 다양한 내용과 효력을 가진 주주제안을 회사법의 체계에서 어떻게 인식하고 편입할 것인가는 앞으로의 연구과제이다.

나. 수량적 제한

소수주주가 특정 주주총회에서 제안할 수 있는 의제나 의안의 수에 대한 제한은 없다.[2] 그러나 주주제안권도 권리남용의 대상이 될 수 있으므로 과도한 수의 제안을 행하는 경우에는 제안권의 남용으로 거부될 여지가 있을 것이다.[3]

(5) 제안권의 행사

소수주주가 제안권을 행사하려면 이사에게 주주총회일(정기주주총회의 경우 직전 연도의 정기주주총회일에 해당하는 그 해의 해당일)의 6주 전에 서면 또는 전자문서로 제안해야 한다 (363-2(1)). 임시주총은 성질상 개최되는 시점을 미리 알기 어렵고, 이를 알게 된 때에는 총회일 6주 전이라는 기한이 이미 도과했거나 임박한 경우가 많다.[4] 따라서 현실적으로 주주제안권은 주로 정기주총에서 활용된다.[5]

구체적으로 의안을 작성할 때에는 가급적 명확하게 기재하여 회사의 재량여지를 줄여야 할 것이다. 앞서 언급한 KT&G사건에서 주주제안권을 행사하는 외국투자자들은 사외이사 6인

갖춘 주주는] 법령 또는 이 정관이 주주총회 결의사항으로 정하지 않은 사항이더라도 환경, 사회, 지배구조에 관한 일정한 사항을 주주총회의 목적사항으로 할 것을 제안(이하 '권고적 주주제안')할 수 있다"라는 취지의 조항을 신설하는 정관변경안을 제안하였다. 이는 2022. 3. 정기주주총회에 주주제안 안건으로 상정되었고, ISS 등 주요 의결권 자문기관 및 국민연금의 찬성을 얻었으나 결국 부결되었다. 배용만/이소영, "HDC 현대산업개발 주주제안 사례를 통해 살펴 본 권고적 주주제안 관련 쟁점", BFL 114(2022), 87−91면.

1) 물론 권고적 결의의 근거를 마련하는 정관변경을 거치지 않고 권고적 주주제안을 하더라도 이사회가 자발적으로 이를 받아들여 주주총회에 상정하는 것 자체를 위법하다고 할 수는 없다. 그에 따라 결의가 이루어지면 법적 구속력은 없지만 권고적 결의로서 성립할 것이다. 2025. 3. ㈜이마트 소수주주들은 권고적 주주제안권을 도입하는 정관변경 등과 함께 '기업가치 제고계획 공시'를 제안하였는데, 회사 측은 주주제안권 지분요건 미충족을 이유로 다른 주주제안들은 받아들이지 않으면서도, 권고적 제안인 '기업가치 제고계획 공시'는 정기주주총회에 권고적 결의 안건으로 자발적으로 상정하였다. 이는 비록 부결되었지만 정관변경을 거치지 않고 권고적 주주제안이 상정된 거의 최초의 사례이다. 경제개혁연대, "이마트 밸류업 계획 관련 주주제안 부결에 관한 입장" (2025. 3.5.) 참조.

2) 미국에서는 한번에 하나의 제안만이 가능하고 제안의 길이는 5백 단어에 한한다(17 C.F.R. § 240.14a-8(c), (d) (2014)).

3) 다만 일본에는 한 주주가 58건의 제안을 한 경우에도 남용에 해당하지 않는 것으로 판시한 사례가 있다(東京高裁 2012. 5. 31, *資料版 商事法務* 제340호, 30면). 마침내 일본은 2019년 회사법을 개정하여 동일 주주총회에서 제안할 수 있는 의안의 수를 10개로 제한하였다(日會 305(4)).

4) 종래 상장회사 임시주총의 경우 이사회의 소집결의일로부터 개최일까지 보통 6주 이상 소요되므로 이사회의 소집결의 공시 후 주주제안권 행사가 시간적으로 매우 촉박하기는 하지만 전혀 불가능한 것은 아니었다. 그러나 최근에는 상장회사에서도 이사회의 임시주총 소집결의 시에 6주 이내로 개최일을 정함으로써 주주제안의 가능성을 원천적으로 봉쇄하는 경우가 늘어나고 있다. 입법적으로는 소집결의 공시 후 짧게나마 일정기간 주주제안을 허용하는 방향으로 개정을 고려할 필요가 있을 것이다.

5) 독일 주식법상으로는 총회 소집 후에도 총회일로부터 일정한 기간 전에는 주주제안권을 행사하는 것이 허용된다 (122(2), 124(1)).

의 선임이 필요한 상황에서 3인의 후보자를 추천하였다. 회사는 안건을 일반 사외이사 2인 선임의 건과 감사위원이 되는 사외이사 4인 선임의 건으로 나누고 외국투자자가 추천한 3인의 후보자는 일반 사외이사 선임의 건에 추천된 것으로 보았다. 법원은 사외이사 선임의 방법에 대한 별도의 제안이 없음을 이유로 이사회가 분리선출방식을 택할 권한이 있다고 판단한 바 있다(대전지방법원 2006. 3. 14, 2006카합242 결정(KT&G사건)).[1] 그 밖에 주주제안과 집중투표가 병용될 때의 쟁점에 관해서는 집중투표에 관한 부분에서 후술한다(제4장 제3절 Ⅱ. 2.(4)).

(6) 회사의 부당한 거부에 대한 구제수단

주주제안이 있으면 이사는 이사회에 보고하고 거부사유에 해당하지 않는 한 주주총회의 목적사항으로 하고 주주가 청구하면 주주총회에서 의안을 설명할 기회를 주어야 한다(363-2(3)).

회사가 주주의 적법한 의제제안을 무시한 경우에는 결의가 없으므로 결의취소의 문제는 발생하지 않는다(서울고등법원 2015. 8. 28, 2015나2019092 판결).[2] 예컨대 주주가 정관변경을 제안하였는데 이를 무시하고 상정하지 아니한 경우에, 같은 총회에서 이루어진 이사 선임결의 등 다른 결의에 하자가 있다고는 할 수 없다. 반면 회사가 주주의 의안제안을 무시하고 회사의 의안을 통과시킨 경우에는 절차적 하자를 이유로 통과된 결의를 취소할 수 있을 것이다. 예컨대 주주가 이사 A 선임안을 적법하게 제안하였는데 이를 무시하고 이사 B 선임안만을 상정하여 통과시켰다면, 그 결의에는 결의방법의 하자가 인정될 수 있다.

주주제안권을 무시당한 소수주주는 임시주총을 소집하는 것도 가능하다. 그러나 주주총회가 개회되기 전이라면 **의제나 의안의 상정을 구하는 가처분**을 신청할 수도 있다. 하급심 판례 중에는 "주주제안을 거부당한 주주가 임시주주총회 소집청구를 하지 아니한 채, 주주제안권 자체의 실현을 위하여 거부당한 의안을 주주총회의 목적사항으로 상정시키는 형태의 가처분을 신청하는 것을 두고 적법한 구제절차인 임시주주총회 소집청구제도를 잠탈하는 것이라고 볼 수 없다"고 판시한 것이 있다(서울북부지방법원 2007. 2. 28, 2007카합215 결정). 실제로 최근 들어 주주제안권을 피보전권리로 한 의안상정가처분이 실무상 활발히 활용되고 있다.

주주제안권을 위법하게 무시한 경우 **회사 및 이사의 손해배상책임**도 발생할 수 있다. 회사가 주주총회 특별결의 없이 중요한 영업용 재산(자회사 주식)을 양도하자 주주인 원고들이 반대주주 주식매수청구권을 행사할 목적으로 위 양도계약의 추인 안건을 주주총회 목적사항으로 제안하였으나, 회사는 이를 거부하였다. 원고들은 회사의 주주제안 거부로 인해 '안건이 상정되어 반대주주 주식매수청구권을 행사했더라면 지급받았을 주식매수가액 상당의 손해'를 입었

1) 후보자의 배분과 관련해서는 주주제안에서 아무런 구체적 지시가 없었기 때문에 회사의 재량에 맡겨진 것으로 본 것 같다. 그러나 선임인원이 2인뿐인 안건에 후보자 3인을 모두 배정하는 것이 과연 회사의 재량의 범위 내에 속한다고 볼 수 있는지는 의문이다.

2) 다만 과태료가 부과되고(635(xxi)) 경우에 따라서는 이사가 손해배상책임을 질 수도 있다.

다고 주장하며 회사 및 그 이사들을 상대로 상법 제399조, 제201조(제389조로 준용)에 기한 손해배상청구를 하였고 법원은 이를 인정하였다(대법원 2025. 10. 16, 2019다236385 판결).

V. 주주의 의결권과 그 행사

1. 총 설

(1) 의 의

주주총회의 결의에 참여할 수 있는 주주의 권리를 의결권이라고 한다. 의결권은 주주만이 행사할 수 있고 사채권자와 같이 주주가 아닌 자는 의결권이 없다. 각 주주는 원칙적으로 1주당 1개의 의결권을 갖는다(369(1))(1주 1의결권원칙). 이 원칙은 강행적인 것이어서 법에서 예외를 인정한 경우가 아니면 정관이나 주주총회의 결의로 제한할 수 없다(대법원 2009. 11. 26, 2009다51820 판결).[1] 또한 의결권 있는 주식을 가진 주주가 의결권을 현실적으로 행사하지 않는 것은 가능하지만 당사자 사이의 특약이나 일방적인 의사표시로 포기하더라도 법적 구속력은 없다(대법원 2002. 12. 24, 2002다54691 판결).

2011년 개정상법은 정관에 규정함으로써 의결권을 배제하거나 제한할 수 있는 여지를 광범하게 허용하고 있다(344-3(1)). 그러나 정관으로도 예컨대 주당 의결권 2개와 같은 복수 의결권이나 주당 의결권 1/2개 같은 부분 의결권을 부여할 수는 없다. 이와 관련해서는 경영권의 안정이나 회사의 장기이익추구를 뒷받침한다는 점에서 복수의결권주식을 허용할 필요가 있다는 주장도 유력하다. 그러나 이에 대해서는 무능하거나 부패한 경영자에 대한 견제가 약화된다는 이유로 반대하는 견해도 만만치 않다. 2023년 개정된 "벤처기업육성에 관한 특별조치법"은 벤처기업이 일정한 조건에 따라 복수의결권주식을 발행할 수 있는 길을 열어주었다.[2]

(2) 의결권의 이론적 기초

가. 잔여청구권자로서의 주주

회사가 장차 직면할 모든 문제에 대한 처리방안을 미리 정해둘 수 있다면 의결권은 불필요할 것이다. 그러나 그것이 현실적으로 불가능하기 때문에 문제가 발생할 때마다 회사가 결정할 수밖에 없고 중요한 의사결정은 주주총회에 맡기고 있다. 의결권은 이러한 주주총회의 의사결정에 참여하는 권리를 말한다.

의결권을 주주에게 부여하는 근거를 법경제학에서는 주주가 **잔여청구권자**(residual claimants)라는 점에서 찾고 있다. 그 논리는 다음과 같이 정리할 수 있다. 주주는 회사가 주주 이외의

---

1) 상장회사 감사 선임 시의 의결권제한에 관한 구 증권거래법 제191조의11 제1항(542-12(3)에 상응)의 강행규정성을 인정한 판결이다.

2) 제3장 제2절 Ⅲ. 1. 참조.

이해관계자와 사전계약(또는 불법행위)에 의하여 확정된 채권을 회사재산에서 공제하고 남는 잔여재산을 차지한다. 잔여청구권자로서 주주의 몫은 회사가치의 증감에 따라 영향을 받게 되므로 회사가치를 극대화시킬 인센티브는 주주가 가장 크다. 따라서 회사가치에 영향을 줄 수 있는 의사결정은 주주가 맡는 것이 가장 바람직하기 때문에 주주가 의결권을 갖는다.

나. 1주 1의결권원칙의 근거

의결권의 근거를 주식의 잔여청구권적 성격에서 찾는 논리는 자연스럽게 1주 1의결권원칙으로 이어진다. 회사의 의사결정에 대해서 참여할 권한의 크기가 주주의 경제적 이익에 비례하는 것이 합리적일 것이기 때문이다. 그러나 그 비례관계가 반드시 절대적인 것은 아니다. 주주에 따라서는 회사운영에 경제적 이익이 있음에도 불구하고 의결권에 무관심한 경우도 있다. 또한 1주 1의결권 원칙에 의하면 경영권을 장악하는데 많은 출자를 요하는데 주주에게 그것이 불편할 수도 있다. 그리하여 상법은 뒤에 보는 바와 같이 제한적으로나마 1주 1의결권주식의 예외를 인정하고 있다.

(3) 주주의 인센티브 변화와 의결권

주주의 의결권을 주주의 인센티브로 정당화한다면 주주의 인센티브가 변화하는 다음과 같은 경우에는 주주의 의결권을 그대로 인정하기 어려울 것이다.

가. 주주의 특별이해관계

주주의 의결권은 주주가 회사가치에 대해서 동일한 이해관계를 갖는 것을 전제한다. 그러나 예컨대 주주와 회사 사이에 영업양수도계약을 체결하는 경우와 같이 주주가 회사 및 다른 주주들과 대립되는 이해관계를 갖는 경우에는 주주는 특별이해관계자로서 의결권을 행사할 수 없다(368(4)).

나. 이른바 empty voting의 문제

법적인 주주가 실질적으로 회사가치에 대해서 경제적 이익을 갖지 않는 경우에는 주주에게 의결권을 인정하는 이론적 근거가 무너진다. 흔히 empty voting이라고 불리는 이 문제에 대해서는 뒤에 따로 설명한다.[1)]

다. 도산에 임박한 회사의 주주와 의결권

도산에 임박한 회사의 경우 실제로 회사가치에서 차지하는 주주의 몫은 0에 접근하고 채권자의 몫이 대부분을 차지한다. 이러한 상황에서 주주와 채권자의 이해관계는 뚜렷이 달라진다. 어차피 잃을 것이 없는 주주로서는 무모한 도박적인 투자를 단행할 인센티브가 있다. 이 문제는 주로 도산에 임박한 회사의 이사에게 어떠한 의무를 부과할 것인가의 관점에서 논의되

1) 이 문제에 대해서 상세한 것은 김지평, 주식에 대한 경제적 이익과 의결권, 경인문화사(2012) 참조.

고 있다.[1] 그러나 주주의 의결권과 관련해서도 같은 문제가 있다. 우리 도산법은 회생절차의 개시 당시 부채총액이 자산총액을 초과하는 경우, 즉 주주 몫이 0으로 된 경우에 비로소 주주의 의결권을 박탈하고 있다(도산 146(3)).

2. 의결권의 주체

의결권을 갖는 것은 의결권행사 기준일 현재의 주주(무의결권 주식의 주주 제외)이다. 주식을 양수하였으나 명의개서를 마치지 않은 주주는 회사에 대항할 수 없으므로(337(1)) 회사에 대해서 자신의 의결권 행사를 허용할 것을 요구할 수는 없다. 나아가 회사도 명부상 주주의 권리행사를 부정하거나 명부상 주주 아닌 자의 권리행사를 인정하여서는 안 된다(대법원(전) 2017. 3. 23, 2015다248342 판결).

Empty voting의 경우

앞서 언급한 바와 같이 최근에는 주주가 주식에 대한 경제적 이익을 갖지 않으면서도 의결권을 행사하는 경우에 발생하는 이른바 empty voting의 문제가 관심을 끌고 있다. 이 empty voting의 문제는 기준일 후에 주식을 처분한 주주가 의결권을 행사하는 경우나 주식대차의 경우와 같이 전부터 존재한 것이다. 그러나 최근 이 문제가 부각된 것은 주주가 주식보유에 따르는 현금흐름의 전부 또는 일부를 파생상품거래를 통해서 타인에게 전가하는 경우가 급속히 늘고 있기 때문이다.

이러한 empty voting의 전형적인 예로는 다음과 같은 경우를 들 수 있다.[2] X회사 주식과 Y회사 주식을 함께 갖고 있던 A가 X회사 주식에서 발생하는 현금흐름을 스왑거래(equity swap)를 통해서 타인에게 이전한 후에도 Y회사와의 합병을 결정하는 X회사의 주주총회에서 자신이 아직 법적으로 X회사의 주주라는 점을 이용하여 Y회사에 유리한 합병안에 찬성하는 경우가 그것이다.[3]

이 경우 회사의 경제적 성과와 무관한 A가 형식상 주주라는 이유로 의결권을 행사하는 것은 의결권의 근거를 주주가 잔여청구권자라는 점에서 찾는 견해에 의하면 정당화하기 어렵다. 다만 empty voting이 문제라는 점에 대해서는 의견이 일치되고 있으나 아직 효과적인 대처방안은 제시되고 있지 않은 상태이다.

---

1) 자세한 것은 김건식, “도산에 임박한 회사와 이사의 의무”, 연구 Ⅲ, 247면 이하 참조.

2) 이는 empty voting의 대표적인 사례인 Perry-Mylan사례에 기초한 것이다. 이 사례에 대한 소개로는 김지평, 전게서, 49~51면 참조.

3) 비슷한 효과는 A가 X회사 수식의 매도선택권(put option)을 구입하거나 주총 기준일 전에 X회사 주식을 매입하여 주주총회 전에 처분한 경우(이른바 record date capture)에도 발생할 수 있다. A가 미리 X회사의 주가하락으로 인한 이득을 얻을 수 있는 공매도거래를 자신이 보유하는 X회사 주식 수보다 많이 해둔 경우에는 X회사 회사가치를 감소시키는 방향으로 의결권을 행사할 위험도 있다.

3. 의결권의 제한

(1) 주식의 속성에 따른 제한: 의결권이 제한되는 종류주식

회사는 의결권이 배제되거나 제한되는 주식을 정관의 규정에 따라 종류주식의 일종으로 발행할 수 있다(344(1), 344-3). 이러한 주식의 의결권은 주주가 누구인가에 관계없이 항상 제한된다. 이에 관해서는 종류주식에 관한 부분에서 따로 설명하였다.

(2) 주주의 속성에 따른 제한

의결권은 주주가 누구인가에 따라 일시적으로 제한되는 경우도 있다. 이 경우 주식이 제3자에게 양도되는 경우에는 의결권의 행사가 가능하다. 이 경우는 ① 의결권이 전면적으로 제한되는 경우와 ② 일정한 사항에 대해서만 제한되는 경우로 나눌 수 있다.

① 전면적 제한의 경우로는 자기주식(369(2))이나 회사 간의 상호보유주식(369(3))을 들 수 있다. ② 의결권이 전면적으로 제한되는 것이 아니라 특정사안과 관련해서만 제한되는 경우로는 특별이해관계 있는 주주의 의결권제한(368(4)), 감사(내지 감사위원회 위원) 임면시의 대주주 의결권제한(409, 542-12(4))이 있다. 이하 앞서 제시한 전면적 제한과 부분적 제한의 대표적인 경우를 차례로 설명한다.

(3) 자기주식

회사가 가진 자기주식은 의결권이 없다(369(2)).[1] 회사가 자신의 의사결정에 관여하는 것은 논리적으로도 모순일 뿐 아니라 출자를 하지도 않은 경영진이 의결권을 행사하게 됨으로써 지배구조의 왜곡을 가져오기 때문이다. 자기주식은 의결권이 없으므로 타인에게 의결권을 대리행사하게 할 수도 없다.

자회사가 보유하는 모회사 주식도 만약 의결권을 인정한다면 자기주식과 비슷한 문제가 생긴다. 출자를 하지도 않은 모회사 경영진이 자회사를 통해 모회사의 의사를 결정하게 되기 때문이다. 이에 상법은 일정한 예외를 제외하고는 자회사의 모회사 주식 취득을 금지하는데(342-2), 예외에 해당하여 자회사가 취득·보유하는 모회사 주식은 다음에 설명하는 상호보유주식에 해당하여 의결권이 제한된다(369(3)).

(4) 상호보유주식

가. 의 의

두 회사가 서로 상대방 회사 주식을 보유하는 상호보유의 경우에도 자기주식 또는 모자회사간 주식과 비슷한 폐단이 발생할 수 있다. 이에 상법은 "회사, 모회사 및 자회사 또는 자회사가 다른 회사의 발행주식의 총수의 10분의 1을 초과하는 주식을 가지고 있는 경우 그 다른 회

---

1) 자기주식의 범위에 관해서는 제6장 제4절 VI 참조.

사가 가지고 있는 회사 또는 모회사의 주식은 의결권이 없다"고 규정한다(369(3)). 이 규정의 취지도 자기주식의 의결권 제한과 마찬가지로 주주가 경제적 이해관계를 넘는 영향력을 행사함으로써 회사의 지배구조가 왜곡되는 것을 막기 위한 것이다. 자회사가 아니더라도 10%를 초과하여 주식을 보유하게 되면 대상회사의 의사결정에 영향을 줄 수 있다는 현실적 판단에 기한 규정이다.

상호보유와 공정거래법

공정거래법은 상호출자제한기업집단에 속하는 계열회사 사이의 주식상호보유를 지분비율과 무관하게 금지하고 있다(공정거래 21). 따라서 상법상의 상호보유규제는 이들 기업집단에 속하지 않는 회사들에 대해서 의미가 있다.

나. 상호보유의 유형

제369조 제3항은 복잡하지만 그에 따르면 의결권이 제한되는 상호보유는 다음 세 가지 경우로 나눌 수 있다.

① A회사가 B회사 주식을 10% 초과하여 보유하는 경우, B회사가 보유하는 A회사 주식은 의결권이 없다.

② A사가 자회사인 S회사와 함께 B회사 주식을 10% 초과하여 보유하는 경우, B회사가 보유하는 A회사 주식은 의결권이 없다.[1)]

③ A회사의 자회사인 S회사가 단독으로 B회사 주식을 10% 초과하여 보유하는 경우, B회사가 보유하는 A회사 및 S회사의 주식은 의결권이 없다.

다. 상호보유규제의 적용과 관련된 몇 가지 문제

위에서 10% 기준의 충족여부를 결정할 때 대상이 되는 주식은 **의결권 있는 주식에 한정되지 않는다.** 따라서 분모는 발행주식의 총수이고 분자에는 의결권 없는 주식까지 포함된다. 10% 기준의 근거를 대상회사 의사결정에 대한 영향력에서 찾는다면 입법론상으로는 의결권 있는 주식만을 대상으로 삼아야 한다는 주장도 일리가 있다.[2)]

A회사 주주총회에서 B회사의 의결권이 제한되는지 여부를 판단할 때 **A회사의 B회사 주식 보유 여부는 기준일이 아니라 주주총회일** 현재를 기준으로 결정한다(대법원 2009. 1. 30, 2006다31269 판결(세이브존사건)). 기준일은 A회사 주주총회에서 의결권을 행사하는 주주를 결정하기 위한 것이지 누가 B회사의 주주인지를 결정하기 위한 것이 아니기 때문이다. 또한 중요한 것은 A회

1) 흔치 않은 경우겠지만 B회사가 S회사 주식을 보유하는 경우 그 주식에 대한 의결권 행사는 제한되지 않는다.
2) 이철송30, 435면.

사가 실제 보유하는 B회사 주식의 수이므로 B회사 주주명부에 A회사의 명의개서가 이루어졌는지 여부는 묻지 않는다(위 2006다31269 판결). B회사에 대한 A회사의 영향력은 명의개서 전에도 생길 수 있기 때문이다.[1] 이러한 법리에 따르면 A회사 등의 B회사 주식취득이 B회사가 A회사 주식을 취득한 시점보다 늦더라도 주주총회일 이전에만 취득한다면 B회사는 A회사 주식의 의결권을 행사할 수 없다. 예컨대 B회사가 A회사의 경영권 탈취를 위하여 주식 30%를 매수한 경우 A회사는 B회사 주식을 10% 넘게 취득함으로써 B회사의 의결권 행사를 저지할 수 있다. 이 경우 A회사도 B회사 주식의 의결권을 행사할 수 없다.

B회사 또는 S회사(A회사의 자회사)가 유한회사이거나 외국회사인 경우[2]에도 상법 제369조 제3항의 상호보유규제가 적용되는지도 문제된다. (i) 먼저 B회사(**유한회사**)가 A회사(주식회사)의 주주총회 기준일상 30% 주주였는데 A회사가 그 주주총회일 직전에 B회사 지분을 10% 넘게 취득한 경우이다. 지배구조 왜곡방지 측면을 고려할 때 A회사 주주총회에서 B회사의 의결권을 제한함이 논리적이다. B회사 주식/지분 취득을 통한 A회사의 B회사에 대한 영향력은 B회사가 주식회사이든 유한회사이든 마찬가지로 발생하기 때문이다. 다만 하급심 판결 중에는 상법 제369조 제3항이 주식회사 사이에만 적용된다고 본 것이 있다.[3] (ii) 다음으로 위 예에서 B회사 또는 S회사(A회사의 자회사)가 **외국회사**로서 우리나라의 주식회사에 준하는 형태(621)인 경우이다. A회사 주주총회에서의 의결권 제한 여부가 문제되는 것이므로 A회사의 설립준거법인 국내 상법에 따라 판단하면 될 것이다(국제사법 30본). 상법 제369조 제3항의 상호보유규제는 B회사가 보유한 주식에도 적용될 것이고, B회사는 A회사 주주총회에서 의결권을 행사할 수 없다.[4][5]

---

1) 이를 비판하는 견해로는 이철송30, 438면. 이 판결은 대법원(전) 2017. 3. 23, 2015다248342 판결에도 불구하고 그대로 유지된다고 볼 것이다. 다만 A회사 주주총회에서 의결권을 행사할 수 있는 자는 A회사의 기준일 현재 A회사의 주주명부상 주주이므로, B회사가 의결권을 행사하려면 기준일 이전에 A회사의 주주명부에 B회사의 명의개서가 이루어져야 함은 물론이다.

2) 이하 논의는 A회사 주주총회에서의 의결권 제한이 쟁점인바, ① A회사가 유한회사인 경우 상법 제369조 제3항의 적용대상이 아니고, ② A회사가 외국회사인 경우 원칙적으로 A회사의 설립준거법을 적용해야 할 것이다.

3) 서울중앙지방법원 2025. 3. 7, 2025카합20144 등 결정(A회사의 자회사인 S1회사는 주식회사에 준하는 외국회사이고 S1의 자회사인 S2는 유한회사에 준하는 외국회사인데 S2가 B회사 주식을 10% 넘게 취득한바, 법원은 유한회사는 상법 제369조 제3항이 정하는 회사 및 자회사에 해당하지 않는다고 보아 의결권 제한을 부정함).

4) 유사한 취지로 서울중앙지방법원 2025. 3. 27, 2025카합20431 결정 참조(A회사의 자회사인 S회사가 주식회사에 준하는 외국회사였던 경우로서, A회사의 주주총회일 직전에 위 S회사가 B회사 주식을 10% 넘게 취득했는바, 법원은 S회사가 외국회사이더라도 상법 제369조 제3항에 따라 B회사는 A회사 주주총회에서 의결권을 행사할 수 없다고 보았음).

5) 한편 자기주식 취득금지조항(342-2)의 외국회사에의 적용에 관하여는 제6장 제3절 VI. 1. (2).

10% 초과 취득시의 통지의무

회사가 다른 회사의 발행주식총수의 10%를 초과하여 취득한 때에는 그 다른 회사에 대하여 지체 없이 통지하여야 한다(342-3). 예컨대 A회사가 B회사 발행주식총수의 10%를 초과하여 취득하면 B회사가 가진 A회사 주식의 의결권이 제한되므로, A회사로 하여금 이를 즉시 B회사에게 통지하게 함으로써 B회사가 의결권 제한 사실을 인지하고 자신의 이익을 보호하기 위해 적절한 조치를 취할 수 있는 기회를 갖게 하려는 것이다. 한편 대법원은 특정 총회에서 개별 안건에 관해 각 주주가 의견을 표시하여 의결권을 위임한 경우에는 회사가 다른 회사의 발행주식총수의 10%를 초과하여 의결권을 대리행사할 권한을 취득하였더라도 통지의무는 발생하지 않는다고 판시하였다(대법원 2001. 5. 15, 2001다12973 판결). 즉 10%를 초과하여 의결권 위임을 받은 것만으로는 10%를 초과하여 주식을 취득한 것과 동일하게 보지 않는다.

(5) 순환출자와 의결권 제한

상호보유와 함께 많이 논의되는 것으로서 순환출자가 있다.[1] 순환출자란 셋 이상의 회사가 고리를 이루어 출자하는 형태로, 예컨대 A회사가 B회사에, B회사가 C회사에, 그리고 C회사가 A회사에 출자하는 형태를 말한다. 순환출자는 상호보유가 간접적으로 일어나는 형태로 상호보유와 같은 폐단을 가져올 수 있다. 순환출자의 비율이 낮고 순환의 고리가 길어질수록 상호출자와의 유사성은 줄어든다. 그러나 순환출자의 비율이 높은 경우에는 자기주식 취득의 경우와 같은 효과를 가져올 수 있다. 예컨대 [그림 4-1]의 경우에는 C회사는 A회사의 자회사로 보므로(342-2(3)) 모회사인 A회사 주식의 취득이 허용되지 않는다(342-2(1)).[2]

그림 4-1 순환출자와 주식취득제한

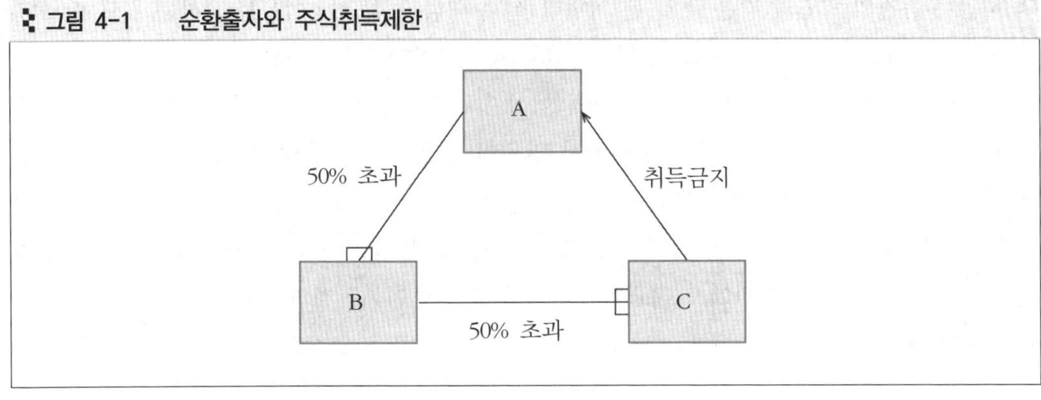

이처럼 자기주식 취득에 해당하는 예외적인 경우가 아닌 한 일반적인 순환출자는 상법의 규제대상이 아니다. 다만 공정거래법은 재벌 총수가 실제 보유주식은 극히 일부임에도 불구하

1) 순환출자에 관해서 상세한 것은 천경훈, "순환출자의 법적 문제", 상사법연구 32-1(2013), 97~157면.
2) A회사와 B회사가 보유하는 C회사 주식의 수가 50%를 초과하는 경우에도 마찬가지이다(342-2(3)).

고 순환출자를 통해서 전체 계열회사를 지배한다는 여론이 확산됨에 따라 일정한 기업집단에서 순환출자를 금지하고 있다(공정거래 22).[1)]

(6) 특별이해관계 있는 주주

가. 의　　의

주주는 의결권 행사 시에 남용에 해당하지 않는 한 개인적 이익을 추구할 수 있다. 의결권 행사를 어떠한 경우에 남용으로 볼 수 있는지는 결국 구체적 사안에 따라 정해야 할 것이다. 상법은 의결권 남용을 예방하는 차원에서 '총회의 결의에 관하여 특별한 이해관계가 있는' 자에 의한 의결권 행사를 금지하고 있다(368(3)). 이 규정은 이사회에도 준용된다(391(3)). 실제로 주주총회 결의사항은 제한적이기 때문에 특별이해관계인의 의결권 제한은 이사회에서 더 중요한 의미를 갖는다.

나. 개인법설

특별이해관계의 의미는 반드시 명확하지는 않다. 현재로는 주주가 **주주의 지위와 관계없이 개인적으로 갖는 이해관계**를 의미한다고 보는 개인법설이 통설[2)]이고 판례이다(대법원 2007. 9. 6, 2007다40000 판결). 주주가 주주의 지위에서 이해관계를 갖는 것은 주주가 회사지배에 관한 권리를 행사하는 경우이다. 대표적인 예로는 주주가 회사의 경영에 참여하기 위하여 이사나 감사후보로 나서는 경우를 들 수 있다. 이 경우 주주는 당연히 의결권을 행사할 수 있다. 그러나 이사나 감사의 해임과 관련해서는 다툼이 있다. 해임사유가 이사나 감사의 비리 때문이라면 해임결의 대상인 주주와 회사의 이익이 서로 충돌한다고 볼 여지가 있다. 그러나 경영권과 관련해서는 선임과 해임은 동전의 양면과 같은 것일 뿐 아니라 실제 해임은 정당한 이유를 요하는 것도 아니다. 따라서 해임결의의 대상인 주주도 의결권을 행사할 수 있다고 보는 것이 타당할 것이다.[3)]

개인적인 이해관계에 해당하여 의결권 행사가 부정되는 예로는 주주가 회사와 영업양수도계약을 체결하는 경우, 임원보수결의에서 임원이 주주인 경우 등이 대표적이다. 하급심 판결 중에는 대표이사에게도 적용되는 임원퇴직금지급규정을 승인하는 결의에서 그 대표이사인 주주를 특별이해관계인으로 본 사례가 있고(서울중앙지방법원 2008. 9. 4, 2008가합47805 판결), 이사 보수 한도를 정하는 결의에서 대표이사인 주주를 특별이해관계인으로 본 사례가 있다(서울중앙지방법원 2024. 5. 31, 2023가합66328 판결(남양유업사건)[4)]).

---

1) 현재 순환출자는 대부분의 기업집단에서 해소되었다.

2) 권기범6, 677면; 김정호5, 295면; 김홍기4, 498면; 이/최11, 547면; 정동윤6, 552면; 정찬형22, 894면; 최기원14, 494면; 홍/박7, 356면. 한편 장기적으로 특별이해관계의 의미를 규정함에 있어서 다른 방안을 강구할 필요가 있다는 견해로 장덕조3, 235면.

3) 권기범6, 678면; 송옥렬9, 927면.

4) 대법원에서 심리불속행 확정. 이에 대해 이사 전원의 총보수 한도를 정하는데 그치는 결의인 경우 개별 이사인 주주의 개인적 이해관계는 크지 않다는 점을 들어 이 판결에 의문을 표하는 견해로서 정지영, "이사인 주주가 의결

개인법설의 한계

개인법설에 의하더라도 특별이해관계의 판단이 어려운 경우가 적지 않다. 대표적인 것은 모자회사가 서로 합병하는 경우이다. 예컨대 P회사가 S회사 주식 80%를 보유한 상태에서 P와 S 사이에 합병계약을 체결하는 경우 S의 주주총회에서 P가 의결권을 행사할 수 있는지가 문제이다. 통설은 P가 특별이해관계인에 해당하지 않는다고 보아 의결권행사를 허용하고 있다. 그러나 P가 S로부터 영업을 양수하는 경우에는 S의 주주총회에서 P가 특별이해관계인에 해당한다는 점에 다툼이 없다.

이처럼 합병과 영업양도를 달리 볼 근거는 무엇인가? 합병의 경우 합병조건을 정하는 결의에 이해관계가 있는 것은 당사자인 P가 아니라 P의 주주라는 점을 근거로 들지도 모른다. 그러나 이는 지극히 형식론적인 견해로 동의하기 어렵다. 특히 현금합병이 허용되는 2011년 개정 상법 하에서는 합병 시에도 P회사가 S회사 주주에게 자신의 주식 대신 현금을 지급할 수도 있기 때문에 S회사 주주의 관점에서 보면 합병과 영업양도는 실제로 별 차이가 없을 수도 있다.[1]

개인적인 이해관계와 관련해서 좀 더 어려운 문제는 [그림 4-2]와 같이 영업양수도가 P와 그 자회사인 S 사이에서 이루어지는 것이 아니라 P의 지배주주 또는 대표이사인 X와 S 사이에서 이루어지는 경우에 발생한다.

그림 4-2

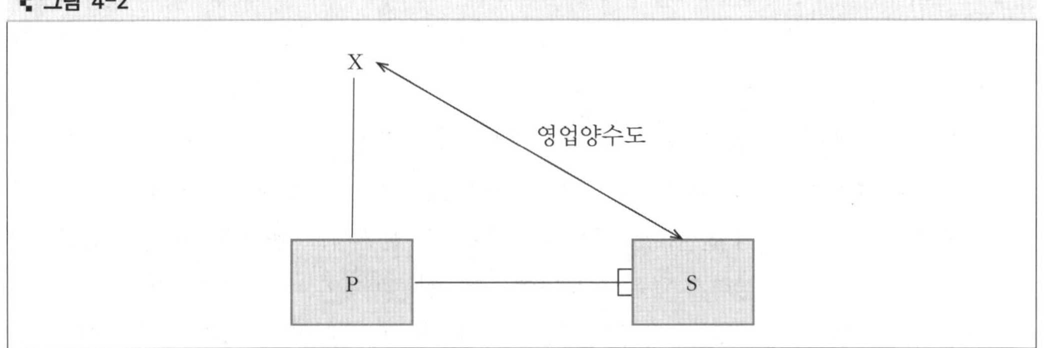

이 경우 S회사 주총결의에 직접 이해관계를 가진 자는 P가 아니라 그 영업양수도 거래의 상대방인 X이다. 그렇다고 해서 P가 S회사 주주총회에서 자유로이 의결권을 행사할 수 있다고 하기는 부적절한 면이 있다. P의 의결권 행사는 그 지배주주 또는 대표이사인 X의 뜻에 따라 이루어질 것이기 때문이다. 비슷한 문제는 [그림 4-3]과 같이 X가 A회사와 B회사의 지배주주이고 거래가 A와 B 사이에서 이루어지는 경우, 즉 계열회사 사이의 거래에서도 발생한다.

권을 행사하여 이사보수한도를 승인한 주주총회결의의 효력", BFL 127(2024), 88면.

1) 다만 현행 상법의 해석상 모자회사간 합병 시 모회사의 의결권을 부인하기는 쉽지 않다. 간이합병(527-2)은 모회사가 합병안건에 대하여 의결권을 행사할 수 있음을 전제한 것으로 보인다.

그림 4-3

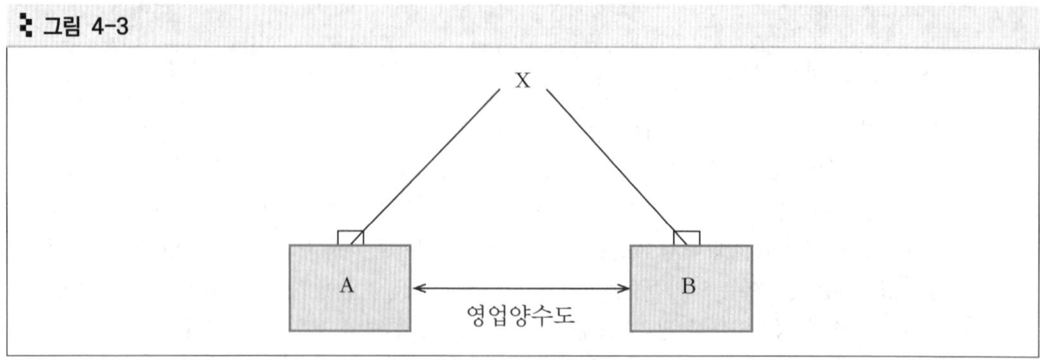

이 경우 X가 B의 주주총회 결의에 개인적 이해관계가 있다고 볼 수 있을까? 만약 X의 지분비율이 B에서보다 A에서 더 높고 X가 B에 대해 지배력을 갖고 있다면, X는 B의 이익을 희생해서라도 A의 이익을 도모할 위험이 있다. 즉 이런 경우 실질을 고려하면 X의 이해관계는 A와 일치하고 B와 충돌하므로 B의 주주총회에서 X는 특별이해관계인에 해당한다고 볼 수도 있을 것이다.[1)]

그러나 아직은 그러한 실질론이 우세한 것 같지는 않다. 하급심판결 중에는 대주주의 계열회사로부터 영업을 양수하는 경우 대주주는 양수회사 주주총회 결의에서 특별이해관계인에 해당하지 않는다고 하여 특별이해관계인의 범위를 좁게 인정한 예가 있다(부산고등법원 2004. 1. 16, 2003나12328 판결(확정)).[2)]

다. 범 위

결의안건에 대해서 특별이해관계가 있는 주주가 의결권을 행사할 수 없는 것은 물론이다. 그러나 통설은 주주가 아니라 대리인이 그러한 이해관계가 있는 경우에도 의결권 행사가 금지된다고 본다. 의결권 남용의 현실적인 위험이란 면에서는 물론이고 제368조 제4항의 입법취지와 적용대상을 주주에 한정하지 않은 법문언에 비추어도 통설이 타당하다고 할 것이다.[3)]

1인회사에서는 특별이해관계가 있는 주주라도 의결권을 행사할 수 있다고 볼 것이다. 그렇지 않으면 의사결정이 이루어질 수 없기 때문이다. 예컨대 1인주주가 재산을 회사에 양도하는 것이 사후설립(375)에 해당하여 주주총회 특별결의를 얻어야 하는 경우에도 1인주주는 당

1) 한 걸음 더 나아가 X가 A와 B의 지배주주가 아닌 일반 주주에 불과한 경우에도 A에 대한 지분율이 B에 대한 지분율보다 더 높다면 B의 주주총회 결의에서는 특별이해관계인으로 볼 여지도 있을 것이다. 국민연금을 비롯한 대규모 기관투자자들은 이처럼 양쪽 당사자의 주식을 동시에 보유하는 경우가 드물지 않다.

2) 이 사건에서 양도회사와 양수회사에 대한 대주주의 지분율에 어떤 차이가 있었는지는 거론되지 않았으나, 실질적으로는 대주주의 양수회사에 대한 지분율이 양도회사에 대한 지분율보다 낮은 경우에 양수회사 주주총회에서 의사결정의 왜곡을 방지할 필요성이 크다.

3) 다만 주주가 찬반의견을 명시하여 위임하고 수임인이 이에 따르는 경우에는 의결권 남용의 위험이 없으므로 수임인이 특별이해관계가 있는 경우에도 의결권 행사를 금지할 필요는 없을 것이다.

연히 의결권을 행사할 수 있을 것이다.

라. 효　　과

특정 결의에 대해서 특별이해관계 있는 주주는 의결권을 행사할 수 없다. 그럼에도 불구하고 주주가 의결권을 행사한 경우에는 결의방법의 하자로서 주주총회 결의취소의 사유에 해당할 수 있다. 결의요건 충족여부를 판단할 때에 특별이해관계 있는 주주의 보유주식은 분자, 즉 찬성주식의 수에서뿐 아니라 분모, 즉 발행주식총수에서도 제외하고 산정한다(대법원 2016. 8. 17, 2016다222996 판결 참조[1]).

특별이해관계 있는 주주의 의결권을 제한하면 나머지 주주들에게 그들의 지분을 넘는 의결권을 부여하는 셈이 되어 또 다른 부작용이 있을 수 있다. 이에 대처하기 위해 상법은 부당결의 취소·변경의 소를 인정한다. 즉 특별이해관계 있는 주주가 의결권을 행사할 수 없었던 경우에 결의가 현저하게 부당하고 그 주주가 의결권을 행사했더라면 이를 저지할 수 있었을 때에는 그 주주는 결의일로부터 2월내에 결의취소 또는 변경의 소를 제기할 수 있다(381(1)).

입법론적 검토[2]

특별이해관계인에 관한 규정의 취지는 결국 이익충돌의 상황에서 의결권이 남용되는 것을 막는 것이다. 이익충돌의 상황을 충분히 커버하려면 특별이해관계의 범위를 넓힐 필요가 있다. 그러나 현행법상 특별이해관계인은 의결권을 행사할 수 없으므로 특별이해관계의 범위를 확장하다보면 자칫 다수에 의한 회사운영이 봉쇄될 위험이 있다. 그 대표적인 예가 모자회사 간의 합병이라고 할 수 있다. 그렇다고 해서 통설과 같이 특별이해관계의 범위를 좁게 해석하는 경우에는 이익충돌의 상황에 제대로 대처할 수 없게 된다. 문제의 근원은 특별이해관계와 의결권의 존부를 너무 기계적으로 연결시키기 때문에 발생한다. 따라서 입법론상으로는 일본에서와 같이 특별이해관계인의 의결권 행사 자체는 인정하되 특별이해관계인이 의결에 관여한 결과 부당한 결의가 이루어진 경우에는 주주총회 결의를 취소 · 변경하는 방식을 취하는 것이 타당할 것이다. 그 경우 방어하는 당사자 쪽에서 결의의 공정성을 입증하는 것을 원칙으로 하고 예외적으로 특별이해관계가 없는 주주들이 승인한 경우에는 공격하는 쪽에서 결의의 부당성을 증명하도록 할 필요가 있을 것이다. 비슷한 논리는 특별이해관계 있는 이사에 대해서도 적용할 수 있다.

이른바 섀도우 보팅(shadow voting)

자본시장법은 집합투자업자와 대상회사의 이익충돌이 우려되는 다음의 경우에는 집합투자재산에 속하는 주식의 의결권을 결의내용에 영향을 미치지 아니하도록 나머지 주식의 찬반비율에

---

1) 이 판결은 감사 선임시 3%를 초과하여 의결권이 제한되는 주식에 관한 것이나, 특별이해관계가 있어 의결권이 제한되는 주식도 이와 같게 보아야 할 것이다.

2) 이 문제에 관한 논문으로 최문희, "주주총회 결의에 관한 특별이해관계의 규율체계 再論 — 비교법적 고찰에 기초한 입법론 —", 증권법연구 20-3(2019), 1면.

따라 행사하게 하고 있다(자시 87(2), 186(2), 令 89).

① 집합투자업자나 그와 특별한 관계에 있는 자가 대상회사를 계열회사로 편입하고자 하는 경우

② 대상회사가 집합투자업자의 계열회사이거나 사실상의 지배력을 행사하는 관계가 있는 경우

다만 섀도우 보팅에 의하는 경우 집합투자재산에 손실이 명백하게 예상되는 경우에는 예외가 인정되고 있다(자시 87(3), 186(2)).[1)]

과거 자본시장법은 예탁결제원에 예탁된 주식에 대해서도 실질주주가 의결권을 행사하지 않는 경우 예탁결제원이 섀도우 보팅을 할 수 있도록 허용하고 있었다(구 자시 314(5)). 이는 주식의 분산으로 인하여 의결정족수의 확보에 곤란을 겪는 상장회사의 편의를 도모하기 위한 규정이다. 그러나 상장회사들이 서면투자나 전자투표 또는 위임장권유와 같은 주주총회의 활성화를 위한 다양한 제도를 외면하고 섀도우 보팅에 과도하게 의존한다는 비판에 따라 2013년 개정 자본시장법에서 폐지하였다.

특별법상의 의결권 제한

특별법상 주주의 의결권이 제한되는 경우가 있다. 실제로 많이 문제되는 것은 다음의 경우이다. ① 자본시장법상 상장회사 주식의 5% 이상을 보유하는 자는 보고의무(대량보유보고의무)를 부담하는데 이 의무를 위반한 자는 초과분에 대해서 의결권이 제한된다(자시 150). ② 공정거래법상 상호출자제한기업집단에 소속된 금융회사나 보험회사가 계열회사의 주식을 보유하는 경우 그 의결권이 제한된다(공정거래 25). ③ 은행법 및 금융지주회사법상 동일인의 은행주식 또는 은행지주회사주식의 보유는 원칙적으로 10%로 제한되고(은행 15(1), 금융지주 8(1))[2)] 그 한도를 초과하여 보유하는 주식은 의결권이 제한된다(은행 16(1), 금융지주 10). ④ 금산법상 동일계열 금융기관이 다른 회사의 의결권 있는 주식을 소유할 때에는 정해진 주식소유한도(5%+사실상지배, 10%+사실상지배, 15%+사실상지배, 20%, 25%, 33%)를 초과할 때마다 금융위원회의 사전승인을 받아야 하고(금산 24) 승인 없이 소유하는 주식은 의결권이 제한된다(금산24-2(2)).

4. 의결권행사의 자유와 남용

주주가 의결권에 위와 같은 제한사유가 없는 경우에는 그 행사가 자유로운가? 의결권이 사원권의 일부를 이루는 사권(私權)이라는 점을 강조하면 주주는 자신의 이익만을 추구할 수 있어야 할 것이다. 그러나 의결권은 공익권으로서 의결권의 행사는 다른 주주에게도 영향을 미친다. 주주의 의결권 행사가 다른 주주의 이익과 조화되도록 담보하는 장치로서 주주에게 이사에서와 같은 신인의무를 인정하자는 견해도 있다. 주주, 특히 지배주주의 신인의무를 인정하는 경우 주주는 의결권 행사를 통해서 다른 주주의 이익을 해치는 것이 허용되지 않을 것이다.

주주의 신인의무를 부정하는 경우에도 주주는 의결권을 남용해서는 아니 된다(권리남용금지의 원칙(민 2(2))). 의결권 남용이 인정되면 주주는 불법행위로 인한 손해배상책임을 질 수 있

1) 상세한 것은 김/정4, 948949면.

2) 비금융주력자의 경우에는 금융위원회의 승인이 없으면 4%로 제한된다(은행 15-2(1), 금융지주 8-2(1)).

고 그 주주총회 결의가 다수결 남용에 해당하는 경우에는 무효로 볼 수 있다.[1)]

5. 의결권의 대리행사

(1) 의 의

주주는 스스로 출석하여 의결권을 행사하는 것이 어려운 경우 대리인에게 행사시킬 수 있다(368(3)). 주식소유가 분산된 회사의 경우 현실적으로 대리인에 의한 의결권 행사가 많다. 의결권의 대리행사는 주주의 자유로운 의결권행사를 실현하는 수단이므로 정관에 의하여도 금지할 수 없다. 그러나 예외적으로 의결권의 대리행사가 주주총회의 정상적인 개최를 어렵게 할 목적으로 남용된 경우에는 회사가 그것을 거절할 수 있다(대법원 2009. 4. 23, 2005다22701 판결(국민은행·주택은행 합병무효사건)).[2)]

(2) 위임장의 권유

의결권의 대리행사는 의결권을 행사하려는 주주가 능동적으로 대리인에게 의뢰하는 형태로 이루어지는 것이 보통이다. 그러나 거꾸로 주주를 상대로 의결권 위임을 권유하는 경우도 적지 않다. 주식소유가 분산될수록 소액주주는 주주총회에 무관심하게 된다. 그리하여 회사는 결의요건을 충족하기 위해서 주주를 상대로 의결권의 위임을 권유할 필요가 있다. 위임장을 충분히 확보할 수 있다면 경영자는 주식을 별로 보유하지 않고도 실질적으로 회사를 지배할 수 있다. 거꾸로 제3자가 위임장을 많이 확보한 경우에는 주주총회에서 기존 경영자를 축출하고 경영권을 탈취할 수 있다. 우리나라에서도 최근 경영권 분쟁이 있는 회사에서는 경영자와 외부세력 사이에 위임장 확보를 위한 경쟁이 벌어지는 경우가 늘고 있다.[3)] 자본시장법은 상장회사의 위임장 권유와 관련해서 일정한 공시의무와 아울러 위임장용지의 형식에 관하여 상세한 규제를 마련하고 있다(자시 152, 자시슈 163, 금삼위규성).[4)]

(3) 대리인의 자격

의결권의 대리행사를 금지할 수는 없지만 정관에서 대리인자격을 그 회사의 주주로 제한할 수 있는지에 대해서 다툼이 있다. 제한긍정설은 주주 이외의 자에 의하여 총회의 질서가 문란해지는 것을 막는다는 것을 근거로 내세우고 있다. 제한부정설은 주주의 수가 적은 경우에는 대리인을 찾기가 어려울 것이라는 점을 들고 있다.[5)] 사적자치의 관점에서 정관에 그러

1) 다만 의결권 남용의 우려를 이유로 의결권행사금지가처분신청을 인용하는 것에 대해서는 신중할 필요가 있다. 江頭8, 363면 주 20.

2) 사안에서 노조는 합병반대투쟁의 일환으로 9천장의 위임장을 노조원에게 나누어 주었다.

3) 실제로 위임장 경쟁이 이루어지는 상황에서는 전문적인 권유대행회사를 활용하는 경우가 많다. 대행회사의 업무는 주주성향분석, 투표결과예측, 핵심메시지개발, 실제의 권유 등 다방면에 걸치고 있다.

4) 상세한 것은 김/정4, 394면 이하 참조.

5) 김정호5, 308면; 이철송30, 546면; 장덕조3, 243면.

한 제한을 두는 것을 구태여 막을 이유는 없다는 점에서 제한긍정설이 타당하다.[1])

판례는 기본적으로 긍정설을 따르면서도 주주 이외의 자가 대리인이 될 수 있는 경우를 유연하게 인정한다. 정관 상 대리인 자격을 주주로 제한한 회사에서 법인이나 국가가 보유한 주식의 의결권을 (법인 또는 국가의 대표자가 아니라) 그 소속 직원이 대리인으로 행사할 수 있는지가 문제된 바 있다. 대법원은 그 정관규정을 유효로 보면서도 사안과 같은 경우는 "주주총회가 교란되어 회사이익이 침해되는 위험은 없다"는 이유로 직원에 의한 의결권 행사를 허용했다(대법원 2009. 4. 23, 2005다22701, 22718 판결).[2]) 대리인 자격을 주주로 제한하는 취지는 외부인의 개입으로 주총질서가 문란해지는 것을 방지하려는 것이므로, 주주인 단체의 직원이 이미 결정된 단체의 의사에 기하여 의결권을 대리행사하는 것을 금지할 이유는 없다. 따라서 위 사안에서 판례가 취한 태도는 제한긍정설의 입장에서도 타당하다.[3])

(4) 위임의 범위

의결권의 위임은 총회별로 하는 것이 보통이다. 의결권의 위임을 구체적인 의제로 제한하는 것을 금지할 이유는 없다. 그러나 실제로는 특정 총회의 모든 의제에 대해서 포괄적으로 위임하는 것이 보통이다.[4]) 또한 의제별로 의결권 행사방법을 지시할 수도 있지만 모든 의제에 대해서 백지로 위임할 수도 있다. 나아가 하나의 위임장으로 복수의 주주총회에 관한 포괄적 위임이 가능한가가 문제된다. 부정설[5])은 포괄위임은 사실상 의결권을 주식으로부터 분리하는 것과 같은 결과가 된다는 이유를 든다.[6]) 그러나 실무상 포괄위임의 필요성이 크다는 점[7])을 고려하면 위임기간이 너무 길어 사실상 의결권을 분리양도하는 것과 같은 경우가 아니라면 허용하는 것이 타당할 것이다.[8]) 판례도 기본적으로 위임 사항 뿐 아니라 기간에 관하여도 포괄적인 위임이 가능하다는 입장이다(대법원 2014. 1. 23, 2013다56839 판결).[9]) 포괄 위임이 이루어진

---

1) 같은 견해로 권기범6, 687면; 정찬형22, 898면.

2) 일본에서는 주주의 총회참여권을 사실상 박탈하는 결과에 이르는 경우에는 그러한 정관규정을 이유로 회사가 대리인의 의결권행사를 거절할 수 없다고 보는 견해가 유력하다. 그러한 취지의 판례로 폐쇄회사에서 입원 중인 주주가 친족에게 대리행사를 위임한 사안에서 대리인자격제한의 적용을 부정한 사례 등이 존재한다. 江頭8, 355면 주 6.

3) 위 판례의 법리와 같은 견해를 절충설(제한적 유효설)이라고도 한다. 송9, 934면; 이/최11, 536면; 최기원14, 476면; 최준선14, 376면; 홍/박7, 359면.

4) 특정 총회에서 포괄적인 위임이 가능하다는 점을 밝힌 판결로 대법원 1969. 7. 8, 69다688 판결.

5) 이/최11, 535면; 이철송30, 550면.

6) 후술하는 바와 같이 현재 의결권 신탁도 유효라고 보는 견해가 많다.

7) 예컨대 외국투자자가 국내의 상임대리인에게 의결권행사를 위임하는 경우.

8) 같은 견해(긍정설)로 권기범6, 689~690면; 김정호5, 307면; 김홍기4, 501면; 정찬형22, 900면; 최기원14, 478면; 최준선14, 377면.

9) 주주가 향후 개최되는 모든 주주총회에 관한 담보주식의 의결권을 근질권자에게 위임하고 이를 위해 다수 위임장을 작성하여 근질권자에게 교부하기로 한 사안이었다. 그밖에 7년에 걸친 의결권 위임이 유효하다고 판단한 것으로서 대법원 2002. 12. 24, 2002다54691 판결 참조.

경우에도 위임인인 주주는 언제든지 위임을 해지하고 의결권을 직접 행사할 수 있다고 할 것이므로(민 689), 원칙적으로 포괄위임을 넓게 허용함이 타당하다.

금융투자업규정상의 상임대리인

국내에서 증권투자를 하는 외국인은 증권의 권리행사와 관련하여 예탁결제원을 비롯한 보관기관을 상임대리인으로 선임하여야 하고 그 이외의 자에게는 대리권을 수여할 수 없다(금융투자업규정 6-22).[1] 상임대리인은 주주총회별로 위임장을 받지 않고도 외국인투자자를 위하여 의결권을 대리행사할 수 있다.

---

(5) 대리행사의 방식

가. 위임장의 원본과 사본

대리인은 '대리권을 증명하는 서면 또는 전자문서', 즉 위임장을 총회에 제출해야 한다(368(2)). 상법은 위임장의 양식이나 첨부서류에 관하여는 별도로 요건을 규정하고 있지 않다. 따라서 특별한 사정이 없는 한 대리인은 대리권 수여사실을 증명하려면 위임장 원본을 제시하여야 하고 그것만으로 그 대리권 수여사실을 일응 증명한 것으로 볼 수 있다(대법원 2004. 4. 27, 2003다29616 판결(대우전자 감자결의)).[2] 원본은 위조·변조 여부를 쉽게 식별할 수 있으므로 대리권의 존부에 관한 법률관계를 명확히 할 수 있기 때문이다. 원본이 아닌 복사본, 팩스본 위임장은 특별한 사정이 없는 한 '대리권을 증명하는 서면'에 해당하지 않으므로 해당 주식은 출석주식 수에서 제외하여야 한다(대법원 2004. 4. 27, 2003다29616 판결). 그러나 위임장 사본을 제출하였더라도 대리권의 수여를 확인할 수 있는 특별한 사정이 있는 경우에는 의결권대리행사를 거부할 수 없다(대법원 1995. 2. 28, 94다34579 판결).[3]

나. 위임장의 진정성 확인

위임장 진위여부는 회사가 신고인감과 위임장에 사용된 인감을 대조확인하여 판별한다. 회사의 위임장 양식을 사용한 경우에는 확인이 용이할 것이다. 실무상으로는 반대파 주주를 배제하기 위하여 위임장 원본 외에 주주총회 참석장 원본, 주민등록증 등 신분증, 인감증명원본 등을 요구하는 예가 있다. 그러나 판례는 이러한 추가서류 제시 요구에 대해 대체로 부정적인 것으로 보인다. 대법원은 주주가 위임장 원본으로 대리권을 증명한 이상 신분증 사본이 첨

---

1) 이 규정은 외국인투자자가 상임대리인 이외의 자에게 대리권을 수여하는 것을 금하는 것이지 상임대리인이 제3자에게 재위임하는 것을 금하는 취지는 아니다. 따라서 위임장 권유 시에 상임대리인이 권유자에게 의결권 행사를 위임하는 것은 이 규정에 반하지 않는다(서울지방법원 2003. 11. 20, 2001가합18662, 61253 판결).

2) 위임장의 문구는 주주가 작성해도 무방하나 통상은 회사가 소집통지 시에 송부한 양식을 이용하는 예가 많다(대법원 2004. 4. 27, 2003다29616 판결).

3) 사안에서는 주주가 3인인 폐쇄회사에서 명의신탁을 한 주주의 대리인이 명의신탁주주의 위임장은 원본을 제출하면서도 명의수탁자의 위임장은 사본을 제출하였으며 나머지 주주도 명의신탁사실을 알고 있었다.

부되지 않았다는 이유로 위임장의 접수를 거부하는 것은 결의방법의 하자에 해당한다고 판시하였고(대법원 2004. 4. 27, 2003다29616 판결), 회사가 요구한 인감증명서, 참석장 등을 지참하지 아니하였더라도 다른 방법으로 위임장의 진정성 내지 위임 사실을 증명할 수 있다면 회사는 그 대리권을 부정할 수 없다고도 판시하였다(대법원 2009. 4. 23, 2005다22701, 22718 판결).

다. 위임의 철회와 중복위임장

주주는 결의가 행해지기 전에는 언제든 대리인에 대한 위임을 철회할 수 있다.[1] 경우에 따라서는 주주와 대리인과의 사이에 위임의 **철회불능약정**을 체결하는 경우가 있다. 예컨대 주식의 매매계약을 체결한 후 이행이 될 때까지 매수인에게 대리권을 수여하면서 철회불능약정을 한 경우와 같이 대리인이 의결권의 행사에 특별한 이익을 갖는 경우에는 당사자 사이에서 철회불능약정이 유효하다고 볼 것이다.[2] 다만 회사에 대한 관계에서는 언제든 위임을 철회하고 의결권을 직접 행사할 수 있다.

주주가 위임을 철회하는 방법으로는 직접 주주총회에 출석하거나 새로운 위임장을 제공하는 방법이 있다. 동일한 주식에 대해서 복수의 위임장이 작성된 경우(이른바 중복위임장)에는 원칙적으로 뒤에 작성된 위임장을 유효로 볼 것이다.[3]

라. 지시위반 행사의 효과

의결권대리행사의 위임은 백지로 이루어지는 경우도 있고 특정의 지시를 명시한 경우도 있다. 후자의 경우 대리인이 주주의 지시에 반하여 의결권을 행사한 경우에도 결의의 효력에는 영향이 없다. 다만 자본시장법의 적용을 받는 위임장권유에서는 피권유자의 안건별 찬반이 위임장에 명시되어야 하고(자시슈 163(1)(v)), 권유자가 위임장 용지에 나타난 피권유자의 의사에 반하여 의결권을 행사하는 것은 결의취소사유에 해당한다.[4]

마. 의안변경의 경우

의결권대리행사를 위임한 후에 수정동의안이 제출되는 등 의안이 변경된 경우에는 어떠한가? 위임이 백지로 이루어진 경우에는 대리인이 찬반을 결정할 수 있다. 위임장에 찬반이 표시된 경우에는 위임장에 나타난 위임인의 의사의 해석 문제가 될 것이다. 수정된 의안이 원안과 본질적으로 달라진 경우에까지 원안에 대한 찬반 위임이 그대로 유지된다고 보기는 어려울 것이고, 그 경우 새로운 위임이 없다면 기권으로 처리할 수밖에 없을 것이다. 자본시장법의

---

1) 임의대리의 경우 언제든지 수권행위의 철회가 가능하기 때문이다(민 128).

2) 이처럼 의결권의 위임이 대리인의 이익도 목적으로 하고 있는 경우에는 주주의 철회자유가 제한되므로 정당한 이유 없이 철회한 경우 회사와의 관계에서 철회의 효력이 인정되더라도 대리인에게 그로 인한 손해를 배상할 책임이 있다(대법원 2000. 4. 25, 98다47108 판결).

3) 그러나 작성일자가 모두 기재되지 않아 선후의 판정이 어려운 경우에는 실무상 전화로 확인하거나 모두 무효처리하기로 사전에 합의하기도 한다.

4) 김/정4, 396~397면.

적용을 받는 위임장권유에서는 위임장에 "새로 상정된 안건이나 변경 또는 수정 안건에 대한 의결권 행사 위임 여부와 위임 내용"을 밝히도록 되어 있다(자시슈 163(1)(v)). 실제 상장회사에서 사용되는 위임장 양식에는 그러한 경우 '주주가 표시한 찬반의 취지에 합치된다고 합리적으로 판단되는 바에 따라 의결권을 행사하도록 대리인에게 위임한다'는 취지의 문구가 기재되어 있어 대리인에게 비교적 넓은 재량을 부여하고 있다.

6. 의결권의 불통일행사

(1) 불통일행사의 허용

주주는 보유주식 전부에 대해서 찬성 또는 반대하는 것이 보통이다. 그러나 상법은 의결권을 불통일적으로 행사하는 것도 허용한다(368-2(1)). 예컨대 1,000주를 가진 주주가 400주는 찬성, 600주는 반대라는 식으로 의결권을 행사할 수 있다. 주식이 형식적으로는 1인의 주주에 속하지만 실질적으로는 주주가 복수인 경우에는 실질상 주주의 의향에 따라 의결권 행사가 이루어질 수 있도록 불통일행사를 허용할 필요가 있을 것이다. 주주가 타인으로부터 주식을 수탁받은 경우, 예탁기관이 주식예탁증서(DR)를 발행한 경우 등이 그러한 예이다. 그러나 상법은 불통일행사를 이러한 경우로 한정하지 않고 일반적으로 허용하되, 회사가 거부할 수 있는지에 관하여만 차이를 두고 있다. 불통일행사의 여부와 비율은 의안별로 달리 정할 수도 있다.

불통일행사의 전형적인 경우는 소유한 주식의 일부에 관하여는 찬성, 일부에 관하여는 반대하는 경우이다. 그 외에 (i) 일부는 찬성 또는 반대를 하고 일부는 기권하는 경우, (ii) 단일한 주주가 복수의 대리인에게 각각 일부 주식에 관한 의결권행사를 백지위임한 결과 대리인 별로 찬성·반대·기권이 달라지는 경우도 불통일행사에 해당한다고 해석해야 할 것이다.

(2) 회사에 대한 사전통지

불통일행사를 인정하면 회사의 사무처리가 번잡해질 가능성이 있다. 그리하여 상법은 주주로 하여금 주주총회일의 3일 전까지 회사에 서면이나 전자문서로 그 뜻과 이유를 통지하도록 하고 있다(368-2(1)). 3일의 기간은 회사 편의를 위하여 정한 것이므로 통지가 늦더라도 회사가 불통일행사를 허용할 수 있다(대법원 2009. 4. 23, 2005다22701, 22718 판결). 다만 늦어도 결의 직전까지는 통지 및 이에 대한 회사의 허락이 이루어져야 한다. 일단 결의가 이루어진 후에 회사가 임의로 불통일행사를 허용함으로써 결의결과에 영향을 미쳐서는 안 되기 때문이다.

(3) 회사의 거부

상법은 주주가 주식의 신탁을 인수하였거나 기타 타인을 위하여 주식을 가지고 있는 경우 외에는 회사가 의결권의 불통일 행사를 거부할 수 있다고 규정한다(368-2(2)). 앞서 살펴본 바와 같이 회사는 통지가 늦거나 없는 경우에도 불통일행사를 거부할 수 있다. 회사가 반드시 거부해야 하는 것은 아니므로 실질적인 주주가 복수인 경우가 아니더라도 불통일행사가 허용될 여지가 있다.

기관투자자의 의결권행사

현재 상장회사 주식은 상당부분 기관투자자가 보유하고 있으나 이들은 보유주식의 의결권 행사에 적극적이지 않다. 그리하여 세계적으로 기관투자자의 의결권 행사를 활성화하는 것이 과제이다. 사적 기관투자자의 대표격인 집합투자업자와 투자회사의 의결권 행사에 대해서는 자본시장법이 비교적 상세한 규정을 두고 있다.

먼저 집합투자업자나 투자회사 등은 투자자의 이익을 보호하기 위하여 집합투자재산에 속하는 주식의 의결권을 충실하게 행사할 의무가 있다(자시 87(1), 186(2)). 이들은 일정한 투자대상법인(각 집합투자기구의 자산총액의 5% 또는 100억원 이상을 투자한 법인)에 대한 의결권 행사 여부와 그 내용, 의결권을 행사하지 않은 경우에는 그 사유 등에 관한 기록을 유지하고 공시해야 한다(자시 87(7), (8), 186(2)). 의결권 행사에 관한 정보를 공시할 때에는 그 적정성 판단에 참고할 자료로 의결권행사지침 등을 함께 공시하도록 하고 있다(자시 87(9), 186(2)). 업계에서는 의결권 행사지침과 가이드라인을 마련하여 적용하고 있는데, 금융감독원과 금융투자협회가 공동으로 발표한 모범규준인 '자산운용사의 의결권행사 가이드라인'이 대표적이다.

한편 대표적인 공적 기관투자자인 국민연금의 경우에는 국민연금기금운용위원회 아래 설치한 수탁자책임전문위원회에서 국민연금기금이 보유한 상장주식에 대한 주주권 및 의결권 행사에 관한 주요 사안을 검토·결정하고 있다. 국민연금이 자본시장에서 차지하는 비중이 높아지고 경영진 의안에 반대하는 비율도 점차 높아지면서 합병 여부, 이사 선임 여부 등 상장회사 주주총회 결의의 향방에 국민연금이 캐스팅 보트를 행사하는 경우도 점점 늘어나고 있다.

7. 의결권(구속)계약

(1) 의 의

의결권(구속)계약이란 주주간계약의 일종으로 주주 사이에 일정한 의결사항에 대하여 의결권을 일정한 방법으로 행사하기로 하는 계약을 말한다.[1] 의결권계약은 ① 대등한 지분비율을 가진 복수의 당사자가 합작회사를 설립하는 등 동업관계를 맺는 단계에서 그들 간의 권리의무를 명확히 하기 위하여 체결하거나, ② 대상회사에 상당한 지분을 취득하는 소수주주가 자신의 이익을 보호하기 위하여 기존 대주주와 체결하는 경우가 많다.[2] 50:50 합작회사에서 양사가 지명하는 같은 수의 이사로 이사회를 구성하되 한쪽이 CEO, 다른 한쪽이 CFO를 맡는 것이 전자

1) 주주간계약의 실례와 유형에 관하여는 천경훈, "주주간 계약의 실태와 법리", 상사판례연구 26-3(2013); 김건식, "이사회 업무집행에 관한 주주간계약", 연구 Ⅲ, 281면 참조.

2) 창업투자회사가 벤처기업에 투자하면서 기존 대주주와 체결하는 계약이 그 대표적인 예이다. 국내 벤처투자계약의 실무와 법적 문제점에 관하여는 노승민, "벤처투자계약의 실무상 쟁점", BFL 88(2018); 박상철, "벤처투자계약의 국내법상 수용과 관련한 쟁점", 상사법연구 37-2(2018) 참조.

의 대표적인 예이고, 지배주주가 외부투자자로부터 투자를 유치하기 위하여 이사 중 1인을 그 투자자가 지명하는 자로 선임하기로 하는 약정이 후자의 대표적인 예다. 즉 회사법의 규정에만 맡겨서는 주주들이 원하는 바를 달성하기 어려운 상황에서 주주들은 자치적으로 합의한 질서를 채택할 필요가 있고, 이를 통해 주주들의 출자를 적극적으로 이끌어 낼 수 있는 것이다.

(2) 종 류

의결권행사를 구속하는 합의는 여러 가지 형태로 이루어진다. 그중 대표적인 예는 다음과 같다.

① 계약당사자가 의결권의 과반수로 결정하는 바에 따라 의결권을 행사하기로 하는 합의.
② 특정 제3자의 결정에 따라 의결권을 행사하기로 하는 합의.
③ 계약당사자가 미리 의결내용에 대해서 정하고 그 정함에 따라 각자 의결권을 행사하기로 하는 합의.

이 중에서 ③이 가장 흔하게 발견된다. 예컨대 A, B 간의 주주간계약에서 "회사의 이사회는 A가 지명하는 이사 4명과 B가 지명하는 이사 3명으로 구성하되, 각 당사자는 상대방 당사자가 지명한 이사후보자가 이사로 선임될 수 있도록 회사의 주주총회에서 의결권을 행사하여야 한다"고 규정하는 것이다.

(3) 효 력

의결권계약은 주주 사이의 동업이나 투자유치와 같이 사회적으로 바람직한 행동을 뒷받침하는 기능을 수행한다. 따라서 의결권계약의 내용이 공서양속에 반하는 것이 아닌 한 당사자간에 채권적으로 유효하다는 점에 관하여는 이견이 없다. 다만 그 구체적 효력 및 집행에 관해서는 어려운 문제들이 있는데, 이를 이행청구, 금지청구, 배상청구, 무효청구로 나누어 살펴볼 수 있다.[1]

우선 **이행청구**, 즉 의결권계약의 당사자에게 그 계약에 따른 특정한 내용의 의결권행사를 청구하는 것(예: 이사 홍길동 선임 안건에 대하여 찬성하라)은 그러한 계약의 유효성을 인정하는 이상 원칙적으로 가능하다고 할 것이다.[2] 다만 이를 의사표시를 명하는 판결을 구하는 청구로 본다면 그 판결은 확정되어야 효력이 발생하므로(민389(2), 민집263(1)), 본안청구만으로는 권리구제의 실효성이 거의 없다. 따라서 가처분으로 이를 구할 수 있는지 문제된다. 하급심 결정 중에는 본디 의사표시 의무의 이행은 확정판결에 의하여야 함을 들어 의결권행사를 명하는 가처분 신청을 기각한 예가 있다(서울중앙지방법원 2008. 2. 25. 2007카합2556 결정). 그러나 확정판

1) 상세는 천경훈, "기관구성에 관한 주주간계약의 효력과 집행", 선진상사법률연구 108(2024), 17면 이하 참조.
2) 권기범8, 760면; 정동윤6, 562면, 김태정, "합작투자회사의 지배구조와 주주간계약", BFL 88(2018), 14면.

결에 의한 진술의제는 본안절차에서만 적용되는 특별한 집행방법으로서 가처분절차에서는 적용될 수 없으므로, 이것이 가처분을 불허하는 사유가 될 수는 없을 것이다. 실제로 의결권계약의 이행청구 사안은 아니지만 의사표시를 명하는 가처분을 허용한 하급심 결정례도 많고,[1] 현실적으로도 의결권계약의 유효성을 인정하는 이상 이러한 가처분을 허용할 필요가 있다. 따라서 의결권행사가처분은 가능하고 가처분명령 위반에 대한 간접강제(예: 불이행시 1일마다 100만원씩 지급하라)도 가능하다고 볼 것이다.[2]

금지청구, 즉 의결권계약의 당사자에게 그 계약에 반하는 의결권행사를 하지 말 것을 청구하는 것도 가능하다고 할 것이다. 현실적으로는 그러한 부작위청구권을 피보전권리로 한 의결권행사금지가처분을 신청하게 될 것이고, 이를 인정한 하급심 결정례도 있다.[3] 그러한 가처분 위반에 대한 간접강제도 가능하다.

배상청구, 즉 의결권계약에 위반한 자에게 계약위반을 이유로 손해배상을 청구하는 것이 가능하다는 점에는 이견이 없지만 손해액산정이 쉽지 않다. 손해배상액예정 또는 위약벌에 대한 사전합의는 가능하나 손해액 자체가 불명확하므로 미리 배상액을 합의하기도 쉽지 않을 것이다. 그렇다면 금전배상이 아닌 원상회복, 즉 의결권계약에 위반하는 의결권행사로 초래된 상황을 시정하도록 하는 청구가 가능한지도 문제될 수 있다.

이와 관련하여 주목할 판례가 있다. 비상장회사의 주주 A(55%)와 B(45%)는 각자 지명하는 2인씩을 이사로 선임하기로 약정했는데 A가 이에 위반하여 자기 측 후보를 3인 더 이사로 선임하여 이사 구성이 5:2가 되었다. B는 A를 상대로 'A가 지명한 이사 총 5명 중 3명의 해임을 안건으로 한 주주총회에서 이에 찬성하는 의사표시를 하라'는 청구 및 불이행시 간접강제를 가처분이 아닌 본안으로 청구하였고, 대법원은 이를 인용한 원심을 승인하였다(대법원 2025. 6. 12, 2020다219577 판결). 의결권계약(이 판결은 의결권구속약정이라고 함)에 위반하여 이사를 추가 선임한 주주총회 결의의 하자는 인정되지 않는다고 하면서도, 그 당사자들은 상대방에 대하여 "회사의 이사회 구성이 약정에서 정한 것과 다르게 된 경우 위 약정에 부합하는 내용으로 의결권을 행사할 의무를 부담"한다고 판시한 것이다.

---

1) 만족적 가처분이 가능하다는 점 등을 근거로 '의사표시를 명하는 가처분'을 허용한 것으로서 서울고등법원 2013. 10. 7, 2013라916 결정 참조(신용보증 의사표시가 문제된 사안). 주주간계약에 따른 의결권 위임을 명하는 가처분이 의사표시 절차의 이행을 명하는 가처분으로 허용된다는 것으로서 서울중앙지방법원 2012. 3. 28, 2012카합711 결정 외 다수(백숙종, "주주간 계약과 가처분", BFL 88(2018) 참조).

2) 고홍석, "주주총회, 주식 관련 가처분에 관한 최근의 실무상 쟁점", 민사판례연구 제45권(2023), 1089면; 곽희경, "의사표시를 목적으로 하는 채무의 강제이행 — 가처분 절차를 중심으로", 법조 725(2017), 34면 이하; 전휴재, "의결권에 관한 주주간 계약의 효력과 그 이행확보 방안 — 쟁송 및 집행 절차를 중심으로", 저스티스 199(2023), 197면.

3) 서울중앙지방법원 2014. 5. 8, 2014카합655 결정(의결권구속약정에 따라 주주 A가 지명한 자를 이사로 선임할 의무를 지고 실제로 그를 이사로 선임했던 주주 B가 임시주주총회를 소집하여 A가 지명한 이사를 해임하려고 하자, A의 신청에 의해 B에 대하여 '이사해임의 건에 관한 의결권행사금지가처분'을 발령함).

무효청구, 즉 의결권계약에 위반한 의결권 행사에 따라 통과된 결의 또는 그러한 결의에 터잡은 회사법상의 행위의 효력을 다투는 것은 의결권계약의 당사자간 효력을 넘어 대세적 효력을 주장하는 것이므로 쉽게 인정할 것은 아니다. 의결권계약에 위반한 의결권 행사에 따라 통과된 결의도 그것이 법령·정관에 위반하지 않는 한 유효하다고 보는 견해가 통설이고[1] 판례도 마찬가지 입장이다(위 2020다219577 판결). 결의의 하자를 소집절차, 결의방법, 내용상의 법령·정관 위반에 한정하고 있는 현행 상법(376, 380)의 해석론으로는 불가피한 면이 있다. 그러나 특히 합작투자회사에서와 같이 의결권계약에 주주 전원이 참여한 경우에는 그러한 결의의 효력 자체도 부정되어야 한다는 견해도 제시되고 있다.[2]

실무적으로는 의결권계약의 내용을 가능한 한 정관에 반영해 두는 것이 그 계약의 효력을 관철하는 데에 도움이 된다. 그 경우 일방 당사자의 의결권계약 위반행위가 곧 정관 위반행위에 해당하게 되므로, 결의내용이 정관에 위반할 때에는 결의 취소사유에 해당할 수 있고(376), 이사를 통해 그런 행위를 하였을 때에는 정관에 위반하는 행위로서 이사의 손해배상책임을 묻거나(399) 유지청구권(402)을 행사할 여지가 있게 된다. 이로써 계약위반 당사자의 상대방으로서는 계약상의 구제수단에만 의지하는 경우보다 강력한 보호를 누릴 수 있게 된다.

미국법상 의결권구속계약의 효력

미국에서도 의결권구속계약의 당사자가 계약을 위반한 상대방에게 손해배상을 청구할 수 있음은 물론이다. 그러나 손해액의 산정이 어렵기 때문에 손해배상을 구하는 대신 형평법(equity)상의 구제방법인 특정이행(specific performance)을 구하는 것이 보다 효과적이다. 법원은 계약내용에 따른 이행을 명할 수 있고 그 명령에 복종하지 않는 당사자는 법정모욕(contempt of court)으로 처벌된다. 과거에는 의결권계약의 특정이행을 부정하는 판결이 많았으나 차츰 그것을 인정하는 판결이 늘고 있다. 특정이행이 인정된 예는 주주전원이 계약당사자가 된 경우에 많이 찾아볼 수 있다. 그러나 최근에는 일부 주주만이 계약을 체결한 경우에도 특정이행을 인정한 판결이 나오고 있다. 한편 주법에서도 의결권계약의 특정이행을 명시적으로 인정하는 경우가 늘고 있다. 미국에서는 이처럼 일반적으로 의결권구속계약에 대한 거래계의 수요에 따라 그 효력을 강화하는 방향으로 변화하고 있다.

8. 의결권신탁

(1) 의 의

의결권신탁(voting trust)은 미국에서 활용되는 제도로 주주가 주식을 수탁자에 양도하고 수

1) 정찬형22, 906면; 최기원14, 503면 등.

2) 江頭8, 352면 주 2. 우리 대법원이 주주전원 참여로 이루어지고 이후 구성원 변동이 없었던 의결권구속계약에 위반한 결의의 취소를 구하는 것까지도 불허하는지는 명확하지 않다는 평석으로, 이경호, "의결권구속약정의 효력과 그 위반에 대한 구제수단", BFL 133(2025), 121면.

탁자는 주식에 대한 수익권을 표창하는 양도성 의결권 신탁증서(transferable voting trust certifi-cates)를 주주에게 교부함으로써 성립한다. 주주는 신탁계약으로 의결권의 행사방법을 정하고 수탁자는 그에 따라 의결권을 행사하여야 한다. 의결권신탁은 의결권의 통일적 행사를 확보하는 수단으로 의결권을 특정 수탁자에게 집중시키기 위한 제도이다. 현재 의결권 신탁의 효력은 미국 대부분의 주에서 일정한 요건에 따라 인정되고 있다.[1]

(2) 우리법상의 효력

우리나라에서는 의결권신탁에 대하여 명시적 규정은 없지만 신탁법상 주식신탁의 형식으로 허용된다(신탁 2).[2] 다만 신탁법상 '선량한 풍속 기타 사회질서에 위반하는 사실'을 목적으로 하는 신탁은 허용되지 않으므로(신탁 5(1)) 구체적인 의결권신탁의 내용이 사회질서에 위반하는지 여부를 따져보아야 할 것이다. 그 최종적인 판단은 법원이 하게 될 것이므로 의결권신탁이 허용되는 범위는 결국 법원이 거래계의 특별한 수요를 어느 정도로 존중해 줄 것인가에 달려 있다고 할 수 있다. 신탁법상 수익권은 원칙적으로 양도할 수 있고 수익증권을 발행할 수도 있다(신탁 64(1), 78).[3]

의결권의 매매

주식을 취득한 후에 그 경제적 이익을 제3자에게 이전하는 거래는 처음부터 주식 대신 의결권만을 양수하는 거래와 실질적인 효과 면에서는 다를 바 없다. 후자의 거래를 의결권 매매(vote buying)라고 한다. 매매라는 용어가 사용되지만 의결권 자체가 이전되는 것이 아니라 주주가 매수인으로부터 대가를 받고 그의 지시에 따라 의결권을 행사할 채무를 부담하는 거래로 볼 것이다. 앞서 살펴본 바와 같이 주식의 경제적 이익과 의결권이 분리되는 경우가 늘고 있는 것을 고려할 때 의결권 매매를 모든 경우에 위법하다고 볼 수는 없을 것이다.[4] 미국 판례도 사기에 해당하지 않고 다른 주주에게 피해를 주지 않는 등 일정한 요건을 충족한 경우에 의결권 매매를 적법한 것으로 보고 있다.[5] 다만 매수주체가 회사인 경우에는 상법상 이익공여금지규정(467-2)의 위반에 해당할 가능성이 있다.

---

1) 그 요건은 대체로 다음과 같은 내용으로 되어 있다.
   (i) 신탁계약이 서면으로 체결될 것
   (ii) 계약서사본 및 수익자 명단을 회사본점에서 열람할 수 있을 것
   (iii) 신탁계약기간이 일정기간(통상 10년)을 초과할 수 없을 것
   (iv) 신탁계약은 계약기간 동안 취소가 불가능할 것
2) 일본에서도 마찬가지로 해석된다. 江頭8, 352면 주 3.
3) 현재 경영권안정을 위한 수단으로서 의결권신탁에 대한 실무계의 관심이 고조되고 있으나 아직 실제 이용된 예는 알려지지 않고 있다.
4) 일본에서도 주주간의 의결권 매수는 위법하지 않은 것으로 보고 있다. 江頭8, 365면 주 24.
5) 상세한 것은 김지평, 전게서, 115~116면 참조.

Ⅵ. 의사진행 및 결의

1. 서 설

주주총회의 진행에 관해서 상법에는 의장에 관한 규정(366-2)외에 별다른 규정이 없다. 정관이나 내부규정에서 규정하는 경우도 거의 없으므로 구체적인 진행은 주로 관행에 따른다.[1)] 주주총회는 의장이 출석주식수를 확인한 후에 개회를 선언하고 의사에 들어간다. 의사는 보고사항과 결의사항의 순으로 진행되는 것이 보통이다.

주주총회는 소집통지에 목적사항으로 기재한 사항에 대해서만 결의할 수 있다. 그러나 회의의 연기나 속행의 결의 등 의사운영에 관한 결의는 할 수 있다(372(1)). **연기**는 의사에 들어가지 않고 회일을 후일로 변경하는 것이고, **속행**은 의사에 들어간 후 심의가 완료되지 않은 상태에서 후일 계속하기로 하는 것을 말한다. 후일의 총회(계속회)는 별개의 총회가 아니므로 소집통지절차를 다시 거칠 필요가 없고(372(2)) 의결권행사의 위임장을 다시 받을 필요도 없다. 회의의 속행 또는 연기는 별도의 결의이기 때문에, 일방적으로 의장이 속행 또는 연기 선언을 한 것만으로는 속행 또는 연기결의가 있었다고 보기 어렵다.

2. 총회의 의장

회의 진행에는 의사를 주관하는 의장이 필요하다. 의장은 회의 결과에 영향을 미칠 수 있으므로 누가 의장을 맡느냐는 중요한 문제이다. 의장의 선임에 대하여는 정관에서 정하는 것이 보통이다.[2)] 정관에 정함이 없는 경우나 정관에 정한 자가 모두 유고인 경우에는 총회 결의로 의장을 선출한다(366-2(1)).[3)] 2011년 개정 상법은 소수주주가 소집한 임시주주총회에서는 공정한 의사진행을 위하여 정관 규정에 따라 의장을 정하는 것이 아니라 법원이 이해관계인의 청구나 직권으로 선임할 수 있도록 하고 있다(366(2)후).[4)]

의장의 직무는 총회의 질서를 유지하고 의사를 정리하는 것이다(366-2(2)). 고의로 의사진행을 방해하기 위한 발언이나 행동을 하는 등 총회의 질서를 현저히 어지럽히는 자에 대하여 퇴장을 명할 수도 있다(366-2(3)). 의장은 심의의 순서를 정하고 발언을 정리하고 심의가 마무리된 때 결의에 들어간다. 휴회, 재개, 폐회는 모두 의장의 권한에 속한다.

---

1) 의사진행과 관련해서 상세한 것은 김교창, "주주총회의 운영", 대계4 Ⅱ, 54~76면.
2) 통상 대표이사가 의장이 되고 사장이 유고시에는 일정한 순서에 따라 다른 이사가 의장이 된다는 취지를 정하고 있는 것이 보통이다(표준정관 21조).
3) 의장을 불신임하는 동의가 가결된 경우에도 마찬가지이다.
4) 소수주주측 의장이 선임되는 것이 부담스럽다면 소수주주의 소집청구가 있을 때 바로 주주총회를 소집하면 될 것이다.

3. 주주의 질문권과 이사의 설명의무

대표이사는 의안을 상정한 이사회를 대표하여 의안의 취지를 설명한 후에 주주의 질의에 응답하는 절차를 거치는 것이 보통이다. 주주의 질문권이나 이사의 설명의무에 대해서는 상법에 아무런 규정이 없지만 회의체의 일반원칙상 당연히 인정된다고 볼 것이다. 그렇지만 질문권과 설명의무는 합리적인 범위 내에서만 인정된다. 그러므로 회의의 목적사항과 관련이 없는 것이 명백한 질문, 동일한 사항에 대한 반복적인 질문에 대해서는 설명할 의무가 없다.[1] 질문의 기회를 전혀 주지 않거나 설명을 부당하게 거절한 경우, 현저하게 부실한 설명을 한 경우에는 결의방법의 하자를 이유로 결의취소의 소를 제기할 수 있다.

4. 결　　의

(1) 결　　의

가. 의　　의

주주총회의 결의란 상정된 의안에 대한 주주의 의결권행사, 즉 표결을 통해 형성된 주주총회의 결정을 말한다.[2] 결의는 의안의 **가결**(적극결의)과 **부결**(소극결의)로 나눌 수 있다. 결의방법에 관한 법문(368(1))이나 결의하자를 다투는 소에 관한 법문(376, 380)은 가결만을 상정하고 있는 것으로 보인다. 그러나 가결과 부결 모두 주주총회의 결정이라는 점에서 구태여 결의에서 부결을 배제할 필요는 없다고 판단된다.[3]

나. 법적 성격

우리나라에서는 결의의 법적 성격에 대해서 별로 논의가 없지만 독일의 통설에 따라 단체법상의 특수한 **다면적 법률행위**로 보는 견해가 유력하다.[4] 다면적 법률행위설의 근거는 결의가 의사표시에 해당하는 개별 주주의 표결이 모여 성립된 것이라는 점에서 찾고 있다. 그러나 결의가 주주의 표결을 기초로 성립하는 것은 사실이지만 표결하는 주주의 의사와 반드시 직결되는 것은 아니라는 점에서 주주의 표결이 결집된 것과 마찬가지로 파악하는 것은 적절치 않다. 또한 법인격도 없는 주주총회가 효과의사를 갖는다고 보는 것도 적절하지 않기 때문에 법률행위로 볼 수는 없다. 따라서 결의는 주식회사의 기관으로서의 주주총회의 **독자적인 법적 행위**로 보는 것이 타당하다.[5] 다면적 법률행위설을 취하든 법적행위설을 취하든 의사표시와 법률행

1) 설명거절사유에 대해서는 상장회사 표준 주주총회 운영규정 제27조, 일본 회사법 제314조 단서.

2) 결의는 주주와 회사기관에 대해서 구속력을 갖는다. 찬성한 주주는 물론이고 반대, 기권, 불참한 주주를 모두 구속한다.

3) 권기범6, 707면. 독일에서는 부결도 결의로 본다. Hüffer11, §133 Rn. 5.

4) 권기범6, 708~709면.

5) 결의를 다면적 법률행위로 파악하는 통설에 대한 비판으로 Wolfgang Ernst, Der Beschluss als Organakt, Lieber

위에 관한 사법상의 법리나 규정이 반드시 그대로 적용되는 것은 아니라는데 다툼이 없다.

다. 조건과 기한

결의 자체에는 단체적 법률관계의 불안정을 이유로 조건을 붙일 수 없다는 것이 전통적인 견해이다.[1] 결의의 효력발생을 미루거나 조건에 연계시킬 필요가 있는 경우에도 가능하면 결의 자체가 아니라 결의의 대상이 되는 계약 등에 기한이나 조건을 붙이는 것이 원칙일 것이다.[2] 그러나 결의 자체를 조건부 또는 기한부로 해야 할 필요성이 있는 경우도 실무상 종종 있는데, 그러한 조건과 기한이 명확하게 특정되어 단체적 법률관계를 불안정하게 할 우려가 없다면 기한부나 조건부 결의를 전면적으로 부정할 이유는 없을 것이다.[3]

(2) 표 결

가. 의의와 법적 성격

주주가 의결권을 행사하는 것을 표결이라고 한다. 독일에서와 마찬가지로 우리나라에서도 표결의 법적 성격을 주주의 의사표시로 보고 민법상 의사표시에 관한 규정이 적용된다고 보는 견해가 유력하다.[4] 그러나 개별 주주의 표결에 무효나 취소사유가 있는 경우에도 결의가 바로 무효나 취소로 되는 것은 아니다. 당해 표결의 무효나 취소로 말미암아 결의요건을 충족하지 못하게 되는 경우에는 결의하자를 다투는 소에 의하여 효력을 다툴 수 있을 뿐이다.[5]

나. 표결의 방식

표결의 방식에 대해서는 상법이 규정하고 있지 않다. 의안에 대한 표결의 방식은 정관 등 회사내부규정에 다른 정함이 없는 한 서면에 의한 투표, 거수, 기립, 기타 출석주주의 의사를 명확히 인정할 수 있는 방법이라면 어느 것이라도 무방하다.[6] 합작회사와 같이 주주 수가 극히 적은 폐쇄회사의 주주총회에서 결의의 성립에 필요한 의결권 수를 갖는 주주들이 결의에

Amicorum für Detlef Leenen(2010), 1~42.

1) 이철송30, 566면.

2) 예컨대 정관변경의 효력을 장차 특정시점부터 발생시키고자 하는 경우에는 결의 자체의 효력을 조건부로 하기보다 변경된 정관의 부칙에 시행시기를 정하면 될 것이다. 그리고 주식매수청구권이 일정규모를 넘어서 행사된 경우 합병을 추진하지 않고자 하는 경우에는 합병결의에 조건을 붙이는 대신 합병계약에 조건을 붙여야 할 것이다.

3) 예컨대 앞서 행한 이사의 보수에 대한 결의(1차결의)에 취소사유가 있는 경우 동일한 사항을 새로 결의(2차결의)하면서 2차결의는 1차결의의 취소판결이 확정된 경우에 효력을 발생한다는 조건을 붙이는 것을 구태여 금지할 필요는 없을 것이다. 실제로 자주 일어나는 또 다른 예로 주식매매방식 M&A의 거래종결(closing) 이전에 주주총회를 개최하여 매수인 측 지명자를 이사로 선임하는 결의를 하면서 거래종결을 정지조건으로 붙이는 것도 금지할 이유가 없을 것이다. 제8장 제1절 Ⅲ. 1. 각주 1에 소개된 예시도 참조.

4) 권기범6, 708~709면.

5) 권기범6, 709면; 이철송30, 567면.

6) 표준주주총회운영규정은 "의안에 대한 가부를 묻는 방법은 기립, 거수 기타의 방법 중에서 총회의 특별한 결의가 없는 한 의장이 정한다"고 규정하고 있다(37). 의장이 정한 심의 및 표결방법에 대하여 주주들의 반대가 있는 경우에는 의장이 총회의 결의로 결정해야 할 것이다(수원지방법원 2004. 12. 14, 2004가합2963 판결(삼성전자주주총회결의취소소송)).

찬성하는 점이 분명히 밝혀진 경우에는 따로 표결절차를 거치지 않아도 무방할 것이다. 그러나 일반적인 경우에는 "가부의 의결을 하지 않은 이상 그 토의과정에서 주주들의 찬성 또는 반대의 의사표시가 있었다고 하더라도 이러한 사실만으로 가부의 결의가 있었던 것으로 볼 수 없[다]"(대법원 1989. 2. 14, 87다카3200 판결).

실무상으로는 의장이 의안에 대한 반대가 있는지 여부를 주주들에게 물어서 아무런 반대가 없는 경우에는 박수를 치는 것으로 결의의 성립을 선언하는 경우가 많다.[1] 반대가 있는 경우에는 표결을 통해서 찬성하는 의결권 수가 결의요건을 충족하는지 여부를 확인해야 할 것이다.[2] 찬성주식 수를 계산할 때에는 의결권을 행사하는 주주의 보유주식 수를 파악해야 하므로 비밀투표는 원칙적으로 허용되지 않는다.[3]

다. 조건과 철회

결의의 경우와는 달리 표결에는 조건을 붙일 수 없다. 또한 일단 표결이 의장에게 도달한 경우에는 원칙적으로 철회할 수 없다.

(3) 결의요건

가. 의사정족수와 의결정족수

1995년 개정 전 상법은 다음에 설명하는 결의의 성립에 필요한 정족수, 즉 의결정족수라는 개념 외에 결의에 착수하기 위한 정족수, 즉 의사정족수라는 개념을 두고 있었다(구상 368(1)). 그러나 발행주식총수 과반수의 출석이라는 의사정족수를 충족하는 것은 주식소유가 분산된 상장회사에서는 점점 어려워졌다. 회사의 부담을 완화하기 위하여 1995년 개정 상법은 의사정족수 개념을 없애고 과반수보다 훨씬 못 미치는 주주의 참석만으로도 결의가 성립할 수 있는 길을 열어주었다.

나. 보통결의

총회의 결의는 상법이나 정관에 다른 정함이 있는 경우를 제외하고는 출석한 주주의 의결권의 과반수와 발행주식총수의 4분의 1 이상의 수로써 하여야 한다(368(1)). 이를 보통결의라

---

1) 참석한 주주 중 반대가 없다면 의결권이 대리행사된 주식에 반대표가 있더라도 다시 투개표절차를 거칠 필요는 없을 것이다. 의장이 합병의안의 주요 내용을 설명한 뒤 참석주주들에게 동의를 구하였는데 아무도 이의를 제기하지 않자 박수로써 합병계약 승인을 가결한 것은 적법하다는 판결도 있다(대법원 2009. 4. 23, 2005다22701, 22718 판결).

2) 의장이 반대하는 주주 이외에는 모두 의안에 찬성하는 것으로 간주하겠다고 일방적으로 선언한 다음 반대하는 주주만 거수하게 하여 반대하는 주주의 주식수만을 확인한 후 의안이 가결되었다고 선언한 것은 표결방식상의 하자로 결의취소의 사유에 해당한다(대법원 2001. 12. 28, 2001다49111 판결). 그 경우에는 기권하는 주주도 찬성한 것으로 처리되기 때문이다. 한편 하급심 판결 중에는 토의과정에서 "그 의안에 대한 찬성의 의결권 수가 그 총회의 결의에 필요한 의결권 수에 달한 점이 명백해진다면 그 때에 있어서 표결이 성립한 것으로 봄이 상당하며, 이때 의장이 다시 그 의안에 대하여 찬반의 의결권 수를 산정하는 절차를 거치지 아니하였다 하여 그 총회의 결의가 성립하지 않았다고 할 것은 아니다"라고 하여 유연한 태도를 보이는 것도 있다(수원지방법원 2004. 12. 14, 2004가합2963 판결(삼성전자주주총회결의취소소송)).

3) 이철송30, 574면.

고 한다.

상법은 정관으로 정족수를 가감할 수 있음을 명시하고 있다. 1995년 개정 전 상법에서와 같이 발행주식총수의 과반수 출석을 의사정족수로 규정하더라도 유효하다(대법원 2017. 1. 12. 2016다217741 판결). 실질적으로 조합관계인 폐쇄회사의 경우에는 주주의 합의에 기초하여 의사결정이 이루어지도록 정족수를 가중하는 경우가 많다. 심지어 주주전원의 동의를 결의성립요건으로 하는 것도 허용할 수 있다. 이러한 초다수결을 허용하면 일부 주주에게 거부권을 주는 효과가 있고 주주 간에 의사 대립이 있으면 회사가 경영상의 교착에 빠진다는 이유로 그것을 무효로 보는 학설도 있다.[1] 그러나 ① 그처럼 결의가 성립되지 못하는 교착상태에 빠질 위험성은 결의요건이 만장일치가 아닌 경우에도 얼마든지 일어날 수 있다는 점, ② '주주 간의 의사 대립이 있을 때에는 그 안건을 가결시키기 않겠다'는 뜻이 가중된 결의요건의 형태로 정관에 나타나 있는 이상 이를 무효로 보아 억지로 가결시키는 것이 오히려 주주들의 의사에 반한다는 점에 비추어보면, 그러한 정족수 가중은 원칙적으로 유효하다고 보아야 할 것이다.[2] 대립을 해결할 수 없는 경우에는 정관을 변경하여 결의요건을 낮추거나 해산하는 수밖에 없을 것이다.[3]

한편 전자투표를 실시하는 때에는 감사 또는 감사위원 선임 시에 "출석한 주주의 의결권의 과반수"일 것만을 요구하고 "발행주식 총수의 4분의 1 이상"일 것을 요구하지 않음으로써 결의요건을 완화시켜 주고 있다(409(3), 542-12(8)).

다. 특별결의

정관변경의 결의는 출석주주의 의결권의 3분의 2와 발행주식총수의 3분의 1 이상의 수로 한다(434). 이를 특별결의라고 한다. 상법이 특별결의를 요구하는 사항은 주식분할(329-2(1)), 주식매수선택권 부여(340-2(1)), 포괄적 주식교환 · 이전(360-3(2), 360-16(2)), 영업양수도(374(1)), 사후설립(375), 이사 · 감사해임(385(1), 415), 액면미달발행(417(1)), 정관변경(434), 자본금감소(438(1)), 전환사채 · 신주인수권부사채 제3자 발행(513(3), 516-2(4)), 해산(518), 계속(519), 합병(522(3)), 분할 · 분할합병(530-3(2)) 등 매우 다양하다.

특별결의에 대해서는 정관에 의한 요건의 가중이나 감경을 허용하는 규정이 없다. 결의요건의 가중이 허용된다는 점에는 대체로 견해가 일치하지만[4] 감경은 허용되지 않는다는 것이

1) 이철송30, 571~572면 (발행주식총수의 과반수 출석과 그 3분의2 이상의 찬성을 요구할 수 있지만 그 이상으로 강화할 수는 없다고 함).

2) 권기범6, 715면; 최기원, 434면. 일본에는 주주총회 결의에 출석주주전원의 동의를 요하는 정관규정도 원칙적으로 유효하지만 회사운영에 지장을 줄 우려를 고려하여 재무제표의 승인과 같이 정기주주총회에서 반드시 결의할 사항에 적용되는 한도에서는 예외적으로 무효라고 해석한 판례가 존재한다. 東京高裁 2021. 4. 22, 2020년(ネ) 제3318호.

3) 이론상으로는 결의요건의 감경도 생각해볼 수 있다. '출석한 주주의 의결권의 과반수' 요건은 다수결 원칙상 더 이상 감경의 여지가 없을 것이다. '발행주식총수의 4분의 1' 요건에 대해서는 다툼이 있지만 법문에서 변경의 여지를 인정하고 있는 마당에 굳이 감경을 금지할 이유를 찾기 어렵다. 송옥렬9, 945면.

4) 보통결의에서 살펴본 것과 같은 이유로 전원일치를 요하는 가중도 허용된다고 볼 것이다. 다만 적대적 인수합병

통설이다.

특별결의요건을 2/3로 가중한 것은 주주 지위에 중대한 영향을 주는 거래에 대해서 신중한 판단을 요한다는 취지에서이다. 그러나 신중한 판단은 이사회 결의에 추가로 주주총회 승인을 요구하는 것만으로도 상당 부분 확보된다. 오히려 다수주주가 원하는 변화를 가로막는 것이 비효율을 발생시킬 가능성이 있다는 점에서 2/3 찬성이라는 특별결의요건을 강제하는 것에는 의문이 있다.[1] 따라서 특별결의의 경우에도 사적자치에 의한 결의요건감경을 허용하는 방향으로 법을 개정할 필요가 있을 것이다.

라. 특수결의

상법이 특별결의보다도 더 가중된 요건을 적용하는 경우도 있다. 이를 특수결의라고 한다. 이사와 감사의 책임을 면제하는 결의(400, 415), 유한회사로의 조직변경(604(1))은 모두 주주전원의 동의를 요한다.

마. 결의요건의 계산

1) 의결권 없는 주식과 의결권의 행사가 제한되는 주식의 산입여부

결의요건을 충족하였는지를 계산할 때 분자는 찬성표수를 합산하므로 별 문제가 없다.[2] 분모는 발행주식 총수 또는 출석한 주주의 의결권의 수로 되어 있는데 여기에 의결권이 없거나 의결권의 행사가 제한되는 주식이 포함되는지 여부가 문제된다.

2) 제371조 제1항

상법은 ① 의결권 없는 주식과 ② 의결권이 있지만 행사가 제한되는 주식을 구별한다. 제371조 제1항은 ①을 발행주식 총수에 산입하지 않고, 제371조 제2항은 ②를 출석한 주주의 의결권의 수에는 산입하지 않는다고 하고 있다.

제371조 제1항은 ① 의결권 없는 주식으로 의결권이 배제 또는 제한되는 종류주식(344-3(1))과 자기주식(369(2)), 상호보유주식(369(3))을 제시하고 있다. 의결권이 제한되는 종류주식(344-3(1))도 의결권이 제한되는 의안에 관해서는 의결권이 없으므로 의결권 없는 주식에 포함되는 것으로 본다.[3] 상법이 명시하고 있지는 않지만 특별법상 의결권이 없는 주식도 제371조 제1항의 적용대상으로 본다.

안건에 관해 초과다수결요건(출석한 주주 의결권의 90% 이상 및 발행주식총수의 70% 이상)을 규정한 정관조항이 위법하다는 판결로 전주지법 2020. 10. 29, 2017가합2297 판결; 이사회가 제안한 이사선임·해임안건에 대하여는 상법상의 보통결의·특별결의 요건이 적용되는 반면, 주주가 제안한 이사 선임·해임 안건에 대하여는 발행주식총수의 80% 이상의 찬성이 있어야 가결할 수 있도록 규정하는 정관조항이 주주평등의 원칙에 반하고 주주의 공익권을 과도하게 제한하여 위법하다는 판결로 수원지방법원 성남지원 2025. 11. 28, 2025가합1077 판결.

1) 미국에서는 합병 등의 경우에도 과반수를 결의요건으로 하는 주들이 있다.

2) 찬성표만을 합산하므로 출석한 주주가 기권한 경우에는 실제로 반대한 것과 같은 효과가 있다.

3) 송옥렬9, 950면.

제371조 제1항의 의결권 없는 주식은 발행주식 총수에 산입하지 않을 뿐 아니라 출석한 주주의 의결권의 수에서도 제외된다. 예컨대 발행주식 총수가 100주고 그 중 25주가 의결권 없는 주식인 회사가 있다고 하자. 보통결의를 위한 주주총회에 의결권 있는 주식 40주가 참석하여 25주가 찬성한 경우에는 출석한 주주의 의결권의 과반수(25/40)와 발행주식 총수의 1/4 이상(25/75)에 해당하므로 보통결의가 성립한다(368(1)).

3) 제371조 제2항

제371조 제2항은 ② 의결권의 행사가 제한되는 주식으로 특별이해관계인이 가진 주식(368(4)), 감사 선임시 대주주주식 중 3%를 초과하는 주식(409(2), (3)), 상장회사에서 감사나 감사위원회 위원을 선임할 때 3%를 초과하는 주식(542-12(3), (4))을 제시하고 있다. 제371조 제2항은 출석한 주주의 의결권의 수에 산입하지 않는다고만 하고 있으므로 발행주식 총수에는 산입됨을 전제한 것으로 보인다.[1] 이러한 해석은 과거 출석한 주주의 의결권 수를 분모로 의결정족수를 정하던 시절에는 아무런 문제가 없었다. 그러나 1995년 개정으로 의결정족수가 두 부분으로 구성되고 그 중 한 부분의 분모를 발행주식 총수로 함에 따라 다음과 같은 불합리한 결과가 초래되기에 이르렀다.[2]

예컨대 발행주식 총수가 100주인 회사에서 70주를 보유한 대주주에게 영업 전부를 양도하는 거래의 승인을 위한 주주총회를 개최한 경우를 생각해보자. 주주총회에 나머지 30주를 보유한 주주 전원이 참석하여 모두 찬성하였다면 출석한 주주의 의결권의 2/3 이상(30/30)이지만 발행주식 총수의 1/3에는 미치지 못하므로(30/100) 영업양도 승인에 필요한 특별결의(374(1)(i), 434)는 성립될 수 없다. 이처럼 의결권의 행사가 제한되지 않는 주주 전원이 찬성하였음에도 불구하고 결의가 성립되지 않는 이유는 ② 의결권의 행사가 제한되는 주식을 발행주식 총수에 산입하여 계산하기 때문이다. 따라서 합리적인 결과에 이르기 위해서는 ②도 제371조 제1항에서와 같이 발행주식 총수에서도 배제하는 것으로 해석해야 할 것이다(대법원 2016. 8. 17, 2016다222996 판결. 감사 선임시 3% 초과분에 관한 사례).

의결권행사금지가처분과 정족수

1995년 개정 전 상법이 적용된 사안이지만 대법원은 주식 자체는 유효하게 발행되었으나 주식의 귀속이 문제되어 의결권행사금지 가처분이 내려진 경우, 해당 주식도 정족수 계산의 기초가 되는 발행주식 총수에 산입된다고 판시한 바 있다(대법원 1998. 4. 10, 97다50619 판결). 반면 주식 발행의 효력이 문제되어 의결권행사금지 가처분이 내려졌다면 해당 주식은 발행주식 총수에서 제외하여야 할 것이다(서울중앙지방법원 2019. 10. 10, 2019카합21290 결정).

---

1) 만약 발행주식 총수에서도 제외하는 취지라면 결국 제1항과 제2항이 다를 바가 없을 것이기 때문이다.

2) 송옥렬9, 950면; 이철송30, 582~583면.

(4) 결의의 성립과 효력발생

주주총회에서 통과된 결의의 효력은 총회폐회시가 아니라 결의가 성립된 즉시 발효하는 것이 원칙이다.[1] 따라서 예컨대 정관에 정해진 수를 초과하여 이사를 선임하고자 하는 경우에는 먼저 정관을 변경하면 바로 그 새로운 정관규정에 따라 추가로 이사를 선임할 수 있다.

재무제표 승인, 정관변경 같이 상대방 없는 행위는 결의 즉시 효력을 발생한다. 임원선임 결의와 같이 상대방 있는 행위는 상대방의 동의가 필요하다.[2]

합병이나 영업양수도에 대한 주주총회 승인은 이론상으로는 계약에 선행하는 것도 가능하지만 실제로는 계약이 주총승인을 조건부로 체결된 후에 주주총회의 승인을 받는 것이 보통이다. 계약에서 주주총회의 승인이 조건임을 명시하지 않은 경우에도 주주총회의 승인이 없으면 합병은 물론 영업양수도도 상대방의 선의 여부에 관계없이 무효이다.

결의의 철회 및 추인

이미 성립된 결의의 효력을 새로운 결의로 부정하는 것, 즉 결의의 철회 내지 번복이 허용되는가? 상법상 주주총회의 결의대상은 제한되어 있으므로(361) 이미 성립된 결의를 철회하는 것은 결의대상이 될 수 없다는 논리도 가능할 것이다. 그러나 기존 결의가 회사내부의 의사결정에 그치고 결의에 따른 구체적 법률관계가 발생하기 전에는 기존 결의와 동일한 방식으로 철회할 수 있다고 보는 견해가 유력하다.[3] 번복결의에 대한 현실적인 수요를 고려하면 그것을 인정하는 것이 타당할 것이다.[4]

내용상 하자 있는 결의를 새로운 결의로 추인하거나 재결의하는 것은 원칙적으로 허용되지 않는다(대구고등법원 1982. 10. 5, 81나1090 판결). 후행결의 자체에도 내용상 하자가 있기 때문이다. 절차상 하자 있는 결의를 적법한 절차로 추인한 경우 소급효가 있는지에 대해서는 판례가 엇갈린다. 즉 소급효를 부인한 사례(대법원 2011. 6. 24, 2009다35033 판결. 선행결의에 부존재사유가 있었던 사안)[5]와 인정한 사례(대법원 2000. 11. 28, 2000다34242 판결. 선행결의에 취소사유가 있었

---

1) 결의의 성립시점과 관련하여 일본판례는 다음과 같이 판시한 바 있다. "주주총회에서 의사의 방식에는 법률에 특별한 규정이 없으므로 정관에 다른 정함이 없는 한 총회의 토의의 과정을 통해서 그 최종단계에 이르러 의안에 대한 각 주주의 확정적인 찬부의 태도가 자연히 명확하게 되어 그 의안에 대한 찬성의 의결권 수가 그 총회의 결의에 필요한 의결권 수에 달한 것이 명백하게 된 이상 그 시점에 표결이 성립한다고 해석하는 것이 상당하고 따라서 의장이 다시 그 의안에 대해서 주주에게 거수, 기립, 투표 등 결의 절차를 취하지 않더라도 그 총회의 결의가 성립하지 않았다고 할 수는 없다"(最高裁 1967. 7. 25. 民集 21권 6호 1669면). 표결이 진행된 경우에도 "의장의 선언은 결의의 성립요건이 아니고 결의는 회사가 주주의 투표를 집계하여 결의결과를 인식할 수 있는 상태가 된 시점에 성립한다"는 것이 일본판례의 태도이다. 東京高裁 2019. 10. 17, 2019년(ネ) 제1603호. 다만 "결의결과를 인식할 수 있는 상태"를 누구를 기준으로 판단할 것인지에 대해서는 의문이 존재한다.

2) 상대방 동의는 주주총회 전에 미리 얻어두는 경우가 많다.

3) 권기범6, 717~718면; 이철송30, 647면; 日注會(5), 337면(岩原).

4) 다만 이사선임결의의 번복과 같이 사실상 이사해임의 효과를 갖는 결의는 이사해임결의의 방식으로 하여야 할 것이다. 임재연6 II, 161면.

5) 그 밖에 주주총회는 아니지만 절차상 하자로 무효인 어촌계(漁村契)총회의 결의를 적법절차로 추인한 사안에서 소급효를 부인한 대법원 1995. 4. 11, 94다53419 판결도 참조.

던 사안)[1]가 있다. 다만 적법한 추인결의가 있는 경우 특별한 사정이 없는 한 종전 결의의 취소, 부존재를 구하는 소의 이익은 부정될 것이므로[2] 사실상 소급효가 인정되는 것과 비슷한 결과가 될 것이다.

---

(5) 의 사 록

주주총회 종료 후에는 의사록을 작성하여야 한다(373(1)).[3] 의사록에는 의사의 경과요령과 그 결과를 기재하고 의장과 출석한 이사가 기명날인 또는 서명하여야 한다(373(2)). 의사록은 본점과 지점에 비치하여 주주나 채권자가 열람할 수 있도록 해야 한다(396).[4]

의사록은 주주총회 결의에 관한 증거자료로서 중요한 의미가 있다. 주주총회의 정족수 등 절차적 요건의 충족 여부는 달리 특별한 사정이 없는 한 의사록의 기재에 따라 판단한다(대법원 2011. 10. 27, 2010다88682 판결).

(6) 총회검사인

총회의 소집부터 결의에 이르기까지 위법이나 불공정은 다양한 형태로 나타날 수 있다. 2011년 개정상법은 주주총회의 적법성을 담보하기 위하여 총회 검사인제도를 채택하였다. 그에 의하면 회사나 1%의 소수주주는 총회의 소집절차나 결의방법의 적법성을 조사하기 위하여 총회 전에 법원에 검사인의 선임을 청구할 수 있다(367(2)). 주주총회의 진행과 관련하여 다툼이 생길 소지가 있는 경우에는 사전에 당사자들이 합의하여 중립적인 기관에 주주총회의 관리를 맡길 수도 있다.[5]

5. 서면투표와 전자투표

(1) 서 설

가. 주주의 합리적 무관심

주주는 주주총회에 대한 참여에 소극적인 것이 보통이다. 실제로 주주 참여는 대부분 결과에 아무런 영향을 미칠 수 없다는 점에서 주주의 무관심은 개별 주주의 관점에서는 합리적인 측면이 있다(이른바 '합리적 무관심'(rational apathy)). 그러나 주주총회를 외면하는 주주가 많아지면 주주이익이 경시되거나 심지어 주주총회 성립마저 어려워질 우려가 있다. 상법은 주주

---

1) 취소사유 있는 결의를 추인한 경우 소급효를 인정하는 학설로는 이철송30, 648면.
2) 박형준, "하자 있는 주주총회결의의 추인 및 재결의", BFL 74(2015), 51면. 대법원 2024. 7. 11, 2024다222861 판결 등 참조.
3) 독일 주식법은 상장회사의 의사록에 대해서는 공증인이 작성할 것을 요구하고 있다(獨株 130(1)).
4) 등기할 사항에 총회결의가 필요한 경우에는 등기의 신청서에 그 의사록을 첨부해야 한다(상등 79(2)). 이 경우 의사록은 공증인의 인증을 받아야 한다(공증인법 66-2(1)본).
5) 미국에서는 표결관련업무를 로펌이나 회계법인이 담당하는 예가 많다고 한다.

의 주주총회 참여를 돕기 위하여 서면투표와 전자투표제도를 도입하고 있다.

서면투표나 전자투표를 이용하면 주주가 주주총회에 참석하는 비용을 절감할 수 있다. 그러나 보유주식 수가 많지 않은 주주로서는 주주총회의 결과에 영향을 미칠 수 없기 때문에 여전히 '합리적 무관심'의 문제는 피하기 어렵다. 실제로 서면투표나 전자투표는 종래 그다지 활발하게 이용되지 않았으나, 후술하는 감사·감사위원 선임시의 결의요건 완화 등에 힘입어 전자투표를 실시한 회사의 수는 2014년 8개사에서 2022년 1,669개사로 현저히 늘어나고 있다.

나. 의 의

서면투표란 주주가 '총회에 출석하지 아니하고 서면에 의하여 의결권을 행사'하는 것을 말한다(368-3(1)). 그에 비하여 전자투표는 총회에 출석하지 않는다는 점에서는 서면투표와 같으나 서면 대신 '전자적 방법으로' 의결권을 행사한다는 점(368-4(1))에 차이가 있다.

서면투표는 총회에 출석하지 않고 서면에 의하여 의결권을 행사한다는 점에서 서면결의와 같지만 총회가 현실적으로 개최된다는 점에서 서면결의와 구별된다. 한편 전자투표도 일단 현실공간의 주주총회를 전제한다는 점에서 주주총회를 인터넷 공간에서만 개최하는 협의의 **전자주주총회**와 구별된다. 또한 전자투표는 주주총회의 사전에 투표가 완료된다는 점에서(令 13(2)(ii)) 현실로 개최되는 주주총회에 인터넷을 통해서 참여하며 의결권을 행사하는 광의의 전자주주총회와 구별된다.

(2) 요 건

가. 정관규정과 이사회 결의

회사가 서면투표를 도입하려면 정관에 규정을 두어야 한다(368-3(1)). 그러나 전자투표의 경우에는 정관에 근거가 없더라도 이사회 결의만으로 정할 수 있다(368-4(1)). 이처럼 두 제도 사이에 차이가 있는 이유는 주주의 주주총회 참여를 촉진하려는 입법의도가 시간의 경과에 따라 한층 강해졌기 때문이다. 양자의 요건을 구태여 달리 할 필요는 없으므로 입법론상으로는 모두 이사회 결의로 정하도록 하는 것이 바람직할 것이다.[1]

회사는 서면투표와 전자투표를 모두 채택하는 것도 가능하다. 다만 그 경우 혼란을 피하기 위하여 주주는 어느 한쪽 방법만을 택하여 투표해야 한다(368-4(4)).

나. 통 지

서면투표를 채택한 경우 회사는 총회의 소집통지서에 의결권행사에 필요한 서면과 참고자료를 첨부해야 한다(368-3(2)). 전자투표를 채택한 경우 회사는 소집통지 및 공고 시에 전자투표에 의한 의결권 행사가 가능하다는 취지를 밝히고,[2] 의결권행사에 필요한 양식과 참고자

1) 송옥렬9, 939면.

2) 통지나 공고에는 전자투표를 할 인터넷주소, 전자투표를 할 기간 등을 포함해야 한다(令 13(2)).

료를 제공해야 한다(368-4(2), (3)후).

(3) 절 차

서면투표의 경우 상법은 절차에 대해서 아무런 규정을 두고 있지 않으므로 정관에 규정이 없는 사항은 결국 이사회가 정할 수밖에 없다.[1)]

전자투표의 경우에는 시행령에 기본적 사항을 규정하고 있다(令 13). 주주는 「전자서명법」 또는 「정보통신망 이용촉진 및 정보보호 등에 관한 법률」에 따른 본인확인을 하고 전자서명을 통하여 전자투표를 해야 한다(令 13(1)). 전자투표는 총회 전날까지 해야 한다(令 13(2)(ii)). 회사는 전자투표를 관리하는 기관을 지정하여 주주 확인절차 등 의결권 행사절차의 운영을 위탁할 수 있다(令 13(4)). 회사와 전자투표를 관리하는 자는 주주총회 개표 전에 전자투표의 결과를 누설하거나 직무상 목적 외로 사용해서는 아니 된다(令 13(5)). 한편 회사는 의결권행사에 관한 전자적 기록을 총회 후 3개월간 본점에 비치하고 총회 후 5년간 보존해야 한다(368-4(5)).

(4) 효 과

서면투표나 전자투표를 한 경우에는 직접 총회에 출석하여 의결권을 행사한 것과 같은 효과가 있다. 따라서 서면투표나 전자투표로 투표된 주식 수는 정족수(371)를 계산할 때 발행주식 총수에는 물론이고 출석한 주주의 의결권의 수에도 산입한다. 또한 전자투표를 실시하는 때에는 감사 또는 감사위원 선임 시에 "출석한 주주의 의결권의 과반수"일 것만을 요구하고 "발행주식 총수의 4분의 1 이상"일 것을 요구하지 않음으로써 결의요건을 완화시켜 주고 있다(409(3), 542-12(8)). 이는 감사 또는 감사위원 선임 시 3%를 넘는 주식은 의결권을 인정하지 않음으로 인해 결의요건을 맞추기 어렵다는 회사들의 사정을 고려한 것이다.

서면투표나 전자투표를 한 주주가 주주총회에 참석하여 자신의 **의결권 행사를 철회하거나 변경할 수 있는가?** 서면투표의 경우에는 아무런 규정이 없으나 이를 긍정하는 견해가 많다.[2)] 전자투표의 경우에는 철회 및 변경을 명시적으로 금지하였다가(구令 13(3)) 2020. 1. 29. 개정 시행령에서 이를 허용하는 취지로 금지 규정을 삭제하였다. 주주총회에서의 철회 및 변경을 허용하면 주주의 의사에는 더 부합하겠지만 주주총회 사무에 혼란이 발생하고 표결의 진행이 혼탁해질 우려가 있다. 따라서 전자투표에 관한 위 시행령 개정 취지 등을 고려하여 원칙적으로 서면투표나 전자투표의 철회 및 변경은 허용된다고 할 것이지만, 회사가 정관으로 이를 금지하는 것은 가능하다고 보아야 할 것이다.

서면투표나 전자투표를 한 이후에 의안에 관한 **수정동의가 제출된 경우**에는 어떻게 처리할

---

1) 서면투표는 주주총회일 이전의 일정기간 동안에 진행된다(대법원 2014. 7. 11, 2013마2397 결정).
2) 권기범6, 684면; 송옥렬9, 940면; 이철송30, 577면.

것인가? 서면투표나 전자투표 시점에 이루어진 원안에 대한 찬부를 그 후에 수정된 의안에 대한 찬부로 그대로 간주하기는 어렵다. 따라서 이미 행사된 서면투표와 전자투표는 원안에 대한 찬부에 상관없이 수정동의안에 모두 기권한 것으로 취급해야 한다는 견해가 유력하고,[1] 실무도 대개 그러한 것으로 보인다.[2] 이에 따르면 서면·전자투표의 비중이 늘어나면 수정동의시에 기권표가 다량 발생하여 결의요건을 충족하지 못할 가능성이 높아지는데, 이는 탄력적인 수정동의를 저해하는 측면도 있지만 서면·전자투표를 한 주주들의 의사를 우회한 수정동의의 남용을 견제하는 효과도 있을 것이다.

6. 서면결의

서면투표와 비슷한 것으로 서면결의가 있다. 서면결의란 현실의 총회를 소집하지 않고 결의서면에 찬반을 표시하는 방법으로 하는 결의를 말한다. 서면결의는 원칙적으로 효력이 없지만 상법은 소규모회사의 경우 예외적으로 서면결의를 허용하고 있다(363(4)). 즉 자본금 총액이 10억원 미만인 소규모회사의 경우 주주전원의 동의가 있는 경우에는 서면에 의한 결의로써 주주총회의 결의를 갈음할 수 있다(363(4)전). 또한 결의의 목적사항에 대하여 주주 전원이 서면으로 동의한 때에는 서면결의가 있는 것으로 본다(363(4)후).

7. 전자주주총회[3]

전자주주총회는 주주총회의 전부 또는 일부를 물리적 공간이 아닌 전자적 통신수단을 통해 진행하는 것을 의미한다. 전자투표는 주주총회에 앞서서 실시하는 사전투표의 일종인 데 반해 전자주주총회는 실시간으로 총회 자체를 전자적으로 진행한다는 점에서 구별되는 개념이다. 원래 전자주주총회는 ① 현실공간에서 현장주주총회를 개최하면서 그 현장에 소재하지 않는 주주가 전자적 방법으로 출석하는 것을 허용하는 현장병행형 전자주주총회와 ② 현장주주총회를 개최하지 않고 이사·감사·주주 등 모든 참여자가 오직 전자적 방법으로 출석하는 현장대체형 전자주주총회로 구분할 수 있다.

코로나-19 기간 동안 국제적으로 전자주주총회가 활발히 이용되었고 여러 나라에서 입법도 정비되었다. 이에 우리나라도 2025. 7. 22. 상법 개정으로 상장회사에 현장병행형 전자주주총회를 도입하였다(시행은 2027. 1. 1.). 즉 주주총회는 총회일에 주주가 소집지에 직접 출석하는 방식으로 개최하지만(364(2)), 상장회사의 경우에는 정관으로 달리 정하는 경우를 제외하고는 이사회 결의로 주주의 일부가 소집지에 직접 출석하지 않고 원격지에서 전자적 방법으로

1) 권재열, 한국 회사법의 경제학(제2판), 정독(2019), 199면.
2) 한국예탁결제원 전자투표서비스 이용약관 제11조 제3항 참조.
3) 전자주주총회의 다양한 쟁점에 관하여는 김순석, 전자주주총회의 이론과 실무, 전남대학교출판문화원, 2024 참조.

결의에 참가할 수 있는 방식의 총회(전자주주총회)를 개최할 수 있다(542-14(1)).

위 개정으로 도입된 전자주주총회 제도에서 유의할 점들은 다음과 같다. ① 상장회사에만 적용되므로 비상장회사는 전자주주총회를 개최할 수 없는 것으로 해석된다. 입법론적으로는 비상장회사를 제외한 이유를 이해하기 어렵다. ② 주주 '일부'가 전자적으로 참가하는 방식(현장병행형)만을 허용하고 주주 '전부'가 전자적으로 참가하는 방식(현장대체형)은 허용하지 않는다. 현장대체형의 경우 주주들의 참여가 형해화될 수 있음을 우려한 것으로 보이나, 최근 국제적 추세에 비추어 이례적이다. ③ 시행령으로 정해질 대규모 상장회사의 경우에는 반드시 전자주주총회(현장병행형)를 개최해야 한다(542-14(2)). 주주들의 참여를 보장하기 위한 취지로 보이나 일거에 많은 회사들이 전자주주총회를 시행함으로써 발생할 기술적인 문제가 우려된다.

전자주주총회를 개최하는 경우에 주주는 직접 출석과 전자통신수단에 의한 출석 중 어느 한 가지 방식을 택해야 하고 두 가지 방식을 병행할 수 없다(542-14(3)). 전자주주총회를 개최하는 경우 소집통지에 전자주주총회를 개최한다는 뜻과 출석방법, 그 밖에 시행령으로 정하는 사항을 포함해야 한다(542-14(5)). 전자주주총회를 개최하는 회사는 주주가 총회의 의사진행 임직원은 직무상 알게 된 정보로서 외부에 공개되지 아니한 정보를 정당한 사유 없이 자기 또는 제3자의 이익을 위하여 이용해서는 안 된다(542-15(3)).

전자주주총회를 개최한 회사는 그 개최에 관한 기록을 총회가 끝난 날부터 5년간 보존해야 한다(542-15(4)). 이 기록은 총회가 끝난 날부터 3개월간 본점에 비치하며 주주는 영업시간 내에 열람을 청구할 수 있다(542-15(5). 그 밖에 주주의 질의 방법 및 절차, 의장의 의사진행 등 전자주주총회의 운영과 그 밖에 필요한 사항은 시행령으로 정한다(542-15(6)).

Ⅶ. 주주총회 결의의 하자

1. 총 설

주주총회 결의는 내용이나 절차 면에서 법령이나 정관을 위반하거나 부당한 경우에는 효력이 부인될 수 있다. 또한 주주총회의 소집절차나 결의방법에 중대한 하자가 있는 경우에는 결의의 존재 자체가 부정될 수도 있다. 주주총회 결의에 법률행위의 일반원칙을 적용한다면 결의의 하자는 누구나 언제, 어떠한 방법으로도 주장이 가능할 것이다. 그러나 결의의 효력은 주주를 비롯한 다수 이해관계자의 이익과 관련되므로 조속히 그리고 획일적으로 확정할 필요가 있다. 이러한 단체법적 필요에 따라 상법은 결의의 하자를 다투는 소송에 대해서 별도의 규정을 두고 있다.

상법은 먼저 하자 유형에 따라 다음 네 가지 소송형태를 법정하고 있다: ① 결의취소의 소(376), ② 결의무효확인의 소(380전), ③ 결의부존재확인의 소(380후), ④ 부당결의취소·변경의 소(381). 이들 소송에 대해서는 절차상 다양한 특칙을 규정하고 있다. 하자의 정도가 심한 ②와 ③의 경우에는 법률관계의 획일적 확정을 목적으로 판결의 대세효를 인정하는 정도에 그치고 있다. 그러나 하자의 정도가 심하지 않은 ①이나 ④의 경우에는 법률관계의 안정을 위하여 하자를 주장할 수 있는 방법, 주장할 수 있는 권리자, 그 기간 등까지 제한하고 있다. 이를 요약하면 [표 4-1]과 같다.

결의에는 가결만이 아니라 부결도 포함되지만 상법상 결의하자를 다투는 소송의 대상이 되는 것은 가결에 한한다.1) 부결된 결의의 하자2)를 이유로 부결을 가결로 전환하려면 결국 민사소송법상의 일반 확인의 소에 의할 수밖에 없다.3)

한편 결의하자를 다투는 소의 경우에는 청구의 인낙이나 결의의 부존재·무효를 확인하는

▌표 4-1 주주총회 결의의 하자를 다투는 소의 종류 개관

	취소의 소	무효확인의 소	부존재확인의 소	부당결의 취소·변경의 소
소의 원인	(i) 절차(소집절차·결의방법)의 법령·정관위반 또는 현저한 불공정; (ii) 내용의 정관위반	내용의 법령위반	절차(소집절차·결의방법)의 중대한 하자(결의가 사실상 부존재한다고 볼 정도)	내용의 하자(현저하게 부당)
성질	형성의 소	확인의 소(판례, 다수설) v. 형성의 소		형성의 소
원고	주주, 이사, 감사	확인의 이익이 있는 자		특별이해관계 있어 의결권행사 못한 주주
피고	회사			
제소기간	결의일로부터 2월	제한 없음		결의일로부터 2월
절차	전속관할(피고 본점소재지 지방법원), 소제기 공고, 병합심리, 제소주주의 담보제공, 판결확정시등기, 청구인낙·화해·조정 금지			
재량기각	가능	불가능		
판결효력	대세효, 소급효, 악의·중과실 패소원고의 손해배상책임			

1) 이철송, "결의하자를 다투는 소송제도 개관", 대계4 Ⅱ, 370~372면. 부결된 결의의 취소나 무효확인을 구하는 소는 소의 이익이 없다고 볼 것이다. 江頭8, 383면 주 6; 최고재판소 2016. 3. 4. 民集 70권3호, 827면.

2) 의결권 없는 주주가 표결에 참여하여 반대한 결과 결의요건이 충족되지 못하여 부결된 경우가 그 예이다. 그러나 일본판례는 주총결의가 가결이든 부결이든 그 하자를 일반사법상의 소로 다투는 것도 허용하지 않고 있다. 동경고등재판소 2021. 5. 13, 金融·商事判例 1623호, 12면. 이에 대하여 비판적인 견해로는 弥永真生, 否決の総会決議等に係る一般私法上の無効確認の訴えの適法性, ジュリスト 1568호(2022년 3월), 122면.

3) 독일의 통설과 판례는 이러한 확인의 소를 인정하고 있다. Hüffer11, §246 Rn. 42. 다만 이러한 확인의 소에도 결의취소의 소의 제소기간이나 판결의 대세효에 관한 규정을 유추적용할 필요가 있을 것이다.

내용의 화해·조정은 할 수 없다(대법원 2004. 9. 24, 2004다28047 판결).[1] 후술하는 바와 같이 결의의 부존재·무효를 확인하거나 결의를 취소하는 판결은 대세효가 있기 때문이다.

결의하자를 다투는 소송의 실제

결의하자를 다투는 소송은 실제 널리 활용되고 있다.[2] 특히 소규모 폐쇄회사에서 주주 사이의 내분이 일어난 경우에 많이 제기된다. 평소 주식회사에 요구되는 엄격한 절차를 무시하며 운영해 온 폐쇄회사에서 분쟁이 일어나면 소수주주가 결의 하자를 다투는 소송의 형태로 불만을 표출하는 것이다. 이러한 소송에서는 판결이 확정되더라도 주주 사이의 진정한 분쟁은 해결되지 않고 지속되는 경우가 많다.

2. 결의취소의 소

(1) 서 설

결의취소의 소란 결의가 위법하지만 당연 무효가 아니라 소에 의해서만 취소할 수 있는 경우에 제기하는 소를 말한다. 그 법적 성격은 형성의 소이다. 결의취소판결은 소급효가 있으나, 취소사유가 있는 결의이더라도 결의취소판결이 확정되는 시점까지는 일응 유효한 결의로 취급된다. 제소권자가 제소기간 내에 취소의 소를 제기하지 않으면 취소사유가 있는 결의도 유효한 것으로 확정된다. 제소권자의 선택에 따라서 결의의 효력여부가 좌우된다는 점에서 결의무효확인의 소와 구별된다.

(2) 취소사유

가. 서 설

취소사유는 주주총회의 소집절차 또는 결의방법이 법령 또는 정관에 위반하거나 현저하게 불공정한 때, 즉 절차상의 하자가 있는 경우와 결의의 내용이 정관에 위반한 경우이다(376(1)). 1995년 상법 개정 전에는 결의내용이 정관에 위반한 경우 무효사유에 해당하였다. 그러나 정관은 주주에 의한 변경이 가능한 것이므로 정관위반의 경우에는 주주의 선택에 맡기는 것이 합리적이라는 판단에서 취소사유로 변경한 것이다.

절차상의 하자가 중대한 경우에는 결의의 존재 자체가 부정될 수 있다(결의부존재). 그러나 취소사유와 부존재사유를 가르는 선은 반드시 명확한 것은 아니다.

나. 소집절차상의 하자

1) 이사회 결의의 흠결 또는 하자

정당한 소집권자가 소집하였다면 이사회의 소집결의에 하자가 있거나 이를 결하였더라도

---

1) 다만 원고가 대가를 받는 대신 소를 취하하는 형식의 합의는 종종 행해진다고 한다.

2) 그 활용현황에 대해서는 최문희, "주주총회 결의하자소송의 동향과 입법론적 과제", BFL 74(2015), 6~27면.

결의취소사유라고 본다(대법원 1980. 10. 27, 79다1264 판결; 대법원 1987. 4. 28, 86다카553 판결 등). 이사회 결의 당시 회의목적에 포함되지 않았던 사항에 대한 주총결의도 취소사유가 있는 것으로 볼 것이다(서울고등법원 2008. 7. 30, 2007나66271 판결).

2) **소집권자가 아닌 자에 의한 소집**

이사회의 소집결의는 있으나 소집권자가 아닌 자가 소집한 총회의 결의는 취소사유에 해당한다(대법원 1993. 9. 10, 93도698 판결). 만약 소집권한 없는 자가 이사회의 소집결의도 없이 소집했다면 부존재사유에 해당한다(대법원 2010. 6. 24, 2010다13541 판결).

3) **통지상의 하자**

소집권자에 의하여 소집된 주주총회 결의라면 일부주주에 대한 통지가 누락되고 통지기간을 준수하지 않은 구두 통지에 의한 경우에도 취소사유에 그친다(대법원 1987. 4. 28, 86다카553 판결). 공동대표이사 중 1인이 단독으로 주주총회를 소집하면서 발행주식총수의 41%를 보유한 주주에게 소집통지를 하지 않은 것은 취소사유에 불과하다고 한 판례도 있다(대법원 1993. 1. 26, 92다11008 판결). 소집통지에 기재되지 않은 사항에 대한 결의는 설사 긴급한 안건이라고 하더라도 취소사유에 해당한다(대법원 1969. 2. 4, 68다2284 판결). 소집통지서에 회의의 목적사항이 기재되지 않은 등 통지내용이 불비한 경우에도 역시 취소사유에 해당한다.

4) **소집절차의 현저한 불공정**

주주가 참석하기 어려운 장소나 시간을 정하여 주주총회를 소집하는 것은 소집절차가 현저히 불공정한 경우로서 취소사유에 해당한다. 대법원은 일부주주의 총회개최 방해행위를 이유로 소집권자가 12시간 후에 주주총회 장소를 변경하여 결의한 사안에서 소집절차의 현저한 불공정이 있다고 판시한 바 있다(대법원 2003. 7. 11, 2001다45584 판결).[1]

5) **전원 출석 주주총회와 1인회사**

주주총회가 이사회 결의를 포함한 소집절차 없이 이루어진 경우에도 주주명부상의 주주 전원이 참석하여 총회개최에 동의하고 아무런 이의 없이 만장일치로 결의가 이루어졌다면 하자가 치유되어 그 결의는 특별한 사정이 없는 한 유효하다(대법원 1993. 2. 26, 92다48727 판결; 대법원 2002. 12. 24, 2000다69927 판결 등). 다만 주주 전원이 출석했더라도 일부 주주가 절차상 하자에 대해 이의를 제기하며 안건에 반대한 경우에는 하자가 치유된다고 보기 어려울 것이다. 1인회사의 경우에는 주주총회 소집절차를 밟을 필요가 없을 뿐 아니라 실제로 개최할 필요도 없다고 본다(대법원 1993. 6. 11, 93다8702 판결; 대법원 2004. 12. 10, 2004다25123 판결).

---

1) 이 판결에서 대법원은 "당초의 소집장소에서 개회를 하여 소집장소를 변경하기로 하는 결의조차 할 수 없는 부득이한 사정이 발생한 경우, 소집권자가 대체 장소를 정한 다음 당초의 소집장소에 출석한 주주들로 하여금 변경된 장소에 모일 수 있도록 상당한 방법으로 알리고 이동에 필요한 조치를 다한 때에 한하여 적법하게 소집장소가 변경되었다고 볼 수 있을 것"이라고 판시하였다.

다. 결의방법의 하자

1) 의결권 행사와 관련한 하자

① 의결권을 행사할 수 없는 자가 의결권을 행사하거나 ② 의결권을 행사할 수 있는 자가 의결권을 행사하지 못한 경우에는 결의방법의 하자가 인정된다. ①의 예로는 주주명부상의 주주가 아닌 자가 의결권을 행사한 경우, 의결권배제주식·상호주·자기주식 등 의결권을 행사할 수 없는 주식의 주주가 의결권을 행사한 경우, 의결권제한주식의 주주 또는 특별이해관계인(368(3)) 등이 의결권이 제한되는 안건에 관하여 의결권을 행사한 경우, 의결권을 대리행사한 자의 대리권에 흠결이 있는 경우 등이 있다. 이 경우에는 원칙적으로 결의 취소사유에 해당한다. 그러나 그 도가 지나쳐 결의에 참여한 자가 대부분 주주가 아니거나 의결권이 제한되는 자라면 결의부존재에 해당할 것이다. ②의 예로는 의결권의 대리행사를 부당하게 제한한 경우(대법원 1995. 2. 28, 94다34579 판결), 일부 주주의 입장을 부당하게 거부하거나 지연시킨 경우(대법원 1996. 12. 20, 96다39998 판결) 등이 있다.

법원의 의결권행사금지가처분 결정에도 불구하고 회사가 의결권 행사를 허용한 경우에 해당 결의에 당연히 결의방법의 하자가 있는 것인지 문제된다. 대법원은 가처분결정에 위반한 행위가 무효가 되는 것은 "형식적으로 가처분을 위반하였기 때문이 아니라 가처분에 의해 보전되는 피보전권리를 침해하였기 때문인데, 의결권행사금지 가처분의 본안소송에서 가처분의 피보전권리가 없음이 확정됨으로써 그 가처분이 실질적으로 무효임이 밝혀진 이상 이 사건 주식에 의한 의결권 행사는 결국 의결권행사금지가처분의 피보전권리를 침해한 것이 아니어서 유효하[다]"고 판단하였다(대법원 2010. 1. 28, 2009다3920 판결). 판례의 논리는 의결권행사금지가처분의 실효성을 상실시킨다는 점에서 그 타당성에 의문이 있다.[1)]

2) 결의요건의 위반

결의 성립에 필요한 정족수 요건을 충족하지 못하였음에도 가결시킨 경우에도 취소사유에 해당한다. 대법원은 감사선임 시 주주의 의결권을 제한한 정관규정이 위법한 경우에 그 규정에 따라 일부 주주의 의결권을 제한한 상태에서 통과시킨 감사선임결의는 취소사유가 있다고 판시하였다(대법원 2009. 11. 26, 2009다51820 판결).

3) 절차진행과 관련한 하자

의장 자격이 없는 자가 이유 없이 정당한 의장을 제치고 의장으로 절차를 진행한 경우에는 취소사유에 해당한다(대법원 1977. 9. 28, 76다2386 판결). 그러나 의장이 주주 의사에 반하여 임의로 퇴장한 경우에 임시의장을 선출하여 진행한 주주총회의 결의는 적법한 것으로 본다(대

---

1) 이에 관한 상세한 논의로서 이승영 외, "임시의 지위를 정하기 위한 가처분의 효력에 관한 연구", 민사집행법 실무연구 3(2011), 75면 이하; 노혁준, "회사가처분에 관한 연구", 민사판례연구 32(2010), 1026면 이하.

법원 2001. 5. 15, 2001다12973 판결). 상법은 이사의 설명의무를 명시하고 있지 않지만 이사가 의제와 관련하여 필요한 정보를 제공하지 않거나 잘못된 정보를 제공한 경우에도 결의방법의 불공정을 이유로 취소사유에 해당할 수 있다.[1)]

4) 의결권 행사에 영향을 미치는 이익공여[2)]

주주총회에서의 의결권 행사에 관해 이루어진 이익공여가 의결권에 영향을 미치기 위한 것으로서 그 액수가 사회통념상 허용되는 범위를 넘어서는 경우, 주주총회 결의방법의 법령위반으로서 결의취소사유에 해당한다(대법원 2014. 7. 11, 2013마2397 결정).

라. 내용상의 하자

1995년 개정 상법은 결의 내용이 정관에 위반한 경우를 무효사유에서 취소사유로 변경하였다. 법령과 달리 정관은 주주가 변경할 수 있는 회사의 자치규범에 불과하므로 주주가 그 위반을 문제삼지 않는 경우에는 결의의 효력을 부정할 이유가 없다는 판단에 따른 것이다. 예컨대 정관에 정한 임의준비금을 적립하지 않고서 배당가능이익을 모두 배당한 경우, 정관의 이사정원을 초과하여 이사를 선임한 경우, 정관에서 주주 중에서 이사를 선임하도록 정하고 있는데 주주 아닌 자를 이사로 선임한 경우 등은 법령에 위반한 것은 아니지만 결의 내용의 정관위반으로 취소사유에 해당한다.

(3) 소송당사자

가. 원 고

결의취소의 소를 제기할 수 있는 자는 주주, 이사 또는 감사에 한한다(376(1)).[3)] 실제로는 주주가 제소하는 경우가 대부분이다. 원고적격자들이 각기 별도의 결의취소의 소를 제기한 경우, 판례는 합일확정의 필요성을 인정하여 유사필수적 공동소송으로 본다(대법원(전) 2021. 7. 22, 2020다284977 판결 참조).[4)]

1) 주 주

주주 지위는 **소송요건이자 제소요건**으로 보아야 한다. 따라서 소 제기 당시 주주가 아니었다면 이후 변론종결시까지 주식을 취득하더라도 각하되어야 한다. 이를 제소요건으로 보지 않으면 남소방지를 위해 주주 지위를 요구하는 상법의 취지를 제대로 반영하지 못하게 된다. 주

1) 이철송30, 616면.

2) 이익공여에 관한 상세한 논의는 제3장 제9절 Ⅳ. 5 참조.

3) 청산 중의 회사의 경우에는 대신 청산인이 원고적격이 있다(542(2)→376).

4) 이에 따르면 민사소송법 제67조가 적용되어, 자백, 청구의 포기·인낙, 화해 등 불리한 행위는 공동소송인 전원이 같이 하지 않으면 효력이 없고, 공동소송인 가운데 한 사람에 대한 상대방의 소송행위는 공동소송인 모두에게 효력이 미친다. 다만 위 전원합의체 판결의 별개의견에서는 이 경우 합일확정의 필요성을 인정할 수 없어 통상공동소송에 불과하고, 따라서 민사소송법 제67조가 적용되지 않는다고 한다.

주인 이상 의결권 유무는 불문한다. 명의개서를 하지 않은 주주는 어떠한가? 변론종결시까지 명의개서를 하지 않은 경우, 명의개서를 부당하게 거절당한 사례가 아니라면, 원고적격이 없다(대법원 1991. 5. 28, 90다6774 판결). 문제는 제소시 명의개서를 하지 않았다가 변론종결 이전에 명의개서를 마친 경우이다. 명의개서는 회사의 일률적, 형식적 주주관리를 위한 것이므로 남소규제와 큰 관련성이 없다. 따라서 일반적인 소송요건으로 취급하여 제소시점에 주식을 취득한 이상 변론종결시까지 명의개서를 하면 주주요건을 충족한다고 볼 것이다.[1)]

제소시점에 주주인 이상 결의 당시에는 주주가 아니었더라도 무방하다. 원고주주가 결의에 참여했었는지 여부는 묻지 않는다.[2)] 심지어 결의에서 찬성하거나 사후에 추인한 주주도 제소권한이 있다(대법원 1979. 3. 27, 79다19 판결).[3)] 원고주주는 당해 결의에 의하여 개인적으로 불이익을 입을 필요가 없다(대법원 1998. 5. 12, 98다4569 판결). 또한 다른 주주에 대한 소집절차에 하자가 있음을 이유로도 제소할 수 있다(대법원 2003. 7. 11, 2001다45584 판결).

원고주주가 소송계속 중 주주 지위를 상실한 경우에는 기존 결의취소의 소는 원칙적으로 각하된다.[4)] 위 주주 지위 상실이 매도 등 원고주주의 의사에 기한 것이 아니라[5)] 포괄적 주식교환 등 원고주주의 의사에 반하여 이루어진 경우에도 마찬가지이다(대법원 2016. 7. 22, 2015다66397 판결). 포괄적 주식교환에 의해 피고회사의 주주가 그 완전모회사의 주주로 바뀌는바, 해석상 '완전모회사의 주주'를 곧 피고회사의 '주주'로 보기는 어렵다는 점을 고려한 것이다. 이러한 해석에 따르면 포괄적 주식교환을 통해 기존 회사소송을 손쉽게 무력화시킬 수 있게 된다. 입법적으로는 소송계속 중 포괄적 주식교환에 의해 100% 모회사의 주주가 된 경우 기존 회사소송을 계속 유지할 수 있도록 명시할 필요가 있다.[6)]

한편 원고주주가 주식을 매도한 경우 **양수인**은 기존 소를 민사소송법 제81조 또는 제82조에 따라 참가승계 또는 인수승계할 수 있다고 볼 것이다.[7)] 대법원도 신주발행무효의 소와 관련하여 이러한 승계를 인정한 바 있다(대법원 2003. 2. 26, 2000다42786 판결).

2) 이사 또는 감사

이사 또는 감사의 지위도 소송요건이자 제소요건으로 볼 것이다. 따라서 결의 당시에 이사,

1) 노혁준, "주주 지위의 변동과 회사소송의 원고적격", 기업법연구 30-4(2016), 17~19면.

2) 주주총회에서 통지되지 않은 사항에 대한 결의에 참여한 주주도 결의취소의 소에서 원고적격이 있다는 판결로 대법원 1979. 3. 27, 79다19 판결.

3) 독일 주식법은 원칙적으로 원고적격을 결의에 반대한 주주에 한정하고 있다(獨株 245(i)).

4) 독일에서는 원고주주가 주식을 양도한 후에도 원고적격을 유지한다고 보는 것이 통설·판례이다. Hüffer9, §245 Rdnr. 8.

5) 이 문제에 관한 상세한 문헌으로 本間靖規, "株主側の事情による原告適格の歸趨", 會社裁判にかかる理論の到達點(神作裕之 外編, 2014), 293면 이하.

6) 노혁준, "주주 지위의 변동과 회사소송의 원고적격", 기업법연구 30-4(2016), 25~26면.

7) 소송승계의 경우 법률상 기간준수, 시효중단의 효력이 최초의 소 제기 시로 소급하므로 특히 제소기간이 단기인 회사소송의 경우 실익이 크다.

감사가 아니었더라도 제소 시점에 이사, 감사 지위에 있으면 원고적격을 갖는다. 퇴임한 이사나 감사가 결원 때문에 지위를 한시적으로 유지하는 경우(386(1))에도 이사, 감사의 지위를 갖는 것이므로 원고적격이 있다(대법원 1992. 8. 14, 91다45141 판결). 문제는 해당 주주총회 결의에 의해 해임된 이사, 감사가 원고적격을 갖는지 여부이다. 이 때에는 원고의 주장 자체가 아직 이사, 감사의 지위를 유지하고 있다는 것이므로 일응 원고 적격을 인정해야 할 것이다.[1]

이사가 총회결의 취소의 소를 제기하였다가 소송 계속 중에 사망하였거나 사실심 변론종결 후에 사망하였다면 그 소송은 그대로 종료된다. 이사의 지위는 일신전속적인 것이어서 상속의 대상이 되지 않기 때문이다(대법원 2019. 2. 14, 2015다255258 판결).

나. 피 고

상법에 명문의 규정이 없지만 회사를 피고로 한다는 것이 통설, 판례이다(대법원(전) 1982. 9. 14, 80다2425 판결).[2] 소송수행은 대표이사가 하는 것이 원칙이지만 이사가 제소한 경우에는 감사가 회사를 대표한다(394). 회사를 대표하여 소송을 수행하는 대표이사가 소송 대상인 주주총회 결의에 의하여 선임된 경우에도 회사를 대표할 권한이 있다(결의무효확인소송에 관한 대법원(전) 1983. 3. 22, 82다카1810 판결).

(4) 소송절차

가. 제소기간

결의취소의 소는 총회결의일로부터 2월 내에 제기하여야 한다(376(1)).[3] 이 제소기간의 성질은 제척기간으로 본다. 이처럼 단기의 제소기간을 규정한 이유는 회사의 법률관계를 조속히 확정시키기 위해서이다.[4]

법원은 단기제소기간을 때로는 엄격하게, 때로는 유연하게 적용하고 있다. 대법원은 주주총회에서 복수의 안건에 대하여 각기 결의가 행해진 경우 제소기간의 준수 여부는 각 안건에 대한 결의마다 별도로 판단한다고 보고 있다(대법원 2010. 3. 11, 2007다51505 판결). 한편 대법원은 동일한 결의에 관하여 부존재확인의 소나 무효확인의 소가 2월 내에 제기되어 있다면 2월 경과 후에 동일한 하자를 원인으로 하여 그 소를 취소소송으로 변경하거나 취소청구를 추가한 경우에도 선행소송의 제기 시에 제기된 것과 동일하게 취급하여 제소기간을 준수한 것으로 본다(대법원 2003. 7. 11, 2001다45584 판결; 대법원 2007. 9. 6, 2007다40000 판결 등).

---

1) 권기범6, 725면; 송옥렬9, 970면; 이철송30, 621~622면. 참고로 부존재인 결의에 의하여 해임된 이사는 그 결의의 부존재를 주장할 수 있다는 판례가 있다(대법원 1962. 1. 25, 4294민상525 판결).

2) 이사선임결의의 취소소송에서 대상이 된 이사는 피고가 아니므로 공동소송참가(민소 83(1))는 할 수 없고 공동소송적보조참가(민소 78)를 할 수 있을 뿐이다.

3) 취소의 소는 비재산권을 목적으로 하는 소로 보므로(민사소송 등 인지규칙 15(2)) 소가는 1억원이다(민사소송 등 인지법 2(4), 민사소송 등 인지규칙 18-2단).

4) 결의무효나 부존재의 확인을 구하는 소에서는 이러한 제소기간의 제약이 없다.

나. 소의 이익

결의취소의 소는 형성의 소이므로 법에 정한 요건을 갖춘 경우에는 소의 이익이 인정되는 것이 원칙이다.[1] 예외적으로 결의 후의 사정변화로 인하여 소의 이익이 부정되는 경우가 있다. 대표적인 예는 다음 두 가지 경우이다.[2] ① 이사선임결의의 취소를 구하는 소의 경우 당해 이사가 임기만료나 사임으로 퇴임한 경우에는 특별한 사정이 없는 한 소의 이익이 상실된다. 또한 ② 당해 결의에 관하여 적법하게 추인하는 결의나 재결의가 행해진 경우에는 특별한 사정이 없는 한 결의취소의 실익이 없으므로 소의 이익은 소멸한다(대법원 2000. 11. 28, 2000다34242 판결(추인결의의 사안)).

다. 기타 회사법상의 소에 공통되는 특칙

결의취소의 소는 회사의 본점소재지 지방법원의 관할에 전속한다(376(2)→186).[3] 결의취소의 소가 제기되면 회사는 지체 없이 이를 공고하여야 한다(376(2)→187). 제소기간 중에 복수의 소가 제기된 때에는 법원이 이를 병합심리하여야 한다(376(2)→188).

주주(이사 또는 감사가 아닌 경우)가 제소한 경우 회사가 그의 '악의'를 소명하면 법원은 담보제공을 명할 수 있다(377(1), (2)→176(4)). 여기서 악의는 단순히 근거가 박약한 것으로는 부족하고 해의(害意), 즉 주주의 정당한 이익을 옹호하기 위해서가 아니라 회사를 곤란하게 만들기 위하여 제기한 경우로 볼 것이다.

결의한 사항이 등기된 경우에 결의취소의 판결이 확정되면 등기하여야 한다(378).

(5) 판　결

가. 결의취소판결의 대세효(對世效)

결의취소판결은 **형성판결**로 소송 당사자에 대해서는 물론이고 제3자에 대해서도 효력이 있다(대세효)(376(2)→190본).[4] 취소청구를 기각하는 판결에는 대세효가 인정되지 않는다. 따라서 이론상 다른 주주는 그에 구속되지 않고 다시 제소할 수 있지만 보통은 제소기간의 경과로 제소할 수 없을 것이다.

나. 소 급 효

1995년 개정 상법은 제190조 단서를 준용대상에서 배제함으로써 취소판결의 소급효를 인

---

1) 江頭8, 383면.
2) 상세한 것은 박형준, "하자 있는 주주총회결의의 추인 및 재결의", BFL 74(2015), 45~55면.
3) 여기서 본점이란 회사영업을 총괄하는 장소적 중심인 영업소가 아니라 정관에서 정하여 등기한 본점을 가리킨다. 江頭8, 378면 주 2.
4) 이처럼 결의취소판결은 대세효가 있기 때문에 처분권주의를 적용하는 것에는 한계가 있다. 대법원은 주주총회 하자를 다투는 소에서는 청구의 인낙이나 결의의 하자를 확인하는 내용의 화해·조정은 할 수 없다고 판시한 바 있다(대법원 2004. 9. 24, 2004다28047 판결).

정하고 있다. 따라서 이사선임의 주주총회 결의에 대해서 취소판결이 확정된 경우 그러한 이사로 구성된 이사회에서 선임된 대표이사는 소급해서 자격을 상실하며 그 대표이사가 행한 행위는 무효가 된다(대법원 2004. 2. 27, 2002다19797 판결). 결의가 소급적으로 효력을 상실함에 따른 제3자의 보호는 부실등기의 공신력(39), 표현대표이사(395) 등과 같은 다른 법리에 의할 수 밖에 없다(대법원 2004. 2. 27, 2002다19797 판결).

다. 패소원고의 손해배상책임

패소한 원고가 악의 또는 중과실이 있는 경우에는 회사에 대해서 연대하여 손해를 배상하여야 한다(376(2)→191).

(6) 재량기각[1)]

가. 의 의

총회결의에 취소원인이 있더라도 법원은 "결의의 내용, 회사의 현황과 제반사정을 참작하여 취소가 부적당하다고 인정한 때에는" 그 청구를 기각할 수 있다(379). 그 취지는 결의취소의 소가 남용되는 것을 막기 위한 것이다. 즉 결의를 취소해도 회사나 주주에 실제로 이익이 되지 않거나 이미 결의가 집행되어 취소하여도 아무런 효과가 없든가 하는 때에 결의를 취소함으로써 회사에 손해를 끼치거나 거래안전을 해치는 것을 막으려는 것이다.

재량기각에 관해서는 결의취소의 소에 관한 제379조 외에 합명회사 설립무효의 소 또는 설립취소의 소에 관한 제189조에서도 정하고 있고, 이 제189조는 신주발행무효의 소, 합병무효의 소, 자본금감소무효의 소를 비롯한 다른 회사법상의 소에도 준용된다. 제189조는 "심리 중에 원인이 된 하자가 보완되고 회사의 현황과 제반사정을 참작하여 설립을 무효 또는 취소하는 것이 부적당하다고 인정"될 것을 요건으로 하지만 제379조는 하자의 보완을 요하지 않는다는 점에서 차이가 있다.[2)]

법원은 당사자의 주장이 없더라도 직권으로 재량에 의하여 취소청구를 기각할 수 있다(대법원 2003. 7. 11, 2001다45584 판결).[3)]

나. 대 상

절차상 하자가 재량기각 대상임에는 이론이 없다. 결의 내용의 정관 위반인 경우 견해가 엇갈릴 수 있다. 즉 1995년 개정을 통해 종전 무효사유이던 결의 내용의 정관 위반을 취소사유로 삼은 것은 주주에게 선택권을 주기 위해서인데 주주가 결의취소의 소를 제기한 때에는 그 선택을 존중할 필요가 있다는 점에서 보면 재량기각 대상이 아니라고 할 수 있다. 반면 조문구

---

1) 상세한 것은 송옥렬, "주주총회결의취소의 소의 재량기각", BFL 74(2015), 56~66면.

2) 다만 제189조가 준용된 사안에서도 하자가 추후 보완될 수 없는 성질의 것인 경우 그 하자가 보완되지 않더라도 법원이 제반 사정을 참작하여 재량기각할 수 있다고 판시한 예도 있다(대법원 2010. 7. 22, 2008다37193 판결).

3) 결의취소의 소가 사인간의 다툼이라는 이유로 직권에 의한 재량기각에 반대하는 견해도 있다. 이철송30, 641면.

조상 취소대상인 경우 모두 재량기각 대상으로 보아야 한다는 견해도 유력하다.

다. 판단기준

상법은 법원이 재량기각의 여부를 "결의의 내용, 회사의 현황과 제반사정을 참작하여" 결정하도록 하고 있다(379). 법문의 기준이 추상적이므로 법원은 상당한 재량을 누린다. 일본 회사법은 하자가 중요하거나 결의에 영향을 미친 것으로 인정되는 경우에는 재량기각을 부정함으로써 법원의 재량을 제한하고 있다(日會 831(2)).[1] 상법상 명문의 근거가 없지만 동일하게 해석해야 한다는 견해도 있다.[2] 그러나 하자가 중대하여 결의의 결과에 영향을 미칠 가능성이 있더라도 결의 결과 형성된 기성사실이나 사회적 영향을 고려하여 결의를 취소하는 것이 부적당하다고 인정하는 때에는 법문상 법원의 재량기각을 인정해야 할 것이다.[3]

대법원도 재량기각에 관한 판단에서 하자의 중요성이나 결의에 대한 영향을 고려하고 있지만(대법원 2003. 7. 11, 2001다45584 판결; 대법원 2004. 4. 27, 2003다29616 판결(감자무효의 소의 재량기각)) 반드시 그에 구속되고 있지는 않다. 대법원은 당국이 요구하는 결산기 변경을 위해서 객관적으로 정관변경이 필요한 상황임에도 불구하고 그와 무관한 요구사항을 내세우며 정관변경에 반대하는 소수주주를 배제한 상태에서 통과시킨 총회결의에 대한 취소의 소를 기각한 것은 정당하다고 판시한 바 있다(대법원 1987. 9. 8, 86다카2971 판결(안흥상호신용금고)). 하자가 중요할 뿐 아니라 결의에 영향을 미치는 사안이었지만 결의취소가 회사나 주주 이익에 부합하지 않는다는 판단에서 재량기각을 인정한 것이다.

법원이 고려할 '제반사정'에는 회사의 사정만이 아니라 취소가 국민경제에 미칠 영향도 포함될 수 있다. 1997년 외환위기 시의 판결 중에는 금융위기 발생 위험성을 이유로 재량기각을 인정한 것이 있다(서울고등법원 1998. 8. 8, 98나5267 판결). "결의를 취소하여도 회사 또는 주주에게 이익이 되지 않든가 이미 결의가 집행되었기 때문에 이를 취소하여도 아무런 효과가 없든가 하는 때"에 재량기각이 인정된다고 설시한 판결도 있다(대법원 2003. 7. 11, 2001다45584 판결).

3. 결의무효확인의 소

(1) 의 의

결의의 내용이 법령에 위반하는 때에는 결의무효확인의 소를 제기할 수 있다(380). 결의무효확인의 소는 하자의 내용뿐 아니라 제소권자나 제소기간의 제한이 없고 재량기각이 허용되지 않는다는 점에서 결의취소의 소와 큰 차이가 있다. 실무상 결의무효확인의 소는 매우 드물다.

---

1) 과거 일본 상법(제251조)은 우리 상법 제379조와 동일한 내용의 규정을 두고 있었으나 법원의 재량이 과도하다는 이유로 1950년 개정에서 폐지되었다.
2) 대표적으로 이철송30, 641면.
3) 임재연6 II, 240~241면.

(2) 무효원인

가. 법령위반

결의의 내용이 법령에 위반하는 예로는 일반적으로 ① 주주총회의 권한사항이 아닌 경우,[1] ② 주주평등의 원칙에 반하는 경우,[2] ③ 이사선임과 같이 총회의 고유한 권한사항을 정관에 근거 없이 이사회에 위임하는 결의 등을 들고 있다.

나. 다수결의 남용

결의의 내용이 객관적으로는 적법하더라도 지배주주가 회사이익이 아닌 사익을 위하여 소수주주의 이익을 침해하는 경우에는 다수결 남용으로 결의를 무효로 볼 수 있다.[3] 예컨대 오로지 소수주주를 축출하기 위해 주식을 병합한 경우,[4] 이사의 편의를 위해 현저히 불공정한 보수 등 안건을 주주총회에서 결의한 경우[5] 등을 들 수 있다.

무효사유에 관한 입법론

독일 주식법상 결의 내용의 법령위반이 무효사유가 되는 경우는 "오로지 또는 주로 회사채권자 보호나 기타의 공익을 위하여 제정된 규정에 위반한 때"에 한한다(제241조 제3호). 그리하여 우리나라에서 일반적으로 무효사유로 인정되는 주주평등원칙의 위반이나 다수결 남용은 독일법상 취소사유에 해당한다.[6] 법령 위반의 내용상 하자를 무효사유로 보는 우리 상법의 태도는 법적안정성의 관점에서 재고할 필요가 있다. 입법론상으로는 독일 주식법에서와 같이 결의의 내용이 법령에 위반한 경우에도 그 법령의 취지가 공익이나 채권자 이익이 아니라 주주 개인이 포기할 수 있는 이익을 보호하기 위한 것이라면 취소사유로 봄으로써 제소의 여지를 제한하는 것이 합리적일 것이다.[7]

---

(3) 소의 성질

결의무효확인의 소의 성질에 관해서는 확인소송설[8]과 형성소송설[9]이 대립하고 있다. 통

---

1) 다만 주주총회의 권한사항을 정한 제361조를 위반한 결의에 대해서 무효주장을 배척한 하급심판결이 있다(대전지방법원 천안지원 2014. 6. 13, 2014가합10056 판결). 무효로 인정하기 위해서는 위반법령이 강행규정에 해당할 정도로 중요한 것이어야 하는데 제361조는 그에 해당하지 않는다는 점을 이유로 제시하였다.

2) 제주지방법원 2008. 6. 12, 2007가합1636 판결(주식가치의 하락으로 투자회수가 어려운 상황에서 법인주주와 개인주주를 차별하여 개인주주 주식만을 액면가로 매입·소각하기로 한 주주총회 결의를 주주평등의 원칙에 반하는 위법한 결의로서 무효라고 판단한 사례).

3) 취소사유로 보는 견해로 정동윤6, 578면.

4) 다만 서울동부지방법원 2011. 8. 16, 2010가합22628 판결은 10,000:1 주식병합을 통한 감자에 의해 축출된 소수주주들이 제기한 감자무효의 소에서 주주관리비용 절감, 경영효율성 제고를 들어 적법성을 인정하였다.

5) 제4장 제4절 IX. 5 및 이에 관련된 대법원 2016. 1. 28, 2014다11888 판결 참조.

6) Hüffer11, §243 Rn.21ff.

7) 하자사유에 관하여 상세한 것은 김건식·최문희, "주주총회 결의하자소송의 하자사유에 관한 입법론적 고찰", 상사법연구 34-3(2015), 289~325면.

8) 권기범6, 730면; 김정호5, 343면; 김홍기4, 530면; 이/최11, 581면; 장덕조3, 272면; 정찬형22, 942면; 최기원14, 559

설과 판례인 확인소송설은 상법이 결의취소의 소와는 달리 제소권자나 제소기간에 제한을 두지 않았음을 근거로 들고 있다. 그에 의하면 주주총회 결의의 효력이 제3자 사이의 소송에서 선결문제가 된 경우 당사자는 언제든지 결의무효확인의 소나 결의부존재확인의 소를 따로 제기할 필요 없이 주주총회 결의의 무효를 주장할 수 있다(대법원 1992. 9. 22, 91다5365 판결). 반면에 형성소송설은 판결의 대세적 효력을 근거로 한다. 형성소송설에 의하면 결의의 무효는 반드시 소에 의하여 주장하여야 한다. 따라서 예컨대 위법배당을 이유로 배당의 반환을 구하는 채권자(462(3))는 먼저 결의무효확인소송을 거쳐야 한다는 결과가 된다.

주주보호의 관점에서 **확인소송설**이 타당하다고 본다. 따라서 결의취소의 경우와는 달리 결의무효는 언제라도, 누구라도, 어떠한 방법으로도 주장할 수 있다. 상법이 결의무효확인의 소에 관한 규정을 둔 것은 주장방법으로서 소송이 선택된 경우에 대비한 것이고 무효확인판결에 대세효를 부여한 것은 집단적 법률관계의 획일적 확정의 요청을 고려한 특별한 조치라고 할 것이다.

(4) 원고와 피고

무효확인의 소는 소의 이익이 있는 한 누구나 제기할 수 있지만 피고는 결의취소의 소와 마찬가지로 회사이다(대법원(전) 1982. 9. 14, 80다2425 판결).

(5) 소송절차와 판결의 효력

기타 소송의 절차와 판결의 효력은 결의취소의 소의 경우와 같다(380). 다만 재량기각에 대한 규정(379)은 준용되지 않는다.

4. 결의부존재확인의 소

(1) 의 의

총회결의의 외관이 존재하지만 소집절차나 결의방법의 하자가 결의의 존재를 인정할 수 없을 정도로 중대한 경우에는 결의부존재확인의 소를 제기할 수 있다(380). 대법원은 결의부존재확인의 소를 제기할 수 있으려면 "적어도 주주총회가 소집되어 그 결의가 있었던 것과 같은 외관이 남아 있는 결과 현재의 권리 또는 법률관계에 장애를 초래하므로 그 외관을 제거할 필요가 있는 경우"일 것을 요하고 있다(대법원 1993. 3. 26, 92다32876 판결).

결의부존재확인의 소는 **절차상의 하자**를 이유로 한다는 점에서 결의취소의 소와 유사하지만 제소권자나 제소기간의 제한이 없고 재량기각이 허용되지 않는다는 점에 차이가 있다. 상법은 결의부존재확인의 소를 결의무효확인의 소와 유사하게 다루고 있다. 결의무효확인의 소

면; 최준선14, 433면; 홍/박7, 384면.

9) 이철송30, 628~629면; 정동윤6, 585면.

와 마찬가지로 결의부존재확인의 소의 성질에 대해서도 확인소송설과 형성소송설의 다툼이 있으나 결의무효확인의 소와 마찬가지로 확인소송설이 타당하다고 볼 것이다. 따라서 결의무효의 경우와 마찬가지로 결의의 부존재도 언제라도, 누구라도, 어떠한 방법으로도 주장할 수 있다(대법원 1992. 9. 22, 91다5365 판결).

(2) 부존재의 원인

부존재의 원인은 취소원인과 마찬가지로 절차상의 하자이다. 절차상 하자가 총회결의의 존재를 인정할 수 없을 정도로 중대한 경우에 부존재 원인에 해당한다. 취소원인과 부존재원인과의 구별은 결국 정도의 차이에 따른 것이다. 요컨대 결의취소의 소에서와 같이 제소권자와 제소기간을 제한하는 것이 부당할 정도로 하자가 심한 경우에는 부존재로 본다.

판례에서 부각된 부존재원인은 다음과 같이 정리할 수 있다.

① 전혀 주주총회를 개최한 사실 없이 단지 허위로 의사록을 작성한 경우(대법원 1969. 9. 2, 67다1705, 1706 판결). 실제 주주총회를 개최하지 않은 경우에는 98% 주주가 허위로 의사록을 작성한 경우에도 결의의 부존재로 본다(대법원 2007. 2. 22, 2005다73020 판결).[1)]

② 대부분 주주 아닌 자가 모여 결의한 경우(대법원 1968. 1. 31, 67다2011 판결). 실제로 흔한 것은 주권발행 전에 대부분의 주식을 양수한 자가 주주로 총회에 참여하여 결의한 경우이다.[2)]

③ 주주 대부분에게 소집통지를 하지 않은 경우(대법원 1978. 11. 14, 78다1269 판결). 대법원은 68% 주주에게 통지하지 않은 사안에서 부존재를 인정한 바 있고(대법원 1993. 7. 13, 92다40952 판결), 41% 주주에게 통지하지 않은 사안에서 부존재가 아니라 취소사유에 불과하다고 판단한 바 있다(대법원 1993. 1. 26, 92다11008 판결).[3)]

④ 이사회 소집결의는 있으나 소집권이 없는 자가 소집한 총회 결의는 취소사유에 해당한다(대법원 1993. 9. 10, 93도698 판결). 그러나 이사회 소집결의조차 없는데 소집권 없는 자가 소집한 경우라면 부존재로 볼 것이다(대법원 2010. 6. 24, 2010다13541 판결).[4)]

---

1) 다만 사실상의 지배주주를 포함하여 발행주식 72% 정도의 주식을 보유하고 있는 주주들이 회사 부동산의 매도를 결의한다는 내용의 의사록을 작성한 경우 형식상 주총결의의 존재를 인정할 수 없지만 회사 내부의 의사결정을 거친 회사의 외부적 행위를 유효한 것으로 믿고 거래한 자에 대하여는 회사의 책임을 인정한 판결이 있다(대법원 1993. 9. 14, 91다33926 판결).

2) 다만 이 경우 제소권자가 결의의 부존재를 주장하는 것이 신의칙에 반하는 경우에는 소권을 인정하지 않는 방법으로 기존상태의 안정을 도모하였다(대법원 1991. 12. 13, 90다카1158 판결; 대법원 1992. 8. 14, 91다45141 판결). 1984년 개정으로 주권발행 전 주식양도가 무효가 되는 범위는 대폭 좁아졌으므로 앞으로는 이런 분쟁은 감소할 것으로 추정된다.

3) 하급심판결 중에는 50% 주주에 소집통지를 하지 않은 경우를 부존재로 본 예가 있다(대구지방법원 2002. 3. 29, 2002카합1 결정).

4) 그 밖에 주주총회 종료 후에 일부 주주가 따로 모여 결의한 경우도 부존재로 본다(대법원 1993. 10. 12, 92다28235, 28242 판결). 일본 하급심판례 중에는 주주총회개최금지가처분에 위반하여 개최된 주총결의에 대해서 법률상 부존재를 인정한 것이 있다. 静岡地浜松支判 2024. 5. 20. 2024년(ワ)제24호.

결의의 존재에 대해서는 회사가 증명책임을 부담하고 그 결의에 부존재로 볼 만한 중대한 하자가 있다는 점에 대해서는 원고가 증명책임을 부담한다(대법원 2010. 7. 22, 2008다37193 판결).

(3) 원고와 피고

상법에 아무런 제한이 없으므로 **소의 이익이 있는 자**는 누구나 제소할 수 있다. 실제로는 주주나 이사·감사가 제소하는 경우가 많다. 결의에 찬동하거나 추인한 주주의 제소도 신의칙에 반하는 것이 아니라고 본다(대법원 1977. 4. 26, 76다1440, 1441 판결). 주주의 지위 판단에 관하여는 앞서 주주총회 결의 취소의 소에서의 논의가 그대로 적용될 수 있을 것이다. 원고주주가 소송계속 중 주주지위를 상실한 경우 기존 결의부존재확인의 소는 각하된다. 대법원은 원고주주가 주식의 포괄적 교환으로 인해 피고회사의 완전모회사 주주로 바뀐 경우에도 소의 이익이 없어진다고 판단하지만, 그 타당성에 의문이 있다.[1)]

사임 등으로 퇴임한 이사·감사는 그 퇴임 이후 이루어진 주주총회결의에 하자가 있더라도 소의 이익이 없음은 물론이다. 그러나 퇴임한 이사·감사가 후임자가 취임할 때까지 그 지위를 유지하는 경우(386(1), 415)에는 제소가 가능하다(대법원 1992. 8. 14, 91다45141 판결). 또한 부존재인 결의에 의하여 **해임된 이사**가 그 결의의 부존재를 주장할 수 있음은 당연하다(대법원 1962. 1. 25, 4294민상525 판결).

회사채권자는 총회의 결의가 채권자의 권리나 법적 지위를 구체적으로 침해하는 경우에 한해서 소의 이익이 있다. 따라서 이사선임이나 정관의 사업목적 추가와 같은 내부적 사항에 관한 결의에 대해서는 소의 이익이 없다(대법원 1992. 8. 14, 91다45141 판결).

결의부존재확인소송에서도 다른 소송과 마찬가지로 피고는 회사가 된다.

(4) 소송절차와 판결의 효력

결의무효확인의 경우와 마찬가지로 제소기간에 대한 제한은 없다. 기타 소송의 절차와 판결의 효력은 결의무효의 소의 경우와 같다(380). 그러므로 결의부존재확인판결의 경우에도 대세효와 소급효가 모두 존재한다(380→190본).

소급효와 주주총회결의부존재[2)]

1995년 상법 개정 전 제380조는 주주총회결의부존재확인판결에 대해서도 합명회사 설립무효·취소판결의 대세효와 소급효배제를 규정한 제190조 본문과 단서를 모두 준용하였다. 그러나 결의가 전혀 없었던 경우에도 판결확정 전에는 결의가 있었던 것과 같이 취급하는 것은 부당하다는 비판이 많았다. 소급효 배제가 특히 문제되는 경우는 주식회사와 전혀 관계없는 사람이 대표이사로 선임된 것처럼 주주총회의사록을 위조한 경우와 같이 주식회사 내부의 의사결정 자체가 아예

---

1) 판례에 대한 비판으로 노혁준, "주주 지위의 변동과 회사소송의 원고적격", 기업법연구 30-4(2016), 27~28면.
2) 보다 상세한 것은 김건식, "부존재하는 주주총회결의에 기하여 선임된 대표이사와 거래한 제3자의 보호", 연구Ⅱ, 435면 이하.

존재하지 않는 경우이다. 이러한 이른바 참칭(僭稱)대표이사가 회사의 중요재산을 제3자에게 처분해버린 경우에는 회사와 제3자 사이에 누구를 보호할 것인가가 어려운 문제로 대두되었다. 만약 참칭자를 이사로 선임한 주주총회결의에 대한 부존재확인판결에 소급효가 배제된다면 그 판결 확정 시까지는 참칭대표이사의 대표권이 인정되어 제3자는 항상 보호되지만 회사는 처분된 재산을 회복할 수 없고, 소급효를 인정하는 경우에는 참칭대표이사의 대표권이 처음부터 부정되어 제3자가 손해를 입기 때문이다.

1990년대 대법원은 일련의 판결을 통해서 이 문제에 대한 독자적 해결을 도모하였다(대법원 1992. 8. 18, 91다39924 판결 등). 대법원은 결의부존재를 아예 외형상 결의라고 할 만한 것이 부존재하는 경우(물리적 부존재)와 절차상 하자가 커서 실질적으로 부존재하는 것으로 보아야 할 경우(법률적 부존재)의 두 가지로 나누어 그 효과를 달리 인정하였다. 즉 대법원은 제380조의 적용대상이 되는 것은 법률적 부존재뿐이고 물리적 부존재에는 제380조의 적용이 없으므로 제190조 단서도 준용될 여지가 없다는 취지를 밝혔다. 대법원의 태도에 따르면 참칭대표이사를 선임한 결의는 물리적 부존재에 해당하는 것이어서 결의부존재확인판결의 소급효가 당연히 인정되게 된다. 그러나 이처럼 물리적 부존재와 법률적 부존재를 구별하는 것은 기준이 모호할 뿐 아니라 물리적 부존재의 경우 제380조의 적용을 완전히 배제하는 것도 문제로 지적되었다.

1995년 개정 상법은 제380조의 준용조문을 제190조에서 제190조 본문으로 한정함으로써 **주주총회부존재확인판결의 소급효를 전면적으로 인정**하였다. 그러므로 이제는 구태여 물리적 부존재라는 유형을 따로 인정할 필요는 없어졌다.[1] 대신 현행 상법상으로는 이제 부존재하는 주주총회 결의를 믿고 거래한 제3자를 보호하는 문제가 대두된다. 제3자가 동원할 수 있는 수단으로는 표현대표이사 법리(395)와 부실등기 책임(39) 등을 들 수 있을 것이다.[2]

결의의 취소, 무효, 부존재 사이의 구별

결의취소소송, 무효확인소송, 부존재확인소송이 각각 소송물을 달리하는지에 관해서는 다툼이 있다. 소송의 초기 단계에서는 결의의 하자가 어떤 내용인지를 확정하기 어렵기 때문에 원고가 소의 종류를 잘못 선택하여 제소할 가능성이 있다. 따라서 소송물이 엄격하게 구분된다는 견해에 따르면 권리구제에 미흡한 면이 있게 되고, 반면 소송물이 하나라는 견해에 따르면 피고의 방어권이 침해될 수 있다. 대법원 판례는 원칙적으로 소송물을 달리 하는 것으로 취급하면서도 사안에 따라서는 덜 엄격한 태도를 보이기도 한다.

대법원은 부존재사유가 있는 총회결의에 대하여 결의취소의 소를 제기한 경우 부적법한 소라는 이유로 각하한 바 있다(대법원 1978. 9. 26, 78다1219 판결). 그러나 결의의 하자를 이유로 이를

---

1) 물리적 부존재의 경우 일반 민사소송법상 확인의 소로 자유롭게 다툴 수 있기 때문에 여전히 실익이 있다는 견해도 있지만(이철송30, 634면) 그것이 바람직한지는 의문이다.

2) 대법원은 '주주총회 결의의 외관을 현출시킨 자가 회사의 과반수주식을 보유하거나 또는 과반수의 주식을 보유하지 않더라도 사실상 회사의 운영을 지배하는 주주인 경우'에는 '주주총회 결의 외관 현출에 회사가 관련된 것으로 보아' 회사의 귀책사유를 이유로 책임을 인정할 수 있다고 보고 있다(대법원 1992. 8. 18, 91다14369 판결). 이 판결은 1995년 상법 개정 전의 판결로 이러한 회사의 귀책사유가 있는 경우에는 법률적 부존재와 마찬가지로 소급효가 부정되어 제3자가 보호된다는 논리를 취하고 있다. 그러나 소급효가 인정되는 현행 상법하에서는 표현대표이사 법리(395)에 의하여 마찬가지 결과를 얻을 수 있을 것이다.

취소해 달라는 청구에 대하여 하자가 너무 중하다는 이유로 오히려 그 청구를 각하하는 것은 입법취지와 상식에 반한다. 법리적으로도 결의가 부존재할 정도의 중대한 절차적 하자가 있다면 취소사유에 해당하는 절차적 하자 요건도 당연히 충족한다고 보아야 하므로, 이런 경우에는 소를 각하할 것이 아니라 취소청구를 인용하거나 적어도 청구 변경을 석명하여야 할 것이다.

한편 취소사유만 존재함에도 무효나 부존재확인의 소를 제기한 경우 그 청구를 기각한 원심을 유지하였다(대법원 1989. 5. 23, 88다카16690 판결). 취소사유에 불과한 절차적 하자는 결의내용의 법령위반(무효사유) 또는 결의가 존재한다고 볼 수 없을 정도의 중대한 절차적 하자(부존재사유)라는 요건을 충족하지 못하므로 이는 타당하다. 다만 부존재확인의 소가 제소기간 내에 제기된 경우라면 제소기간 경과 후라도 동일한 하자를 원인으로 한 취소소송으로 소를 변경하거나 추가하는 것도 허용하고 있다(대법원 2003. 7. 11, 2001다45584 판결). 이 판결에서는 제소기간 경과 후에 취소소송으로 소를 변경하거나 추가한 경우에도 "부존재확인의 소 제기시에 [취소의 소가] 제기된 것과 동일하게 취급하여 제소기간을 준수한 것으로 보아야 한다"고 하여 소송물을 엄격하게 구별하지 않는 사고의 일단을 내비치고 있다.

대법원은 특히 부존재확인소송과 무효확인소송은 엄격하게 구별하지 않는 태도를 취하고 있다. 즉 "회사의 총회결의에 대한 부존재확인청구나 무효확인청구는 모두 법률상 유효한 결의의 효과가 현재 존재하지 아니함을 확인받고자 하는 점에서 동일한 것이므로 … 법률상 부존재로 볼 수밖에 없는 총회결의에 대하여는 결의무효 확인을 청구하고 있다고 하여도 이는 부존재확인의 의미로 무효확인을 청구하는 취지라고 풀이함이 타당하므로 적법하다고 할 것이다"(대법원(전) 1983. 3. 22. 82다카1810 판결)라고 판시하였다.

---

5. 부당결의의 취소·변경의 소

(1) 의 의

이상에서 설명한 결의취소·무효확인·부존재확인이라는 결의하자를 다투는 소송의 3유형 외에 상법은 부당결의취소·변경의 소를 인정하고 있다(381). 이는 특별이해관계주주가 의결권을 행사할 수 없는 결과 부당한 결의가 성립한 경우 그것을 취소하거나 변경하기 위한 소송이다. 취소만이 아니라 변경까지 구할 수 있도록 한 것은 결의의 취소가 반복되는 상황을 피하기 위한 것이다.

(2) 결의취소·변경의 원인

결의취소·변경은 ① 성립한 결의가 현저하게 부당하고 ② 그 주주가 의결권을 행사하였더라면 그와 같은 결의의 성립을 저지할 수 있었던 경우에 가능하다. ① 결의가 현저하게 부당한 경우란 결의 내용이 법령·정관에 위반하지 않더라도 사회통념상 현저하게 회사나 기타 관계자의 이익을 해치는 경우를 가리킨다.[1] 구체적인 예로는 이사인 주주가 특별이해관계주주

---

1) 이철송30, 645면.

로서 참여하지 않은 주주총회에서 나머지 주주들이 그 이사의 보수를 부당하게 낮게 정한 경우를 들 수 있다. 그러나 현실적으로 이러한 요건을 갖춘 경우는 거의 발생하지 않고 있다.

(3) 기 타

원고적격이 있는 자는 특별이해관계가 있는 주주이고 피고는 회사가 된다. 제소기간을 비롯한 소송절차 및 판결의 효력에 관해서는 결의취소의 소의 경우와 같다. 다만 재량기각은 허용되지 않는다.

6. 다른 소송과의 관계

상법은 주식회사의 합병, 분할, 분할합병, 주식교환, 자본금감소, 신주발행 등 일정한 중요한 행위의 경우 무효의 주장을 소로써만 하도록 제한하고 있다. 그런데 그러한 행위를 승인한 주주총회 결의에 하자가 있는 경우 해당 행위에 대한 무효의 소 이외에 그 결의의 효력을 다투는 소를 제기할 수 있는지 문제된다. 합병을 예로 들면, 합병승인 주주총회 결의에 하자가 있는 경우 합병무효의 소 이외에 합병승인 주주총회 결의에 대한 취소 또는 부존재확인의 소를 제기할 수 있는지 문제되는 것이다. 이에 대해서는 합병승인 주주총회 결의의 하자를 이유로 그 결의를 다투는 소는 합병무효의 소에 흡수되어 합병무효의 소만을 제기할 수 있다는 것이 통설·판례이다(이른바 **흡수설**. 대법원 1993. 5. 27, 92누14908 판결).[1] 이 경우 만약 합병승인 주주총회 결의의 효력을 다투는 소를 제기하면 부적법한 소로서 각하된다. 다만 원고가 구하는 소의 형태가 분명하지 않은 경우 법원은 석명권을 행사하여 이를 명확히 할 필요가 있다(대법원 2010. 2. 11, 2009다83599 판결[2]).

합병을 승인한 주주총회 결의에 취소사유에 해당하는 하자가 있어 이를 원인으로 합병무효의 소를 제기하는 경우 그 제소기간은 어떠한가? 이 경우 주총결의 취소의 소의 제소기간이 결의일로부터 2개월이므로 이 기간 내에 합병무효의 소를 제기해야 한다(적어도 주총결의 취소의 소를 이 기간 내에 제기한 후 합병무효의 소로 청구변경해야 한다)는 견해가 있다.[3] 그러나 합병무효의 소는 형성의 소로서 합병등기일로부터 6개월 내에 제기할 수 있는데(529(2)), 이처럼 법이 정한 제소기간 내에 합병무효의 소가 제기되었음에도 해석상 더 짧은 제소기간을 적용하여 각하하는 것은 법문에도 반하고 제소기간을 일률적으로 정한 입법취지에도 반한다. 따라서 이

---

1) 대법원은 감자무효의 소(대법원 2010. 2. 11, 2009다83599 판결)의 경우에도 주주총회 결의의 효력을 다투는 소는 따로 제기할 수 없다고 본다. 전환사채발행에 관하여는 신주발행무효의 소에 관한 상법 제429조가 유추적용된다는 전제 아래, 전환사채발행무효의 소에 의하지 않고 그 발행과정의 하나인 이사회 결의의 부존재 또는 무효확인을 구하는 소는 부적법하다고 보았다(대법원 2004. 8. 20, 2003다20060 판결).

2) 자본감소 결의 무효확인을 구하는 청구취지 기재에도 불구하고 자본감소 무효의 소를 제기한 것으로 볼 여지가 충분함에도 석명권을 행사하지 않았다는 이유로 원심판결을 파기한 사안이다.

3) 송옥렬12, 983, 1258면.

경우에도 합병등기일로부터 6개월이란 제소기간이 동일하게 적용된다고 할 것이다.[1)]

Ⅷ. 종류주주총회[2)]

1. 의 의

회사가 종류주식을 발행하는 경우 종류주식을 가진 주주(종류주주)의 이해관계는 보통주주와 항상 같은 것은 아니다. 회사의 의사결정은 주로 보통주주에 의하여 좌우될 것이므로 종류주주에게 불리한 결정이 내려질 우려가 있다. 그리하여 상법은 종류주주의 보호를 위하여 일정한 경우 종류주주만으로 구성된 주주총회, 즉 종류주주총회의 승인을 얻도록 하고 있다(435(1), 436). 보통주식은 종류주식과 다른 종류의 주식이어서 보통주주들의 이익을 별도로 보호할 필요성이 있는 경우도 있지만, 현행 상법의 해석상으로는 보통주주만으로 구성되는 종류주주총회는 인정하기 어렵다.[3)]

2. 결의가 요구되는 경우

상법상 종류주주총회는 다음 세 가지 경우에 요구된다.

첫째, 정관을 변경함으로써 특정 종류주식의 주주에게 손해를 미칠 경우(435(1))이다. 그 예로는 우선주의 우선배당률을 낮추거나 상환주식의 상환기간을 연장하는 경우를 들 수 있다. 대법원은 이때의 손해를 넓게 해석하여 '어느 종류의 주주에게 직접적으로 불이익을 가져오는 경우'뿐 아니라 '외견상 형식적으로는 평등한 것이라고 하더라도 실질적으로는 불이익한 결과를 가져오는 경우' 및 '어느 종류의 주주의 지위가 정관의 변경에 따라 유리한 면이 있으면서 불이익한 면을 수반하는 경우'도 손해를 미치게 될 경우에 해당한다고 본다(대법원 2006. 1. 27, 2004다44575 판결).[4)] 그러나 손해를 넓게 인정할수록 종류주주의 보호에는 도움이 되겠지만 번번이 종류주주총회가 요구되므로 회사의 유연한 변화가 어려워지는 문제가 있다.[5)]

---

1) 김병태·노혁준, "회사의 합병", 대계4 Ⅲ, 526면. 대법원 2010. 7. 22, 2008다37193 판결의 원심인 서울서부지방법원 2007. 6. 15, 2006가합5550 판결 참조(분할합병을 승인한 주주총회 결의의 하자를 이유로 분할합병무효의 소를 제기한 사안에서 결의일로부터 2개월 내에 소를 제기해야 한다는 본안전항변을 받아들이지 않았고, 이는 상고심에서 그대로 확정됨).

2) 상세한 논점은 김지평, "종류주주총회의 쟁점에 관한 소고", 선진상사법률 87(2019), 73~117면 참조.

3) 이철송30, 288면; 김홍기4, 384면. 반면 다른 종류주식에 대한 차별적 우대조치에 의하여 보통주주의 손해가 발생할 가능성이 있는 경우에는 보통주주들로만 구성된 종류주주총회 결의가 인정되어야 한다는 견해로, 김지평, 상게논문, 80면; 김순석, "종류주식", 대계4 Ⅰ, 498~500면; 윤영신, "종류주식 발행회사에서 종류주주총회 필요 여부의 판단기준", 상사판례연구 29(4)(2016), 13면 등.

4) 우선주가 일정 기간 경과 후 보통주로 자동전환된다는 정관규정을 삭제하는 정관변경이 문제된 사안이다.

5) 삼성물산합병관련 가처분결정에서 법원이 합병비율이 공정하게 결정된 경우에는 우선주식 수의 감소로 인하여 우선배당금 총액이 감소된다고 해도 이를 상법 제436조에서 말하는 '손해'로 볼 수 없다고 판시한 것은 회사변화의 기동성을 고려한 결정으로 볼 수 있을 것이다(서울중앙지방법원 2015. 9. 2, 2015카합80896 결정).

둘째, 회사가 주식의 종류에 따라 신주의 인수, 주식의 병합·분할·소각 또는 회사의 합병·분할로 인한 주식의 배정에 관하여 특수한 정함을 하는 경우(436→344(3), 435)이다. 예를 들어 주주배정 방식으로 신주를 발행하면서 보통주와 우선주에 배정되는 신주의 종류와 수를 달리 하는 경우가 이에 해당한다. 다만 무엇이 종류주주총회 결의를 요하는 '특수한 정함'인지 반드시 분명한 것은 아니다. 예컨대 정관에 아무런 정함이 없다면 신주발행 시 우선주에 보통주를 배정하는 것이 특수한 것인지 우선주에 우선주를 배정하는 것이 특수한 것인지는 다툼이 있을 수 있다.[1] 결국 핵심은 어떤 종류주주에게 손해가 발생할 우려가 있어 종류주주총회를 통해 보호해 줄 필요가 있는지의 문제이므로, 그러한 손해 발생 우려에 비추어 '특수한 정함' 여부를 판단해야 할 것이다.

셋째, "회사의 분할 또는 분할합병, 주식교환, 주식이전 및 회사의 합병으로 인하여 어느 종류의 주주에게 손해를 미치게 될 경우"이다(436→435). 여기서의 손해 개념 역시 첫째의 경우와 같이 상당히 불분명하다.

이처럼 손해의 개념이 막연한 것을 고려하면 실무상으로는 다툼을 피하기 위해서 신주발행·분할·합병·분할합병 등의 경우에 종류주식을 어떻게 취급할 것인지에 관해 미리 정관에 구체적인 규정을 두는 것이 바람직할 것이다.

3. 결의요건

종류주주총회의 결의요건은 ① 출석주주의 의결권의 2/3 이상과 ② 그 종류의 발행주식 1/3 이상이다(435(2)). 이 결의요건은 정관으로 변경할 수 없다고 보는 것이 통설이다.[2] 그러나 종류주주의 보호를 위하여 경감하는 것은 허용되지 않는다고 하더라도 정관으로 가중하는 것은 구태여 금할 필요가 없을 것이다. 종류주주총회는 종류주주 보호를 위한 장치이므로 종류주주총회에서는 의결권 없는 주식도 당연히 의결권이 있다.

4. 결의의 하자

종류주주총회에는 주주총회에 관한 규정이 준용된다(435(3)). 따라서 종류주주총회 결의에 하자가 있는 경우에는 결의취소의 소 등의 방법으로 다툴 수 있다. 종류주주총회 결의는 주주총회 결의의 효력발생요건에 불과하므로 주주총회 결의의 하자로서 다투어야 한다는 반대설이 있으나[3] 찬성하기 어렵다. 종류주주총회 결의가 주주총회 결의의 효력발생요건이라는 전

---

1) 상장회사표준정관 제8조의2에서는 유상증자 또는 주식배당시 종류주식에 대한 신주의 배정은 "보통주식에 배정하는 주식과 동일한 주식"으로 하도록 정하고 있다.

2) 송옥렬9, 979면; 이철송30, 655면.

3) 이철송30, 656면.

제를 받아들일 수 없기 때문이다. 예컨대 정관변경을 승인하는 주주총회 결의에 하자가 없다면 설사 종류주주총회 결의에 하자가 있는 경우에도 주주총회 결의 자체는 유효하다. 이 경우 종류주주총회 결의의 하자로 인하여 정관변경의 효력은 부인될 수 있지만 그렇다고 해서 주주총회 결의의 효력까지 부인되는 것은 아니다.

이상의 논리는 대법원 판례와도 부합된다. 대법원은 정관변경에 종류주주총회의 결의가 필요한 경우(435(1)) 그 결의는 "정관변경이라는 법률효과가 발생하기 위한 하나의 특별요건이라고 할 것이므로, 그와 같은 내용의 정관변경에 관하여 종류주주총회의 결의가 아직 이루어지지 않았다면 그러한 정관변경의 효력이 아직 발생하지 않는 데에 그칠 뿐이고, 그러한 정관변경을 결의한 주주총회 결의 자체의 효력에는 아무런 하자가 없다"고 한다(대법원 2006. 1. 27, 2004다44575 판결). 따라서 대법원은 원고가 일반 민사소송법상 확인의 소로 정관변경의 무효확인을 구하면 된다고 하며 주주총회 결의의 불발효 상태의 확인을 구하는 소를 각하하였다.[1]

1) 판례에 찬성하는 견해로 김정호5, 350면; 김홍기4, 522~523면; 최준선14, 406면. 반면 종류주주총회의 결의가 없는 경우에 '부동적 무효'의 개념을 인정하며 주주총회결의 불발효확인의 소를 제기하여야 한다는 견해로는 권기범6, 739면; 이/최11, 569면; 장덕조3, 280면; 정동윤6, 576면; 정찬형22, 929면; 최기원14, 525면. 종류주주총회의 결의가 없는 경우 주주총회결의 취소사유에 해당한다는 견해로 이철송30, 656~657면.

제 3 절

업무집행기관

Ⅰ. 서설: 업무집행의 기관구조

1. 업무집행의 의사결정

상법상 회사의 업무집행은 이사회 결의로 행한다(393(1)). 회사의 업무집행이란 회사의 운영에 관한 사무전반을 가리킨다. 업무집행은 개념상 ① 의사의 결정과 ② 결정된 의사의 실행이라는 두 가지 단계로 나눌 수 있다. 회의체기관인 이사회는 ②를 직접 담당할 수 없음은 물론, 실제로는 ①도 그 일부를 하부기관에 위임하는 경우가 많다. 특히 일상적인 업무는 명시적인 위임규정이 없는 경우에도 대표이사에 위임된 것으로 본다.

2. 업무집행의 실행: 외부적 실행과 내부적 실행

이사회가 결정한 사항의 실행은 회의체기관인 이사회가 담당할 수 없으므로 결국 타인에 맡길 수밖에 없다. 상법은 업무집행의 실행을 맡는 자에 대해서는 명시하고 있지 않다. 단지 회사에 법적 효과를 미치는 대외적 행위와 관련하여 대표이사에 대한 규정(389)을 두고 있다. 그러므로 업무집행의 결정사항을 대내적으로 실행하는 것은 회사의 자치에 맡겨진 것으로 본다.

3. 업무집행의 실행에 관한 관행

업무집행의 의사결정에 참여하는 이사가 반드시 실행도 맡아야 하는 것은 아니다. 그러나 종래 의사결정과 실행을 확실히 구분하기보다는 이사가 실행을 담당하는 것이 당연한 관행으로 여겨졌다.[1] 한편 이사회의 의사결정과정에는 이사가 동등한 지위로 참여하지만 실행의 단계에서는 상명하복(上命下服)의 조직이 필요하다. 이런 실행조직의 최상위에 있는 자를 일반적으로 **최고경영자**(chief executive officer: CEO)라고 부른다. 상법은 최고경영자라는 명칭은 물론이

1) 과거 유행하던 전무이사나 상무이사와 같은 명칭은 이처럼 의사결정과 실행의 구분이 분명치 않던 시대의 산물이라고 할 수 있다.

고 그런 개념 자체에 대해서도 규정하고 있지 않다.[1] 이론상 최고경영자와 대표이사가 반드시 동일한 인물일 필요는 없다. 그러나 실제로 최고경영자는 대부분 대표이사를 겸하고 있다. 대표이사가 복수인 경우에는 그 중 한 명만이 최고경영자에 해당할 것이지만 이 책에서는 대표이사란 용어를 최고경영자를 포함하는 의미로 사용하기로 한다.

사외이사제도의 도입을 계기로 이제는 경제계에서도 이사회 구성원인 이사와 실행을 담당하는 업무집행임원의 구분이 더 명확하게 인식되고 있다. 현재 실행조직은 최상위의 회장에서부터 사장, 부사장, 전무, 상무, 부장, 차장, 과장, 대리, 사원 등의 직급으로 구성되는 경우가 많다.[2] 일반 회사에서는 상무 이상의 직급자를 임원이라고 부르며 그 하위의 직원들과는 특별한 대우를 하는 것이 보통이다.[3] 이러한 임원이 이사를 겸하는 경우에는 특별히 업무집행이사 내지는 사내이사라고 부른다. 그러나 큰 회사일수록 이사를 겸하지 않는 순수한 임원의 수가 많고 심지어 회장이나 사장이 이사를 겸하지 않는 경우도 적지 않다.

4. 집행임원제도의 도입

이사를 실행조직의 1개 직급으로 보던 과거에는 이사가 수십 명에 달하는 회사도 드물지 않았다. 이처럼 이사 수가 많으면 이사회가 회의체로서 제대로 작동하기 어렵다. 그리하여 실무상 이사 명칭을 부여하면서도 이사로 등기하지는 않는 이른바 **비등기이사**가 널리 확산되기도 했다. 그러나 상장회사에서 사외이사의 선임이 강제되고 대규모 회사의 경우 이사정원의 과반수를 사외이사로 선임하도록 강제함에 따라 이사의 정원을 줄이는 현상이 급속히 확산되었다. 현재 대규모 상장회사에서는 실행조직의 고위임원임에도 이사직을 겸하지 않는 임원이 사내이사보다 많은 것이 보통이다.

고위임원은 이사회 구성원이 아니라는 점을 제외하고는 보수나 업무내용 등이 업무집행이사와 큰 차이가 없다. 현실적으로 이들이 회사의 중요한 업무집행을 담당함에도 불구하고 회사법의 규율을 받지 않는 것이 부당하다는 학계 일부의 비판에 따라 2011년 개정 상법에서는 집행임원제도가 도입되었다(408-2 내지 408-9). 집행임원제도의 도입을 뒷받침하는 논거는 다음과 같다. ① 집행임원제도를 도입한 회사에서는 이사가 아닌 집행임원에 대해서도 의무를 부과하고 책임을 물을 수 있다. ② 집행임원제도를 채택하면 이사회의 감독기능과 집행임원의 업무집행기능이 분리됨으로써 업무집행에 대한 감독의 실효성을 높일 수 있다.[4]

---

1) 실무상으로는 최고경영자라는 용어 대신 회장이나 사장과 같은 명칭을 사용하는 것이 보통이다.

2) 회사의 규모에 따라서 회장이나 부사장을 두지 않는 경우도 있고 상무 밑에 상무대우라는 직급을 두는 경우도 있다. 일부 회사에서는 이처럼 직급이 너무 많은 것이 의사결정의 지연을 초래할 수 있다는 고려에 따라 프로젝트별로 팀장제를 취함으로써 직급을 단순화하기도 한다.

3) 회사가 간부사원 중 어느 범위까지 임원으로 파악할 것인지는 각 회사의 재량에 달려 있다. 상장회사의 경우 사업보고서 중 임원 및 직원의 현황란을 보면 어느 범위까지 임원으로 보는지를 알 수 있다.

4) 그러나 기존 이사회 제도 하에서도 반드시 이런 문제의 해결이 불가능한 것은 아니다. 고위임원의 잘못은 최고경

집행임원제도의 도입에 대해서는 집행임원제도에 의하여 성취할 수 있는 이익이 분명치 않고 오히려 기업에 불필요한 제약이 될 우려가 있다는 이유로 경제계에서는 물론이고 학계에서도 반대론이 적지 않았다. 그리하여 최종적으로는 집행임원제도를 강제하지 않고 회사의 선택에 맡기게 되었다. 실제 경제계에서 집행임원제도를 선택한 회사는 거의 없다. 집행임원제도를 택하지 않은 회사에서도 집행임원이란 용어를 사용하는 경우가 많지만 이 책에서는 집행임원이란 용어는 상법 제408조의2 이하의 집행임원제도를 선택한 경우에 한하여 사용하기로 한다.

Ⅱ. 이 사

1. 의 의

(1) 이사회 구성원

이사는 회사의 업무집행기관인 이사회의 구성원을 가리킨다. 이사 자체는 업무집행기관이 아니지만 이사회가 감독권한을 가짐에 따라 개별 이사에게 각종의 감독시정권한이 인정되고 있다(예컨대 업무보고요구권(393(3)), 주주총회결의취소소송의 제소권(376(1))).

(2) 이사의 종류

회사의 업무집행과 관련한 임직원의 명칭과 관련해서는 적지 않은 혼선이 존재한다. 이곳에서는 앞서 서술한 내용을 토대로 임직원과 관련된 용어례를 정리해두고자 한다.

가. 사외이사(독립이사)

먼저 이사는 사내이사, 사외이사, 그 밖의 비상무이사의 세 종류로 나눌 수 있다. 사외이사는 '회사의 상무에 종사하지 아니하는 이사'로서 일정한 결격사유에 해당하지 않는 자를 말한다(382(3)). 상장회사의 경우에도 사외이사라는 동일한 용어가 사용되었으나, 2025. 7. 22. 개정(2026. 7. 23. 시행)으로 "제382조 제3항의 사외이사로서 사내이사, 집행임원 및 업무집행지시자로부터 독립적인 기능을 수행하는 이사"를 "독립이사"라고 정의하였다(542-8(1)). 이는 국제적으로 통용되는 independent director라는 용어를 번역한 것이다. 상법은 뒤에 살펴보는 바와 같이 상장·비상장을 불문하고 회사 및 최대주주와의 경제적·혈연적 관련성에 관한 다양한 사유를 사외이사/독립이사 결격사유로 들고 있으므로 상법상 사외이사/독립이사는 독립성을 그 핵심요소로 한다. 따라서 비상장회사는 사외이사, 상장회사는 독립이사라는 별개의 용어를 사용하게 되었지만 그 본질은 다르지 않다. 이에 이 책에서는 독립이사와 사외이사라는 용어를 법문

영자인 대표이사의 책임을 묻는 형태로 견제할 수 있다. 고위임원의 개별 비리에 대해서는 회사가 임용계약상의 책임이나 불법행위책임을 물을 수도 있을 것이다. 이사회의 감독기능은 이사회가 최고경영자를 비롯한 실행조직에 의사결정을 대폭 위임하는 방법으로도 높일 수 있을 것이다. 다만 위임범위를 확대하려면 이사회의 위임범위를 제한하는 판례(대법원 2005. 7. 28, 2005다3649 판결)는 수정할 필요가 있을 것이다.

에 따라 구분하여 사용하되, 경우에 따라서는 서술의 편의를 위해 사외이사로 통칭하기로 한다.

나. 사내이사와 기타비상무이사

사내이사는 회사의 상무에 종사하는 이사를 말한다. 업무집행의 실행을 담당한다는 점을 부각시킬 때에는 업무집행이사라는 용어도 사용된다. '상무'란 회사의 일상적인 업무를 의미하므로 상무에 종사한다는 것은 대체로 그 회사에 '상근'한다는 것과 같은 의미를 갖지만 '상무종사'와 '상근'이 항상 같은 의미는 아니다. 예컨대 한 사람이 5개 계열회사의 대표이사를 겸하고 있는 경우에, 그가 5개 회사에 동시에 '상근'한다고 말하기는 어렵지만 그는 이들 회사를 대표하여 업무집행을 하는 자이므로 이들 회사 모두에서 상무에 종사하는 사내이사에 해당한다.

상법에서는 사내이사와 사외이사 이외에 '그밖에 상무에 종사하지 아니하는 이사'라는 개념을 인정하고 있다(317(2)(viii)). 등기예규에서는 '기타비상무이사'라고 부르는데, 회사의 상무에 종사하지 않지만 사외이사 자격요건을 충족하지 못한 경우가 이에 해당한다. 예를 들어 지주회사의 사내이사가 자회사의 비상근이사를 겸직하는 경우 그 자회사에서는 기타비상무이사에 해당하게 된다. 기업에서는 이러한 이사를 흔히 비상근이사라고 부르는데, 사외이사도 비상근이라는 점에서는 동일하기 때문에 이 용어는 오해의 소지가 있다.

다. 비등기이사

오래 전부터 기업에는 이사라는 명칭으로 불리면서도[1] 실제 주주총회의 선임절차를 거치지 않고 등기도 되지 않는 임원이 다수 존재하였다. 이들은 흔히 '비등기이사'라는 비(非)법률적 명칭으로 불린다. 그러나 등기여부를 가지고 이사에 해당하는지 여부를 가리는 기준으로 삼을 수는 없다. 이른바 비등기이사는 주주총회에서 선임되는 것이 아니라 이사회에서 선임하거나 대표이사가 직권으로 선임하는 것이 일반적이다. 이처럼 주주총회에서 선임되지 않은 자는 상법상 이사로 볼 수 없다(대법원 2003. 9. 26, 2002다64681 판결).[2]

평(平)이사

과거에는 평이사란 용어가 널리 사용된 바 있다. 평이사는 이사라는 명칭 앞에 전무나 상무와 같은 단어가 붙어 있지 않은 이사를 말한다. 평이사는 때로는 업무집행을 담당하지 않는 이사라는 의미로 사용되기도 하지만 평이사가 업무집행을 맡는 경우도 많았다. 현재 경제계에서는 평이사란 용어가 거의 사용되지 않고 있다.

---

1) 전무이사나 상무이사가 그 대표적인 예이다.

2) "상법상 이사와 감사는 주주총회의 선임 결의를 거쳐 임명하고(상법 제382조 제1항, 제409조 제1항) 그 등기를 하여야 하며, 이사와 감사의 법정 권한은 위와 같이 적법하게 선임된 이사와 감사만이 행사할 수 있을 뿐이고 그러한 선임절차를 거치지 아니한 채 다만 회사로부터 이사라는 직함을 형식적·명목적으로 부여받은 것에 불과한 자는 상법상 이사로서의 직무권한을 행사할 수 없다"는 설시는 마치 등기가 이사의 필요조건인 것처럼 읽힐 여지도 있지만 등기가 이행되지 않은 경우에도 상법상 이사로 보는 데는 지장이 없다고 할 것이다.

(3) 이사의 지위

회사와 이사와의 관계에는 민법의 **위임**에 관한 규정을 준용한다(382(2)). 이 규정의 효과 중 가장 중요한 것은 이사가 수임인과 마찬가지로 회사에 대해서 선량한 관리자의 주의의무를 부담한다는 점이다(민 681). 위임은 넓은 의미로는 노무공급계약에 속하지만 고용과는 달리 계약당사자간에 보다 평등한 관계를 전제한다. 판례에 의하면 이사는 "회사로부터 일정한 사무처리의 위임을 받고 있는 것이므로, 사용자의 지휘·감독 아래 일정한 근로를 제공하고 소정의 임금을 받는 고용관계에 있는 것이 아니며, 따라서 일정한 보수를 받는 경우에도 이를 근로기준법 소정의 임금이라 할 수 없고, 회사의 규정에 의하여 이사 등 임원에게 퇴직금을 지급하는 경우에도 그 퇴직금은 근로기준법 소정의 퇴직금이 아니라 재직 중의 직무집행에 대한 대가로 지급되는 보수에 불과하다"(대법원 2001. 2. 23, 2000다61312 판결).

이러한 전제는 주된 임무가 이사회에 참여하는 것에 그치는 사외이사의 경우에는 그대로 타당하지만 업무집행조직에 속하는 사내이사의 경우에는 들어맞지 않는다. 사내이사가 업무집행조직의 일원으로 일하는 측면에 관한 한 위임보다는 고용의 법리를 적용하는 것이 보다 합리적일 것이다. 대법원도 이사가 "회사로부터 위임받은 사무를 처리하는 외에 대표이사 등의 지휘·감독 아래 일정한 노무를 담당하고 그 대가로 일정한 보수를 지급받아 왔다면 그러한 임원은 근로기준법상의 근로자에 해당한다 할 것이다"라고 판시한 바 있다(대법원 2003. 9. 26, 2002다64681 판결).

(4) 이사의 자격과 수

가. 자 격

상법은 사외이사 및 독립이사의 경우(382(3), 542-8(2))를 제외하고는 이사의 자격에 대한 규정이 없다. 그러므로 주주가 아니라도 이사가 될 수 있다. 다만 감사는 회사 및 자회사의 이사직을 겸할 수 없으므로(411) 회사나 모회사의 감사는 이사가 될 수 없다. 상법 이외의 법률에서 이사의 자격요건이나 결격요건을 정하고 있는 경우도 있다. 그 대표적인 예로 「금융회사의 지배구조에 관한 법률」에서는 이사를 포함한 임원에 대해 일정한 결격사유를 열거하고 있다(금융지배 5(1)). 또한 「특정경제범죄 가중처벌 등에 관한 법률」은 일정금액 이상의 사기, 횡령, 배임 등 경제범죄로 유죄판결을 받은 자가 법무부장관의 승인 없이 '범죄행위와 밀접한 관련이 있는 기업체'에 취업하는 것을 금하고 있으므로(14(1)) 그러한 회사의 이사로 취임하는 것도 제한된다.[1)]

---

1) 이 조문상 취업금지기간이 '징역형의 집행유예기간이 종료된 날부터 2년'으로 되어 있는바, 대법원은 집행유예기간에도 취업이 금지된다고 본다(대법원 2022. 10. 27, 2022두44354 판결). 한편 퇴임이사 지위에 있던 중 위 경제범죄로 유죄 판결이 확정되면 이사직을 상실하게 된다(대법원 2022. 11. 10, 2021다271282 판결). 한편 이 조항을 단속규정으로 보면서 취업금지에 위반한 취업행위의 사법적 효력은 긍정한 판례로 서울고등법원 2025. 4. 24, 2024나

정관으로 이사 자격을 제한하는 것은 원칙적으로 허용된다. 연령, 국적, 거주지, 전과 등을 이유로 자격을 제한하는 것은 정관자치의 범위에 속할 것이다. 정관으로 이사가 보유해야 하는 주식(이른바 자격주(資格株))의 수를 정한 경우 이사는 달리 정함이 없는 한 주권을 감사에 공탁해야 한다(387). 결격사유가 있는 자를 선임해도 선임은 효력을 갖지 않는다. 또한 임기 중 결격사유가 발생하면 당연히 퇴임한 것으로 보아야 할 것이다.[1]

법인이 이사가 될 수 있는가에 대해서는 다툼이 있지만 적어도 해석론상은 부정하는 것이 타당할 것이다.[2] 이사의 적정한 직무수행을 담보하는 민·형사책임은 이사가 자연인인 경우에 제대로 작동할 수 있기 때문이다. 상법은 회사등기에서 이사의 '성명과 주민등록번호'를 등기하도록 함으로써 이사가 자연인임을 전제하고 있다(317(2)(viii)).[3] 따라서 예컨대 합작투자회사에 합작당사자인 회사가 이사를 파견하는 경우에도 회사가 아니라 파견된 자연인이 이사가 된다.

파산선고를 받은 자는 상장회사의 독립이사가 될 수 없음을 명시하고 있지만(542-8(2)(ii)) 민법상 수임인이 될 수 없으므로(민 690) 비상장회사의 경우에도 이사가 될 수 없다고 볼 것이다. 제한능력자가 이사가 되는 것을 막는 일반 규정은 없지만[4] 상장회사 독립이사의 경우에는 결격사유로 명시되고 있다(542-8(2)(i)).

나. 사외이사의 결격사유

상법은 사외이사의 결격사유를 다음과 같이 규정하고 있다(382(3)).

① 회사의 상무에 종사하는 이사·집행임원 및 피용자 또는 최근 2년 이내에 회사의 상무에 종사한 이사·감사·집행임원 및 피용자[5]

2030176 판결(심리불속행 확정. 해당 이사에 법위반 의도가 있다고 단정하기 어려웠던 사례).

1) 이와 달리 재단법인에서 적법하게 선임된 이사가 정관이 정한 자격을 흠결한 것으로 사후에 밝혀진 경우 그것만으로 이사의 지위를 상실하지 않는다고 한 판례가 있다(대법원 2007. 12. 28, 2007다31501 판결). 그러나 이 판례에서 문제된 자격은 "설립취지에 찬동하고 재단 발전에 기여할 의사를 가진 사회적 덕망이 있는 자"라는 모호한 것이어서 그 흠결을 이유로 이사 지위를 상실한다고 하기 어려운 건이었으므로 선례로서의 가치는 의심스럽다.

2) 같은 견해로 권기범6, 760면; 김정호5, 406면; 김홍기4, 541면; 송옥렬9, 988면; 이/최11, 361면; 이철송30, 662면; 임재연6 II, 299면; 정찬형22, 959면; 최기원14, 582면; 최준선14, 460면; 홍/박7, 410면. 반면 법인도 이사가 될 수 있다는 견해로 정동윤6, 594면. 입법례로는 이사자격을 명시적으로 자연인에 한정하는 경우가 많다(獨株 76(3), 日會 331(1)(i), 델라웨어주회사법 141(b), 모범사업회사법 8.03).

3) 자본시장법상 투자회사의 경우에는 법인인 집합투자업자를 이사로 두는 것을 강제하고 있다(자시 197(2)). 이는 일종의 명목상 법인에 불과한 투자회사에서 집합투자업자가 주도적 역할을 수행할 수 있도록 하기 위한 특별한 조치로 일반적으로 법인이사를 허용하는 근거로 삼을 수는 없을 것이다.

4) 독일 주식법은 이사의 완전한 행위능력을 요구하고 있다(76(3)).

5) "회사의 상무에 종사하는/종사한"이라는 문구가 이사만을 수식하는지, 그 뒤의 감사·집행임원·피용자 등도 수식하는지 문제된다. 같은 항의 다른 호에서 "이사·감사·집행임원 및 피용자"가 그 앞의 관형구의 수식을 받는 하나의 문구처럼 쓰이고 있음에 비추어보면, "회사의 상무에 종사하는/종사한"이란 문구도 이사 외에 감사·집행임원·피용자 등까지 수식한다고 해석함이 타당할 것이다. 이에 따르면 최근 2년 내에 비상근감사로 근무한 사람은

② 최대주주가 자연인인 경우 본인과 그 배우자 및 직계 존속·비속
③ 최대주주가 법인인 경우 그 법인의 이사·감사·집행임원 및 피용자
④ 이사·감사·집행임원의 배우자 및 직계 존속·비속
⑤ 회사의 모회사 또는 자회사의 이사·감사·집행임원 및 피용자
⑥ 회사와 거래관계 등 중요한 이해관계에 있는 법인의 이사·감사·집행임원 및 피용자
⑦ 회사의 이사·집행임원 및 피용자가 이사·집행임원으로 있는 다른 회사의 이사·감사·집행임원 및 피용자

상장회사의 독립이사에 대해서는 추가로 다음과 같은 결격사유가 적용된다(542-8(2)).

① 미성년자, 피성년후견인 또는 피한정후견인
② 파산선고를 받고 복권되지 아니한 자
③ 금고 이상의 형을 선고받고 그 집행이 끝나거나 집행이 면제된 후 2년이 지나지 아니한 자
④ 소정의 법률을 위반하여 해임되거나 면직된 후 2년이 지나지 아니한 자
⑤ 최대주주 및 그의 특수관계인
⑥ 주요주주 및 그의 배우자와 직계 존속·비속
⑦ 그 밖에 독립이사로서의 직무를 충실하게 수행하기 곤란하거나 상장회사의 경영에 영향을 미칠 수 있는 자로서 대통령령[1]으로 정하는 자

다. 이사의 수

이사는 3명 이상이어야 한다(383(1)). 다만 자본금이 10억원 미만인 회사는 1명이나 2명의 이사만을 둘 수도 있다(383(1)단). 상법상 이사 수에 대한 상한은 없다. 그러나 정관으로 이사 수의 상한이나 하한을 정할 수 있음은 물론이다. 실무상으로는 적대적 기업인수의 방어차원에서 이사 수의 상한을 두는 회사들이 늘고 있다. 주식을 매집한 외부자가 이사를 추가로 선임함

사외이사 결격에는 해당하지 않게 된다.

1) 시행령은 다음과 같은 자들을 규정하고 있다(令 34(5)).
① 계열회사의 상무에 종사하거나 최근 3년 이내에 상무에 종사하였던 임직원
② 일정한 규모 이상의 거래관계, 금융거래관계, 투자관계, 기술제휴관계가 있는 법인, 감사인으로 선임된 회계법인, 주된 자문계약을 체결 중인 법무법인 등의 임직원이거나 최근 2년 이내에 임직원이었던 자
③ 당해 상장회사 외의 2개 이상의 다른 회사의 이사·집행임원·감사로 재임 중인 자
④ 당해 상장회사에 대한 회계감사나 세무대리를 하거나 법률자문 등 자문계약을 체결하고 있는 변호사, 공인회계사 등 자문용역을 제공하고 있는 자
⑤ 1% 이상을 보유하는 주주
⑥ 당해 상장회사와의 거래잔액이 1억원 이상인 자
⑦ 당해 상장회사에서 6년을 초과하여 사외이사로 재직했거나 당해 상장회사와 그 계열회사 재직기간을 더하면 9년을 초과하여 사외이사로 재직한 자

으로써 이사회의 과반수를 차지하는 것을 막기 위한 조치이다.

상장회사는 원칙적으로 이사 총수의 3분의 1 이상을 독립이사로 선임하고,[1] 최근 사업연도말 현재 자산총액 2조원 이상의 상장회사의 경우에는 독립이사를 3명 이상, 그리고 이사 총수의 과반수가 되도록 선임하여야 한다(542-8(1), 슈 34(2)). 이처럼 상장회사에서는 일정비율의 독립이사 선임이 강제되고 있으므로 이사 정원을 소규모로 유지하는 경향이 있다. 한편 '금융회사의 지배구조에 관한 법률'에서는 특칙을 두어 금융회사의 경우에는 상장 여부를 불문하고 사외이사를 둘 의무를 강화하고 있다.[2]

한편 최근 세계적으로 이사회 구성원의 성별, 인종, 연령 면에서의 다양성이 강조되고 있고, 특히 EU를 중심으로 다수 국가에서 법으로 이사회의 성적 다양성을 요구하고 있다(국가에 따라 다르지만 하나의 성별에 속하는 자가 최소한 20~40%에 이르도록 요구함). 2020년 개정된 자본시장법에서도 이러한 추세에 부응하여 자산총액 2조원 이상 상장법인에서는 이사회의 이사 전원을 특정 성별의 이사로 구성하지 아니하여야 한다고 규정하였다(자시 165-20).[3]

2. 이사의 선임

(1) 선임기관

이사는 주주총회에서 선임한다(382(1)).[4] 이사 선임이야말로 주주총회의 가장 중요한 권한이라고 할 수 있다. 과거에는 주주총회가 이사선임을 이사회나 특정 주주에게 위임하는 것은 허용되지 않는다고 보는 것이 일반적이었다. 그러나 이사 선임권한을 일정 기간 동안 제3자에게 위탁할 필요는 기업집단에 속하는 기업이나 경영위기를 겪는 기업에서 발생할 수 있다. 전면적인 경영위임도 주주총회의 특별결의로 허용한다는 점(374(1)(ii))에 비추어 정관규정으로 이사 선임권을 특정 제3자에게 위임하는 것도 굳이 금지할 이유가 없을 것이다.[5]

합작투자회사에서의 이사선임

합작투자회사에서는 주주 A와 주주 B가 각각 2명의 이사 후보자를 추천하고 상대방이 추천한 후보자를 이사로 선임하기 위해 의결권을 행사한다는 식의 약정을 하는 경우가 있다. 이러

1) 이사 총수의 4분의 1 이상을 사외이사로 선임하게 되어 있던 것을 2025. 7. 22. 상법 개정으로 이사 총수의 3분의 1 이상을 독립이사로 선임하도록 강화하였다. 이는 2027. 7. 22.까지 충족해야 한다.

2) 동법 제12조에 의하면 이 법 소정의 금융회사는 이사회에 사외이사를 3명 이상 두어야 하고, 원칙적으로 사외이사의 수가 이사 총수의 과반수가 되도록 하되 시행령으로 정하는 경우에는 4분의 1 이상이 되도록 하여야 한다.

3) 이사회 다양성에 관한 국제적 동향에 관하여는 허수정, "이사회 다양성의 법률 문제—미국 캘리포니아주 회사법 및 개정 자본시장법을 중심으로", BFL 110(2021), 59~73면 참조.

4) 다만 회사설립 시에는 발기설립의 경우에는 발기인이 선임하고(296(1)), 모집설립의 경우에는 창립총회에서 선임한다(312).

5) 江頭8, 322~323면.

한 주주간계약은 채권계약으로서 유효하지만 각 주주의 이사선임권이 담보되는 것은 아니다(의결권구속계약에 관한 제2절 V. 7. 참조). 각 주주의 이사선임권을 담보하는 방안으로는 종류주식으로 일정 수의 임원을 선임할 수 있는 권한이 부여된 주식을 입법에 의하여 허용하는 것을 생각해볼 수 있다.[1]

---

(2) 이사후보의 추천

비상장회사에서는 이사후보 추천에 대해서 아무런 규정을 두고 있지 않다. 주주총회 소집을 결정하는 이사회에서 주주총회의 목적사항을 정해야 하지만(363(2)) 이사회가 반드시 후보까지 추천해야만 하는 것은 아니다. 이사후보를 미리 정하지 않은 경우 이사후보는 주주총회 당일 총회장에서 의장이 공개하는 것이 보통이다. 일반주주도 총회장에서 자신이 선호하는 자를 이사후보로 추천할 수 있다.

상장회사의 후보추천은 복잡한 절차가 필요하다. 상장회사는 이사선임을 위한 주주총회의 소집 시에 후보의 인적사항을 통지(또는 공고)하여야 하고 그 후보 중에서만 선임하여야 한다(542-4(2), 542-5). 이는 주주의 판단을 돕기 위한 것이다. 그러나 그 결과 비상장회사에서와 같이 총회장에서 주주가 직접 후보를 추천하는 것이 불가능하게 되었다. 미리 통지하지 않은 후보를 이사로 선임한 주주총회 결의는 특별한 사정이 없는 한 소집절차나 결의방법이 법령에 위반한 것으로 취소할 수 있다(서울중앙지방법원 2004. 3. 18, 2003가합56996 판결(쌍용화재)).

자산총액 2조원 이상의 대규모 상장회사의 경우에는 독립이사 후보추천절차에 관한 특칙을 두고 있다. 대규모 상장회사는 이사회 내 위원회로서 독립이사가 과반수를 차지하는 독립이사 후보추천위원회를 설치해야 한다(542-8(4)). 이는 독립이사후보 추천 시에 대주주의 영향력을 억제하기 위한 선진실무관행을 모방한 것이다. 독립이사는 후보추천위원회에서 추천한 후보 중에서 선임해야 한다(542-8(5)전). 다만 주주제안권의 행사요건을 갖춘 주주가 독립이사 후보를 추천하면 후보추천위원회는 그를 후보명단에 포함시킬 의무가 있다(542-8(5)후).

상장회사에서 일반 주주가 자신이 원하는 자를 후보로 추천하기 위해서는 두 가지 방법이 있다. 하나는 주주제안권을 행사하는 것이다. 일반 이사의 경우에는 주주제안권을 행사하여 후보를 추천할 수 있다. 다만 대규모 상장회사의 경우 독립이사 후보의 추천은 후보추천위원회가 추천하는 후보명단에 포함시키는 방법에 의한다(542-8(5)후). 다른 한 가지 방법은 이사선임을 위한 임시주주총회를 소집하는 것이다. 어느 경우이든 이사의 수가 정원의 상한을 이미 채우고 있는 경우에는 기존 이사 중 일부의 해임을 함께 상정할 수밖에 없을 것이다.

---

1) 이러한 임원임면권부 주식은 합작투자회사와 같은 폐쇄회사의 경우에 존재하는 실무상의 수요를 수용하기 위하여 2006년 상법개정안에 도입된 바 있으나 적대적 기업인수에 대한 경영권 방어수단으로 악용될 수 있다는 우려 때문에 입법과정에서 제외되었다.

(3) 선임결의

주주총회에서의 선임결의는 뒤에 설명하는 집중투표제가 아닌 단순투표제가 적용되는 한 원칙적으로 선임할 각 이사별로 진행한다. 즉 2명의 이사를 선임하는 경우에는 먼저 1명의 이사를 선임하고 다시 남은 1명의 이사를 선임하는 방식을 취한다. 그러나 아무런 이의가 없다면 2명의 이사를 하나의 결의로 선임하는 것도 무방할 것이다. 이사선임의 결의요건은 출석주식의 과반수(그리고 발행주식총수의 1/4 이상)이므로(368(1)) 과반수 주식을 보유한 주주는 모든 이사를 자신이 원하는 바에 따라 선임할 수 있다. 이처럼 대주주가 이사회를 독점하는 것을 막기 위해서 고안된 것이 다음에 설명하는 집중투표제이다.

(4) 집중투표제

가. 의 의

집중투표제[1]는 다음의 요소로 구성된다(382-2(3), (4)). ① 2명 이상의 이사를 선임할 때 하나의 결의에 의하고, ② 주주들은 1주당 선임할 이사의 수와 동일한 수의 의결권을 가지며, ③ 주주들은 그 의결권을 이사후보 1인 또는 수인에게 집중하여 행사할 수 있고, ④ 최다수를 얻은 후보부터 순차적으로 이사로 선임된다.[2] 예컨대 회사의 의결권 있는 발행주식총수가 100주인데 A가 74주, B가 26주를 보유하고 있다고 하자. 회사가 이사를 3명 선임하는 경우 A는 222개(74×3)의 의결권을 갖고 B는 78개(26×3)의 의결권을 갖는다. A는 甲, 乙, 丙 3인을 후보로 추천하였고 B는 丁 1인만을 추천하였다고 하자. B는 당연히 자신의 의결권을 丁에게 집중하여 행사할 것이다. A가 甲, 乙, 丙을 모두 이사로 선임하기 위하여 필요한 의결권 수는 237개(79×3)지만 222개만 있기 때문에 A는 2명밖에 선임할 수 없다. 이를 수식으로 표현하면 다음과 같다.

$$X = T/(N+1) + 1$$

X: 이사 1명을 선임하는데 필요한 주식 수
T: 의결권 있는 발행주식총수
N: 선임하는 이사 수

따라서 N이 커질수록 X의 규모는 줄어들게 된다. 그리하여 집중투표제의 적용을 받는 회사들은 소수주주측 이사의 선임을 막기 위한 방편으로 N을 최소화하는 방안을 모색하기도 한다.[3]

---

1) 집중투표는 cumulative voting의 번역이다. 과거에는 일반적으로 누적투표제란 용어를 사용했다.

2) 따라서 일반적인 주주총회의 의결정족수를 정한 제368조 제1항은 적용되지 않는다. 다만 정관에서 보통결의의 의사정족수로서 '발행주식 총수의 과반수 출석'을 요구하고 있는 경우에 이러한 의사정족수 요건은 집중투표에도 적용된다(대법원 2017. 1. 12, 2016다217741 판결).

3) 과거 가장 흔히 이용되었던 방법이 일반 사외이사와 감사위원인 사외이사를 별도 안건으로 분리하여 선출하는 방

나. 적용요건

집중투표제가 적용되기 위해서는 다음 두 가지 요건을 갖추어야 한다.

1) 집중투표제를 배제하는 정관규정의 부존재

집중투표제는 정관에 달리 정함이 없는 경우에 실시할 수 있다(382-2(1)). 즉 정관으로 집중투표제를 배제할 수 있으므로 이런 배제 조항이 정관에 없어야 집중투표제를 실시할 수 있다.[1] 실제로는 대부분의 회사들이 정관으로 집중투표제의 적용을 배제하고 있다. 다만 2025. 9. 9. 상법개정으로 자산총액 2조원 이상인 상장회사는 정관으로 집중투표를 배제할 수 없게 되었다(542-7(3)).[2] 이는 대규모 상장회사에서 집중투표제를 활성화시켜 소수주주가 지지하는 후보자의 이사회 진출을 촉진하기 위한 개정이다.

2) 소수주주에 의한 청구

집중투표제를 배제하지 않은 회사에서도 자동적으로 집중투표제를 실시하는 것은 아니고, 의결권 없는 주식을 제외한 발행주식 총수의 3% 이상을 가진 주주가 집중투표의 방법으로 이사를 선임할 것을 청구하는 때에 실시한다(382-2(1)). 자산총액 2조원 이상인 상장회사에서는 이 비율이 1%로 낮춰져 있다(542-7(2)).[3] 이처럼 주식보유요건을 부과한 것은 집중투표의 시행에 따른 번잡한 절차와 비용을 고려하여 남용을 막으려는 취지이다.

비상장회사의 경우 집중투표의 청구는 주주총회일 7일 전까지 서면이나 전자문서로 해야 한다(382-2(2)). 상장회사의 경우에는 그 시기가 6주 전으로 앞당겨져 있다(542-7(1)). 집중투표의 청구가 있는 경우에는 의장이 의결에 앞서 그러한 사실을 알려야 하고 청구서를 본점에 비치하고 주주의 열람을 허용해야 한다(382-2(5),(6)).

다. 집중투표제를 실시하는 경우의 실무상 쟁점[4]

집중투표제는 소수주주 측이 지지하는 사람이 이사 후보로 상정될 때에만 의미가 있다. 따라서 집중투표제는 이사 선임에 관한 주주제안권 행사와 함께 활용되는 경우가 대부분이다. 이

법이었다. 그러나 현행 상법에서는 주주총회에서 먼저 이사를 선임하고 다시 새로운 결의로 이들 이사 중에서 감사위원이 되는 자를 선임하는 일괄선출방식을 채택하되 2명을 분리선출하도록 하는 등 상세한 규정을 두고 있으므로(542-12(2)) 이제 그러한 편법은 불가능하게 되었다.

1) '정관상 배제 조항의 부존재'라는 요건이 집중투표 실시의 요건인가(즉 집중투표제에 따른 이사선임 결의 시점에 충족되면 족한가) 또는 집중투표 청구의 요건인가(즉 소수주주의 집중투표 청구시에 충족되어 있어야 하는가)의 문제가 있다. 최근 하급심에서는 후자의 입장을 취하였다. 즉 정관에 집중투표제 배제 조항이 있는 경우에는 이를 삭제하는 정관변경을 한 뒤에야 비로소 소수주주의 집중투표 청구가 가능해진다는 것이다(서울중앙지방법원 2025. 1. 21, 2024카합21996 결정).

2) 이 부분 개정 규정은 2026. 9. 10. 이후 최초로 이사의 선임을 위한 주주총회 소집이 있는 경우부터 적용한다(법률 제21044호 부칙 제2조).

3) 소수주주권 행사지분율에 관한 다른 상장회사 특칙과 달리 이 경우에는 6개월 이상 보유를 요하지 않는다.

4) 상세는 원혜수, "2025년 개정 상법상 집중투표제에 관한 실무상 쟁점", 선진상사법률연구 112(2025), 1면 이하 참조.

경우 주주가 제안한 후보와 이사회가 제안한 후보들이 경합하며 집중투표의 방식으로 선임이 이루어져야 하기 때문에 다양한 실무상 문제가 발생한다.

첫째, 선임할 이사 수에 관한 주주제안과 이사회 제안이 충돌하는 경우, 이사 선임의 건을 상정하기에 앞서 선임할 이사의 수를 정하는 내용의 안건을 선행안건으로 상정하여 그 결론에 따라 집중투표 실시 여부 및 집중투표시 각 주주에게 부여할 의결권을 산정할 수 있는지 문제된다. 일부 하급심 판결은 주주제안 내용 그대로를 안건으로 삼아야 한다고 한다(서울고등법원 2015. 8. 28, 2015나2019092 판결). 그러나 이사 증원의 필요성이나 적정 증원 수에 대한 결정 권한은 주주총회에 있다고 보아야 한다는 점, 집중투표제는 선임할 이사의 수가 정해진 것을 전제로 구체적인 이사 선임 단계에서 적용된다는 점 등을 근거로, 선행안건 별도 상정을 긍정한 결정례가 많아지고 있다(인천지방법원 2014. 3. 24, 2014카합10052 결정; 서울고등법원 2015. 10. 15, 2015라651 결정; 서울중앙지방법원 2023. 3. 30, 2023카합20369 결정 등).

둘째, 집중투표시 사내이사, 사외이사, 기타비상무이사의 종류별로 안건을 분리하여 결의하는 것이 가능한지의 문제가 있다. 이를 긍정한 하급심 결정례도 있으나, 이사의 종류별로 결의요건이 동일함에도 안건을 분리하는 것은 안건별로 선임되는 이사의 수를 줄여서 집중투표를 회피 또는 약화시키는 효과가 있으므로 이를 부정하는 견해가 유력하다.[1)]

셋째, 사내이사/사외이사를 별도 안건으로 분리하지 않고 집중투표제를 실시하여 다득표순으로 이사를 선임하다 보면 법령이나 정관에서 요구하는 사외이사의 수를 충족하지 못하게 될 수 있는데, 이 경우 득표 순위에서 밀린 사외이사를 선임할 수 있는지 문제된다. 예컨대 이사 3인을 선임하되 이 중 법령상 사외이사를 1인 이상 선임해야 하는 상황에서, 사내이사 후보자가 1−2−3위를 차지하고 사외이사 후보자가 4위를 차지한 경우, 1−2−4위를 이사로 선임할 수 있는지의 문제이다.[2)] 이러한 '건너뛰기'에 의하여 일정 수의 사내이사/사외이사를 선임할 것임을 투표 이전에 미리 공지한다면 그러한 선임의 효력을 부정할 이유는 없을 것이다.

(5) 대표이사의 별도 청약 필요성

이사는 회사와 계약관계에 서기 때문에 주주총회의 일방적인 결의만으로 이사가 되는 것이 아니라 이사가 될 자의 동의도 필요하다. 회사가 이사후보를 추천할 때에는 사전에 당해 후보의 동의여부를 확인하는 것이 보통이다. 주주총회의 선임결의와 별도로 대표이사의 청약이 필요한지에 관해 과거 논란이 있었다. 필요설에 따르면 대표이사가 주주총회에서 선임된 이사의 취임을 임의로 저지할 수 있는 불합리한 점이 있었다. 판례는 종래 필요설에 의하다가 불요설로 입장을 바꾸었다. 즉 선임결의와 피선임자의 승낙만 있으면 피선임자는 대표이사와 별도의 임용계약을 체결하였는지 여부와 무관하게 이사 지위를 취득한다고 본다(대법원

---

1) 법무부 상사법무과 2014. 2. 17.자 질의회신.
2) 이를 긍정한 예로, 법무부 상사법무과 2014. 2. 17.자 질의회신.

(전) 2017. 3. 23, 2016다251215 판결. 감사선임에 관한 사례).[1)]

(6) 등　　기

이사선임은 2주간 내에 등기하여야 한다(317(1), (2)(viii)). 그러나 이사선임의 효력은 주주총회 결의에 의하여 발생하는 것으로 등기유무와는 무관하다. 따라서 주주총회에서 이사로 선임된 자는 등기를 하지 않은 경우에도 이사로 본다.[2)]

(7) 이사의 임기

임기는 3년을 초과하지 못한다(383(2)).[3)] 임기를 제한한 것은 이사의 임기가 너무 길어지면 이사가 주주지분의 변화를 제대로 반영하지 못할 수 있기 때문이다.[4)]

이사의 임기는 정관 규정으로 임기 중 최종 결산기에 관한 정기주주총회가 끝날 때까지 연장할 수 있다(383(3)).[5)] 이러한 연장은 이사의 임기가 최종 결산기의 말일과 당해 결산기에 관한 정기주주총회 사이에 만료되는 경우에 적용된다(대법원 2010. 6. 24, 2010다13541 판결). 이는 이사로 하여금 임기 중의 결산에 대한 책임을 지도록 할 뿐 아니라 정기총회를 열기 전에 이사선임을 위한 임시주주총회를 별도로 개최하는 불편을 피하기 위한 것이다.

이사의 임기는 정하지 않을 수도 있고[6)] 정관으로 정하는 대신 이사를 선임하는 주주총회에서 정할 수도 있다. 또한 모든 이사의 임기를 반드시 동일하게 해야 하는 것은 아니다. 실제로 이사별로 임기를 달리 정하거나 사내이사와 사외이사의 임기를 달리 정하는 경우도 있다.

3. 이사의 종임

(1) 위임의 종료사유

이사와 회사 사이의 관계는 위임으로 보기 때문에(382(2)) 위임의 종료사유가 있으면 종임한다. 따라서 회사의 해산이나 파산, 이사의 사망, 파산, 성년후견개시 등의 사유가 있으면 종임한다(민 690). 위임은 상호해지가 가능하기 때문에(민 689(1)) 이사는 언제든지 사임할 수 있고 회사도 해임할 수 있다.[7)] 후술하는 바와 같이 상법은 해임에 대해서 별도의 규정을 두고

---

1) 다만 불요설에 의하는 경우에도 대표이사가 이사선임 등기신청을 거부하는 경우 이사 지위를 취득한 자가 회사등기부상 이사로 현출되지 않을 수 있다.

2) 이른바 비등기이사를 상법상 이사로 보지 않는 것은 등기를 하지 않았기 때문이 아니라 주주총회에서 선임되지 않았기 때문이다.

3) 일본 회사법은 공개회사 이사의 임기는 최장 2년으로 하고 있다(日會 332(1)).

4) 주주의 의사를 신속하게 반영한다는 차원에서는 이사의 임기를 1년으로 단축하는 것도 고려할 수 있다. 임기가 짧아지면 적대적 기업인수에 의하여 기존의 이사를 교체하는 것이 용이할 것이다.

5) 실제로 정관으로 그처럼 임기를 연장하는 것이 보통이다(표준정관 31).

6) 다만 임기를 정하지 않았다고 해서 임기를 3년으로 보는 것은 아니므로 3년이 경과하기 전에 해임되더라도 그로 인한 손해의 배상을 청구할 수 없다(대법원 2001. 6. 15, 2001다23928 판결).

7) 일본에는 이사가 회사에 대해서 사임하지 않기로 하는 합의의 효력을 부인한 판결이 있다. 大阪地方裁判所

있다.

(2) 임기의 만료

이사는 임기의 만료로 종임한다. 그러나 법률이나 정관에 정한 이사 정원이 미달된 경우에는 새로 선임된 이사가 취임할 때까지 이사로서의 권리의무를 가진다(386(1)).

(3) 사 임

이사의 사임은 위임계약해지의 고지로서 회사에 대한 일방적인 의사표시에 의하여 효력을 발생한다. 회사의 승낙은 요하지 않지만 사임의 의사표시는 대표이사에게 하여야 한다.[1]

이사가 부득이한 사유 없이 회사에 불리한 시기에 사임하는 경우에는 손해배상책임이 발생할 수도 있다(민 689(2)). 실제로 회사가 사임한 이사에게 손해배상책임을 묻는 경우는 거의 없다. 그러나 이사가 사임만 하면 모든 책임을 면할 수 있는 것은 아니다. 예컨대 사외이사가 대표이사의 중대한 부정을 발견하였음에도 아무런 조치를 취하지 않고 바로 사임하는 것은 선관주의의무의 위반에 해당할 여지도 없지 않다.

이사의 사임으로 인해 이사 정원에 미달하게 된 경우에는 사임한 이사는 임기만료의 경우와 마찬가지로 새 이사의 취임 시까지 이사로서의 권리의무를 가진다(386(1)).

(4) 해 임

가. 주주총회의 특별결의

이사와 회사 사이의 위임계약은 회사 쪽에서 해지할 수도 있다(민 689(1)). 따라서 회사는 임기와 무관하게 언제든지 이사를 해임할 수 있다. 해임은 주주총회의 특별결의로 결정한다(385(1)).[2] 정관으로도 주주총회의 특별결의가 아닌 방법(예컨대 이사회에 의한 해임)으로 해임하는 것을 허용할 수 없다.[3] 해임의 효력은 당해 이사에 통지한 때가 아니라 결의 시에 발생한다.[4]

1988.11.30. 判例時報 1316호, 139면. 학설은 그 판결에 대해서 비판적이다. 田中亘, "スタートアップ投資と株主間契約", ジュリスト 1576호(2022년 10월), 47면.

1) 사임의 의사표시는 대표이사에게 도달하면 그 효력이 발생하나, 대표이사에게 사표의 처리를 일임한 경우에는 사임 의사표시의 효력 발생 여부를 대표이사의 의사에 따르도록 한 것이므로 대표이사가 사표를 수리함으로써 사임의 효력이 생긴다(대법원 1998. 4. 28, 98다8615 판결). 대리권 있는 임직원에 사표를 제출한 경우에도 제출시점에 효력이 발생하는 것으로 볼 수 있을 것이다.

2) 일본 회사법은 보통결의사항으로 하고 있다(339(1)).

3) 상장회사의 경우 이사의 해임은 주주제안권의 범위 밖이므로(令 12(iv)) 이사회 협조 없이 이사를 해임하려면 임시주주총회를 소집하는 방법밖에 없다.

4) 江頭8, 413면 주 6.

나. 해임으로 인한 손해배상책임

1) 의 의

이사의 임기를 정한 경우에 정당한 이유 없이 임기만료 전에 해임된 이사는 해임으로 인한 손해배상을 회사에 청구할 수 있다(385(1)단). 정당한 이유 없는 해임도 적법하므로 회사의 손해배상책임은 채무불이행이나 불법행위책임이 아닌 법정책임으로 본다.[1] 해임으로 인한 손해배상책임은 이사회에서 대표이사를 해임한 경우에는 유추적용되지 않는다(대법원 2004. 12. 10, 2004다25123 판결).[2]

2) 손해배상의 요건

첫째, **임기를 정하였고 임기 만료 전에 해임되었을 것**을 요한다. 이때 '임기를 정한 경우'라 함은 정관이나 주주총회의 결의로 임기를 정하고 있는 경우를 말한다. 판례는 이 요건을 엄격히 해석한다. 임기를 정하지 않은 경우에는 상법상 임기의 최장기인 3년을 지나기 전에 해임되더라도 손해배상을 청구할 수 없고, 정관에서 상법 제383조 제2항과 동일하게 "이사의 임기는 3년을 초과하지 못한다"고 규정하고 있더라도 이를 임기를 3년으로 정한 취지라고 해석할 수 없다(대법원 2001. 6. 15, 2001다23928 판결). 정관으로 대표이사의 임기는 정하고 있지만 이사의 임기는 정하지 않은 회사에서 이사 및 대표이사 지위를 겸하고 있는 사람이 주주총회 결의로 두 직에서 모두 해임되자 회사에 손해배상을 청구한 사안에서, 대법원은 대표이사직에서의 해임에 관해서는 상법 제385조 제1항이 적용되지 않으므로 배상책임이 없고, 이사직에서의 해임에 관해서는 대표이사 임기를 이사 임기로 간주할 수 없고 달리 임기의 정함이 없다는 이유로 역시 배상책임이 없다고 판시했다(대법원 2024. 10. 8, 2020다285697 판결).

둘째, **정당한 이유 없이 해임되었을 것**을 요한다. 정당한 이유의 의미에 대해서 대법원은 다음과 같이 판시한 바 있다(대법원 2004. 10. 15, 2004다25611 판결). "'정당한 이유'란 주주와 이사 사이에 불화 등 단순히 주관적인 신뢰관계가 상실된 것만으로는 부족하고, 이사가 법령이나 정관에 위배된 행위를 하였거나 정신적·육체적으로 경영자로서의 직무를 감당하기 현저하게 곤란한 경우, 회사의 중요한 사업계획 수립이나 그 추진에 실패함으로써 경영능력에 대한 근본적인 신뢰관계가 상실된 경우 등과 같이 당해 이사가 경영자로서 업무를 집행하는 데 장해가 될 객관적 상황이 발생한 경우에 비로소 임기 전에 해임할 수 있는 정당한 이유가 있다고

---

1) 이사의 해임은 불법행위를 구성하지 않으므로 임기만료 전에 해임된 이사가 그로 인하여 정신적 고통을 받았다 하더라도 위자료는 청구할 수 없고 과실상계의 법리도 적용되지 않는다(서울고등법원 1990. 7. 6, 89나46297 판결).

2) 대표이사의 해임주체가 주주총회인 경우, 즉 이사회가 아니라 주주총회에 대표이사 선임권을 부여한 정관조항(389(1)단)에 따라 주주총회가 대표이사를 해임한 경우에도 유추적용되지 않는다(대법원 2024. 9. 13, 2020다245552 판결). 따라서 주주총회에서 정당한 이유 없이 대표이사를 대표이사 및 이사 지위에서 모두 해임한 경우에 회사의 손해배상책임은 이사 해임에 관하여만 적용되고 대표이사 해임에 관하여는 적용되지 않으므로, 그가 받을 수 있는 배상액은 잔여 임기 동안 (대표이사가 아닌) 이사로서 얻을 수 있었던 보수에 한정된다.

할 것이다." 즉 신뢰관계가 상실된 경우에도 불화와 같은 단순한 주관적 사정만으로는 부족하고 법령위반, 정신적, 육체적 결격사유, 경영능력부족과 같은 **객관적 사정**을 요한다.[1] 정당한 이유 여부는 해임결의 당시 객관적으로 존재하는 사유를 모두 참작하여 판단할 수 있고, 주주총회에서 해임사유로 삼거나 해임결의 시 참작한 사유만을 고려해야 하는 것은 아니다(대법원 2023. 8. 31, 2023다220639 판결).

이러한 판시에 의하면 심지어 적대적 기업인수에 의하여 지배주주가 바뀐 경우에도 이사의 해임은 정당한 이유가 없는 것처럼 보이기도 한다. 그러나 "영업부진으로 인한 급박한 경영상의 어려움을 타개하기 위하여 경영전략의 전환 및 그에 따른 주주구성의 변경이 불가피한 경우"에는 주주와 이사 사이의 신뢰관계의 바탕이 근본적으로 변경되었다고 보아, 지배주주의 변경에 따른 이사해임에 정당한 이유를 인정한 하급심 판결도 있다(서울지방법원 1997. 2. 14, 96가합36826 판결). 이 하급심 판결의 취지를 살리자면 위 대법원 판결은 지배주주의 변경이 없는 상황을 전제로 한 것이라고 해석할 수 있을 것이다. 정당한 사유의 부존재에 관한 입증책임은 손해배상을 청구하는 이사가 부담한다(대법원 2006. 11. 23, 2004다49570 판결).

3) 손해배상의 범위

회사는 해임으로 인한 손해를 배상하여야 한다. 여기서 손해는 **해임되지 않았더라면 재임기간에 받을 수 있었던 보수**라고 본다. 보수에 퇴직금도 포함되지만 실비변상 성격의 대외업무활동비, 상여금 형태로 지급해 왔던 특별퇴직공로금은 제외된다(대법원 2024. 9. 12, 2020다264010 판결 참조).

일반적으로 보수에는 이사가 이사회 구성원으로서 수령하는 금액뿐 아니라 업무집행의 대가로 수령하는 금액도 포함되는 것으로 본다. 따라서 부당한 해임에 따른 손해배상청구권은 업무집행을 담당하는 사내이사를 해임하는 경우에 특히 중요한 의미가 있다. 그러나 입법론상 모든 이사에 대해서 이처럼 보수청구권을 법으로 보장해줄 필요가 있는지는 의문이다.

한편 임기만료 전에 해임된 이사가 남은 임기 동안 다른 회사에서 일함으로써 얻은 보수와 해임 사이에 상당인과관계가 인정된다면 손익상계의 법리에 따라 손해배상액 산정 시에 공제되어야 한다(대법원 2013. 9. 26, 2011다42348 판결(감사의 해임에 관한 판결)).

4) 사전적 대비

예상치 못한 해임의 위험에 대비할 필요는 특히 사내이사의 경우에 크다. 사내이사, 특히 최고경영자의 경우에는 임기만료 전 해임되는 경우에 대비하여 통상의 퇴직금 외에 **해직보상금**을 임용계약에서 미리 정해두는 경우가 있다. 이 금액이 커지는 경우에는 적대적 기업인수를

---

1) 대표이사로 재임하는 동안 회사의 영업실적이 현저히 악화된 경우에는 해임에 정당한 이유가 있는 것으로 본다(대법원 2014. 5. 29, 2012다98720 판결).

가로막는 이른바 **황금낙하산**(golden parachute)으로 작용할 여지가 있다. 대법원은 이러한 해직 보상금약정도 이사의 보수와 마찬가지로 주주총회의 승인을 얻어야 한다고 보고 있다(대법원 2006. 11. 23, 2004다49570 판결).

다. 소수주주의 해임청구

1) 의 의

상법은 소수주주가 이사의 해임절차를 가동시키는 것을 허용하고 있다. 소수주주는 이사가 그 직무에 관하여 부정행위 또는 법령이나 정관에 위반한 중대한 사실이 있음에도 주주총회에서 그 해임이 부결된 경우에는 이사의 해임을 구하는 소를 제기할 수 있다(385(2)).

2) 해임청구의 요건

첫째, 원고는 발행주식 총수의 3% 이상에 해당하는 주식을 가진 주주여야 한다. 상장회사에서 6개월 이상 보유한 경우에는 그 비율이 0.5%(대규모상장회사에서는 0.25%)로 낮춰진다(542-6(3)). 부적절한 이사를 배제하는 것은 주주의 감독권에 속하는 것이므로 보유주식은 의결권 없는 주식이라도 무방하고 발행주식 총수를 산정할 때에도 의결권 없는 주식을 포함한다.

둘째, 이사가 '그 직무에 관하여 **부정행위** 또는 **법령이나 정관에 위반한 중대한 사실**'이 있어야 한다. 따라서 경미한 주의의무위반을 이유로 해임청구를 할 수는 없다. 대법원은 상법 제628조 제1항에 의하여 처벌 대상이 되는 납입 또는 현물출자의 이행을 가장하는 행위는 원칙적으로 해임청구사유에 해당한다고 본다(대법원 2010. 9. 30, 2010다35985 판결).

셋째, **해임안건이 주주총회에서 부결**되었어야 한다. 이사회가 주주총회의 안건을 통제하는 상황에서 이사의 해임을 안건으로 삼는 것 자체가 쉽지 않으므로, 이 요건을 엄격하게 해석하면 실무상 충족하기 어렵다. 현행법상 소수주주가 이사 해임을 의제로 삼으려면 주주제안권 또는 임시주주총회 소집권(366)을 행사해야 한다. 그러나 상장회사의 경우 임원의 해임은 이사회가 주주제안을 거부할 수 있는 사유로 되어 있으므로 주주제안권을 통해서는 해임을 의제로 삼기 어렵다(363-2(3), 슈 12(iv)). 나아가 상장회사의 경우 이사회는 이사 해임에 대한 주주제안을 거부할 수 있으므로 이사 해임을 안건으로 하는 임시주주총회 소집청구도 불허된다는 견해도 제기될 수 있다. 그러나 (i) 그렇게 해석하면 주주의 신뢰를 잃은 이사를 중도 교체하는 것이 불가능해지는 점, (ii) 주주제안권 거부 사유에 관한 시행령상의 특칙을 임시총회소집청구권에 유추적용할 문언적 근거가 없는 점 등을 고려하면, 상장회사에서도 이사 해임을 안건으로 하는 임시주주총회 소집청구는 허용된다고 보아야 할 것이다(같은 취지로 서울남부지방법원 2023. 8. 23, 2023비합100101 결정).

부결은 폭넓게 해석하는 것이 바람직하다. 주주총회에서 의안이 부결되는 것은 물론이고 주주의 불출석으로 결의가 성립되지 않은 경우에도 결과적으로 부결된 것으로 보아야 할 것이다(대법원 1993. 4. 9, 92다53583 판결). 나아가 상장회사 이사회가 주주제안을 거부한 경우에도 부결과 마찬가지로 볼 것이다. 물론 이 경우 임시주주총회의 소집청구가 가능하지만 구태여 별도로 주주총회를 소집하도록 하는 것은 불합리하다. 부결을 폭넓게 해석하더라도 주주총회를 통한 해임의 시도 없이 바로 법원에 해임을 청구하는 것은 허용되지 않는다고 볼 것이다.[1)]

3) 해임청구의 절차법적 문제

해임을 부결하는 주주총회 결의일로부터 1월 내에 법원에 해임을 청구해야 한다. 주주의 불출석으로 결의가 성립되지 않거나 해임에 관한 주주제안을 거부한 경우에는 그 총회일을 기산점으로 해야 할 것이다. 해임청구의 소는 위임계약의 해소를 구하는 소이므로 위임계약 당사자인 회사와 이사를 공동피고로 하여야 한다.[2)] 해임청구의 소는 형성의 소로서 원고승소판결이 확정되면 바로 당해 이사는 이사 지위를 상실한다. 해임청구의 소를 제기하면서 그 이사에 대한 직무집행정지 가처분 및 직무대행자선임 가처분을 신청할 수 있다(407(1)).

(5) 등　기

이사가 종임한 때에는 등기사항의 변경이 있으므로 변경등기를 해야 한다(317(4)→183). 등기신청권자는 회사이므로 종임한 이사가 직접 변경등기를 신청할 수는 없다. 그러나 등기부에 이사로 남아 있게 되면 불이익을 받을 우려가 있으므로 위임계약을 근거로 회사에 퇴임등기를 할 것을 청구할 수 있다고 볼 것이다.

(6) 이사결원의 처리

가. 이사의 결원

이사가 법정 정원(일반 회사의 경우 3명(383(1))이나 정관에 정한 정원에 미달하는 경우를 결원이라고 한다. 결원을 보충하기 위해서 임시주주총회를 소집할 수도 있지만 그것이 반드시 강제되는 것은 아니다. 정기주주총회가 멀지 않다면 정기주주총회에서 결원을 보충하는 것도 가능하다.[3)]

나. 퇴임이사[4)]

법률 또는 정관에 정한 이사의 수를 결한 경우에는 임기 만료 또는 사임으로 인하여 퇴임

---

1) 일부 하급심판례는 주주제안이나 임시주총소집을 시도하지 않고 바로 법원에 청구하는 것이 가능하다고 전제하고 있다(서울고등법원 2005. 5. 13, 2004라885 결정(SK-소버린사건)).

2) 이는 소송비용의 합리적 배분의 관점에서도 타당하다.

3) 상법은 상장회사의 독립이사가 사임 등의 사유로 법정요건을 충족하지 못한 경우에도 바로 다음에 소집되는 주주총회에서 독립이사를 보충할 것을 요구하고 있을 뿐(542-8(3)) 임시주주총회의 소집을 강제하고 있지는 않다.

4) 이에 관한 실무상 다양한 쟁점에 관하여는 김지평, "주식회사 퇴임이사 법리의 실무상 쟁점", 선진상사법률연구 76(2016), 1~34면.

한 이사는 새로 선임된 이사가 취임할 때까지 이사의 권리의무가 있다(386(1)). 이러한 이사를 퇴임이사라고 한다. 퇴임이사는 이사 지위를 유지하므로 결원이 발생하지 않은 것과 비슷한 결과가 된다.[1] 퇴임이사의 법리는 임기 만료 또는 사임의 경우에만 적용되고 해임, 파산 등 그 밖의 사유로 종임한 경우에는 적용되지 않는다. 정관에 따른 정원은 결하지만 법률에 따른 정원은 충족한 경우에는 회사의 운영에 장애가 없다면 퇴임이사 법리가 적용되지 않는다는 견해도 있으나,[2] 문언상 정관에 따른 정원을 결하기만 하여도 적용된다고 보아야 할 것이다.

퇴임이사에 해임사유가 발생하더라도 그에 대하여 상법 제385조 제1항의 해임결의를 할 수 없고(대법원 2021. 8. 19, 2020다285406 판결), 직무집행정지가처분을 신청할 수도 없다(대법원 2009. 10. 29, 2009마1311 결정). 이러한 경우 새로운 이사 또는 아래 설명하는 일시이사를 선임함으로써 퇴임이사의 지위를 상실시키면 족하다.

다. 일시이사

법률 또는 정관에 정한 이사의 수를 결한 경우에 법원은 필요하다고 인정할 때에는 이사, 감사, 기타 이해관계인의 청구에 의하여 일시 이사의 직무를 행할 자, 즉 일시이사를 선임할 수 있다(386(2)전).[3] 이 규정은 대표이사에도 준용된다(389(3)). 일시이사가 필요한 경우는 퇴임이사로 하여금 이사로서의 권리의무를 가지게 하는 것이 불가능하거나 부적당한 경우이다(대법원 2000. 11. 17, 2000마5632 결정). 해임, 사망, 파산 등의 원인으로 결원이 생긴 경우는 원천적으로 퇴임이사가 존재하지 않으므로 일시이사를 선임할 필요가 있다. 퇴임이사가 존재하더라도 그가 중병이거나 장기간 부재중인 경우에는 퇴임이사로 하여금 이사로서의 권리의무를 가지게 하는 것이 불가능하거나 부적당할 것이므로 일시이사를 선임할 수 있다.

라. 퇴임이사와 일시이사의 지위

퇴임이사와 일시이사는 다음에 설명하는 직무대행자와는 달리 본래의 이사와 동등한 권리, 의무를 갖는다. 퇴임이사의 지위는 신임이사가 취임하면 상실된다(386(1)).[4] 일시이사의 지위도 마찬가지로 볼 것이다.

퇴임이사의 보수와 이사지위 확인의 소의 이익

실무상 후임이사의 선출 지연으로 기존 이사가 퇴임이사로 근무하면서 보수청구권을 갖는 경

1) 정원을 결하게 되는 경우에는 신임 이사가 선임되기 전까지는 종임된 이사의 종임등기도 할 수 없다. 그러므로 결원의 효과는 단지 주주총회에서 이사선임을 요한다는 점에서만 찾을 수 있다.

2) 이철송30, 679면은 비영리법인에 관한 대법원 1988. 3. 22, 85누884 판결 등을 근거로 적용부정설을 취한다. 그러나 민법상 비영리법인에는 상법 제386조와 같은 명시적인 퇴임이사 조항이 없음에 유의할 필요가 있다.

3) 일시이사에 대해서는 본점소재지에서 등기하여야 한다(386(2)후).

4) 따라서 퇴임이사에 관한 퇴임 변경등기 의무기간(317(2)(viii), (4), 183)도 후임이사 취임일로부터 기산한다(대법원(전) 2005. 3. 8, 2004마800 결정).

우가 종종 발생한다. 후임이사 선출로 이사직을 상실한 이가 과거 일정기간 퇴임이사로 근무했었다는 점의 확인을 구하는 소를 제기할 수 있는가? 임기 등 다툼으로 인해 통상의 이사지위 확인의 소를 제기했던 기존 이사가 주주총회의 신임이사 선출결의 이후에는 소를 변경하여 과거 법률관계의 확인을 구하는 취지로 바꾼 경우 이런 쟁점이 발생한다. 법원의 심리도중 확인을 구하는 대상이 과거의 법률관계가 되어 버린 경우이다.

원칙적으로 과거의 법률관계에 대하여는 확인의 이익이 인정되지 않는다. 다만 그것이 이해관계인들 사이에 현재적 또는 잠재적 분쟁의 전제가 되어 과거의 법률관계 자체의 확인을 구하는 것이 관련된 분쟁을 일거에 해결하는 유효, 적절한 수단이 될 수 있는 경우에 예외적으로 확인의 이익이 인정될 뿐이다(대법원 2020. 8. 20, 2018다249148 판결). 퇴임이사로서 소극적인 임무만을 수행한 경우, 설령 과거의 이사지위를 확인한다 하더라도 적정 보수액 등을 둘러싼 추가적 분쟁이 발생할 수 있으므로(대법원 2015. 9. 10, 2015다213308 판결 등 참조) 확인의 이익이 부인될 수 있다(대법원 2022. 6. 16, 2022다207967 판결). 원고 퇴임이사로서는 과거 이사지위 확인(기존 '현재' 이사지위 확인을 변경)의 소에 이행의 소인 이사보수청구의 소를 추가함이 안전할 것이다

---

4. 이사의 직무집행정지 및 직무대행자선임의 가처분

(1) 의 의

이사선임결의의 무효나 취소 또는 이사해임의 소가 제기된 경우 법원은 당사자의 신청에 의한 가처분으로 이사의 직무집행을 정지하고, 직무대행자를 선임할 수 있다(407(1)). 이 제도는 이사의 지위에 대해서 다툼이 있는 경우 당해 이사의 직무집행을 막고 그로 인한 회사의 마비를 막기 위한 것으로 실제로 빈번하게 이용되고 있다.[1)] 실제로는 일반 이사보다는 대표이사를 대상으로 하는 경우가 많다.

(2) 요 건

가. 임시의 지위를 정하는 가처분

이사의 직무집행정지 및 직무대행자 선임의 가처분은 민사집행법상 임시의 지위를 정하는 가처분(민집 300(2))에 속한다. 따라서 ① 피보전권리와 ② 보전의 필요와 같은 민사집행법상의 요건도 함께 충족하여야 한다.

나. 상법상의 요건

먼저 원칙적으로 '이사선임결의의 무효나 취소 또는 이사해임의 소가 제기된 경우'에 허용된다. 즉 이 가처분은 주주총회의 이사선임결의에 대한 취소의 소(376(1)), 무효확인의 소(380), 부존재확인의 소(380) 및 이사해임의 소(385(2))와 같은 본안소송을 전제로 하는 것이다.

결원으로 인하여 여전히 이사의 권리의무가 있는 퇴임이사(386(1))의 업무집행이 불가능하거나 부적절한 경우에는 일시이사의 선임을 신청할 수 있으므로(386(2)) 이와 별도로 해임사

---

1) 이 규정은 집행임원, 감사, 감사위원회 위원, 청산인 등에도 준용되고 있다(408-9, 415, 415-2(7), 542(2)).

유의 존재나 사임이나 임기만료를 이유로 직무집행정지를 구하는 가처분은 허용되지 않는다(대법원 2009. 10. 29, 2009마1311 결정). 다만 판례는 퇴임 당시 이사의 결원이 없었으므로 퇴임과 동시에 이사의 권리의무를 상실한 자가 여전히 이사로서의 권리의무를 실제로 행사하고 있는 경우에는 “그 권리의무의 부존재확인청구권을 피보전권리로 하여 직무집행의 정지를 구하는 가처분신청이 허용된다”고 본다(대법원 2009. 10. 29, 2009마1311 결정).[1] 예외적으로 급박한 사정이 있는 때에는 본안 소송의 제기 전에도 가처분을 할 수 있다(407(1)단). 실무상으로는 본안 소송과 동시에 또는 그보다 앞서 가처분을 제기하는 경우가 많다.

(3) 절 차

가처분을 신청할 수 있는 자는 본안소송을 제기하였거나 제기할 수 있는 당사자이다. 피신청인은 직무집행정지의 대상인 이사이다. 해임청구의 경우와는 달리 회사는 피신청인이 될 수 없다(대법원 1982. 2. 9, 80다2424 판결). 법원은 당사자의 신청에 의하여 가처분을 변경 또는 취소할 수 있다(407(2)). 가처분은 제3자에 대한 관계에서도 효력이 미치므로 가처분 결정이나 그 변경이나 취소의 결정은 모두 등기를 요한다(407(3)).

(4) 가처분의 효력

가. 직무집행정지

직무집행정지 및 직무대행자선임의 가처분이 내려지면 당해 이사의 직무집행은 정지되고 직무대행자가 대신 일정한 범위 내에서 권한을 행사한다. 가처분은 그 성질상 당사자 사이에서뿐만 아니라 제3자에게도 효력이 미친다.

직무집행이 정지된 대표이사는 대표권이 정지되므로 대표이사가 정지기간 중에 체결한 계약은 후일 가처분이 취소되는 경우에도 절대적으로 무효이다(대법원 2008. 5. 29, 2008다4537 판결).[2]

나. 직무대행자의 권한범위

직무대행자는 회사의 마비를 막기 위한 비상의 조치로 법원이 선임하는 자이므로 그 권한은 원칙적으로 ‘회사의 상무’로 제한된다(408(1)). 예외적으로 가처분명령에 다른 정함이 있거나 법원의 허가가 있는 경우에는 그 밖의 사항에 대해서도 권한이 있다. 직무대행자가 권한범위를 넘어서 행위 한 경우에도 회사는 선의의 제3자에 대해서 책임을 진다(408(2)).

대법원은 회사의 상무를 “일반적으로 회사의 영업을 계속함에 있어 통상업무범위 내의 사

---

1) 선임결의의 무효나 취소 또는 이사해임의 소가 아니라 이사의 권리의무부존재확인청구를 본안으로 하는 가처분이므로 엄격히 말하면 상법상의 가처분은 아니라고 할 것이다.

2) 이 판결에 대한 평석으로 이홍주, “직무집행정지가처분으로 직무집행이 정지된 대표이사가 한 행위의 효력”, 민사판례연구 32(2010), 767면. 직무집행정지 및 직무대행자 선임의 가처분은 등기하지 않으면 선의의 제3자에 대항하지 못하지만(37(1)) 악의의 제3자에게는 대항할 수 있다(대법원 2014. 3. 27, 2013다39551 판결).

무, 즉 회사의 경영에 중요한 영향을 미치지 않는 보통의 업무를 뜻[한다]"고 보고 '회사의 사업 또는 영업의 목적을 근본적으로 변경하거나 중요한 영업재산을 처분하는 것과 같이 당해 분쟁에 관하여 종국적인 판단이 내려진 후에 정규이사로 확인되거나 새로 취임하는 자에게 맡기는 것이 바람직하다고 판단되는 행위'를 회사의 상무에서 배제하고 있다(대법원 1991. 12. 24, 91다4355 판결).

상무에 속하는지 여부는 "당해 회사의 기구, 업무의 종류 · 성질, 기타 제반 사정을 고려하여 객관적으로 판단"한다(대법원 2007. 6. 28, 2006다62362 판결). 그 판단에서 중요한 것은 행위의 형식보다는 실질이다. 직무대행자가 회사의 부동산에 관한 소송에서 변론기일에 출석하지 아니하여 의제자백으로 패소하고 그에 대해서 항소를 포기함으로써 실질적으로 청구인낙과 같은 효과를 초래한 사안에서도 대법원은 그 부동산이 회사의 기본재산이거나 중요한 재산이 아니라면 직무대행자의 행위가 회사의 상무에 해당한다고 판시한 바 있다(대법원 1991. 12. 24, 91다4355 판결). 한편 정기주주총회의 소집은 성질상 통상적으로 필요한 행위임에도 불구하고 이사회 구성자체를 변경하는 행위나 특별결의사항(374)에 해당하는 행위와 같이 '회사의 경영 및 지배에 영향을 미칠 수 있는 것이 포함되어 있다면' 그 안건의 범위에서 정기총회의 소집이 상무에 속하지 않는다고 판시하였다(대법원 2007. 6. 28, 2006다62362 판결).[1]

다. 직무대행자의 권한소멸

가처분에 의하여 대표이사의 직무대행자로 선임된 경우에는 당해 대표이사가 해임되고 새로운 대표이사가 선임되었다 하더라도 가처분결정이 취소되지 아니하는 한 직무대행자의 권한은 유효하게 존속한다(대법원 1992. 5. 12, 92다5638 판결). 새로이 선임된 대표이사는 그 선임결의의 적법 여부에 관계없이 대표이사로서의 권한을 가지지 못하므로 위 가처분에 반하여 회사 대표자의 자격에서 한 법률행위는 제3자가 선의인 경우에도 무효이다(대법원 1992. 5. 12, 92다5638 판결). 이처럼 문제된 대표이사의 교체가 이루어진 경우에는 사정변경에 의하여 가처분결정을 취소해야 할 것이다.[2]

이사의 근로자성

경제계에는 명목상으로는 이사의 지위를 갖지만 실제로는 지휘감독을 받으며 근무하는 근로자와 다름없는 이사가 많다. 이런 이사가 노동법상 근로자로서 보호를 받을 수 있는지 종종 문제된다. 이는 근로기준법 · 산업재해보상보험법 등 노동관련 법률의 적용 여부는 물론, 그의 임금 또는 퇴직금 채권이 도산절차상 공익채권이 되는지 여부, 강제집행시 임금채권으로서 우선변제권을 갖는지 여부 등 다양한 국면에서 큰 차이를 가져온다.

1) 따라서 법원의 허가 없이 주주총회를 소집한 경우에는 소집절차상의 하자로 결의취소사유에 해당한다고 본다.
2) 새로 대표이사가 선임된 경우에도 당사자로서 가처분의 취소를 신청할 수 있는 것은 피신청인인 종전의 대표이사이다(대법원 1995. 3. 10, 94다56708 판결(회사가 아닌 단체의 직무대행자에 관한 사안)).

근로자 해당 여부는 그 실질에 있어 임금을 목적으로 종속적인 관계에서 사용자에게 근로를 제공하였는지 여부에 따라 판단해야 하고, 법인등기부에 임원으로 등기되었는지 여부에 따라 판단할 것은 아니다(대법원 2009. 8. 20, 2009두1440 판결). 대법원은 이사의 구체적인 근무형태에 따라 근로자에 해당하는지 여부를 판단하고 있다. 예컨대 "회사의 이사 또는 감사 등 임원이라고 하더라도 그 지위 또는 명칭이 형식적·명목적인 것이고 실제로는 매일 출근하여 업무집행권을 갖는 대표이사나 사용자의 지휘·감독 아래 일정한 근로를 제공하면서 그 대가로 보수를 받는 관계에 있다거나 또는 회사로부터 위임받은 사무를 처리하는 외에 대표이사 등의 지휘·감독 아래 일정한 노무를 담당하고 그 대가로 일정한 보수를 지급받아 왔다면 그러한 임원은 근로기준법상의 근로자에 해당한다"고 판시하고 있다(대법원 2003. 9. 26, 2002다64681 판결).[1]

이러한 논리를 관철하면 경우에 따라서는 대표이사라도 근로자성을 인정할 수 있을 것이다. 대법원은 "주식회사의 대표이사는 대외적으로는 회사를 대표하고 대내적으로는 회사의 업무를 집행할 권한을 가지므로 특별한 사정이 없는 한 근로자에 해당하지 않는다"고 하면서도 "대표이사로서의 지위가 형식적·명목적인 것에 불과하여 단지 실제 경영자로부터 구체적·개별적인 지휘·감독을 받아 근로를 제공하고 근로 자체의 대상적 성격으로 보수를 지급받는 경우에는, 예외적으로 산업재해보상법상의 근로자에 해당한다"고 판시하였다(대법원 2009. 8. 20, 2009두1440 판결). 반면 동일한 일반론을 설시하면서도 외국회사의 국내 자회사의 대표이사가 일부 업무에 관하여 다른 나라 현지법인의 지사장이나 아시아 운영위원회에 보고를 하거나 그로부터 승인을 받았더라도 이는 간접적·추상적인 지휘감독에 불과하다고 보아 근로자가 아니라고 판시한 사례도 있다(대법원 2014. 5. 29, 2012다98720 판결).

Ⅲ. 이 사 회

1. 서 설

(1) 의 의

이사회는 이사전원으로 구성되는 회사의 업무집행기관이다. 이사회는 업무집행에 관한 의사를 결정하고 대표이사를 비롯한 이사의 직무집행을 감독하는 권한을 갖는다(393(1), (2)). 이사회는 법적 절차에 따라 소집된 회의에 의하여 권한을 행사한다(회의체로서의 이사회). 이사회는 회사의 필요적 상설기관인 것이 원칙이다. 예외적으로 자본금 10억원 미만인 회사는 이사를 1명 또는 2명만 선임할 수 있는바 그 경우에는 이사회를 구성하지 않는다. 이처럼 이사회가 구성되지 않는 경우에는 경우에 따라 주주총회나 대표이사가 이사회를 대체한다(383(4), (6)[2])).

---

1) 대표이사 아닌 이사를 근로자로 인정한 예로 대법원 2003. 9. 26, 2002다64681 판결(비등기이사로 근무하던 때와 동일한 사무 담당); 대법원 2002. 9. 4, 2002다4429 판결(식당 등의 관리주임으로 근무); 대법원 2000. 9. 8, 2000다22591 판결(공장장으로 근무) 등이 있다. 실제 사건에서는 이사로 선임되기 전 근로자였던 때와 근무양태 및 지휘감독 방식이 이사 선임 후에도 동일한지 여부가 관건이 되는 경우가 많다.

2) 예컨대 소규모 주식회사에서 이사회에 갈음하여 파산을 신청할 수 있는 기관은 주주총회가 아니라 대표이사이다(383(6), 393(1). 대법원 2021. 8. 26, 2020마5520 결정). 다만 자본금 10억원 미만인 소규모회사라도 이사를 3명 이

업무집행을 개별 이사가 아니라 회의체로서의 이사회에 맡기는 이유는 업무집행의 신중을 기함과 아울러 그에 대한 감독의 실효성을 높이기 위해서이다. 이하에서는 집행임원을 설치하지 않은 회사의 이사회를 중심으로 설명하기로 한다.

(2) 주주총회와의 관계

이사회는 주주총회에서 선임되는 이사로 선임되는 기관이지만(382(1)) 주주총회의 하부기관은 아니다. 따라서 이사회가 법정 권한을 행사할 때 주주총회나 지배주주의 지시에 따를 법적 의무는 없다. 또한 이사회가 결정한 사항을 주주총회가 번복할 수도 없다. 이러한 사정은 주주가 1인이거나 주식의 대부분을 보유한 경우에도 같다(1인회사의 이사회에 관하여는 제1장 제3절 Ⅲ. 3 (2) 참조). 주주총회가 이사회 업무수행이 부적절하다고 판단하는 경우에는 구성원인 이사를 해임(385(1))하는 방법을 취할 수밖에 없을 것이다.

1원적 이사회와 2원적 이사회

이사회의 구조는 국가에 따라 차이가 있지만 대체로 1원적 이사회(one-tier board)와 2원적 이사회(two-tier board)로 나눌 수 있다. 1원적 이사회는 업무집행기능과 그에 대한 결정과 감시기능을 동일한 기관이 담당하는 경우이고 2원적 이사회는 독일의 경영이사회(Vorstand)와 감독이사회(Aufsichtsrat)[1]와 같이 그 기능을 별개의 기관이 담당하는 경우이다. 1원적 이사회라도 사외이사가 다수 참여하는 경우에는 실질적으로 2원적 이사회에 접근하게 된다.

---

2. 권　　한

(1) 업무집행

회사의 업무집행은 이사회의 결의로 한다(393(1)). 상법은 업무집행의 예로 '중요한 자산의 처분 및 양도, 대규모 재산의 차입, 지배인의 선임 또는 해임과 지점의 설치·이전 또는 폐지'를 제시하고 있다. 업무집행은 그러한 사항뿐 아니라 회사 운영에 관한 사무전반을 의미한다. 따라서 회사가 주력할 사업분야를 결정하는 것에서부터 사업목표를 설정하고 그 목표달성을 위한 구체적인 계획수립과 실천을 포함한 모든 행위가 업무집행에 속한다. 업무집행은 원료의 구매, 제품의 판매와 같은 법률행위뿐 아니라 인력관리, 제품제조, 내부통제와 같은 사실행위도 포함하며 회사의 운영이나 관리에 관하여 이사회규정을 비롯한 내부규정을 정하는 것도 포함한다.

또한 상법은 몇 가지 경우에는 이사회가 결정주체임을 명시하고 있다. 양도제한주식의 양도승인(335(1)단), 주주총회의 소집(362), 이사와 회사 사이의 이익충돌에 관한 승인(397, 397-2,

---

상 선임하여 이사회를 두고 있다면 주주총회나 대표이사가 이사회를 대체하지 않는다.

1) 감사회라고 번역하는 경우도 많다.

398), 사채발행(469) 등이 그 예이다.

회사의 업무집행은 이사회만이 담당하는 것은 아니다. 합병과 같이 주주이익과 밀접한 관련이 있는 일부 중대한 거래는 업무집행에 속함에도 불구하고 이사회 결의 외에 주주총회 승인을 요하고 있다. 그러나 그러한 사항을 발의하는 것은 여전히 이사회 권한에 속한다는 점에서 업무집행은 이사회가 주도한다고 할 수 있다.

(2) 업무집행의 의사결정, 실행, 감독

업무집행은 ① 의사의 결정과 ② 결정된 의사의 실행이라는 두 가지 단계로 나눌 수 있다. ②는 회의체인 이사회가 담당할 수 없으므로 결국 다른 자에게 맡길 수밖에 없다. 그러나 ①과 관련해서도 이사회가 그것을 독점하는 것은 아니다. 후술하는 바와 같이 이사회는 일정 범위 내에서 의사결정을 위임하는 것도 가능하다. 이사회는 자신이 결정한 사항의 실행과 위임한 사항의 집행에 관해서 감독할 권한 및 의무가 있다(393(2)).

(3) 의사결정권의 조정

이사회의 의사결정권을 사적자치에 의하여 조정하는 것은 크게 두 가지 차원에서 행해진다. 하나는 주주총회 권한과의 관계에서 이사회 권한사항을 주주총회 권한으로 귀속시키거나 주주총회 권한사항을 이사회에 귀속시키는 경우이다(이 장 제2절 Ⅱ. 3. 참조). 다른 하나는 이사회 권한사항을 대표이사나 위원회에 위임하는 경우로서 이하에서는 이를 살펴본다. 이러한 위임은 일상업무 위임과 비일상업무 위임의 두 가지로 나눌 수 있다.

가. 일상업무와 비일상업무의 구분

일상업무와 비(非)일상업무의 구분은 현실적으로 중요하지만 반드시 분명한 것은 아니다. 우선 이익충돌거래의 승인(397, 397-2, 398), 신주발행, 사채발행 등과 같이 상법이 특별히 이사회권한사항임을 명시한 경우에는 비일상업무에 해당한다. '중요한 자산의 처분 및 양도, 대규모 재산의 차입, 지배인의 선임 또는 해임과 지점의 설치·이전 또는 폐지'(393(1)) 역시 상법이 명시적으로 이사회 결의를 요하는 비일상업무이다. 타인 채무에 대한 보증 또는 물상보증 역시 우발채무를 발생시키는 행위이므로 차입에 준하여 판단해야 할 것이다. 다만 무엇이 '중요한' 자산이고 어느 정도가 '대규모' 재산의 차입인지는 사안에 따라 판단할 수밖에 없는데, 원론적으로 처분이나 차입 등의 거래가 회사에 미치는 효과, 일상적인 업무와의 관련성 등을 기초로 판단한다(대법원 2005. 7. 28, 2005다3649 판결).

법문에서 명시되지 않았더라도 그 성질상 대표이사에게 맡기기 어려운 중요한 업무인 경우에는 이사회 결의가 필요한 비일상업무로 보아야 할 것이다. 회사의 회생절차개시신청(대법원 2019. 8. 14, 2019다204463 판결), 파산신청(대법원 2021. 8. 26, 2020마5520 결정)[1]이 대표적 예이다.

---

1) 주식회사 이사도 개인적으로 파산신청을 할 수 있으나(도산 295), 이 때에는 파산원인 사실을 소명해야 하는(도산

실제로는 이사회에 부의할 안건의 기준을 개별 회사가 정관이나 이사회규정으로 구체화하는 것이 보통이다. 이 경우 정관이나 이사회규정에 정한 기준은 이사회에 부의하지 아니할 사항을 대표이사에게 위임하는 성격도 갖는다. 그러나 정관이나 이사회규정에서 정한 기준에 법원이 기속되는 것은 아니므로, 이사회 결의가 필요한지 여부는 궁극적으로 법원이 판단하게 된다(아래 대법원 2005. 7. 28, 2005다3649 판결 참조).

나. 일상업무의 위임

업무집행의 범위는 회사 운영에 관한 사무전반에 미치기 때문에 그에 관한 사항을 모두 이사회가 결정하는 것은 비현실적일 뿐 아니라 비효율적이다. 따라서 회사운영상 통상 발생하는 일상업무는 명시적 위임이 없더라도 묵시적으로 대표이사에 위임된 것으로 보아 대표이사가 실행권뿐 아니라 결정권도 갖는다.

다. 비일상업무의 위임

이사회가 비일상업무를 위임하는 것도 가능한가? 먼저 이사회 내 위원회에 대한 위임이 가능한 것은 분명하다(393-2(2)). 이에 관해서는 위원회에 관한 설명에서 살펴본다.

위원회 이외에 대표이사에 대한 위임은 보다 제한적으로 허용된다. 먼저 양도제한주식의 양도승인(335(1)단), 이익충돌거래의 승인(397, 397-2, 398) 등과 같이 상법이 특별히 이사회권한사항임을 명시한 경우에는 위임이 허용되지 않는다고 보는 것이 통설이다.[1] 다만 상법은 사채발행의 경우에는 이사회 결의사항임을 명시하면서도 정관에 정한 경우에는 이사회가 대표이사에게 위임하는 것을 허용하고 있다(469(1), (4)).

그러나 자산의 처분이나 차입과 같이 비일상업무를 가르는 기준이 모호한 경우에는 위임을 폭넓게 인정하는 것이 바람직할 것이다. 회사의 여건에 따라 이사회 권한을 조정하는 것을 허용할 필요가 있기 때문이다.[2] 다만 이사회를 사실상 명복상의 존재로 전락시킬 정도로 위임의 범위를 확대하는 것은 회사의 기관구조를 변경하는 것과 같으므로 허용될 수 없을 것이다.

대법원은 비일상업무의 위임에 관해서 상당히 엄격한 태도를 취하고 있다. 이사회규정에서 '최근 사업연도 말 자산총액의 10% 이상에 상당한 주요 자산의 취득, 임대차 또는 처분'을 이사회 결의사항으로 정하고 있는 회사가 자산총액의 5% 정도의 자산을 이사회 결의 없이 처분한 사안에서 대법원은 그것이 중요한 자산의 처분에 해당하기 때문에 대표이사에게 처분을 일임할 수 없다고 판단하였다(대법원 2005. 7. 28, 2005다3649 판결).[3] 대법원은 중요성을 '당해

---

296) 등 회사 차원의 파산신청과는 요건을 달리한다.

1) 정관에서 이사회 권한사항임을 명시한 경우에도 이사회가 대표이사에 위임하는 것은 허용되지 않는 것으로 본다.

2) 이처럼 시적자치의 폭이 넓어지면 이사회에 참여하는 사외이사가 많은 회사에서는 이사회 권한을 폭넓게 위임함으로써 이사회를 감독적 모델로 전환할 수 있다.

3) 다만 이 경우 매수인은 이사회 결의가 없었음을 알았거나 알 수 있었던 경우가 아니라는 이유로 매매의 효력을 인정하였다.

재산의 가액, 총자산에서 차지하는 비율, 회사의 규모, 회사의 영업 또는 재산의 상황, 경영상태, 자산의 보유목적, 회사의 일상적 업무와의 관련성, 당해 회사에서의 종래의 취급 등에 비추어 대표이사의 결정에 맡기는 것이 상당한지 여부에 따라 판단하여야' 한다면서 이 사건의 자산처분은 이사회규정에 따르면 이사회 결의 사항이 아님에도 이사회 결의가 필요하다고 판시한 것이다. 이러한 대법원의 태도에 의하면 회사로서는 이사회규정에서 이사회권한사항을 한정해 놓더라도 법원이 달리 판단할 수 있다는 불확실성에 노출된다. 이처럼 대표이사에 대한 위임을 엄격히 제한하는 태도를 견지한다면 2011년 개정 상법에서 도입된 집행임원제도를 채택할 실익이 커질 것이다.

라. 위임의 방법과 효과

위임의 상대방은 이사회 내 위원회나 대표이사가 된다. 위임은 ① 정관이나 이사회규정에 의하여 일반적으로 할 수도 있고 ② 특정 거래에 대해서 이사회가 구체적으로 위임할 수도 있다. ②는 ①에 비해서 위임의 효력을 폭넓게 인정할 수 있을 것이다. 또한 ②에서 이사회가 예컨대 매매가격의 한도를 정하여 위임하는 경우에는 위임의 효력이 인정될 가능성이 더 높을 것이다.

이사회는 위원회나 대표이사가 결정한 사항을 번복할 수 있다. 상법은 위원회의 결의에 대해서 그 취지를 명시하고 있지만(393-2(4)) 대표이사의 결정에 대해서도 마찬가지로 볼 것이다.

이사회권한사항에 대한 주주간계약[1)]

미국에서는 합작투자회사를 설립할 때에 주주 사이에 주주총회 권한사항에 대해서 의결권을 어떻게 행사할 것인가에 관하여 의결권계약을 체결할 뿐 아니라 대표이사 선임과 같은 이사회 권한사항에 관해서도 미리 약정을 하는 경우가 많다. 미국 판례는 점차 그러한 계약의 유효성을 인정하는 방향으로 발전해왔다. 우리나라에서는 별로 논의가 없지만 법률과 정관에 반하지 않는 한 유효한 것으로 보자는 유력한 견해가 있다.[2)]

우리 상법은 이사회 권한사항을 정관의 규정으로 주주총회의 권한사항으로 하는 것을 허용하고 있다(361). 따라서 이사회권한사항에 대하여 주주간계약을 하고자 하는 경우에는 그 효력이 불분명한 현실을 고려하여 정관으로 이사회권한사항을 최대한 주주총회로 이전하고 의결권계약을 체결하는 편이 더 나을 수도 있다.

---

(4) 업무집행의 감독

이사회는 업무집행에 관한 결정을 할 뿐이고 결정사항을 실행하는 것은 대표이사를 비롯

1) 상세한 것은 김건식, "이사회 업무집행에 관한 주주간계약", 연구 Ⅲ, 281면 이하 참조.

2) 정동윤, 폐쇄회사의 법리, 법문사(1982), 170면.

한 집행조직이다. 이사회로부터 위임받은 사항에 관해서는 대표이사가 의사결정권도 행사한다. 따라서 이사회는 대표이사의 업무수행을 감독할 필요가 있다. 특히 위임을 폭넓게 인정할수록 이사회의 감독기능이 더 중요하게 된다. 이러한 관점에서는 이사회의 감독권(393)은 업무집행으로부터 독립된 권한이 아니라 그 일부에 속하는 권한으로 볼 수 있다. 이사회의 감독권한은 동시에 의무이기도 하다.

이사회의 감독권은 업무집행권한에서 도출되는 것이므로 대표이사를 비롯한 집행조직전체에 미친다. 같은 이유로 감독권은 업무집행의 **적법성**은 물론이고 **타당성**에도 미친다. 감독의 실효성은 최종적으로 대표이사의 해임으로 담보된다.[1]

이사회의 감독권을 기초로 각 이사는 일정한 범위 내에서 감독의 권한 및 의무를 갖는다. 감독에 관한 이사의 의무는 오늘날 감시의무라는 개념으로 논의되고 있다.[2] 이사의 감독권한은 원칙적으로 이사회를 통해서 행사된다. 상법은 특별히 각 이사에게 대표이사에 대한 보고요구권을 부여하고 있지만(393(3))[3] 그것이 오히려 예외를 규정한 것으로 볼 것이다. 그리하여 개별 이사는 소수주주의 경우(466)와는 달리 회계장부열람권을 행사할 수 없다.

이사회의 감독권은 업무집행기능을 집행조직에 위양함에 따라 발생한 것이므로 업무집행권한의 최소한도라고 할 수 있다. 따라서 이사회가 감독권을 타인에게 위임하는 것은 불가능하다. 이사로 구성되는 감사위원회는 이사의 직무집행을 감사한다는 점에서(412(1)) 이사회의 감독권을 위임받는 것과 사실상 비슷하다. 그러나 법적으로는 이사회의 감독의 권한과 의무에 아무런 변화가 없다.[4]

감독과 감사

감독과 감사는 일반적으로 비슷한 의미로 사용되기도 하지만 상법에서는 감독은 이사회가 담당하고, 감사(監査)는 감사(監事)나 감사위원회가 담당하는 것으로 구별되어 사용되고 있다. 양자의 구별기준은 반드시 명백하지 않지만 일반적으로 다음과 같이 구별된다.[5] ① 감독은 사전, 사후에 모두 실시될 수 있는 것에 비하여 감사는 주로 사후에 실시된다. ② 감독에 적용되는 기준은 상당히 융통성이 있음에 반하여 감사는 사전에 정해진 구체적인 기준에 비추어 적절 여부를 판단하는 방식으로 행해진다. ③ 감독권에는 사후조치권이 포함되나 감사의 경우에는 결과를 보고할 뿐이고 그에 대한 사후조치권이 없는 경우가 많다. ④ 감독은 포괄적인데 비하여 감사는 특정한 행위나 사건, 분야에 한정되어 실시되는 경우가 많다.

1) 따라서 대표이사가 주주총회에서 선임되는 경우(389(1)단)에는 업무감독의 실효를 거두기 어렵다.
2) 이에 대해서는 이사의 선관주의의무를 설명할 때 같이 설명하기로 한다.
3) 이러한 보고요구가 없더라도 대표이사는 3월에 1회 이상 업무의 집행상황을 이사회에 보고해야 한다(393(4)).
4) 이 점에서는 감사위원회 대신 감사가 존재하는 회사와 다를 바 없다.
5) 좌담회, "감사위원회와 내부통제", BFL 13(2005), 19면(김일섭 발언).

3. 이사회의 소집

(1) 소집권자

이사회는 법적 절차에 따라 소집된 회의에 의하여 권한을 행사한다(회의체로서의 이사회). 이사회의 소집은 **각 이사**가 하는 것이 원칙이다(390(1)본). 그러나 이사회가 특정 이사를 소집권자로 정한 경우에는 그 이사만이 소집권한을 갖는다(390(1)단).[1] 그러나 소집권자를 정한 경우에도 나머지 이사가 아무런 권한도 없는 것은 아니다. 소집이 필요한 경우에는 소집권자인 이사에 소집을 요구할 수 있다(390(2)전). 소집권자가 정당한 이유 없이 소집을 거절한 경우에는 다른 이사도 이사회를 소집할 수 있다(390(2)후).

상법상 **감사**도 이사회 소집권이 있다. 감사는 필요하면 회의의 목적사항과 소집이유를 서면에 적어 이사(소집권자가 있는 경우에는 소집권자)에게 제출하여 이사회 소집을 청구할 수 있고(412-4(1)), 그러한 청구를 하였는데도 이사가 지체 없이 이사회를 소집하지 아니하면 소집을 청구한 감사가 이사회를 소집할 수 있다(412-4(2)). 감사는 이사의 법령·정관위반행위에 대해서 이사회에 보고할 의무가 있으므로(391-2(2)) 이사회를 소집할 필요가 있을 수 있다.

집행임원도 필요하면 회의의 목적사항과 소집이유를 적은 서면을 이사(소집권자가 있는 경우에는 소집권자)에게 제출하여 이사회 소집을 청구할 수 있고(408-7(1)), 그러한 청구를 하였는데도 이사가 지체 없이 이사회를 소집하지 아니하면 소집을 청구한 집행임원은 법원의 허가를 받아 이사회를 소집할 수 있다(408-7(2)). 이 경우 이사회 의장은 법원이 이해관계자의 청구에 의하여 또는 직권으로 선임할 수 있다(408-7(2)).

소집권자는 이사회가 개최되기 전에는 언제든지 소집을 철회할 수 있다.[2]

(2) 소집통지

이사회 소집을 위해서는 회일의 1주간 전에 각 이사와 감사에 대하여 통지를 발송하여야 한다(390(3)본). 이 기간은 정관으로 단축할 수 있다(390(3)단).[3] 이사 및 감사 전원의 동의가 있으면 통지 없이 언제든 이사회를 개최할 수 있다(390(4)).

통지는 **이사와 감사 전원에게** 해야 한다(390(3)본). 해당 안건에 대해 특별이해관계가 있어 의결권이 제한되는 이사(391(3)→368(3))에게도 통지해야 할 것이다. 이사회의 심의 대상은 통지된 안건에 국한되지 않기 때문이다. 임기만료 또는 사임에도 불구하고 후임 선출시까지 이

1) 상장회사 표준정관에서는 "대표이사 또는 이사회에서 따로 정한 이사가 있을 때에는 그 이사"를 소집권자로 정하고 있다. 이처럼 정관으로 소집권자를 정하는 것이 일반적인 실무례이다.

2) 東京地裁 2011. 1. 7, 資料版 商事法務 第323호, 76면.

3) 실제로 이사회 규모가 큰 대기업에서는 정례 이사회 일자를 미리 정하여 이사에게 알리는 경우가 많다. 이러한 정례 이사회의 경우에는 따로 소집을 통지할 필요가 없을 것이다. 그러나 회일 이전에 의제와 함께 다시 통지하는 것이 보통이다.

사 · 감사로서 권리의무를 가지는 퇴임이사 · 퇴임감사(386(1))에게도 통지해야 한다.

소집통지가 없더라도 그 이사가 출석하여 이의를 진술하지 않으면 하자가 치유되고 결의 효력에 영향이 없다. 그러나 그 이사가 출석하지 못한 경우에는 원칙적으로 무효이다(대법원 1992. 7. 24, 92다749 판결(재단법인 이사회에 관한 판결)). 이사회에서는 각 이사의 발언이 다른 이사의 의사결정에 영향을 줄 가능성이 있기 때문이다. 그러나 다른 이사의 형수로서 회사경영에는 전혀 참가하지 않고 회의록에 날인만 해오던 명목상의 이사에게 소집통지를 하지 않은 사안에서 대법원은 그 이사가 소집통지를 받고 참석하였다 하더라도 의결의 결과에 영향이 없었다는 이유로 의결을 유효하다고 선언한 바 있다(대법원 1992. 4. 14, 90다카22698 판결).

소집통지의 방법에는 제한이 없으므로 구두의 통지는 물론 인터넷 이메일을 통한 통지도 가능하다. 실무상으로는 이사회 소집통지를 할 때 의제를 밝히고 참고자료를 함께 송부하는 경우가 많다.[1] 그러나 상법상으로는 의제의 표시도 요구되고 있지 않다. 따라서 통지에 의제를 표시할 필요도 없을 뿐 아니라 표시한 경우에도 반드시 그에 구속되는 것은 아니다. 이사회에서는 기동성 있는 의사결정이 필요하고 주주와 달리 이사는 이사회 참석의무가 있기 때문이다. 대법원도 "회사의 정관에 이사들에게 회의의 목적사항을 함께 통지하도록 정하고 있거나 회의의 목적사항을 함께 통지하지 아니하면 이사회에서의 심의 · 의결에 현저한 지장을 초래하는 등의 특별한 사정이 없는 한, 주주총회 소집통지의 경우와 달리 회의의 목적사항을 함께 통지할 필요는 없다"고 판시한 바 있다(대법원 2011. 6. 24, 2009다35033 판결).

(3) 소집시기 및 장소

이사회는 긴급을 요하지 않는 한 가급적 다수의 이사가 출석할 수 있는 시기에 소집하여야 한다.[2] 이사회는 본사에서 개최하는 것이 보통이다. 그러나 특별히 참석이 불가능하지 않은 한 다른 장소, 심지어 국외에서 하는 것도 무방하다.

(4) 이사의 참석의무

이사는 선관주의의무의 하부의무로 이사회에 참석할 의무가 있다. 대리인에 의한 참석은 허용되지 않고 다른 이사에게 의결권을 위임하는 것도 허용되지 않는다(대법원 1982. 7. 13, 80다2441 판결). 전문성과 경영능력을 갖춘 이사가 직접 다른 이사와의 의견교환을 통하여 최적의 결론을 도출하는 것이 중요하기 때문이다. 이사가 이사회에 참석하지 않은 경우에는 특별한 사정이 없는 한 그 자체가 의무해태에 해당한다고 볼 수 있다.[3]

1) 사외이사에게 의제에 대해서 개별적으로 사전설명을 하거나 별도로 사외이사들이 모여서 사전설명 회의를 개최하는 회사도 많다. 실제로는 사외이사의 반응 여하에 따라서 의제나 의안을 변경하는 경우도 없지 않다. 이처럼 사전조율이 이루어지기 때문에 실제로 이사회에서 이사가 반대표를 던지는 경우는 아주 드물다.

2) 일부 이사들을 배제할 목적으로 그들이 참여할 수 없는 시기에 이사회를 개최하는 경우에는 결의무효로 될 수 있다.

3) 이사회에 불참한 이사의 손해배상책임에 대해서는 후술한다.

(5) 기타 참석자

감사는 이사회에 참석할 권한과 동시에 의무가 있다. 이사회 참석은 감사가 이사의 직무집행을 감사하기 위해서(412(1)) 필요하기 때문이다.[1] 이사회에는 이사·감사 외에 집행조직을 구성하는 직원이나 외부전문가도 참석하여 보고하거나 이사의 질문에 답하는 경우가 많다.[2]

4. 이사회의 의사운영

이사회의 의사운영에 관해서는 상법이 특별히 규정하지 않고 있다. 정관이나 이사회규정의 정함에 따라 공정하게 운영하여야 할 것이다. 이사회 의장에 대해서는 상법에 규정이 없지만[3] 정관에서 소집권자인 대표이사를 의장으로 정하는 것이 보통이다.[4] 의장은 이사회의 소집, 의제의 결정, 의사진행 등을 주도함으로써 이사회 운영에 결정적 영향을 미칠 수 있다.

이사회는 크게 **보고**와 **결의**의 두 부분으로 나눌 수 있다. 이사는 보고와 결의와 관련하여 대표이사를 비롯한 집행조직에 설명이나 정보의 제공을 요구할 수 있다.

이사회에는 이사와 다른 참석자 사이의 의견교환이 필수적이다. 따라서 종래 이사회에는 이사가 직접 참석하는 것을 전제하였다. 그러나 이사의 지역적 활동범위가 넓어짐과 동시에 통신기술이 발달함에 따라 통신수단을 이용한 이사회 개최에 대한 수요도 늘어났다. 상법은 처음에는 동영상과 음성을 동시에 송수신하는 화상회의만을 허용하였으나 2011년 개정상법에서는 음성만을 동시에 송수신하는 전화회의도 허용하게 되었다(391(2)).[5] 화상회의나 전화회의에 의하여 결의에 참가하는 이사는 이사회에 직접 출석한 것으로 본다(391(2)후).

5. 이사회의 결의

(1) 결의요건

이사회의 결의는 이사 과반수의 출석(정족수)과 출석이사의 과반수로 한다(391(1)본).[6] 후술하는 회사기회이용과 자기거래의 승인 및 감사위원 해임 결의에는 예외적으로 이사 3분의 2 이상의 찬성을 요한다(397-2, 398, 415-2(3)). 법정의 결의요건을 가중하는 것은 가능하지만(391(1)단) 경감할 수는 없다. 결의요건을 강화하더라도 일부이사에게 거부권을 주는 결과를 초

---

1) 감사의 의견진술권(391-2(1))과 이사의 법령·정관위반행위에 대한 보고의무(391-2(2))도 이사회 참석을 전제하고 있다.
2) 물론 기밀을 요하는 경우에는 이들을 퇴장시킬 수 있다.
3) 집행임원이 법원의 허가를 얻어 이사회를 소집하는 경우에 특칙(408-7(2))이 있을 뿐이다.
4) 기업지배구조의 투명성을 강조하는 일부 회사에서는 사외이사가 의장이 되는 경우도 없지 않다.
5) 코로나사태 이후에는 인터넷을 통한 비대면 이사회가 널리 활용되고 있다.
6) 정족수 산정의 기초가 되는 이사의 수는 원칙적으로 현존하는 이사의 수를 기준으로 하지만 그 수가 법령이나 정관에서 정하는 최저한도에 미달하는 경우에는 그 최저한도를 기준으로 한다. 江頭8, 435면 주12.

래할 정도로 가중하는 것은 허용되지 않는다는 견해가 있지만[1] 찬성하기 어렵다. 법문에 아무런 근거가 없는 상황에서 구태여 사적자치를 제한할 필요가 없기 때문이다. 이사회 결의가 가부동수인 경우에는 정관으로 의장에게 결정권을 부여할 수 있는가에 대해서는 견해가 대립하지만 허용되지 않는다고 볼 것이다.[2] 다수결의 일반원칙에도 반할 뿐 아니라 실질적으로 결의요건을 완화하는 것과 마찬가지이기 때문이다.

(2) 특별이해관계 있는 이사

가. 의 의

이사회 결의에 대해서 특별한 이해관계 있는 이사는 의결권을 행사할 수 없다(391(3)→368(3)). 특별이해관계 있는 자의 의결권을 배제할 필요성은 주주의 경우보다 이사의 경우에 더 크다. 주주의 의결권은 원래 주주 스스로의 이익을 보호하기 위한 측면이 강한 것임에 반하여 이사의 의결권은 선관주의의무와 충실의무의 대상인 회사의 이익을 위하여 부여된 것이기 때문이다.

나. 특별이해관계의 범위

특별이해관계란 **회사 이익과 충돌하는 이사의 개인적인 이해관계**를 말한다. 특별이해관계 있는 이사의 의결권을 제한하는 것은 그러한 이사에게 객관적인 의결권 행사를 기대하기 어렵기 때문이다. 대표적인 예로 이사의 겸직·경업에 관한 승인결의(397), 자기거래의 승인결의(398), 회사기회유용 승인결의(397-2)에서 승인대상인 행위를 한 이사가 이에 해당한다. 주식양도가 제한된 회사에서(335(1)) 이사가 주식을 양도 또는 양수하고자 하여 이사회 승인을 받을 때에 그 이사도 이에 해당할 것이다.

대표이사의 선임결의에서 후보인 이사는 특별이해관계인이 아니라는데 다툼이 없다. 이사가 대표이사로 선임되는 것은 경영권 확보를 위한 것으로 그것을 '개인적' 이해관계로 볼 수는 없기 때문이다. 그러나 해임결의에서 해임대상인 대표이사가 특별이해관계인인가에 대해서는 견해가 나뉜다. 긍정설은 해임대상인 대표이사가 공정하게 의결권을 행사하는 것을 기대하기 어렵다는 것을 근거로 든다.[3] 그러나 해임도 회사의 경영권 확보와 관련이 있다는 점에서는 선임과 다를 바 없다. 따라서 해임대상인 대표이사도 의결권을 행사할 수 있다고 보아야 할 것이다.

주주총회에서 정한 이사의 보수총액 범위 내에서 이사회가 개별이사들의 보수액을 정하

---

1) 이철송30, 708면.

2) 같은 견해로 김정호5, 357면; 송옥렬9, 1004~1005면; 이/최11, 409면; 이철송30, 708면; 임재연6 II, 383면; 정찬형22, 987면; 최기원14, 610면; 최준선14, 483면; 홍/박7, 442면. 반면, 이사회 의장에게 캐스팅 보트(casting vote)를 부여할 수 있다는 견해로는 정동윤6, 607면.

3) 같은 취지의 일본 판례로 最高裁 1969. 3. 28, 民集 23권 3호, 645면.

는 경우, 이사인 주주는 주주총회결의에서는 특별이해관계인으로서 의결권이 제한되지만, 각 이사에 대한 구체적인 보수액을 정하는 이사회 결의에서 당해 이사는 특별이해관계인에 해당하지 않는다는 견해가 유력하다.[1)] 이미 보수총액의 한도를 주주총회가 정한 상황에서 각 이사의 보수액을 정하는 결정은 회사의 이익을 해할 위험이 적을 뿐 아니라 각 이사의 의결권을 제한하더라도 그 효과는 현실적으로 별로 없을 것이다.

다. 효 과

특별이해관계 있는 이사는 의결권을 행사할 수 없다(391(3)→368(3)).[2)] 또한 그런 이사는 출석한 이사의 수에 산입하지 않는다(391(3)→371(2)). 특별이해관계 있는 이사는 의사정족수 산정 시에는 출석한 것으로 보지만 의결정족수 산정 시에는 출석한 이사의 수에 산입하지 않는다(대법원 1991. 5. 28, 90다20084 판결). 예컨대 이사의 정원이 6명인 경우에 특별이해관계 있는 이사 1명을 포함한 4명의 이사가 출석하여 특별이해관계 없는 이사 2명이 찬성한 경우에는 이사 과반수의 출석(4/6)과 출석이사의 과반수 찬성(2/3)이 있으므로 결의가 성립한 것으로 본다.[3)]

특별이해관계의 해석

이사의 특별이해관계를 이사가 회사 이익과 충돌하는 개인적 이해관계를 갖는 경우로 한정하는 것은 의사결정의 공정성을 담보하기 충분하지 않다. 예컨대 대표이사가 회사와 거래하는 경우 대표이사의 심복으로 집행조직에 속한 사내이사는 개인적 이해관계는 없더라도 의결권 행사의 공정성을 신뢰하기 어려울 것이다. 미국에서는 특별이해관계란 개념 대신 이해관계 없는(disinterested) 이사라는 개념을 사용한다. 미국에서 이해관계는 우리 학설상의 개인적 이해관계보다 훨씬 더 넓게 해석되고 있다. 그러나 이해관계 있는 이사라고 해서 의결권을 제한하기보다는 이해관계 없는 이사의 승인이 있으면 법원이 거래의 공정성을 추정해주는 방법으로 이해관계 없는 이사의 참여를 권장하고 있다.

(3) 결의의 방법

가. 공개투표

이사회에서의 결의는 공개투표가 원칙이다. 이사에게 사후적으로 책임추궁을 할 때에 찬

---

1) 문상일, "이사의 보수", 대계4 II, 531면; 임재연6 II, 320면; 정찬형21, 971면; 최준선13, 472면.

2) 이사회 안건에 관해 특별이해관계를 갖고 있어 의결권이 제한되는 이사에게도 이사회 소집통지는 하여야 할 것이다. 이사회의 심의 및 의결 대상은 통지된 안건에 국한되지 않기 때문이다.

3) 실무상으로는 이사가 법적으로는 특별이해관계가 없더라도 상식적으로 이익충돌의 여지가 있다고 판단되는 의안에 대해서는 표결을 회피하는 경우가 있다. 다만 이사가 기권을 하게 되면 사실상 반대와 같은 효과를 갖게 되어 결의의 성립이 어려워질 우려가 있고 그렇다고 해서 불출석하거나 퇴장한다면 정족수가 충족되지 않을 우려가 있을 것이다. 한편 불출석을 통해 가결을 돕는 경우도 있다(이사 정원 6명 중 3명만 찬성하여 과반 요건을 충족하기 어려운 상황에서, 중립적 입장의 이사 1인이 불출석함으로써 출석이사들 중 과반수 찬성요건(3/5)이 충족되는 경우).

반여부가 중요할 뿐 아니라(399(2)) 책임 있는 결정을 담보할 필요가 있기 때문이다.

나. 서면결의

이사회에서는 참석자 사이의 의견교환을 통해서 최적의 결론을 내는 집단적 의사결정방식을 취해야 하므로 실제로 회의에 참석할 것을 요하며 서면결의는 원칙적으로 허용되지 않는다.[1)] 그러나 실무상으로는 서면결의가 이루어지는 경우가 드물지 않다. 특히 이사회 결의가 긴급하게 요구되는 경우에는 수요가 크다. 서면에 의한 결의방식에 대해서는 물론이고 의제에 대해서도 이사 전원이 동의하는 경우에는 구태여 그것을 금할 필요가 없을 것이다.[2)] 대법원은 이사 3명 중 2명만이 참석한 것으로 이사회 의사록에 기재되어 있으나 실제로 이사회를 개최하지 않고 의사록만 작성된 경우에도 이사회 결의의 부존재는 아니라고 판시한 바 있다(대법원 2006. 11. 10, 2005다46233 판결).[3)]

결의의 번복과 추인

이사회결의는 원칙적으로 번복이 가능하다. 절차적 하자가 있는 경우에는 추인도 가능하다. 그러나 주주총회 결의의 경우와 마찬가지로 이사회 결의의 추인도 소급효가 없고 새로운 결의를 한 것으로 본다(대법원 2011. 6. 24, 2009다35033 판결).

---

6. 의 사 록

이사회의 의사에 관해서는 의사록을 작성해야 한다(391-3(1)). 의사록에는 의사의 경과요령과 그 결과는 물론이고 반대하는 자와 반대이유를 기재하고 이사 및 감사가 기명날인 또는 서명을 하여야 한다(391-3(2)).[4)]

주주총회 의사록과는 달리 이사회 의사록은 비치할 의무는 없다. 그러나 주주는 영업시간 내에 이사회 의사록의 열람 또는 등사를 청구할 수 있다(391-3(3)). 이에 관한 상세는 제3장 제10절 Ⅲ. 참조.

---

1) 정관에 근거를 둔 경우에도 허용되지 않는다고 볼 것이다.

2) 근거법에 달리 정함이 없는 비영리법인의 경우 대법원은 정면으로 서면결의를 허용한 바 있다(대법원 2005. 6. 9, 2005다2554 판결(신용협동조합)).

3) 대법원은 특히 이사 전원의 동의가 있으면 이사회의 소집절차 없이도 이사회 개최를 가능하도록 하고 있는 상법 규정(390(4))의 규정취지를 근거로 들고 있다. 그러나 이사회 소집절차를 생략하는 것과는 달리 서면결의를 하는 경우에는 의견교환의 가능성이 없다는 점에서 그 규정을 근거로 드는 것에는 의문이 있다. 또한 이 사안의 결의에는 일부 이사만이 참여하였다는 점에서도 이사 전원의 동의가 있는 경우와 동일시하기는 어렵다.

4) 실무상 이사회 진행을 녹취하거나 속기록을 작성하는 경우가 있지만 이러한 기록은 의사록에 포함되는 것으로 보지 않는다. 만약 이들 기록까지 의사록으로 본다면 이사회에서 자유로운 논의가 위축될 우려가 있기 때문이다.

7. 결의의 하자

(1) 의 의

주주총회 결의의 경우와 마찬가지로 이사회결의의 하자도 절차상 하자와 내용상 하자로 구분할 수 있다. 그러나 이사회결의의 하자에 대해서는 주주총회 결의와는 달리 상법이 아무런 규정을 두고 있지 않으므로 원칙적으로 모두 무효로 본다(대법원 1982. 7. 13, 80다2441 판결). 결의가 무효로 되는 절차상 하자의 예로는 ① 일부이사에 대한 소집통지의 결여, ② 결의요건에 위반한 경우, ③ 특별이해관계있는 이사가 참여한 경우 등을 들 수 있다.[1] 그러나 대법원은 명목상의 이사에게 통지하지 않은 사안에서 그 이사가 참석하였더라도 결과가 달라지지 않았을 것이라는 이유로 결의의 유효를 인정한 바 있다(대법원 1992. 4. 14, 90다카22698 판결).[2] 이처럼 하자가 경미하고 결과에 영향을 미치지 않은 경우에는 구태여 무효로 볼 필요가 없을 것이다.[3] 그러나 반대파 이사를 배제하기 위하여 소집통지를 하지 않은 경우와 같이 하자가 중대한 경우에는 결과가 달라지지 않았을 것이라는 이유만으로 쉽게 결의를 유효로 보아서는 아니될 것이다.[4]

(2) 하자 있는 결의의 효과

이사회결의의 무효를 주장할 수 있는 주체, 시기, 방법에 대한 제한은 없다(대법원 1982. 7. 13, 80다2441 판결).[5] 반드시 소로써만 무효를 주장할 수 있는 것은 아니고, 다른 소송에서 공격방어방법으로 이사회결의의 무효를 주장·입증할 수 있다. 예컨대 하자 있는 이사회결의로 선임된 대표이사가 체결한 계약의 상대방이 회사를 상대로 그 계약에 따른 약정금 지급을 청구한 경우에, 회사는 그 약정금 소송에서 ① 이사회결의에 하자가 있어 무효라는 점, ② 그 결의로 선임된 대표이사는 적법한 대표권이 없다는 점, ③ 따라서 그가 체결한 계약은 효력이 없으므로 회사는 약정금 지급의무가 없다는 점을 주장·입증할 수 있다.

이사회결의 무효확인소송에서 승소한 경우에도 판결의 대세효는 없다(대법원 1988. 4. 25, 87누399 판결).[6] 이사회결의 무효확인소송의 경우에는 재량기각은 인정되지 않는다.

---

1) 이사를 선임하는 주주총회결의에 부존재사유가 있는 경우 당해 이사가 참여한 이사회결의도 무효가 될 수 있다(이른바 "하자의 연쇄").

2) 일본판례도 일반적으로 절차상의 하자에 대해서 그 하자가 결의의 결과에 영향을 미치지 않는다고 인정한 경우에는 결의를 유효로 본다. 田中3, 238면.

3) 예컨대 이사회 소집통지가 정관에 정해진 일자보다 다소 늦게 이루어졌으나 이사들이 모두 이를 수령한 경우에도 소집절차에 하자가 있다는 이유로 이사회 결의 자체가 무효라고 할 것은 아니라고 본다.

4) 田中3, 238~239면.

5) 피고는 확인의 이익이 있다고 인정된 주체의 상대방이 될 것이다.

6) 일본에서는 대표이사선임결의와 같이 획일적 확정의 필요가 있는 경우에는 그 무효확인 판결에 대세적 효력을 긍정해야 한다는 견해도 유력하다. 江頭8, 439면 주 19.

하자있는 이사회 결의에 기하여 행해진 후속행위의 효력에 대해서는 규정이 없다. 후속행위의 효력을 별도로 다투는 소송이 존재하는 경우 이사회 결의의 하자는 그 후속행위의 효력을 다투는 소송에서 함께 판단한다. 예컨대 하자있는 이사회 결의에 따라 소집된 주주총회의 효력과 하자있는 이사회 결의에 의한 신주발행의 효력은 주총결의하자를 다투는 소와 신주발행무효의 소에 각각 흡수되어 함께 판단된다.[1)]

8. 이사회 내 위원회

(1) 의 의

이사회 규모가 커지고 업무가 확대될수록 분업의 필요도 커진다. 대기업에서는 이사회 내에 감사위원회, 평가보상위원회, 이사후보추천위원회 등 각종 위원회를 두는 경우가 많다. 상법은 감사위원회(415-2)에 대해서는 감사를 대체할 수 있는 기관으로 명시적으로 도입함과 동시에 위원회의 근거가 되는 일반규정(393-2)을 두고 있다. 이 곳에서는 감사위원회를 제외한 일반적인 위원회에 대해서 설명한다.

(2) 설 치

이사회는 정관이 정한 바에 따라 위원회를 설치할 수 있다(393-2(1)). 정관의 근거 없이도 이사회는 위원회를 둘 수 있으나 이러한 위원회는 비공식적인 위원회로서 제393조의2의 적용을 받지 않고 이에 의한 효력을 인정받을 수 없을 것이다. 정관에는 위원회에 대한 일반 근거조항만을 규정할 수도 있겠지만 실제로는 구체적인 위원회의 명칭까지 정하는 것이 보통이다.[2)] 위원회는 2인 이상의 이사로 구성하며(393-2(3)) 위원의 임면은 이사회가 정한다(393-2(2)(iii)).

(3) 권 한

이사회는 자신의 권한사항을 모두 위원회에 위임할 수 있다. 다만 다음 사항은 제외된다(393-2(2)).

① 주주총회의 승인을 요하는 사항의 제안
② 대표이사의 선임 및 해임
③ 위원회의 설치와 그 위원의 선임 및 해임
④ 정관에서 정하는 사항

①과 ②는 중요한 사항이기 때문에, 그리고 ③은 위임이 부적절하기 때문에 각각 제외된

---

1) 하자 있는 이사회 결의에 기초한 신주발행의 효력에 대해서는 제6장 제2절 VI. 3 (2) 라 참조.
2) 상장회사 표준정관 39-2(1). 다만 각 위원회의 구성, 권한, 운영 등에 관한 세부사항은 이사회에 위임하는 것이 보통이다(상장회사 표준정관 39-2(2)).

다. ④는 회사가 자율적으로 특별히 제외하기로 정관에 명시한 사항을 말한다.

이들 사항을 제외하고는 이사회의 모든 권한을 위임할 수 있다. 따라서 신주나 사채의 발행, 이사의 이익충돌거래의 승인, 양도제한주식의 양도승인 등도 위임할 수 있다.[1] 위임의 허용범위가 넓다고 해도 뒤에 보는 바와 같이 이사회의 번복이 가능하므로 큰 문제는 없을 것이다.

(4) 운 영

위원회의 소집, 결의, 의사록, 연기와 속행 등은 이사회의 경우와 같다(393-2(5)→390, 391, 391-3, 392).

(5) 위원회 결의의 효력

이사회로부터 권한을 위임받은 위원회의 결의는 이사회 결의와 마찬가지의 효력을 갖는다. 위원회는 결의된 사항을 각 이사에게 통지하여야 한다(393-2(4)전). 이를 통지받은 각 이사는 이사회의 소집을 요구할 수 있으며, 이사회는 위원회가 결의한 사항에 대하여 다시 결의할 수 있다(393-2(4)후).

위원회 결의는 이사회의 번복결의에 의하여 효력을 상실한다. 그러나 번복결의가 있기 전에는 이사회 결의와 마찬가지의 효력을 갖는다.[2] 한편 감사위원회의 결의는 이사회에서 번복할 수 없다(415-2(6)). 감사위원회는 감사를 대체하는 특별한 위원회로서 독립성을 부여받고 있기 때문이다.

Ⅳ. 대표이사

1. 의 의

대표이사란 회사를 대표할 권한을 가진 이사를 말한다(389(1)). 상법은 회사의 업무집행은 이사회 결의로 한다고 규정하면서도(393(1)) 결정된 사항을 실행하는 조직에 관해서는 상세한 규정을 두고 있지 않다. 이론상 업무집행의 실행은 크게 대외적 거래행위와 대내적 사실행위로 나눌 수 있다. 대외적 거래행위에 관해서는 대표이사가 회사를 대표하지만 대내적 실행을 누가 담당하는지는 상법이 규정하고 있지 않다. 통상 회장이나 사장으로 불리는 집행조직의 최고위직, 즉 최고경영자(CEO)는 대표이사를 겸하는 것이 관행이다. 대표이사가 여럿 있는 경우 최고경영자는 개념상 1인이지만 나머지 대표이사도 거의 예외 없이 업무집행의 실행을 맡고 있다. 그러므로 대표이사는 대외적으로 회사를 대표하고 대내적으로 업무집행의 실행을 맡는 기관이라고 할 수 있다.

---

1) 다만 주주총회의 소집결정은 당연히 의제의 결정도 포함하므로 ①에 해당하여 위임이 불가능할 것이다.

2) 통지받은 이사가 이사회를 소집할 수 있는 상당한 기간 내에는 위원회 결의의 효력이 정지된다는 견해(이철송30, 719면)가 있다.

대표이사의 지위에 관해서는 이사회의 파생기관으로 보는 견해와 이사회와는 독립된 기관으로 보는 견해가 대립한다. 어느 견해를 취하는가에 따라 실질적 차이는 없지만 대표이사가 이사회에서 선임되는 경우에는 파생기관설이 타당하다고 본다. 그에 따르면 대표이사는 이사회가 결정한 사항을 실행하는 데 불과하다. 회사는 정관이나 이사회 결의로 대표이사를 비롯한 업무집행조직의 직무분담과 지휘명령계통을 정할 수 있다.

전술한 바와 같이 이사회는 대표이사에게 실행을 맡길 뿐 아니라 업무집행사항의 결정까지 위임할 수 있다.

2. 임 면

(1) 선 임

대표이사는 이사 중에서 이사회 결의로 선임하는 것이 원칙이다(389(1)본).[1] 예외적으로 정관에 정하는 경우에는 주주총회에서 선임하는 것도 허용된다(389(1)단).[2]

상법은 이사라는 것 말고는 아무런 자격요건도 두고 있지 않다. 또한 대표이사의 임기나 수에 대한 제한도 없다. 실제로 대표이사를 복수 선임하는 경우도 적지 않다. 대표이사는 이사 자격을 전제로 하기 때문에 이사 지위를 상실하면 대표이사의 지위도 자동적으로 상실한다.

대표이사를 선임하는 이사회결의에 하자가 있거나 결의가 부존재하는 경우에는 그 피선임자는 적법한 대표이사가 아니므로 그가 대표이사로서 한 행위는 원칙적으로 전부 무효로 보아야 할 것이다. 주주총회의 이사선임결의가 취소된 경우에도 그 결의로 이사로 선임된 자는 적법한 이사가 아니고 그가 대표이사로 선임되었다면 적법한 대표이사가 아니므로, 그가 대표이사로서 한 행위는 마찬가지로 효력을 상실한다.[3] 다만 회사의 고의·과실로 그 자가 대표이사로서 등기되어 있는 경우에는 회사는 선의의 제3자에 대하여 무효를 주장할 수 없다(39)(대법원 2004. 2. 27, 2002다19797 판결). 또한 후술하는 바와 같이 표현대표이사에 관한 제395조에 따라 회사가 책임을 져야 할 경우가 있다.

(2) 퇴 임

상법은 따로 대표이사의 퇴임에 관한 규정을 두고 있지 않다. 대표이사도 이사이므로 이사와 마찬가지로 위임의 종료사유에 따라 퇴임한다. 대표이사의 퇴임사유로는 임기만료, 사임, 해임, 이사지위의 상실 등을 들 수 있다.

---

1) 이사가 다른 이사에게 대표이사를 선임하는 권한을 위임할 수는 없다(대법원 1982. 7. 13, 80다2441 판결).

2) 그러나 이사회에서 선임하는 경우에도 실제로는 주주총회에서 이사로 선임될 때에 이미 대표이사로 될 자가 내정되어 있는 것이 보통이다.

3) 이사 선임의 주주총회 결의에 대한 취소판결이 확정된 경우 그 결의에 의하여 이사로 선임된 이사들에 의하여 구성된 이사회에서 선정된 대표이사는 소급하여 그 자격을 상실하고, 그 대표이사가 위 판결의 확정 전에 한 행위는 대표권이 없는 자가 한 행위로서 무효이다(대법원 2004. 2. 27, 2002다19797 판결).

퇴임사유 중 중요한 것은 사임과 해임이다. 민법상 위임계약의 당사자는 언제든지 해지할 수 있다(689(1)). 따라서 대표이사는 언제든지 사임할 수 있다.[1] 부득이한 사유 없이 회사에 불리한 시기에 사임한 경우에는 손해배상책임을 질 수 있다(민 689(2)). 사임의 의사표시는 회사를 위하여 의사표시를 수령할 권한이 있는 자에게 하여야 한다. 정관에서 대표이사 유고 시에 권한을 대행할 자를 정한 경우 권한대행자에게 하여야 한다(대법원 2007. 5. 10, 2007다7256 판결).[2] 사임의 의사표시는 권한 있는 자에게 도달하는 즉시 효력이 발생하지만[3] 권한 있는 자에게 사표의 처리를 위임한 경우에는 권한 있는 자의 수리가 있어야 효력이 발생한다(대법원 2007. 5. 10, 2007다7256 판결). 사임의 효력이 발생하기 전에는 철회가 가능하다.

대표이사는 선임기관인 이사회가 자유롭게 언제든지 해임할 수 있다. 정관에 따라 주주총회에서 선임된 대표이사는 정관에 해임에 관한 규정이 없는 경우에도 주주총회의 보통결의로 해임할 수 있다. 이사회(또는 주주총회)의 해임결의의 효력발생시기에 대해서는 다툼이 있지만 해임의 실효성확보를 위해서 통지 시가 아닌 결의 시로 보아야 할 것이다.[4]

대표이사 해임 시에도 이사해임에 관한 제385조 제1항을 유추적용하여 정당한 이유가 없는 해임의 경우에 회사에 손해배상을 청구할 수 있다고 보는 견해가 많다.[5] 그러나 대법원은 제385조 제1항이 "이사의 보수청구권을 보장하는 것을 주된 목적으로 하는 규정이라 할 수 없으므로, 이를 이사회가 대표이사를 해임한 경우에도 유추 적용할 것은 아니고, 대표이사가 그 지위의 해임으로 무보수, 비상근의 이사로 되었다고 하여 달리 볼 것도 아니"라고 판시하였다(대법원 2004. 12. 10, 2004다25123 판결). 구태여 대표이사에 대해서까지 법이 그러한 후견적 배려를 베풀 필요가 없다는 점에서 타당한 판결이라고 할 것이다.[6] 그러므로 대표이사가 중도해임의 위험에 대비하고자 하는 경우에는 취임 시에 회사와의 계약에 퇴직보상금을 명시해둘 필요가 있을 것이다.[7]

---

1) 반드시 이사직까지 사임해야 하는 것은 아니다.

2) 그러나 반드시 이사회나 이사 전원에 대한 사임통지의 효력을 부인하는 취지로 보이지는 않는다.

3) 대표이사가 사임서 제출을 타인에게 일임한 경우에는 그 타인이 권한 있는 자에게 사임서를 제출한 때에 사임의 효력이 발생한다고 볼 것이다.

4) 일본의 학설·판례도 마찬가지의 태도를 취한다. 田中3, 234면.

5) 긍정하는 견해로 권기범6, 913면; 이철송30, 721~722면; 최기원14, 628면; 최준선14, 495면. 반면 대표이사의 해임에 상법 제385조 제1항의 유추적용을 부정하는 견해로 장덕조3, 316면; 정동윤6, 614면.

6) 민법상 부득이한 사유 없이 상대방이 불리한 시기에 위임을 해지하는 경우에는 손해배상책임을 지지만(민 689(2)) 회사가 대표이사를 해임할 때 적용하기는 어려울 것이다.

7) 이러한 퇴직보상금도 이사의 보수에 속하므로 정관 규정이나 주주총회의 승인으로 근거를 마련해야 할 것이다. 판례는 대표이사도 예외적인 경우에는 근로자에 해당할 수 있다고 보고 있으므로(대법원 2009. 8. 20, 2009두1440 판결) 대표이사도 근로기준법상 퇴직금을 받을 수 있는 경우가 없지 않다(대법원 2003. 9. 26, 2002다64681 판결(등기이사의 근로자 지위를 인정한 판결)).

(3) 등 기

대표이사의 선임과 퇴임은 등기사항이다(317(2)(ix)→183)). 선임과 퇴임의 효력은 등기 없이도 발생하지만, 등기할 사항을 등기하지 않으면 선의의 제3자에게 대항하지 못한다(37(1)). 예컨대 사임, 임기만료, 해임 등으로 대표이사 甲이 퇴임하였음에도 회사가 이를 등기하지 않았다면, 등기부상 甲은 여전히 회사의 대표이사로 남아 있게 된다. 이는 등기할 사항을 등기하지 아니한 경우에 해당하므로, 회사는 선의의 제3자에게 '甲이 퇴임하여 더 이상 대표이사가 아님'을 가지고 대항할 수 없는 것이다.

(4) 대표이사의 결원과 일시대표이사

대표이사가 부존재하거나 정관에 정한 원수에 미달한 경우에는 새로운 대표이사가 취임하기까지 임기만료나 사임으로 이미 퇴임한 자가 여전히 대표이사의 권리의무를 갖는다(389(3)→386(1)). 퇴임사유를 임기만료나 사임으로 제한하고 있으므로 해임된 대표이사는 해당되지 않는다. 대표이사 결원의 경우 법원이 필요하다고 인정할 때에는 이사, 감사 등의 청구에 따라 일시대표이사를 선임할 수 있다(389(3)→386(2)). 일시대표이사는 대표이사와 동일한 권한을 갖는다.

(5) 대표이사의 직무집행정지와 직무대행자

상법상 이사선임결의의 무효나 취소 또는 이사해임의 소가 제기된 경우 법원은 당사자의 신청에 의하여 가처분으로 이사의 직무집행을 정지할 수 있고 직무대행자를 선임할 수 있다(407(1)). 상법 규정은 이사를 대상으로 하고 있지만 실제로는 대표이사를 대상으로 삼는 경우가 많다.[1] 대표이사를 선임하는 이사회 결의의 무효확인을 구하는 소를 제기하는 경우에도 대표이사의 직무집행정지를 구할 수 있다.[2] 대표이사의 직무집행정지나 직무대행자의 선임은 모두 등기사항이다(407(3)).

3. 대 표 권

(1) 대표권의 범위

대표이사는 "회사의 영업에 관하여 재판상 또는 재판외의 모든 행위를 할 권한이 있다"(389(3)→209(1)). 어떤 행위가 영업에 관한 것인지 여부는 대표이사의 주관적 의도에 의하여 결정하는 것이 아니고 거래안전의 관점에서 당해 행위의 객관적 성질에 비추어 추상적으로 판단한다. 결국 대표이사는 사실상 회사의 권리능력 범위 내에서 모든 행위를 할 수 있다. 회사가 복수의 영업을 수행하는 경우에도 대표이사의 권한은 모든 영업에 미친다. 이 점에서 그가

---

1) 상세한 것은 이사의 직무집행정지 및 직무대행자선임의 가처분에 대한 설명을 참조하라.

2) 대표이사직만의 해임을 구하는 소는 허용되지 않으므로 대표이사의 해임을 구하는 자는 일반적인 이사해임의 소를 제기하여야 할 것이다.

속한 영업소의 영업에 한정되는 지배인의 대리권(11(1))보다 포괄적이다.

대표이사는 대표권을 회사 임직원이나 제3자에게 포괄적으로 위임할 수는 없지만 개별적·구체적으로 위임하는 것은 대리나 대행으로 허용된다.[1] 실제로 대부분의 회사에서는 전결규정 등에 의해 직급에 따라 일정한 행위권한을 위임하고 있다.

(2) 대표권의 제한

가. 의 의

대표권의 제한은 **법령에 의한 제한**과 회사자체의 **내부적 제한**으로 나눌 수 있다. 법령에 의한 제한으로는 주주총회 결의나 이사회 결의를 요하는 경우(374, 398 등)와 회사와 이사 사이의 소송에서 감사에게 회사를 대표하도록 함으로써(394(1)) 대표이사의 대표권을 제한하는 경우가 있다. 내부적 제한은 정관이나 이사회 결의[2]에 의한 대표권 제한을 말한다. 대표권의 범위를 정하는 권한은 선임기관에 속한다고 볼 것이므로 주주총회는 대표이사의 선임권을 갖는 경우가 아니면 그 대표권을 제한할 수 없다.[3] 나아가 정관이나 이사회 결의 같은 정식 절차에 의하지 않고 1인 주주가 대표이사의 권한 행사를 사실상 제한하고 있다는 사정만으로는 대표권 제한이 설정되었다고 할 수 없다(대법원 2008. 11. 27, 2006도9194 판결).

나. 방 식

내부적 제한은 일부 업무집행사항을 특정하여 추가적인 절차를 요하는 방식으로 이루어지는 것이 보통이다. 제한의 대상은 주로 거래규모, 영업분야, 부동산거래나 연대보증과 같은 거래종류 등을 기준으로 특정된다. 추가적인 절차로는 이사회 결의가 요구되는 것이 보통이다. 그러나 주주총회 결의를 요하거나 내부위원회나 특정 임원의 승인을 요하는 것도 가능할 것이다.

(3) 제한을 위반한 대표이사의 행위(전단적 대표행위)의 효력

가. 법령상 제한을 위반한 행위

대표행위에 대한 법령상 제한은 ① 주주총회 결의를 요하는 경우와 ② 이사회 결의를 요하는 경우로 나눌 수 있다. ①의 대표적인 예는 회사의 영업양수도(374(1))이다. **주주총회 결의 없이 행한 영업양수도 또는 중요한 영업용 자산의 양도는 상대방의 선의 여부에 관계없이 무효**라고 보는 것이 통설·판례이다(대법원 2012. 4. 12, 2011다106143 판결).[4] 선의의 상대방조차 보호하지

---

1) 권기범6, 924면.

2) 이사회 결의로 채택한 이사회 규정에 의한 제한도 포함한다.

3) 주주총회에 의한 제한을 인정하는 견해로 권기범6, 920면. 방론에 불과하지만 주주총회에 의한 제한이 가능한 것처럼 판시한 판례도 있다(대법원 2008. 11. 27, 2006도9194 판결).

4) 후술하는 바와 같이 상법상 영업양수도(374(1))는 폭넓게 해석되므로 회사와 거래하는 상대방은 특히 주의할 필요가 있을 것이다. 주식회사가 영업의 전부 또는 중요한 일부를 양도한 후 주주총회의 특별결의가 없었다는 이유를 들어 스스로 그 약정의 무효를 주장하더라도 주주 전원이 그와 같은 약정에 동의한 것으로 볼 수 있는 등 특별한

않는 것은 거래가 회사의 이익에 중대한 영향을 미칠 뿐 아니라 그런 중요한 거래를 행하면서도 상법상 절차를 확인하지 않은 상대방까지 보호할 필요가 없다는 판단에 따른 것이다. 다만 대법원은 통설을 따르면서도 사실상 회사의 운영을 지배하는 주주가 주주총회 결의의 외관을 현출시킨 예외적인 경우에는 그 외관을 믿고 거래한 상대방에 대해서 회사의 책임을 인정하고 있다(대법원 1995. 9. 15, 95다13302 판결 등).[1]

②에는 신주발행(416), 사채발행(469(1)), 준비금의 자본금 전입(461(1)), 자기거래(398), 중요한 자산의 처분 등의 업무집행행위(393(1)) 등이 있다. 판례는 **신주발행의 경우 적법한 대표이사가 발행한 이상 이사회 결의가 없더라도 그 효력을 인정**한다(대법원 2007. 2. 22, 2005다77060, 77077 판결). 거래안전을 고려한 것이다.[2] 사채발행에도 같은 논리가 적용될 것이다. 반면 대표이사의 내부적 결정으로서 제3자 보호 필요성이 없는 경우 해당 행위는 무효이다. 예컨대 준비금의 자본금 전입 후 무상주 유통 등이 없는 경우이다. 한편 대표이사가 이사회 결의 없이 자기거래를 한 경우 후술하는 상대적 무효설에 따르게 된다(대법원 1994. 10. 11, 94다24626 판결).

실제 주로 문제되는 것은 중요한 자산의 처분 등의 업무집행행위(393(1))이다. 대법원은 **이사회 결의 없이 행한 업무집행행위**에 관하여 대표이사의 권한 제한에 관한 상법 제389조 제3항, 제209조 제2항을 적용한다(대법원(전) 2021. 2. 18, 2015다45451 판결). 즉 그 행위는 원칙적으로 유효하되, **이사회 결의가 없다는 점에 관해 거래상대방이 알았거나 이를 알지 못한 데에 중과실이 있었던 경우에는 그 행위는 무효이다.**[3] 거래상대방의 중과실 여부는 이사회 결의 부재에 관한 인식가능성, 거래상대방의 경험과 지위, 종래 거래관계, 대표이사가 한 거래행위가 경험칙상 이례에 속하는 것인지 등을 종합하여 판단한다. 특별한 사정이 없는 한 거래상대방이 이사회 결의 유무를 확인할 의무는 없다(위 2015다45451 판결). 증명책임은 회사가 부담한다. 즉 거래가 무효임을 주장하는 회사가 거래상대방의 악의 또는 중과실을 증명해야 한다(대법원 1999. 10. 8, 98다2488 판결 등).

나. 내부적 제한을 위반한 행위

상법 제393조 제1항의 중요자산 처분 등 업무집행행위에 해당하지는 않으나, 회사의 정관 또는 이사회규정 상 이사회 결의가 요구됨에도 대표이사가 이를 무시한 경우가 주로 문제된

사정이 없다면 위와 같은 무효 주장이 신의칙에 반한다고 할 수 없다(대법원 2018. 4. 26, 2017다288757 판결)(84% 주주가 찬성하거나 협조하겠다는 확인서를 작성한 사안에서 신의칙에 근거하여 무효주장을 배척한 원심판결을 파기한 사례).

1) 이 판례에 대해서는 소수주주 보호의 관점에서 비판적인 견해(예컨대 송옥렬9, 1016면)도 있지만 이 경우 선의의 상대방과 소수주주 사이에서 전자를 보호하는 것이 타당하다는 점에서 판례의 결론을 지지한다

2) 주주에게 중대한 영향을 미치는 신주발행에서 이사회 결의가 흠결된 것은 매우 중대한 하자라는 점에서 이러한 판례를 비판하는 견해도 있다.

3) 상법 제209조 제2항은 "… 제한은 선의의 제삼자에 대항하지 못한다"고 되어 있으나, 판례, 통설은 악의의 제3자뿐 아니라 중과실이 있는 제3자 역시 보호대상에서 제외된다고 해석한다. 위 2015다45451 판결 등 참조.

다. 대법원은 이 때에도 그 효력에 관해 대표이사 권한 제한에 관한 상법 제389조 제3항, 제209조 제2항을 적용한다(대법원(전) 2021. 2. 18, 2015다45451 판결). 즉 거래상대방의 악의, 중과실이 없는 이상 해당 거래는 유효하다.

다. 검토: 상법 제209조 제2항의 준용범위

실무상 대표이사의 전단적 대표행위가 문제되는 대부분의 사안은 대표이사가 이사회 결의 없이 재산처분, 차입 등 대외적 거래행위를 한 경우이다. 이사회 결의가 (i) 법령상 제한, 즉 상법 제393조 제1항에 따라 또는 (ii) 내부적 제한, 즉 정관 또는 이사회 규정에 따라 필요함에도 이를 누락한 사례들이다.

앞서 살펴본 바와 같이 이사회 결의 없이 이루어진 행위의 사법적 효력에 관하여, 상법 제389조 제2항에 따라 대표이사에 준용되는 상법 제209조 제2항(합명회사 대표사원의 권한제한)의 준용범위가 대법원에서 논란이 된 바 있다(대법원(전) 2021. 2. 18, 2015다45451 판결). 대법원 다수의견은 위 **이사회 결의의 필요 근거 (i), (ii)를 구분하지 않고 모두 상법 제209조 제2항을 준용**한다. 즉 어느 경우이든 '악의 또는 중과실'이 없는 거래상대방은 거래가 유효하다고 주장할 수 있다. 반면 소수의견은 (i) 법령상 제한의 경우 상법 제209조 제2항을 준용할 수 없다고 보고, 거래상대방은 '악의 또는 과실'이 없어야 보호대상이 된다고 본다. 법령상 제한은 내부적 제한과는 달리 회사가 자치적으로 도입한 것이 아니라 법률에 명시된 것으로 거래상대방이 쉽게 파악할 수 있는 것이라는 점에서 거래상대방에게 일종의 주의의무를 부과한 것으로 볼 수 있다. 이 때 단순 과실만 있는 거래상대방의 보호는 회사 및 대표이사의 손해배상책임(389(3), 210), 민법상의 사용자책임 등에 의하면 족하다고 본다,

대표이사의 권한이 제한되는 모든 경우에 상법 제209조 제2항을 준용할 수 있는 것은 아니다. 예컨대 주주총회 결의 없이 이루어진 대표이사의 전단적 대표행위는 근본적이고 중대한 사안에 관한 회사의 의사결정 자체가 없는 경우이므로 설사 거래상대방이 선의, 무과실이더라도 무효이다. 하지만 이사회결의가 누락된 경우에는 그 결의요건이 (i) 법령상 제한에 따른 것이든, (ii) 내부적 제한에 따른 것이든 동일하게 취급하는 것이 명확성 및 단순성 측면에서 낫다고 할 것이다. 상법 제393조 제1항 위반행위의 사법적 효력 논의는, 결국 대표이사에 대한 이사회 통제가 제대로 이루어지지 않은 경우 그 불이익을 회사와 거래상대방 중 누가 부담할 것인지의 문제이다.[1] 법령상 제한을 위반한 경우에도 이사회 통제가 실패하였다는 점에서는 내부적 제한 위반의 경우와 다를 바 없다는 점에서 거래상대방에 악의 또는 이에 준하는 중과실이 없는 한 그 불이익은 회사가 부담하는 것이 타당하다고 할 것이다.

---

1) 같은 취지로 위 전합판결의 보충의견(김재형 대법관).

(4) 대표권의 남용

대표권의 남용은 대표이사가 대표권을 회사 이익이 아니라 자기 또는 제3자의 이익을 위하여 행사한 경우를 말한다. 대표권 남용의 전형적인 예는 대표이사가 회사 사업과 무관한 제3자의 채무에 대하여 회사명의로 보증을 서는 경우이다. 대표권 남용은 회사에 대한 선관주의의무 내지 충실의무의 위반에 해당할 것이므로[1] 상법상 손해배상책임(399, 401)이 발생하는 것은 물론이고 해임사유에도 해당할 것이다. 남용에 해당하는 거래의 사법상 효력에 대해서는 다툼이 있다. 우리나라에서는 대리권 남용의 경우와 마찬가지로 민법상 비진의(非眞意)의사표시(107)와 유사하다고 보는 **비진의의사표시설**[2]과 이를 아는 상대방의 권리주장을 신의칙 위반 내지 권리남용으로 보는 **권리남용설**[3]이 대립하고 있다.

판례는 대체로 비진의의사표시설에 의하지만(대법원 2005. 7. 28, 2005다3649 판결; 대법원 1997. 8. 29, 97다18059 판결 등), 일부 판결에서는 악의의 상대방이 행위의 효과를 주장하는 것은 신의칙에 반하여 허용되지 않는다고 하여 권리남용설에 따른 표현을 사용하기도 한다(대법원 1987. 10. 13, 86다카1522 판결; 대법원 2016. 8. 24, 2016다222453 판결).

어느 설을 취하든 당해 거래가 원칙적으로 유효하고 상대방이 남용사실을 안 경우에 무효라는 점에는 차이가 없다. 비진의의사표시설에 의하면 상대방의 과실은 악의와 동등하게 취급되지만 권리남용설에 의하면 상대방이 중과실이 있는 경우에만 무효가 된다. 비진의의사표시설에 대해서는 상대방에게 주의할 의무를 부과함으로써 대표권 남용의 위험을 대표이사 선임에 책임이 있는 회사로부터 상대방에게로 전가한다는 비판이 있다. 그러나 대표권 남용은 상대방의 양해 하에 행해지는 사례가 많지만 상대방의 악의를 증명하기는 쉽지 않다. 따라서 현실적으로는 비진의의사표시설을 취하되 법원이 상대방의 과실을 너무 쉽게 인정하지 않는 방향으로 운영할 필요가 있다.

대법원은 이러한 대표권 남용의 법리를 후술하는 표현대표이사에 대해서도 적용하고 있다. 즉 표현대표이사 요건을 충족하는 자의 행위이더라도 그 행위가 대표권을 남용한 것이고 상대방이 이를 알았거나 알 수 있었다면 그 행위는 무효이다(대법원 2013. 7. 11, 2013다5091 판결). 또한 대표권 남용 법리는 전단적 대표행위에 관한 대표권 제한 법리와도 양립할 수 있다. 즉 대표이사가 대표권 제한을 위반하여 한 거래행위가 상법 제209조 제2항에 의해 유효한 경우에 해당하더라도 (예컨대 이사회 결의 없이 중요한 거래를 하였으나 상대방이 그 점에 대해 선의·무중과실인 경우) 그 행위가 대표권을 남용한 것이고 상대방이 남용의사를 알았거나 알 수 있었다면

1) 대표권 남용이 충실의무에 위반됨을 명시한 것으로서 대법원 2016. 8. 24, 2016다222453 판결.
2) 심리유보설이라고도 한다. 최기원14, 639면.
3) 권기범6, 919면; 김홍기4, 563면; 이/최11, 427면; 이철송30, 735면; 장덕조3, 325면; 정동윤6, 618면; 정찬형22, 1009면; 최준선14, 504면; 홍/박7, 466면.

회사에 대하여 무효가 될 수 있다(대법원 2021. 4. 15, 2017다253829 판결).

(5) 전단적 대표행위 또는 대표권 남용에 대한 견제

대표이사의 일탈행위에 대하여 주주들은 주주총회 특별결의에 의한 해임(385(1)), 위법행위 유지청구(402), 대표소송(403)을 통해 이를 견제할 수 있다. 나아가 개별 주주가 대표이사의 전단적 대표행위 또는 대표권 남용행위 자체의 무효확인을 구할 수 있는가? 대법원은 주주가 회사 재산관계에 대하여 법률상 이해관계를 갖는 것은 아니라는 점을 들어, 주주가 직접 제3자와의 거래관계에 개입하여 회사에 의해 체결된 계약의 무효확인을 구할 이익이 없다고 본다. 채권자의 경우에도, 대표이사의 일탈행위로 체결된 계약으로 인해 회사의 변제 자력이 감소하더라도 채권자의 권리나 법적 지위가 그 계약으로 구체적으로 침해되거나 직접적으로 영향을 받는다고 볼 수 없으므로, 계약의 무효확인을 구할 이익이 없다(대법원 2022. 6. 9, 2018다228462, 228479 판결).

4. 공동대표이사

(1) 의 의

대표이사의 대표권은 광범하기 때문에 남용되거나 부주의하게 행사되는 경우에는 회사에 커다란 부담을 줄 수 있다. 상법은 회사가 대표이사의 대표권을 제한하는 방안으로 공동대표이사를 선임하는 것을 허용하고 있다(389(2)). 대표이사가 복수인 경우에도 원칙적으로 대표이사는 각각 완전한 대표권을 행사할 수 있다(**각자대표의 원칙**). 공동대표이사란 각자 대표 원칙의 예외로 복수의 대표이사가 대표행위를 공동으로 해야만 그 효과를 회사에 귀속시킬 수 있는 경우를 말한다. 이사회는 복수의 대표이사를 선임할 때 정관에 특별한 근거가 없는 경우에도 이들을 공동대표이사로 정할 수 있다. 공동대표이사에 관한 사항은 등기를 요한다(317(2)(x)).[1]

(2) 공동대표행위의 방식

공동대표이사를 선임한 경우에도 **수동대표행위**, 즉 회사에 대한 제3자의 의사표시는 공동대표이사 중 1인에게 하더라도 유효하다(389(3)→208(2)).[2] **능동대표행위**의 경우에는 공동대표이사가 '공동으로' 하여야 한다. 공동으로 한다는 의미는 공동대표이사 전원이 행위에 참여해야 한다는 것이다.[3] 따라서 공동대표이사 중 1인이 단독으로 행위하는 경우에는 뒤에 설명하는 표현대표이사가 성립되지 않는 한 원칙적으로 효력이 없다.

---

1) 등기를 하지 않은 경우에는 공동대표이사라는 점을 제3자에게 대항할 수 없다(37(1)).
2) 의사표시뿐 아니라 최고나 하자의 통지와 같은 준법률행위도 마찬가지이다. 권기범6, 927면.
3) 공동대표이사 전원이 행위에 참여하는 한 반드시 동시에 같은 장소에서 의사표시를 할 필요는 없다.

(3) 공동대표이사에 의한 위임

공동대표이사제도는 기본적으로 회사 이익을 위한 제도이지만, 공동대표이사 전원이 행위에 참여해야 한다는 점에서 운영상 불편이 따른다. 그러한 불편을 피하기 위하여 한 공동대표이사가 다른 공동대표이사에게 그 권한을 위임하여 대표행위가 이루어지는 경우가 있다. 대법원은 한 공동대표이사가 다른 공동대표이사에게 대표권을 전면적이고 포괄적으로 위임하는 것은 공동대표이사의 취지에 비추어 무효라고 하고 있다(대법원 1989. 5. 23, 89다카3677 판결).[1] 그러나 현실적인 필요와 공동대표이사제도의 취지에 비추어 구체적 사항에 따라 개별적으로 이루어지는 위임은 유효한 것으로 볼 것이다.[2] 예컨대 공동대표이사 A가 다른 공동대표이사 B에게 특정 계약의 체결을 위임한 경우 B는 계약서에 자신과 A가 공동으로 참여하는 형식을 취해야 할 것이다.[3] B가 자신이 통상의 대표이사인 것처럼 표시하는 경우에는 뒤에 말하는 표현대표이사의 성립여부가 문제될 것이다.

5. 표현대표이사

(1) 의 의

상법은 "사장, 부사장, 전무, 상무 기타 회사를 대표할 권한이 있는 것으로 인정할 만한 명칭을 사용한 이사의 행위에 대하여는 그 이사가 회사를 대표할 권한이 없는 경우에도 회사는 선의의 제3자에 대하여 그 책임을 진다"(395)고 하여 표현(表見)대표이사제도를 도입하고 있다.

회사는 대표이사가 아닌 자의 대표행위에 대해서는 책임을 지지 않는 것이 원칙이다. 따라서 회사와 거래하는 제3자는 대표이사가 누구인지 파악하여 대표이사나 그 대리인과 거래하여야 할 것이다. 그러나 과거 우리나라에 회사제도가 처음 도입되던 시절에는 대표이사만이 회사를 대표할 권한이 있고 누가 대표이사인지를 상업등기부에 의하여 파악할 수 있다는 점이 잘 알려지지 않았다. 그리하여 사장, 부사장과 같이 '회사를 대표할 권한이 있는 것으로 인정할 만한 명칭'을 사용하는 자와 거래하는 제3자는 상대방이 대표권을 가진 것으로 믿는 경우가 많았다. 제395조의 표현대표이사제도는 바로 이처럼 회사제도에 대해서 무지한 일반인의 외관에 대한 신뢰를 보호하기 위하여 도입된 것이다. 이러한 도입배경을 고려하면 회사제도가 도입된 지 백년 넘게 경과되어 대표이사와 등기에 관한 인식이 일반화된 오늘날에도 표현대표

---

1) 거래상대방으로서는 위임이 포괄적으로 이루어졌는지를 확인할 방법은 없으므로 선의의 상대방은 표현대표이사의 법리를 유추적용하여 보호할 필요가 있을 것이다.

2) 같은 견해로 권기범6, 926면; 김홍기4, 565면; 이/최11, 421면; 장덕조3, 327~328면; 정동윤6, 620면; 최기원14, 641면; 홍/박7, 470면. 반면, 공동대표이사 1인에게 개별적인 행위를 위임하는 것은 가능하지만, 이 경우 행위시에 반드시 그 위임관계를 현명하게 하여야 한다는 견해(표시행위위임설)로는 이철송30, 742면; 임재연6 Ⅱ, 424면.

3) B가 공동대표이사 A의 대리인임을 명시해야 한다는 견해도 있지만(이철송30, 742면) 대리적 대행이 가능하다는 점에 비추어 구태여 그렇게까지 볼 이유는 없을 것이다.

이사와 같은 외관법리를 그대로 유지할 필요가 있는지는 의문이다.

그러나 다른 한편으로는 회사를 대표하여 행위하는 자에 대한 제3자의 신뢰를 보호할 필요가 있는 경우에 판례는 제395조를 폭넓게 적용 또는 유추적용하고 있다. 가장 대표적인 경우로서 표현대표이사가 자신의 이름으로 행위하는 것이 아니라 **적법한 대표이사의 이름으로 행위하는 이른바 대행 방식**을 들 수 있다. 예컨대 A가 대표이사로 있는 甲 주식회사에서 부사장 B가 회사를 위하여 계약을 체결할 때에 계약서에 "甲 주식회사 부사장 B"라고 표시하는 경우보다 "甲 주식회사 대표이사 A"라고 표시하는 경우가 훨씬 더 일반적인데, 이때에도 표현대표이사 법리가 적용된다는 것이다(대법원 1988. 10. 25, 86다카1228 판결 외 다수).[1] 이사선임 결의가 취소되거나 부존재인 경우, 공동대표이사 중 1인이 단독대표행위를 한 경우 등에도 유추적용된다. 그리하여 표현대표이사 법리는 아직도 실무상 중요한 의미를 갖는다.

(2) 상업등기와의 관계

가. 제37조의 문제

대표이사의 선임과 변경은 등기사항이다(317(2)(ix), 317(4)→183). 등기할 사항을 등기하면 선의의 제3자에게 대항할 수 있다(37(1)의 반대해석).[2] 예컨대 대표이사 甲의 선임등기를 마친 후에는 회사는 선의의 제3자(甲이 대표이사임을 모르는 제3자)에 대해서도 甲이 대표이사라는 사실로써 대항할 수 있다. 그런데 제395조는 선의의 제3자(甲 아닌 자와 거래하고 그가 대표권 없음을 모르는 제3자)를 보호하고 있으므로 제37조와 충돌하는 것처럼 보인다. 이들 두 조항의 관계에 대해서는 학설상 다툼[3]이 있지만 결국 표현대표이사가 적용되는 범위에서는 제37조에 불구하고 회사가 책임을 면하지 못한다(대법원 1979. 2. 13, 77다2436 판결)는 점에는 차이가 없다.

나. 제39조의 문제

상법 제39조에 의하면 고의 또는 과실로 사실과 상위한 사항을 등기한 자는 그 상위를 선의의 제3자에게 대항할 수 없다(부실등기책임). 대표이사 아닌 자를 대표이사로 등기한 경우 회사는 이 법리에 따라 그가 대표이사가 아님을 선의의 제3자에게 대항할 수 없게 되므로, 대표이사로 등기된 자의 행위에 대하여 회사는 마치 적법한 대표이사의 행위인 것과 같은 책임을 지게 된다.

주식회사의 경우 부실등기에 대한 고의나 과실의 유무는 그 대표이사를 기준으로 판정해

---

1) 같은 견해로 김정호5, 390면; 송옥렬9, 1031면; 이/최11, 436면; 장덕조3, 339면; 최준선14, 517면. 반면, 표현대표이사가 무권대행 방식에는 적용될 수 없다는 견해로 이철송30, 751면; 정찬형22, 1018면.

2) 다만 제3자에게 정당한 사유가 있는 경우에는 그러하지 아니하다(37(2)).

3) 상법 제395조는 제37조에 대한 예외규정이자 특별조항이라는 견해(예외규정설)로는 권기범6, 929면; 장덕조3, 336면; 정찬형22, 1013면; 최기원14, 645~646면; 최준선14, 521면; 홍/박7, 473면. 반면, 상법 제395조와 제37조는 각기 그 적용 범역을 달리하는 별개의 제도라는 견해(이차원설)로는 김홍기4, 569면; 송옥렬9, 1024~1025면; 이/최11, 441면; 이철송30, 744면; 정동윤6, 623면.

야 한다(대법원 1971. 2. 23, 70다1361, 1362 판결 등). 즉 부실등기책임이 성립하려면 등기신청권자인 대표이사가 고의·과실로 등기를 하였거나, 스스로 등기를 하지 않았더라도 그의 책임 있는 사유로 그 부실등기에 관여하거나 그 부실등기의 존재를 알면서도 시정하지 않고 방치하는 등 고의·과실로 등기한 것과 동일시할 수 있는 특별한 사정이 있어야 한다(대법원 2014. 11. 13, 2009다71312 등 판결). 이미 경료되어 있는 부실등기를 알면서 방치한 것이 아니라 과실로 알지 못하고 방치한 것만으로는 고의·과실로 등기를 한 것과 같이 볼 수 없다(대법원 1975. 5. 27, 74다1366).[1)]

어떤 경우에 고의·과실로 등기를 한 것과 동일시할 것인지는 명확한 법리의 문제라기보다는 사실관계의 문제에 가깝다. 등기신청권자의 고의·과실에 의한 등기신청으로 본 예(=부실등기책임 인정)로는 (i) 취소된 주주총회 결의에 의하여 이사로 선임된 대표이사가 취소 전에 스스로를 대표이사로 선임등기한 사례(대법원 2004. 2. 27, 2002다19797 판결), (ii) 부존재 사유가 있는 주주총회 결의에 의하여 이사로 선임된 대표이사가 스스로를 대표이사로 선임등기한 사례(대법원 1974. 2. 12, 73다1070 판결) 등이 있다. 반면 등기신청권자의 고의·과실에 의한 등기신청으로 보지 않은 예(=부실등기책임 부정)로는 (i) 주요주주가 주주총회 의사록을 위조하여 대표이사 선임등기를 한 사례(대법원 2011. 7. 28, 2010다70018 판결), (ii) 주주총회 소집절차 또는 결의방법에 결의가 존재한다고 볼 수 없을 정도의 중대한 하자가 있는 경우 그 결의에서 선임된 대표이사가 스스로를 대표이사로 선임등기한 사례(대법원 2014. 11. 13, 2009다71312 등 판결) 등이 있다.

부실등기책임과 표현대표이사책임은 **대표이사 아닌 자의 행위에 대하여 마치 대표이사의 행위인 것처럼 회사에 법률효과를 귀속시키는 근거**가 된다는 점에서 유사한 기능을 가진다. 실제 분쟁에서도 대표이사 아닌 자가 대표이사로 등기된 경우에 거래상대방으로서는 상법 제39조와 제395조의 요건을 각각 주장·입증하여 회사의 책임을 추궁하게 된다.

(3) 적용요건

가. 회사를 대표할 권한이 있는 것으로 인정될만한 명칭

외관법리의 요건으로는 먼저 외관의 존재가 필요하다. 상법상 외관은 "회사를 대표할 권한이 있는 것으로 인정될만한 명칭"이다. 상법은 사장, 부사장, 전무, 상무 등을 예시하고 있으나 회장, 부회장과 같은 명칭도 이에 해당할 것이다.

최근에는 경제계에서는 전무나 상무 등 업무집행임원이 이사를 겸하더라도 대표이사라는 명칭이 앞에 붙어 있지 않은 경우에는 대표권이 없다는 점이 잘 알려져 있다. 대법원은 제3자

1) 심지어 이 판결에서는 "등기신청권자에게 그 부실등기의 경료 및 존속에 있어서 그 정도가 어떠하건 과실이 있다는 사유만 가지고는 상법 제39조를 적용하여 선의의 제3자에게 대항할 수 없다"고 하며 중대한 과실로 부실등기를 알지 못하고 방치한 경우에도 부실등기를 한 것과 같이 볼 수는 없다고 하였다.

가 이들 명칭을 사용한 이사가 대표권이 있다고 믿었는지 여부, 그러한 믿음에 중과실이 있는지 여부 등은 거래통념에 비추어 개별적·구체적으로 결정하여야 하며 특히 대규모회사에서 단순히 전무이사나 상무이사 등의 명칭을 사용하는 이사에 대하여는 제3자의 중과실이 있다는 회사측 항변을 함부로 배척해서는 아니 된다고 하며 다소 엄격한 태도를 취하고 있다(대법원 1999. 11. 12, 99다19797 판결).[1]

제395조의 법문은 행위자가 적어도 이사일 것을 요구하고 있다. 그러나 대표권이 있는 것과 같은 외관과 그 외관에 대한 신뢰를 보호할 필요성은 행위자가 이사가 아닌 경우에도 다를 바가 없다. 대법원도 회사가 이사자격이 없는 자가 표현대표이사의 명칭을 사용하도록 하거나 그 사용을 용인한 경우에는 제395조가 유추적용된다고 판시한 바 있다(대법원 1985. 6. 11, 84다카963 판결). 이 논리에 의하면 이사의 선임결의에 하자가 있는 경우에도 당연히 표현대표이사의 성립을 인정할 수 있다(대법원 1992. 7. 28, 91다35816 판결).

나. 외관창출에 대한 회사의 귀책사유

제395조의 법문은 회사의 귀책사유를 명시적으로 요구하고 있지 않다. 따라서 이사가 자의적으로 대표권이 인정될만한 명칭을 사용한 경우에도 회사의 귀책사유와 관계없이 책임을 진다는 해석도 이론상 주장될 여지가 없지 않다.[2] 그러나 학설과 판례는 회사의 귀책사유를 요한다는 점에 다툼이 없다.

여기서 회사의 귀책사유는 표현대표이사의 **명칭사용을 명시적으로 허용**한 경우에는 물론이고 **알면서 방치**한 경우에도 인정된다(대법원 2005. 9. 9, 2004다17702 판결; 대법원 1985. 6. 11, 84다카963 판결). 회사가 표현대표이사 명칭을 사용하는 것을 알지 못한 경우에는 설사 알지 못한 것에 과실이 있더라도 회사의 책임이 부정된다(대법원 1975. 5. 27, 74다1366 판결[3]; 대법원 1995. 11. 21, 94다50908 판결). 일반 외관법리에 의하면 외관의 형성에 귀책사유가 인정되면 책임을 인정하는 것이 원칙이다. 그러나 표현대표이사 법리는 상업등기 제도에도 불구하고 특별히 제3자를 보호하기 위하여 인정되는 것이므로 단순히 회사에 과실이 있을 뿐인 경우에까지 등기 확인을 소홀히 한 제3자를 보호할 필요는 없을 것이다.

회사의 귀책사유는 **누구를 기준으로 판단**할 것인가? 대법원은 회사가 표현대표를 허용하였다고 하려면 진정한 대표이사가 이를 허용하거나, 이사 전원이 아닐지라도 적어도 이사회의 결의의 성립을 위하여 회사의 정관에서 정한 이사의 수, 그러한 정관규정이 없다면 최소한 이사 정원의 과반수 이사가 적극적 또는 묵시적으로 허용한 경우여야 한다고 밝힌 바 있다(대법원

1) 경리담당이사가 자금을 차용한 사안에서 표현대표이사 법리의 적용을 부정한 판례(대법원 2003. 2. 11, 2002다62029 판결)도 표현대표이사 법리에 대한 엄격한 시각을 반영한 것으로 볼 수 있다.
2) 회사가 그러한 자를 이사로 선임한 것 자체를 귀책사유로 볼 수도 있을 것이다.
3) 회사가 허위의 대표이사 등기를 6년간이나 알지 못하고 방치한 경우이다.

1992. 9. 22, 91다5365 판결). 이사 2인과 감사 1인이 참칭대표이사의 경영권 행사에 동조하고 대표이사가 이를 방치한 것만으로는 회사의 귀책사유를 부정한 대법원 판결(대법원 1994. 12. 27, 94다7621 판결)은 그러한 논리를 관철한 것이다.

그러나 회사의 귀책사유를 인정하는데 마치 계약의 효과를 회사에 귀속시키는 경우와 마찬가지의 엄격한 기준을 요구하는 것에는 의문이 있다. 실제로 판례 중에도 표현대표이사의 외관현출에 대표이사나 과반수 이사가 관여한 것이 아니라 사실상 회사의 운영을 지배하는 자가 관여한 경우에 회사의 귀책사유를 인정한 것이 있다(대법원 2009. 3. 12, 2007다60455 판결). 다만 회사 발행 주식 49%를 지배하는 주주가 외관현출에 관여한 사안에서는 회사의 귀책사유를 부인하였다(대법원 2013. 7. 25, 2011다30574 판결).

다. 제3자의 신뢰

제395조가 제3자의 신뢰를 명시적으로 요구하지는 않으나, 외관법리상 제3자가 표현대표이사가 대표권이 있는 것으로 신뢰하였어야 한다. 즉 제3자의 선의가 필요하다. 여기서 '선의'란 표현대표이사가 대표권 없음을 알지 못한 것을 의미한다.

선의에 무과실을 요하는가? 통설과 판례는 무과실을 요구하지 아니한다(대법원 1973. 2. 28, 72다1907 판결). 그러나 중대한 과실은 악의와 동일시하고 있다(대법원 1999. 11. 12, 99다19797 판결).[1] 중대한 과실은 제3자가 "조금만 주의를 기울였더라면 표현대표이사가 회사를 대표할 권한 없이 행위함을 알 수 있었음에도 주의를 게을리하여 그 권한 없음을 알지 못함으로써 거래통념상 요구되는 주의의무를 현저히 위반하는 것으로서, 공평의 관점에서 상대방을 구태여 보호할 필요가 없다고 봄이 상당하다고 인정되는 상태를 말한다"(대법원 1999. 11. 12, 99다19797 판결 등). 중과실의 증명책임은 회사에 있다(대법원 1971. 6. 29, 71다946 판결).

한편 표현대표이사가 자신의 이름으로 행위한 것이 아니라 적법한 대표이사 이름으로 행위한 경우에 제3자의 악의 또는 중과실은 "표현대표이사의 대표권이 아니라 대표이사를 대리하여 행위할 권한이 있는지에 관한 것"이다(대법원 2011. 3. 10, 2010다100339 판결). 즉 부사장 B가 "甲 주식회사 대표이사 A" 이름으로 법률행위를 했을 때에 거래상대방의 신뢰는 B가 대표권을 가진다는 점에 있는 것이 아니라 B가 대표이사인 A로부터 수권을 받았을 것이라는 점에 있는 것이므로, 거래상대방의 악의 또는 중과실 여부를 판단할 때에도 이를 기준으로 하는 것이다.

여기서 말하는 제3자는 거래의 직접상대방에 한정되지 않는다. "표현대표이사가 다른 대표이사의 명칭을 사용하여 어음행위를 한 경우, 회사가 책임을 지는 선의의 제3자의 범위에는 표현대표이사로부터 직접 어음을 취득한 상대방뿐만 아니라, 그로부터 어음을 다시 배서

1) 금융기관 임직원이 상장회사의 전무이사/주택사업본부장이 대표권이 있다고 믿은 것은 중과실에 해당한다고 판단하였다.

양도받은 제3취득자도 포함된다고 봄이 상당하다”(대법원 2003. 9. 26, 2002다65073 판결 등).[1)]

(4) 적용범위

표현대표이사 법리는 계약, 단독행위(예: 채무의 승인), 합동행위 같은 법률행위는 물론이고 의사표시의 수령과 같은 수동적 대표행위에도 적용된다. 표현대표이사 법리는 외관에 대한 신뢰를 보호하기 위한 것이므로 제3자의 신뢰가 개입될 여지가 없는 불법행위에는 적용이 없다. 소송행위에 대해서도 같은 이유로 적용을 부정하는 것이 통설이다.[2)]

표현대표이사가 자기 명칭을 사용한 것이 아니라 진정한 대표이사 명칭을 사용하여 행위한 경우에도 회사가 책임을 진다는 점은 전술하였다. 제3자의 신뢰는 그런 경우에도 보호할 필요가 있기 때문이다. 다만 이 경우에도 행위자는 표현대표이사, 즉 회사를 대표할 권한이 있는 것으로 인정될만한 명칭을 사용하는 자이어야 한다.

공동대표이사가 단독으로 대표할 권한이 있는 것으로 인정될만한 명칭을 사용한 경우에도 표현대표이사 법리를 적용하여 제3자를 보호하는 것이 통설 · 판례이다(대법원 1992. 10. 27, 92다19033 판결 등).[3)]

회사의 책임이 인정되는 것은 대표이사 권한 내의 행위에 한한다. 표현대표이사 법리는 행위자의 대표권 흠결에도 불구하고 마치 대표이사의 행위인 것처럼 인정해 주는 것이지, 이사회 결의나 주주총회 결의가 필요함에도 이를 면제해 주는 법리는 아니기 때문이다. 따라서 의사회 결의나 주주총회 결의가 필요함에도 이를 누락한 경우에는 제395조의 요건을 충족한 것만으로는 표현대표행위의 효력이 인정되지 않는다(대법원 1998. 3. 27, 97다34709 판결(이사회결의가 없는 경우)).

대표권 남용의 법리는 표현대표이사에도 적용된다. 즉 표현대표이사 요건이 충족되더라도 그가 회사의 영리목적과 관계없이 자기 또는 제3자의 이익을 도모할 목적으로 그 권한을 남용하였고 거래의 상대방이 남용의도를 알았거나 알 수 있었을 경우라면, 회사는 그 행위에 대한 책임을 면한다(대법원 2013. 7. 11, 2013다5091 판결).

---

1) 반면 표현대리에 있어 보호받는 제3자는 거래의 직접 상대방에 한정된다는 것이 판례이다(대법원 2002. 12. 10, 2011다58443 판결 등). 예컨대 어음의 배서가 위조된 경우, 피위조자에 대하여 표현대리에 의한 책임을 주장할 수 있는 자는 직접 피배서인에 한정되고 그 후의 양수인은 직접상대방인 피배서인이 가지는 항변을 원용할 수 있을 뿐이라고 한다.

2) 송옥렬9, 1028면. 그러나 과거 대법원은 전무이사가 한 소의 취하에 대하여 제395조 적용을 인정한 바 있다(대법원 1970. 6. 30, 70후7 판결).

3) 같은 견해로 권기범6, 935면; 김정호5, 398면; 이/최11, 441면; 정동윤6, 624면; 정찬형22, 1017면; 최기원14, 654면; 홍/박7, 476면. 공동대표이사 중 1인에게 '대표이사 사장' 등 단독대표권이 있는 듯한 명칭을 부여한 것이 아니라 단순히 '공동'이란 말을 빼고 '대표이사'라는 명칭을 부여한 경우에는 회사의 귀책사유가 없다는 이유로 표현대표이사 법리의 적용을 부정하는 견해도 있다. 이철송30, 749면. 그러나 '대표이사 사장'이란 명칭을 사용한 경우와 '대표이사'란 명칭을 사용한 경우를 이처럼 달리 취급하는 것은 제3자의 신뢰보호라는 관점에서 동의하기 어렵다.

6. 대표이사의 불법행위

대표이사가 업무집행을 하면서 고의 또는 과실에 의한 위법행위로 타인에게 손해를 입힌 때에는 회사는 대표이사와 연대하여 손해를 배상할 책임을 진다(389(3)→210).[1] 상법 제210조는 법인의 불법행위능력에 관한 민법 제35조 제1항의 특칙이므로, 대표이사의 불법행위에 대하여만 적용되고 채무불이행에 대하여는 적용되지 않는다(법무법인에 관한 대법원 2013. 2. 14, 2012다77969 판결 참조). 따라서 회사의 책임은 물론이고 대표이사의 책임도 불법행위책임으로 볼 것이다.[2] 대법원은 양자가 공동불법행위책임을 부담한다고 본다(대법원 2007. 5. 31, 2005다55473 판결). 여기서 가해행위에는 대표이사의 업무 그 자체에 속하지 않으나 행위의 외형상 대표이사의 업무 범위에 속하는 것으로 보이는 경우도 포함되고, 그것이 대표이사의 개인적 이익을 도모하기 위한 것이거나 법령에 위배된 것이라도 포함된다(대법원 2017. 9. 26, 2014다27425 판결).

회사의 불법행위와 관련하여 주로 문제되는 경우는 대표이사의 사기적 행위이다. 대표이사의 사기적 행위가 직무와 밀접한 관련이 있고 외관상으로도 대표이사의 직무범위 내로 보이는 경우에는 회사의 불법행위도 성립할 여지가 있다(대법원 1990. 11. 13, 89다카26878 판결).[3] 사기적 행위가 직무에 속하지 않음을 상대방이 알았거나 중과실로 알지 못한 경우에는 회사의 불법행위는 성립하지 않는다(대법원 2004. 3. 26, 2003다34045 판결(공제조합 대표자의 사기적 행위가 문제된 사안)).

대표이사의 불법행위책임은 과실로 인한 경우에도 성립한다. 대법원은 회사의 부실시공으로 인한 손해배상책임을 묻는 사건에서 대표이사가 부실시공과 관련하여 선관주의의무와 충실의무를 위반하거나 감시·감독의무를 위반한 경우에도 불법행위책임이 성립할 수 있다고 본다(대법원 2013. 4. 11, 2012다116307 판결).[4]

1) 법문은 회사의 책임을 규정하고 있지만 동시에 대표이사도 별도로 불법행위책임을 부담함을 전제하고 있다(대법원 2013. 6. 27, 2011다50165 판결).
2) 대표이사의 책임은 불법행위책임이 아니고 피해자 보호를 위한 상법상의 특별책임이라고 보는 견해(이철송30, 85면)도 있다.
3) 대법원의 판단이 아니라 인용한 원심의 설시에 포함된 것이지만 대법원은 그 설시를 부정하지 않았다.
4) 후술하는 이사의 제3자에 대한 책임(401)을 언급조차 하지 않은 점이 흥미롭다.

Ⅴ. 집행임원[1)]

1. 도입의 배경

(1) 과거의 관행

상법상 회사의 업무집행은 이사회 결의로 하게 되어 있다(393(1)). 이사회 결의사항을 실제로 누가 집행하는가에 대해서 종래 상법은 대외적으로 회사를 대표하는 대표이사에 관한 규정을 제외하면 침묵을 지켰다. 실무상으로 집행은 회장이나 사장을 정점으로 하는 계층적 조직이 담당하고 그 조직의 최상위에 있는 소수의 경영자가 상법상의 대표이사를 맡는 것이 일반 관행이었다. 그 조직은 임원과 직원이라는 법적 지위와 대우를 달리하는 두 계층으로 나뉘어 관리되었다. 이들 임원은 이사에서 시작하여 상무이사, 전무이사, 부사장, 사장, 부회장, 회장의 단계로 나뉘었으며 모두 이사회를 구성하는 것으로 보았다.[2)]

(2) 이사와 업무집행임원의 분화

이러한 관행이 변화하게 된 계기는 외환위기 후 추진된 사외이사제도의 도입이다. 현재 대규모 상장회사의 경우 이사회 구성원의 과반수를 사외이사로 선임하는 것이 강제되고 있다(542-8(1)단). 그리하여 사외이사 선임의 부담을 줄이고 이사회 개최의 편의를 위해서 이사회 규모를 대폭 줄이는 실무가 확산되었다. 그 결과 임원 중 극소수만이 이사회에 참여하게 되었고 중요한 업무를 담당하고 있음에도 불구하고 이사회 구성원은 아닌 임원이 생겨나게 되었다. 이들은 주주총회나 이사회를 거치지 아니하고 대표이사에 의해 선임·해임되는 것이 관행이고, 그들의 권한, 의무, 책임에 대하여도 상법에 아무런 정함이 없다.

상법학계를 중심으로 업무집행을 실행하는 임원의 선·해임, 권한과 책임에 관해 상법이 아무런 규정을 두지 않은 것은 문제라는 목소리가 강해졌다.[3)] 그러나 이에 대해서는 기업의 경영조직에 대해 법이 간섭하는 것은 바람직하지 않다는 비판도 적지 않았다. 2011년 개정 상법은 이러한 두 가지 견해를 반영하여 집행임원에 관한 일련의 규정을 도입하였다.

2. 개　　요

회사는 집행임원을 둘 수 있다(408-2(1)). 집행임원을 설치한 회사(이하 집행임원설치회사)에서는 대표이사를 두지 못한다(408-2(1)후). 대표이사가 없으면 이사회를 주관할 자가 필요하므로 대신 이사회 의장을 두어야 한다(408-2(4)전).[4)]

---

1) 집행임원제도에 관한 실무상의 쟁점에 대해서는 신동찬/황윤영/최용환, "개정상법상 집행임원제도", BFL 51(2012), 70면 이하.
2) 어차피 이사회는 실제로 개최하지 않고 서류상으로만 기록을 남기는 경우가 많았다.
3) 대표적인 견해로 정찬형, "한국 주식회사에서의 집행임원에 관한 연구", 고려법학 43(2004), 55면 이하.
4) 이사회 의장은 정관에 규정이 없으면 이사회 결의로 선임한다.

집행임원설치회사에서 업무집행의 의사결정은 원칙적으로 이사회, 그 실행은 집행임원의 권한에 속한다. 일반 회사와 다른 것은 집행임원에 대하여 의사결정을 위임할 수 있는 범위가 넓다는 점이다. 이사회로서는 업무집행의 의사결정 외에 적절한 자를 집행임원으로 선임하고 그 업무집행을 감독하는 기능이 중요하다(408-2(3)(i), (ii)).

상법은 집행임원의 선임은 물론이고 그 이하의 임원조직 구성을 회사의 선택에 맡기고 있기 때문에 실제 집행조직은 회사가 처한 여건에 따라 자유롭게 구성할 수 있다. 집행임원제도를 채택한 회사는 그동안 드물었으나, 2020년대 들어 사모펀드가 인수한 회사에서 전문경영인들을 상법상 집행임원으로 선임하여 업무집행을 맡기고 사모펀드측 인사들로 구성된 이사회는 이들에 대한 감독기능을 수행하는 예가 늘어나고 있다.

3. 집행임원의 설치

(1) 설치의 결정

2011년 개정 상법은 "회사는 집행임원을 둘 수 있다"고 하여(408-2(1)) 집행임원의 설치 여부를 회사 선택에 맡기고 있다. 입법과정에서 대규모 상장회사에 대해서는 집행임원 설치를 강제해야 한다는 견해도 유력했다. 그러나 회사의 지배구조에 법이 간섭하기보다는 시장의 선택에 맡기는 것이 바람직하다는 고려에 따라 임의적인 제도로 규정하게 되었다.[1]

(2) 설치가 가능한 회사

집행임원은 특히 대규모 상장회사에서 필요한 것으로 주장된다. 그러나 상법은 집행임원을 설치할 수 있는 회사에 제한을 두지 않고 있다(408-2(1)전). 따라서 대규모 상장회사는 물론이고 소규모 폐쇄회사도 집행임원을 둘 수 있다. 또한 이사가 3명 미만으로 이사회를 설치하지 않는 자본금 10억원 미만의 소규모 회사(383(1)단)도 집행임원을 선임할 수 있다.[2]

실제로 집행임원의 실익이 인정되는 것은 주로 다음 두 가지 경우이다. ① 사외이사가 다수를 차지하여 이사회가 가급적 감독기능에 주력할 필요가 있는 회사의 경우와 ② 합작투자회사에 참여하는 외국 쪽 투자자와 같이 가급적 업무집행에 따른 부담과 책임을 피하고 감독만을 하고자 하는 경우가 그것이다.

(3) 설치의 결정권한

상법은 집행임원의 설치에 대한 결정권한이 어느 기관에 속하는지 규정하고 있지 않다. 명시적 규정은 없지만 위원회의 경우와 마찬가지로 정관에 근거를 두어야 할 것이다.[3] 집행임

1) 2013년 법무부 상법개정안에서는 대규모 상장회사에 대하여 다시 집행임원의 강제를 시도한 바 있다.

2) 신동찬 외, 전게논문, 76면. 소규모 회사에 대한 제383조 제5항이 집행임원설치에 관한 제408조의2의 적용을 배제하지 않고 있다는 점을 근거로 든다. 반대: 이철송30, 753면.

3) 신동찬 외, 전게논문, 76면.

원설치회사에서는 대표이사를 선임할 수 없는 등(408-2(1)) 기본적인 업무집행기관 구조가 달라지기 때문이다.[1)]

4. 집행임원의 임면

(1) 임면의 결정기관

집행임원은 이사회가 임면한다(408-2(3)(i)). 정관으로 주주총회에 선임권을 부여할 수 있는가? 상법은 대표이사의 경우와는 달리 그 점을 명시하고 있지 않다. 이사회의 감독기능을 살리기 위해서는 이사회가 선임하는 것이 맞겠지만 구태여 주주총회에서 임면하는 것을 금지할 이유는 없을 것이다.[2)]

(2) 집행임원의 적격

이사를 집행임원으로 임명하는 것은 상법이 금하고 있지 않다. 이사회의 생각을 업무집행에 반영한다는 측면에서는 일부 이사를 집행임원으로 선임하는 것이 효과적일 수도 있다. 그러나 집행임원을 겸하는 이사가 많아질수록 업무집행과 감독을 분리하는 집행임원제도의 본래 취지는 퇴색될 것이다.

상법상 회사의 이사나 '기타 사용인'을 겸할 수 없는(411) 감사가 집행임원을 겸할 수 있는지에 대해서는 의문이 있다. 회사와 위임관계에 있는(408-2(2)) 집행임원은 사용인에 해당하지 않는 것으로 보이기도 한다. 그러나 일반적인 사용인의 직무도 겸할 수 없는 감사가 그 상위에 있는 집행임원을 겸할 수 있다고 보는 것은 부당하다.[3)]

(3) 집행임원의 구성

집행임원의 수나 조직에 대해서 상법은 아무런 규정을 두고 있지 않으므로 회사의 재량에 맡겨져 있다. 집행임원을 복수 선임하는 경우 그 '직무 분담 및 지휘·명령관계, 그 밖에 집행임원의 상호관계에 관한 사항'은 이사회가 결정한다(408-2(3)(v)). 따라서 집행임원은 회장, 사장, 부사장, 전무, 상무 등의 직급을 활용하여 계층적인 상하조직으로 구성할 수 있다. 나아가 집행임원회와 같은 회의체기관을 두는 것도 막을 이유가 없을 것이다. 거래안전을 위해서 집행임원의 명칭과 권한을 법정하자는 견해도 없지 않지만 집행조직은 각 회사의 여건에 따라 자유롭게 구성할 수 있도록 하는 것이 바람직할 것이다.

(4) 임기와 보수

집행임원의 임기는 정관에 다른 규정이 없으면 2년을 초과하지 못한다(408-3(1)).[4)] 집행

---

1) 상법도 정관에 근거를 두는 것을 전제한 규정을 두고 있다(예컨대 408-3).
2) 신동찬 외, 전게논문, 79면.
3) 신동찬 외, 전게논문, 78면. 다만 감사위원인 이사가 집행임원으로 임명되는 것은 금지되는 것은 아니다.

임원의 보수는 정관에 정함이 없거나 주주총회 승인이 없는 경우 이사회가 결정한다(408-2(3)(vi)). 이사회가 감독기능을 제대로 수행하려면 보수는 이사회가 정할 필요가 있다.

(5) 해 임

집행임원은 이사회가 언제든지 해임할 수 있다(408-2(3)(i)). 임기가 정해져 있더라도 해임에는 정당한 이유를 요하지 않고, 이사의 경우와 달리 정당한 이유가 없는 해임에 따른 회사의 손해배상 의무(385(1)단)는 규정하고 있지 않다. 정관에 달리 정함이 없는 한 주주가 집행임원의 해임을 구할 수 있는 법적 수단은 없다.

(6) 대표집행임원

집행임원이 1명인 경우에는 그가 회사를 대표하는 대표집행임원이 되지만 집행임원이 2명 이상 선임된 경우에는 회사를 대표할 대표집행임원을 선임하여야 한다(408-5(1)). 상법상 대표집행임원에 대해서는 대표이사에 관한 규정이 준용된다(408-5(2)). 따라서 대표집행임원은 회사의 영업에 관하여 재판상 또는 재판외의 모든 행위를 할 권한이 있다(389(3)→209). 공동대표이사에 대한 규정(389(2))과 표현대표이사에 관한 규정(395)도 대표집행임원에 대하여 준용된다(408-5(2), (3)).

명시적 규정은 없지만 대표집행임원도 대표이사와 마찬가지로 대내적인 업무집행에 관해서도 지휘권을 갖는 것으로 볼 것이다. 그러므로 이사가 대표집행임원으로 선임되는 경우에는 실제로 대표이사를 둔 것과 별 차이가 없다.

5. 권 한

(1) 집행임원의 권한

집행임원은 이사회가 결의한 사항을 실행할 권한뿐 아니라 정관이나 이사회 결의로 위임받은 업무집행사항에 관해서는 의사결정권까지 갖는다(408-4). 집행임원을 두는 경우에는 가급적 업무집행의 의사결정도 집행임원에 폭넓게 위임할 필요가 있을 것이다. 그러나 상법은 집행임원에 대한 위임을 허용하면서도 상법에서 '이사회 권한사항으로 정한 경우'는 제외하고 있다(408-2(3)(iv)). 상법은 '중요한 자산의 처분 및 양도, 대규모 재산의 차입, 지배인의 선임 또는 해임과 지점의 설치·이전 또는 폐지 등 회사의 업무집행'을 이사회 권한사항으로 정하고 있다(393(1)). 만약 이들 사항은 어느 것도 위임할 수 없다면 집행임원을 따로 선임할 실익이 크게 줄어들 것이다. 따라서 이들 사항은 업무집행의 내용을 예시한 것에 불과하므로 위임이 가능하고, 위임대상에서 배제되는 것은 신주발행(416), 양도제한주식의 양도승인(335(1))과 같이 상

---

4) 다만 그 임기는 정관에서 그 임기 중의 최종 결산기에 관한 정기주주총회가 종결한 후 가장 먼저 소집하는 이사회의 종결 시까지로 정할 수 있다(408-3(2)).

법이 개별 규정으로 이사회 권한사항임을 명시한 경우에 한한다고 볼 것이다.

집행임원은 이사회 소집권자에 대해서 이사회를 소집할 것을 청구할 수 있다(408- 7(1)). 소집권자가 지체 없이 이사회 소집의 절차를 밟지 아니하면 소집을 청구한 집행임원은 법원의 허가를 받아 이사회를 소집할 수 있다(408-7(2)전).[1]

(2) 이사회의 권한

집행임원 설치회사의 이사회는 다음의 권한을 가진다(408-2(3)).

① 집행임원과 대표집행임원의 선임·해임
② 집행임원의 업무집행 감독
③ 집행임원과 집행임원 설치회사의 소송에서 집행임원 설치회사를 대표할 자의 선임
④ 집행임원에 대한 업무집행 의사결정의 위임(상법에서 이사회 권한사항으로 정한 경우는 제외)
⑤ 집행임원이 여러 명인 경우 집행임원의 직무 분담 및 지휘·명령관계, 그 밖에 집행임원의 상호관계에 관한 사항의 결정
⑥ 정관에 규정이 없거나 주주총회 승인이 없는 경우 집행임원의 보수 결정

6. 의　무

집행임원은 기본적으로 이사와 비슷하게 규율되고 있다. 회사와 집행임원의 관계에도 민법상 위임에 관한 규정을 준용한다(408-2(2)). 따라서 집행임원은 이사와 마찬가지로 회사에 대해서 선량한 관리자의 주의의무를 부담한다(민 681). 그 밖에 상법은 이사의 의무에 관한 여러 규정을 집행임원에 준용한다(408-9). 그리하여 집행임원도 충실의무(382-3), 비밀유지의무(382-4), 정관 등의 비치공시의무(396), 감사에 대한 보고의무(412-2) 등을 부담하고, 경업금지(397), 회사의 기회 및 자산유용금지(397-2), 자기거래규제(398) 등의 적용을 받는다. 그 밖에 후술하는 바와 같이 집행임원은 이사회와 감사에 대해서 보고의무를 부담한다(408-6, 408-9→412-2)).

7. 책　임

집행임원도 이사와 비슷한 책임을 진다. 집행임원의 책임에 대해서는 이사의 책임에 관한 규정을 준용하는 대신 따로 규정을 두고 있다. 먼저 집행임원이 고의 또는 과실로 법령이나 정관을 위반한 행위를 하거나 그 임무를 게을리 한 경우에는 회사에 손해를 배상할 책임이 있다(408-8(1)). 그 임무해태가 고의 또는 중과실에 의한 경우에는 제3자에 대해서도 손해를 배상할 책임이 있다(408-8(2)). 집행임원의 책임이 있는 경우 다른 집행임원·이사 또는 감사도 그

---

1) 이 경우 이사회 의장은 법원이 이해관계자의 청구에 의하여 또는 직권으로 선임할 수 있다(408-7(2)후).

책임이 있으면 다른 집행임원·이사 또는 감사와 연대하여 배상할 책임이 있다(408-8(2)). 이사와 달리 집행임원은 각자 직무를 수행하므로 결의에 찬성한 이사의 연대책임에 관한 규정(399(2), (3))에 상응하는 규정은 없다.

그 밖에 상법은 이사의 책임에 관한 규정을 광범하게 준용하고 있다(408-9). 책임감면(400), 업무집행관여자의 책임(401-2), 위법행위유지청구(402), 주주대표소송(403~406)이 그것이다.[1] 또한 집행임원의 결정에 대해서도 경영판단원칙을 적용할 수 있을 것이다.

8. 감 독

집행임원에 대한 감독은 이사회에 의한 감독과 감사에 의한 감독의 두 가지로 나눌 수 있다. 먼저 이사회의 감독과 관련하여 집행임원은 이사회에 광범한 보고의무를 부담한다. 집행임원은 3개월에 1회 이상 업무의 집행상황을 이사회에 보고하여야 한다(408-6(1)). 이사회의 요구가 있으면 언제든지 이사회에 출석하여 보고할 의무가 있다(408-6(2)). 이사의 요구가 있는 경우에는 대표집행임원은 다른 집행임원 또는 피용자의 업무에 관하여 이사회에 보고하여야 한다(408-6(3)).

감사는 이사에 대해서와 마찬가지로 집행임원에 대해서도 감사권한을 갖는다(408-9→412, 412-2). 감사는 집행임원의 직무의 집행을 감사하고 언제든지 집행임원에 대하여 영업에 관한 보고를 요구하거나 회사의 업무와 재산상태를 조사할 수 있다(412(1), (2)).[2] 집행임원이 회사에 현저하게 손해를 미칠 염려가 있는 사실을 발견한 때에는 즉시 감사에게 이를 보고하여야 한다(412-2).

집행임원의 범위

업무집행임원의 경우 어느 범위까지 상법상의 집행임원으로 볼 것인지에 대해서 의문이 생길 수 있다. 집행임원은 이사의 경우와는 달리 이사회가 선임하므로 이사회에서 선임하는 다른 업무집행임원과 구별이 모호할 수 있다. 상법상 집행임원은 등기하도록 되어 있지만(317(2)(ix)) 이사의 경우와 마찬가지로 등기를 하지 않았다고 해서 집행임원이 아니라고 볼 수는 없을 것이다. 따라서 이사회에서 집행임원을 선임할 때에는 상법상의 집행임원임을 분명히 할 필요가 있고 집행임원이 대외적 거래행위를 할 때에는 집행임원이란 명칭을 사용하고 다른 업무집행임원은 집행임원이란 명칭을 사용하지 않도록 해야 할 것이다.

1) 이사의 직무집행정지 및 직무대행자에 관한 규정(407, 408)도 집행임원에 준용된다. 그러나 책임해제에 관한 규정(450)은 준용되지 않고 있다. 그러나 집행임원의 책임만을 달리 취급할 필요가 없으므로 준용하는 것이 타당할 것이다.

2) 감사는 회사의 비용으로 전문가의 도움을 구할 수 있다(412(3)).

제 4 절

이사의 의무

Ⅰ. 총　설

1. 선관주의의무와 충실의무

회사와 이사와의 관계는 민법의 위임규정을 준용한다(382(2)). 따라서 이사는 회사의 수임인으로서 '위임의 본지에 따라 선량한 관리자의 주의로써 위임사무를 처리'할 의무, 즉 선관주의의무를 부담한다(민 681). 또한 상법은 이사가 '법령과 정관의 규정에 따라 회사 및 주주를 위하여 그 직무를 충실하게 수행'할 의무, 즉 충실의무도 부담함을 명시하고 있다(382-3(1)). 선관주의의무와 충실의무는 추상적이고 신축적이어서 그 해석에 대해서는 견해가 반드시 일치하는 것은 아니다.

미국 판례법상 이사의 신인의무(信認義務)[1]

이사의 선관주의의무와 충실의무는 연혁적으로나 기능상으로 미국 판례법상 신인의무(fiduciary duty)와 밀접한 관련이 있다.[2] 미국 판례법상 이사와 지배주주는 회사는 물론 주주에 대해서도 신인의무를 부담한다. 신인의무의 내용은 구체적인 판결을 통하여 구체화되고 있다. 신인의무는 크게 주의의무(duty of care)와 충성의무(duty of loyalty)의 두 가지 의무로 나뉜다.[3] 주의의무가 이사에게 회사의 이익을 위하여 노력할 것을 요구하는 적극적 의무라고 한다면, 충성의무는 이사가 자신의 이익과 회사의 이익이 충돌하는 상황에서 자신의 이익을 앞세우는 것을 금지하는 소극적 의무라고 할 수 있다. 이처럼 두 가지 의무 모두 회사와 이사의 이익불일치에서 발생하는 대리문제를 규율하기 위한 수단이지만, 그 성격과 내용을 달리한다.

1) 신인의무에 관하여 보다 상세한 것은 김건식, "회사법상 충실의무법리의 재검토", 연구Ⅰ, 53면 이하.
2) fiduciary duty는 충실의무, 신인의무, 신임의무 등으로 번역되지만 우리 상법상 충실의무와 구별하기 위하여 신인의무라는 용어를 사용하기로 한다.
3) duty of loyalty는 충실의무로 번역하는 경우가 많지만 이곳에서는 우리 상법상 충실의무와 구별하기 위하여 충성의무라는 새로운 용어를 사용하기로 한다.

2. 선관주의의무와 충실의무의 관계

과거 상법상의 선관주의의무가 미국법상의 신인의무와 어떠한 관계가 있는지에 관해 학자들의 견해가 대립하였다. 선관주의의무가 미국법상 주의의무적 요소를 포함한다는 점에는 다툼이 없었으나, 미국법상 충성의무적 요소까지 포함하는지에 대해서는 다툼이 있었다. 학설상으로는 선관주의의무를 신인의무와 대체로 비슷한 것으로 유연하게 해석하는 쪽이 우세했다. 그러나 선관주의의무는 충성의무적 요소를 포함하지 않으므로 그것을 입법적으로 보완해야 한다는 주장도 만만치 않았다. 그리하여 1998년 상법 개정 시에 이사에 대한 통제를 강화하기 위한 일환으로 충실의무에 관한 제382조의3을 신설하였다. 그 조항은 문면상으로 반드시 명확한 것은 아니지만 미국법상의 충성의무를 명시적으로 채택함으로써 해석상의 다툼을 종식시키기 위하여 도입된 것이다.[1] 아울러 2025년에는 위 제382조의3이 개정되어 이사에게 회사뿐 아니라 "주주를 위하여" 직무를 충실히 수행할 의무가 부과되었다. 위 개정 이후 (i) 우리 상법상 충실의무(382-3)가 선관주의의무(382(2)→민 681)와 구분되는 별도의 의무인지, 아니면 (ii) 충실의무 역시 선관주의의무의 한 유형인지 논란이 더욱 깊어지고 있다.[2]

(i)의 입장을 고수하면 이익충돌이 없는 상황에 전체주주 공평대우의무(382-3(2)) 등을 적용할 수 없는 문제가 있으므로 (ii)가 타당해 보인다.[3] 다만 제382조의3의 전체주주 공평대우의무 등은 주로 이익충돌상황에서 문제될 것이므로 위 논의의 실익은 크지 않아 보인다. 이론 구성은 어떻든 이제 우리 상법상으로도 주식회사 이사가 미국법상의 주의의무와 충성의무에 상응하는 의무를 부담한다는 점을 부정하기는 어렵다. 법원은 선관주의의무와 충실의무라는 용어를 거의 항상 동시에 사용함으로써 논란의 여지를 피하고 있다. 이 책에서는 선관주의의무는 미국법상의 주의의무에, 그리고 충실의무는 충성의무에 상응하는 개념으로 사용하고 신인의무는 양자를 포함하는 의미로 사용하기로 한다.

3. 선관주의의무와 충실의무의 적용범위

선관주의의무와 충실의무는 이사의 모든 행위를 구속한다. 예컨대 자기주식의 처분(342)과 같이 상법이 명시적으로 허용한 경우는 물론이고 실권주의 처분과 같이 이사회 결의로 수권한

---

1) 법무부, 개정상법(회사편) 해설(1999), 46면.

2) 좌담회, "이사의 주주에 대한 충실의무 도입에 따른 실무상 쟁점", BFL 133(2025), 60－61면. 한편 종래의 동질설/이질설이라는 학설 구분은 혼란스러운 면이 있다. 원래 동질설은 충성의무와 주의의무의 성질상 차이를 부인하고, 이질설은 그 차이를 인정한다. 이 책은 둘 사이의 성질상 차이를 인정하면서도 우리 상법상 선관주의의무에 터잡아 미국식 충성의무를 긍정할 수 있다는 입장이다. 이러한 입장은 종래의 동질설과 구분되는 것이다.

3) 아울러 (i)에 의한다면 제382조의3과 같은 규정이 적용되지 않는 감사나 유한회사 이사는 충성의무와 같은 의무를 부담하지 않는다는 부당한 결론에 이를 것이다. (ii)에 따르면 제382조의3은 선관주의의무에 포함되는 충성의무의 강행규범성을 확인하는 의미를 갖는다.

경우에도 이사는 당연히 선관주의의무와 충실의무의 테두리 내에서만 권한을 행사할 수 있다.

한편 상법상 이사는 '법령 또는 정관에 위반한 행위를 하거나 그 임무를 게을리한 경우에는' 회사의 손해를 배상할 책임을 진다(399(1)). 여기서 말하는 '임무'란 일반적으로 이사가 회사에 대해서 부담하는 '선관주의의무와 충실의무'를 말한다(대법원 2002. 3. 15, 2000다9086 판결). 또한 이사는 고의 또는 중과실로 그 임무를 게을리한 경우에 그로 인한 제3자의 손해를 배상할 책임을 지는데(401(1)), 여기서 말하는 '임무'도 이사가 회사에 대하여 부담하는 선관주의의무와 충실의무이다(대법원 1985. 11. 12, 84다카2490 판결; 대법원 2002. 3. 29, 2000다47316 판결 등). 이처럼 이사의 신인의무(선관주의의무와 충실의무)는 이사의 모든 행위에 규준으로 적용되고 그 위반 시 회사 및 경우에 따라 제3자에 대한 손해배상책임을 발생시킨다.

4. 미국법상 신인의무와의 차이

미국법상 신인의무는 당사자 사이에 '신뢰와 신임의 관계'(relationship of trust and confidence), 즉 **신인관계**(fiduciary relationship)가 있는 경우에 인정되는 개념이다. 신인관계와 신인의무는 반드시 당사자 사이에 계약관계를 요하는 것이 아니다. 따라서 신인의무의 주체에는 이사나 업무집행임원뿐 아니라 지배주주도 포함된다. 반면 이들이 신인의무를 부담하는 상대방에는 회사뿐 아니라 주주도 포함된다.

그에 반하여 상법상 선관주의의무는 기본적으로 계약을 바탕으로 하고 있는 개념으로 계약의 당사자가 아닌 자들에 대해서 적용하는 것이 쉽지 않다. 따라서 회사와 위임관계가 없는 지배주주에 대해서는 선관주의의무를 인정하기 쉽지 않다. 또한 이사와 주주 사이에는 직접 계약관계가 존재하는 것이 아니므로 선관주의의무를 인정하기 어렵다. 대법원은 배임죄의 경우 "그 주체인 '타인의 사무를 처리하는 자'란 양자 간의 신임관계에 기초를 두고 타인의 재산관리에 관한 사무를 대행하거나 타인 재산의 보전행위에 협력하는 자"를 가리키며 이사는 주식회사와 별개인 주주에 대한 관계에서 직접 그들의 사무를 처리하는 자의 지위에 있는 것은 아니므로 이사의 행위로 주주에게 손해가 발생한 경우에도 배임죄는 성립하지 않는다고 판시하고 있다(대법원(전) 2004. 6. 17, 2003도7645 판결). 이러한 법리는 상법상 충실의무 관점에서도 마찬가지라고 할 것이다. 상법 제382조의3이 이사의 주주에 대한 충실의무를 규정하고 있기는 하지만, 이로 인해 이사와 주주 사이에 직접 법률관계가 성립하지는 않으므로 이사를 '주주의 사무를 처리하는 자'로 보기는 쉽지 않다.

5. 선관주의의무와 충실의무의 상대방

(1) 회사 및 주주

이사가 신인의무(선관주의의무와 충실의무)를 부담하는 상대방은 법문상 주주가 아니라 회사이다. 그러나 회사에 대한 신인의무는 단순히 회사의 자산을 늘릴 의무를 의미하는 것이 아니라 주주이익을 보호·증진하는 것을 그 주요한 내용으로 한다.[1] 회사는 그 사원(주식회사의 경우에는 주주)에게 이익을 분배하는 것을 주된 목적으로 하는 영리법인이기 때문이다. 따라서 이사는 회사에 대해서 주주이익을 보호·증진할 의무를 부담한다고 볼 수 있고 그 의무를 위반하여 주주이익을 해치는 경우에는 회사에 대한 신인의무의 위반에 해당한다. 후술하는 바와 같이 이사가 고의나 중과실로 회사에 대한 의무를 위반한 경우에는 주주에 대한 손해배상책임을 발생시킬 수 있으므로(401(1)) 실질적으로 주주에 대해서 이사의 신인의무를 인정한 것과 유사한 결과를 얻을 수 있다.[2] 여기서 말하는 주주이익이란 특정주주의 이익이 아니라 모든 주주가 그 지분에 비례하여 가지는 이익을 의미함은 물론이다.[3]

이사의 신인의무와 주주이익의 보호[4]

일반적으로는 회사가 이익을 얻으면 주주도 지분가치의 상승과 배당 등을 통해 이익을 얻고, 회사가 손해를 입으면 주주도 지분가치의 하락 등을 통해 손해를 입는다. 따라서 원칙적으로 회사이익을 보호·증진하는 것이 곧 주주이익을 보호·증진하는 것이 되므로, "이사는 회사의 수임인으로서 회사이익을 보호·증진할 의무가 있다"고 하는 것만으로 주주이익도 보호된다.

그러나 예외적으로 이사의 직무수행이 회사의 재산증감을 거치지 않고 주주에게 직접 손익을 발생시키는 경우가 있다. 대표적인 예로 (i) 회사의 합병, 주식교환 등 조직재편으로 인해 주주가 원래 갖고 있던 주식이 다른 주식·현금 등으로 바뀌는 경우, (ii) 공개매수 등 기업인수 상황에서 이사가 주주들의 매도 의사결정에 영향을 미치는 경우, (iii) 이사가 회사의 주식을 매집하여 지배권을 취득하는 경우(MBO), (iv) 자본금감소 등을 통해 소액주주를 축출하는 경우 등을 들 수 있다. 이런 경우에도 이사는 주주이익을 무시해도 되는 것이 아니라 주주이익을 보호해야 한다.

예컨대 합병계약을 협상하거나 승인하는 이사는 합병이 주주에게 미칠 영향을 따져서 합병 여부, 합병 조건, 합병 시기, 거래구조 등을 신중히 검토해야 하고 특히 공정한 합병비율을 얻기 위해 노력해야 한다. 이사는 공개매수 제안이 들어왔을 때, 자신이 가진 정보에 비추어 부당히 낮은 가격이라고 판단했음에도 주주들에게 매도를 권유하거나 사실상 매도를 부추기는 행위를 해서는 안 된다. MBO 상황에서 주주들로부터 주식을 매수하는 이사는 주주들에게 그 거래의 동기와 내용에 관해 정확한 정보를 제공해야 한다. 주식병합에 의한 자본금감소안을 작성하는 이사는 주주들이 부당하게 주식을 잃거나 부당하게 낮은 감자대금을 받지 않도록 하여야 한다.

---

1) 이는 일본의 통설이기도 하다. 江頭8, 450면 주 1), 田中3, 275, 644면.

2) 일본의 학설과 판례도 이사의 직무집행이 회사의 이익을 거치지 않고 직접 주주의 이익에 영향을 미치는 경우 이사는 '주주 공동의 이익을 도모할 의무'가 있고 이에 위반할 경우 일본회사법 제429조 제1항(한국 상법 제401조 제1항에 해당)에 따라 이사의 주주에 대한 손해배상책임이 인정될 수 있다고 한다. 田中3, 275, 644면. 일본 유명 로펌들의 실무서들도 같은 입장이다. 西村あさひ法律事務所 編, M&A法大全(上)(全訂版), 商事法務, 2019, 655~659면; 森·濱田松本法律事務所 編, M&A法大系(第2版), 有斐閣, 2023, 389~390면.

3) 또한 여기서 말하는 회사와 주주의 이익은 단기적 이익이 아니라 장기적 이익으로 보아야 할 것이다.

4) 이에 관한 상세는 천경훈·정준혁, "이사의 충실의무와 주주이익 보호", 상사법연구 43-3(2024) 참조.

이러한 주주이익 보호의무는 2025년 개정 전 상법 하에서도 '이사가 회사에 대하여 부담하는 신인의무'의 중요한 내용으로서 인정되었다고 할 것이다. 이와 달리 2025년 개정 전 상법이 회사에 대한 신인의무만을 인정하였으므로 위와 같은 경우에 주주보호의무가 인정되지 않았다는 주장이 있지만, 이는 이사가 누구에게 신인의무를 지느냐의 문제와 그 신인의무의 내용으로서 누구의 이익을 보호해야 하느냐의 문제를 구별하지 못한 데서 비롯한 오해라고 할 것이다. 2025년 상법개정으로 회사 및 주주를 위하여 직무를 충실히 수행할 의무, 총주주 이익 보호 의무, 전체 주주 이익 공평대우 의무가 제382조의3에 명시되었지만(제4장 제4절 V. 2. 참조), 이는 원칙적으로 원래 이사가 부담하던 의무를 확인한 것으로 보아야 할 것이다.

---

(2) 채 권 자

신인의무의 상대방 내지 수혜자는 회사이고 채권자는 아니다. 미국 델라웨어주 법원은 회사가 도산상태에 빠진 경우에는 이사의 신인의무의 대상은 주주에서 채권자로 전환되는 것으로 본다.[1] 우리는 그러한 법리를 인정하고 있지 않지만 채권자에게 아무런 구제수단이 없는 것은 아니다. 상법 제401조에 의하면 악의나 중과실로 임무를 게을리한 이사는 채권자와 같은 제3자에 대해서도 책임을 진다. 제401조상 채권자는 이사에 대해서 대표소송이 아니라 직접소송을 제기할 수 있다. 제401조상의 임무가 이사의 신인의무라는 점에는 다툼이 없다(대법원 2002. 3. 29, 2000다47316 판결). 다만 앞서 언급한 바와 같이 신인의무는 회사에 대한 의무인데 그것을 위반한 것이 왜 채권자에 대한 책임을 발생시키는지 의문을 품을 수 있다.

채권자에 대한 책임이 발생하는 것은 통상 회사 도산으로 인하여 채권자가 변제를 받지 못하는 경우이다. 이사가 고의나 중과실로 회사를 도산상태에 빠뜨렸다면 채권자에 대한 손해배상책임을 인정해도 문제가 없다. 그러나 보다 문제되는 것은 회사를 도산상태에 빠뜨리는 행위가 아니라 도산에 임박한 상태에 있는 회사의 이사의 행위(엄밀히 말하면 부작위)이다. 우리 상법이나 도산법은 파산이나 회생을 신청할 이사의 의무를 명시적으로 규정하고 있지 않다. 그렇다고 해서 도산임박회사의 이사에게 아무런 의무가 없다고 볼 수는 없다. 독일법상 이사는 도산개시신청의무가 있기 때문에 그와 관련하여 이사는 회사의 경영상태와 재산상태를 부단히 파악할 의무가 있는 것으로 본다.[2] 우리나라에서도 회사 경영이 악화하는 상황에서 회사의 경영과 재무상태를 확실히 파악하고 필요한 조치를 강구하는 것은 이사의 선관주의의무에 속한다고 볼 것이다.[3] 여기서 필요한 조치에는 워크아웃이나 회생절차개시신청을 포함한 과감한 구조조정이 포함될 것이다. 문제는 이러한 구조조정시도가 불가능한 단계에 이른 경우

---

1) 상세한 것은 김건식, "도산에 임박한 회사와 이사의 의무", 연구Ⅲ, 247면 이하.
2) Heribert Hirte, Kapitalgesellschaft(RWS, 6. Aufl. 2009), S. 123.
3) 일본의 대표적인 문헌으로 吉原和志, "會社の責任財産の維持と債權者の利益保護(三)", 法學協會雜誌 102권 8호(1985), 83면.

회사 문을 닫는 것도 필요한 조치에 포함된다고 볼 것인가이다. 현실적으로 경영자가 사업을 적시에 정리하지 않았다는 이유로 채권자가 경영자의 책임을 묻는 것은 쉽지 않을 것이다.

계약에 의한 신인의무의 수정

이사의 선관주의의무를 계약으로 수정할 수 있는가는 어려운 문제이다. 상법상 이사와 회사와의 관계는 위임에 유사한 계약으로 보고 있으므로 그로 인한 이사의 선관주의의무를 계약으로 수정하는 것은 사적자치에 속한다는 주장도 성립할 수 있다.[1] 미국의 주회사법이 단순한 주의의무 위반에 대해서 정관으로 이사의 책임을 면제할 수 있는 길을 열어둔 것은 그러한 사고의 결과라고 할 수 있다.[2] 그러나 사적자치도 무제한 인정되는 것이 아니므로 계약에 의해서 선관주의의무의 내용을 변경하는 것도 무제한 허용된다고 볼 것은 아니다. 2011년 개정 상법은 경과실에 의한 이사의 책임을 정관의 규정으로 일부 경감할 수 있는 길을 열어두고 있다(400(2)). 그러나 경과실로 인한 이사의 책임이 완전히 면제되는 것은 아니라는 점에서 선관주의의무 자체의 수정을 허용한 것으로는 볼 수 없을 것이다.

이사의 충실의무를 수정하는 합의의 효력은 한층 더 인정하기 어려울 것이다. 충실의무에 대한 제382조의3도 강행규정으로 보는 것이 통설이다. 상법이 이사의 책임경감을 인정하면서도 자기거래 등 충실의무의 위반에 해당하는 경우를 예외로 규정한 것(400(2)단)은 그러한 해석을 뒷받침한다.

이사의 계약이행과 선관주의의무

이사가 계약을 준수하기 위하여 회사이익에 반하는 행동을 하는 것이 선관주의의무에 반하는 것인지 문제되는 경우가 있다. 벤처계약이나 합작투자계약은 이사의 행동에 대해서 특정 주주의 동의를 얻을 것을 요하는 등 이사행동을 제약하는 조항을 두는 경우가 많다. 이러한 조항의 구속력을 인정한다면 실질적으로 회사이익을 추구하는 이사활동이 제한되는 것이 사실이다. 그러나 반대로 그러한 조항을 무효라고 한다면 벤처기업에 대한 투자나 합작투자는 위축될 수밖에 없을 것이다. 따라서 그러한 계약조항의 구속력은 가급적 넓게 인정할 필요가 있고 적어도 당사자 사이의 채권적 효력은 인정해야 할 것이다.

그러한 계약조항이 이사의 선관주의의무에 대한 부당한 제약에 해당하는지 여부를 판단할 때에는 어느 시점을 기준으로 판단할 것인지를 주의할 필요가 있다. 그 기준시점은 그러한 계약이 체결된 후가 아니라 계약을 체결하는 시점이라고 할 것이다. 계약체결시점에 그 계약조항이 회사이익에 부합한다면 사후에 이사의 행동반경이 좁아지는 결과가 되더라도 선관주의의무에 위반한 것으로 보아서는 아니 된다. 그처럼 이사의 행동반경을 제약함으로써 비로소 투자를 유치할 수 있었다면 그 후 이사의 행동이 제약되는 측면에만 초점을 맞추는 것은 부당하다.[3]

---

1) 미국에서도 신인관계를 계약으로 보는 계약설적 입장에서는 그 내용을 계약으로 수정하는 것을 긍정하고 있다. 예컨대 Butler & Ribstein, Opting out of Fiduciary Duties: A Response to the Anti-Contractarians, 65 Washington Law Review 1(1990).

2) 예컨대 델라웨어주 회사법 102(b)(7).

3) 신주발행 등 회사의 주요한 행위에 관하여 특정 투자자의 사전동의를 얻도록 하는 계약조항의 효력에 관하여는 주주평등원칙에 관한 제3장 제9절 Ⅱ. 4. 참조.

Ⅱ. 선관주의의무

1. 수단채무

이사는 선관주의의무에 따라 회사이익을 증진하기 위하여 적극적으로 노력할 주의의무를 부담한다. 그러나 상법상 이사가 주의의무를 이행하기 위하여 적극적으로 어떠한 행위를 해야 하는지는 분명치 않다. 분명한 것은 이사의 주의의무가 회사의 손해가 전혀 발생하지 않도록 담보해야 하는 '결과채무'가 아니라 회사이익을 위하여 필요하고 적절한 조치를 다해야 하는 '수단채무'라는 점이다. 대법원도 은행 이사의 책임을 묻는 사안에서 "이사가 한 대출이 결과적으로 회수곤란 또는 회수불능으로 되었다고 할지라도 그것만으로 바로 대출결정을 내린 대표이사 또는 이사의 판단이 선관주의의무 내지 충실의무를 위반한 것이라고 단정할 수 없다"고 판시함으로써 그러한 견해를 취하고 있다(대법원 2002. 3. 15, 2000다9086 판결(한보철강대출사건)).[1] 이사의 행위가 회사이익을 위하여 이사가 취해야 할 '필요하고 적절한 조치'에 해당하는지 여부는 회사에 손해가 발생하고 난 후에 사후적으로 판단하는 것이 아니라 이사가 실제로 조치를 취한 시점을 기준으로 판단한다.

2. 선관주의의무의 내용

(1) 회사와 이사의 구체적 사정에 따른 차이

회사이익을 위하여 '필요하고 적절한 조치'가 무엇인지를 사전적으로 제시하기는 어렵다. 결국 구체적인 상황에 따라 개별적으로 판단될 수밖에 없을 것이다. 개별 이사에 요구되는 선관주의의무의 내용과 수준은 회사의 업종이나 상황, 그리고 개별 이사의 직책에 따라 달라진다. 예컨대 회사가 은행과 같은 금융기관인 경우에는 후술하는 바와 같이 주주이익 외에 공공성도 추가로 고려해야 할 것이고, 도산에 임박한 경우에는 주주 외에 채권자의 이익도 함께 고려해야 할 것이다. 또한 같은 이사라도 업무집행전반에 대한 책임이 있는 최고경영자, 특정분야를 담당하는 사내이사, 사외이사에게 각각 요구되는 선관주의의무의 내용과 수준은 다르다. 대법원은 업무분장에 따라 일상적으로 업무를 집행하는 업무집행이사는 업무집행을 전혀 담당하지 않는 평이사에 비하여 높은 주의의무를 부담한다고 하고 있다(대법원 2008. 9. 11, 2007다31518 판결). 그러나 이사의 주관적인 능력의 차이에 따라 요구되는 선관주의의무의 수준이 달라지는 것은 아니다. 최근에는 법조인, 회계사 등 다양한 분야의 전문가가 사외이사로 참여하는 사례가 늘어감에 따라 이들 전문가가 보다 높은 수준의 의무를 부담하는지가 문제된다. 특정분야에 대한 전문성을 고려하여 선임된 이사는 적어도 그 분야에 관해서는 일반 이사보다

---

1) 이 점은 대법원의 일관된 입장이다. 예컨대 대법원 1996. 12. 23, 96다30465 판결(대출금의 미회수로 인하여 회사에 손해가 발생하였지만 주의의무위반의 추정을 부정한 사안).

높은 수준의 의무를 부담한다고 볼 수 있을 것이다.[1)]

(2) 선관주의의무의 일부로서의 감시의무와 법령준수의무

집행임원제도를 택한 회사의 이사나 업무집행을 담당하지 않는 사외이사의 경우에는 다른 이사, 특히 대표이사의 업무집행을 감시할 의무, 즉 감시의무가 중요한 의미를 갖는다. 또한 업무집행을 담당하는 이사의 경우에는 회사의 업무집행이 법의 테두리 내에서 이루어지도록 확보할 의무, 즉 법령준수의무가 있다. 감시의무나 법령준수의무를 모두 포괄하는 보다 폭넓은 개념으로 내부통제체제를 구축할 의무가 최근 주목을 받고 있다. 이들 내부통제와 관련된 이사의 의무에 관해서는 후술한다.

(3) 이사회 출석의무

이사회의 구성원으로서 이사의 가장 기본적인 의무는 이사회에 출석하여 의사결정에 참여하는 것이다. 정당한 사유 없이 이사회에 불출석하는 것은 그 자체로 선관주의의무 위반, 특히 감시의무 위반에 해당할 수 있다. 불출석으로 인한 책임에 대해서는 이사의 손해배상책임을 논할 때 설명하기로 한다.

(4) 선관주의의무의 한계

이사가 특정 시점에 적극적인 회사이익 극대화를 위하여 구체적으로 어떠한 조치를 취하면 주의의무를 이행한 것으로 평가받을 수 있는지는 분명치 않다.[2)] 선관주의의무의 내용이 막연한 것은 회사이익을 추구해야 하는 이사가 직면하는 불확실성을 고려할 때 불가피한 면이 있다. 따라서 결국 경영전문가로서의 이사의 재량을 존중할 수밖에 없다.

이사의 부작위, 즉 무사안일에 대해서 선관주의의무 위반의 책임을 묻기는 어렵다. 이 문제에 대한 대책으로는 이사 보수를 성과에 연동시키는 관행이 확산되고 있다. 그러나 이사의 작위, 즉 적극적인 경영결정에 대해서도 후술하는 경영판단원칙 때문에 책임을 묻기는 쉽지 않다.

은행 이사의 선관주의의무

은행과 같이 특히 공공성이 높은 금융기관의 이사에 대해서는 일반 회사 이사에 비하여 보다 무거운 선관주의의무를 인정하여야 한다는 주장이 있다.[3)] 대법원은 은행의 공공적 역할에 비추

---

1) 일본의 다수설과 판례가 취하는 태도이기도 하다. 江頭8, 449면, 東京高裁 2022. 9. 15, 2022년(ネ) 제2012호(변호사 자격이 있는 이사).

2) 주의의무에 대해서 미국법률협회(American Law Institute: ALI)가 채택한 ALI원칙(Principles of Corporate Governance Analysis and Recommendations(1994))은 다음과 같이 규정한다. "이사(임원 포함)는 회사에 대해서 성실하게(in good faith) 회사의 최선의 이익에 합치한다고 합리적으로 믿는 방식으로, 또한 통상의 신중한 자가 같은 지위에서 비슷한 상황에서 베풀 것으로 합리적으로 기대되는 주의로써 이사의 직무를 수행할 의무를 부담한다"(§4.01(a)).

3) 권기범6, 780~781면.

어 "이사는 일반의 주식회사 이사의 선관의무에서 더 나아가 은행의 그 공공적 성격에 걸맞는 내용의 선관의무까지 다할 것이 요구된다"고 판시한 바 있다(대법원 2002. 3. 15, 2000다9086 판결(한보철강대출사건)). 그러나 '공공적 성격에 걸맞는 내용의 선관의무'를 반드시 일반 회사 이사의 선관주의의무보다 강화된 것으로 볼 필요는 없다. 은행 이사가 은행의 특수성에서 비롯된 금융 규제상의 의무를 충실하게 준수해야 한다는 점에는 의문이 없다. 이사가 법령을 준수해야 할 의무는 주의의무의 일부를 구성한다고 보기 때문이다. 문제는 은행 이사가 법령의 명시적인 요구를 넘어서까지 공공성을 고려해야 한다고 볼 것인가이다. 만약 그 점을 긍정한다면 은행 이사는 위험성이 높은 거래에 대해서는 예금자와 사회 전체의 이익을 고려하여 보다 신중할 필요가 있을 것이다. 공공성에 대한 고려는 주주이익과 반드시 완전히 일치하는 것은 아니지만 공공성이 높은 은행의 경우에는 필요하다고 볼 것이다.

통상의 선관주의의무에 비하여 은행 이사의 선관주의의무는 그 수준이 높다고 하기보다는 주주이익 외에 공공성도 고려해야 한다는 점에서 차이를 찾을 수 있다. 따라서 은행 이사에 대해서도 경영판단의 원칙은 적용될 수 있다. 은행 이사는 일반 회사의 이사에 비하여 위험투자에 대한 재량은 보다 제한되지만 재량이 인정되는 범위 내에서는 그 경영판단을 존중할 필요가 있기 때문이다.

3. 경영판단의 원칙

(1) 의 의

사업에는 위험이 따르기 마련이다. 따라서 이사의 결정으로 인하여 회사에 손해가 발생하였더라도 그 결정이 합리적 절차를 거쳤고 그 내용이 터무니없는 것이 아니라면 이사에게 법적 책임을 지워서는 아니 된다. 그렇지 않으면 이사가 과감한 결정을 주저하고 무사안일에 빠질 우려가 있기 때문이다. 그리하여 선진국에서는 경영자의 판단은 법규정이나 판례로 어느 정도 존중하는 것이 보통이다. 그런 태도가 가장 먼저 구체적으로 제도화된 곳은 미국이다. 미국에서는 이미 19세기부터 이른바 '경영판단원칙'(business judgment rule)이란 것이 판례법으로 형성되었다. 경영판단원칙이란 경영자가 신중하게 내린 결정은 그것이 후에 실패로 판명된 경우에도 경영자의 법적 책임을 묻지 않는다는 원칙을 가리킨다.

미국법상의 경영판단원칙

미국법상 경영판단원칙은 판례를 통하여 형성된 것이다보니 그 구체적 내용은 판례나 논자에 따라서 상당한 차이가 있다. ALI원칙에 의하면[1] 다음과 같은 요건이 충족되는 경우에는 선의로(in good faith) 경영판단을 한 이사는 주의의무를 이행한 것으로 본다고 규정함으로써 경영판단원칙을 정의하고 있다.

① 경영판단 대상에 이익충돌이 없을 것

② 경영판단 대상에 관해서 그 상황 하에서 적절한 것으로 합리적으로(reasonably) 믿을 정도로

1) American Law Institute, Principles of Corporate Governance: Analysis and Recommendations(1994) §4.01.

알고 있을 것

③ 경영판단이 회사의 최선의 이익에 합치한다고 이성적으로(rationally) 믿을 것.

①과 관련하여 이익충돌이 있는 경우에는 주의의무보다 엄격한 충성의무가 적용된다. ②는 절차적인 요건으로 판단에 필요한 정보를 합리적인 정도로 수집하여 검토하여야 한다는 요건이다. ③은 내용상의 요건으로 경영자가 자신의 결정이 회사이익에 부합한다고 믿을 뿐 아니라 그러한 믿음이 이성적이어야 한다.[1] 주의할 것은 '선의로 경영판단을 한 이사'라고 하고 있기 때문에 위의 세 가지 요건에 추가로 **선의요건**이 존재한다는 점이다.[2]

법원은 본안심리에 들어가기 전에 원고가 이들 요건 중 어느 하나라도 충족되지 않았음을 증명하지 못하면 주의의무 위반이 없는 것으로 보고 바로 소를 각하하거나 약식판결(summary judgment)을 내린다. 일단 본안심리가 시작되면 비용도 많이 들뿐 아니라 결과도 예측하기 어렵기 때문에 피고로서는 본안심리를 피할 수 있는 경영판단원칙이란 방패는 실무상 결정적인 의미를 갖는다.

---

(2) 요 건

가. 서 설

상법은 경영판단원칙에 대해서 명시하고 있지 않다. 상법에 이 원칙을 정식으로 도입하자는 주장도 있지만[3] 법원은 이미 이사의 경영판단을 존중한다는 원칙을 채택하고 있다. 이에 관한 판례는 여럿 있지만 가장 상세한 판단을 제시한 것은 대법원이 2007년 선고한 대우사건 판결이다(대법원 2007. 10. 11, 2006다33333 판결). 계열회사에 대한 부당자금지원이 문제된 사안에서 대법원은 "합리적으로 이용가능한 범위 내에서 필요한 정보를 충분히 수집·조사하고 검토하는 절차를 거친 다음, 이를 근거로 회사의 최대 이익에 부합한다고 합리적으로 신뢰하고 신의성실에 따라 경영상의 판단을 내렸고, 그 내용이 현저히 불합리하지 않은 것으로서 통상의 이사를 기준으로 할 때 합리적으로 선택할 수 있는 범위 안에 있는 것이라면, 비록 사후에 회사가 손해를 입게 되는 결과가 발생하였다 하더라도 그 이사의 행위는 허용되는 경영판단의 재량범위 내에 있는 것이어서 회사에 대하여 손해배상책임을 부담한다고 할 수 없다"(대법원 2002. 6. 14, 2001다52407 판결; 대법원 2005. 10. 28, 2003다69638 판결 등)고 판시하였다. 이하에서는 위 판시에서 제시된 경영판단의 요건들을 차례로 설명하기로 한다.

나. 절차적 요건: 정보의 수집과 검토

경영판단원칙의 절차적 요건으로 경영판단에 필요한 정보의 수집과 검토가 요구된다는 점에 대해서는 다툼이 없다. 정보를 어느 정도로 수집하여 어느 정도로 검토해야 할 것인가는

---

1) 주의할 것은 ②의 합리성기준과 ③의 이성기준이 다르다는 것이다. 당연히 내용에 적용되는 이성기준은 합리성기준보다 수준이 낮은 기준으로 일응 어느 정도 일관된 설명이 가능한 경우에는 충족된 것으로 볼 수 있을 것이다.

2) 여기서 신의는 난순히 주관적인 선의만을 의미하는 것이 아니라 객관적인 선의를 의미한다. 따라서 회사를 위하여 법을 위반하는 것도 선의위반으로 경영판단원칙을 주장할 수 없다.

3) 독일 주식법은 경영판단원칙을 명시적으로 도입하여 "이사가 기업가적 결정에 있어 적절한 정보를 기초로 회사의 이익을 위하여 행위하였음이 합리적으로 인정될 수 있는 경우에는 의무위반이 아니다"라고 규정한다(獨株 93(1)).

결국 경영판단을 하는 구체적인 상황에 달려 있다. 사안의 중대성과 결정의 시급성에 비추어 합리적인 정도로 수집하고 검토해야 할 것이다. M&A와 같이 중요한 의미를 갖는 결정인 경우에는 기업가치 등에 관한 구체적인 정보에 기초하여 그 거래가 회사 및 전체주주에 미치는 영향을 분석하는 등 충분한 검토를 해야 할 것이다. 또한 예컨대 어려움에 빠진 계열회사에 대한 지원과 관련해서는 "관계회사의 회사 영업에 대한 기여도, 관계회사의 회생에 필요한 적정 지원자금의 액수 및 관계회사의 지원이 회사에 미치는 재정적 부담의 정도, 관계회사를 지원할 경우와 지원하지 아니할 경우 관계회사의 회생가능성 내지 도산가능성과 그로 인하여 회사에 미칠 것으로 예상되는 이익 및 불이익의 정도 등에 관하여" 정보를 수집하여 검토할 필요가 있다(대법원 2007. 10. 11, 2006다33333 판결). 이사가 모든 정보의 수집과 검토를 반드시 직접 해야만 하는 것은 아니고 그 과정에서 임직원이나 외부전문가의 도움을 받을 수도 있다. 최종적인 판단은 결국 이사 자신이 하는 것이지만 그 과정에서 내부임직원과 외부전문가의 의견을 참고하는 것은 특별한 사정이 없는 한 허용된다고 볼 것이다.

다. 내용적 요건

경영판단원칙은 의사결정의 내용에 관해서 경영자 재량을 인정하기 위한 것이다. 따라서 경영의사결정의 내용에 대해서 법원이 심사하면 할수록 경영자는 위축될 수밖에 없다. 전술한 바와 같이 미국 법원은 실제로 경영판단의 내용에 관해서는 거의 간섭하지 않는다. 반면에 우리 법원은 내용에 대한 심사를 주저하지 않고 있다.[1]

내용을 판단할 때 기준이 되는 것은 판단이 '회사의 최대 이익'에 부합하는지 여부이다. 경영판단을 정당화할 수 있는 이익은 막연한 기대가 아닌 구체적인 것이어야 한다(대법원 2023. 3. 30, 2019다280481 판결). 경영판단원칙의 보호를 받기 위해서 반드시 회사의 최대 이익의 관점에서 '최선의 판단'임을 요하지는 않는다. 대법원은 다소 혼선을 거친 후 현재는 "그 내용이 현저히 불합리하지 않은 것으로서 통상의 이사를 기준으로 할 때 합리적으로 선택할 수 있는 범위 안에 있[을] 것"을 요구하고 있다(대법원 2007. 10. 11, 2006다33333 판결 등).[2] 즉 현재 판례에 의하면 원고가 절차적 측면이 아닌 내용적 측면에서 경영판단원칙의 보호를 배제하고 이사의 책임을 물으려면 이사의 판단이 현저히 불합리함을 증명할 필요가 있다. 대법원은 8개월 전에 주당 1만원에 인수한 주식을 특별한 사정이 없음에도 계열회사에 주당 2,600원에 매도한 것은 현저히 불합리하다고 보아 선관주의의무의 위반을 인정한 바 있다(대법원 2005. 10. 28, 2003다69638 판결(삼성전자주주대표소송)).

---

1) 이는 법원이 판단주체인 이사의 독립성을 신뢰하지 못함을 반영하는 결과일지도 모른다.

2) 과거 대법원은 '회사의 이익에 합당한 상당성 있는 판단'을 요구하였던 예도 있다(대법원 2005. 10. 28, 2003다69638 판결(이천전기 인수에 관한 판시)).

라. 주관적 요건

앞서 언급한 2007년 대우사건판결에서 대법원은 이사가 "회사의 최대 이익에 부합한다고 합리적으로 신뢰하고 신의성실에 따라 경영상의 판단을 내[릴 것]"을 요구하고 있다. 같은 판결에서 대법원은 적절한 절차를 거치지 않고 막연한 기대만을 갖고 계열회사를 지원한 것은 신의성실에 따른 경영판단으로 볼 수 없다는 이유로 선관주의의무 위반을 인정하였다(대법원 2007. 10. 11, 2006다33333 판결). 여기서 합리적 신뢰란 이사의 주관적 상태에 관한 것이다. 그러나 법원이 '신의성실'이란 용어를 어떠한 의미로 사용하는지는 분명치 않다. 용어의 유사성에 비추어 앞에서 소개한 미국법상의 선의(good faith) 요건에 상응하는 것으로 이해해도 큰 무리는 없을 것이다. 그렇다면 신의성실은 선의 요건과 마찬가지로 주관적인 측면과 객관적인 측면을 모두 담고 있다고 볼 수 있다. 대우사건판결에서 이사의 신의성실을 부정한 것은 상당부분 절차의 부적절성에 입각한 것으로 보인다. 과연 앞으로 신의성실이란 개념이 절차와 내용에 관한 요건과 별개의 독자적 요건으로 발전할 수 있을지는 지켜볼 필요가 있다. 이 요건이 유지되는 경우에는 예컨대 뇌물을 받은 이사의 의사결정은 신의성실에 따른 판단이 아니기 때문에 경영판단으로 보호할 수 없을 것이다.

마. 이익충돌의 존부: 계열회사와의 거래 문제

앞서 살펴본 바와 같이 미국법에서는 이익충돌이 존재하는 경우에는 경영판단원칙의 적용을 배제하고 있다. 그러나 대법원은 전형적으로 이익충돌이 문제되는 사안에서도 경영판단원칙을 적용한다. 예컨대 회사가 사업기회를 포기하고 지배주주의 아들인 이사가 이용할 수 있도록 승인한 경우에도 대법원은 "회사의 이사회가 그에 관하여 충분한 정보를 수집·분석하고 정당한 절차를 거쳐 회사의 이익을 위하여 의사를 결정"하였다면 "그 의사결정과정에 현저한 불합리가 없는 한 그와 같이 결의한 이사들의 경영판단은 존중되어야" 한다고 함으로써 경영판단원칙을 적용하고 있다(대법원 2013. 9. 12, 2011다57869 판결).

계열회사와의 거래도 전형적인 이익충돌의 사안이라고 할 수 있지만 경영판단원칙의 적용을 배제하지는 않고 있다. 우리나라에서는 회사가 기업집단에 속하는 경우가 많고 기업집단의 이해관계자들 사이에 거래가 빈번하게 행해지는 것이 보통이다. 이러한 거래에서는 비록 강약의 차이는 있지만 이익충돌이 존재할 가능성이 높고 그 경우 "회사의 최대 이익에 부합한다고 합리적으로 신뢰하고 신의성실에 따라 경영상의 판단을 내[린 것]"이라고 믿기는 어렵다. 따라서 이익충돌이 존재하는 경우에는 경영판단원칙에서 요구하는 "회사의 최대이익에 부합한다는 합리적인 신뢰"의 충족을 엄격하게 판단하는 접근방식을 따르는 것이 보다 합리적이라고 판단된다.

다만 계열회사간의 지원성 거래가 정당한 경영판단으로 인정되는 경우도 있을 수 있다.

개별 거래에만 주목하면 지원회사에 손해를 야기하는 것으로 보이지만, 기업집단 전체의 이익을 고려하면 그러한 거래가 장기적·거시적 관점에서 지원회사 및 그 주주들에게 오히려 이익이 되는 경우도 있을 수 있는 것이다. 이는 개별회사 이사로서 전체 그룹 이익 내지 장기적 이익과 소속 회사의 단기적 이익을 어떻게 형량할 것인지의 문제라 할 수 있다. 대법원은 계열회사를 지원한 지배주주 및 이사들의 업무상 배임죄가 문제된 사건에서 ① 지원을 주고 받는 계열회사들이 자본과 영업 등 실체적인 측면에서 결합되어 공동이익과 시너지 효과를 추구하는 관계에 있는지(결합관계), ② 지원행위가 지원하는 계열회사를 포함하여 기업집단에 속한 계열회사들의 공동이익을 도모하기 위한 것으로서 특정인 또는 특정회사만의 이익을 위한 것은 아닌지(공동이익 목적), ③ 지원 계열회사의 선정 및 지원규모 등이 당해 계열회사의 의사나 지원능력 등을 충분히 고려하여 객관적으로 합리적으로 결정되었는지(지원회사 선정 및 지원규모의 합리성), ④ 구체적인 지원행위가 정상적이고 합법적인 방법으로 시행되었는지(지원행위의 정상성), ⑤ 지원을 하는 계열회사에게 지원행위로 인한 부담이나 위험에 상응하는 적절한 보상을 객관적으로 기대할 수 있는 상황이었는지(보상 기대가능성)를 종합적으로 고려하여 합리적 경영판단인지 여부를 결정해야 한다고 판시하며, 해당 사안에서 문제된 지원행위 중 일부는 합리적인 경영판단의 범위 내에서 행해진 것으로 보아 배임의 고의를 부인하였다(대법원 2017. 11. 9, 2015도12633 판결(SPP조선 사건)).[1)]

계열회사간 일반적인 거래가 아니라 자금난에 빠진 그룹내 계열회사를 지원할 때에도 그 정당성이 문제된다. 회생이 불확실한 계열회사에의 지원이 해당 계열회사 도산 시 발생할 그룹 전체에의 부정적 파급효과를 차단하기 위한 것이라면 정당한 경영판단으로 인정될 수 있다.[2)] 그러나 "회사의 경영상의 부담에도 불구하고 계열회사의 부도 등을 방지하는 것이 회사의 신인도를 유지하고 회사의 영업에 이익이 될 것이라는 일반적·추상적인 기대 하에 일방적으로 관계회사에 자금을 지원하게 하여 회사에 손해를 입게 한 경우"에는 경영판단의 재량범위를 벗어난다는 것이 판례의 태도이다(대법원 2011. 4. 14, 2008다14633 판결 등).

---

1) 이 사건에서 배임의 고의가 부정된 행위의 상당수는 사실상 완전모자회사 간의 지원행위였다. 이는 1인회사에서 1인주주가 회사의 재산을 가져가거나 회사에 손해를 끼친 경우 횡령 또는 배임죄를 인정하는 기존의 판례(대법원(전) 1983. 12. 13, 83도2330 판결 외 다수)를 변경한 것은 아니나, 일정한 요건을 갖출 경우 완전모자회사 간의 지원성 거래에서 배임의 고의가 부정될 수 있음을 판시했다는 점에서 주목할 만하다. 이 판결은 개별 회사 차원에서 손해가 발생하더라도 그룹이익을 위한 행위라면 일정한 요건 하에 적법성을 인정하는 프랑스의 로젠블룸(Rozenblum) 판결의 영향을 받은 것이다. 한편 대법원은 완전자회사에 대한 지원행위도 공정거래법상 부당지원규제의 대상이 된다고 보고 있다(대법원 2004. 11. 12, 2001두2034 판결 등).

2) 대법원 2005. 10. 28, 2003다69638 판결(삼성전자 대표소송)의 원심인 서울고등법원 2003. 11. 20, 2002나6595 판결에서는 삼성전자가 계열회사인 이천전기를 채무보증 및 신주인수 등의 방법으로 지원한 데 대하여 "이천전기의 부도로 인하여 삼성전자까지 거래은행으로부터 적색거래처로 분류되는 것을 피하기 위한 불가피한 조치"라는 이유로 경영판단의 재량범위 내에 있다고 판시하였다.

바. 법령위반행위와 경영판단

법원은 법령위반행위는 경영판단원칙으로 보호할 수 없음을 명시하고 있다. 즉 회사에 이익이 된다는 이유로 뇌물공여나 분식결산과 같은 위법행위를 감행한 경우에 그것을 경영판단원칙으로 정당화할 수는 없다. 판례에 나타난 예로는 뇌물공여(대법원 2005. 10. 28, 2003다69638 판결), 분식결산(대법원 2007. 12. 13, 2007다60080 판결), 위법한 자기주식 취득(대법원 2007. 7. 26, 2006다33609 판결). 정치자금 명목으로 부외자금 사용(대법원 2009. 12. 10, 2007다58285 판결) 등의 경우를 들 수 있다. 경영판단원칙이 적용되지 않는 법령위반행위에서 '법령'이란 "법률과 그 밖의 법규명령으로서의 대통령령, 총리령, 부령" 등을 의미한다(대법원 2006. 11. 9, 2004다41651, 41668 판결(영남종합금융)).[1]

경영판단과 업무상배임

우리나라에서는 이사의 잘못된 경영상 결정을 업무상배임죄로 처벌하는 경우가 많다. 그러나 대법원은 이사의 정상적인 경영판단은 업무상배임죄의 적용대상이 아니라는 점을 명시적으로 밝히고 있다. 대법원은 2004년 판결(대법원 2004. 7. 22, 2002도4229 판결)에서 "기업의 경영에는 원천적으로 위험이 내재하여 있어서 경영자가 아무런 개인적인 이익을 취할 의도 없이 선의에 기하여 가능한 범위 내에서 수집된 정보를 바탕으로 기업의 이익에 합치된다는 믿음을 가지고 신중하게 결정을 내렸다 하더라도 그 예측이 빗나가 기업에 손해가 발생하는 경우가 있을 수 있는바, 이러한 경우에까지 고의에 관한 해석기준을 완화하여 업무상배임죄의 형사책임을 묻고자 한다면 이는 죄형법정주의의 원칙에 위배되는 것임은 물론이고 정책적인 차원에서 볼 때에도 영업이익의 원천인 기업가 정신을 위축시키는 결과를 낳게 되어 당해 기업뿐만 아니라 사회적으로도 큰 손실이 될 것이다"라고 판시하고 이후에도 같은 취지의 판시를 유지하고 있다. 경영판단에 해당하는 경우의 효과에 관해서는 배임죄의 구성요건인 임무위배행위 자체가 없다고 보거나 위법성이 조각된다고 볼 수도 있겠지만, 대법원은 고의, 즉 '배임의 범의'를 부정한다(대법원 2010. 10. 28, 2009도1149 판결).

(3) 효과와 증명책임

이사가 위와 같은 경영판단의 요건을 충족한 경우에는 "비록 사후에 회사가 손해를 입게 되는 결과가 발생하였다 하더라도 (…) 회사에 대하여 손해배상책임을 부담한다고 할 수 없다"고 한다(대법원 2007. 10. 11, 2006다33333 판결 등). 이것은 이미 성립한 책임을 면제한다는 의미가 아니라 이사가 회사에 대한 선관주의의무를 다한 것으로 보아 책임의 성립 자체를 부정하는 취지이다.[2]

---

1) 이어서 대법원은 "종합금융회사 업무운용지침, 외화자금거래취급요령, 외국환업무·외국환은행신설 및 대외환거래계약체결 인가공문, 외국환관리규정, 종합금융회사 내부의 심사관리규정 등은 이에 해당하지 않는다"고 판시하고 있다.

2) 경영판단의 원칙과 주의의무와의 관계에 관하여 보다 상세한 것은 김건식, "이사의 감시의무와 내부통제", 연구

"회사의 손해라는 결과만을 이유로 책임을 물을 수 없다"는 것은 새로운 법리가 아니다. 회사와 이사 간의 관계에는 위임에 관한 규정이 준용되는데, 위임계약에 있어 수임인의 채무는 결과채무가 아니라 이른바 수단채무에 해당하기 때문이다. 따라서 단순히 실패한 결과에 대해 책임을 물을 수 없다는 것만으로는 경영판단원칙에 특별히 새로운 의미가 있다고 볼 수 없다. 게다가 경영판단원칙이 적용되면 이사의 책임을 묻기 매우 어려운 미국과는 달리 한국의 대법원 판결에서는 경영판단원칙을 설시하면서 그에 따라 이사의 책임을 인정한 예도 많기 때문에 책임면제 법리로서의 의미도 미국에서처럼 뚜렷하지는 않다.

오히려 대법원이 판시하는 경영판단원칙의 실천적 의미는 이사의 임무해태 및 그로 인한 손해배상책임 발생 여부를 판단함에 있어 고려해야 할 요소들, 보다 구체적으로는 원고가 이사의 선관주의의무 위반으로 인한 책임을 묻기 위해 주장 및 증명해야 할 사항들과 이사들이 선관주의의무를 다한 것으로 인정받기 위해 준수해야 할 사항들을 제시했다는 점에 있을 것이다. 즉 원고로서는 단순히 어떤 행위가 회사에 손해를 미쳤다는 것뿐만 아니라, 이사들이 필요한 정보를 수집하여 검토하는 절차를 거치지 않았다거나 이해관계의 충돌이 있어 회사의 최대이익에 부합하지 않는 의사결정을 내렸다는 점 등을 증명하여야 이사의 책임을 물을 수 있다. 회사 및 이사들로서는 의사결정에 앞서 필요한 정보를 수집·검토하는 절차를 거치는 등 평소에 경영판단원칙에서 열거하는 사항들을 준수하고 이에 관한 증빙을 잘 갖춰 두어야 선관주의의무 위반으로 인한 책임을 피할 수 있을 것이다.

이사의 업무수행이 선관주의의무에 반한다는 점에 대한 증명책임은 원고가 부담하므로(대법원 1996. 12. 23, 96다30465, 30472 판결) 이사의 결정이 경영판단에 해당하지 않는다는 점에 대한 증명책임도 원고가 부담하는 것으로 볼 것이다(수원지방법원 여주지원 2016. 8. 24, 2014가합10051 판결(현대엘리베이터주주대표소송)).

Ⅲ. 법령준수의무

1. 주의의무와 법령준수의무

회사도 엄연히 사회의 구성원이기 때문에 사회의 규범인 법령을 준수할 의무가 있다. 따라서 회사의 기관인 이사도 법이 정한 테두리 내에서 사업을 수행할 의무가 있다. 상법상 이사는 "법령과 정관의 규정에 따라 회사를 위하여 그 직무를 충실하게 수행하여야" 하며(382-3) 법령에 위반한 행위를 한 때에는 손해를 배상할 책임이 있다(399). 이사의 법령준수의무는 주의의무에서 파생된 것으로 본다. 이사는 자신이 법령을 준수하는 것은 물론이고 다른 임직원

Ⅱ, 478~481면.

의 법령준수도 확보할 의무가 있다. 후자는 뒤에 설명하는 감시의무에 속한다.

2. 법령의 의의

대법원은 이사가 지켜야 할 법령은 “이사로서 임무를 수행함에 있어서 준수하여야 할 의무를 개별적으로 규정하고 있는 상법 등의 제 규정과 회사가 기업활동을 함에 있어서 준수하여야 할 제 규정”이라고 폭넓게 해석하고 있다(대법원 2005. 10. 28, 2003다69638 판결). 법령은 횡적으로는 예컨대 형법상의 횡령죄, 배임죄 등과 같이 회사 및 주주의 이익과 밀접한 관계가 있는 법령뿐 아니라 공정거래법과 같이 회사와 주주의 이익과 직접 관계는 없지만 회사가 기업활동을 하면서 준수할 법령까지 포함되는 것으로 본다.[1] 한편 이사가 준수할 법령은 종적으로는 “일반적인 의미에서의 법령, 즉 법률과 그 밖의 법규명령으로서의 대통령령, 총리령, 부령” 등을 의미한다(대법원 2006. 11. 9, 2004다41651, 41668 판결(영남종합금융)).[2]

3. 법령위반과 회사이익

자연인과 마찬가지로 회사도 자신에게 불리한 경우에도 법령을 준수할 의무가 있다. 따라서 이사가 위법임을 알면서도 발각되지 않으면 회사가 얻을 수 있는 이익을 고려해서 위법행위를 감행하는 것은 경영판단원칙으로 보호되지 않는다(대법원 2005. 10. 28, 2003다69638 판결(삼성전자사건)).[3] 그러나 대법원은 보험업법에서 금지하는 보험계약자에 대한 특별이익 제공행위를 행한 보험회사 이사에 대한 손해배상책임을 묻는 사안에서 회사의 손실보다 그 행위로 인하여 파산을 면할 수 있었던 이익이 더 컸다는 이유로 회사의 손해를 부정한 바 있다(대법원 2006. 7. 6, 2004다8272 판결(고려생명보험사건)).

4. 법령위반과 주의의무 위반

이사가 자신의 행위가 법령에 위반함을 인식하고도 그러한 행위를 한 경우에 주의의무위반을 인정할 수 있다. 법령위반을 인식하지 못한 채 그러한 행위를 한 경우에도 주의의무위반이 인정될 수 있다. 이사는 자신의 회사가 영위하는 사업과 관련이 있는 법령들을 적절히 파악하고 그것을 준수하려는 노력을 기울일 주의의무가 있으므로, 그러한 의무를 해태하여 법령을

---

1) 이사가 회사 및 주주의 이익과 직접 관계없는 법령까지 준수해야 하는 이유는 이사의 법령준수의무가 회사의 법령준수의무에서 비롯되는 것이기 때문이다.

2) 최근에는 법적 구속력은 없으나 사실상의 규범력을 가진 이른바 soft law(연성규범)가 국내외적으로 확산되고 있다(제1장 제2절 Ⅰ. 2. 참조). 이러한 soft law는 원칙적으로 이곳의 법령에는 포함되지 않는다. 그러나 규범성이 강한 soft law를 위반하는 경우에는 일반적인 주의의무의 위반으로 판단될 여지가 있을 것이다.

3) 회사는 회사 이익을 위해서 위법을 감행한 이사에게 법령위반을 이유로 손해배상책임을 추궁할 수 있지만 현실적으로 회사가 적극적으로 나서서 제소하는 것은 기대하기 어렵다. 주주대표소송이 필요한 것은 바로 그 때문이라고 할 수 있다.

위반한 경우에는 주의의무위반으로 인한 손해배상책임을 질 수 있는 것이다. 다만 법령을 파악하고 준수하려는 합리적인 노력을 기울였음에도 결과적으로 법령을 위반하였다면, 그 결과만을 이유로 주의의무위반을 쉽게 인정할 것은 아니다. 예컨대 어떤 행위의 적법성에 관하여 주무관청에 질의하고 그 해석이나 행정지도에 따른 경우에는 결과적으로 그 행위가 법령에 위반한 것으로 판명되었다고 하더라도 주의의무위반을 인정하기 어려울 것이다.[1]

문제는 법령 내용이 불명확한 경우이다. 법령 내용이 불명확한 경우 법령위반으로 판단될 가능성이 있다고 해서 언제나 이사가 그 행위를 포기해야 한다면 회사의 사업수행이 지나치게 위축될 것이다. 그 경우 이사는 한편으로는 법령위반으로 판단될 가능성[2]과 그 경우의 손해, 다른 한편으로는 그 행위로 인한 이익을 비교교량하여 당해 행위의 실행여부를 결정할 수 있다고 볼 것이다. 사후적으로 그 행위가 위법으로 판단된 경우에도 이사의 결정 시에 주의의무를 위반한 것이 아니라면 책임을 물을 수 없을 것이다.

Ⅳ. 감시의무와 내부통제

1. 서 설

이사는 다른 이사나 경영진의 업무집행이 법령 또는 정관에 위반됨이 없이 적절하게 이루어지고 있는지를 감시하고, 부적절한 행위가 이루어지지 않도록 필요한 조치를 취할 의무가 있다. 이를 감시의무라고 한다.

상법에 이사의 감시의무를 명시한 규정은 없으나, 이사가 선관주의의무의 하위의무로 감시의무를 부담한다는 점에는 학설, 판례에 다툼이 없다(대법원 2004. 12. 10, 2002다60467, 60474 판결).[3] 감시의무의 실정법상 근거로는 이사회의 감독권(393(2))과 대표이사에 대한 이사의 보고청구권(393(3))을 들 수 있다. 그러나 보다 근본적으로는 회사의 업무집행에 관한 분업관계에서 근거를 찾아야 할 것이다. 상법상 회사의 업무집행은 이사회가 결정하지만(393(1)) 그 실행은 최고경영자인 대표이사를 정점으로 하는 집행조직이 담당한다. 또한 기업 규모가 커지고 경영이 복잡해질수록 이사회가 대표이사에 위임하는 범위가 커지게 된다. 이러한 상황에서는 이사회의 감시·감독기능이 중요해질 수밖에 없다.

---

1) 관할관청의 명령에 따른 행위에 관하여 선관주의의무 위반이 부정된 예로 대법원 1985. 3. 26, 84다카1923 판결 참조(유한회사에 관한 사안).

2) 다만 이 경우에도 이사가 정당하게 고려할 수 있는 것은 법령위반 여부의 불확실성이지 법령위반으로 인정될 경우의 적발가능성을 고려하는 것까지 정당화되는 것은 아니다.

3) 일부 판결에서는 이사의 '선관주의의무 내지 감시의무'라는 표현을 사용함으로써 마치 감시의무가 선관주의의무와 별도의 의무로 해석될 수도 있는 여지를 보이는 예도 있다. 그러나 일반적으로 학설은 감시의무를 선관주의의무의 일부를 구성하는 것으로 파악하고 있다.

2. 감시의무의 주체

제393조 제2항은 감독의 주체를 '이사회'라고 하고 있지만 감시를 실행하는 것은 개별 이사이다. 감시의무는 모든 이사가 부담하지만 특히 업무집행을 담당하지 않는 사외이사에게는 감시의무가 중요하다. 감시 대상이 업무집행을 담당하는 집행조직이라면 집행조직에 속하는 대표이사나 업무집행이사는 아무래도 감시 주체로서의 역할을 제대로 수행하기는 어렵기 때문이다. 따라서 이사회의 감독기능이 부각될수록 사외이사 비중은 커질 수밖에 없다. 상장회사에서 사외이사 도입을 강제하는 것은 이런 관점에서 정당화할 수 있다.

한편 대표이사나 업무집행이사의 경우에도 감시의무는 중요하다. 이들도 이사회 구성원이라는 점에서 이론상 다른 이사가 집행하는 직무에 대해서 감시할 의무가 있다. 대법원은 대표이사는 "대외적으로는 회사를 대표하고 대내적으로는 업무 전반의 집행을 담당하는 직무권한을 가지고 있는 만큼, 회사업무의 전반을 총괄하여 다른 이사의 직무집행을 감시·감독하여야 할 지위에 있[다]"고 함으로써 포괄적인 감시의무를 인정하였다(대법원 2004. 12. 10, 2002다60467, 60474 판결). 그러나 집행조직의 최고책임자인 대표이사가 지는 감시의무는 이사회 구성원으로서 부담하는 감시의무와 현실적으로 차이가 있다. 대표이사가 집행조직에 속하는 업무집행이사나 직원의 직무집행을 감시하는 것은 업무집행에 속하는 것으로 볼 수 있다. 따라서 대표이사는 사외이사보다 적극적, 능동적으로 업무집행이사와 직원의 직무집행을 감시해야 할 것이다.[1)]

3. 감시의무의 범위

(1) 감시의 대상

제393조 제2항은 감독대상을 '이사'의 직무집행이라고 하고 있지만 이사는 대표이사를 포함한 집행조직 전체의 직무집행을 감시해야 한다.

감시의 물적 대상은 평이사의 경우에도 단지 이사회에 상정된 사항에 국한되는 것이 아니라 전반적인 업무집행에 미친다(대법원 1985. 6. 25, 84다카1954 판결(평이사에 대한 판결)). 업무집행이사들 사이에 내부적인 사무분장이 있는 경우에도 다른 이사가 담당하는 업무집행분야에 대해서 감시의무가 있다. 이처럼 이사가 무제한의 감시의무를 부담하는 것은 소규모폐쇄회사에서는 몰라도 사업범위가 광범하고 업무내용이 복잡한 대규모회사의 경우에는 문제가 있다. 그러나 원론상으로는 이사의 감시의무가 대표이사의 업무집행 전반에 대하여 미친다는 점을 부정할 수 없다. 다만 이사가 수행할 감시의무의 구체적인 내용 내지 범위는 회사의 규모, 업종, 이사의 지위 등에 따라 달라질 것이다.

---

1) 학설도 대표이사 및 업무집행이사는 평이사보다 높은 정도의 감시의무가 적용되는 것으로 보고 있다.

(2) 감시의무의 발동시기

학설상 사외이사의 감시의무가 어떠한 경우에 발동되는가에 대해서는 견해가 갈릴 수 있다. 소극설은 업무집행이사의 직무위반행위를 알게 된 경우에 비로소 행동에 나설 의무가 있다고 하는데 반하여 적극설[1]은 평시에도 업무집행의 상황을 파악해 둘 의무가 있다고 보고 있다. 1985년 대법원[2]은 평이사가 "대표이사를 비롯한 업무담당이사의 전반적인 업무집행을 감시할 수 있는 것이므로, 업무담당이사의 업무집행이 위법하다고 의심할만한 사유가 있음에도 불구하고 평이사가 감시의무를 위반하여 이를 방치한 때에는 이로 말미암아 회사가 입은 손해에 대하여 배상책임을 면할 수 없다"고 판시하였다(대법원 1985. 6. 25, 84다카1954 판결). 즉 '의심할만한 사유'가 없는 경우에는 마치 감시의무가 발동하지 않는다는 해석이 나올 수 있는 표현을 사용하였다.[3] 그러나 이러한 논리는 일부러 회사의 업무집행상황을 외면하여 '의심할 만한 사유' 자체의 인식을 피하는 경우에는 손해배상책임을 면할 수 있는 여지가 있어 받아들이기 어렵다. 따라서 특별히 의심할만한 사유가 불거지지 않은 평상시에도 사외이사는 업무집행에 대한 감시의 노력을 게을리 해서는 아니 된다. 이러한 평상시의 감시와 관련해서는 후술하는 내부통제장치가 중요하다. 이사가 의무이행의 결과 또는 우연히 의심스런 사정을 발견한 경우에는 이사는 독자적인 조사권이 없으므로 적어도 이사회에 조사와 시정을 구하거나 감사(또는 감사위원회)에 보고하여 조사를 구해야 할 것이다. 그럼에도 불구하고 아무런 진전이 없는 경우 이사가 그 사실을 공개함으로써 경영진에 압력을 가하거나 사임을 하는 방법을 고려할 수 있을 것이다. 그러나 이사가 그러한 조치를 취하지 않았다고 해서 임무해태책임을 묻기는 쉽지 않을 것이다.[4]

통상 이사의 감시의무는 다른 임직원의 임무해태 등 위법행위를 제대로 인지하지 못한 경우에 문제된다. 판례는 나아가 위법행위를 인지하고서 제대로 조치를 취하지 않은 경우도 감시의무 위반으로 본다. 즉 회사에 불리하면서 자신에 유리한 안건이 이사회에 상정되었고 동료이사들은 이를 제대로 파악하지 못하고 있는 경우 해당 이사는 감시의무를 부담하는바, 그 이사는 단지 이사회에 불참하는 것만으로는 부족하고 해당 안건의 통과를 방지할 의무가 있다(대법원 2023. 3. 30, 2019다280481 판결(현대 엘리베이터 대표소송)).

1) 권기범6, 782면; 정찬형22, 1059면; 홍/박7, 482면.

2) 다른 이사의 업무집행이 위법함을 알았거나 위법하다고 의심할 만한 사유가 있었을 때에 한하여 평이사의 감시의무가 발생한다는 판례의 태도(절충설)에 찬성하는 견해로 김홍기4, 573면; 이철송30, 758~759면; 정동윤6, 627면; 최기원14, 656면; 최준선14, 551면.

3) 미국이나 일본의 판례도 최근 내부통제가 강화되기 전에는 감시의무위반이 인정되는 경우는 대체로 이사의 위법행위를 상당한 주의 없이도 용이하게 알 수 있었음에도 만연히 간과한 경우에 한정되었다.

4) 田中3, 282면.

미국법상의 감시의무

이러한 해석은 미국의 판례와도 일치한다. 1981년 뉴저지주 대법원 판결인 Francis v. United Jersey Bank 판결[1)]에서 Pollock 판사는 이사직을 맡고서도 아들의 회사자금횡령을 막지 못한 어머니에게 손해배상책임을 인정하면서 다음과 같이 판시한 바 있다: "이사는 회사의 잘못에 대하여 눈을 감은 채 자신이 잘못을 보지 못했기 때문에 조사할 의무가 없다고 주장할 수는 없다."

이사의 감시의무와 관련해서는 Francis 판결보다 1996년 델라웨어주 형평법원의 In re Caremark International Inc., Derivative Litigation 결정(Caremark 결정)[2)]이 훨씬 더 유명하다. 이 결정에서 Allen 판사는 이사가 회사활동에 대해서 적절히 알고 있을 의무가 있으며 그 의무를 이행하기 위해서는 적절한 '정보 및 보고시스템'(information and reporting system)을 갖춰야 한다고 판시하였다. Allen 판사는 회사의 비행에 대해서 몰랐다는 점이 이사책임의 원인인 경우에는 이사회가 감시를 '지속적이고 체계적으로' 해태한 경우에 비로소 법적 책임을 진다고 판시하였다.[3)] 즉 일시적인 감시 소홀을 넘어서 감시시스템을 지속적으로 도외시한 경우에 책임을 지게 되는 것이다.

이러한 Caremark 결정의 사고는 1998년 개정된 모범사업회사법(Model Business Corporation Act)으로 이어지고 있다. 모범사업회사법(§8.31(a)(2)(iv))은 감시의무와 관련하여 이사가 책임을 지는 경우로 ① 일상적인 감시의 지속적인 해태와 ② 중대한 우려사실이 현실화된 경우에도 적절한 조사를 행하지 않는 것의 두 가지를 들고 있다. 1985년 대법원 판결에서 채택한 '의심할만한 사유' 기준은 위 ②에 유사한 것으로 ①을 포섭하는 데는 한계가 있다. 따라서 '의심할만한 사유' 기준은 사외이사의 경우에도 반드시 타당한 것이라고 보기 어렵다. 실제 집행의 최고책임자인 대표이사의 경우에는 더욱더 그러하다.

4. 내부통제

(1) 감시의무와 내부통제[4)]

전술한 바와 같이 이사의 감시의무는 대상도 넓고 평상시에도 요구되기 때문에 부담이 크다. 감시의무가 부각되고 강화됨에 따라 이사가 감시의무 위반 때문에 책임을 지는 경우가 늘고 있다. 현실적으로 비상근인 사외이사가 각자 대표이사를 비롯한 임직원의 구체적인 업무집행을 직접 감시하는 것은 불가능하다. 이런 상황에서 사외이사의 감시의무는 개별적인 사항을 감독하는 것보다는 효과적인 내부통제시스템을 구축하는 것에 중점을 둘 수밖에 없다.

1) 432 A.2d 814(1981).
2) 698 A.2d 959(Del. Ch. 1996). Caremark사의 이사에 대한 주주대표소송에서 화해를 승인한 결정이다.
3) 이사는 회사의 사정을 알기 위하여 선의(good faith)의 노력을 기울여야 하는데 이처럼 감시기능을 심하게 게을리 한 경우에는 신의라고 볼 수 없기 때문에 책임을 진다는 것이다. 여기서 악의는 중과실(gross negligence)보다는 무모성(recklessness)에 접근하는 개념으로 판단된다.
4) 내부통제에 관한 회사법적인 검토에 관해서는 김건식 · 안수현, "법적 시각에서 본 내부통제", BFL 4(2004), 7~16면 참조.

(2) 내부통제시스템 구축의무

아직 우리 상법은 내부통제라는 개념을 명시적으로 채택하고 있지 않다.[1] 내부통제는 대체로 "회사의 자산보호, 회계자료의 정확성 및 신뢰성 확보, 조직운영의 효율성 증진, 경영방침 및 법규의 준수를 위하여 회사의 모든 구성원들에 의하여 지속적으로 실행되는 일련의 통제과정"으로 이해되고 있다. 이런 의미의 내부통제는 업무집행에 속하는 사항이기 때문에 적절한 내부통제시스템을 구축할 의무는 이사회가 부담한다.

대법원은 2005년 이사·감사에 대한 손해배상을 추궁하는 대표소송 사건에서 이사 등의 손해배상액을 산정할 때 '회사의 조직체계의 흠결 유무나 위험관리체제의 구축 여부'의 사정을 참작할 수 있다고 판시함으로써(대법원 2005. 10. 28, 2003다69638 판결) 내부통제에 대한 관심을 표명한 바 있다. 2008년 대법원은 마침내 내부통제시스템을 구축하고 운영할 의무를 다음과 같이 정면으로 인정하였다: "고도로 분업화되고 전문화된 대규모의 회사에서 공동대표이사 및 업무담당이사들이 내부적인 사무분장에 따라 각자의 전문 분야를 전담하여 처리하는 것이 불가피한 경우라 할지라도 그러한 사정만으로 다른 이사들의 업무집행에 관한 감시의무를 면할 수는 없고, 그러한 경우 무엇보다 **합리적인 정보 및 보고시스템과 내부통제시스템을 구축하고 그것이 제대로 작동하도록 배려할 의무가 이사회를 구성하는 개개의 이사들에게 주어진다**"(대법원 2008. 9. 11, 2006다68636 판결). 내부통제시스템 구축의무는 감시의무를 이행하기 위한 수단적 의무로 모든 이사에 부과된다. 다만 회사의 업무집행을 담당하지 않는 사외이사의 경우에는, 내부통제시스템이 없음에도 그 구축노력을 하지 않거나 구축된 내부통제시스템이 제대로 운영되지 않는다고 의심할 사유가 있음에도 이를 방치한 때에 한하여 감시의무 위반이 성립한다고 볼 것이다(대법원 2022. 5. 12, 2021다279347 판결).

내부통제시스템을 구축할 의무는 이사회에 있지만 현실적으로 작업을 담당하는 것은 대표이사가 이끄는 집행조직이다(대법원 2022. 7. 28, 2019다202146 판결 참조).[2] 내부통제시스템의 바람직한 형태는 회사의 구체적인 상황에 따라 다르기 때문에 내부통제시스템의 구축은 결국 이사회의 경영판단에 맡길 수밖에 없다.[3]

(3) 내부통제시스템의 대상업무와 내용

내부통제시스템을 구축해야 할 **대상업무**는 무엇인가? 회사에는 다양한 업무별로 다양한 위험요소가 존재하므로 이들 모두에 대해 내부통제시스템을 구축하고 운영하도록 요구하는

1) 2011년 개정 상법에서 도입된 준법통제기준과 준법지원인(542-13)은 내부통제의 일부를 구성하는 것으로 볼 수 있을 것이다. 한편 일본에서는 2005년 제정된 회사법에서는 일부 회사의 이사회에 내부통제시스템의 구축의무가 부과되고 있다(日會 348(3)(iv), (4), 362(4)(vi), (5), 416(1)(i)).

2) 사외이사의 주된 의무는 대표이사에 대해서 내부통제체제 구축을 독려하고 구축된 체제를 평가하여 개선할 점이 있다면 이사회에 개선을 요구하는 것이다.

3) 이 점은 전술한 Caremark 결정에서도 분명히 지적되고 있다.

것은 무리일 것이다. 대법원은 "적어도 회사의 목적이나 규모, 영업의 성격 및 법령의 규제 등에 비추어 **높은 법적 위험이 예상되는 업무**와 관련해서는" 내부통제시스템을 구축하여 작동되도록 하여야 한다고 판시하며, 다수의 관급공사를 수행하고 과거에도 여러 번 입찰담합으로 거액의 과징금을 받았던 건설회사에서 담합방지는 내부통제시스템의 구축과 작동을 요하는 사항이라고 보았다(대법원 2022. 5. 12, 2021다279347 판결).[1)]

내부통제시스템에는 구체적으로 어떤 **내용**이 담겨야 하는가? 내부통제 중에서도 준법통제가 문제된 사안에서 대법원은 "제반 법규를 체계적으로 파악하여 그 준수 여부를 관리하고 위반사실을 발견한 경우 즉시 신고 또는 보고하여 시정조치를 강구할 수 있는 형태의 내부통제시스템"을 요구하였다(대법원 2022. 5. 12, 2021다279347 판결). 즉 법위반 사실의 관리－발견－보고－조치가 이루어질 수 있는 업무프로세스가 규정 및 업무분장 등의 형태로 갖춰지고 실제로 운영되어야 하는 것이다. 단순히 윤리강령 등을 제정해 시행하거나 임직원을 대상으로 준법교육을 하는 것 등은 내부통제시스템이라고 볼 수 없다(같은 판결). 회계관리를 위한 내부통제시스템은 준법통제와는 조금 다른 맥락에서 회계정보의 식별·기록·보고, 오류통제 및 수정, 정기적인 내부검증 등에 관한 업무프로세스가 갖춰지고 실제로 운영되어야 할 것이다.

(4) 내부통제와 이사의 책임

이사가 내부통제시스템의 구축을 소홀히 한 경우에는 주의의무를 위반한 것으로 볼 수 있다. 대법원은 분식회계에 대한 이사들의 감시의무 위반 여부가 문제된 사안에서 이사가 내부통제시스템을 이용한 '회사 운영의 감시·감독을 의도적으로 외면한' 경우에는 "다른 이사의 위법하거나 부적절한 업무집행을 구체적으로 알지 못하였다는 이유만으로 책임을 면할 수는 없[다]"고 판시하였다(대법원 2008. 9. 11, 2006다68636 판결).[2)]

최근에는 법원이 이사의 감시의무를 점점 엄격히 적용하는 경향을 보이고 있다. 대법원은 철강회사 임직원의 가격담합행위에 대한 대표이사의 감시의무 위반 여부가 문제된 사건에서 책임을 부정한 원심을 파기하며, 회사 임직원들이 "지속적이고 조직적인 담합"을 하고 있음에도 대표이사가 이를 인지하지 못했다면 감시의무를 위반했을 수 있으므로 "담합방지를 위한 내부통제시스템을 구축하고 운영하고 있었는지"를 심리해야 한다고 판시했다(대법원 2021. 11. 11, 2017다222368 판결). 또한 "합리적인 정보 및 보고시스템과 내부통제시스템"의 미비를 이유

---

1) 이는 2019년 이후 일련의 미국 델라웨어주 판결에서 회사의 중대한 임무(mission critical)에 관하여 내부통제시스템을 통한 이사의 정보수집 및 감시의무를 인정한 것과 유사한 맥락에서 이해할 수 있다, 예컨대 아이스크림 제조회사에 식품안전 관리, 신약개발회사에서 임상실험 관리, 항공기 제조회사에서 부품오작동 관리 등이 이러한 중대임무로 인정되었다. 송옥렬, "이사의 감시의무와 내부통제시스템 구축의무", 기업법연구 36(1), 2022 참조.

2) 이 판결에서 대법원은 '의도적으로 외면'한 경우에 "지속적이거나 조직적인 감시 소홀의 결과로 발생한 다른 이사나 직원의 위법한 업무집행으로 인한 손해를 배상할 책임이 있다"고 판시함으로써 일반적인 감시소홀에 대해서는 책임을 부과하지 않을 것 같은 태도를 취하였으나, 최근 판결에서는 보다 엄격한 태도를 취하고 있다.

로, 건설회사 임직원의 입찰담합에 대하여 이사들(대표이사, 사내이사, 사외이사)의 감시의무 위반 및 손해배상책임을 인정하였다(대법원 2022. 5. 12, 2021다279347 판결).

이러한 책임은 사외이사도 면할 수 없다. 대법원은 사외이사의 경우에도 "내부통제시스템이 전혀 구축되어 있지 않는데도 내부통제시스템 구축을 촉구하는 등의 노력을 하지 않거나 내부통제시스템이 구축되어 있더라도 제대로 운영되고 있지 않다고 의심할 만한 사유가 있는데도 이를 외면하고 방치하는 등의 경우"에 감시의무 위반으로 인한 책임이 인정될 수 있다고 하였다(대법원 2022. 5. 12, 2021다279347 판결). 즉 사외이사도 내부통제시스템 구축을 촉구하고 그것이 제대로 운영되고 있지 않다고 의심할만한 사유가 있는 때에는 이를 외면하지 말고 시정을 요구할 의무가 있는 것이다. 다만 사외이사는 특별히 '의심할만한 사유'가 없는 한 내부통제시스템을 거쳐서 이사회에 제공되는 정보 등을 독립적으로 검사하거나 조사할 의무까지 부담하는 것은 아니다. 그러한 정보를 면밀히 검토하여 제공된 정보에 대하여 의문이 있으면 이사회에서 설명을 구하고, 적절한 설명을 듣지 못한다면 합리적인 범위 내에서 독자적으로 또는 제3자의 도움을 얻어 조사할 수 있을 것이다.

다른 법률과 내부통제

상법을 제외한 다른 법률에서는 내부통제의 개념이 이미 널리 수용되고 있다. '금융회사의 지배구조에 관한 법률'에 따르면 동법에서 정한 금융회사는 **내부통제기준**을 마련하고(금융지배 24),[1] "내부통제기준의 준수 여부를 점검하고 내부통제기준을 위반하는 경우 이를 조사하는 등 내부통제 관련 업무를 총괄하는 사람", 즉 **준법감시인**(compliance officer)을 두어야 한다(금융지배 25(1)). 준법감시인은 원칙적으로 사내이사 또는 업무집행책임자[2] 중에서 이사회 결의로 임명하며, 준법감시인을 해임할 경우에는 이사 총수의 3분의 2 이상의 찬성으로 의결한다(금융지배 25(2)(3)). 그에 더하여 자본시장법에서는 신용평가회사에 대하여 내부통제기준을 마련하고 준법지원인을 둘 의무를 부과한다(자시 335-8).

이러한 장치만으로는 빈발하는 각종 금융사고 및 불완전판매 등을 방지하기에 부족하다는 지적이 많았으므로 2024년 개정된 '금융회사의 지배구조에 관한 법률'은 영국법을 참조하여 금융회사의 내부통제를 대폭 강화하였다. 금융회사의 대표이사는 임원들의 직책별로 내부통제와 관련한 책무를 기재한 책무구조도를 이사회 결의를 거쳐 마련해야 하고(금융지배30-3), 임원들은 책무구조도에서 정하는 자신의 책무와 관련하여 내부통제 및 위험관리가 효과적으로 작동할 수 있도록

1) 내부통제기준에는 업무의 분장 및 조직구조, 임직원이 준수해야 하는 업무절차, 내부통제와 관련한 이사·임원·준법감시인의 역할, 임직원의 내부통제기준 준수 여부를 확인하는 절차와 방법, 내부통제기준을 위반한 임직원의 처리, 임직원의 금융관계법령 위반을 방지하기 위한 절차나 기준, 내부통제기준의 제정·변경 절차, 준법감시인의 임면절차, 이해상충 관리 방법과 절차 등이 포함되어야 한다(금융지배슈 19(1)).

2) 이사가 아니면서 명예회장·회장·부회장·사장·부사장·행장·부행장·부행장보·전무·상무·이사 등 업무를 집행할 권한이 있는 것으로 인정될 만한 명칭을 사용하여 금융회사의 업무를 집행하는 사람을 말한다(금융지배 2(v)).

일정한 관리조치를 하여야 한다(금융지배30-2). 대표이사는 이러한 내부통제 활동 전반에 대해 총괄관리의무를 부담한다(금융지배30-4).[1)]

한편 외감법에서는 상장법인 및 자산 1천억원 이상의 비상장법인은 회계정보의 검증방법 및 회계관련 임·직원의 업무분장 등이 담긴 내부회계관리규정과 이를 관리·운영하는 조직을 구축하도록 하고 있다(외감 8)(이른바 **내부회계관리제도**). 회사의 대표자는 사업연도마다 주주총회, 이사회 및 감사(또는 감사위원회)에 내부회계관리제도의 운영실태를 보고해야 하고,[2)] 감사(또는 감사위원회)는 내부회계관리제도의 운영실태를 평가하여 이사회에 보고해야 한다(외감 8(4),(5)). 또한 회사의 외부감사인도 내부회계관리제도의 운영실태에 관한 보고 등을 검토(주권상장법인의 외부감사인의 경우 이를 감사)한 후 종합의견을 감사보고서에 표명해야 한다(외감 8(6),(7)).

자본시장법상의 부실표시에 대한 책임과 내부통제

자본시장법상 각종 공시와 관련하여 부실표시가 있는 경우 이사는 엄격한 손해배상책임을 진다(자시 125~127, 162).[3)] 이사가 배상책임을 면하려면 '상당한 주의를 하였음에도 불구하고 이를 알 수 없었음'을 증명해야 한다. 대법원은 그것을 위해서는 '자신의 지위에 따라 합리적으로 기대되는 조사를 한 후 그에 의하여 허위기재 등이 없다고 믿을 만한 합리적인 근거가 있었고 또한 실제로 그렇게 믿었음'을 증명해야 하며 "공시 대상인 재무제표 및 사업보고서의 내용에 대하여 아무런 조사를 한 바가 없다면" 그러한 증명은 없다고 판시한 바 있다(대법원 2007. 9. 21, 2006다81981 판결).

그러나 사외이사를 비롯한 모든 이사에게 재무제표 및 사업보고서의 내용에 대해서 직접 조사할 것을 요구하는 것은 너무도 비현실적이고, 관련 법률의 해석상 그런 의무가 이사에게 있는 것도 아니다. 특히 전문가인 외부감사인이 감사 또는 검토한 재무제표에 관하여는 그에 대한 이사들의 신뢰를 원칙적으로 보호하되, 허위 또는 중요사항 누락이 존재한다고 믿을 만한 합리적 근거가 있는 때(예컨대 관련된 부정사실의 발견으로 담당 임원이나 외부감사인의 신뢰성에 의문이 발생하였거나 재무제표의 외관 자체에서 비전문가에게도 명백히 인식될 수밖에 없는 이상현상이 발견된 경우 등)에 비로소 추가조사 또는 자료요구와 같은 추가적인 조치의무가 인정된다고 보아야 할 것이다.

대우조선해양의 분식회계에 관한 판결은 이 점을 명확히 판시하였다. 법원은 사외이사 겸 감사위원회 위원이었던 피고들로서는 특별한 사정이 없는 한 독립된 외부감사인인 회계법인이 제공한 정보를 신뢰하고 이를 기초로 의견을 형성하는 것이 타당하며, 독자적인 검증·조사 의무까지 부담하는 것은 아니라고 보았다. 그리하여 피고들이 재무제표에 나타나는 수치의 불연속, 급격한 증감, 계정간의 모순점 등이 있는지 살펴보고 이에 관하여 경영진 및 회계법인에게 질의하거나 관련 자료를 요구하였다면 '사외이사의 지위에 따라 합리적으로 기대되는 조사'를 하였다고 볼

---

1) 이에 관한 상세는 김소연, "책무구조도와 내부통제 관리의무: 영국의 고위경영진 제도를 중심으로", 증권법연구 25-2(2024) 참소.

2) 다만 이사회, 감사(또는 감사위원회)에 대한 보고는 내부회계관리자에게 맡길 수 있다(외감 8(4) 단).

3) 상세한 것은 김/정4, 234~257, 314~320면 및 천경훈, "재무정보의 부실공시에 대한 상장회사 이사의 책임과 '상당한 주의' 항변", 증권법연구 18-2(2017), 119면 이하 참조.

수 있고, 그럼에도 허위기재를 의심할만한 합리적인 근거가 없었고 실제로 그렇게 믿었다면 '상당한 주의' 항변이 인정되어 배상책임을 면한다고 판시하였다(서울중앙지방법원 2021. 2. 4, 2016가합541982 판결 및 서울중앙지방법원 2021. 2. 4, 2016가합541234 판결; 사외이사들에 대한 청구는 확정).

지주회사와 모회사의 자회사 관리의무

지주회사를 포함한 모회사와 자회사는 법인격을 달리하지만 실제로는 하나의 기업과 같이 운영되는 경우가 많다. 그렇지 않은 경우에도 자회사의 성과가 모회사에도 영향을 미친다는 점에서 모회사의 이사가 자회사의 경영상황을 적절히 감시할 의무가 있다는 점은 부정하기 어렵다. 그러나 모회사의 이사가 자회사의 운영에 적극적으로 간섭할 의무, 즉 관리의무가 있는가에 대해서는 다툼이 있다. 최근의 학설은 대체로 모회사 이사의 자회사 관리의무를 인정하고 있다.[1] 하급심판례 중에는 자회사주식 99.75%를 보유한 모회사 이사에 대해서 모회사 주주가 자회사 이사의 배임적 행위를 저지하지 못했다는 이유로 손해배상책임을 묻는 사안에서 모회사와 자회사의 법인격이 다르다는 이유 모회사 이사의 감독의무를 부정한 사례가 있다(서울남부지방법원 2003. 9. 19, 2003가합1749 판결).

V. 충실의무[2]

1. 2025년 개정 전의 제382조의3

상법제정 시부터 인정된 이사의 선관주의의무와는 달리 충실의무에 관한 규정은 1998년 개정 상법에서 처음 도입되었다. 상법 제382조의3은 '이사의 충실의무'라는 표제 아래 "이사는 법령과 정관의 규정에 따라 회사를 위하여 그 직무를 충실하게 수행하여야 한다"고 규정하였다. 법무부가 밝힌 입법취지에 의하면 이 추상적인 규정은 영미법상의 신인의무(信認義務; fiduciary duty), 그중에서도 충성의무(duty of loyalty)를 도입하기 위한 것이다.[3]

종래 대법원은 제382조의3에 의한 충실의무를 선관주의의무와 명확히 구분하지 아니하고 "선관주의의무 내지 충실의무"라는 식으로 뭉뚱그려 표현해 왔다. 다만 몇 건의 판결에서는 충실의무를 **독자적인 의무로 적시**하였다. 첫째, 대표이사가 회사를 대표하여 단기매매차익금 반환 소송에서 승소하고도 정당한 이유 없이 상대방에게 채무면제 약정을 해 주었다면 이는 상법 제382조의3의 충실의무에 위배되는 행위이므로, 이에 가담한 상대방이 회사에게 채무면제 약정을 주장하는 것은 신의칙에 반한다고 하였다(대법원 2016. 8. 24, 2016다222453 판결). 둘째,

1) 송옥렬, "지주회사 이사의 권한과 의무", 노혁준 편, 지주회사와 법(제3판 하권 2023), 80면 이하.
2) 충실의무의 이론적인 측면에 관해서는 김건식, "회사법상 충실의무법리의 재검토", 연구 I, 53면 이하 참조.
3) 법무부, 개정상법(회사편) 해설(1999), 46면. '이사의 충실의무'라는 조문의 제목도 이를 뒷받침하고 있다. 상법개정과정에 참여한 위원의 일반적인 인식도 마찬가지였다.

이사가 지나치게 과다한 보수를 책정하고 주주총회에 영향력을 행사하여 주주총회 승인을 받았다면 이는 상법 제382조의3에서 정한 충실의무를 위반하여 회사재산의 부당한 유출을 야기한 배임행위라는 이유로 그 이사의 보수청구권을 부정하였다(대법원 2016. 1. 28, 2014다11888 판결).

2. 2025년 개정된 제382조의3 — 이른바 주주에 대한 충실의무[1)]

제21대 국회(2020~2024)에서부터 충실의무에 관한 제382조의3에 '주주'를 명시하여 주주 보호를 강화해야 한다는 취지의 법률안이 다수 제출되었다. 상당한 논란 끝에 2025. 7. 22. 개정되고 즉시 시행된 제382조의3은 제1항에서 종래 '회사를 위하여'라고 되어 있던 것을 '회사 및 주주를 위하여'로 개정하여 "이사는 법령과 정관의 규정에 따라 회사 및 주주를 위하여 그 직무를 충실하게 수행하여야 한다"고 규정한다. 나아가 제2항은 "이사는 그 직무를 수행함에 있어 총주주의 이익을 보호하여야 하고, 전체 주주의 이익을 공평하게 대우하여야 한다"고 하여 이른바 총주주 이익보호 의무 및 전체주주 공평대우 의무를 규정한다.

(1) 제382조의3 제1항

제1항의 입법취지는 형식적으로 '회사의 손익'으로 파악하기 어려운 '주주의 손익'에 관해서도 이사의 의무와 책임을 인정하려는 것이다. 즉 대표발의의원에 따르면 "회사에는 손해가 발생하지 않으나 주주 전부에게 손해가 발생하는 경우" 또는 "회사에 손해가 발생하지 않으나 일부 주주에게는 이익이 되고 일부 주주에는 손해가 발생하는 경우"에는 회사를 위하여 직무를 충실하게 수행하라는 기존의 법조항 해석상으로는 주주 보호에 부족한 점이 있으므로, 이사의 충실의무의 대상을 "회사 및 주주를 위하여"로 확대한다는 것이다.[2)] 이러한 입법취지는 위 개정에 이르는 과정에서 제출된 유사한 여러 발의안의 제안 이유에서도 공통적으로 발견된다. 이에 비추어보면 제1항의 '주주'는 특정 주주나 개별 주주를 지칭하는 것이 아니라 회사의 실질적인 이익이 귀속되는 주체인 '주주 전체'를 의미하는 것으로 보아야 할 것이다.

이처럼 제1항에 추가된 '주주를 위하여'라는 문언은 영리법인인 회사의 실질적 이익이 귀속되는 주체는 주주임을 분명히 하려는 취지로서,[3)] 그 내용은 제2항 전단과 후단에 의해 구체화된다. '회사 및 주주를 위하여'라고 하고 있으므로, 제1항은 주주만을 위해서 직무를 수행해야 한다거나 주주 외의 이해관계자의 이익을 고려해서는 안 된다는 취지는 전혀 아니다.

(2) 제382조의3 제2항 전단

제2항 전단에 따라 이사는 총주주의 이익을 보호할 의무를 부담한다. 그 입법취지는 회사

---

1) 상세는 천경훈, "2025년 개정상법상 이사 충실의무 조항의 해석론", 상사법연구 44-2(2025), 287면 이하 참조.
2) 제422회 국회 제2차 법제사법위원회 법안심사 제1소위원회(2025. 2. 24.) 대표발의의원인 이정문 의원 발언.
3) 김홍기, "기업재편 거래에 있어서 주주 보호의 필요성과 상법 및 자본시장법 개정방안 — 최근 이사의 충실의무 강화 논의를 중심으로", 금융법연구 22-1(2025), 31면.

자체의 손익을 거치지 않고 직접 주주에게 손익이 발생하는 경우(대표발의의원의 표현에 따르면 "회사에는 손해가 발생하지 않으나 주주 전부에게 손해가 발생하는 경우")에도 이사들의 의무가 없는 것이 아니라 총주주의 이익을 보호할 의무가 있음을 명확히 하려는 것이다. 예컨대 이사가 산정한 합병비율이 불공정하여 해당 회사 주주들이 불이익을 입는 경우 또는 공개매수 제안가격이 부당히 낮은데도 이사가 주주들에게 그 제안에 응하도록 부추기는 경우에 이사는 제2항 전단에 따른 의무를 위반한 것으로 평가될 수 있다.

여기서 '총주주'란 주주 전체(shareholders as a whole)를 의미하며, 개별 주주들의 선호를 하나하나 존중한다는 뜻이 아니라 "주주 전체를 하나의 집단으로 보아 그들의 집합적인 이익을 보호한다는 의미"[1]이다. 또한 총주주의 '이익'이란 단기적 이익이 아니라 기업의 지속가능한 장기적 전망까지 고려한 '장기적 이익'을 의미하는 것으로 해석해야 할 것이다. 예컨대 회사의 유동성에 위험을 야기하거나 회사의 정상적인 성장을 저해할 정도로 과다한 규모의 자산을 배당·자기주식취득·감자 등의 형태로 주주에게 환원하는 것은 총주주의 이익을 위한다는 명목으로 정당화될 수 없다.

(3) 제382조의3 제2항 후단

제2항 후단에 따라 이사는 전체 주주의 이익을 공평하게 대우할 의무를 부담한다. 여기서 '전체 주주'란 공평대우의 대상이 되는 모든 주주(every shareholder)를 의미한다. 제2항 전단이 전체 주주에게 귀속되는 몫을 극대화하라는 의미라면, 제2항 후단은 그것이 주주들 사이에서 공평하게 분배되어야 한다는 의미이다. 이는 지배주주와 일반주주의 이해관계가 충돌하는 경우와 같이 주주 간 이해관계가 일치하지 않는 경우에 주로 문제된다.

제2항 후단에 따른 주주의 공평대우 의무가 종래 통설과 판례가 인정하던 주주평등원칙과 동일한 것인지에 대해서는 논란이 있다. 대체로 주주평등원칙이 요구하는 바와 비슷하지만, '공평'이란 개념은 '평등'보다 좀 더 포괄적인 개념으로 이해할 수 있을 것이다. 판례는 주주평등원칙 위반 여부와 관련하여 "일부 주주에게 우월적 권리나 이익을 부여하여 주주를 차등 취급하는 것이 주주와 회사 전체의 이익에 부합하는지를 따져서 정의와 형평의 관념에 비추어 신중하게 판단"하여야 한다고 판시했는데(대법원 2023. 7. 13, 2021다293213 판결), 이 판례는 형식적 평등을 벗어나 일부 주주를 우대하더라도 무방할 수 있다는 데에 방점이 있다(유연화). 한편 공평대우 의무의 도입취지는 형식적으로 평등해 보이더라도 실제 일부 주주를 우대하는 것이면 문제삼을 수 있다는 데에 방점이 있어서(엄격화) 다소 차이가 있다.[2]

중요한 것은 회사와 전체 주주의 이익 관점에서 정당화될 수 있는 사유 없이 일부 주주의 권익이 다른 주주에 비해 실질적으로 침해되었는지 여부이다. 이사들은 의사결정 과정에서 해

---

1) 제422회 국회 제2차 법제사법위원회 법안심사 제1소위원회(2025. 2. 24.) 대표발의의원인 이정문 의원 발언.
2) 노혁준, "기업합병, 분할과 개정 상법상 이사의 주주에 대한 충실의무", 증권법연구 26-3(2025), 10면.

당 안건이 일부 주주의 권익에 실질적으로 부정적인 영향을 미치는지 여부 및 그것이 회사와 전체 주주의 이익 관점에서 정당화될 수 있는지 여부를 신중히 검토해야 한다.

(4) 제382조의3이 적용되는 행위

개정 상법상 충실의무 조항은 지배주주와 일반주주의 이해관계가 충돌하는 상황에서 일반주주의 이익이 충분하게 보호되지 못한다는 문제의식 하에 도입되었다. 그러나 이 조항이 이사와 회사 사이 또는 지배주주와 일반주주 사이에 이익충돌이 존재하는 상황에서만 적용되는 것이라고는 할 수 없다. 예컨대 특수관계가 전혀 없는 두 회사 간의 합병에서도 각 회사의 이사들은 자기 회사 총주주의 이익을 보호해야 하고 자기 회사 주주들의 이익을 공평하게 대우해야 한다. 즉 개정된 충실의무 조항은 이사의 모든 행위에 적용되지만, 현실적·잠재적 이해상충이 존재하는 상황에서 더욱 문제가 된다고 정리할 수 있겠다.

(5) 위반의 효과

제382조의3에 위반한 이사의 행위로 주주의 손해가 발생한 경우 제382조의3이 손해배상 책임을 인정하는 별도의 근거 조항이 될 수 있을 것인지 문제된다. 제382조의3이 정한 주주 관련 의무 위반으로 주주에게 손해가 발생한 경우 이사의 책임에 관한 별도의 조항(예컨대 제399조 또는 제401조)을 거치지 않고 제382조의3 그 자체가 책임 발생의 근거조항이 된다는 견해도 있을 수 있다. 그러나 이사의 의무에 관한 조항과 책임에 관한 조항을 구별하여 마련하고 있는 상법의 체계상 제382조의3은 전자에 속하므로, (i) 주주의 직접손해로 구성할 수 있는 경우에는 제401조의 책임 또는 민법상 불법행위 책임을 묻고, (ii) 회사의 손해로 구성할 수 있는 경우에는 대표소송의 방법으로 제399조의 책임을 묻는 등 별도의 책임 근거조항의 적용이 필요하다고 볼 것이다.

제382조의3 자체에 기하여 주주이익을 침해하는 이사의 행위에 대한 금지청구권이 인정되는지 문제된다. 만약 그렇다면 이를 피보전권리로 한 각종 금지가처분이 가능하게 된다. 그러나 회사에 회복할 수 없는 손해가 생길 염려가 있는 행위에 대해 엄격한 요건 하에 소수주주권으로만 유지청구권이 인정되는 점(402)에 비추어 보면, 제382조의3의 추상적인 문언으로부터 개별 주주의 금지청구권이 도출된다고 해석하기는 쉽지 않다.[1)]

3. 영미법상 충성의무와 상법상 충실의무

영미법상 충성의무는 주의의무와 함께 신인의무의 양대 지주에 해당하지만 신인의무의 핵심은 충성의무라고 할 수 있다. 영미법상 충성의무는 다음 두 가지 요소로 구성된다. 하나는

1) 노혁준, 위의 논문, 22면; 서울중앙지방법원 2025. 9. 10, 2025카합21210 결정도 상법 제382조의3에서 개별 주주의 회사에 대한 금지청구권 내지 방해배제청구권이 도출된다고 보기는 어렵다고 한다.

이른바 **이익충돌금지원칙**(no conflict rule)으로서 수인자(受認者; fiduciary)가 본인의 이익과 자기 이익이 충돌하는 상황에 들어가서는 아니 된다는 원칙이다.[1] 다른 하나는 이른바 **이익획득금지원칙**(no profit rule)으로 수인자가 신인관계상의 지위를 이용하여 이익을 얻는 것을 금하는 원칙이다. 회사의 내부정보를 이용하여 이익을 얻는 것은 바로 이 원칙에 위반되는 것으로도 볼 수 있다. 이처럼 이익을 얻는 것을 금하기 때문에 그 이익을 박탈하는 것을 구제수단의 하나로 보고 있다.

상법상 이사의 충실의무도 미국법상의 충성의무와 같은 의미를 가지는 것으로 볼 것이다. 충실의무에 의하면 이사는 ① 자신의 이익과 회사의 이익이 충돌하는 경우 자신의 이익을 회사의 이익에 앞세울 수 없고, ② 제3자의 이익을 회사의 이익에 앞세우는 것도 마찬가지로 허용되지 않으며, ③ 자신의 신인관계상 지위를 이용하여 이익을 얻는 것도 금지된다. 여기서 회사의 이익이란 회사라는 법인 그 자체의 재산증가만을 의미하는 것이 아니라 그 구성원인 주주의 이익을 중심으로 하는 개념이고, 2025년 개정은 이 점을 확인하는 것으로 이해해 볼 수 있다.

이처럼 충실의무는 기본적으로 이사와 회사 사이의 이익충돌에 관한 것이다. 이사와 회사의 이익이 충돌되는 경우는 실로 다양하다.[2] ① 가장 대표적인 이익충돌 유형은 **자기거래**(self-dealing), 즉 회사와 이사 사이의 거래이다. 회사의 거래행위가 존재하고 그에 관한 이사의 의사결정과 집행행위가 수반한다는 점에서 외부적으로 명확히 드러나고 상대적으로 규제하기 쉽다. ② 또 다른 이익충돌 유형인 **회사와의 경쟁**은 자기거래와 달리 회사의 행위를 요하지 않는다. 여기서 회사이익을 훼손하는 것은 회사의 행위가 아니라 이사에 의한 회사 외부 활동이다. 이러한 경쟁활동은 이사 개인에게 이익이 되지만 회사의 이익을 침해할 우려가 있다는 점에서 이익충돌이 존재한다. ③ **회사기회**(corporate opportunity)의 유용은 회사의 행위를 요하지 않고 이사가 행하는 활동이라는 점에서 회사와의 경쟁과 유사하다. 회사와의 경쟁은 회사가 현재 영위하는 사업의 장래 수익을 해할 우려가 있는 반면 회사기회의 유용은 회사의 사업과 관련 있는 새로운 사업기회의 장래 수익을 해할 우려가 있다는 점에 차이가 있다. ④ **이사의 보수**는 일종의 자기거래에 속하는 사항으로 볼 수 있다.

우리 상법은 다양한 이익충돌유형 중에서 자기거래(398), 경쟁금지(397), 이사의 보수(388)에 대해서 구체적 규정을 두고 있었다. 그후 이른바 '일감 몰아주기'에 대한 비판이 확산됨에 따라 2011년 개정 상법에서 회사기회유용에 관한 규정(397-2)을 신설하였다. 이처럼 현행 상법은 충실의무의 대표적 유형에 대해서 규정하고 있지만 이들 유형이 이익충돌 유형을 모두 망라한다고 볼 수는 없다. 상법에 명시적 규정이 존재하지 않는 이익충돌의 경우에는 일반 충실

1) 이 원칙을 엄격히 적용한다면 자기거래는 아예 허용될 수 없겠지만 이사의 자기거래는 회사에 도움이 되는 경우도 있기 때문에 이사회 승인 등 일정한 요건의 충족을 조건으로 허용하고 있다.

2) 보다 상세한 것은 김건식, "재벌총수의 사익추구행위와 회사법", 기업지배구조와 법(2010), 171~185면 참조.

의무 법리로 규율해야 할 것이다.

신인의무와 구체적 이익충돌규정과의 관계

상법은 뒤에 상술하는 바와 같이 자기거래(398), 경쟁금지(397), 회사기회유용(397-2)에 관하여 이사회 승인을 요하고 있다. 이사회 승인은 대상이 되는 행위의 공정성을 확보함으로써 회사와 주주의 이익을 보호하기 위한 법적 절차이다. 법이 정한 이런 절차를 거치지 않으면 그 자체로서 법령위반에 해당한다. 그 경우 책임 있는 이사는 손해배상책임을 지고(399(1)) 당해 행위는 효력이 부정될 수도 있다. 한편 이사회 승인을 받기만 하면 항상 손해배상책임을 면할 수 있는 것은 아니다. 후술하는 바와 같이 행위의 내용이 현저하게 불공정한 경우에는 이사회 승인이 있더라도 이사가 신인의무를 위반한 것으로 볼 수 있기 때문이다.

Ⅵ. 회사와 이사 등 사이의 거래 — 자기거래[1)]

1. 의 의

이사의 자기거래(self-dealing)란 글자 그대로 이사와 회사 사이의 거래를 말한다. 회사와 거래하는 이사는 회사에 대한 자신의 영향력이나 정보를 이용하여 자신에게 유리한 조건으로 거래함으로써 회사이익을 침해할 위험이 크다. 자기거래는 이익충돌이 문제되는 거래 중 가장 기본적인 유형에 속한다.

자기거래는 이익충돌 위험이 크지만 그렇다고 해서 반드시 전면 금지해야 하는 것은 아니다. 회사가 이사 외에 달리 상대방을 구할 수 없거나 이사가 가장 유리한 거래조건을 제시하는 경우에는 자기거래를 실행하는 편이 회사이익에도 부합하기 때문이다. 문제는 이익충돌 위험을 최소화하는 것이다. 상법은 자기거래에 대해서 이사회 승인을 요구함으로써 회사이익 보호를 도모하고 있다(398).

이사의 자기거래를 규제하는 이유는 이익충돌 때문이다. 그러나 이익충돌이 있는 회사의 거래는 상대방이 이사인 경우에 한하지 않는다. 또한 이사의 자기거래라고 해서 모두 이익충돌의 위험이 있는 것은 아니다. 따라서 이익충돌의 위험이 있는 거래를 모두 규제대상으로 포섭하고 이익충돌의 위험이 없는 거래를 규제대상에서 배제하기 위해서 입법취지를 고려한 유연한 법해석이 필요하다. 후술하는 바와 같이 간접거래를 자기거래에 포함시키고 이익충돌 위험성이 없는 거래를 배제하는 것은 유연한 법해석의 예이다. 그러나 법해석만으로 목적을 달성하는 데 한계가 있다면 법을 개정할 필요가 있을 것이다. 후술하는 바와 같이 2011년 개정

---

1) 2011년 개정 전 문헌으로는 권기범, "이사의 자기거래", 저스티스 119(2010), 170~199면, 개정 후 문헌으로는 천경훈, "개정상법상 자기거래제한규정의 해석론에 관한 연구", 저스티스 131(2012), 48~93면 참조.

상법에서 자기거래의 상대방을 이사에서 주요주주 등으로 확대한 것은 그러한 입법적 해결의 예라고 할 것이다.

2. 자기거래의 범위

(1) 회사의 거래

법문상 거래의 일방당사자는 회사로 되어 있다. 대법원은 이사가 자신이 재직하는 회사의 자회사와 거래를 한 경우에는 설사 모회사가 자회사의 주식 전부를 소유한 경우에도 제398조가 적용되지 않는다고 판시하였다(대법원 2013. 9. 12, 2011다57869 판결). 그 근거로는 "모회사와 자회사는 상법상 별개의 법인격을 가진 회사이고, 그 거래로 인한 불이익이 있더라도 그것은 자회사에게 돌아갈 뿐 모회사는 간접적인 영향을 받는 데 지나지 [않는다]"는 점을 든다. 그러나 회사와 이사 사이에 이익충돌이 분명히 존재함에도 불구하고 이처럼 거래 상대방이 자회사라는 형식적인 논리를 근거로 자기거래규제의 적용을 부정하는 것은 불합리하다.

한편 후술하는 거래 상대방 요건이 충족된 거래에 해당하는 한 그 거래에서 회사를 대표 또는 대리하는 자가 누구든 상관없이 자기거래에 해당한다. 즉 X회사가 이사 A와 거래하는 경우에는 X회사를 A가 대표하여 거래하지 않더라도 자기거래에 해당한다. 이사가 거래 상대방인 경우 예컨대 다른 이사가 회사를 대표한다 하더라도 거래조건이 회사에 불리할 위험성이 있기 때문이다.

(2) 회사의 거래 상대방

가. 거래 상대방의 입법적 확대

2011년 상법 개정 전에는 자기거래에서 회사의 거래 상대방을 이사에 한정하였다. 그리하여 이사가 아닌 지배주주 또는 이사의 자녀 등과 거래하는 경우에는 자기거래로 규율하기 어려웠다.[1] 2011년 개정 상법은 거래의 상대방을 이사에 한정하지 않고 다음과 같이 대폭 확대하였다.

① 이사[2]와 일정한 주요주주(542-8(2)(vi))
② 위 ①의 자의 배우자 및 직계존비속
③ 위 ①의 자의 배우자의 직계존비속
④ 위 ①부터 ③까지의 자가 단독 또는 공동으로 50% 이상의 의결권을 가진 회사 및 그 자회사

1) 과거 증권거래법이 이러한 거래에 대해서 이사회 승인을 요하는 등 특칙을 둔 것은 바로 그 문제에 대처하기 위한 것이었다.
2) 집행임원을 둔 회사에서는 집행임원도 포함된다(408-9→398).

⑤ 위 ①부터 ③까지의 자가 ④의 회사와 합하여 50% 이상의 의결권을 가진 회사

이들 범주에는 다양한 주체들이 포함되지만 크게 경영관여자(①), 경영관여자의 친족(②, ③), 그 관련회사(④, ⑤)의 세 가지로 나눌 수 있다. 이하 차례로 살펴본다,

나. 경영관여자

1) 이 사

여기서 말하는 이사는 원칙적으로 주주총회에서 이사로 선임된 자를 말한다. 등기여부는 이사인지 여부를 가리는 기준이 될 수 없다. 주주총회에서 이사로 선임된 경우가 아니라면 회장, 사장, 부사장의 명칭을 사용하는 자는 물론이고 이사의 명칭을 사용하는 자도 이사에 해당하지 않는다.

이사에는 대표이사뿐 아니라 사외이사를 포함한 모든 이사가 이에 해당한다.[1] 이사와 같은 권한을 가진 퇴임이사(386(1)), 일시이사(386(2)), 이사직무대행자(407(1))도 모두 이에 해당한다. 반면에 과거 이사였더라도 현재 이사가 아니라면 자기거래에 해당하지 아니한다(대법원 1988. 9. 13, 88다카9098 판결).

2) 주요주주

형식적 의미의 이사는 아니지만 회사경영에 영향을 미치는 주주가 문제된다. 1998년 개정 상법이 도입한 업무집행관여자 책임(401-2)은 사후적으로 이러한 주주에 이사에 준하는 책임을 부담시킨다. 하지만 명시적 조항이 없는 이상 이사가 아닌 자에 제398조의 자기거래 규제를 적용할 수는 없다는 견해가 일반적이었다. 2011년 개정 상법은 규제공백을 해소하기 위해 거래상대방에 '주요주주'를 포함시켰다. 상법은 보유주식의 비율 또는 회사에 대한 영향력의 면에서 일정한 요건을 충족하면 주요주주로 보고 있다(542-8(2)(vi)).

먼저 보유주식의 비율에 따른 주요주주란 '의결권 없는 주식을 제외한 발행주식총수의 100분의 10 이상의 주식을 소유'한 자를 가리킨다. 다음으로 영향력에 따른 주요주주는 "이사·집행임원·감사의 선임과 해임 등 상장회사의 주요 경영사항에 대하여 사실상의 영향력을 행사하는 주주"를 말한다. 주주일 것이 전제되므로 사실상 영향력이 있더라도 주주가 아니라면 주요주주로 볼 수 없을 것이다(예컨대 손자회사의 주식을 전혀 갖고 있지 않은 지주회사). **사실상의 영향력**을 어떻게 증명할 것인지는 문제이지만[2] 일반 기업총수의 경우에는 사실상의 영향력을 증명하기 어렵지 않을 것이다. 주요주주는 자연인뿐 아니라 회사와 같은 법인도 포

---

1) 청산인이 청산인회의 승인 없이 회사와 거래한 경우에도 준용된다(542(2))(대법원 1981. 9. 8, 80다2511 판결).

2) 판례는 주주의 '지배적인 영향력'(예컨대 금융지배令 4(ii)(나))에 관하여 "주주가 경영전략 등 주요 의사결정이나 업무집행에 관하여 사실상 구속력 있는 결정이나 지시를 할 수 있는 지배의 근거를 갖추고 그에 따른 지배적인 영향력을 계속적으로 행사하는 것"을 판단기준으로 제시하고 있다(대법원 2021. 3. 25, 2016도14165 판결). '사실상의 영향력'은 이에 미치지 못하는 경우에도 인정될 수 있다.

함한다.

다. 경영관여자의 일정한 친족

이사의 배우자나 자녀와 회사 사이의 거래는 이익충돌 가능성이 있음에도 불구하고 제398조를 적용할 수 있는지 여부가 분명하지 않았다. 2011년 개정 상법은 위 ②와 ③에서 보는 바와 같이 경영관여자의 일정한 친족을 대폭 포함시킴으로써 규제범위를 확대하였다.

라. 경영관여자의 관련회사

회사와의 이익충돌은 경영관여자의 친족과의 거래에서뿐 아니라 경영관여자와 관련이 있는 회사와 거래하는 경우에도 발생할 수 있다. 현실적으로 더 많고 또 중요한 것은 바로 이런 유형의 거래이다. 2011년 개정 상법은 이와 관련하여 ④와 ⑤, 두 가지 범주의 관련회사를 포함시키고 있다.

④는 경영관여자와 그의 일정한 친족이 의결권 있는 발행주식총수의 50% 이상을 가진 회사와 그 자회사를 가리킨다. 상법상 자회사란 어느 회사(A회사)가 다른 회사(B회사)의 발행주식총수의 50%를 초과하는 주식을 가진 경우 그 다른 회사(B회사)를 의미하고(342−2(1)), 모회사(A회사)와 자회사(B회사)가 합하여 또는 자회사(B회사)가 단독으로 다른 회사(C회사)의 발행주식총수의 50%를 초과하는 주식을 가지고 있는 경우 그 다른 회사(C회사)도 모회사(A회사)의 자회사로 본다(342−2(2)). 즉 여기서 말하는 자회사는 손회사도 포함한다.

⑤는 역시 50% 기준을 택하고 있지만 경영관여자 및 그 친족과 ④의 회사가 가진 주식까지도 합산함으로써 관련회사의 범위를 확대하고 있다.

개정상법과 계열회사 사이의 거래

우리 기업집단에서 총수나 지주회사는 10% 미만의 주식을 보유하는 경우에도 '주요 경영사항에 대하여 사실상의 영향력'을 가지고 있으므로 주요주주의 요건을 충족하는 것이 보통이다. 그러나 주요주주인 총수가 지배하는 계열회사가 자기거래 규제의 대상이 되기 위해서는 주요주주를 비롯한 경영관여자의 관련회사에 해당해야 한다. 관련회사에 해당하기 위해서는 50% 기준을 충족해야 하므로 사실상 지배하는 것만으로는 관련회사에 해당하지 않는다. 따라서 계열회사 사이의 거래가 제398조의 적용을 받는 경우는 그렇게 많지 않을 것이다.

경영관여자 등의 손해배상책임

회사와 주주에 대한 책임을 규정한 제399조나 제401조가 모두 이사의 행동을 대상으로 하고 있으므로 2011년 개정에서 포함된 경영관여자 등에는 적용되기 어렵다. 결국 경영관여자 등이 뒤에 설명하는 업무집행관여자(401-2)에 해당하거나 공동불법행위가 성립하는 경우가 아닌 한 회사나 주주에 대한 책임을 지지 않을 것이다.

---

(3) 자기 또는 제3자의 계산으로 하는 거래

자기거래는 경영관여자 등이 '자기 또는 제3자의 계산으로' 회사와 거래하는 경우를 말한다. 경영관여자 등이 자기 명의로 거래를 하는 경우에는 그 계산주체가 제3자인 경우라도 당연히 자기거래에 포함된다. 이 경우에도 회사이익이 침해될 위험이 있기 때문이다.

문제는 경영관여자 등이 다른 사람을 대리 또는 대표하여 회사와 거래하는 경우이다. 이러한 경우는 엄밀히 말해서 자기 계산으로 하는 것도 아니고 자기 명의로 하는 것도 아니지만 이익충돌 여지는 마찬가지로 존재한다. 후술하는 간접거래에서 보는 것처럼 자기거래는 반드시 경영관여자 등이 거래 당사자인 경우에 한정할 필요는 없다. 경영관여자 등이 제3자를 대리하거나 대표하는 경우에도 자기거래에 해당한다고 할 것이다. 판례도 이사가 다른 사람의 대리인이나 대표자로서 회사와 거래하는 경우 특별한 사정이 없는 한 이사회 승인이 필요하다고 본다(대법원 2017. 9. 12, 2015다70044 판결).

겸직이사가 있는 회사 사이의 거래

이처럼 '제3자의 계산으로'를 넓게 해석하는 것은 특히 겸직이사가 있는 회사 사이의 거래를 규율하는데 유용하다. 예컨대 A가 X회사와 Y회사의 이사를 겸하고 있다고 하자. A가 X회사나 Y회사와 거래하는 경우는 통상의 자기거래에 해당한다. 문제는 X회사가 Y회사와 거래하는 경우이다. 판례는 X회사와 Y회사의 대표이사를 겸하는 A가 두 회사를 모두 대표하여 거래한 경우에는 당연히 자기거래의 성립을 긍정하고 있다(대법원 1996. 5. 28, 95다12101, 12118 판결). 통설도 그런 거래가 자기거래에 해당한다고 보는 점에는 일치한다.

조금 어려운 것은 A가 어느 둘 중 한 회사만을 대표하여 거래한 경우이다.[1] 예컨대 X회사와 Y회사의 거래에서 Y회사를 A가 대표하고, X회사는 A가 아닌 B가 대표하는 경우를 생각해보자. X회사 관점에서 이 거래는 이사인 A가 '제3자(Y회사)의 계산으로' 하는 거래와 실질적으로 동일하기 때문에 자기거래에 해당하는 것으로 볼 수 있다.[2] 문제는 그러한 거래가 Y회사 관점에서도 자기거래에 해당하는지 여부이다. 논리적으로는 Y회사 관점에서는 A가 Y회사의 상대방이 된 것도 아니고 '제3자의 계산으로' 거래한 것도 아니므로 자기거래에 해당하지 않는다는 해석도 성립할 수 있다.[3] 그러나 실질적 관점에서는 A가 당해 거래에서 Y회사 대신 역시 자신이 이사로 있는 X회사의 이익을 추구할 위험이 없지 않으므로 자기거래에 해당한다고 볼 필요가 있다.[4]

---

1) 상세한 논의로서 김지평, "지주회사 이사 겸임의 실무상 쟁점", BFL 116(2022), 107면.
2) 만약 A가 X회사의 대표이사로서 Y회사와 거래한 경우에는 Y회사의 관점에서도 자기거래에 해당할 것이다.
3) 일본의 통설이 그런 견해를 취한다. 江頭8, 459면.
4) 일본 판례는 이런 경우 Y회사의 관점에서도 자기거래에 해당한다고 보고 있다. 江頭8, 460면 주 2.

(4) 거래의 범위

가. 거래종류별 검토

자기거래에 속하는 거래에는 매매, 차입 등과 같은 **계약**은 물론이고 회사에 대한 이사의 채무를 면제하는 행위(민 506)와 같은 **단독행위**도 포함된다. 약속어음 발행과 같은 **어음행위**를 자기거래로 볼 수 있는가에 관해서 과거 다툼이 있었으나 이제는 통설과 판례가 모두 그것을 긍정하고 있다. 약속어음 발행은 매매, 소비대차 등의 실질적인 거래의 결제수단에 그치는 것이 아니라 간편한 신용제공수단으로도 행하여진다. 결제수단인 경우에도 약속어음 발행인은 발행에 의하여 원인관계와는 별개의 새로운 채무를 부담하며 그 채무는 증명책임의 가중, 항변의 절단, 부도처분의 위험이 수반하며 원인관계상의 채무보다도 한층 더 엄격한 지급의무이다. 따라서 회사가 그 이사에 대하여 약속어음을 발행하는 행위는 원칙적으로 자기거래에 해당하는 것으로 보아야 한다(대법원 2004. 3. 25, 2003다64688 판결(대표이사의 채무담보를 위해서 회사가 대표이사에게 약속어음을 발행한 사안) 등).

자본거래에 대해서도 제398조가 적용된다고 볼 것이다.[1)] 대표적인 예로서 제3자 배정방식으로 이사 등에게 신주를 발행하는 것은 일반적인 자기거래와 같은 위험을 수반하므로 제398조가 적용된다고 볼 것이다.[2)] 합병의 경우에는 주주총회 특별결의, 반대주주의 주식매수청구권 등 주주보호수단이 존재하지만 여전히 제398조의 적용대상이라고 할 것이다. 예컨대 모자회사 합병 시에 모회사는 특별이해관계인으로 보지 않으므로 자회사 주주총회에서 의결권을 행사할 수 있다. 따라서 자회사의 주주총회 특별결의만으로 합병조건의 공정성을 확보하기 어렵고 다른 주주보호수단도 마땅치 않기 때문에 제398조를 적용할 실익이 있다.

나. 간접거래

거래 상대방이 회사의 경영관여자와 무관한 제3자이지만 당해 거래가 실질적으로 경영관여자에 이익이 되고 회사에 불이익이 있는 경우에는 예외적으로 자기거래와 같이 보는 경우가 있다. 이러한 거래는 경영관여자가 회사와 제3자의 거래로 인하여 간접적으로 이익을 얻는다는 점에서 **간접거래**로 불린다. 간접거래의 대표적인 예로는 회사가 이사의 채권자와 보증계약을 체결하는 경우를 들 수 있다.[3)] 통설과 판례는 간접거래도 자기거래로 보아 제398조를 유추

---

1) 송옥렬9 1057면. 2013년 신세계 대표소송판결에서 대법원은 실권주의 배정도 자기거래에 해당한다는 전제에 입각하여 자기거래에 해당하는지 여부를 검토한 바 있다(대법원 2013. 9. 12, 2011다57869 판결). 일본에서도 이러한 거래에 대해서는 주주총회의 특별결의와 같이 보다 엄격한 절차가 요구되는 경우가 아닌 한 자기거래에 대한 규제가 중복적용된다는 견해가 유력하다. 会社法コンメンタール(8), 79면(北村雅史).

2) 다만 신주발행의 효력을 부인하려면 신주발행무효의 소에 의하여야 한다(429). 따라서 발행 후 6월 내에 제소할 필요가 있다.

3) 그 밖에 판례가 간접거래로 인정한 사안으로는 대표이사가 변태지출한 경비를 회사의 차입금으로 처리하는 행위(대법원 1980. 7. 22, 80다341 판결), 회사가 채권자와의 합의 하에 이사의 채무를 인수하는 행위(대법원 1973. 10.

적용하고 있다(대법원 1974. 1. 15, 73다955 판결; 대법원 2005. 5. 27, 2005다480 판결).

자기거래로 규율되는 거래 상대방의 범위를 대폭 확대한 2011년 개정 상법 하에서 회사가 이사 외의 거래 상대방의 채무를 보증하는 경우에도 간접거래에 해당하는 것으로 보아 제398조를 적용할 것인가? 간접거래에 제398조를 적용하는 것이 이익충돌을 근거로 하는 것이라면 이러한 거래에도 제398조를 적용하는 것이 타당할 것이다. 따라서 회사가 주요주주의 채무를 보증하거나 '이사나 주요주주가 50% 이상의 주식을 보유하는 회사'의 채무를 보증하는 경우도 간접거래에 해당할 것이다. 그렇다면 이들이 대표이사로 있는 회사의 채무를 보증하는 경우는 어떠한가? 이러한 회사는 개정 상법 제398조 제4호와 제5호에는 포함되지 않으므로 문제이다. 그러나 대법원은 2011년 상법 개정 이전의 판결에서 A가 X, Y 두 회사의 대표이사를 겸하고 있는 상황에서 X회사가 Y회사의 채무를 보증한 경우에도 X회사의 간접거래에 해당한다고 판시한 바 있다(대법원 1984. 12. 11, 84다카1591 판결).

(5) 이익충돌의 우려가 없는 거래

자기거래 규제는 이익충돌 우려를 전제하고 있으므로 "이사와 회사 사이의 거래라고 하더라도 양자 사이의 이해가 상반되지 않고 회사에 불이익을 초래할 우려가 없는 때에는 이사회의 승인을 얻을 필요가 없[다]"(대법원 2000. 9. 26, 99다54905 판결; 대법원 2010. 3. 11, 2007다71271 판결). 그런 거래의 전형으로는 약관에 의한 거래, 약관에 의하지 않더라도 통상적인 거래조건에 따라 이루어지는 거래[1]를 들 수 있다. 그 밖의 예로는 회사에 대한 부담이 없는 증여, 회사에 대한 이사의 채무이행,[2] 상계적상에 있는 채권에 대한 이사의 상계, 회사에 대한 무담보·무이자의 금전대출(대법원 2010. 1. 14, 2009다55808 판결) 등을 들 수 있다.

이익충돌과 회사의 불이익 우려가 있는지 여부는 대상이 된 유형의 거래에 대하여 일반적으로 판단하는 것이지 특정 거래별로 조건을 구체적으로 검토한 후 판단하는 것은 아니다.[3]

1인 주주인 이사와 회사 사이의 거래

1인 주주인 이사와 회사 사이의 거래도 형식적으로는 자기거래에 해당하지만 이익충돌의 위험은 없다. 따라서 이사회 승인을 요하지 않는다고 본다. 회사채권자 보호를 내세워 자기거래에 해

31, 73다954 판결) 등이 있다.

1) 예컨대 호텔회사의 이사가 호텔에 투숙하는 경우에는 이사회 승인이 불필요할 것이다.

2) 반대: 이철송30, 779면. 한편 대법원은 대표이사가 회사 자금으로 자신에 대한 회사의 채무를 변제한 것은 자기거래에 해당하지 않고 횡령죄가 성립하지도 않는다고 판시한 바 있다(대법원 1999. 2. 23, 98도2296 판결).

3) 예컨대 대법원은 이사가 자신을 피보험자 및 수익자로 하여 회사 명의로 퇴직보험에 가입한 경우에도 이로 인하여 회사에게 '실질적인 불이익을 초래할 우려'가 없으므로 이사회 승인을 얻을 필요가 없다고 판시하였다(대법원 2010. 3. 11, 2007다71271 판결). 대법원이 '실질적인 불이익'의 위험이 없음을 근거로 들었지만 그 판단은 퇴직보험가입계약이라는 유형의 거래에 대한 일반적인 판단이고 문제된 특정계약의 조건을 구체적으로 검토한 후에 내린 판단은 아니다.

당한다고 보는 견해도 있다.[1] 그러나 1인 회사가 이사회 승인을 요한다고 해도 채권자에게 별로 도움이 될 수 없다는 점에서 불요설이 타당하다.[2] 그러한 상황에서 채권자 보호는 채권자취소권(민 406(1)), 도산법상의 부인권(100, 391), 이사나 1인 주주에 대한 손해배상청구권(401, 401-2)에 의하여 달성할 수 있을 것이다.

제398조의 취지가 회사 및 주주의 손해를 방지하는 것이라는 이유로 주주 전원의 동의가 있는 경우에는 이사회 승인이 필요치 않다고 보는 대법원 판례(대법원 2002. 7. 12, 2002다20544 판결 등)도 불요설을 채택한 것으로 볼 수 있다.[3]

3. 이사회의 승인

(1) 재적이사 2/3 이상의 찬성

자기거래는 직접거래이든 간접거래이든 이사회 승인을 요한다.[4] 다른 결의의 경우와 달리 자기거래의 승인은 이사 2/3 이상의 수로 해야 한다. 여기서 이사 2/3는 출석이사가 아니라 재적이사를 기준으로 결정한다. 이처럼 승인요건을 가중한 것은 사안의 중대성에 근거한 것이지만 그 타당성에는 의문이 있다. 승인요건을 엄격히 하려면 오히려 결의에 참석하는 이사의 독립성을 담보하는 것이 더 합리적일 것이다.

(2) 특별이해관계 있는 이사

회사의 거래상대방인 이사는 승인결의에서 특별이해관계인에 해당하므로 의결권을 행사할 수 없다(391(3)→368(3)). 특별이해관계에 해당하는지 여부는 거래자체에 개인적 이해관계가 있는지에 따라 결정하므로 당해 이사와 가까운 관계라는 점만으로는 특별이해관계를 인정하지 않는 것이 통설이다.[5]

일반적으로 특별이해관계 있는 이사는 재적이사 수가 아니라 출석이사 수에서 제외하는 것이 원칙이다(391(3)→368(3), 371(2))(대법원 1991. 5. 28, 90다20084 판결). 그러나 제398조의 승인에서는 의사정족수는 없이 의결정족수만 존재하므로 의결정족수의 기초가 되는 재적이사 수를 계산할 때 특별이해관계 있는 이사를 제외해야 할 것이다. 이렇게 해석하지 않으면 특별이해관계 있는 이사가 재적이사의 1/3 이상에 해당하는 경우에는 이사회 승인이 원천적으로 불가능할 것이기 때문이다.

---

1) 이철송30, 788면.

2) 승인이 필요하다고 하면 결의에 찬성한 이사의 책임을 물을 수 있다는 차이가 생길 뿐이다. 송옥렬9, 1059면.

3) 1인 주주의 지위는 주식 100%를 양수하여 주식소유권을 이전받았을 때 성립하고, 이러한 점은 약정된 주식매매대금을 지급하지 못했더라도 마찬가지이다. 대법원 2017. 8. 18, 2015다5569 판결 참조.

4) 이사가 1인 또는 2인인 회사에서는 주주총회의 승인을 받아야 한다(383(4)).

5) 그러나 특별이해관계를 이처럼 좁게 해석하면 이사회 승인의 실효성이 반감된다. 특별이해관계에 관한 개인법설의 한계에 관하여는 제4장 제3절 Ⅲ.5.(2) 참조.

(3) 승인기관의 변경

일반적으로 이사회 결의사항은 정관에서 정한 위원회에 위임할 수 있다(393-2). 그러나 상법이 이사 2/3 이상의 찬성을 요한다고 명시하고 있으므로 사실상 위임이 어려운 문제가 있다.

승인기관을 정관으로 이사회에서 주주총회로 변경하는 것이 가능한가? 상법은 주주총회의 권한을 정관으로 확장할 수 있는 여지를 인정하고 있으므로(361) 가능하다고 볼 것이다.[1] 대법원도 방론이지만 "이사와 회사 사이의 이익상반거래에 대한 승인은 주주 전원의 동의가 있다거나 그 승인이 정관에 주주총회의 권한사항으로 정해져 있다는 등의 특별한 사정이 없는 한 이사회의 전결사항"이라고 설시함으로써 그것이 가능함을 전제하고 있다(대법원 2007. 5. 10, 2005다4284 판결).

정관에서 승인기관을 주주총회로 명시하지 않은 경우에도 주주 전원의 동의가 있으면 이사회 승인이 없어도 무방하다고 본다.[2] 대법원도 같은 태도를 취하고 있다(대법원 1992. 3. 31, 91다16310 판결; 대법원 2002. 7. 12, 2002다20544 판결; 대법원 2017. 8. 18, 2015다5569 판결). 이에 대해서는 채권자 보호를 근거로 반대하는 견해도 있다.[3] 그러나 주주이익과 채권자이익이 충돌하는 것은 회사가 도산에 임박한 경우인데 그런 예외적인 경우를 고려하여 일반론으로 주주 전원에 의한 승인을 불허하는 것은 바람직하지 않다.

자본금총액이 10억원 미만인 회사는 이사회 승인을 주주총회 승인으로 대신하게 되어 있으므로(383(4)) 주주총회의 승인으로 갈음할 수 있다.[4]

(4) 사후승인의 가부

2011년 개정 이전 상법 제398조는 "회사는 이사회의 승인이 있는 때에 한하여" 자기거래를 할 수 있다고 규정할 뿐 사후승인의 가능 여부는 명시하지 않았다. 다만 위 조문 제2문은 이사회 승인이 있는 경우 민법 제124조 적용을 배제하였다. 대법원은 이에 착안하여 "이사회의 승인을 얻지 아니하고 회사와 거래를 한 이사의 행위는 일종의 무권대리인의 행위로 볼 수 있고 무권대리인의 행위에 대하여 추인이 가능한 점"을 들어 소급효를 갖는 사후승인을 인정하였다(대법원 2007. 5. 10, 2005다4284 판결).

2011년 개정 상법은 "미리" 이사회 승인을 받아야 한다고 명시하면서 위 민법 제124조 배제 문구를 삭제하였다. 이에 따라 대법원은 개정 조문상 민법상 무권대리에 관한 소급적 추인

---

1) 제4장 제2절 Ⅱ. 3. 참조.

2) 동지: 송옥렬9, 1058면; 정동윤6, 635면; 최기원14, 675면.

3) 이철송30, 789면.

4) 다만 이 경우 일반결의요건에 의할 것인지 아니면 이사회 승인의 경우에 준하여 발행주식총수의 2/3 이상으로 하여야 할 것인지가 문제된다. 주주총회 승인 자체가 이사회 결의보다 더 신중한 절차라는 점을 고려하면 일반결의 요건에 의하는 것이 옳을 것이다.

법리를 적용할 수 없고, 이사회 사후승인을 받았다 하더라도 특별한 사정이 없는 한 무효인 거래가 유효하게 되지는 않는다고 본다(대법원 2023. 6. 29, 2021다291712 판결). 이에 대하여는 다음과 같은 반론이 제기될 수 있다. ① 이사에게 사전승인 의무를 부과할 것인지와 그 의무 위반 시에 회사가 사후승인을 통해서 거래를 유효한 것으로 만들 수 있는지는 별개의 문제이다. ② 통설과 판례상 이사회 승인을 받지 않은 자기거래의 무효를 주장할 수 있는 자는 회사에 국한되는데 회사가 그 무효를 주장하지 않기로 하는 결정을 금지할 이유는 없다. ③ 사후승인으로 거래가 유효하게 되었다고 해도 이사에 대한 손해배상청구나 해임의 제재를 가하는 것은 여전히 가능하다.[1] 다만 문리해석을 따른 위 판례의 입장은 사후승인을 폭넓게 허용하면 사전적으로도 자기거래 규제가 느슨해질 것이라는 우려에 터잡은 것으로 볼 수 있다.

(5) 포괄적 승인의 가부

계열회사 간 거래와 같이 거래가 계속적, 반복적으로 이루어지는 경우에는 그 거래를 개별적이 아니라 포괄적으로 승인할 필요가 있다. 상장회사의 경우에는 실제로 연초에 이사회에서 거래총액의 승인을 받은 후에 개별적인 승인 없이 이해관계자와의 거래를 행하는 것이 관행이다(542-9(5)(ii)). 그러나 적어도 제398조의 적용을 받는 거래에 대해서는 이사회에서 거래의 종류와 한도, 거래의 가격 등 거래조건의 구체적 결정기준에 대해서 승인하는 경우에 한하여 포괄적 승인을 허용할 수 있을 것이다.

(6) 중요사실의 개시

2011년 개정 상법은 이사회 승인에 앞서 '해당거래에 관한 중요사실'을 밝힐 것을 요구한다. 상법 개정 전에도 대법원은 당해 이사에게 '자기의 이해관계 및 그 거래에 관한 중요한 사실을 개시(開示)하여야 할 의무'가 있고 그 정보개시의무를 이행하지 않은 경우에는 이사회 승인이 무효라고 판시한 바 있다(대법원 2007. 5. 10, 2005다4284 판결). 즉 이사회 승인이 있더라도 이익충돌의 상황이 개시되지 아니하여 이사들이 이를 알지 못한 상태에서 행해진 것이라면 제398조상 이사회 승인은 없는 것과 마찬가지인 셈이다.[2]

해당 거래에 관한 중요사실은 그 거래에 관한 이사의 이해관계 외에 상장회사의 대규모 내부거래에서 주주총회에 보고할 사항으로 정해진 ① 해당 거래의 목적, ② 상대방, ③ 거래의 내용, 날짜, 기간 및 조건, ④ 해당 사업연도 중 거래상대방과의 거래유형별 총 거래금액 및 거래잔액(542-9(4), 令 35(8)) 등을 포함한다고 할 것이다.

---

1) 권기범6, 819~820면; 송옥렬9, 1059면; 천경훈, "자기거래에 대한 이사회 사후승인의 효력", 상사법연구 43-4 (2025), 23~35면.

2) 따라서 묵시적 승인이 인정될 여지는 사실상 거의 없을 것이다.

4. 내용과 절차의 공정성

2011년 개정 상법은 이사회의 승인과는 별도로 거래의 내용과 절차가 공정할 것을 요구하고 있다.[1] 절차의 공정성은 이익충돌로부터 회사이익을 보호할 수 있는 절차를 충분히 밟았는지 여부와 관련이 있다. 여기서 말하는 절차는 이사회 승인 절차뿐 아니라 거래를 체결하는 모든 과정을 가리킨다. 따라서 거래 상대방인 이사는 특별이해관계인으로 당연히 이사회 승인 결의에서 배제되지만 이사회에 이르기 이전의 회사내부절차에서도 배제할 필요가 있을 것이다. 미국의 실무관행과 마찬가지로 독립적인 사외이사의 승인을 받도록 한다면 절차의 공정성은 한층 강화될 것이다.[2]

내용의 공정성과 관련하여 주로 문제되는 것은 거래조건, 특히 가격의 공정성이다.[3] 공정한 가격은 통상 특정한 점이 아니라 범위로 정해질 것이다.[4] 거래가격은 이익충돌이 없는 제3자, 즉 독립당사자와 거래한 경우(arm's length transaction)보다 회사에 불리하지 않아야 한다.[5] 시장가격이 존재하는 거래에서는 그것을 참고할 수 있을 것이다. 그러나 참고할만한 시장가격이 존재하지 않는 거래의 경우에는 결국 가격의 공정성은 상당 부분 이사회의 재량에 맡길 수 밖에 없을 것이다.[6]

제398조의 법문상 공정성의 증명책임은 회사와 거래한 경영관여자 쪽이 부담하는 것처럼 보인다. 사전에 이사회 승인을 얻었음에도 불구하고 경영관여자 쪽이 다시 거래의 공정성을 증명하도록 하는 것은 과도한 부담으로 느껴질 수도 있다. 그러나 현실적으로 거래의 공정성에 관한 정보는 경영관여자 쪽이 보유할 가능성이 높고 자기거래가 위험성이 높은 거래라는

---

1) 이는 미국의 판례법에서 발전된 이른바 전체적 공정성(entire fairness)요건에서 시사를 받은 것으로 짐작된다.

2) 이 경우 사외이사들은 독자적으로 외부전문가의 조언을 받아 그것을 기초로 판단하는 것이 바람직할 것이다.

3) 거래조건이 공정하더라도 거래 자체가 회사이익이 아니라 지배주주의 사적 이익을 위한 것인 경우에는 공정성이 부정될 수도 있다. 대법원은 자신이 보유하는 비상장주식을 회사가 보유하는 상장주식과 교환한 대주주의 업무상 배임이 문제된 사안에서 "그것이 회사의 입장에서 볼 때 경영상의 필요에 의한 정상적인 거래로서 허용될 수 있는 한계를 넘어 주로 교환거래를 하려는 특수관계자의 개인적인 이익을 위한 것에 불과하다면, 그와 같은 거래는 임무위배행위에 해당한다고 보아야 할 것이다"라고 판시한 바 있다(대법원 2008. 5. 29, 2005도4640 판결). 사안은 거래조건의 불공정까지 인정된 경우지만 위 판시에 의하면 거래조건의 공정여부와 무관하게 거래자체가 회사이익이 아닌 특수관계자의 이익을 위하여 실행된 경우라면 이사의 신인의무위반이 인정될 수 있는 것처럼 보인다. 다만 거래조건이 공정하다면 회사의 손해를 증명하기는 쉽지 않을 것이다.

4) 따라서 거래가격이 공정한 범위에 속하는 경우에도 절차의 불공정이 인정되는 경우에는 이론상 회사에 대한 손해배상책임이 인정될 여지가 존재하며 실제로 손해배상책임을 인정한 델라웨어주 판례도 존재한다. Dole Food, 2015 WL 5052214, at *44-46.

5) 이와 관련해서는 공정거래위원회가 공정거래법상 부당지원행위(23(1)(vii))에 관한 판단에 적용하기 위하여 제정한 '부당한 지원행위의 심사지침'에서 채택한 '정상가격'이란 개념이 참고가 될 수 있을 것이다. '정상가격'은 그 급부가 유사한 상황에서 특수관계가 없는 독립된 자간에 이루어졌을 경우 형성되었을 거래가격이라고 정의하고 있다.

6) 이런 경우에는 특히 절차의 공정성이 중요할 것이다.

점을 고려하면 경영관여자 쪽에 증명책임을 부담시키는 것이 타당할 것이다.[1)]

5. 위반의 효과

(1) 위반의 태양

제398조를 위반하는 태양은 다음 세 가지로 나눌 수 있다. ① 중요사실의 부실개시, ② 이사회 승인의 부존재, ③ 거래의 불공정성. 앞서 살펴본 바와 같이 대법원은 ①의 경우에는 ②에 해당한다고 보고 있으므로 이하에서는 ②와 ③을 중심으로 설명한다.

(2) 이사회 승인을 받지 않은 거래의 효력

가. 상대적 무효설

이사회 승인 없이 거래한 경우 이사를 해임하거나 손해배상책임을 물을 수 있음은 물론이다. 거래의 효력에 대하여는 다툼이 있지만 현재 이른바 **상대적 무효설**이 통설과 판례이다.[2)] 상대적 무효설에 의하면 이사회 승인 없는 거래는 회사와 거래 상대방 사이에서는 무효이지만 회사가 제3자에 무효를 주장하기 위하여는 제3자가 승인 없음을 알고 있거나 중과실로 몰랐음을 주장, 입증하여야 한다(대법원 1994. 10. 11, 94다24626 판결). 즉 증명책임은 회사에 있다(대법원 1990. 12. 11, 90다카25253 판결; 대법원 2005. 5. 27, 2005다480 판결).

나. 제3자

제3자가 문제되는 것은 주로 다음 두 가지 경우이다. ① 예컨대 회사로부터 부동산을 취득한 이사가 다시 제3자에게 그 부동산을 처분한 경우와 같이 경영관여자가 자기거래 후에 제3자와 거래하는 경우이다(대법원 1981. 9. 8, 80다2511 판결). ② 이른바 간접거래의 경우로 이 경우에는 회사가 직접 제3자를 거래 상대방으로 하여 거래한다. 간접거래에서 제3자의 전형적인 예는 회사가 이사 등의 채무를 보증하는 경우 상대방인 채권자(대법원 1984. 12. 11, 84다카1591 판결), 회사가 이사의 채권자와 이사의 채무를 인수하는 거래를 하는 경우 제3자인 채권자(대법원 1973. 10. 31, 73다954 판결) 등이다. 이 경우 회사가 제3자의 악의 또는 중과실을 증명하지 못하면 무효를 주장할 수 없다.[3)]

제3자의 중과실은 악의와 마찬가지로 본다. 대법원은 중과실을 "제3자가 조금만 주의를

---

1) 동지: 임재연6 Ⅱ, 518면. 반대: 천경훈, 전게논문, 87면. 이사회의 실질적 독립성이 확보되는 경우에는 미국 델라웨어주 판례법과 마찬가지로 이사회의 승인에 증명책임전환의 효과를 인정하는 방안도 고려할 수 있을 것이다.

2) 권기범6, 823면; 김정호5, 453면; 송옥렬9, 1063면; 이/최10, 453면; 장덕조3, 363면; 정동윤6, 636면; 정찬형22, 1053~1054면; 최준선14, 547면. 반면 이사회 승인을 받지 않은 이사의 자기거래의 효력은 절대적 무효라는 견해(무효설)로는 최기원14, 681면.

3) 대법원은 "회사 이외의 제3자와 이사가 회사를 대표하여 자기를 위하여 한 거래에 있어서는 거래의 안전의 견지에서 선의의 제3자를 보호할 필요가 크[다]"고 판시하고 있으나 과연 이러한 사안이 거래의 안전을 도모해야 할 거래인지는 의문이다.

기울였더라면 그 거래가 이사와 회사 간의 거래로서 이사회의 승인이 필요하다는 점과 이사회의 승인을 얻지 못하였다는 사정을 알 수 있었음에도 불구하고, 만연히 이사회의 승인을 얻은 것으로 믿는 등 거래통념상 요구되는 주의의무에 현저히 위반하는 것으로서 공평의 관점에서 제3자를 구태여 보호할 필요가 없다고 봄이 상당하다고 인정되는 상태"라고 판시하였다(대법원 2004. 3. 25, 2003다64688 판결). 사안은 X회사 대표이사 A가 회사로부터 약속어음을 발행받아 Y은행에 양도한 경우로 대법원은 어음을 전문으로 다루는 금융기관인 Y은행이 X회사 이사회의 승인여부를 확인하지 않은 것은 중대한 과실이라고 판단하여 어음의 무효를 선언하였다.[1]

다. 무효를 주장할 수 있는 자

회사가 자기거래의 무효를 주장하는 것은 당연히 가능하다. 다만 자기거래에 해당하는 회사의 채무부담행위에 주주 전원이 이미 동의하였다면 회사는 이사회 승인이 없었음을 이유로 거래의 무효를 주장하여 그 책임을 회피할 수 없다(대법원 2017. 8. 18, 2015다5569 판결).

문제는 거래 상대방인 경영관여자나 제3자가 무효를 주장할 수 있는가이다. 상법 제398조는 회사이익 보호를 목적으로 하는 규정이므로 이사, 거래상대방이나 제3자가 이를 원용하는 것은 허용되지 않는다고 보는 것이 통설·판례이다.[2] 예컨대 대법원은 회사가 자신의 채권을 이사에게 양도한 사안에서 그 채권의 채무자는 이사회 승인이 없다는 이유로 그 양도의 무효를 주장할 수 없다고 판시하였고(대법원 1980. 1. 29, 78다1237 판결), 회사와 이사가 연구개발 성과물을 공유하는 계약을 체결한 사안에서 그 이사는 이사회 승인이 없다는 이유로 계약의 무효를 주장할 수 없다고 판시하였다(대법원 2012. 12. 27, 2011다67651 판결). 회사에 유리한 자기거래는 이사회 승인이 없는 경우라도 회사가 무효를 주장하지 않을 것이기 때문에 그대로 효력을 유지할 것이다.

라. 일부무효

이사회 승인 없이 행해진 자기거래라고 해도 반드시 전부 무효가 되는 것은 아니다. 대법원은 이사가 회사에 대해서 월 1.5%의 금리로 자금을 대여한 사안에서 회사나 이사 모두 이자 약정 부분이 무효로 된다고 하더라도 무이자 금전소비대차로서의 효력은 유지하려는 의사는 있었다고 볼 여지가 있으므로 이자 약정 부분만을 무효로 보는 것도 가능하다고 판시한 바 있다(대법원 2010. 1. 14, 2009다55808 판결).

(3) 손해배상책임

제398조를 위반한 자기거래의 경우 손해배상책임을 지는 주체는 다양하다. ① 먼저 회사

---

1) 특별한 사정이 없는 한 제3자로서는 "회사의 대표자가 거래에 필요한 회사의 내부절차는 마쳤을 것으로 신뢰하였다고 보는 것이 일반 경험칙에 부합하는 해석"이겠지만(대법원 1990. 12. 11, 90다카25253 판결) 사안에서는 Y은행이 어음을 전문으로 다루는 금융기관이라는 점을 특별한 사정으로 본 것이다.

2) 송옥렬9, 1063면; 이철송30, 791면.

의 거래 상대방인 이사는 충실의무 위반으로 인한 손해배상책임을 진다(399). 이 경우는 제398조에 해당하는 경우로 책임감면의 대상이 될 수 없다(400(2)). ② 이사가 아닌 거래 상대방은 회사에 대하여 충실의무를 부담하지 않으므로 제401조의2에 의한 업무집행관여자에 해당하지 않는 한 회사에 대한 손해배상책임을 지지 않는다. ③ 자기거래에서 회사를 대표한 이사와 불공정한 자기거래를 승인한 이사의 책임은 이사의 주관적 상태에 따라 나누어 볼 필요가 있다. 이사가 자기거래의 불공정을 알면서도 그것을 추진하거나 승인한 경우라면 단순히 선관주의의무 위반이라기보다는 충실의무 위반인 동시에 제398조 위반으로 볼 것이다. 따라서 그 경우에는 책임감면의 대상이 될 수 없을 것이다. 이사가 거래의 공정성을 믿고서 선의로 거래한 경우라면 경영판단원칙에 따라 보호를 받을 수도 있고 책임감면의 대상이 될 수도 있을 것이다.

(4) 이사회 승인과 불공정한 거래의 효력

이사회 승인이 있다고 해서 거래주체인 이사의 손해배상책임이 면제되는 것은 아니다.[1] 이사회 승인이 거래의 공정성까지 담보할 수는 없기 때문이다. 대법원도 같은 취지를 밝히고 있다(대법원 1989. 1. 31, 87누760 판결). 자기거래를 감행한 이사는 물론이고 그것을 승인한 이사가 선관주의의무나 충실의무를 위반하였다면 회사에 연대하여 손해배상할 책임을 진다.[2]

어려운 것은 이사회 승인은 있으나 절차나 내용이 공정하지 못한 거래의 효력을 어떻게 볼 것인가의 문제이다. 원론적으로는 다음과 같은 이유로 불공정한 거래는 무효로 보는 것이 타당하다. ① 불공정한 거래는 강행규정인 제398조에 위반하는 거래로 사법적 효력도 부정하는 것이 사법의 일반원칙에 부합한다. ② 거래의 안전에 대한 우려는 뒤에 설명하는 상대적 무효설에 의하여 해소될 수 있다. ③ 손해배상청구가 현실적으로 불가능하거나 그것만으로는 구제가 불충분한 경우가 있다. ④ 자기거래는 기본적으로 이익충돌 위험이 큰 비정상적인 거래이므로 구태여 그것이 원활하게 이루어지도록 보호할 필요는 없다. 그러나 여기서 말하는 공정성은 추상적인 가치개념이기 때문에 일부 공정하지 못한 측면이 있다고 해서 바로 무효를 인정한다면 무효의 범위가 불필요하게 넓어질 수 있다. 따라서 불공정이 현저한 경우에 한하여 무효를 인정해야 할 것이다.[3]

6. 자기거래에 대한 기타의 규제

(1) 자기거래규정의 한계

2011년 개정 전 상법의 자기거래규정은 거래 상대방이 이사에 한정됨으로써 이익충돌의 우려가 있는 다양한 거래에 적용될 수 없었다. 그러한 입법적 공백을 메우기 위해서 정부는

1) 권기범6, 823면.
2) 방론으로나마 그 점을 언급한 판결로 대법원 2007. 5. 10, 2005다4284 판결.
3) 송옥렬9, 1062면.

두 가지의 특별법에 의존하였다. 하나는 구 증권거래법에 규정된 상장회사에 적용되는 특칙으로 2009년 증권거래법이 폐지될 때 상법으로 이관되었다. 다른 하나는 공정거래법의 규정이다. 이하 차례로 설명한다.

(2) 상법상 상장회사 특칙[1]

가. 신용공여의 제한

1) 신용공여의 금지

회사가 이사 등에 대해서 신용을 공여하는 것은 제398조의 자기거래에 해당한다. 그런데 상법은 특칙을 두어 상장회사의 경우 일정한 자를 위한 신용공여를 원칙적으로 금지하고 있다(542-9(1)).[2] 신용공여가 금지되는 상대방은 다음과 같다.

① 주요주주 및 그의 특수관계인
② 이사(업무집행관여자(401-2) 포함)
③ 감사

①의 주요주주는 앞에서 언급한 바와 같이 주식을 10% 이상 보유하거나 사실상의 영향력을 가진 주주로 정의되고 있다(542-8(2)(vi)). 주요주주의 특수관계인에 대해서는 시행령에서 상세하게 정의하고 있다(令 34(4)). 특수관계인에는 주요주주와 동일한 기업집단에 속하는 계열회사는 물론이고 주요주주가 30% 이상을 출자하거나 사실상 영향력을 행사하고 있는 법인도 포함된다.

이들을 상대방으로 하는 신용공여는 물론이고 이들을 위한 신용공여도 금지된다.[3] 신용공여는 자금제공, 재산대여, 보증, 자금지원적 성격의 증권매입,[4] 담보제공, 어음배서 등으로 넓게 정의되고 있다(542-9(1), 令 35(1)).

2) 예 외

상법은 예외적으로 신용공여가 허용되는 경우를 규정하고 있다(542-9(2), 令 35(2), (3)). 예외 중에서 실무상 특히 중요한 것은 '경영건전성을 해칠 우려가 없는' 일정한 신용공여

---

1) 상세한 것은 김지평, "상장회사 이해관계자 거래 규제(상법 제542조의 9)의 실무상 쟁점", 선진상사법률연구 81(2018), 117면 이하.

2) 제398조의 경우와는 달리 신용공여금지위반에 대해서는 형사처벌(5년 이하의 징역 또는 2억원 이하의 벌금)이 규정되어 있다(624-2).

3) 대법원은 중간에 비상장계열사를 끼워서 간접적으로 신용공여를 한 사안에서 이사 등을 "위한" 신용공여에는 "경제적 이익이 실질적으로 상장법인의 이사 등에게 귀속하는 경우와 같이 그 행위의 실질적인 상대방을 상장법인이 이사 등으로 볼 수 있는 경우도 포함된다"고 판시하였다(대법원 2013. 5. 9, 2011도15854 판결)

4) 회사 자신이 주식을 보유 중인 계열회사의 주주배정증자에 응하여 신주를 인수하는 것도 넓게 해석하면 이 범주에 해당하는 것으로 보이지만 실무상으로는 일반적으로 그렇게 보지 않는 것으로 보인다. 그 중요성에 비추어 보다 명확하게 정리할 필요가 있는 부분이다.

(542-9(2)(iii), 令 35(3))이다. 이 경우의 신용공여는 시행령에 의하면 '회사의 경영상 목적을 달성하기 위하여 … 적법한 절차에 따라 이행하는' 것으로서 다음의 자를 상대로 하거나 그를 위한 신용공여라고 규정한다.

① 법인인 주요주주
② 법인인 주요주주의 특수관계인 중 회사(자회사를 포함한다)의 출자지분과 해당 법인인 주요주주의 출자지분을 합한 것이 자연인[1]인 주요주주의 출자지분과 그의 특수관계인(해당 회사 및 자회사는 제외한다)의 출자지분을 합한 것보다 큰 법인
③ 자연인 주요주주의 특수관계인 중 회사(자회사를 포함한다)의 출자지분과 ① 및 ②에 따른 법인의 출자지분을 합한 것이 자연인 주요주주의 출자지분과 그의 특수관계인(해당 회사 및 자회사는 제외한다)의 출자지분을 합한 것보다 큰 법인

이 예외는 회사의 신용을 같은 기업집단에 속하는 법인을 위해서 제공하는 것이 회사자체에도 이익이 될 수 있다는 판단에 따라 도입된 것이다. 다만 같은 기업집단에 속하는 법인이라도 당해 회사보다 자연인 주요주주의 이해관계가 더 큰 법인의 경우에는 신용제공이 자연인 주요주주의 이익을 위해서 남용될 우려가 있어서 예외에서 배제하였다.[2]

금지의 예외에 해당하는 거래는 금지되지 않지만 자기거래에 대한 다른 규제의 적용까지 배제되는 것은 아니다.

3) 금지규정에 위반한 신용공여의 효력

신용공여 금지규정에 위반한 신용공여의 효력에 관하여는 상법 제398조와의 균형상 상대적 무효설이 적용된다고 할 것이다. 즉 회사와 신용공여의 상대방 사이에서는 제542조의9 제1항에 위반한 거래는 사법적으로도 효력이 없다고 보아야 할 것이다. 다만 어떤 거래가 제542조의9 제1항에 위반하는지 여부를 외부에서 알기는 어려우므로 제3자와의 관계에서는 그 거래가 제542조의9 제1항에 위반한다는 점을 알았거나 중과실로 알지 못한 경우에만 무효이다(대법원 2021. 4. 29, 2017다261943 판결).

위법한 신용공여와 위법한 이사의 자기거래에는 몇 가지 차이점이 있다. (i) 위법한 신용공여는 자기거래와 달리 이사회의 사전 승인 또는 사후 추인으로 유효가 될 수 없다. (ii) 판례

---

1) 법문에서는 개인이라고 하고 있다.

2) 예컨대 자연인 A가 상장회사인 X회사의 주요주주이고 A와 X회사가 Y회사 주식을 각각 40%와 60%를 보유한 경우에 X회사가 Y회사에 신용을 제공하는 경우를 생각해보자. 사안에서는 Y회사는 위 ③에 의하여 자연인 주요주주 A의 특수관계인 중 X회사의 출자지분(60%)이 자연인 주요주주 A의 출자지분(40%)보다 큰 법인이기 때문에 신용공여가 허용되는 예외에 해당할 것이다. 이번에는 상장법인인 X회사의 주요주주에 자연인 A외에 법인 B가 있는 경우를 상정해보자. 이번에도 Y회사는 ②에 의하여 법인인 주요주주 B의 특수관계인 중 회사X의 출자지분이 자연인 주요주주 A의 출자지분보다 큰 회사이기 때문에 신용공여가 허용되는 예외에 해당할 것이다.

는 위법한 신용공여인 경우 위법한 자기거래와 달리 회사 이외에도 누구나 그 무효를 주장할 수 있다고 본다(대법원 2021. 4. 29, 2017다261943 판결). 이사회 승인 또는 추인을 통한 회사의 선택권 행사가 불가능하고 일괄적으로 금지되는 구조라는 점, 다양한 이해관계자가 존재하는 상장회사에 적용되는 규정이라는 점 등을 고려하여 사법상 무효 주장의 원칙으로 돌아가 누구나 무효를 주장할 수 있다고 본 것이다.[1)]

나. 최대주주 등과의 대규모 거래

1) 규제대상 거래

상법은 대규모 상장회사의 경우 신용공여가 아니라도 최대주주 등과의 대규모거래에 대해서는 이사회 승인을 요구하고 있다(542-9(3)). 규제대상인 상장회사는 '최근 사업연도 말 현재의 자산총액이 2조원 이상인 상장회사'(슈 35(4))이다. 규제대상 거래의 상대방은 최대주주,[2)] 그의 특수관계인 및 그 상장회사의 일정한 특수관계인이다. 규제대상인 대규모 거래는 다음과 같다.

① 단일 거래규모가 대통령령(슈 35(6))으로 정하는 규모 이상인 거래
② 해당 사업연도 중에 특정인과의 해당 거래를 포함한 거래총액이 대통령령(슈 35(7))으로 정하는 규모 이상이 되는 경우의 해당 거래

2) 이사회 승인

이러한 대규모 거래에 대해서는 이사회 승인을 받아야 한다. '거래를 하려는 경우'라는 표현에 비추어 이사회의 '사전'승인을 요한다고 볼 것이다. 거래의 중요사실에 대한 개시에 관해서는 아무런 규정이 없지만 2011년 개정 전 제398조 해석에서와 마찬가지로 그러한 개시가 당연히 요구되는 것으로 볼 것이다. 이사회 승인을 받지 않은 대규모 거래의 효력에 관해서는 대표이사가 법령상 이사회 결의가 필요한 거래를 이사회 결의 없이 감행한 경우와 마찬가지로 볼 수 있을 것이다.

3) 주주총회에서의 보고

이러한 대규모 거래에 관하여는 이사회 승인 결의 후 처음으로 소집되는 정기주주총회에서 다음 사항을 보고해야 한다(542-9(4), 슈 34(8)).

① 해당 거래의 목적과 상대방
② 거래의 내용, 일자, 기간 및 조건

---

1) 이 부분 판례 법리의 근거에 관하여는 황현영, "상법 제542조의9 제1항을 위반한 신용공여행위의 효력에 관한 연구", 상사법연구 40-1(2021), 94~95면.
2) 의결권 없는 주식을 제외한 발행주식총수를 기준으로 본인과 그의 특수관계인이 소유하는 주식의 수가 가장 많은 경우 그 본인을 말한다(542-8(2)(v)).

③ 해당 사업연도 중 거래상대방과의 거래유형별 총 거래금액 및 거래잔액

4) 예　외

상법은 계열회사 사이에 이른바 내부거래가 빈번하게 일어나고 있는 우리 경제계의 현실을 고려하여 이들 회사의 편의를 위한 예외를 규정하고 있다. 상장회사가 경영하는 업종에 따른 일상적인 거래로서 다음 거래는 이사회 승인을 받지 않아도 무방하고 특히 ②의 경우에는 주주총회에 대한 보고도 면제된다(542-9(5)).

① 약관에 따라 정형화된 거래
② 이사회에서 승인한 거래총액의 범위 안에서 이행하는 거래

실무상 특히 중요한 것은 ②이다. 현재 실무상으로는 연초의 이사회에서 예컨대 "금년도에는 계열회사 X와 1조원 한도 내에서 거래한다"는 식으로 거래총액에 대해서만 이사회 승인을 받는 것이 일반적이다. 그러나 이사회 승인에서는 거래규모뿐 아니라 거래조건도 중요하므로 거래의 공정성을 판단할 수 있는 정도로 거래조건을 구체적으로 개시할 필요가 있다.

다. 상법 제398조와의 관계

위에서 설명한 상장회사에 관한 제542조의9는 과거 적용범위가 좁았던 제398조의 한계를 보완하기 위하여 마련된 것이다. 2011년 상법 개정으로 제398조의 적용범위가 대폭 확대됨에 따라 제542조의9의 실익은 크게 줄어든 것이 사실이다. 한편 제398조의 요건이 강화됨에 따라 제542조의9가 제398조보다 자기거래를 행하는 자에 더 유리한 경우가 발생하였다. 제542조의9가 제398조의 단점을 보완하기 위하여 마련된 것이라는 점을 고려하면 상장회사의 경우 양자를 모두 충족해야 한다고 해석하는 것이 타당하다.

라. 자본시장법상 사업보고서에 의한 공시

자본시장법상 주권상장법인을 비롯하여 사업보고서를 제출하는 법인은 사업보고서(반기보고서, 분기보고서 포함)에 회사가 대주주(그 특수관계인 포함)나 임직원과 거래한 내용을 기재하여야 한다(자시 159(2), 160, 자시슈 168(2)(vi), 170(1)).

(3) 공정거래법

공정거래법은 넓은 의미의 자기거래에 적용될 수 있는 특칙으로 일정한 대규모내부거래에 대해 이사회 승인과 공시를 요구하는 규정을 두고 있다(공정거래 26). 대상거래의 주체는 공시대상기업집단, 즉 자산총액 5조원 이상인 기업집단에 속하는 회사이다(공정거래 31(1)). 대상거래의 상대방은 특수관계인이다. 대상거래의 유형은 다음과 같다.

① 가지급금 또는 대여금 등의 자금을 제공 또는 거래하는 행위

② 주식 또는 회사채 등의 유가증권을 제공 또는 거래하는 행위
③ 부동산 또는 무체재산권 등의 자산을 제공 또는 거래하는 행위
④ 주주의 구성 등을 고려하여 대통령령으로 정하는 계열회사를 상대방으로 하거나 동 계열회사를 위하여 상품 또는 용역을 제공 또는 거래하는 행위

위에 해당하는 거래를 하려는 회사는 미리 이사회 의결을 거친 후 이를 공시해야 한다(공정거래 26(1)). 이사회 의결은 사외이사 중심으로 구성된 위원회의 의결로 갈음할 수 있다(공정거래 26(5)). 금융업 또는 보험업을 영위하는 회사의 약관에 의한 거래는 이사회의 결의를 거치지 아니하고 할 수 있다(공정거래 26(4)).

대규모내부거래에 관한 규정 외에 불공정거래행위의 한 유형인 **부당지원행위**에 관한 규정도 자기거래에 적용될 여지가 있다. 공정거래법은 "특수관계인 또는 다른 회사에 가지급금·대여금·인력·부동산·유가증권·상품·용역·무체재산권 등을 제공하거나 상당히 유리한 조건으로 거래하는 행위" 또는 "다른 사업자와 직접 상품·용역을 거래하면 상당히 유리함에도 불구하고 거래상 실질적인 역할이 없는 특수관계인이나 다른 회사를 매개로 거래하는 행위"를 통하여 부당하게 특수관계인 또는 다른 회사를 지원하는 행위를 금지하고 있다(공정거래 45(1)(ix)). 또한 그러한 지원을 받는 것도 금지된다(공정거래 45(2)). 특수관계인에게 현저히 유리한 조건으로 하는 거래는 부당지원행위로서 규제받을 가능성이 크다.[1)]

나아가 2013년 신설된 **특수관계인에 대한 부당한 이익제공 금지**도 자기거래에 적용될 수 있다. 공시대상기업집단에 속하는 회사는 자연인인 특수관계인이나 특수관계인이 발행주식총수의 20% 이상 주식을 보유한 계열회사 또는 그 자회사에게 상당히 유리한 조건으로 거래하거나 상당한 이익이 될 사업기회를 제공하는 등 부당한 이익을 귀속시키는 행위를 할 수 없다(공정거래 47(1)). 부당한 이익제공 금지 조항은 공시대상기업집단에만 적용된다는 점, 자연인인 특수관계인에 대한 지원에 초점을 맞춘다는 점, 지원행위 및 지원받는 행위뿐 아니라 지원행위에 대한 지시·관여도 금지하고 지원주체, 지원객체, 지시·관여한 특수관계인을 모두 제재대상으로 삼고 있다는 점에서 부당지원행위 조항과 차이가 있다(공정거래 47(3)(4)).

Ⅶ. 경쟁금지

1. 의 의

상법은 이사가 이사회 승인 없이 ① 회사의 영업부류에 속하는 거래를 하거나 ② 동종영업을 목적으로 하는 다른 회사의 무한책임사원이나 이사가 되는 것을 금하고 있다(397(1)). 통

1) 부당지원행위에 관해서 상세한 것은 서정, 부당한 지원행위 규제에 관한 연구, 서울대 박사학위논문(2008).

상 양자를 통틀어 경업(競業)금지라고 한다. 그러나 엄밀히 말하면 경업이란 ①만을 가리키므로 이 곳에서는 양자를 함께 가리킬 때에는 경쟁금지라는 용어를 사용한다. 이사의 충실의무에 따라 회사이익을 자신의 사적 이익보다 우선해야 할 이사가 회사와 경쟁하는 것을 금지하는 것은 당연하다. 실무상으로는 임용계약에서 퇴임 후 일정기간 경쟁금지를 규정하는 경우도 적지 않다.[1)]

경쟁금지는 회사 외부에서의 이사 활동에 대한 규제라는 점에서 뒤에 살펴보는 회사기회유용과 유사한 면이 있다. 실제로 회사와의 경쟁은 회사기회유용과 더불어 행해지는 경우가 많다. 그러나 경쟁은 이사의 외부활동 자체가 회사이익을 침해할 위험이 있는 경우인데 비하여 회사기회유용은 회사에 재산적 가치가 있는 사업기회를 가로채는 행위가 개재되는 경우라는 점에서 개념적으로 구별된다.

경쟁과 같은 이사의 외부활동은 자기거래와는 달리 회사의 행위가 개입되지 않는 것이 보통이므로 회사 내부에서 파악하기 쉽지 않다. 한편 이사, 특히 사외이사의 경우에는 외부활동을 허용할 필요가 있기 때문에 경쟁금지는 이사의 직업선택의 자유(헌 15)와 조화되는 방향으로 운용해야 할 것이다.

2. 금지행위의 주체: 이사

경쟁금지가 적용되는 대상은 법문상 이사에 한한다. 따라서 지배주주는 특별히 사실상 이사로 볼 사정이 있는 경우가 아닌 한 경쟁금지규정의 적용대상이 아니다. X회사 이사A가 직접 행위를 하지 않고 자신이 주식 전부를 소유하는 Y회사에 경업을 시킨 경우에는 어떠한가? A가 Y의 이사인 경우라면 뒤에서 말하는 겸직에 해당하므로 경업금지를 적용하는 데 문제가 없다. 그러나 A가 Y의 이사가 아닌 경우에도 Y를 A의 분신으로 보아 경쟁금지가 적용된다고 볼 것이다.[2)]

이처럼 이사와 밀접한 관계있는 주체가 경쟁의 주체가 되는 전형적인 예는 이사의 배우자나 자식이 경쟁을 하는 경우이다. 여기서 배우자나 자식이 형식적인 명의자일 뿐이고 실제의 거래주체가 이사인 경우에는 당연히 경쟁금지의 적용대상이 될 것이다. 그러나 적어도 배우자가 경쟁을 하는 경우에는 이사가 실제의 주체가 아니라고 하더라도 이사와 생활공동체를 형성한다는 사회통념상 원칙적으로 경쟁금지의 적용대상이라고 볼 것이다.

---

1) 이러한 약정은 일반근로자의 경우에도 흔히 체결된다. 그러나 경쟁금지약정은 헌법상 보장된 근로자의 직업선택의 자유를 제한하는 한편 시장에서의 경쟁을 제한할 우려가 있다. 대법원은 과도한 경쟁제한약정은 공서양속위반으로 무효로 보고 있다(대법원 2010. 3. 11, 2009다82244 판결). 경우에 따라서는 같은 논리를 이사가 체결한 경쟁금지약정에도 적용할 수 있을 것이다. 이철송30, 772면.

2) 송옥렬9, 1049면. 일본에는 비슷한 취지의 판결이 있다. 東京地裁 1981. 3. 26, 判例時報 제1015호, 27면(山崎製パン事件).

3. 경 쟁

금지되는 경쟁은 두 가지로 나눌 수 있다: ① 자기 또는 제3자의 계산으로 회사의 영업부류에 속하는 거래를 하는 것, 즉 경업과 ② 동종영업을 목적으로 하는 다른 회사의 무한책임사원이나 이사가 되는 것, 즉 겸직이다. 이하 차례로 설명한다.

(1) 경 업

이사가 자기 또는 제3자의 계산으로 경업하는 것인 한 누구의 명의로 하는지는 관계가 없다. 영업부류에 속하는 거래란 회사의 사업과 동종 또는 유사한 상품이나 서비스를 제공하는 거래를 말한다. 거래에는 지속적 거래는 물론이고 일회적 거래도 포함된다. 과거 회사기회유용에 관한 제397조의2가 도입되기 전에는 영업부류에 속하는 거래를 폭넓게 해석할 필요가 있었다. 그러나 이제 회사와의 잠재적 경쟁은 제397조의2에 의하여 규율할 수 있기 때문에 영업부류에 속하는 거래를 그렇게 넓게 해석할 필요는 감소하였다.

'영업부류에 속하는 거래'의 범위를 어떻게 볼 것인가? 정관에 기재된 사업목적에 속하는 사업은 실제로 영위하고 있지 않더라도 회사의 영업부류에 속하는 것으로 보아야 할 것이다. 정관에 기재되지 않았더라도 실제로 회사가 영위하는 사업은 물론 이미 준비에 착수하거나 또는 일시적으로 중지하고 있는 사업도 회사의 영업부류에 포함된다고 볼 것이다. 그 밖에 정관에 기재되지 않은 사업은 영업부류에 속하는 것으로 보지 않는다. 그러한 사업은 뒤에서 설명하는 회사기회유용에 해당하지 않는 한 이사가 자유롭게 영위할 수 있다. 정관의 사업목적에 해당하는 것만으로는 충분하지 않고 회사가 실제로 수행하거나 적어도 회사가 착수한 사업만을 포함한다는 견해도 있다.[1] 그러나 회사가 착수하지 않은 사업이라도 일단 정관에 사업목적으로 기재된 경우에는 장차 회사와 경쟁이 발생할 여지가 있으므로 영업부류에 속하는 것으로 볼 것이다. 경업은 뒤에서 설명하는 회사기회의 유용과 중복되거나 구별이 모호한 경우가 많다.

한편 대법원은 두 회사가 같은 영업부류에 속하는 거래를 하고 있더라도 "경업 대상 여부가 문제 되는 회사가 실질적으로 이사가 속한 회사의 지점 내지 영업부문으로 운영되고 공동의 이익을 추구하는 관계에 있다면 두 회사 사이에는 서로 이익충돌의 여지가 있다고 볼 수 없"어 경업에 해당하지 않는다고 한다.[2] 그러나 두 회사를 지배하는 대주주가 각 회사에 대해 가지는 지분율이 다르다면, 두 회사가 공동의 이익을 추구하는 것처럼 보여도 주주들 간에는 이익충돌이 있을 수 있다. 예컨대 갑이 30%를 소유하고 사실상 지배하는 상장회사 A가 어떤

---

1) 송옥렬9, 1049면.

2) 대법원 2013. 9. 12, 2011다57869 판결(광주신세계 사건); 대법원 2025. 6. 12. 선고 2021다256696, 2021다256702 판결(태양 사건).

영업을 하고 있는데, 갑이 100%를 소유한 비상장회사 B가 같은 지역에서 동일한 영업을 개시한다고 가정하자. 비록 B가 A의 지점 내지 영업부문으로 운영되어 공동의 이익을 추구하는 것처럼 보이더라도 이는 종래 A회사에 귀속되던 수익의 일부를 B회사로 돌리게 되어 궁극적으로 A회사의 70% 주주들로부터 갑으로의 부의 이전을 야기할 수 있으므로 A회사 이사회의 승인을 요하는 경업이라고 보아야 할 것이다.

신세계 주주대표소송 판결 등

경업과 회사기회의 유용이 함께 문제된 대표적인 사례로 2013년 선고된 신세계 주주대표소송 판결이 있다(대법원 2013. 9. 12, 2011다57869 판결). 신세계의 100% 자회사인 광주신세계의 유상증자 시 신세계 이사회가 실권을 결정하자 신세계 지배주주의 아들이자 이사인 피고가 실권주를 인수하여 83.3%의 지배주주가 된 사안에서 최종적으로는 모두 부정되었지만 경업과 회사기회유용이 문제되었다.[1)]

첫째, 경업과 관련하여 대법원은 영업부류가 동일하다면 서로 영업지역을 달리하고 있는 경우라도 경업을 인정할 수 있다고 하면서도 "[광주신세계]가 실질적으로 [신세계]의 지점 내지 영업부문으로 운영되고 공동의 이익을 추구하는 관계에 있다면 두 회사 사이에는 서로 이익충돌의 여지가 있다고 볼 수 없[으므로]" 제397조에 의한 승인이 필요하지 않다고 판시하였다. 그러나 동일한 기업집단에 속하는 광주신세계와 신세계의 이익이 전반적으로 일치한다고 하더라도 양자의 소유구조가 완전히 동일하지 않다면 이익충돌의 여지가 전혀 없다고 단정할 수는 없을 것이다.

둘째, 회사기회유용과 관련하여 대법원은 "이사회가 충분한 정보를 수집·분석하고 정당한 절차를 거쳐 회사의 이익을 위하여 의사를 결정함으로써 그러한 사업기회를 포기하거나 어느 이사가 그것을 이용할 수 있도록 승인하였다면 그 의사결정 과정에 현저한 불합리가 없는 한 그와 같이 결의한 이사들의 경영판단은 존중되어야 한다"고 판시하였다. 즉 신세계 이사회에서 정당한 경영판단으로 실권결의를 했으므로, 그 결과 피고가 사업기회를 이용하게 되었더라도 피고를 비롯한 신세계 이사들이 선관주의의무나 충실의무를 위반했다고 볼 수 없다고 한 것이다.

유사한 사안으로서 한화 주주대표소송 판결이 있다(대법원 2017. 9. 12, 2015다70044 판결).[2)] 한화는 사업전망이 좋은 자회사 한화에스앤씨 주식 40만주(66.7%)를 한화그룹 회장의 장남에게 매각하였는바, 이에 대해 소액주주들이 한화의 전현직이사들을 상대로 대표소송을 제기하였다. 저가매각에 관한 주의의무위반, 자기거래, 회사기회유용, 경업이 쟁점이 되었으나, 대법원은 주식가치평가가 부적절하다고 볼 근거가 없고, 적법한 이사회 승인이 있었다는 점을 들어 청구를 기각하였다.

---

1) 사안에서는 경업대상 회사의 이사가 되는 것이 아니라 지배주주가 되는 경우이므로 경업과 겸직의 중간적인 사안이라고 할 것이다. 또한 이 판결은 회사기회유용에 관한 제397조의2 신설 전의 사실관계에 관한 것이다.

2) 다만 실권주를 인수한 주체가 이사였던 신세계건과 달리 한화에스앤씨 주식을 매수한 장남이 한화의 이사는 아니었다.

(2) 겸 직

이사는 동종영업을 목적으로 하는 다른 회사의 무한책임사원이나 이사가 되지 못한다.[1] 동종영업을 목적으로 하는 회사에서의 겸직만이 금지된다는 점에서 모든 회사에서의 겸직이 금지되는 상업사용인의 직무전념의무(17(1))와 구별된다. 당해 회사는 아니지만 그 자회사가 동종영업을 수행하는 경우라도 역시 이익충돌이 존재하기 때문에 겸직금지의 대상이 된다. 또한 '아직 영업을 개시하지 못한 채 공장의 부지를 매수하는 등 영업의 준비작업을 추진하고 있는 회사'인 경우에도 '동종영업을 목적으로 하는 다른 회사'로 볼 수 있다(대법원 1990. 11. 2, 90마745 결정). 또한 법문에 의하면 대표이사뿐 아니라 이사가 되는 것도 금지되는 것으로 본다. 나아가 판례는 "경업 대상 회사의 이사, 대표이사가 되는 경우뿐만 아니라 그 회사의 지배주주가 되어 그 회사의 의사결정과 업무집행에 관여할 수 있게 되는 경우에도 자신이 속한 회사 이사회의 승인을 얻어야 한다"고 본다(대법원 2013. 9. 12, 2011다57869 판결; 대법원 2018. 10. 25, 2016다16191 판결).

4. 이사회의 승인

(1) 중요사실의 개시

이사가 경업이나 겸직을 하기 위해서는 이사회 승인을 받아야 한다.[2] 법문은 명시하고 있지 않지만 당해 이사는 이사회 승인을 받기 앞서 거래에 관한 중요사실을 개시(開示)할 필요가 있다. 전술한 바와 같이 이사의 자기거래에 관해서 법문에 개시의무가 도입되기 이전에도 대법원은 개시의무를 인정한 바 있다(대법원 2007. 5. 10, 2005다4284 판결). 경쟁의 승인에 대해서도 달리 볼 여지는 없을 것이다. 설사 승인이 있더라도 정보가 제대로 개시되지 아니하여 이사들이 거래에 관한 중요사실을 알지 못한 채 승인한 경우에는 승인이 없는 것과 마찬가지로 볼 것이다.

(2) 승인대상의 범위

적절한 정보에 근거하여 행해진 승인이라면 개별적 거래뿐 아니라 포괄적 거래에 대한 승인도 가능하다. 또한 예컨대 X회사 이사 A가 동종영업을 목적으로 하는 Y회사의 대표이사로 취임하기 위해서는 X회사 이사회 승인이 필요하지만 그 후 A가 Y회사를 대표하여 영업거래를 하는 경우에 일일이 X회사 이사회의 승인을 얻을 필요는 없을 것이다. 왜냐하면 A가 Y회사 대표이사로 취임하는 것에 대한 승인은 A가 대표이사로서 하는 개별적인 거래에 대한 승인도 포함한다고 할 수 있기 때문이다.

---

1) 지배주주가 되는 경우에는 앞서 설명한 경업에 해당하는 것으로 볼 수 있을 것이다.
2) 과거에는 주주총회의 승인을 요하였으나 1995년 상법 개정 시에 자기거래의 경우와 마찬가지로 이사회 승인사항으로 하였다. 현행법상으로도 자본금총액이 10억원 미만으로 이사회를 두지 않은 회사에서는 주주총회가 승인기관이 된다(363(4)).

(3) 사후승인의 허용여부

이사회 승인은 사전에 이루어질 것을 요하고 사후승인은 인정되지 않는다고 보는 견해가 유력하다.[1] 사실상 책임면제의 효과가 있는 사후승인을 인정하는 것은 이사의 손해배상책임의 면제에 주주 전원의 동의를 요하는 상법 제400조와 충돌한다는 점을 근거로 든다. 그러나 사후승인이 있다고 해서 반드시 이사의 손해배상책임이 면제된다고 볼 것은 아니므로 사후승인을 구태여 금지할 필요가 없다.[2] 사후승인은 회사가 뒤에 설명하는 개입권을 행사하지 않고 해임을 하지 않는다는 결정으로 볼 수 있을 것이다.

5. 위반의 효과

(1) 위반행위자체의 효력

경업거래는 회사의 거래가 아니라 이사의 거래이므로 이사회 승인을 얻지 못한 경우에도 원칙적으로 유효하다. 거래상대방이 경업사실을 알았다고 하더라도 그것만으로는 효력에 영향이 없다. 또한 겸직의 경우에도 이사회 승인 유무에 관계없이 유효하다.

(2) 손해배상책임

이사의 경쟁행위로 인하여 회사에 손해가 발생한 경우에 이사는 회사의 손해를 배상할 책임을 진다(399). 이사회 승인을 받지 않은 경우에는 바로 법령위반에 해당하지만 승인을 받았더라도 당해 이사의 의무위반이 인정되는 경우에는 손해배상책임을 질 수 있다. 이 경우 이사회에서 찬성한 이사에 대해서도 임무해태의 책임을 물을 수 있다.

그러나 이사의 경쟁으로 인한 회사의 손해액을 증명하는 것은 쉽지 않다. 특히 단순한 겸직의 경우에는 그것이 더욱 어려울 것이다. 회사기회유용의 경우와는 달리 위반거래에 의하여 이사나 제3자가 얻은 이익의 액을 손해액으로 추정하는 규정은 없다. 이에 대해서는 뒤에서 설명하는 개입권으로 대처해야 할 것이다.

(3) 개 입 권

회사는 이사회의 승인 없는 이사의 경업거래에 대하여 ① 그 거래가 이사 자신의 계산으로 한 것인 때에는 이를 회사의 계산으로 한 것으로 볼 수 있고 ② 제3자의 계산으로 한 것인 때에는 그 이사에 대하여 이로 인한 이득의 양도를 청구할 수 있다(397(2)). 이를 개입권이라고 한다. 개입권은 법문상 겸직이 아닌 경업의 경우에만 인정된다.

위 ①의 경우 '회사의 계산으로 한 것으로 볼 수 있다'는 의미는 이사가 회사에 대하여 거래의 경제적 효과를 귀속시켜야 하는 채권적 의무를 부담한다는 것이고 개입권 행사로 인하여

---

1) 김정호5, 438면; 김홍기4, 577면; 송옥렬9, 1050면; 정동윤6, 630면; 최준선14, 531면.
2) 권기범6, 797~798면; 최기원14, 669면.

거래의 당사자가 이사에서 회사로 변경되는 것은 아니다. 예컨대 이사가 경업거래를 통하여 물건 또는 채권을 취득하였다면 회사는 개입권을 행사하여 그러한 물건 또는 채권의 양도를 청구할 수 있다. 또한 위 ②의 경우 이사가 회사에 양도할 이득은 이사가 그 행위의 대가로 제3자로부터 받은 이득을 의미하고, 제3자 자신이 그 행위로 인하여 얻은 이득을 의미하는 것은 아니다. 예컨대 이사가 경업거래를 통해서 그 손익은 타인에게 귀속시키면서("제3자의 계산") 일정한 수수료를 받았다면 회사는 개입권을 행사하여 그러한 수수료 상당의 금전 지급을 이사에게 청구할 수 있다.

개입권과 손해배상청구권은 택일적 관계가 아니라 양립할 수 있다. 다만 회사가 개입권을 행사하여 경제적 이익을 얻은 경우에는 사실상 손해액이 감소될 것이다. 개입권을 행사하려면 이사회 결의를 거쳐야 하고(397(2)) 거래가 있은 날로부터 1년 내에 행사하여야 한다(397(3)).[1)]

(4) 기 타

경쟁금지를 위반한 이사에 대해서는 회사가 당연히 해임을 시도할 수 있다. 이 경우에는 당연히 '정당한 이유'가 인정될 것이므로 임기만료 전에 해임하더라도 이사가 손해배상을 청구할 수 없다(385(1)단). 경쟁금지의 위반은 법령에 위반한 중대한 사실(385(2))이라고 볼 수 있으므로(대법원 1990. 11. 2, 90마745 결정) 소수주주가 법원에 해임을 청구하거나 직무집행정지가처분을 신청할 수 있다.[2)]

임직원에 대한 전직권유

회사와 경쟁금지특약을 체결하지 않은 경우라면 이사는 퇴직 후 자유롭게 회사와 경쟁이 되는 사업을 영위할 수 있다. 그런 계획을 가진 이사가 퇴직 전에 자신의 부하직원에게 자기 사업에 동참할 것을 권유하는 경우는 흔히 발견된다. 이러한 행위는 제397조에서 말하는 경쟁에는 해당하지 않지만 충실의무 위반에 해당할 여지가 있다.[3)] 다만 이사와 부하직원의 직업선택의 자유(헌15)와 경쟁을 과도하게 제한하지 않도록 이사의 충실의무를 유연하게 해석할 필요가 있다.

Ⅷ. 회사기회유용금지[4)]

1. 의 의

회사와 이사 사이의 이익충돌은 사업기회에 관해서도 발생할 수 있다. 미국법상 이사나

1) 상업사용인의 개입권의 경우(17(4))와는 달리 안 날로부터 2주간이 경과해도 소멸한다는 규정은 없다.

2) 이사의 경쟁금지의무위반은 경우에 따라 상법상의 특별배임죄(622(1))를 구성할 수 있다(서울고등법원 1982. 1. 13, 82노2105 판결(확정)).

3) 江頭8, 457면 주 7.

4) 회사기회유용에 관한 문헌으로 천경훈, "개정상법상 회사기회유용 금지규정의 해석론 연구", 상사법연구 30-2(2011), 143~210면; 장재영/정준혁, "개정상법상 회사기회유용의 금지", BFL 51(2012), 31면 이하 참조.

지배주주가 회사의 사업기회, 즉 회사기회(會社機會)(corporate opportunity)를 가로채는 것은 충성의무위반으로 금지된다(이른바 회사기회유용의 법리). 회사기회유용의 법리는 앞서 설명한 경업금지와 상당히 유사할 뿐 아니라 중복되는 면이 있다. 그러나 경업금지가 회사와의 경쟁이라는 관점에서 접근하는 것에 비하여 회사기회유용의 법리는 회사가 이익을 얻을 기회를 가로챈다는 관점에서 접근한다는 점에 차이가 있다.

회사기회유용의 법리는 우리 상법상 이사의 선관주의의무나 충실의무에 의해서도 도출할 수 없는 것은 아니다.[1)] 그러나 2011년 개정상법은 제397조의2를 제정함으로써 명시적으로 회사기회유용의 법리를 도입하였다.

'일감 몰아주기'와 회사기회의 유용

상법 제397조의2는 특히 재벌그룹에서 만연한 이른바 '일감 몰아주기'를 규제하기 위한 수단으로 도입되었다. 전형적인 일감 몰아주기의 예는 X기업집단 총수 A의 아들인 B가 경영하는 Y회사에 X그룹의 모든 계열회사가 일감을 몰아주는 경우이다. Y회사와 X그룹 계열회사 사이의 거래는 제398조에서 말하는 자기거래에 해당할 가능성이 크다. 그러나 설사 자기거래에 해당한다 해도 거래의 내용과 절차가 공정하고 이사회 승인을 받는 경우에는 막을 수 없다. 일감 몰아주기 거래에서 거래가 공정한 조건으로 행해지는 경우에도 Y회사에게는 큰 특혜가 된다. 안정된 거래물량 확보는 시장경쟁에서 절대적으로 유리한 조건이기 때문이다. 일감 몰아주기 거래를 통해서 급속히 성장한 Y회사가 기업을 공개하면 B는 엄청난 이익을 얻게 된다. B는 그 이익으로 X그룹 주력회사 주식을 취득하는 방식으로 X그룹 경영권을 확보할 수 있다. 일감 몰아주기 거래는 거의 모든 재벌그룹에서 행해진 바 있다. 일감 몰아주기가 널리 확산되면 기업집단에 속하지 않는 독립 기업은 거래처를 찾을 수 없기 때문에 성장은 고사하고 존속자체가 어렵게 된다.

회사기회유용 법리는 Y회사와 X그룹 계열회사 사이의 거래에 적용되는 것이 아니라 B가 Y회사를 설립하는 단계에 적용되는 것이다. 그 경우 문제는 B의 행위를 '이사'의 행위로 포섭할 수 있는가, 그리고 Y회사 사업이 X그룹의 계열회사의 회사기회에 해당한다고 볼 수 있는가이다. 일감 몰아주기는 공정거래법(47(1)(ii)(iv))과 「상속세 및 증여세법」(45-3)에 의해서도 규제되고 있다.

2. 회사기회의 범위

(1) 회사기회의 기준

회사기회유용 법리에서 가장 어려운 과제는 회사기회의 범위를 획정하는 것이다. 미국에서는 어떠한 사업기회가 회사기회에 속하는지 여부를 판별하는 기준으로 대체로 다음 두 가지를 들고 있다: ① '이익 또는 기대'(interest or expectancy)기준과 ② 영업부류(line of busi-

1) 그러한 취지를 명시한 하급심 판결로 서울중앙지방법원 2011. 2. 25, 2008가합47881 판결(현대글로비스판결) 참조. 상법 개정 전의 사실관계에 관한 대법원 2018. 10. 25, 2016다16191 판결도 같은 취지이다.

ness)기준.[1] ①에 의하면 회사가 구체적으로 이익이나 기대를 갖는 사업기회를 유용하는 것만이 금지되고 ②에 의하면 회사의 영업부류에 속하는 사업기회는 모두 회사기회에 해당하게 된다.[2]

2011년 개정 상법은 회사의 사업기회를 '현재 또는 장래에 회사의 이익이 될 수 있는'(회사이익요건) 회사의 사업기회로서 다음의 두 가지 중 하나에 해당하는 것으로 정의하고 있다(397(1)).[3]

① 직무를 수행하는 과정에서 알게 되거나 회사의 정보를 이용한 사업기회
② 회사가 수행하고 있거나 수행할 사업과 밀접한 관계가 있는 사업기회

위 ①은 이사가 사업기회를 알게 된 사유가 회사와 관련이 있는 경우(지득(知得)사유기준)이고 ②는 사업기회 자체가 회사사업과 밀접한 관계가 있는 경우(사업관계기준)이다. 이하 이 두 기준과 '회사이익요건'을 차례로 설명한다.

(2) 지득사유기준

직무를 수행하는 과정에서 알게 되거나 회사의 정보를 이용한 사업기회는 회사기회에 해당한다. 이 기준은 대체로 앞서 살펴본 미국법상의 '이익 또는 기대'기준을 보다 구체화한 것으로 볼 수 있다. 이사가 직무수행과정에서 알게 되거나 회사의 정보를 이용한 사업기회는 회사사업과 밀접한 관계가 없더라도 회사가 '이익 또는 기대'를 갖는 것으로 볼 수 있기 때문이다.

가. 직무수행과정에서 알게 된 사업기회

직무수행이 반드시 근무시간 내이거나 회사 사무실 내에서 이루어져야만 하는 것은 아니다. 예컨대 근무시간 외에 회사와 무관한 사교모임에서 만난 제3자가 이사에게 사업기회를 알려준 경우에도 그 제3자가 회사를 상대로 제공하는 것이라는 점을 이사가 알 수 있는 상황이라면 회사기회에 해당한다.[4]

직무수행과정에서 알게 되었는지 여부를 직접 증명하기는 어렵다. 따라서 이사의 직무와 관련된 사업기회라면 일단 직무수행과정에서 알게 된 것으로 추정해야 할 것이다.[5] 특히 사내이사는 자신의 담당 부서 업무가 아닌 다른 업무에 관한 사업기회도 전해들을 가능성이 높으

1) 일부 판례에서 채택한 공정성기준은 그 내용이 모호하여서인지 별로 지지를 얻지 못하였다. Clark, Corporate Law (1986) 228~229.
2) 양자에 관해서는 대체로 ①보다는 ②에 의할 때 회사기회의 범위가 넓어지기 때문에 ①이 ②보다 이사나 지배주주에 유리한 기준으로 평가되고 있다.
3) 이 두 가지 기준은 미국법률가협회(American Law Institute)가 제시한 지침과 유사하다. American Law Institute, Principles of Corporate Governance: Analysis and Recommendations(1992) §5.05(b).
4) ALI원칙은 이 점을 분명히 밝히고 있다. §5.05(b)(1)(A)
5) 송옥렬9, 1066면; 장재영/정준혁, 전게논문, 42면.

므로 회사 업무에 관한 사업기회라면 직무수행과정에서 알게 된 것으로 추정할 수 있다.[1)]

나. 회사의 정보를 이용한 사업기회[2)]

회사의 정보는 회사 재산이라고 할 수 있기 때문에 그것을 이용한 사업기회는 원칙적으로 회사기회에 해당한다. 회사가 개발한 신사업분야에 이사가 개인적으로 진출하는 것은 이에 해당한다고 볼 것이다. 나아가 회사가 대규모 사옥부지를 구입할 때 이사가 몰래 그 인근부지를 개인적으로 구입하는 경우도 회사기회유용에 해당할 가능성이 있다.

(3) 사업관계기준

사업관계기준은 미국법상의 영업부류기준과 유사한 것으로 회사가 수행하고 있거나 수행할 사업과 밀접한 관계가 있는 사업기회는 회사기회에 해당할 가능성이 있다.[3)] 회사가 수행할 사업은 막연히 장차 수행할 가능성이 있는 사업이 아니라 적어도 회사가 수행하기로 내부결정을 내린 단계의 사업을 말한다.[4)] 내부적으로 추진을 검토하는 단계에 있는 사업이나 추진을 검토하다 보류하기로 결정한 사업의 경우에도 장래 추진 가능성이 있는 것이라면 일단 회사기회로 보호할 필요가 있을 것이다. 이는 앞서 설명한 지득사유기준에 의하여 회사기회로 볼 수 있을 것이다.

'밀접한 관계'가 있는 사업기회로는 회사가 수행하거나 수행할 사업과 수평적이거나 수직적인 관계에 있는 사업기회를 들 수 있다. 수평적 관계의 예로는 앞서 소개한 신세계주주대표소송의 사안에서처럼 영업부류는 같지만 영업지역이 다른 경우를 들 수 있다(대법원 2013. 9. 12, 2011다57869 판결). 이는 회사기회로도 볼 수 있지만 경업금지의 적용대상으로 볼 수도 있다. 예컨대 가정방문을 통해서 학습지를 판매하던 회사의 이사가 정수기를 판매하는 것과 같이 판매하는 제품은 다르지만 판매방식이 동일한 경우에도 회사기회로 볼 수 있다. 수직적 사업기회유용의 예로는 자동차회사 이사가 자동차관련 운송업을 시작하는 경우를 들 수 있다.

(4) 회사이익 요건

회사기회는 '현재 또는 장래에 회사의 이익이 될 수 있는' 사업기회에 한정된다. 장차 이익발생의 가능성만 있으면 되기 때문에 현재로는 손실의 가능성이 높더라도 회사이익요건은 충족될 수 있다. 대법원도 '이익이 될 여지가 있는 사업기회'는 회사의 승인 없이 이용할 수 없다고 함으로써(대법원 2013. 9. 12, 2011다57869 판결) 반드시 이익발생 가능성이 높을 것을 요구하고 있지는 않은 것으로 보인다.[5)]

---

1) 장재영/정준혁, 전게논문, 42면.
2) 이는 ALI원칙 §5.05(b)(1)(B)와 유사하다.
3) 이는 ALI원칙 §5.05(b)(2)와 유사하다('closely related').
4) 적어도 회사가 사업개시를 위한 준비행위로 나아간 경우를 가리킨다는 견해로는 송옥렬9, 1066면.
5) 또한 회사의 자본비용이 10%인데 9%의 수익밖에 기대할 수 없는 사업과 같이 재무의 관점에서 손실인 사업기회

(5) 일회적 사업기회

사업기회는 타이어제조업과 같이 계속적으로 수행되는 사업에 한정되지 않는다. 예컨대 건설회사 대표이사가 아파트건설에 적합한 부지를 개인적으로 미리 취득하는 것은 사업과 '밀접한 관계'가 있는 사업기회로서 회사기회의 유용에 해당할 것이다.

폐쇄회사와 회사기회

회사기회의 범위는 폐쇄회사의 경우에는 공개회사에서보다 좁게 인정하는 것이 합리적이라는 주장이 있다.[1] 그 근거는 다음과 같다. 먼저 폐쇄회사 주주는 자신이 신임하는 이사를 선임할 수 있고 이사의 활동을 보다 잘 감시할 수 있으므로 회사기회를 좁게 인정하더라도 별문제가 없다. 반면 공개회사 이사는 회사 일에 전심전력해야 하는 것이 보통이기 때문에 다른 사업기회에 신경 쓸 여유가 없다. 또한 공개회사는 상대적으로 자금력이나 인력이 풍부하기 때문에 보다 다양한 사업기회를 활용할 수 있다. 따라서 공개회사에서는 이사가 회사사업 이외에 개인적으로 다른 사업을 수행하는 것을 넓게 인정할 필요는 없다.

기업집단에서의 사업기회의 배분

사업기회의 배분은 회사와 이사 사이에서뿐 아니라 지배회사와 종속회사 또는 같은 기업집단에 속하는 계열회사 사이에서도 문제될 수 있다. 이 경우에는 원칙적으로 이사를 적용대상으로 삼고 있는 제397조의2가 적용될 여지는 없다. 그렇지만 이익충돌이 존재한다는 점은 부정할 수 없으므로 어떻게 처리할 것인가는 문제이다. 지배회사나 종속회사가 모두 비슷한 업종에 종사하고 있거나 또는 문제된 사업기회 자체가 전혀 새로운 것인 경우에는 어느 회사에 속한다고 볼 것인지의 판단이 쉽지 않아서 사업기회의 배분이 자의적으로 이루어질 가능성이 높다. 지배회사에도 따로 소수주주가 존재하므로 지배회사에게 종속회사 이사와 마찬가지로 무조건 종속회사 이익을 위해서 자신의 이익을 희생하도록 요구할 수는 없고 오히려 사신의 이익을 추구하는 것도 어느 정도는 인정할 필요가 있다. 미국의 판결 중에는 지배회사 재량의 범위를 폭넓게 인정하여 지배·종속회사 간의 사업기회배분도 경영판단으로 보는 판결도 있다.[2] 그러나 지배회사의 재량을 폭넓게 인정하면 사업기회의 분배가 종속회사에 불리한 방향으로 이루어질 우려가 있다. 그리하여 지배회사의 재량남용을 막기 위해서 지배·종속회사 사이에서는 사업기회를 우선적으로 종속회사에, 그리고 계열회사 사이에서는 지배주주의 지분율이 낮은 계열회사에 우선적으로 분배할 것을 주장하는 견해가 있다.[3] 그 견해에 의하더라도 사업기회를 지배회사나 지배주주의 지분율이 높은 계열회사에 배정하는 것이 완전히 배제되는 것은 아니다. 그러나 그처럼 지배주주에 유리한 배정을 하기 위해서는 지배주주 지분율이 높은 회사가 그 사업기회를 활용하는 것이 상대적으

라고 하더라도 장차 이익발생의 가능성을 부정할 수는 없으므로 회사기회에 해당할 수 있다.

1) Robert Charles Clark, Corporate Law(1986), 234~238면.
2) Sinclair Oil Corp. v. Levien, 280 A.2d 717(Del. 1971).
3) Clark, 전게서, 258~261면.

로 가장 유리하다는 점을 증명해야 한다. 이러한 견해를 따른다면 사업기회의 배분이 지배주주의 부당이득을 위해서 왜곡될 가능성은 줄어들 것이다.

3. 회사기회의 이용

(1) 이용의 주체

자기거래는 반드시 회사의 행위가 수반되는데 비하여 회사기회유용은 회사조직 외부에서 이루어지는 경우가 많다. 따라서 회사기관의 행동을 제약하는 것만으로는 회사기회 유용을 규제하기 어렵다.

제397조의2는 회사기회를 이용하는 주체를 이사에 한정하고 있다. 집행임원은 포함되지만(408-9→397-2) 자기거래의 경우와는 달리 주요주주 등은 포함되지 않는다. 실제로 많이 문제가 되는 것은 지배주주나 그 가족이 주체가 되는 경우이다. 그 경우 이사의 행위가 개입되지 않는 한 규율하기 어렵다.

(2) 자기 또는 제3자의 이익을 위한 이용행위

제397조의2가 적용대상으로 삼는 것은 회사기회를 "자기 또는 제3자의 이익을 위하여 이용하는 행위"이다. '이용'에는 계속적 이용행위뿐 아니라 1회성 거래도 포함된다.[1] 이사가 직접 사업의 주체가 되는 경우는 물론이고 회사형태로 사업을 하는 경우에도 자기 이익을 위한 이용행위로 볼 수 있다. 행위주체인 이사가 다른 회사의 경영자로서 회사기회를 이용하는 경우에는 '제3자의 이익'을 위한 이용행위로 볼 수 있을 것이다.

이사가 회사기회를 제3자에게 제공하여 그가 이용하도록 하는 경우에도 이사의 제공행위를 제3자의 이익을 위한 이용행위로 볼 수 있을 것이다.[2] 그러나 이사가 지배주주에게 사업기회를 제공한 것이 아니라 지배주주의 사업기회 이용을 돕거나 사업기회 이용을 알면서도 이를 방치한 경우에도 이용행위에 해당한다고 보는 견해가 있다.[3] 그러나 그러한 행위는 제397조의2의 문언상 사업기회의 유용으로 보기보다는 일반적인 이사의 선관주의의무위반으로 보는 것이 타당할 것이다. 어느 쪽이든 이사의 책임을 물을 수 있다는데 차이가 없다. 한편 이 경우 실제로 이익을 본 지배주주의 이익을 어떻게 회수할 것인지가 문제된다. 결국 제401조의2의 업무집행지시자 책임 규정에 의존할 수밖에 없을 것이다.

---

1) 송옥렬9, 1067면.
2) 장재영/정준혁, 전게논문, 45면.
3) 장재영/정준혁, 전게논문, 45면.

4. 이사회의 승인

상법에 의하면 회사기회도 이사회 승인을 얻은 경우에는 이사가 이용할 수 있다(397-2(1)).

(1) 이사회에 대한 정보제공

이사회 승인을 얻기 위해서는 먼저 이용주체인 이사가 회사기회 이용에 대한 정보를 제공해야 한다. 상법에 정보제공의무가 명시되어 있지는 않지만 이사회 승인이 의미를 가지려면 자기거래의 경우와 마찬가지로 회사기회의 중요 내용, 실제 이용주체 등에 관한 구체적 정보를 이사회에 제공해야 한다.

(2) 이사회의 승인

가. 승인대상

회사기회유용에 관한 이사회의 승인결의는 원칙적으로 ① 회사가 특정 사업기회를 추진하지 않는다는 결정만이 아니라 ② 그것을 특정 이사가 이용하는 것에 대한 승인까지 포함해야 한다.[1] 승인요건이 이사 2/3로 가중되어 있는 것도 그 승인대상이 이익충돌의 여지가 있는 사항이기 때문이다.

다만 제397조의2 신설 이전의 사안에 관한 것이기는 하지만 판례는 자회사의 주식발행 시 모회사 이사회에서 "충분한 정보를 수집·분석하고 정당한 절차를 거쳐 회사의 이익을 위하여" 실권하기로 결의하였다면 이는 모회사의 사업기회를 포기하는 경영판단으로서 존중되어야 하고, 그 후 모회사의 이사가 실권주를 인수함으로써 그 사업기회를 이용하게 되었더라도 그 이사나 이사회의 승인 결의에 참여한 이사들이 이사로서 선량한 관리자의 주의의무 또는 충실의무를 위반했다고 할 수 없다고 판시하였다(대법원 2013. 9. 12, 2011다57869 판결).[2]

나. 승인요건

이사회의 일반 결의요건(391(1))은 이사 과반수 출석에 출석이사 과반수 찬성인데 비하여 회사기회 이용은 이사 2/3 이상의 찬성으로 가중되고 있다. 승인요건은 자기거래의 경우와 같지만 성격이 비슷한 경업금지 경우보다는 가중된 것이다. 따라서 경업에 대한 승인의 경우에도 회사기회 이용의 성격을 겸한 경우에는 가중된 승인요건을 충족해야 한다.

여기서 말하는 이사란 출석한 이사가 아니라 재적이사를 의미한다. 자기거래에서와 마찬가지로 특별이해관계가 있는 이사는 결의에 참석할 수 없으므로(391(3)→368(3)) 재적이사에서 제외해야 한다.

---

1) 송옥렬9, 1068면.

2) 이 사안에서 특정 이사에 대한 실권주 배정은 발행회사인 자회사에서 하였으므로, 모회사 이사회에서는 기회이용을 포기하는 결의(실권결의)가 있었을 뿐 특정 이사의 기회이용을 승인하는 결의는 없었다.

다. 승인기관의 변경

자기거래의 경우와 마찬가지로 회사기회 이용의 승인권한을 정관으로 주주총회 결의사항으로 정할 수 있고 정관 규정이 없는 경우에는 주주 전원의 동의로 승인할 수도 있다.[1] 그러나 승인권한을 정관이나 이사회결의로 대표이사에 위임하는 것은 허용되지 않는다. 승인요건이 가중되어 있지만 전술한 자기거래의 경우와 마찬가지로 이사회 내 위원회에 승인권한을 위임할 수 있다고 볼 것이다.

자본금총액이 10억원 미만인 회사는 이사회 승인을 주주총회 승인으로 대신하게 되어 있으므로(383(4)) 주주총회의 승인으로 갈음할 수 있다.[2]

라. 사후승인의 가부

상법 문언상으로는 회사기회의 이용 전에 이사회 승인을 받아야 할 것이다. 이용행위가 이루어진 후 받은 이사회 승인도 상법에 따른 이사회 승인으로 볼 수 있는가에 대해서는 견해가 대립된다. 부정설은 사후승인을 인정할 경우 주주 전원의 동의에 의하여만 이사의 책임을 면제해주는 상법 제400조 규정을 사실상 잠탈하게 된다는 점을 든다.[3] 그러나 다음과 같은 이유로 긍정설을 따른다. ① 사후승인이 반드시 면책 효과가 있는 것은 아니다. ② 회사기회에 해당하는지 여부가 모호한 경우가 있다. ③ 개정상법 제398조의 자기거래 규정은 '미리' 승인을 받도록 명시하고 있지만 제397조의2는 그렇지 않다.[4]

5. 위반의 효과

(1) 회사기회 이용행위의 효력

자기거래와 달리 회사기회유용에서 문제되는 것은 그 기회를 이용한 사업활동 일체이므로 그 효력을 부인하는 것은 많은 경우에 가능하지도 않고 회사의 이익보호에 도움이 되지도 않는다. 따라서 이사회 승인을 받지 않았다고 하더라도 사업기회 유용에 수반되는 개별적 행위의 효력에는 영향을 미치지 않는다는 것이 통설이다.[5] 이 점은 경업의 경우와 같지만 경업의 경우와는 달리 개입권은 인정되지 않는다. 다만 상법은 뒤에서 보는 바와 같이 이사가 얻은

---

1) 자기거래의 경우 대법원은 그러한 취지의 판시를 하고 있다. 대법원 1992. 3. 31, 91다16310 판결; 대법원 2007. 5. 10, 2005다4284 판결.

2) 다만 이 경우 일반결의요건에 의할 것인지 아니면 이사회 승인의 경우에 준하여 발행주식총수의 2/3 이상으로 하여야 할 것인지가 문제된다. 주주총회 승인 자체가 이사회 결의보다 더 신중한 절차라는 점을 고려하면 일반결의요건에 의해야 할 것이다.

3) 이철송30, 777면.

4) 동지: 송옥렬9, 1068면; 천경훈, 전게논문, 189~193면.

5) 권기범6, 801면; 이/최11, 456면; 장덕조3, 353면; 정찬형22, 1042면; 최준선14, 537면; 홍/박7, 503면. 반면 회사기회 유용행위의 효력도 이사의 위법한 자기거래의 효력과 동일하므로 상대적 무효설이 적용되어야 한다는 견해로는 정동윤6, 636~637면.

이익을 손해액으로 추정함으로써 개입권과 비슷한 효과를 달성하려고 한다.

(2) 이사의 손해배상책임

가. 제399조와 제397조의2 제2항

이사의 회사기회 유용으로 인하여 회사가 손해를 입은 경우 이사는 제399조에 의하여 손해배상책임을 질 수 있다. 상법은 제399조의 일반규정과는 별도로 회사기회 유용에 대해서 이사의 연대책임과 아울러 회사기회 유용으로 인한 이익을 손해로 추정하는 규정(397-2(2))을 두고 있다. 나아가 상법은 회사기회 유용으로 인한 손해배상책임은 책임제한대상에서 제외하고 있다(400(2)).

나. 이사의 행위유형

이사의 회사기회 유용과 관련하여 손해배상책임의 대상이 되는 이사의 행위유형은 다음과 같이 나누어 볼 수 있다.

① 이사가 이사회 승인 없이 회사기회를 유용하는 경우

② 이사가 이사회 승인을 받았으나 승인이 명백히 잘못 이루어진 경우

③ 위 ①의 경우 다른 이사가 그것을 알면서도 방치 또는 방조한 경우

④ 위 ②의 경우 다른 이사가 잘못 승인한 경우

제397조의2 제2항에 의하면 손해배상의 주체는 '제1항을 위반하여 회사에 손해를 발생시킨 이사 및 승인한 이사'이다. 위에서 전자는 ①에 해당하고 후자는 ④에 해당할 것이다. ②에서는 이사회 승인이 있으므로 설사 그 승인이 잘못된 것이라 하더라도 그것이 이사회 승인을 요하는 제1항에 위반한 것으로 보기는 어렵다. 또한 ③의 경우에는 이사가 회사기회 유용의 주체도 아니고 승인한 것도 아니므로 제397조의2 제2항에 포섭되는 것은 아니다. 그렇지만 ②와 ③의 이사는 제399조에 의한 일반적인 손해배상책임을 면할 수는 없을 것이다.

특히 ④ 승인책임의 판단기준이 문제된다. 대법원은 충분한 정보를 수집, 분석하고 정당한 절차를 거쳐 의사를 결정함으로써 사업기회를 포기하거나 다른 이사가 이를 이용할 수 있도록 승인하였다면 의사결정과정에 현저한 불합리가 없는 이상 그와 같이 결의한 이사들의 경영판단은 존중되어야 한다고 본다(대법원 2017. 9. 12, 2015다70044 판결).

①~④의 경우에 근거규정에는 차이가 있지만 이사의 책임이 성립한다는 점에는 차이가 없다. 그러나 제397조의2에 따라 책임이 인정되는 ①과 ④의 경우에는 제400조 제2항 단서에 따라 책임제한대상에서 제외된다는 점에서 ②와 ③의 경우와 차이가 있다. ①의 경우를 비난가능성이 높기 때문에 책임제한대상에서 제외하는 것은 충분히 수긍할 수 있다. 그러나 회사기회를 이용하여 이익을 얻은 것이 아니라 단순히 승인을 했을 뿐인 이사에 대해서까지 책임

제한대상에서 제외하는 등 엄격하게 제재하는 것에 대해서는 비판이 많다.[1] 입법론상으로는 '승인한 이사'는 특칙에서 배제하는 것이 바람직할 것이다.

다. '이사 또는 제3자가 얻은 이익'

일반적으로 이사의 손해배상책임을 물을 때에는 원고가 자신의 손해를 증명해야 하는 것이 원칙이다. 그러나 손해를 증명하는 것보다는 이사의 이익을 증명하는 것이 쉬운 경우가 있다. 이 경우 이사의 이익을 손해로 추정할 수 있다면 원고가 손해증명이 한층 용이할 것이다. 제397조의2 제2항은 회사기회 유용으로 인한 손해의 증명과 관련하여 **'이사 또는 제3자가 얻은 이익'을 손해로 추정**하고 있다. 그러나 그러한 '이익'의 산정도 반드시 쉬운 것은 아니다. 사업기회가 1회적인 거래에 그치는 것이 아니라 계속적인 사업수행을 수반하는 경우에는 특히 그러하다. 그 경우 이사의 이익은 특정 연도 이익액에 한정되는 것이 아니라 장차의 현금흐름을 현재가치로 평가한 가액으로 볼 것이다. 또한 이사가 자신의 개인회사를 통해서 회사기회를 이용한 경우에는 설사 배당을 전혀 받지 못한 경우에도 회사의 이익을 이사의 이익으로 볼 수 있을 것이다.

제397조의2 신설 전의 사안에 관하여 손해액 산정이 문제된 판결이 있다. A회사의 이사인 甲이 B회사를 설립하여 종래 A회사가 독점판매권을 갖고 있던 외국회사의 골프용품을 B회사를 통해 수입·판매하였다. A회사의 독점판매계약이 종료된 후에는 B회사가 그 외국회사와 독점판매계약을 체결하였다. B회사는 그 사업을 제3자에게 양도하여 영업권 상당의 이익을 거두었고 A회사는 영업부진으로 해산하자, A회사의 주주가 甲을 상대로 대표소송을 제기하여 A회사가 입은 손해의 배상을 청구하였다. 대법원은 경업 및 사업기회 유용으로 인한 甲의 손해배상책임을 인정하면서, "B회사가 받은 사업 양도대금 중 B회사가 스스로 창출한 가치에 해당하는 부분을 제외하고 A회사가 빼앗긴 사업기회의 가치 상당액을 산정하는 방법"으로 A회사의 손해를 산정해야 한다고 판시하였다(대법원 2018. 10. 25, 2016다16191 판결).[2]

라. 추 정

이사나 제3자가 얻은 이익은 회사의 손해로 '추정'될 뿐이다. 따라서 이론상으로는 이사가 회사기회의 유용을 통해서 자신이 얻은 이익의 상당부분이 자신의 특별한 능력이나 노력 덕분에 얻은 것이라는 점을 증명할 수 있다면 추정액보다 적은 손해배상의무를 부담할 여지도 있다. 반대로 회사 측에서는 회사가 그 기회를 이용했더라면 얻었을 이익(즉 회사의 손해인 일실이익)이 이사가 실제로 얻은 이익보다 크다는 점을 증명하여 추정액보다 많은 손해배상을 받을

---

1) 송옥렬9, 1069면.

2) 이 사건의 원심은 제397조의2 신설 전의 사안이라는 이유로 손해액 추정조항을 적용하지 않았고 대법원도 이 점을 특별히 지적하지는 않았다.

여지도 있다. 그러나 현실적으로 그러한 증명은 극히 어려울 것이다.[1)]

Ⅸ. 이사의 보수

1. 서 설

원래 회사와 이사와의 관계는 위임이므로 무상이 원칙이다(382(2)→686(1)). 그러나 영리회사에서 보수를 주지 않는 것은 비현실적이므로 실제로는 보수를 지급하는 것이 일반적이다.[2)] 보수는 이사의 인센티브에 큰 영향을 미치므로 그것을 잘 설계할 필요가 있다. 다른 한편으로는 특히 소유와 경영이 분리된 회사에서는 이사, 특히 최고경영자 보수가 과도하게 결정되지 않도록 적절히 통제할 필요가 있다.[3)]

보수는 이사와 회사 사이의 계약으로 결정되는 것이 원칙이다. 이사의 보수에 관한 회사 쪽의 의사결정은 업무집행에 속하는 것으로 이사회 권한사항으로 볼 수도 있다. 그러나 상법은 이사 보수의 결정이 자기거래적인 성격을 갖는 점을 중시하여 정관이나 주주총회의 결의로 정하도록 하고 있다(388). 이는 강행규정이므로(대법원 2023. 12. 28, 2023다269818 판결) 정관 규정이나 주주총회 결의에 근거하지 않은 보수약정은 원칙적으로 무효이다. 이러한 상법규정은 이사의 보수를 억제하는 데는 상당한 기능을 하고 있지만 실무상으로는 많은 문제를 낳고 있다.

2. 보수의 의의

(1) 직무집행의 대가

과다한 보수지급을 막는다는 관점에서는 보수를 가급적 폭넓게 해석할 필요가 있다. 보수란 명칭을 불문하고 이사의 직무집행에 대한 보상으로 지급되는 대가를 모두 포함한다(대법원 2012. 3. 29, 2012다1993 판결; 대법원 2020. 4. 9, 2018다290436 판결).[4)] 주급, 월급, 연봉, 수당 등 지급의 방법여하를 묻지 않고, 사택 등 현물지급도 직무집행의 대가라면 보수에 포함된다. 성과달성을 위한 동기부여를 목적으로 지급하는 금원, 당해 연도의 성과에 비례하여 지급되는 단기성과급은 물론이고, 장기성과급에 속하는 스톡옵션도 보수에 포함된다.

---

1) 장재영/정준혁, 전게논문, 53면.

2) 기업집단에서 모회사의 임원이 자회사 이사를 겸하는 경우에는 따로 보수를 받지 않는 것이 보통이다.

3) 실제로 미국을 비롯한 일부 선신국에서는 최고경영자의 과도한 보수문제가 커다란 사회적 관심사로 대두되면서 학계의 논의도 활발하다.

4) 비상임이사가 자문용역계약을 체결하고 자문료 형식으로 금원을 지급받은 경우에도 여러 사정에 비추어 보수로 판단될 여지가 있다(대법원 2012. 3. 29, 2012다1993 판결).

(2) 상 여 금

보수는 회사가 이사에 대해서 부담하는 채무이므로 이익의 유무에 관계없이 지급해야 한다. 이와 달리 상여금(bonus)은 법인세법에서 상정하는 것처럼 이익처분에 의하여 지급하는 경우도 있을 수 있고,[1] 이익처분에 의한 것은 아니지만 회사의 성과가 좋을 때에 회사의 재량에 따라 일회적으로 지급되는 경우도 있으며, 지급시기만 통상 보수지급시기와 달리 정해져 있을 뿐 지급액이나 그 산정방법이 고정되어 있는 경우도 적지 않다.[2] 어떤 경우이든 회사가 직무집행의 대가로 지급한다는 점에서 제388조에서 말하는 보수의 일종으로 보아야 할 것이다.

(3) 퇴 직 금

이사의 퇴직금도 직무집행 대가의 후급(後給)이라고 보아 보수에 속한다고 할 것이다. 따라서 원칙적으로는 정관 규정이나 주주총회 결의에 근거가 없는 한 지급할 수 없다. 정관에 이사의 퇴직금액을 반드시 특정할 필요는 없지만 퇴직금의 결정을 이사회에 전면 위임하는 것은 허용되지 않는다(서울중앙지방법원 2008. 7. 24, 2006가합98304 판결).[3] 대법원은 이사가 퇴직금을 중간정산 형태로 지급받을 수 있는지 여부도 정관이나 주주총회 결의로 정해져 있어야 하고, 만약 정관 등에서 퇴직금의 액수만 정하고 중간정산에 관해 정함이 없다면 이사는 퇴직금 중간정산금 청구권을 행사할 수 없음은 물론 이미 지급받은 중간정산금은 부당이득으로 반환해야 한다고 본다(대법원 2019. 7. 4, 2017다17436 판결).

(4) 해직보상금

퇴직금과 유사한 것으로 해직보상금이 있다. 해직보상금이란 이사가 그 의사에 반하여 이사직에서 해임될 경우 퇴직위로금과는 별도로 지급하기로 회사가 약정한 금액을 말한다. 해직보상금은 형식상 보수에 해당하지 않지만 과도하게 설정되는 경우에는 보수규제의 입법취지를 잠탈할 위험이 있을 뿐 아니라 주주총회에서의 이사 해임을 사실상 곤란하게 만들 수 있다.[4] 그리하여 대법원은 해직보상금에 대해서도 이사의 보수에 관한 상법 제388조를 준용 내지 유

---

1) 법인이 그 임직원에게 이익처분에 의하여 지급하는 상여금은 회사의 소득계산상 손금에 산입하지 않는다(법세슈 43(1)). 그러나 현재의 상법 및 기업회계기준이 임직원에게 이익을 처분하는 제도를 따로 마련하고 있지 않으므로, 실무상으로는 이익처분에 의하여 상여금을 지급하는 사례는 거의 없고 임직원 상여금도 일반적인 보수와 같이 손금에 산입한다.

2) 판례는 그처럼 지급시기와 금액이 고정된 상여금을 근로기준법상 통상임금으로 보고 있다(대법원 2012. 3. 29, 2010다91046 판결).

3) 대법원은 "회사가 정관에서 퇴직하는 이사에 대한 퇴직금액의 범위를 구체적으로 정한 다음, 다만 재임 중 공로 등 여러 사정을 고려하여 이사회가 그 금액을 결정할 수 있도록 하였다면, 이사회로서는 퇴직한 이사에 대한 퇴직금액을 정하면서, 퇴임한 이사가 회사에 대하여 배임 행위 등 명백히 회사에 손해를 끼쳤다는 등의 특별한 사정이 없는 한, 재임 중 공로의 정도를 고려하여 정관에서 정한 퇴직금액을 어느 정도 감액할 수 있을 뿐 퇴직금 청구권을 아예 박탈하는 결의를 할 수는 없다"고 설시한 바 있다(대법원 2006. 5. 25, 2003다16092, 16108 판결).

4) 후자의 효과를 노리고 적대적 기업인수에 대한 방어수단으로 해직보상금을 정관에 규정하는 경우를 거래계에서는 흔히 황금낙하산(golden parachute)이라고 한다.

추적용하여 정관규정이나 주주총회 결의를 요하고 있다(대법원 2006. 11. 23, 2004다49570 판결).

(5) 업무집행이사의 보수

우리나라에서는 이사가 이사회 구성원 지위를 갖는 것에서 한걸음 더 나아가 최고경영자의 지휘를 받으며 업무집행조직의 구성원으로 일하는 경우가 많다. 이러한 업무집행이사가 회사로부터 받는 보수에는 업무집행임원으로서의 급여가 포함되어 있다. 그러나 실무상 업무집행임원으로서의 급여와 이사직에 대한 보수는 구별되지 않는다. 실제로 같은 직급의 업무집행임원에 대해서는 이사직 수행 여부와 무관하게 동일한 보수체계가 적용되는 것이 보통이다. 그렇다면 업무집행이사가 받는 보수는 임금의 성격을 가지고 있다고 보아야 할 것이다(대법원 2003. 9. 26, 2002다64681 판결).

이러한 임금성 보수도 상법 제388조가 적용되는 이사의 보수에 포함되는 것으로 볼 것인지에 대해서는 다툼이 있다.[1)] 임금을 이사의 보수에 포함시키지 않는다면 실제로 과도한 보수를 억제하려는 상법의 취지가 몰각된다는 점을 고려하면 포함된다고 보아야 할 것이다.[2)] 우리 실무 역시 포함설에 입각한 것으로 보인다. 주주총회에서 보수총액의 상한만을 결정하는 현행 실무상 업무집행이사의 보수액을 그대로 합산하더라도 보수한도 초과여부가 문제되는 경우는 거의 없다. 다만 포함설을 취하는 경우에는 실제로 오랜 기간 회사를 위해서 일한 업무집행이사가 정관규정이나 주주총회 결의가 없다는 형식적 이유로 임금을 받을 수 없는 불합리한 결과가 생기지 않도록 유의할 필요가 있다(후술 4.(2) 참조).

입법론적 검토

우리 상법상 이사의 보수는 정관 규정이나 주주총회 결의에 의하도록 하고 있다는 점에서 미국의 경우보다 훨씬 엄격하다. 그 결과 우리나라에서는 이사보수의 과다지급문제는 미국이나 영국에 비하여 아직 심각한 상태는 아니다. 그러나 현행 규제의 합리성에는 의문이 있다. 실제로 문제가 되는 것은 이사의 보수라기보다는 업무집행이사, 특히 최고경영자의 보수라고 할 수 있다. 최고경영자의 보수가 적정하게 결정된다면 그 이하 임원들의 보수는 최고경영자가 적절하게 통제할 수 있을 것이다. 이러한 관점에서 보면 상법은 초점을 최고경영자의 보수에 맞출 필요가 있다. 따라서 정관이나 주주총회에서는 최고경영자의 보수만을 결정하고 그 이하 임원의 보수결정은 최고경영자에게 위임하는 것이 바람직할 것이다.

---

1) 이사의 보수에 포함된다는 견해로 김정호5, 525면; 이철송30, 684~685면; 홍/박7, 421면. 반면, 포함되지 아니한다는 견해로 권기범6, 803면; 송옥렬9, 995~996면; 이/최11, 384면; 장덕조3, 295면; 정동윤6, 598면; 정찬형22, 973~974면; 최준선14, 471면. 한편, 회사의 사용인에 대한 급여체계가 확립된 경우에는 임금성 보수를 제외하고, 급여체계가 확립되지 아니한 경우에는 임금성 보수도 포함시켜야 한다는 견해로는 최기원14, 603면.

2) 일본 판례는 사용인급여분은 근로계약의 대가로서 이사의 보수와는 법적 성질을 달리하므로 포함되지 않는다는 설을 취하고 있다(最高裁 1985. 3. 26, 判例時報 제1159호, 150면).

3. 보수의 결정절차

상법은 이사의 보수를 **정관이나 주주총회 결의**로 정하도록 하고 있다(388). 실무상으로는 정관으로 보수를 정하는 것이 불편하기 때문에 주주총회 결의로 정하는 것이 관행이고, 그러한 결의에서도 이사의 보수액을 개별적으로 정하기보다는 **전체 이사의 보수총액의 연간 한도액(또는 연간 보수총액)만**을 정하는 것이 보통이다. 보수를 정관이나 주주총회에서 결정하도록 한 것은 과도한 보수지급을 억제하는 취지이므로 이러한 실무도 적법한 것으로 본다. 이처럼 정관 또는 주주총회에서 임원의 보수총액 내지 한도액만을 정하고 개별 이사에 대한 지급액 등 구체적인 사항을 이사회에 위임하는 것은 가능하지만, 이사의 보수에 관한 사항을 이사회에 포괄적으로 위임하는 것은 허용되지 않는다(대법원 2020. 6. 4, 2016다241515, 241522 판결).

이사의 보수총액의 연간 한도는 실무상 매년 정기주주총회에서 새로 결의하는 것이 보통이다.[1] 다만 성과급, 특히 장기성과급의 경우에는 그 성과급의 지급기준을 정하는 사업연도와 실제로 금액이 확정되어 지급되는 사업연도가 달라질 수 있으므로, 주주총회의 결의로 그 지급기준을 정하면서 이는 각 사업연도별로 적용되는 보수총액의 연간 한도액과 별도임을 명시함이 좋을 것이다.[2] 한편 퇴직금의 경우 임원퇴직금지급규정의 제정 및 개정 시에 주주총회에서 승인을 받고 그 규정에서 정한 바에 따라 지급하는 것이 통례이다.

정관 또는 주주총회에서 전체 이사의 보수 총액 또는 보수한도액을 정한 경우 그 범위 내에서 각 이사들에게 지급될 구체적 보수액은 달리 정함이 없는 한 이사회가 결정한다(대법원 2012. 3. 29, 2012다1993 판결). 개별 이사의 보수 분배에 관하여 대표이사가 결정하도록 정관에서 규정하거나, 그러한 내용으로 주주총회에서 대표이사에게 직접 위임하는 것은 허용되지 않는다(대법원 2025. 12. 11, 2025다214605 판결).[3] 대표이사가 자기 보수를 결정하면 개인적 이익을 도모할 위험이 있고, 대표이사가 다른 이사들의 보수를 결정하면 대표이사의 업무집행에 대한 이사회의 감독이 어려워질 수 있기 때문이다. 사외이사의 보수는 거의 예외 없이 일정액을 지급하지만 업무집행이사, 특히 최고경영자의 보수는 고정급과 성과급으로 이루어지는 경우가 많다.[4] 경영자에 대한 보상제도의 설계는 회사운영에도 큰 영향을 가져올 수 있으므로 대규모 상장회사에서는 따로 이사회 내 위원회로 보상위원회를 두는 경우가 늘고 있다.

다만 주주총회에서 정한 보수한도액 내에 있다는 사정만으로 모든 유형의 보수가 반드시

---

1) 감사의 보수한도도 주주총회에서 정하도록 되어 있지만(415→388) 이사의 보수한도와는 별도로 정한다.

2) 김지평, "주식회사 임원 보상의 실무상 쟁점", 사법 57호(2021), 12면.

3) 한편 일본의 판례는 이사회가 이사 개인별 보수액의 결정을 대표이사에 재위임하는 것도 적법하다고 본다(最高裁 1983. 2. 22, 判例時報 제1076호, 140면 등). 재위임을 받은 대표이사가 과도한 보수를 지급한 것을 이유로 회사에 대한 임무해태책임을 인정한 판결도 있다(東京高裁 2021. 9. 28, 判例時報 제2539호, 66면).

4) 성과급도 단기와 장기로 구분하는 경우가 많다.

정당화된다고 볼 수는 없다. 대법원은 회사의 대표이사가 정관이나 주주총회 결의상 근거가 없는 '특별성과급'이라는 명목으로 금원을 지급받은 사안에서, 그러한 특별성과급의 일부가 주주총회에서 정한 이사의 보수한도액 내에 있다는 사정만으로 그 부분의 지급을 유효하다고 볼 수 없다고 판단하였다(대법원 2020. 4. 9, 2018다290436 판결).

4. 보수결정절차를 밟지 않은 경우의 효과

(1) 원 칙

정관 규정이나 주주총회 결의에 근거하지 않은 보수약정은 무효이므로 해당 이사는 보수청구권을 갖지 못한다(대법원 1992. 12. 22, 92다28228 판결; 대법원 2014. 5. 29, 2012다98720 판결 외 다수). 보수에 관한 내부규정이 있더라도 그것이 정관이나 주주총회 결의에 근거한 것이 아니라면 보수청구권을 발생시키지 못한다. 그럼에도 불구하고 보수가 지급된 경우에는 회사가 부당이득으로서 그 반환을 청구할 수 있다.[1)]

(2) 예 외

과도한 보수지급을 억제하기 위한 이 원칙은 회사의 업무집행을 담당한 선의의 이사에게 불의의 타격을 가하는 경우가 있다. 특히 업무집행에 대한 대가로서의 임금도 이사의 보수에 포함된다고 해석하는 포함설에 따르는 경우에는 정관 규정이나 주주총회 결의에 근거가 없으면 정당한 노무의 대가도 받지 못할 수 있어 해당 이사에게 가혹한 결과가 된다. 판례는 오래 전부터 이 문제에 대처하기 위하여 여러 방도를 강구해 왔다.

먼저 **관행**을 근거로 보수의 유효성을 인정한 경우가 있다. 이사회 결의만으로 채택한 위로금 및 조위금 규정의 효력이 문제된 사안에서 대법원은 1인회사가 아님에도 그 규정에 의하여 퇴직금이 관행적으로 지급된 경우에는 주주총회가 그 규정을 묵시적으로 승인한 것으로 볼 여지가 있음을 시사하였다(대법원 1969. 5. 27, 69다327 판결). 정식의 주주총회 결의를 받지 않은 임원퇴직금지급규정의 유효여부가 문제된 사안에서 그 규정에 따른 퇴직금이 발행주식 총수의 98%를 소유한 사실상 1인 주주의 결재·승인을 거쳐 관행적으로 지급되었다면 위 규정에 대한 주주총회 결의가 있었던 것으로 볼 수 있다고 판시한 예도 있다(대법원 2004. 12. 10, 2004다25123 판결). 그러나 회사가 매년 대주주의 결재·승인을 거쳐 이사의 보수를 지급해왔다는 사정만으로는 이사의 보수에 관한 주주총회의 결의가 있었던 것과 마찬가지로 볼 수 없다고 판시하여 단순한 관행만으로 제388조를 우회하는 데에 제동을 건 예도 있다(대법원 2012. 9. 27, 2010다94342 판결).

---

1) 일본 판례는 사후에 주주총회가 승인결의를 한 경우에는 그 결의가 법의 취지를 몰각시키는 것 같은 특단의 사유가 없는 한 그 지급을 적법한 것으로 본다. 最高裁 2005. 2. 15, 判例時報 제1890호, 143면.

다음으로 보수지급의 관행이 없더라도 **보수를 약속한 자가 대주주인 경우**에는 이사의 보수청구가 인정된 예가 있다. 대법원은 80% 주식을 보유한 대표이사가 이사에게 공로상여금을 약속한 사안에서 주주총회에서 지급결의가 이루어질 것은 당연하기 때문에 주주총회 결의가 있는 것으로 보아야 한다고 판시한 바 있다(대법원 1978. 1. 10, 77다1788 판결). 그러나 대법원은 불과 2년이 채 지나지 않아 2/3의 주식을 보유한 대표이사와 체결한 보수 및 퇴직금 약정에 대해서 주주총회 결의가 없다는 이유로 그 효력을 부정하였다(대법원 1979. 11. 27, 79다1599 판결).[1] 그 후 대법원은 조세사건에서 95% 주주인 대표이사가 회사의 경영상태를 호전시킨 이사에게 공로주를 양도한 경우에는 주주총회에서도 같은 내용의 결의가 이루어질 것이 당연하다는 이유로 양도가 유효하다고 판시하기도 하였다(대법원 1995. 9. 15, 95누4353 판결).[2]

그러나 최근에는 "1인 회사가 아닌 주식회사에서는 특별한 사정이 없는 한, 주주총회 의결정족수를 충족하는 주식을 가진 주주들이 동의하거나 승인하였다는 사정만으로 주주총회에서 그러한 내용의 결의가 이루어질 것이 명백하다거나 또는 그러한 내용의 주주총회 결의가 있었던 것과 마찬가지라고 볼 수는 없다"는 전제 하에 비록 대주주가 승인했다 하더라도 정식 주주총회 결의가 없는 이상 이사의 보수청구권을 부인하고 회사의 부당이득반환청구권을 인정하는 판결들이 이어지고 있다(대법원 2020. 6. 4, 2016다241515, 241522 판결; 대법원 2020. 4. 9, 2018다290436 판결; 대법원 2024. 12. 24, 2024다271931 판결). 나아가 보수를 정하는 주주총회 결의에 관하여 상법상 특별이해관계인들을 제외하면 의결권을 가진 주주는 1인 뿐인데 그가 보수지급에 관해 이의제기를 한 적이 없었더라도 그런 사정만으로는 총회 결의가 있었던 것과 동일하게 볼 수 없다고 판시했다(대법원 2024. 11. 28, 2024다263435 판결).

생각건대 이사의 보수청구권을 부인한 최근 판례의 설시는 대주주 승인을 주주총회 결의와 동일시할 수는 없다는 일반론에 터잡고 있다. 이와 달리 대주주 승인을 보수지급의 한 근거로 제시한 일부 대법원 판결(특히 대법원 1978. 1. 10, 77다1788 판결)은 정당한 노무의 대가라는 측면을 고려한 것으로 보인다. 과다증액된 보수 또는 특별성과급 사안(대법원 2020. 6. 4, 2016다241515, 241522 판결; 대법원 2020. 4. 9, 2018다290436 판결; 대법원 2024. 12. 24, 2024다271931 판결)과 달리 볼 여지가 있었던 것이다. 향후에도 예외적인 사안인 경우 이사의 지나치게 가혹한 피해를 구제한다는 차원에서 주주총회 결의 여부에 탄력적으로 접근할 필요가 있을 것이다.

---

1) 앞의 판결이 특별한 보수라고 할 수 있는 공로상여금 지급을 인정하였음에도 뒤 판결에서 통상적인 보수와 퇴직금임에도 불구하고 지급을 저지한 것은 극적인 변화라고 할 것이다.

2) 일본의 하급심 판례는 임용당시 이사에게 내규에 따라 퇴직위로금이 지급된다는 점을 밝힌 지배주주가 주주총회에서 그 지급결의를 부결시킨 경우에 지배주주의 불법행위책임을 인정하고 퇴직위로금 상당액의 손해배상을 명한 바 있다. *佐賀地裁* 2011. 1. 20, *判決*, *判例タイムズ* 제1378호, 190면.

이사 보수의 공시

이사의 보수한도는 주주총회를 통해서 공개되지만 이사에게 실제로 지급한 보수에 대해서는 상법은 규정을 두고 있지 않다. 자본시장법은 주권상장법인 등 일정한 회사가 제출하는 사업보고서에 임원보수를 기재하도록 하고 있다(자시 159(2)(ii), (iii)). 여기서 말하는 임원보수에는 주식매수선택권이 포함되며 임원 모두에게 지급된 보수총액을 기재해야 한다(자시슈 168(1)). 다만 일정한 경우에는 개인별 보수가 공시대상이 된다. 첫 번째로 임원 개인별 보수가 5억원이 넘는 경우에 개인별 보수, 그 산정기준 및 방법까지 기재하여야 한다(자시 159(2)(iii)). 두 번째로 임원이 아니더라도 해당 회사의 보수총액 기준 상위 5명으로서 보수가 5억원이 넘는 경우에도 개인별 보수, 그 산정기준 및 방법을 기재해야 한다(자시 159(2)(iii-2).[1] 이는 지배주주가 등기임원을 사직한 채 업무집행명목으로 고액 보수를 받으면서도 공시를 회피하는 편법을 차단하기 위한 것이다.

5. 보수결정절차를 밟은 경우의 효과

(1) 원 칙

적법하게 정관 규정이나 주주총회 결의에 근거하여 보수가 결정되었다면 해당 보수액은 이사 임용계약의 내용이 되어 당사자인 회사와 이사 쌍방을 구속한다. 즉 이사는 보수청구권을 가지고 회사는 보수지급의무를 부담한다. 따라서 이사의 명시적, 묵시적 변경동의가 없는 이상 회사가 일방적으로 별도의 주주총회를 통해 기존 보수의 감액결의를 하더라도 이 결의는 이사의 보수청구권에 아무런 영향을 미치지 못한다(대법원 2017. 3. 30, 2016다21643 판결[2]).

(2) 예 외

다만 주주총회를 통해 이사의 보수를 결정한 경우라도 ① 해당 주주총회결의의 효력이 없거나, ② 이사의 소극적인 직무수행이 이사를 선임하면서 예정하였던 직무내용과 달라 주주총회에서 한 선임결의 및 보수지급결의에 위배되는 배임적인 행위에 해당하는 등의 특별한 사정이 있으면 예외적으로 보수청구권이 부인될 가능성이 있다(대법원 2015. 9. 10, 2015다213308 판결; 대법원 2015. 7. 23, 2014다236311 판결).

이 중 보수를 정한 주주총회결의 효력이 부인될 때에 보수청구권이 인정될 수 없음은 당연하다. 문제는 이사의 **소극적인 직무수행**의 경우이다. 대법원은 이사가 상법 제399조, 제401조에 따른 책임을 부담한다는 점 등을 고려할 때, 원칙적으로 소극적 직무수행만으로 보수청구

1) 임원보수공시의 현황에 관해서 상세한 것은 강정민, "개별임원보수 공시 현황과 개선과제", 기업지배구조연구 48(2014), 44면 이하; 이수정, "2016년 임원보수 공시 현황 분석", 기업지배구조연구 54(2018), 298면 이하.

2) 사안은 유한회사 사원총회의 이사보수 감액결의에 관한 것이지만 주식회사에도 마찬가지 논리가 적용될 것이다. 이러한 감액결의는 이사의 보수청구권에 아무런 영향이 없으므로, 회사의 보수감액에 대하여 이사는 단지 원래의 보수지급의 소를 제기하면 충분하다(회사를 상대로 한 보수감액결의 무효확인의 소는 확인의 이익이 없다).

권이 부인되지는 않고 심지어 실제 업무는 거의 하지 않는 명목상 이사도 보수청구권을 갖는다고 본다. 다만 보수와 이사의 직무 사이에 합리적 비례관계가 없는 경우이거나 오로지 회사자금을 개인에게 지급하기 위한 방편으로 이사선임이 이루어진 경우 등에는 보수청구권을 제한한다(대법원 2015. 9. 10, 2015다213308 판결; 대법원 2015. 7. 23, 2014다236311 판결[1]).

나아가 이사의 직무수행이 **배임 행위에 이를 정도**라면 위 언급된 대로 보수청구권이 전면 부인될 수 있다. 이사들이 대주주(90%)와 협의하여 소수주주(10%)의 반대에도 불구하고 이사들에게 과다한 보수가 지급되도록 주주총회 결의를 주도한 사안에서 대법원은 이사들의 보수청구의 소를 기각하였다(대법원 2016. 1. 28, 2014다11888 판결(행담도 사건)).[2] 대법원은 보수와 이사의 직무 사이에 합리적 비례관계가 있어야 함을 전제로, 회사재산의 부당유출을 야기한 이사의 행위는 상법상 충실의무에 위반한 배임행위이므로 주주총회를 거쳤더라도 유효하지 않다고 판단하면서도, 주주총회결의의 효력에 대하여는 명시적으로 판단하지 않았다. 이에 대하여 (i) 결의 내용이 이사의 충실의무 등 법령위반에 해당하므로 결의무효사유에 해당한다는 입장과,[3] (ii) 보수규정이 자본충실원칙에 반하므로 이를 결의한 주주총회 결의는 무효라는 입장[4]이 있다. 위 사안의 경우 지배주주가 이사의 편의를 위해 현저하게 불공정한 주주총회 안건을 승인한 것이므로 다수결남용으로서 결의무효사유에 해당한다고 봄이 간명할 것이다.

6. 이사 등의 주식매수선택권(스톡옵션)

(1) 의 의

주식매수선택권은 회사의 주식을 일정한 기간(행사기간) 내에 미리 정한 가액(행사가액)에 매수할 수 있도록 이사 등에 부여되는 권리로 흔히 **스톡옵션**(stock option)이라고 부른다. 우리 상법상 워런트(warrant) 즉 주식을 기초자산으로 하는 콜옵션을 발행할 수 없다고 보는데,[5] 이에 대한 예외가 주식매수선택권(340-2)과 신주인수권부사채(516-2)이다.

주식매수선택권은 1997년 당시 증권거래법(189-4)에서 상장회사에서 처음 도입된 후 1999년 상법에 정식으로 도입되었다. 현행 상법에는 일반규정으로 제340조의2 내지 제340조의5의 규정이 존재하고 상장회사에 대한 특칙으로 제542조의3이 존재한다. 벤처기업육성에 관한 특별조치법 제16조의3은 상법에 대한 특례를 마련하고 있다.

---

1) 다만 이 두 판결 모두 일반론을 설시한 것이고 해당 사안에서 실제로 보수청구권을 제한하지는 않았다.
2) 이 사안에서 대주주는 해당 주식 전부에 질권을 설정하였는데 피담보채무의 변제가능성이 없어 곧 질권이 실행되고 그 주식에 대한 소유권과 경영권을 상실하게 되는 상황이었다. 그럼에도 이를 앞두고 고액의 보수를 결의했다는 점이 중요하게 고려되었다.
3) 김진오, "상법상 과다한 이사 보수의 규제 및 그 보수를 결의한 주주총회 결의의 효력", BFL 79(2016), 171~172면.
4) 이철송, "2016년 회사법 관련 판례의 동향", 선진상사법률연구 77(2017), 427면.
5) 이에 대한 비판으로는 김건식, "워런트(warrant)의 도입을 위한 소론", 연구Ⅱ, 83면 이하.

(2) 기 능

주식매수선택권은 경영자의 인센티브와 주주의 이익을 일치시키기 위한 수단으로 활용된다. 주식매수선택권을 보유한 경영자는 주가 상승으로 이익을 얻기 때문에 주가를 상승시킬 인센티브가 있다. 그리하여 고정 보수만을 받는 경영자에 비하여 주주가치를 높이려 노력할 것이다. 회사의 관점에서도 주식매수선택권을 부여한다고 해서 당장 회사자금이 유출되는 것이 아니므로 부담이 덜하다.[1)]

반면에 주식매수선택권에 대해서는 다음과 같은 비판도 존재한다. ① 주가 등락은 우연한 사정에 따른 것일 수 있기 때문에 경영성과와 무관한 횡재의 우려가 있다. ② 주가 하락의 경우에도 경영자의 손실은 제한되기 때문에 모험적 투자에 나설 위험이 크다. ③ 주가상승을 위하여 단기 성과에 치중할 가능성이 높다. 이러한 단기실적주의의 위험성은 2008년 국제금융위기를 계기로 특히 비판의 대상이 되었다.

이런 비판에도 불구하고 주식매수선택권이 갖는 인센티브 효과와 자금부담이 없다는 장점 때문에 특히 인적자본의 역할이 중요한 스타트업을 중심으로 많이 활용되고 있다. 다만 주식매수선택권을 설계하고 부여함에 있어 위 비판이 지적하는 폐해를 최소화하기 위해 신중을 기할 필요가 있을 것이다.

(3) 종 류

상법상 인정되는 주식매수선택권은 크게 세 가지로 나눌 수 있다(340-2(1)). ① 행사가액으로 신주를 인수할 수 있는 권리(신주발행형), ② 행사가액으로 자기주식을 매수할 수 있는 권리(자기주식교부형), ③ 행사가액이 주식의 실질가액에 미달하는 경우 그 차액을 금전이나 자기주식으로 받을 수 있는 권리(차액지급형). 상법은 ③을 별도의 범주가 아니라 ①이나 ②의 주식매수선택권의 경우 회사가 주식 대신 차액을 교부할 수 있는 선택권이 있다는 식으로 규정하고 있나. 그러나 실무상 처음부터 차액지급형으로 부여하는 경우도 많고, 이를 특별히 금지된다고 볼 이유는 없을 것이다.[2)]

(4) 부여의 상대방

상법은 회사가 주식매수선택권을 부여할 수 있는 상대방을 "회사의 설립·경영 및 기술혁신 등에 기여하거나 기여할 수 있는 회사의 이사, 집행임원, 감사 또는 피용자"로 한정하고 있다(340-2(1)). '회사의 설립·경영 및 기술혁신에 기여'한다는 수식어는 아주 일반적인 내용이기 때문에 회사는 폭넓은 재량이 있다.

---

1) 또한 경영자 쪽의 관점에서도 주식매수선택권의 가치는 쉽게 확인할 수 없으므로 고액 보수라는 비판을 피하기 쉽다.

2) 차액지급형은 상법상 근거규정이 없었더라도 부여가 가능했을 것이다.

상장회사의 경우에는 일정한 관계회사 이사 등에 대해서도 부여할 수 있다(542-3(1), 슈 30(1)).[1] 상장회사에 대한 특칙에는 회사에 대한 기여 요건은 없지만 취지상 같은 요건이 적용된다고 본다. 사외이사에 주식매수선택권을 부여하는 것이 바람직한 것인지 논란은 있지만 적어도 법적으로 금지되는 것은 아니다.

상법은 다음의 자를 부여대상에서 제외하고 있다(340-2(2)). 여기서 ①과 ②는 주요주주(542-8(2)(vi))의 개념과 사실상 동일하다.

① 의결권 있는 발행주식총수의 10% 이상의 주식을 가진 주주
② 이사·집행임원·감사의 임면 등 주요 경영사항에 대하여 사실상 영향력을 행사하는 자
③ 위 ①과 ②에 규정된 자의 배우자와 직계존비속

한편 상장회사의 경우에는 이들 외에도 최대주주와 그 특수관계인까지도 부여대상에서 제외하고 있다(542-3(1)단→슈 30(2)→542-8(2)(v), (vi)). 이처럼 회사경영을 지배하는 주주와 그 관련자를 배제하는 취지는 주식매수선택권의 남용을 막기 위한 것이다. 그 밑바닥에는 이미 주식을 상당량 보유하는 자에게 추가로 인센티브를 줄 필요가 없다는 정책적 판단이 깔려 있다. 그러나 경영자에게 주주가치를 존중할 인센티브를 준다는 주식매수선택권의 취지에 비추어 이들을 배제하는 것이 반드시 옳은 것인지는 의문이다.

(5) 부여와 행사절차

가. 정관 규정

주식매수선택권은 정관 규정에 따라 주주총회 특별결의로 부여한다(340-2(1)). 정관에 기재할 사항은 다음과 같다(340-3(1)).

① 일정한 경우 주식매수선택권을 부여할 수 있다는 뜻
② 주식매수선택권 행사로 발행하거나 양도할 주식의 종류와 수
③ 주식매수선택권을 부여받을 자의 자격요건
④ 주식매수선택권의 행사기간
⑤ 일정한 경우 이사회결의로 주식매수선택권의 부여를 취소할 수 있다는 뜻

나. 주주총회 특별결의

주주총회 결의 시에는 다음 사항을 정해야 한다(340-3(2)).

① 주식매수선택권을 부여받을 자의 성명

1) 금융지주회사의 경우를 제외하면 관계회사는 회사의 해외현지법인에 한정된다. 이는 해외현지법인의 우수인력확보를 돕는 차원에서 도입된 것이다. 비슷한 수요는 국내에서도 존재할 수 있는 점을 고려하면 국내자회사의 임직원도 부여대상에 포함시킬 필요가 있을 것이다.

② 주식매수선택권의 부여방법
③ 주식매수선택권의 행사가액과 그 조정에 관한 사항
④ 주식매수선택권의 행사기간
⑤ 주식매수선택권을 부여받을 자 각각에 대하여 주식매수선택권의 행사로 발행하거나 양도할 주식의 종류와 수

상장회사의 경우에는 정관으로 정하는 바에 따라 일정한 범위(규모에 따라 1% 또는 3%) 내에서 이사회 결의로 부여할 수 있다(542-3(3), 令 30(4)). 그 경우에는 부여 후 처음으로 소집된 주주총회에서 승인을 받아야 한다. 주주총회 승인은 통상의 부여결의와 마찬가지로 특별결의 요건을 충족해야 한다.

다. 부여계약

주주총회 결의는 회사 내부의 의사결정에 불과하므로 부여가 효력이 발생하기 위해서는 회사가 주식매수선택권을 부여받은 자와 계약을 체결하고 상당한 기간 내에 그에 관한 계약서를 작성하여야 한다(340-3(3)). 부여계약이 효력을 발생하려면 계약서 작성까지 마쳐야 할 것이다.[1] 회사는 계약서를 행사기간이 종료할 때까지 본점에 비치하고 주주가 열람할 수 있도록 해야 한다(340-3(4)). 허위로 만들어낸 특별결의를 근거로 체결한 주식매수선택권 부여계약은 법률상 효력이 없다(대법원 2011. 11. 24, 2010도11394 판결).

라. 주식매수선택권의 행사

주식매수선택권은 주주총회 결의일부터 2년 이상 재임 또는 재직하여야 이를 행사할 수 있다(340-4(1)). 상장회사의 경우에는 사망 기타 본인의 책임이 아닌 사유로 퇴임하거나 퇴직한 경우에는 2년을 채우지 못한 경우에도 행사가 가능하다(542-3(4)), 令 30(5)). 정년으로 인한 퇴임 내지 퇴직은 본인의 책임이 아닌 사유에 포함되지 아니하므로(令 30(5)) 그로 인하여 2년을 채우지 못한 경우에는 주식매수선택권을 행사할 수 없다. 비상장회사의 경우에는 이런 예외에 대한 규정이 없기 때문에 본인의 책임 없는 사유로 퇴임하거나 퇴직한 경우에도 주식매수선택권을 행사할 수 없다. 대법원은 비상장회사의 경우 정관이나 주주총회의 특별결의를 통해서도 2년 재임요건을 완화하는 것은 허용되지 않는다고 판시한 바 있다(대법원 2011. 3. 24, 2010다85027 판결).[2]

한편 상법은 주식매수선택권을 행사할 수 있는 시기(始期)만을 제한하고 있을 뿐 언제까지 행사할 수 있는지에 관해서는 정하지 않고 회사의 자율적인 결정에 맡기고 있다. 따라서

---

1) 송옥렬9, 999면.
2) 대법원은 상법의 규정이 '주주, 회사의 채권자 등 다수의 이해관계인에게 영향을 미치는 단체법적 특성을 가지는 점'을 근거로 들고 있으나 그 설득력에 대해서는 의문이 있다.

주식매수선택권을 부당하게 제한하지 않고 정관의 기본취지를 해치지 않는 범위에서 주주총회 결의나 개별 계약을 통해 주식매수선택권 행사의 종기(終期)를 자유롭게 정할 수 있다고 할 것이다(대법원 2018. 7. 26, 2016다237714 판결).[1)]

주식매수선택권 행사에 대해서는 신주인수권부사채의 신주인수권 행사에 관한 규정을 준용한다(340-5→516-9(1)). 법문에서는 주식매수선택권 행사로 신주를 발행하는 경우에 준용한다고 하고 있지만 자기주식교부형이나 차액지급형인 경우에도 마찬가지로 해석해야 할 것이다. 따라서 주식매수선택권을 행사하려는 자는 청구서 2통을 회사에 제출하여야 한다. 차액지급형이 아닌 경우에는 행사가액 전액을 납입하여야 한다(340-5→516-9(1))).[2)] 신주인수형의 경우에는 납입을 한 때에 바로 주주가 된다(340-5→516-10). 그러나 자기주식교부형의 경우에는 회사가 주식을 양도한 때에 비로소 주주가 될 수 있다.

(6) 주식매수선택권에 관한 규제

가. 발행한도

주식매수선택권이 행사되면 기존 주주의 지분이 희석되는 효과가 있다. 따라서 상법은 주식매수선택권이 과도하게 부여되는 것을 막기 위해서 한도를 발행주식총수의 10%로 제한하고 있다(340-2(3)). 법문은 신주발행형과 자기주식교부형을 언급하고 있지만 그러한 제한은 차액지급형에도 적용된다고 볼 것이다. 상장회사의 경우에는 그 한도가 15%까지 확대된다(542-3(2), 令 30(3)). 주식매수선택권을 부여한 후에 행사되었거나 기타 사유로 이미 소멸한 수량은 위 한도에 포함되지 않는다고 보아야 할 것이다.[3)]

나. 양도제한

주식매수선택권은 양도할 수 없다(340-4(2)본).[4)] 제도의 취지가 임직원에게 인센티브를 주기 위한 것이기 때문이다. 그럼에도 불구하고 체결한 양도계약은 무효로 볼 것이다. 주식매수선택권을 양도하는 대신 주식매수선택권의 행사로 취득할 주식을 미리 양도하기로 하는 계

---

1) 사안은 행사기간이 주총결의에서는 5년으로 정해졌으나 부여계약으로 '퇴직한 경우에는 퇴직 후 3개월 이내'로 단축한 경우였고 대법원은 그 계약조항을 유효로 판단하며 다음과 같이 설시하였다. "회사가 주식매수선택권 부여에 관한 계약을 체결할 때 주식매수선택권의 행사기간 등을 일부 변경하거나 조정한 경우 그것이 주식매수선택권을 부여받은 자, 기존 주주 등 이해관계인들 사이의 균형을 해치지 않고 주주총회결의에서 정한 본질적인 내용을 훼손하는 것이 아니라면 유효하다."

2) 납입장소에 관해서도 신주인수권의 행사에 관한 규정(516-9(3))이 준용되고 있다. 그러나 주식매수선택권의 경우에는 '채권 또는 신주인수권증권에 기재한 은행 기타 금융기관'이 존재하지 않으므로 주주총회에서 납입장소를 특별히 정하지 않은 경우에는 회사에 납입할 수밖에 없을 것이다.

3) 정관으로 정한 주식매수선택권의 한도는 재차 활용할 수 없다(즉 선택권이 이미 행사된 경우에도 정관에서 정한 한도에 여전히 포함된다)는 견해로 이철송30, 691면.

4) 다만 선택권 행사요건을 갖춘 자가 사망한 경우 선택권의 상속은 가능하다(340-4(2)단). 나아가 상장회사의 경우 주식매수선택권을 부여받은 자가 2년을 채우지 못하고 사망하더라도 그 상속인이 주식매수선택권을 행사할 수 있다(542-3(4), 令 30(5)).

약을 체결할 수도 있다. 주식매수선택권을 받은 임직원의 인센티브가 사라진다는 점에서는 효과가 동일하다. 그러나 이러한 계약까지 무효로 볼 수는 없을 것이다.

다. 행사가액의 제한

상법상 주식매수선택권의 행사가액은 부여일 기준으로 주식의 실질가액 이상으로 하여야 한다(340-2(4)). 신주발행형의 경우에는 실질가액이 권면액을 하회하면 행사가액을 권면액 이상으로 해야 한다.[1] 부여일 기준으로 행사가액이 실질가액에 미달하게 되면 이른바 내(內)가격옵션(in the money option)이 되어 매수선택권자에 너무 유리하고 주주에는 불리하다는 판단에 따른 것으로 보인다. 그러나 행사가액이 부여일의 실질가액 이상이든 그에 미달하든 주식매수선택권이 일정한 경제적 가치를 가진다는 점에서는 차이가 없으므로, 전자(행사가액≥실질가액)만 허용하고 후자(행사가액<실질가액)는 아예 금지하는 태도가 타당한지는 의문이다. 후자의 경우, 즉 경영자에게 내가격옵션을 부여하는 경우에는 주식을 부여하는 경우(이른바 stock grant)와 마찬가지로 경영자와 주주의 이익을 일치시키는 측면도 있다. 따라서 행사가액을 이처럼 법률로 일률적으로 제한하는 것은 입법론상 의문이다.

(7) 주식매수선택권과 공시

가. 주주총회 소집 시의 공시

주식매수선택권 부여를 위한 주주총회 소집 시에는 원칙적으로 그에 관한 공시의무가 없다. 그러나 의결권대리행사권유가 수반되는 경우에는 참고서류에 주식매수선택권을 받는 자 및 조건 등을 기재하여야 한다(발행공시규정 3-15(3)(xi)). 의결권대리행사권유가 수반되지 않는 경우에도 상장회사는 주주총회 소집 시 참고서류에 주식매수선택권의 발행상황을 기재하여야 한다(542-4(3), 슈 31(4), 발행공시규정 4-6-2→3-15(3)(xi)).

나. 주식매수선택권을 부여한 경우의 공시의무

회사가 주식매수청구권을 부여받은 자와 계약을 체결한 경우에는 계약서를 본점에 비치하고 주주가 열람할 수 있도록 해야 한다(340-3(4)). 주권상장법인이 주주총회(또는 이사회)에서 주식매수선택권을 부여하기로 결의한 경우에는 금융위원회와 거래소에 그 사실을 신고함은 물론이고 주식매수선택권의 존속기한까지 그 사실에 대한 기록을 갖추어 두고, 인터넷 홈페이지 등을 이용하여 공시하여야 한다(자시 165-17(1)).

다. 증권신고서와 사업보고서의 기재

증권신고서와 사업보고서에 임직원에 관한 사항을 기재할 때에는 이사 및 감사에게 부여한 주식매수선택권의 공정가치 총액을 기재하고 공시서류작성기준일 현재 미행사된 부분과

---

1) 무액면주식을 발행한 경우에는 자본으로 계상되는 금액 중 1주에 해당하는 금액을 권면액으로 본다(340-2(4)(i)단).

당해 사업연도중 행사된 부분을 표시해야 한다(금감원 기업공시서식 작성기준 9-2-2).

라. 주식매수선택권 행사에 따른 공시

주식매수선택권의 행사로 신주가 발행되는 경우는 증권신고서를 제출할 필요가 없다.[1] 청약의 권유가 수반되지 않으므로 모집에 해당하지 않기 때문이다(자시 119(1), 9(7)).

주식매수선택권과 과세

주식매수선택권의 효용은 세법상 처리에 따라 크게 좌우된다. 현행법상 주식매수선택권은 부여 시점이 아니라 행사 시점에 해당주식의 시가와 주식매수선택권 행사가액의 차액에 상당하는 소득이 발생한 것으로 보아 과세된다. 이는 부여 시점에 소득을 인식하여 과세하는 것보다는 유리하지만, 해당주식을 아직 처분하지 않았음에도 행사 시점의 평가이익에 대해 과세하는 것은 여전히 가혹할 수 있고, 환가가 어려운 비상장주식의 경우에는 특히 그러하다. 이에 조세제한특례법은 벤처기업 임원 등에 대해 엄격한 요건 하에 (i) 일정액 비과세특례, (ii) 분할납부특례, (iii) 행사 시점의 소득세 과세와 양도 시점의 양도소득세 과세 중에서 선택할 수 있도록 하는 특례 등을 마련하고 있다(조특 16-2, 16-3, 16-4). 현실적으로 비상장회사에서는 (iii)의 특례가 적용되는지 여부가 주식매수선택권의 효용을 크게 좌우한다.

주식연계형 보상

미국을 중심으로 한 외국기업에서는 좁은 의미의 주식매수선택권 외에도 다양한 주식연계형 보상제도를 실시하고 있다. 그 예로는 (i) 부여시에 회사와 임직원이 합의한 일정한 조건이 충족되는 경우에 회사가 무상으로 주식을 제공하는 RSU(restricted stock units), (ii) 별도의 조건 충족을 요하지 아니하고 회사가 임직원에게 성과보상방법으로 주식을 직접 제공하는 스톡그랜트(stock grant), (iii) 부여일 이후 회사 주식 가치가 상승한 경우에 상승분 또는 주식 가치 전액을 현금으로 지급하는 팬텀스톡(phantom stock) 등이 있다. 우리나라에서도 RSU 또는 스톡그랜트라는 이름으로 일부 상장회사에서 회사가 취득한 자기주식을 성과보상 목적으로 임직원들에게 교부하는 사례가 늘어나고 있다. 이는 일정한 행사가격을 전제로 한 선택권이 아니므로 제340조의2에 의한 주식매수선택권에는 해당하지 않고 그에 관한 규율도 받지 않는다고 볼 것이다. 다만 자기주식 취득 및 처분에 관한 상법, 자본시장법과 그 부속법령, 거래소규정 등에 따른 절차와 요건을 충족해야 한다.[2]

임원의 보수 중 주식매수선택권 이외에 주식연계형 보상이 있는 경우 사업보고서에 이를 별도로 공시해야 하고(자시 159(2)(v), 자시슈 168(3)(ix), 발행공시규정 4-3(9), 기업공시서식 작성기준 9-2-2(2)), 대주주에게 이러한 주식연계형 보상을 부여할 때에도 사업보고서에 이를 공시해야 한다(기업공시서식 작성기준 10-1-4). 한편 공정거래위원회는 2024. 5. 기업집단현황공시 업무매뉴얼을 개정하여 공시대상기업집단 소속회사와 그 특수관계인 사이의 주식연계형 보상약정을 공시대상에 포함시킨바 있다.

---

1) 임재연6 I, 567면.

2) 윤소연, 경영진에 대한 주식연계보상에 관한 연구, 서울대 박사학위논문(2025) 참조.

X. 이사의 비밀유지의무

1. 의 의

이사는 직무상 알게 된 회사의 영업상 비밀을 유지할 의무를 진다(382-4). 비밀유지의무는 이사 재임 중에는 물론이고 퇴임 후에도 존속한다. 재임 중 비밀유지의무는 선관주의의무에 따라 당연히 인정되는 것으로 볼 수 있다. 그러나 퇴임 후의 의무는 상법이 특별히 인정한 의무이다. 이러한 의무는 이사와 회사의 위임계약에서 규정할 수도 있지만 상법 규정은 계약상 대비가 없는 경우에 대처하기 위한 것이다.[1] 이사의 비밀유지의무는 1998년 외환위기를 계기로 사외이사가 증가하고 경영에 관여함으로써 회사 비밀이 외부로 누설될 위험이 커졌다는 판단에 따라 도입된 것이다.

2. 영업상 비밀

법문에서 말하는 회사의 영업상 비밀은 부정경쟁방지 및 영업비밀보호에 관한 법률에서 말하는 '영업비밀'(부정경쟁방지 2(ii))보다 훨씬 넓은 개념으로 보아야 한다. 경제적 가치를 갖는 지식이나 정보는 물론이고 외부로 누설되면 회사의 원만한 사업수행을 저해할 우려가 있는 회사정보를 모두 포함한다고 볼 것이다.

3. 비밀의 이용

상법이 명시적으로 금하는 것은 비밀의 누설이지만 비밀의 사적 이용도 금지된다고 볼 것이다.[2] 비밀을 사적으로 이용하다보면 누설될 위험도 커진다. 나아가 일종의 회사 재산이라고 볼 수 있는 회사 비밀을 사익을 위해서 이용하는 것은 충실의무위반에 해당한다. 이사의 자기거래 등 이익충돌행위를 제한하는 상법규정(397, 397-2, 398)은 모두 회사 비밀의 사적 이용과 관련이 있지만 그 규정에 포섭되지 않는 비밀이용행위도 비밀유지의무 내지 충실의무의 위반에 해당한다고 볼 것이다. 회사비밀이용의 대표적인 예는 내부자거래이다(자시 174).[3]

---

1) 회사가 이사의 비밀유지의무를 보다 구체화하는 내용의 약정을 체결할 수도 있다.
2) 이철송30, 763면.
3) 이사 등이 단기매매를 통해서 얻은 차익을 회사에 반환하도록 하는 자본시장법 규정(자시 172(1))은 회사의 내부정보를 회사재산으로 보는 사고를 반영한 것이다.

제 5 절

이사의 책임

Ⅰ. 서 설

이사가 앞서 설명한 선관주의의무나 충실의무에 위반한 경우에는 손해배상책임을 진다. 이사의 책임은 손해를 전보하는 기능과 아울러 이사의 부정이나 부주의를 억제함으로써 올바른 업무수행을 확보하는 기능을 수행한다. 우리나라에서는 종래 부정이나 경영의 잘못을 이유로 이사에게 법적 책임을 묻는 사례는 극히 드물었다. 그러나 1997년 외환위기를 거치면서 사정은 크게 달라졌다. 경영부실로 도산하는 기업이 증가함에 따라 그에 책임이 있는 이사에게 법적 책임을 묻는 사례가 증가하였다. 또한 이사회에서 사외이사 비중이 높아짐에 따라 이사의 법적 책임에 대한 관심도 높아졌다.

이사의 법적 책임은 크게 민사책임과 형사책임으로 나눌 수 있다. 우리나라에서는 이사가 업무상배임죄(형 356)를 이유로 형사책임을 지는 사례가 적지 않다.[1)] 이처럼 형사처벌에 대한 의존도가 높은 것은 이사의 민사책임에 관한 우리 법제가 제대로 작동하고 있지 못한 증거로도 볼 수 있다.[2)]

이하에서는 이사의 민사책임을 중심으로 살펴본다. 이사의 민사책임을 발생시키는 근거법률은 상법 외에 민법, 자본시장법 등 다양하다. 특히 자본시장법상 각종 공시와 관련하여 이사는 광범한 부실표시책임을 진다(자시 125-127, 162).[3)] 상법에도 이사의 책임을 발생시키는 규정은 다수 존재한다. 이 곳에서는 이사가 선관주의의무 내지 충실의무를 위반한 경우에 지

1) 이사의 임무해태행위는 대부분 형법상 업무상배임죄(형 356)와 아울러 상법상 특별배임죄(622)에 해당한다. 그러나 「특정경제범죄 가중처벌 등에 관한 법률」에 의하면 전자만이 가중처벌이 가능하므로(특정경제범죄 가중처벌 등에 관한 법률 3) 실제로는 대부분 전자로 처벌되고 있다. 송옥렬9, 1080면.

2) 형사처벌로 이사의 행동을 통제하는 방식은 일반적으로 다음 문제점이 있다. ① 형사처벌은 비난가능성이 아주 높은 행위에 대하여 선별적으로 부과할 때 효과적이다. ② 공소유지에는 엄격한 증거가 필요하기 때문에 증거확보가 어려운 경우에는 검찰이 신중한 태도를 취할 수밖에 없다. ③ 형사소추를 담당하는 검찰은 아무래도 여론이나 정치적 상황에 영향을 받을 가능성이 높기 때문에 법적용의 일관성을 유지하기 어렵다. ④ 이사들이 너무 보수적으로 의사결정을 하게 될 위험이 있다.

3) 상세한 것은 김/정4, 234~257, 314~320면 참조.

는 책임(399, 401)에 대해서 살펴본다.

이사가 경영상의 잘못을 저지른 경우에는 회사에 대해서 손해배상책임을 진다(399). 고의나 중과실이 있는 경우에는 회사 외에 제3자에 대해서도 책임을 질 수 있다(401). 회사가 이사에 대한 책임추궁을 게을리 하는 경우에는 주주가 회사를 대신하여 대표소송을 시작할 수도 있다(403).

Ⅱ. 회사에 대한 손해배상책임

1. 의 의

잘못된 행위로 회사에 손해를 발생시킨 이사는 이론상 위임계약 불이행으로 인한 책임(민 390)과 불법행위로 인한 책임(민 750)의 두 가지를 부담할 수 있다. 그와 별도로 상법 제399조 제1항은 "이사가 고의 또는 과실로 법령 또는 정관에 위반한 행위를 하거나 그 임무를 게을리한 경우에는" 회사에 대해서 손해배상책임을 진다고 하고 있다.

이 책임의 법적 성격에 대해서는 다툼이 있다. 채무불이행책임도 불법행위책임도 아닌 특수책임이라는 견해[1]도 있지만 판례는 위임관계에 터잡은 채무불이행책임으로 본다.[2] 넓은 의미의 선관주의의무에는 법령이나 정관을 준수할 의무는 물론이고 충실의무도 포함된다고 볼 수 있으므로 채무불이행책임으로 보는 것이 타당할 것이다.

2. 요 건

(1) 고의 또는 과실

제399조 제1항은 이사의 책임을 발생시키는 경우를 ① 법령위반(정관위반을 포함)과 ② 임무해태로 나누고 있다. 과거 ①은 무과실책임이고 ②는 과실책임이라는 식으로 양자를 질적으로 구분하는 견해도 있었지만 그다지 지지를 얻지 못하였다. 법령을 위반하는 행위도 넓은 의미에서는 임무해태에 해당한다고 볼 수 있기 때문이다. 2011년 개정 상법에서는 '고의 또는 과실로'라는 문구를 삽입함으로써 양자가 모두 과실책임이라는 점을 명시하였다.

(2) 법령 또는 정관의 위반

이사가 법령이나 정관에 위반하는 행위를 한 경우에는 그로 인하여 회사에 발생한 손해를 배상할 책임을 진다. 여기서 말하는 '법령'은 "일반적인 의미에서의 법령, 즉 법률과 그 밖의 법규명령으로서의 대통령령, 총리령, 부령 등을 의미"하고 회사내부규정은 포함되지 않는다(대법원 2006. 11. 9, 2004다41651, 41668 판결).

---

1) 이철송30, 796면.

2) 대법원 2023. 10. 26, 2020다236848(이사의 책임을 채무불이행책임으로 보아 10년의 소멸시효기간을 적용).

법령의 범위와 관련하여 회사와 주주이익 보호와 관련된 법령에 한정하는 제한설[1]과 회사가 준수해야 할 모든 법령을 포함한다는 무제한설이 대립하지만 무제한설이 타당하다고 본다. 법문상 법령을 그렇게 제한하여 해석할 근거도 박약하거니와 회사와 주주이익과 관련된 법령을 획정하기도 어렵기 때문이다. 대법원은 일관되게 무제한설을 채택하여 법령을 "이사로서 임무를 수행함에 있어서 준수하여야 할 의무를 개별적으로 규정하고 있는 상법 등의 제 규정과 회사가 기업활동을 함에 있어서 준수하여야 할 제 규정"으로 보고 있다(대법원 2005. 10. 28, 2003다69638 판결 등).

앞서 지적한 바와 같이 법령 또는 정관에 위반한 경우의 책임도 과실책임이다. 따라서 법령위반 자체를 과실과 동일시할 수는 없다. 현대 자본주의사회에서는 기업활동에 관한 법령이 계속 증가하고 있다. 이들 법령에 대해서 완전히 파악하려면 엄청난 비용이 소요될 수 있다. 또한 모든 법령 해석이 항상 명확한 것이 아니기 때문에 아무리 주의를 기울였다하더라도 후일 법령위반의 판정을 받을 수 있다. 따라서 이사가 그 내용을 제대로 모르고 법령을 위반하였다고 해서 바로 책임을 부담시킬 수는 없다. 그렇다고 법령을 모른다고 해서 항상 면책이 되는 것도 아니다. 이사는 회사 사업과 관련이 있는 법령을 적절히 파악하고 그것을 준수하려는 노력을 기울일 의무가 있다. 만약 그런 의무를 게을리하여 법령을 위반한 경우에는 과실에 해당할 것이다. 결국 법령 또는 정관에 위반한 행위와 임무해태를 구별할 실익은 크지 않다. 원고가 이사의 법령위반을 증명하면 이사가 자신의 무과실을 증명할 책임을 진다고 보는 것이 통설이다.[2]

법령위반행위에 대해서는 경영판단원칙으로 보호할 수 없다. 예컨대 이익을 얻거나 불이익을 피하기 위하여 뇌물을 주는 행위(대법원 2005. 10. 28, 2003다69638 판결 등)나 순조로운 영업수행을 위해 분식결산을 하는 행위(대법원 2007. 12. 13, 2007다60080 판결)는 경영판단이라는 이유로 정당화할 수 없다.

(3) 임무해태

가. 선관주의의무와 충실의무

여기서 말하는 임무에는 선관주의의무는 물론이고 충실의무도 포함된다. 앞서 살펴본 바와 같이 두 의무는 개념상 구분되지만 반드시 구별이 명백한 것은 아니어서 판례에서는 양자를 함께 언급하는 것이 보통이다.[3]

---

1) 권기범6, 850면.
2) 권기범6, 854면.
3) 대법원 2002. 3. 15, 2000다9086 판결. 제3자에 대한 책임에 관한 판례에서도 임무를 선관주의의무와 충실의무로 보고 있다(대법원 1985. 11. 12, 84다카2490 판결; 대법원 2002. 3. 29, 2000다47316 판결 등).

나. 과실과의 관계

법문상 새로이 추가된 '고의 또는 과실로'라는 문구는 임무해태에도 적용된다.[1] 충실의무의 경우에는 성격상 주로 고의가 문제될 것이다.[2] 반면에 선관주의의무는 과실과 밀접한 관련이 있다. 선관주의의무 위반은 채무불이행의 유형 중에서 이른바 '하는 채무'의 불완전이행에 해당한다. 불완전이행으로 인한 손해배상청구에서는 원고가 불완전이행을 주장·증명해야 할 책임을 진다. 따라서 원고가 채무자인 이사의 업무수행이 선관주의의무에 반한다는 점을 주장·증명해야 한다(대법원 1996. 12. 23, 96다30465, 30472 판결). 일단 선관주의의무위반이 증명되면 일반 채무불이행책임의 원칙상 피고인 이사가 무과실을 주장·입증함으로써 책임을 회피할 수 있다.[3] 그러나 선관주의의무위반은 그 자체가 과실적인 요소를 담고 있으므로 일단 선관주의의무위반이 성립한 경우에는 이사가 무과실을 증명하기는 어려울 것이다.

다. 상위기관 승인이나 지시와 임무해태

이사는 이사회나 주주총회 결의가 있더라도 그 결의 내용이 법령위반이거나 임무해태에 해당하는 경우에는 그에 따라 직무를 수행하더라도 임무해태가 될 수 있다.[4] 이사는 이사회나 주주총회 결의에 맹종할 것이 아니라 회사를 위하여 성실한 직무수행을 할 의무가 있기 때문이다(대법원 1989. 10. 13, 89도1012 판결 등(이사회결의에 따른 이사의 행위를 배임죄로 처벌한 판례)). 따라서 예컨대 주주총회의 배당결의에 따라 배당가능이익을 초과한 배당금을 실제로 집행한 이사는 고의나 과실이 있는 경우에는 책임을 면할 수 없을 것이다.

이사는 대주주나 대표이사의 지시가 위법한 경우 그 지시를 따라야 할 법률상 의무는 없다. 따라서 이사가 대주주 겸 대표이사의 지시에 따라 위법한 분식회계 등에 고의·과실로 가담하는 것은 임무해태에 해당하고 그런 이사에 대하여 회사가 손해배상을 청구하는 것도 신의칙 위반이 아니다(대법원 2007. 11. 30, 2006다19603 판결).[5]

라. 이사의 신뢰와 임무해태

이사는 업무집행과 관련하여 반드시 직접 독자적으로 정보를 수집하거나 조사해야 하는 것은 아니고 타인의 조력을 받는 것이 가능하다. 다른 임직원이 제공한 정보에 대해서는 특별히 의심할 만한 사정이 없는 한 이사가 그것을 신뢰하더라도 임무해태라고 볼 수 없을 것이다.

---

1) 제401조 제1항의 문언을 보면 그것이 분명하다.
2) 일본 회사법은 자기를 위해서 회사와 거래한 이사는 무과실인 경우에도 회사의 손해에 대한 책임을 면할 수 없음을 명시한다(428(1)). 우리 상법에는 그러한 규정이 없지만 자기거래의 당사자인 이사의 과실은 폭넓게 인정함으로써 비슷한 결과를 도출할 필요가 있을 것이다.
3) 원고가 이사의 과실에 대한 증명책임이 있다고 보는 견해로는 권기범6, 854면.
4) 독일 주식법은 주주총회의 적법한 결의에 따른 경우에는 이사의 책임이 면제됨을 명시하고 있다(93(4)).
5) 이사가 업무위배행위에 대해서 대주주의 양해를 얻은 경우에도 배임죄의 죄책을 면할 수 없다(대법원 2000. 5. 26, 99도2781 판결).

또한 변호사나 회계사 등의 전문가의 의견을 신뢰한 경우에도 그 신빙성을 의심할 만한 사정이 없다면 선관주의의무 위반으로 볼 수 없을 것이다.

마. 이사의 불출석과 임무해태

이사가 이사회에 출석하는 것은 이사의 선관주의의무 중에서도 가장 기본에 속한다. 따라서 이사가 정당한 이유 없이 이사회에 결석하면 일응 임무해태에 해당한다고 볼 것이다. 하급심 판례 중에는 이사회 의사결정에 대하여 불출석한 이사의 책임을 묻기 위해서는 이사회에서 부당한 결의가 이루어진다는 사실을 알았거나 알 수 있었음에도 이사회에 참석하여 시정하지 아니하고 부당한 결의를 방치하였거나 지시하였을 것이 요구된다고 판시한 것이 있다(서울고등법원 2003. 11. 20, 2002나6595 판결).[1] 이런 판시에 의하면 실질적인 지배주주라도 이사회에 지속적으로 불출석함으로써 책임을 면할 우려가 없지 않다.[2] 불출석한 이사에 대해서는 감시의무 위반을 인정하는 방법으로 책임을 물을 필요가 있다. 대법원도 이사회에 참석하지 않고 사후적으로 이사회 결의를 추인하는 등 실질적으로 이사 임무를 전혀 수행하지 않은 비상임이사에 대해서 감시의무 위반 책임을 인정한 바 있다(대법원 2008. 12. 11, 2005다51471 판결(현대생명사건)).

(4) 회사의 손해

회사의 손해는 ① 회사재산이 감소하는 경우(적극적 손해)에는 물론이고 ② 회사재산 증가가 저지된 경우(소극적 손해)에도 발생할 수 있다. ①의 예로는 이사가 회사재산을 횡령한 경우(대법원 1993. 1. 26, 91다36093 판결 등), 회사재산으로 뇌물을 공여한 경우(대법원 2005. 10. 28, 2003다69638 판결), 회사재산을 저가로 매도한 경우(같은 판결), 강행법규 위반행위를 하여 회사가 과징금을 납부한 경우(대법원 2007. 10. 11, 2006다33333 판결), 부실한 계열회사에 자금을 지원했다가 회수하지 못한 경우(같은 판결), 결손이 났는데도 이익이 난 것처럼 분식결산을 하여 부당하게 법인세를 납부하고 부당하게 이익을 배당한 경우(대법원 2007. 12. 13, 2007다60080 판결), 금융기관의 임원이 여신업무에 관한 규정을 위반하여 자금을 대출하면서 충분한 담보를 확보하지 아니하여 금융기관이 대출금을 회수하지 못한 경우(대법원 2015. 10. 29, 2012다98850 판결),[3] 금융기관이 대출하면서 대손충당금을 과소 적립하여 과다한 법인세를 납부한 경우(대법원 2019. 1. 17, 2016다236131 판결) 등을 들 수 있다. ②의 예로는 회사가 주식을 제3자에게 현저하게 저가로 발행한 경우를 들 수 있다(대법원(전) 2009. 5. 29, 2007도4949 판결).

---

1) 삼성전자 주주대표소송판결(대법원 2005. 10. 28, 2003다69638 판결)의 원심판결로 이 쟁점은 대법원에서는 다루어지지 않았다.

2) 실제로 당해 판결에서는 지배주주인 이사가 부당한 이사회 결의에 대해서 알았거나 알 수 있었다고 볼 증거가 없다는 이유로 책임을 면하였다.

3) 이 경우 금융기관이 입은 통상의 손해는 그 임원이 규정을 준수하여 적정한 담보를 취득하였더라면 회수할 수 있었을 미회수 대출원리금이다.

법원은 회사가 주주와 별도로 법인격을 갖는다는 점을 중시하여 회사의 손해를 주주의 이익과 관계없이 형식적으로 판단하고 있다. 형사판결의 예이지만, 1인회사의 주주가 회사재산을 사적 목적으로 사용한 경우에도 배임죄의 성립을 인정하고(대법원(전) 1983. 12. 13, 83도2330 판결 등), LBO거래에서 대상회사가 그 재산을 모회사(주로 인수를 목적으로 설립된 특수목적법인) 채무의 담보로 제공하는 경우 그 모회사가 대상회사의 1인 주주인 때에도 배임죄 성립을 인정한다(대법원 2006. 11. 9, 2004도7027 판결).[1)]

(5) 임무해태와 손해와의 인과관계

이사의 임무해태로 인한 손해배상책임은 그 위반행위와 상당인과관계 있는 손해에 한해 인정된다(대법원 2021. 1. 14, 2017다245279 판결[2)]). 이사회 결의에서 찬성했음을 이유로 이사에 대해서 책임을 묻는(399(2)) 사안에서 이사의 행위와 손해와의 인과관계는 개별 이사가 선관의무를 다하였는지 여부에 의하여 판단된다(대법원 2007. 5. 31, 2005다56995 판결). 따라서 자신의 찬성과 무관하게 어차피 이사회 결의는 이루어졌을 것이라는 주장은 받아들여지지 않는다.

분식회계와 같은 임무해태행위와 회사 손해 사이의 인과관계는 재무제표 승인을 위하여 이사회와 주주총회 결의를 거쳤다는 사정만으로 단절되지 않는다(대법원 2007. 11. 30, 2006다19603 판결(해태제과분식결산)).

3. 손해배상액

(1) 손해의 범위

이사의 손해배상책임은 이사의 법령위반이나 임무해태와 같은 위반행위와 상당인과관계 있는 손해에 한하여 인정된다(대법원 2005. 4. 29, 2005다2820 판결 등). 상당인과관계에 대한 증명책임은 회사가 부담한다.

(2) 손익상계

손해배상액 산정에서 회사가 얻은 이익을 공제하는 손익상계를 허용할 것인지는 어려운 문제이다. 민사법리상 손익상계가 허용되려면 "손해배상책임의 원인이 되는 행위로 인하여 피해자가 새로운 이득을 얻었고, 그 이득과 손해배상책임의 원인행위 사이에 상당인과관계가 있어야" 하고(대법원 2007. 11. 30, 2006다19603 판결 등), "그 이득은 배상의무자가 배상하여야 할 손해의 범위에 대응하는 것이어야" 한다(대법원 2007. 11. 16, 2005다3229 판결 등). 실제로 이사의 임무해태 행위와 회사의 이득 간의 상당인과관계를 부정하여 손익상계를 부정한 사례들이 있

1) 다만 형사적으로는 담보제공만으로도 배임죄의 기수로 처벌되지만, 민사적으로는 그 담보권이 실행되어 실제로 손해가 발생한 경우에만 배상책임이 성립할 것이다.

2) 프로젝트 파이낸스 대출에서 이사의 임무해태를 인정하면서도 그 임무해태가 개발사업의 실패, 대출금 미회수에 따른 손해와 상당인과관계가 없다는 점을 들어 손해배상책임을 부인한 사안이다.

다. 예컨대 회사가 보유 중인 비상장주식을 계열회사에 저가 매도함으로써 법인세가 절감된 경우에도 법인세 절감은 과세관청이 법인세를 부과하지 않은 결정에서 비롯된 것이라는 이유로 임무해태 행위와 사이의 상당인과관계를 부정하였다(대법원 2005. 10. 28, 2003다69638 판결(삼성전자 대표소송 판결)). 반면에 손익상계라는 용어는 사용하지 않았지만, 보험업법에서 금지하는 보험계약자에 대한 특별이익 제공행위를 한 보험회사 이사의 손해배상책임을 묻는 사안에서, 회사의 손실보다 그 행위로 인해 파산을 면할 수 있었던 이익이 더 컸다는 이유로 회사의 손해를 부정하기도 했다(대법원 2006. 7. 6, 2004다8272 판결).[1]

그러나 이사의 뇌물공여, 담합과 같이 비난가능성 높은 법령위반의 경우에 설령 위법행위와 이득 간에 상당인과관계가 인정된다고 하더라도 그로 인한 이익을 근거로 이사의 배상액을 경감하는 것에는 문제가 있다. 최근 대법원도 이 점을 명확히 하였다. 즉 "회사는 기업활동을 하면서 범죄를 수단으로 하여서는 아니되므로, 이사가 회사의 업무를 집행하면서 고의·과실로 법령을 위반한 경우에 설령 그 법령 위반 행위로 인하여 회사에 어떠한 이득이 발생하였다 하더라도, 이러한 이득을 손익상계의 대상으로 삼는 것은 이사의 법령 위반 행위로 인한 회사의 위법한 이득 보유를 그대로 승인하고 그 범위 내에서 이사의 손해배상책임을 부정함으로써 오히려 이사의 법령 위반 행위와 회사의 범죄를 조장하[…]는 결과가 되므로 허용될 수 없다"고 하며, 가격담합으로 인한 회사의 손해액(과징금 및 벌금 납부액)에서 가격담합으로 인한 이득을 공제할 수 없다고 하였다(대법원 2025. 6. 12, 2021다256696, 2021다256702 판결; 대법원 2025. 6. 26, 2024다316391 판결).

(3) 이사가 복수인 경우

책임을 발생시키는 행위에 복수의 이사가 관여한 경우에는 이들 이사 모두가 연대책임을 진다(399(1)).[2] 그 행위가 이사회 결의에 의한 것인 때에는 그 결의에 찬성한 이사도 연대하여 책임을 진다(399(2)). 이사의 의결권행사자체도 주의의무가 미치는 직무수행이기 때문이다. 결의에 참가한 이사로서 이의를 한 기재가 의사록에 없는 자는 그 결의에 찬성한 것으로 추정한다(399(3)). 따라서 이사는 결의에 반대하였음을 증명해야만 책임을 면할 수 있다. 다만 이사회에 출석하여 결의에 기권한 이사는 찬성한 것으로 추정되지 않는다(대법원 2019. 5. 16, 2016다260455 판결).

책임을 지는 이사가 복수인 경우 이들의 책임은 부진정연대책임으로 본다. 따라서 원칙적으로 각 이사는 손해 전부에 대해서 배상책임이 있고 손해 전부가 배상되면 다른 이사의 책임

---

1) 대법원은 특별이익제공행위가 법령위반이라는 이유로 경영판단원칙의 적용은 부정하면서도 결국 회사의 손해가 없다는 이유로 피고의 책임을 부정하였다. 그러나 이러한 논리에 의하면 다른 법령위반행위의 경우에도 회사의 이익이 손해보다 크다는 이유로 손해배상책임을 부정할 여지가 있다는 점에서 의문이 없지 않다.

2) 감사도 책임을 지는 경우에는 이사와 연대책임을 진다(414(3)). 외부감사인이 책임을 지는 경우에도 같다(외감 31(4)).

은 소멸한다. 이 경우 이사 사이의 구상은 각 이사의 위법행위나 임무해태의 정도에 따라서 이루어져야 할 것이다.[1] 또한 뒤에 살펴보는 바와 같이 대법원은 신의칙에 기하여 이사의 책임을 제한하면서 이사에 따라서 제한비율에 차이를 두고 있다.[2]

4. 책임의 감면

(1) 주주전원의 동의에 의한 감면

회사는 채권자로서 이사에 대한 손해배상청구권을 당연히 감면할 수 있다(민 506). 채권감면은 업무집행에 속하므로 원래는 이사회의 권한사항이다. 그러나 상법은 행위의 특수성을 고려하여 임무해태로 인한 이사 책임의 면제에는 주주 전원의 동의를 요하고 있다(400(1)). 주주 동의는 반드시 주주총회의 결의의 형식으로 할 필요는 없고 묵시적으로 하는 것도 가능하다(대법원 2002. 6. 14, 2002다11441 판결).[3] 그러나 대법원은 96%를 넘는 주식을 소유한 대주주가 동의한 경우에도 100%에 달하지 않는 한 면제할 수 없다고 판시한 바 있다(대법원 2004. 12. 10, 2002다60467, 60474 판결).

민법상 채무면제의 효과는 채권자가 채무자에게 면제의 의사를 표시한 때에 발생한다(민 506). 그러나 대법원은 상법상 주주전원의 동의에 의한 이사 책임의 면제(400(1))는 채무면제에 관한 별도의 방법을 정한 것으로서 민법 제506조의 적용을 받지 않으므로 주주전원의 동의가 확보되면 면제의 의사표시 없이 바로 면제의 효력이 발생하는 것으로 해석한다. 다만 불법행위에 기한 손해배상책임의 면제에 관해서는 민법 제506조가 여전히 적용된다고 본다. 그리하여 주식회사 대표이사가 사적 용도로 발행한 회사명의의 수표에 대해서 회사가 지급의무를 이행함으로써 손해를 입은 사안에서, 대법원은 상법 제399조에 따른 손해배상채무는 주주 전원의 동의를 확보한 시점에 바로 소멸하지만 불법행위를 이유로 한 손해배상채무는 그 채무를 면제하는 의사표시가 "채무자에게 도달되거나 채무자가 알 수 있는 상태에 있었어야만 그 효

---

1) 일반 부진정연대채무의 구상에 관한 다음과 같은 대법원 판시는 이사 사이의 구상에서도 적용할 수 있다. "부진정연대채무의 관계에 있는 복수의 책임주체 내부관계에 있어서는 형평의 원칙상 일정한 부담 부분이 있을 수 있으며, 그 부담 부분은 각자의 고의 및 과실의 정도에 따라 정하여지는 것으로서 부진정연대채무자 중 1인이 자기의 부담 부분 이상을 변제하여 공동의 면책을 얻게 하였을 때에는 다른 부진정연대채무자에게 그 부담 부분의 비율에 따라 구상권을 행사할 수 있다"(대법원 2006. 1. 27, 2005다19378 판결).

2) 2013년 개정 외감법은 외부감사인이 이사나 감사와 연대책임을 지는 경우 고의가 없는 자는 법원이 귀책사유에 따라 정하는 책임비율에 따라 손해를 배상할 책임이 있다고 함으로써 분할책임을 도입하였다(외감 31(4)단). 이는 외부감사인의 책임제한을 위한 입법이지만 문언상으로는 이사나 감사도 고의가 없는 경우에는 외감법상 분할책임을 부담하는 것으로 볼 수 있다.

3) 그러나 묵시적 동의가 인정되기 위해서는 이사의 책임을 묻지 않기로 하는 의사표시를 하였다고 볼 만한 사정이 있어야 한다. 회사 주식 전부를 인수하면서 부실채권을 할인된 비율로 평가하여 인수금액을 정했다는 사정만으로는 부실채권에 대한 이사의 책임을 묻지 않기로 하는 의사표시를 하였다고 볼 수 없다고 판시한 판결로 대법원 2008. 12. 11, 2005다51471 판결. 그러한 묵시적 의사표시가 인정된 판결로 대법원 2002. 6. 14, 2002다11441 판결.

력이 발생하고 그 이전에는 면제의 의사표시를 자유로 철회할 수 있[다]"고 판시하였다(대법원 1989. 1. 31. 87누760 판결).

(2) 법원 재량에 의한 책임제한

가. 근거와 범위

앞서 살펴본 바와 같이 법원은 회사가 이사 책임을 면제하는 것에 대해서는 엄격한 태도를 취하고 있다. 그러나 법원은 신의칙 내지 손해공평분담의 법리 같은 추상적인 근거를 들어 비교적 자유롭게 이사의 책임을 감면해주고 있다. 법원 재량에 따른 책임제한은 이사의 제3자에 대한 책임의 경우에는 물론이고(서울고등법원 2006. 10. 25, 2005나68396 판결),[1] 업무집행관여자(401-2)의 책임에 대해서도 인정되고 있다(대법원 2011. 6. 10, 2011다6120 판결(하이닉스)).

나. 참작사항

법원이 책임감면을 정당화하기 위한 사항으로 제시하는 것은 구체적 사안에 따라 다소 차이가 있지만 대체로 다음과 같다. "손해배상의 범위를 정함에 있어서는, 당해 사업의 내용과 성격, 당해 이사의 임무위반의 경위 및 임무위반행위의 태양, 회사의 손해 발생 및 확대에 관여된 객관적인 사정이나 그 정도, 평소 이사의 회사에 대한 공헌도, 임무위반행위로 인한 당해 이사의 이득 유무, 회사의 조직체계의 흠결 유무나 위험관리체제의 구축 여부 등 제반 사정을 참작하여 손해분담의 공평이라는 손해배상제도의 이념에 비추어 그 손해배상액을 제한할 수 있다"(대법원 2004. 12. 10, 2002다60467, 60474 판결; 대법원 2005. 10. 28, 2003다69638 판결).

다. 폭넓은 재량

법원은 책임을 제한하면서 실로 폭넓은 재량을 행사하고 있다. 법원의 재량은 다음과 같이 여러 면에 걸쳐서 행사되고 있다. ① 참작 대상인 '제반 사정'과 관련하여 법원은 여러 사항을 평면적으로 열거할 뿐 그러한 사항이 어떠한 이유에서 책임제한을 정당화하는지에 대한 구체적인 논증 없이 바로 책임제한의 결론만을 밝히고 있다.[2] ② 임무해태 유형과 관련해서는 고의나 중과실의 분식회계(서울고등법원 2006. 10. 25, 2005나68396 판결(고합그룹판결)), 비자금의 조성 및 사용(서울중앙지방법원 2009. 1. 9, 2006가합78171 판결(하이닉스)), 업무상배임행위(대구고등법원 2012. 8. 22, 2011나2372 판결(제일모직대표소송); 서울중앙지방법원 2010. 2. 8, 2008가합47867 (현대자동차대표소송))의 경우에도 책임제한을 인정한다. 다만 시세조종의 경우에는 이사가 개인적 이득을 취한 바 없더라도 책임제한을 부정하였다(대법원 2009. 3. 26, 2006다47677 판결(현대

---

1) 이 부분은 상고되지 않아 대법원에서는 판단하지 않은 채 확정되었다(대법원 2008. 2. 14, 2006다82601 판결).

2) 예컨대 '위험관리체제의 구축 여부' 같은 사항은 이사의 감시의무위반에 대한 책임을 제한할 때에는 참작할 수 있겠으나 이사의 적극적인 행위에 대한 책임을 제한할 때에는 참작하는 것이 적절치 않을 것이다. 또한 개인재산의 사회환원을 참작사항으로 제시하는 사례도 있지만(서울중앙지방법원 2010. 2. 8, 2008가합47867 판결(현대자동차 주주대표소송)(확정)) 사회에 대한 환원이 어떻게 회사에 대한 책임을 제한하는 근거가 될 수 있는지 의문이 있다.

증권판결)). 한편 판례 중에는 이사가 임무해태행위로 개인적 이익을 얻은 사안에서도 책임제한을 인정한 경우가 있다(서울남부지방법원 2006. 8. 17, 2003가합1176 판결).

③ 법원은 책임제한비율을 결정할 때 관여도 등을 고려하여 이사 사이에 차등을 두고 있다. 그리하여 이사가 법적으로는 연대책임을 지지만 사실상으로는 분할책임을 지는 것과 유사한 결과에 이르고 있다. 책임제한 폭도 넓어서 손해액의 10%에 대한 책임만 인정하는 경우도 있다(서울중앙지방법원 2009. 1. 9, 2006가합78171 판결(하이닉스); 대구고등법원 2012. 8. 22, 2011나2372 판결(제일모직대표소송)).

(3) 정관에 근거한 이사의 책임제한

가. 의 의

법원이 과도한 재량이라는 비판을 무릅쓰고 책임제한에 나선 것은 책임감면의 현실적 필요성 때문이다. 이사의 임무해태는 경우에 따라서 회사나 제3자에게 엄청난 손해를 발생시킬 수 있다. 다만 임무해태의 정도가 경미한 경우에도 이사가 모든 손해를 배상해야 한다면 이사의 업무처리가 위축되거나 심지어 유능한 인재가 이사에 취임하기를 꺼릴 우려도 있다. 따라서 이사의 책임을 적절히 제한할 필요가 있다. 그러나 기존의 책임면제조항(400(1))은 비현실적으로 엄격하여 활용될 여지가 없었다. 그리하여 2011년 개정 상법은 제400조 제2항을 신설하여 주주 전원의 동의가 없이도 손해배상책임액을 감경할 수 있는 길을 열었다.[1)]

나. 제한의 요건

책임제한을 위해서는 정관의 근거가 필요하다. 구체적인 책임제한의 방법은 정관으로 정할 수 있다. 정관에는 책임을 제한할 수 있는 근거를 두고 구체적인 책임제한의 결정은 사안별로 주주총회나 이사회 결의에 맡길 수 있음은 물론이다. 나아가 별도의 구체적인 책임제한 결정의 필요 없이 정관의 규정만으로 책임이 제한되도록 규정하는 것도 가능하다고 본다.[2)] 다만 후자의 경우에는 책임감면 여부가 고의·중과실 여부와 정관의 해석 여하에 달려 있게 되어 그에 대한 회사 내 기관의 결정이 존재하는 전자에 비해 법률관계의 불확실성이 증가하는 단점이 있다.

다. 제한의 한도

책임의 제한은 정해진 범위 내에서만 허용된다. 즉 이사가 책임원인이 되는 행위를 한 날 이전 최근 1년간 회사로부터 받은 보수액의 6배(사외이사/독립이사의 경우는 3배)에 해당하는 금액은 면제할 수 없다(400(2)본). 보수액에는 상여금과 주식매수선택권의 행사로 인한 이익도 포함

---

1) 이러한 책임제한규정은 책임의 발생원인인 행위가 개정 상법 시행 전에 행해진 경우에도 적용된다.

2) 뒤에서 보는 바와 같이 어차피 비난가능성이 큰 행위로 인한 책임은 제한대상에서 제외되기 때문에(400(2)단) 남용의 우려는 그리 크지 않을 것이다. 현행 상장회사 표준정관(35조)에서는 별도의 주주총회 보통결의로 보수액의 일정 배수를 초과하는 금액에 대하여 면제할 수 있도록 하여 전자의 방식을 따르고 있다.

된다. 정관으로 이사의 책임한도를 더 높이는 것은 허용되지만 더 낮추는 것은 허용되지 않는다.

라. 제한의 적용제외

이사의 권한남용을 억제하기 위해서는 비난가능성이 높은 행위는 책임제한대상에서 배제해야 할 것이다. 상법은 고의 또는 중과실의 임무해태나 경쟁금지(397), 회사기회유용(397-2), 자기거래(398) 등에 해당하는 경우에는 책임제한을 허용하지 않는다(400(2)단). 따라서 이사회 승인 없이 회사와 경쟁하거나 거래한 당해 이사가 책임제한을 받을 수 없는 것은 분명하다. 그러나 이사와의 거래에서 단순히 회사를 대표한 이사나 내용이 불공정한 거래를 승인한 이사와 같이 거래로부터 직접 이익을 얻지 않은 이사는 거래의 불공정에 대한 고의가 없는 한 책임제한을 받을 수 있다고 볼 것이다.

마. 법원 재량에 의한 책임제한과의 관계

앞서 언급한 바와 같이 책임제한은 정관의 근거를 요한다. 따라서 정관에 책임제한을 규정하고 있지 않은 경우에는 여전히 법원이 재량에 의한 책임제한을 시도할 가능성이 있다. 정관의 책임제한규정에 따라 책임이 제한된 경우에 법원이 다시 재량으로 책임을 제한할 수는 없다고 볼 것이다. 회사가 정관의 정함에 따라 이사회나 주주총회에서 책임제한의 결의를 부결시킨 경우에도 법원이 재량으로 책임을 제한할 수 있는가? 법원의 재량에 의한 책임제한이 그나마 수용될 수 있었던 것은 면책에 주주 전원의 동의를 요하는 기존 조항(400(1))이 비현실적이라는 판단 때문이었다. 그러나 이사회나 주주총회가 다수결로 책임제한을 거부한 경우에 법원이 그것을 뒤엎는 것은 정당화하기 어려울 것이다.

(4) 책임의 해제

정기총회에서 재무제표에 대한 승인을 한 후 2년 내에 다른 결의가 없으면 회사는 이사와 감사의 책임을 해제한 것으로 본다(450본). 다만 부정행위로 인한 책임은 예외이다. 이러한 책임해제는 승인결의의 효과라기보다는 이사와 감사의 책임에 관한 법적 불안을 조기에 종식시키기 위한 입법적인 고려에 따른 것이다. 이에 대해서는 제5장에서 상세히 설명한다.

5. 시효 및 지체책임

회사에 대한 이사의 손해배상책임은 채무불이행책임이므로 채무불이행에 관한 일반 민사법리가 적용된다. 시효의 경우, 채권의 일반소멸시효기간(민 162(1))인 10년이 적용된다(대법원 1985. 6. 25, 84다카1954 판결). 소멸시효는 회사가 이사에 대해서 손해배상을 청구할 수 있는 시점부터 진행한다(민 166(1)). 한편 이사의 회사에 대한 손해배상채무는 이행기한의 정함이 없는 채무이므로 이사는 이행청구를 받은 때부터 지체책임을 부담한다(대법원 2021. 5. 7, 2018다275888 판결).

회사에 의한 손해배상청구권 행사

현실적으로 회사가 이사에 대해서 손해배상책임을 묻는 경우는 많지 않다. 그 주된 이유는 제소권을 가진 대표이사(과거의 이사를 상대로 하는 경우)나 감사(감사위원회)(현재의 이사를 상대로 하는 경우)가 책임추궁에 소극적이기 때문일 것이다. 독일 판례는 감독이사회가 경영이사회 이사가 회사에 대해서 손해배상책임이 있다고 판단하는 경우에는 원칙적으로 그 책임을 물을 의무가 있음을 인정한다.[1] 다만 책임을 묻는 것이 회사의 이익에 반하는 특별한 사정이 있는 경우에는 예외이다. 독일 주식법이 그런 의무를 명시하고 있지는 않지만 학설은 대체로 판례를 지지하고 있다.[2]

Ⅲ. 제3자에 대한 책임

1. 의 의

원래 이사와 회사 사이에는 위임관계가 존재하므로(382(2)) 이사나 감사가 수임인으로서 임무를 해태한 경우 회사에 대하여 책임을 지는 것은 당연하다. 한편 제3자에 대하여는 따로 불법행위가 성립되지 않는 한 아무런 책임을 지지 않는 것이 원칙이다. 그러나 상법은 "이사가 고의 또는 중대한 과실로 인하여 그 임무를 게을리한 때에는 그 이사는 제3자에 대하여 연대하여 손해를 배상할 책임이 있다"(401(1))고 하여 이사의 제3자에 대한 책임을 인정하고 있다.[3]

2. 법적 성질

이사의 제3자에 대한 책임의 법적 성질에 관해서는 종래 학설상 다툼이 많았으나 대체로 ① 법정책임설, ② 불법행위특칙설, ③ 특수불법행위설 등 세 가지로 정리할 수 있다. 통설인 ① 법정책임설[4]은 이사의 제3자에 대한 책임을 상법이 특별히 인정한 법정책임으로 파악하는 견해이다. 이사는 회사에 대해서 신인의무를 부담할 뿐이므로 임무해태로 인하여 제3자에게 손해를 가한 경우에도 당연히 손해배상책임을 지는 것은 아니다. 그러나 오늘날 경제계의 핵심주체인 주식회사가 이사의 직무집행에 의존하고 있음을 고려하여 이사의 활동으로부터 회사외부의 제3자를 보호하기 위해서 상법이 특별히 이사의 제3자에 대한 책임을 인정한 것으로 본다. 이 책임은 불법행위책임과는 무관하므로 제3자에 대한 관계에서 위법성이 요구되는 것

1) BGHZ 135, 244=NJW 1997, 1926(ARAG/Garmenbeck).

2) 이 판결에 대한 상세한 소개로는 정대익, "경영이사회 이사에 대한 감독이사회의 책임추궁의무—독일 연방대법원의 ARAG/Garmenbeck 판결이 주는 의미—", 금융법연구 14-2(2017), 199면 이하.

3) 이 규정은 감사의 경우에도 준용되고 있다(415).

4) 권기범6, 861면; 김정호5, 486면; 김홍기4, 596면; 이/최11, 502면; 이철송30, 822~823면; 장덕조3, 372면; 정동윤6, 644면; 정찬형22, 1081면; 최기원14, 697면; 최준선14, 561면; 홍/박7, 546면.

은 아니며 불법행위책임과 경합될 수 있다.[1)]

② 불법행위특칙설은 이사의 책임을 경과실에 대한 책임이 면제된 것만을 제외하고는 일반 불법행위책임과 동일한 것으로 파악한다. 경과실에 대한 책임을 면제한 것은 제3자가 아니라 이사를 보호하기 위해서라고 본다. ③ 특수불법행위설은 이사의 제3자에 대한 책임을 상법이 특별히 인정한 불법행위책임으로 파악한다. 일반적인 불법행위책임과의 차이는 위법성의 징표가 제3자에 대한 가해행위에 있지 않고 악의 또는 중대한 과실로 인한 임무해태에 있다는 점에서 찾고 있다.[2)] 따라서 책임의 성질을 불법행위라고 보는 점 이외에는 법정책임설과 별로 다를 바 없다.

현재 우리 학계에서는 ②나 ③을 주장하는 경우는 찾아보기 어렵다. 대법원은 제3자에 대한 책임의 법적 성질을 임무해태로 보는 법정책임설을 따르면서도 "임무해태행위라 함은 이사의 직무상 충실 및 선관의무위반의 행위로서…위법한 사정이 있어야" 한다고 판시함으로써(대법원 1985. 11. 12, 84다카2490 판결) 특수불법행위설적인 요소를 가미하고 있다.[3)]

이사의 제3자에 대한 책임의 기능

통설과 판례에 따르면 회사의 도산으로 인하여 채권의 만족을 얻지 못한 회사채권자는 그 규정을 근거로 회사 대신 회사 이사나 감사로부터 채무 이행을 구할 수가 있다. 그리하여 이사와 감사의 제3자에 대한 책임은 회사주주에 대한 회사채무의 이행청구를 허용하는 법인격부인법리와 더불어 주주유한책임원칙이 수반하는 현실적 불합리로부터 회사채권자를 보호하는 유용한 수단이라고 할 수 있다. 법인격부인법리는 실정법에 명시된 것도 아니고 법인격부인의 전제가 되는 법인격의 남용이나 형해화는 극적인 경우에 한하여 인정될 것이므로 채권자가 법인격부인법리를 통하여 구제받기는 쉽지 않다. 반면에 회사가 도산에 이르게 된 경우에는 십중팔구 이사나 감사의 임무해태를 찾아낼 수 있을 것이므로 이사나 감사의 제3자에 대한 책임규정은 법인격부인법리보다는 훨씬 더 간편한 무기라고 할 수 있다.

---

1) 대법원은 1993년 판결(대법원 1993. 1. 26, 91다36093 판결)에서 방론으로 주주가 대표이사의 악의 또는 중과실의 임무해태로 직접 손해를 입은 경우에는 이사와 회사를 상대로 손해배상책임을 물을 수 있다고 판시하며 그 근거 조문으로 상법 제401조, 제389조 제3항, 제210조를 든 바 있다. 뒤의 두 조문은 대표이사의 업무집행상 '불법행위'로 인한 회사의 책임을 인정하기 위한 규정으로 그에 의하면 이사의 행위가 제3자에 대한 책임과 동시에 불법행위책임을 발생시킬 수도 있다.

2) 특수불법행위설 중에는 위와 같은 일반적인 견해와는 달리 위법성을 제3자에 대한 관계에서도 요구하는 견해가 있다. 이 견해에 의하면 이사의 임무해태는 회사의 대해서뿐만 아니라 제3자에 대한 관계에서도 위법한 것으로 평가되어야만 한다. 이처럼 제3자에 대한 관계에서도 위법성을 요구함으로써 이사의 책임이 부당하게 확대될 가능성을 막을 수 있다는 점이 이 견해의 장점으로 주장되고 있다. 上柳克郎, "兩損害包含說", 會社法·手形法論集(1980), 116면 이하.

3) 최근 대법원 판례 중에는 대표이사의 신인의무 위반을 이유로 제3자에 대한 책임(401) 대신 불법행위책임을 인정한 사례도 있다(대법원 2013. 4. 11, 2012다116307 판결).

3. 책임발생의 요건

(1) 고의 또는 중대한 과실로 인한 임무해태

고의 또는 중과실은 이사의 임무해태에 관한 것이고 제3자의 손해에 대한 것이 아니다. 임무해태란 이사의 선관주의의무 내지 충실의무를 위반한 행위를 말한다(대법원 1985. 11. 12, 84다카2490 판결). 대법원은 대표이사가 남편에게 회사업무일체를 맡긴 상황에서 남편이 부도를 예견하면서도 수출환어음을 발행하여 원고에 피해를 준 사안에서 대표이사가 다른 이사에게 업무 일체를 맡기고 직무를 전혀 집행하지 않은 것은 그 자체가 임무해태에 해당한다고 하여 손해배상책임을 인정한 바 있다(대법원 2003. 4. 11, 2002다70044 판결).

(2) 임무해태와 위법성

임무해태에서 임무란 신인의무, 즉 선관주의의무 내지 충실의무를 말한다. 그러나 대법원은 신인의무 위반 외에 위법성도 임무해태의 요소로 들고 있다. 위법성이 등장하는 것은 주로 회사채무 불이행이 문제된 경우이다. 원칙적으로 이사가 회사 채무를 이행하지 않았다고 해서 바로 임무해태가 되는 것은 아니다(대법원 1985. 11. 12, 84다카2490 판결). 그러나 대법원은 채무불이행에 위법한 사정이 가미되는 경우에는 임무해태가 인정될 수 있다고 보고 있다. 대법원은 채무불이행에 기망의 요소가 가미된 경우에 위법성을 인정하고 있다. 매수인이 매도인에게 매매대상 부동산을 자신이 은행대출을 받는 데 담보로 제공해주면 그 대출금으로 매매잔금을 지급하겠다고 약속하였음에도 대출금을 다른 용도에 사용해버린 사안에서 대법원은 매수인이 대출금을 매매잔금으로 지급할 의사가 없었으면서도 그 의사가 있는 것처럼 매도인을 속인 것이라면 임무해태에 해당할 수 있다고 판시한 바 있다(대법원 2002. 3. 29, 2000다47316 판결). 나아가 대법원은 예컨대 "회사의 경영상태로 보아 계약상의 채무의 이행기에 이행이 불가능하거나 불가능할 것을 예견할 수 있었음에도 이를 감추고 상대방과 계약을 체결하고 일정한 급부를 미리 받았으나 그 이행불능이 된 경우"에도 위법성이 인정된다고 판시하였다(대법원 1985. 11. 12, 84다카2490 판결).[1)]

(3) 제3자의 손해

가. 주주 포함 여부

회사채권자가 이사의 손해배상책임을 물을 수 있는 제3자에 포함된다는 점에 대해서는 다툼이 없다. 주주가 제3자에 포함되는지는 직접손해와 간접손해의 경우를 나누어 논의한다.

---

1) 이러한 이사의 기망행위는 모두 회사채권자에 대한 불법행위나 범죄행위에 해당한다. 이처럼 제3자인 회사채권자를 기망한 것이 왜 회사에 대한 임무해태에 해당하는지 의문을 가질 수도 있다. 그러나 이사의 법령준수의무가 회사나 주주이익을 위한 법령뿐만 아니라 그와 직접 관련이 없는 일반적 법령까지 준수해야 하기 때문에 회사채권자에 대한 불법행위나 범죄행위도 회사에 대한 임무해태로 볼 수 있을 것이다.

적어도 우리 학설상으로는 제3자에 직접손해를 입은 주주가 포함된다는 점에 다툼이 없다. 그러나 주주의 간접손해에 대해서도 이사가 책임을 지는지 여부에 대해서는 견해가 대립한다.

나. 직접손해와 간접손해의 의의

주주의 직접손해는 이사의 임무해태로 인해 주주가 직접 개인적으로 입은 손해를 말하고 간접손해는 제1차적으로 회사에 손해가 발생하고 그 결과 제2차적으로 주주가 입은 손해를 말한다.[1] 이러한 해석은 2025년 상법 개정으로 이사의 주주에 대한 충실의무(382-3)가 도입된 이후에도 마찬가지라고 볼 것이다. 이사의 위법행위로 주주가 손해를 보았더라도 그 피해가 실은 회사의 손해에서 비롯된 것이라면 이는 간접손해이다.

다. 주주의 간접손해도 포함되는지 여부

제401조의 손해에 주주의 간접손해가 포함되는지에 대해서는 견해가 대립한다.[2] 합작투자회사 대표이사의 횡령행위를 이유로 합작상대방인 주주가 대표이사에게 제401조에 의한 손해배상책임을 묻는 사안에서 대법원은 대표이사의 횡령행위로 손해를 입는 것은 회사이고 회사의 재산감소로 인하여 주주가 입는 손해는 제401조에서 말하는 손해의 개념에 포함되지 않는다고 하여 제외설을 취하였다(대법원 1993. 1. 26, 91다36093 판결).

라. 제외설의 논거와 그 비판

제외설의 주된 논거는 다음과 같다. ① 회사가 배상을 받으면 주주의 손해는 간접적으로 자동적으로 전보되므로 따로 주주의 간접손해에 대한 책임을 인정할 필요 없다(**자동회복논거**). ② 이사에 대한 회사의 손해배상청구권은 회사재산에 해당하는바 주주가 배상을 받으면 회사재산이 채권자에 앞서 주주에게 유출되는 결과가 되고 회사채권자 이익을 침해할 수 있다(**채권자보호논거**). ③ 주주의 간접손해에 대한 배상을 인정한다면 주주에게 배상하고 나서도 회사에 대한 책임이 남는 경우 이사는 2중으로 책임을 질 수 있다(**이중책임논거**).

제외설의 논거에 대하여 포함설은 다음과 같이 비판한다. ① 자동회복논거는 주주대표소송제도를 주주가 이용하는 것이 현실적으로 어려운 상황에서는 설득력이 떨어진다. ② 이중책임논거와 관련해서 주주에 배상한 금액만큼 이사의 회사에 대한 배상책임이 감소되는 것으로 본다면 이중책임의 위험은 없을 것이다.

마. 주주의 직접 청구가 필요한 경우

포함설이 설득력을 갖는 것은 다음 두 가지 경우이다. ① 주주가 회사의 손해를 초과하는

---

1) 대법원도 "회사재산이 감소함으로써 회사가 손해를 입고 결과적으로 주주의 경제적 이익이 침해되는 손해와 같은 간접적인 손해"라는 표현을 사용함으로써 이러한 일반적인 정의를 따르고 있는 것으로 판단된다(대법원 1993. 1. 26, 91다36093 판결).

2) 포함설로는 송옥렬9, 1085면; 이/최11, 503면; 이철송30, 824면; 장덕조3, 374면; 정동윤6, 645면; 최기원14, 703면. 제외설로는 임재연6 Ⅱ, 558면; 정찬형22, 1083면; 최준선14, 565면.

손해를 입은 경우(초과손해)이다. 예컨대 상장회사에서 이사의 부정행위가 있는 경우 그로 인한 시가총액 하락분이 부정행위로 인한 회사의 직접손해보다 훨씬 더 큰 경우가 많다. 이런 경우에는 회사 손해를 배상하더라도 주가가 원래 수준으로 회복되지 않을 가능성이 높다. 따라서 이런 경우에는 주주가 주가하락분을 직접손해로 보아 직접 청구하는 것을 허용할 필요가 있다.

② 폐쇄회사에서 지배주주가 부정행위를 한 경우이다. 이 경우 주주의 손해를 간접손해로 보아 주주대표소송만을 허용한다면 승소하더라도 배상금은 회사에 귀속되어 지배주주의 지배하에 들어갈 것이므로 구제의 목적을 달성할 수 없다.

그리하여 이상의 경우에는 주주가 직접 손해를 배상받을 수 있는 길을 열어줄 필요가 있다.[1] 다만 제외설의 채권자보호논거는 일리가 있으므로 주주의 직접 청구로 인하여 회사 채권자가 손해 볼 여지는 없도록 해야 할 것이다.[2]

바. 직접손해와 간접손해에 관한 판례

대법원은 주주의 직접손해와 간접손해를 구별하여 전자에 대해서만 제401조의 책임을 인정하는 태도를 재확인하고 있다(대법원 2012. 12. 13, 2010다77743 판결). 이사의 회사재산 횡령과 부실공시의 진상이 밝혀진 후에 회사의 코스닥등록이 취소되면서 주가가 하락한 사안에서 대법원은 원고의 주식취득이 횡령과 부실공시 후에 이루어진 경우에는 직접손해에 해당하여 이사에 대해서 제401조의 책임을 물을 수 있다고 보았다. 이러한 주주는 부실공시로 인하여 정상주가보다 높게 형성된 가격에 주식을 매수하였다가 주가가 하락함으로써 직접적으로 손해를 입었다고 본 것이다. 반면 원고의 주식취득이 횡령과 부실공시 전에 이루어진 경우에는 그의 손해는 피고의 횡령으로 회사의 재무구조가 악화되어 생긴 간접손해에 불과하므로 제401조의 책임을 물을 수 없다고 판시하였다.

(4) 인과관계

회사의 대규모 분식을 모르고 여신을 제공한 금융기관의 손해는 분식에 관여한 이사의 임무해태와 상당인과관계가 있다고 할 것이다. 대법원은 금융기관의 여신이 기업어음을 만기 도래시마다 회전매입하는 형식으로 계속된 경우에도 그것이 실질적으로 기존 기업어음의 만기를 연장한 것에 불과하므로 회전매입시마다 새로운 손해가 발생한 것은 아니고 따라서 이사의 분식회계 관여행위와 금융기관의 손해 사이에 인과관계가 단절되지 않는다고 판시하였다(대법원 2006. 12. 22, 2004다63354 판결). 또한 대법원은 금융기관의 여신결정이 재무제표에 나타난 기업체의 재무상태 외에 사업계획의 타당성 등 다른 요소도 고려하여 이루어진 경우에도 분식이

1) 미국과 일본의 판례는 대체로 그러한 주주의 직접 청구를 허용하는 태도를 취하고 있다.

2) 주주가 회사의 손해에 대해서 직접 청구권을 행사하되, 배상액 중 회사채권자 보호를 위해서 필요한 금액은 회사에 지급하도록 하고, 나머지 금액은 주주에게 직접 지급하도록 하는 방법도 생각해볼 수 있을 것이다.

알려졌다면 그런 다른 요소도 저조한 평가를 받을 수밖에 없었을 것이라는 이유로 분식회계와 여신결정 사이의 인과관계를 인정하였다(대법원 2008. 1. 18, 2005다65579 판결).

4. 시 효

대법원은 이사의 제3자에 대한 손해배상책임은 "제3자를 보호하기 위하여 상법이 인정하는 특수한 책임이라는 점을 감안할 때, 일반 불법행위책임의 단기소멸시효를 규정한 민법 제766조 제1항은 적용될 여지가 없고, 달리 별도로 시효를 정한 규정이 없는 이상 일반 채권으로서 민법 제162조 제1항에 따라 그 소멸시효기간은 10년이라고" 보고 있다(대법원 2006. 12. 22, 2004다63354 판결 등).

이사의 책임과 보험[1)]

실무상 이사가 책임을 지는 사례가 증가함에 따라 회사가 **임원배상책임보험**(directors and officers liability insurance: D&O Insurance)에 가입하는 사례가 늘고 있다. 임원배상책임보험은 회사의 임원이 제3자나 회사에 대하여 손해배상책임을 부담하게 될 경우에 그로 인한 손해를 전보해 주는 보험을 말한다.

시중의 일반적인 임원배상책임보험은 담보A, B, C로 이루어지는데 각별로 피보험자와 부보내용이 조금씩 다르다. 담보A는 임원이 회사의 업무수행과 관련하여 손해배상청구를 받음으로써 부담하는 방어비용과 배상책임 중 회사가 보상하지 않는 것을 담보한다. 피보험자는 회사의 임원(등기이사, 감사뿐 아니라 일정 직급 이상의 비등기임원 포함)이다. 담보B는 손해배상청구를 당한 이사에게 회사가 계약·법률·정관에 따라 보상함으로써 발생하는 회사의 손해를 담보하며 피보험자는 회사가 된다.[2)] 담보C는 증권집단소송 등에서 이사와 함께 회사도 피고가 되어 부담하는 회사의 방어비용과 손해배상책임 등을 담보하며 피보험자는 회사가 된다. 이 중 담보A가 원형에 해당하고 일반적으로 임원배상책임보험이라고 일컬을 때에는 담보A만을 지칭하기도 한다. 담보 A, B, C 모두 보험계약자는 임원이 아니라 회사이고, 보험료도 실무상 임원별로 산정되는 것이 아니라 회사 단위로 정해지고 회사가 지급한다.

임원배상책임보험은 임원들의 개인적 부담을 경감함으로써 우수한 인재 영입과 적극적인 직무수행을 촉진한다. 다만 회사 비용으로 보험료를 지급하고 손해를 담보하므로 임원들의 의무이행을 태만하게 할 우려가 있다. 특히 주주대표소송으로 이사가 회사에 대해서 책임을 지는 경우를 위한 보험료까지 회사가 지급하는 것은 사실상 회사가 이사 책임을 면제해주는 결과가 된다는 비판이 있다. 회사가 보험료에 상당하는 금액을 추가로 이사 보수에 포함하여 지급하고 이사가 보험계약을 별도로 체결하면 이런 시비를 피할 수 있을 것이다. 그러나 그것이 허용된다면 편의상 회사가 직접 보험계약자가 되어 보험료를 지급하는 것도 구태여 막을 필요는 없을 것이다.

---

1) 상세한 것은 김건식/최문희, "이사의 배상책임보험", 기업지배구조와 법(2010), 241~266면; 양희석, 임원배상책임보험의 법적문제, 경인문화사(2025).

2) 대표이사가 직무수행상 자본시장법 위반으로 기소되었으나 무죄를 받은 사건에서, 회사가 그를 위해 지출한 변호사 비용을 담보B에 의한 보상(회사의 손해)으로 인정하였다(대법원 2019. 1. 17, 2016다277200 판결).

임원배상책임보험에서는 특히 피보험자의 통지의무 이행 여부, 방어비용의 담보범위 해당 여부 및 보험자의 면책사유의 범위가 중요한 의미를 갖는다. 아직 우리나라에서는 이에 관한 판례가 축적되어 있지 않으나 하급심을 중심으로 분쟁 사례가 조금씩 늘어나고 있다.

회사의 보상

이사는 업무집행과 관련하여 민형사상 책임을 추궁당할 위험을 부담한다. 책임추궁에 대한 이사의 방어비용이나 손해배상책임을 회사가 전보해주는 것을 보상(indemnification)이라고 한다.[1] 이사의 원활한 업무집행을 담보하는 제도라는 점에서 보상은 임원배상책임보험과 궤를 같이 한다. 미국에서는 보상이 널리 인정되고 일본에서도 2019년 회사법개정을 통해서 정식으로 도입한 바 있지만 우리 상법에는 명문규정이 없기 때문에 그 허용 여부와 범위는 분명치 않다.

우선 회사와 이사 간의 관계에 준용되는 민법상 위임에 관한 규정에서는 "수임인이 위임사무의 처리를 위하여 과실없이 손해를 받은 때에는 위임인에 대하여 그 배상을 청구할 수 있다(민 688(3))"고 한다. 따라서 이사가 직무수행에 관하여 고의·과실 없이 재판상·재판외 청구를 받아 방어비용을 지출하였다면 그 청구와 지출한 방어비용 간에 상당인과관계가 인정되는 범위에서는 이사는 회사에 그 보상을 청구할 수 있다.

그러나 직무수행에 관한 이사의 고의·과실이 인정되는 경우에는 총주주의 동의가 없는 한 회사의 보상을 인정하기 어렵다는 것이 일반적인 견해로 보인다. 우선 이사에 대한 회사의 청구 또는 주주대표소송에 의한 청구는 회사에 대한 이사의 책임을 묻는 것이므로, 이런 경우에 총주주의 동의 없이 회사의 보상을 인정하면 '총주주의 동의 없이는 회사에 대한 이사의 책임을 면제할 수 없다'는 상법 제400조 제1항에 반한다. 제3자의 청구 또는 형사·행정절차에 따른 책임추궁의 경우에도 고의·과실 있는 이사의 방어비용이나 배상책임을 총주주의 동의 없이 회사가 보상해준다면 상법 제400조 제1항의 취지에 반하고 심지어 그런 보상행위가 형사상 업무상 배임죄에도 해당할 위험이 있다는 것이 실무계의 일반적인 이해인 것으로 보인다.

입법론적으로는 우수한 인재를 이사로 영입하고 이들이 위축되지 않고 직무를 수행할 수 있도록 적절한 범위에서 회사보상 제도를 도입할 필요가 있다. 예컨대 2019년 개정된 일본 회사법은 다음과 같이 정한다: (i) 임원이 직무집행에 관하여 책임을 추궁하는 청구를 당한 경우 이에 대처하기 위한 방어비용은 임원의 악의 · 중과실의 부존재를 요건으로 하지 않고 회사가 보상할 수 있도록 하되, 임원이 자기 또는 제3자의 부정한 이익을 도모하거나 회사에 손해를 가하려는 목적으로 직무를 집행한 것을 알게 되면 회사는 보상금액의 반환을 청구할 수 있다. (ii) 제3자에 대한 임원의 손해배상금이나 화해금은 그 임원의 악의 · 중과실이 없어야 회사가 보상할 수 있고, 그러한 보상이 그 임원의 회사에 대한 손해배상책임을 발생시키는 경우에는 (즉 회사가 임원에 대해서 구상할 수 있는 부분은) 보상할 수 없다.

---

1) 보상에 관해서 상세한 것은 최문희, 이사의 손해배상책임의 제한, 경인문화사(2007), 50~87면.

Ⅳ. 업무집행관여자의 책임 — 책임주체의 확대

1. 서 설

(1) 권한과 책임의 일치 — 책임주체의 확대

법적 책임에 관한 기본원칙은 권한과 책임을 일치시키는 것이다. 권한 없는 자에게 책임을 지우는 것은 불공평하고, 권한 있는 자에게 책임을 지우지 않으면 방종을 초래하기 쉽다. 그러나 1998년 상법이 개정되기 전에는 기업경영에서 권한과 책임의 일치는 이루어지지 않았다. 그 주된 이유는 실제 기업의 의사결정이 상법이 예상한 것과 다른 모습으로 행해졌기 때문이다. 상법은 회사의 의사결정이 원칙적으로 이사회를 중심으로 이루어지는 것으로 상정하고 있다. 그러나 우리 기업현실에서는 지배주주가 임의로 결정한 것을 이사회가 단순히 수용하는 데 그치는 경우가 오히려 일반적이었다. 특히 재벌그룹의 경우 지배주주인 회장의 뜻을 계열회사에 전달하면 각 계열회사의 이사회에서는 그 결정이 탐탁지 않더라도 감히 거스르지 못했다.

지배주주의 잘못된 의사결정을 견제하는 방식으로는 크게 두 가지를 생각해볼 수 있다. ① 의사결정의 형식적인 주체인 계열회사 이사의 책임을 묻는 방식이다. 그러나 의사결정의 실질적인 주체인 지배주주는 그냥 내버려둔 채 그 수족에 불과한 이사의 책임만을 묻는 것은 불공평할 뿐 아니라 실효성도 떨어진다.[1] ② 보다 근본적이고 실효성 있는 방안은 궁극적인 책임이 있는 지배주주의 책임을 묻는 것이다. 그러나 과거에는 지배주주가 개별 회사 이사직을 맡지 않고 있는 경우에 상법상 책임을 물을 수 있는지는 분명치 않았다. 기존 상법이 경영자로서 이사 이외에 지배주주라는 행위주체를 상정하고 있지 않았기 때문이다. 업무집행관여자 책임에 관한 상법 제401조의2는 외환위기 후 이런 실무상의 문제점에 대한 비판이 고조됨에 따라 도입된 규정이다. 그러나 제401조의2는 지배주주만이 아니라 회사 업무집행에 관여한 다양한 관계자의 책임에도 적용될 수 있다.

사실상의 이사

경영에 관여하는 지배주주의 책임을 묻기 위하여는 '사실상의 이사'라는 개념을 활용하는 방법도 있다. 법적으로 이사는 아니지만 실질적으로 회사의 경영에 관여하고 있는 경우에는 사실상의 이사로 보아 이사에 관한 의무와 책임을 적용하는 법리이다. 실제로 이사의 책임에 관한 규정을 해석할 때 이사를 반드시 창립총회나 주주총회에서 이사로 선임된 법적인 이사에 한정된다고 볼 필연적인 이유는 없다.[2] 사실상의 이사 법리는 간명하다는 장점이 있지만 지배주주의 경영참여

1) 이사의 재력은 회사나 주주의 손해를 배상하기에는 크게 부족한 것이 보통이다. 또한 이사가 비록 개인재산을 전부 잃게 되더라도 회장이 자신의 뜻을 실천한 충직한 이사를 도와줄 수 있는 길은 부지기수이다.

2) 과거 사실상의 이사라는 개념은 하자있는 선임결의에 의하여 선임된 이사에 책임을 묻기 위해서 동원되는 것이 보통이었다. 新注會(6), 1987, 191면 이하(山口幸五郎).

가 어느 정도가 되면 사실상의 이사로 볼 수 있는지 분명치 않다. 만약 통상의 이사와 동등한 정도로 경영에 참여할 것을 요구한다면 지배주주를 사실상의 이사로 볼 수 있는 경우는 많지 않을 것이다.[1)]

제401조의2는 사실상의 이사라는 일반적인 개념을 채택하는 대신 구체적으로 이사의 책임이 부과될 수 있는 행위유형만을 규정하는데 그치고 있다. 이제 제401조의2가 도입된 상황에서 법원이 해석론으로 사실상의 이사라는 개념을 인정할 가능성은 높지 않을 것이다.

---

(2) 세 가지 행위유형

상법은 회사 또는 제3자에 대하여 책임을 지는 업무집행관여자를 다음의 세 가지 유형으로 나누어 규정하고 있다(401-2(1)).

① 회사에 대한 자신의 영향력을 이용하여 이사에게 업무집행을 지시한 자(제1호)
② 이사의 이름으로 직접 업무를 집행한 자(제2호)
③ 이사가 아니면서 명예회장, 회장, 사장, 부사장, 전무, 상무, 이사 기타 회사의 업무를 집행할 권한이 있는 것으로 인정될 만한 명칭을 사용하여 업무를 집행한 자(제3호)

제1호는 행위자가 업무집행에 간접적으로 관여한 경우이고, 제2호와 제3호는 직접 관여한 경우이다. 이들 유형에 해당하는 자는 반드시 지배주주에 국한되는 것은 아니다. 그러나 지배주주는 모든 경우에 해당할 수 있다. 이상 세 유형은 지배주주가 회사 업무집행에 관여하는 다양한 형태를 고려하여 마련한 것이다. 이하에서는 각 유형을 차례로 살펴보기로 한다.

2. 업무집행지시자

(1) 의 의

제1호의 회사에 대한 영향력을 이용하여 이사에게 업무집행을 지시한 자는 업무집행지시자로 불린다. 지배주주가 비서실과 같은 자신의 직속조직을 통하거나 직접적으로 계열회사 이사에게 업무집행을 '지시'함으로써 계열회사 업무집행에 관여하는 경우가 대표적이지만, 후술하듯이 지배회사까지 포함할 수 있는 탄력적인 개념이다.

(2) 요 건

다른 유형과 마찬가지로 제1호도 '지배주주'를 요건으로 하지 않고 오히려 보다 일반적인 표현인 '영향력'이라는 개념을 사용하고 있다. 제1호의 핵심적인 구성요건은 '영향력'과 '지시'라고 할 수 있다.

---

1) 또한 지배주주가 개인이 아니라 회사인 경우 회사를 이사로 이론구성하는 데 난점이 있다.

가. 영 향 력

지시 외에 회사에 대한 영향력을 요건으로 삼고 있는 이유는 영향력이 없이는 지시가 효과를 발휘할 수 없기 때문이다. 법문은 영향력의 원천에 제한을 두고 있지 않다. 가장 전형적인 원천은 주식보유일 것이다. 따라서 지배주주가 이사에 지시하는 경우에는 업무집행관여자로서 이사와 마찬가지로 책임을 지게 된다.

은행과 같은 채권자나 우월적 지위에 있는 거래처(예컨대 부품을 구입해주는 자동차회사)도 회사에 대하여 영향력을 가질 수 있다. 그러나 이러한 채권자나 거래처와 같이 계약상 권리를 갖는 자를 업무집행지시자로 보는 경우에는 주의를 요한다. 왜냐하면 회사에 대해서 계약상 권리를 지닌 자가 그 권리를 행사하는 것은 막을 수 없고 그로 인한 회사의 불이익은 용인할 수밖에 없기 때문이다. 예컨대 은행이 채무자인 회사에 대해서 대출 연장을 거부하고 변제를 촉구하는 경우에는 설사 그로 인하여 회사가 도산 상태에 빠지더라도 은행의 책임을 물을 수는 없다. 그러나 만약 은행이 대출채권자로서의 영향력을 이용하여 회사로 하여금 특정 부동산을 불리한 조건에 제3자에게 매각하도록 지시한 경우라면 책임이 인정될 가능성이 있을 것이다.

공공기관 내지 공기업의 대주주인 국가도 영향력을 행사하는 업무집행지시자에 해당하는가? 한국전력공사의 소액주주들이 대주주인 대한민국을 상대로 제기한 대표소송에서 이 점이 문제되었다. 원고들은 피고 대한민국이 법령에서 정한 총괄원가에 미치지 못하는 수준으로 전기요금을 결정하도록 지시하여 한국전력공사가 손해를 입었으므로 업무집행지시자로서 이를 배상할 의무가 있다고 주장하였다. 법원은 피고 대한민국이 법령에 따른 요금인가권 및 행정지도권한을 행사한 것을 가지고 한국전력공사의 경영에 영향력을 행사한 것으로 인정할 수 없다고 하여 업무집행지시자로 보지 않았다(서울중앙지방법원 2012. 10. 5, 2012가합1011 판결; 대법원 2015. 3. 26, 2013다210497 판결로 확정).

나. 지 시

업무집행지시자 책임이 인정되려면 영향력을 가진 자의 지시가 필요하다. 따라서 아무리 영향력이 있는 지배주주라고 해도 지시 없이는 책임지지 않는다. 지시는 기본적으로 의사의 전달이기 때문에 서면을 요하지 않고 요청의 형식으로 하는 것은 물론이고 묵시적으로도 할 수 있다. 이러한 지시는 법문상 다른 사람이 아닌 '이사에게' 하여야 하지만, 이사의 지휘하에 있는 임직원에게 한 경우도 포함된다는 견해도 유력하다.

그러나 이처럼 지시를 폭넓게 해석하더라도 기업내부에서 행해지는 구두 지시를 증명하기는 쉽지 않다. 또한 지배주주의 명시적인 지시가 없더라도 그 의중을 짐작해서 행동에 나서는 경우도 적지 않을 것이다. 이런 한계를 극복하기 위해서는 법원이 지시의 추정을 너그럽게 하는 수밖에 없다. 예컨대 지배주주가 당해 업무집행에 관한 분야에서 일상적으로 지시해왔다

면 업무집행에 대한 지시가 있었을 것으로 추정하더라도 무리는 없을 것이다.[1)]

(3) 지배회사에 적용되는지 여부

상법은 비록 '자신의' 영향력이란 표현을 사용하고 있지만 영향력의 보유자가 반드시 개인에 한정되지 않고 법인도 포함된다고 볼 것이다. 실제로 경제계에서 회사 사이에 지배·종속관계가 존재하는 경우는 많다. 특히 자회사 주식 보유 외에 다른 사업을 영위하지 않는 순수지주회사의 경우에는 자회사에 대한 부당한 지시를 이유로 지주회사의 책임을 인정할 필요가 크다. 대법원도 지배주주가 법인인 경우, 즉 지배회사에 대해서도 업무집행지시자의 책임을 적용할 수 있음을 전제한 바 있다(대법원 2006. 8. 25, 2004다26119 판결(KT해외법인)).

지배회사의 지시로 인정될 수 있는 것은 임직원의 지시가 그의 직무집행의 범위에 속하는 경우에 한한다. 그렇지 않은 경우에는 임직원 개인이 업무집행지시자에 해당한다고 볼 것이다.[2)]

3. 이사명의로 직접 업무를 집행한 자

제2호는 지배주주가 이사에게 지시하지 않고 자신이 보관 중인 이사 인감을 사용하여 직접 그 이사명의로 업무를 집행하는 경우를 포착하기 위한 규정이다. 이런 경우는 대기업보다는 중소기업에서 일어날 가능성이 크다.

제2호는 이사명의로 행동할 것을 요구할 뿐 행위자에 특별한 자격을 요구하고 있지 않다. 따라서 언뜻 보면 무권대행(無權代行)에 해당하는 경우로 보이기도 한다. 그러나 아무나 이사명의로 업무집행을 한다고 해서 회사에 영향을 미칠 수 있는 것은 아니다. 회사와 아무 관계없는 자의 행위는 회사가 그 효과를 부정할 수 있을 것이다. 권한 없는 자의 행위임에도 불구하고 그 행위의 효과가 회사에 귀속될 수 있는 것은 회사가 그 행위를 그대로 수용하기 때문일 것이다. 권한 없는 자의 행위를 회사가 존중하는 것은 어떤 경우일까? 법문의 규정은 없지만 회사가 받아들이는 것은 결국 지배주주나 그 특수관계인이 행한 행위에 한정될 것이다. 대법원은 제2호의 경우에도 영향력이 필요하다고 본다(대법원 2011. 6. 10, 2011다6120 판결).

'이사의 이름으로' 할 것을 요구하는 것은 그것도 없이 권한 없는 자의 행위를 회사에 귀속시키기는 어렵기 때문이다.

---

1) 업무상배임죄에 관한 형사판결 중에는 이사직을 맡지 않은 지배주주도 실질적인 경영자로서 '타인의 사무를 처리하는 자'에 해당한다고 보아 업무상배임죄 성립을 인정한 사례가 많다(예컨대 대법원 2012. 2. 23, 2011도15857 판결). 또한 법원은 그룹총수로서 중요한 회사경영에 실질적으로 관여하고 있었다면 공모에 대한 직접증거가 없더라도 정황사실과 경험법칙에 의하여 공모공동정범관계를 인정한다(대법원 2013. 9. 26, 2013도5214 판결).

2) 일본의 하급심판례 중에는 모회사의 대표이사이자 지배주주에게 자회사의 사실상 이사로서의 책임을 지운 것이 있다(京都地方裁判所 1992. 2. 5. 判例時報 1436호 115면).

4. 업무집행권한 있는 듯한 명칭을 사용하여 업무집행한 자

제3호는 명예회장이나 회장 등의 직함을 갖는 지배주주가 직접 업무를 집행하는 경우는 물론이고 지배주주 이익을 위하여 일하는 기획조정실장 등이 대신 업무를 집행한 경우에 책임을 지우기 위한 규정이다. 제2호는 '이사명의'를 요하고 있는데 비하여 제3호에서는 '명칭사용'을 요건으로 하고 있다. 명칭사용을 요건으로 하고 있다는 점에서 이러한 행위자를 '표현이사(表見理事)'로 부르기도 한다.[1] 제3호도 결국은 업무집행관여자의 행동에 대한 책임을 묻기 위한 규정이다. 제3호가 명칭사용을 요하는 것은 표현대표이사(395)의 경우와는 달리 명칭에 대한 제3자의 신뢰를 보호하기 위해서가 아니라 명칭을 사용하는 자의 행위만이 회사에 영향을 미칠 수 있다고 보기 때문이다. 따라서 '명칭사용'은 엄격하게 해석할 것이 아니라 사실상 회사에 영향을 줄 수 있는 자의 행위를 모두 포함할 수 있도록 융통성 있게 해석해야 할 것이다.

제3호에서는 지배주주 외에도 이사 아닌 자가 업무집행권이 있는 것으로 보이는 명칭을 사용하여 업무를 집행한 경우에는 모두 적용대상으로 삼고 있다. 따라서 이사가 아니면서 전무나 상무 등으로 불리는 업무집행임원도 적용대상이 될 수 있을 것이다.

대법원은 제1호 및 제2호는 회사에 대해 영향력을 가진 자를 전제로 하고 있으나, 제3호는 직명 자체에 업무집행권이 표상되어 있기 때문에 추가로 회사에 대한 영향력까지 요구하지는 않고 있다(대법원 2009. 11. 26, 2009다39240 판결).[2] 나아가 대법원은 영향력은 물론이고 이사와 동등한 정도의 의사결정권한도 요구하지 않고 있다.[3]

그룹총괄조직의 경우

지주회사와 같이 지배 · 종속관계가 명확한 기업집단이 아니라 계열회사 간의 주식보유가 복잡한 기업집단에서는 기업집단 전체를 지배하는 지배주주 직속으로 비서실 또는 기획조정실 등의 명칭으로 불리는 그룹총괄조직이 존재하는 경우가 많다. 이들 그룹총괄조직은 독자적인 법인격이 없으므로 산하 계열회사에 위법한 지시를 한 경우에는 지시를 내린 비서실장이나 기획조정실장 같은 개인이나 지배주주에게 업무집행지시자 책임을 물을 수 있을 것이다.

5. 효　과

위 세 가지 유형 중 하나에 해당하는 자에 대해서는 이사의 책임규정(399, 401)과 대표소송규정(403, 406-2)을 적용할 때 이사로 간주한다. 즉 업무집행관여자는 이사가 아니지만 법령위

1) 양승규, "사실상 이사의 책임", 공인회계사 1998년 5월호, 30~31면. 판례로는 대법원 2011. 6. 10, 2011다6120 판결.
2) 비등기이사의 재무제표 허위작성행위에 대해서 제3호 책임을 인정한 사례이다.
3) 대법원은 비자금조성과 허위회계처리와 관련하여 재정업무를 담당한 상무와 전무는 직접 · 간접으로 관여하였거나 소극적으로 묵인하였을 것이라는 점에서 책임을 인정하였다(대법원 2011. 6. 10, 2011다6120 판결(하이닉스)).

반이나 임무해태를 이유로 회사나 제3자에 대해 손해배상책임을 지고, 소수주주는 대표소송 또는 다중대표소송에 의하여 이들의 책임을 추궁할 수 있다. 위 손해배상책임의 소멸시효는 이사의 경우와 동일한 10년이다(대법원 2023. 10. 26, 2020다236848 판결 참조).

그 밖의 다른 규정 적용과 관련해서는 업무집행관여자를 이사로 보지 않는다. 그리하여 과거 지배주주와 회사 사이의 거래는 지배주주가 이사를 맡고 있지 않은 한 제398조에서 말하는 이사의 자기거래에 해당하지 않는다고 보는 것이 일반적이었다. 그러나 2011년 개정으로 회사와 거래하는 당사자의 범위가 주요주주까지 확대됨에 따라 이제는 제398조의 적용을 받는다. 그러나 경쟁금지규정(397)이나 회사기회유용금지규정(397-2)은 법문상 이사가 아닌 지배주주에게는 적용이 없다.

업무집행관여자에게 직접 이사의 의무를 부담시키는 규정은 없고 이사의 선관주의의무 및 충실의무에 관한 규정도 준용되지 않지만, 업무집행관여자가 이사로 간주되는 제399조와 제401조는 모두 임무해태를 책임성립의 요건으로 하고 있다. 즉 업무집행관여자의 책임을 물으려면 임무해태가 인정되어야 하는데, 그 전제로서 업무집행관여자의 일정한 의무 내지 임무를 인정할 수 있는지 문제된다. 판례는 “상법 제401조의2 제1항 각 호에 해당하는 자는 회사의 이사는 아니지만 상법 제399조에서 정한 손해배상책임을 적용함에 있어 그가 관여한 업무에 관하여 법령준수의무를 비롯하여 이사와 같은 선관주의의무와 충실의무를 부담하고, 이를 게을리하였을 경우 회사에 대하여 그로 인한 손해배상책임을 지게” 된다고 본다(대법원 2023. 10. 26, 2020다236848 판결). 다만 업무집행자관여자의 임무를 이사의 그것과 동일하게 볼지에 대하여는 의문의 여지가 있다.[1)]

업무집행관여자와 아울러 이사도 책임을 지는 경우에는 연대하여 책임을 진다(401-2(2)). 업무집행관여자에 대해서는 제400조가 준용되고 있지 않으므로 회사가 그 책임을 면제할 때에는 해석론상 주주 전원의 동의가 필요하지 않고 이사회 결의만으로 충분하다고 볼 것이다.[2)]

---

1) 과거 하급심 판결 중에는 제3호의 업무집행관여사는 이사와 동등한 정도로 다른 임직원의 업무집행을 감시할 의무는 없지만 자신의 업무영역 내에서 부하직원이 행한 위법한 업무집행에 대해서 알았거나 알 수 있었음에도 방치하였다면 손해배상책임을 진다고 판단한 것이 있다(서울중앙지방법원 2009. 1. 9, 2006가합78171 판결(하이닉스 1심)).

2) 다만 업무집행관여자가 주요주주인 경우에는 채무면제를 위해서는 자기거래에 필요한 요건(398)을 충족해야할 것이다. 한편 업무집행관여자의 책임은 주주전원의 동의로도 면제할 수 없고 정관으로도 경감할 수 없다는 견해로는 이철송30, 832면.

V. 주주대표소송

1. 서 설

(1) 의 의

주주대표소송이란 주주가 회사를 위하여 이사 등의 책임의 추궁을 목적으로 제기한 소송을 말한다(403). 회사에 대한 이사 책임은 회사가 추궁하는 것이 원칙이다. 이론적으로 회사의 제소여부는 업무집행에 속하므로 이사회에서 결정하고 대표이사가 소송수행을 담당하는 것이 원칙이다. 그러나 상법은 회사가 이사를 상대로 제기하는 소에 관해서는 감사가 회사를 대표한다고 하고 있다(394(1)). 이사회와 대표이사가 동료이사를 상대로 제소하는 것을 기대하기는 어렵다는 점을 고려한 것이다. 그러나 감사도 이사에 대해서 동료의식을 느끼는 나머지 제소에 소극적일 우려가 있다. 주주대표소송은 현실적으로 회사의 자발적인 제소를 기대하기 어려운 경우에 주주에게 예외적으로 제공된 최후의 구제수단으로 볼 수 있다.[1)]

도산회사의 대표소송과 손해배상청구권의 사정

대법원은 파산선고 후에는 주주가 대표소송을 제기할 수 없다고 판시하고 있다(대법원 2002. 7. 12, 2001다2617 판결).[2)] 이는 파산관재인은 이사에 대한 책임추궁을 게을리할 우려가 적다는 판단에 기한 것이다. 따라서 파산관재인이 이사에 대한 책임추궁을 거부한 경우에도 주주가 대표소송을 제기할 수는 없다.

도산절차 중에는 관리인이나 파산관재인이 이사에 대한 회사의 손해배상청구권의 조사확정을 법원에 신청하는 간이한 책임추급방법이 있다(도산 114, 115, 352(1)). 실제 사례가 없지 않지만 이사의 자력부족 등을 이유로 그리 많이 활용되지는 않는다.[3)]

(2) 주주대표소송의 성격

종래 대표소송은 주주가 회사를 대위하여 회사의 소권을 행사하는 대위소송(또는 파생소송)(derivative action)으로 보는 대위(代位)소송설이 통설이다. 이러한 대위소송설에 의하면 대표소송은 주주가 회사의 권리를 행사하는 민사소송법상의 법정소송담당에 해당하기 때문에 판결의 효력이 회사에 미치는 것은 당연하다. 형식적 면만을 보면 대위소송설이 타당할 것이다.

---

1) 이러한 주주의 대표소송은 이사에 대해서뿐만 아니라 발기인(324), 감사(415), 청산인(542(2)), 업무집행지시자(401-2), 집행임원(408-9), 불공정한 가액으로 신주를 인수한 자(424-2), 주주권행사와 관련하여 이익을 공여받은 자(467-2)에 대해서도 제기할 수 있다. 자본시장법은 단기매매차익을 얻은 자에게 이득반환을 구하는 경우에도 대표소송을 허용하고 있다(자시 172(2)).

2) 이는 파산절차에 관한 판결이지만 회생절차에도 그대로 적용가능하다고 본다. 다만 대표이사가 관리인이 된 경우(도산 74(2))에는 문제가 있다.

3) 상세한 것은 임치용, "도산기업과 경영자 책임", 인권과 정의 383(2008), 47면 이하.

그러나 실질적으로 주주대표소송은 회사의 의사결정기관을 신뢰할 수 없는 상황에서 일부 주주가 전체주주를 대표해서 이사를 상대로 제소하는 것을 인정한 것이다.[1] 이런 측면에서 주주대표소송은 대위소송성과 아울러 집단소송(class action)성을 겸유한다.[2]

대위소송설에 의하면 주주대표소송도 회사기관이 아닌 주주가 소송수행을 담당한다는 점이 다를 뿐 결국 통상적으로 회사가 진행하는 쟁송일 뿐이다. 따라서 소송에 관련된 사항은 모두 회사가 제소한 경우와 같이 처리해야 한다는 논리도 성립할 수 있다. 다만 우리 상법은 주주대표소송이 주주전체를 대표하여 경영자를 견제하는 집단소송적 성격을 가진다는 점을 고려하여 회사가 진행하는 일반적 소송과 다른 특칙을 두고 있다.

(3) 주주의 직접소송과의 구별

주주대표소송과 집단소송은 주주가 제기하는 소송이란 면에서는 유사하지만 개념상 명확히 구분된다. 원고인 주주가 행사하는 것은 주주대표소송에서는 법적으로 '회사'의 권리인데 반하여 집단소송에서는 주주 자신의 권리이다.

전술한 바와 같이 주주의 손해는 직접손해와 간접손해로 나뉜다. 대법원은 간접손해에 대해서는 주주의 직접소송 대신 대표소송만을 허용하고 있다(대법원 1993. 1. 26, 91다36093 판결; 대법원 2003. 10. 24, 2003다29661 판결). 그러나 실제로 직접손해와 간접손해는 명확하게 구분하기 어려울 뿐 아니라 대표소송만으로는 주주의 손해를 충분히 전보할 수 없는 경우가 적지 않다.

(4) 현　　황

대표소송은 1962년 상법 제정 시 이미 도입되었지만 1997년에 이르기까지 실제 거의 이용되지 않았다. 이처럼 대표소송이 사실상 사문화된 주된 이유는 과거 상법상 원고적격이 5% 이상의 주식을 보유한 주주에 한정하였기 때문이다. 그러나 1997년 외환위기 후 주식보유요건이 크게 완화됨에 따라 그 수는 점차 늘어나 2009년부터 2018년 사이 연평균 10건의 대표소송이 제기되고 있다.[3]

(5) 주주대표소송의 평가

주주대표소송은 한편으로 주주이익을 보호하는 수단이지만 다른 한편으로는 경영자에게 커다란 위협이 된다. 이 같은 구제수단이 존재하지 않는다면 경영자의 권한남용으로 인하여

---

1) 대표소송의 제기권한을 단독주주권으로 할 것인가 소수주주권으로 할 것인가는 결국 정책적인 고려에 따라 결정할 문제이다.

2) 이러한 관점에 따르면 주주대표소송이 주주가 회사의 권리를 대위행사하는 구조를 취하고 있는 것은 회사에 법인격이 인정되는 것에서 오는 결과이다. 만약 회사의 법인격을 무시한다면 원고 주주가 행사하는 것은 실제로는 주주 전원의 권리일 것이므로 집단소송과 차이가 없을 것이다.

3) 1997년 최초의 대표소송이 제기된 이후 2006년 이전까지는 연도별 5건 이하로 미미하지만, 2017년 16건, 2018년 12건이 제기되는 등 점차 활성화되고 있다. 상세는 심정희, 다중대표소송에 관한 연구, 사법정책연구원(2021), 59~63면 참조.

손해를 입은 주주가 손해를 배상받기는 어렵다. 그러나 현실적으로 주주에 대한 손해배상보다 더 중요한 것은 경영자의 권한남용을 사전적으로 억지하는 효과이다. 반면에 주주가 대표소송을 악용하는 경우에는 선의의 경영자가 억울하게 곤욕을 치르고 과감한 기업경영이 위축될 수도 있다(이른바 '위협소송(strike suit)'의 문제). 이처럼 주주대표소송은 어느 쪽에서 바라보는가에 따라 그 평가가 크게 엇갈리고 있다. 원론적으로는 바람직한 소송은 촉진하고 그렇지 못한 소송은 억제하는 방향으로 제도를 운영해야 하겠지만 그 실천은 쉽지 않다.

2. 요 건

(1) 원고의 지주요건

가. 주주여부의 판단

원고는 주주자격을 가져야 한다. 대법원 판례 중에는 명의개서를 하지 않은 주주라도 대표소송의 원고적격이 있다는 취지로 판단한 것이 있다(대법원 2011. 5. 26, 2010다22552 판결).[1] 대표소송은 회사에 대한 것이 아니라 피고 이사에 대한 것이므로 제337조 제1항의 대항요건이 발동되지 않는다는 점에 근거한 것으로 보인다. 그러나 대표소송은 소송법상 법정소송담당에 해당하므로 소송수행의 전제가 되는 자격요건은 소송요건으로 보아야 할 것이다. 원고주주가 회사를 대신하여 적법하게 소송수행권을 행사할 수 있는지 여부를 판단할 때에는 상법 제337조 제1항이 적용된다고 보는 것이 타당하다. 따라서 명의개서 미필주주인 경우 늦어도 대표소송의 변론종결시까지 명의개서를 해야 하고, 이를 경료하지 않은 경우 소송요건 미비로 각하되어야 할 것이다.

나. 동시보유요건의 부존재

원고가 회사의 손해발생당시에 주주였을 필요는 없다. 따라서 회사의 손해가 발생한 후에 주식을 취득한 주주도 원고가 될 수 있다.[2]

다. 주식의 수와 보유기간

원고는 발행주식총수의 1% 이상의 주식을 보유하여야 한다(403(1)).[3] 이처럼 주주대표소송의 제기를 단독주주권으로 하고 있지 않은 이유는 남소를 방지하기 위한 것이다.[4] 따라서 중요한 것은 원고가 보유하는 주식의 경제적 가치이지 의결권 존재여부는 아니므로 1%의 계산 시에는 의결권이 제한되는 주식도 포함된다.

---

1) 이 판결은 대법원(전) 2017. 3. 23, 2015다248342 판결에 의해 폐기되었으나, 명의개서 미필주주라도 대표소송을 적법하게 제기할 수 있다는 부분까지도 폐기된 것인지는 불분명하다.
2) 독일 주식법은 이사의 의무위반이전에 주식을 취득할 것을 요건으로 하고 있다(獨株 148(1)).
3) 1998년 개정 전에는 5%였다.
4) 그러나 보유주식의 수가 적을수록 소권의 남용 가능성이 높아지는지는 의문이다.

대규모 회사의 경우에는 원고가 1%를 충족시키는 것이 쉽지 않다. 그리하여 상장회사에서 6개월간 보유한 경우에는 주식 수를 0.01%로 완화하고 있다(542-6(6)). 상장회사는 정관으로 보유기간을 단축하거나 주식보유비율을 낮출 수 있다(542-6(7)). 또한 상장회사에서 '주식을 보유한 자'에는 주주권 행사에 관한 위임을 받은 자는 물론이고 2명 이상 주주의 주주권을 공동으로 행사하는 자도 포함된다(542-6(8)). 이러한 지주요건은 여러 주주가 합산하여 충족할 수 있다.

라. 요건충족의 시점

원고주주의 지주요건은 회사에 대한 제소청구 시와 제소 시에 충족해야 할 것이다.[1] 다만 제소 시에 지주요건을 충족하면 그 후 일부 원고의 주식매각으로 보유주식이 감소되어 지주요건에 미달하게 된 경우에도 1주라도 가지고 있다면 제소의 효력에는 영향이 없다(403(5)).[2] 따라서 원고주주는 보유주식 일부를 소송 중 매각하더라도 원고지위를 유지할 수 있다. 그러나 주식 전부를 상실한 경우 그 사유가 행정처분에 의한 강제소각 등 비자발적인 것이라 하더라도 원고적격을 상실한다(서울고등법원 2000. 1. 4, 98나45982 판결(제일은행주주대표소송 항소심)). 한편 원고가 보유주식을 모두 양도한 경우 양수인이 원고지위를 승계할 수 있는가? 대법원은 신주발행무효소송의 경우 원고의 주식을 양수한 주주에게 승계를 인정하고 있는바(대법원 2003. 2. 26, 2000다42786 판결) 주주대표소송의 경우에도 같은 취지로 해석할 수 있을 것이다.[3]

주식의 포괄적 교환·이전 등의 경우

주주대표소송이 진행되는 중에 주식의 포괄적 교환이나 이전이 일어난 경우 원고 주주는 당해 회사의 주주로서의 지위를 상실하고 완전모회사의 주주가 된다. 그 경우 원고 주주는 원고적격을 상실하는가? 일본 회사법은 원고 주주가 완전모회사의 주주가 된 경우에도 원고적격을 상실하지 않는 것으로 규정한다(日會 851(1)(i)). 우리 법에는 이러한 명문 조항이 없는바, 과거 우리 판례 중에는 기존 대표소송을 각하한 것이 있다(대법원 2018. 11. 29, 2017다35717 판결. 포괄적 주식교환 사안). 이러한 결론은 이사에게 책임을 쉽게 회피할 수 있는 길을 열어주는 것이므로 문제가 많다.

2020년 개정상법에 의해 이중대표소송이 도입되었으므로, 포괄적 주식교환 또는 이전으로 완전모회사의 주주가 된 원고주주는 단순대표소송으로부터 이중대표소송으로의 청구변경을 통해 소송을 유지할 수 있다고 볼 것이다. 단순대표소송과 이중대표소송의 청구취지는 동일하므로 청

1) 하급심 판단 중에는 제소 시에 그 요건을 충족시키지 않았더라도 변론종결 시에 만족시키면 하자가 치유된 것처럼 설시한 것이 있으나(서울지방법원 1998. 7. 24, 97가합39907 판결(제일은행주주대표소송 제1심 판결)), 그 타당성은 의문이다. 지주요건은 남소규제를 위한 것이고, 제소 이후의 지분율 감소에 관한 제403조 제5항, 상장회사의 경우 보유기간 요건에 관한 제542조의6 제5항은 모두 제소 시에 지주요건을 갖출 것을 전제로 하고 있기 때문이다.

2) 제403조 제5항의 취지는 상장회사의 경우에도 적용된다. 다만 주식을 완전히 매각한 주주는 원고적격을 상실한다(대법원 2013. 9. 12, 2011다57869 판결).

3) 반대: 이철송30, 845면. 소송승계를 위하여 양수인은 스스로 지주요건을 충족해야 할 것이다. 다만 상장회사인 경우 지주요건 이외에 별도의 주식보유기간 요건을 요구하는바, 이를 양수인에게 요구할 수는 없다. 주식보유기간을 양수인에게도 요구한다면 실질적으로 양수인의 소송승계를 금지하는 것이 되기 때문이다.

구원인만 변경하면 된다. 청구변경 시점에서 원고주주는 완전모회사에 대하여 이중대표소송으로서의 지분율 요건을 갖춰야 한다는 견해도 있다. 그러나 상법 제403조 제5항의 취지를 고려할 때, 원래의 대표소송에서 지분율 요건을 충족했던 이상 원고주주의 완전모회사에 대한 지분율이 감소하게 되더라도 0주가 되지 않는 한 원고적격은 유지된다고 볼 것이다(예컨대 원래의 1% 지분율이 주식교환 이후 완전모회사에 대한 0.5% 지분율로 감소한 경우).

한편 주주대표소송 진행 중에 합병이 발생한 경우도 문제된다. 원고주주의 회사가 존속회사가 된 경우 기존 대표소송이 유지됨은 당연하다. 문제는 원고주주의 회사가 소멸한 경우이다. 일본 회사법은 합병으로 인하여 원고주주의 회사가 소멸하고 원고주주가 존속회사나 신설회사의 주주가 된 경우에도 원고적격을 상실하지 않는 것으로 규정한다(日會 851(1)(ii)). 우리 대법원 판례 중에도 이러한 법리를 전제한 것이 있다(대법원 2021. 1. 14, 2017다245279 판결[1]). 타당한 견해라고 판단된다.

---

(2) 피 고

현직 이사는 물론이고 이사 지위에 있는 동안 발생한 책임에 대해서는 전직 이사도 피고가 될 수 있다.[2] 회사가 제소하기 어려운 것은 전직 이사의 경우에도 마찬가지일 뿐 아니라 현직 이사가 사임함으로써 대표소송을 면하는 것을 허용할 수도 없기 때문이다.[3]

(3) 대상이 되는 이사책임

가. 책임원인에 따른 제한

대표소송으로 추급할 수 있는 책임의 범위에 관해서는 견해가 대립한다. **협의설**은 제399조상의 손해배상책임과 제428조상의 인수담보책임과 같이 이사로서 지는 책임만을 추급할 수 있다고 본다. 반면 **광의설**은 이유를 불문하고 이사가 회사에 대하여 부담하는 모든 채무를 추급하기 위하여 대표소송을 이용할 수 있다고 본다. 대표소송이 회사가 이사를 상대로 소송을 제기하는 것의 어려움을 고려하여 도입된 제도라는 점을 고려하면 통설인 광의설이 타당하다.[4]

나. 발생시점에 따른 제한

대표소송으로 추궁할 수 있는 이사의 책임은 이사가 이사 지위에 있는 동안 발생한 것은 물론이고 취임 전에 부담한 것도 포함된다.[5] 이사를 상대로 소송을 제기하는 것의 어려움은 그 경우에도 마찬가지이기 때문이다.

---

1) 소송경과에 관하여는 황현영, "프로젝트 파이낸스 대출에서 이사의 선관주의의무에 관한 소고", 법조 70-2(2021), 482~485면.

2) 이사가 사망한 경우에는 그 상속인을 상대로 제소할 수 있다.

3) 실제로 제일은행사건에서도 피고 이사가 중도에 퇴임하였다.

4) 상법 제403조 제1항에 상응하는 일본 구 상법 제267조 제1항에 관한 일본 최고재판소 판결은 대표소송의 대상이 되는 이사의 책임에는 이사의 지위에 기한 책임 외에 회사에 대한 이사의 거래채무에 대한 책임도 포함된다고 판시한 바 있다(最高裁 2009. 3. 10, 判例タイムズ 제1295호, 179면).

5) 이철송30, 843면.

(4) 사전절차

가. 주주의 제소청구

주주는 원칙적으로 대표소송 제기 전에 이유를 기재한 서면으로 회사에 대해서 이사 책임을 추궁할 소의 제기를 청구하여야 한다(403(1), (2)). 원래 이사에 대한 청구권은 회사에 속하므로 회사에게 그 권리를 행사할 기회를 주기 위한 것이다. 제소청구서의 '이유'에는 회사가 제소 여부를 판단할 수 있도록 책임추궁 대상 이사, 책임발생 원인사실이 포함되어야 한다. 다만 제소청구 시 주주가 갖는 정보는 제한적이므로 구체적 특정까지 요구되지는 않는다. 즉 다소 개략적으로 기재되었더라도, 회사가 위 서면 및 회사 보유 자료 등을 종합하여 책임추궁 대상 이사, 책임발생 원인사실을 특정할 수 있다면 사전 제소청구 요건은 충족된 것으로 본다(대법원 2021. 5. 13, 2019다291399 판결). 또한 대표소송에서 주장하는 이사의 손해배상책임이 제소청구서와 차이가 있더라도 동일한 원인사실을 기초로 법적 평가만을 달리한 것이라면 대표소송은 적법하다. 따라서 주주는 대표소송 계속 중에 동일한 원인사실에 터잡은 청구를 추가할 수도 있다(대법원 2021. 7. 15, 2018다298744 판결[1]).

제소청구의 상대방은 문제되는 피고를 상대로 회사를 대표하여 소를 제기할 수 있는 자이다. ① 현직 이사의 책임을 묻는 소에서는 감사 또는 감사위원회가 회사를 대표하므로 제소청구 역시 감사 또는 감사위원회에 하여야 한다(394(1)후, 415-2(7)). 감사가 수인인 경우에는 그 중 1인에게 청구하면 충분하다. ② 다만 자본금 10억원 미만의 소규모회사에서 감사가 없을 경우(409(4))에는 달리 규정이 없으므로 대표이사에게 청구해야 할 것이고,[2] 그 대표이사가 이사를 상대로 소를 제기하기로 결정한 경우에는 법원에 회사를 대표할 자를 선임해 줄 것을 신청해야 한다(409(5)). ③ 회사가 전직 이사를 상대로 그의 이사 재직 시의 행위에 대한 책임을 묻는 소에서는 일반원칙으로 돌아가 대표이사가 회사를 대표하므로, 제소청구 역시 대표이사에게 하여야 한다(대법원 2002. 3. 15, 2000다9086 판결). ④ 대표소송은 감사를 상대로도 제기할 수 있는데(415→403), 회사가 감사에 대하여 소를 제기할 때에는 대표이사가 회사를 대표하므로, 제소청구도 대표이사에게 하여야 한다. ⑤ 감사위원회가 설치된 회사에서 이사인 감사위원을 상대로 대표소송을 제기하는 경우에는, 그가 이사라는 점에 주목하면 제소청구의 상대방은 위 ①에 준하여 감사위원회로도 볼 수 있고 그가 감사위원회 위원이라는 점에 주목하면 위

---

1) 이사의 자기주식 취득을 통한 감자환급금 지급에 관하여, 제소청구서에는 상법 제341조 제4항(배당가능이익을 초과한 자기주식 취득에 관한 이사의 손해배상책임)을 문제 삼았으나, 대표소송에서 그 밖에 상법 제399조 제1항(이사의 일반적 손해배상책임)을 청구원인으로 추가한 사안이다.

2) 이철송30, 844면. 대표이사 자신의 책임이 문제되는 사안인 경우 그러한 대표이사를 상대로 한 제소청구는 무용하다는 반론이 있을 수 있다. 그러나 ① 제소청구를 받은 대표이사가 이를 무시하는 경우 대표소송으로 진행될 것이고, ② 제소청구를 받은 대표이사가 소를 제기하려면 중립적인 대표자가 개입하게 되므로(409(5)), 어느 경우이든 큰 문제는 없다. 제소청구 단계에서부터 원고주주에게 번거로운 선임신청 부담을 지울 필요는 없다.

④에 준하여 대표이사로도 볼 수 있다. 제소청구를 받은 것이 대표이사이든 감사위원회이든, 감사위원을 상대로 소를 제기하기로 결정했다면 법원에 회사를 대표할 자를 선임해 줄 것을 신청해야 한다(394(2)). 따라서 원고주주가 둘 중 어느 한쪽에 제소청구를 했다면 적법한 제소청구라고 보아야 할 것이다.

적법한 상대방이 감사임에도 대표이사에게 제소청구한 경우이거나(예컨대 현직이사에 관련된 제소청구를 대표이사에게 한 경우) 그 반대의 경우(예컨대 전직이사에 관련된 제소청구를 감사에게 한 경우), 하급심은 통상 이를 부적법한 제소청구로 본다.[1] 제소청구의 기능은 회사에 권리행사 기회를 부여하기 위한 것인바, 회사에 제소청구서가 전달된 이상 이렇게 엄격하게 해석할 필요는 없을 것이다.[2]

나. 회사의 불제소

회사가 제소청구를 받은 날로부터 30일 내에 제소하지 않아야 한다(403(3)). 그러나 30일의 경과로 회복할 수 없는 손해가 생길 염려가 있는 경우에는 소수주주는 제소청구 없이 즉시 제소할 수 있다(403(4)). 여기서 회복할 수 없는 손해가 생길 염려가 있는 경우란 "이사에 대한 손해배상청구권의 시효가 완성된다든지 이사가 도피하거나 재산을 처분하려는 때와 같이 이사에 대한 책임추궁이 불가능 또는 무익해질 염려가 있는 경우 등을 의미한다"(대법원 2010. 4. 15, 2009다98058 판결).

다. 사전절차를 제대로 거치지 않은 경우의 효과

이런 예외적인 상황이 아님에도 불구하고, 아예 제소청구 없이 또는 제소청구서 기재와 무관한 사실관계를 기초로 대표소송을 제기하였다면 그 소송은 부적법하다(대법원 2021. 7. 15, 2018다298744 판결). 다만 과거 일부 하급심 판결에서는 이런 원칙을 완화하여 적용한 예가 있다.[3]

먼저 ① 원고주주가 대표소송을 제기한 후에야 비로소 회사에 제소청구를 하였는데, 회사가 제소청구 후 30일 이내에 제소하지 않은 경우이다. 이 경우 하자가 치유된다는 판결(서울중앙지방법원 2006. 11. 30, 2005가합97694 판결; 서울고등법원 2003. 6. 27, 2003나5360 판결)과 치유되지 않는다는 판결(서울고등법원 2019. 9. 26, 2016나2063874 판결(현대엘리베이터주주대표소송))이 있다.

다음으로 ② 원고주주가 제소청구 후 30일을 기다리지 않고 대표소송을 제기하였는데, 회사가 30일이 경과하도록 제소하지 않은 경우이다. 이 경우에도 하자가 치유된다는 판결(서울지

---

1) 서울중앙지방법원 2017. 9. 21, 2017가합509152(본소)·2017가합540498(반소) 판결 등 최문희, "판례에 나타난 주주대표소송의 절차법적 논점", 선진상사법률연구 82(2018), 63~64면에 인용된 판례 참조.

2) 최문희, 상게논문, 66면.

3) 상세한 소개로 최문희, 위의 논문, 51~60면.

방법원 1998. 7. 24, 97가합39907 판결(제일은행주주대표소송 제1심))과 치유되지 않는다는 판결(서울동부지방법원 2017. 1. 12, 2015가합425 판결)이 병존한다.

하자 치유를 너무 넓게 인정하면, 회사에 우선적으로 소를 제기할 기회를 부여하려는 제소청구 요건의 취지가 형해화될 우려가 있다. 이러한 취지를 해하지 않는다면 위 사안들, 적어도 위 ②의 경우에는 하자 치유를 유연하게 적용할 필요가 있다. 특히 회사가 명시적으로 소를 제기하지 않겠다는 의사를 표시했다면 더욱 그러하다. 대법원도 제소청구를 누락한 채 대표소송을 제기하는 등 제소절차에 하자가 있더라도 주주대표소송이 진행되는 동안 여러 차례 제소청구를 받은 회사가 소를 제기하지 않겠다는 의사를 명시적으로 밝히는 등 회사가 주주의 제소청구에 응하지 않으리라는 특별한 사정이 인정된다면 하자는 치유된다고 한다(대법원 2025. 6. 12, 2024다216743 판결).

3. 소송절차

(1) 주주의 제소

대표소송은 회사 본점소재지의 지방법원 관할에 전속한다(403(7)→186). 민사소송 등 인지법에 의하면 대표소송은 소가를 알 수 없는 소송으로 소가가 1억원이고 인지대는 45만5천원이다(민사소송 등 인지법 2(1)(iii), (4), 민사소송 등 인지규칙 18-2단, 15(1)). 이처럼 인지대가 저렴한 것은 대표소송이 회사이익을 위한 공익적 성격을 지니기 때문이다.[1] 한편 이러한 특례는 대표소송의 피고인 이사 등에도 적용된다. 즉 대표소송에서 패소한 이사가 상소하는 경우에도 그 상소심의 소가는 1억원이다(대법원 2009. 6. 25, 2008마1930 결정(신세계) 참조).

(2) 고지와 참가

주주가 대표소송을 제기한 후에는 회사가 별도로 제소할 수는 없다. 다만 회사의 소송참가가 허용될 뿐이다(404(1)). 회사는 대표소송의 실질적인 이해관계자이므로 원고 주주의 소송수행을 견제하고 감시할 필요가 있기 때문이다. 회사의 참가기회를 보장하기 위해 원고주주는 회사에 대해서 소송고지를 하여야 한다(404(2)). 참가의 법적 성격은 공동소송참가로 본다(대법원 2002. 3. 15, 2000다9086 판결).[2] 공동소송적 보조참가와 달리 공동소송참가인 경우 참가 이후에 원래의 대표소송이 각하되더라도 회사는 대표소송을 계속 수행할 수 있다.

실제로는 회사가 피고인 이사의 소송방어를 보조하고자 하는 경우가 많다. 회사가 주주의 제소를 이사 개인의 임무해태가 아니라 회사조직 전체에 대한 공격으로 받아들이는 경우가 많

1) 그러므로 이사에 대한 손해배상책임을 추궁할 때 회사가 제소하는 경우보다 주주가 제소하는 경우가 비용면에서 더 유리할 수도 있다.

2) 회사가 공동소송참가 시에 첩부할 인지액은 회사가 청구하는 금액을 기준으로 정한다. 다만 참가청구액이 원고주주의 대표소송 청구금액을 초과하는 경우에는 초과부분만 첩부하면 된다(민사소송 등 인지규칙 20).

기 때문이다. 그러나 회사의 이런 판단은 피고에게 편파적일 가능성이 높기 때문에 이사에 대한 회사의 보조를 허용한다면 대표소송의 실효성이 크게 약화될 우려가 있다. 따라서 상법상 명시적 근거가 없는 상황에서 회사가 이사를 위하여 보조참가하는 것은 허용되지 않는다고 본다.[1] 회사는 보조참가 이외의 방법으로도 피고 이사를 보조할 수 없다. 대법원은 법인의 대표자 개인이 당사자가 된 민·형사사건의 변호사 비용은 특별한 사정이 없는 한 법인 비용으로 지출할 수 없다고 하고 있다(대법원 2008. 6. 26, 2007도9679 판결).

(3) 담보제공명령

법원은 이사의 청구가 있으면 원고주주에게 상당한 담보를 제공하도록 명할 수 있다(403(7)→176(3)). 이사는 주주의 악의를 소명해야 한다(403(7)→176(4)). 악의의 의미에 대해서는 다툼이 있지만 우리나라에서는 이사가 책임이 없음을 알면서 제소하는 경우로 보는 것이 일반적이다. 따라서 단순히 승소가능성이 낮은 것만으로는 담보제공을 명할 수 없다.

담보의 범위는 소송비용뿐 아니라 피고가 제소로 인해 입게 되는 손해 전체를 포함한다고 볼 것이다.[2] 이 점에서 민사소송법 제117조에 따른 소송비용의 담보제도와 차이가 있다.[3]

(4) 소의 취하, 청구의 포기·인낙, 화해

제소한 주주는 법원의 허가 없이는 소의 취하, 청구의 포기·인낙, 화해를 할 수 없다(403(6)).[4] 원고 주주의 부당한 소송수행을 방지하기 위한 것이다. 이때에는 상법 제400조 제1항이 적용되지 않는다.[5] 청구 인낙은 이사에 불리한 행위라는 이유로 구태여 제한할 필요가 없다는 견해도 있다.[6] 그러나 원고주주가 일부청구인 점을 명시하지 않은 채 청구권의 일부에 관하여만 소를 제기하고 이를 이사가 인낙한 경우 회사가 나머지 청구권을 행사하지 못하는 손해를 입을 수 있으므로, 청구 인낙도 허가대상에 포함시킬 필요가 있다.

위 법원의 허가요건은 회사가 주주의 제소청구에 따라 이사를 상대로 소를 제기한 경우에도 요구된다(403(6)). 나아가 입법적으로 주주의 제소청구 없이 회사가 자발적으로 제소한 경우에도 확대적용할 필요가 있다. 사실상 책임 감면의 효과가 있는 행위를 회사가 주주 전원의 동의 없이 자유로이 할 수 있다고 해석하는 것은 부당하기 때문이다.

---

1) 이철송30, 847면.

2) 대표소송 제기 시의 담보제공에는 민사소송법 제127조가 적용되는바, 이 조항은 민사소송법 제120조 제2항을 준용하지 않는다.

3) 민사소송법 제117조에 따른 담보제공은 소송비용액 담보를 위한 것이고, 원고가 해외에 거주하거나 패소가 명백한 것 등을 요건으로 하고 있으며, 법원이 직권으로 담보제공명령을 내린다는 점에서 상법 제176조 제3항에 의한 담보제공과 차이가 있다. 대표소송에서 민사소송법 제117조에 근거하여 외국인 주주에게 담보제공명령이 내려진 사례로서 서울중앙지방법원 2008. 7. 23, 2008카담30498 결정(신세계 제1심결정) 참조.

4) 미국에서는 대표소송은 대부분 화해로 종결되고 있으나 우리나라에서는 그런 경우가 드물다.

5) 청구액의 감축도 마찬가지로 볼 것이다.

6) 이철송30, 847면.

(5) 재 심

대표소송의 경우에는 통모소송의 우려가 크다. 따라서 상법은 일반 민사소송법상의 재심사유(451(1))를 확대하여 통모소송으로 인하여 회사이익을 침해하는 판결이 확정된 경우에도 재심의 소를 제기할 수 있도록 하고 있다(406(1)). 재심의 소에서도 원고 주주는 대표소송의 경우와 동일한 권리의무가 있다(406(2)→405).

4. 판결의 효과

(1) 제3자의 소송담당

소송물의 실질적 귀속주체가 아닌 제3자가 그 소송물에 관하여 당사자적격을 갖고 소송을 수행하는 예외적인 경우를 제3자의 소송담당이라고 한다. 제3자가 소송물의 실질적 귀속주체의 의사와 관계없이 법률의 근거에 의하여 당사자적격을 갖는 경우를 법정소송담당이라고 하며 주주대표소송은 법정소송담당에 속한다. 민사소송법상 이러한 제3자에 대한 확정판결은 소송물의 실질적 귀속주체에 대해서도 효력이 있다(민소 218(3)). 따라서 주주대표소송의 경우 승소판결은 물론이고 패소판결도 회사에 효력을 미친다. 승소판결의 경우 소송물인 손해배상청구권의 귀속주체는 회사이므로 손해배상액은 회사에 귀속한다.[1]

(2) 승소주주의 비용청구권

원고주주가 승소한 경우에도 이사의 손해배상금은 회사에 귀속한다. 따라서 원고의 제소를 촉진하기 위해서는 원고에게 적절한 인센티브를 제공할 필요가 있다. 인센티브로 기능하기 위해서는 주주 비용의 보전을 넘어서 적절한 이익을 제공해야 할 것이다. 현행 상법은 전자만을 규정하고 있다. 승소주주는 회사에 대해서 소송비용 및 소송으로 인하여 지출한 비용 중 상당한 금액의 지급을 청구할 수 있다(405(1)전).

민사소송법상 소송비용은 패소당사자가 지급한다(민소 98). 소송비용에서 중요한 비중을 차지하는 것은 **변호사비용**이다. 변호사비용은 승소당사자가 실제 지급한 비용이 아니라 대법원규칙(변호사보수의 소송비용산입에 관한 규칙)이 정하는 바에 따른다(민소 109(1)).[2] 실제로는 당사자가 지급한 비용이 대법원규칙에 정한 한도를 초과하는 경우가 많다. 상법의 규정은 원고 주주가 지급한 변호사비용이 대법원규칙의 한도를 초과하는 경우에 실익이 있다. 회사가 원고 주주의 변호사비용을 부담하는 이유는 주주대표소송에서 원고가 승소하면 회사에 이익이 되기 때문이다.[3] 비용을 지급한 회사는 피고 이사에게 구상할 수 있다(405(1)후). 그러나 원고 승소 후에도

1) 그러나 피고인 이사가 자발적으로 손해배상금을 지급하지 않는 경우 원고인 주주는 집행채권자가 될 수 있다(대법원 2014. 2. 19, 2013마2316 결정).

2) 대법원규칙은 소가에 따라 정하도록 하고 있다(변호사보수의 소송비용산입에 관한 규칙 3).

3) 회사의 비용상환의무는 사무관리에 기한 유익비상환의무(민 739)와 유사하다.

실제로 원고 주주가 먼저 변호사비용을 지급하기는 어렵다. 그러므로 주주는 사전적으로 변호사비용을 청구하여 받은 금액을 변호사에게 지급하는 것도 허용된다고 본다(서울중앙지방법원 2008. 6. 20, 2007가합43745 판결).[1]

변호사비용과 관련하여 특히 관심을 끄는 것은 법문에서 말하는 상당한 금액의 의미이다. 법원은 "회사에게 청구할 수 있는 변호사보수비용의 상당액이란 구체적으로 약정보수액을 기준으로 하여, 개별적·구체적인 소송에 있어서 그 청구액, 당사자의 수, 사안의 난이도, 절차의 복잡성의 정도(변론기일의 횟수, 제출한 소송자료의 내용, 증거조사의 내용, 사건의 종료에 이르게 된 경위와 기간 등), 소제기 전에 취한 조치, 소송의 결과 회사가 얻은 이익 등 제반 사정을 종합적으로 고려하여 그것이 변호사가 행한 소송수행의 대가로서 상당한가라는 관점에서 객관적으로 판단하여야 [한다]"고 하고 있다(서울중앙지방법원 2008. 6. 20, 2007가합43745 판결).[2] 변호사비용에 관한 약정에서 원고 주주가 보수액을 억제할 인센티브가 별로 없다는 점을 고려하면 법원의 통제는 불가피한 면이 있다. 그러나 실제로 변호사 보수가 대표소송을 주도하는 원고측 변호사에게 주된 인센티브로 작용한다는 점을 고려하면 그것을 과도하게 억제하는 것은 바람직하지 않을 것이다.

(3) 패소주주의 손해배상책임

일반적으로 제소자가 자신의 청구가 근거 없다는 점을 알면서 또는 과실로 알지 못하고 제소한 경우에는 불법행위가 성립할 수 있다(대법원 2002. 5. 31, 2001다64486 판결). 그러나 상법은 대표소송에서 패소한 주주는 악의인 경우가 아닌 한 회사에 대해서 손해를 배상할 책임이 없다(405(2))고 하여 책임요건을 강화하고 있다.

5. 다중대표소송

(1) 의 의

이사가 회사에 대해 손해배상책임을 지는 경우에 '당해회사의 주주'가 그 이사의 당해회사에 대한 책임을 추궁하는 소송이 대표소송이다. 이중대표소송(double derivative action)은 '당해회사를 지배하는 회사(편의상 모회사로 통칭한다)의 주주'가 당해회사에 대한 이사의 책임을 추궁하는 소송이다. 즉 대표소송이 이사에 대한 당해회사의 청구권을 주주가 대위행사하는 제도라면, 이중대표소송은 이사에 대한 당해회사의 청구권을 주주(모회사)의 주주가 대위행사하는 제도이다. 이를 주주(모회사)의 주주(모회사)의 주주가 대위행사하는 경우에는 삼중대표소송

---

1) 나아가 원고 대신 원고변호사가 직접 회사를 상대로 제소할 수 있는지에 대해서는 판례가 없지만 허용된다고 볼 것이다.

2) 사안에서는 청구인용금액이 240억원이었고 착수금 없이 성공보수금을 5%로 약정하였다. 법원은 신의칙이나 형평의 원칙을 근거로 5%를 3%로 조정하였다.

이 될 것이고, 같은 방식으로 사중, 오중대표소송도 있을 수 있다. 이처럼 지배관계가 다중적으로 존재하는 경우를 통칭하여 다중(多重)대표소송(multiple derivative action)이라고 부른다.

이중대표소송의 실익이 큰 것은 자회사에 대표소송을 제기할 수 있는 소수주주가 존재하지 않는 경우이다. 예컨대 A회사가 상장되어 있고 그 자회사이자 폐쇄회사인 B회사에서 주된 영업이 이루어지고 있는데 B회사의 이사 C가 임무에 위배하여 B회사에 손해를 가했다고 가정한다. 이때 C를 상대로 손해배상청구권을 갖는 것은 B회사이다. B회사는 직접 C를 상대로 손해배상청구를 할 수 있고, A회사가 B회사의 주주로서 C를 상대로 대표소송을 제기할 수도 있다. 그러나 두 회사 모두 권리행사에 나서지 않는다면 A회사의 주주로서는 이중대표소송에 의하여 책임을 추궁할 수밖에 없다. 주의할 것은 B회사의 직접소송이건, A회사의 대표소송이건, A회사의 주주의 이중대표소송이건, 소송물은 동일하고 소장에 쓸 청구취지도 동일하다. 즉 세 경우 모두 소송물은 'B회사의 C에 대한 손해배상청구권'이고 소장에 기재할 청구취지 내지 청구인용 판결의 주문 역시 "C는 B회사에게 ○○원을 지급하라"로 동일하다.

대법원은 이중대표소송을 부정한 바 있다(대법원 2004. 9. 23, 2003다49221 판결). 자회사 주식 80.55%를 소유한 모회사의 주주가 횡령을 이유로 자회사 대표이사에게 대표소송을 제기하자, 원심은 당해 이사의 행위는 결국 모회사의 손해를 발생시키고 달리 구제수단이 없다는 실질적 고려에 입각하여 이중대표소송을 허용하였다(서울고등법원 2003. 8. 22, 2002나13746 판결). 그러나 대법원은 원고가 주주가 아니라 주주의 주주에 불과하다는 형식적인 이유를 들어 원심 판단을 간단히 배척하였다.[1] 이에 입법론으로 이중대표소송의 도입을 주장하는 견해가 많이 있었고,[2] 몇 차례의 입법시도 끝에 2020년 개정상법에 '다중대표소송'이란 표제로 제406조의2가 신설되었다.

(2) 요 건

다중대표소송의 요건과 관련하여 문제되는 요소들은 다음과 같다. ① 원고 주주의 모회사에 대한 지분요건을 얼마로 할 것인가? ② 모회사(원고가 주주로 있는 회사)의 자회사(피고가 재직하는 회사)에 대한 지분요건을 얼마로 할 것인가? ③ 몇 단계에 걸쳐 지배종속관계를 인정할 것인가?

가. 원고의 지분요건

원고는 모회사 발행주식총수의 100분의 1 이상에 해당하는 주식을 가진 주주이어야 한다

---

1) 이중대표소송이 허용되지 않는 상황에서 모회사 주주가 택할 수 있는 선택지는 자회사 이사의 행위를 방지하지 못한 것 또는 자회사 이사를 상대로 제소하지 않은 것이 임무해태라는 이유로 모회사 이사의 책임을 묻는 것이다. 그 가능성을 인정한 판례로는 서울남부지방법원 2003. 9. 19, 2003가합1749 판결(피고의 자회사 이사에 대한 감독의무가 없다는 이유로 청구기각) 참조.

2) 이중대표소송의 입법에 관한 찬반론과 다양한 입법제안에 관하여는 천경훈, "다중대표소송 재론", 법학연구 28-1(2018), 79~85, 95~106면 참조.

(406-2(1)). 모회사가 상장회사인 경우 6개월 전부터 계속하여 모회사 발행주식총수의 1만분의 50 이상에 해당하는 주식을 보유한 경우에도 원고적격이 인정된다(542-6(7)). 상장회사에 관한 이 특칙은 제406조의2에 의한 권리의 행사에 영향을 미치지 않으므로(542-6(10)), 예컨대 상장회사인 모회사 발행주식총수의 100분의 1에 해당하는 주식을 3개월 전부터 소유한 주주도 원고적격을 가진다. 이러한 지분율은 여러 주주가 합해서 갖춰도 무방하다. 또한 원고의 보유주식이 제소 후에 모회사 발행주식총수의 100분의 1 미만으로 감소한 경우에도 그 주식 수가 0이 되지 않는 한 제소의 효력에는 영향이 없다((406-2(3)→403(5)).

모회사에 대한 100분의 1이라는 지분율 요건은 일반대표소송에서 요구되는 회사에 대한 지분율과 같다(403).[1] 그런데 원고가 모회사 발행주식총수의 100분의 1을 소유한 경우에 모회사의 자회사에 대한 지분율이 100% 미만이라면, 원고가 자회사에 대하여 가지는 실질적인 경제적 지분은 100분의 1보다 작다. 즉 이중대표소송의 원고적격이 일반대표소송의 원고적격보다 더 완화되어 있다고도 볼 수 있으므로 이 점을 지적하는 비판은 일리가 있다.

나. 모회사의 자회사에 대한 지분요건

원고가 주주로 있는 회사와 피고인 이사가 재직하는 회사(즉 위법행위로 인한 피해자이자 손해배상청구권자인 회사)는 상법상 모자회사 관계에 있어야 한다(406-2(2)). 상법상 다른 회사의 발행주식 총수의 100분의 50을 초과하는 주식을 가진 회사를 모회사, 그 다른 회사를 자회사라고 정의한다(342-2(1)). 입법과정에서 이중대표소송은 완전모자회사(즉 발행주식을 전부 소유한 모회사와 그 자회사)에 한하여 인정되어야 한다는 주장이 있었고 실제로 일본 회사법은 그와 같이 입법되었으나, 상법은 상당히 넓게 인정한 것이다. 다만 모회사 주주가 자회사에 대하여 자회사 이사의 책임을 추궁할 소의 제기를 청구한 후에는 모회사가 보유한 자회사의 주식이 자회사 발행주식총수의 100분의 50 이하로 감소하더라도 그것이 0주가 되지 않는 한 제소의 효력에 영향이 없다(406-2(4)).

다. 중복적 모자관계

이중 또는 다중대표소송을 도입하더라도 몇 단계의 지배관계까지 이를 인정할 것인가가 문제된다. 상법은 "다른 회사의 발행주식의 총수의 100분의 50을 초과하는 주식을 모회사 및 자회사 또는 자회사가 가지고 있는 경우 그 다른 회사는 이 법의 적용에 있어 그 모회사의 자회사로 본다"고 하므로(342-2(3)), 자회사의 자회사(즉 손회사)도 모회사의 자회사로 간주된다. 따라서 "모회사의 주주가 자회사 이사의 책임을 추궁"할 수 있다는 것은 "모회사의 주주가 자회사의 자회사(즉 손회사)의 이사의 책임을 추궁"할 수 있다는 의미를 포함한다. 이처럼 상법상 자회사는 적어도 손회사까지 지칭하는 개념이므로 제406조의2는 다중대표소송을 인정한 것이 된다.

1) 상장회사의 경우 일반대표소송은 1만분의 1, 이중대표소송은 1만분의 50이어서 차이가 있다.

다만 손회사를 넘어 증손회사, 고손회사까지 4중, 5중 대표소송이 인정되는지는 견해가 나뉜다. 손회사까지만 모자회사 관계가 인정되고 그 이상 모자회사 관계를 인정하는 것은 해석의 범위를 넘어선다는 견해가 있다.[1] 반면 상법은 자회사의 자회사(즉 손회사)를 자회사로 간주하므로, 문언상 손회사의 자회사(즉 증손회사) 역시 자회사로 간주되고, 이러한 해석에 따라 모자관계는 순차적으로 하방으로 계속 인정될 수 있다는 견해도 있다.[2]

(3) 절 차

가. 소제기청구

원고가 될 모회사의 주주는 자회사에 대하여 이유를 기재한 서면(406-2(3)→403(2))으로 자회사 이사의 책임을 추궁할 소의 제기를 청구할 수 있다(406-2(1)).[3] 자회사가 이러한 소제기 청구를 받은 날로부터 30일 내에 소를 제기하지 아니한 때에는, 모회사 주주는 즉시 자회사를 위하여 소를 제기할 수 있다(406-2(2)). 다만 그 기간의 경과로 인하여 회사에 회복할 수 없는 손해가 생길 염려가 있는 경우에는 30일을 기다리지 않고 즉시 소를 제기할 수 있다(406-2(3)→403(4)).

제소청구는 자회사의 감사에 대해서 하여야 한다(394(1)후). 다만 자본금 10억원 미만의 소규모회사에서 감사가 없을 경우(409(4))에는 달리 규정이 없으므로 자회사의 대표이사에게 청구해야 할 것이다.

나. 소송 절차

다중대표소송 사건은 자회사의 본점소재지의 지방법원을 전속관할로 한다(406-2(5)), 그밖에 대표소송과 유사한 다수의 절차상 특칙이 있다. 법원은 이사의 청구가 있으면 원고주주에게 상당한 담보를 제공하도록 명할 수 있고, 이때 이사는 주주의 악의를 소명해야 한다(406-2(3)→176(3)(4)). 제소한 주주는 법원의 허가 없이는 소의 취하, 청구의 포기·인낙, 화해를 할 수 없다(406-2(3)→403(6)). 자회사는 다중대표소송에 참가할 수 있고 다중대표소송의 원고인 주주는 소를 제기한 후 지체 없이 자회사에 그 소송의 고지를 해야 한다(406-2(3)→404). 원고인 주주가 승소한 때에는 그 주주는 자회사에 대하여 소송비용 및 그 밖에 소송으로 지출한 비용 중 상당한 금액의 지급을 청구할 수 있고, 이 경우 소송비용을 지급한 자회사는 이사 또는 감사에 대하여 구상권이 있다(406-2(3)→405). 다중대표소송의 소가 제기된 경우에 원고와 피고가 공모하여 자회사의 권리를 사해할 목적으로 판결을 하게 한 때에는 자회사 또는 그 주주는 확정된 판결에 대해 재심의 소를 제기할 수 있다(406-2(3)→406(1)).

---

1) 이철송30, 432면.

2) 최기원14, 368면; 김정호, "순환출자의 회사법적 문제점", 경영법률 23-2(2013), 266면; 천경훈, "순환출자의 법적 문제", 상사법연구 32-1(2013), 132~136면.

3) 입법론으로는 소제기 청구를 모회사에 해야 한다는 견해, 자회사에 해야 한다는 견해, 모자회사 양쪽에 모두 해야 한다는 견해가 있었으나, 상법은 자회사에만 하도록 하였다. 소송물인 손해배상청구권을 갖는 주체가 자회사이므로 소제기 청구를 자회사에 하도록 한 것은 타당하다고 본다.

주주대표소송의 공과(功過)

주주대표소송에 대한 견해는 주주이익보호를 위한 최후의 보루라는 평가에서부터 경영자에 대한 공갈수단이라는 비판에 이르기까지 크게 엇갈리고 있다. 경영자측이 대표소송을 달가워하지 않는 것은 당연한 일이다. 법경제학적 접근방식을 취하는 학자 사이에서도 주주대표소송의 부정적 측면을 강조하는 견해가 유력하다.[1)] 부정적 견해의 근거로는 다음과 같은 것이 제시되고 있다.

① 대표소송은 거의 대부분 화해로 끝나고 있다. 피고 경영자로서는 억울하더라도 소송의 부담을 피하기 위하여 화해에 응하는 경우가 많다. 소송이나 화해의 결과 이익은 소송을 대리한 변호사가 차지하고 실제로 회사나 주주에 돌아가는 이익은 거의 없다.

② 대표소송이 주가에 긍정적인 영향을 준다는 근거가 없다.

③ 대표소송은 경영자의 과감한 결정을 위축시킨다.

그러나 이에 대해서는 다음과 같은 반론도 존재한다.

① 대표소송의 결과 회사나 주주에 돌아가는 이익의 규모에 관한 실증연구가 반드시 명확한 것은 아니다. 또한 대표소송의 이익은 반드시 회사와 주주가 직접 얻는 경제적인 이익에 국한되는 것이 아니고 계량화하기는 어렵지만 경영자의 권리남용을 억제하는 효과도 있다.

② 대표소송이 제기되더라도 선의의 경영판단에 대해서는 책임을 물을 수 없기 때문에(경영판단원칙) 경영자의 경영활동이 위축되는 것은 아니다.

Ⅵ. 위법행위유지청구

1. 의 의

"이사가 법령 또는 정관에 위반한 행위를 하여 이로 인하여 회사에 회복할 수 없는 손해가 생길 염려가 있는 경우에는" 감사나 소수주주는 이사에 대하여 그 행위를 유지할 것을 청구할 수 있다(402). 이는 영미법상 유지명령(injunction)제도를 본받은 것으로 영미법상 유지명령은 법원에 대해서 소로만 청구할 수 있는 것에 비하여 상법상 유지청구권은 소에 의하지 않고도 행사할 수 있다. 그러나 현실적으로는 단순한 청구에 대해서는 이사가 응하지 않는 경우가 많을 것이므로 유지청구를 본안소송으로 하여 법원에 가처분명령을 구하는 것이 보통이다(민집 300). 그리하여 결과적으로는 영미법상 유지명령과 비슷한 기능을 수행한다. 상법은 신주발행유지청구에 관해서 별도로 규정을 두고 있다(424).

주주대표소송이 이미 발생한 손해의 회복을 구하는 사후적 구제수단인 것에 반하여 유지청구는 사전적 예방수단이다. 그러나 현실적으로 이사의 위법행위는 비밀리에 신속하게 행해

1) 대표적인 것으로는 Roberta Romano, "The Shareholder Suit: Litigation Without Foundation?", 7 Journal of Law, Economics and Organization 55(1991); Daniel R. Fischel & Michael Bradley, "The Role of Liability Rules and the Derivative Suit in Corporate Law: A Theoretical and Empirical Analysis", 71 Cornell Law Review 261(1986).

지는 경우가 많기 때문에 유지청구의 실효성은 그리 높지 않다.

2. 요 건

(1) 법령 또는 정관에 위반한 행위

유지청구의 대상이 되는 '법령 또는 정관에 위반한 행위'에는 정관에 정한 목적범위 밖의 행위나 이사회 결의 없이 중요재산을 처분하는 행위와 같이 구체적인 법령이나 정관에 위반하는 행위뿐 아니라 이사의 선관주의의무나 충실의무를 위반하는 행위도 포함된다.

대상행위는 법률행위 뿐 아니라 사실행위나 불법행위도 포함한다. 회사재산의 매매계약을 체결하고 그 재산을 인도하는 것과 같이 원인행위와 이행행위가 분리된 경우에는 원인행위뿐 아니라 이행행위도 유지청구의 대상이 될 수 있다. 이 경우 원인행위가 유효한 경우에도 이행행위를 유지할 수 있는가에 대해서는 다툼이 있다. 그러나 때로는 계약을 이행하지 않는 것이 회사이익에 부합하는 경우도 있을 수 있으므로 그 경우에는 유지가 가능하다고 볼 것이다.

(2) 회사에 회복할 수 없는 손해가 생길 염려가 있는 경우

유지청구는 '회사에 회복할 수 없는 손해가 생길 염려가 있는 경우'에 한하여 허용된다.[1] 주의할 것은 여기서 손해의 주체가 주주가 아니라 회사라는 점이다. 따라서 회사가 아닌 일부 주주만이 손해를 보는 경우에는 유지청구를 할 수 없다. 하급심판례 중에는 합병조건이 불공정한 경우에는 회사의 손해를 인정할 수 없다는 이유로 유지청구를 기각한 사례가 있다(서울민사지방법원 1987. 9. 9, 87카37879 결정). 그러나 합병조건이 불공정한 경우에도 회사의 손해가 인정되고 유지청구도 가능하다고 해석해야 한다.[2]

회복할 수 없는 손해인지 여부는 사회통념을 기준으로 판단한다. 따라서 법적으로는 회복이 가능하더라도 절차나 비용상으로 회복이 곤란한 경우에도 유지청구가 가능하다.

(3) 청구권자

유지청구는 감사뿐 아니라 감사위원회도 가능하다(415-2(7)). 주주는 발행주식총수의 1% 이상의 주식을 가진 자에 한하여 유지청구를 할 수 있다. 다만 상장회사의 경우에는 6개월 이상 보유하면 그 비율이 0.05%(자본금 천억 원 이상의 회사의 경우에는 0.025%) 이상으로 완화된다(542-6(5)). 유지청구는 원래 회사의 손해를 방지하기 위해 회사가 행사해야 할 권리에 관해 주주들의 대위행사를 허용하는 것이므로, 남용을 막고 행사에 신중을 기하기 위해 단독주주권이

---

1) 다만 업무감독기관인 감사나 감사위원회가 유지청구하는 경우에도 '회사에 회복할 수 없는 손해가 생길 염려가 있는 경우'라는 엄격한 기준을 요구하는 것은 입법론상 의문이 있다. 일본 회사법은 그 경우 '회사의 현저한 손해'를 요건으로 하고 있다(日會 385, 399-6, 407).

2) 상세는 제7장 제4절 VI. 5. 참조.

아닌 소수주주권으로 규정한 것이다. 이는 주주의 손해를 방지하기 위한 신주발행유지청구권(424)이 단독주주권으로 인정되는 것과 구별된다.

(4) 청구방법

유지청구는 반드시 소에 의할 필요는 없다. 그러나 청구의 실효성을 위해서 유지청구를 본안소송으로 하여 법원에 가처분명령을 구하는 것이 보통이다(민집 300(2)). 유지청구의 소에 대해서는 관할, 참가, 패소주주의 책임 등에 관해 주주대표소송에 관한 규정을 유추적용한다는 견해도 있다.[1] 그러나 명문의 근거가 없는 이상 찬성하기 어렵다.[2]

3. 효 과

감사나 주주의 유지청구에 불응한 것만을 이유로 이사의 행위가 무효가 되거나 이사의 손해배상책임을 발생시키는 것은 아니다. 사후적으로 그것이 위법으로 판단되는 경우에는 그 자체로 효력이 부정되거나 손해배상책임을 발생시킬 뿐이다. 따라서 소에 의하지 않는 유지청구는 이사의 주의를 촉구하는 의미를 갖는데 그친다.

영미법상 유지명령의 경우와는 달리 유지의 가처분에 위반한 경우에도 벌칙은 없다. 대법원에 의하면 가처분결정을 위반한 행위가 무효로 되는 것은 형식적으로 그 가처분을 위반하였기 때문이 아니라 가처분에 의하여 보전되는 피보전권리를 침해하기 때문이다. 따라서 가처분의 본안소송에서 가처분의 피보전권리가 없음이 확정됨으로써 그 가처분이 실질적으로 무효가 된다면 가처분을 위반한 권리행사도 유효한 것으로 된다(대법원 2010. 1. 28, 2009다3920 판결(의결권행사금지가처분에 위반한 의결권행사)).[3]

1) 이철송30, 838면.
2) 하급심 판례로 제소주주에 대한 담보제공에 관한 규정이 유지청구에는 준용되지 않는다고 선언한 것이 있다(서울고등법원 1997. 11. 4, 97라174 결정).
3) 이 판결은 이사의 위법행위유지청구권을 피보전권리로 하여 주주총회개최금지가처분을 얻는 사안에서 유지청구는 이사에 부작위의무를 부과할 뿐이므로 가처분을 위반하여 통과시킨 결의를 부존재로 볼 수는 없다고 선언한 일본판례(東京高裁 1987. 12. 23, 判例タイムズ 제685호, 253면)와 궤를 같이 한다. 그러나 일본에서는 1987년 판결 후 주주총회개최금지가처분을 위반하여 개최된 주주총회의 결의를 부존재로 보는 판결들이 나오고 있다. 静岡地裁 浜松支部 2024. 5. 20, 2024년(ワ) 제24호.

제 6 절

감사와 감사위원회

Ⅰ. 업무집행에 대한 통제

주식회사 업무집행에 대한 일차적인 통제는 이사회가 담당한다. 전술한 바와 같이 이사회는 대표이사를 필두로 하는 집행조직에 의한 업무집행에 대해서 감독할 권한과 의무가 있다. 주식회사의 경우에는 업무집행의 영향을 받는 주주와 채권자가 많으므로 상법은 이사회로부터 독립된 기관인 감사에 의한 통제를 강제하고 있다(409~415). 나아가 주주 보호의 필요성이 한층 높은 대규모 상장회사의 경우에는 상근감사(542-10) 선임이나 감사위원회(542-11) 설치를 강제하고 있다.

업무집행에 대한 통제와 관련해서는 감사나 감사위원회 외에도 다음과 같은 기관이 관여하고 있다.

① 일시적 감사기관으로 회사 업무와 재산상태 조사 등을 임무로 하는 검사인을 선임할 수 있다(298, 310, 366(3), 367, 417(3), 422, 467).

② 2011년 개정 상법은 일정 규모 이상의 상장회사에는 준법지원인을 두도록 강제하고 있다(542-13).

③ 일정 규모 이상의 주식회사 및 유한회사와 금융위원회에 재무서류를 제출하는 일정한 법인은 회계전문가인 외부감사인에 의한 감사를 받아야 한다(외감 4, 자시 169(1)).

④ 그 밖에 주주의 경영감독권한도 광범하게 인정되고 있다. 단독주주권으로서 재무제표 등의 열람청구권이 있고(448(2)), 소수주주권으로 회계장부열람청구권(466), 검사인선임청구권(467) 등이 있다.

Ⅱ. 감 사

1. 총 설

(1) 의 의

감사는 주식회사의 회계감사 및 업무감사를 그 임무로 하는 필요적 상설기관이다. 감사는 주식회사의 필요적 기관이지만 예외가 있다. ① 자본금 총액이 10억원 미만인 회사는 감사를 선임하지 않을 수 있다(409(4)). 소규모 회사에서는 출자자인 주주가 직접 경영을 맡는 경우가 대부분이므로 별도로 감사에 의한 감독을 강제할 실익이 적기 때문이다. 감사를 선임하지 않는 경우 감사 권한은 주주총회가 행사한다(409(6)→412, 412-2, 412-5).

② 감사위원회를 설치한 회사는 감사를 둘 수 없다(415-2(1)후). 감사위원회는 자산총액 2조원 이상인 상장회사에서는 설치가 강제되는 필수기관이고(542-11(1), 슈 37(1)), 그 외의 주식회사에서는 정관에 따라 감사에 갈음하여 설치할 수 있는 임의기관이다(415-2(1)전). 감사위원회는 제415조의2에 의한 감사위원회와 제542조의11에 의한 감사위원회로 구분되는데, 전자는 감사위원을 이사회에서 선임하고 후자는 주주총회에서 선임한다는 점이 가장 큰 차이점이다. 상법상 감사기구에 관한 설치의무를 회사규모에 따라 정리하면 [표 4-2]와 같다.

감사는 상설기관이라는 점에서 임시적인 감독기관인 검사인과 구별된다. 감사는 단독기관으로 복수 선임된 경우에도 회의체를 이루는 것이 아니고 각자 단독으로 직무를 수행하고 권한을 행사한다.

표 4-2 회사규모에 따른 감사기구

회사 규모		감사기구
비상장	자본금 10억원 미만	감사기구 불요(409(4))
	자본금 10억원 이상	감사 또는 (비상장)감사위원회(415-2)
상장	자산총액 1천억원 미만	
	자산총액 1천억원 이상 2조원 미만	상근감사 또는 (상장)감사위원회(542-11)
	자산총액 2조원 이상	(상장)감사위원회(542-11)

1인회사와 감사기구

감사기구의 존재근거를 주주와 채권자 보호에서 찾는다면 특히 모회사가 100%를 보유하는 완전자회사의 경우에도 구태여 감사 선임을 강제할 필요가 있는지는 의문이 있다. 현행 상법상으로는 완전자회사의 경우에도 자본금 10억원 미만의 소규모회사가 아니면 감사선임이 강제되고 있다.

(2) 감사의 자격

가. 적극적 자격요건의 부존재

감사의 실효성을 위해서 감사의 자격을 공인회계사 등 전문지식이 있는 자로 한정하자는 견해도 간혹 주장된다.[1] 그러나 상법은 감사의 결격사유(411)를 두고 있는 것 말고는 특별히 자격을 요구하고 있지 않다. 이사의 경우와 마찬가지로 정관으로 감사의 자격을 제한하는 것은 원칙적으로 허용된다.

나. 결격사유

감사는 '회사 및 자회사의 이사 또는 지배인 기타의 사용인'을 겸할 수 없다(411). 감사의 주체가 감사 대상을 겸하면 독립적인 감사활동을 기대할 수 없기 때문이다. 이러한 결격사유는 함부로 확대해석할 것은 아니다. 따라서 감사가 자회사 감사를 겸하는 것은 가능하다. 자회사는 회사의 보유주식이 50%를 초과하는 회사에 한정되므로 그 밖의 계열회사의 이사, 지배인 기타 사용인을 겸하는 것도 가능하다. 감사가 모회사 이사를 겸하는 것, 달리 말해 이사가 자회사의 감사를 겸하는 것도 가능하다고 할 것이다.

대법원은 "감사가 회사 또는 자회사의 이사 또는 지배인 기타의 사용인에 선임되거나, 반대로 회사 또는 자회사의 이사 또는 지배인 기타의 사용인이 회사의 감사에 선임된 경우에는, 그 선임행위는 각각의 선임 당시에 있어 현직을 사임하는 것을 조건으로 하여 효력을 가지고, 피선임자가 새로이 선임된 지위에 취임할 것을 승낙한 때에는, 종전의 직을 사임하는 의사를 표시한 것으로" 보고 있다(대법원 2007. 12. 13, 2007다60080 판결).

다. 상장회사의 특례

자산총액 1천억원 이상의 상장회사에서 선임하는 상근감사의 경우에는 결격사유가 한층 강화되고 있다(542-10(2)). 결격사유에는 ① 판단능력이 결여된 자(미성년자 등), ② 신뢰할 수 없는 자(파산자, 전과자 등), ③ 경영에 관여하는 자(주요주주 등) 등이 포함된다. ③과 관련하여 예컨대 계열회사의 상무에 종사하거나 최근 2년 이내에 상무에 종사하였던 이사, 집행임원, 피용자는 상근감사가 될 수 없다(令 36(2)(ii)).

라. 법인의 감사자격

법인을 감사로 선임할 수 있는지에 대해서는 이사의 경우와 마찬가지로 다툼이 있지만 부정하는 것이 타당할 것이다.[2] 자연인이 반드시 법인보다 전문성이 떨어진다고 볼 수 없을 뿐 아니라 권한과 책임의 소재를 명확히 한다는 점에서도 자연인이 더 낫기 때문이다.[3]

1) 이러한 의견은 감사위원회 위원의 경우에 부분적으로 실현되었다(542-11(2)(i)).

2) 같은 견해(부정설)로 권기범6, 948면; 정찬형22, 1098면; 최기원14, 735면; 최준선14, 597면. 반면, 법인도 감사가 될 수 있다는 견해(긍정설)로 김홍기4, 617면; 정동윤6, 667면; 홍/박7, 583면.

3) 상법에서도 등기 시에 이사와 감사의 성명과 주민등록번호를 기재하도록 함으로써(317(2)(viii)) 이들이 자연인임

(3) 감사의 정원

상법은 감사 정원을 규정하지 않으므로 1명만 선임하는 것도 가능하다. 소규모 회사에서는 비상근으로 하는 것도 가능하다. 그러나 자산총액 1천억원 이상의 상장회사에서는 상근감사를 1명 이상 두어야 한다(542-10(1)). 감사의 결원 시에는 이사 결원에 관한 규정이 준용되어(415→386) 사임·임기만료 이사는 신임감사 취임시까지 퇴임이사로서 권리의무가 있고 법원은 필요시 일시감사를 선임할 수 있다.

감사가 복수 있는 경우에도 각자 감사로서 권한을 행사할 수 있다(대법원 2003. 3. 14, 2003다4112 판결). 감사회가 강제되는 것은 아니지만 자발적으로 감사회를 구성하여 협의하고 내부적으로 업무를 분장하는 것은 가능하다. 그러나 감사가 업무분장에 합의한 경우에도 각자 독립적인 권한행사가 가능하고 다른 감사의 담당업무라는 이유만으로 책임을 면할 수는 없다.

2. 임 면

(1) 선임방법

가. 선임기관

감사는 주주총회에서 선임하는 것이 원칙이다(409(1)). 감사는 이사의 직무집행을 감사하는 지위에 서기 때문에(412(1)) 감사선임을 이사회에 위임하는 것은 허용되지 않는다. 예외적으로 회사설립 시 최초의 감사는 발기설립의 경우에는 발기인이 그 의결권의 과반수로 선임하며(296(1)), 모집설립의 경우에는 창립총회에서 선임한다(312).[1] 이사의 경우와 마찬가지로 감사의 결원이나 직무집행정지의 경우에도 법원이 일시감사나 직무대행자를 선임할 수 있다(415→386, 407).

나. 의결권의 제한

감사의 선임 시 의결권 없는 주식을 제외한 발행주식 총수의 3% 이상을 가진 주주는 3%를 초과하는 주식에 관해서는 의결권이 제한된다(409(2)). 회사는 정관으로 3%보다 높은 비율을 정할 수는 없으나 더 낮은 비율을 정하는 것은 무방하다(409(2)). 이는 우리 상법에 독특한 제한으로 감사 선임 시에 대주주 영향력을 제한함으로써 감사의 독립성을 확보하기 위한 규정이다. 법원은 위 제한이 감사 선임시에만 적용될 뿐, 정관 범위 내에서 몇 명의 감사를 둘 지에 관해 주주총회에서 결정할 때에는 적용되지 않는다고 본다.[2]

을 전제하고 있다.

1) 신설합병의 경우에는 창립총회에서 선임한다(527(3)→312). 분할이나 분할합병의 경우에도 마찬가지이다(530-11(1)→527).

2) 서울고등법원 2015. 4. 10, 2014나2028587 판결(대법원 2015. 7. 23, 2015다213216 판결로 확정). 당시 정관은 1인 이상의 감사를 두도록 규정하였고, 회사는 감사 추가 여부에 관하여 주주총회에 부의하였는바, 소수주주들은 이러한 주주총회 결의에도 상법 제409조 제2항이 적용되어야 한다고 주장하였다.

주주총회 출석률이 높지 않은 경우에는 이러한 3% 제한 때문에 결의요건을 충족하는 데 곤란을 겪는 회사가 많다. 이를 고려하여 2020년 개정상법은 감사 선임 시에 전자투표를 실시하는 때에는 "출석한 주주의 의결권의 과반수"일 것만을 요구하고 "발행주식 총수의 4분의 1 이상"일 것을 요구하지 않음으로써 결의요건을 완화시켜 주고 있다(409(3), 542-12(8)).

상장회사의 감사선임에 대해서는 한층 강화된 특칙이 적용된다. 즉 최대주주인 경우에는 그의 특수관계인과 기타 '대통령령으로 정하는 자'[1]가 소유하는 주식을 합산하여 3%를 초과하는 주식에 관하여 의결권이 제한되고,[2] 최대주주 이외의 주주들은 특수관계인 등과 합산하지 아니하고 개별적으로 3% 제한을 받는다(542-12(7)→542-12(4)).[3]

다. 대표이사의 별도 청약 필요성

이사 선임의 경우와 마찬가지로, 주주총회의 선임결의와 피선임자의 승낙만 있으면 피선임자는 대표이사와 별도의 임용계약을 체결했는지 여부와 무관하게 감사 지위를 취득한다고 볼 것이다(대법원(전) 2017. 3. 23, 2016다251215 판결).

(2) 임기와 보수

가. 임 기

감사 임기는 취임 후 3년 내의 최종 결산기에 관한 정기총회의 종결 시까지로 한다(410). 임기의 시기(始期)는 감사가 취임한 때이다. 임기의 종기를 3년이 경과한 때로 하지 않고 정기총회의 종결 시로 한 것은 임기가 정기총회이전에 만료됨으로써 결원이 생기는 것을 피하기 위해서이다. 예컨대 2018년 3월 20일 취임한 감사의 임기는 최종의 결산기인 2020년에 관한 정기총회가 종결한 때 만료된다.

감사의 임기만료로 인하여 감사에 결원이 생긴 경우에는 임기만료로 퇴임한 감사는 새로 선임한 감사의 취임 시까지 감사로서의 권리의무가 있다(415→386(1)).

나. 보 수

비상장회사의 감사도 계열회사 임직원이 비상근으로 근무하는 경우가 아니면 보수를 받는 것이 보통이다. 그러나 감사의 보수도 이사와 마찬가지로 정관이나 주주총회의 결의로 정

---

1) '대통령령으로 정하는 자'는 최대주주 등의 계산으로 주식을 보유하는 자와 최대주주 등에 의결권을 위임한 자를 가리킨다(令 38(1)). 이 규정은 수임인이 백지위임을 받은 경우에만 적용되고, 의결권 대리행사의 권유에 따라 주주가 표시한 의사를 수임인이 단순히 전달하는 경우에는 적용되지 않는다(서울중앙지방법원 2008. 4. 28, 2008카합1306 결정).

2) 이처럼 특수관계인의 보유주식을 합산하는 것은 최대주주의 경우에만 한정된다. 대법원은 최대주주가 아닌 주주의 경우에도 특수관계인의 보유주식을 합산하는 정관규정이나 그에 따른 주주총회 결의는 무효로 본다(대법원 2009. 11. 26, 2009다51820 판결).

3) 상장회사에는 특칙만이 배타적으로 적용되고 제409조 제2항이 적용되지 않아서 최대주주 이외의 주주는 3% 제한을 받지 않는다는 반대 견해도 있었으나 2020년 개정으로 3% 제한을 받음이 명확해졌다.

한다(415→388). 상장회사의 경우 감사 보수에 관한 의안은 이사 보수에 관한 의안과는 별도로 상정하여야 한다(542-12(5)).

(3) 종 임

감사의 종임사유는 이사와 같다(415→382(2), 385). 임기만료, 사임, 해임 등 위임의 종료사유로 인하여 종임한다. 감사의 해임도 특별결의를 요하고 정당한 이유 없이 임기 전에 해임된 감사는 회사에 대하여 손해배상청구권을 가진다(385(1)).

비상장회사에서는 선임결의 시와는 달리 해임결의 시에는 의결권이 제한되지 않는다. 다만 상장회사의 경우에는 해임결의 시에도 의결권이 3%로 제한된다(542-12(7)). 이때 최대주주의 경우에는 그의 특수관계인과 그 밖에 '대통령령으로 정하는 자'를 합산하여 3%를 초과하는 주식에 관하여 의결권을 제한하고, 최대주주 이외의 주주들은 특수관계인 등과 합산하지 않고 개별적으로 3% 제한을 받는다.

감사를 해임할 때에는 감사가 주주총회에서 의견을 진술할 수 있다(409-2). 부당한 해임을 막기 위하여 1995년 상법 개정 시에 도입한 것이다. 의견진술은 반드시 해임 대상인 감사만 할 수 있는 것은 아니고 다른 감사도 할 수 있다.

3. 감사의 권한

(1) 기본적인 권한: 회계감사와 업무감사

감사는 회계감사와 아울러 업무감사도 담당한다.[1] 과거에는 회계감사만을 담당하였으나 1984년 개정 상법에서 감사의 권한을 업무감사에까지 확대하였다. 외감법에 의한 외부감사가 강제된 회사의 경우에는 감사의 권한의 중점은 회계감사보다 업무감사 쪽으로 기울고 있다.

(2) 업무감사

가. 감사의 대상: 최고경영자와 임직원

감사는 이사의 직무집행을 감사한다(412(1)). 여기서 '이사'란 주로 업무집행을 담당하는 이사, 특히 최고경영자인 대표이사를 가리킨다. 이사가 아닌 업무집행임원이나 직원(이하 임직원)의 직무집행도 그것이 결국 대표이사의 직무집행을 보조하는 것이라는 점에서 감사 대상이 될 수 있다. 그렇다면 회사 임직원의 직무집행을 감사하는 내부감사부서(감사실) 업무도 감사의 업무감사에 포함되고 따라서 감사의 지시를 받아야 한다고 해석할 여지도 없지 않다. 그러나 임직원은 기본적으로 대표이사의 지휘를 받아 대표이사를 보좌하는 자에 불과하므로 그 직무집행에 대한 일차적 감독은 대표이사가 맡는 것이 당연할 것이다. 감사는 대표이사가 관장

---

1) 상장회사협의회에서 정한 「상장회사 감사의 표준직무규정」은 감사의 직무를 경영감사, 업무감사, 재무(회계)감사, 준법감사, IT감사로 구분하고 있다(11). 여기서 재무감사를 제외한 나머지 사항은 모두 광의의 업무감사에 속한다고 볼 수 있을 것이다.

하는 내부통제장치가 제대로 설치, 작동되고 있는지를 확인할 의무가 있을 뿐이다.

나. 이사회 감독과의 구별

상법상 이사의 직무집행은 감사의 감사대상인 동시에 이사회의 감독대상이다(393(2)). 따라서 이사회의 '감독'과 감사의 '감사'를 어떻게 구분하여 이해할 것인가가 문제된다. 이사회와 감사의 감시기능의 차이를 밝히는 실마리는 양자의 권한 차이에서 찾아야 할 것이다.

상법상 감사는 독립성이 보장될 뿐 아니라 다양한 권한을 부여받고 있다. 감사의 권한 중 핵심적인 것은 대표이사의 법령 또는 정관위반행위(이하 '위법행위')를 사전적으로 억제하고 사후적으로 시정하는 권한이라고 할 것이다. 상법은 이사의 선관주의의무나 충실의무를 규정하고 있으므로(382(2), 382-3) 이사가 선관주의의무나 충실의무에 위반하는 것도 여기서 말하는 위법행위에 해당한다. 감사의 감사(監査)는 사전에 정해진 구체적인 기준에 비추어 특정 사안의 적절 여부를 주로 사후적으로 판단하는 방식으로 행한다. 반면에 이사회는 자신의 결정사항을 집행하는 대표이사에 대한 인사권을 갖고 있기 때문에 이사회의 감독권한은 대표이사가 수행하는 업무의 모든 측면을 포괄하여 자유롭게 행사할 수 있다.

다. 적법성감사와 타당성감사

감사의 권한이 적법성감사에 한정되는가 아니면 타당성감사에도 미치는가에 대해서는 학설상 다툼[1]이 있다. 그러나 적법성과 타당성은 서로 완전히 무관한 개념이 아니므로 그 논의는 자칫 비생산적인 공론(空論)으로 흐르기 쉽다. 업무감사에 관한 감사의 권한은 주로 최고경영자를 비롯한 회사기관의 위법행위를 사전적으로 억제하고 사후적으로 시정하는 권한이므로, 감사의 감사대상은 주로 적법성에 집중된다. 그러나 경영자의 판단이 절차적으로나 내용적으로 현저하게 타당성을 결한 경우에는 선관주의의무위반에 해당하여 회사에 대한 손해배상책임이 발생할 여지가 있다. 그 경우 회사의 제소 여부는 감사가 결정하기 때문에(394(1)) 그 범위에서는 경영자의 판단의 타당성도 감사의 감사대상에 속한다.[2] 이처럼 적법성과 타당성의 경계는 때로 모호한 것이므로 감사가 타당성감사에서 완전히 배제되는 것은 아니다.

---

1) ① 감사의 권한은 원칙적으로 적법성감사에 한정되며, 명문의 규정이 있는 경우에만 예외적으로 타당성감사도 가능하다는 견해로 김정호5, 582면; 송옥렬9, 1118면; 장덕조3, 406면; 정동윤6, 669~670면; 정찬형22, 1102면; 최준선14, 601면. ② 위 '①'의 경우 및 경영진의 판단이 현저하게 부당한 경우에도 타당성감사가 가능하다는 견해로 홍/박7, 588면. ③ 감사의 권한은 적법성감사에 한하지 않고 타당성감사에도 포괄적으로 미친다는 견해로 권기범6, 953면; 이/최11, 596면; 최기원14, 737~738면.

2) 감사가 타당성감사의 권한이 있다고 해서 개별 구체적인 거래행위나 경영사항의 타당성을 일일이 체크할 의무가 있는 것은 아니다. 또한 감사가 타당성감사를 근거로 개별적인 업무의사결정에 일일이 간여하는 것은 바람직하다고 볼 수 없다.

(3) 회계감사

가. 회계정보와 감사

회사가 산출하는 회계정보의 신뢰도를 높이는 것은 경영자는 물론 주주, 채권자, 투자자에게도 중요한 일이다. 감사는 회계정보의 신뢰도를 높이기 위한 회계감사도 수행한다. 회계감사는 회사가 작성한 재무제표를 비롯한 회계정보가 회계처리기준에 부합하는 것인지를 검증하고 그에 대한 의견을 제시하는 것을 말한다. 회계감사는 내부감사와 외부감사의 두 가지로 나눌 수 있다. 감사는 내부감사와 외부감사에 모두 관여한다.

나. 내부감사

최고경영자는 정확한 회계정보를 가질 필요가 있다. 정확한 회계정보 없이는 신규투자, 구조조정, 재무, 인사 등 주요한 경영결정을 제대로 내릴 수 없기 때문이다. 따라서 실무상 최고경영자는 회계정보의 정확성을 담보하기 위하여 내부감사조직을 설치, 운용하고 있다. 반면 최고경영자는 회계정보를 왜곡할 위험도 있다.[1] 최고경영자가 회계정보를 조작할 위험은 ① 뒤에 언급하는 외부감사나 ② 감사와 회사 내부기관의 통제에 의하여 대처하고 있다.

상법상 감사는 재무제표를 감사할 권한이 있다(447-3, 447-4). 그러나 상법은 재무제표에 대한 감사를 어떻게 수행해야 하는지에 대해서는 아무런 지침도 주고 있지 않다.[2] 실마리를 제공하는 것은 상법이 감사보고서에 기재하도록 규정한 사항이다(447-4(2)).[3]

외감법의 적용을 받는 회사에서는 회계정보의 신뢰도를 담보하는 실제 임무는 아무래도 감사보다는 외부감사인이 담당하는 편이 더 효율적이다. 그러나 외부감사인이 존재하는 경우에도 감사는 여전히 재무제표에 대한 감사보고서를 작성하여 제출할 의무가 있다.[4]

다. 외부감사

감사는 독립한 외부감사인이 회계감사업무를 충실하게 수행하고 그 결과를 정확하게 보고하도록 담보하는 기능을 한다. 외감법상 감사는 외부감사인 선임권(외감 10(4)), 비감사업무 승인권한(공인회계사법 21(3), 동 시행령 14(3)) 등을 갖는다.[5]

---

1) 자신의 자리나 보수와 같은 개인적인 이익은 물론이고 회사의 자금조달과 같은 회사의 이익도 상당 부분 회계적인 성과의 영향을 받기 때문이다.

2) 감사직무를 수행하는 구체적인 방법에 관해서는 「상장회사 감사의 표준직무규정」의 관련규정 참조.

3) 그러나 어느 정도 규모가 있는 회사라면 이들 사항을 확인하는 것은 감사 혼자서 4주 내에 마칠 수 있는 간단한 일이 아니다. 따라서 감사는 상근을 하는 경우에도 보조조직이 필요할 것이다.

4) 현행 실무상으로는 주주총회에서 외부감사인이 아니라 감사가 감사보고서를 낭독하는 것이 일반적이다.

5) 그러나 효과적인 외부감사를 위해서는 이처럼 법에 규정된 사항만으로는 충분하지 않다. 감사는 외부감사인이 적절한 인력과 시간을 투입하는지를 확인하고, 면담을 통해서 지적사항이나 요망사항을 청취하는 등 보다 적극적으로 관여할 필요가 있다.

(4) 구체적인 감사의 권한

감사는 업무감사와 회계감사를 수행하기 위하여 다양한 권한을 갖는다. 이런 권한은 크게 ① 정보의 수집을 위한 권한과 ② 수집된 정보에 근거한 조치의 집행을 위한 권한의 두 가지로 나눌 수 있다. 이하 구체적인 권한을 살펴본다.

가. 이사회에 관한 권한

1) 이사회 출석 및 의견진술권

감사는 이사회 구성원은 아니지만 이사회에 출석하여 의견을 진술할 수 있다(391-2(1)). 감사는 이를 통하여 업무집행에 관한 정보를 취득하고 이사회의 업무집행의 결정단계에서 법령 또는 정관에 위반하거나 현저하게 부당한 결의가 성립하는 것을 사전에 예방할 수 있다. 감사의 이사회 출석을 담보하기 위하여 감사에게도 이사회 소집통지를 해야 한다(390(3)).[1] 따라서 소집절차를 생략하고 이사회를 개최하려면 이사뿐 아니라 감사 전원의 동의가 있어야 한다(390(4)).

2) 출석의무 여부

이사회 출석이 감사의 의무에 해당하는지에 대해서는 다툼이 있다. 이사회 출석이 정보를 취득하고 위법행위를 예방할 수 있는 중요한 수단이라는 점을 고려할 때 감사가 부담하는 선관주의의무(415→382(2))의 내용으로 출석의무를 부담한다고 볼 것이다. 출석한 감사는 이사회 의사록에 기명날인 또는 서명하여야 한다(391-3(2)).

3) 이사회 소집권

감사는 이사회에 출석하여 의견을 진술할 권한이 있을 뿐 아니라 후술하는 바와 같이 보고의무도 부담하므로(391-2(2)) 필요한 경우에는 이사에 대하여 이사회 소집을 청구할 수 있다(412-4(1)). 이사가 지체 없이 이사회를 소집하지 않은 경우에는 감사가 이사회를 소집할 수 있다(412-4(2)).

나. 보고 및 조사에 관한 권한

1) 영업보고요구권, 업무·재산조사권

감사는 언제든지 이사에 대하여 영업에 관한 보고를 요구하거나 회사 및 자회사의 업무와 재산상태를 조사할 수 있다(412(2)). 감사를 위하여 필요한 조사를 할 수 없었던 때에는 그 뜻과 이유를 감사보고서에 기재하여야 한다(447-4(3)).

---

1) 다만 감사에 대한 통지의 결여가 이사회결의의 하자에 해당하지는 않는다는 하급심판결이 있다(부산고등법원 2004. 1. 16, 2003나12328 판결).

2) 자회사에 대한 영업보고요구권과 조사권

모회사 감사는 그 직무를 수행하기 위하여 필요한 때에는 자회사에 대하여 영업의 보고를 요구할 수 있다(412-5(1)). 이런 권리는 모회사 감사를 위하여 필요한 때에만 행사할 수 있다. 보고요구에도 불구하고 자회사가 지체 없이 보고하지 않거나 보고내용을 확인할 필요가 있는 때에는 모회사 감사가 자회사의 업무와 재산상태를 조사할 수 있다(412-5(2)). 자회사는 정당한 이유 없이 모회사 감사의 보고요구나 조사를 거부하지 못한다(412-5(3)).[1]

3) 이사의 보고를 받을 권한

이사가 회사에 현저하게 손해를 미칠 염려가 있는 사실을 발견한 때에는 즉시 감사에게 보고할 의무가 있다(412-2).

다. 소송에 관한 권한

1) 이사와 회사 사이의 소에 관하여 회사를 대표할 권한

회사가 이사에 대하여 또는 이사가 회사에 대하여 제소하는 경우 감사는 그 소에 관하여 회사를 대표한다(394(1)전).[2] 주주가 회사에 이사에 대한 제소를 청구할 때에도 감사를 상대로 해야 한다(394(1)후). 이처럼 이사와 회사 사이의 소에서 감사가 회사를 대표하게 한 것은 이익충돌을 방지하고 공정한 소송수행을 확보하기 위한 것이다. 따라서 그러한 이익충돌의 가능성이 없는 경우에까지 본조를 확대 적용할 것은 아니다.

예컨대 회사가 과거에 이사였던 자에 대하여 재임 시의 행위에 대한 책임을 묻는 소송에서는 대표이사가 회사를 대표하고(대법원 2002. 3. 15, 2000다9086 판결(제일은행)), 스스로 사임했다고 주장하는 이사가 회사를 상대로 이사직을 사임한 취지의 변경등기를 구하는 소에서는 감사가 아니라 대표이사가 회사를 대표한다(대법원 2013. 9. 9, 2013마1273 결정). 회사가 이사를 상대로 이사지위 부존재 확인을 구하는 사건에서 법원이 선임한 일시대표이사가 회사를 대표한 것도 적법하다고 보았다(대법원 2018. 3. 15, 2016다275679 판결). 대표이사의 직무집행이 정지되고 대표이사직무대행자가 선임된 경우, 직무집행이 정지된 대표이사와 회사 간의 소송에서는 감사가 아니라 대표이사직무대행자가 회사를 대표해야 할 것이다.

감사가 복수인 경우에는 각자가 회사를 대표한다. 2인의 감사가 있는 회사에서 감사 1인이 이사를 상대로 제소한 경우 다른 감사가 소를 취하하더라도 그 취하행위는 유효하다(대법원 2003. 3. 14, 2003다4112 판결). 자본금 10억원 미만이어서 감사를 선임하지 않은 소규모주식회사

---

1) 자회사의 대표이사 등이 모회사 감사의 조사를 정당한 이유 없이 거부한 때에는 5백만원 이하의 과태료가 부과될 수 있다(635(1)(xxv)).

2) 만약 이사가 감사가 아니라 대표이사를 회사 대표자로 표시하여 소를 제기하고 이를 진행하였다면, 소장 송달은 무효이고 소장 정정 및 소송행위 추인이 없는 이상 그 이전에 이루어진 이사 및 대표이사의 소송행위도 모두 효력이 없다(대법원 1990. 5. 11, 89다카15199 판결).

가 이사에 대하여 또는 이사가 그러한 회사에 대하여 소를 제기하는 경우에 회사, 이사 또는 이해관계인은 법원에 회사를 대표할 자를 선임하여 줄 것을 신청해야 한다(409(5)).[1]

2) 각종 소권

감사는 회사설립무효의 소(328), 총회결의취소의 소(376), 신주발행무효의 소(429), 자본감소무효의 소(445), 합병무효의 소(529) 등에서 원고적격이 있다. 또한 이사의 위법행위를 유지할 것을 청구할 수 있고(402), 그에 기하여 법원에 가처분을 신청할 수 있다.

라. 주주총회 소집청구권

감사는 회의 목적사항과 소집 이유를 기재한 서면을 이사회에 제출하여 임시주주총회 소집을 청구할 수 있다(412-3(1)). 감사의 청구가 있은 후 지체 없이 회사가 총회소집 절차를 밟지 아니한 때에는 그 감사는 법원의 허가를 얻어 총회를 소집할 수 있다(412-3(2)→366(2)). 감사의 소집청구권을 '감사업무와 관련한 긴급한 의견진술'을 위한 경우에 한정하는 견해가 있으나[2] 그렇게 한정할 법문상 근거나 현실적인 필요를 찾기 어렵다. 따라서 감사는 이사 해임을 위해서도 임시주주총회 소집을 청구할 수 있다.

마. 전문가 도움을 구할 권한

감사는 회사 비용으로 전문가 도움을 구할 수 있다(412(3)). 감사업무 수행과 관련하여 법률, 회계, 세무 등 외부전문가 도움이 필요한 경우 감사의 실효성을 위하여 회사의 비용부담으로 도움을 구할 수 있음을 명시한 것이다.

4. 감사의 의무

(1) 일반적 의무: 선관주의의무

가. 충실의무 등과의 관계

감사와 회사의 관계에는 위임에 관한 규정이 준용되므로(415→382(2)), 감사는 그 직무수행과 관련하여 회사에 대하여 선관주의의무를 진다(민 681). 감사에게는 이사의 비밀유지의무에 관한 조항은 준용되지만(415→382-4) 충실의무에 관한 조항(382-3)은 준용되지 않는다. 또한 경업금지(397), 회사기회(397-2), 자기거래(398)에 관한 규정도 준용되지 않는다. 이는 감사가 이사와는 달리 업무집행기관이 아니라는 점을 고려한 것으로 보인다. 그러나 충실의무가 선관주의의무의 일부를 구성한다고 이해하는 다수설에 의하면 명시적 준용규정이 없지만 감사도 충실의무를 부담한다고 볼 것이다.

---

1) 감사가 없는 소규모주식회사의 대표이사가 이사를 상대로 소를 제기하였다가 각하된 사안으로 대법원 2023. 6. 29, 2023다210953 판결.

2) 이철송30, 884면.

나. 선관주의의무의 범위

선관주의의무의 내용과 범위에 대해서는 대우그룹에 관한 일련의 대법원판결에서 비교적 상세히 설시하고 있다(대법원 2008. 9. 11, 2006다68636 판결(주식회사 대우); 대법원 2008. 9. 11, 2007다31518 판결(대우중공업) 등). 그에 의하면 구체적인 선관주의의무의 내용과 범위는 "회사의 종류나 규모, 업종, 지배구조 및 내부통제시스템, 재정상태, 법령상 규제의 정도, 감사 개개인의 능력과 경력, 근무 여건 등에 따라 다를 수 있다." 그러나 "대규모 상장기업에서 일부 임직원의 전횡이 방치되고 있거나 중요한 재무정보에 대한 감사의 접근이 조직적·지속적으로 차단되고 있는 상황"에서는 감사의 선관주의의무는 현격히 가중된다. 이러한 상황에서는 감사의 선관주의의무는 "결산재무제표와 그 부속서류의 검토에 국한된다고 볼 수 없고 … 재무제표의 작성과정에 의도적·조직적인 분식시도가 개입되는지 여부에 관하여 일상적으로 주의를 기울일 것이 요구된다." 한편 회계감사에 관한 상법상의 감사와 외감법상의 감사인에 의한 감사는 상호 독립적인 것이므로, 외부감사인에 의한 감사가 있다고 하여 상법상 감사의 감시의무가 면제되거나 경감되지는 않는다(대법원 2019. 11. 28, 2017다244115 판결).

대법원은 특히 대규모 회사에서는 "무엇보다도 합리적인 정보 및 보고시스템과 내부통제시스템을 구축하고 그것이 제대로 작동하도록 배려할 의무가 이사회를 구성하는 개개의 이사들과 이들의 직무집행을 감사하는 감사에게" 주어진다고 판시하였다(대법원 2008. 9. 11, 2007다31518 판결(대우중공업)).

다. 비상근감사의 의무

소규모 회사에서는 감사가 비상근인 경우가 많다. 상법은 비상근감사의 직무와 책임을 감경하고 있지 않을 뿐 아니라 비상근감사가 상근 감사 유고시에만 감사의 직무를 수행하도록 하고 있다는 상관습의 존재도 인정할 수 없으므로 비상근감사도 감사로서의 선관주의의무 위반에 따른 책임을 진다(대법원 2007. 12. 13, 2007다60080 판결).[1]

(2) 구체적 의무

가. 감사록 작성의무

감사는 감사를 수행한 후에는 감사에 관한 감사록을 작성하여야 한다(413-2(1)). 감사록에는 감사의 실시요령과 그 결과를 기재하고 감사를 실시한 감사가 기명날인 또는 서명하여야 한다(413-2(2)).

나. 이사회에 대한 보고의무

감사는 이사가 법령 또는 정관에 위반한 행위를 하거나 그 행위를 할 염려가 있다고 인정

---

1) 대법원은 신용협동조합의 감사가 비상근, 무보수의 명예직으로 전문가가 아닌 경우에도 주의의무를 면할 수 없다고 하고 있다(대법원 2004. 3. 25, 2003다18838 판결).

한 때에는 이사회에 보고하여야 한다(391-2(2)).

다. 주주총회에 대한 조사 · 보고의무

감사는 이사가 주주총회에 제출할 의안 및 서류를 조사하여 법령 또는 정관에 위반하거나 현저하게 부당한 사항이 있는지 여부에 관하여 주주총회에 그 의견을 진술하여야 한다(413).

라. 재무제표에 대한 감사의무

감사는 이사가 제출한 재무제표와 그 부속명세서(447) 및 영업보고서(447-2)에 대해서 감사하고 받은 날부터 4주 내에, 즉 총회일로부터 2주 전까지, 감사보고서를 이사에게 제출하여야 한다(447-4(1)).

(3) 의무이행의 보조

전술한 바와 같이 감사의 의무는 기본적으로 상근여부나 다른 감사의 존부와 무관하게 동일하다. 그러나 감사의 의무를 반드시 감사가 단독으로 수행해야 하는 것은 아니다. 감사는 회사내부와 외부의 조직으로부터 도움을 받을 수 있다. 회사에 따라서는 회사내부에 감사만을 전적으로 보좌하는 별도의 조직을 두는 경우도 있다. 그러나 보다 일반적인 것은 최고경영자의 지휘를 받는 감사조직이 감사까지 보좌하는 경우이다. 한편 전술한 바와 같이 감사는 회사비용으로 외부전문가의 도움을 받을 수 있다(412(3)). 회사내부의 감사조직에 의존하는 것이 어려운 경우에는 외부전문가의 도움을 받을 수밖에 없을 것이다.

실무상 중요한 것은 회계감사와 관련하여 외부감사인의 외부감사에 의존하는 것이 허용되는지 여부이다. 상법과 외감법은 감사에 의한 회계감사와 외부감사인에 의한 회계감사를 각각 독립적으로 규정하고 있다. 따라서 감사가 외부감사인과 별도로 회계감사를 수행하는 것이 가능한 것은 물론이다. 그러나 중복감사가 반드시 필요한 경우가 아니라면 감사가 외부감사에 의존하는 것을 구태여 금할 이유가 없을 것이다. 감사가 외부감사에 의존할 수 있으려면 외부감사가 제대로 수행되도록 외부감사인을 감독하고 지원해야 할 것이다.[1)]

5. 감사의 책임

(1) 회사에 대한 책임

감사가 그 임무를 해태한 때에는 그 감사는 회사에 대하여 연대하여 손해를 배상할 책임이 있다(414(1)). 여기서 '임무'는 선관주의의무로 볼 것이다. 법령이나 정관을 위반하는 경우나 앞서 언급한 구체적 의무를 위반하는 경우도 선관주의의무의 위반으로 볼 수 있을 것이다.

임무해태와 손해 사이에는 상당인과관계가 존재해야 한다. 임무를 제대로 이행했다고 하

1) 입법론적으로 적어도 외부감사를 받는 회사의 경우 감사의 의무는 외부감사의 적절성을 담보하는 것에 그치는 것이 바람직할 것이다. 일본 회사법은 기본적으로 그러한 태도를 취하고 있다. 江頭8, 637면.

더라도 손해의 발생을 저지할 수 없었을 경우, 즉 저지가능성이 없는 경우에는 책임을 인정할 수 없을 것이다. 그러나 판례는 저지가능성이 없는 경우를 매우 좁게 파악하고 있는 것으로 보인다(예컨대 대법원 2008. 9. 11, 2006다68636 판결).

다른 감사나 이사도 책임이 있는 경우에는 연대하여 배상할 책임이 있다(414(1), (3)). 감사의 책임추궁과 관련하여 이사의 책임감면과 주주대표소송에 대한 규정이 준용된다(415→400, 403~406).[1] 또한 이사와 마찬가지로 감사의 경우에도 회사에 대한 손해배상책임은 법원의 재량에 의하여 제한될 수 있다(대법원 2007. 11. 30, 2006다19603 판결).

(2) 제3자에 대한 책임

감사의 임무해태가 악의 또는 중대한 과실로 인한 경우에는 제3자에 대하여도 연대하여 손해를 배상할 책임이 있다(414(2)). 이사의 책임도 함께 인정되는 경우에는 감사와 이사가 연대책임을 진다(414(3)).

악의 또는 중대한 과실의 임무해태의 예로는 "주식회사의 감사가 실질적으로 감사로서의 직무를 수행할 의사가 전혀 없으면서도 자신의 도장을 이사에게 맡기는 등의 방식으로 그 명의만을 빌려줌으로써" 이사의 위법행위를 방치한 경우를 들 수 있다(대법원 2008. 2. 14, 2006다82601 판결 등). 한편 "감사로서 결산과 관련한 업무 자체를 수행하기는 하였으나 재무제표 등에 허위의 기재가 있다는 사실을 과실로 알지 못한 경우에는 문제된 분식결산이 쉽게 발견 가능한 것이어서 조금만 주의를 기울였더라면 허위로 작성된 사실을 알아내어 이사가 허위의 재무제표 등을 주주총회에서 승인받는 것을 저지할 수 있었다는 등 중대한 과실을 추단할 만한 사정이 인정되어야 비로소 제3자에 대한 손해배상의 책임을 인정할 수 있을 것이고, 분식결산이 회사의 다른 임직원들에 의하여 조직적으로 교묘하게 이루어진 것이어서 감사가 쉽게 발견할 수 없었던 때에는 분식결산을 발견하지 못하였다는 사정만으로 중대한 과실이 있다고 할 수는 없[다]"(대법원 2008. 2. 14, 2006다82601 판결).

---

1) 대법원은 이사의 경우와 마찬가지로 제400조의 면제대상인 감사의 책임은 채무불이행책임에 한정되고 불법행위책임은 주주 전원의 동의로도 면제할 수 없다고 보고 있다(대법원 1996. 4. 9, 95다56316 판결). 그러나 제400조가 적용되지 않는 경우에는 원칙으로 돌아가야 하므로 이사회 승인으로 면제할 수 있을 뿐 아니라 주주 전원의 동의가 있는 경우에는 이사회 승인을 거칠 필요도 없다고 볼 것이다.

Ⅲ. 감사위원회[1)]

1. 서 설

(1) 감독기관의 두 가지 유형

투자자 수가 적고 경영이 단순한 기업이라면 투자자가 직접 경영자를 감독하는 것도 가능할 것이다. 그러나 투자자 수가 많고 경영감독에 대한 관심이나 능력이 떨어지는 경우에는 전문적인 감독기관을 두는 편이 보다 효율적이다. 다수 투자자가 참여하기 적합한 기업형태인 주식회사에서 경영감독방식으로는 크게 미국식과 독일식, 두 가지를 생각해볼 수 있다. 미국식은 경영에 관한 주요 의사결정은 이사회에 속하지만 실제 주도권은 이사회가 선임하는 최고경영자(CEO)가 행사하고 이사회는 최고경영자를 비롯한 집행조직의 감독에 치중하는 방식이다(이른바 감독형 모델(monitoring model)). 미국에서는 이사회가 최고경영자에 대한 감독을 맡으므로 회사 내에 별도의 감독기관은 없다. 그러나 이원적(二元的) 기관구조를 취하는 독일에서는 감독기관인 감사회(Aufsichtsrat)[2)]가 존재한다. 감사회는 경영을 맡는 이사회(Vorstand)[3)]의 임면권을 가질 뿐 경영에는 직접 관여하지 않는다. 감사회와 이사회는 조직적으로 완전히 분리된다. 이렇게 보면 미국식 일원적 기관구조와 독일식 이원적 기관구조는 크게 다른 것처럼 보이지만 실제로 그 차이는 그리 크지 않다.[4)] 이사회에서 업무집행을 맡지 않는 사외이사 비중이 커질수록 이사회는 기능상으로 독일식 감사회에 접근하기 때문이다. 차이가 있다면 미국식 이사회가 적어도 중요한 경영사항의 결정권한을 가지며 또한 최고경영자를 비롯한 일부 집행임원이 이사를 겸한다는 점이다.

(2) 우리 감사제도의 특수성

우리 상법상 감사는 이 두 가지 중 어느 쪽에도 속하지 않는 특수한 존재이다. 감사는 상법의 창조물이 아니라 일본 상법에서 계수한 것이다. 일본 상법은 기관구성에 관하여 기본적으로 독일법을 모델로 하면서도 다소 특이한 변경을 시도하였다. 즉, 독일과 같이 이사와 감사를 구분하는 이원구조를 취하면서도 독일과 달리 감사가 이사를 임면하는 것이 아니라 양자를 모두 주주총회에서 임면하도록 만든 것이다. 이처럼 이사를 주주총회에서 임면하기로 한 것은 감사가 이사 임면권까지 갖게 되면 전횡의 위험이 있다고 보았기 때문이다. 그러나 감독대상인 이사에 대한 임면권이 없는 상황에서 감독권이 실효를 발휘하기는 어렵다. 더욱이 감사 추천 권한을 실질적으로 이사가 행사하는 상황에서 감사가 이사를 제대로 감독하기를 기대하기는 어

1) 감사위원회에 관하여 상세한 것은 김건식, "법적 시각에서 본 감사위원회", 기업지배구조와 법(2010), 359면 이하.
2) 때로는 감독이사회라고 번역하기도 한다.
3) 1인 이사도 가능하지만(獨株 76(2)) 복수인 경우가 대부분이므로 이사회라는 용어를 사용한다.
4) 독일의 Aufsichtsrat를 감사회 대신 이사회로 번역한다면 그 차이는 훨씬 더 작은 것으로 느껴질 것이다.

렵다.[1)]

일본은 전후 1950년 회사법을 개정하면서 미국식 이사회제도를 도입하였다. 그럼에도 불구하고 감사는 그대로 존치하였다. 다만 새로이 도입한 이사회가 업무감독을 맡게 됨에 따라 감사의 권한을 회계감사로 축소하였다. 그러나 독립적인 사외이사가 거의 없는 이사회가 업무감독을 제대로 할 수는 없었다. 경영에 대한 감독이 전무한 상태에서 회계부정 등 불상사가 발생하는 것은 당연한 일이었다.

이러한 사실상 무감사(無監査) 상태를 개선하는 방안으로는 두 가지 선택지를 생각할 수 있다. ① 미국에서와 같이 사외이사에 의존하는 방안과 ② 기존 감사의 권한을 강화하는 방안이 그것이다. 일본 상법은 2003년 개정에서 사외이사제도를 도입하기 전까지는 줄곧 ②에 대한 미련을 떨치지 못하였다. 감사의 권한을 업무감사에까지 다시 확장하였을 뿐 아니라 감사 수의 증가, 사외감사를 포함한 감사회제도 등 감사제도의 강화를 위하여 상상할 수 있는 방안을 거의 모두 채택하였다. 그럼에도 불구하고 감사제도에 대한 평가는 별로 개선되지 못한 상태이다.[2)]

우리 상법상 감사도 기본적으로 이러한 약점을 공유하고 있다. 일본에서와는 달리 우리 상법은 감사선임결의 시 대주주의 의결권을 3%로 제한하고 있지만(409(2)) 특별히 감사의 독립성이 개선되지는 못했다. 그리하여 1999년 외환위기 후 개정된 상법에서는 감사제도를 강화하는 대신 감사위원회 도입이라는 새로운 길을 택하였다.

감사위원회에 대한 회의론

학계에서는 아직 감사위원회가 과연 기존 감사에 비하여 보다 효과적으로 작동할 수 있는 기관인지에 대해서 회의론이 존재한다. 회의론의 근거로는 대체로 다음 세 가지를 꼽을 수 있을 것이다. ① 이른바 **자기감사**의 문제이다. 즉 이사회 구성원으로서 이사회 의사결정에 참여한 감사위원인 이사가 그 의사결정에 대해서 제대로 감사하는 것은 자기감사에 해당한다는 것이다.[3)] 그러나 실제 이사회가 결정하는 사항은 그렇게 많지 않기 때문에 자기감사가 문제될 만한 사항은 별로 많지 않다. 오히려 감사위원은 이사로서 이사회에서 문제의 의사결정을 사전 저지할 수도 있다는 점에서 감사보다 더 효과적인 감독이 가능하다.

② 이사회 하부기관에 불과한 감사위원회가 이사회 직무를 제대로 감독할 것을 기대할 수 없다는 주장이다. 감사위원회가 이사회 내 위원회에 속하는 것은 사실이다(415-2(1)). 원칙적으로 위

1) 따라서 일본에서 상법제정 직후인 1900년대 초부터 이미 감사가 유명무실한 제도라는 비판이 나온 것은 놀라운 일이 아니다.

2) 아마도 감사가 이사의 임면권을 갖기는커녕 오히려 이사가 감사의 임면을 사실상 좌우하는 근본적인 문제점이 전혀 개선되지 못한 것이 그 이유가 아닌가 짐작된다.

3) 그러나 그런 논리는 감사에게 대해서도 어느 정도 적용될 수 있다. 의결권은 없지만 감사도 이사회에 참여하여 의사를 표시할 수 있기 때문이다(391-2(1)).

원회 위원은 이사회에서 선임할 뿐 아니라 위원회 결의는 이사회가 번복할 수 있으므로(393-2(4) 후) 위원회는 이사회의 하부기관으로 볼 수 있다. 그러나 감사위원회를 일반 위원회와 같이 이사회 하부기관으로 보는 것은 옳지 않다. 감사위원회에 관해서는 당초부터 상법이 특별히 일련의 규정을 두고 감사와 같은 권한을 부여하고 있기 때문에 이사회가 감사위원회 결정사항을 번복할 수 있다고 보기는 어렵다. 의문의 여지를 없애기 위하여 2009년 개정 상법은 이사회가 번복권이 없음을 명시하고 있다(415-2(6)). 나아가 상장회사의 경우 감사위원은 주주총회에서 임면권을 갖고 있기 때문에(542-12(1)) 감사위원회가 이사회 하부기관이라고 볼 근거는 전혀 없다.

③ 현실론으로서 주로 비상근 사외이사로 구성되는 감사위원회가 제대로 감사업무를 수행할 수 없다는 주장이다. 그러나 감사도 반드시 상근이라는 법은 없다.[1] 또한 감사위원이 반드시 비상근이어야 하는 것은 아니다. 실제로 일부 회사에서는 상근감사위원을 두고 있다. 만약 감사위원으로서의 업무가 상근을 요할 정도로 많다면 적어도 1명 정도는 상근으로 구성할 수도 있을 것이다.

감사위원회의 장점은 감사위원회 구성원인 사외이사들은 원칙적으로 대표이사에 대한 인사권을 갖는다는 점이다.[2] 따라서 감사결과 여하에 따라서 이사회가 인사권을 발동할 수도 있으므로 감사보다 효과적인 감사를 할 수도 있다.

2. 설치와 구성

(1) 설 치

상법은 주식회사가 감사 대신 감사위원회를 두는 것을 허용하고 있다(415-2(1)). 감사위원회를 설치하려면 정관에 근거를 두어야 하고 감사위원회를 설치하면 감사는 선임할 수 없다. 자산총액이 2조원 이상인 상장회사(강제설치회사)는 감사위원회 설치가 강제되고 있다(542-11(1), 令 37(1)). 자산총액이 1천억원 이상 2조원 미만인 상장회사는 상근감사를 두거나 상장회사 특칙에 따른 감사위원회를 두어야 하므로(542-10(1)), 이 회사들은 강제설치회사는 아니지만 일단 감사위원회를 둔 경우에는 강제설치회사와 동일한 규정이 적용된다.

(2) 임 면

가. 일반 주식회사

상법에는 감사위원 선임에 관해서 특별한 규정이 없다. 따라서 상법의 해석상으로는 감사위원도 일반 위원회 위원과 마찬가지로 이사회에서 선임하고 해임한다고 보아야 할 것이다. 해임에 관해서 이사 총수의 3분의 2 이상의 결의가 필요하다는 규정(415-2(3))도 그러한 해석을 뒷받침한다.

나. 강제설치회사

과거 강제설치회사에서 감사위원 선임방법을 둘러싸고 이른바 일괄선출 방식과 분리선출

1) 자산총액 1천억원 이상의 상장회사에서는 상근감사의 선임이 강제되고 있다(542-10(1)).
2) 정관에서 대표이사를 주총에서 선임하도록 규정한 경우에는 대표이사에 대한 통제력은 훨씬 줄어들 것이다.

방식 사이에 혼란이 있었다. **일괄선출 방식**은 주주총회 결의로 먼저 이사를 일괄적으로 선임하고 이들 이사 중에서 다시 새로운 주주총회 결의로 감사위원을 선임하는 방식이다. 이에 따르면 후술하는 3% 제한은 이사를 선임하는 단계에서는 적용되지 않고 그와 같이 선임된 이사 중에서 감사위원을 선임하는 단계에서 비로소 적용된다. **분리선출 방식**은 '감사위원이 되지 아니하는 이사'와 '감사위원이 되는 이사'를 분리하여 주주총회 결의로 선임하되 후자의 경우에 3% 제한을 적용하는 방식이다. 즉 후자의 경우에는 이사선임과 감사위원선임이 3% 제한 하에 하나의 결의로 이루어지므로 이사선임 단계부터 대주주의 의결권이 제한된다.

2009년 개정 상법은 이른바 일괄선출 방식을 명시하였다(542-12 (2)). 그러나 이에 따르면 대주주의 의중이 반영된 후보 중에서 감사위원을 선임하게 되어 3% 제한을 사실상 무력화한다는 비판이 있었다. 이에 2020년 개정상법은 감사위원 중 1명(정관으로 더 많은 수를 정할 수 있음)은 분리선출 방식으로 선임하고 나머지는 일괄선출 방식으로 선임하도록 하였다. 실제로 2020년 개정상법 시행 이후 상장회사 소수주주들이 주주제안권을 행사하여 내세운 후보자 1명이 분리선출 방식에 따라 대주주의 반대에도 불구하고 이사 겸 감사위원으로 선임되는 예가 종종 발견된다. 2025. 9. 9. 개정 상법(2026. 9. 10. 시행)은 더 나아가 2명(정관으로 더 많은 수를 정할 수 있음)은 분리선출 방식으로 선임하고 나머지는 일괄선출 방식으로 선임하도록 하였다.[1)]

감사위원을 선임 또는 해임하는 결의[2)]에서 개별주주의 의결권은 의결권 없는 주식을 제외한 발행주식총수의 3%(정관으로 한도를 더 낮출 수 있음)로 제한된다(542-12(4)). 이때 최대주주는 특수관계인 등이 보유하는 주식까지 합산하여 3% 제한을 받고,[3)] 최대주주 이외의 주주는 개별적으로 3% 제한을 받는다(542-12(4)). 이처럼 2025. 7. 22. 개정으로 모든 감사위원 선임에 있어 최대주주의 경우에만 '합산 3%' 제한을 받게 되어 다른 주주들에 비해 크게 불리해졌고, 2025. 9. 9. 개정으로 분리선출이 2명 이상으로 확대된 데다가 대규모 상장회사에서 정관으로 집중투표제를 배제할 수 없게 되었으므로, 이사회에 최대주주가 원하지 않는 이사 겸 감사위원들이 진출할 가능성이 크게 높아졌다. 최대주주 이외의 주주들이 특수관계인들 사이에 3% 이하로 지분을 쪼개어 분리선출시 의결권을 극대화하는 등의 방법을 동원하면 다수의 이사를 선임할 수도 있다. 이처럼 위 개정은 최대주주의 힘을 제약하는 데에 치중한 나머지 다른 주주들에게 불비례적인 힘을 주게 되어 부작용이 우려된다.

1) 2인 이상의 '감사위원이 될 이사'을 분리선출하게 되면 이 역시 2인 이사의 이사를 선임하는 주주총회 결의에 해당하므로 집중투표제의 대상이 될 수 있을 것이다.

2) 감사위원을 선임하는 결의란 (i) 분리선출시에는 이사 겸 감사위원으로 선임하는 결의, (ii) 일괄선출시에는 제1차 결의로 선임한 이사 중에서 감사위원을 선임하는 제2차 결의를 의미한다.

3) 최대주주의 특수관계인들 사이에서 의결권 행사 여부 및 내용이 일치하지 않는 경우 3% 제한에 따른 의결권 행사의 결과를 어떻게 반영해야 하는지는 법문에 아무런 지침이 없다. 보유 지분 비율에 의하는 방안과 행사 지분 비율에 의하는 방안이 있을 것이나, 후자가 타당할 것이다. 즉 일단 이들이 모두 자유로이 의결권을 행사하게 하고, 3% 한도 내에서 의결권을 행사한 지분 비율대로 찬성, 반대, 기권 등을 인식할 수밖에 없을 것이다.

감사위원은 주주총회 특별결의로 해임할 수 있고, 이 경우 분리선출된 감사위원은 이사와 감사위원의 지위를 모두 상실한다(542-12(3)). 분리선출된 감사위원은 하나의 결의로 이사 겸 감사위원의 지위를 동시에 갖게 되었기 때문이다. 그 반대해석으로서 일괄선출된 감사위원은 감사위원직에서 해임되더라도 이사 지위를 자동적으로 잃는 것은 아니라고 할 것이다.

(3) 원수(員數)와 자격

가. 일반 주식회사

감사위원회는 3명 이상의 이사로 구성되며 위원 2/3 이상을 사외이사로 선임한다는 점 이외에는 위원 자격에 관해서 특별한 규정을 두고 있지 않다(415-2(2)).

나. 강제설치회사

강제설치회사의 경우에도 감사위원회는 3명 이상의 이사로 구성하며 그 2/3 이상은 독립이사로 선임한다. 일반 주식회사와 다른 점은 독립이사가 감사위원회의 대표를 맡는다는 점과 '대통령령이 정하는 회계 또는 재무전문가'를 1인 이상 위원으로 선임해야 한다는 점이다(542-11(2)).[1] 시행령은 공인회계사, 회계·재무분야 교수 등 4가지 범주의 전문가에게 감사위원 적격을 인정하고 있다.

다. 결원의 경우

위원회에 관한 제393조의2 제5항은 퇴임이사에 관한 제386조 제1항을 준용한다. 따라서 감사위원의 임기만료·사임으로 인해 법률이나 정관에서 정한 감사위원의 수에 미치지 못하게 되는 경우에는 퇴임한 감사위원은 새로 선임된 감사위원이 취임할 때까지 감사위원의 권리의무가 있다(393-2(5)→386(1)). 또한 상장회사는 감사위원인 사외이사의 사임·사망 등의 사유로 인해 다음 두 요건, 즉 '감사위원회는 3명 이상의 이사로 구성하고 사외이사가 2/3 이상일 것'(모든 회사의 경우) 및 '위원 중 1명은 회계 또는 재무전문가이고 감사위원회 대표는 사외이사일 것'(강제설치회사의 경우) 중 어느 하나라도 미달하게 되면, 그 사유가 발생한 후 처음으로 소집되는 주주총회에서 그 요건에 합치되도록 해야 한다(542-11(4). 이른바 차기주총 조항).

한편 위원회에 관한 제393조의2 제5항은 일시이사에 관한 제386조 제2항은 준용하지 않고 있다. 그러나 감사위원회는 감사에 갈음하는 역할을 수행하고 있어 그 결원 시에 일시 직무를 행할 자를 선임할 필요가 있을 수 있음을 고려하면, 감사위원회에 대해서도 상법 제386조 제2항의 유추적용을 부정할 이유는 없을 것이다(서울서부지방법원 2024. 11. 6, 2024비합1040 결정).

---

1) 이는 미국 사베인즈-옥슬리법(Sarbanes-Oxley Act)의 영향을 받은 것으로 실질적인 감사를 담보하기 위한 규정이다.

감사위원의 상근여부

우리 법상 감사위원회는 구성원의 2/3 이상을 사외이사로 구성하면 되지만 실제로는 감사위원회의 독립성을 중시하여 사외이사만으로 감사위원회를 구성하는 회사도 적지 않다. 감사위원회 업무부담이 큰 금융기관에서는 감사위원 중 1인을 상근으로 하는 예가 많다. 실무상 상근감사위원은 법률에서 말하는 사외이사가 아닌 것으로 보고 있다. 그 근거로는 사외이사가 '해당 회사의 상무에 종사하지 아니하는 이사'(382(3))로 정의되고 있다는 점을 든다. 그런 결론은 실무상 '상무'에 종사하는 자를 회사에 상시 출근하여 근무하는 자로 이해하는 데서 비롯된 것으로 보인다. 그러나 이처럼 업무의 성격이 아니라 상시 출근여부로 사외이사 여부를 판단하는 것은 바람직하지 않다.[1)]

보다 근본적인 문제는 과연 감사위원이 상근을 하는 것이 바람직한지 여부이다. 감사위원회의 업무범위가 넓기 때문에 특히 대기업의 경우 감사업무를 비상근 사외이사가 감당할 수 있을지 의문이 들 수 있다. 그러나 상근을 하게 되면 감사위원의 독립성이 훼손될 가능성이 커진다. 일반 감사위원과는 달리 상근 감사위원은 아무래도 그 지위 유지에 더 신경을 쓰고 그 결과 감사대상인 경영자의 눈치를 볼 우려가 있다. 또한 상근 감사위원과 일반 감사위원과의 사이에 정보의 격차가 생기고 일반 감사위원이 상근 감사위원에 의존함으로써 상근 감사위원이 감사위원회를 지배할 우려도 있다. 다만 감사위원이 모두 비상근인 경우에는 효과적인 감사를 위해서 사내외 전문인력의 보조를 받을 필요가 있다.

상장회사 감사 및 감사위원의 선임·해임시 의결권제한

상장회사 감사 및 감사위원의 선임·해임시 의결권제한은 여러 번의 개정을 통해 불필요하게 복잡해졌고, 2020년 및 2025년 개정을 통해 다소 정리되었다. 이를 표로 요약하면 다음과 같다.

<table>
<tr><th>구분</th><th>설치의무 / 구성</th><th>선임</th><th>해임</th></tr>
<tr><td>자산 2조원 이상 상장회사</td><td>감사위원회</td><td colspan="2" rowspan="4">최대주주 합산 3% 제한
그외 주주 개별 3% 제한</td></tr>
<tr><td rowspan="2">자산 1천억원 이상~2조원 미만 상장회사</td><td>감사위원회</td></tr>
<tr><td>또는 상근감사</td></tr>
<tr><td rowspan="2">자산 1천억원 미만 상장회사</td><td>감사</td></tr>
<tr><td>또는 감사위원회</td><td>(이사회 선임)</td><td>(이사회 해임)</td></tr>
<tr><td rowspan="2">비상장회사</td><td>감사</td><td>개별 3% 제한</td><td>제한 없음</td></tr>
<tr><td>또는 감사위원회</td><td>(이사회 선임)</td><td>(이사회 해임)</td></tr>
</table>

분리선출 대상자와 일괄선출 대상자의 특정문제

감사위원 중에서 일부를 분리선출하게 됨에 따라, 주주총회에서 감사위원 선임 안건을 상정할 때에는 분리선출과 일괄선출을 구분하여 명시해야 한다. 예컨대 이사를 4인 선임하면서 이 중 A를 감사위원으로 분리선출, B를 감사위원으로 일괄선출, C와 D는 감사위원이 아닌 이사로 선임하

1) 일본 회사법은 사외이사를 업무집행을 담당하지 않는 자로 정의하고 있다(日會 2(xv)).

려면, "A를 감사위원이 되는 이사로 선임하는 건", "B, C, D를 이사로 선임하는 건", "이사 B를 감사위원으로 선임하는 건"과 같이 상정해야 할 것이다. 이에 따라 분리선출은 하나의 결의로, 일괄선출은 이사 선임과 감사위원 선임의 두 단계 결의로 이루어지게 된다. 이를 위해 이사회에서 주주총회 소집결의를 하고 이를 통지, 공고, 공시할 때에 이미 분리선출 대상자와 일괄선출 대상자가 특정되어 있어야 한다. 만약 그렇지 않으면 전자투표, 서면투표, 위임장에 의한 투표의 대상이 불분명하기 때문이다.

주주가 주주제안권을 행사할 때에도 제안하는 후보자가 분리선출 대상인지 일괄선출 대상인지 명시해야 한다. 예컨대 X, Y를 감사위원 후보자로 제안하면서 X를 분리선출, Y를 일괄선출하고자 한다면, "X를 감사위원이 되는 이사로 선임하는 건", "Y를 이사로 선임하는 건", "이사 Y를 감사위원으로 선임하는 건"과 같이 표시함이 타당할 것이다.

---

3. 운 영

감사가 여러 명 있는 경우에도 각 감사가 독립하여 권한을 행사할 수 있다(이른바 독임제(獨任制)기관). 그에 반하여 감사위원회는 회의체기관으로 결의를 통해서만 그 권한을 행사한다. 감사위원이 단독으로 권한을 행사할 수 없다는 점에서 감사에 비하여 권한이 약화된 것으로 볼 여지도 있다. 그러나 다수의 반대를 무릅쓰고 감사위원 1인이 독자적인 행동에 나서는 것은 회사이익에 부합하지 않을 가능성도 크다. 반면에 감사위원 다수가 뜻을 모아 행동에 나선다면 감사 1인의 단독행동보다 훨씬 더 강력한 힘을 발휘할 수가 있을 것이다.

감사위원회는 이사회 내 위원회의 일종이므로 그에 관한 규정이 적용된다. 위원회의 소집, 결의방법 등에 관해서는 이사회에 관한 규정이 준용되므로(393-2(5)) 감사위원회 운영도 그에 따라야 할 것이다. 이사회의 재결의를 규정한 제393조의2 제4항은 감사위원회에는 적용되지 않는다(415-2(6)). 일반 이사회 내 위원회는 이사회 권한을 위임하는 것인데 비하여(393-2(2)) 업무감사와 회계감사에 관한 감사위원회의 권한은 이사회 권한에서 비롯된 것이 아니라는 점에서 당연한 규정이다.

감사위원회는 그 결의로 대표를 선정할 수 있고 공동대표를 선정할 수도 있다(415-2(4)). 다만 강제설치회사의 경우에는 대표는 독립이사로 선임하여야 한다(542-11(2)(ii)). 감사위원회는 회사 비용으로 전문가의 조력을 구할 수 있다(415-2(5)).

4. 권한과 의무

(1) 감사에 관한 규정의 준용

상법은 감사위원회의 권한과 의무에 대해서 따로 규정하는 대신 감사에 관한 규정을 준용하고 있다(415-2(7)). 따라서 원칙적으로 감사에 관하여 서술한 부분이 그대로 타당하다.

감사위원회의 기능은 주로 의무보다는 권한의 형태로 표현되어 있다. 그러나 감사위원회 권한은 동시에 의무로서의 성격도 공유하고 있다. 그 의무를 위반한 경우에는 당연히 법적 책임이 수반된다. 그러나 감사위원 각자가 어느 정도의 조치를 취해야 의무를 이행한 것으로 판단할 수 있는지 반드시 명확한 것은 아니다. 감사위원 임무의 최소한도는 결국 법원이 당해 회사의 구체적인 사정에 비추어 판단할 수밖에 없을 것이다.

(2) 타당성감사

감사위원회 권한도 크게 업무감사와 회계감사의 두 가지로 나눌 수 있다. 업무감사와 관련해서는 권한이 타당성감사에까지 미치는가가 문제된다. 법적으로는 감사와 마찬가지로 감사위원회의 권한도 경영진의 판단이 절차적으로나 내용적으로 현저하게 타당성을 결한 경우를 제외하고는 원칙적으로 적법성감사를 중심으로 한다고 볼 것이다. 감사위원회가 이사로 구성된다는 이유만으로 감사위원회가 타당성감사를 전면적으로 할 수 있다고 볼 것은 아니다. 그렇게 해석한다면 감사위원회와 이사회의 구별이 모호해질 것이기 때문이다. 그러나 이사로 구성된 감사위원회는 감사에 비하여 현실적으로 타당성에 대한 관심을 더 가질 수밖에 없다. 또한 업무집행임원도 감사위원회의 정보제공요청을 적법성감사를 벗어난다는 이유로 거부할 수는 없을 것이다.

(3) 회계감사

감사위원회도 감사와 마찬가지로 재무제표를 감사할 권한이 있다(415-2(7)→447-4). 그러나 상법이 감사보고서에 기재하도록 규정한 사항(447-4(2))을 확인하는 것은 비상근 감사위원으로 구성된 감사위원회가 직접 수행할 수 있는 일이 아니다. 따라서 상근 감사위원을 두는 회사에서도 회사 내부나 외부에 보조조직을 둘 필요가 있다. 그러나 감사위원회의 보조조직을 별도로 두는 회사는 그리 많지 않다. 종래 일반적인 실무관행은 감사위원회가 대표이사 지휘 하에 있는 내부 감사부서에서 마련한 감사보고서를 그대로 주주총회에서 읽는 것이었다.

감사위원회에 의한 감사의 모순이 특히 두드러지는 것은 외감법에 따라 회계전문가인 외부감사인 감사가 강제되는 회사의 경우이다(외감 4(1)). 이처럼 외부감사가 강제되는 회사에서 회계정보의 신뢰성을 담보하는 임무는 아무래도 감사위원회보다는 회계전문가인 외부감사인이 담당하는 것이 합리적이다. 그 경우 감사위원회는 독립적인 외부감사인이 회계감사업무를 충실하게 수행하고 그 결과를 정확하게 보고하도록 담보하는 기능만을 수행하게 될 것이다.

(4) 내부통제

앞서 이사의 감시의무와 관련하여 살펴본 내부통제는 감사위원회와 관련해서도 중요하다. 적절한 내부통제체제를 갖출 의무는 이사회가 부담한다. 감사위원회는 경영자가 설치한 내부통제시스템이 적절한지를 검토하고 그 개선을 촉구할 의무가 있을 뿐이다. 현행법상 내부통제와 관련하여 가장 중요한 것은 '신뢰할 수 있는 회계정보의 작성 및 공시를 위하여' 외감법이 요구하는 내부회계관리제도라고 할 수 있다(외감 8).[1] 내부회계관리제도는 미국 사베인즈-옥슬리법(Sarbanes-Oxley Act)의 영향을 받아 도입한 것으로 "회사가 작성한 재무제표의 신뢰성에 대한 합리적 확신을 제공하기 위해 설계·운영되는 내부통제제도로서 이사회, 경영진 등 모든 조직구성원에 의해 지속적으로 실행되는 과정"을 가리킨다.[2] 이러한 내부회계관리제도가 내부통제의 중요한 일부를 구성한다는 점에는 의문이 없다. 내부회계관리제도는 최고경영자의 책임사항이지만(외감 8(3)) 감사위원회는 그 운영실태를 보고받은 후 그에 대한 평가를 이사회에 다시 보고하여야 한다(외감 8(4), (5)).[3]

5. 감사위원의 책임

감사위원은 이사직을 겸하므로 감사위원의 임무도 이사의 임무가 확장된 것으로 볼 수 있다. 이런 관점에 선다면 감사위원이 그 임무를 위반한 경우 이사의 손해배상책임에 관한 제399조에 따라 책임을 질 것이다. 그러나 상법은 감사위원회에 대해서 별도로 감사의 책임에 관한 제414조를 준용하고 있다(415-2(6)). 제414조가 개별 감사위원이 아닌 감사위원회에 준용하고 있지만 책임의 주체는 감사위원회가 아니라 구성원인 감사위원이라고 할 것이다. 감사위원의 책임을 면제하기 위하여도 주주 전원의 동의가 필요하다(415-2(7)→400).

Ⅳ. 기타의 감독기능수행자

1. 검 사 인

(1) 의 의

검사인은 특정한 사항의 조사를 임무로 하는 주식회사의 임시기관으로 다음과 같은 경우에 선임된다.

① 회사의 설립 시에 변태설립사항의 조사를 위하여 법원이 선임하는 경우(298(4), 310)

② 현물출자에 의한 신주발행에서 법원이 선임하는 경우(422(1))

③ 소수주주가 소집한 임시총회에서 회사의 업무와 재산상태를 조사하게 하기 위하여 선

---

1) 내부회계관리제도에 대한 소개로는 김성범, "내부회계관리제도 모범규준 해설", BFL 13(2005), 64면 이하 참조.

2) 내부회계관리제도 모범규준 8조.

3) 감사위원회가 구체적으로 어떻게 평가를 수행하여야 할지는 의문이지만 적어도 최고경영자의 지휘를 받는 내부감사부서의 평가에만 의존하는 것은 곤란하다고 할 것이다. 내부감사부서 자체가 내부회계관리제도의 일부를 구성하는 까닭이다.

임하는 경우(366(3))

④ 이사나 청산인이 제출한 서류와 감사의 보고서에 대한 조사를 위하여 총회가 선임하는 경우(367, 542)

⑤ 소수주주권자의 청구에 의하여 법원이 선임하는 경우(467)

⑥ 액면미달 신주발행에서 법원이 최저발행가액을 변경할 때 직권으로 선임하는 경우(417(3))

검사인의 종임에 관해서는 상법에 규정이 없지만 보통 그 임무가 종료되면 지위를 상실한다고 본다. 선임기관인 법원이나 주주총회가 해임할 수 있음은 물론이고 위임의 종료사유(민 689, 690)가 있으면 종임이 된다고 할 것이다.

이 곳에서는 위 ⑤만을 설명하고 나머지 경우는 각 제도에 대한 설명으로 미룬다.

(2) 소수주주 청구에 의한 선임

가. 의 의

소수주주가 업무집행에 대한 감독권을 효과적으로 수행할 수 있으려면 회계장부열람권(466)만이 아니라 회사의 업무와 재산상태에 대해서도 조사할 필요가 있다. 그러나 이런 조사는 회사에 주는 영향이 크기 때문에 상법은 회계장부열람권의 경우와는 달리 주주가 직접 할 수 있도록 하지 않고 법원에 검사인 선임을 청구하여 간접적으로 하도록 하고 있다(467). 검사인 선임청구는 주주가 회계의 장부와 서류를 열람한 후 행하는 경우가 많을 것이다.

나. 선임청구의 요건

1) 소수주주권

검사인의 선임청구는 발행주식총수의 3% 이상의 소수주주만이 할 수 있다(467(1)). 다만 상장회사의 경우에는 주식보유요건이 1.5%로 낮춰진 대신 6월의 보유요건이 부과되고 있다(542-6(1)).

2) 부정행위 또는 법령·정관위반사실의 존재

검사인 선임을 법원에 청구할 수 있는 것은 "회사의 업무집행에 관하여 부정행위 또는 법령이나 정관에 위반한 중대한 사실이 있음을 의심할 사유가 있는 때"에 한한다(467(1)). 그러한 사유의 증명책임은 주주에게 있다.

부정행위는 이사가 자기 또는 제3자 이익을 위하여 회사 이익을 해치는 행위를 의미한다.[1] 부정행위를 법령·정관위반행위와 별도로 규정한 것은 그것이 법령·정관위반행위보다

1) 대법원은 "회사가 재항고인에 대한 대여금 또는 외상매입대금을 변제하지 않고 있다거나 위 대여금을 회사장부에 기장하지 않았다는 사정만으로는 업무집행에 관하여 부정행위가 있다고 단정할 수 없[다]"고 판시한 바 있다(대법원 1985. 7. 31, 85마214 결정).

비난가능성이 더 높기 때문이다. 따라서 법령·정관위반행위는「중대성」을 갖추어야 하지만 부정행위는 따로 중대성을 증명할 필요가 없다. 이사의 임무해태는 법령·정관위반행위에 속하는 것으로 본다.

3) 의심할 사유의 증명

법문에 의하면 주주가 증명할 것은 부정행위 등의 존재자체가 아니라 그 존재를「의심할 사유」의 존재이다. 이러한 의심을 뒷받침하기 위해서는 부정행위 등의 사실은 구체적으로 제시해야 하며 '단순히 결산보고서의 내용이 실지 재산상태와 일치하는지 여부에 의심이 간다는 정도의' 막연한 내용만으로는 청구할 수 없다(대법원 1985. 7. 31, 85마214 결정).

다. 검사인의 선임

위의 요건을 갖춘 경우 법원은 검사인을 선임한다(467(1)). 법원이 검사인의 선임에 관한 재판을 할 경우에는 이사와 감사의 진술을 듣게 되어 있다(비송 76). 검사인 선임에 관한 상세한 절차는 비송사건절차법 제72조 이하에 규정되고 있다. 검사인 자격에는 제한이 없으나 이사·감사·지배인 기타 상업사용인은 성질상 검사인으로 선임될 수 없다(대법원 1960. 8. 18, 4293민재항167 결정).

라. 검사인의 직무권한

검사인은 회사의 업무와 재산상태를 조사하여야 한다.[1] 검사인의 권한에 대해서 명문 규정은 없지만 그 직무의 효과적인 수행에 필요한 일체의 권한을 보유한다고 볼 것이다.

검사인은 그 조사결과를 법원에 서면으로 보고하여야 한다(467(2), 비송 74(1)).[2] 법원은 검사인의 조사결과에 의하여 필요하다고 인정하는 때에는 대표이사에게 주주총회 소집을 명할 수 있다(467(3)전). 이 경우 검사인은 보고서를 총회에 제출하여야 한다(467(3)후→310(2)). 또한 이사와 감사는 검사인 보고서의 정확여부를 조사하여 주주총회에 보고해야 한다(467(4)).

2. 준법통제기준과 준법지원인

(1) 서 설

회사 구성원의 위법행위는 회사에 손해를 발생시킬 위험이 있다. 따라서 회사가 자신의 이익을 보호하기 위해서는 내부통제의 일환으로 회사 구성원의 위법행위를 통제하기 위한 장치를 마련할 필요가 있다. 현대사회에서 회사의 준법경영이 갖는 중요성을 고려하여 2011년 개정 상법은 일정한 회사에 대해서 준법통제장치를 마련하도록 강제하고 있다. 상법에 의하면 자산규모 등을 고려하여 시행령으로 정한 상장회사는 법령을 준수하고 회사경영을 적정하게

1) 주주의 선임청구의 목적이 제한적인 경우에는 법원은 검사인선임결정 시에 검사인의 조사권한을 제한할 수 있다.
2) 법원은 설명이 필요한 때에는 검사인을 심문할 수 있다(비송 74(2)).

하기 위하여 임직원이 그 직무를 수행할 때 따라야 할 준법통제에 관한 기준 및 절차, 즉 준법통제기준을 마련하여야 하고(542-13(1)), 이 준법통제기준의 준수에 관한 업무를 담당하는 사람, 즉 준법지원인을 1명 이상 두어야 한다(542-13(2)). 시행령은 준법통제장치의 설치가 강제되는 회사를 자산총액 5천억원 이상의 회사로 정하되 '다른 법률에 따라 내부통제기준 및 준법감시인을 두어야 하는 상장회사'를 제외하고 있다(令 39).

(2) 준법통제기준

준법통제기준의 제정이나 변경은 이사회의 결의를 거쳐야 한다(令 40(2)). 준법통제기준에 포함할 구체적 내용은 시행령 제40조 제1항이 규정하고 있다. 임직원이 업무수행과정에서 준수해야 할 법규 및 법적 절차에 관한 사항(iv), 임직원의 준법통제기준 준수 여부를 확인할 수 있는 절차 및 방법에 관한 사항(vi), 준법통제기준을 위반하여 업무를 집행한 임직원의 처리에 관한 사항(vii)과 같은 핵심적인 사항 외에도 준법지원인의 임면절차(ii)나 준법통제기준의 교육과 평가(v, ix) 등에 대해서도 규정하고 있다.

상법은 준법통제기준과 관련하여 법령준수 외에 '회사의 경영을 적정하게 하기' 위한다는 목적을 제시하고 있지만 위에 보는 바와 같이 준법통제기준은 '법규 및 법적 절차'(令 40(1)(iv))를 중심으로 구성되어 있다.

(3) 준법지원인

가. 임면기관

준법지원인은 이사회의 결의로 임면한다(542-13(4)).

나. 자　　격

준법지원인은 변호사, 법률전공 조교수 이상의 직에 5년 이상 근무한 사람, '그 밖에 법률적 지식과 경험이 풍부한 사람으로서 대통령령으로 정하는 사람' 중에서 임명해야 한다(542-13(5)). 시행령은 상장회사에서 일정 기간 감사나 준법감시업무 또는 법무를 담당한 경력이 있는 자에게도 자격을 인정하고 있다(令 41).

다. 임　　기

준법지원인의 임기는 3년이다(542-13(6)). 다른 법에서 준법지원인의 임기를 3년보다 단기로 정하고 있더라도 상법이 우선한다(542-13(11)단).

라. 종　　임

준법지원인은 임기 만료로 퇴임하거나 자신의 의사에 따라 사임할 수 있다. 상법이 임기를 강행적으로 정하고 있는 점에 비추어(542-13(6), (11)단) 임기 전에도 해임할 수 있는지가 문제될 수 있다. 상법이 준법지원인의 '임면'을 이사회 결의사항으로 정하고 있음에 비추어

(542-13(4)) 이사회 결의만 있으면 임기 전 해임도 가능하다고 볼 것이다.[1)]

마. 지 위

준법지원인은 기본적으로 이사회 및 최고경영자를 보좌하기 위한 집행조직으로 볼 수 있다. 그러므로 회사와 준법지원인 사이의 관계는 위임은 물론이고 고용으로 구성하는 것도 가능하다. 그러나 상법은 준법지원인에 대해서 선관주의의무(542-13(7))와 비밀유지의무(542-13(8))를 인정하는 등 위임적 요소를 가미하고 있다.

바. 직 무

준법지원인의 직무는 '준법통제기준의 준수여부를 점검하여 그 결과를 이사회에 보고하는 것'이다(542-13(3)). 준법통제기준의 준수여부를 점검하는 것은 업무집행에 속하므로 최고경영자에게 전담하게 하는 것도 가능하다. 그러나 2011년 개정 상법은 준법통제장치의 중요성을 고려하여 준법지원인의 임면에 이사회결의를 요하고(542-13(4)) 준법통제기준의 준수여부에 관한 보고를 이사회에 하도록 하는 등(542-13(3)) 이사회의 관여를 강화하고 있다.

준법지원인의 직무부담에 비추어 상법은 준법지원인을 상근으로 하도록 하고 있다(542-13(6)). 또한 회사는 준법지원인의 독립적인 직무수행을 보장하여야 하고, 임직원은 준법지원인이 직무수행과 관련하여 자료나 정보 제출을 요구하는 경우 성실하게 응할 의무가 있다(542-13(9)). 회사는 준법지원인이었던 사람에 대하여 그 직무수행과 관련된 사유로 부당한 인사상의 불이익을 주는 것이 금지된다(542-13(10)).

사. 겸 직

준법지원인이 이사나 감사를 겸할 수 있는지에 대해서는 상법상 규정이 없다. 그러나 이사가 회사 사용인을 겸하는 것은 실제로 존재할 뿐 아니라 구태여 부정할 이유도 없으므로 준법지원인이 되는 것도 허용된다고 볼 것이다. 다만 감사의 경우에는 '이사 또는 지배인 기타의 사용인의 직무'를 겸할 수 없으므로(411) 준법지원인도 겸할 수 없다고 보는 것이 타당하다.

준법지원인은 '자신의 업무수행에 영향을 줄 수 있는 영업 관련 업무'(令 42)가 아닌 한 겸직이 가능하다. 따라서 법무담당임원은 물론이고 준법감시인도 겸할 수 있다고 할 것이다.

다른 임원과의 비교

준법지원인은 법률문제를 담당한다는 점에서는 **법무담당임원**과 비슷하다. 그러나 준법지원인은 회사의 업무집행과 관련한 법령의 준수를 주된 임무로 삼는데 비하여 법무담당임원은 법령준수를

1) 이사의 경우와 마찬가지로 정당한 이유가 없는 해임의 경우에는 회사의 손해배상책임을 인정하자는 견해가 있으나(이철송30, 903면) 준법지원인의 보호는 통상의 업무집행임원과 마찬가지로 계약에 맡기는 것이 타당할 것이다.

포함한 회사의 모든 법률문제를 총괄한다는 점에 차이가 있다. 예컨대 회사가 다른 회사를 인수하는 경우 법무담당임원의 임무는 준법지원인과는 달리 적절한 인수형태의 선택을 포함한 계약상의 문제에까지 미친다.

준법지원인은 내부통제의 일부를 구성한다는 점에서 **준법감시인(금융회사에 관하여 금융지배 25, 신용평가회사에 관하여 자시 335-8)**과 비슷하다. 그러나 일반적으로 준법감시인의 임무는 주로 규제법령의 준수에 집중된다는 점에서 차이가 있다. 상법은 준법지원인과 준법감시인의 임무가 유사하다는 점을 고려하여 준법감시인의 선임이 강제되는 상장회사에 대해서는 준법지원인의 선임을 면제하고 있다(令 39).

준법지원인 제도에 대한 비판

기업활동을 통제하는 법령이 증가하고 그 위반에 대한 제재가 강화되는 상황에서 회사내부적으로 준법지원인 같은 존재가 필요함을 부정할 수는 없을 것이다. 그러나 이를 법으로 강제하는 것에 대해서는 특히 경제계를 중심으로 비판이 거세다. 사실 회사의 위법행위에 대한 제재가 엄격하다면 회사가 자발적으로 준법통제장치를 도입할 것이다. 상법의 준법지원인 관련 규정은 준법경영에 대한 회사 인식을 전환시키기 위한 시도라고 할 수 있다.

3. 외부감사인

(1) 서 설

회사의 규모가 크고 이해관계자가 많아질수록 재무제표는 중요한 의미를 갖는다. 상법상 재무제표의 신뢰성은 감사나 감사위원회 같은 내부감독기관의 감사에 달려 있다. 그러나 상법상 감사나 감사위원회가 재무제표의 감사에 필요한 독립성과 전문성을 갖춘다는 보장은 없다. 그리하여 선진국에서는 일정한 회사의 경우 재무제표의 정확성을 담보하기 위하여 내부감독기관이 아닌 독립된 외부전문가에 의한 회계감사를 강제하고 있다. 우리나라에서도 주식회사 등의 외부감사에 관한 법률(외감법)에 의하면 일정 규모 이상인 주식회사는 독립된 외부 감사인에 의한 회계감사를 받아야 한다(외감 4). 외부감사가 강제되는 회사에서는 회계감사와 관련해서는 외부감사인의 역할이 감사나 감사위원회보다 두드러지는 것이 보통이다. 특히 2017년 개정 외감법은 감사인의 독립성과 책임성을 강화하고 회계투명성을 높이기 위하여 외부감사인 선임절차 등을 대폭 개정하였다.

(2) 대상법인

외감법상 외부감사가 강제되는 주식회사는 직전 사업연도말 자산총액 또는 직전 사업연도 매출액이 500억원 이상인 주식회사, 주권상장법인,[1] 그 밖에 부채총액·자산총액·매출

1) 해당사업연도나 다음 사업연도 중에 상장하려는 회사도 포함된다.

액·종업원 수를 기준으로 일정 규모 이상인 주식회사이다(외감令 5(1)). 나아가 일정 범위의 유한회사도 외감법상 외부감사 대상이다(외감 4(1)(iii)).

(3) 감사인의 선임

감사인의 전문성을 위하여 외감법은 감사인 자격을 회계법인과 한국공인회계사회에 등록한 감사반에 한하고 있다(외감 2(vii)). 주권상장법인, 대형비상장주식회사, 금융회사에 대한 외부감사는 회계법인만이 실시할 수 있고(외감 9(1)), 이 경우 감사인 임기는 원칙적으로 3년이다(외감 10(3)). 특히 주권상장법인인 경우 일정 요건을 갖추어 금융위원회에 등록된 회계법인만이 외부감사를 할 수 있다(외감 9-2(1)). 감사인의 독립성을 확보한다는 차원에서 그 **선임권한**은 이사회가 아니라 원칙적으로 **감사위원회나 감사**에 부여되어 있다(외감 10(4)).[1] 즉 ① 주권상장법인, 대형비상장주식회사, 금융회사에서는 감사위원회가 설치된 경우에는 감사위원회가, 감사위원회가 설치되지 않은 경우에는 별도로 구성한 감사인선임위원회의 승인을 받아 감사가 감사인을 선임하고, ② 그 밖의 회사에서는 감사위원회가 설치된 경우에는 감사위원회가, 감사위원회가 설치되지 않은 경우에는 감사가, 감사가 없는 유한회사의 경우에는 규모에 따라 사원총회 또는 회사가 감사인을 선임한다.

2017년 개정 외감법은 주기적 지정제도를 도입하였다. 즉 주권상장법인, 소유/경영 미분리회사로서 대통령령으로 정하는 회사인 경우, 연속하는 6개 사업연도의 감사인을 회사가 선임한 다음에는 증권선물위원회가 지정하는 회계법인을 감사인으로 선임하도록 의무화하였다(외감 11(2)).[2] 종래 논란이 있던 회사와 외부감사인간의 유착 문제를 해결하기 위한 것이다.

회사는 원칙적으로 매 사업연도 개시일로부터 45일 이내에 감사인을 선임하면 된다. 다만 상법 또는 '금융회사의 지배구조에 관한 법률'상 감사위원회를 설치해야 하는 회사인 경우 매 사업연도 개시일 이전에 해당 사업연도의 감사인을 선임해야 한다(외감 10(1)). 감사계약 체결시기를 앞당김으로써 차기 감사재계약을 의식하여 당기에 느슨한 감사가 이루어질 유인을 제거하고자 한 것이다.

회사는 감사인의 선임 또는 변경을 정기주주총회에 보고하거나 대통령령이 정하는 방법으로 주주들에게 통지, 공고해야 한다(외감 12(1)). 또한 회사 및 감사인은 원칙적으로 감사인 선임 또는 변경을 증권선물위원회에 보고해야 한다(외감 12(2)).

감사인과 회사의 관계에 대해서는 외감법이 규정하고 있으나 기본적으로는 민법상의 위임계약(민 680이하)에 해당한다고 볼 것이다.

---

1) 독일과 일본에서는 감사인 선임은 주주총회의 권한에 속한다(獨商 318(1), 日會 329(1)).

2) 다만 과거 6년 이내에 증권선물위원회의 감리를 받은 결과 회계처리기준 위반이 발견되지 않았거나, 대통령령이 정하는 바에 따라 회계처리의 신뢰성이 양호한 것으로 인정되는 때에는 지정대상에서 제외된다(외감 11(3)).

(4) 재무제표의 작성과 제출

회사의 대표이사와 회계담당임원은 재무제표를 작성하여 정기주총 6주 전에 감사인에게 제출해야 한다(외감 6(2), 외감슈 8(1)(i)). 회사는 감사인에게 재무제표 작성 또는 재무제표에 관한 자문을 요청해서는 안 되고, 감사인 역시 이러한 회사의 요구에 응해서는 안 된다(외감 6(6)).

(5) 감사인의 권한

감사인은 회사 및 일정한 관계회사의 회계장부를 열람 또는 등사하거나 자료제출을 요구할 수 있고, 필요한 경우에는 그 업무와 재산상태를 조사할 수 있다(외감 21(1)). 연결재무제표의 감사인은 회사 및 관계회사의 감사인에게 감사 관련 자료의 제출 등 필요한 협조를 구할 수 있다(외감 21(2)).

또한 감사인은 회사와의 감사계약에 따른 권리·의무가 있다. 감사인의 보수청구권과 관련하여 2017년 개정 외감법은 표준 감사시간 제도를 도입하였다. 지나치게 낮은 감사보수는 감사품질의 질적 저하로 이어질 수 있기 때문이다. 표준 감사시간은 한국공인회계사회가 이해관계자의 진술을 들어 결정하고 3년마다 재검토하도록 되어 있다(외감 16-2).

(6) 감사인의 의무

감사인은 일반적으로 공정·타당하다고 인정되는 회계감사기준에 따라 감사를 실시하고(외감 16(1)), 그 감사결과를 기술한 감사보고서를 작성하여(외감 18), 회사(감사 또는 감사위원회 포함), 증권선물위원회, 한국공인회계사회에 제출해야 한다(외감 23(1)). 외부감사 시에 감사인은 한국공인회계사가 감사업무의 품질관리를 위해 금융위원회의 승인을 받아 정하는 품질관리기준을 준수하여야 한다(외감 17).

감사인은 감사과정에서 '이사의 직무수행에 관하여 부정행위 또는 법령이나 정관에 위반되는 중대한 사실을 발견하면' 감사나 감사위원회에 통보하고 주주총회에 보고할 의무가 있다(외감 22(1)). 또한 감사인은 회사가 회계처리기준을 위반한 사실을 발견하면 감사나 감사위원회에 통보할 의무가 있다(외감 22(2)).

감사인은 비밀엄수의무(외감 20)와 주주총회출석의무(외감 24)가 있다. 또한 독립성을 확보하기 위하여 재무제표의 작성에 관한 업무는 물론이고 내부감사업무 대행 등 이익충돌의 우려가 있는 업무의 수행이 제한되고 있다(외감 6(6), 공인회계사 21(2)).

(7) 감사인의 손해배상책임

감사인의 손해배상책임은 회사에 대한 것과 제3자에 대한 것으로 나눌 수 있다. 그 책임의 근거는 외감법뿐 아니라 민법과 자본시장법이 있다.

가. 회사에 대한 책임

감사인이 위임계약상 선관주의의무에 반하여 회사에 손해를 미친 때에는 계약위반으로 인한 손해배상책임을 진다. 외감법은 "감사인이 그 임무를 게을리하여 회사에 손해를 발생하게 한 경우에는 그 감사인은 회사에 대하여 손해를 배상할 책임이 있다"고 하여 회사에 대한 감사인의 손해배상책임을 명시하고 있다(외감 31(1)). 감사인이 이 책임을 면하려면 임무를 게을리하지 않았음을 증명하여야 한다(외감 31(7)).[1]

나. 제3자에 대한 책임

감사인이 제3자에 대하여 지는 손해배상책임은 다음 세 가지로 나눌 수 있다.

① 민법상의 일반불법행위책임(민 750)
② 외감법상의 손해배상책임(외감 31)
③ 자본시장법상의 손해배상책임(자시 170, 125(1)(iii))

이들 세 가지 책임의 적용범위는 ①이 가장 넓고 ③이 가장 좁다. ②와 ③에 대해서 ①은 청구권경합의 관계에 있다. 따라서 ②나 ③의 책임이 성립하지 않은 경우에도 ①의 책임을 물을 수 있다.[2] 한편 ②는 일반적인 감사보고서에 대한 책임인데 비하여 ③은 증권신고서나 사업보고서에 포함되는 감사보고서에 대한 책임이라는 점에서 ③이 ②의 특별법이라고 할 수 있다. 그러나 특히 ③의 경우 자본시장법에서 외감법을 준용하고 있으므로(자시 170(1)→외감 31(2)~(9)) 양자의 차이는 없다.

외감법상 감사인은 '중요한 사항에 관하여 감사보고서에 기재하지 아니하거나 거짓으로 기재'한 경우에 제3자에 대해서 책임을 진다(외감 31(2)). 감사인이 이 책임을 면하려면 임무를 게을리하지 않았음을 증명해야 한다(외감 31(7)).

다. 다른 관련자 책임과의 관계

외감법상 감사인의 책임과 회사의 이사나 감사의 책임이 병존하는 경우 이들은 연대책임을 지지만, 고의가 없는 자는 법원이 귀책사유에 따라 정하는 책임비율에 따라 손해배상책임을 진다(외감 31(4)).[3]

라. 소멸시효

외감법상 감사인의 손해배상책임은 "그 청구권자가 해당 사실을 안 날부터 1년 이내 또는

---

1) 손해배상청구기간(외감 31(9))의 경과로 민법상의 채무불이행책임을 묻는 경우에도 임무해태에 관한 증명책임은 감사인이 진다.
2) ③과 ①의 관계에서 청구권경합을 인정한 판결로 대법원 1997. 9. 12, 96다41991 판결.
3) 실무상 법원이 책임비율을 어떻게 결정할 것인지는 앞으로 지켜볼 문제이다.

감사보고서를 제출한 날부터 8년 이내에 청구권을 행사하지 아니하면 소멸한다"(외감 31(9)).[1] 대법원은 '해당 사실을 안 날'은 감사보고서의 기재누락이나 허위기재의 사실을 현실적으로 인식한 때로 "일반인이 그와 같은 감사보고의 기재누락이나 허위기재의 사실을 인식할 수 있는 정도라면 특단의 사정이 없는 한 청구권자 역시 그러한 사실을 현실적으로 인식하였다고 봄이 상당하다고 할 것"이라고 판시하였다(대법원 1997. 9. 12, 96다41991 판결).

1) 다만 선임계약 시에 그 기간을 연장할 수 있다.

제 5 장

주식회사의 회계

제 1 절

총 설*

Ⅰ. 기업회계와 법

기업회계[1]는 일반적으로 기업의 재무상태와 경영성과를 정기적으로 평가, 기록, 보고하는 체계를 말한다. 회계정보는 회사 이해관계자에게 중요한 의미를 갖는다. 회계정보는 주주가 경영자의 성과를 평가하고 투자자가 투자판단에 참고하는 가장 기본적인 요소이다. 채권자 보호를 위한 배당규제도 회계정보에 기초하고 있다. 원래 기업회계는 이들 회사 이해관계자의 수요에 따라 자생적으로 형성된 기업실무관행에서 출발하였다. 그러나 회계정보에 이해관계를 갖는 자가 늘어남에 따라 법의 개입이 시작되었다. 그 개입의 범위나 형태는 기업 형태나 규모에 따라서 상당한 차이가 있다. 개인기업이나 합명회사와 같은 인적회사보다는 주식회사 같은 물적회사에서, 그리고 주식회사 중에서도 대규모회사나 상장회사에서 회계에 대한 규제가 한층 엄격하다.

기업회계에 관한 법규제는 여러 측면에서 가해지고 있다. 일반적으로 상법상 규제는 주로 주주와 채권자 같은 이해관계자 간의 이익을 조정하기 위한 것인데 비하여 뒤에 설명하는 회계처리기준상 규제는 투자자에 대한 적절한 정보제공을 목적으로 한다. 한편 세법상 규제는 정부의 세수확보와 그 밖의 부수적인 정책목표를 위한 것이다.

Ⅱ. 기업회계법의 법원(法源)

기업회계에 관한 각종 법규로 구성된 법분야를 기업회계법이라고 부를 수 있다. 우리 기업회계법의 법원으로 가장 중요한 것은 상법과 「주식회사의 외부감사에 관한 법률」(외감법)에 따라 제정된 회계처리기준이다. 그 밖에 「법인세법」과 같은 세법상의 회계규정도 기업 회계실무에 큰 영향을 미치고 있다.

---

*이 장은 김건식, "회사의 회계", 주석상법(한국사법행정학회, 2014)을 토대로 한 것이다.

1) 회계학에서는 재무회계라는 용어를 많이 사용한다.

1. 상법과 회사의 회계

상법 총칙편 제5장은 상업장부에 관해서 규정한다(29~33). 이 규정은 회사상인을 포함한 모든 상인에게 적용된다. 또한 상법은 주식회사 회계에 대해서 따로 규정을 두고 있다(제3편 제4장 제7절). 주식회사 회계에 대해서는 회사편의 회계규정이 우선 적용되므로 총칙편의 상업장부 규정은 보충적으로 적용될 뿐 큰 의미를 갖지 않는다.

2. 외감법과 회계처리기준

1980년 말 제정된 외감법은 일정 규모 이상의 주식회사에 대해서 외부감사를 강제하는 한편(외감 2) 금융위원회에 대상회사의 회계처리기준을 마련할 것을 위임하고 있다(외감 13(1)).[1] 현재 외감법에 따른 외부감사가 강제되는 회사는 자산총액이 120억원 이상인 주식회사, 주권상장법인, 부채총액과 자산총액이 70억원 이상인 주식회사, 종업원 수가 300명 이상이고 자산총액이 70억원 이상인 주식회사이다(외감令 2(1)).

금융위원회는 회계처리기준에 관한 업무를 전문성을 갖춘 민간법인이나 단체에 위탁할 수 있다(외감 13(4)). 그리하여 금융위원회는 그 업무를 1999년 민간기구로 설립된 '한국회계기준원'에 위탁하였다(외감令 7-3(1)).[2] 한국회계기준원이 제정한 회계처리기준에 대해서는 뒤에서 설명한다.

3. 상법과 외감법의 관계

상법상 회계규정과 외감법상 회계규정은 기능상 차이가 있다. 외감법상 회계처리기준의 목적은 투자자에게 회계정보를 제공하는 것이다(한국채택국제회계기준 재무보고를 위한 개념체계 제1장 일반목적재무보고의 목적 OB2). 그에 비하여 상법상 회계규정은 ① 정보제공기능과 아울러 ② 채권자보호를 위하여 회사재산의 과도한 유출을 막는 기능을 수행한다. ②의 핵심은 바로 배당가능이익을 한정하는 제462조에서 찾아볼 수 있다. 과거 상법상 회계규정은 ②의 관점에서 특히 자산평가와 관련하여 외감법상 회계처리기준과는 다른 규정을 일부 포함하고 있었다.

그러나 같은 회사가 정보제공목적인지 배당억제목적인지에 따라 각각 다른 회계원칙을 적용하는 것은 불편한 일이다. 과거 상법은 회계규정을 외감법상 회계처리기준의 변화에 맞추

---

1) 이러한 위임에 대해서는 과거 위임입법의 범위를 넘기 때문에 위헌이라는 주장이 있었으나 대법원은 그 주장을 배척하였다(대법원 2006. 1. 13, 2005도7474 판결).

2) 다만 금융위원회는 필요한 경우 증권선물위원회의 심의를 거쳐 회계기준제정기관에 대하여 회계처리기준의 내용을 수정할 것을 요구할 수 있고, 회계기준제정기관은 정당한 사유가 없으면 이에 따라야 한다(외감 13(5)).

어 개정해왔으나 시시각각으로 변하는 기업회계실무에 따라 상법을 개정하는 것은 현실적인 어려움이 있었다. 뒤에 설명하는 바와 같이 상법은 2011년 개정 시에 회계처리에 관한 구체적 규정을 없애고 '일반적으로 공정·타당한 회계관행'에 따르도록 함으로써 회계처리기준의 통일을 기하고 있다.

세법과 회계

법인세법은 소득금액을 계산할 때 '일반적으로 공정·타당하다고 인정되는 기업회계기준'을 적용하는 것을 원칙으로 삼고 있다(법세 43). 내국법인은 기업회계기준을 준용하여 작성한 재무제표를 기초로 세무조정을 거친 후 과세소득을 산정하도록 하고 있다(법세 60(2)). 그리하여 법인세법에는 회계에 관한 규정이 적지 않게 포함되어 있다. 그러나 이들 세법상 회계규정과 기업회계, 특히 상법상 회계규정과는 그 목적이 다르다. 세법상 회계규정은 조세부담의 공평이란 관점에서 조세회피 억제를 목적으로 하므로 상법상 회계규정과는 내용에 차이가 있다. 그러나 경영자는 당장 현금유출을 가져오는 조세부담을 줄이는 것을 중시하기 마련이므로 기업실무상으로는 기업회계처리도 세법의 영향을 강하게 받고 있다.

자본시장법과 회계처리기준

자본시장법은 회계에 관한 규정을 따로 두고 있지 않다. 다만 자본시장법은 공시의무이행을 위하여 금융위원회와 거래소에 재무에 관한 서류를 제출하는 일정한 자는 외감법에 따른 회계감사를 받도록 하고 있다(169(1)).[1] 그리하여 금융위에 제출하는 신고서와 사업보고서에는 회계감사인의 감사의견을 기재하고(자시 슈 125(1)(iii)(라), 168(2)(viii)) 감사보고서를 첨부하여야 한다(발행공시규정 2-6(8)(i)(가), 자시 슈 168(6)(i)). 재무서류의 작성은 외감법상 회계처리기준을 따라야 할 것이다.

Ⅲ. 상법상 회계규정의 개요

상법의 제3편 제4장 제7절(회사의 회계)은 26개의 조문으로 구성되고 있다. 이들은 ① 결산과정, ② 기업내용의 공시, ③ 재무구조의 변동, ④ 기타의 네 가지로 나눌 수 있다. 이들 중 ①과 ②는 회계에 관한 규정이다. 그러나 ③은 대차대조표의 기재에 영향을 준다는 점에서만 회계와 관련을 갖고 ④는 회계와는 별다른 관련이 없다.

1) 실제로 이처럼 신고서나 사업보고서를 제출하는 법인은 대부분 규모가 상당할 것이므로 어차피 외감법 적용대상 법인에 해당하는 경우가 대부분일 것이다.

1. 결산과정

결산과정에 관한 규정도 다음 세 가지로 나누어 볼 수 있다. ① 회계의 원칙과 매결산기에 작성할 재무제표와 영업보고서, 그 감사와 승인 등에 관한 규정(446-2~450). ② 대차대조표 중 자본에 관한 규정(451~459). 2011년 개정 전에는 자산의 평가와 이연자산에 관한 규정을 다수 포함하고 있었으나 모두 삭제되었다. ③ 이익배당에 관한 규정(462~464-2).

2. 기업내용의 공시

기업의 재무상태와 경영성적을 주주와 채권자에 공시하는 것과 관련된 규정도 포함되어 있다. 재무제표 등의 비치·공시(448), 대차대조표의 공고(449(3)), 주주의 회계장부열람권(466) 등이 그러한 규정에 속한다. 주주의 검사인선임청구권(467)은 반드시 재산상태에 국한된 것은 아니지만 기업내용에 관한 정보를 얻는 수단으로 활용될 수 있다는 견지에서 이 부류에 포함시킬 수 있다.

3. 재무구조의 변동

상법에는 회계와는 직접 관계가 없는 재무구조의 변동에 관한 규정도 상당수 존재한다. 준비금의 결손전보(460), 준비금의 자본전입(461), 준비금의 감소(461-2) 등이 이 부류에 속한다. 재무구조가 변동되면 대차대조표의 기재가 변경된다.

4. 기　　타

상법에는 회사회계와는 전혀 관계가 없는 규정도 존재한다. 대표적 예로 ① 주주의 권리행사에 관한 이익공여의 금지규정(467-2)과 ② 사용인의 우선변제권규정(468)이 있다. ①은 특히 일본에서 총회꾼 근절을 위하여 마련된 규정으로 우리나라에서는 그다지 적용례가 많지 않다. ②는 근로자 보호를 위한 노동법적 색채가 강한 조항으로 상법에 이런 규정을 두는 것은 체계상 바람직하다고 보기 어렵다.

제 2 절

결산과 공시

Ⅰ. 서 설

결산절차는 먼저 회계의 원칙에 따라 재무제표와 영업보고서를 작성하는 것으로부터 시작된다. 재무제표와 영업보고서는 이사회 승인을 받아야 한다(447(1), 447-2(1)). 또한 이들 회계관련서류는 감사(또는 감사위원회)의 감사를 거쳐야 하고(447-3, 447-4) 외감법상 외부감사인의 감사를 받아야 할 회사는 동시에 외부감사도 받아야 한다(외감 2). 감사를 마친 후 재무제표는 정기주주총회에서 승인을 받고, 영업보고서는 정기주주총회에 그 내용을 보고해야 한다(449(1), (2)). 재무제표와 영업보고서는 일정기간 동안 본점과 지점에 비치공시하고(448), 주주총회의 승인 후 대차대조표는 공고하여야 한다(449(3)).

Ⅱ. 회계의 원칙

1. 일반적으로 공정·타당한 회계관행

(1) 도입취지

과거 상법은 회계원칙에 관한 구체적인 규정을 다수 포함하였다. 이들 회계규정은 회계실무 변화에 따라 수시 개정되었으나 기업회계와의 괴리를 완전히 없앨 수는 없었다. 그리하여 기업회계 실무상 상법 회계규정이 거의 규범력을 발휘하지 못하는 현실이 계속되었다. 2011년 개정 상법이 회계규정과 기업회계 사이의 괴리를 원천적으로 해소하기 위한 발판으로 새로 도입한 것이 바로 제446조의2이다. 그에 의하면 주식회사 회계의 기준으로서 상법과 시행령에 정하는 것을 제외하고는 '일반적으로 공정 · 타당한 회계관행'을 따라야 한다.[1] 아울러 2011년 개정상법은 기업회계기준과의 불일치가 발생할 우려가 있는 구체적인 회계규정[2]을 모두 삭제

1) 법문상으로는 '일반적으로 공정하고 타당한 회계관행'으로 되어 있지만 편의상 상법 제29조의 문언과 같이 '일반적으로 공정·타당한 회계관행'이란 용어를 사용하기로 한다.

2) 자산의 평가방법, 창업비, 개업비, 신주발행비, 사채차액, 건설배당이자, 연구개발비 등에 관한 규정 등.

하였다.

상법 제29조에 의하면 상인은 회계장부와 대차대조표를 작성해야 하고 이러한 상업장부의 작성은 상법에 정한 것을 제외하고는 '일반적으로 공정·타당한 회계관행'에 따른다. 주식회사도 상인이고 대차대조표는 다음에 설명하는 재무제표의 핵심서류이므로 '일반적으로 공정·타당한 회계관행'은 2011년 제446조의2 신설 전에도 제29조를 통해 이미 주식회사에 적용된 것으로 볼 수 있다. 그럼에도 제446조의2를 신설한 이유는 '일반적으로 공정·타당한 회계관행'의 규범력을 확인하는 동시에 시행령으로 그것을 수정하거나 보완할 수 있는 길을 열어주기 위한 것이다.[1] 제446조의2는 "이 법과 대통령령으로 규정한 것을 제외하고는 일반적으로 공정하고 타당한 회계관행에 따른다"고 하여 규정의 형식상으로는 시행령에서 이에 대한 예외를 보완적으로 규정할 것처럼 보이기도 한다. 그러나 현행 시행령은 회계관행에 대한 예외를 규정하는 것이 아니라 후술하듯이 그러한 회계관행을 대체하는 포괄적인 '회계기준'을 회사 유형별로 제시하고 있다.

(2) 의 의

'일반적으로 공정·타당한 회계관행'에서 **'일반성'**은 일반 국민이 아니라 회계전문가를 기준으로 판단한다.[2] **'공정성'**은 기업의 이해관계자 이익을 공정하게 반영하는 것을 말하고 **'타당성'**은 거래현실에 비추어 적합함을 의미한다.[3] 또한 회계관행은 회계업계에서 반복적, 계속적으로 행해지는 회계처리를 의미한다. 그러나 회계관행은 일반 관습과는 달리 반복성과 계속성이 강하게 요구되는 것은 아니다. 회계전문가 사이에서 공정·타당하다고 인정되는 회계처리로서 장차 반복·계속될 가능성이 높다면 바로 회계관행으로 인정받을 수 있을 것이다.[4] 또한 법령상 근거에 따라 공적 기관이 정한 회계기준[5]은 최초 적용시점부터 회계관행으로 인정할 수 있을 것이다.

---

1) '일반적으로 공정·타당한 회계관행'은 일본 회사법상의 '일반적으로 공정타당하다고 인정되는 기업회계의 관행'(日會 431)이나 미국에서 말하는 '일반적으로 인정된 회계원칙'(generally accepted accounting principles: GAAP)에 상응하는 것이다. 그 대신 영국과 유럽에서는 '진실하고 공정한 개관'(true and fair view)이란 개념이 사용되고 있다. 상법이 경제계의 '회계관행'을 존중하는 것에 비하여 진실성이 부각되고 있기는 하지만 실질적으로 양자의 차이는 별로 없는 것으로 판단된다.

2) 권재열·노혁준·양기진·이재호, 국제회계기준에 부합하는 상법, 회계제도 정비를 위한 개선연구, 법무부 연구용역 보고서(2011), 23면.

3) 영국에서와는 달리 진실성은 명시되고 있지 않지만 공정성과 타당성에 포함된 것으로 이해할 수 있다. 한국채택 국제회계기준 재무제표의 작성과 표시를 위한 개념체계(33~34)에서 말하는 '충실한 표현'은 진실성에 상응하는 것이라고 볼 것이다.

4) 권재열 외, 보고서, 26면. 회계관행은 통상 국내의 관행을 가리키지만 국내에 적절한 관행이 존재하지 않는 경우에는 국제적으로 정착된 관행도 회계관행에 해당하는 것으로 볼 수 있을 것이다.

5) 예컨대 은행업감독규정상 감독원장이 정하는 외국환계정의 계리규정(은행업감독규정 32(2)).

2. 시행령 제15조

위의 설명에도 불구하고 '일반적으로 공정 · 타당한 회계관행'이 무엇을 의미하는지 반드시 명확한 것은 아니다. 상법은 회사의 회계를 회계관행에만 맡기지 않고 상법과 시행령에 규정할 수 있는 길을 열어두고 있다(446-2). 그리하여 시행령은 회계관행의 해석에 관한 다툼을 피하기 위하여 다음과 같이 회사의 유형에 따라 적용할 별도의 회계처리기준을 명시하고 있다(令 15).

① 외감법에 따른 외부감사 대상 회사: 외감법 제5조 제1항에 따른 회계처리기준
② 「공공기관의 운영에 관한 법률」상의 공공기관: 같은 법에 따른 공기업 · 준정부기관의 회계 원칙
③ 위 ①과 ②의 회사 이외의 회사 등: 회사의 종류 및 규모 등을 고려하여 법무부장관이 금융위원회 및 중소벤처기업부장관과 협의하여 고시한 회계기준

위 ① 외부감사 대상회사에 적용하는 회계처리기준은 한국회계기준원이 제정한 **한국채택국제회계기준**[1]과 **일반기업회계기준**[2]의 두 가지가 있다(외감 5(1), 외감令 6(1)). 전자는 주로 상장법인과 은행 등 금융회사에 적용하고 나머지 회사들에는 후자를 적용한다.

위 ② 공공기관의 회계원칙은 기획재정부령으로 정하게 되어 있는바(공공기관의 운영에 관한 법률 39(3)) 그에 따라 제정된 기획재정부령이 공기업 · 준정부기관 회계사무규칙이다.

위 ③에 속하는 중소회사에 대해서는 2013년 법무부가 금융위 및 중소기업청과 협의하여 중소기업이 간편하게 적용할 수 있는 **중소기업회계기준**을 마련하였다.[3]

이처럼 기업회계에 관해서 통일된 기준은 없지만 회사 유형별로 상세한 회계처리기준을 제정하였기 때문에 '일반적으로 공정 · 타당한 회계관행'을 따로 파악하여 회계처리해야 할 경우는 그리 많지 않을 것이다. 위에서 설명한 회계처리기준을 표로 정리하면 다음과 같다.[4]

---

1) 한국채택국제회계기준은 국제회계기준(IFRS)을 우리 말로 번역한 것으로 형식은 한국의 법체계에 따라 변경하였지만 내용은 동일하다.
2) 일반기업회계기준은 한국회계기준원이 중소기업 국제회계기준을 국내 현실에 맞게 수정하여 채택한 기준을 말한다.
3) 중소기업회계기준은 2014년 1월 1일 이후에 시작되는 회계연도부터 적용한다.
4) 권재열 외, 보고서, 69면.

▌표 5-1 회사의 유형에 따른 회계처리기준

회사유형	회계처리기준
외감대상 상장회사 및 금융회사	한국채택국제회계기준
외감대상 기타 회사	일반기업회계기준 또는 한국채택국제회계기준
외감대상 아닌 회사	중소기업회계기준
회사 아닌 상인	일반적으로 공정·타당한 회계관행

3. 회계원칙의 위반

회사의 회계처리가 위와 같은 회계처리기준을 위반한 경우, 예컨대 재무제표를 적절한 회계처리기준에 위반하여 작성한 경우 바로 그 재무제표를 무효라고 볼 수는 없다. 다만 위반으로 인하여 배당가능이익이 과도하게 표시되는 등 중요한 부분에 오류가 있다면 주주총회 승인을 받은 경우에도 재무제표는 무효라고 할 것이다.[1] 무효인 재무제표에 근거하여 진정한 배당가능이익을 초과한 금액이 배당으로 지급된 경우에는 뒤에 설명하는 위법배당에 해당한다.

Ⅲ. 재무제표와 영업보고서의 의의

1. 재무제표의 범위

(1) 상법 제447조

재무제표(financial statements)란 원래 기업회계상의 용어로 기업의 재무상태와 경영성과에 관한 정보를 이해관계자에게 제공하기 위하여 작성하는 서류를 말한다.[2] 2011년 개정 전 상법은 재무제표를 대차대조표, 손익계산서, 이익잉여금처분계산서(또는 결손금처리계산서)의 세 가지 서류와 그 부속명세서로 규정하였다. 그러나 회계환경의 변화로 재무제표의 범위 및 그에 속하는 서류의 명칭이 변경되는 현실을 고려하여 2011년 개정 상법은 구체적인 사항을 시행령에 위임하고 있다. 2011년 개정 상법에 의하면 재무제표는 다음 서류와 그 부속명세서를 가리킨다(447(1)).

---

1) 會社法コンメンタール10(2011), 64~65면(尾崎安央). 재무제표의 무효를 다투는 것은 재무제표를 승인한 주주총회 결의의 무효확인을 구하는 소(380)에 의할 수도 있고, 그러한 소를 거치지 아니하고 다른 소송에서 주장의 전제로서 재무제표의 무효를 주장·입증할 수도 있을 것이다.

2) 과거에는 계산서류라는 용어를 사용하였으나 1984년 상법 개정시에 기업회계관행에 따라 재무제표란 용어로 바꾸었다.

① 대차대조표
② 손익계산서
③ 그 밖에 회사의 재무상태와 경영성과를 표시하는 것으로서 대통령령으로 정하는 서류

위 ③을 근거로 시행령은 자본변동표와 이익잉여금 처분계산서(또는 결손금 처리계산서) 중 하나를 재무제표에 포함시키는 한편 외감법 적용대상 회사의 경우에는 그 밖에 현금흐름표와 주석도 포함시키고 있다(슈 16(1)). 또한 외감법에 따라 연결재무제표를 작성해야 하는 회사의 경우에는 연결재무제표도 재무제표에 포함된다(447(2), 슈 16(2)).

재무제표와 상업장부와의 비교

주식회사도 원래 상인이므로 재무제표 이외에 상인으로서의 상업장부작성의무를 부담한다. 상업장부도 영업상의 재산 및 이익의 상황을 명백히 한다는 점(29(1))에서는 재무제표와 마찬가지이며, 대차대조표는 양자에 공통된 서류이기도 하다. 그러나 회계장부는 상업장부에만 특유한 장부이고, 손익계산서는 재무제표에만 특유한 장부이다. 그러므로 주식회사는 재무제표 이외에 회계장부도 작성하여야 하나 회계장부에 의하지 않고는 대차대조표를 작성할 수 없다(30(2))는 점에서 보면 주식회사에 대해서 따로 상업장부의 작성을 요구할 필요는 없을 것이다.

(2) 외감법상의 재무제표

2011년 개정 상법상 재무제표는 외감법상의 재무제표와 큰 차이가 없다. 외감법상 재무제표는 대차대조표에 상응하는 재무상태표, 손익계산서(또는 포괄손익계산서), 그 밖에 대통령령으로 정하는 서류의 세 가지로 정의되고 있다(외감 2). 시행령에서는 자본변동표, 현금흐름표, 주석을 추가하고 있는바(외감슈 2) 이는 상법 시행령의 규정(슈 16(1))과 대동소이하다. 차이가 있다면 뒤에 설명하는 바와 같이 상법에서는 자본변동표 대신 이익잉여금처분계산서를 택할 수 있다는 점이다.[1)]

2. 대차대조표

대차대조표(balance sheet)란 일정한 시점을 기준으로 기업재산의 구성상태와 그에 대한 채권자와 주주의 몫을 표시하는 장부라고 할 수 있다. 현재 외감법과 한국채택국제회계기준에서는 재무상태표라고 불린다.[2)] 대차대조표는 자산의 부, 부채의 부, 자본의 부의 세 부분으로 구

1) 2009년 개정 전 외감법은 뒤에 설명하는 연결재무제표 외에 기업집단의 경우 소속회사의 재무제표를 결합한 기업집단결합재무제표를 작성할 것을 요구하였으나(구 외감 1-3) 2009년 개정 시에 그 제도를 폐지하였다.

2) 2011년 개정 상법의 초안을 마련할 때 회계업계에서는 재무상태표란 용어를 채택해야 한다는 의견을 제시한 바 있다. 법무부 회사법개정위원회에서는 아직 대차대조표란 용어가 널리 사용되고 있는 점을 고려하여 용어의 변경은 후일로 미루기로 하였다.

성된다. 계정식의 경우에는 자산의 부를 왼편인 차변에, 그리고 부채의 부와 자본의 부를 오른편인 대변에 표시한다. 자산의 부에는 기업에 존재하는 경제적 가치 있는 재산을 기재한다. 부채의 부와 자본의 부는 각각 채권자의 몫과 주주의 몫을 가리킨다.

일정한 기간의 기업손익을 표시하는 손익계산서가 기업경영의 동적 상태(flow개념)에 관한 장부라면 대차대조표는 일정한 시점의 재무상태를 표시하는 정적 상태(stock개념)에 관한 장부라고 할 수 있다. 대차대조표는 작성시점의 회사재산 구성상태를 표시함과 동시에 발생한 손익을 표시하며 그것을 기초로 배당가능이익을 산정한다.[1)]

대차대조표는 자산의 부(또는 부채의 부)에 어떠한 항목이 표시되고 그 항목의 평가가 어떻게 되는가에 따라 자본의 부에 기재되는 내용이 크게 달라질 수 있다.[2)] 종래 상법은 이에 관하여 비교적 상세한 규정을 두고 있었으나 기업회계와의 격차를 좁히기 어렵다는 판단에 따라 2011년 개정 시 모두 삭제하였다.

3. 손익계산서

손익계산서란 특정영업연도 기업의 경영성적을 표시하는 서류로서 그 영업연도에 속하는 모든 수익과 이에 대응하는 비용을 대비하여 산정한 경영손익을 표시한다. 대차대조표가 일정시점의 재무상태를 표시하는 정태적인 서류인 것에 비하여 손익계산서는 기업이 일정 기간에 수행한 이익획득활동의 성과를 표시하는 동태적인 서류이다. 손익계산서는 기업의 순이익, 매출액, 매출원가 등의 정보와 함께 수익력을 표시하므로 계속기업의 관점에서는 대차대조표보다 중요한 의미를 갖는다. 대차대조표에는 회사가 임의로 처분할 수 있는 잉여금과 당기이익의 금액은 표시되지만 그 발생원인은 나타나지 않는데 반하여 손익계산서에는 당해 영업기간의 이익뿐 아니라 그 발생원인까지 표시되기 때문이다.

포괄손익계산서

손익계산서의 작성방식에는 특정영업연도에 발생한 모든 손익을 기재하는 포괄손익계산서와 매(每)영업연도에 계속적으로 발생하는 성격의 손익만을 기재하는 당기업적주의 손익계산서가 있다. 전자에 의하면 특정영업기간 중의 모든 손익항목을 빠짐없이 손익계산서에 기재하게 되며, 후자에 의하면 손익계산서에는 당기의 경상손익만을 기재하고 기타포괄손익의 내용은 주석으로 기재한다. 한국채택국제회계기준에서는 손익계산서라는 용어 대신 포괄손익계산서라는 용어를 사용함으로써 포괄주의를 취하고 있다(회계기준 1001호 문단 10). 반면에 일반기업회계기준에서는 당기업적주의를 취하고 있다(문단 2.56).

---

1) 또한 경영자나 투자자가 유동비율, 자기자본비율, 자본이익률 등을 산정할 수 있는 정보를 제공한다.
2) 배당가능이익은 물론이고 금융기관의 경우 자기자본비율도 달라진다.

4. 자본변동표

자본변동표란 자기자본계정의 변동상황을 당기순손익, 기타포괄손익, (소유주의 출자와 소유주에 대한 배분과 같은) 소유주와의 거래라는 자기자본의 구성요소별로 구분하여 표시한 것을 말한다(기업회계기준서 1001호 문단 106). 이익잉여금처분계산서가 자기자본의 일부를 구성하는 이익잉여금의 변동상황만을 표시하는 데 비하여 자본변동표는 자기자본의 각 구성요소의 변동상황을 표시한다는 점에서 보다 포괄적이다. 전부터 외감법에서는 이익잉여금처분계산서 대신 자본변동표를 작성하도록 하여(외감令 2) 실무상 혼란이 있었다. 그리하여 상법에서도 이익잉여금처분계산서 대신 자본변동표만을 작성하도록 하자는 견해도 유력했다. 그러나 소규모 주식회사에 대해서까지 자본변동표를 작성하는 것은 무리한 부담이라는 반론에 따라 둘 중의 하나를 선택적으로 작성하도록 하였다.

5. 이익잉여금처분계산서와 결손금처리계산서

이익잉여금처분계산서는 기업의 이익잉여금 처분사항을 명확히 보고하기 위하여 이월이익잉여금의 총변동사항을 표시하는 서류이다. 일반 기업회계에서 이익잉여금처분계산서에 기재할 과목은 ① 처분전이익잉여금, ② 임의적립금 등의 이입액, ③ 이익잉여금처분액, ④ 차기이월이익잉여금으로 구분된다(구 기업회계기준 77). 이익잉여금의 처분은 ① 이익준비금, ② 기타 법정적립금, ③ 이익잉여금처분에 의한 상각 등, ④ 배당금, ⑤ 임의적립금으로 세분하여 기재한다(구 기업회계기준 77(iii)).

결손금처리계산서는 당기의 처리전결손금의 처리내용을 기재한 서류로서 ① 처리전결손금, ② 결손금처리액, ③ 차기이월결손금을 구분하여 기재한다(구 기업회계기준 78). 결손금처리액은 ① 임의적립금이입액, ② 기타 법정적립금이입액, ③ 이익준비금이입액, ④ 자본준비금이입액의 순서에 따라 처리한다(구 기업회계기준 78(ii)).

6. 현금흐름표

현금흐름표란 일정한 회계기간 동안 발행한 현금흐름을 영업활동, 투자활동 및 재무활동으로 분류하여 보고하는 서류이다(한국채택국제회계기준 기업회계기준서 1007호 문단 10). 현금흐름이란 현금 및 현금성자산의 유입과 유출을 의미한다(한국채택국제회계기준 기업회계기준서 1007호 문단 6). 과거 상법은 현금흐름표를 재무제표에는 포함하지 않았으나 외감법에서는 재무제표의 일종으로 요구하였다(외감令 2). 2012년 개정 상법 시행령은 외감법 적용대상 회사의 경우에는 현금흐름표도 재무제표에 포함시킴으로써(令 16(1)단) 기업회계와 조화를 꾀하고 있다.

7. 주 석

주석은 재무제표상 계정과목과 금액의 내역을 보다 상세하게 제시하기 위하여 보충적으로 제공하는 서류이다. 외감법이 이를 재무제표에 포함시키고 있으므로(외감令 2) 상법도 외부감사대상 기업의 경우에는 주석을 재무제표에 포함시키고 있다(令 16(1)단).

8. 부속명세서

주식회사는 결산기에 이상의 서류와 아울러 그 부속명세서를 작성하여야 한다(447본).[1] 부속명세서란 특히 대차대조표와 손익계산서의 중요항목에 관하여 그 명세를 기재한 서류로서 대차대조표와 손익계산서를 보완한다.[2]

9. 연결재무제표

기업 집단화의 진전에 따라 법적으로 독립된 기업이라도 경제적으로는 다른 기업과 결합하여 통일적인 지휘 하에 운영되는 경우가 많다. 이 경우 개별회사의 재무제표만으로는 그 회사의 재무상태와 경영성적을 정확하게 파악할 수 없다. 예컨대 통일적 지휘 하에 있는 회사 사이에 거래가 이루어지는 경우 경제적으로는 동일한 기업 내부에서 행해지는 거래로서 무의미한 것이지만 외형상으로는 당해회사의 회계수치를 증대하는 효과가 있다. 개별회사 재무제표는 이러한 내부거래의 실상을 제대로 보여주지 않으므로 외감법은 연결재무제표 작성을 요구하고 있다.

연결재무제표란 주식회사가 다른 회사와 지배·종속관계에 있는 경우 지배회사가 작성하는 연결재무상태표와 연결손익계산서 등의 서류를 말한다(외감 2(iii), 외감令 3(2)). 연결재무제표에서 가장 중요한 문제는 연결범위를 결정하는 개념인 **지배**를 어떻게 파악할 것인가이다. 지배는 주식 과반수보유와 같이 지분율을 기준으로 형식적으로 파악할 수도 있고 종속회사 의사결정에 대한 영향을 기준으로 실질적으로 파악할 수도 있다. 외감법은 과거 형식적 접근방법을 취하였으나 현재는 다른 회사의 '재무정책과 영업정책을 결정할 수 있는 능력'이라는 실질적 기준을 채택하고 있다(외감令 3(1)).

---

1) 과거 기업회계에서는 재무제표는 위의 서류만을 가리키고 그 부속명세서는 재무제표와는 개념상 별개의 서류로 이해되었다. 그러나 상법 제447조에서는 재무제표라는 표제 하에 위의 서류 이외에 부속명세서까지 포함시키고 있어 이들 일체의 회계서류를 재무제표로 보아야 할 것이다.

2) 외감법이나 한국채택국제회계기준 및 일반 기업회계기준에서는 부속명세서를 따로 요구하지 않고 있지만 그 내용은 앞서 설명한 주석에 포함되는 것으로 볼 것이다.

결합재무제표

우리나라의 재벌그룹에서는 주식과반수보유와 같은 형식적인 기준에 따르면 지배·종속관계가 인정되는 기업이 그리 많지 않으므로 기업집단에 속하는 기업의 상당수가 연결재무제표의 적용대상에서 제외되었다. 이들 기업까지 포섭하기 위하여 도입된 것이 바로 결합재무제표이다. 결합재무제표는 공정거래법상의 일부 대규모기업집단에 속하는 회사에 작성을 강제하였으나(구 외감 1-3) 효용에 비하여 과도한 비용이 소요된다는 비판에 따라 2009년 폐지되었다.

10. 영업보고서

영업보고서란 특정영업연도 영업상황의 개요를 기재한 서류이다. 재무제표가 수치로 표시한 표로 구성된 서류인데 비하여 영업보고서는 통상의 문장으로 작성된 서류이다. 영업보고서는 재무제표에 속하는 사항은 물론이고 재무제표에 나타나지 않는 사항이나 수치로 표시하기 어려운 사항을 문장으로 설명하는 서류이다. 그러므로 영업보고서는 재무제표를 보완하여 회사의 재산 및 손익상황을 알려주는 기능을 한다. 과거 영업보고서는 재무제표(당시의 계산서류)의 일부를 구성하였으나(구상 447(1)(iii)) 1984년 상법 개정 시 재무제표와 별도의 서류로 독립시켰다. 재무제표와 달리 영업보고서는 이사회 승인결의만으로 확정되며 주주총회에는 보고만 하면 된다(447-2(1), 449(2)).

상법은 영업보고서의 기재사항을 법정하고 있다. 상법은 '대통령령이 정하는 바에 의하여 영업에 관한 중요한 사항'을 기재하도록 규정하고 있다(447-2(2)). 이에 따라 시행령은 영업보고서의 법정기재사항으로 '해당 영업연도의 영업의 경과 및 성과' 및 '과거 3년간의 영업성적 및 재산상태의 변동상황' 등 열한 가지 사항을 열거하고 있다(令 17).[1)]

Ⅳ. 재무제표와 영업보고서의 작성과 이사회 승인

1. 대표이사에 의한 작성

이사는 매결산기에 재무제표와 영업보고서를 작성하여 이사회 승인을 얻어야 한다(447(1), 447-2(1)). 여기서 이사는 정관에 달리 정함이 없는 한 대표이사를 가리킨다. 실제로 재무제표 작성을 담당하는 회사의 경리담당 임원이나 직원은 어디까지나 대표이사의 이행보조자에 불과하다. 그러므로 대차대조표에 작성자가 기명날인이나 서명을 할 때에는(30(2)) 실제 작성자가 아니라 대표이사가 해야 한다.

1) 영업보고서의 양식에 관하여는, 사단법인 한국상장회사협의회 영업보고서표준예시 참조.

2. 이사회의 승인

대표이사가 작성한 재무제표와 영업보고서는 이사회 승인을 받아야 한다(447(1), 447-2(1)).[1] 이사회 승인의 시기에 대해서는 명문의 규정이 없다. 이사회 승인을 요하는 취지가 재무제표 등의 작성이 업무집행사항이라는 점을 고려하면 감사(또는 감사위원회)의 감사나 외부감사인의 감사를 구하기 전에 승인을 받아야 할 것이다. 실제로 실무상 아직 감사를 받기 전의 재무제표안(案)에 대해서 이사회가 승인하는 사례도 없지 않다. 다만 감사가 아직 완료되지 않은 상태에서 이사회가 재무제표와 영업보고서를 승인하는 것은 현실적으로는 큰 의미를 갖기 어렵다. 이 시점에서는 재무제표의 일부 수치가 미확정일 뿐 아니라 영업보고서도 미완성 상태인 경우가 많기 때문이다.[2] 이사회는 정기주주총회에 재무제표와 영업보고서를 제출하여야 한다(449(1), (2)). 따라서 이사회가 정기주주총회의 소집을 결의할 때(362) 주총 결의와 보고의 대상인 재무제표와 영업보고서를 승인하는 이사회 결의도 함께 해야 한다고 보는 것이 합리적이다.[3] 이사회에서 재무제표 승인 및 영업보고서 보고를 위한 정기주주총회 소집결의를 하면서 별도로 재무제표 및 영업보고서에 대한 승인 결의를 하지 않은 경우에도 특별한 사정이 없는 한 주총 소집결의에 그 대상인 재무제표와 영업보고서를 승인하는 취지가 담겨 있다고 볼 것이다.

3. 재무제표의 작성과 관련된 책임

대표이사가 재무제표를 작성할 의무를 게을리하여 회사에 손해가 발생한 경우에는 회사에 대하여 손해배상책임을 부담한다(399). 재무제표를 아예 작성하지 아니한 경우도 있을 수 있지만 실제로 많이 문제될 수 있는 것은 대표이사가 재무제표에 허위 또는 부실의 기재를 한 경우이다. 허위기재로 인하여 회사에 손해가 생긴 경우 그 작성에 관여한 이사(주로 대표이사 또는 재무제표 작성업무를 담당한 사내이사가 될 것이다)가 손해배상책임을 지는 것은 물론이고 이사회에서 재무제표를 승인한 이사도 과실 있는 경우에는 책임을 진다(399(2), (3)).

또한 이사는 고의 또는 중과실로 임무를 게을리하여 제3자에 손해가 발생한 경우 그에 대해서도 책임을 진다(401(1)). 허위 또는 부실 기재를 한 재무제표를 진실한 것으로 믿고 회사에 대출을 하거나 회사가 발행한 사채를 취득함으로써 손해를 본 채권자가 그러한 제3자의 예에 해당한다.[4]

---

1) 대표이사가 이사회 승인을 거치지 않고 주주총회에 제출한 재무제표의 승인결의는 절차상의 하자가 있는 것으로 보아 결의취소의 소(376(1))의 대상이 될 것이다.

2) 일본 회사법은 감사절차를 마친 후에 이사회 승인을 받도록 명시하고 있다(日會 436(3)).

3) 상법 제449조의2에 따라 주주총회에 갈음하여 이사회가 재무제표를 최종적으로 승인하는 경우에는 감사 및 외부감사를 마친 재무제표를 승인해야 함은 물론이다.

4) 그 밖에 이사가 재무제표에 기재할 사항을 기재하지 아니하거나 부실한 기재를 한 때에는 500만원 이하의 과태료

Ⅴ. 감사 및 외부감사인에 의한 감사

1. 재무제표의 제출

이사는 재무제표와 영업보고서를 정기총회회일 6주 전에 감사에게 제출하여 감사를 받아야 한다(447-3). 감사 대신 감사위원회를 설치한 경우에는 감사위원회에 제출하여야 한다(415-2(7) → 447-3). 제출의무자인 이사는 대표이사를 가리키는 것으로 본다.[1] 감사가 복수 존재하는 경우에는 그 중 1인의 감사에게만 제출하면 된다. 정관에 특별한 규정이 없는 한 감사는 각자가 단독으로 감사를 실시할 수 있기 때문이다. 재무제표가 감사의 감사(또는 외감법상의 외부감사인에 의한 감사)를 받지 않고 주주총회에서 승인된 경우에는 승인결의에 절차상의 하자를 근거로 결의취소의 소(376)를 제기할 수 있다.[2]

2. 감사의 감사보고서 작성과 제출

(1) 의　의

감사는 재무제표 등을 받은 날부터 4주 내에 감사보고서를 작성하여 이사에게 제출해야 한다(447-4(1)). 감사보고서란 재무제표 및 영업보고서에 대한 감사의 감사결과와 의견을 기재한 문서이다. 감사보고서는 정기총회에 제출할 재무제표 등의 감사내용에 관한 서류로서 총회에서 감사가 낭독하는 것이 관행이다(413 참조). 감사의 감사보고서(447-4(2)) 없이 재무제표가 주주총회에서 승인된 경우에는 승인결의에 절차상의 하자를 근거로 결의취소의 소(376)를 제기할 수 있다.

(2) 감사보고서의 기재사항

상법은 감사보고서의 기재할 사항을 다음과 같이 열 가지로 열거하고 있나(447-4(2)).

① 감사방법의 개요
② 회계장부에 기재될 사항이 기재되지 아니하거나 부실기재된 경우 또는 대차대조표나 손익계산서의 기재 내용이 회계장부와 맞지 아니하는 경우에는 그 뜻
③ 대차대조표 및 손익계산서가 법령과 정관에 따라 회사의 재무상태와 경영성과를 적정하게 표시하고 있는 경우에는 그 뜻

에 처한다(635(1)(ix)).

1) 정기총회회일 6주간 전에 제출하도록 한 규정은 감사의 감사기간을 충분히 보장해 주기 위한 명령적 규정에 불과하므로 이에 위반하여 뒤늦게 제출된 재무제표 등도 무효가 되는 것은 아니다. 제출이 늦어져 충분한 감사가 불가능하다면 주주총회의 개최를 연기하여야 할 것이다. 만약 연기가 불가능하다면 감사는 이사의 제출지연으로 말미암아 필요한 조사가 불가능하였음을 감사보고서에 기재하여 제출할 수밖에 없을 것이다(447-4(3)).

2) 일본의 판례와 다수설도 같은 취지이다. 會社法コメンタール10(2011), 378면(片木晴彦).

④ 대차대조표 또는 손익계산서가 법령이나 정관을 위반하여 회사의 재무상태와 경영성과를 적정하게 표시하지 아니하는 경우에는 그 뜻과 이유

⑤ 대차대조표 또는 손익계산서의 작성에 관한 회계방침의 변경이 타당한지 여부와 그 이유

⑥ 영업보고서가 법령과 정관에 따라 회사의 상황을 적정하게 표시하고 있는지 여부

⑦ 이익잉여금 처분 또는 결손금 처리가 법령 또는 정관에 맞는지 여부

⑧ 이익잉여금 처분 또는 결손금 처리가 회사의 재무상태나 그 밖의 사정에 비추어 현저하게 부당한 경우에는 그 뜻

⑨ 제447조의 부속명세서에 기재할 사항이 기재되지 않거나 부실기재된 경우 또는 회계장부·대차대조표·손익계산서나 영업보고서의 기재 내용과 맞지 아니하게 기재된 경우에는 그 뜻

⑩ 이사의 직무수행에 관하여 부정한 행위 또는 법령이나 정관의 규정을 위반하는 중대한 사실이 있는 경우에는 그 사실

그 밖에 감사가 감사에 필요한 조사를 제대로 할 수 없었던 경우에는 감사보고서에 그 뜻과 이유를 적어야 한다(447-4(3)). 이들 기재사항은 주로 회계감사사항이지만 ⑧과 ⑩은 업무감사사항이다. 이처럼 상법이 기재사항을 법정한 것은 감사가 실질적으로 이루어지도록 하기 위한 것이다. 이들 기재사항은 반드시 기재해야 하는 필요적 기재사항과 해당사항이 있는 경우에만 기재하는 상대적 기재사항으로 나눌 수 있다. 위 ①, ③(또는 ④), ⑥, ⑦이 전자에 속하며, 나머지는 후자에 속한다. 실제로 감사가 주주총회에서 낭독하는 감사보고서는 일반적으로 필요적 기재사항만을 최소한도로 기재한 간단한 양식을 따르고 있다.

(3) 감사기간

감사는 4주 내에 감사보고서를 작성하여 이사에게 제출해야 한다(447-4(1)). 그러나 실제로 4주 내에 회계감사 및 업무감사를 마치는 것은 쉽지 않다. 따라서 감사는 평소 이사회에 출석할 뿐 아니라(391-2(1)) 이사에 대한 보고요구권한 및 회사의 업무와 재산상태에 대한 조사권한(412(2))을 적절히 행사함으로써 사전준비작업을 해둘 필요가 있다(사전감사).

(4) 감사보고서에 관한 감사의 책임

감사가 감사보고서의 작성과 관련하여 법정기재사항을 허위기재하거나 누락하는 등 임무를 해태한 때에는 회사에 대해서는 물론이고 제3자에 대해서도 손해배상의 책임을 진다(414(1), (2)).[1] 정기총회에서 재무제표를 승인하여 감사의 책임이 해제된 것으로 보는 경우

1) 감사가 감사보고서에 기재하여야 할 사항을 기재하지 아니하거나 부실하게 기재한 때에는 5백만원 이하의 과태료에 처한다(635(1)(ix)).

(450)에도 감사보고서의 허위기재나 고의의 누락은 부정행위(450단)에 해당하는 것으로 보아 감사의 책임은 주주 전원의 동의가 없는 한 면제되지 않는다.

(5) 외부감사인에 의한 감사

외감법은 주권상장법인과 일정한 규모에 달하는 회사[1]에 대해서 상법상 감사 외에 독립된 외부의 감사인에 의한 감사를 받도록 하고 있다(외감 4, 외감슈 5). 외감대상 회사는 정기총회 6주일 전에 재무제표[2]를 작성하여 외부감사인에게 제출하여야 한다(외감 6, 외감슈 8). 외부감사인에 의한 감사는 한국공인회계사회가 제정한 **회계감사기준**에 따른다. 외부감사인은 재무제표가 중요성의 관점에서 외감법상의 회계처리기준에 따라 작성되었다고 결론을 내리는 경우에는 적정의견을 표명하고(회계감사기준 700(재무제표에 대한 의견형성과 보고) 문단 16) 그렇지 않은 경우에는 한정의견, 부적정의견, 의견거절과 같은 이른바 변형의견을 표명해야 한다((회계감사기준 705(감사의견의 변형) 문단 2, 6-10). 외부감사인은 감사보고서를 총회일 1주일 전까지 감사나 감사위원회를 포함한 회사에 제출하여야 한다(외감 23(1), 외감슈 27(1)).

상법상의 감사와 외부감사와의 관계

외감대상회사의 경우에는 상법상 감사(또는 감사위원회)에 의한 감사와 외부감사인에 의한 감사가 중복적으로 요구된다. 그러나 외감대상회사에서 실질적으로 회계정보의 신뢰도를 담보하는 임무는 아무래도 감사보다는 회계전문가인 외부감사인이 담당하는 것이 합리적이다. 그 필요는 특히 감사 대신 주로 독립이사로 구성된 감사위원회가 감사업무를 맡는 회사에서 더 크다. 현재 기업실무상 외부감사인의 감사보고서는 주주총회에서 주주에게 자료로서 제공되기는 하지만 총회장에서 낭독되는 것은 감사위원회가 작성한 감사보고서이다. 주주총회에 참석하는 주주의 관점에서 볼 때 자신의 이익을 보다 직접적으로 대표하는 기관은 외부감사인이 아니라 감사위원회이므로 현재의 실무가 일리가 없는 것은 아니다. 문제는 감사보고서의 내용이다. 현재 실무상으로는 한국상장회사협의회가 마련한 '상장회사 감사보고서 표준예시'라는 서식(이하 표준서식)이 널리 이용되고 있다. 표준서식은 외부감사인에 대한 언급이 전혀 없이 마치 감사위원회가 직접 감사활동을 수행한 것 같은 내용으로 작성되어 있다. 그러나 상근의 감사위원이 있는 경우에도 어느 정도 규모가 있는 회사의 회계감사를 직접 담당하는 것은 비현실적이다. 결국 감사위원회는 내부감사부서나 외부감사인의 도움을 받는 것이 불가피할 것이다. 따라서 감사보고서에는 감사위원회가 주로 내부감사부서와 외부감사인의 감사에 의존하였다는 점을 분명히 할 필요가 있을 것이다. 나아가 입법론으로는 외부감사를 받는 회사에서는 재무제표에 대한 감사위원회의 감사를 예외적인 경우에만 인정하는 것이 바람직할 것이다.

1) 제1장 제2절 Ⅰ. 2. (3) 참조.
2) 연결재무제표도 포함되지만 제출시기는 회사에 따라 달리 정해져 있다(외감슈 8(1)(ii)).

Ⅵ. 재무제표 등의 비치 · 공시

1. 재무제표 등의 비치

회사는 재무제표, 영업보고서, 감사보고서를 정기총회회일 1주간 전부터 본점에 5년간, 그 등본을 지점에 3년간 비치하여야 한다(448(1)).[1] 외감대상회사는 외부감사인의 감사보고서도 비치 · 공시해야 한다(외감 14(1)).[2]

2. 주주와 회사채권자의 열람권

주주와 회사채권자는 영업시간 내에 언제든지 재무제표 등을 열람할 수 있고 그 등본이나 초본의 교부를 청구할 수 있다(448(2)).[3] 제3장 제9절 Ⅳ.에서 설명한 회계장부열람권(466(1))이 소수주주권인데 비하여 재무제표 등의 열람권은 단독주주권이다. 재무제표 등에 기재된 정보는 가장 기본적인 회사정보일 뿐 아니라 회사의 공개부담도 크지 않기 때문이다. 회사채권자의 자격은 열람권 행사시를 기준으로 판단한다. 따라서 아직 채권자가 되기 전에 거래여부를 판단하기 위하여 재무제표를 열람할 수는 없다.

등본이나 초본의 교부를 청구할 때에는 회사가 정한 비용을 지급해야 하지만(448(2)) 열람만 하는 것은 무료이다. 물론 회사가 스스로 등본이나 초본을 무료로 교부하는 것은 가능하다고 보아야 할 것이다. 등본이나 초본의 교부 대신 그 등사를 청구할 수 있는가에 관하여는 명시적인 규정이 없지만, 정관 · 주주총회의사록 · 이사회의사록 · 사채원부에 대해 등사청구가 명문으로 허용되고 있음(396(2))에 비추어 보면 인정하는 것이 타당할 것이다.

Ⅶ. 재무제표의 승인 등

1. 정기주주총회에서의 재무제표 승인

재무제표의 승인은 정기주주총회에서 하는 것이 원칙이다(449(1)). 예외적으로 정관이 정하는 경우에는 몇 가지 추가적인 요건을 충족함을 전제로 이사회에서 승인할 수도 있는 데 이에 대하여는 후술한다(449-2(1)).[4] 상법은 이사가 재무제표를 정기총회에 제출하여 그 승인을

---

1) 조문상 비치의무자는 이사로 되어 있으나 그것이 대표이사를 의미한다고 보는 것이 통설이다. 그러나 엄밀히 말하면 법적으로 의무를 부담하는 것은 회사이고 대표이사는 기관으로서 의무를 부담할 뿐이다. 대표이사가 비치의무를 위반한 경우에는 5백만원 이하의 과태료에 처한다(635(1)(xxiv)).

2) 재무제표 등은 자본시장법상 상장법인이 금융위원회와 거래소에 제출하는 사업보고서에 포함된다(자시 159(1), 자시令 168(2), (vii), (viii)). 금융위원회와 거래소는 사업보고서의 비치 · 공시의무가 있기 때문에(163) 상장법인의 재무제표에 관한 정보는 사후적으로 금융위원회와 거래소를 통해서도 얻을 수 있다.

3) 회사의 이사 등이 정당한 사유 없이 열람이나 등본이나 초본의 발급을 거부한 경우에는 5백만원 이하의 과태료에 처한다(635(1)(iv)).

4) 독일 주식법상 재무제표의 승인은 원칙적으로 감사회 권한사항이지만(172(1)) 이익배당의 결정은 주주총회 권한

받아야 한다고 규정한다(449(1)). 여기서 이사는 대표이사를 의미한다는데 다툼이 없다. 주주총회 소집은 이사회 결의사항이므로(362) 재무제표 승인을 위한 정기주주총회를 소집하는 이사회 결의가 필요하다. 상법 제447조에서 요구되는 재무제표 등에 대한 이사회 승인 결의를 따로 하지 않은 경우에는, 정기주주총회 소집결의를 하는 이사회에서 의안의 대상인 재무제표에 대해 상법 제447조에서 요구되는 승인을 한 것으로 볼 수 있을 것이다.

재무제표 승인은 주주총회의 보통결의사항이다. 따라서 정관에 다른 정함이 없는 한 출석한 주주의 의결권의 과반수와 발행주식총수의 1/4 이상의 수로써 하여야 한다(368(1)). 재무제표 승인결의는 이론상 재무제표를 구성하는 서류 각각에 대해서 개별적으로 하는 것도 가능하지만 실제로는 일괄적으로 행하는 것이 보통이다. 주주총회는 재무제표와 감사의 감사보고서를 조사하게 하기 위하여 검사인을 선임할 수도 있다(367).

대표이사가 제출한 재무제표를 주주총회가 수정하여 승인할 수 있는가? 법문은 주주총회의 승인이라고만 되어 있기 때문에(449(1)) 주주총회는 승인여부만을 결정할 수 있고 수정승인은 불가능한 것처럼 보이기도 한다. 그러나 총회에 수정권한을 인정하지 않는다면 총회가 원안을 승인하지 않는 경우에는 이사가 새로 재무제표를 작성하여 다시 제출하는 절차를 밟아야 한다는 불합리한 결론에 이르게 된다. 따라서 이사가 제출한 재무제표에 대하여 주주총회가 수정권한을 갖는 것으로 보는 것이 통설이다.[1)]

2. 승인결의의 효과

(1) 재무제표의 확정

주주총회에서 재무제표가 승인되면 재무제표가 확정되어 총회에서 승인한 내용대로 효력이 발생하게 된다. 그러나 승인결의에 절차상 하자가 있거나 그 내용이 정관에 위반한 경우에는 취소소송의 대상이 될 수 있다. 승인결의가 취소된 경우에는 처음부터 회사의 결산이 확정되지 않은 것으로 된다. 따라서 그에 기한 이익배당은 물론이고 그 후의 회계처리도 모두 근거를 상실하게 된다.[2)]

승인된 재무제표의 내용이 법령에 위반되는 경우에는 승인결의는 당연무효가 되고 재무제표는 확정되지 않는다. 재무제표의 내용이 위법한 경우란 자산의 평가방법 등이 상법상 회계원칙(446조의2)에 위반한 경우를 말한다. 다만 사소한 위법은 '중요성의 원칙'에 따라 무효로 볼 수 없다.[3)]

사항이다(119(1)(ii)).

1) 이철송30, 994면; 정동윤6, 765면.

2) 日注會(8)(1988), 81면(倉沢康一郎).

3) 日注會(8)(1988), 82면(倉沢康一郎).

(2) 배당금청구권의 발생

주주총회에서 재무제표가 승인되면 주주는 회사에 대하여 구체적 이익배당청구권을 갖는다.

(3) 이사·감사의 책임해제

정기총회에서 재무제표에 대한 승인을 한 후 2년 내에 다른 결의가 없으면 회사는 이사와 감사의 책임을 해제한 것으로 본다(450). 이러한 책임해제는 승인결의의 효과라기보다는 이사와 감사의 책임에 관한 법적 불안을 조기에 종식시키기 위한 입법적인 고려에 따른 것이다. 이에 관해서는 뒤에서 설명하기로 한다.

3. 대차대조표의 공고

회사는 재무제표에 대해서 주주총회의 승인이 있으면 지체 없이 대차대조표를 공고해야 한다(449(3)). 재무제표 중에서 대차대조표에 대해서만 공고의무를 부과한 이유는 대차대조표가 회사의 재산상태는 물론이고 당기순이익도 표시하고 있어 주주 등 이해관계인의 이익보호에 적합하기 때문이다. 외감법의 적용을 받는 회사가 대차대조표를 공고할 때에는 감사인의 명칭과 감사의견을 병기하여야 한다(외감 14(2)). 공고의 불이행에 대해서는 과태료가 부과되지만(635(1)(ii)) 실제로 소규모회사는 공고를 하지 않는 사례가 많다.

4. 이사회에 의한 재무제표 승인

(1) 의 의

2011년 개정 상법은 재무제표 등의 서류를 주주총회가 아닌 이사회가 승인할 수 있는 예외규정을 마련하고 있다(449-2). 이러한 예외를 도입한 이유는 대체로 두 가지이다. ① 먼저 이익배당의 확정시기를 앞당기기 위한 것이다. 현재 배당실무에 의하면 영업연도 말 기준일 당시의 주주에 대해서 3월에 개최되는 정기주주총회에서 결정한 배당금액을 지급하는 것이 보통이다. 배당금액은 정기주총에서 확정되기 때문에 기준일부터 정기주총일 사이에는 배당금액이 확정되지 않은 상태에서 주가가 결정된다는 문제가 있다. 재무제표 등의 승인을 이사회가 함으로써 배당금액을 이사회 결의 시에 확정한다면 이러한 불확실성은 크게 줄어들 것이다. ② 자금조달의 결정을 담당하는 이사회가 여유자금의 반환도 결정하는 것은 이론적인 면에서도 일관성이 있다.[1)]

(2) 요 건

이사회가 최종 승인권한을 가지려면 ① 정관의 근거, ② 외부감사인의 적정의견, ③ 감사 전원의 동의라는 세 가지 요건을 충족해야 한다.

---

1) 선진입법례는 재무제표의 승인과 이익배당의 결정을 이사회에 맡기거나 이사회가 할 수 있는 길을 열어두고 있다.

① 재무제표 등 서류의 최종 승인을 이사회가 맡기 위해서는 정관에 근거를 둘 필요가 있다. 따라서 주주가 배당금 감소를 우려한다면 이사회에 재무제표 최종 승인권한을 부여하는 정관변경결의에 반대함으로써 그것을 저지할 수 있다.[1] ② 재무제표 등 서류가 "법령 및 정관에 따라 회사의 재무상태 및 경영성과를 적정하게 표시하고 있다"는 외부감사인의 의견이 있어야 한다. ③ 감사(감사위원회 설치회사의 경우에는 감사위원) 전원이 주주총회 대신 이사회에서 승인하는 것에 동의할 필요가 있다.

(3) 이사회 승인

전술하였듯이 상법상 대표이사가 작성한 재무제표는 정기총회에 앞서 이사회 승인을 받아야 한다(447(1)). 이 재무제표는 아직 감사를 마치지 않은 것이거나 감사에게 제출되지도 않은 것일 수 있다. 이 경우 정관으로 주주총회 승인을 배제한 경우에 감사의 감사를 받은 재무제표를 다시 이사회가 승인해야 하는지 여부가 문제될 수 있다. 재무제표가 감사과정에서 수정될 가능성이 있을 뿐 아니라 이사회 승인은 주주총회 승인을 대체하는 중요한 의미를 가지므로, 이사회는 감사절차를 마친 재무제표에 대해서 외부감사인의 적정의견과 감사의 동의를 확인한 후에 정식으로 승인하는 절차를 밟아야 할 것이다.

(4) 주주총회 보고

한편 주주총회 승인이 배제된 경우에도 재무제표의 내용을 주주에게 알릴 필요가 있으므로 대표이사가 주주총회에서 재무제표의 내용을 보고하도록 하고 있다(449-2(2)).

Ⅷ. 이사·감사의 책임해제

1. 서 설

(1) 의 의

주주총회에서 재무제표를 승인한 후 2년 내에 다른 결의가 없으면 회사는 이사와 감사의 책임을 해제한 것으로 본다(450).[2] 원칙적으로 회사에 대한 이사나 감사의 책임은 주주 전원의 동의가 있어야 면제할 수 있으므로(400(1), 415) 현실적으로 일단 발생한 책임을 면제시키는 것은 거의 불가능하다. 상법은 책임의 엄격성을 완화시킨다는 취지에서 책임이 신속하게 소멸

---

1) 실제로는 배당감소를 우려한 주주들이 그러한 정관개정에 반대하는 경우가 많다.

2) 책임해제에 관한 제450조는 청산인에도 준용되므로(542(2)) 청산 중 재무제표의 승인이 있는 경우에는 그 후 2년이 경과하면 청산인의 책임은 해제된다. 청산사무가 종결되어 주주총회에서 결산보고서의 승인을 받은 때에도 청산인의 책임이 해제된 것으로 본다(540). 그러나 이 경우에는 2년의 경과가 없이 주주총회의 승인만으로도 책임해제의 효과가 발생한다는 점이 다르다. 제450조는 또한 유한회사(583(1)) 및 상호보험회사(보험업법 71)에도 준용된다.

하도록 한 것이다. 책임해제는 재무제표와 관련된 모든 책임을 포괄적으로 해제시킨다는 점에서 개별사항에 대한 책임별로 행해지는 책임면제(400(1))와 차이가 있다.

책임해제는 이사나 감사 책임의 엄격성을 완화시키기 위한 제도이지만 뒤에 보는 바와 같이 그 범위는 명확하지 않다. 또한 2011년 개정 상법에서 이사와 감사책임의 감면이 허용되고 있으므로(400(2), 415) 이제 이 제도를 유지할 실익은 크게 감소하였다.[1)]

(2) 책임해제의 법적 성격

책임해제의 법적 성격에 관하여는 그것이 재무제표 승인결의의 효과가 아니라 2년의 제척기간의 경과에 따른 효과로 보아야 할 것이다(제척기간설).[2)] 보통결의에 불과한 재무제표 승인결의의 효과로 책임해제를 인정하는 것은 이사·감사의 책임면제에 주주 전원의 동의를 요하는 것과 모순되기 때문이다.[3)]

(3) 책임해제의 대상인 책임의 주체와 상대방

책임해제의 대상인 책임의 주체는 이사와 감사이다. 이사뿐만 아니라 감사도 책임해제 대상이므로 업무집행에 관한 책임(399)뿐만 아니라 업무감독에 관한 책임(412(1))도 해제된다. 책임해제의 혜택은 이사와 감사 전원이 누릴 수 있다. 책임해제는 회사에 대한 책임에 대해서만 적용되고 제3자에 대한 책임에 대해서는 적용되지 않는다(대법원 2009. 11. 12, 2007다53785 판결).

2. 책임해제의 요건

(1) 재무제표의 승인결의

법문에는 '정기총회'의 승인이란 표현이 사용되고 있으나(450) 승인결의는 반드시 정기총회에서만 이루어져야 하는 것은 아니다. 재무제표가 주주총회가 아닌 이사회에서 승인되는 경우(449-2(1))에도 책임이 해제될 수 있는가? 부정하는 견해는 이사회 결의에 참여하는 이사가 스스로 책임을 해제하는 것이 부당하다는 점을 든다.[4)] 그러나 그 경우에도 책임해제를 긍정하는 것이 타당할 것이다. 책임해제는 이사회 승인의 효과가 아닐 뿐 아니라(제척기간설) 이사 자신의 행위가 책임해제를 초래하는 불합리는 후술하는 부정행위의 예외로 인하여 크게 완화되기 때문이다.

---

1) 일본에도 과거에 같은 제도가 존재하였으나(구 상법 284) 1981년 개정 시 해제의 근거나 범위가 명확하지 않다는 이유로 삭제되었다.

2) 통설이다. 이철송30, 994면.

3) 정동윤6, 766면; 최기원14, 693면.

4) 이철송30, 997~998면. 감사에 대해서도 이사회 승인의 전제 요건으로 감사의 동의가 필요하다는 점을 들어 유추 적용을 부정한다.

(2) 2년의 제척기간 경과

재무제표승인결의 후 다른 결의 없이 2년이 경과하면 책임해제의 효과가 발생한다. 2년의 제척기간은 강행규정이므로 정관이나 주주총회의 결의로 단축하거나 연장할 수 없다.

(3) 다른 결의의 부존재

상법은 책임해제의 소극적 요건으로서 재무제표승인결의 후 2년 내에 '다른 결의'가 없을 것을 요구하고 있다(450). '다른 결의'란 책임해제를 부정하는 결의, 재무제표승인을 철회하는 결의, 책임추궁의 소를 제기하라는 결의 등을 가리킨다고 보는 것이 일반적이다.[1] 실제로 주주총회에서 이사와 감사의 책임을 추궁하는 결의가 이루어진 예도 있다(대법원 2007. 9. 6, 2007다40000 판결).[2]

실제로 '다른 결의'가 행해지는 경우는 상정하기 어렵다. 보다 현실적인 것은 2년 사이에 회사나 주주가 이사나 감사의 책임을 묻는 소를 제기하는 경우이다. 이 경우에도 '다른 결의'와 마찬가지로 책임해제가 저지되는 것으로 볼 것인가? 책임해제의 취지가 이사나 감사의 책임에 관한 불안을 조기에 소멸시키는 것이라는 점을 고려하면 이미 제소와 같이 책임추궁이 가시화된 경우에는 당연히 제척기간의 진행이 저지되는 것으로 볼 것이다. 하급심 판례도 "주주총회가 재무제표를 승인한 후 2년 이내에 이사의 책임을 추궁하는 주주대표소송이 제기되어 그 소송이 계속 중인 경우에는 위 2년의 기간이 도과하였다 하더라도 이사의 책임해제에 관한 위 규정의 적용은 배제된다"고 판시한 바 있다(대구지방법원 2000. 5. 30, 99가합13533 판결).

(4) 부정행위의 부존재

책임이 해제되려면 이사나 감사의 부정행위가 없어야 한다. 부정행위가 무엇을 의미하는지는 명확치 않다. 부정행위에는 횡령, 배임, 문서위조와 같은 범죄행위는 물론이고 이해관계인들의 신뢰를 깨는 고도의 비윤리적 행위까지 포함한다고 볼 것이다. 부정행위에 고의에 의한 불법행위가 포함될 것이지만(부산지방법원 2004. 4. 14, 2002가합16791 판결) 고의뿐 아니라 중대한 과실로 인한 가해행위도 포함되는가에 대해서는 다툼이 있다.[3] 대법원은 중대한 과실로 인한 회사자산의 저가(低價)매도행위가 부정행위에 해당하는지가 문제된 사안에서 그것을 긍정한 원심 판결을 지지하는 대신 문제의 저가매도행위는 회사의 손해를 묵인 내지 감수한 (고의의) 행위라고 판단함으로써 중과실이 부정행위에 포함된다는 판단은 회피하였다(대법원 2007. 12. 13, 2007다60080 판결). 한편 통설은 재무제표의 작성과정에서 저지른 것뿐 아니라 재무제표승인결의를 얻기 위하여 저지른 것도 제450조 단서의 부정행위에 포함된다고 본다.[4]

---

1) 이철송30, 996면.
2) 다른 결의에는 책임추궁의 제소결의만이 아니라 재판 외의 방법으로 배상을 청구하라는 결의도 포함된다.
3) 포함설로는 정동윤6, 766면, 불포함설로는 이철송30, 997면 참조.
4) 이철송30, 996면; 정동윤6, 766면.

부정행위를 직접 행한 것이 아니라 부정행위에 해당함을 알지 못하고 이사회 결의 시에 찬성하였거나 부정행위를 막지 못한 이사나 감사의 책임에 대해서는 부정행위의 예외가 적용되지 않는다.

(5) 재무제표에 기재되었거나 그 기재로부터 알 수 있는 책임사유

책임해제에 의하여 책임이 소멸되는 책임사유에 관하여는 견해가 대립하고 있다. 책임해제의 성격을 재무제표승인의 효과로 보지 아니하고 2년의 제척기간의 효과로 보는 제척기간설을 따른다면 책임해제의 범위도 재무제표로부터 알 수 있는 사유로 한정할 논리적 필연성은 없을 것이다. 그러나 통설과 판례는 재무제표에 기재되었거나 그 기재에 의하여 알 수 있는 책임사유에 한하여 책임해제를 인정하고 있다(대법원 2007. 12. 13, 2007다60080 판결 등).[1] 재무제표의 기재여부와 관계없이 책임해제를 인정한다면 현실적으로 이사나 감사의 책임을 물을 수 있는 경우가 크게 제한될 것이므로 통설과 판례의 견해가 타당하다. 따라서 재무제표에 분식이 있는 경우 분식사실이 재무제표에 기재되어 있거나 기재 자체에 의하여 알 수 있는 경우가 아닌 한 책임해제는 부정된다(대법원 2007. 12. 13, 2007다60080 판결).[2] 책임사유가 재무제표에 기재되거나 재무제표의 기재 자체에 의하여 책임사유를 알 수 있는 경우는 현실적으로 상정하기 어렵기 때문에, 이러한 통설과 판례에 따르면 제450조에 의한 책임해제의 실질적 의의는 매우 미미해진다.

3. 증명책임

책임해제 요건을 갖춘 사실에 대한 증명책임은 책임해제를 주장하는 이사나 감사가 진다. 즉, 이사나 감사는 문제된 책임사유가 재무제표에 기재되었거나 기재로부터 알 수 있었으며, 주주총회의 승인결의로부터 2년이 경과하였음을 증명하여야 한다. 다른 결의나 부정행위의 존재에 관해서는 이사나 감사의 책임을 주장하는 쪽에서 증명하여야 한다.

입 법 론

제450조에 해당하는 규정은 과거 일본 상법(284)에도 존재하였으나 1981년 개정 시에 책임해제의 근거나 범위가 명확하지 않다는 이유로 삭제되었다. 이사와 감사의 책임면제의 요건이 현실적인 수준으로 완화되는 경우에는 이 규정을 존치할 필요는 별로 없을 것이다.

1) 이철송30, 996면; 정동윤6, 766면.

2) 금융기관의 대표이사가 충분한 담보없는 상태에서 동일인 대출한도를 초과하여 대출한 것은 재무제표를 통하여 알 수 있는 사항이 아니므로 그에 대한 책임은 해제되지 않는다고 판시하였다(대법원 2002. 2. 26, 2001다76854 판결). 반면에 재무제표에 기재되지는 않았지만 주주총회에서 질의와 설명이 이루어진 사항에 대해서는 책임이 해제되는 것으로 본 하급심 판결도 있다(수원지방법원 2001. 4. 13, 99가합2689 판결).

제 3 절

자본금과 준비금

Ⅰ. 서 설

앞서 지적한 바와 같이 상법의 회계규정의 양대 목적 중 하나는 주주에게 지급하는 배당의 한도, 즉 배당가능이익을 제한하는 것이다. 상법상 배당가능이익은 대차대조표상의 순자산액에서 자본금과 법정준비금 등을 공제하는 방식으로 산정한다(462(1)). 순자산액은 대차대조표의 구성요소인 자산, 부채, 자본 중 자산에서 부채를 공제한 금액, 즉 자본에 상응하는 것이다. 순자산액은 자산과 부채를 어떻게 평가하는가에 따라 변동한다. 과거 상법은 자산의 평가에 관해서 다수의 규정을 두었으나 2011년 개정 상법에서는 모두 삭제되었다. 따라서 자산과 부채의 처리는 모두 기업회계에 맡겨져 있는 셈이다. 상법에서는 대차대조표의 자본의 부에 속하면서 배당가능이익을 산정할 때 공제항목으로 기능하는 자본금과 준비금에 대해서만 규정을 두고 있다.

자본금은 우리 회사법의 기초를 이루는 제도로서 이미 앞서 상세히 설명하였다(제1장 제4절 Ⅱ. 참조). 이곳에서는 자본금을 회계와 관련된 범위 내에서 간단히 살펴본 후 또 하나의 공제항목인 준비금에 대해서 설명하기로 한다.

Ⅱ. 자본과 자본금

1. 기업회계상 자본

기업회계상 자본은 자산에서 부채를 공제한 금액을 가리킨다(한국채택국제회계기준 개념체계 문단 49(3)).[1] 일반기업회계기준상 자본은 자본금, 자본잉여금, 자본조정, 기타포괄손익누계액, 이익잉여금(또는 결손금)으로 구분되고 있다(문단 2.30). 과거 상법에서 사용되던 자본이란 용어는 2011년 상법 개정 시 기업회계와의 조화를 위하여 자본금이란 용어로 변경하였다.[2]

1) 일반적으로는 자본 대신 자기자본이란 용어가 더 널리 사용되고 있다.

2) 상법 시행령은 소상인을 '자본금액'이 1천만원에 미달하는 상인으로서 회사가 아닌 것이라고 정의하고 있다(令 2). 여기서 자본금액은 영업재산의 현재의 가치를 의미하는 것으로 상법상의 자본금과는 차이가 있다.

2. 상법상의 자본금

상법상 자본금은 원칙적으로 **발행주식의 액면총액**으로 한다(451(1)). 주식의 액면총액으로 되어 있기 때문에 실제로 납입한 금액과는 관련이 없다. 무액면주식을 발행하는 경우에는 발행가액의 1/2 이상의 금액으로서 이사회가 자본금으로 계상하기로 정한 금액의 총액을 자본금으로 한다(451(2)).[1]

자본금은 **수권자본금**과 구별된다. 상법은 '회사가 발행할 주식의 총수'를 정관에 기재하도록 하고 있다(289(1)(iii)). 일반적으로 이러한 주식을 수권주식이라고 하고 수권주식의 액면총액을 수권자본금이라고 한다. 이사회는 수권자본금의 범위 내에서는 주주총회 동의 없이 주식을 발행할 수 있다.

자본금은 앞서 설명한 바와 같이 배당가능이익 산정 시에 공제할 계산상 수치로 회사재산을 회사에 유보시킴으로써 회사채권자를 보호하는 기능을 수행한다. 자본금은 상업등기와 대차대조표에 의하여 공시될 뿐이고(317(2)(ii), 449(3)) 수권자본금과 달리 정관에는 기재되지 않는다. 자본금은 정관기재사항이 아니기 때문에 신주발행은 자본금의 증가를 초래하더라도 정관변경을 거칠 필요가 없고, 다만 수권주식 수를 넘어서는 신주발행을 하려면 미리 수권주식 수를 늘리기 위해 정관을 변경해야 한다.

3. 자본금 산정의 예외

상법의 자본금 산정원칙은 '이 법에서 달리 규정한 경우'에는 적용되지 아니한다. 그러나 상법은 자본금이 달리 산정되는 예외를 명시적으로 규정하고 있지 않다. 해석상 다음 두 가지 경우에는 자본금이 '발행주식의 액면총액'과 일치하지 않는 예외가 발생한다.

① 주식 소각의 경우이다. 상법상 주식의 소각은 자본금감소에 관한 규정에 의하는 것이 원칙이지만 예외적으로 자기주식을 소각하는 경우에는 그러하지 아니하다(343(1) 본). 자기주식 소각의 경우에는 주식이 소멸되므로 발행주식 총수가 감소하지만 자본금은 감소하지 않는다.

② 상환주식이 상환되는 경우이다. 상환주식이 상환되면 발행주식 총수는 감소한다. 그러나 소각 재원은 자본금이 아니라 이익이므로(345(1)) 자본금은 감소하지 않는다.

---

1) 자본금으로 계상되지 않은 금액은 자본준비금으로 계상한다.

Ⅲ. 준 비 금

1. 서 설

(1) 의 의

회사의 순자산액이 자본금을 초과하는 경우 그 초과액은 기업회계상 잉여금(surplus)이라고 한다. 준비금(reserve)은 잉여금의 일부를 회사에 유보시키기 위한 계산상 금액으로 대차대조표 자본의 부에 계상된다. 준비금의 액은 자본금과 달리 등기사항은 아니나 대차대조표의 공고에 의하여 공시된다.

(2) 종 류

준비금은 상법 기타 법률의 규정에 따라 적립이 강제되는 법정준비금과 정관 규정이나 주주총회 결의에 따라 적립되는 임의준비금으로 구분된다. 상법상의 법정준비금으로서는 이익준비금(458)과 자본준비금(459)이 있으며, 특별법상의 법정준비금으로서는 자산재평가법상 재평가적립금이 있다(자산재평가법 28). 상법상 법정준비금은 독자적으로 발전한 제도로서 후술하는 바와 같이 기업회계기준상의 개념과 반드시 일치하지는 않는다.

(3) 기 능

준비금 적립은 현실적으로 금전을 회사에 보관하는 것이 아니라 대차대조표 자본의 부에 일정 금액을 계상하는 것에 불과하다. 법정준비금은 법에 정한 목적으로만 사용할 수 있고 배당가능이익을 산출할 때 순자산액에서 공제하는 항목이다. 그리하여 준비금은 회사 자산이 회사 밖으로 유출되는 것을 억제하는 기능을 한다. 준비금을 감소시키는 경우에도 금전이 바로 현실적으로 지출되는 것이 아니라 감소된 금액만큼 배당가능이익을 증가시키는 것에 불과하다.

(4) 구별할 개념

가. 부진정준비금

준비금(또는 적립금)이라는 명칭으로 불리기는 하지만 준비금이 아닌 것으로는 부진정준비금과 비밀준비금이 있다. 부진정준비금(또는 유사준비금)은 대차대조표에 자산의 원가를 그대로 기재한 경우에 자산의 진정한 가치를 반영하기 위하여 부채의 부에 기재하는 자산의 가액수정항목으로서 감가상각적립금이나 대손충당금이 그 예이다.[1)]

1) 그러나 이처럼 별도의 적립금이나 충당금으로 표시하면 이익 유보와 같이 보일 우려가 있기 때문에 기업회계기준에서는 이를 자산에서 직접 공제하여 가액을 수정하는 방식으로 표시할 수 있도록 하고 있다(일반기업회계기준 문단 2.43, 10.27).

나. 비밀준비금

비밀준비금은 정식으로 대차대조표상에 준비금으로 계상되는 것은 아니지만 실질적으로 준비금의 성질을 갖는 것을 말한다. 예컨대 적극재산을 실가보다 과소평가하거나 소극재산을 실가보다 과대평가함으로써 발생하는 실가와 평가액의 차액이 이에 해당한다. 비밀준비금에 관하여는 이를 전혀 인정할 수 없다는 견해[1]와 합리적인 범위 내에서 그 합법성을 인정하여야 할 것이라는 견해[2]가 대립하고 있다. 이러한 비밀준비금은 회사의 재산상태를 탄탄히 하는 장점이 없는 것은 아니지만 그런 관행을 지지할 수는 없다. 비밀준비금은 주주나 투자자가 회사의 진정한 재산상태를 파악할 수 없게 만들며, 주주의 이익배당청구권을 침해하고 탈세 수단으로 악용될 수 있기 때문이다.

2. 자본준비금

(1) 의 의

상법상 자본준비금은 '자본거래에서 발생한 잉여금' 중 시행령이 정하는 것을 말한다(459(1)). 여기서 **자본거래**란 증자나 감자 등 주주와의 거래로서 이익잉여금을 제외한 자본항목에 변동을 일으키는 거래를 말한다.[3] 시행령은 시행령 제15조상의 회계기준에 따른 자본잉여금을 자본준비금으로 적립하도록 하고 있다(令 18조). 과거에는 자본준비금에 포함될 항목을 구체적으로 열거하였으나 2011년 개정 상법에서는 기업회계상의 자본잉여금을 그대로 수용한 것이다. 그러나 기업회계상으로 자본잉여금 개념은 반드시 분명한 것이 아니다.

(2) 기업회계상의 자본잉여금

앞서 설명한 바와 같이 시행령 제15조의 회계기준에는 한국채택국제회계기준, 일반기업회계기준, 그리고 2013년 제정된 중소기업회계기준의 3가지가 있다.

일반기업회계기준은 자본을 자본금, 자본잉여금, 자본조정, 기타포괄손익누계액, 이익잉여금(또는 결손금)으로 구분하고(문단2.29-2.33) 자본잉여금에 대한 정의도 담고 있다(문단 2.30). 그에 의하면 자본잉여금은 증자나 감자 등 주주와의 거래에서 발생하여 자본을 증가시키는 잉여금으로 주식발행초과금, 자기주식 처분이익, 감자차익 등을 포함한다(문단 2.30).[4]

반면에 한국채택국제회계기준은 자본을 납입자본, 이익잉여금, 기타자본구성요소의 세 가지로 구분할 뿐 개별항목에 대해서는 구체적으로 규정하지 않고 있다.[5] 해석상 한국채택국

1) 정찬형22, 1202면. 상업장부 및 재무제표상의 자산평가의 원칙에 대하여 상법이 엄격하게 규정하고 있는 점, 분식결산을 방지할 필요가 있는 점 등의 이유로 부정하고 있다.
2) 정동윤6, 772면; 최기원14, 920면.
3) 자본거래와 대치되는 손익거래는 이익잉여금의 증감변화를 일으키는 거래이다.
4) 자본잉여금은 주식발행초과금과 기타 자본잉여금으로 구분된다(문단 2.37).
5) 권재열 외, 보고서, 94면.

제회계기준상의 기타자본구성요소에는 일반기업회계기준상의 자본잉여금, 자본조정, 기타포괄손익누계액이 모두 포함되는 것으로 보아야 할 것이다.[1] 따라서 한국채택국제회계기준을 적용하는 회사에서는 특별한 이유가 없는 한 일반기업회계기준상 자본잉여금에 해당하는 항목을 자본준비금으로 적립하는 것이 타당할 것이다.

자본준비금의 주요 항목

상법상 자본준비금에는 일반기업회계기준에서 명시한 주식발행초과금, 자기주식 처분이익, 감자차익 외에 2011년 상법 개정전 구체적으로 열거되었던 주식교환차익, 주식이전차익, 합병차익, 분할차익도 모두 포함된다고 할 것이다. 이하에서는 이들을 간단히 살펴본다.

① 주식발행초과금

주식발행초과금이란 주식의 발행가액이 액면가액을 초과한 금액을 말한다. 그 금액도 주주가 출자한 것이므로 배당 재원으로 사용하지 못하도록 자본잉여금으로 적립하도록 한 것이다.[2] 무액면주식을 발행하는 경우에는 주식의 발행가액 중 자본금으로 계상하지 아니하는 금액이 주식발행초과금에 해당한다. 상법은 이를 자본준비금으로 계상하도록 명시하고 있다(451(2)).

② 감자차익

감자차익이란 자본금감소의 경우 그 감소액이 주식의 소각, 주금의 반환에 소요된 금액과 결손보전에 충당된 금액을 초과하는 금액을 말한다. 일반기업회계기준상 감자차익은 자본잉여금에 포함된다(문단 2.30). 감자차익은 실질상의 자본금감소나 명목상 자본금감소의 경우에 모두 발생할 수 있다. 실질상의 자본금감소의 경우에는 주식을 매입소각하거나(유상소각) 주금을 반환하게 된다. 이 경우 자본금의 감소액이 실제 소요되는 금액을 초과하는 때에는 감자차익이 발생한다. 또한 명목상 자본금감소의 경우에는 주식의 병합이나 주식을 소각하는 방법으로 결손을 제거한다. 이 경우 자본금의 감소액이 결손전보에 충당된 금액을 초과하는 때에는 감자차익이 발생하게 된다. 감자차익은 주식발행초과금액과는 달리 증자가 아닌 감자 시에 발생하는 것이지만 주주의 출자에서 비롯된 것이라는 점에서는 차이가 없다. 따라서 이를 영업에 의한 이익으로부터 구별하여 배당의 재원이 될 수 없는 자본잉여금으로 계상한다.

③ 합병차익

합병차익이란 회사의 합병시에 소멸한 회사로부터 승계한 재산의 가액이 그 회사로부터 승계한 채무액과 그 회사의 주주에게 지급한 금액, 그리고 합병 후 존속하는 회사의 자본금 증가액(또는 합병으로 인하여 설립된 회사의 자본금액)을 초과하는 금액을 말한다.

④ 분할차익

분할차익은 분할 또는 분할합병으로 인하여 설립된 회사 또는 존속하는 회사에 출자된 재산의 가액이 출자한 회사로부터 승계한 채무액, 출자한 회사의 주주에게 지급한 금액과 설립된 회사의 자본금액 또는 존속하는 회사의 자본금증가액을 초과하는 금액을 말한다.

1) 권재열 외, 보고서, 94면(각주 273).

2) 다만 한국채택국제회계기준에서는 납입자본에 포함된다.

⑤ 주식교환차익과 주식이전차익

주식교환차익은 주식의 포괄적 이전으로 완전모회사가 되는 회사의 자본금 증가의 한도액(360-7(1))이 완전모회사의 실제 자본금 증가액을 초과한 경우 그 초과액을 말한다. 주식이전차익은 주식의 포괄적 이전으로 완전모회사가 되는 회사의 자본금 한도액(360-18)이 설립된 완전모회사의 실제 자본금액을 초과한 경우 그 초과액을 말한다.

⑥ 자기주식 처분이익

자기주식의 처분금액이 장부금액보다 큰 경우에는 그 차액을 자기주식처분이익으로 하여 자본잉여금에 계상한다(일반기업회계기준 문단 15.9).

---

(3) 적 립

기업회계상 자본잉여금은 그 전액이 무제한으로 적립된다. 상법상 자본준비금도 이익준비금과는 달리 특별한 적립절차 없이 당연히 적립되며 적립의 한도액에 관한 규정은 없다.

(4) 승 계

합병이나 분할(분할합병 포함)의 경우 소멸 또는 분할되는 회사의 이익준비금이나 그 밖의 법정준비금은 합병·분할·분할합병 후 존속되거나 새로 설립되는 회사가 승계할 수 있다(459(2)). 1984년 상법개정 이전에는 소멸된 회사의 임의준비금에 상당하는 액은 적립하지 않을 수 있었다(구상 459(iii)단). 그러나 1984년 개정 상법은 이를 삭제하여 합병차익 전액을 무조건 자본준비금으로 적립하도록 하였다. 그리하여 1984년 개정 상법에 의하면 소멸회사에서는 이익준비금이나 임의준비금으로 적립되어 있던 금액이 자본준비금으로 전환되게 되었다. 그러나 합병을 계기로 자본준비금으로의 전환이 일어나는 것에 대해서 비판이 제기됨에 따라 1995년 개정 상법은 소멸회사의 "이익준비금 기타 법정준비금은 합병 후 존속하는 회사가 승계할 수 있다"는 규정을 신설하였다(구상 459(2)).

현재 법문의 해석상 이익준비금과 재평가적립금을 존속회사나 신설회사가 승계할 수 있음은 물론이다. 그러나 임의준비금은 법정준비금으로 볼 수 없기 때문에 제459조 제2항에 따른 승계가 불가능하고 일반적인 합병차익과 같이 자본준비금으로 적립할 수밖에 없다. 또한 법문이 '승계할 수 있다'고 하고 있으므로 승계가 강제되는 것이 아니라 회사가 승계 여부를 선택할 수 있다. 이익준비금의 일부만을 승계하고 나머지는 자본준비금으로 전환시키는 부분적 승계도 굳이 금지할 이유가 없으므로 허용된다고 할 것이다.

이상의 법리를 구체적인 예를 들어 설명하면 다음과 같다. 예컨대 합병차익이 15억원이고 그 금액이 소멸회사의 자본준비금 3억원, 재평가적립금 5억원, 이익준비금 2억원, 임의준비금 4억원, 전기이월이익 1억원이라고 하자. 이 경우 존속회사는 15억원 전액을 자본준비금으로 할 수 있음은 물론이고 재평가적립금과 이익준비금을 각각 5억원, 2억원의 한도 내에서 승계할 수 있다. 어떤 경우이든 원래는 배당가능이익에 해당하였던 임의준비금 및 전기이월이익은 합병을 통해 합병차익으로 인식됨으로써 자본준비금에 해당하게 되어 배당가능이익에서 제외되고, 후술하는 준비금의 감액을 통해 그 일부를 다시 배당가능이익으로 되돌릴 수 있을 뿐이다. 이러한 상법의 태도에 대하여는 배당의 범위를 지나치게 제약한다는 비판도 제기되고 있다.

3. 이익준비금

(1) 의 의

이익준비금은 상법에 따라 매결산기 이익배당액의 1/10 이상을 적립하여 축적한 준비금을 말한다(458). 원래 이익잉여금은 모두 주주에게 배당하더라도 바로 채권자 이익을 해치는 것은 아니다. 상법이 이익준비금 적립을 강제하는 취지는 자본금 이외에 추가적인 안전판을 두도록 강제함으로써 채권자를 보호하기 위한 것이다.

(2) 적 립 액

상법상 적립이 강제되는 금액은 '이익배당액'의 10% 이상이다. 이익준비금의 적립기준은 매결산기의 당기순이익이나 이익잉여금이 아니라 매결산기의 이익배당액이다. 법문의 해석상 이익배당을 하는 경우에는 이익준비금을 적립해야 하고 이익배당을 하지 않는 경우에는 이익준비금을 적립할 필요가 없다.[1]

2011년 개정 상법 이전에는 매결산기의 '금전에 의한 이익배당액'을 기준으로 하였다. 그러나 2011년 개정 상법은 현물배당도 허용하고 있기 때문에(462-4(1)) 금전이란 제한을 삭제하고 대신 주식배당의 경우에 이익준비금의 적립이 면제됨을 명시하고 있다(458단).[2]

이익준비금 적립률을 이익배당액의 10% 이상으로 한 것은 적립의 최저율을 법정한 것이다. 따라서 정관으로 그 비율을 높이는 것은 무방하나 낮추는 것은 무효이다.

(3) 적립한도

이익준비금의 적립한도는 자본금의 1/2이다(458).[3] 여기서 자본금은 발행주식의 액면총액을 말한다. 따라서 신주발행, 법정준비금의 자본금 전입 등의 사유로 자본금이 증가하거나 감자절차에 따라 자본금이 감소하는 경우에는 적립할 이익준비금의 한도도 변동된다. 자본금의 1/2이라는 이익준비금의 법정한도를 초과하여 적립된 준비금은 이익준비금이 아니라 임의준비금으로 본다. 반면에 이미 적립된 이익준비금이 자본금감소로 인하여 법정적립한도를 초과

1) 법문은 이익배당액의 10분의 1 '이상'이라고 하여 이익준비금의 '최소한'의 적립액을 규정하고 있을 뿐이므로 회사가 이익배당을 하지 않는 경우에도 이론상 이익준비금은 적립할 수 있다.

2) 주식배당 시 권면액에 미달되는 단수부분에는 금전배당을 하지만(462-2(3)) 주식배당의 경우 이익준비금이 적립을 면제하는 문언상 이러한 단수부분에 대한 금전배당의 10% 이상을 이익준비금으로 적립할 필요는 없다고 볼 것이다.

3) 이익준비금은 채권자보호를 위한 제도이지만 자본금의 50%까지 적립하는 것은 다른 나라에 비하여 너무 높은 감이 있다. 일본 회사법은 자본준비금과 합하여 자본금의 25%를 적립한도로 하고 있다(445(4)).

하게 되더라도 그 초과액은 여전히 이익준비금으로서의 성격을 유지한다고 볼 것이다.[1] 법정적립한도가 주주의 이익배당에 관한 권리를 보호하기 위한 제한이라는 점을 고려하면 적립 시에만 적용된다고 보아야 할 것이기 때문이다.

4. 법정준비금의 사용

(1) 원칙과 예외

자본준비금과 이익준비금은 자본금의 결손을 보전하는 것에 충당하는 것이 원칙이고(460) 예외적으로 자본금에 전입하거나 감액할 수 있다(461, 461-2).

(2) 자본금의 결손

자본금의 결손이란 사업연도 말 현재 회사의 순자산액이 자본금 및 법정준비금의 합계액에 미달되는 것을 말한다.[2] 따라서 특정사업연도의 손실을 임의준비금과 전기이월이익잉여금으로 감당할 수 있는 경우에는 자본금의 결손은 아직 발생한 것으로 볼 수 없다.

(3) 결손의 보전

법정준비금에 의한 결손보전은 구체적으로 대차대조표상 결손금을 감소시키고 그 감소액과 대등한 금액을 대차대조표상의 법정준비금의 액에서 감소시키는 방법으로 행한다. 결손보전은 대차대조표상의 기재변경이므로 재무제표의 확정권한을 갖는 주주총회가 결정한다. 정기주주총회에서 하는 것이 원칙이지만, 임시주주총회에서 하는 것도 가능하다고 보아야 할 것이다.[3] 다만 임시주주총회에서 결손보전을 하더라도 그 효과는 그때부터 발생하는 것이지 직전 사업연도 말로 소급하는 것은 아니다. 법정준비금 전액으로도 결손금을 전부 보전할 수 없는 상태를 자본잠식이라고 한다.

자본금의 결손이 존재하는 경우 반드시 법정준비금으로 그 결손을 보전하여야 하는가? 우리 상법상 결손보전을 강제하는 규정은 없으므로 그 절차를 밟지 않아도 무방하다.[4] 다만 결손을 보전하기 전에는 이익배당을 실시할 수 없다. 결손을 보전하기까지는 이월손실과 법정준비금이 병존하게 된다.

과거 상법은 결손보전은 먼저 이익준비금으로 행하고, 그것이 부족한 경우에 한하여 자본준비금을 사용하도록 하고 있었다(구상 460(2)). 이익준비금에는 자본준비금과는 달리 적립한도가 법정되어 있어(458) 이익준비금을 먼저 사용하도록 하는 것이 채권자에게 보다 유리하다

1) 日注會(8)(1988), 280면(久保欣哉).
2) 결손 판단의 대상이 자본금과 법정준비금의 합계액이라는 점에서 2011년 개정 전과 같이 자본의 결손이라는 표현을 유지하는 편이 보다 적절했을 것이다.
3) 준비금에 의한 결손보전보다 더 중대한 변경이라고 할 수 있는 자본금감소도 임시주주총회에서 할 수 있는 점, 임시주주총회와 정기주주총회는 소집시기의 차이일 뿐 원칙적으로 동일한 권한을 갖는 점 등을 근거로 한다.
4) 이철송30, 1006면; 정동윤6, 774면; 日注會(8)(1988), 298면(久保欣哉).

는 판단에 따른 것이었다. 그러나 이익준비금이나 자본준비금은 재원에 차이가 있을 뿐 일단 적립된 후에는 차이가 없다. 2011년 개정 상법은 어느 쪽으로 결손을 전보할 것인지를 회사의 판단에 맡긴다는 차원에서 순서에 관한 규정을 삭제하였다.

결손의 발생과 처리

회사가 사업상 손실을 보는 경우에도 바로 결손이 발생하는 것은 아니다. 영업외수익이 많다면 경상이익이 발생할 수도 있다. 설사 경상손실이 발생하더라도 고정자산매각이익과 같은 특별이익이 있는 경우에는 당기순이익을 낳을 수도 있다. 또한 당기순손실이 있더라도 전기이월이익이 더 크다면 결손은 발생하지 않는다. 또한 임의준비금을 사용하여 당기순손실을 메울 수 있다.

결손의 처리는 앞서 설명한 준비금에 의한 보전은 물론이고 무상으로 자본금을 감소하는 방법으로도 가능하다.

5. 법정준비금의 자본금 전입

(1) 의 의

준비금의 자본금 전입은 자본의 부에 속하는 준비금 금액을 감소시킴과 동시에 자본금을 동일한 금액만큼 증가시키는 행위를 말한다. 자본금 전입에 따른 신주발행은 주금의 납입 없이 이루어진다는 점에서 실무계에서는 보통 무상증자라고 불린다.[1)] 회사재산의 증가 없이 주식 수만 증가된다는 점에서 주식분할의 성질을 갖는다.[2)]

법정준비금 중 이익준비금에는 적립한도가 법률로 정해져 있지만(458) 자본준비금에는 적립한도가 없다(459). 그리하여 자본금에 비하여 준비금이 과다하게 적립되는 경우가 있을 수 있다. 그 경우 1주의 주가가 너무 높아져 거래가 위축될 우려가 있으므로 회사는 준비금을 자본금에 전입하여 주식 수를 늘리고 주가를 적정수준으로 낮춤으로써 주식의 유동성을 높일 수 있다.

법정준비금은 주로 채권자 이익을 염두에 둔 제도이지만, 그것이 자본금에 전입되는 경우에는 채권자 이익은 더욱 증진된다. 법정준비금은 자본금의 결손보전에 사용될 수 있고 자본금에 비해 쉽게 감소시킬 수 있지만, 일단 자본금으로 전입되면 결손이 생긴 경우에도 감자절차를 밟지 않고서는 감소가 불가능하기 때문이다. 또한 자본금이 증가하면 그에 따라 이익준비금 적립한도도 증가하므로 그 점에서도 채권자에게는 유리한 변화라고 할 것이다.

---

1) 주식배당도 주금납입 없이 주식이 발행된다는 점에서는 무상증자와 공통점을 지닌다. 그러나 주식배당의 경우에는 재원이 배당가능이익인 것에 비하여 무상증자의 경우에는 재원이 법정준비금이다.

2) 동지: 정동윤6, 775면; 정찬형22, 1165면; 최기원14, 921면. 다만 상법상 액면주식의 분할은 자본금의 변동 없이 1주의 금액이 분할되는 액면분할인 것에 비하여 준비금의 자본금 전입은 자본금 증가를 수반한다는 점에 차이가 있다.

법정준비금을 자본금에 전입하면 그 결과 자본금이 증가한다. 자본금의 증가는 주식 수나 주식액면가액의 두 가지 중 하나를 증가시킴으로써 달성할 수 있다. 그러나 액면가액의 증가는 정관변경의 절차를 밟아야 하므로[1] 비현실적이다. 이하에서는 전자를 중심으로 살펴본다.

법정준비금의 자본금 전입은 준비금의 자본금 전입과 신주의 무상교부라는 두 가지 단계로 나눌 수 있다. 이하 차례로 설명한다.

(2) 준비금의 전입

가. 대상인 준비금

자본금에 전입할 수 있는 준비금은 법정준비금, 즉 자본준비금과 이익준비금이며 임의준비금은 포함되지 않는다. 임의준비금을 자본금에 전입하려면 주식배당(462-2(1))의 형태를 취해야 한다.[2] 전입의 대상은 이익준비금과 자본준비금의 일방이나 쌍방 어느 쪽이든 될 수 있으며 어느 쪽을 먼저 전입하든 무방하다. 자산재평가법에 의한 재평가적립금은 자본준비금과 마찬가지로 자본금 전입이 허용되고 있다(자산재평가법 30).[3]

나. 전입을 결정하는 기관

법정준비금의 자본금 전입은 정관에서 주주총회에서 결정하기로 정한 경우를 제외하고는 이사회 결의로 한다(461(1)). 법정준비금은 원래 자본금의 결손보전 외에는 사용하지 못하게 되어 있으므로 이를 자본금에 전입하더라도 주주에게 크게 불리할 것은 없다.[4] 그리하여 상법은 자본금 전입을 원칙적으로 이사회결의사항으로 정한 것이다.

다. 전입의 시기

전입의 시기에 대해서는 아무런 제한도 없다. 따라서 결산기는 물론이고 영업연도 중이라도 언제나 전입이 가능하다.

라. 효력발생시기

자본금 전입의 효력이 발생하는 시기는 원칙적으로 신주의 효력이 발생하는 날이라고 할 수 있다. 신주의 효력이 발생하는 날에 대해서는 뒤에 설명한다. 예외적으로 무액면주식을 발행한 회사는 준비금을 자본금에 전입하면서도 반드시 주식을 발행할 필요는 없다.[5] 그 경우에

---

1) 주식의 액면가액이 정관기재사항으로 되어 있기 때문이다(289(1)(iv)).

2) 임의준비금의 적립근거가 정관규정이나 총회결의에 있다면 먼저 정관을 변경하거나 주주총회 결의로 배당이 가능한 형태로 전환하는 절차를 밟아야 할 것이다. 또한 주식배당은 이익배당총액의 2분의 1을 넘지 못하므로(462(1)) 임의준비금을 주식배당의 방식으로 자본금에 전입하는 것과 병행하여 현금배당도 실시하여야 한다.

3) 자산재평가법은 2000년 말까지 재평가신고를 마친 부분에 대해서만 적용되므로(자산재평가법 41) 앞으로 재평가적립금에 의한 자본금 전입은 결국 사라질 전망이다.

4) 다만 자본금이 증가하면 이익준비금의 적립한도가 늘어난다는 점에서는 주주에게 불리한 측면이 있다고 할 것이다.

5) 이철송30, 1005면은 무액면주식을 발행한 회사의 자본금 전입은 신주발행을 수반하지 않는 것이 원칙이라고 하고 있다. 권기범6, 1117~1118면 역시 신주의 발행 여부는 선택적이라고 본다.

는 이사회나 주주총회가 전입을 결의한 날 전입의 효력이 발생한다.

마. 등 기

자본금 전입에 의하여 자본금 증가의 효력이 발생하는 때에는 소정의 기간 내에 변경등기를 하여야 한다(317(4)→183).

(3) 신주의 무상교부

가. 신주의 발행

준비금을 자본금에 전입하면 자본금이 증가한다. 자본금의 증가는 전술한 바와 같이 주로 주식의 액면가액을 증액하기보다는 신주를 발행하는 형태로 행해진다.

무액면주식을 발행한 회사는 반드시 신주를 발행할 필요는 없다. 그러나 신주를 발행하는 경우에는 액면주식을 발행한 회사의 경우와 마찬가지로 다음과 같은 규율에 따른다.

나. 신주의 배정

준비금의 자본금 전입이 있는 경우에는 주주에 대하여 그가 가진 주식의 수에 따라 주식을 발행하여야 한다(461(2)).[1] 이 경우에 회사는 일정한 날(신주배정일)을 정하여 그 날에 주주명부에 기재된 주주가 자본금 전입에 따른 신주의 주주가 된다는 뜻을 신주배정일의 2주간 전에 공고하여야 한다(461(3)).[2] 그러나 주주총회가 자본금 전입을 결의하는 경우에는 총회소집을 목적으로 하는 주주명부의 폐쇄나 기준일에 의하여 주주권 행사자가 확정되므로(354(1)) 다시 신주배정일을 지정·공고할 필요가 없다.

무상신주의 귀속과 실기주

상법은 회사로 하여금 신주배정일에 주주명부에 기재된 주주가 자본금 전입에 의하여 발행된 신주의 주주가 된다는 뜻을 공고하도록 하고 있다(461(3)). 주주명부에 기재된 자가 실질적인 주주인 경우에는 그가 신주의 주주가 되어도 아무런 문제가 없을 것이다. 그러나 주주명부에 기재된 주주가 이미 주식을 타인에 양도하였으나 양수인이 명의개서를 하지 않은 경우(즉 광의의 실기주인 경우)에도 주주명부상의 주주가 자본금 전입으로 발행된 신주(협의의 실기주)를 취득하는가? 판례는 법문상의 표현(461(3))을 근거로 신주배정일에 주주명부에 주주로 기재된 자만이 신주의 주주가 된다고 하여, 실질상의 주주인 양수인이 아니라 주주명부상의 주주인 양도인에게 신주가 귀속된다고 본다(대법원 1988. 6. 14, 87다카2599 판결; 대법원 2010. 2. 25, 2008다96963, 96970 판결).[3]

---

1) 예외적으로 자본시장법상 공공적 법인은 정부에 배정할 신주를 일정한 요건을 갖춘 주주에게 배정할 수 있다(자시 165-14(2)).

2) 다만 신주배정일이 주주명부폐쇄기간중인 때에는(354(1)) 그 기간의 첫날의 2주간 전에 이를 공고하여야 한다(461(3)단).

3) 그러나 회사에 공고의무를 부과하는 조항을 주주명부상의 주주와 양수인 사이의 신주의 귀속에 대해서까지 결정하는 기준으로 삼는 것에는 의문이 있다. 보다 상세한 것은 김건식, “명의개서의 해태와 무상발행신주의 귀속”, 연

다만 양수인과 양도인 사이에서는 양수인이 권리자이므로, 양수인은 양도인에게 위 신주의 반환을 청구할 수 있을 것이다.

다. 신주의 발행가액과 수

신주의 발행가액에 대해서는 아무런 규정도 두고 있지 않다. 그러나 "주식의 수에 따라 주식을 발행하여야 한다"(461(2))는 취지에 비추어 액면기준으로 발행하여야 한다고 본다. 액면을 초과하는 금액으로 발행하는 것은 다시 액면초과금이 발생한다는 점에서도 허용하기 어렵다.[1]

액면주식을 발행한 회사에서는 자본금에 전입되는 금액을 액면으로 나누면 발행할 신주의 수를 구할 수 있다. 그러나 무액면주식을 발행한 회사의 경우에는 자본금 전입을 결정하는 이사회나 주주총회가 신주발행 여부와 아울러 그 수까지 정할 수밖에 없을 것이다. 배정된 신주가 1주에 미달하는 단수인 경우에는 단주처리의 방식에 따라 그 대금을 단수주주에게 지급하여야 한다(461(2)→443(1)).

라. 종류주식을 발행한 회사의 신주발행

우선주를 비롯한 종류주식을 발행하고 있는 회사가 준비금의 자본금 전입을 하는 경우에는 신주를 어떻게 발행하여야 하는가에 관해 의문이 존재한다. 준비금의 자본금 전입이 주식분할의 성질을 갖는다는 점을 고려하면 우선주주에게는 우선주를, 보통주주에게는 보통주를 교부하여야 할 것이다.[2] 이 경우 주주들 사이의 지분적 관계는 그대로 유지되지만 우선배당금의 전체 액수가 증가하므로 보통주주의 입장에서는 불리한 면이 있다.[3] 그러므로 자본금 전입 시의 종류주식의 취급에 대해 미리 정관에 구체적인 규정을 두는 것이 바람직할 것이다.[4]

마. 자기주식

자기주식에 대한 신주의 교부여부는 기존 주주의 이해관계에 영향이 없다. 준비금의 자본금 전입에 의한 신주발행을 주식분할로 본다면 회사가 보유하고 있는 자기주식에 대해서도 신주를 교부하는 것이 자연스럽고 회사의 재무관리상 편리한 측면이 있다. 그러나 자기주식을 미발행주식으로 보는 견해를 따른다면 신주교부를 부정해야 할 것이다. 자본금 전입에 의한 신주발행이 주식분할의 성질을 갖더라도 존재하지 않는 주식까지 분할의 대상으로 볼 수는 없기 때문이다.

구Ⅱ, 355면 이하 참조.

1) 무상증자라는 면에서 동일한 주식배당의 경우에도 액면을 기준으로 하고 있다(462-2(2)).

2) 동지: 권기범6, 1119면. 반대: 이철송30, 1004면(보통주주에게나 우선주주에게나 모두 보통주를 발행해야 한다고 함).

3) 이러한 결과를 피하기 위하여는 주식수가 늘어나는 만큼 우선배당률을 감소하면 될 것이다. 그러나 실제로 증자규모가 크지 않은 경우에는 매우 번거로운 일이다.

4) 가장 바람직한 것은 정관에 각각 동일한 주식을 배정한다는 취지와 우선배당률을 조정하지 않는다는 취지를 밝혀 두는 것이다. 우선주주에게도 보통주를 발행하는 경우에는 종류주주총회의 결의를 거쳐야 할 것이다(435).

바. 신주의 효력발생시기

신주의 효력발생시기는 자본금 전입 결의를 이사회와 주주총회 중 어디에서 하는지에 따라 달라진다. 이사회가 자본금 전입을 결의하는 경우 회사는 일정한 날(배정기준일)에 주주명부에 기재된 주주가 신주의 주주가 된다는 뜻을 공고해야 한다(461(3)). 따라서 통설은 신주의 효력발생시기도 배정기준일이라고 보고 있다.[1] 그러나 자본금 전입을 결정할 권한을 주주총회가 갖는 경우에는 주주는 주주총회의 결의가 있은 때로부터 배정된 신주의 주주가 된다(461(4)). 다만 주식배당의 경우(462-2(4))와 마찬가지로 그 시점은 보다 정확히는 '주주총회가 종결한 때'를 가리킨다고 볼 것이다.

사. 신주발행 후의 절차

신주가 발행된 경우 이사는 신주를 받은 주주와 주주명부에 기재된 질권자에 대하여 당해 주주가 받은 주식의 종류와 수를 통지하여야 한다(461(5)).

회사는 신주발행이 그 효력을 발생한 때에는 통상의 신주발행의 경우(355(1))와 마찬가지로 지체 없이 주권을 발행하여야 한다. 또한 신주발행에 따라 발행주식총수가 증가하였으므로 회사는 변경등기를 해야 한다(317(4)→183).

아. 질권자의 권리

준비금의 자본금 전입으로 인한 신주발행은 실질적으로는 주식분할과 같으므로 종전의 주식에 대한 질권자는 그 주식에 대해서 발행된 신주와 지급될 금전에 대해서 질권을 갖는다(461(7)→339).

(4) 위법한 자본금 전입

예컨대 이사회결의가 없거나 준비금이 부족한 것과 같이 자본금 전입이 위법하게 이루어진 경우 그 자본금 전입은 무효가 될 수 있다. 다만 신주가 발행된 경우에는 신주발행무효의 소(429 이하)에 관한 규정이 유추적용될 것이다.[2]

6. 법정준비금의 감소

(1) 서 설

자본금의 경우에는 회사가 감소절차(438 이하)를 통하여 회사재산을 주주에게 반환하는 것이 가능하다. 그러나 과거 준비금의 경우에는 자본금 전입은 가능하지만 감소는 인정되지 않았기 때문에 이익배당의 재원으로 삼는 길이 봉쇄되었다. 또한 이익준비금과는 달리 자본준비금은 적립한도가 없어서 과도하게 적립되는 경우가 없지 않았다. 그리하여 2011년 개정 상

1) 이철송30, 1004면.
2) 권기범6, 1121면; 최기원14, 926면.

법은 자본금제도의 엄격성을 완화하는 일련의 조치를 채택함과 아울러 준비금의 감소를 허용하였다(461-2).

(2) 요 건

가. 자본준비금과 이익준비금의 총액이 자본금의 1.5배를 초과할 것

준비금 감소가 가능하려면 자본준비금과 이익준비금의 총액이 자본금의 1.5배를 초과하여야 한다(461-2). 이 비율을 1.5배로 정한 것은 개정안을 준비할 당시 상장회사의 자본금 대비 준비금비율이 평균 약 1.5배에 달하였기 때문이다.

나. 주주총회의 결의

준비금의 감소에는 주주총회 결의가 필요하다. 특별결의가 요구되는 자본금감소의 경우(438(1))와는 달리 준비금 감소는 보통결의 요건이 적용된다. 결의사항에 대해서는 규정이 없지만 감소의 대상이 되는 준비금과 감소액, 감소의 효력발생일을 정하여야 한다.[1)] 자본준비금과 이익준비금의 감소비율과 감소순서에 관해서는 제한이 없으므로 주주총회에서 임의로 감소되는 준비금의 종류와 금액을 정할 수 있다. 준비금 감소는 정기주주총회 및 임시주주총회에서 모두 결의할 수 있다.[2)]

다. 채권자 보호절차의 필요여부

원칙적으로 채권자이의절차(232)가 필요한 자본금감소의 경우(439(2))와 달리 준비금 감소에는 채권자 보호의 절차를 밟을 필요가 없다.

(3) 효력발생

준비금 감소의 효력은 주주총회 결의에서 정한 날에 발생하며 결의에서 정한 바에 따라 자본준비금이나 이익준비금이 감소된다. 감소된 금액은 취지상 그 금액만큼 배당가능이익이 증대되는 방향으로 처리해야 할 것이다.[3)] 준비금 감소는 당기의 준비금을 줄이는 것이어서 직전 사업연도말 기준으로 산정된 배당가능이익에는 영향을 미치지 못하므로 즉시 배당은 불가능하다는 견해도 있을 수 있으나,[4)] 불필요한 준비금의 감액을 통해 배당재원을 마련하려는 입법 취지에 비추어 보면 즉시배당도 가능하다고 할 것이다. 이에 따르면 정기주주총회에서 준비금 감액을 결의하고 그에 따른 재무제표를 승인한 후 이를 통해 확보된 배당재원에 대하여 같은 주주총회에서 즉시 배당할 수 있다.[5)]

---

1) 日會 448(1) 참조.

2) 법무부 유권해석 2013. 6. 13.(상사법무과-1896).

3) 이 경우 이익배당의 재원은 이익잉여금으로 한다는 기업회계의 기본 원칙의 예외가 발생한다.

4) 법무부 유권해석 2018. 1. 9. (상사법무과).

5) 김지평, "주식회사 배당의 실무상 쟁점", 선진상사법률 79(2017), 150면; 심영, "주식회사의 배당가능이익 계산과 미실현이익", 상사법연구 33-3(2014), 59면.

7. 임의준비금

(1) 의 의

상법은 법정준비금과는 달리 임의준비금에 관해서는 아무런 규정도 두고 있지 않다. 임의준비금이란 회사가 법규정에 따른 것이 아니라 자체적인 판단에 따라 이익을 유보하여 적립한 준비금을 말한다. 적립의 방법은 정관의 규정이나 주주총회의 결의로 정한다. 이익의 원천이라는 점에서는 이익준비금과 동일하지만 법률의 강제에 의하지 않고 자발적으로 적립된 것이라는 점에서 이익준비금과는 구별된다. 사채계약에 따라 회사가 적립하는 사채상환준비금은 법률이 적립을 강제한 것이 아니므로 임의준비금에 불과하다. 따라서 사채상환준비금을 적립하지 않는 경우 채무불이행에 해당할 수 있지만 위법은 아니다.

(2) 종 류

임의준비금은 ① 특정목적이 정해진 것과 ② 특정목적이 정해지지 않아 어느 목적에나 사용할 수 있는 것으로 나뉜다. ②의 예로는 일반준비금(별도적립금)을 들 수 있다. ①의 예로는 사업확장을 위한 사업확장적립금, 이익배당평균화를 목적으로 하는 배당평균준비금, 사채상환준비금(감채기금) 등이 있다.

(3) 적 립

임의준비금의 적립방법이나 적립액은 정관 규정이나 주주총회 결의에 의하여 결정된다.[1] 임의준비금의 적립방법을 정관으로 정한 경우 회사는 이익이 있는 한 적립할 의무가 있다. 따라서 이익이 충분치 않은 경우에는 정관을 변경하지 않는 한 이익배당을 하지 못할 수도 있다. 이익배당의 최종결정권한을 가진 주주총회도 정관규정을 준수해야 하기 때문이다. 정관에 임의준비금에 관한 규정이 없는 경우에는 주주총회 결의로 적립목적, 적립액 등을 정할 수 있다.

임의준비금은 배당가능이익 산출 시에 공제항목이 아니므로(462(1)) 회사가 임의준비금을 적립하지 아니하고 이익배당을 하더라도 배당가능이익을 초과한 위법배당이 되는 것은 아니다.

(4) 사 용

임의준비금은 그 적립목적으로 정해진 목적에 따라 사용할 수 있다. 특정목적으로 적립된 임의준비금은 일반적으로 영업연도 중 이사회 결의로 사용할 수 있다. 그러나 배당평균적립금과 같이 성질상 연도말결산을 전제로 하는 것은 결산기말에 이익처분안에 기재되어 주주총회 결의를 거쳐야만 사용할 수 있다. 또한 목적이 정해지지 않은 별도적립금의 경우에도 이사회 결의만으로는 사용할 수 없다고 볼 것이다.

---

1) 독일 주식법은 정관의 규정으로 주주총회의 결의에 의하여 연도이익의 절반까지를 임의준비금으로 적립할 수 있도록 하고 있으나(獨株 58(1)), 전체 적립한도는 제한하지 않고 있다.

제 4 절

이익배당

Ⅰ. 총　　설

1. 회사재무의 관점에서 본 이익배당

주주이익 극대화를 위해서 회사는 부족한 자금을 조달하거나 잉여재산을 주주에게 반환할 필요가 있다.[1] 회사가 존속 중에 회사재산을 주주에게 반환하는 방법으로는 이익배당, 자기주식 취득, 유상감자를 들 수 있다. 주주에 대한 회사재산의 반환은 선순위 권리자인 회사채권자의 이익을 위협할 수 있으므로 상법은 채권자보호를 위해서 엄격한 규제를 가하고 있다.

이 절에서 설명하는 이익배당에도 상법상 엄격한 규제가 적용된다. 그러나 이익배당의 경우에는 채권자 이익에 못지않게 주주 이익도 고려할 필요가 있다. 영리법인(169)인 회사가 영리활동으로 얻은 이익을 주주에게 분배하는 것은 투자 촉진을 위해서 불가결한 일이다. 그리하여 이익배당에 대한 상법의 규제는 주주 이익의 관점에서 완화되는 추세이다.

2. 이익배당의 의의

이익배당은 상법상 정의는 없지만 일반적으로 회사가 주주에 대해서 그 주식 수에 따라 회사재산을 무상으로 분배하는 행위를 말한다. 과거에는 금전배당만이 허용된다고 보았으나 2011년 개정 상법은 현물배당을 명문으로 허용하고 있다(462-4). 회사가 배당가능이익범위에서 주식으로 배당하는 주식배당은 1984년부터 명시적으로 허용되고 있지만(462-2) 그것을 이익배당으로 볼 것인지에 대해서는 후술하는 바와 같이 다툼이 있다.

1) 우리나라에서는 회사가 주주에게 현금을 반환하는 결정은 꺼리는 경우가 많다. 반면에 주주 쪽에서는 이익배당을 크게 반기는 것이 보통이다.

숨은 이익처분과 이익배당

상법이 이익배당을 제한하는 이유는 결국 주주에게 회사재산이 유출됨으로써 선순위권리자인 채권자 이익을 해칠 우려가 있기 때문이다. 채권자 이익의 침해위험은 비단 이익배당의 경우에만 한정되는 것이 아니라 회사 재산이 주주에게 제공되는 모든 경우에 발생한다. 자기주식 취득이나 주식의 유상소각의 경우에는 물론이고 회사가 주주와의 거래에서 조건을 주주에게 부당히 유리하게 정하는 경우에도 채권자(그리고 나머지 주주)의 이익이 침해될 수 있다. 우리나라에서도 이러한 '숨은 이익처분'도 배당으로 보아 위법배당에 포함시키는 견해가 있다.[1] 이러한 견해가 특히 그 거래에서 배제된 소수주주 이익을 보호하는데 편리한 것은 물론이다. 그러나 이처럼 유상의 거래행위까지 포함할 정도로 배당의 개념을 확장하면 일부 주주에게 어떠한 형태로든 회사의 이익이 이전되는 경우는 모두 위법배당에 해당할 우려가 있다. 그러므로 이처럼 배당의 개념을 과도하게 확장하기보다는 직접 불공정한 거래를 억제하는 방법으로 소수주주를 보호하는 것이 정도일 것이다.

3. 이익배당의 요건과 효과

회사가 이익배당을 결정하기 위해서는 상법상 다음과 같은 요건을 갖춰야 한다. ① 배당가능이익의 범위 내일 것(462(1)), ② 배당결정권한 있는 기관의 결정일 것(462(2)), ③ 배당이 가능한 시기일 것, ④ 모든 주주에게 주식의 수에 따라 제공될 것(464). 이익배당이 결정되면 주주의 배당금청구권과 회사의 배당금지급의무가 발생한다.

Ⅱ. 배당가능이익[2]

1. 의 의

상법상 이익배당은 배당가능이익의 범위 내에서만 허용된다(462(1)). 배당가능이익은 대차대조표상의 **순자산액**으로부터 다음의 금액을 공제한 것을 말한다(462(1)).

① 자본금의 액
② 그 결산기까지 적립된 자본준비금과 이익준비금의 합계액
③ 그 결산기에 적립하여야 할 이익준비금의 액
④ 대통령령으로 정하는 미실현이익

1) 정동윤6, 783면.
2) 배당가능이익의 산정을 비롯한 배당 실무상의 여러 쟁점에 관한 분석으로 김지평, "주식회사 배당의 실무상 쟁점", 선진상사법률 79(2017), 141~173면; 심영, "주식회사의 배당가능이익 계산과 미실현이익", 상사법연구 33-3(2014), 43~71면 참조.

2. 배당가능이익의 산식

이러한 배당가능이익의 산정공식은 다음과 같이 표시할 수 있다. 편의상 순자산을 NA, 자본금을 C, 자본준비금과 이익준비금의 합계액, 즉 법정준비금을 S, 그 결산기에 적립하여야 할 이익준비금의 액은 ES, 대통령령으로 정하는 미실현이익은 U, 배당가능이익을 P로 표시한다.

$$P = NA - (C + S + ES + U)$$

여기서 ES는 자본금의 2분의 1이 될 때까지 매 결산기 이익배당액의 10분의 1 이상이 되어야 한다(458). 배당가능이익이 전부 배당되는 일은 실제로는 거의 없다. 그러나 ES는 배당가능이익이 전부 배당되는 경우 가장 커지므로 P의 한도를 정할 때는 ES를 0.1P로 대치해야 할 것이다.[1)]

$$P = NA - (C + S + 0.1P + U)$$

이 산식을 P를 중심으로 다시 정리하면 다음과 같다.

$$P = 10/11\{NA - (C + S + U)\}$$

위 산식을 말로 풀어 보면 다음과 같다. 즉 배당가능이익은 순자산액에서 자본금과 법정준비금, 그리고 미실현이익을 공제한 금액의 10/11이다.

그러나 위의 산식은 일반적인 이익배당의 경우에만 적용되며 주식배당의 경우에는 변경할 필요가 있다. 주식배당 시에는 이익준비금을 적립할 필요가 없기 때문에(458단) 위 산식에서 ES를 제거해야 한다. 그리하여 주식배당 시의 배당가능이익의 산식은 다음과 같이 정리할 수 있다.

$$P = NA - (C + S + U)$$

3. 미실현이익

위에서 순자산액이란 자산에서 부채를 공제한 금액을 말한다. 따라서 순자산액은 자산과 부채의 평가방법에 크게 좌우된다. 기업회계상 자산평가가 원가 대신 공정가치에 의하는 경우가 증가함에 따라 평가상으로는 이익이지만 현금화되지 않은 미실현이익이 늘게 되었다. 미실현이익을 근거로 배당을 지급하면 후일 자산가치가 하락하는 경우 채권자 이익이 침해될 위험

---

1) 물론 이하의 산식은 ES를 추가 적립하여도 아직 이익준비금이 자본금의 2분의 1에 미치지 못하는 경우를 전제로 한다. 이미 이익준비금이 자본금의 2분의 1에 이르렀다면 ES는 0이 될 것이고, 이익배당액의 10% 미만을 추가 적립함으로써 자본금의 2분의 1에 이르게 되는 상황이라면 ES는 0.1P보다 작게 된다.

이 있다. 이러한 위험을 피하기 위하여 2011년 개정 상법은 특별히 배당가능이익을 산정할 때 미실현이익을 배제하는 규정을 두고 있다.

위에서 ④ 대통령령으로 정하는 미실현이익은 "제446조의2의 회계 원칙에 따른 자산 및 부채에 대한 평가로 인하여 증가한 대차대조표상의 순자산액으로서, 미실현손실과 상계하지 아니한 금액을 말한다"(令 19(1)). 시행령에서 미실현손실과의 상계를 인정하지 않은 것은 미실현손실은 실제 손실로 실현되면서도 미실현이익은 실제 이익으로 실현되지 않을 위험이 있기 때문이다. 즉 상계 후의 순자산 감소 위험에 대비하여 보수적인 입장을 취한 것이다. 그러나 상계 부인으로 인해 미실현이익이 과도하게 커지고 그 결과 배당가능이익이 과도하게 작아질 우려가 있으므로 엄격한 요건 하에 일부 상계가 인정된다(令 19(2)).[1]

배당가능이익의 산정과 자본잉여금 이외의 자본항목

상법상 배당가능이익은 순자산에서 출발하여 자본금과 준비금 등을 공제하는 방식으로 산정하고 있다. 반면에 기업실무에서 배당가능이익을 산정할 때에는 주로 이익잉여금을 기초로 삼고 있다. 대차대조표 자본의 부가 자본금, 자본잉여금, 이익잉여금으로만 구성되어 있다면 두 가지 방법에 큰 차이는 없을 것이다. 그러나 현재 기업회계기준상 자본항목은 그렇게 단순하지 않다. 먼저 한국채택국제회계기준에서는 자본항목이 납입자본, 이익잉여금, 기타자본구성요소의 세 가지로 구성되고 있어 상법의 산정공식을 그대로 적용하기 어렵다. 다행히 일반기업회계기준은 상법의 산정공식에 보다 가깝다. 일반기업회계기준에서 자본은 다음 다섯 가지로 분류된다: ① 자본금, ② 자본잉여금, ③ 자본조정, ④ 기타포괄손익누계액 및 ⑤ 이익잉여금. 따라서 순자산액에서 ①과 ②를 공제하면 ③~⑤가 남지만 ④는 성질상 미실현이익에 해당하여[2] 공제할 수 있으므로 결국 문제되는 것은 ③ 자본조정이다.

자본조정은 양(陽)의 자본조정과 음(陰)의 자본조정의 두 가지 유형으로 나눌 수 있다.[3] 전자는 성격상 자본거래에 해당하나 자본금이나 자본잉여금의 어느 하나에 속하는 것으로 확정되지 않은 임시적인 자본항목으로 자본을 증가시킨다는 점에서 '양의 자본조정'이라고 한다. 후자는 자본잉여금으로 분류된 항목과 대칭되는 계정으로서 자본을 감소시킨다는 점에서 '음의 자본조정'이라

1) 시행령상 상계가 인정되는 경우는 (i) 파생결합증권 거래와 그 위험을 회피하기 위한 연계거래 간의 미실현손익 상계, (ii) 어떤 거래와 그 위험을 회피하기 위한 파생상품거래 간의 미실현손익 상계, (iii) 보험상품거래와 그와 연계된 파생상품 매입거래, 재보험거래 등 위험회피 거래 간의 미실현손익 상계 등이다. 이들은 어느 한쪽에서 미실현손실/이익이 발생하면 다른 한쪽에서 그에 상응하는 미실현이익/손실이 발생한다는 점에서 공통적이다. 예컨대 외화자산의 환율변동 위험을 회피하기 위해 외화선도거래 등 파생상품을 활용하는 경우 위험회피대상(외화자산)과 위험회피수단(파생상품) 어느 한쪽에서는 미실현이익이 발생하고 반대쪽에서는 미실현손실이 발생한다. 따라서 미실현손익의 상계를 허용하더라도 순자산 침해 우려가 없고, 오히려 상계를 허용하지 않으면 미실현이익이 누적되어 배당가능이익이 지나치게 축소된다. 이에 이러한 경우에는 미실현손익의 상계를 허용한 것이지만 여전히 해석론상의 문제가 많다. 입법론으로는 위 (i)(ii)(iii) 외에도 연계된 거래에서 미실현손익이 대칭적으로 발생하는 경우에는 상계를 폭넓게 허용함이 타당할 것이다.

2) 정운오, IFRS 중급회계(2009), 793면.

3) 이하 상세한 것은 권재열 외, 보고서, 113면 이하 참조.

고 한다. 일반기업회계기준상 전자에는 출자전환채무, 주식선택권, 미교부주식 배당금, 신주청약증거금 등이 있고, 후자에는 주식할인발행차금, 자기주식, 감자차손, 자기주식처분손실 등이 있다.

위에서 음의 자본조정은 이미 순자산액에 반영되어 있으므로 배당가능이익산정과 관련하여 다시 공제할 필요는 없다. 문제가 되는 것은 양의 자본조정이다. 현행법의 해석론상으로는 이를 공제할 근거가 없다. 따라서 결국 그만큼 배당가능이익이 증가하게 된다. 입법론상 영업활동에서 비롯되지 않은 양의 자본조정을 배당가능이익에 포함시키는 것은 타당하지 않다는 이유로 그것을 공제항목에 포함시키자는 견해가 있다.[1]

4. 배당가능이익과 임의준비금

배당가능이익을 산출할 때 공제하는 준비금은 법정준비금뿐이다. 따라서 임의준비금은 모두 배당가능이익에 포함된다. 다만 임의준비금이 정관 규정에 의하여 적립된 것인 경우에는 정관변경의 절차를 밟아야 할 것이다. 정관변경 없이 이익배당을 한 경우에는 배당가능이익을 초과한 위법배당은 아니지만 정관위반에 해당할 것이다. 또한 임의준비금이 주주총회 결의에 의하여 적립된 경우에는 그 용도변경을 위해서는 주주총회 결의를 거쳐야 한다. 이익배당을 승인하는 주주총회 결의는 그러한 용도변경의 결의를 포함하는 것으로 볼 수 있다.

배당가능이익과 특별법상의 준비금 내지 적립금

현재는 그 예를 거의 찾아보기 어렵지만 상법이 아닌 다른 특별법령에서 준비금 내지 적립금이란 명목으로 일정한 금액을 적립할 것을 요구하는 경우가 있을 수 있다. 과거의 예로는 구 증권거래법상의 증권회사의 증권거래준비금(구 증권거래법 40), 구 법인세법상의 기업발전적립금(구 법세 56), 구 조세특례제한법상의 기업합리화적립금(구 조특 145) 등을 들 수 있다. 배당가능이익의 계산목적상 이러한 적립금의 성격을 어떻게 볼 것인가에 대해서는 별로 논의가 없다. 적립이 법률로 요구되는 적립금이기는 하지만 배당가능이익의 산정목적상으로는 법정준비금으로 볼 것이 아니라 임의준비금으로 보아야 할 것이다. 따라서 그러한 적립금을 적립하지 않은 경우에는 당해 법률의 위반문제가 발생하는 것은 별론으로 하고 상법상의 위법배당에 해당하는 것은 아니다.

5. 배당가능이익과 회사채권자보호

배당가능이익은 기업회계상 이익과는 다소 차이가 있다. 일반적으로 기업회계에서는 당기의 수익과 비용을 대조하여 손익을 구하는 기간손익계산방법을 취하고 있다. 이 방법은 계속기업으로서 기업의 수익성을 판단하는데 유용한 정보를 제공한다. 그러나 배당가능이익은 당해 사업연도만의 기간손익이 아니라 개업 시부터 당해 사업연도 결산 시까지의 총체적인 이익, 즉 플로우(flow)개념으로서의 이익이 아니라 스톡(stock)개념으로서의 이익이다. 손익계산

1) 권재열 외, 보고서, 114면.

서가 아니라 대차대조표로부터 도출되는 개념인 것이다. 따라서 당해 사업연도에는 손실이 발생하더라도 과거의 이익이 순자산의 형태로 넉넉히 남아 있는 경우에는 이익배당이 가능하며, 반대로 당해 사업연도에는 아무리 이익이 많이 발생하더라도 누적손실이 커서 순자산이 넉넉하지 않은 경우에는 이익배당을 할 수 없다. 이처럼 상법이 배당가능이익을 스톡개념으로 구성한 것은 회사채권자보호를 위한 자본충실원칙을 중시하였기 때문이다. 그러나 계속기업에서는 자기자본보다 수익력이 더 중요하다는 관점에서 보면 이런 상법의 태도에는 문제가 있다.

또한 상법의 이익배당규제는 채권자보호의 관점에 입각하고 있지만 그것이 철저한 것은 아니다. 채권자보호의 관점에서는 자본유지에 못지않게 단기적인 지급불능가능성을 나타내는 유동비율(유동자산/유동부채)도 중요하다. 그러나 상법은 유동비율에 관해서는 아무런 제한도 가하고 있지 않다.[1)]

Ⅲ. 이익배당의 결정권한

이익배당의 결정권은 원칙적으로 주주총회에 속한다(462(2)). 예외적으로 재무제표를 이사회가 승인하는 경우(449-2(1))에는 배당도 이사회가 결정한다(462(2)단). 2011년 상법개정에서 이처럼 배당결정을 이사회가 할 수 있는 길을 열어준 것은 배당결정이 투자와 자금조달결정과 마찬가지로 재무상 결정에 속하므로 투자와 자금조달에 대한 결정권을 갖는 이사회가 배당까지 결정하는 것이 합리적일 수 있다는 판단에 따른 것이다. 또한 배당기준일과 주주총회일간 상당한 간격이 있는 경우 주주총회에서의 배당액변동 가능성으로 인해 배당기준일부터 주주총회일 사이의 주가 불확실성이 크다는 점도 고려되었다.[2)]

2011년 개정 이전의 상법에서는 배당의 결정기관에 대해서 따로 규정하지 않았다. 이익배당의 내용이 기재된 이익잉여금처분계산서나 자본변동표가 모두 재무제표에 속하므로 (447(1)(iii), 令 16(1)) 재무제표의 승인에는 이익배당의 결정이 포함된 것으로 볼 수 있었기 때문이다. 2011년 개정 상법이 구태여 이익배당의 결정기관을 명시한 것은 경우에 따라서는 이익배당을 이사회가 결정할 수 있다는 점을 부각시키기 위한 것으로 판단된다. 이익배당 결정권을 주주총회에서 가지는 회사의 경우 이사회가 제출한 이익배당 의안을 주주의 수정동의로 변경하여 주주총회에서 결의할 수 있음은 물론이다.

한편 이익배당을 결정한다는 것은 주주 전체에게 지급될 이익배당의 총액(배당에 관하여

1) 미국에서는 이익배당규제에 의하여 회사채권자를 보호하는 것을 크게 양보하고 지급불능이나 채무초과를 초래하지 않는 한 이익배당을 자유로이 허용하는 방향으로 나아가고 있다. 모범사업회사법 §6.40(c). 이러한 경향에 대하여 상세한 것은 Bayless Manning & James J. Hanks, Jr., Legal Capital(3d ed. 1990) 참조.

2) 다만 상장회사가 주식배당을 하는 경우에는 기준일 10일 전까지 그 예정내용을 공시하도록 하고 있다(한국거래소 유가증권시장 공시규정 7①2마(4)).

다른 정함이 있는 주식이 있는 경우에는 그 종류별 이익배당의 총액)을 정하는 것을 의미한다. 이익배당의 총액을 정했다면 그것으로 이익배당은 결정된 것이고, 나아가 주주별 금액을 따로 정해야 하는 것은 아니다. 이익배당의 총액이 정해지면 주주들은 지분에 따라 균등하게 배당을 받게 된다.

Ⅳ. 이익배당의 시기

이익배당은 매결산기에 실시할 수 있다(449(1)). 결산기는 연 1회가 원칙이지만 연 2회 이상으로 정할 수도 있다(365(2)). 연 2회 이상의 결산기를 정한 경우에는 이익배당도 연 2회 이상 할 수 있다. 그러나 실제로 우리나라의 주식회사는 연 1회의 결산기를 정하는 경우가 대부분이다. 결산기가 연 1회인 회사의 경우에는 영업연도 중에 **중간배당**을 한 번 할 수 있다(462-3). 자본시장법은 주권상장법인이 정관의 정함에 따라 **분기배당**을 하는 것도 허용하고 있다(자시 165-12). 중간배당에 대해서는 뒤에서 따로 설명한다.

회사재무적 관점에서는 현행 상법에서와 같이 이익배당의 시기와 횟수를 제한할 필요는 없다. 입법론상으로는 채권자 이익을 해치지 않는 한 수시로 배당하는 것도 허용할 필요가 있다.[1] 그러나 실제로는 기업이 배당에 소극적이기 때문에 중간배당이나 자본시장법상 허용되는 분기배당(자시 165-12)도 별로 많이 행해지고 있지 않다.

Ⅴ. 이익배당의 기준

1. 주주평등의 원칙과 이익배당

상법은 이익배당도 주주평등원칙에 따라 각 주주의 주식 수에 따르도록 하고 있다(464본). 종류주식을 발행한 경우(344(1))는 주주평등원칙의 예외라고 할 것이므로 그렇지 아니하다(464단). 주주평등원칙은 단순히 배당금 규모를 결정하는 경우만이 아니라 주주와 회사 사이의 관계전반에 적용되므로 배당금액의 결정은 물론이고 지급방법, 지급기일을 정할 때에도 마찬가지로 적용된다.

이곳에서는 이익배당금의 수령권자와 이익배당금액의 기준에 대해서 설명한다.

---

1) 영미나 일본의 회사법상으로는 수시배당이 가능하다.

2. 배당금수령권자

(1) 배당기준일과 주식양도

배당금수령권자는 배당기준일에 주주명부상 주주로 기재되어 있는 자이다. 통상의 실무례는 결산기 말일 현재의 주주를 배당청구권자로 하기 위하여 결산기 말일을 배당기준일로 하고, 그 다음 날부터 주주총회가 종결할 때까지 주주명부를 폐쇄하는 것이 일반적이었다. 그러나 2020년 개정상법이 (결산기말을 배당기준일로 전제한) 제350조 제3항을 삭제한 이후에는 배당기준일을 결산기말로 맞출 필요가 없어졌다. 이에 따라 결산기말이 12. 31.인 회사가 예를 들어 다음 해 2. 15.을 의결권기준일로 하여 4. 15. 정기주주총회를 개최하여 배당을 승인하고, 4. 20.을 배당기준일로 하여 배당금을 지급하는 것도 가능하게 되었다.[1)]

한편 배당기준일 이전에 주식을 양수하였으나 명의개서를 해태한 주주는 회사에 대해서는 배당금의 지급을 청구할 수 없다(337(1)). 그러나 양도의 당사자 사이에서는 양수인이 주주이므로, 양도인이 회사로부터 배당금을 지급받은 경우 양수인이 양도인을 상대로 그 배당금의 반환을 청구할 수 있다.[2)]

(2) 자기주식

회사가 보유하고 있는 자기주식에 대해서 이익배당이 인정되는가? 상법상 자기주식은 의결권이 없다는 규정(369(2))밖에 없으나 이익배당도 받지 못한다고 해석해야 할 것이다. 이익배당을 인정한다 해도 다시 회사의 재산이 되어 배당가능이익으로 편입될 것이므로 굳이 이익배당을 인정할 필요가 없다.

3. 이익배당의 금액

(1) 배당과 주주평등의 원칙

상법은 이익배당의 금액은 각 주주가 가진 주식의 수에 따라 지급해야 한다고 명시하고 있다(464본). 주주평등의 원칙상 당연한 것이지만 법적 확실성을 위하여 규정을 둔 것이다. 이익배당에 관하여 내용이 다른 종류주식을 발행한 경우(344(1))에는 주주평등의 예외가 적용된다(464단). 그러나 그 경우에도 동일한 종류의 주식에 대한 배당에 관해서는 평등원칙이 적용된다.

(2) 차등배당

우리 경제계에서는 대주주에게는 배당하지 않거나 배당률을 소액주주보다 낮추는 방식으

---

1) 상세는 제3장 제4절 Ⅳ.3 참조.
2) 상세는 제3장 제4절 Ⅲ.4.(3) 참조.

로 소액주주를 우대하는 배당을 행하는 사례가 있다. 특히 정부가 대주주인 경우 그런 차등배당이 간혹 행해진다. 대법원은 차등배당이 주주평등원칙에 위반되지만 불이익을 받는 대주주가 그에 동의한 경우에는 스스로 배당을 포기한 것으로 유효하다고 보고 있다(대법원 1980. 8. 26, 80다1263 판결).[1]

(3) 일할배당(日割配當)

회사가 영업연도 중 발행한 신주에 대해서는 이른바 일할배당을 하는 것이 과거의 실무관행이었다. 일할배당이란 구주(舊株)에 대한 배당금에 '신주의 효력발생일 이후 영업연도의 말일까지의 일수'가 '당해 영업연도 전체일수' 중에서 차지하는 비율을 곱하여 배당액을 지급하는 것을 말한다. 일할배당의 근거로 과거 법무부 유권해석은 신주발행 시 납입된 금액이 이익산출에 기여한 기간이 짧으므로 실질적인 주주평등을 위하여 투하자본의 운용기간에 비례한 배당을 해야 한다는 점을 들었다.[2] 그러나 일할배당은 다음과 같은 이유로 타당하지 않다. ① 배당재원이 당기 이익에 한정되지 않고 과거 이익까지 포함되고 있다는 점을 고려하면 일할배당의 근거로 이익산출에 대한 기여를 내세우는 것이 설득력이 없다. ② 이익배당은 주주 지위에 대해서 인정되는 것이므로 일단 주주 지위를 취득한 이상 동등하게 취급하지 않고 어느 시점에 주주가 되었는지에 따라 배당을 달리하는 것은 옳지 않다. ③ 신주에 일할배당을 하게 되면 신주와 구주의 권리내용 및 경제적 가치가 달라지므로 양자를 구분하여 거래해야 하는 불편과 비효율이 따른다.

1995년 개정 상법은 일할배당이 원칙이라는 전제 하에 일할배당을 피할 수 있는 길을 열어주었다. 즉 1995년 신설된 제350조 제3항 및 관련된 준용규정에 따르면, ① 전환사채의 전환, 신주인수권부사채의 신주인수권 행사로 인하여 발행된 신주에 대한 배당에 관하여는 정관에 다른 정함이 없으면 그 영업연도 말에 발행된 것으로 보고, 정관에 정함이 있으면 직전 영업연도 말에 발행된 것으로 보았다. 반면 ② 유상증자로 발행되는 신주, 준비금의 자본전입으로 인하여 발행되는 신주, 주식배당으로 발행되는 신주에 대해서는 정관에 규정을 두는 경우에는 이들 신주도 "직전 영업연도 말에 발행된 것"으로 보아 구주와 동등하게 배당을 할 수 있는 반면, 정관에 규정을 두지 않은 경우에는 일할배당을 해야 하는 것으로 해석되었다. 이 제350조 제3항은 배당기준일과 영업연도 말일이 같은 날임을 전제로 하고 있어 주주총회 일자를 유연화하는 데에 걸림돌이 되고 있었다.[3]

---

1) 자본시장법은 공공적 법인의 경우 그러한 차등배당의 가능성을 법적으로 명시적으로 인정하고 있다. 자본시장법에 의하면 공공적 법인은 이익을 배당할 때 정부에게 지급할 배당금의 전부 또는 일부를 우리사주조합원이나 저소득층 등 일정한 자에게 지급할 수 있다(자시 165-14(1), 자시슈 176-15).

2) 법무부 유권해석 1974. 11. 25(법무 810-25466).

3) 이에 관한 상세는 천경훈, "정기주주총회 개최일의 유연화 방안: 결산일, 의결권기준일, 배당기준일의 분리를 제안하며", 기업법연구 34-3(2020), 75~78면.

2020년 개정상법은 제350조 제3항을 삭제하였다. 그 일차적인 취지는 사업연도 말일과 다른 날짜를 배당기준일로 정할 수 있도록 하여 주주총회 일자의 유연화에 기여하려는 것이지만, 같은 종류의 주식이라면 발행시기와 무관하게 동등배당을 하겠다는 것도 입법이유에 나타난 입법취지의 하나였다. 그러나 그 점이 법문 자체에는 명확히 드러나지 않았으므로 2021년 상장회사 표준정관 제10조의4는 "이 회사는 배당기준일 현재 발행된 동종 주식에 대하여 발행일에 관계 없이 모두 동등하게 배당한다"고 이를 명시하였다.

Ⅵ. 주주의 이익배당청구권

1. 의의 및 종류

영리법인인 주식회사에서 이익배당에 대한 주주의 권리, 즉 이익배당청구권은 주주권의 핵심을 이룬다. 주주의 이익배당청구권은 통상 추상적 이익배당청구권과 구체적 이익배당청구권의 두 가지로 구분한다. **추상적 이익배당청구권**이란 정기총회에서 이익배당을 승인하는 결의가 확정되기 전에 주주가 이익배당에 대해서 갖는 추상적 권리이다. 주주는 추상적 이익배당청구권인 상태에서 회사에 배당금 지급을 구할 수는 없다(대법원 2010. 10. 28, 2010다53792 판결). 개별 주주에 지급할 배당금이 아직 확정되지 않았기 때문이다. 반면 **구체적 이익배당청구권**은 주주총회나 이사회에 의하여 배당이 결정된 경우(462(2))에 주주가 갖게 되는 권리로서 보통 배당금지급청구권이라고 불린다. 이익잉여금 처분계산서가 주주총회 또는 이사회에 의해 승인받기 이전에 배당금지급청구권이 발생할 여지는 없는가? 대법원은 정관이 배당금 지급조건 및 배당금 산정방식을 구체적으로 규정하면서도 대표이사, 이사회로 하여금 배당금 지급여부, 시기, 금액을 달리 정할 수 있도록 규정하지 않았다면, 정관에서 정한 지급조건이 갖추어지는 때에 주주에게 배당금지급청구권이 발생한다고 본다(대법원 2022. 8. 19, 2020다263574 판결[1]).

배당금지급청구권은 회사에 대한 금전채권으로 다른 일반채권과 차이가 없다. 예컨대 주주총회 또는 이사회 결의로 배당금지급청구권이 발생하였다면 이는 구체적으로 확정된 것이므로 사후 일방적인 주주총회 등 결의를 통하여 그 내용을 수정 또는 변경할 수 없다(대법원 2022. 9. 7, 2022다223778 판결 참조). 흔히 주주의 고유권이라고 불리는 이익배당청구권은 주로 추상적 이익배당청구권을 가리키며 이 책에서도 그러한 의미로 사용하기로 한다.

---

1) 이 사안은 우선주식의 배당금지급청구권이 문제된 사안인바, 해당 정관은 우선주식 1주당 당기순이익 중 106,000분의 1을 우선적으로 현금으로 배당하고, 우선주식에 대한 배당은 결산을 승인하는 정기주주총회일로부터 7일 이내에 지급하도록 규정하고 있었다. 회사는 정기주주총회에서 승인된 이익잉여금처분계산서에 배당에 관한 기재가 없다는 이유로 배당금지급을 거부하였으나, 대법원은 지급의무를 인정하였다.

2. 이익배당청구권의 권리성

이익배당청구권은 흔히 주주의 고유권이라고 불리고 있지만 그 권리성은 그다지 확고하지 않다. 회사가 거액의 배당가능이익이 있는 경우에도 주주가 회사에 배당을 강제할 수 있는 권리는 없다. 이익배당을 유보하는 결정도 경영상 합리적인 이유가 있다면 적법한 것으로 평가된다. 상법상 이익배당은 원칙적으로 주주총회에서 결정하지만(462(2)) 의안을 마련하는 것은 통상 이사회이다. 따라서 이사회가 합리적인 이유를 댈 수 있다면 연속적으로 무배당 결의를 하는 것도 불가능한 것은 아니다. 그러나 회사경영상 합리적 이유 없이 지배주주가 무배당 결의를 계속하는 경우에는 **다수결 남용**으로 보아 그 결의가 무효가 될 수 있을 것이다.[1] 나아가 주주가 회사로 하여금 적정한 이익배당을 하도록 법원에 청구할 수 있는가? 현행법 해석상 일반적으로 그것은 허용되지 않는다고 본다.[2]

이상 살펴본 바에 의하면 이익배당청구권은 주주가 장차 이익배당을 받을 것을 기대하는 기대권에 불과하다. 그러나 이익배당청구권을 잔여재산분배청구권과 함께 완전히 박탈하는 것은 주식회사의 영리성에 반하여 허용되지 않는다. 존속기간의 정함이 없는 주식회사에서 이익배당청구권만을 영구적으로 배제하는 것도 허용될 수 없다. 이익배당이 배제되더라도 회사의 해산 시에 분배받을 수 있는 잔여재산이 증가한다면 손해는 없는 것이라는 논리는 받아들이기 어렵다. 위에서 배당가능이익이 있음에도 불구하고 이익배당을 하지 않는 결정이 허용되는 것은 그것이, 적어도 장기적으로, 주주에게 유리하다고 판단되기 때문일 것이다. 주주가 그러한 판단을 할 기회를 영구히 박탈하는 것은 허용될 수 없을 것이다. 그러나 정관으로 합리적인 범위 내에서 일정기간 배당하지 않는다고 규정하는 것은 구태여 금지할 필요가 없을 것이다.

3. 이익배당청구권의 양도 등

이익배당청구권은 구체적인 배당금지급청구권과는 달리 주주 지위와 불가분 관계에 있으므로 그것만을 분리하여 양도하는 것은 원칙적으로 인정되지 아니한다. 또한 추상적 이익배당청구권은 압류나 전부명령의 대상이 될 수 없다. 다만 특정연도의 이익배당청구권을 그 확정 전에 양도하는 계약은 유효라고 할 것이다.[3]

한편 구체적 이익배당청구권은 회사에 대한 금전채권으로 다른 일반채권과 아무런 차이가 없다. 따라서 주주권으로부터 독립하여 양도·입질할 수 있음은 물론 압류와 전부명령의 대상이 되고 소멸시효의 적용대상이 될 수 있다. 배당금지급청구권이 일단 발생한 후에는 주식

---

1) 日注會(9)(1988), 34면(龍田節).
2) 이철송30, 1020면. 같은 취지의 하급심 판례로 서울고등법원 1976. 6. 11, 75나1555 판결.
3) 실제로 이익배당청구권을 일정 기간 동안 제3자에게 이전하는 내용의 파생상품거래를 흔히 찾아볼 수 있다.

이 양도되는 경우에도 양수인에게 자동적으로 이전하지 않는다.

Ⅶ. 이익배당의 지급시기와 소멸시효

1984년 상법 개정 전에는 주주의 배당금지급청구권의 이행기에 대해서는 아무런 규정이 없었다. 그리하여 실제로 배당금 지급이 지연되는 예가 적지 않았고 정관에 배당금 지급기간이 제척기간으로 규정되는 경우도 없지 않았다. 1984년 상법 개정 시에 주주들의 이익을 보호하기 위하여 배당금청구권의 이행기와 그 소멸시효기간을 분명히 하였다.

회사는 배당금을 주주총회(중간배당의 경우에는 이사회) **결의 후 1월 이내**에 지급하여야 한다(464-2(1)). 다만 주주총회(중간배당의 경우에는 이사회) 결의에서 지급시기를 따로 정한 경우에는 그러하지 아니하다(464-2(1)단). 그 주주총회에서는 배당금 지급시기를 단축하는 것은 물론이고 연장하는 것도 가능하다.

회사가 배당금지급기간 내에 배당금을 지급하지 않는 경우 지연손해금을 지급하여야 한다(민 397). 또한 이사의 고의나 중과실의 임무해태가 인정되는 경우에는 이사에게 손해배상책임도 물을 수 있다(401). 배당금 지급을 해태한 이사 등에 대해서는 과태료가 부과된다(635(1)(xxvii)).

판례에 따르면 배당금지급청구권이 상행위로 인한 채권은 아니므로 원래 상사시효(64) 적용대상은 아니다(대법원 2021. 6. 24, 2020다208621 판결). 회사가 획득한 이익을 내부적으로 분배하는 것일 뿐 영업으로 또는 영업을 위하여 하는 행위는 아니라는 것이다. 다만 상법이 배당금지급청구권의 시효를 상사시효와 동일한 5년으로 규정하고 있으므로(464-2(2)) 결과적으로 큰 차이가 없다. 시효의 기산점은 배당결의 시가 아니라 그로부터 1월이 경과한 때 또는 배당결의 시에 따로 정한 기간이 경과한 때이다.

Ⅷ. 위법배당

1. 의 의

위법배당은 문자 그대로 법에 위반한 배당을 말하며 광의의 위법배당과 협의의 위법배당의 두 가지로 나눌 수 있다. 광의의 위법배당은 이익배당이 법령이나 정관에 위반하여 이루어지는 경우를 모두 포함한다. 예컨대 주주평등의 원칙에 위반하는 이익배당이나 정관으로 정한 임의준비금을 적립하지 않고 행한 이익배당 등은 모두 광의의 위법배당에 해당한다. 한편 협의의 위법배당은 배당가능이익을 초과하여 행한 이익배당을 말한다. 협의의 위법배당이 행해지는 상황은 다양하다. 이익배당이 대차대조표를 기초로 결정된 배당가능이익을 초과하여 이루어지는 경우는 실제로 찾아보기 어렵다. 보다 일반적인 것은 재고자산과 같은 자산의 과대계상이나 회사채무와 같은 부채의 과소계상 등 장부조작을 통하여 배당가능이익이 부당하게 부풀려지는 경우이다. 이러한 장부조작을 흔히 분식결산이라고 한다.

2. 이익배당의 무효와 그 주장방법

협의의 위법배당이 무효라는 점에 대해서는 다툼이 없다. 광의의 위법배당의 효력은 각 유형별로 나누어서 고찰할 필요가 있다. 주주평등원칙에 반하는 이익배당은 무효이다. 그러나 정관에 정한 임의준비금을 적립하지 않고 이익배당을 행한 경우에는 바로 무효가 되는 것이 아니라 당해 주주총회 결의가 상법 제376조의 결의취소의 소에 의하여 취소되는 경우에 비로소 효력을 상실한다. 광의의 위법배당의 경우에는 상법상 회사채권자가 갖는 위법배당금반환청구권(462(3))은 인정되지 않는다.

위법배당이 무효인 경우 그 무효를 주장하는 방법에 대해서는 학설상 견해가 대립되고 있다. 이 문제는 주주총회결의무효확인의 소(380)의 성질론과 결부시켜서 접근하는 견해가 많다.[1)] 주주총회결의무효확인의 소를 확인의 소로 보는 견해에 의하면 위법배당의 무효는 반드시 소에 의하지 않고도 주장할 수 있다(소송불요설). 그러나 형성의 소로 보는 견해에 의하면 위법배당의 무효는 먼저 배당결의의 무효를 무효확인의 소(380)를 통하여 확정하지 않고서는 주장할 수 없다(소송필요설). 소송필요설은 주주의 위법배당반환의무를 획일적으로 확정할 필요를 강조하고 있지만 그보다는 회사와 회사채권자보호를 앞세워야 한다는 점에서 소송불요설을 따라야 할 것이다. 통설도 소송불요설을 취하고 있다.

3. 회사의 위법배당금반환청구

위법배당이 무효인 경우 회사는 주주에 대하여 부당이득(민 741)을 이유로 이미 지급한 배당금의 반환을 청구할 수 있다. 이 반환청구는 협의의 위법배당뿐만 아니라 광의의 위법배당의 경우에도 가능하다. 전술한 바와 같이 배당금의 반환을 청구할 때에는 먼저 배당결의의 무효확인을 구하는 제소의 필요가 없다.

주주가 회사에 대하여 부담하는 위법배당금의 반환의무는 크게 보면 주주의 지위로부터 발생하는 것이므로 주주평등의 원칙이 적용될 것이다. 그러나 회사가 소송비용을 고려하여 배당된 금액이 큰 대주주에 대해서만 반환을 청구하더라도 회사이익의 관점에서 합리성이 인정된다면 주주평등원칙을 위반한 것으로는 볼 수 없다. 회사가 주주에 대한 위법배당금 반환청구를 게을리하더라도 주주가 반환청구에 응하지 않는 주주를 상대로 대표소송(403~406)을 제

---

1) 권기범6, 1134면; 이/최11, 736면; 정찬형22, 1210면; 최기원14, 937면; 최준선14, 739면. 이와 달리 위법배당의 문제는 주주총회결의무효확인의 소의 성질론과 결부시킬 것은 아니라는 입장으로는 김홍기4, 689면; 이철송30, 1031면; 정동윤6, 784면 등. 어느 쪽이든 결론적으로는 소송불요설을 취한다.

기할 수는 없다. 대표소송으로는 이사의 책임만을 물을 수 있기 때문이다.

위법배당금의 반환의무를 부담하는 것이 악의로 배당금을 수령한 주주에 국한되는가 아니면 선의의 주주도 반환의무를 부담하는가에 관하여는 견해가 대립되고 있다. 통설은 주주는 선의·악의를 불문하고 반환의무가 있다고 한다.[1] 이에 반하여 소수설은 주식거래의 안전과 주주의 보호를 근거로 선의의 주주의 반환의무를 부정한다.[2] 그러나 주주의 선의와 악의를 구별하기도 어려울 뿐 아니라 무상의 수혜행위인 이익배당에 관해서는 거래안전을 보호할 필요보다는 회사의 자본유지가 더 중요할 것이므로 통설이 타당하다.[3] 그러나 선의의 주주는 부당이득의 반환법리에 따라 이익이 현존하는 범위에서 반환하면 된다(민 748(1)).[4] 위법배당금 반환청구권에는 10년의 민사소멸시효기간(민 162(1))이 적용된다(대법원 2021. 6. 24, 2020다208621 판결).

4. 회사채권자의 위법배당금반환청구

협의의 위법배당의 경우 회사채권자는 직접 주주에 대하여 위법배당을 회사에 반환할 것을 청구할 수 있다(462(3)). 이는 회사채권자보호를 위하여 상법이 부여한 고유한 권리로서 채권자가 민법상 채권자대위권(민 404)을 행사하는 것과는 구별된다. 회사채권자의 위법배당금 반환청구권은 배당가능이익을 초과하여 배당한 협의의 위법배당의 경우에만 인정되고 그 밖의 위법배당의 경우에는 인정되지 아니한다.[5] 예컨대 회사가 정관에 규정된 임의준비금을 적립하지 아니하고 이익배당을 한 경우에는 회사채권자가 바로 주주에게 위법배당금의 반환을 청구할 수 없다.[6]

위법배당금반환청구권을 갖는 것은 위법배당 시의 채권자에 한정되는 것이 아니라 반환청구 당시의 회사채권자 전부이다. 입법취지가 채권자대위권과는 달리 주식회사의 자본유지를 위한 것이기 때문이다. 또한 채권자는 자신의 채권액에 관계없이 위법배당액 전부에 대하여 그 권리를 행사할 수 있다. 채권자는 회사에 대해서 반환을 청구할 수 있을 뿐 자기에 대한 지급을 구할 수는 없다. 회사채권자가 위법배당금의 반환을 소에 의하여 청구하는 경우에는 그 소는 본점소재지의 지방법원의 전속관할에 속한다(462(3)→186).

---

1) 이철송30, 1031면; 정동윤6, 784면; 정찬형22, 1211면; 최기원14, 934면.

2) 일본에서 유력하다. 日注會(9), 17면(龍田節). 독일 주식법은 주주가 알았거나 과실로 알지 못한 경우에 한하여 반환의무를 인정하고 있다(獨株 62(1)).

3) 회사의 배당금지급이 비채변제(민 742, 744)에 해당한다고 볼 것도 아니다. 배당의 상대방인 주주는 회사의 내부자로서 외부자인 채권자를 위한 자본유지적 관점에서는 보호의 필요성이 크지 않기 때문이다.

4) 전액을 지급해야 한다는 견해로는 이철송30, 1031면. 나아가 판례는 부당이득한 것이 금전인 경우에는 이익이 현존하는 것으로 추정한다(대법원 1996. 12. 10, 96다32881 판결).

5) 동지: 이철송30, 1032면; 최기원14, 935면.

6) 배당결의가 정관위반을 이유로 취소되면 회사가 주주에 대해서 반환청구를 할 수 있을 것이다.

5. 이사·감사의 책임

이익배당을 주주총회에서 결의하는 경우에도 그 의안은 이사회 승인을 받아야 한다(447). 주주총회의 승인으로 위법배당이 실행된 경우 그 위법한 배당안을 마련한 대표이사와 이사회 승인결의에서 찬성한 이사는 회사에 대해서 연대하여 손해를 배상할 책임이 있다(399). 감사도 이익잉여금처분계산서나 자본변동표를 포함한 재무제표에 대한 감사와 관련하여 임무를 해태한 경우에는 회사에 대해서 연대하여 손해배상책임을 질 것이다(414(1)). 이사·감사의 회사에 대한 책임에 대해서는 주주대표소송이 인정되고 있다(403, 415). 이사·감사의 임무해태가 고의 또는 중과실에 의한 것인 경우에는 제3자인 채권자에 대해서도 손해를 배상할 책임을 질 수 있다(401, 415). 외부감사인도 임무를 게을리한 경우에는 피감사회사와 제3자에게 손해배상책임을 질 수 있다(외감 17(1), (2)).[1)]

상법은 '법령 또는 정관에 위반하여 이익배당을 한' 이사, 감사 등에 대해서는 '회사재산을 위태롭게 하는 죄'에 해당하는 것으로 보아 5년 이하의 징역 또는 1,500만원 이하의 벌금에 처하고 있다(625(iii)).[2)]

Ⅸ. 중간배당 — 배당시기의 유연화

1. 서 설

(1) 의 의

중간배당이란 영업연도 중간에 행하는 이익배당을 말한다. 정식으로 결산을 거치지 않아 이익이 확정하지 않은 상태에서 이사회 결의만으로 배당한다는 점에서 제462조에 의한 정규의 이익배당과는 차이가 있다. 중간배당은 회사가 배당에 필요한 현금을 일시에 조달하는 부담을 덜 수 있고 주주의 배당수요를 충족할 수 있다는 점에서 1998년 상법 개정 시에 도입되었다.

(2) 성 질

중간배당의 성질에 대해서는 ① 전기배당의 후급이라고 보는 견해[3)]와 ② 당기이익의 가지급이라고 보는 견해[4)]가 대립하고 있다. ①은 직전영업연도의 배당가능이익을 한도로 한다는 점을 근거로 하고 ②는 당기에 배당가능이익이 발생하지 않을 우려가 있는 때에는 배당을 할

---

1) 원고가 피감사회사와 금융기관이 아닌 경우에는 외부감사인이 임무를 게을리하지 않았음을 증명해야 한다(외감 17(5)).

2) 준비금 감소제도가 없던 구 상법 하에서 자본준비금을 배당재원으로 활용한 이사 등에 동 조항에 따른 위법배당죄를 인정한 사안으로서 대법원 2020. 12. 30, 2018도14753 판결(효성 분식회계 사건).

3) 권기범6, 1137면; 김정호5, 655면; 이철송30, 1014면; 정동윤6, 792면; 정찬형22, 1226면; 최기원14, 937~938면.

4) 최준선14, 748면; 홍/박7, 702면.

수 없는 점(462-2(3))을 근거로 삼고 있다. 그러나 어느 견해를 취하더라도 중간배당이 결국 배당가능이익을 재원으로 하는 이익배당이라는 점에는 차이가 없고 실제로 상법규정의 구체적인 해석에 영향을 주는 것은 아니다. 이런 관점에서 보면 상법이 특별히 종류주식 등과 관련하여 중간배당을 이익배당으로 보는 규정(462-3(5))을 둔 것은 확인의 의미를 갖는 데 불과하다.

2. 요 건

(1) 연 1회의 결산기를 정한 회사

중간배당은 영업연도가 1년인 회사만이 행할 수 있다(462-3(1)). 영업연도가 1년인 회사도 중간배당 도입은 선택사항에 불과하다.

(2) 정관의 정함

중간배당은 정관의 정함이 있는 경우에 그에 따라서만 할 수 있다(462-3(1)). 따라서 정관에서 중간배당이 가능하다는 취지를 명시해야 한다.

(3) 기준일의 확정

영업연도 중 '일정한 날'을 기준일로 정하여야 한다(462-3(1)). 원래 기준일은 회사의 선택사항이지만(354(1)) 중간배당의 경우에는 강제되고 있다. 기준일은 년 1회에 한하므로 중간배당을 2회 이상 실시할 수는 없다.[1]

정관에서 중간배당의 기준일인 '일정한 날'을 특정해야 하는지에 대해서는 다소 의문이 있다. 상법은 '이사회의 결의로 일정한 날을 정하여'(462-3(1))라고 하고 있으므로, 정관에서 중간배당이 가능하다는 취지를 정하면 배당기준일은 이사회 결의로 정할 수 있다고 보는 것이 자연스런 해석이다. 이에 대해서는 사안의 중요성에 비추어 기준일은 정관으로 특정해야 한다는 견해도 있다.[2] 입법론상으로는 이처럼 배당시기를 이사회의 재량에 전적으로 맡기는 것이 바람직한 것인지에 대해서는 의문이 있다. 이사회가 임의로 배당시기를 정할 수 있음으로써 얻어지는 이익에 비하여 배당시기가 고정되지 못함으로써 생기는 혼란이나 남용가능성이 더 클 수 있기 때문이다. 따라서 실무상으로는 기준일의 결정을 이사회에 맡기지 않고 정관에 기준일을 명시하는 것을 고려할 수 있다. 기준일을 미리 정관에 정해 두지 않은 경우에는 이사회가 결정하여 그 기준일의 2주간 전에 그것을 공고해야 한다(462-3(5), 354(1), (4)). 기준일은 영업연도 중이라면 어느 날로 정하든 이론상 문제는 없다.

---

1) 이사회가 같은 사업연도에 두 차례 중간배당 결의를 하였다면 제1차 결의만 유효하다고 볼 것이다. 중간배당을 두 번 할 수 없고, 제2차 결의를 제1차 결의에 대한 수정, 변경결의로 볼 수도 없기 때문이다(제1차 결의에 의해 중간배당의 구체적 배당청구권 성립). 대법원 2022. 9. 7, 2022다223778 판결 참조.

2) 이철송30, 1015면.

(4) 이사회의 결의

중간배당이 가능하다는 취지를 정관에 정해 둔 경우에도 그 시행 여부는 이사회결의로 정한다(462-3(1)).

(5) 중간배당에 대한 제한

중간배당은 정식의 결산 전에 행하는 것이기 때문에 과도하게 인정되면 채권자의 이익을 해칠 가능성이 있다. 따라서 상법은 **중간배당의 한도**를 제한하고 일정한 경우에는 **중간배당을 금지**하고 있다.

가. 중간배당의 한도

중간배당으로 지급이 가능한 금액의 한도는 직전 결산기의 대차대조표의 순자산액에서 다음 금액을 공제한 액이다(462-3(2)).

① 직전 결산기의 자본금
② 직전 결산기까지 적립된 자본준비금과 이익준비금
③ 직전 결산기의 정기총회에서 이익으로 배당하거나 또는 지급하기로 정한 금액
④ 중간배당에 따라 당해 결산기에 적립해야 할 이익준비금

위에서 ② 이익준비금에는 직전 결산기에 이익배당의 결과 적립한 이익준비금도 포함된다. ①, ②와 함께 미실현이익까지 공제한다면 바로 직전 결산기의 배당가능이익과 대체로 같은 금액이 될 것이다.[1] 중간배당의 배당가능이익도 가급적 전기의 배당가능이익을 기초로 하는 것이 바람직하다는 점에서 미실현이익도 공제항목으로 보아야 할 것이다.[2]

③은 직전 결산기에 이익배당으로 선언한 금액이다.[3] 이 금액에는 주식배당(462-2)도 포함된다고 볼 것이다. 주식배당의 금액은 주식의 액면금액으로 계산한다(462-2(2)).

나. 중간배당의 금지

위에서 설명한 중간배당의 한도는 직전 영업연도 말의 배당가능이익을 기준으로 한 것이므로 당해 영업연도의 상황을 반영하지 못한다. 그 약점을 보완하기 위하여 상법은 중간배당의 한도를 넘지 않는 경우에도 당해 영업연도 말에 순자산액이 제462조 제1항의 공제금액에 미달할 우려가 있는 때에는 중간배당을 할 수 없도록 하고 있다(462-3(3)). 그러나 이사가 그 예측을 잘못하여 중간배당을 행한 후 영업연도 말에 순자산액이 공제금액에 미달하게 된 경

---

1) 정확하게 일치하지 않는 이유는 직전 결산기에 이익배당의 결과 적립하는 이익준비금이 제462조 제1항 제3호에서와는 달리 법률상 적립할 최소금액이 아니라 실제로 적립된 금액이기 때문이다.
2) 법무부, 상법 회사편 해설서(2012), 346면; 이철송30, 1016면(미실현이익을 중간배당 한도 산정시의 공제항목에서 제외한 것은 입법의 착오가 분명하므로 공제항목으로 해석해야 한다고 함).
3) 지급이란 표현이 포함된 것은 이익의 처분이라는 형태로 임원상여가 지급되는 경우를 대비한 것이다.

우에도 중간배당이 무효가 되는 것은 아니다. 따라서 중간배당을 받은 주주는 받은 금액을 회사에 반환할 필요는 없다. 다만 이사가 회사에 대해서 손해배상책임을 진다(462-3(4)). 이사가 배상할 금액은 미달액과 중간배당액 중에서 적은 금액이다. 이사는 그러한 우려가 없다는 판단 시에 주의를 게을리하지 않았음을 증명함으로써 책임을 면할 수 있다(462-3(4)단)(과실책임).[1]

다. 현물배당과 주식배당

2011년 개정 상법은 중간배당에 대해서 '금전으로' 배당한다는 제한을 삭제하였으므로 중간배당도 금전 아닌 현물로 할 수 있다. 다만 주식배당은 주주총회 결의를 요하므로(462-2(1)) 이사회 결의로 하는 중간배당은 현금 또는 현물로 해야 하고 주식배당은 허용되지 않는다고 보아야 할 것이다.[2]

3. 중간배당의 기준과 지급시기, 시효

중간배당은 일반적인 이익배당과 마찬가지로 각 주주가 가진 주식의 수에 따라 하고, 주주총회 또는 이사회에서 지급시기를 따로 정한 경우가 아니라면 배당결의일로부터 1개월 내에 지급해야 한다(462-3(5)→464, 464-2(1)). 중간배당금 지급청구권의 소멸시효기간도 5년이다(464-2(2)).

4. 위법한 중간배당

정관에 중간배당이 가능하다는 취지의 정함이 없는 경우의 중간배당이나 중간배당의 한도를 위반하여 행한 중간배당은 모두 무효이다. 전술한 바와 같이 직전 결산기 배당가능이익 범위 내이기는 하였으나 당해 결산기 배당가능이익이 음수가 될 우려가 있음에도 그에 대한 판단을 그르쳐 중간배당을 한 경우에는 중간배당이 무효가 되지는 않고 이사의 특별한 손해배상책임(462-3(4))을 발생시킬 뿐이다.

정기배당의 경우와 마찬가지로 중간배당이 무효인 경우에는 회사는 부당이득반환법리에 따라 주주에 대해서 수령액의 반환을 청구할 수 있다(민 741). 당해 결산기 배당가능이익의 부족 우려가 있음에도 중간배당을 한 경우(462-3(3))에는 위법한 정기배당에 관한 회사채권자의 반환청구권이 준용되어 회사채권자는 주주에 대해서 배당한 이익을 회사로 반환하라고 청구할 수 있다(462-3(6)→462(3), (4)).[3] 위법한 중간배당을 행한 이사나 임무해태로 그것을 막지

---

1) 예측불능이 손실이 발생한 경우가 아닌 한 가결산의 방법을 취하지 않고서 중간배당을 행하였다가 그러한 사태를 맞은 경우에는 무과실 증명이 사실상 곤란할 것이다.

2) 이철송30, 1015면. 한편 주식배당은 "새로이 발행하는 주식으로써" 하게 되어 있으므로(462-2(1)) 자기주식으로 하는 배당은 상법상 주식배당이 아니라 현물배당에 해당하고, 따라서 중간배당으로도 할 수 있다.

못한 감사는 회사와 제3자에 대해서 손해배상책임을 질 수 있다(399(1), 401, 414).

5. 이익배당으로 보는 경우

상법은 이익배당이 중간배당을 포함하는 점을 보다 분명히 하기 위하여 일정한 경우 중간배당을 이익배당으로 본다는 규정을 두고 있다(462-3(5)). 즉 주식의 등록질(340(1), 종류주식(344(1)), 주주명부의 폐쇄, 기준일(354(1)), 이익준비금(458), 이익배당의 기준(464), 위법배당의 형사처벌(625(iii))을 적용할 때에는 중간배당을 정규적인 이익배당과 같은 것으로 보고 있다.

자본시장법에 따른 분기배당

연 1회의 결산기를 정한 주권상장법인은 정관으로 정하는 바에 따라 분기배당을 할 수 있다(자시 165-12). 상법상 중간배당은 1년에 1회만 할 수 있지만 분기배당은 1년에 3회까지 할 수 있다. 또한 상법상 중간배당은 현물로도 가능하지만 분기배당은 금전으로만 할 수 있다. 정관이나 이사회에서 따로 정하지 않은 한 분기배당금은 이사회 결의일로부터 1개월 이내에 지급해야 한다(자시 165-12(3)). 분기배당의 한도, 분기배당 과다지급으로 인한 이사들의 책임에 관하여는 상법상 중간배당의 경우와 유사한 규정을 두고 있다(자시 165-12(4)(5)(6)).

종래 자본시장법에서는 3월, 6월, 9월 말일의 주주에게 각 말일로부터 45일 이내에 분기배당을 결의하도록 규정하고 있어서 배당기준일이 배당결의일에 선행할 수밖에 없었다. 이에 2025년 개정 자본시장법에서는 배당기준일에 관한 언급(각 달의 "말일의 주주")을 삭제하고 배당결의의 기한(각 월말로부터 45일 이내)만을 규정함으로써 배당기준일을 배당결의일 이후로도 정할 수 있도록 하였다(자시 165-12(1)).

X. 현물배당 — 배당재산의 유연화

1. 서 설

종래 상법상 이익배당의 경우 주식배당을 제외한 현물배당은 허용되지 않는다는 것이 일반적인 견해였다. 금전배당원칙의 근거로는 상법에 명시적인 규정은 없지만 이익배당과 관련하여 「지급」 내지 「배당금」이란 용어를 사용하고 있는 점을 들었다(464, 464-2).[1] 현물배당이

---

3) 그러나 당해 결산기 배당가능이익이 부족하게 되더라도 중간배당이 무효가 되는 것은 아니므로 채권자의 반환청구권을 인정한 데에는 의문이 있다. 입법론적으로 주주에 대한 회사채권자의 반환청구에 관한 제462조 제3항과 제4항은 현행법에서처럼 당해 결산기의 결손우려가 있어 중간배당이 금지되는 경우(462-3(3))가 아니라 직전 결산기의 중간배당 한도를 위반한 경우(462-3(2))에 준용되어야 한다. 이철송30, 1018~1019면.

1) 배당액이 정해진 후 회사와 개별주주 간의 계약에 의하여 금전에 갈음하는 현물로 배당하는 것이 불가능한 것은 아니지만 그것은 현물배당이 아니라 대물변제(민466)에 해당한다.

허용되지 않기 때문에 회사가 보유하는 상품은 물론이고 자회사주식을 배당하는 것도 허용되지 않는 것으로 보았다.

그러나 현물배당을 반드시 금지할 이유는 없다. 현물의 평가만 제대로 된다면 채권자 보호라는 관점에서 금전배당과 차이가 없고, 오히려 자회사 주식 등 기존 재산을 배당에 활용함으로써 주주들의 선호를 고려한 유연한 재무관리가 가능해지는 장점도 있다. 국내법에서 이미 현물배당을 허용하는 예가 있고(예컨대 산업은행법 43(3)) 외국 입법례도 현물배당을 허용하는 추세인 점을 고려하여 2011년 개정 상법은 현물배당을 명시적으로 허용하게 되었다(462-4).

2. 요 건

(1) 정관의 정함

현물배당은 정관의 근거를 요한다(462-4(1)). 정관에는 단순히 '금전 외의 재산으로 배당을 할 수 있음'을 규정하는 것으로 충분하고 재산의 종류를 특정할 필요는 없다.

(2) 현물배당의 의사결정

가. 결정기관

현물배당도 대상이 금전이 아닌 현물일 뿐 이익배당의 일종이므로 그 결정기관은 금전으로 하는 이익배당의 경우와 같다. 즉 주주총회 결의에 의하는 것이 원칙이고, 다만 재무제표를 이사회에서 승인하도록 정관에서 정하고 있는 회사에서는 이사회 결의에 의한다(462(2)). 정관에서 배당할 현물이 특정되어 있지 않은 경우에는 배당을 결정하는 주주총회 또는 이사회가 배당할 재산의 종류와 수량을 정하여야 한다.

나. 배당할 재산

배당할 재산, 즉 현물배당의 목적물인 현물은 경제적 가치가 있는 모든 재산을 포함하지만, 복수의 주주에게 지분비율에 따라 나눠줄 수 있어야 하므로 실제로 자주 사용되는 것은 주식 등의 유가증권이다. 그 중에서도 자회사 주식이 가장 보편적으로 사용되며, 회사가 보유하는 자기주식, 다른 회사의 주식, 사채(자기사채 또는 다른 회사의 사채) 등을 교부하는 것도 가능하다.[1] 회사가 새로이 사채를 발행하는 것도 현물배당의 한 방법으로서 구태여 금지된다고 볼 근거는 없을 것이다.[2] 다만 회사가 주주에게 신주를 발행하는 것은 주식배당(462-2)에 해당하기 때문에 현물배당이 아니라 주식배당에 관한 규정에 따라야 한다.

한편 현물배당하려는 주식이 배당을 받는 주주 전부 또는 일부의 입장에서 자기주식에 해

1) 다만 자기주식을 배당하면 기업회계상 이익잉여금이 감소하지만 자본조정 중 자기주식 항목도 감소하여 결과적으로 배당가능이익은 감소하지 않게 된다. 즉 이는 본래 의미의 이익배당과는 차이가 있다.
2) 일본 회사법은 당해 회사의 주식, 사채를 배당재산으로 하는 것을 금하고 있다(日會 454(1)(i)).

당하거나(341) 모회사 주식에 해당하거나(342-2) 그 밖에 법률상 취득금지 사유(공정거래법상 상호출자금지 위반 등)에 해당하여 이를 취득할 수 없는 경우에는 그러한 현물배당은 원칙적으로 허용되지 않는다고 보아야 할 것이다. 또한 현물배당하려는 주식이 특정 주주의 입장에서 상호주식(369(3))에 해당하거나 기타 법령상 사유로 의결권이 제한되는 경우에는 이러한 현물배당은 그 주주에게 차별적인 불이익을 주는 것이 되어 주주평등원칙에 위반될 수 있다. 다만 이처럼 현물인 주식의 취득이 금지되거나 의결권이 제한되는 경우에는 후술하는 예외적 금전지급에 의하여 문제가 해소될 수도 있다.

현물배당도 배당가능이익 한도 내에서만 허용된다. 배당재산의 가치평가액이 배당가능이익 한도 내인지를 판단할 때에 배당재산을 어떤 기준으로 평가해야 하는지 문제된다. 배당가능이익은 대차대조표 상의 순자산액을 기초로 산정되고 여기에는 배당재산도 이미 장부가로 반영되어 있으므로 이와 조화를 이루기 위해서는 장부가로 평가함이 타당할 것이다.

(3) 예외적 금전배당

현물배당을 하는 경우에도 일부 주주에게 금전배당을 할 수 있는 예외를 상법은 두 가지 측면에서 마련하고 있다.

가. 주주의 금전배당청구권

회사는 주주에게 '배당되는 금전 외의 재산 대신 금전의 지급을 회사에 청구할 수 있[는]' 권리(금전배당청구권)를 부여할 수 있고, 이때 '그 금액 및 청구할 수 있는 기간'을 정해야 한다(462-4(2)(i)). 주주에 따라서는 현물보다 금전을 선호할 수도 있음을 고려한 규정이다. 회사가 반드시 금전배당청구권을 부여해야 하는 것은 아니지만, 금전배당청구권을 부여한다면 모든 주주에게 부여해야 하고 일부 주주에게만 부여할 수는 없다. 금전배당청구권의 부여를 결정하는 기관은 상법에서 명시하고 있지 않지만 현물배당을 결의하는 기관(주주총회 또는 이사회)이라고 할 것이다. 이러한 금전배당청구권은 미리 정관에 규정할 수도 있지만, 정관에 규정이 없더라도 부여할 수 있다.

나. 소액주주에 대한 회사의 금전지급

주주평등의 원칙상 일부 주주에게만 현물배당을 하는 것은 허용되지 않는다. 그러나 회사는 일정 수 미만의 주식을 보유한 주주에게 금전 외의 재산 대신 금전을 지급하기로 할 수 있고, 이때 그 일정 수와 금액을 정해야 한다(462-4(2)(ii)). 이는 소액주주들에게까지 현물을 비례적으로 배당하는 것이 현실적으로 불가능할 수 있음을 고려한 규정이다. 이 역시 상법에서 결정기관을 명시하고 있지 않지만 현물배당을 결의하는 기관(주주총회 또는 이사회)에서 정해야 할 것이다.

다. 현물배당과 금전배당이 동시에 이루어지는 경우의 평가문제

위 두 경우에는 금전배당을 받는 주주와 현물배당을 받는 주주가 공존하게 되는데, 주주간의 형평을 위해서는 주당 배당재산의 가치와 주당 금전배당액이 동등해야 한다. 따라서 이때 배당재산의 가치는 배당가능이익의 한도를 판단할 때와는 달리 장부가치가 아니라 실제 가치[1]를 기준으로 평가하여 금전배당을 받는 주주에게는 그에 상응하는 현금을 지급해야 하며, 배당재산의 장부가와 금전배당액을 합한 금액이 배당가능이익 범위 내가 되어야 할 것이다.

XI. 주식배당 — 배당과 주식분할의 한계

1. 서 설

(1) 의 의

주식배당이란 배당가능이익의 일부를 자본금에 전입하여 발행한 신주를 주주에게 무상으로 분배하는 것으로 이익배당, 주식분할, 준비금의 자본금 전입에 의한 신주발행(무상증자)과 유사한 측면이 있다.

주식배당은 주주에게 금전 등 회사 재산을 이전하는 대신 신주를 발행하기 때문에 회사재산이 감소하지 않는다는 점에서 **이익배당**과 구별된다. 주식배당은 회사재산에는 변동이 없이 발행주식 수가 증가한다는 점에서는 **주식분할**과 같지만, 아울러 자본금도 증가한다는 점에서 주식 수만 증가하는 주식분할과는 차이가 있다.

주식배당은 준비금의 자본금 전입에 의한 신주발행, 즉 **무상증자**와 유사하다. 무상증자도 회사재산의 변동 없이 자본금이 증가하며 주주가 보유주식 수에 비례하여 신주를 무상으로 취득한다는 점(461(2)에서 주식배당과 동일하다. 그러나 무상증자의 경우에는 전입되는 재원이 법정준비금인 데 비하여(461(1)) 주식배당의 경우에는 배당가능이익이라는 점에 차이가 있다. 또한 무상증자는 원칙적으로 이사회결의만으로 결정함에 비하여(461(1)), 주식배당은 주주총회결의가 필요하다는 점(462-2(1))도 차이라고 할 수 있다.

(2) 효 용

주식배당의 효용은 크게 두 가지로 나눌 수 있다. ① 주주의 배당수요를 만족시켜 주면서도 회사자금을 사내에 유보할 수 있다는 점이다. 이익을 배당하지 않고 임의준비금으로 적립한 경우 임의준비금은 후에 배당재원으로 사용할 수 있으므로 사내유보의 효과는 제한적이다. 그러나 주식배당의 경우에는 배당가능이익을 자본금으로 전입함으로써 사외유출의 가능성은 훨씬 줄어든다.[2]

---

1) 시가가 있는 유가증권은 시가에 의하여야 하고, 그 기준시점은 배당액이 정해지는 배당결의 시점이 될 것이다.

② 주가가 과도하게 높은 회사의 경우에는 주식배당을 통해서 주식 수를 늘림으로써 주가를 적정 수준으로 하락시킬 수 있다. 유통주식 수가 증가함으로써 주식의 유동성이 높아지는 효과도 있다. 나아가 기업공개나 합병 시와 같이 주가를 적절히 조정할 필요가 있는 경우에는 주식배당을 행함으로써 소기의 목적을 달성할 수 있다.

주식배당이 과도하게 행해지는 경우에는 실질적으로 주주의 이익배당청구권이 침해될 우려도 없지 않다. 그러나 주식이 시장성이 있는 한 배당받은 주식을 처분하여 현금화할 수 있기 때문에 큰 문제는 없다.[1] 그러한 취지에서 상장회사의 경우에는 이익배당을 모두 주식배당으로 하는 것도 허용된다(자시 165-13(1)).[2]

(3) 성 질

주식배당의 법적 성질에 관하여는 **이익배당설**[3]과 **주식분할설**[4]이 대립한다. 통설인 이익배당설의 근거로는 여러 가지가 제시되고 있지만 중요한 것만을 간추리면 다음과 같다. ① 주식배당은 현금배당과 신주발행이 동시에 일어난 것과 실질적으로 동일하다. 배당결의 시에 주주가 배당금지급청구권을 취득함과 동시에 주식에 의한 대물변제의 승인이 같이 행해지는 것으로 본다. ② 주식배당은 객관적으로 가치 있는 신주를 주주에게 분배하는 것이므로 현물배당의 일종이라는 것이다. ③ 배당가능이익의 존재를 전제로 하고 그 이익이 줄어든다는 점에서 이익배당과 같다.

그러나 ③을 제외한 나머지 근거는 설득력이 박약하다. ①에서 주장하는 것과는 달리 주식배당을 이익배당과 신주발행이 동시에 행해진 것으로 보기는 어렵다. 그렇게 해석하면 주주가 신주 인수를 포기할 자유가 침해되기 때문이다. ②와 관련하여 주식배당은 현물배당으로 보기도 어렵다. 통상적인 현물배당과는 달리 회사의 자산이 감소하는 것이 아니고 주주의 재산구성에도 변함이 없기 때문이다.

소수설인 주식분할설은 주식배당을 전후해서 회사의 자산에 변동이 없고 단지 주식 수가 증가할 뿐이라는 점을 강조하고 있다. 이 점에서는 무상증자와 다를 바 없다. 무상증자와의 차이는 재원이 법정준비금이 아니라 배당가능이익이라는 점뿐이다. 주식분할과 다른 점은 자본금이 증가하기 때문에 액면이 인하되지 않는다는 점이다.

한편 세법상으로는 주식배당을 배당 또는 의제배당으로 보고 그 발행가액(주식배당시 발행

---

2) 자본금의 사외유출을 위해서는 유상감자절차를 거쳐야 한다.

1) 그러나 그 경우 의결권지분이 희석되는 효과는 피할 수 없을 것이다.

2) 그러나 상장회사가 정관에서 이익배당의 방법을 주식배당에 한정하는 것은 이익배당을 하지 않기로 하는 것과 실질적으로 마찬가지이므로 무효라고 할 것이다.

3) 권기범6, 1147면; 김홍기4, 682면; 이/최11, 738면; 이철송30, 1025면; 정찬형22, 1215~1216면; 최기원14, 944면; 홍/박7, 706면.

4) 정동윤6, 786면.

가액은 액면금과 같다)을 소득세법상 소득 및 법인세법상 익금으로 취급하여 과세하고 있다.[1] 경제계에서도 일반적으로 주식배당은 이익배당과 같은 기능을 하는 것으로 보고 있다. 이익배당과 주식배당은 모두 배당가능이익을 감소시키고 이로써 장차 이익배당의 가능성이 줄어든다는 점에서 공통점이 있는 것은 사실이다. 이처럼 이익배당설도 일리가 없지 않지만 주식분할설을 따르기로 한다. 회사재산의 변동 없이 주식 수만 증가할 뿐이라는 면에서 주식배당은 실질적으로 무상증자나 주식분할과 차이가 없기 때문이다.[2]

실무상으로는 어느 견해를 취하든 큰 차이는 없다. 상법이 주식배당의 요건, 절차, 효과 등에 관하여 비교적 상세하게 규정하고 있기 때문이다. 그러나 다음의 문제에 관해서는 주식배당의 성질론이 다소 의미를 갖는다. 그러한 문제점으로는 ① 종류주식이 발행된 경우에 주식배당 시에 교부하여야 할 주식의 종류, ② 주식의 약식질권자의 물상대위, ③ 자기주식에 대한 주식배당 등을 들 수 있다. 이들 문제에 관해서는 각각 관계되는 곳에서 설명하기로 한다.

2. 요 건

(1) 배당가능이익의 존재

주식배당은 이익의 배당을 신주를 발행하여 하는 것이므로 이익배당과 마찬가지로 배당가능이익(462(1))의 존재를 전제로 한다. 다만 주식배당의 경우에는 이익준비금을 적립할 필요가 없다는 점(458단)에서 일반적인 배당가능이익과 차이가 있다. 주식배당에 대해서 이익준비금의 적립을 요구하지 않는 이유는 주식배당은 회사재산이 유출되는 것이 아니므로 따로 회사채권자를 위한 배려를 할 필요가 없기 때문이다.

주식배당의 경우에도 배당가능이익은 당기이익에 한하지 않으며, 이익잉여금이나 임의준비금도 주식배당에 충당할 수 있다.

(2) 미발행 수권주식의 존재

주식배당은 '새로이 발행하는 주식으로써' 하도록 규정되어 있다(462-2(1)본). 따라서 회사가 취득보유하고 있는 **자기주식으로 배당하는 경우**는 주식배당이 아니라 현물배당(462-4)에 해당한다. 즉 이 경우 주식배당에 관한 규정은 적용되지 아니하나 정관에 근거가 있어야 하는 등 현물배당에 관한 규정이 적용된다.

신주발행은 미발행 수권주식의 범위 내에서만 가능하므로 주식배당을 할 수 있으려면 회

1) 소득세법과 법인세법에 열거된 의제배당 항목(소세 17(2), 법세 16(1))에 주식배당은 포함되어 있지 않으므로 이를 일반적인 배당으로 취급하는 것으로 보이나, 두 법률의 시행령에서는 주식배당을 의제배당의 하나로 열거하고 있다(소세(슈) 27(1)(i)(다), 법세(슈) 27(1)(i)(다)). 배당이든 의제배당이든 이를 소득 및 익금으로 보아 과세한다는 점에는 차이가 없다. 일본에서는 2001년 세제개정으로 주식배당에 대한 과세를 폐지하였다. 주식배당의 세법상 처리에 관해서는 김건식/이창희, 주식배당과 과세, 법학 41권 4호(2001), 147면 이하 참조.

2) 미국과 일본에서도 모두 주식분할설이 통설이다.

사의 발행예정주식총수(289(1)(iii)) 중 미발행주식이 남아 있어야 한다.[1] 따라서 주식배당에 의하여 발행될 주식 수가 수권주식의 한도를 초과하는 경우에는 먼저 정관을 변경하여 수권주식 수를 증가시켜야 한다.

(3) 주식배당의 한도

상법상 주식배당은 이익배당총액의 1/2에 상당하는 금액을 초과하지 못한다(462-2(1)단). 이는 현금 대신 처분이 어려운 주식으로 배당함으로써 주주의 이익배당청구권이 침해되는 것을 막기 위한 것이다. 그러나 상장회사의 경우에는 주식의 유통성이 확보되어 있으므로 이익배당을 전부 주식배당으로 하는 것도 가능하다(자시 165-13(1)본). 다만 주식의 시가가 액면가액에 미달하는 경우에는 그러하지 아니하다(자시 165-13(1)단). 주식의 시가가 액면금액에 미달한다면 주식배당을 받아 시장에서 환가하더라도 실제로 얻는 금액은 같은 배당액이 현금으로 지급되었을 경우보다 적을 것이기 때문이다.

(4) 주주평등의 원칙

주식배당의 경우에도 주주평등의 원칙이 적용되는 것은 물론이다. 예컨대 일부주식에 대하여는 주식배당을 하고 다른 주식에 대하여는 금전배당을 하는 것은 주주평등의 원칙에 반하므로 허용되지 않는다. 다만 회사는 정관이 정하는 바에 따라 이익의 배당에 관하여 내용이 다른 종류의 주식을 발행할 수 있으므로(344-2(1)), 주식의 종류에 따라 주식배당과 금전배당을 달리 할 수 있도록(예컨대 보통주에는 주식배당을 하는 경우에도 우선주에는 금전배당만을 한다는 식으로) 정관에 규정하는 것은 가능하다고 본다.[2]

(5) 권면액에 의한 배당

주식배당으로 발행되는 신주의 발행가액은 주식의 액면가액이다(462-2(2)). 따라서 액면가액이 없는 무액면주식의 경우에는 주식배당이 불가능하다.[3] 신주의 발행가액이 액면가액을 초과하거나 미달하는 것은 허용되지 않으므로 주식배당의 총액은 자본금의 증가액과 정확하게 일치하게 된다. 주식의 시가가 액면가액을 상회하는 때에는 주식배당이 금전배당보다 주주에게 유리할 수 있다.[4]

주식으로 배당할 이익의 금액 중 주식의 액면가액에 미달하는 단수가 있는 때에는 그 부분에 대하여는 주식병합 시의 단주의 처리에 관한 규정(443(1))을 준용한다(462-2(3)).

---

1) 전환주식이나 전환사채 또는 신주인수권부사채가 발행된 경우에는 전환권이나 신주인수권의 행사로 발행될 신주의 수는 미발행주식으로 유보하고(346(2), 516(1), 516-10) 나머지 부분에 대해서만 주식배당을 할 수 있다.

2) 반대: 이철송30, 1027면.

3) 주식 수를 늘릴 필요가 있다면 주식분할을 실시하면 될 것이다.

4) 주식배당으로 인한 주가의 실제 하락폭이 배당주식수에 따른 이론상의 하락폭보다 작은 것을 전제로 한다.

주식배당과 금전배당 계산의 예

1주당 권면액이 5,000원인 비상장 甲 주식회사의 배당가능이익 2억원 중 1억원을 배당하려고 한다. 주식배당의 비중을 가능한 한 높이려면 어떻게 할 것인가? 비상장회사의 경우 주식배당은 이익배당총액의 1/2을 넘지 못하므로, 배당액 1억원은 5천만원 상당의 금전배당과 5천만원 상당의 주식배당으로 구성될 것이다. 그런데 주식배당은 권면액에 의하므로 5천만원 상당의 주식배당이란 주식의 실제 가치와는 무관하게 1만주의 신주를 무상으로 발행하는 것을 의미한다. 결국 금전배당으로 5천만원이 지급되어 순자산은 그만큼 감소하고, 1만주의 신주가 액면가로 발행되어 자본금은 5천만원 만큼 증가할 것이다. 만약 상장회사라면 1/2 제한이 없으므로 배당액 1억원을 전부 주식배당으로 할 수 있고, 그 경우 순자산의 증감 없이 2만주의 신주가 액면가로 발행되어 자본금은 1억원 만큼 증가한다.

3. 절　　차

(1) 주주총회의 보통결의

주식배당은 주주총회의 결의에 의하여 결정한다(462-2(1)). 결의요건에 대해서 아무런 정함이 없으므로 보통결의로 족하다.[1] 법문만을 보면 이익배당 결의(462(2))와 별도로 주식배당 결의(462-2(1))를 해야 하는 것처럼 규정되어 있으나, 두 결의는 결의요건도 같고 단일한 배당가능이익 범위 내에서 규모가 정해지므로 하나의 의안으로 결의하여도 적법하다.[2] 그 어느 쪽에라도 불만이 있는 주주는 수정동의를 제출할 수 있을 것이다. 그러나 재무제표의 승인을 이사회 결의로 하는 경우에는 이익배당의 결의도 이사회에서 하게 되어 있으므로(462(2)) 주주총회에서 따로 주식배당의 결의를 거쳐야 할 것이다.

주주총회에서는 이익배당총액의 1/2 한도 내에서 주식으로 배당할 금액을 정하여야 한다(462-2(1)단).[3] 주식배당에 의한 신주의 발행가액은 액면가액으로 되어 있으므로(462-2(2)) 주주총회에서 이를 따로 결정할 필요가 없고 달리 결정할 수도 없다.

(2) 주식배당의 통지·공고

주식배당의 결의가 있는 경우에는 이사는 지체 없이 배당을 받을 주주와 주주명부에 기재된 질권자에게 그 주주가 받을 주식의 종류와 수를 통지하여야 한다(462-2(5)). 주식배당의 내용은 주주나 등록질권자에게 중요한 이해관계가 있기 때문이다.

---

1) 주식배당으로 인하여 배당가능이익의 일부가 앞으로 배당이 불가능한 자본으로 전환된다는 점을 강조하면 주주의 이익을 보호하기 위하여 주주총회의 특별결의를 요한다는 입법론도 가능할 것이다. 일본회사법은 1981년 개정 전에는 특별결의를 요건으로 하였다(1981년 개정 전 日會 293-2(1)).

2) 이철송30, 1026~1027면.

3) 주권상장법인의 경우에는 시가가 액면가액에 미달하지 않는 한 그러한 한도의 적용을 받지 않는다(자시 165-13(1)).

(3) 변경등기

주식배당은 등기사항인 자본금과 발행주식 수의 변동을 가져오므로 변경등기가 필요하다(317(2)(ii), (iii), 317(4)→183).

(4) 주권의 발행

주식배당에 의하여 신주가 발행되는 경우에도 주권의 발행이 필요하다. 그 발행시기에 관하여는 상법이 아무런 규정도 두고 있지 않다. 상법 제355조 제1항을 유추적용하여 주식배당 결의가 있는 주주총회가 종결한 때로부터 지체 없이 발행하여야 할 것이다.

자본시장에서의 공시

주권상장법인의 주식배당은 증권시장에서 주가변동을 가져오는 중요한 정보이다. 따라서 투자자보호를 위해서 주식배당에 관한 정보가 신속하게 공시될 필요가 있다. 자본시장법에 의하면 주권상장법인을 포함한 사업보고서 제출대상법인은 증자에 관한 이사회결의가 있은 때에는 다음 날까지 금융위원회에 주요사항보고서를 제출하여야 한다(자시 161(1)(v)). 거래소의 '유가증권시장 공시규정'에 의하면 주권상장법인은 주식배당에 관한 이사회의 결의가 있은 때에는 당일 거래소에 신고하여야 한다(유가증권시장 공시규정 7(1)(ii)마(4)). 또한 주식배당은 투자자에게 중요한 정보이므로 사업연도 말 10일 전까지 그 예정내용을 신고하도록 하고 있다. 그러한 예정신고 없이 주식배당을 감행하는 경우에는 공시불이행(유가증권시장 공시규정 29(i))에 해당한다.

4. 효 과

(1) 자본금과 주식 수의 증가

주식배당이 행해지면 신주발행으로 인하여 발행주식 수가 증가하고 자본금이 증가하게 된다.

(2) 효력발생시기

주식을 배당받은 주주는 당해결의가 있은 '주주총회가 종결한 때'부터 신주의 주주가 된다(462-2(4)). 원래 주식배당의 경우에는 인수, 납입의 절차가 필요하지 않으므로 주주총회 결의 시에 바로 효력이 발생하게 할 수도 있었을 것이다. 그러나 주주총회 도중에 신주발행의 효력이 발생한다면 주주의 보유주식 수에 변동이 생겨 주주총회의 진행상 불편을 초래할 수 있다. 따라서 그러한 불편을 피하기 위하여 신주의 효력발생시기를 '주주총회가 종결한 때'로 명시한 것이다.[1)]

---

1) 상법상 준비금의 자본금 전입에 관하여는 주주총회의 '결의가 있은 때'에 신주발행의 효과가 나타나는 것으로 규정하고 있으나(461(4)), 주식배당의 경우와 동일하게 해석하여야 할 것이다.

이 조항은 주식배당을 받는 주주가 주주총회 종결시에 이미 확정되어 있음을, 즉 배당기준일이 주주총회일 이전임을 전제로 하는 것이다. 따라서 이는 배당기준일을 배당결의일 이후로 정할 수 있도록 하여 미확정 배당락으로 인한 부작용을 해소하려는 최근의 경향[1]에 걸림돌로 작용할 수 있다. 이에 대하여는 (i) 위 조항의 문언을 탄력적으로 해석하여 배당기준일이 주주총회 결의일 이후인 경우에는 배당기준일이 도래하여 주식배당을 받는 주주가 확정된 때에 비로소 그들이 신주의 주주가 된다고 해석하는 방안과, (ii) 위 조항의 문언을 엄격히 해석하여 주식배당의 경우에는 (즉 이익배당의 전부 또는 일부를 주식으로 하는 경우에는) 배당기준일을 배당결의일 이후로 정할 수 없다고 해석하는 방안이 있을 것이다. 입법론적으로는 (i)의 취지를 명시함이 좋을 것이다.

주식배당으로 발행된 신주에 대한 이익배당에 관하여는 정관으로 정하는 경우에는 당해 영업연도부터 신주와 구주를 동등하게 취급하여 배당하고, 정관의 정함이 없는 경우에는 신주에 대하여는 일할배당을 하는 것으로 해석되었다. 그러나 2020년 상법개정으로 462조의2 제4항 후단이 삭제되어 이익배당과 관련해서는 신주와 구주를 동등하게 취급하게 되었다.

(3) 질권 및 양도담보권에 대한 효과

질권이나 양도담보가 설정되어 있는 주식에 대해서 주식배당이 행해진 경우의 효과는 어떠한가? 먼저 등록질부터 살펴보자. 등록질권자는 금전배당에 대해서는 자기의 피담보채권의 변제기가 도래한 경우에는 그 배당을 받아 다른 채권자에 우선하여 자기채권의 변제에 충당할 수 있다(340(1)). 그러나 주식배당에 대해서는 배당된 주식에 질권을 취득하고(물상대위) 회사에 대해서 주권의 교부를 청구할 수 있을 뿐이다(462-2(6)→340(3)).

약식질에 대해서는 상법에 명시적 규정이 없으므로 주식배당의 성질을 어떻게 보는가에 따라 의견이 나누어진다. 먼저 주식분할설에 의하면 약식질권자의 질권이 주식배당에 의한 신주에 미치는 것은 당연하다고 본다.[2] 그에 따르면 질권자의 물상대위를 규정한 상법 제339조가 주식배당에 의한 주식발행을 열거하지 않은 것은 입법의 불비라고 할 것이다. 반면에 이익배당설에 의하면 약식질의 효력이 이익배당청구권에 미치는가의 여부에 따라 결론이 달라진다. 다수설은 약식질의 효력이 이익배당에 미치지 않는다고 보므로 주식배당에도 질권의 물상대위적 효력이 미칠 여지가 없다.[3] 반면에 소수설은 등록질뿐만 아니라 약식질의 경우에도 이익배당에 효력이 미치는 것으로 보기 때문에 주식배당에 질권의 효력을 인정하고 있다.[4]

---

1) 제3장 제4절 Ⅳ.3 참조.

2) 정동윤6, 789~790면.

3) 이철송30, 1029면; 정찬형22, 1218면.

4) 최기원14, 945면. 다만 배당금의 물상대위에서와 같이(민 342) 회사가 지급 또는 인도하기 전에 압류하여야 하며 회사에 대하여 질권자임을 증명하고 배당금의 지급을 직접 청구하지는 못한다고 본다. 입법론으로서는 주식배당의 경우에도 약식질의 물상대위규정을 준용한다는 취지를 명시하는 것이 타당할 것이다.

양도담보의 경우에도 질권과 비슷하게 설명할 수 있다. 주주명부상 담보주식의 명의가 담보설정자로 되어 있는 경우에는 약식질과 같다. 주주명부상 담보주식의 명의가 담보권자로 되어 있는 경우에는 등록질과 비슷하지만, 주식배당에 의한 신주가 담보권자에 교부된다는 점에서 물상대위에 의한 질권취득에 그치는 등록질과 차이가 있다.

5. 위법한 주식배당

(1) 신주발행의 위법

법령이나 정관에 규정된 주식배당의 요건이나 절차를 위배한 주식배당의 효과는 그 위법의 내용에 따라 달라진다. 주식배당의 위법은 대체로 ① 신주발행의 측면에 관련된 경우와 ② 배당가능이익의 측면에 관련된 경우의 두 가지로 나누어 볼 수 있다. 먼저 ①의 예로는 정관에 정하지 않은 종류의 주식을 발행하거나, 정관상의 수권주식수 또는 이익배당총액의 1/2을 초과하여 신주발행을 하거나, 주주총회 결의에 하자가 있는 경우 등을 들 수 있다. 이러한 경우의 위법은 신주발행무효의 소(429~432)에 준하여 처리하여야 할 것이다.[1] 다만 주식배당의 경우에는 주금납입이 없으므로 주주에 대한 환급에 관한 상법 제432조는 유추적용될 여지가 없을 것이다.[2] 또 주식배당을 하기 이전이라면 신주발행유지청구권(424)을 행사할 수 있을 것이다.[3]

(2) 배당가능이익의 초과

한편 배당가능이익이 없음에도 불구하고 주식배당이 이루어진 경우는 액면미달의 신주발행이 행해진 것과 결과적으로 유사하다. 주주 이익은 물론이고 채권자 이익에 대한 영향도 크지 않다는 점을 고려하면 신주발행의 무효사유로 볼 수는 없을 것이다.[4]

이 경우 회사채권자가 주주에게 위법배당의 반환을 청구할 수 있다는 제462조 제3항이 적용될 수 있는가? 주식배당의 본질을 이익배당으로 파악한다면 위법한 주식배당에 대하여도 회사채권자의 반환청구권을 인정하여야 할 것이다. 그러나 다수설은 주식배당은 금전배당과 달리 금전의 사외유출이 없어 회사채권자에게 손해될 것이 없다는 이유로 회사채권자의 반환청구권이나 주주의 반환의무를 부정하고 있다.[5]

(3) 이사의 책임

이사가 위법한 주식배당을 행하는 것은 법령위반행위에 해당되므로 그로 인하여 회사에

---

1) 동지: 이/최11, 746면; 정동윤6, 790면; 정찬형22, 1225면; 최기원14, 949면; 최준선 14, 747면; 홍/박7, 710면.
2) 동지: 이철송30, 1032면; 정찬형22, 1225면.
3) 정찬형22, 1225면; 최기원14, 949면.
4) 신주발행무효사유에 해당한다고 보더라도 채권자는 신주발행무효의 소를 제기할 적격이 없으므로(429) 현실적으로 신주발행무효의 소가 제기되는 경우는 별로 없을 것이다.
5) 이/최11, 745면; 이철송30, 1032면; 정동윤6, 790면; 최기원14, 949면; 홍/박7, 710면. 반대(회사채권자에게 반환청구권이 인정된다는 견해): 권기범6, 1135면; 정찬형22, 1224면.

손해가 발생한 경우에는 회사나 제3자에 대하여 손해배상책임을 질 수 있다(399(1), 401).[1] 그러나 주식배당의 경우에는 현금이 회사 밖으로 유출되는 것이 아니므로 금전배당의 경우와는 달리 회사의 손해는 이익배당의 금액은 아니다.

신주발행의 변경등기 후에는 이사가 자본충실의 책임(428)도 부담하여야 한다는 견해가 있다.[2] 그러나 주식배당의 경우에는 주식의 인수가 없으므로 이사에게 자본충실의 책임까지 인정하는 것은 무리이다.[3]

6. 몇 가지 특수한 문제

(1) 자기주식과 주식배당

회사가 보유하고 있는 자기주식에 대해서도 주식배당이 인정되는가? 자기주식에 대한 주식배당의 허용여부는 기존 주주의 이해관계에는 영향이 없다. 이익배당설에 의하면 자기주식에 대해서는 이익배당이 인정되지 않으므로 주식배당도 부정하는 것이 당연하다.[4] 주식배당을 주식분할로 본다면 회사가 보유하고 있는 자기주식에 대해서도 신주를 교부해야 할 것처럼 보이기도 한다. 그러나 자기주식을 미발행주식으로 보는 견해를 따른다면 자기주식에 대한 주식배당도 부정해야 할 것이다. 주식배당이 주식분할의 성질을 갖는다 하더라도 존재하지 않는 주식까지 분할의 대상으로 볼 수는 없기 때문이다.[5]

(2) 종류주식이 발행된 경우의 처리

종류주식을 발행하고 있는 회사가 주식배당을 행하는 경우에는 어떠한 종류의 주식을 발행할 것인가? 과거에는 이 문제에 대해서는 상법이 아무런 규정도 두고 있지 않아 실무상 혼선이 있었다. 이론상으로는 이 문제의 해결도 주식배당의 성질을 어떻게 이해하는가에 따라 차이가 있다. 먼저 이익배당설에 의하면 주식배당은 금전배당에 갈음하여 신주를 발행하는 것이므로 한 가지 종류의 주식으로 배당하여야 할 것이다.[6] 예컨대 우선주주에게나 보통주주에게나 구별 없이 보통주식으로 배당하여야 하며, 이로 인하여 종류주주 상호간의 비율관계에 변동이 생기는 것은 감수할 수밖에 없을 것이다. 반면 주식분할설에 의하면 우선주에는 우선주, 보통주에는 보통주를 배당해야 한다.[7] 주식분할설에 의하면 종류주주 상호간의 비율관계는 유지되지만 우선주의 수가 증가하게 되므로 우선배당률을 조정하지 않는 한 우선주에 배당

1) 동지: 이철송30, 1032면; 정동윤6, 790면; 정찬형22, 1224면; 최기원14, 949면.
2) 日注會(9), 102면(竹內昭夫).
3) 동지: 정동윤6, 790면; 정찬형22, 1224면; 최기원14, 949면.
4) 이철송30, 1028면; 정찬형22, 1217면; 최기원14, 944면.
5) 현실적으로 비상장회사의 경우에는 적어도 1/2은 현금배당을 해야 하고 단수가 발생하는 경우에는 금전지급이 수반된다는 점에서도(462-2(1), (3)) 자기주식에 대한 주식배당을 인정하는 데는 난점이 있다.
6) 정찬형22, 1217면; 최기원14, 945면.
7) 정동윤6, 788면.

할 우선배당금의 총액이 증가하게 되는 문제가 발생한다. 과거 실무상으로는 이익배당설에 입각하여 주식배당 시에도 한 가지 주식만이 발행되는 것이 일반적이었다.

현행 상법에서는 실무상의 혼란을 해소하기 위하여 "회사가 종류주식을 발행한 때에는 각각 그와 같은 종류의 주식으로 할 수 있다"(462-2(2))는 문언을 추가하였다. 그리하여 법문상으로는 회사가 주식분할설의 결과를 선택할 수 있는 여지를 열어 두고 있다. 법문만 보면 마치 정관에 아무런 규정이 없어도 회사가 이익배당의 결의시에 어떠한 종류의 주식을 발행할 것인지를 임의로 선택할 수 있는 것처럼 보인다. 그러나 주식배당 시에 우선주를 받는가 보통주를 받는가는 우선주주는 물론이고 보통주주의 이익에도 중요한 사항인데 그것을 보통주주만이 참여하는 주주총회의 결정에 맡기는 식의 해석에는 찬성하기 어렵다. 결국은 회사가 '정관에 규정을 둠으로써' 주식분할설의 결과를 선택할 수 있다는 취지로 해석해야 할 것이다. 불필요한 혼선을 피하기 위해서는 주식배당에 관해서도 정관에 명확한 규정을 두는 것이 바람직할 것이다.

제 6 장

주식회사의 재무

제 1 절

총 설

Ⅰ. 회사재무와 회사법

무릇 회사의 본령(本領)은 자금을 투입하여 사업을 영위하는 것, 즉 투자라고 할 수 있다. 회사의 흥망은 결국 투자의 잘잘못으로 판가름나게 된다. 그러나 회사의 투자활동은 상법의 규정 대상이 아니다. 회사의 투자결정은 업무상의 다른 결정과 마찬가지로 원칙적으로 이사회 권한에 속하고[1] 이사의 행동을 규율하는 신인의무의 적용을 받는다.

회사의 투자는 당연히 자금의 존재를 전제로 한다. 자금이 부족하면 그 자금을 조달할 필요가 있다. 한편 투자의 성공으로 이익이 축적되면 주주에게 반환하는 등 적절하게 처리할 필요가 있다. 이처럼 회사가 행하는 자금의 조달과 운용 활동을 널리 회사재무 내지 기업재무(corporate finance)라고 한다. 상법은 회사재무에 관한 규정을 다수 포함하고 있다.

회사의 자금조달은 [표 6-1]에서 보는 것처럼 금융기관 등에서 차입하거나 주식이나 사채를 발행하는 등 다양한 방법으로 이루어진다. 상법은 차입에 대해서는 아무런 규정을 두지 않고[2] 신주발행과 사채발행에 대해서 특별히 규정할 뿐이다. 회사가 구체적으로 자금조달을 이떻게 실행할 것인지는 원칙적으로 이사회의 결정사항이다.

회사의 성장이 한계에 이르면 투자를 위한 자금수요가 감소하므로 회사에 잉여자금이 발생하는 경우가 많다.[3] 회사가 잉여자금을 무작정 쌓아두는 것은 주주이익의 관점에서 반드시 득책이 아니므로 주주에게 적절히 반환할 필요가 있다.[4]

---

1) 예외적으로 다른 회사의 영업전부를 양수하거나(374(1)(iii)) 새로운 사업에 진출하기 위하여 정관을 변경하는(434) 등의 경우에는 주주총회 승인을 요할 것이다.

2) 대규모 차입을 이사회권한으로 명시하고 있을 뿐이다(393(1)). 따라서 차입은 주로 계약과 민법의 규정에 의하여 규율될 것이다.

3) 회사재무에서는 이를 free cash-flow라고 부른다. 적절한 자본비용으로 할인할 때 양의 값을 갖는 투자안에 필요한 자금을 초과하는 cash-flow를 가리킨다. free cash-flow는 방만한 투자로 이어지기 쉽다. 이에 관해서는 Michael C. Jensen, Agency Costs of Free Cash Flow, Corporate Finance and Takeovers, 76 American Economic Review 323(1986).

4) 그러나 뒤에 살펴보는 바와 같이 경영자가 그것을 반환할 인센티브는 실제로 별로 없다.

잉여자금을 주주에게 반환하는 방법도 여러 가지이다. 주주에 대한 이익배당은 그 대표적인 방법이고 그 밖에 자기주식의 취득과 소각, 자본금감소(유상감자)를 통해서도 자금을 주주에게 되돌려 줄 수 있다. 자금을 주주에게 반환하는 경우에는 주주평등의 원칙이나 채권자 이익이 침해될 소지가 있으므로 상법은 회사의 자금반환방법에 대해서 특별한 규정을 두고 있다. 자본금감소에 대한 설명은 제8장으로 미루고 이 장에서는 자기주식에 대해서만 설명하기로 한다.

회사재무는 주로 상법 회사편에서 규정하고 있으나 자본시장법은 상장회사의 증자와 배당 등 재무관리에 관하여 기준을 제정할 수 있는 권한을 금융위원회에 부여하고 있다(자시 165-16(1)). 금융위원회는 '증권의 발행 및 공시 등에 관한 규정'에 주권상장법인의 재무관리기준을 마련하고 있다(발행공시규정 5-16~5-25).

▌표 6-1 비금융법인기업[1]의 자금운용 및 조달 추이 (연중, 조원)

	2019	2020P	2021P
자금운용(A)	104.0	184.8	256.2
금융기관예치금	38.2	120.6	122.7
채권[2]	9.8	3.8	11.4
지분증권 및 투자펀드[3]	27.9	1.8	49.7
국외운용[4]	12.0	30.7	53.7
기타[5]	16.1	27.8	18.7
자금조달(B)	156.9	274.3	330.5
금융기관차입	99.5	160.0	174.4
직접금융	50.6	57.7	93.5
· 채권발행[2]	15.9	23.6	29.2
· 지분증권 및 투자펀드	34.7	34.2	64.3
국외조달[4]	19.6	16.0	31.4
기타[6]	−12.8	40.6	31.1
자금운용 및 조달 차액 (A−B)	−52.9	−89.6	−74.3

주 : 1) 비금융준법인기업 포함
2) 해외채권 제외
3) 비거주자 발행주식 제외
4) 해외채권, 비거주자 발행주식, 직접투자, 기타대외채권·채무
5) 현금, 상거래신용, 미수금 등
6) 상거래신용, 정부융자 등

출처: 한국은행 보도자료 2022. 4. 7.

Ⅱ. 회사재무와 이익충돌

상법은 회사재무에 관해서 이사회에 폭넓은 권한을 부여하고 있다.[1] 그리하여 이사회의 회사재무운영에서도 제1장에서 살펴본 이익충돌이 발생할 소지가 있다. 먼저 경영자(또는 지배주주)와 일반주주 사이의 이익충돌(A형 이익충돌)부터 살펴보자. 원론적으로 말하면 경영자가 투자를 결정할 때에는 주주이익의 극대화를 척도로 삼아야 할 것이다. 그 논리에 따르면 주주이익 관점에서 바람직하지 않은 투자안을 실행하는 것은 자제해야 마땅할 것이다. 투자에 사용되지 않고 남은 자금은 주주에게 반환하는 것도 생각해볼 수 있다. 그러나 실제로 그런 조치를 취하는 경영자는 극히 드물고 오히려 경영자는 가급적 신규투자를 통해서 회사 규모를 키우려는 경향이 있다.[2] 그것이 자신의 사회적 지위나 영향력을 강화하는데 도움이 되기 때문이다. 사업기회가 많은 성장기업의 경우에는 경영자의 지속적 투자가 주주이익과도 부합할 것이지만, 경영자의 허황된 욕심 때문에 과도한 투자가 감행되는 예도 없지 않다.[3]

투자를 위한 자금조달의 국면에서는 A형 이익충돌은 크게 문제되지 않는다. 다만 예외적으로 회사가 신주를 기존주주 아닌 제3자에게 발행하는 경우에는 기존 주주 이익이 침해될 여지가 있다. 특히 그 제3자가 경영자나 지배주주에 가까운 자라면 그 위험은 더 클 것이다. 이 문제는 특히 주주의 신주인수권과 관련하여 논하기로 한다.

주주와 채권자 사이의 이익충돌(B형 이익충돌)은 주로 회사의 투자와 관련하여 발생한다. 주주는 유한책임의 보호를 받기 때문에 채권자보다 위험한 투자를 선호할 공산이 크다. 자금조달과 관련해서도 B형 이익충돌의 여지가 없는 것은 아니다. 주주가 레버리지효과를 극대화하기 위해서 회사의 부채비율을 과도하게 높일 위험이 있고, 기존의 채권자와는 달리 새로운 채권자에게는 회사재산을 담보로 제공할 위험도 있다. 계약 채권자라면 주주의 이러한 **기회주의적 행동**(strategic behavior)을 막기 위하여 미리 계약으로 그러한 행동을 막기 위한 규정을 두는 것도 이론상 가능하다. 실제로 사채발행의 경우에 작성되는 사채계약에는 그러한 규정들이 많이 포함되고 있다. 그러나 불법행위 채권자는 그런 계약상 보호조치를 취하는 것이 불가능하고, 계약 채권자라고 해도 소규모 채권에 대해서 일일이 그러한 보호조치를 계약에 포함시키는 것은 비현실적이다. 이론상으로는 법으로 채권자에 대한 보호조치를 강구하는 것도 생각해 볼 수 있지만 상법은 아무런 규정을 두고 있지 않다.

---

1) 회사재무에 관해서 이사회 재량을 폭넓게 인정한 것은 미국 회사법이 최초라고 할 수 있으나 이제는 현대 회사법의 추세라고 할 수 있다.

2) 아니면 적어도 장래의 투자를 위해서 자금을 사내에 유보하려는 경향이 있다.

3) 종업원으로서는 이러한 방만한 투자를 크게 싫어하지 않는 것이 보통이다. 종업원으로서는 아무래도 기업의 성장이 출세에 도움이 된다고 보기 때문이다. 물론 방만한 투자로 인하여 궁극적으로 기업이 부실상태에 이르면 구조조정을 강요받게 되고 그 경우에는 다수의 종업원이 직장을 잃을 수도 있다.

회사재무와 관련하여 상법이 B형 이익충돌에 관심을 갖는 것은 자금조달이 아니라 주주에 대한 자금반환의 국면에서이다. 전술한 이익배당에 대한 상법 규제는 주로 B형 이익충돌에 대처하기 위한 것이다. 자기주식 취득에 대한 상법 규제는 A형과 아울러 B형 이익충돌에 대한 고려도 반영한 것이다.

자금반환의 국면에서는 A형 이익충돌과 B형 이익충돌이 미묘하게 교착한다. 대체로 경영자는 잉여자금을 주주에 반환하기보다 사내에 유보하고자 하는 인센티브를 갖는다. 이러한 경영자의 인센티브는 일반 주주에게는 불리하지만 채권자에게는 유리하게 작용한다.

경영자의 회사재무 운영도 이사의 선관주의의무와 충실의무에 의하여 규율된다. 투자결정은 물론이고 자금조달 결정의 경우에도 이 의무에 반하는 이사의 결정은 제399조에 따른 손해배상책임을 발생시킬 수 있다. 그러나 이사의 결정은 대부분 경영판단원칙에 의하여 보호될 것이기 때문에 이사의 책임을 추궁하기는 현실적으로 쉽지 않다. 특히 자금반환을 하지 않는 결정에 대해서 이사의 의무위반을 인정하기는 한층 더 어렵다. 자금을 축적해두는 것은 보수적인 관점에서 경영판단으로 볼 가능성이 클 뿐 아니라 회사의 손해를 증명하기도 어렵기 때문이다.

인센티브의 일치

A형 이익충돌에 대한 보다 근본적인 해결책은 주주와 경영자의 인센티브를 일치시키는 것이다. 그 대표적인 수단이 바로 주식매수선택권, 즉 스톡옵션이다. 그러나 실제로 스톡옵션을 경영자와 주주의 이익을 일치시키는 방향으로 설계하는 것은 기술적으로 쉽지 않다. 이와 관련하여 보다 큰 관심의 대상은 역시 적대적 기업인수이다. 그 논리는 다음과 같다. 과도한 자금이 축적된 회사의 경우에는 주식의 잠재가치와 시장가치 사이에 차이가 발생할 가능성이 크다. 그에 따라 그 차이를 노린 외부세력이 적대적 기업인수를 시도할 가능성도 커진다. 외부세력이 경영권 취득에 성공한 경우에는 회사의 잉여자금을 자신을 비롯한 주주에게 반환하려할 것이다.[1] 따라서 경영권 유지를 원하는 경영자로서는 외부세력의 구미를 자극할 내부유보 축적은 자제할 인센티브가 있다. 적대적 기업인수의 가능성 때문에 주주와 경영자의 인센티브가 일치하게 되는 것이다. 적대적 기업인수에 대해서는 제7장에서 살펴본다.

Ⅲ. 내부자금과 외부자금

회사 설립 시 사업 자금은 외부에서 조달할 수밖에 없다. 설립 시 필요한 자금은 주식을 발행하여 조달하고 외부차입을 추가하기도 한다. 그러나 일단 설립된 후에는 사내의 유보자금을 사용할 수 있는데 이를 내부자금이라고 한다. 내부자금이 부족한 경우에는 외부에서 조달

1) 특히 외부세력이 차입으로 인수자금을 조달한 경우에는 더욱 그 필요성이 클 것이다.

한 외부자금에 의존할 수밖에 없다.[1)]

외부자금은 상환기간의 장단에 따라 단기자금과 장기자금으로 나눌 수 있다. **단기자금**에는 은행 등 금융기관으로부터의 차입, CP발행 등의 방법으로 조달하는 자금이 포함된다. **장기자금**은 주식이나 사채발행에 의하여 조달한다.

직접금융과 간접금융

외부자금은 조달방법에 따라 직접금융과 간접금융으로 구분할 수 있다. 은행차입은 여유자금을 가진 투자자로부터 직접 조달하는 것이 아니라 은행이라는 금융중개기관(financial intermediary)을 중간에 개입시킨다는 점에서 간접금융으로 분류한다. 반면에 주식이나 사채는 금융중개기관의 개입 없이 시장에서 직접 투자자로부터 조달한다는 점에서 직접금융으로 분류한다. 직접금융은 투자자가 자금을 조달하는 회사의 신용에만 의존하는 경우이기 때문에 재무적으로 성숙한 대규모 회사가 아니면 활용하기 어렵다. 특히 자본시장에서 다수 투자자로부터 자금을 동원하는 경우에는 더욱 그러하다.

Ⅳ. 자금조달에 대한 법적 규제

1. 상법의 규제

상법은 여러 자금조달 수단 중 주식과 사채의 발행에 관하여 규정을 두고 있다. 그 규정의 목적은 크게 다음 두 가지로 볼 수 있다. ① 다수 투자자로부터의 자금조달을 촉진하기 위하여 유가증권 형태를 취한 주식과 사채의 양도와 권리행사에 관하여 규정할 필요가 있다. 주식에 관한 규정은 이미 제3장에서 설명한 바 있다. ② 주주, 사채권자, 그 밖의 채권자와 같은 다양한 자금제공자 사이의, 그리고 그들 내부의 이해관계를 합리적으로 조정할 필요가 있다.

2. 자본시장법의 규제

주식과 사채의 거래에 관해서는 상법 외에 자본시장법상의 규제에도 주의할 필요가 있다. 자본시장법은 주식과 사채를 투자대상인 **증권**으로 파악하여 투자자 보호 관점에서 규제한다(자시 4). 자본시장에서 주식과 사채를 취득하는 일반 투자자는 전문적인 능력이 없기 때문에 손해를 볼 위험이 크다. 자본시장법은 일반 투자자 보호를 위하여 크게 세 가지 관점에서 규제를 마련하고 있다. ① 발행회사로 하여금 주식과 사채에 관한 정보를 **공시**하도록 강제하고 있다. 주식과 사채의 가치평가를 위해서는 증권 자체에 관한 정보는 물론이고 증권을 발행하는

1) 급속하게 성장하는 기업에서는 내부자금만으로 투자수요를 충족하기 어려워 외부자금에 대한 의존도가 높은 것이 보통이다.

회사에 관한 정보가 필요하다. 자본시장법은 일반 투자자를 대상으로 주식이나 사채를 발행하는 회사에 그 정보를 공시하도록 강제하고 부실한 공시에 대해서는 제재를 가하고 있다(자시 118~132). ② 자본시장에서 주식이나 사채의 **불공정한 거래를 금지**하고 있다. 다른 상품의 경우보다 증권의 거래에서는 불공정한 거래가 발생할 가능성이 더 크기 때문에 자본시장법은 내부자거래, 시세조종 등 불공정거래에 대한 상세한 규정을 두고 있다(자시 172~180). ③ 주식과 사채가 주로 증권회사와 같은 금융투자업자의 도움을 받아 거래되고 있는 점을 고려하여 투자자를 상대하는 **금융투자업자의 건전성과 영업행위**에 대해서 폭넓은 규제를 가하고 있다(자시 11 이하). 이상의 규제는 우리나라는 물론 세계적으로도 최근 지속적으로 강화되고 있다.[1]

V. 회사가 발행하는 증권의 다양화[2]

1. 증권의 두 가지 요소: 현금흐름에 대한 권리와 의결권

회사가 자금조달을 위하여 발행하는 증권은 크게 주식과 사채로 나눌 수 있다. 기능적 관점에서 보면 증권은 회사의 현금흐름(cash-flow)에 대한 권리이다.[3] 현금흐름에 대한 권리라는 점에서 증권은 회사에 대한 일반 채권과 차이가 없다.[4] 회사에 대한 일반 채권과 증권의 차이는 결국 균일성과 대량성이 있는지 여부에서 찾을 수 있다.

주식이 표창하는 현금흐름의 크기는 장차 무수한 요소의 영향을 받아 결정된다. 따라서 주식을 취득하는 사람은 현금흐름에 영향을 주는 요소를 통제할 수 있는 권한을 원한다. 만약 현금흐름에 영향을 주는 요소를 사전에 완전하게 파악할 수 있다면 계약으로 자신의 이익을 적절히 보호하는 것이 이론적으로는 가능하다. 그러나 장기간에 걸쳐서 발생하는 현금흐름과 관련하여 장차 일어날 수 있는 상황을 사전에 모두 파악하여 각 경우마다 취할 조치를 계약에 명시해두는 것은 현실적으로 불가능하다. 따라서 주식 투자를 촉진하기 위해서는 주주에게 추가적인 보호장치를 제공할 필요가 있다. 그러한 추가적 보호장치의 대표적인 예가 바로 현금흐름에 영향을 미치는 회사 의사결정에 참여할 수 있는 권리, 즉 지배권(control rights)이고 그 지배권의 핵심은 의결권이다.

이상의 설명은 사채에 대해서는 그대로 타당하지 않다. 사채는 회사의 현금흐름을 두 단계로 배분할 때 현금흐름에 대한 선순위의 권리를 가리킨다. 선순위 권리이기 때문에 사채권자

1) 상세한 것은 김/정4 참조.
2) 상세한 것은 김건식, "증권의 다양화에 관한 기초적 고찰", 연구Ⅱ, 59~82면.
3) 현금흐름은 기업의 수익활동에서 발생하는 것이 보통이겠지만 반드시 그것에 국한되는 것이 아니다. 기업이 청산되는 경우 재산의 분배도 현금흐름에 속한다고 할 수 있다.
4) 금전채권이 아닌 채권도 손해배상청구권으로 전환될 수 있다는 점에서는 잠재적인 금전채권이라고 할 수 있으므로 궁극적으로는 회사의 현금흐름으로 뒷받침되는 권리라고 할 수 있다.

에 지급되는 금액은 예컨대 원금 1억원, 이자 연 10%라는 식으로 금액자체가 고정되거나 예컨대 우대금리 +1%라는 식으로 적어도 금액을 결정하는 방법이 고정될 필요가 있다(fixed claims). 회사 실적이 아무리 좋아도 사채권자가 미리 정한 금액을 초과하여 지급받을 수는 없다. 반대로 실적이 아무리 나쁘더라도 사채권자는 계약에 정한 금액을 받을 권리가 있다. 이처럼 회사의 현금흐름에 대한 사채권자의 권리는 고정적이므로 사채권자에 대해서는 주주와 같이 의결권을 부여할 필요는 절실하지 않다. 그리하여 실제 사채권자의 이익은 주로 계약에 의하여 보호되고 있다.[1] 요컨대 사채의 경우에는 주식에 비하여 우선적인 청구권을 갖는 대신 의결권이 없는데 반하여, 상위 청구권자가 차지하고 남은 현금흐름에 대한 청구권(잔여청구권: residual claims)에 해당하는 주식의 경우에는 회사의 흥망성쇠에 관한 이해관계가 크기 때문에 의결권을 갖는 것이다.

2. 증권 다양화의 구체적 양상

(1) 전통적인 다양화

이처럼 회사가 발행하는 증권은 현금흐름에 대한 권리와 의결권이란 두 가지 요소가 축을 이루고 있다. 전술한 바와 같이 주식과 사채는 기본적으로 현금흐름에 대한 권리라는 점에서는 차이가 없다. 단지 현금흐름의 배분에 참여하는 순위에 차이가 있을 뿐이다. 따라서 현금흐름에 대한 배분방법을 변용하기에 따라서는 양자가 상당히 접근할 수도 있다. 예컨대 주식의 일종인 상환우선주는 사채에 접근하고 사채의 일종인 이익참가부사채는 주식에 접근한다. 주식과 사채의 접근은 현금흐름의 측면에서뿐 아니라 의결권 측면에서도 일어날 수 있다. 예컨대 우선주는 주식임에도 불구하고 의결권 없이 발행할 수 있다. 무의결권우선주는 꾸미기에 따라서는 사채와 실질적으로 거의 차이가 없는 경우도 있다. 한편 전환사채는 회사의 이사결정에 광범하게 간섭할 수 있는 권한을 계약으로 부여하는 경우 주식과 거의 비슷해진다.

이처럼 주식과 사채의 구별이 상대적인 것이라는 점은 일찍부터 잘 알려져 있다. 종래 증권의 다양화는 사채와 주식을 양극단으로 삼고 그 중간지점을 택하는 형태로 행해진 것이 사실이다. 전환사채나 신주인수권부사채와 같은 주식관련사채, 무의결권우선주는 모두 주식과 사채의 중간형태라고 할 수 있다. 그러나 최근에는 증권의 다양화가 주식과 사채를 연결하는 선상에서가 아니라 보다 자유로운 모습으로 진행되고 있다. 현금흐름에 대한 권리는 물론이고 의결권의 면에서도 다채로운 변형이 시도되고 있다. 이하 차례로 살펴본다.

(2) 현금흐름에 대한 권리의 변형

종래 증권에서 현금흐름에 대한 권리의 변형은 주로 배분상 순위를 달리하는 방식으로 행해졌다. 주식과 사채의 구분이 결국 배분순위의 차이에 근거한 것이라는 점은 이미 지적한 바

1) 사채의 규모가 크고 기간이 길수록 두꺼운 계약서가 작성되는 것이 보통이다.

와 같다. 사실 현금흐름의 배분에서 순위를 구분하는 것을 반드시 한 단계로 제한할 이유는 없다. 주식에서 다시 우선주, 보통주, 후배주(또는 열후주)의 구분이 등장한 것은 자연스런 진전이다. 이러한 순위의 세분화가 주식의 영역 내에서만 일어나야 할 이유도 없다. 사채의 영역에서 일반 채권에 뒤지는 후순위채(또는 열후채)가 등장한 것도 이론상 놀라운 일이 아니다. 이처럼 주식과 사채의 순위가 세분될수록 주식과 사채를 구별하는 선을 어디에 긋는가는 다분히 자의적일 수밖에 없다.

그러나 현금흐름에 대한 권리의 변형은 단순히 배분의 순위를 세분하는 식으로만 가능한 것은 아니다. 전술한 바와 같이 외국에서는 트래킹스톡(tracking stock)이라고 하여 이익배당액을 특정 사업부문이나 자회사의 이익에 연동시켜 지급하는 내용의 주식도 발행되고 있다.[1] 사채의 경우에는 현금흐름에 대한 권리의 변형이 훨씬 다양한 형태로 이루어지고 있다. 뒤에 설명하는 바와 같이 개정 상법은 사채의 현금흐름에 대한 권리를 파생상품을 이용하여 변형하는 것도 명시적으로 허용하고 있다(469(2)(iii)).

주식과 사채의 구분

사채와 주식의 구분은 인위적인 것이지만 일단 구분이 되면 여러 면에서 차이가 발생한다. 그렇다면 사채와 주식을 가르는 가장 기본적인 차이는 무엇일까? 먼저 현금흐름 배분순위의 차이는 큰 의미를 갖기 어렵다. 현금흐름에 대한 권리가 순위 면에서 세분화되는 경우 순위의 차이는 주식의 내부나 사채의 내부에서도 존재할 수 있기 때문이다. 의결권 유무는 의결권 없는 주식의 예에서 보는 것처럼 양자를 가르는 핵심적인 표지가 될 수 없다. 상환성의 유무도 마찬가지이다. 주식 중에서도 상환주식은 상환이 예정되어 있지만 사채 중에서도 영구사채는 상환시기가 해산시로 미뤄져 있기 때문이다. 사채와 주식의 차이는 현재로는 일응 현금흐름의 미지급이 채무불이행 효과를 발생시키는지 여부를 기준으로 삼는 것이 타당할 것이다. 사채와 주식에 대한 전통적인 사고를 위협하는 가장 극명한 예는 이른바 '초(超)후순위채'(deeply subordinated debt)라는 신종자본증권이다.[2] BIS자기자본비율을 의식한 금융기관에 의하여 주로 발행되고 있는 초후순위채의 내용은 반드시 일정한 것은 아니지만 대체로 사채 형태를 취하면서도 실질적으로는 자회사가 발행하는 우선주보다 후순위로 발행된다.[3] 또한 자본시장법이 정식으로 도입한 신종자본증권으로 조건부자본증권(자시 165-11(1))이 있다. 이에 대해서는 사채에 관한 부분에서 설명한다.

(3) 의결권의 변형

증권의 다양화는 증권에 수반되는 의결권을 변형시키는 방법으로도 실현될 수 있다. 전통적인 원칙에 의하면 의결권은 주식에는 있고 사채에는 없다.[4] 따라서 의결권의 변형은 주로

1) 제3장 제2절 Ⅱ.3.에서 언급한 바와 같이 2011년 개정 상법에서는 트래킹스톡의 발행도 가능한 것으로 보고 있다.
2) 고창현, "신종자본증권", 민사판례연구 27(2005), 868면 이하 참조.
3) 고창현, 전게논문, 888~890면.
4) 도산상태에 빠진 경우와 사채계약에 정해진 경우에는 예외적으로 사채에도 어느 정도 지배권이 인정된다.

주식에서 시도되고 있다. 개정 상법은 의결권의 변형을 과거보다 폭넓게 허용하고 있다(344-3(1)). 개정 전과는 달리 보통주도 의결권이 없이 발행할 수 있게 되었다. 다만 의결권이 복수 있는 주식이나 예컨대 1/2개의 의결권이 있는 주식의 발행은 허용되지 않는다.[1] 의결권의 변형은 단순히 의결권의 유무나 수에 한해서만 가능한 것은 아니고, 예컨대 일정한 사항에 대해서만 의결권이 있다거나 없다거나 하는 식으로 제한하는 것도 생각할 수 있다. 2011년 개정 상법은 그러한 제한의결권주식도 명시적으로 허용하고 있다.

3. 다양한 증권에 대한 시장의 수요

(1) 투자자 수요의 다양성

회사가 발행하는 증권의 다양화는 결국 투자자 수요가 다양하기 때문에 일어나는 현상이다. 모든 투자자가 동질적 위험만을 감수하려 한다면 주식, 그것도 보통주만 발행하면 될 것이다. 주식 외에 사채가 발행되는 이유는 위험회피성향이 보다 강한 투자자의 자금을 유치하기 위해서이다.[2] 예컨대 지급이자의 손금처리와 같이 차입에 대한 세법상 혜택도 회사가 사채를 발행할 인센티브를 강화한다. 그렇다면 기존의 주식과 사채라는 기본적인 분류를 넘어서 한층 더 다양한 유형의 증권이 시장에 등장하고 있는 이유는 무엇인가? 이하에서는 그러한 다양한 증권에 대한 시장 수요가 발생하는 맥락에 대해서 살펴보기로 한다.

(2) 벤처기업의 자금조달

벤처기업은 사업 위험이 높기 때문에 벤처기업에 대한 투자는 높은 투자위험을 감당할 수 있는 자금으로 이루어지는 것이 바람직하다. 그런 자금은 통상의 금융기관이 중개하기는 적합지 않으므로 생겨난 전문 중개기관이 바로 **벤처캐피탈**이다. 벤처기업에 투자하는 벤처캐피탈은 다음과 같은 수요가 있다. ① 벤처기업의 의사결정에 깊이 개입할 수 있어야 한다. 벤처캐피탈의 개입권한은 단순한 계약에 의해서뿐 아니라 회사법상 권한에 의하여 담보될 필요가 있다. ② 벤처기업은 실패할 확률이 높기 때문에 성공할 때에는 벤처캐피탈이 그 과실을 충분히 분배받을 수 있어야 한다. ③ 벤처기업이 청산되는 때에는 창업자보다 우선적인 지위를 보장받을 필요가 있다.

벤처캐피탈의 이 같은 수요를 충족시킬 수 있는 증권은 우선주라고 할 수 있다. 벤처캐피탈이 회사 의사결정에 참여하기 위해서는 의결권이 있어야 하고 성공의 과실을 효과적으로 향

---

1) 다만 2023년 개정된 "벤처기업육성에 관한 특별조치법"에서는 예외적으로 복수의결권주식을 발행할 수 있는 경우를 인정한다(제3장 제2절 Ⅲ 참조). 한편 미국에서는 이른바 차등의결권주식(dual class common stock)을 자유롭게 허용하고 있다. 다만 미국에서도 증권거래소의 상장규정에서는 차등의결권주식의 상장은 제한되고 있다. 예컨대 New York Stock Exchange Listed Company Manual 330.00(A).

2) 주주로서는 타인자본을 조달함으로써 자신이 출자한 것 이상의 자금을 운용하는 레버리지 효과를 거둘 수도 있을 것이다.

유하기 위해서는 기업공개 시에 보통주로 전환할 수 있는 전환권이 부착되어 있는 것이 보통이다. 또한 자본다수결원칙을 취하고 있는 현행법상 의사결정에 대한 참여를 확실히 보장받기 위해서는 의결권의 과반수를 확보할 필요가 있다. 그러나 벤처캐피탈의 투자는 50%에 미달하는 경우가 많으므로 자신의 이익을 대변할 이사를 선임하기 위해 창업자와 주주간계약을 체결하는 것이 보통이다. 벤처캐피탈이 추천하는 이사후보에 대해서 창업자가 주주총회에서 찬성표를 던지기로 하는 이른바 의결권구속계약이 주주 사이에서 채권적으로 유효하다는 점에 대해서는 거의 다툼이 없으나, 그 합의를 법적으로 강제하기는 어렵다.[1] 특히 제3자에 대해서는 그러한 주주간합의의 효력을 주장할 수 없다는 점에 대해서는 역시 다툼이 없다.

미국에서는 보통주도 두 가지로 나누어 예컨대 A종류 주식의 주주는 이사 3인을 선임하고 B종류 주식의 주주는 이사 2인을 선임할 수 있는 권리를 갖도록 하는 것도 허용하고 있다. 이러한 종류주식의 발행이 허용된다면 구태여 의결권구속계약을 체결할 필요가 없을 것이다.[2]

(3) 합작투자회사

합작투자의 경우에도 벤처투자와 마찬가지로 회사 형태를 취하면서도 일종의 조합적 효과를 원하는 수요가 있다. 합작투자의 당사자들은 벤처캐피탈과는 달리 현금흐름을 선순위로 분배받을 것을 고집하지는 않는다. 합작투자에서 중요한 것은 지배권을 배분하는 문제이다. 서로 50 대 50으로 대등하게 참여하는 합작투자에서는 관계악화의 경우 관계해소가 문제될 뿐 일방당사자가 불의의 손해를 입을 위험은 그리 크지 않다. 그러나 50% 미만의 투자자로 참여하는 당사자로서는 자신의 이익을 자본다수결원칙으로부터 지켜내는 것이 긴요한 과제이다. 현재 그러한 당사자가 기댈 수 있는 것은 주주간계약밖에 없으나 앞서 살펴본 바와 같이 주주간계약의 구속력에는 한계가 있다. 따라서 거부권부 주식이나 임원임면권부 주식과 같은 특별한 종류주식에 대한 수요가 존재한다.

(4) 적대적 기업인수에 대한 경영권 방어수단

최근에는 전혀 다른 맥락에서 의결권의 변형이 주목을 끌고 있다. 대규모 상장회사에서 지배주주의 지분이 감소하는 한편으로 외국투자자 지분이 증가하고 있다. 그리하여 외국투자자로부터 국내 기업의 경영권을 보호하는 문제가 경제계를 넘어서 정부와 국회의 주목을 받고 있다. 지배주주의 우려를 한 번에 날려버릴 수 있는 방어수단으로 **차등의결권주식**을 허용하자는 주장이 꾸준히 제기되고 있다.[3] 예컨대 보통주를 의결권이 1개인 A종류와 100개인 B종류의 주식으로 나누고 지배주주에게 B종류의 주식을 독점시킨다면 지배주주가 거의 완벽한 방

---

1) 제4장 제2절 V. 7. 참조.

2) 일본 회사법에서는 이러한 종류투표가 가능한 주식의 발행을 허용하고 있다(日會 222(1)(vi), (7)).

3) 차등의결권주식에 관하여는 윤영신, "차등의결권 구조 회사의 상장과 비효율성 보완 장치에 대한 연구", 상사법연구 39-1(2020), 161~226면; 송옥렬, "복수의결권주식 도입의 이론적 검토", 상사법연구 34-2(2015), 241~284면 참조.

어수단을 확보할 수도 있을 것이다.[1] 이와 관련해서 미국이나 일본에서는 경영권방어수단으로 이른바 **포이즌필**(poison pill)[2]이 폭넓게 이용되고 있다.[3] 경영권방어수단은 특히 스타트업의 창업자가 자신의 특별한 비전을 실현하기 위하여 필요하다는 견해가 유력하다. 그리하여 2023년 개정된 "벤처기업육성에 관한 특별조치법"은 벤처기업에게 일정한 조건에 따라 복수의 결권주식을 발행할 수 있는 길을 열어주었다(16-11).[4]

(5) 규제의 회피

증권의 다양화는 기업이 부담스런 규제를 회피하기 위한 필요 때문에도 촉진된다. 국내 금융기관도 이제는 BIS자기자본규제에 따라 자기자본을 확충할 압력을 받고 있다. 그러나 주식발행이 항상 가능한 것은 아니기 때문에 사채의 형태를 취하면서도 주식과 유사한 효과를 낼 수 있는 증권이 대안으로 관심을 끌고 있다. 앞서 언급한 초후순위채는 그 좋은 예라고 할 수 있다.[5]

Ⅵ. 잉여자금의 반환

1. 서 설

회사는 부족한 자금을 조달하기도 하지만 남는 자금을 주주에 반환하기도 한다. 그러므로 자금조달의 기동성을 확보하는 것은 물론이고 잉여자금의 반환도 원활하게 이루어질 필요가 있다. 상법상 회사가 잉여자금을 반환하는 주된 수단은 주주에 대한 이익배당이다. 그러나 이익배당 외에 자기주식의 취득과 유상감자의 방법으로도 자금반환이 가능하다. 개정 전 상법에서 허용되던 이익소각은 개정 상법에서는 자기주식을 취득하여 소각하는 형태로 이루어질 수 있다. 이들 개별 제도에 대한 상세한 설명은 다른 곳으로 미루고 이곳에서는 잉여자금의 반환이라는 측면에서 이들 제도를 비교검토하기로 한다.

2. 반환대상인 주주

반환대상과 관련해서는 주주 사이의 평등을 기할 필요가 있다. 이익배당은 '각 주주가 가

---

1) 그러나 뒤에 설명하는 바와 같이 기업공개 전의 회사라면 몰라도 일단 공개된 회사의 경우에는 의결권이 많은 주식을 지배주주에게만 취득시키는 것은 쉽지 않을 수도 있다. 김건식, 전게논문, 230~231면.
2) 독약증권이라고 직역되는 경우도 많지만 경영권을 안정시키는 기능을 고려하면 경영권안정증권으로 부를 수 있을 것이다.
3) 포이즌필에 대해서는 뒤 제7장 제1절 Ⅲ 참조.
4) 제3장 제2절 Ⅲ 참조.
5) 또한 금융기관은 취급할 수 있는 업무가 규제법규에 의하여 제한되는 경우가 많다. 예컨대 보험회사가 보증을 할 수 없다는 식의 규제가 그것이다. 앞서 언급한 바와 같이 금융기관으로서는 파생상품이 결합된 사채를 이용함으로써 규제를 회피하려 할 수도 있다. 예컨대 특정 기업이나 국가의 지급불능사태에 연계된 신용파생상품(credit derivatives)이 결합된 사채를 발행함으로써 규제의 장벽을 넘으려 할 수도 있을 것이다.

진 주식의 수에 따라' 지급하도록 하고 있으므로(464) 주주평등은 당연히 유지된다. 2011년 개정 상법상 자기주식은 거래소에서 취득하거나 각 주주의 주식 수에 따라 균등한 조건으로 취득하게 되어 있다(341(1)). 후자는 이익배당의 경우와 마찬가지이지만 전자의 경우에도 적어도 주주에게 기회의 평등이 주어지므로 주주평등의 이상은 유지된다고 할 것이다.

유상감자가 액면액 감소나 주식병합을 통해서 이루어지는 경우에는 주주평등이 문제되는 경우가 거의 없다. 주식소각을 통한 자본금감소의 경우에도 주주간의 평등을 유지해야 한다. 따라서 강제소각의 경우에는 주주의 소유주식에 비례하여 소각하여야 하고 임의소각의 경우에는 소각을 원하는 주주가 제공한 주식 수에 비례하여 소각해야 할 것이다.

3. 반환의 재원

잉여자금의 반환은 후순위자인 주주에 회사재산이 유출되는 것이므로 특히 채권자 이익을 보호할 필요가 있다. 이익배당의 경우에는 배당가능이익의 범위 내에서만 허용된다(462(1)). 자기주식 취득에 대한 규제는 개정 상법에서 크게 완화되었지만 이익배당의 경우와 마찬가지로 배당가능이익의 테두리 내에서만 가능하다(341(1)). 반면 자본금감소는 배당가능이익이 존재하지 않는 경우에도 가능하므로 상법상 채권자보호절차(439(2)→232)가 중요한 의미를 갖는다.

4. 반환의 절차

자금조달 결정이 이사회 권한사항이라면 그 반대인 자금반환 결정도 이사회에 맡기는 것이 바람직할 것이다. 종래 자기주식 취득은 이사회 권한사항이었지만 이익배당은 주주총회에 맡기고 있었다. 그러나 2011년 개정 상법은 정관의 정함에 따라 일정한 요건 하에 이사회가 이익배당을 결정할 수 있는 길을 열어주었다(462(2)). 자본금감소는 개정 상법 하에서도 여전히 주주총회의 특별결의사항으로 남아 있을 뿐 아니라(438) 채권자보호절차도 밟도록 하고 있다(439(2)→232)).

5. 반환의 시기

자금조달 시기는 이사회가 자유롭게 선택할 수 있다. 이상적으로는 잉여자금의 반환시기도 자유롭게 선택하는 것이 바람직하다. 그러나 자기주식 취득이나 자본금감소의 시기는 회사가 자유롭게 선택할 수 있지만 이익배당은 원칙적으로 연말결산 후에 1회 할 수 있다. 다만 연 1회의 결산기를 정한 회사도 정관에 정한 경우에는 1회 중간배당을 할 수 있다(462-3(1)).[1]

---

1) 상장회사는 정관에 정함이 있으면 분기배당도 가능하다(자시 165-12(1)).

제 2 절

신주발행

Ⅰ. 서　　설

1. 신주발행의 의의

회사는 설립 후 수권주식의 범위 내에서 주식을 추가로 발행할 수 있다. 신주발행은 자본금 증가를 가져오기 때문에(451(1), (2)) 흔히 증자라고 불린다.

신주발행은 다양한 모습으로 이루어진다. 통상의 형태는 회사의 자금조달을 위한 신주발행이다. 통상의 신주발행은 인수인의 납입에 의하여 회사의 자산이 증가하기 때문에 유상증자라고 한다. 통상의 신주발행과 대조되는 것이 자금조달 이외의 목적을 위한 특수한 신주발행이다. 특수한 신주발행의 대표적인 예는 준비금의 자본전입(461)으로 인한 신주발행이다. 이 경우는 회사자산의 증가 없이 자본금만 증가하는 경우이므로 흔히 무상증자라고 한다. 그 밖에 주식배당(462-2), 전환주식이나 전환사채의 전환(346, 513), 합병, 분할, 주식교환, 주식이전 등의 경우도 특수한 신주발행에 속한다.[1)]

일반적으로 신주발행이라고 할 때에는 통상의 신주발행만을 가리킨다. 이 책에서도 신주발행을 좁은 의미로 사용하기로 한다. 이하에서는 통상의 신주발행을 중심으로 설명하고 특수한 신주발행은 각 해당부분에서 설명하기로 한다.

2. 신주발행의 유형

(1) 배정대상에 따른 분류

신주발행은 신주를 누구에게 배정하는가에 따라 크게 ① 주주에게 지분율에 따라 배정하는 **주주배정증자**, ② 일반 투자자에 공모하는 **공모증자**, ③ 특정 제3자에게 배정하는 **제3자배정증자**로 나눌 수 있다. 신주를 배정받는 자들 중에 기존 주주가 포함되어 있더라도 기존 지분율

1) 신주인수권부사채의 신주인수권 행사로 인한 신주발행은 자산과 자본금의 증가를 수반하지만 특수한 신주발행에 속하는 것으로 볼 것이다.

과 다르게 배정한다면 제3자배정에 해당한다.[1]

(2) 발행가액에 따른 분류

신주발행은 발행가액에 따라 크게 액면발행과 시가(時價)발행으로 나눌 수 있다. 일정한 조건을 갖추면 액면미달의 가액으로 발행하는 것도 가능하지만(417) 액면미달발행은 실제로는 드물다. 시가발행은 시가에 근접하는 가액으로 발행하는 경우도 있지만 상당히 할인한 가격으로 발행하는 것이 일반적이다.

3. 신주발행과 상법

(1) 채권자 보호와 기존 주주 보호

상법상 주식에 관한 규정은 주로 ① 주식이 사법상 유가증권형태를 취함에 따라 적용되는 규정과 ② 회사 이해관계자 사이의 이해조정을 위한 규정의 두 가지로 나눌 수 있다. 이들 중 ①에 관해서는 이미 제3장에서 상세히 설명한 바 있다. 신주발행에 관한 규정은 주로 ②에 속한다.

신주발행에 관한 상법 규정은 다시 두 가지로 나눌 수 있다. 하나는 **채권자 보호**를 위한 규정이다. 주주의 유한책임으로 인한 채권자 보호의 필요성을 고려하여 상법은 액면미달발행의 원칙적 금지(417), 현물출자의 검사(422) 등 자본충실을 위한 규정을 두고 있다. 그러나 신주발행은 책임재산을 증가시킨다는 점에서 적어도 기존 채권자에게는 유리한 거래이기 때문에 그것을 너무 엄격하게 규제할 필요는 없다. 보다 중요한 것은 **주주간의 이해조정**을 위한 규정이고, 특히 후술하는 바와 같이 기존 주주 이익 보호가 중요한 의미를 갖는다.

(2) 기존 주주의 이해관계: 재산적 이익과 지배적 이익

신주발행은 사채발행이나 은행차입과 마찬가지로 외부자금을 조달하는 수단이다. 그러나 회사에 대한 채권을 발생시킬 뿐인 사채발행이나 은행차입과는 달리 신주발행은 주식 수를 증가시키기 때문에 기존 주주의 이익에 영향을 미칠 수 있다.

일반적으로 주주가 누리는 이익은 두 가지로 나누어 볼 수 있다. 먼저 주주는 회사의 공동소유자로서 소유주식수에 비례하여 이익배당을 받으며 해산 시 잔여재산을 분배받을 수 있는 **재산적 이익**을 가진다. 또한 주주는 자본다수결에 의한 회사의 의사결정에 참여할 수 있는 권한(의결권)을 갖는다. 이 권한 역시 소유주식수에 비례하는 것이 원칙이다. 회사의 의사결정에 참여하는 주주의 권한도 궁극적으로는 주주의 재산적 이익을 보호하기 위한 수단에 불과하다. 그러나 편의상 그것을 재산적 이익과 구별하여 **지배적 이익**으로 부르기로 한다.[2]

회사가 수권자본 범위 내에서 신주를 발행하는 경우에도 주주배정증자가 아닌 한 기존 주

---

1) 혼합적인 형태로 먼저 주주에게 배정하고 실권된 부분을 일반에 공모하는 주주우선공모증자도 존재한다.
2) 지배적 이익은 소유주식 수가 커짐에 따라 증가하기는 하나 반드시 그에 비례하는 것은 아니고 그 가치는 회사의 주식소유분포에 따라 크게 달라질 수 있다.

주는 위 두 가지 이익을 침해당할 우려가 있다. 먼저 신주의 발행가액이 시가보다 낮게 정해지는 경우에는 기존 주주의 재산적 이익이 손상된다. 예컨대 액면가액이 5천원, 발행주식총수가 100만주, 자본금이 50억원인 주식회사가 있다고 가정하자. 회사 가치가 150억원이라면 주당 가치는 만오천원이다. 회사가 신주발행을 통해서 50억원을 조달하는 경우 1주의 발행가액을 5천원으로 하면 발행할 주식 수는 100만주가 된다. 신주발행 후 회사가치 200억원(150억원+50억원)을 발행주식총수 200만주로 나누면 1주당 가치는 만원으로 떨어질 것이다.[1] 신주인수에 참여하지 못하는 기존 주주는 주식 가치가 만오천원에서 만원으로 하락함으로써 주당 5천원의 재산적 손실을 입는다.[2] 또한 신주인수에 참여하지 못하는 기존 주주는 지배적 이익도 감소하게 된다. 예컨대 기존 주주의 지분이 10%였다면 신주발행 후 지분은 5%로 하락한다.

위 예에서 볼 수 있듯이 주주배정증자가 아닌 신주 발행에 있어, 기존 주주의 재산적 이익은 발행가액이 시가보다 낮게 정해지는 경우에만 손상되는 반면 그의 지배적 이익(지분율)은 발행가액과 무관하게 감소한다.

(3) 수권자본금제도

기존 주주의 이익에 대한 위협을 억제한다는 관점에서는 신주발행 결정을 주주총회에 맡기는 방안도 생각해 볼 수 있다.[3] 그러나 그 경우 자금조달의 기동성을 살리기 어렵기 때문에 그 대안으로 마련된 것이 수권자본금제도이다. 수권자본금제도란 회사가 장래 발행할 예정인 주식의 수를 정관에 미리 정해놓고 그 범위 내에서 이사회가 재량에 따라 신주를 발행하는 것을 말한다.[4] 발행주식총수의 한도를 인상하기 위해서는 주주총회 특별결의로 정관을 변경해야 하므로 부분적으로나마 주주의 참여기회가 보장된다.

주주 간섭을 최소화기 위해서는 수권주식의 수를 높이 정하면 될 것이다. 과거에는 수권주식수를 마음대로 높이는 것을 허용하지 않았다. 회사 설립 시에는 수권주식수가 발행주식총수의 4배를 넘을 수 없었고(2011개정 전 구상 289(2)) 그 제한은 설립 후 정관변경 시에도 적용되었다(1995개정 전 구상 437). 이처럼 수권한도를 제한한 이유는 이사회가 신주발행의 권한을 남용하는 것을 우려하여 기존 주주 이익을 침해하는 한도를 설정하고자 했기 때문이다. 그러나 현행 상법에서는 그런 제한은 존재하지 않는다. 이제 설립 시에는 물론이고 설립 후에도 주주동의를 얻을 수 있다면 정관변경을 통해서 발행주식총수와는 무관하게 수권주식수를 사실상

1) 물론 시장가격은 만원보다 높거나 낮을 수도 있다.

2) 달리 말하면 주주배정증자가 아닌 저가발행의 경우에는 기존 주주로부터 새로운 주주로 재산적 가치의 이동이 일어나게 된다. 이러한 재산적 가치의 이동은 회사법상으로 문제될 뿐 아니라 세법상으로도 법인세나 증여세의 문제를 야기할 수 있다.

3) 실제로 그렇게 하는 입법례도 존재한다(예컨대 獨株 182(1)).

4) 2011년 개정 상법은 자본 대신 자본금이란 용어를 사용할 뿐 아니라 무액면주식의 발행도 허용하고 있으므로 수권자본이란 용어는 적절하지 않게 되었다. 대신 '수권주식수'가 더 정확한 용어라고 할 것이다.

무제한으로 정할 수 있게 되었다. 그러므로 수권자본금제도가 기존 주주를 보호하는 기능은 그다지 크지 않다.

(4) 주주이익 보호와 자금조달의 기동성

상법은 기존 주주의 이익을 보호하기 위하여 다양한 수단을 마련하고 있다. 뒤에 설명하는 주주의 신주인수권(418(1))은 그 대표적 예이다. 그러나 주주이익을 보호하기 위한 절차는 자칫 회사의 자금조달을 방해할 수도 있다. 따라서 신주발행에 관한 법제를 설계하고 운용할 때에는 자금조달의 기동성과 주주이익 보호라는 두 가지 정책목표를 적절히 조화할 필요가 있다.

신주발행과 자본시장법

상법의 규정은 주로 기존 주주의 이익을 보호하는 것에 초점을 맞추고 있다. 주식을 인수하여 새로이 주주가 되는 투자자를 보호하는 것은 자본시장법에 맡겨져 있다. 신주발행이 자본시장법상 공모에 해당하는 경우에는 일정한 사항의 공시가 강제된다(자시 119 이하). 금융위원회에 증권신고서를 제출하고 투자자에게는 투자설명서를 제공하여야 한다. 공시서류에 기재된 사항이 부실한 경우 공시에 관여한 자는 엄격한 손해배상책임을 진다(자시 125~127).

---

(5) 신주발행에 대한 제한

신주발행은 원칙적으로 이사회가 결정한다(416). 신주발행이 전술한 바와 같이 주주이익에 중대한 영향을 미칠 수 있음에도 불구하고 이사회의 권한사항으로 한 이유는 자금조달의 기동성을 위한 것이다. 그러나 신주발행에 관한 이사회 권한은 다음과 같은 측면에서 제한을 받는다.

① 이사의 모든 행위와 마찬가지로 신주발행에 관해서도 이사는 선관주의의무와 충실의무의 제약을 받는다. 신주발행에 관한 명시적인 상법규정을 모두 준수한 경우에도 발행가액이 불공정한 경우에는 선관주의의무나 충실의무의 위반에 해당하여 손해배상책임 등의 제재가 가해진다.
② 후술하는 바와 같이 수권자본금제도에 따라 발행가능한 신주의 종류와 수가 제한된다. 보통주는 정관에서 정한 발행주식총수(289(1)(iii))의 범위 내에서 발행할 수 있다. 그러나 종류주식의 경우에는 정관에 그 내용과 수를 정한 경우에만 발행할 수 있다(344(2)).
③ 신주를 인수할 수 있는 자에 대한 제한에 관해서는 뒤 Ⅲ에서 설명한다.
④ 발행가액의 공정성 외에도 액면미달발행제한 등 발행가액에 대한 규제가 존재한다. 이에 관해서는 뒤 Ⅱ에서 설명한다.

Ⅱ. 발행가액

주식의 발행가액은 액면가와 같을 수도 있고, 이를 초과하거나 이에 미달할 수도 있다. 이 중 액면에 미달하는 경우에는 회사의 자본충실을 해할 수 있어 특별한 제약이 있다.

1. 액면미달발행

(1) 의 의

상법은 액면미달 가액의 신주발행을 제한적인 경우에만 허용한다(417(1)). 이 요건을 갖추지 못한 경우에 증자를 하려면 먼저 자본금감소를 통해서 주식가치를 액면 이상으로 높인 후 액면 이상의 가격으로 발행해야 할 것이다.

(2) 취 지

주식의 액면은 원래 설립 시 출자자 사이의 형평을 확보하기 위한 장치이다. 그러나 회사가 일단 영업을 개시한 후에는 신규투자자의 투자금액은 주식 액면이 아니라 주식의 실제 가치에 따라서 결정될 것이다. 따라서 현행 상법이 액면미달의 주식발행을 제한하는 취지는 기존 주주 보호보다는 자본충실을 위한 것이라고 할 수 있다. 주식을 액면미달의 가격으로 발행할 필요가 있는 회사는 대체로 부실회사라고 할 수 있다. 영업부진으로 누적된 부채로 인한 이자부담에 시달리는 회사는 추가 차입이 쉽지 않다. 그런 회사의 자금조달은 결국 주식 발행의 방법밖에 없다. 기존 주주가 증자에 응할 의사나 능력이 없는 경우에는 외부투자자에게 신주를 발행하게 된다. 시가가 액면에 미달하는 경우 외부투자자가 액면가격으로 신주를 인수하려 할 경우는 거의 없을 것이므로 회사는 액면에 미달한 가격에라도 주식을 발행할 수밖에 없다.[1)]

(3) 요 건

상법상 액면미달발행을 위해서는 ① 회사 성립 후 2년의 경과, ② 주주총회 특별결의, ③ 법원의 인가를 갖춰야 한다(417(1)).

가. 성립 후 2년의 경과

성립 후 2년이 경과하지 않은 회사의 경우 액면미달발행이 금지된다. 그 취지는 분명치 않다. 설립 시 주식이 액면가액으로 발행되었음에도 2년이 경과하지 않은 상태에서 액면미달로 발행하게 되면 주주 사이의 형평에 어긋난 것처럼 보일 수도 있다. 그러나 성립 후 2년이 경과하지 않았더라도 사정의 변화로 회사의 가치가 그게 하락한 경우에는 액면미달로 주식을

1) 실제로 1997년 외환위기를 겪으면서 많은 기업, 특히 금융기관들이 바로 이러한 연유로 액면미달발행을 감행하였다.

발행할 필요가 있을 수 있으므로 이러한 제한을 두는 근거를 납득하기 어렵다.

나. 주주총회 특별결의

주식이 액면미달로 발행되는 경우에는 그 전에 액면 이상으로 주식을 인수한 주주로서는 억울할 수도 있다. 그러나 그 사이에 주식의 가치가 그만큼 하락하였다면 기존 주주에게 손해는 없을 것이다. 물론 주식의 실제 가치가 액면 이상임에도 불구하고 주식을 액면미달로 발행한 경우에는 사후적으로 회사나 주주가 이사를 상대로 손해배상청구를 할 수 있을 것이다. 상법은 그에 추가하여 주주총회 특별결의를 요함으로써 사전적 예방을 도모하고 있다. 주주총회 결의에서는 주식의 최저발행가액을 정하여야 한다(417(2)).

다. 법원의 인가

법원은 회사의 현황과 제반사정을 참작하여 최저발행가액을 변경하여 인가할 수 있다(417(3)전). 이 경우에 법원은 회사의 재산상태 기타 필요한 사항을 조사하게 하기 위하여 검사인을 선임할 수 있다(417(3)후). 액면미달발행은 법원의 인가를 얻은 날로부터 1월 내에 실시하여야 한다(417(4)).

법원의 인가를 요하는 취지는 액면미달발행의 남용을 막기 위한 것이다. 그러나 액면미달발행은 회사가 재정적인 위기 시에 시도하는 것이므로 회사가 출자를 확보할 필요는 절실할 것이다. 반면에 법원의 승인을 요구함으로써 거둘 수 있는 효과는 그렇게 크지 않다. 먼저 기존 회사채권자로서는 주식의 발행가격에 상관없이 일단 신규자금이 유입되는 것은 반가운 일이다. 채권자의 권리는 어차피 후순위권리자인 주주의 권리에 앞서기 때문이다. 물론 기존 주주로서는 자신의 지분이 희석되는 것이 사실이다. 그러나 기존 주주로서도 회사가 망해서 지분의 가치가 0이 되는 것보다는 회사를 살리는 편이 나을 것이다. 주식의 시가가 액면을 상회함에도 불구하고 경영자가 불순한 의도로 액면미달발행을 시도하는 경우에는 법원의 승인이 의미를 가질 수도 있다. 그러나 그러한 폐해는 액면미달발행의 경우에 한정된 것이 아니라 일반적인 저가발행의 경우에 공통되는 것이다. 만약 기존주주의 이익을 위하여 법원 승인이 필요하다면 모든 저가발행의 경우에 법원 승인을 요하여야 할 것이다. 결국 법원 승인을 요하는 근거는 장래의 채권자를 보호할 필요에서 찾을 수밖에 없을 것이다. 그러나 과연 장래의 채권자를 보호하기 위하여 액면미달발행을 제한해야 하는지는 의문이다.[1)]

라. 자본시장법의 특칙

이처럼 상법의 엄격한 요건으로 인하여 부실회사가 액면미달발행을 통해서 자금을 조달

---

1) 그러한 제한은 결국 장차 채권자가 신용제공시에 명목적인 자본금액에 가치를 부여할 것이라는 비현실적 가정에 바탕을 둔 것이다. 설사 장차 채권자의 오해를 예방할 필요가 있다 하더라도 과연 당장 자금의 수혈 없이는 버틸 수 없는 한계기업에 대해서까지 그러한 배려를 강요하는 것이 타당한 것인지는 의문이다.

하는 것은 쉽지 않다. 1997년 외환위기 후 정부는 부실회사의 자금조달 편의를 위하여 상장회사의 경우에는 법원 인가를 면제하고 있다(자시 165-8(1)).[1] 다만 최저발행가액에 대한 제한이 있다(자시 165-8(2)).

그러나 이 특칙이 얼마나 실효를 발휘할지는 의문이다. 주주총회 특별결의는 여전히 요구되고 있기 때문이다. 주주가 많은 공개회사가 주주총회를 개최하는 데 적지 않은 시간이 소요되기 때문에 주주총회 결의 요건은 급히 자금을 요하는 기업에는 자칫 치명적일 수도 있다.

(4) 액면미달발행제한의 한계

액면을 예컨대 주당 1원과 같이 극도로 낮추면서(이른바 저액면주식) 높은 가액으로 발행한다면 장차 액면미달 발행의 필요가 크게 줄어들 것이다. 1998년 상법개정으로 상법상 액면의 최저한도가 5,000원에서 100원으로 인하되었기 때문에(329(3)) 과거보다는 저액면주식의 발행 여지가 크게 늘어난 것이 사실이다. 또한 무액면주식을 발행하는 경우에는(329(1)) 액면미달발행의 문제는 아예 발생하지 않을 것이다.[2]

2. 액면이상발행

(1) 개 관

주당 발행가액이 액면가와 같은 경우에는 총발행가액만큼 자본금이 증가한다. 주당 발행가액이 액면가를 초과하는 경우 초과분은 기업회계상 주식발행초과금으로 인식되고, 이는 자본거래에서 발생한 잉여금이므로 상법상 법정준비금의 하나인 자본준비금으로 적립된다(459(1)). 증가하는 자본금(즉 액면금에 발행주식수를 곱한 금액)에 대하여는 등록세[3]가 부과되므로, 실무상으로는 이를 줄이기 위해 액면초과발행을 함으로써 신주발행으로 조달하는 금액 중 일부만을 자본금으로 처리하는 경우도 많다. 일반적으로 액면발행 또는 액면초과발행의 경우 액면미달발행과 달리 채권자에 대한 관계에서 회사의 자본충실을 저해하는 문제는 적으나, 공정가액에 미달하는 경우에는 기존 주주의 이익을 침해할 수 있다.

(2) 공정가액에 미달하는 경우

신주의 발행가액이 액면 이상이라도 공정가액에 미달하는 경우에는 기존 주주가 보유하는 주식의 가치가 희석되므로 기존 주주의 이익이 침해될 여지가 있다. 2009년 대법원 전원합의체 판결에서 이 문제가 크게 다투어졌다(대법원(전) 2009. 5. 29, 2007도4949 판결(삼성에버랜드)).[4] 이

---

1) 다만 액면미달금액의 상각이 완료되지 않은 경우에는 그러하지 아니하다.

2) 독일 주식법은 자본금을 주식 수로 나눈 금액을 미달하는 가액으로 무액면주식을 발행하는 것을 금지하고 있다(9(1)).

3) 서울 및 수도권과밀억제 지역 내에서는 자본금 증가액의 1.2%(부가세인 교육세 포함시 1.44%), 그 이외 지역에서는 0.4%(부가세 포함시 0.48%)에 달한다.

4) 전환사채의 저가발행이 배임에 해당되는지 여부가 문제된 형사판결이지만 같은 법리는 신주발행에 대한 손해배상

판결의 다수의견과 반대의견은 일치하여 ① 주주 모두에게 지분비율에 따라 신주를 발행하는 경우에는 발행가액이 공정가액보다 현저히 저가라도 회사의 손해 또는 발행회사 이사의 임무위배를 인정할 수 없으나 ② 현저하게 불공정한 저가로 제3자배정 방식으로 신주를 발행하는 행위는 이사의 임무위배에 해당하고, 공정한 발행가액과 실제 발행가액의 차액에 상당하는 자금을 취득하지 못하게 되는 손해를 회사에 입히는 것이라고 하였다. 다만 다수의견과 반대의견이 갈린 것은 당해 사건을 ①② 중에서 어느 쪽으로 취급할 것인가의 문제였다. 즉 이 사건에서는 전환사채를 주주배정방식으로 발행하였으나 97%에 이르는 주주들이 대량으로 실권을 하였는데, 다수의견은 이 경우에도 회사는 당초의 발행조건을 변경할 의무는 없으므로 저가로 실권주를 제3자에게 배정하더라도 주주배정방식에 준하여 문제가 없다고 보았고, 반대의견은 이처럼 대량 실권이 발생한 경우에는 제3자배정에 준하여 새로 공정한 발행가액을 정해야 한다고 보았다.

그러나 대법원이 회사손해를 부정한 근거로 제시한 것에는 의문이 없지 않다. 대법원은 ①에서 회사손해를 부정한 근거로 주주가 추가출자의무를 지지 않는다는 점[1]과 준비금의 자본금 전입과 같이 무상의 신주발행이 허용된다는 점을 들었다. 또한 ②에서 회사손해를 인정한 근거로는 회사에 대한 통모인수자의 책임을 인정한 제424조의2 제1항을 들었다. 그러나 이러한 대법원의 논리는 이해하기 어렵고 부자연스럽다. 그보다는 ①의 경우에는 주주의 손해가 없기 때문에 회사손해가 없고 ②의 경우에는 주주의 손해가 있기 때문에 회사손해가 있다고 보는 설명이 보다 현실적이고 간명할 것이다.[2] 그리고 이 사안과 같이 발행가격이 공정가격에 현저히 미달하는 상황에서 대량의 실권주가 발생하여 이를 제3자에게 배정하는 경우에는 ②의 경우에 준하여 새로 공정한 발행가격을 정할 의무가 있다고 할 것이다.

(3) 시가발행

주주배정증자가 아닌 일반공모증자나 제3자배정증자의 경우에는 기존 주주 이익을 보호하기 위하여 시가를 기준으로 발행가액을 정하는 것이 보통이다. 시가발행은 시장가격의 존재를 전제로 하기 때문에 주로 상장회사에서 행해진다. 금융위원회의 증권의 발행 및 공시 등에 관한 규정(이하 '발행공시규정')에서는 상장회사 유상증자의 발행가액 결정과 관련하여 상세한 규정을 두고 있다(발행공시규정 5-18). 일반적으로 청약일 이전의 평균주가를 기준주가로 하여 일정한 할인율을 적용하여 산정한다.[3]

책임을 묻는 경우에도 적용될 것으로 판단된다.

1) 이것이 어떻게 회사손해를 부정하는 근거가 될 수 있는지는 의문이지만 추가출자 의무가 없는 주주가 추가로 출자하였다면 그 발행가액이 아무리 낮더라도 회사로서는 손해가 없다고 판단한 것이 아닌가 여겨진다.

2) 다만 이 같은 논리는 1인주주의 회사자금유용에 대해서도 배임죄 성립을 인정하는 대법원 판례(대법원(전) 1983. 12. 13, 83도2330 판결)와 조화되지 않는 면이 있는 것이 사실이다.

3) 일반공모증자의 경우 할인율은 30% 이내, 제3자배정 증자의 경우 10% 이내로 정하여야 한다(발행공시규정 5-18 (1)). 이처럼 할인율을 허용하는 것은 주가 변동에도 불구하고 청약이 원활하게 이루어지도록 하기 위한 것이다. 제3자배정증자의 경우 할인율이 더 엄격히 제한되는 것은 경영자의 재량남용 우려가 더 크기 때문이다.

Ⅲ. 신주인수권: 신주발행의 상대방에 관한 제한

1. 의 의

신주인수권이란 회사가 발행하는 신주를 우선적으로 배정받을 수 있는 권리를 말한다. 상법은 "주주는 그가 가진 주식 수에 따라서 신주의 배정을 받을 권리가 있다"라고 하여 주주의 신주인수권을 인정하고 있다(418(1)).

주주의 신주인수권은 그 구체적 권리성에 따라 추상적 신주인수권과 구체적 신주인수권으로 구분할 수 있다. 주주의 신주인수권은 회사가 신주발행을 결정하기 전에는 주주권의 일부로서 잠재적인 상태로 존재할 뿐 아직 주식과 분리하여 양도할 수 없는데 이를 **추상적 신주인수권**이라 한다. 신주의 발행결정이 있게 되면 배정기준일 현재의 주주는 그 신주를 청약하고 배정받을 수 있는 구체적인 권리를 회사에 대하여 가지게 되고 이러한 권리는 일정한 요건 하에 주식과 분리하여 양도할 수도 있는데 이를 **구체적 신주인수권**이라 한다.

추상적 신주인수권의 상태에서는 권리자가 회사에 대해서 신주발행을 요구할 권리는 없다. 이 점에서 권리자가 신주발행을 요구할 수 있는 워런트(warrant)나 주식매수선택권과 개념상 구별된다. 신주인수권부사채에서는 신주인수권이란 용어가 사용되고 있으나 여기서 말하는 신주인수권은 워런트에 해당하는 것으로서 회사에 신주발행을 요구할 수 있다.

워 런 트[1)]

워런트란 일반적으로 일정한 기간 동안 일정한 수량의 주식을 일정한 가격에 매입할 수 있는 권리를 말한다. 일종의 매수선택권(call option)에 해당하지만 일반 매수선택권과 다른 점은 대상주식의 발행회사가 발행한다는 점이다.[2)] 워런트는 그 가치가 대상주식의 가치에 따라 변동한다는 점에서 파생상품(derivatives)에 속한다. 워런트는 우리 상법에 반드시 낯선 존재만은 아니다. 실제로 국내외에서 많이 발행되고 있는 신주인수권부사채에서 분리된 신주인수권증권(516-5)[3)]과 주식매수선택권[4)](340-2)도 워런트에 속한다.

---

2. 주주의 신주인수권과 기존 주주보호

(1) 신주인수권과 주주이익

신주의 발행으로 기존 주주 이익이 항상 영향을 받는 것은 아니다. 새로 발행되는 주식을

1) 워런트에 관해서 상세한 것은 김건식, "워런트(warrant)의 도입을 위한 소론", 연구Ⅱ, 83~115면.

2) 그러나 경제계에서는 제3자가 발행한 매수선택권도 주식워런트증권(ELW)이란 명칭으로 불리고 있다.

3) 신주인수권부사채는 영문으로 bonds with warrants(BW)로 불리고 있다.

4) 흔히 스톡옵션(stock option)으로 불리고 있다. 양도가 금지되고 증권이 발행되지 않는다는 점에서 워런트와 차이가 있다.

기존 주주 전원이 소유주식수에 비례하여 인수한다면 회사에 대한 지배력의 측면에서나 재산적 이익의 측면에서나 기존 주주 지위에는 아무런 영향이 없다. 주주배정증자를 실시하고 모든 주주가 이를 인수하면 주주의 지주비율은 그대로 유지될 것이므로 **지배력에 변동이 없는 것은 당연**하다. 또한 발행가액이 공정가액보다 낮으면 주식가치 희석으로 인한 기존 주주의 불이익은 저가의 신주인수로 인한 이익과 상쇄되고, 발행가액이 공정가액보다 높으면 기존 주주들이 더 낸 부분이 결국 기존 주주들에게 비례적으로 귀속되므로 결과적으로 **재산적 이익에도 영향은 없다.**

(2) 신주인수권의 한계

이처럼 신주인수권은 기존 주주이익 보호의 면에서 가장 단순하면서도 강력한 방법이다. 그러나 신주인수권도 완벽한 것은 아니다. 우선 신주인수권이 있더라도 자금이 없다면 신주를 인수할 수 없다. 물론 자금을 차입하여 증자에 응하는 방법도 있지만 차입이 언제나 가능한 것은 아니다. 자력에 못지않게 심각한 문제는 신주가 시가보다 낮게 발행되면 주주의 추가 출자가 사실상 강제된다는 점이다. 주주의 투자를 확보한다는 점에서 회사로서는 저가발행을 반길 수도 있다. 그러나 이는 주주유한책임의 사고와 조화되기 어렵고 또한 주주의 투자위험분산이라는 면에서도 바람직하지 않다.[1] 물론 추가투자를 원하지 않는 주주는 신주인수권을 양도함으로써 경제적 손실을 피할 수 있다. 예컨대 공정가치보다 낮은 발행가액으로 주주배정 방식의 신주발행을 한 결과 주당 가치가 1주당 5천원 만큼 하락하는 경우에 만약 신주인수권을 1주당 5천원에 팔 수 있다면 기존 주주는 손실을 완전히 피할 수 있을 것이다. 그러나 실제 신주인수권이 시장에서 거래되는 경우에도 그 가격이 이론상 가치에 미달하는 것이 보통이다.[2]

주주의 신주인수권이 회사의 관점에서도 반드시 유리한 것만은 아니다. 어떠한 이유로든 주주가 증자에 응하지 않는 경우에는 회사의 자금조달이 차질을 빚게 되기 때문이다.

3. 정관에 의한 신주인수권 제한

(1) 신주인수권 제한의 허용

상법은 예외적으로 회사는 "정관에 정하는 바에 따라 주주 외의 자에게 신주를 배정할 수 있다"(418(2))고 하여 주주의 신주인수권을 제한할 수 있음을 명시하고 있다. 여기서 말하는 주주 외의 자에 대한 신주배정은 주주의 지분비율에 따르지 아니한 신주배정을 의미한다. 따라서 기존 주주의 전부 또는 일부가 신주배정 대상에 포함되어 있더라도 지분비율과 다른 비율로 배정된다면 기존 주주의 신주인수권을 제한하는 것이므로 여기서 말하는 주주 외의 자에 대한 배정, 즉 제3자배정에 해당한다.

2001년 상법 개정 전에는 제418조 제2항의 단서 규정이 없었기 때문에 정관으로 주주의

---

1) 상장회사인 경우라면 주주가 주식일부를 시장에서 처분함으로써 투자위험을 조절할 수 있을 것이다.

2) 통상 이론적 가치의 70% 정도의 가격으로 거래된다고 한다.

신주인수권을 완전히 배제할 수도 있는지 여부에 대하여 다툼이 있었다. 부정설은 신주인수권이 주주권의 본질적인 내용이라는 근거로 정관으로도 신주인수권을 완전히 배제할 수는 없다고 보았다. 그러나 신주인수권은 주주권의 본질적인 내용이라기보다는 주주의 선택에 따라 배제할 수도 있는 정책적인 권리로 보는 것이 타당하다.[1] 사실 주주의 신주인수권을 배제한 경우에도 이사의 신주발행결정은 선관주의의무와 충실의무의 구속을 받을 것이기 때문에 주주이익이 완전히 방치되는 것은 아니다. 그러나 2001년 개정 상법은 제418조 제2항에 단서를 추가하여 신주인수권을 정관으로 제한하는 경우의 한계를 명시하였다.

(2) 신주인수권 제한의 한계

2001년 개정 상법은 신주인수권을 제한하는 경우의 한계를 명시하기 위하여 "이 경우에는 신기술의 도입, 재무구조의 개선 등 **회사의 경영상 목적을 달성하기 위하여 필요한 경우에 한한다**"는 단서(418(2)단)를 추가하였다. 여기서 '이 경우'는 두 가지로 해석할 수 있다. ① 하나는 그것을 일반적으로 이해되는 바와 같이 정관에서 신주인수권을 배제하는 규정을 두는 단계에 적용되는 것으로 보는 것이다(정관제한설). 정관제한설에 의하면 정관으로도 주주의 신주인수권은 완전히 배제할 수 없고 '신기술의 도입'과 같은 경영상 목적에 의한 제한을 두어야 할 것이다. '신기술의 도입'이나 '재무구조의 개선'과 같은 목적은 경영상 목적의 예로 제시된 것에 불과하므로 그러한 목적 대신, 또는 추가로, 다른 목적을 지정하는 것도 가능하다. '신기술의 도입'은 그래도 구체적이지만 '재무구조의 개선'은 아주 범위가 넓은 개념이다. 실제로 재무구조의 개선을 수반하지 않는 신주발행은 생각하기 어렵기 때문이다. '경영상 목적'은 한층 더 폭넓은 개념이다. 만약 경영상 목적을 넓게 해석한다면 정관에 정한 신주인수권의 제한사유에 '회사의 경영상 목적을 달성하기 위하여 필요한 경우'라는 추상적 사유를 포함시킴으로써 사실상 주주의 신주인수권을 배제하는 결과를 가져올 수도 있을 것이다. 그러나 학설과 판례는 모두 회사의 경영상 목적을 그렇게 넓게 해석하고 있지는 않다.

② 상법 제418조 제2항의 '이 경우'를 해석하는 다른 하나의 가능성은 일단 정관에서 신주인수권을 배제한 후 이사회가 신주를 발행하는 단계에 적용되는 것으로 보는 것이다(발행제한설). 발행제한설에 의하면 정관에서는 그냥 주주의 신주인수권을 완전히 배제하는 것(즉 제3자 배정의 사유를 따로 제한하지 않는 것)도 가능할 것이다.[2] 다만 그 경우에도 구체적으로 신주발행 시에는 상법에 따라 회사는 경영상 목적을 위한 경우에만 제3자에게 신주를 배정할 수 있다.

실제로 신주인수권에 대한 논의는 '이 경우'의 해석에 있어 정관제한설과 발행제한설 중 어느 관점을 취하는지를 명시적으로 의식하지 않은 채 이루어지는 경우가 많다. 주의할 것은 발행제한설을 취한다고 해서 정관에 신주인수권이 배제되는 사유를 구체적으로 규정하는 것

---

1) 미국이나 일본 등 선진 입법례도 주주의 신주인수권은 제한적인 경우에만 인정하고 있다.
2) 주주의 신주인수권의 박탈을 인정하는 견해는 이러한 견해에 입각한 것으로 볼 수 있을 것이다.

을 막을 이유는 없다는 점이다. 실제 회사 정관은 대부분 신주인수권이 제한되는 사유를 구체적으로 정하고 있다.[1)]

상법 문언만을 보면 발행제한설이 보다 자연스러운 해석으로 보인다. 또한 신주인수권에 대한 주주의 선택을 넓혀준다는 점에서 발행제한설을 지지한다. 발행제한설에 따르면 정관으로 기존 주주들의 신주인수권을 배제하더라도 그 정관규정이 무효라고 할 수 없지만, 그 경우에도 경영상 목적 없이 제3자에게 신주를 배정하는 것은 허용되지 않는다. 제418조 제2항 단서의 규정이 회사의 신주발행 단계에서 바로 적용될 것이기 때문이다. 그러나 사실 상법에 '경영상 목적'의 제한이 없더라도 당연히 이렇게 해석할 수밖에 없었을 것이다. 상법에 추가된 경영상 목적은 회사의 주의를 촉구하는 의미를 가질 뿐 아니라 다툼이 있는 경우 회사에게 증명책임을 부담시킨다는 점에서 의미를 찾을 수 있을 것이다.

(3) 경영권 방어와 경영상 목적

경영상 목적은 특히 적대적 기업인수에 대한 경영권 방어를 위한 주식발행과 관련하여 문제된다. 대법원은 그러한 주식발행의 경우 경영상 목적을 부정하고 있다. 즉 대법원은 "상법 제418조 제1항, 제2항의 규정은 회사가 신주를 발행하는 경우 원칙적으로 기존 주주에게 이를 배정하고 정관에 정한 경우에만 제3자에게 신주배정을 할 수 있게 하면서 그 사유도 신기술의 도입이나 재무구조의 개선 등 경영상 목적을 달성하기 위하여 필요한 경우에 한정함으로써 기존 주주의 신주인수권을 보호하고 있다"고 하면서, "따라서 **회사가 위와 같은 사유가 없음에도 경영권 분쟁이 현실화된 상황에서 경영진의 경영권이나 지배권 방어라는 목적을 달성하기 위하여 제3자에게 신주를 배정하는 것은 상법 제418조 제2항을 위반하여 주주의 신주인수권을 침해하는 것**이다"라고 판시하고 있다(대법원 2019. 4. 3, 2018다289542 판결; 대법원 2009. 1. 30, 2008다50776 판결).

이러한 대법원 판례 아래에서는 경영권 분쟁 상황에서 이루어진 제3자배정 방식의 신주발행은 경영권 방어를 위한 것이 아니라고 인정되어야 적법성을 인정받을 수 있을 것이다. 예컨대 경영권 분쟁 중이던 한진칼이 제3자배정 방식으로 한국산업은행에 신주를 발행하자 한진칼의 일부 주주가 제기한 신주발행금지 가처분 사건에서, 법원은 "신주 발행은 한진칼의 아시아나항공 인수와 통합 항공사 경영이라는 경영상 목적을 달성하기 위해 필요한 범위에서 이뤄진 것"이고 "한진칼 현 경영진의 경영권·지배권 방어라는 목적 달성을 위해 신주를 발행하는 것이라고 보기 어렵다"고 판단하며 가처분 신청을 기각하였다(서울중앙지방법원 2020. 12. 1.자 2020카합22150 결정).[2)] 이 판결이 시사하는 바와 같이 실제 경영권 방어목적과 경영상 목적이

---

1) 한국상장회사협의회에서 작성한 상장회사 표준정관도 신주인수권이 제한되는 사유를 구체적으로 열거하고 있다(상장회사 표준정관 10).

2) 이 사건은 산업은행이 한진칼에(제3자배정), 한진칼이 대한항공에(주주배정), 대한항공이 아시아나항공에(제3자배정) 순차적으로 출자하는 거래에 관한 것이었다. 이 거래의 거시적인 정당성과는 별개로 한진칼의 경영권 방어 목적을 부정하기 어려운 건이었다고 생각되나, 2009년 대법원 판결 하에서 법원이 한진칼의 신주발행의 정당성을

혼재하는 사례가 발생할 수 있는 여지가 없지 않다. 이런 경우 회사가 일응 합리적으로 보이는 경영상 목적을 꾸며내는 것은 비교적 용이하다. 따라서 경영권 분쟁이 현실화한 상황에서는 경영상 목적의 인정은 특별한 사정이 있는 경우에 한하여 인정해야 한다는 견해도 유력하다.[1)]

보다 근본적으로 경영권 방어는 경영상 목적이 될 수 없다고 보는 대법원의 태도에 의문이 있다. 예컨대 적대적 인수세력이 경영권을 장악한 후 회사 자산을 빼돌리거나 회사를 주가조작의 도구로 활용함으로써 회사의 존립을 위협하고 주주들의 손해를 야기할 위험이 크다고 판단되어 이사들이 신주발행을 통해 경영권 방어에 나섰다면, 경영상 목적 달성에 필요한 것으로 볼 수 있을 것이다.[2)] 하급심 결정이기는 하지만 2003년 현대엘리베이터 사건에서 법원은 일정한 경우에는 경영권 방어를 위한 신주발행도 적법할 수 있음을 시사하였는데 여전히 경청할 가치가 있다고 본다.[3)]

4. 자본시장법상의 특례

(1) 상장회사의 신주배정 방식

자본시장법은 상장회사의 신주배정과 관련하여 다음과 같은 방식을 따르도록 하고 있다(자시 165-6(1)).

① 주주배정: 주주에게 보유주식 수에 비례하여 신주인수 청약의 기회를 부여하는 방식
② 제3자배정: 신기술 도입, 재무구조 개선 등 회사의 경영상 목적을 달성하기 위하여 필요한 경우 특정한 자에게 신주인수 청약의 기회를 부여하는 방식
③ 일반공모증자: 불특정 다수인에게 신주인수 청약의 기회를 부여하는 방식

(2) 일반공모증자의 방식

자본시장법은 위 ③의 일반공모증자의 방식을 택하는 경우 '정관으로 정하는 바에 따라 이사회의 결의로' 다음 중 하나의 방식을 택하도록 하고 있다(자시 165-6(4)전).

인정하기 위해서는 경영권 방어 목적 자체를 부정할 수밖에 없었던 것이다. 이 결정에 대한 비판으로 송옥렬, "경영권 방어를 위한 제3자배정 신주발행 再論", 상사법연구 44-1(2025), 113~114면.

1) 田中3, 521~522면.

2) 위 대법원 판례는 회사의 경영권 방어의 적법성이 경영진의 경영권 방어가 진정으로 회사와 주주의 이익에 부합하는지 여부가 아니라 경영진이 일응 합리적으로 보이는 경영상 목적을 제시할 수 있는지 여부에 따라 좌우되게 만든다는 점에서 비합리적이라고 할 것이다.

3) 수원지방법원 여주지원 2003. 12. 12, 2003카합369 결정("적대적으로 기업취득을 시도하는 자본의 성격과 기업취득의 의도, 기존 지배주주 및 현 경영진의 경영전략, 대상회사의 기업문화 및 종래의 대상회사의 사업내용이 사회경제적으로 차지하는 중요성과 기업취득으로 인한 종래의 사업의 지속 전망 등에 비추어 기존 지배주주의 지배권 또는 현 경영진의 경영권이 유지되는 것이 대상회사와 일반 주주에게 이익이 되거나 특별한 사회적 필요가 있다고 인정"되는 경우라면 경영상 목적을 달성하기 위하여 필요한 경우에 해당한다고 판시함). 다만 이 사건의 결론은 그러한 경우에 해당하지 않아 신주발행이 위법하다는 것이었다.

(i) 신주인수 청약의 기회를 부여하는 자의 유형을 분류하지 아니하고 불특정 다수의 청약자에게 신주를 배정하는 방식
(ii) 법에 따라 우리사주조합원에 일부 신주를 배정하고 미청약 주식까지 포함하여 불특정 다수인에게 신주인수 청약의 기회를 부여하는 방식
(iii) 주주에 대하여 우선적으로 신주인수 청약의 기회를 부여하고 미청약 주식이 있는 경우 불특정 다수인에게 배정받을 기회를 부여하는 방식
(iv) 투자매매업자 또는 투자중개업자가 인수인 또는 주선인으로서 마련한 수요예측 등 대통령령으로 정하는 합리적인 기준에 따라 특정한 유형의 자에게 신주인수의 청약을 할 수 있는 기회를 부여하는 경우로서 금융위원회가 인정하는 방식

위 (ii)와 관련하여 자본시장법은 상장회사(상장하려는 회사 포함)가 주식을 공모하는 경우에는 주주의 신주인수권에도 불구하고 우리사주조합원에 대해서 공모주식의 20%를 배정하는 것을 원칙으로 규정하고 있다(자시 165-7(1)).[1)]

(3) 경영상 목적의 필요여부

자본시장법은 일반공모증자의 경우 경영상 목적에 관한 상법 제418조 제2항 단서의 적용을 명시적으로 배제하고 있다(자시 165-6(4)후). 그렇다면 경영상 목적이 없더라도 일반공모증자를 할 수 있는 것일까?[2)] 하급심 판례 중에는 그것을 긍정하는 것 같은 판시를 한 예도 있다(서울중앙지방법원 2009. 8. 19, 2009카합2887 결정). 사안은 경영권 분쟁이 진행 중인 상장회사가 정관규정에 따라 일반공모증자를 추진하는 상황에서 주주가 신주발행금지가처분신청을 한 경우였다. 법원은 일반공모증자방식에 의한 신주발행 시에는 경영상 목적에 관한 제한이 적용되지 않음에도 불구하고 신청인이 그러한 제한이 적용되는 것을 전제로 신주발행이 경영상 목적을 위하여 필요한 경우가 아니라고 주장한 것은 이유 없다고 배척하였다. 그러나 자본시장법이 경영상 목적에 관한 단서의 적용을 배제하였다고 해서 이처럼 경영상 목적이 전혀 없는 일반공모증자까지 허용된다고 해석하는 것은 의문이다. 영리법인인 회사에게 경영상 목적과 무관한 행위를 허용할 이유는 전혀 없기 때문이다. 앞서 언급한 바와 같이 상법 제418조 제2항 단서는 신주인수권의 배제에 관하여 다툼이 있는 경우에 회사로 하여금 그것이 경영상 목적의 달성에 필요함을 증명할 책임을 부과하는 취지의 규정으로 볼 것이다. 그러한 견해에 따르면 위 단서의 적용이 배제되는 일반공모증자의 경우에는 신주발행이 경영상 목적과 무관한 것임을 그 사실을 주장하는 측에서 증명해야 한다고 볼 것이다.

---

1) 우리사주조합원의 우선배정권은 주식이 아닌 신주인수권부사채에는 미치지 않는다(대법원 2014. 8. 28, 2013다18684 판결).
2) 입법론으로는 반대하지만 해석론상으로는 그것을 긍정할 수밖에 없다고 보는 견해도 있다. 송옥렬9, 1133~1134면.

5. 신주인수권의 적용범위

(1) 신주발행을 초래할 권리가 상법으로 부여된 경우

전환주식이나 전환사채의 전환권 행사, 신주인수권부사채의 신주인수권 행사, 주식매수선택권의 행사로 인하여 주식이 발행되는 경우 그 주식에 대해서는 기존 주주의 신주인수권이 미치지 않는다. 이 경우는 주식을 취득할 자가 상법으로 정해진 경우로 이러한 증권이나 권리가 창설된 시점에 이미 일정한 범위에서 주주의 신주인수권이 제한된 것으로 볼 수 있다. 후술하는 바와 같이 이들 증권이나 권리는 주주 이외의 자에게 무제한 부여될 수 있는 것은 아니다.

(2) 법령에 의한 제한: 우리사주조합원

자본시장법에 의하면 주권을 유가증권시장[1]에 상장하고 있는 법인이나 상장을 위하여 주식을 모집하거나 매출하는 법인의 우리사주조합원[2]은 모집하거나 매출하는 주식의 20% 범위에서 우선적으로 주식을 배정받을 권리가 있다(자시 165-7(1), 자시슈 176-9).[3] 모집은 주식을 새로 발행하는 경우지만 매출은 이미 발행된 주식을 분산매매하는 경우이므로(자시 9(7), (9)) 주주의 신주인수권이 제한되는 것은 모집하는 주식의 경우에 한한다. 우리사주조합원이 우선배정받을 수 있는 주식 수를 계산할 때에는 모집뿐 아니라 매출하는 주식의 수까지 합한 수를 기준으로 한다.

(3) 현물출자와 신주인수권

현물출자의 경우에도 주주의 신주인수권이 미치는가? 이에 관해서는 조금 오래되었지만 신주인수권의 적용을 부정하는 대법원 판결이 있다. 1989년 대법원은 세법의 적용이 문제된 사안에서 현물출사사에 내해서 발행하는 신수에 대해서는 일반 주주의 신주인수권이 미치지 않는다고 판시한 바 있다(대법원 1989. 3. 14, 88누889 판결).[4] 학설은 대체로 법원과 마찬가지로 부정설을 취한다.[5] 부정설의 근거로는 현물출자에 관한 사항에 대해서 정관에 규정이 없으면 이사회에서 결정하도록 한 상법 규정(416(iv))과 현물출자가 자금조달이 아니라 특정 재산의 확보를 목적으로 한다는 점을 드는 것이 보통이다. 그러나 부정설은 다음과 같은 이유로 지지하

---

1) 그러므로 코스닥 시장에 상장된 법인은 제외되지만 근로복지기본법상 코스닥상장법인과 비상장법인도 자본시장법에 따른 공모를 하는 경우에는 상법 제418조에도 불구하고 우리사주조합원에게 20%의 범위 내에서 우선배정할 수 있다(근로복지기본법 38(2)).

2) 근로자복지기본법에 따른 우리사주조합원을 가리킨다.

3) 우리사수조합원이 소유하는 주식 수가 새로 발행되는 주식과 이미 발행된 주식의 총수의 20%를 넘지 않는 한도에서만 적용된다(자시 165-7(2)).

4) 이 판결에 대한 평석으로는 김건식, "현물출자와 신주인수권", 연구Ⅱ, 387~403면 참조.

5) 권기범6, 981면; 이/최11, 632면; 임재연6 Ⅰ, 607면; 정동윤6, 692면; 정찬형22, 1132면; 최기원14, 773면.

기 어렵다. 신주인수권은 주주의 지배적 이익 보호를 위하여 특별히 인정된 것으로 그것은 정관이 정하는 경우에 경영상 목적을 위해서만 제한할 수 있다(418(2)). 이처럼 강력한 보호를 받는 주주의 신주인수권이 특정 재산의 확보가 필요하다는 이유만으로 간단히 부정될 수 있다고 해석하는 것은 부당하다.

긍정설을 취한다고 해서 특정 재산의 확보가 불가능한 것은 아니다. 만약 그 재산이 그토록 필요한 것이라면 현금출자를 통해서 조달한 자금으로 매입하면 될 것이기 때문이다.[1] 또한 실무상 현물출자가 필요한 상황에서 항상 주주전원이 출자하는 형식을 갖춰야 하는 것도 아니다. 제418조 제2항에 따라 주주의 신주인수권을 제한하는 경우에는 현물출자만을 추진할 수 있기 때문이다. 요컨대 현물출자를 통하여 제3자에게 신주를 발행하는 경우에도 제418조 제2항에 따라 주주의 신주인수권을 제한하는 정관의 규정이 필요하고 그와 같은 발행에 경영상 목적이 있어야 할 것이다.[2]

(4) 자기주식의 처분

후술하는 바와 같이 자기주식 처분은 신주발행과 기능적으로 큰 차이가 없다. 따라서 자기주식 처분에 대해서도 신주발행과 마찬가지로 주주에게 주식매입의 우선권을 부여해야 한다는 논리가 성립될 수 있다. 이에 관해서는 자기주식 처분에 관한 부분에서 설명하기로 한다.

6. 신주인수권의 제한과 제3자의 신주인수권

신주인수권을 설명하면서 제3자의 신주인수권을 논하는 경우가 없지 않다. 그러나 일반적으로 상법 제418조 제1항과 같은 의미의 추상적 신주인수권을 제3자가 갖는 경우는 이론상으로는 가능하지만 실제로는 거의 없다. 예컨대 정관에서 외국금융기관, 합작투자 상대방 등에 신주를 배정할 수 있다는 식으로 규정하는 경우에는 주주의 신주인수권을 제한한 것이지 제3자에게 신주인수권을 부여한 것으로 볼 수는 없다. 심지어 보다 구체적으로 "A에게 10%까지 신주를 배정할 수 있다"는 규정을 둔 경우에도 그 범위에서 주주의 신주인수권을 제한한 것에 불과하고 A의 신주인수권을 인정한 것은 아니다. 회사의 신주발행 시에 A가 자신에게 배정할 것을 회사에 요구할 수 없기 때문이다. A에게 신주인수권을 부여하려면 '배정할 수 있다'는 표현 대신 '배정한다'는 표현을 쓰거나 자본시장법의 우리사주조합원에 대한 조항(165-7(1))에서와 같이 '배정받을 권리가 있다'는 식으로 규정해야 할 것이다.[3] 현재 그런 의미에서 제3자가

---

1) 현금출자와 매입이라는 두 가지 절차를 거치는 것보다 현물출자라는 한 가지 절차로 처리하는 것이 보다 간단하다는 주장은 설득력이 떨어진다. 현물출자의 경우에 원칙적으로 현물출자의 검사(422)를 거쳐야 하기 때문이다.

2) 이철송30, 920면(주주의 신주인수권에 변동을 가져오는 현물출자는 정관의 규정 또는 이에 갈음하는 주주총회의 특별결의를 거쳐야 하고 상법 제418조 제2항의 경영상 목적도 구비해야 한다고 함); 장덕조3, 426면.

3) 본문의 예에서 A와 장차 신주발행 시에 10%를 A에게 배정하기로 하는 계약을 아울러 체결한 경우에는 A의 권리는 훨씬 강화될 것이다.

신주인수권을 갖는 경우의 예로는 전술한 우리사주조합원의 신주인수권을 들 수 있다.

그 밖에 제3자는 회사와의 계약에 의하여 신주를 인수할 권리를 가질 수 있지만 이는 회사에 대한 계약상의 권리일 뿐이다. 따라서 이러한 계약상의 권리가 정관에 반영되어 정관상 제3자의 신주인수권이 존재하고 그와 관련하여 주주의 신주인수권이 제한되어 있지 않은 한[1] 회사가 제3자에게 신주를 배정할 수는 없다. 제3자에게 신주를 배정하지 못한 경우에는 회사가 제3자에게 계약상의 채무불이행으로 인한 손해배상책임을 질 뿐이다. 이처럼 제3자의 추상적 신주인수권은 우리사주조합원의 신주인수권 이외에는 실제로는 존재하기 어렵다.

7. 신주인수권 양도와 신주인수권증서

(1) 신주인수권 양도

추상적 신주인수권은 주식의 일부로서 그것만을 분리해서 양도할 수 없다. 그러나 구체적 신주인수권은 독립된 권리로서 이론상 양도의 대상이 될 수 있다. 신주발행가액이 시가보다 낮아서 신주를 인수하는 것이 경제적으로 유리하지만 인수자금이 부족하다면, 구체적 신주인수권을 양도할 경제적 실익이 있다. 특히 주주배정증자의 경우 신주인수배정기준일과 청약일 사이에 최소한 2주의 격차가 있어(419(2)) 시간적으로도 양도할 필요가 있을 수 있다. 다만 자본시장법상 우리사주조합원이 갖는 신주인수권의 양도는 제도의 취지상 허용되지 않는다고 보는 것이 타당할 것이다. 그러나 실제로는 장차 조합원이 인수할 주식을 미리 양도하기로 약정하는 경우가 있다.

(2) 이사회의 결정

주주의 신주인수권이 양도성을 가지려면 정관에서 양도성을 인정하거나 또는 주주가 가지는 신주인수권을 양도할 수 있음을 이사회에서 신주발행 결의 시에 정하여야 한다(416(v)). 신주인수권 양도가 허용되면 신주인수권증서를 발행하는 등 회사의 사무처리 부담이 발생하기 때문에 회사에서 명시적으로 양도성을 인정하는 경우에만 양도할 수 있도록 한 것이다. 다만 상장회사가 주주배정증자를 하는 경우에는 주주에게 신주인수권증서를 발행하고 상장 등의 방법을 통해서 그것이 유통될 수 있도록 할 의무가 있다(자시 165-6(3)).

(3) 양도방법

신주인수권의 양도는 **신주인수권증서의 교부**에 의하여서만 할 수 있다(420-3(1)).[2] 정관이나 이사회에서 신주인수권의 양도성을 규정하지 않고 따라서 **신주인수권증서를 발행하지 않은 경우**에 관하여는 다툼이 있지만, 신주인수권을 양도하더라도 회사에 대해 효력이 없고 당사자

---

1) 실제로 이처럼 제3자의 신주인수권이 정관에 보장되어 있는 경우는 거의 없을 것이다.

2) 신주인수권증서는 주주의 신주인수권을 표창한 증권으로 자본시장법상 지분증권에 속한다(자시 4(4)).

사이에 채권적 효력만이 인정된다고 볼 것이다.[1] 다만 신주인수권의 양도성을 제한한 것은 주로 회사 측의 신주발행사무의 편의를 위한 것이므로, 회사가 정관이나 이사회의 결의로 신주인수권의 양도에 관한 사항을 결정하지 아니하였더라도 회사가 그러한 양도를 승낙한 경우에는 회사에 대하여도 그 효력이 있다(대법원 1995. 5. 23, 94다36421 판결). 그 경우 신주인수권증서가 없으므로 신주인수권 양도는 지명채권 양도의 방법과 효력에 따른다.

8. 신주인수권의 침해

주주의 신주인수권을 침해한 경우에는 신주발행무효의 소의 원인이 될 수 있고(429) 신주발행유지청구의 대상이 될 수 있다(424). 또한 이사에 대해서 손해배상책임을 묻거나(401) 회사에 대해서 손해배상책임을 물을 수 있다(389(3)→210).

Ⅳ. 신주발행 절차

1. 발행의 결정

(1) 결정기관

신주발행은 원칙적으로 이사회가 결정한다(416). 신주발행이 전술한 바와 같이 주주이익에 중대한 영향을 미칠 수 있음에도 불구하고 이사회 권한사항으로 한 이유는 자금조달의 기동성을 위한 것이다. 주주가 소유구조와 재무구조의 변경을 보다 신중히 하고자 하는 경우에는 정관으로 결정권한을 주주총회에 부여할 수도 있다(416단).[2] 이사회가 결정권한을 이사회 내 위원회에 위임하는 것은 허용되지만(393-2(2)) 사채발행의 경우(469(4))와는 달리 정관으로도 대표이사에게 위임하는 것은 허용되지 않는다.

(2) 결정사항

신주를 발행할 때에는 다음 사항 중 정관에 규정이 없는 것은 이사회가 정한다(416).

① 신주의 종류와 수
② 신주의 발행가액과 납입기일
③ 무액면주식의 경우 신주의 발행가액 중 자본금으로 계상하는 금액

---

1) 권기범6, 994면; 이/최11, 636면; 정찬형22, 1138면; 최기원14, 791면; 홍/박7, 637면. 반면, 이러한 경우에도 양도가 가능하다는 견해로 이철송30, 930면; 장덕조3, 430면.

2) 입법론으로는 주주의 신주인수권을 폐지하는 대신 일정 규모(예컨대 발행주식총수의 20%) 이상의 주식을 발행할 때에는 주주총회의 승인을 얻도록 하는 것도 생각해볼 수 있을 것이다. 일본 회사법은 경영권 이동을 수반하는 발행에 대한 특칙(206-2)을 두고 있다. 그에 따르면 제3자배정증자로 인하여 인수인이 인수결과 의결권의 과반수를 갖게 되는 경우에는 그 사실을 미리 주주에게 통지해야 하고 의결권주식의 10% 이상을 가진 주주가 당해 발행에 대해서 반대의 뜻을 통지한 경우에는 주주총회결의를 요한다.

④ 신주의 인수방법
⑤ 현물출자에 관한 사항
⑥ 주주의 신주인수권의 양도에 관한 사항
⑦ 신주인수권증서에 관한 사항

2. 신주발행에 관한 공지

(1) 배정기준일 공고

신주를 기존 주주에게 발행하는 경우에는 신주인수권을 갖는 주주를 확정할 필요가 있다. 회사는 기준일을 정하여 그 날에 주주명부에 기재된 주주가 신주인수권을 가짐을 공고하여야 한다(418(3)).[1] 공고는 기준일의 2주 전에 하여야 한다. 주식을 양수한 자는 기준일까지 명의개서를 하지 못하면 회사에 대해서 신주인수권을 행사할 수 없다. 폐쇄기간 중에는 명의개서를 할 수 없으므로 기준일이 폐쇄기간 중이라면 공고는 그 기간 초일의 2주 전으로 앞당겨야 한다(418(3)단). 신주를 제3자에게 배정하는 경우에는 신주인수권자가 없으므로 기준일 공고는 필요하지 않다. 다만 후술하는 바와 같이 주주에게 통지 또는 공고하여야 한다(418(4)).

(2) 신주인수권자에 대한 최고

회사는 배정기준일에 따라 결정된 신주인수권자에게 신주인수권 대상인 주식의 종류와 수, 일정한 기일(청약일)까지 주식인수 청약을 하지 않으면 그 권리를 잃는다는 뜻을 청약일 2주 전까지 통지해야 한다(419(1), (2)).[2] 통지에도 불구하고 신주인수권자가 청약일까지 청약하지 않은 경우에는 신주인수권을 상실한다(419(3)). 신주인수권자에 대한 최고 역시 제3자배정의 경우에는 적용되지 않는다.

(3) 제3자배정 증자 시 주주에 대한 통지 또는 공고

전술한 바와 같이 주주 외의 자에 대한 신주발행은 기존 주주 이익에 중대한 영향을 미칠 수 있다. 그리하여 상법은 제3자배정 증자의 경우 납입기일의 2주 전까지 주주에게 통지나 공고의 방법으로 알릴 것을 요하고 있다(418(4)).[3] 불공정한 신주발행도 일단 완료되면 무효화하기 쉽지 않으므로 주주가 사전에 신주발행유지청구 등의 방법으로 불공정한 신주발행을 막을 수 있도록 2011년 상법 개정 시에 특별히 도입된 제도이다. 통지나 공고를 하지 않은 경우는 제도의 취지를 살리기 위해서는 원칙적으로 신주발행의 무효사유로 볼 것이다.[4]

---

1) 신주인수권의 양도가 가능한 경우에는 그 취지도 함께 공고해야 한다.

2) 신주인수권의 양도가 가능한 경우와 신주인수권증서에 관한 사항도 함께 통지해야 한다.

3) 다만 자본시장법은 주권상장법인이 제3자배정 증자를 하면서 납입기일의 1주 전까지 주요사항보고서를 공시한 경우에는 위와 같은 통지·공고를 면제하고 있다(165-9). 한편 이러한 통지·공고는 총주주 동의로 생략 또는 단축할 수 있다(2012. 4. 23, 상업등기선례 2-54호).

4) 이철송30, 935면. 일본에서도 마찬가지로 해석된다(江頭8, 807면). 실무상으로는 통지·공고가 없는 경우에도 모든

3. 인수: 청약과 배정

신주의 인수는 신주를 인수하고자 하는 자의 청약과 회사의 배정으로 이루어진다. 발기설립의 경우와 마찬가지로 청약은 주식청약서로 한다(425→302(1)). 다만 신주인수권증서를 발행한 경우에는 그 증서가 신주인수권을 표창하고 있으므로 그 증서에 의하여 청약을 해야 한다(420-5(1)). 주식청약서는 이사가 작성하고 그 기재사항은 법정되어 있다(420).[1)]

주식인수의 청약에 대해서 회사가 배정하면 주식인수가 성립한다. 신주인수권을 가진 주주의 청약에 대해서는 별도의 배정행위 없이도 즉시 배정이 이루어진 것으로 보아야 할 것이다. 회사 설립 시와는 달리 청약이 발행예정주식 전부에 미달한 경우에도 배정을 할 수 있다. 일반투자자에게 공모발행하는 경우에는 대표이사가 배정한다. 일반투자자에 대한 배정 시에 특별한 규제는 없으므로 대표이사가 재량에 따라 배정할 수 있다.[2)] 주식인수는 일종의 계약으로 청약자는 주주가 아닌 인수인 지위를 취득한다.[3)]

4. 납입과 현물출자

(1) 납입기일

주식인수계약이 성립하면 인수인은 인수가액을 납입할 의무가 있다(425→303). 회사는 인수인으로 하여금 인수한 주식의 가액 전액을 납입기일에 납입시켜야 한다(421). 납입장소, 현물출자의 이행방법, 납입금보관자의 증명과 책임 등에 관해서는 모집설립의 규정이 준용된다(425→318, 305(2), (3)→295(2)). 현물출자를 약속하고 신주를 인수한 자는 납입기일까지 그 급부를 이행하지 않으면 아니 된다. 동시이행이 아니라 인수인이 선이행 의무를 부담한다.

(2) 상계와 출자전환

인수인은 회사의 동의 없이 현금으로 납입하는 대신 회사에 대한 채권으로 상계할 수 없다(421(2)). 2011년 개정 시에 수정된 이 규정의 반대해석으로 이제 회사의 동의만 있으면 인수인은 회사에 대한 채권으로 회사의 주금납입채권과 상계할 수 있다.[4)] 그리하여 채권자가 회사

주주의 동의서가 있으면 신주발행의 등기가 이루어진다고 한다.

1) 여기서 이사가 주식청약서를 작성한다고 함은 주식청약서의 서식을 작성하는 것을 말한다. 주식청약서에 청약의 뜻으로 기명날인 또는 서명하는 것은 신주인수인이다.

2) 그러나 증권회사의 인수에 의한 신주발행의 경우에는 금융투자협회의 '증권 인수업무 등에 관한 규정'에 정해진 상세한 배정기준(증권 인수업무 등에 관한 규정 9)을 따른다.

3) 일본 통설과 판례는 납입기일경과 전까지는 회사가 신주발행을 철회할 수 있다고 본다. 江頭8, 783면 주1), 東京高裁 2023. 3. 9, 2022년(ネ) 제5028호.

4) 상계계약의 방식으로 출자전환이 이루어지는 경우 신주인수대금채무와 채무자의 기존 채무를 같은 금액만큼 소멸시키기로 하였다면 채무자의 기존 채무는 신주인수 대금채무액 만큼 소멸되는 것이지 주식의 시가평가액만큼만 변제되고 나머지 금액은 면제된 것으로 볼 것은 아니다(대법원 2010. 9. 16, 2008다97218 판결).

에 대한 채권을 주식으로 전환하는 출자전환이 한층 용이하게 되었다.[1] 단독행위로서의 상계뿐 아니라 상계적상에 있지 아니한 두 금전채권을 인수인과 회사의 상계계약으로 상계하는 것도 가능할 것이다. 다만 변제기가 도래하지 않은 회사에 대한 채권을 출자의 목적으로 하는 경우에는 검사인의 조사 또는 감정인의 감정이 면제되지 아니하므로(422(2)(iii)) 회사가 상계에 동의하더라도 조사·감정을 생략할 수 없다.[2]

여기서 회사가 동의를 함에 있어서는 신주발행에 관한 결정기관인 이사회(정관으로 주주총회에서 신주발행을 결정하게 한 경우에는 주주총회)의 결의를 거치는 것이 신중한 의사결정을 위해 바람직할 것이다. 그러나 이사회 결의를 요하는 발행사항(416조)에 이것이 포함되어 있지 않으므로 대표이사 단독으로 동의를 하더라도 그 동의가 무효라고 보기는 어려울 것이다. 한편 회사가 스스로 주금납입채권을 자동채권으로 하여 상계하는 것도 상계금지의 특약이 없는 한 민법상 상계 법리에 따라 가능하다고 보아야 할 것이다.[3] 이러한 인수인의 상계에 대한 동의 여부 또는 회사의 상계 여부를 결정함에 있어 이사는 회사에 손해가 발생하지 않도록 선관주의의무를 다하여야 함은 물론이다.

(3) 실 권

인수인이 납입기일에 납입이나 현물출자의 이행을 하지 않으면 바로 인수인으로서의 권리를 잃는다(423(2)). 회사설립의 경우와 같은 실권절차(307)는 불필요하다. 회사는 실권한 인수인에 대해서 손해배상청구를 할 수 있다(423(3)). 실무상으로는 청약 시에 인수가액의 전액을 청약증거금으로 미리 받아 납입기일에 납입금으로 충당하는 것이 관행이다.

(4) 가장납입

가장납입은 설립 시뿐 아니라 신주발행 시에도 종종 행해진다. 이른바 견금(見金)에 의한 가장납입도 주금 납입의 효력은 인정된다는 것이 확립된 판례의 태도이다(대법원 1983. 5. 24, 82누522 판결 등). 인수인이 회사로부터 납입자금을 차용하여 납입하는 경우에도 그것만을 이유로 납입의 효력을 부정할 수는 없다.[4] 그러나 대법원은 회사가 처음부터 인수인에 대하여 대여금 채권을 행사하지 아니하기로 약정되어 있는 등으로 대여금을 실질적으로 회수할 의사가 없고 인수인도 회사의 그런 의사를 전제로 하여 주식인수청약을 한 때에는, 인수인이 인수한

---

1) 과거에는 대법원의 등기예규로 기업구조조정을 위해서 금융기관이 채권을 전환하는 경우에 한하여 제한적으로 상계를 허용하였다.

2) 현행법은 회사에 대한 금전채권과의 상계에 의한 납입을 허용하면서(421(2)) 다른 한편 회사에 대한 금전채권이 현물출자의 목적물이 될 수 있음을 전제로 일정한 경우 조사·감정을 면제하고 있다(422(2)(iii)). 이는 상계방식의 출자도 현물출자의 일종이라는 시각에 근거한 것으로 보인다. 그러나 회사에 대한 채권은 출자 후 회사의 자산이 될 수 없으므로 현물출자의 목적물이 될 수 있는지 의문이다. 회사에 대한 채권의 출자는 상계의 문제일 뿐 현물출자와는 별개인 것으로 조문을 정비함이 타당할 것이다.

3) 이철송30, 937면.

4) 과거에는 대주주가 회사의 가지급금으로 납입을 마치는 사례가 적지 않았다.

주식의 액면금액에 상당하는 회사의 자본금이 증가되었다고 할 수 없다는 이유로 납입을 무효라고 판시한 바 있다(대법원 2003. 5. 16, 2001다44109 판결).[1] 그러나 이 경우는 견금에 의한 가장납입의 경우와 비교할 때 회사로부터의 차입이 납입에 앞서 행해졌다는 점을 제외하고는 동일하므로 견금에 의한 납입도 유효로 보는 대법원의 기존 판례(대법원 1983. 5. 24, 82누522 판결 등)와 일관되지 않는 면이 있다.[2] 신주발행으로 인한 변경등기가 되었음에도 납입이 무효가 되는 경우에는 후술하는 바와 같이 이사가 인수담보책임(428(1))을 진다.

판례에 의하면 가장납입은 사법적으로 유효이지만 상법은 납입을 가장하는 행위를 **납입가장죄**로 처벌하고 있다(628(1)).[3] 다만 인출한 납입금으로 회사명의로 자산을 매입하거나 회사의 채무를 변제하는 경우에는 회사를 위한 행위로서 납입가장죄는 성립하지 않는다.[4] 한편 신주발행의 절차적·실체적 하자가 극히 중대하여 신주발행의 실체가 존재하지 않아 신주인수인의 주금납입의무도 발생하지 않는 경우에는 납입가장죄가 성립하지 않는다는 판결이 있다.[5]

5. 현물출자의 검사

(1) 검사인의 조사 또는 감정인의 감정

현물출자는 평가가 어려워 과대평가의 위험이 크다. 현물출자가 과대평가되어 주식이 과도하게 배정되는 경우에는 금전으로 출자한 주주가 불이익을 입는 것은 물론이고 회사채권자도 실제 재산이 뒷받침되지 않은 자본액에 현혹될 우려가 있다. 신주발행이 현물출자로 이루어지는 경우 과대평가를 막기 위하여 설립 시와 마찬가지로 법원이 선임하는 검사인의 조사나 감정인의 감정을 받아야 한다(422(1)).[6]

(2) 검사의 면제

설립 시와 마찬가지로 다음 경우에는 검사절차를 거치지 않아도 무방하다(422(2), 令 14).

---

1) 만약 주식보유의 위험을 회사가 부담하는 경우라면 자기주식의 취득에 해당하여 무효로 판단될 여지가 있을 것이다.

2) 논리의 일관성을 위해서는 납입 자체를 무효로 보기보다는 대여금채권을 행사하지 않기로 하는 약정을 무효로 보아야 할 것이다.

3) 대법원은 기존 주식의 가치가 감소되는 경우에도 기존 주주에 대한 업무상배임죄의 성립은 부정한다(대법원 2004. 5. 13, 2002도7340 판결). 가장납입의 기망적 측면을 고려하여 자본시장법상의 부정거래행위(178(1)(i), (2))로도 처벌할 필요가 있다는 견해로 김태진, "가장납입에 관한 새로운 해석론", 상사법연구 32-1(2013), 342면.

4) 증자대금을 인출하여 회사를 위하여 사용하였음을 이유로 납입가장죄의 성립을 부정한 판례로는 대법원 2005. 4. 29, 2005도856 판결(다른 회사의 주식 취득); 대법원(전) 2004. 6. 17, 2003도7645 판결(회사채무 변제); 대법원 2001. 8. 21, 2000도5418 판결(자산양수); 대법원 1999. 10. 12, 99도3057 판결(대차관계 정산); 대법원 1979. 12. 11, 79도1489 판결(회사 운영자금); 대법원 1977. 11. 8, 77도2439 판결(회사 운영자금); 대법원 1973. 8. 31, 73다824 판결(회사 운영자금) 등.

5) 대법원 2006. 6. 2, 2006도48 판결.

6) 대법원은 회사가 현물출자의 검사절차를 거치지 않더라도 신주발행이나 그 변경등기가 무효가 되는 것은 아니라고 보고 있다(대법원 1980. 2. 12, 79다509 판결).

① 현물출자 목적인 재산의 가액이 자본금의 20%를 넘지 않고 5천만원을 넘지 않는 경우
② 현물출자의 목적인 재산이 거래소의 시세 있는 유가증권인 경우 그 가격이 소정의 방법으로 산정된 시세를 넘지 않는 경우
③ 변제기가 돌아온 회사에 대한 금전채권을 출자 목적으로 하는 경우로서 그 가액이 회사장부에 기재된 가액을 넘지 않는 경우
④ 그 밖에 대통령령으로 정하는 경우

①은 과대평가의 영향이 크지 않고[1] ②는 과대평가의 여지가 크지 않은 점을 고려한 것이다.[2] ③도 과대평가의 여지가 별로 없을 뿐 아니라 채권의 출자전환을 촉진하기 위한 것이다.[3] 이제 회사에 대한 채권의 출자전환은 현물출자를 통해서 하더라도 과거와 같이 번거롭지는 않게 되었다.[4] ④는 장래의 수요에 대비하기 위한 것으로 아직 예가 없다.

(3) 법원의 심사

법원은 검사인의 조사보고서나 감정인의 감정결과를 심사한다. 법원은 현물출자의 평가가 부당하다고 인정한 때에는 현물출자에 대해서 발행하는 주식 수를 변경하여 회사와 현물출자자에게 통고할 수 있다(422(3)). 변경이란 표현을 썼지만 규정 취지에 비추어 증가가 아닌 감소만이 허용된다고 볼 것이다. 현물출자자가 법원 결정에 불복하는 경우에는 인수계약을 취소할 수 있다(422(4)). 통고 후 2주 내에 인수계약의 취소가 없는 경우에는 현물출자의 조건은 법원의 결정대로 변경된 것으로 본다(422(5)). 이러한 상법규정과는 달리 실무상으로는 법원에 정식으로 검사인 선임을 청구하는 대신 회사가 회계법인 등으로부터 감정평가보고서를 받아 법원에 제출하는 경우가 일반적이라고 한다.[5]

---

1) 통상의 자산취득이 단순한 업무집행사항인 것과의 균형도 고려한 것이다.
2) 후자에 의하여 이제 상장증권을 대가로 대상회사의 주식을 공개매수하는 방법(이른바 교환공개매수)이 현실적으로 한층 용이해졌다.
3) 현물출자의 목적인 재산을 먼저 회사에 매도하고 그 매도대금채권을 현물출자하는 식으로 검사를 면제받는 것은 제한할 필요가 있다. 한편 2011년 개정 상법은 회사의 동의가 있으면 납입채무를 회사에 대한 채권으로 상계하는 것도 허용하고 있지만(421(2)) 그러한 매도대금채권으로 상계하는 것은 현물출자의 편법으로 제한할 필요가 있을 것이다.
4) 다만 변제기가 도래하지 않은 채권의 출자전환에는 검사절차가 면제되지 않는다.
5) 김지평, "주식회사 신주발행의 쟁점에 관한 소고", 선진상사법률연구 92(2020), 12면. 실무상 감정평가보고서의 적정성을 심사하는 법원은 감정평가가 부적절하다고 판단하는 경우에는 바로 발행주식 수를 변경하기 보다는 인가를 거부하는 결정을 내리고 있다. 법원이 회사가 제출한 회계법인의 감정평가보고서를 인가하지 않은 최근의 사례로 서울서부지방법원 2023. 9. 25, 2023비합1044 결정.

6. 실권주와 단주의 처리

(1) 실권주의 처리

신주인수권자가 청약일까지 청약을 하지 않은 경우(419(3))나 인수인이 납입기일에 납입을 하지 않은 경우(423(2))에는 주식인수는 성립되지 않고 실권주가 발생한다. 실권주는 새로 배정하지 않고 발행절차를 마칠 수도 있다. 그러나 실무상으로는 이사회에서 발행을 결의할 때 미리 이사회에 임의로 실권주를 배정하도록 위임하는 것이 관행이다. 그리하여 과거에는 실권주를 애초의 발행가액으로 지배주주일가나 경영자에게 배정하는 예가 많았다. 이 경우 애초의 발행가액이 시가보다 현저하게 낮은 때에는 회사가치의 불공정한 이전이라는 관점에서 비판을 받았다.

이와 관련하여 가장 주목할 것은 2009년 전환사채의 실권이 문제된 이른바 에버랜드사건에 대한 대법원 전원합의체 판결(대법원(전) 2009. 5. 29, 2007도4949 판결)이다. 다수의견은 '단일한 기회에 발행된 전환사채의 발행조건은 동일하여야' 한다는 전제에서 원래의 발행가액이 시가보다 현저하게 낮은 경우에도 실권된 전환사채는 원래의 발행가액으로 처분할 수밖에 없다고 판시한 바 있다(대법원(전) 2009. 5. 29, 2007도4949 판결).[1] 또한 다수의견은 주주가 스스로 청약을 포기하였다는 점을 강조하고 있다. 그러나 포기를 선택한 주주의 의사는 전환사채를 인수하지 않겠다는 의사일 뿐 실권된 전환사채를 저가로 제3자에게 처분하는 것까지 허용하겠다는 의사라고 해석하는 것은 무리일 것이다.[2] 이사회가 실권주를 처리할 권한을 위임받은 경우에도 이사회 결정이 선관주의의무 내지 충실의무의 구속을 벗어날 수는 없다.[3]

(2) 자본시장법의 특례

위 에버랜드판결을 계기로 자본시장법은 2013년 개정에서 실권주에 대한 처리방법을 대폭 강화하였다. 상장회사는 다음 경우를 제외하고는 실권주의 발행을 철회하도록 하고 있다(자시 165-6(2), 자시슈 176-8).

① 특수관계가 없는 투자매매업자가 인수인으로서 그 실권주 전부를 취득하는 것을 내용으로 하는 계약을 체결한 경우

② 주주배정증자의 경우 신주인수의 청약 당시에 회사와 주주 간의 별도의 합의에 따라 실권주가 발생하는 때에는 신주인수의 청약에 따라 배정받을 주식수를 초과하는 내용의 청약을 하여 그 초과청약을 한 주주에게 우선적으로 그 실권주를 배정하기로

---

1) 그러나 전환사채의 여러 조건이 동일해야 한다고 해서 반드시 발행가액까지 동일해야 한다고 볼 근거는 없다. 실무상으로도 인수인에 따라 발행가액이 다른 경우가 없지 않다고 한다.

2) 설사 일부 주주가 그런 의사를 표시하였다고 해도 이사가 그 의사에 구속된다고 볼 것인지는 의문이다.

3) 따라서 원래의 발행가액이 시가보다 현저하게 낮은 경우에는 실권전환사채의 처분을 포기하거나 발행가액을 적절히 인상했어야 할 것으로 판단된다.

하는 경우

③ 신고서를 제출하지 않는 공모와 우리사주조합원에 대한 실권주 배정

(3) 단주의 처리

예컨대 20%의 증자가 이루어지는 경우에는 기존 주주의 보유주식이 5의 배수가 아닌 한 불가피하게 1주 미만의 단주가 발생한다. 1주 미만의 주식은 발행할 수 없으므로 단주를 배정할 수는 없다. 주식병합의 경우(443)와 같은 처리규정이 없는바, 앞서 언급한 바와 같이 단주를 시가로 처분하여 발행가액과의 차액을 주주에게 분배하는 것이 타당할 것이다.[1)]

7. 등 기

신주발행으로 인하여 등기사항인 회사의 자본금, 발행주식총수, 주식의 종류와 수 등이 변경되므로 변경등기를 해야 한다(317(2), (4)→183).[2)] 그러나 변경등기를 해야만 신주발행 효력이 발생하는 것은 아니다.[3)] 변경등기를 하면 1년 경과 후에는 주식청약서의 흠결을 이유로 인수의 무효를 주장하거나 사기 등을 이유로 인수를 취소할 수 없다(427). 또한 이사의 인수담보책임도 변경등기가 있은 후에 비로소 발생한다(428(1)).

8. 신주발행의 효력발생

인수인이 납입이나 현물출자의 이행을 한 경우 납입기일의 다음 날로부터 주주의 권리의무가 발생한다(423(1)). 납입기일의 다음 영업일이 아니라 다음 날이므로 예컨대 납입기일이 금요일인 경우 주주로서의 권리의무는 토요일 0시에 발생하게 된다. 또한 주권은 납입기일 후가 아니면 발행할 수 없다(355(2)). 그러므로 납입기일 당일에는 납입이 완료되었음에도 불구하고 인수인은 아직 주주로서의 권리의무가 없을 뿐 아니라 주권을 발행 받지도 못한다.[4)]

신주를 인수한 주주가 납입기일이 속하는 연도의 배당에 관하여, 구주와 동등하게 이익배당을 전액 받을 수 있는지(전액배당설 또는 동등배당설) 또는 주식으로서의 효력이 발생한 기간

---

1) 이는 현재의 실무이고 다수설의 입장이다. 권기범6, 1013면; 박지형, "단주 처리에 관한 법적 문제", BFL 76(2016), 69면.

2) 등기신청서에는 현물출자에 대한 검사인의 조사보고서나 감정인의 감정서를 첨부하여야 한다(상등 82(iii)). 독일에서는 등기신청 시 납입된 금액이 자유롭게 사용가능할 뿐 아니라 인수인에게 반환되지 않는다는 점을 이사가 보증하도록 하고 있다. Hüffer11, §188 Rn. 6.

3) 독일 주식법은 신주발행의 효력은 등기 시에 발생한다고 하고 있다(189).

4) 이처럼 신주인수인은 주금을 완납하고도 다음 날까지 수 시간 동안 주주로서의 권리를 취득하지 못하고 유효한 주권도 발행받지 못하는 불안정한 지위에 있게 된다. 이를 불안하게 생각하는 일부 외국투자자들은 거액의 신주인수시에 자정에 근접한 시간에 주금납입을 하기도 한다. 입법론적으로는 반드시 다음 날에 권리의무가 발생하도록 할 필요가 있는지 의문이다. 일본 회사법(209(1)(i))은 우리 상법과 같았던 과거의 태도를 변경하여 납입기일에 주주지위를 취득한다고 규정하고 있다.

에 비례하여 일할(日割)배당만을 받을 수 있는지(일할배당설) 다툼이 있었다. 2020년 개정 상법은 동등배당설을 채택하였다(상세는 제5장 제4절 V. 3 참조).

V. 신주발행과 자본충실

1. 서 설

전술한 바와 같이 신주발행에 관한 상법규정은 주로 주주 사이의 이익을 조정하는데 초점을 맞추고 있다. 2011년 개정 상법에서는 채권자 보호가 상당히 완화된 상태이다. 그러나 신주발행 시의 자본충실을 도모하기 위한 규정들은 아직 많이 남아 있다. 액면미달발행(417(1)), 현물출자(422) 등에 관한 규제는 이미 설명한 바 있다. 이하에서는 자본충실을 위한 기타의 규제를 설명한다.

2. 청약이나 인수의 무효나 취소의 제한

신주를 인수한 자는 주식청약서 또는 신주인수권증서의 요건의 흠결을 이유로 하여 그 인수의 무효를 주장하거나 사기, 강박 또는 착오를 이유로 하여 그 인수를 취소할 수 있으나, 신주발행으로 인한 변경등기를 한 날로부터 1년을 경과한 후 또는 그 주식에 대하여 주주의 권리를 행사한 때에는 더 이상 그 인수의 무효를 주장하거나 그 인수를 취소하지 못한다(427). 신주인수행위에 하자가 있더라도 그에 기한 무효 주장 또는 취소에 대하여 시기상의 제한을 둠으로써 법률관계의 안정과 회사의 자본충실을 기하려는 규정이다.

이것과 후술하는 신주발행무효의 소(429)와의 관계가 문제된다. 인수행위의 무효 또는 취소를 주장하는 경우에도 그 부분에 대한 신주발행의 효력을 부정하는 것이므로 신주발행무효의 소에 의하여야 한다는 해석도 있을 수 있고 이에 부합하는 듯한 하급심 판결[1])도 있었다. 그러나 이렇게 해석하면 신주발행일로부터 6개월이라는 제소기간의 적용을 받게 되므로 신주발행에 관한 변경등기일로부터 1년까지 무효 주장 또는 취소를 허용한 제427조와 조화로운 해석이 어렵다. 이에 신주발행무효의 소는 신주발행 전체를 무효로 하려는 경우에만 적용되고 제427조가 상정하는 바와 같이 특정 인수행위의 효력을 부정하는 경우에는 적용되지 않는다는 견해도 유력하다.[2])

---

1) 서울고등법원 1987. 4. 2, 86나3345 판결(특정인의 신주인수행위가 무효라는 주장도 신주발행무효의 소를 제기하는 방법에 의하여서만 할 수 있고, 일반 민사소송절차로서 신주인수무효의 소를 제기하는 것은 허용되지 않는다고 함).

2) 이철송30, 962면; 권기범8, 1114면; 고홍석, 주석상법6(회사4), 164면.

3. 이사의 인수담보책임

회사설립 시에는 미인수 또는 미납입 주식에 관하여 이사의 인수담보책임과 납입담보책임이 광범위하게 인정된다(321). 반면, 신주발행에 있어 이사의 담보책임은 주식의 미인수 또는 인수취소에도 불구하고 신주발행으로 변경등기가 이루어진 경우에만 매우 제한적으로만 인정된다. 즉 **신주의 발행으로 인한 변경등기**가 있은 후에 미인수 주식이 있거나 주식인수의 청약이 취소된 때에는 이사가 이를 공동으로 인수한 것으로 본다(428(1)).[1] 변경등기 시에는 주식의 인수와 청약을 증명하는 서면과 함께 주금납입을 증명하는 서면을 첨부하게 되어 있으므로(상등 82) 현실적으로 인수나 납입이 없는 상태에서 변경등기가 이루어지기는 어렵다. 그러나 어떠한 이유에서든 변경등기와 실제와의 차이가 발생한 경우에 이사에게 인수담보책임을 지운 것이다. 여기서 말하는 미인수 주식에는 인수행위가 없었거나 무효이거나 취소된 경우의 해당 주식은 물론 인수 후 납입하지 않은 주식도 포함된다고 볼 것이다. 변경등기와 실제와의 차이라는 점에서는 미인수 주식과 다름이 없고 신주인수인이 납입기일에 납입하지 않으면 인수 효력이 상실된다는 점(423(2))에서 인수가 없는 것으로 볼 수 있기 때문이다.[2]

회사설립 시와는 달리 신주발행 시에는 미인수 주식, 청약이 취소된 주식, 납입되지 않은 주식이 많은 경우에도 유효하게 인수·납입된 부분의 신주발행의 효력에는 영향이 없다. 실제로 유효하게 인수·납입되지 않은 주식은 마치 유효하게 발행된 것처럼 변경등기가 있었던 경우에 한하여 이사의 인수담보책임으로 처리하고, 그러한 변경등기가 없었다면 회사설립 시와는 달리 이사의 담보책임도 인정되지 아니한다. 이사의 인수담보책임은 무과실책임이고 주주전원의 동의로도 면제할 수 없다. 이사의 인수담보책임은 이사에 대한 손해배상의 청구에 영향을 미치지 아니한다(428(2)). 이사는 공동으로 인수한 것으로 보기 때문에 연대하여 주금액을 납입할 의무가 있다(333(1)).

4. 통모인수인의 책임

이사와 통모하여 현저하게 불공정한 발행가액으로 주식을 인수한 자는 회사에 대하여 공정한 발행가액과의 차액에 상당한 금액을 지급할 의무가 있다(424-2(1)). 통모인수인의 책임은 주로 기존 주주의 이익을 보호하기 위한 것이지만 부수적으로 자본충실에도 기여하는 측면이 있다. 이에 관해서는 뒤에 다시 설명하기로 한다.

---

1) 일본 회사법은 이사의 인수담보책임을 폐지하였다.

2) 송옥렬9, 1147면. 즉 납입기일에 납입이 되지 않으면 인수 자체가 실효되어 미인수주식이 되고 이는 인수담보책임의 문제가 되므로, 신주발행에 있어서는 따로 납입담보책임의 문제가 생기지 않는다(이철송30, 943면).

Ⅵ. 신주발행의 위법 또는 불공정에 대한 구제수단

1. 서 설

신주발행의 위법과 불공정에 대한 구제수단도 저지형과 보상형으로 나눌 수 있다. **저지형**에는 사전적 구제수단으로 신주발행유지청구(424)가 있고 사후적 구제수단으로 신주발행무효의 소(429)가 있다. **보상형**에는 통모인수인의 책임(424-2)과 이사의 손해배상책임(399, 401)이 있다.

저지형 구제수단은 권리보호에는 효과적이지만 특히 사후적 저지는 법적 안정성을 해칠 가능성이 높다. 반면에 보상형 구제수단은 법적 안정성을 별로 해치지 않지만 권리보호의 실효성을 확보하기 어렵다. 이하 구체적인 구제수단을 차례로 설명한다.

2. 신주발행유지청구

(1) 의 의

'회사가 법령 또는 정관에 위반하거나 현저하게 불공정한 방법에 의하여 주식을 발행함으로써 주주가 불이익을 받을 염려가 있는 경우' 그 주주는 회사에 대하여 그 발행을 유지할 것을 청구할 수 있다(424). 위법한 신주발행도 이사의 위법행위에 속하기 때문에 상법 제402조에 따라 소수주주의 일반적인 유지청구도 가능하지만 신주발행유지청구의 경우가 요건이 훨씬 완화되어 있다.

(2) 요 건

가. 법령 또는 정관에 위반하거나 현저하게 불공정한 방법에 의한 주식발행

① 법령에 위반하는 발행의 예로는 이사회 결의가 없는 경우, 주주의 신주인수권을 침해하는 경우, 현물출자에 대한 검사절차를 거치지 않은 경우 등을 들 수 있다. ② 정관에 위반하는 발행의 예로는 수권주식 수를 초과하여 발행하는 경우, 정관에 정함이 없는 종류의 주식을 발행하는 경우를 들 수 있다. ③ 현저하게 불공정한 방법에 의한 발행의 전형으로 제시되는 것은 자금조달의 필요가 없음에도 불구하고 반대파 주주의 의결권 비율을 저하시킬 목적으로 신주를 발행하는 경우이다. 이러한 신주발행은 흔히 제3자배정 증자의 형태로 이루어진다. 정관에 근거한 제3자배정 증자라도 경영상 목적이 부정되면 상법 제418조 제2항 단서를 위반하여 주주의 신주인수권을 침해한 경우에 해당할 것이다.[1)]

이사의 신인의무 위반이 법령위반에 해당하는지에 대해서는 다툼이 있다. 부정설은 법문상 행위의 주체는 이사가 아닌 회사로 되어 있다는 점을 든다. 회사의 행위는 결국 이사가 실행한다는 점에서 이사의 신인의무 위반은 회사의 법령 위반으로 보아도 무방할 것이다.[2)] 설사

---

1) 이 경우에는 법령위반에도 해당하는 것으로 볼 수 있다.

2) 동지: 임재연, 회사소송(2010), 254면.

법령위반 해당성을 부정하더라도 이사의 신인의무에 위반한 신주발행은 대부분 "현저하게 불공정한 방법"에 의한 발행에 해당할 것이므로 실제의 결과에는 큰 차이가 없을 것이다.[1]

이와 관련해서는 제3자에 대한 신주의 저가발행이 신주발행유지청구의 대상이 될 수 있는지 여부가 문제될 수 있다. 제3자에 대한 저가발행의 경우에는 신주발행유지청구가 아니라 이사의 위법행위유지청구의 대상으로 보는 견해가 유력하다.[2] 근거로는 후술하는 바와 같이 신주발행유지청구에 관한 법문이 회사의 손해가 아니라 주주의 불이익을 요하고 이 경우 주주는 전체주주가 아니라 특정주주를 가리킨다는 점을 들고 있다. 그러나 이처럼 회사와 주주를 엄격히 구별하는 것은 불합리할 뿐 아니라 법문상의 주주가 특정주주에 한정된다고 보아야 할 이유도 없다. 나아가 상법이 신주발행과 관련된 위법, 불공정으로부터 주주를 두텁게 보호하기 위해서 위법행위유지청구(402)와 별도로 신주발행유지청구를 마련하였음에도 불구하고 제3자에 대한 저가발행의 경우에만 보다 엄격한 위법행위유지청구규정을 적용하는 것은 현실적으로도 불합리하다. 결론적으로 제3자에 대한 저가발행은 이사의 신인의무 위반, 즉 법령위반에 해당하거나 적어도 불공정발행에 해당하는 것으로 전체 주주들의 주당 가치를 희석시키는 불이익을 초래하였으므로 신주발행유지청구의 사유에 해당한다고 보아야 할 것이다.

주주배정증자의 불공정성

주주배정증자는 주주들에게 그 지분비율에 따라 신주인수에 참여할 권리(구체적 신주인수권)를 부여하므로, 발행가액이 실제 주식가치보다 높거나 낮다고 하더라도 원칙적으로 주주간 부의 이전은 발생하지 않고 불공정성의 우려도 적다. 그러나 실제로는 주주배정증자라도 불공정발행으로 평가할 수 있는 경우가 없지 않다. 폐쇄회사에서 다른 주주가 자금사정상 인수가 어려운 시기를 선택하여 당장 급하지 않은 대규모 증자를 감행하여 지분변동을 꾀하는 경우가 그 대표적인 예이다. 그러한 경우 그 다른 주주는 구체적 신주인수권을 양도할 수 있지만, 비상장회사의 경우 신주인수권의 양도는 사실상 불가능한 경우가 많고 상장회사에서도 제값을 받기는 어렵다. 따라서 회사가 차입이나 사채발행으로 자금을 조달할 수 있음에도 불구하고 구태여 신주발행을 택한 것은 일반 주주에 현저하게 불공정한 방법으로 볼 여지가 있다.[3] 그러나 현실적으로 이런 사정의 증명은 쉽지 않다. 대법원은 40% 주주가 보유주식을 나머지 주주에게 양도하려고 하였으나 가격에 대한 합의를 얻지 못한 상태에서 발행주식총수를 3배 가까이 증가시키는 신주발행이 이루어진 사안에서 주주의 지배력 악화로 인한 주식가치 하락만을 이유로 현저하게 불공정한 방법에 의한 신주발행으로서 무효라고 볼 수 없다고 판시한 바 있다(대법원 1995. 2. 28, 94다34579 판결).

1) 田中3, 516면.
2) 임재연, 전게서, 254면.
3) 주주평등원칙의 적용과 관련한 논의는 위 제3장 제9절 Ⅱ. 2 (3) 라 참조.

주요목적원칙

일본에서는 경영권의 유지·강화와 같은 부당한 목적과 자금조달목적이 함께 존재하는 신주발행의 경우에는 전자가 보다 우월한 경우에 한하여 불공정발행에 해당한다고 보는 이른바 주요목적원칙을 채택한 판례가 많다.[1] 그런데 실제로 전자가 더 우월하다고 평가하여 불공정발행을 인정한 예는 매우 드물다. 주요목적원칙에 대해서는 이사회가 회사경영권의 소재를 결정할 권한을 갖는 것은 아니기 때문에 경영권에 관한 다툼이 있는 시기에 지분변동을 초래하는 제3자배정 증자를 단행하는 것은 원칙적으로 불공정발행으로 보아야 한다는 주장이 유력하다. 주요목적원칙은 이해하기 쉽다는 장점 때문에 널리 채택되었다. 그러나 경영권 방어가 바람직한 경우와 그렇지 않은 경우를 판가름하는 기준으로 삼기에는 적합지 않기 때문에 최근에는 그 영향력이 크게 줄어든 상태이다.

나. 주주가 불이익을 받을 염려가 있을 것

일반적인 위법행위유지청구의 경우와는 달리 회사의 손해가 아닌 주주의 불이익이 요건이다. 후술하는 바와 같이 신주발행의 경우에는 회사의 손해를 상정하기 어려운 면이 있기 때문에 대신 주주의 불이익을 요건으로 한 것이다. 주주의 불이익은 재산적 이익이나 지배적 이익이 침해되는 경우에 인정할 수 있다.

다. 청구권자

청구권자는 주주이다.[2] 위법행위유지청구의 경우 주주가 청구하기 위해서는 1% 이상의 주식을 가져야 하지만(402) 신주발행유지청구의 경우에는 1주만을 가진 주주도 청구할 수 있다. 주주가 신주인수권이나 의결권을 갖는지 여부는 묻지 않는다.

(3) 유지청구권의 행사

가. 행사시기

유지청구는 신주발행 효력이 발생하기 전에(즉 납입기일 24:00까지) 하여야 한다. 전술한 바와 같이 2011년 개정 전에는 주주가 신주인수권을 갖지 않는 경우 상법상 회사는 주주에 대하여 신주발행에 대한 통지·공고의무가 없었다. 따라서 주주가 회사의 신주발행을 사전에 파악하여 유지청구권을 행사하는 것은 사실상 거의 불가능했다. 그러나 2011년 개정 상법에서는 제3자에게 배정하는 경우에는 납입기일 2주 전까지 주주에게 통지하거나 공고하도록 하고 있으므로(418(4)) 유지청구권의 행사가 한결 용이해졌다.

나. 행사방법

신주발행유지청구권은 주주가 회사에 대한 의사표시로 재판 외에서 행사할 수도 있다. 그

1) 주요목적원칙에 대한 간단한 소개로는 田中3, 519~522면 참조.
2) 위법행위유지청구의 경우와는 달리 감사는 청구할 수 없다.

러나 재판 외의 유지청구는 무시하더라도 단지 이사의 책임을 발생시킬 뿐이며 신주발행의 효력에는 영향이 없다. 그러므로 청구의 실효성을 위해서는 법원에 회사를 피고로 하여 신주발행유지의 소를 제기해야 한다. 그러나 소송계속 중 신주가 발행되면 소의 이익이 상실되므로 실무상으로는 그 소를 본안으로 하여 임시지위를 정하는 가처분(민집 300(2))의 일종인 신주발행금지가처분을 신청하는 것이 보통이다.

다. 가처분을 무시한 신주발행

회사가 가처분을 무시하고 신주발행을 강행하는 경우의 효력에 대해서 다툼이 있다. 통설은 가처분의 실효성 확보라는 관점에서 가처분 위반을 신주발행의 무효사유로 본다.[1] 반면 대법원은 가처분 위반이 곧 신주발행 무효사유를 구성하는 것은 아니라고 보는 듯하다(대법원 2010. 4. 29, 2008다65860 판결). 소명에 의하여 발령되고 신청인과 피신청인 사이의 상대적 효력을 가지는 것에 불과한 가처분에 강력한 효력을 부여하기 위하여는 별도의 법적 근거가 필요하다는 입장인 것으로 보인다.[2] 즉 가처분결정을 위반한 행위가 무효로 되는 것은 형식적으로 그 가처분을 위반하였기 때문이 아니라 가처분에 의하여 보전되는 피보전권리를 침해하기 때문이라는 것이다. 따라서 대법원에 따르면 가처분의 본안소송에서 가처분의 피보전권리가 없음이 확정됨으로써 그 가처분이 실질적으로 무효가 되면 가처분을 위반한 권리행사도 유효한 것으로 된다(대법원 2010. 1. 28, 2009다3920 판결(의결권행사금지가처분에 위반한 의결권행사)).

3. 신주발행무효의 소

(1) 의 의

신주발행의 내용이나 절차에 중대한 하자가 있는 경우에 상법에 특별한 정함이 없이 민법의 일반원칙에 따르게 된다면 어떻게 될 것인가? 첫째, 무효 주장의 주체, 방법, 시기에 따로 제한이 없으므로, 확인의 이익이 있는 자는 언제든 무효의 확인을 구할 수 있고, 다른 소송에서 신주발행의 효력이 선결문제가 되었다면 소를 통하지 않고도 무효를 주장·입증할 수 있다. 둘째, 신주발행의 무효를 확인한 판결 또는 신주발행이 무효임을 전제로 내려진 판결의 효력은 소송당사자 사이에만 미치고 대세효를 갖지 않는다. 셋째, 무효의 일반 법리에 따라 그 행위는 처음부터 효력이 없었던 것처럼 다루어지게 될 것이다.

이러한 결과를 인정하게 되면 다수 당사자에게 영향을 미치는 신주발행이라는 회사법적 행위의 효력이 장기간 불안정하게 되고, 무효 판결을 받더라도 그 효력이 해당 재판의 당사자

---

1) 권기범6, 1024면; 노혁준, "신주발행의 무효사유에 관한 연구", 선진상사법률연구 60(2012), 53면 이하; 일본의 판례도 같은 태도를 취하고 있다. 江頭8, 804면.

2) 위 판결 담당 재판연구관의 해설인 곽병훈, "신주발행의 무효원인 및 그 유무의 판단기준", 대법원 판례해설 83(2010), 249면 참조.

에게만 미치게 되어 법률관계의 획일적인 처리가 불가능하게 된다. 이러한 고려에서 상법은 신주발행의 무효는 신주발행일로부터 6개월 내에 소로써만 주장할 수 있도록 하고(429), 그 무효판결에 대세효를 인정하되(430→190), 소급효를 부정한다(431(1)). 이는 신주발행이 유효함을 전제로 진전된 각종 법률관계의 안정을 꾀하고, 회사를 둘러싼 다수인 간의 법률관계를 획일적으로 처리하기 위한 것이다. 이는 개별적인 신주인수 행위가 무효이거나 취소된 경우가 아니라 전체로서의 신주발행의 효력을 부정하는 경우에 적용된다.

통상의 신주발행만이 아니라 전환사채의 전환권 행사 또는 신주인수권부사채의 신주인수권 행사에 따른 특수한 신주발행의 경우에도 그 신주발행에 고유한 무효사유가 있는 경우 신주발행무효의 소의 대상이다(대법원 2022. 11. 17, 2021다205650 판결; 대법원 2022. 10. 27, 2021다201054 판결).[1] 예컨대 전환사채의 전환권 행사요건을 갖추지 못하였는데도 신주를 발행하였다면 이 점을 들어 신주발행무효의 소를 제기할 수 있다.[2]

(2) 무효사유

가. 판단기준

상법은 신주발행의 무효사유에 대해서 아무런 규정도 두고 있지 않다. 사전구제수단인 유지청구와는 달리 사후구제수단인 무효의 경우에는 현실적으로 그 사유를 보다 엄격하게 해석할 필요가 있다(대법원 2010. 4. 29, 2008다65860 판결). 신주가 일단 발행되어 유통된 후에 무효가 된다면 주식거래의 안전은 물론이고 신주발행을 토대로 축적된 회사의 법률관계에 큰 혼란이 발생할 것이기 때문이다.

대법원은 "신주 발행에 법령이나 정관을 위반한 위법이 있고 그것이 주식회사의 본질 또는 회사법의 기본원칙에 반하거나 기존 주주들의 이익과 회사의 경영권 내지 지배권에 중대한 영향을 미치는 경우에는 원칙적으로 그 신주의 발행은 무효"라고 판단하고 있다(대법원 2015. 12. 10, 2015다202919 판결 등). 결국 법령, 정관 위반만으로는 부족하고 그 위반이 ① **주식회사의 본질 또는 회사법의 기본원칙에 반하는** 중대한 것이거나, ② **기존주주의 이익과 회사의 경영권 내지 지배권에 중대한 영향**을 미치는 것이어야 한다. 실제 판단과정에서 법원은 신주발행무효가 **거래의 안전이나 이해관계인의 이익에 미칠 영향**을 종합적으로 고려하고 있다.[3] 이하에서는 절차적 사유와 실체적 사유로 나누어 살펴보기로 한다.[4]

---

1) 제6장 제2절.

2) 일본에서의 논의로서 舩津浩司, "特殊の新株発行の効力を争う方法についての序論的検討", 松井秀征외 편, 商法学の再構築(2023) 227면 이하(전득자가 없는 경우에 한해 긍정).

3) 종래 대법원은 "신주와 관련된 거래의 안전, 주주 기타 이해관계인의 이익 등을 고려하더라도 도저히 묵과할 수 없는 정도라고 평가되는 경우에 한하여 신주의 발행을 무효로 할 수 있을 것이다"라고 판시한 바 있다(대법원 2010. 4. 29, 2008다65680 판결).

4) 상세한 검토는 노혁준, "신주발행의 무효사유에 관한 연구", 선진상사법률연구 60(2012), 34면 이하.

나. 절차적 사유

1) 신주발행에 관한 이사회 결의의 흠결 또는 하자

상법상 신주발행은 원칙적으로 이사회 결의사항이다(416). 적법한 대표이사가 신주발행을 하였으나 이사회 결의의 흠결 또는 하자가 있는 경우 무효사유인지 문제된다. 무효사유로 보는 입장은 신주발행이 중요한 변화를 가져오기 때문에 대표이사의 일상적 업무집행과 동일하게 볼 수는 없다고 한다.[1] 반면 대법원은 이사회 결의는 내부적 의사결정에 불과하므로 대표이사가 권한에 기하여 신주를 발행한 경우에는 무효사유에 해당하지 않는다고 본다(대법원 2007. 2. 22, 2005다77060, 77077 판결).[2] 이사회결의는 내부의사결정으로 외부에서 알기 어렵기 때문에, 특별한 사정이 없는 한 그 흠결 또는 하자만을 이유로 신주발행을 무효로 보는 것은 적절하지 않을 것이다.

2) 신주발행의 통지·공고 누락

2011년 상법개정으로 도입된 주주에 대한 신주발행의 통지나 공고 없이 신주를 발행한 경우에는 주주가 신주발행유지청구권을 행사할 기회를 박탈하는 것으로 원칙적으로 무효사유라고 할 것이다. 다만 통지·공고를 했더라도 신주발행을 사전에 다툴 다른 사유가 없었다는 점을 회사가 입증한다면 위 누락이 신주발행 무효사유가 되지 않는다고 본다.[3]

3) 유지명령 또는 가처분에 위반한 신주발행

신주발행유지청구를 무시한 것만을 이유로 무효라고 할 수는 없을 것이다(서울고등법원 1977. 4. 7, 76나2887 판결). 반면 재판상 유지청구권이 행사되어 법원에서 본안으로 인용된 경우 이를 위반한 신주발행은 그 자체로 무효사유가 된다고 할 것이다. 다만 대법원은 신주발행금지 가처분을 무시하고 진행한 신주발행에 관하여 그 자체만으로는 무효사유에 해당하지 않는다는 태도를 보이고 있다(대법원 2010. 4. 29, 2008다65860 판결).[4]

4) 기타 절차적 사유

신주발행에 관하여 위 언급된 것 이외의 절차적 하자가 있더라도 원칙적으로 신주발행 무효사유로 보기는 어렵다. 예컨대 현물출자에 대한 검사인의 검사절차가 없는 신주발행도 당연무효는 아니다(대법원 1980. 2. 12, 79다509 판결). 한편 자본시장법에 따른 신고서를 제출하지 않고 신주를 공모발행하는 것은 법령위반행위에 해당하지만 그것만을 이유로 바로 무효사유로

---

1) 이철송30, 951면.
2) 대법원 2010. 4. 29, 2008다65860 판결에서 대법원은 신주발행무효의 사유로 이사회결의 하자를 들었으나, 이 건은 신주발행금지 가처분 위반, 지배권 변동 등도 함께 문제된 사안이었다.
3) 江頭8, 807면. 다만 이러한 가정적 인과관계를 회사가 입증하는 것은 쉽지 않을 것이다.
4) 이 판결에 대한 비판으로는 노혁준, 전게논문 55~56면. 일본 판례는 무효설을 취하고 있다. 最高裁 1993. 12. 16, 民集 47권 10호, 5423면.

보지 않는 것이 일반적이다.[1)]

다. 실체적 사유

1) 기존 주주의 신주인수권을 중대하게 침해하는 신주발행

부적법한 신주배정을 통해 기존 주주들의 이익을 중대하게 침해하는 경우 신주발행 무효사유에 해당할 수 있다. 먼저 경영권방어 목적의 신주발행이 문제된다. 앞서 살펴본 바와 같이, 단지 경영권 방어목적으로 우호적 제3자에게 신주를 발행하는 것은 상법 제418조 제2항을 위반하여 주주의 신주인수권을 침해하는 것으로 무효이다(대법원 2015. 12. 10, 2015다202919 판결[2)]; 대법원 2009. 1. 30, 2008다50776 판결).

다음으로 승계 목적의 신주발행도 문제될 수 있다. 아직 대법원의 입장은 명확하지 않으나,[3)] 자금조달 등 경영상 목적 없이 승계목적으로 후계자에게 제3자배정 신주발행을 하는 경우 위 경영권 방어목적에서와 마찬가지로 신주발행 무효사유에 해당할 수 있을 것이다.

한편 침해의 중대성과 관련하여, 전체 발행주식수와 비교할 때 소량의 신주가 발행되더라도 지분분포에 결정적 영향을 미치면 중대성이 있다고 볼 것이다. 다수주주 또는 최대주주가 변동되는 것뿐 아니라, 기존 주주의 지배권이 확고해지는 경우도 기존 주주에 대한 중대한 침해로 인정될 수 있다.

2) 자본충실에 반하는 신주발행

신주발행의 실질이 회사가 주식을 발행하여 스스로 취득하는 정도에 이른다면, 이는 자기주식 취득금지를 회피하는 탈법행위이므로 신주발행 무효사유라고 할 수 있다(대법원 2003. 2. 26, 2000다42786 판결). 신주의 저가발행은 무효는 아니고, 불공정한 가액으로 주식을 인수한 자의 책임(424-2), 이사의 손해배상책임 등을 발생시킬 뿐이다.[4)] 위법한 액면미달 발행도 이를 바로 무효로 볼 것은 아니고, 이사의 손해배상책임을 묻는 방법으로 하자를 치유할 수 있을 것이다.

3) 그 밖에 신주발행 내용의 법령, 정관 위반 등 실체적 하자

정관상 발행예정주식총수를 초과하거나, 정관에 근거 없는 종류주식을 발행하였다면 원

---

1) 적어도 신고서 제출 없이 진행된 공모를 통해서 체결된 계약의 효력은 무효로 보는 견해가 유력하다. 김/정4, 234면.

2) 이 사안은 제3자배정 신주발행의 적법성이 문제된 사안인바, 대법원은 ① 회사가 신주발행을 통해 자금조달을 할 필요성이 있었는지 의문이고, ② 신주인수인이 회사로부터 신용을 제공받아 조달한 자금으로 신주인수대금을 납입했다는 강한 의심이 있으며, ③ 신주발행이 현 경영진의 지배권 확보를 위해 이루어졌다는 점을 들어 신주발행이 무효라고 판단했다.

3) 대법원은 방론으로서 "전환사채의 발행이 사전 상속이나 증여 또는 회사 경영권 내지 지배권의 이양이라는 목적이나 의도 아래 이루어진 것이라고 의심할 여지가 있다고 하더라도, 그러한 사유만으로 전환사채의 발행을 무효로 볼 수는 없다고 할 것이다"라고 설시한 바는 있으나(대법원 2004. 6. 25, 2000다37326 판결(삼성전자전환사채발행무효의 소)), 이것이 승계목적 신주발행의 적법성을 긍정한 것으로 보기는 어렵다.

4) 다만 제3자배정 방식의 저가발행이 신주발행유지청구의 대상이 될 수 있음은 전술하였다.

칙적으로 무효사유에 해당한다고 볼 것이다.

(3) 절 차

가. 당 사 자

제소권자는 주주, 이사, 감사이고(429) 피고는 회사이다. 신주발행무효의 소 계속 중 주식이 양도된 경우 양수인은 제소기간 등 다른 요건을 갖추었다면 새로운 소를 제기할 수 있고 기존의 소를 승계할 수도 있다(대법원 2003. 2. 26, 2000다42786 판결). 승계를 위해서도 주주는 명의개서를 하여야 한다(대법원 2003. 2. 26, 2000다42786 판결).

나. 제소기간

제소기간은 신주를 발행한 날로부터 6개월간이다(429).[1] 제소기간을 제한한 취지는 신주발행 후에 발생하는 복잡한 권리관계를 조속히 확정하기 위한 것이다. 판례는 제소기간이 도과한 후에는 무효사유의 추가도 허용되지 않는다고 본다. 대법원은 전환사채무효확인의 소의 경우에 그러한 취지를 밝힌 바 있다(대법원 2004. 6. 25, 2000다37326 판결(삼성전자전환사채발행무효의 소)). 새로운 사유를 추가로 주장하는 것을 허용하면 법률관계가 불안정하게 될 우려가 있음을 근거로 들고 있다.[2]

다. 기타 절차적 사항

관할, 소제기의 공고, 병합심리, 하자의 보완과 청구의 기각, 무효판결의 등기 등에 관해서는 합명회사 무효·취소의 소에 관한 규정(186~189, 190본, 191, 192)이 준용되며 제소주주의 담보제공에 관해서는 주주총회결의취소의 소에 관한 규정(377)이 준용된다(430).

(4) 무효판결의 효과

가. 대 세 효

신주발행에 관한 법률관계의 획일적 확정을 위하여 신주발행무효의 판결은 제3자에 대해서도 효력을 미친다(430→190본).

나. 신주의 효력상실

신주발행을 무효로 하는 판결이 확정한 때에는 신주는 장래에 대하여 그 효력을 상실한다(431(1)). 이처럼 무효판결의 소급효를 제한하는 이유는 법적 안정성을 위해서이다. 따라서 신주에 대하여 이미 지급된 배당, 의결권행사, 주식양도 등은 효력이 유지된다.

---

1) 일본에서는 과거 제소기간이 우리 상법에서와 마찬가지로 6개월이었으나 회사법 제정 시 폐쇄회사의 경우에는 1년으로 연장되었다(日會 828(1)(iii)). 또한 회사가 위법한 신주발행을 은폐하여 주주가 제소기간 내에 제소할 수 없었던 경우에는 신의칙상 회사가 제소기간도과를 주장할 수 없다고 한 판례도 존재한다. 名古屋地裁 2016. 9. 30, 金融判例事情 제1509호, 38면.

2) 그러나 이미 소송이 계속 중인 상태에서 무효사유가 추가되었다고 해서 과연 얼마나 법률관계가 불안정해질 수 있는지에 대해서는 의문이 있다.

신주발행무효판결이 확정되면 회사는 지체 없이 그 취지와 실효된 신주의 주권을 제출할 것을 공고하고 주주와 질권자에게 각별로 통지해야 한다(431(2)). 또한 회사는 신주의 주주에 대해서 그 납입한 금액을 반환하여야 한다(432(1)). 반환은 원래 납입한 주체인 인수인이 아니라 현재의 주주에게 해야 한다. 납입한 금액이 판결확정 시 회사의 재산상태에 비추어 현저히 부당한 때에는 법원이 회사나 주주의 청구에 의하여 금액의 증감을 명할 수 있다(432(2)). 실효된 신주에 질권을 가진 자는 반환된 주금액에 대해서 물상대위권을 갖는다(432(3)→339, 340(1), (2)).

다. 자본금감소와 등기의 경정

액면주식의 신주발행이 무효가 된 경우에는 발행주식 수는 감소하고 자본금은 발행 전의 상태로 복귀한다.[1] 이때 자본금이 감소하는 것은 법률의 규정에 따른 결과이므로 자본금감소 시에 요구되는 채권자보호절차(439(2))는 거칠 필요가 없다. 신주발행으로 자본금과 주식 수에 관한 변경등기를 한 경우에는 변경등기를 바로 잡아야 한다. 한편 무액면주식의 신주발행이 무효가 된 경우에는 주식 수는 신주발행 이전으로 돌아가지만 자본금을 어떻게 할 것인지 문제된다. 신주발행시에 자본금으로 계상한 금액만큼 자본금에서 차감된다는 해석도 있을 수 있으나, 무액면주식에서 자본금은 발행주식의 수량에 영향을 받지 않으므로 신주발행무효에도 불구하고 감소하지 않는다고 보아야 할 것이다.[2]

(5) 신주발행의 부존재

주주총회 결의 부존재의 경우와 마찬가지로 신주발행이 존재한다고 볼 수 없을 정도로 신주발행의 하자가 중대한 경우에는 신주발행의 부존재라는 개념이 인정된다. 신주발행의 절차나 실체가 전혀 없이 신주발행의 변경등기만이 행해진 경우에는 법적 안정성이 문제될 여지가 없기 때문에 주주는 제429조의 제소기간에 구애되지 않고 신주발행 부존재확인의 소를 제기할 수 있다(대법원 1989. 7. 25, 87다카2316 판결).[3] 부존재확인의 판결은 대세적 효력이 없고[4] 소급효도 제한되지 않는다.[5]

형사적 측면에서도 신주발행의 부존재와 신주발행의 무효는 구별의 실익이 있다. 둘 다 신주발행에 따른 변경등기(증자등기)가 이루어지는바, 전자는 형법 제228조 공정증서원본 불실기재죄의 '불실의 사실'에 해당할 것이다. 반면 신주발행무효의 경우 일단 신주는 발행된 것이고 향후 무효판결이 확정되더라도 소급효가 없으므로 '불실의 사실'이 아니어서 처벌할 수 없

1) 이철송30, 958면; 최기원14, 830면. 미발행주식수도 증가하므로 그 부분에 대해서는 다시 신주발행이 가능하다.
2) 이철송30, 958면.
3) 신주발행부존재확인소송을 본안으로 하는 신주발행효력정지가처분을 구할 수도 있다. 인천지방법원 2022. 8. 31, 2022카합10223 결정.
4) 그러나 일본 판례는 대세효를 인정하고 있다. 最高裁 2003. 3. 27, 民集 57권 3호, 312면 등.
5) 이철송30, 960면. 또한 신주발행의 부존재인 경우에는 신주인수인의 주금납입의무도 발생하지 않으므로 주금납입을 가장하였더라도 납입가장죄는 성립되지 않는다(대법원 2006. 6. 2, 2006도48 판결).

다(대법원 2007. 5. 31, 2006도8488 판결).

주식관련 사채발행무효의 소와 신주발행무효의 소[1)]

회사법은 '사채'발행무효의 소를 별도로 규정하지 않으므로 사채발행상 하자는 일반 민사상 무효확인의 소를 통해 다투어야 한다. 다만 전환사채와 신주인수권부사채 등 신주로의 전환 또는 신주인수가 가능한 사채인 경우 잠재적 주식으로서의 성격을 갖기 때문에 통설 및 판례는 그 발행상 하자에 관하여 신주발행무효의 소에 관한 상법 제429조를 유추적용한다(대법원 2004. 6. 25, 2000다37326 판결; 대법원 2015. 12. 10, 2015다202919 판결). 즉 발행 후 6개월 내에 전환사채발행무효의 소 또는 신주인수권부사채발행무효의 소를 제기하여야 하고 위 제소기간 도과 후에는 그 효력을 다투는 소를 제기할 수 없음은 물론 무효사유의 추가도 허용되지 않는다.

그런데 전환사채의 전환권 또는 신주인수권부사채의 신주인수권이 행사되어 신주가 발행된 경우, 그 후속 신주발행에 대하여 별도로 신주발행무효의 소를 제기할 수 있는지 문제된다. 이를 제한 없이 허용하면 법률관계를 장기간 불안정하게 할 수 있고, 반면에 이를 엄격하게 불허하면 당사자의 권리구제에 미흡해질 수 있다.

대법원은 2022년 두 건의 판결에서 이 문제를 다루었다. 대법원의 핵심적인 판시는 두 가지로 요약할 수 있다. 첫째, "전환권/신주인수권의 행사나 그에 따른 신주 발행에 **고유한 무효 사유**가 있다면" 그러한 신주발행에 대하여 별도의 신주발행무효의 소를 제기할 수 있지만, "전환사채/신주인수권부사채 발행이 무효라거나 그를 전제로 한 주장"은 애초의 전환사채/신주인수권부사채 발행무효의 소로 다툴 사유이므로 별도의 신주발행무효의 소에서는 이를 주장할 수 없다는 것이다. 둘째, "[회사의 경영상 목적 없이 대주주 등의 지배권 방어 목적으로] 발행된 전환사채/신주인수권부사채를 대주주 등이 양수한 다음 발행일로부터 6월이 지난 후 전환권/신주인수권을 행사하여 신주를 취득하였다면, 이는 실질적으로 회사가 경영상 목적 없이 대주주 등에게 신주를 발행한 것과 동일하므로 전환권/신주인수권 행사나 그에 따른 신주발행에 고유한 무효 사유에 준하여 신주발행무효의 소로도 신주 발행의 무효를 주장할 수 있다"고 하였다. 즉 전환사채나 신주인수권부사채의 발행 시에는 대주주 등이 인수한 것이 아니어서 지배권 방어 목적임을 알기 어려웠으나 그 후 대주주 등이 전환권이나 신주인수권을 취득하여 전환사채/신주인수권부사채 무효의 소 제소기간 경과 후 이를 행사하고 신주를 발행받았다면, 이는 그 신주발행에 고유한 무효 사유가 있는 경우에 준하여 별도로 무효의 소를 인정하겠다는 것이다.

이러한 일반론에 기하여 두 건의 판결에서 각각 다른 결론을 내렸다. 먼저, 회사가 분리형 신주인수권부사채를 발행한 후 그 대주주 겸 대표이사가 분리된 신주인수권을 취득하여 사채발행일로부터 3년 이상 경과한 시점에 이를 행사하여 신주를 발행받은 사안에서, 대법원은 이 경우는 신주인수권 행사에 따른 신주발행에 고유한 무효사유에 준하여 볼 수 있다고 보았다. 그리하여 제소기간 도과를 이유로 각하한 원심을 파기하고 "경영상 목적 없이 [대주주에게] 신주를 발행한 것과 동일하게 평가될 수 있는지" 등을 다시 심리하라고 하였다(대법원 2022. 10. 27, 2021다201054 판

1) 이에 관한 상세는 천경훈, "전환권·신주인수권 행사에 따른 신주발행의 효력과 그 쟁송방법", 상사법연구 41-3 (2022), 215~261면 참조.

결). 반면 전환사채 인수인들이 전환권을 행사하여 신주를 발행받은 사안에서는, 원고들이 전환사채 발행과 관련한 무효 사유를 주장할 뿐 전환권 행사에 기한 신주발행과 관련한 고유한 무효 사유를 주장하는 것이 아니라는 이유로 신주발행무효의 소로써는 다툴 수 없다고 보았다(대법원 2022. 11. 17, 2021다205650 판결).

4. 신주발행의 불공정과 민사책임

(1) 이사의 책임

가. 주주배정

주주배정증자의 경우에는 시가보다 낮은 가격으로 발행되더라도 주주의 손해는 발생하지 않는다. 물론 더 높은 가격으로 발행하였다면 회사 재산이 증가했을 텐데 그렇지 못하였다는 점을 근거로 회사의 손해를 인정하는 주장도 있을 수는 있겠으나 그런 논리에 따라 회사 손해를 인정하는 견해는 없고 타당하지도 않다. 실질적으로 주주의 손해가 없으므로 회사 손해를 인정할 실익도 없기 때문에 이사의 책임은 인정할 수 없다.

나. 제3자배정

주주 이외의 제3자에게 주식이 배정된 경우에는 기존주주의 지분율은 감소하지만 손해 발생 여부는 발행가액이 주식의 가치에 미달하는지 여부에 따라 달라진다. 발행가액이 주식의 가치 이상인 경우에는 주주는 물론이고 회사에도 손해는 발생하지 않는다. 그러나 발행가액이 주식의 가치보다 낮은 경우에는 기존주주의 재산적 이익이 손상된다. 이 경우에는 발행가액이 제대로 정해졌다면 회사재산이 증가했을 것이므로 회사의 손해를 인정할 수 있다. 대법원도 마찬가지의 태도를 취하고 있다(대법원(전) 2009. 5. 29, 2007도4949 판결).[1]

회사와 주주가 법인격을 달리한다는 점을 강조하는 전통적 견해에 의하면 회사 손해가 인정되는 경우에는 따로 주주 손해를 인정하지 않는다. 주주의 현실적 손해는 회사 손해가 전보되는 경우 자동적으로 전보되는 것으로 보기 때문이다. 그러나 이처럼 회사와 주주의 손해를 준별하는 전통적 견해에 대해서는 의문이 있다. 회사 손해를 묻는 구제수단이 현실적으로 제대로 기능하지 못하는 경우에는 결국 주주가 구제수단을 갖지 못하는 결과가 되기 때문이다. 또한 회사로 손해배상액을 지급할 경우 저가발행으로 이득을 얻은 기존주주가 또다시 이득을 얻게 되는데, 주주에게 직접 손해배상액을 지급할 경우에는 이런 문제를 피할 수 있어 더 효율적이기도 하다.[2] 따라서 그 경우에는 회사 손해와 아울러 주주 손해도 인정하는 것이 타당할

1) 대법원은 상법 제424조의2 제3항이 그 경우 이사의 책임을 인정하고 있다는 점을 근거로 들고 있다.

2) 천경훈·정준혁, "이사의 충실의무와 주주이익 보호", 상사법연구 43-3(2024), 47~48면. 예컨대 회사의 유일한 주주 A가 주당 100원 가치의 주식 100주를 보유하는 상황에서 회사가 B에게 주당 60원에 신주 100주를 발행했다고 가정하면, A가 보유하는 지분가치는 10,000원에서 8,000원으로 감소한다. 여기서 회사의 손해를 전보하려면 회사

것이다.[1] 그 경우 주주는 이사에게 제3자에 대한 책임(401)을 묻거나 불법행위책임(민 750)을 묻는 방법으로 구제받을 수 있을 것이다.[2]

(2) 통모인수인의 책임

가. 의 의

신주가 현저하게 불공정한 가액으로 제3자에 발행된 경우 이사의 손해배상책임이 발생하는 것은 물론이지만 경우에 따라서는 인수한 제3자도 책임을 질 수 있다. 상법상 "이사와 통모하여 현저하게 불공정한 발행가액으로 주식을 인수한 자는 회사에 대해서 공정한 발행가액과의 차액에 상당한 금액을 지급할 의무가 있다"(424-2(1)).[3] 통모인수인의 책임은 자본충실의 원칙에 근거한 것이라기보다는 회사와 주주의 이익을 보호하기 위한 것이다.[4] 그 법적 성질은 귀책사유가 필요한 손해배상책임이라기보다는 법정의 추가 출자의무라고 할 것이다.

나. 요 건

통모인수인의 책임이 발생하려면 다음의 요건이 충족되어야 한다.

① 회사로부터 주식을 인수한 자만이 책임을 진다. 따라서 인수인으로부터 주식을 양수한 양수인에게는 책임을 물을 수 없다. 법문상으로는 주주배정증자의 경우에도 책임이 발생할 수 있을 것처럼 보이고 실제로 그렇게 보는 견해도 있다.[5] 그러나 주주배정증자의 경우에는 발행가액이 고가이든 저가이든 주주의 경제적 이익에 아무런 영향을 미치지 않으므로 통모인수인의 책임은 제3자에게 발행하는 경우에만 인정될 것이다.[6] 다만 주주배정증자에서 실권된 주식을 제3자에게 배정하는 경우에는 법문의 해석상으로나 정책적인 관점에서나 통모인수인의 책임이 발생할 수 있다고 볼 것이다.

② 신주의 발행가액이 현저하게 불공정한 경우에 한한다. 발행가액이 현저하게 불공정한지 여부를 판단하기 위해서는 먼저 공정한 발행가액을 확정할 필요가 있다. 그러나 공정한 발행가액의 결정은 쉽지 않다. 시장가격이 일응의 기준이 될 수 있지만 시세가 비정상적으로 형성된 경우에는 기준으로 삼을 수 없을 것이다.

로 4,000원(40원×100주)을 배상해야 하고 B도 이 중 2,000원의 이득을 누리게 되는 반면, 주주의 손해를 전보하려면 A에게 그 지분가치 하락분인 2,000원을 배상하면 되므로 더 효율적이다.

1) 상법 제424조의2 제3항도 저가의 신주발행의 경우 회사의 손해는 물론 주주의 손해도 발생할 수 있음을 전제하고 있다.

2) 이러한 현실적인 처리는 일본을 비롯한 외국에서 수용되고 있다. 江頭8, 814면. 상세한 것은 Kon Sik Kim, Corporate Legal Personality and Corporate Loss in Korean Law, Stefan Grundmann et. al. eds., Unternehmen, Markt und Verantwortung(De Gruyter, Festschrift für Klaus J. Hopt zum 70. Geburtstag am 24. August 2010) 3115~3134면 참조.

3) 이 조항은 전환사채와 신주인수권부사채의 경우에 준용되고 있다(516(1), 516-11).

4) 권기범6, 1015면.

5) 정동윤6, 715면.

6) 권기범6, 1015면. 주주배정증자에서 발행가액이 시가보다 낮은 경우에도 원칙적으로 배임죄의 성립을 부정한 대법원 판례(대법원(전) 2009. 5. 29, 2007도4949 판결(에버랜드))도 동일한 사고에 입각한 것으로 볼 수 있다.

③ 이사와의 통모가 있어야 한다. 인수인이 발행가액이 현저하게 불공정한 것을 알았던 것만으로는 책임이 발생하지 않는다.

다. 효 과

통모인수인은 '공정한 발행가액과의 차액에 상당한 금액'을 지급할 책임을 진다. 이사와의 통모를 요건으로 한다는 점에서 통모인수인의 책임은 불법행위로 인한 손해배상책임으로 볼 수 있다. 회사가 통모인수인에 대한 청구를 게을리 하는 경우에는 주주가 인수한 제3자를 상대로 대표소송을 제기할 수 있다(424-2(2)→403).

한편 통모인수인의 책임과는 별도로 이사는 회사나 주주에 손해배상책임을 질 수 있다(424-2(3)). 회사에 대한 통모인수인의 책임과 이사의 손해배상책임은 부진정연대관계에 있다.[1)]

---

1) 권기범6, 1017면; 이/최11, 659면; 장덕조3, 450면; 정동윤6, 715면; 정찬형22, 1159면; 최기원14, 834면. 반면 통모인수인의 책임과 이사의 손해배상책임은 서로 독립된 책임이라는 견해로 이철송30, 949면; 임재연6 I, 665면.

제 3 절

자기주식의 취득

I. 서 설

1. 자기주식 취득의 제한

자기주식의 취득이란 회사가 자신이 발행한 주식을 취득하는 것을 말한다. 자기주식의 취득은 정도의 차는 있지만 대부분의 국가에서 제한을 받고 있다. 과거에는 금지의 근거를 법인이 자신의 구성원이 되는 것은 논리적으로 불가능하다는 것에서 찾는 견해가 많았다. 그러나 논리적으로 불가능하다면 자기주식 취득이 예외적으로 허용되는 경우도 인정할 수 없을 것이다. 현재는 자기주식 취득을 제한하는 근거를 정책적인 필요에서 찾고 있다.

2. 제한의 근거

종래 자기주식 취득을 금지하는 근거로는 통상 다음 네 가지를 들었다: ① 채권자보호, ② 주주평등, ③ 주식거래의 공정, ④ 회사지배의 공정. 그러나 다음에서 보는 바와 같이 이들 근거는 모두 자기주식 취득 자체를 금지하는 근거로 삼기에는 적절치 않다.

①은 자기주식 취득이 결국 주주에 대한 출자의 환급과 유사하므로 법정 절차를 거치지 않은 자본금감소와 마찬가지로 채권자를 해칠 위험이 있다는 것이다. 그러나 배당가능이익을 재원으로 자기주식을 취득하는 경우에는 그러한 위험은 없다.

②는 투자를 회수하고자 하는 주주가 다수인 경우 회사가 자의적으로 일부 주주로부터만 주식을 매수하면 주주 사이에 불평등이 생긴다는 것이다. 이러한 불평등은 특히 주식을 매집한 반대파를 무마하기 위하여 주식을 고가로 사들이는 경우(이른바 greenmail)에 특히 부각된다. 그러나 자기주식을 거래소에서 매입하거나 공개매수를 통하여 매수한다면 이 문제를 피할 수 있다.

③은 회사가 자기주식을 매입함으로써 시세를 조종하거나 내부정보를 이용하여 거래하는 경우의 문제이다. 그러나 그렇다고 해서 자기주식 취득을 금지하기보다는 불공정거래에 관한 일반 규제를 강화하고 자기주식 취득에 관한 정보를 공시함으로써 그 위험을 최소화하는 것이

정도(正道)일 것이다.[1)]

④는 경영자가 자신의 경영권 방어를 위하여 자기주식 취득을 시도하는 경우의 문제이다. 자기주식은 의결권이 없지만 회사가 자기주식을 취득하면 경영권을 노리는 자가 매입할 수 있는 주식 수가 감소한다. 또한 자기주식의 취득은 주가상승을 초래하고 주가가 상승하면 경영권 장악을 위한 주식의 매집비용도 상승한다. 그러나 자기주식 취득이 경영권 방어수단으로 활용될 가능성이 있다고 해서 바로 그것을 전면 제한하는 것은 바람직하지 않다. 자기주식 취득의 장점이 있다면 자기주식 취득을 허용하되 그것이 경영권방어수단으로 악용되는 것만 봉쇄하는 것이 합리적이다.

이처럼 종래 자기주식 취득을 금지하는 근거로 제시된 것은 모두 자기주식 취득에 수반되는 위험을 보여주지만 그 위험은 다른 방법으로 통제하는 것이 바람직하다.

기업재무와 자기주식 취득

한편 자기주식 취득은 기업재무의 수단으로 활용될 수 있다. 종래 회사가 잉여자금을 주주에 반환하는 방법으로는 이익배당에만 주목하였지만 점차 자기주식 취득의 중요성이 높아지고 있다. 자기주식 취득은 배당에 비하여 다음과 같은 장점이 있다.

① 일시적인 잉여자금의 반환에 적합하다. 성숙기에 들어선 회사는 가급적 배당을 일정한 수준으로 유지하려는 경향이 있다. 따라서 특정 사업연도에 잉여자금이 크게 증가한 경우에도 일시적으로 배당을 늘리기보다는 자기주식 취득을 선호할 수 있다.

② 자금을 반환받기 원하지 않는 주주를 제외할 수 있다. 배당은 모든 주주를 대상으로 하므로 자금의 회수를 원하지 않는 주주에게도 일단 반환할 수밖에 없다. 물론 계속 투자를 원하는 주주는 배당금으로 주식을 추가매입할 수 있지만 그 과정에서 배당에 대한 세금과 주식매매수수료를 납부해야 한다.

③ 이익배당은 일정한 시기에만 가능함에 비하여 자기주식 취득은 회사가 임의로 유리한 시기를 택하여 실행할 수 있다.

④ 회사로서는 주가의 과도한 하락에 대응할 수 있다. 주가의 과도한 하락은 회사의 관점에서 여러 면에서 부담스러울 수 있다. 회사의 자기주식 취득은 주가의 과도한 하락을 저지하는 수단으로 활용할 수 있다. 자기주식 취득은 시장에서 수요를 증가시킴은 물론이고 회사의 정보에 비추어 주가가 낮은 수준이라는 판단을 시장에 효과적으로 전달하는 수단이기 때문이다. 물론 이러한 자기주식 취득은 관점에 따라서 시장의 자율적 조정을 방해하는 시세조종에 속하는 것으로 볼 수도 있다. 그러나 자기주식 취득이 허용되는 경우에는 회사가 그런 목적으로 활용하는 것을 완전히 차단할 수는 없을 것이다. 실제로 자기주식 취득의 예외가 입법적으로 확대된 배경에는 이러한 회사의 편의에 대한 고려가 작용하였던 것이 사실이다.[2)]

---

1) 상장회사의 자기주식 취득이나 처분에 대해서는 상세한 규제가 존재한다(자시 165-3(4), 令 176-2, 발행공시규정 5-1~5-11).

2) 자기주식 취득이 남용되는 현실에 관해서는 "The repurchase revolution", The Economist(September 13-19 2014),

3. 현행 상법규정

자기주식 취득에 관한 상법규정은 여러 차례 개정을 거쳤다. 과거와 달리 2011년 개정 상법은 자기주식 취득이 원칙적으로 금지된다는 점을 명시하고 있지 않다. 상법은 단지 두 가지 경우에 자기주식 취득이 허용됨을 명시하고 있을 뿐이다. 그러나 그 밖의 경우에 자기주식 취득이 허용되지 않는다는 점에 대해서는 다툼이 없다(대법원 2021. 10. 28, 2020다208058 판결).

자기주식 취득이 허용되는 경우는 ① 배당가능이익의 범위 내에서 취득하는 경우(341)와 ② 특정목적으로 취득하는 경우(341-2) 두 가지가 있다. 원래는 ②만이 인정되었으나 자기주식 취득의 기업재무적 유용성이 인식됨에 따라 ①도 포함하게 되었다. 자기주식 취득이 허용되는 경우는 이처럼 두 가지로 나뉘지만 일단 취득이 되고 난 후의 처리는 후술하는 바와 같이 차이가 없다. 요컨대 자기주식 취득에 대해서 상법은 형식적으로는 원칙적 금지, 예외적 허용이라는 구조를 유지하고 있지만 실제로는 ①의 범위가 넓어서 자기주식 취득이 폭넓게 행해지고 있다.

4. 자기주식 취득의 범위

(1) 타인명의의 취득

자기주식 취득은 회사가 '자기 명의로 자기의 계산으로' 취득하는 경우는 물론 '타인 명의로 자기의 계산으로' 취득하는 경우도 포함한다. 종전 상법은 자기주식을 '자기의 계산으로' 취득하는 것을 금지하고 있었다(구상 341). 그러므로 회사의 계산으로 취득하는 것인 한 타인명의를 사용하는 경우에도 그것이 금지된다는 데 다툼이 없었다. 자기주식 취득을 규제하는 주된 근거가 회사의 재산적 기초를 보호하는 것이라는 관점에서 보면 이처럼 실질을 중시하는 해석의 타당성은 쉽게 수긍할 수 있다. 2011년 개정 상법에서는 법문의 표현은 달라졌지만 이러한 사고는 그대로 유지되고 있다. 먼저 배당가능이익 범위 내의 취득의 경우에는 '자기의 명의와 계산으로' 할 것을 명시적으로 요구하고 있으므로(341(1)) 타인명의의 취득은 배당가능이익의 범위 내에 속하는지 여부를 묻지 않고 허용되지 않는다.[1)]

한편 특정목적의 자기주식 취득의 경우에는 타인 명의로 취득하더라도 그 목적에 해당한다면 취득이 허용되는 것으로 본다.[2)]

64~66.

1) 그렇다고 해서 이 경우 취득행위 자체를 바로 무효로 볼 수는 없다. 양도하는 쪽에서는 자기주식 취득에 해당하는지 알 수 없는 경우가 많을 것이기 때문이다.

2) 그러나 현실적으로 특정목적의 자기주식 취득을 타인 명의로 하는 경우는 별로 없을 것이다.

(2) '회사의 계산'의 의미

회사가 자기의 계산으로 주식을 취득했다고 보려면 ① 회사가 취득자금을 제공했는지와 ② 그 주식의 보유에 따른 손익위험이 회사에 귀속되었는지를 기준으로 판단해야 할 것이다(대법원 2011. 4. 28, 2009다23610 판결).[1]

먼저 **취득자금 제공**의 측면이다. 실제로 회사가 자기주식을 취득하는 대신 제3자의 회사 주식 취득자금을 제공하는 등 회사 주식 취득을 경제적으로 지원하는 경우가 많다. 입법례에 따라서는 취득자금 제공을 자기주식 취득규제를 회피하는 행위라고 보아 금지하는 경우도 있다.[2] 그러나 명문 규정이 없는 우리 상법상으로는 그 행위 자체가 금지된다거나 그 행위만으로 자기주식 취득에 해당되는 것은 아니라고 할 것이다.[3] 회사가 제공한 자금으로 회사의 신주를 인수하는 경우에는 결과적으로는 가장납입과 실질적 차이가 없다.[4] 일반적으로 가장납입에 의한 인수의 사법상 효력을 인정하는 판례의 태도에 따르면 자금을 제공하는 쪽이 회사라고 해서 바로 그 효력을 부인할 것은 아니다(대법원 2011. 4. 28, 2009다23610 판결).[5]

다음으로 **주식보유에 따르는 위험분담 내지 손익귀속**의 측면이다. 회사의 위험분담은 자금제공과 아울러 행해지는 경우도 있지만 독자적으로 행해지는 경우도 있다. 대법원은 제3자 명의의 주식취득이 자기주식 취득에 해당하는 경우는 회사가 취득자금을 제공할 뿐 아니라 '주식취득에 따른 손익이 회사에 귀속되는 경우'에 한한다고 판시한 바 있다(대법원 2011. 4. 28, 2009다23610 판결). 그러나 법원이 주식취득에 따른 손익의 전부가 회사에 귀속될 것을 요하는 것은 아니다. 예컨대 회사가 취득자금을 제공함과 동시에 주가하락으로 인한 손실을 보전해주는 약정을 한 경우에는 실질적으로 자기주식 취득에 수반되는 위험과 같은 위험이 수반되므로 타인명의의 자기주식 취득에 해당한다고 볼 것이다(대법원 2003. 5. 16, 2001다44109 판결).

한편 회사가 자금제공 없이 주가하락의 위험만을 부담하기로 하는 약정은 자기주식 취득에 해당한다고 보기는 어려울 것이다.[6] 다만 대법원은 주주평등원칙의 관점에서 접근한다. 즉 부실은행이 종업원에게 신주를 인수시키면서 퇴직 시 출자손실을 보전해주기로 약정한 경우에 손실보전약정을 주주평등원칙에 반하여 무효라고 판단한 바 있다(대법원 2007. 6. 28, 2006다38161, 38178 판결(평화은행)).

---

1) 상세한 분석은 박준, "타인명의 자기주식 취득과 '회사의 계산'", 상사법연구 37-1(2018), 9~61면 참조.

2) 대표적인 예로 독일 주식법 제71a조 제1항.

3) 다만 은행법은 은행이 자신이 발행하는 주식의 인수를 지원하기 위하여 대출하는 것을 금하고 있다(은행 38(v)).

4) 회사와 사이에서 자금이 이동하는 순서가 바뀔 뿐이다.

5) 다만 신주를 인수할 때 회사가 처음부터 대여금을 회수할 의사가 없었고 인수인도 그러한 회사의 의사를 전제로 하여 주식인수청약을 한 때에는, 인수인이 인수한 주식의 액면금액에 상당하는 회사의 자본금이 증가되었다고 할 수 없다는 이유로 납입을 무효라고 판시한 판결이 있다(대법원 2003. 5. 16, 2001다44109 판결).

6) 실무상으로는 주가하락 위험을 회사가 전적으로 부담하는 내용의 파생금융상품계약은 자기주식 취득과 마찬가지로 금지될 우려가 있다는 인식이 존재한다고 한다. 다만 실제 주주평등원칙 위반 등이 문제된 사례는 찾기 어렵다.

Ⅱ. 배당가능이익 범위 내의 자기주식 취득

1. 취득의 결정

자기주식을 취득하려면 주주총회가 ① 취득할 수 있는 주식의 종류 및 수, ② 취득가액의 총액 한도, ③ 1년을 넘지 않는 범위에서 자기주식을 취득할 수 있는 기간을 결정해야 한다. 다만 이익배당을 이사회 결의로 하는 회사에서는 이사회가 위 사항을 결정할 수 있다(341(2)). 어느 경우이든 위 자기주식 취득 기간 내의 구체적 실행은 이사회의 권한에 속한다고 볼 것이다(令 10(i) 참조).

상장회사의 경우 이사회가 자기주식 취득을 결정하는바, 결의 시에 위 사항 이외에 취득 목적, 취득 후 예상 보유기간, 취득을 위탁할 투자중개업자의 명칭 등도 정해야 한다(자시 165-3(3), 자시(令) 176-2(1), 발행공시규정 5-1).

2. 취득의 방법

자기주식 취득은 다음 방법으로만 가능하다(341(1)).

① 거래소[1]에서 시세 있는 주식의 경우에는 거래소에서 취득하는 방법
② 상환주식을 제외하고 대통령령이 정하는 바에 따라 각 주주가 가진 주식 수에 따라 균등한 조건으로 취득하는 방법

이처럼 취득방법을 제한하는 것은 주주평등을 위해서이다. ①의 경우는 모든 주주에게 매각 기회가 주어지고 매매가격도 주주가 누구인지를 구별하지 아니하고 호가에 의해 형성되기 때문에 주주평등에 부합한다고 볼 수 있다.[2] ②에 대해서 대통령령은 자본시장법상의 공개매수와 아울러 사실상 공개매수와 유사한 취득방법을 상세히 규정하고 있다(令 9(1), 10). ②에서 상환주식을 제외한 이유는 상환주식의 상환은 자기주식 취득의 요소를 포함하고 있는바 상환주식이 발행조건으로 정한 상환방법 대신 자기주식 취득의 방법으로 상환하는 것을 막기 위해서이다.

이러한 방법 이외의 방법으로 자기주식을 취득하는 것은 허용되지 않는다. 따라서 회사가 선택한 특정 주주로부터 임의로 주식을 취득하는 것은 금지된다. 예컨대 적대적 기업인수 위험을 제거하기 위하여 특정 주주로부터 자기주식을 취득하거나(이른바 greenmail) 벤처기업이

1) 여기서의 거래소란 일반적으로는 자본시장법에 의한 거래소(자시 373 이하)를 의미하지만, 주주평등원칙이 구현될 수 있는 거래소라면 외국의 거래소를 포함한다는 해석도 가능할 것이다. 그런 해석에 따르면 한국회사는 외국 거래소에 상장된 자사 주식의 예탁증권(DR)을 그 거래소에서 적법하게 매입할 수 있다.

2) 자기주식의 취득에 관한 결정은 주요경영사항으로 당일 거래소에 신고하고(유가증권시장공시규정 7(1)(ii)(가)(3)) 다음 날까지 금융위원회에 주요사항보고서를 제출하여야 한다(자시 161(1)(viii)).

벤처캐피탈 소유의 자기주식을 취득하는 것은 위법한 자기주식 취득에 해당한다.[1)]

3. 취득의 한도와 시기

(1) 한 도

자기주식 취득은 이익배당과 마찬가지로 배당가능이익의 한도 내에서만 가능하다(341(1)단). 배당가능이익 범위 내라면 취득할 수 있는 주식 수에는 제한이 없고, 구체적인 취득재원을 차입을 통해 마련하더라도 무방하다(대법원 2021. 7. 29, 2017두63337 판결). 자기주식 취득의 한도가 되는 배당가능이익은 직전 결산기를 기준으로 정해진다.

(2) 시 기

구체적 취득시기는 주주총회에서 정한 취득기간(341(2)(iii)) 내에서 이사회가 임의로 정한다. 취득 회수에도 제한이 없다.[2)] 정기배당의 경우와는 달리 자기주식 취득은 취득기간 중이라면 어느 때나 가능하므로 결산기말로부터 상당시간이 경과한 후에도 행할 수 있다. 다만 상장회사는 미공개중요정보가 공개되기 전까지의 기간 등 일정한 기간에는 자기주식의 취득과 처분이 제한된다(자시令 176-2(2)).

(3) 이사의 책임

자기주식 취득 시마다 배당가능이익이 존재하는지 여부를 확인해야 하는 것은 아니다. 상법은 중간배당의 경우(462-3)와 마찬가지로 이에 관한 이사의 의무와 책임에 대해서 규정을 두고 있다. 먼저 해당 영업연도 결산기에 배당가능이익이 부족할 우려가 있는 경우에는 자기주식 취득을 금하고 있다(341(3)). 그러나 현실적으로 자기주식 취득을 사전에 저지하기는 어렵다. 상법은 사후적으로 배당가능이익이 부족하게 되는 경우 이사에게 부족액에 대한 배상책임을 지운다(341(4)). 중간배당에 관한 이사의 책임의 경우와 마찬가지로 이사가 무과실을 증명한 경우에는 책임을 면한다(341(4)단). 그러나 그 증명은 현실적으로 쉽지 않을 것이다.

Ⅲ. 특정목적에 의한 자기주식의 취득 등

1. 제341조의2에 의한 취득 허용

회사 운영 과정에서 자기주식 취득이 불가피한 경우가 있다. 2011년 개정 전 상법 제341조는 자기주식 취득을 금지하면서도 예외적으로 그것이 허용되는 경우를 규정하였다. 그러나 2011년 개정 상법에서 배당가능이익 한도 내의 자기주식 취득이 대폭 자유화됨에 따라(341) 과

---

1) 폐쇄회사의 경우에는 회사가 특정주주의 주식을 취득함으로써 탈퇴시킬 실무상 필요가 존재한다. 현행법상으로는 일단 모든 주주에게 매각의 기회를 제공하는 방법을 통해서만 취득이 가능하다(令 9(2)(i)).

2) 시행령은 취득할 때마다 이사회 결의를 요하는 것을 전제하고 있다(令 10(i)후).

거의 제341조는 다소 수정을 거쳐 제341조의2로 변경되었다.[1)] 이에 따르면 배당가능이익과 무관하게 자기주식 취득이 허용되는 경우는 다음과 같다

① 회사의 합병 또는 다른 회사의 영업전부 양수로 인한 경우

② 회사의 권리실행 시에 그 목적달성에 필요한 경우

③ 단주 처리를 위하여 필요한 경우

④ 주주가 주식매수청구권을 행사한 경우

①에서 소멸회사가 존속회사 주식을 보유하고 있는 경우 합병의 결과로 존속회사는 자기주식을 취득한다.[2)] 또한 영업의 전부양수에서 양도회사가 양수회사의 주식을 보유하고 있는 경우에 양수회사는 영업양수에 의하여 자기주식을 취득한다. 조문상 영업의 일부양수에는 적용되지 않는다.

②는 회사가 채무자가 보유하는 회사의 주식을 경매나 대물변제를 통해서 취득하는 경우로 채무자에게 회사의 주식 이외에 다른 재산이 없을 것을 요건으로 한다(대법원 1977. 3. 8, 76다1292 판결). 이 경우 채무자의 무자력에 대한 증명책임은 회사가 부담한다.

③은 상법이 단주 처리 방식을 정해 놓은 경우와 그렇지 않은 경우로 나누어 살펴볼 수 있다. 첫째, 상법은 주식병합(443(1)), 합병(530(3)→443(1)), 준비금의 자본전입(461(2)→443(1)), 주식배당(462-2(3)→443(1))의 경우에는 단주처리 방법을 정하여, 거래소의 시세 있는 주식은 경매하거나 거래소를 통해 매각하고, 거래소의 시세 없는 주식은 경매하거나 법원의 허가를 받아 경매 외의 방법으로 매각한 뒤, 그 대금을 주주에게 분배하도록 하고 있다(443). 이러한 절차에 따라 법원의 허가를 받아 회사가 스스로 단주를 자기주식으로 매수하는 것도 특정목적에 의한 자기주식 취득으로서 가능하다고 할 것이다.[3)] 둘째, 상법은 통상의 신주발행(416), 전환주식·환사채의 전환, 신주인수권부사채의 신주인수권 행사로 인한 신주발행의 경우에는 단주처리 방법을 정하고 있지 않는데, 이 경우에도 회사가 단주를 자기주식으로 매수하는 것이 가능하다. 예컨대 10주당 1주의 신주를 배정하는 경우 15주를 가진 주주에게는 1.5주가 배정되는데, 이 중 0.5주는 회사가 취득하고 그 대금을 주주에게 지급하면 된다. 주주 입장에서 보면 단주 부분을 현금으로 받는 것이 되고, 회사 입장에서 보면 각 주주에게 발생한 단주들의 합에 해당하는 자기주식을 취득하는 것이 된다.

---

1) 과거에는 소각목적의 자기주식 취득을 따로 규정하였다. 그러나 2011년 개정 상법에서 배당가능이익으로 자기주식을 취득하는 길이 열린 상황에서 그 경우를 따로 규정할 실익이 없게 되었기 때문에 그 경우를 삭제하였다. 그 밖에 주식매수선택권의 부여를 위한 자기주식 취득을 허용하는 규정(구상 341-2)도 삭제하였다. 그 경우의 취득도 배당가능이익의 한도 내에서 해야 한다는 제한이 있었으므로 별도로 규정할 실익이 없게 되었기 때문이다.

2) 권기범6, 151면.

3) 제3장 제8절 Ⅱ. 3. (2) 참조(이 경우에 특정목적에 의한 자기주식 취득이 불가하다는 반대설 있음).

④는 영업양수도, 합병, 포괄적주식교환, 상장회사의 물적분할 등의 경우에 인정되는 반대주주의 주식매수청구권(374-2, 522-3, 360-5. 자시슈 167-7(1))은 물론이고 양도제한주식의 경우 회사의 양도승낙거부통지를 받은 주주가 갖는 주식매수청구권(335-2(4))도 포함한다. 회사가 개별약정을 통해 특정 주주에 주식매수청구권을 부여하는 경우는 이에 해당하지 않으므로 당해 주주가 그 권리를 행사하는 경우에도 회사는 통상적인 자기주식 취득요건 및 절차에 따라서만 자기주식을 취득할 수 있다(대법원 2021. 10. 28, 2020다208058 판결).

2. 해석상의 취득 허용

제341조의2에서 규정된 경우 외에도 무상취득(대법원 1996. 6. 25, 96다12726 판결), 회사 업무상 불가피하게 타인의 계산으로 취득하는 경우[1]에는 배당가능이익과 무관하게 자기주식 취득이 허용된다고 본다. 회사의 재산적 기초를 위태롭게 하거나 채권자나 주주의 이익에 영향을 미치지 않기 때문이다.

‡ 주주의 제명과 자기주식 취득

상법은 합명회사나 합자회사의 경우(218(vi), 220, 269)와는 달리 주식회사의 경우에는 주주 제명에 관한 근거와 절차를 규정하고 있지 않다. 대법원은 "주주 간의 분쟁 등 일정한 사유가 발생할 경우 어느 주주를 제명시키되 회사가 그 주주에게 출자금 등을 환급해 주기로 하는 내용의 규정을 회사의 정관이나 내부규정에 두는 것은 … 물적 회사의 본질에 반하고 자기주식의 취득을 금지하는 상법의 규정에 위반되어 무효"라고 판단한 바 있다(대법원 2007. 5. 10, 2005다60147 판결; 대법원 2024. 7. 11, 2020다258824 판결도 동지).

Ⅳ. 취득 후 자기주식의 법적 지위와 처분

1. 처분의무와 보유공시

과거 상법은 회사가 취득한 자기주식의 처분에 관한 규정을 두고 있었다(구상 342). 그에 의하면 주식소각을 위하여 취득한 경우에는 바로 주식실효의 절차를 밟고 그 밖의 경우에는 상당한 시기에 처분하여야 했다. 2011년 개정 상법은 그러한 처분의무를 삭제하였다.[2] 회사가 특정목적으로 취득한 자기주식의 경우에는 배당가능이익의 제한이 적용되지 않기 때문에 자본충실을 해할 수 있다는 이유로 처분의무를 명한 과거의 규정을 부활시켜야 한다는 견해가

1) 위탁매매업자가 위탁자의 계산으로 자기주식을 매수하는 경우, 신탁업자가 자기주식의 신탁을 인수하는 경우 등이 이에 해당할 것이다.

2) 다만 상장회사의 경우 주식매수청구권 행사로 인하여 취득한 자기주식은 매수한 날로부터 5년 이내에 처분하여야 한다(자시 165-5(4), 자시 슈176-7(4)).

유력하다. 그러나 자기주식 취득으로 자본충실이 문제되는 경우라면 그러한 규정이 없더라도 이사의 신인의무의 해석상 자기주식을 처분하거나 신주를 발행하여 자기자본을 확충할 의무가 있다고 볼 것이므로 구태여 처분의무를 명시할 필요는 없을 것이다.

한편 상장회사가 자기주식을 상당량 보유한 경우 그 운용 및 처분에 따라 주가에 큰 영향을 미칠 수 있다. 이를 고려하여 사업연도말 기준 또는 반기말 기준으로 발행주식총수의 1% 이상 자기주식을 보유한 상장회사는 각 시점의 자기주식보고서를 작성하여 이사회 승인을 받도록 되어 있다. 이 보고서에는 자기주식 보유현황, 보유목적, 자기주식 취득·소각 및 처분계획, 직전 자기주식보고서상 계획과 지난 6개월간 실제 결과와의 비교 등을 기재하여야 한다(자시(令) 176-2(6)).[1]

2. 자기주식의 법적 지위[2]

(1) 자산설과 미발행주식설

회사가 보유하는 자기주식에 대해서는 자산으로 보는 자산설과 미발행주식으로 보는 미발행주식설이 대립한다. 전통적인 견해인 **자산설**은 자기주식을 처분하는 경우에도 총자산에는 변화가 없다고 본다.[3] **미발행주식설**은 자기주식의 취득은 실질적으로 출자의 환급 내지 회사의 일부청산이라고 보며 회사가 파산하는 경우 그 가치가 영(0)이라는 점을 근거로 자기주식의 자산성을 부정한다. 기능적 면에서는 미발행주식설을 취할 수밖에 없다. 실질을 중시하는 회계처리도 모두 미발행주식설을 따르고 있다. 한국채택국제회계기준에서는 자기주식을 자본의 차감항목으로 규정하고[4] 자기주식의 처분으로 인한 손익은 자본잉여금 및 자본조정으로 처리하고 있다.[5] 상법은 배당가능이익의 한도 내에서 자기주식 취득을 허용하고 있는데(341(1)) 만약 자기주식을 자산으로 본다면 배당가능이익이 감소하지 않기 때문에 자기주식의 취득이 무한히 가능하다는 결론에 이를 것이다. 따라서 상법 해석상으로도 미발행주식설이 타당하다. 다만 미발행주식과는 달리 엄격한 신주발행절차를 거치지 않고 처분할 수 있다는 점에서 유연한 재무관리에 기여한다고 볼 수 있다.

(2) 자기주식과 주주권

자기주식의 경우 의결권을 비롯한 공익권은 물론이고 이익배당청구권, 잔여재산분배청구권, 신주인수권과 같은 자익권도 인정되지 않는다는 점에는 오늘날 거의 다툼이 없다. 이 같은

---

1) 이 보고서는 사업보고서 첨부서류로 제출하여야 하고, 보고서의 주요내용을 사업보고서에 기재하여야 한다(발행공시규정 4-3(1)(iii)거, 4-3(4)(iv)).

2) 상세한 것은 황남석, "상법상 배당가능이익에 의한 자기주식 취득의 쟁점", 상사법연구 31-3(2012), 59~109면.

3) 최근의 하급심판결 중에도 자산설에 입각한 것이 있다(서울중앙지방법원 2012. 1. 17, 2012카합23 결정).

4) 한국채택국제회계기준 제1032호 문단 33, AG36. 일반기업회계기준과 중소기업회계기준도 마찬가지이다.

5) 황남석, 전게논문 69면.

처리는 미발행주식설에 의하면 당연한 결론이다.

다만 자익권 중에서 자기주식에 인정되는지 다툼이 있는 권리들이 있다. 첫째, 주식분할·주식병합에 의한 신주를 받을 권리를 자기주식의 소유자인 회사에 인정할 것인가에 관하여 긍정하는 견해,[1] 부정하는 견해,[2] 회사의 재량을 인정해도 무방하다는 견해[3]가 있다. 둘째, 준비금의 자본전입 시에 자기주식에 대하여도 무상신주를 교부할 것인가에 관해 긍정하는 견해,[4] 부정하는 견해[5]가 있다. 셋째, 자기주식에 주식배당을 할 수 있는지에 관해 주식배당의 본질을 주식분할로 보아 긍정하는 견해[6]도 있지만 부정하는 견해[7]가 다수이다. 이 모든 경우에 그 인정여부에 따라 주주 이익에 실질적인 변화는 없고 자기주식에 신주를 배정하지 않는 경우 총 주식 중 자기주식의 비중이 줄어들 뿐이다. 자기주식에도 그러한 신주를 배정하는 것이 회사의 재무관리상 편리한 측면이 없지 않겠지만 자기주식을 미발행주식으로 보는 관점을 관철한다면 그것을 인정할 수는 없을 것이다.

(3) 지분비율 산정 시의 취급

상법은 여러 국면에서 주주의 지분비율을 권리행사의 요건으로 정하고 있다. 이 비율의 산정 시에 자기주식을 어떻게 취급할 것인지가 문제된다. 상법은 각종 주식비율을 정함에 있어 분모가 '의결권 없는 주식을 제외한 발행주식 총수'인 경우(주주제안권에 관한 363-2(1), 집중투표에 관한 382-2(1))와 '발행주식 총수'인 경우(그 밖의 경우)를 엄밀히 구별하고 있으므로 자기주식은 전자의 경우에는 제외되고 후자의 경우에는 산입된다고 해석함이 문언에 부합할 것이다. 실무상으로도 그러하고 판례도 그러한 전제에 서 있다(대법원 2017. 7. 14, 2016마230 결정).

3. 처분의 결정과 주주 이익

자기주식의 처분(대여, 담보제공 포함)은 이사회가 결정한다. 이사회는 다음 중 정관에 규정이 없는 사항을 결정한다(342).

① 처분할 주식의 종류와 수
② 처분할 주식의 처분가액과 납입기일
③ 주식을 처분할 상대방 및 처분방법

---

1) 권기범6, 584면; 이철송30, 427면(주식분할에 관하여).
2) 송옥렬9, 868면.
3) 일본의 견해로 江頭8, 268~269면.
4) 권기범6, 583면; 최기원14, 359면; 최준선14, 314면; 홍/박7, 276면.
5) 송옥렬9, 868면; 이철송30, 426면; 정동윤6, 495면; 정찬형22, 781~782면. 법무부 유권해석 중에도 무상증자 시 신주배정의 필요성을 부정한 것이 있다(법심 2301-1386, 1990. 2. 2.).
6) 정동윤6, 789면.
7) 권기범6, 583면; 송옥렬9, 868면; 이철송30, 426면; 정찬형22, 781~782면; 최준선14, 313면.

나아가 상장회사의 이사회는 처분목적, 가격산정 근거 및 예상되는 주식가치 희석효과, 처분상대방 선정사유 등에 대하여도 결의하여야 한다(발행공시규정 5-1). 결의사항 중 처분상대방 및 그 선정사유가 포함된 것은 자기주식을 처분하는 상황이 무엇인지에 따라 주가가 영향을 받을 수 있기 때문이다.

일반적으로 자기주식 처분은 유통주식의 수와 의결권의 수를 증가시킨다는 점에서 신주발행과 유사한 효과가 있다.[1] 따라서 주주 관점에서는 신주발행의 경우와 마찬가지로 지배적 이익과 재산적 이익이 침해될 우려가 있다. 그리하여 자기주식 처분 시에도 주주에게 신주인수권과 유사한 우선매수권을 인정할 것인지 여부가 문제된다. 이 문제가 특히 부각되는 것은 경영권분쟁이 있는 회사가 자기주식을 우호적 제3자에게 처분하는 경우이다.[2] 이에 대해서는 대법원판례는 아직 없고 하급심판례만이 존재한다. 자기주식의 처분을 신주발행과 유사하다고 보아 신주발행무효의 법리에 따라 자기주식처분을 무효로 판단한 사례[3]도 일부 존재하지만(서울서부지방법원 2006. 3. 24, 2006카합393 결정; 서울서부지방법원 2006. 6. 29, 2005가합8262 판결), 자기주식의 처분에 신주발행의 법리를 유추적용할 수 없다고 보는 사례[4]가 더 많다(수원지방법원 성남지원 2007. 1. 20, 2007카합30 결정; 서울북부지방법원 2007. 10. 25, 2007카합1082 결정; 서울고등법원 2015. 7. 16, 2015라20503 결정(삼성물산합병사건)).

자기주식 처분이 기능적인 면에서 신주발행과 유사하다는 점을 고려하면 자기주식 처분 시에도 기존 주주의 이익을 고려할 필요가 있다.[5] 그러나 주주이익 보호를 위해서 반드시 주주에게 우선매수권을 인정해야 하는지는 의문이다. 그 경우 유연한 재무관리라는 면에서 자기주식의 장점이 사라질 것이기 때문이다. 따라서 법으로 일률적으로 자기주식 처분의 경우에 주주에 대한 배정을 의무화하기보다는 이사의 신인의무의 적극적인 해석을 통해서 주주이익을 보호하는 것이 바람직할 것이다. 다만 처분 규모가 크거나 경영권분쟁이 있는 경우에는 신인의무를 특히 엄격히 적용할 필요가 있을 것이다.

자기주식 처분의 무효

자기주식 처분의 경우에 주주의 우선매수권을 부정하더라도 만약 그러한 처분에 위법한 사유가 있다면 주주가 회사의 자기주식 처분의 효력을 다툴 수 있는 여지가 없는 것은 아니다. 다만 이를 무효확인의 소로 다투기는 어렵다. 대법원은 주주는 "회사의 재산관계에 대하여는 단순히

1) 신주발행의 경우에는 자본금의 증가가 수반된다는 점에 차이가 있다.
2) 전술한 바와 같이 대법원은 경영권방어를 위하여 신주를 제3자에게 배정하는 것은 주주의 신수인수권 침해라고 판시하였다(대법원 2009. 1. 30, 2008다50776 판결; 대법원 2019. 4. 3, 2018다289542 판결). 제2절 Ⅲ. 3. (3) 참조.
3) 이에 찬동하는 견해로 김홍기4, 443면; 장덕조3, 186면; 정찬형22, 784면.
4) 이에 찬동하는 견해로 권기범6, 585면; 김정호5, 225면, 이/최11, 302면; 임재연6 Ⅰ, 191면; 홍/박7, 278면.
5) 2006년 법무부가 처음 입법예고한 회사법개정안이 자기주식 처분에 주주의 신주인수권을 준용하는 규정을 두었던 것도 그 때문이다. 이 규정은 결국 재계의 반대로 입법과정에서 삭제되었다.

사실상·경제상 또는 일반적·추상적인 이해관계만을 가질 뿐 구체적 또는 법률상의 이해관계를 가진다고는 할 수 없[다]"는 점을 들어 회사가 체결한 자기주식 매도계약의 무효 확인을 구할 이익을 부정하였다(대법원 2016. 2. 18, 2015다5491 판결).

그러나 일부 하급심 판례는 자기주식 처분이 "사회통념상 현저히 불공정한 행위 또는 대리권 남용행위"에 해당하는 경우에는 주주가 그 처분의 무효를 주장하는 것이 가능하다고 보았다(최근의 예로 서울중앙지방법원 2023. 3. 22, 2023카합20227 결정). 불공정하거나 대리권을 남용한 행위의 예로는 다음과 같은 것들을 든다.

① 오로지 현 경영진 또는 대주주의 지배권 유지에만 그 목적이 있는 것으로서 다른 합리적인 경영상의 이유가 없고, 그 처분이 회사나 주주 일반의 이익에 부합한다고 보기 어려운 경우

② 그 처분 절차 및 방법 등에 관한 법령 및 정관 등의 규정에 위반한 경우

③ 법령 및 정관의 규제 범위 내에 있더라도 그 처분시기, 방법, 가액의 산정 등에 관한 의사결정에 합리성이 없고 회사와 주주일반의 이익에 반하는 경우

이에 따르면 주주는 처분된 자기주식의 의결권 행사로 인하여 통과된 결의에 대해서 주주총회 결의취소의 소를 제기할 수 있고, 결의 전이라도 그러한 소 제기권을 피보전권리로 하여 주주총회에서의 의결권행사 금지를 구하는 가처분을 신청할 수 있다(그러한 가처분신청을 인용한 대표적인 사례로는 서울중앙지방법원 2023. 3. 22, 2023카합20227 결정).[1]

---

4. 소 각

주식소각은 자본금감소의 규정에 따르는 것이 원칙이지만(343(1)본), 자기주식은 자본금감소의 규정에 따르지 아니하고 이사회 결의만으로 소각할 수 있다(343(1)단). 이 단서 규정의 해석 및 적용범위에 관하여는 견해가 대립된다.[2]

우선 **제341조에 따라 배당가능이익 한도 내에서 취득한 자기주식**은 자본금감소 절차를 거치지 않고 소각할 수 있다. 취득 당시에 배당가능이익 한도 내에서 취득하였다면 족하고, 소각시점에서 배당가능이익의 존재는 요구되지 않는다.[3] 이는 실질상 이익소각에 해당하는 것으로서 주식 수는 감소시키지만 자본금은 감소시키지 않는다. 따라서 액면주식의 경우에는 액면

---

1) 발행주식총수 10만주 중 자기주식 5천주를 처분함으로써 과반수를 보유하던 주주의 지분이 50% 미만으로 감소한 사안이다.

2) 위 단서 규정이 ① 취득형태를 불문하고 모든 자기주식의 소각에 적용된다는 견해(권기범8, 559면), ② 배당가능이익 한도에서 취득한 자기주식의 소각에만 적용된다는 견해(송옥렬9, 895면; 법무부(정동윤 감수), 상법 회사편 해설, 2012, 120면), ③ 취득형태를 불문하고 무액면주식의 소각에만 적용된다는 견해(이철송30, 457면), ④ 모든 무액면주식과 배당가능이익 한도에서 취득한 액면주식에만 적용된다는 견해(임재연6 I, 572면) 등이 있다. 액면주식과 무액면주식을 구분하여 액면주식의 소각을 더 엄격히 다루는 견해는 액면주식의 경우 자본금이 액면금에 주식 수를 곱한 금액이라는 전통적 원칙을 가능한 한 준수하여 자본금을 형해화하지 않으려는 취지로 보인다. 그러나 제343조를 비롯한 자기주식의 취득·처분·소각에 관한 상법조항에서 액면주식과 무액면주식을 구분하지 않는 점, 무액면주식의 경우에도 발행가액의 50% 이상을 자본금으로 계상해야 하고(451(2)) 그와 같이 계상한 자본금을 감소하려면 액면주식과 동일한 자본금감소 절차를 거쳐야 하는 점 등을 고려하면, 액면주식과 무액면주식을 달리 취급할 근거는 크지 않다고 생각된다. 이에 위 ①②의 견해만을 검토한다.

3) 법무부(정동윤 감수), 상법 회사편 해설, 2012, 121면.

금에 발행주식 총수를 곱한 것이 자본금이라는 공식에 예외가 발생한다.

반면 **제341조의2에 따라 특정목적으로 취득한 자기주식**을 소각함에 있어서는 자본금감소 절차를 거쳐야 한다는 견해도 유력하다.[1] 배당가능이익으로 취득한 것이 아니므로 "주식은 자본금감소에 관한 규정에 따라서만 소각할 수 있다"(343(1)본)는 원칙으로 돌아가서 주주총회 특별결의 및 채권자보호절차 등 자본금감소 절차를 거쳐야 한다는 것이다. 이 입장에서는 제343조 제1항 단서가 자기주식의 취득유형을 구분하지 않고 자본금감소 절차 없이 이사회 결의만으로 소각할 수 있도록 한 것은 입법의 실수라고 한다. 그러나 (i) 제343조 제1항 단서의 문언이 취득유형을 구분하지 않는 점, (ii) 취득유형을 불문하고 회사 자산의 변화는 자기주식 취득 시에 이미 발생하였고 자기주식 소각은 회사의 자산에 실질적 변동을 일으키지 않는 점,[2] (iii) 회사에 따라서는 보유 중인 자기주식의 취득유형이 명확히 구분·관리되지 않을 수 있는 점 등을 고려하면, 특정목적으로 취득한 자기주식도 자본금감소 절차 없이 소각할 수 있다고 보아야 할 것이다. 다만 회사 스스로 자기주식을 소각하면서 자본금을 차감하기로 하여 무상감자 절차를 택하는 것은 가능하다고 할 것이다.

이처럼 현행법은 취득한 자기주식의 소각을 절차적으로 쉽게 허용하고 있지만 소각을 의무화하고 있지는 않다. 자기주식을 소각하면 이를 처분할 수 있는 가능성이 사라져서 유통주식 수를 확정적으로 감소시키므로 주가상승 효과가 있다고 설명된다. 이에 최근에는 주주행동주의 펀드 등을 중심으로 자기주식을 취득 후에 계속 보유하지 말고 소각하라는 요구가 많이 제기되고 있고, 소각을 강제하는 법률안이 국회에 제출되기도 하였다. 주주 환원 측면에서 소각을 장려할 수는 있지만 일률적으로 소각을 강제하는 것은 재무활동의 신축성과 자율성을 지나치게 제약할 수 있으므로 신중해야 할 것이다.

자본거래와 손익거래[3]

자기주식의 취득·처분거래와 관련하여 그것이 자본거래인가 또는 손익거래인가에 관한 논의가 있다. 자본거래란 '소유주에게 배분하거나 소유주가 출연하는 거래'로 손익계산서에 직접 영향을 미치지 않는 회계상 거래이고 손익거래란 손익계산서에 직접 영향을 미치는 회계상 거래라고 할 수 있다. 자기주식의 취득·처분거래는 자기주식을 자산으로 보는 경우에는 손익거래에 해당할 것이고 자기주식을 미발행주식으로 보는 경우에는 자본거래에 해당할 것이다. 미

1) 법무부(정동윤 감수), 상법 회사편 해설, 2012, 120면.
2) 회계적으로는 자본조정의 (−)항목이던 자기주식이 소각으로 사라지게 되므로 이익잉여금, 자본잉여금 등 자본계정의 다른 항목에서 차감이 이루어져야 한다. 그 결과 순자산이 자본금에 못 미치는 결손 상태가 발생할 수도 있으나 이는 자기주식이 자본조정의 (−)항목으로 기재되어 있는 상태에서도 그러한 것이고 소각으로 인해 새로 발생하는 사태는 아니다. 회계실무에서는 특정목적으로 취득한 자기주식을 감자절차를 통해 소각하는 예가 많으나 이러한 회계실무가 상법 해석을 좌우하는 것은 주객이 전도된 것이고, 상법 해석에 맞추어 회계처리해야 할 것이다.
3) 상세한 것은 황남석, 전게논문 참조.

국, 독일, 일본에서는 모두 자기주식의 취득·처분거래를 자본거래로 보고 있다. 그러나 우리 판례는 대체로 손익거래로 보고 있다(서울중앙지방법원 2012. 1. 17, 2012카합23 결정; 광주고등법원 2010. 5. 28, 2009나3277 판결(대법원 2010. 10. 28, 2010다51413 판결로 확정)).[1]

자기주식의 취득·처분거래를 손익거래로 보는 경우에는 취득하는 거래는 대차대조표에 아무런 영향을 미치지 않고 처분 시에 이익이나 손실이 발생한다. 반면에 자본거래로 보는 경우에는 거래 시에 바로 대차대조표 자본의 부에 영향을 미친다. 전술한 바와 같이 자기주식을 미발행주식으로 보는 견해에 따르면 자기주식 거래는 자본거래로 볼 것이다.

V. 위법한 취득의 효력

법적 요건이나 절차(341, 341-2)에 위반한 자기주식 취득의 효력에 대해서는 학설이 나뉜다.[2] ① 무효설은 자기주식을 규제하는 입법취지를 중시하여 위법한 자기주식 취득은 상대방의 선의·악의를 불문하고 무효라고 한다.[3] ② 유효설은 거래의 안전을 중시하여 위법한 자기주식 취득은 책임 문제를 낳을 뿐 취득 자체의 효력에는 영향이 없다고 한다. ③ 절충적 견해로서 양도인(회사에 매도한 주주)의 선의·악의는 묻지 않고 무효이나, 선의의 제3자(전득자·압류채권자 등)에게는 그 무효를 대항하지 못한다는 견해가 있다(선의의 제3자 보호설).[4] 자기주식 취득을 무효로 하는 경우 양도인은 회사에 대금을 반환하고 주식을 반환받으면 되므로 보호의 필요성이 덜하나, 전득자 또는 주식을 압류한 채권자 등 회사와 직접 법률관계를 맺지 않은 제3자는 보호의 필요성이 크다는 점을 근거로 한다. ④ 또 다른 절충적 견해로서 원칙적으로 무효이지만 회사가 타인명의로 자기주식을 취득한 경우에는 선의의 양도인에 대하여 유효라고 보는 견해가 있다(선의의 양도인 보호설).[5] 타인명의·회사계산으로 하는 자기주식 취득은 거래당사자로서는 자기주식 거래라고 인식하기 어려우므로, 거래안전을 위해 선의의 양도인을 보호할 필요가 있다는 점을 근거로 한다. 판례는 자기주식 취득은 원칙적으로 무효라고 판시하고 있어(대법원 2021. 10. 28, 2020다208058 판결) 무효설을 취한 것으로 설명되고 있다.[6]

자기주식 취득은 회사의 재산적 기초나 주주평등원칙을 해치는 등 폐해를 낳을 수 있으므로 배당가능이익 한도를 초과한 경우든 법적 절차나 방법을 위반한 경우든 모두 원칙적으로

1) 이들 판결은 황남석, 전게논문에서 재인용.

2) 부정한 자기주식의 취득이나 질취에 관여한 회사의 이사 등은 상법상 회사재산을 위태롭게 하는 죄로 처벌된다(625(ii)).

3) 김정호5, 222면; 송옥렬9, 870~871면; 이/최11, 301면; 장덕조3, 184면; 정동윤6, 496면; 정찬형22, 780면; 최기원14, 363면; 최준선14, 310면.

4) 일반적으로 상대적 무효설이라고 한다. 권기범6, 581면; 김홍기4, 440면; 이철송30, 421면; 홍/박7, 275면.

5) 강위두·임재호, 상법강의(상)(제3전정판), 형설출판사(2009), 626면; 임홍근, 회사법, 법문사(2000), 259면. 일본에서 유사한 견해로 江頭8, 260면.

6) 다만 판례는 위 ③④의 견해에서 상정하는 예외상황이 존재함에도 불구하고 무효라고 판시한 것은 아니기 때문에 현재의 판례가 반드시 ③④의 견해를 배제하고 있다고 단정할 수는 없다.

무효이다. 회사가 직접 당사자로서 취득한 경우에는 매도한 주주가 자기주식에 관한 거래임을 알고 있다고 볼 수 있으므로 취득행위는 무효로 볼 것이다. 그러나 제3자 명의로 회사의 계산으로 회사의 주식을 취득하는 거래가 이루어진 경우에는 외형상 회사가 매수인이 아니므로, 매도주주가 회사가 계산의 주체임을 알았다고 볼 사정이 없는 한 거래안전의 관점에서 무효로 볼 수 없을 것이다. 즉 자기주식 취득 규제의 입법취지와 거래안전을 동시에 고려할 때에 위 ④의 견해가 타당하다. 일단 회사가 취득한 자기주식을 선의의 제3자에게 처분한 경우에는 제3자의 선의취득이 성립할 것이므로, 위 ③의 견해에서 보호하고자 하는 선의의 제3자 중 전득자는 이로써 보호될 것이다.

무효인 자기주식 취득계약이 아직 이행되지 아니한 경우에는 이를 이행할 의무가 없고, 이미 이행된 경우에는 원상회복으로서 주식과 지급된 대가를 서로 반환하여야 할 것이다.[1] 자기주식 취득 시에 지급한 회사의 매수대금은 불법원인급여(민 746)에 해당하지 않으므로 부당이득반환을 청구할 수 있다. 반환청구를 허용하지 않는다면 회사의 자본유지의 원칙에 반하는 결과가 될 것이기 때문이다. 한편 신주의 발행이 회사의 계산으로 이루어져서 자기주식 취득에 해당하는 경우에는 신주발행 무효의 사유가 됨은 물론, 신주발행 무효판결을 받기 전이라도 그 주식은 자기주식에 해당하므로 의결권을 비롯한 일체의 공익권과 자익권이 인정되지 아니할 것이다.

일반 사법 원칙상 무효 주장은 아무나 가능하다. 이와 달리 자기주식 취득금지의 입법취지상 보호대상은 회사, 회사채권자, 일반주주 등이므로 양도인은 무효를 주장할 수 없다는 견해도 존재한다. 그렇지 않다면 양도인은 주가가 상승하는 경우에만 무효를 주장하는 투기적 행태를 보일 수도 있다는 점을 근거로 든다. 그러나 회사만 무효 주장을 할 수 있다면 양도인의 지위가 장기간 불안해진다는 점 및 위법한 취득을 억제한다는 관점을 고려하면 양도인도 무효를 주장할 수 있다고 보아야 할 것이다.[2]

Ⅵ. 기타의 규제

1. 자회사에 의한 모회사 주식취득의 제한

(1) 규제의 필요

P회사의 100% 자회사인 S회사가 P회사 주식을 취득하는 것은 P회사가 자기주식을 취득하

1) 주권발행 전 주식의 매매계약이 자기주식 취득에 해당하여 무효인 경우, 매도인은 지급받은 주식매매대금을 매수인에게 반환할 의무가 있는 반면, 매수인은 이행받은 급부가 없으므로 특별한 사정이 없는 한 반환할 부당이득이 존재하지 않는다. 다만 무효인 매매계약을 근거로 매수인이 마치 주주인 것처럼 취급되고 이러한 외관상 주주의 지위에서 매도인의 권리를 침해하여 매수인이 이익을 얻었다면 이를 반환할 의무가 있다(대법원 2018. 10. 25. 선고 2016다42800 등 판결).

2) 이철송30, 422면.

는 것과 실질적으로 동일한 효과가 있다. P회사의 보유주식이 100% 미만인 경우에도 정도의 차이가 있을 뿐 동일한 효과가 발생한다. 자기주식 취득규제의 실효를 기하려면 이런 경우까지 포함하여 규제할 필요가 있다.

(2) 모회사 주식취득의 금지

가. 취득금지의 원칙

상법은 자회사가 모회사 주식을 취득하는 것을 원칙적으로 금지하고 있다(342-2(1)). 여기서 모회사는 다른 회사의 발행주식총수의 50%를 초과하는 주식을 가진 회사를 말한다(342-2(1)). 보유비율을 산정할 때에는 회사가 타인 명의로 소유하는 주식도 포함하며 의결권 없는 주식도 포함한다. 모회사와 자회사가 함께, 또는 자회사가 독자적으로, 50%를 초과하는 주식을 갖는 회사도 그 모회사의 자회사로 본다(342-2(3)).[1)]

나. 취득금지의 예외

상법은 예외적으로 일정한 경우에 모회사주식의 취득을 허용한다.

첫째, ① 주식의 포괄적 교환, 포괄적 이전, 회사의 합병 또는 다른 회사의 영업전부의 양수로 인한 때 및 ② 회사의 권리실행을 위하여 필요한 때에는 모회사주식을 취득할 수 있다(342-2(1)). 이 경우 취득한 모회사 주식은 6월 내에 처분하여야 한다(342-2(2)).

둘째, 포괄적 주식교환으로 완전모회사가 되는 회사는 완전자회사가 되는 회사의 주주에게 '완전모회사가 되는 회사의 주식'을 대가로 교부하는 것이 보통이지만, '완전모회사가 되는 회사의 모회사 주식'을 대가로 교부할 수도 있다(삼각주식교환). 이 경우 완전모회사가 되는 회사는 그 지급을 위해 모회사의 주식을 취득할 수 있다(360-3(6)). 다만 이와 같이 예외적으로 취득한 모회사 주식을 주식교환 후에도 계속 보유하고 있는 경우 주식교환의 효력이 발생하는 날부터 6개월 이내에 그 주식을 처분하여야 한다(360-3(7)).

셋째, 합병에서 존속회사는 소멸회사의 주주에게 합병의 대가로 존속회사의 주식을 교부하는 것이 보통이지만, 존속회사의 모회사 주식을 대가로 교부할 수도 있다(삼각합병). 이 경우 존속회사는 그 지급을 위해 모회사의 주식을 취득할 수 있다(523-2(1)). 다만 이와 같이 예외적으로 취득한 모회사 주식을 합병 후에도 계속 보유하고 있는 경우 합병의 효력이 발생하는 날부터 6개월 이내에 그 주식을 처분하여야 한다(523-2(2)).

넷째, 분할합병에서 분할승계회사는 분할회사의 주주에게 분할합병의 대가로 분할승계회사의 주식을 교부하는 것이 보통이지만, 분할승계회사의 모회사 주식을 대가로 교부할 수도 있

---

1) 여기서 자회사의 범위가 문제된다. 자회사가 50%를 초과하여 주식을 갖는 회사(즉 손회사)도 자회사로 간주되는 것은 다툼이 없으나, 손회사가 다시 50%를 초과하여 주식을 소유한 증손회사, 증손회사가 다시 50%를 초과하여 주식을 소유한 고손회사 등도 순차적으로 상법에서 정의한 자회사에 해당하는지는 견해가 갈린다. 이에 관하여는 제4장 제5절 Ⅴ. 5. (2) 다. 참조.

다(삼각분할합병). 이 경우 분할승계회사는 그 지급을 위해 모회사의 주식을 취득할 수 있다(530-6(5)). 다만 이와 같이 예외적으로 취득한 모회사 주식을 분할합병 후에도 계속 보유하고 있는 경우 분할합병의 효력이 발생하는 날부터 6개월 이내에 그 주식을 처분하여야 한다(530-6(6)).

한편 주식을 취득할 당시에는 모자회사 관계가 없었으나 그 후에 모자회사 관계가 형성된 경우에 어떻게 취급할 것인지 문제된다. 예컨대 B회사가 A회사의 주식을 50% 이하로 소유하고 있었는데 그 후에 A회사(또는 A회사의 자회사)가 B회사의 발행주식총수 과반수를 취득하여 A회사가 B회사의 모회사가 된 경우이다. 이 경우 법문에는 규정이 없지만 제342조의2 제2항을 유추적용하여 B회사는 모자회사 관계가 형성된 시점으로부터 6월 내에 A회사 주식을 처분하여야 할 것이다.[1] 그 기간이 경과하기 전까지는 B회사가 소유한 A회사 주식은 후술하는 적법하게 취득한 모회사 주식에 준하여 취급되어야 할 것이다.

외국자회사에 의한 모회사주식 취득

때로는 외국에서 설립된 자회사가 국내 모회사 주식을 취득하는 경우도 없지 않다. 외국 자회사는 상법상의 주식회사가 아니라는 형식적 해석을 따른다면 제342조의2의 적용이 부정될 것이다. 그러나 제342조의2는 모회사 주주와 채권자 보호를 위한 규정으로 외국 자회사가 국내 모회사 주식을 취득하는 경우에도 적용이 있다고 볼 것이다.[2] 자회사가 외국회사인 경우에도 자회사의 모회사 주식 취득으로 인한 위험은 동일하기 때문이다.

반면에 국내 자회사가 외국 모회사의 주식을 취득하는 것은 국내회사의 주주나 채권자 이익과 무관하므로 상법을 적용할 여지는 없다.[3]

(3) 위법한 취득의 효력

자회사에 의한 모회사 주식의 취득에 대해서도 자기주식 취득과 마찬가지로 ① 자회사의 위법한 모회사주식 취득은 상대방의 선의·악의를 불문하고 무효라는 견해(무효설)[4]와 ② 선의의 제3자에게는 대항할 수 없다는 견해(상대적 무효설)[5]가 대립한다.[6] 위법한 취득은 원칙적으로 무효이지만, 자회사에 의한 모회사 주식의 취득이라는 점을 몰랐던 선의의 양도인에

1) 이영철, “주식상호보유의 규제”, 대계4 I, 951면; 이철송30, 433면; 임재연6 I, 504면.
2) 일본 회사법은 외국 자회사도 모회사주식취득과 관련해서는 회사법상의 주식회사로 본다는 규정(日會 규칙3(4))을 두고 있다.
3) 일본에서 같은 견해로 江頭8, 275면. 반대: 이철송30, 433면(본조의 적용대상이지만 실효적으로 금지할 수는 없다고 함).
4) 김정호5, 238면; 이/최11, 307면; 장덕조3, 188면; 정동윤6, 499면; 정찬형22, 791면; 최기원14, 373면; 최준선14, 307면.
5) 권기범6, 596면; 이철송30, 434면.
6) 위법한 모회사 주식의 취득에 대해서도 형사처벌조항이 존재한다(625-2(i)).

대하여는 자회사는 취득의 무효를 주장할 수 없다고 보아야 할 것이다.[1] 또한 제342조의2는 양도인을 보호하기 위한 규정은 아니지만 규제의 억지력을 위해 양도인은 무효를 주장할 수 있다고 볼 것이다. 모회사 주식 취득이 무효가 되지 않는 경우에는 회사는 바로 그 주식을 처분함으로써 위법상태를 시정해야 할 것이다.[2]

(4) 적법하게 취득한 모회사주식의 지위

자회사가 취득한 모회사 주식은 의결권이 없다(369(3)). 통설은 자기주식에 준하여 그 밖의 공익권과 자익권 모두 인정되지 않는다고 본다.[3] 그러나 법률에 명문의 규정이 없음에도 해석으로 모회사주식을 자기주식과 동일시하여 일체의 권리를 부인하는 것이 타당한지는 의문이다.[4] 자회사는 모회사와 별개의 법인격을 가지고 있어 이해관계가 다를 수 있으므로, 자회사가 가지는 일체의 주주권을 부인하면 자회사의 채권자 및 다른 주주들의 이익을 침해할 수 있다. 또한 회사 운영을 감독·시정하는 권리인 공익권을 자회사에 인정하더라도 특별한 폐해를 초래하지 않을 것이다. 따라서 일반적인 자기주식과 달리 자회사가 취득한 모회사주식에 관하여는 의결권과 이를 전제로 한 권리를 제외한 공익권은 모두 인정되고, 자익권도 신주인수권을 제외하고 모두 인정된다고 보아야 할 것이다.[5]

2. 자기주식의 담보취득

자기주식은 담보로 취득하는 것도 제한된다. 상법은 회사가 자기주식을 발행주식총수의 5%를 초과하여 질권의 목적으로 받지 못한다고 하고 있다(341-3본). 다만 ① 합병으로 인하여 승계하거나 다른 회사의 영업전부를 양수하는 경우와 ② 회사의 권리를 실행함에 있어 목적달성을 위하여 필요한 경우에는 그 한도를 초과하여 취득할 수 있다(341-3단).[6] 자기주식을 양도담보로 취득하는 것은 자기주식의 취득과 마찬가지로 제한적으로만 허용된다고 볼 것이다.[7]

자회사가 모회사 주식을 질취(質取)하는 경우에도 자기주식의 질취와 동일하게 볼 것인가에 대해서도 다툼이 있다. 그러나 자기주식의 질취는 자기주식의 취득보다는 회사에 대한 위험이 훨씬 덜하다. 따라서 법문에 근거가 없는 상황에서 제341조의3이 구태여 모회사주식을

---

1) 일본에서 같은 견해로 江頭8, 277면.
2) 이 경우에는 6월의 유예기간(342-2(2))은 적용되지 아니할 것이다.
3) 이영철, "주식상호보유의 규제", 대계4 I, 949~950면; 송옥렬9, 877면; 임재연6 I, 507면. 무효설에 따르면서도 준비금의 자본전입, 주식병합, 주식분할, 주식소각에 대하여는 주주권이 인정된다는 견해로는 권기범6, 596면.
4) 예컨대 독일 주식법에서는 회사는 자기주식으로부터 어떠한 권리도 갖지 못한다고 규정하고(AktG §71b) 이를 종속회사가 보유한 지배회사 주식에 준용함으로써(§71d) 이 문제를 입법적으로 해결하고 있다.
5) 일본에서 같은 견해로 江頭8, 277면.
6) 채권자가 신용을 제공하는 시점에서 자기주식에 대한 질권을 취득하는 것은 이 경우에 포함되지 않지만 무담보채권자가 상황의 변화 때문에 채무자에게 담보설정을 요구하였으나 채무자에게 자기주식 외에는 적당한 재산이 없는 경우에는 이 경우에 해당할 것이다.
7) 정동윤6, 517면; 최기원14, 406면. 반대: 정찬형22, 824면(자기주식의 질취와 동일한 제한이 적용된다고 한다).

질취하는 경우까지 포함하는 것으로 확장해석할 필요는 없을 것이다.

위 제한에 위반하는 경우에는 형사처벌의 대상이 될 뿐 아니라(625(ii)) 손해배상책임을 질 수도 있다(399, 401). 사법상의 효력에 대해서는 학설이 나뉘지만 자기주식의 취득의 경우와는 달리 유효하다고 볼 것이다. 자기주식이라도 담보로 취득하는 것이 무담보의 경우보다는 회사에 유리하기 때문이다.[1]

3. 자본시장법의 특례[2]: 신탁을 통한 자기주식 취득 및 처분

자본시장법상 상장회사는 상법 제341조 제1항의 방법 이외에 신탁을 통하여 자기주식을 간접적으로 취득할 수 있다. 즉 상장회사(위탁자)는 금전을 신탁재산으로 하는 신탁을 설정하고 신탁업자(수탁자)로 하여금 신탁재산으로 위탁자의 자기주식을 취득하고 이를 처분하게 할 수 있다. 취득한 자기주식 및 그 처분 대가는 신탁재산을 구성하고 이러한 신탁을 해지하면 신탁재산은 위탁자에게 귀속되므로, 신탁업자의 명의 및 상장회사의 계산으로 자기주식의 취득 및 처분이 이루어지는 것이다.

신탁업자를 통한 자기주식 간접취득 및 처분은 상장회사의 직접취득 및 처분과 실질이 유사하므로 유사한 규제가 적용된다. 상장회사와 신탁계약을 체결한 신탁업자는 배당가능이익이 있는 경우에만(자시 165-3(2)), 그리고 상법 제341조 제1항에서 정한 방식으로만 상장회사의 자기주식을 취득할 수 있다(자시 165-3(1)(ii)). 신탁업자와 자기주식 취득을 위한 신탁계약을 체결할 때와 신탁계약을 해지할 때에 상장회사 이사회는 자기주식 취득에 준하는 사항을 결의하여야 하고, 신탁계약 중 신탁업자가 자기주식을 처분할 때에 상장회사 이사회는 직접 처분에 준하는 사항을 결의하고 공시해야 한다(발행공시규정 5-2, 5-10).

1) 권기범6, 533~534면.
2) 자본시장법상 자기주식의 취득, 처분에 관한 특례의 상세는 정수용, "자기주식의 취득 및 처분", 대계4 Ⅰ, 1025면 이하.

제4절
사채발행

Ⅰ. 서　　설

1. 사채의 의의[1)]

상법상 "회사는 이사회의 결의에 의하여 사채를 발행할 수 있다(469(1))."[2)3)] 그러나 상법은 몇 가지 의문시되는 사채유형을 명시적으로 사채에 포함하고 있을 뿐(469(2)) 사채의 정의에 대해서는 아무런 규정을 두고 있지 않다.[4)] 사채의 정의에 대해서는 아직 다툼이 있지만 실용적 관점에서는 상법상 주식회사가 사채발행 규정에 따라 채권발행의 형식으로 부담하는 채무라고 할 수 있다. 사채는 주로 불특정 다수의 투자자로부터 장기의 대규모 자금을 조달할 목적으로 발행된다. 회사에 대한 채권이 사채에 해당하는 경우에는 상법상 사채에 관한 규정이 적용된다.

2. 상법상 사채관련규정의 의의

사채는 기본적으로 회사에 대한 채권이다. 단순한 채권이라면 당사자 사이의 사적자치에 맡기면 될 것이다. 그러나 상법은 사채에 관하여 약 60조에 달하는 많은 규정을 두고 있다. 그 규정의 목적은 다음과 같이 정리할 수 있다. ① 다수의 사채권자 사이에 발생하는 **집단행동**(collective action)의 문제를 해결하기 위한 규정이다.[5)] 상환되기 전까지 발행회사에 다양한 상황이 발생할 수 있는데 다수의 사채권자와 발행회사 사이의 조율이 원활하게 이루어지도록 하

---

1) 상법상 사채의 의의에 관하여 상세한 것은 박준, "상법상 사채의 속성", 상사법연구 31-3(2012), 9면 이하.

2) 일본 회사법은 복수의 회사가 합동으로 사채를 발행하는 것을 허용하고 있다(日會 304).

3) 2011년 개정 전 상법은 발행 대신 모집이란 용어를 사용하였다. 그러나 모집이란 용어는 자본시장법상의 모집과 같이 자칫 공모방식의 발행만이 가능한 것이 아닌가는 오해를 초래할 우려가 있다는 이유로 발행이란 용어로 변경되었다.

4) 자본시장법에도 사채에 대한 정의규정은 없다.

5) 집단행동의 문제는 채권자가 1인인 경우와 달리 채권이 다수의 소규모채권으로 세분된 경우에 발생하는 문제이다. 그와 관련하여 주로 거론되는 것은 개별사채권자의 이른바 합리적 무관심(rational apathy)과 전략적 행동(strategic behavior)이다.

기 위한 규정으로 사채관리회사와 사채권자집회에 관한 규정이 그 예이다. ② 사채는 규모가 크고 다수의 투자자를 상대로 발행하는 경우가 많기 때문에 회사는 물론 투자자 보호를 위해서 발행절차에 관한 규정을 두고 있다.[1] ③ 사채는 사법상 유가증권 형태를 취하기 때문에 권리행사나 양도 등에 관하여 규정할 필요가 있다. ④ 전환사채나 신주인수권부사채와 같이 사채의 내용에 따라서는 주주 이익과의 조율을 위하여 규정을 둘 필요가 있다.

3. 사채의 종류

(1) 일반사채와 특수사채

먼저 사채는 일반사채와 특수사채로 나눌 수 있다. 일반사채는 전환조항이나 신주인수권이 붙어 있지 않은 기본적인 사채로 만기에 원본을 상환하고 정기적으로 이자를 지급하는 내용으로 되어 있다.[2] 특수사채는 그 밖의 사채를 모두 포함하는 개념이다.

(2) 보증사채와 무보증사채

사채는 보증여부에 따라 보증사채와 무보증사채로 나눌 수 있다. 과거에는 금융기관의 보증이 붙어 있는 보증사채가 대부분이었다. 보증사채는 채무불이행 위험이 거의 없으므로 사채권자 보호를 위한 장치가 별로 필요하지 않았다. 그러나 1990년대 말 외환위기를 계기로 무보증사채의 비중이 높아졌다.

담보부사채와 커버드본드

사채에 물상담보가 붙어 있는 사채를 담보부사채라고 한다. 사채권자에게 개별적으로 담보권을 제공하는 것은 현실적으로 번거로울 뿐 아니라 사채의 양도나 개별적인 담보권행사가 복잡한 법률문제를 낳는다. 그러한 문제를 신탁의 구조를 이용하여 해결하기 위하여 제정된 것이 「담보부사채신탁법」이다. 담보부사채신탁법에 의하면 사채의 발행회사가 위탁회사로서 수탁회사와 신탁계약을 체결한다.[3] 형식상은 수탁회사가 담보권을 갖지만 수익자인 사채권자 모두를 위하여 담보권의 보존·실행의무를 부담하며 사채의 관리도 담당한다. 담보부사채신탁법은 대상이 되는 물상담보권을 동산질, 증서가 있는 채권질, 주식질, 부동산저당 기타 법령이 인정하는 각종 저당으로 제한하고 있으므로(담보부사채신탁법 4(1)) 실제로는 담보로 이용할 재산이 부족하여 별로 활용되고 있지 않다.[4]

2014년 제정된 「이중상환청구권부 채권 발행에 관한 법률」에 의하여 소정의 요건을 갖춘 금융회사들은 자신에 대한 상환청구권과 아울러 자신이 담보로 제공하는 일정한 자산집합(기초자산집합: covered pool)에 대해서 우선변제권을 갖는 이중상환청구권부 채권(이른바 커버드본드

---

1) 다만 자본시장법은 보다 상세한 공시규제를 마련하고 있다.
2) 일반사채 대신 보통사채라는 용어를 사용하기도 한다.
3) 우리나라에는 순수한 신탁회사는 없고 신탁업의 인가를 받은 은행이 수탁회사가 된다.
4) 담보설정의 현실적인 어려움에 대해서 상세한 것은 이미현, "담보부사채발행의 활성화", BFL 31(2008), 74~76면.

(covered bond))을 발행할 수 있다. 이는 일종의 특수한 담보부사채라고 할 수 있으나 담보부사채신탁법의 적용은 배제되고 있다(이중상환청구권부 채권 발행에 관한 법률 3(1)).

(3) 기명사채와 무기명사채

주식과 마찬가지로 사채도 채권에 사채권자의 성명이 기재되는지 여부에 따라 기명사채와 무기명사채로 나뉜다. 실제로 회사채는 대부분 무기명사채로 발행되고 있다. 뒤에 설명하는 바와 같이 양자는 양도방법에서 차이가 있고 양자 사이에 원칙적으로 전환이 가능하다(480).

(4) 사채의 다양성

주식과 마찬가지로 사채도 다양한 형태로 설계할 수 있다. 과거에는 보통사채가 주종을 이루고 일부 전환사채나 신주인수권부사채가 발행되었으나 최근에는 다양한 형태가 등장하고 있다. 사채의 다양성을 촉진하는 요인으로는 새로운 현금흐름에 대한 투자자 수요와 아울러 자기자본규제를 준수하기 위한 금융기관의 자본성(資本性) 사채에 대한 관심을 들 수 있다. 최근 자본시장에서는 사채의 현금흐름을 변형시키는 시도가 활발하게 진행되고 있다. 2011년 개정 상법은 이러한 다양한 사채유형을 폭넓게 수용하고 있다. 사채의 범주에 새로운 형태의 증권을 어느 정도까지 담을 수 있는지는 사채의 속성을 기준으로 결정할 수밖에 없을 것이다.

사채발행의 현황

아래 표에서 보는 것처럼 공모사채 중에서는 은행, 신용카드사, 할부금융사 등이 발행하는 금융채의 비중이 압도적이다. 일반회사채는 우량등급(A등급 이상) 회사가 발행하는 무보증사채를 위주로 발행되고 있다.

표 6-2 공모사채발행현황 (단위: 억원)

구 분	2020		2021		2022	
	건수	금액	건수	금액	건수	금액
일반회사채	410	420,550	479	467,230	325	303,730
보 증	0	0	0	0	0	0
무보증	407	419,870	475	464,910	322	301,630
담보부	3	680	4	2,320	3	2,100
금융채	1,972	1,206,595	2,194	1,396,126	2,209	1,380,328
ABS(채권형)	1,038	208,523	914	160,534	848	142,281

출처: '22년 기업의 직접금융 조달실적(금융감독원 보도자료 2023. 1. 25), 8~11면

4. 상법상의 특수사채

종래 상법은 특수사채 중에서 전환사채와 신주인수권부사채에 대해서만 규정을 두었으나 2011년 개정 상법에서 다음의 사채도 사채의 범주에 포함됨을 명시하였다(469(2)).

① 이익배당에 참가할 수 있는 사채
② 주식이나 그 밖의 다른 유가증권으로 교환 또는 상환할 수 있는 사채
③ 유가증권이나 통화 또는 그 밖에 대통령령으로 정하는 자산이나 지표 등의 변동과 연계하여 미리 정하여진 방법에 따라 상환 또는 지급금액이 결정되는 사채

위 ①은 이익참가부사채라고 하고 ②는 교환사채와 상환사채를 가리킨다. ③은 통상 파생결합사채라고 불린다. 전환사채와 신주인수권부사채를 비롯한 이들 특수한 사채유형에 대해서는 뒤에 따로 설명하기로 한다.

상법에 명시되지 않은 사채의 발행

앞서 언급한 바와 같이 2011년 상법 개정 전에도 학설상으로는 사채는 상법에 명문의 규정이 없는 경우에도 발행회사의 주식발행과 연계된 것이 아닌 한 자유롭게 허용된다고 보는 견해가 유력했다.[1] 2011년 개정 상법은 법적 확실성을 위하여 일부 사채 유형을 명시적으로 규정하였다(469(2)). 2011년 개정 상법은 파생결합사채와 같은 포괄적 유형을 포함하고 있으므로 이제 상법에 명시되지 않은 사채는 발행이 허용되지 않는 것으로 볼 여지도 없지 않다. 이러한 해석은 특히 사채의 일부 속성을 변경한 신종사채의 개발을 위축시킬 것이다. 그러나 새로 도입된 제469조 제2항은 "사채에는 다음 각 호의 사채를 포함한다"고 하여 제시된 유형에 한정되지 않는다는 취지를 분명히 하고 있으므로 여전히 상법이 명시하지 않은 새로운 유형의 사채도 발행이 허용된다고 볼 것이다.[2]

5. 사채 해당 여부가 문제되는 증권

(1) 영구사채

확정된 상환기일의 정함이 없는 이른바 영구사채도 상법상 사채로 볼 수 있는지가 문제된다.[3] 우리나라에서 영구사채의 사채성을 부인하는 견해는 없다.[4] 영구사채는 배당우선주와 실질적

1) 윤영신, "법률에 근거규정이 없는 사채의 발행가부", 상사법연구 22-1(2003), 468면 이하.
2) 다만 최근의 등기선례에서는 전환사채와 이익참가부사채의 성질을 함께 지닌 이익참가부전환사채에 대해서 법률상 근거가 없다는 이유로 등기를 거부한 바 있다(사법등기심의관 질의회답 2730 2014. 7. 8).
3) 영구사채는 주로 은행의 자기자본규제에서 부채가 아닌 자본으로 간주된다는 장점 때문에 은행에 의하여 발행되는 것이 보통이다. 박준, 전게논문, 24면.
4) 박준, 전게논문, 23면.

으로 유사하지만 회사의 청산이나 파산 시에 원금상환의무가 발생하고 잔여재산분배 시에 주식에 우선한다는 점에서 사채로 보는 것이 타당하다.

(2) 기업어음(CP)과 같은 단기의 사채

사채는 주로 장기자금을 조달하기 위한 목적으로 발행된다. 과거 기업이 만기 1년 미만의 단기자금조달 목적으로 발행하는 기업어음(CP)은 상법상 사채가 아닌 어음법상 약속어음으로 보았다. 그러나 2010년 제정된 「전자단기사채 등의 발행 및 유통에 관한 법률」에서는 일정한 요건을 갖춘 만기 1년 미만의 증권을 전자단기사채로 부르고 있어 이제는 만기 1년 이내인 증권도 사채로 부를 수 있게 되었다.[1] 나아가 기업어음도 일정한 단위로 다수 투자자에게 발행된 경우에는 사채로 보아 사채에 관한 상법규정을 적용하는 것이 바람직하다는 견해도 있다.[2]

(3) 할 인 채

사채는 통상 정기적으로 이자를 지급하는 것이 보통이지만 이자지급을 약정하지 않은 이른바 할인채(zero coupon bond)의 경우에도 사채가 아니라고 할 수는 없다. 할인채는 만기에 상환하는 원금보다 낮은 가격으로 발행될 것인데 원금과 발행가액의 차이를 이자로 볼 수 있다.

이자지급이 없는 사채도 사채로 볼 수 있다면 예컨대 회사의 자기자본비율이 일정수준 이상인 경우에만 이자지급을 한다는 식으로 이자지급에 조건을 붙인 사채도 허용된다고 볼 것이다.[3]

(4) 후순위사채

후순위사채(또는 열후(劣後)사채)는 발행회사의 파산 시에 다른 채권이 모두 변제된 후에 비로소 상환받을 수 있는 사채를 말한다.[4] 후순위사채도 통상의 사채보다 후순위라는 점만 다를 뿐 발행회사의 원금상환의무가 없는 것이 아니므로 상법상 사채에 해당한다는 데 다툼이 없다.

(5) 프로그램에 따라 발행하는 MTN

해외시장에서는 발행회사와 금융기관 사이에 발행의 한도나 기간 등 큰 틀을 합의한 후 그 범위 내에서 수시로 발행되는 note를 MTN(medium term note: 중기채)이라고 한다. MTN은 시장상황에 따라 신속하고 유연하게 자금조달을 할 수 있는 장점이 있다. MTN은 통상 어음으로 번역되는 note라는 용어를 사용하고 있지만 법률적으로는 사채에 해당한다.[5] 2011년 개정 전에는 수시로 발행되는 note를 사채로 보게 되면 발행할 때마다 이사회 결의가 필요하여 MTN의 효용을 살릴 수 없었다. 그러나 2011년 개정 상법은 이사회가 사채발행을 대표이사에 위임할 수 있도록 하고 있으므로 이제 MTN을 사채로 보더라도 큰 문제는 없을 것이다.

---

1) 박준, 전게논문, 26면.
2) 박준, 전게논문, 50면.
3) 박준, 전게논문, 29면.
4) 후순위사채도 영구채와 마찬가지로 은행이 자기자본비율을 높이는 수단으로 많이 발행되고 있다.
5) 西村綜合法律事務所 편, ファイナンス法大全, 161면.

사채와 주식의 구별

2011년 개정 상법은 주식과 사채의 내용을 다양하게 꾸미는 것을 허용하고 있다. 주식의 경우 주주의 상환청구권(345(3))이 부여된 의결권 없는 배당우선주는 실질적으로 사채와 큰 차이가 없다. 사채의 경우 이익참가부사채를 전환사채로 발행하거나 자기주식으로 상환할 수 있는 사채(令23)로 발행하는 경우에는 주식에 접근할 것이다. 후순위채나 영구채도 주식과 비슷하다.

이제 의결권 있는 보통주와 일반사채 사이에는 마치 스펙트럼과 같이 무수한 증권유형이 존재한다. 상법은 주식과 사채의 두 가지 증권유형만을 규정하고 각각에 대해서 전혀 다른 규율을 적용하고 있다. 따라서 스펙트럼 위에 존재하는 무수한 증권들 사이에 선을 그어 주식과 사채로 양분할 수밖에 없다. 양자의 구분 기준에 대해서는 아직 정설이 없는 상태이다. 그리고 상법의 기준은 세법이나 기업회계에서의 기준과 반드시 일치하는 것은 아니다.[1]

해외사채

국내 회사가 해외에서 사채를 발행하는 경우 사채모집의 결정 등 회사의 내부조직에 관한 사항은 발행회사의 설립준거법이 적용된다. 사채계약에 따른 사채권자의 권리와 수탁회사나 사채권자집회에 관한 사항은 모두 법률행위에 기한 채권·채무관계이기 때문에 당사자의 의사에 따른 준거법의 적용을 받는다. 따라서 사채의 준거법이 외국법인 경우에는 우리 상법규정은 적용되지 않는다는 것이 일반적인 견해이다.[2] 대법원은 해외사채가 영국법을 준거법으로 발행된 사안에서 간접보유방식으로 사채에 관한 권리를 갖는 투자자에 대해서 자본시장법에서와 같은 사채에 대한 공유지분을 인정하는 법리는 적용될 여지가 없다고 판시한 바 있다(대법원 2010. 1. 28, 2008다54587 판결).

Ⅱ. 사채의 발행

1. 서　　설

(1) 사채발행에 관여하는 전문기관

사채의 법률관계에서 기본 당사자는 사채를 발행하는 발행회사와 사채를 인수하는 투자자이다. 투자자가 소수라면 발행회사가 투자자와 직접 사채계약을 체결할 수도 있을 것이다. 그러나 불특정다수의 투자자를 상대로 사채를 발행할 때에는 특별한 수요를 충족하기 위하여 다음과 같은 전문기관이 관여하는 경우가 많다.

① 대규모 사채발행의 경우 발행회사는 사채의 원활한 소화를 위해서 **인수회사**(underwriter)이 도움을 받는 것이 보통이다.

1) 세법상 주식과 채권의 구별에 관해서는 이창희20, 962~964면.
2) 석광현, 211면.

② 발행회사가 다수의 투자자를 직접 상대하는 것은 번잡하므로 사채모집에 관한 사무를 전문가인 **수탁회사**에 맡기는 것이 보통이다. 수탁회사는 사채발행 후 이자지급과 원금 상환과 같은 사무까지 담당하는 것이 보통이다.

③ 사채권자가 다수인 경우에는 이른바 집단행동의 문제가 발생하기 때문에 발행회사와 사채권자 사이에서 사채권자 이익을 대변하는 자가 필요하다.

과거의 실무관행은 동일한 증권회사가 ① 인수기능, ② 사무처리기능, ③ 사채권자대변기능을 모두 담당하는 것이었다. 그러나 기본적으로 발행회사를 위해서 서비스를 제공하고 보수를 받는 기능인 ①, ②와 사채권자를 위한 기능인 ③을 동일한 기관이 담당하는 것은 바람직하지 않다는 비판이 있었다. 그리하여 2011년 개정 상법은 특별히 ③을 담당하는 기관으로 **사채관리회사**제도를 도입하였다(480-2).

(2) 사채계약

가. 법적 성질

사채계약의 법적 성질에 대해서는 채권(債券)매매설,[1] 소비대차설,[2] 무명계약설[3] 등이 대립하고 있다. 큰 실익은 없지만 경제적으로나 법적으로 사채권자의 금전채권과 회사의 금전채무가 발생한다는 점에서 소비대차에 해당하지만 사채는 앞서 지적한 바와 같은 특성을 가지므로 소비대차에 유사한 무명계약이라고 볼 것이다.[4]

나. 성 립

증권회사가 인수회사와 수탁회사를 겸하는 종래의 실무상 사채계약은 수탁회사가 발행회사를 대리하여 사채권자와 체결하는 것이 보통이다. 대법원은 사채모집위탁계약에 의하여 수탁회사가 자신의 명의로 "발행회사를 위하여 사채응모자와 사이에 사채모집위탁계약서와 같은 내용으로 사채계약을 체결"하는 권한을 갖는다고 보고 있[다]"(대법원 2005. 9. 15, 2005다15550 판결(SK글로벌)). 그리하여 사채계약은 사채응모자가 사채청약서에 의하여 청약하고 수탁회사가 승낙(배정)함으로써 성립한다.

다. 사채청약서

사채응모자는 사채청약서에 사채의 수를 기재하고 기명날인 또는 서명하는 방식으로 청약하는 것이 원칙이다(474(1)). 예외적으로 사채권자가 사채의 총액을 인수하거나 수탁회사가

---

1) 장덕조3, 497면; 정동윤6, 722면; 정찬형22, 1246면; 최준선14, 668면.
2) 김정호5, 618면; 김홍기4, 698면; 이철송30, 1050면; 임재연6 I, 834면.
3) 이/최11, 669면; 최기원14, 846면.
4) 다만 금융채의 매출발행과 같이 미리 발행한 채권(債券)을 매출하는 형태를 취하는 경우에는 채권의 매매로 볼 것이다.

사채일부를 인수하는 경우에는 사채청약서에 의할 필요가 없다(475). 그 경우에는 인수인이 사채의 내용 등을 충분히 이해하고 있을 것이기 때문이다.[1]

사채청약서는 사채응모자의 청약을 위한 서류지만 그것을 작성하는 것은 발행회사 이사이다(474(2)). 수탁회사의 승낙은 결국 사채청약서에 대한 것이므로 사채청약서의 내용이 사채계약의 내용을 구성한다.

상법은 사채의 발행조건, 상환 및 이자지급의 조건 등 사채청약서에 기재할 사항을 상세하게 규정하고 있다(474(2)). 그러나 재무제한조항이나 기한이익상실사유 등 사채권자 보호를 위한 사항은 사채청약서의 법정기재사항이 아닐 뿐 아니라 실무상 그에 포함되지 않는 것이 보통이다. 그리하여 사채권자 보호와 관련하여 중요한 것은 다음에 설명하는 수탁계약이다.

(3) 수탁회사와 사채모집위탁계약(수탁계약)

발행회사는 사채발행사무를 전문가에게 위탁할 수 있다. 전문가인 수탁회사를 상법은 사채모집의 위탁을 받은 회사라고 부른다(475, 476(2)).[2] 발행회사와 수탁회사 사이에는 사채모집위탁계약(수탁계약)이 체결된다. 수탁회사는 자신의 명의로 사채발행사무를 수행한다(476(2)). 그러나 이는 사채청약서의 작성이나 납입청구 등 사실행위에 국한되는 것으로 사채계약의 당사자가 되는 것은 아니다.

과거 사채모집위탁계약에는 수탁회사의 권한과 의무에 관한 사항뿐 아니라 재무제한조항이나 발행회사의 기한이익상실과 같은 사채권자 보호를 위한 사항도 폭넓게 규정되고 그러한 조항이 사채권자에게도 적용된다고 규정되는 경우가 많았다. 판례는 사채모집위탁계약에 사채의 발행조건이 사채권자의 권리에도 미친다는 점이 명시된 경우에는 제3자를 위한 계약의 법리에 따라 사채권자가 수익의 의사표시를 통해서 그것을 원용할 수 있다고 보았다(대법원 2005. 9. 15, 2005다15550 판결(SK글로벌사건)).

수탁회사의 선임은 임의사항이다. 특히 사채관리회사를 선임하는 경우에는 수탁계약을 체결하는 대신 금융기관과 사채원리금 지급대행계약을 체결하는 것이 일반적이다.[3] 사채관리회사를 선임하는 경우에는 발행회사와 사채관리회사 사이에 사채관리계약이 체결되고 사채권자 보호를 위한 상세한 내용은 그 곳에 규정된다.[4] 이처럼 사채관리계약은 사채권자

1) 실제 사채발행은 총액인수의 형태로 행하는 것이 보통이므로 상법상의 사채청약서가 요구되는 경우는 그렇게 많지 않다.
2) 종래 보증사채를 발행하는 경우에는 수탁회사를 두지 않는 것이 보통이었다.
3) 대법원은 사채원리금 지급대행계약은 신탁계약의 성질을 가지고 발행회사가 은행에 맡긴 사채원리금 지급자금은 신탁재산에 해당하므로 은행은 그 자금을 사채권자의 이익과 관계없이 발행회사에 반환하거나 발행회사에 대한 자신의 채권과 상계할 수 없다고 본다(대법원 2002. 7. 26, 2000다17070 판결).
4) 금융투자협회는 표준무보증사채 사채관리계약서를 모범규준으로 제시하고 있다.

의 보호를 위해서 결정적으로 중요하지만 사채권자가 자신의 요구를 반영할 여지는 거의 없다.[1)]

(4) 사채총액인수 및 매출계약

사채계약이나 수탁계약과 별도로 시장에서는 '사채총액인수 및 매출계약'(인수계약)이 체결되는 경우가 있다. 여기서 말하는 '총액인수'는 상법 제475조와 같이 발행되는 사채총액을 취득한다는 의미가 아니라 자본시장법에서 말하는 총액인수, 즉 제3자에게 취득시킬 목적으로 사채를 취득하는 것(자시 9(11)(i))을 가리킨다. 인수계약은 발행회사와 인수를 하는 증권회사 사이에 체결된다. 종래에는 주간사인수인인 증권회사가 상법상의 수탁회사를 겸하는 것이 일반적이었다. 그러나 2011년 개정 상법은 사채관리회사제도를 도입하고 인수인이 사채관리회사를 겸할 수 없도록 하고 있다(480-3(2)).

(5) 사채발행의 방법

가. 총액인수와 모집

상법상 사채발행은 총액인수와 모집으로 나뉜다. 총액인수는 특정인이 발행회사와 사채계약에 의하여 사채총액을 인수하는 경우를 말한다. 후술하는 모집에 해당하지 않는 한 특정인이 복수인 경우도 총액인수로 본다. 불특정다수인을 상대로 하는 거래가 아니므로 사채청약서는 작성되지 않는다(475).[2)]

나. 모집(공모발행)

자본시장법과 달리 상법은 모집에 대해서 정의하고 있지 않다. 일반적으로 상법상 사채의 모집은 불특정다수의 투자자에 대한 발행이라는 의미로 이해된다. 모집은 다음 세 가지로 나눌 수 있다.

① 발행회사가 직접 투자자를 상대로 모집하는 **직접모집**으로 실제로는 찾아보기 어렵다.

② 발행회사가 발행사무를 수탁회사에 위탁하는 **위탁모집**이다.[3)]

③ 위탁모집에서 수탁회사가 잔액을 인수하는 경우를 **인수모집**(도급모집)이라고 한다.[4)]

(6) 발행제한의 철폐

2011년 상법 개정 전에는 사채발행은 다음과 같이 제한되었다.

① 사채총액제한: 사채총액이 순자산의 4배 이하로 제한되었다(구상 470).

---

1) 금융투자협회의 표준무보증사채 사채관리계약서가 어느 정도 사채권자 이익을 반영하고 있다고 할 것이다.

2) 일반투자자에 대한 분매목적으로 사채총액을 인수하는 것은 자본시장법상 증권인수업무에 해당하므로(자시 9(11)(i)) 금융투자업자만이 할 수 있다(자시 12(1)).

3) 수탁회사가 단순히 사채청약서를 작성하고 납입을 독려하는 단순한 사무 외에 사채의 발행·인수에 대한 청약의 권유와 같은 모집주선업무까지 담당하는 경우에는 자본시장법상 투자중개업에 해당할 것이다(자시 6(3)).

4) 자본시장법상으로는 잔액인수에 해당한다(자시 9(11)(ii)).

② 납입완료 전 사채발행금지: 기존에 모집한 사채의 납입이 완료되기 전에는 사채발행이 금지되었다(구상 471).

③ 사채의 권면액 규제: 사채의 권면액이 1만원 이상으로 균일하거나 최저액으로 정제할 수 있어야 한다고 제한되었다(구상 472).

④ 할증상환의 제한: 사채의 권면액을 초과하여 상환하는 할증상한의 경우 할증률을 달리 하는 것이 금지되었다(구상 473).

이상의 제한은 2011년 개정 상법에서 다음과 같은 이유로 모두 폐지되었다.

① 사채총액제한의 취지는 회사의 과도한 사채발행을 억제함으로써 사채권자를 보호하기 위한 것이다. 그러나 은행 등으로부터의 차입에 의한 자금조달에 대해서는 아무런 제한을 두지 않은 상태에서 사채발행만을 제한하는 것은 논리적으로는 물론이고 실효성 면에서도 문제가 있다.[1)]

② 납입완료 전 사채발행금지의 취지는 사채의 남발을 막기 위한 것이다. 그러나 납입완료 전 발행이라고 해서 반드시 남용이라고 볼 수 없을 뿐 아니라 실제로 분할납입의 예는 거의 없다.

③ 사채의 권면액 규제의 취지는 무자력자의 투기를 막고 의결권 산정의 편의를 위한 것이나 현실적인 타당성을 인정하기 어렵다.

④ 할증상환제한의 취지는 도박으로 악용되는 것을 방지하고 사채권자 사이의 평등을 기하는 것이나 상법이 규제할 사항은 아니다.

사채의 신용평가

사채의 안전성을 측정하는 척도는 신용평가이다. 신용평가는 발행회사의 재무내용이나 수익력을 외부의 독립된 평가기관[2)]이 분석하여 원리금 지급의 확실성을 간단한 등급(예 AAA, BB)으로 표시한 것이다. 금융투자협회의 「증권 인수업무 등에 관한 규정」에 의하면 금융투자회사가 무보증사채를 인수하는 경우 둘 이상의 신용평가회사로부터 평가를 받도록 하고 있다(증권 인수업무 등에 관한 규정 11-2(1)).

사채에 대한 신용평가는 발행 시에 행하지만 발행 후에도 정기적인 평가를 통해서 평가등급을 변경하기도 한다. 신용평가는 당연히 사채의 시장금리에 영향을 미친다. 일부 기관투자자의 경우에는 일정 등급 이하의 사채에 대한 투자가 제한될 뿐 아니라, 보유하는 사채의 신용평가가 낮아

1) 종래 자산유동화에 관한 법률의 적용을 받지 않는 비전형유동화의 경우 사채총액제한 때문에 유동화증권은 사채 대신 기업어음형태(ABCP: Asset Backed Commercial Paper)가 주로 이용되었다. 사채총액제한이 폐지됨에 따라 앞으로는 상법에 따라 주식회사형태로 설립된 비전형유동화회사의 경우 유동화사채 발행이 증가할 것으로 예상된다. 김영민, 신영재, 유석호, "개정상법상 사채제도의 변화", BFL 51(2112), 145면.

2) 우리나라에서는 자본시장법(335(3))에 따라 신용평가업 인가를 받은 신용평가회사가 담당한다.

지면 시가평가에 의하여 바로 평가손이 발생된다. 따라서 신용평가는 발행회사는 물론이고 투자자에게도 실제로 중요한 의미를 갖는다.

2. 발행절차

(1) 발행의 결정

가. 위임의 가부

사채발행은 이사회 결의를 요한다(469(1)).[1] 사채발행이 다액·장기의 차입이기 때문에 신중한 절차를 요구한 것이다. 그러나 사채발행의 시기와 조건은 시장상황을 고려하여 결정해야 할 것이다. 따라서 사채발행의 기동성을 위해서는 구체적 사항의 결정을 대표이사에게 위임할 필요가 있다. 그러나 과거에는 사채발행사항을 어느 범위까지 대표이사에게 위임할 수 있는지 분명치 않아 실무상 어려움이 있었다. 그리하여 실제로는 이사회 결의를 받지 않거나 사후 추인을 받는 형식으로 발행하는 사례가 많았다. 2011년 개정 상법은 정관으로 이사회가 대표이사에게 사채의 금액과 종류를 정하여 1년 이내의 기간 동안 발행하는 권한을 위임할 수 있도록 명시하였다(469(4)).

나. 집행임원에 대한 위임

회사가 대표이사 대신 집행임원을 두는 경우 사채발생사항의 결정을 집행임원에게 위임할 수 있는지에 대해서는 다툼이 있다. 상법은 '법에서 이사회 권한사항으로 정한 경우'에는 이사회가 집행임원에게 위임할 수 없다고 규정하고 있다(408-2(3)(iv)). 부정설은 그 경우는 상법에서 이사회의 권한사항임을 명시한 경우를 의미하는데 2011년 개정 상법상으로도 사채발행은 이사회결의사항임을 명시하고 있으므로 집행임원에게 위임할 수 없다고 본다.[2] 그러나 대표집행임원은 반드시 선임해야 하고 대표집행임원에 대해서 원칙적으로 대표이사에 관한 규정을 준용하고 있는 점(408-5(1), (2))을 고려하면 현행 상법 해석상으로도 대표집행임원에 대한 위임은 가능하다고 볼 것이다.

(2) 사채계약의 성립

앞서 설명한 바와 같이 사채계약도 청약과 배정으로 성립한다. 청약은 사채청약서에 의하는 것이 원칙이다(474(1)). 상법은 사채청약서에 기재할 사항을 상세하게 규정하고 있다(474(2)). 사채발행의 최저가액을 정한 경우에는 응모자는 사채청약서에 응모가액을 기재하여야 한다(474(3)).

청약에 대하여 발행회사나 수탁회사가 사채를 배정한 때에는 사채계약이 성립한다. 사채

1) 다만 기존 주주의 이익에 영향을 미칠 수 있는 이익참가부사채(令 21(1)단), 전환사채(513(2)단), 신주인수권부사채(516-2(2)단)의 경우에는 정관으로 주주총회의 권한사항으로 할 수 있는 길을 열어주고 있다. 독일 주식법은 이러한 특수사채의 발행에 원칙적으로 주주총회의 특별결의를 요하고 있다(221(1)).

2) 이철송30, 1054면.

계약은 반드시 사채모집금액이 전부 응모되는 경우에만 성립시킬 수 있는 것은 아니고 응모분에 대해서만 성립시키는 것도 가능하다.[1)]

(3) 납 입

사채모집이 완료하여 사채계약이 성립하면 대표이사는 지체 없이 인수인에 대해서 납입을 시켜야 한다(476(1)). 납입은 분할하여 하는 것도 가능하지만 실제로는 거의 예가 없다. 신주발행의 경우와는 달리 납입을 대물변제나 상계로 하는 경우에 대해서도 제한이 없다.

(4) 채권의 발행

채권(債券)은 사채전액의 납입이 완료된 후가 아니면 발행할 수 없다(478(1)).[2)] 채권은 기재사항이 법정된 요식증권이다(478(2)). 또한 채권은 이미 성립된 사채계약상의 권리를 표창하는 요인(要因)증권으로 사채계약이 무효이면 채권도 무효가 된다. 채권은 기명사채와 무기명사채로 구분할 수 있다.[3)] 실제로는 대부분 무기명사채로 발행되고 있다. 현재 실무상으로는 채권의 권면이 발행되는 경우는 극히 드물고 「주식 · 사채등의 전자등록에 관한 법률」에 의한 전자등록으로 대체되는 것이 일반적이다.

(5) 위법한 사채발행

상법은 신주발행의 경우와는 달리 위법한 사채발행의 효과에 대한 규정을 두고 있지 않다. 사전적으로는 소수주주나 감사가 위법행위유지청구권(402)을 행사할 수 있을 것이다. 신주발행의 경우와 달리 발행무효의 소에 관한 규정은 없지만 이론상 일반적인 무효확인의 소를 제기할 수는 있을 것이다.[4)] 다만 거래안전의 고려상 이사회 결의의 부적법 정도의 하자로는 무효로 인정할 수 없다고 볼 것이다.[5)]

⁑ 사채의 전자등록제도

종래 실물발행 없이 이루어지는 사채의 등록발행은 공사채 등록법, 전자단기사채 등의 발행 및 유통에 관한 법률에 따랐으나, 일반 법률로서 「주식 · 사채등의 전자등록에 관한 법률」이 2019. 9. 16. 시행됨에 따라 위 두 법은 폐지되었다. 이 법에 의하면 상장사채 등은 반드시 전자등록 방식으로 발행, 유통되어야 한다(전등 25(1)(i)). 구체적인 발행 및 양도 등에 관하여는 전자등록부에 등록해야만 양도 효력이 발생하는 등 전자등록 주식과 동일한 법리가 적용된다.

---

1) 이철송30, 1054면.
2) 이에 위반하여 채권을 발행한 경우에는 과태료가 부과된다(635(1)(xxviii)).
3) 특정 형식으로 제한되지 않은 경우에는 사채권자는 회사에 대해서 다른 형식의 채권으로 전환할 것을 청구할 수 있나(480).
4) 신주발행에 관한 규정이 유추적용된다고 보는 견해도 있다. 임재연6 Ⅰ, 842면.
5) 그러므로 위법한 사채발행에 대한 회사의 구제수단으로는 현실적으로 이사의 손해배상책임이 보다 중요할 것이다. 江頭8, 847면.

Ⅲ. 사채의 유통

1. 사채의 발행과 사채원부

사채원부란 사채 및 사채권자에 관한 사항이 기재되는 장부로 주주에 대해서 작성하는 주주명부에 상응하는 것이다. 기명식이든 무기명식이든 사채를 발행한 경우에는 법정 사항을 기재한 사채원부를 작성하여야 한다(488). 전자등록을 하는 경우에도 전자등록부와 아울러 사채원부를 작성하여야 한다. 사채원부는 본점에 비치해야 한다(396(1)).

사채원부는 기명사채의 이전(479(1))[1]과 관련하여 중요한 의미가 있고 사채권자에 대한 통지나 최고 시에 활용된다(489(1)→353).

2. 사채의 양도

사채의 양도방법에 대해서는 상법에 아무런 규정이 없다. 기명사채는 지시채권이 아니므로 양도는 당사자 간의 합의와 채권의 교부로 이루어진다는 것이 통설이다. 다만 회사와 제3자에게 대항하기 위해서는 사채원부와 사채권에 취득자가 기재되어야 한다(479(1)). 무기명사채는 채권의 교부로 양도된다(민 523). 그러나 실제로는 사채는 대부분 전자등록제도를 통해서 발행되고 있으므로 사채의 양도는 계좌대체의 방법으로 이루어지고 있다.

3. 사채의 입질

사채의 입질과 관련해서도 기명사채의 경우에는 채권을 질권자에게 교부하여야 한다(민 347). 대항요건에 관해서는 다툼이 있으나 기명사채의 이전의 경우(479(1))와 같이 처리하는 것이 타당할 것이다. 무기명사채의 입질도 채권을 질권자에게 교부하는 방법으로 행한다(민 351).[2]

Ⅳ. 사채의 이자지급과 상환

1. 이자지급

사채는 이자를 지급하는 것이 보통이다. 그러나 이자를 붙이지 않는 할인채(이른바 zero coupon bond)도 발행이 가능하다. 그러나 이러한 할인채는 발행 시에는 이자 상당액을 할인하여 발행하는 것이 보통이므로 실제로는 만기 시에 이자를 1회 지급하는 사채와 다를 바 없다.

이율은 반드시 확정된 비율로 할 필요는 없고 사후에 확정하는 방법만 사전에 고정되어

---

1) 회사는 사채원부와 관련해서도 명의개서대리인을 둘 수 있다(479(2)→337(2)).

2) 전자등록된 사채의 경우 입질은 계좌대체가 아니라 부기방식, 즉 질권설정자의 전자등록계좌부에 해당 전자등록사채가 질물이라는 사실을 등록하는 형태로 이루어진다(전등 31(2)).

있으면 된다. 따라서 변동되는 공금리에 연동시키는 것도 가능하다.[1)]

이율과 이자지급방법은 사채청약서(474(2)(vii), (viii)), 채권(478(2)(ii)), 사채원부(488(iii))에 기재하여야 한다. 과거에는 상법상 발행회사가 이자지급을 게을리 한 경우 사채권자집회 결의에 의하여 사채총액에 대한 기한의 이익을 상실시킬 수 있었다(구상 505(1)). 2011년 개정 상법에서는 그 규정이 삭제되었지만 비슷한 취지의 규정을 사채계약에 포함시키는 것은 여전히 가능하다.

무기명사채의 경우 이자청구권을 표창하는 이권(利券)이 첨부되어 있는 것이 보통이다. 이권은 채권과 별도로 양도할 수 있고 소지인은 채권의 제시 없이 이권과 상환으로 이자를 지급받을 수 있다(486(2)). 이권부(附) 무기명사채를 상환하는 경우에 이권이 흠결된 때에는 그 이권에 상당한 금액을 상환액으로부터 공제한다(486(1)).

이자청구권의 소멸시효는 5년이다(487(3)).

2. 사채의 상환

발행회사는 미리 정한 상환기일(만기)에 미리 정한 상환금액을 사채권자에게 상환해야 한다. 만기는 1회의 특정일로 정하는 것이 보통이지만 수회에 걸쳐 분할상환하기로 정하는 것도 가능하다. 만기 전 지급도 가능하지만(민 153(1)) 잔존기간에 대한 이자를 공제하는 것은 원칙적으로 허용되지 않는다(민 153(2)). 사채의 상환청구권은 10년간 행사하지 않으면 소멸시효가 완성한다(487(1)).

상환금액은 권면액과 일치하는 것이 보통이지만 할증액을 상환하는 경우도 없지 않다.[2)] 상환금액을 특정 기초자산의 변동과 연계하여 정하는 것도 가능하다(파생결합사채) (469(2)(iii)).

상환의 방법과 시기는 사채청약서(474(2)(viii)), 채권(478(2)(ii)), 사채원부(488(iii))에 기재하여야 한다. 사채에는 자기주식 취득이나 주식소각에 관한 제한이 존재하지 않으므로 시장에서 사채를 매입하여 소각하는 것이 언제든 가능하다.[3)]

회사가 특정 사채권자에게 현저하게 불공정한 금액을 상환한 경우에는 사채관리회사가 소로써 그 행위의 취소를 구할 수 있다(511(1)).

3. 사채관리회사에 대한 원금상환 및 이자지급

사채관리회사가 선임된 경우에는 발행회사의 변제는 사채관리회사를 상대로 이루어진다

---

1) 과거와 달리 현행 상법상으로는 사채별로 할증액이 동일할 필요는 없다.
2) 또한 은행이 발행하는 채권형 신종자본증권의 경우에는 은행의 자기자본비율이 8% 미만인 때에는 이자지급을 중단하는 조건으로 발행되기도 한다. 고창현, 전게논문, 891면.
3) 사채의 시장가격이 권면액보다 하락한 경우에는 사전에 매입하여 소각하는 것이 만기에 상환하는 것보다 유리할 수도 있다.

(484(1)). 사채관리회사는 변제를 받은 후 지체 없이 공고하고, 알고 있는 사채권자에게 통지하여야 한다(484(2)). 변제를 알게 된 사채권자는 사채관리회사에 사채 상환액 및 이자 지급을 청구할 수 있다(482(3)).[1]

Ⅴ. 사채의 관리

1. 서 설

사채발행은 발행회사와 사채권자 사이에 장기적인 채권채무관계를 발생시킨다. 발행회사가 재무상태를 악화시키거나 원리금 지급을 게을리 하는 등 사채권자 이익을 해치는 사태가 발생하는 경우에는 사채권자는 자신의 이익을 지키기 위한 조치를 강구할 필요가 있다. 그러나 사채권자 수가 많고 투자액이 소액인 경우에는 개별사채권자가 스스로 권리보호에 나서기를 기대하는 것은 비현실적이다(이른바 집단행동(collective action)의 문제). 또한 발행회사의 관점에서도 다수의 사채권자와 개별적으로 대책을 교섭하는 것은 비효율적이다. 사채에 관한 집단적 법률관계의 효율적 처리를 위하여 상법이 마련한 제도로서 사채권자집회와 사채관리회사가 있다. 전자는 종전부터 존재하던 제도인 것에 비하여 후자는 2011년 개정 상법에서 처음으로 도입된 제도이다.

2. 사채권자집회

(1) 의 의

사채권자집회는 사채계약의 내용변경 등 사채권자의 이해관계가 있는 사항에 대해서 사채권자의 전체 의사를 결정하기 위하여 개최되는 임시 합의체이다. 후술하는 사채관리회사가 있지만 그에게만 맡기기 어려운 사항이나 사채권자가 이해관계가 있는 사항에 대해서는 사채권자 의사를 직접 결정할 필요가 있다. 예컨대 발행회사의 채무불이행이 있는 경우 사채권자가 각자 사채계약상의 권리를 행사하기보다는 지급유예나 일부면제를 해주는 것이 사채권자 모두에 더 이익인 경우도 없지 않다. 원칙적으로 사채권자의 양보를 위해서는 사채권자 전원의 동의가 필요하지만 그것은 현실적으로 쉽지 않다. 사채권자집회는 사채권자 전원의 동의 없이도 그런 양보의 결정이 가능하다는 점에서 발행회사에 편리한 면이 있다. 그러나 우리나라에서는 사채가 거의 무기명으로 발행되기 때문에 현실적으로 사채권자집회를 개최하는 것이 쉽지 않다. 사채권자집회는 사채의 종류별로 구성된다(509).[2]

---

1) 사채권이 발행된 때에는 사채권과 상환하여 상환액지급청구를 하고, 이권(利券)과 상환하여 이자지급청구를 하여야 한다.

2) 이론상으로는 사채권자집회를 사채계약에서 규정하는 것도 가능할 것이다. 그러나 그 경우 발행회사에게 과도하

(2) 권　한

사채권자집회의 권한은 다수결의 남용을 방지하기 위하여 ① 상법에 규정된 사항과 ② 사채권자의 이해관계가 있는 사항으로 한정하고 있다(490). ①의 예로는 사채 전부에 대한 지급의 유예, 채무불이행으로 인한 책임의 면제(484(4)(i)), 발행회사의 자본감소, 합병, 분할 및 분할합병에 대한 이의(439(3), 530(2), 530-9(2)(4)), 사채관리회사의 해임청구(482) 등을 들 수 있다.

②에 대해서 종전에는 이해관계의 중대성과 아울러 법원의 허가까지 요하였다(구상 490). 그러나 2011년 개정 상법에서는 어차피 사채권자집회 결의가 효력을 발생하기 위해서는 법원의 인가가 필요하므로(498(1)) 구태여 소집단계에서 법원의 허가를 요할 필요가 없다는 이유로 이해관계의 중대성과 법원의 허가 요건이 삭제되었다. ②의 예로는 사채원리금 일부의 지급유예, 이율의 인하 등을 들 수 있다.

(3) 소　집

사채권자집회는 발행회사나 사채관리회사가 소집한다(491(1)). 사채의 종류별로 해당 종류의 사채 총액[1]의 10% 이상에 해당하는 사채를 가진 사채권자는 회의 목적인 사항과 소집 이유를 적은 서면 또는 전자문서를 발행회사나 사채관리회사에 제출하여 사채권자집회 소집을 청구할 수 있다(491(2)).[2] 사채권자의 소집청구에 지체 없이 응하지 않는 경우에는 법원의 허가를 얻어 소집할 수 있다(491(3)→366(2)). 주주총회 소집의 통지와 공고(363) 및 연기나 속행(372)에 관한 규정은 사채권자집회에 준용한다(510(1)).

사채권자가 1인일 때에도 반드시 사채권자집회의 소집, 개최 및 결의가 필요한지 문제되는 경우가 있다. 1인 회사의 주주총회에 준하여 사채권자가 1인인 경우 또는 사채권자 전원의 동의가 있는 때에는 엄격한 소집, 개최 및 결의 절차를 지키지 않았더라도 유효한 사채권자집회의 결의가 있은 것과 같은 효력을 인정할 수 있을 것이다.

(4) 결　의

가. 의 결 권

각 사채권자는 사채금액에서 상환액을 공제한 금액에 따라 의결권을 갖는다(492(1)). 회사가 보유하는 자기사채는 의결권이 없다(510(1)→369(2)). 무기명식 채권을 가진 자는 회일로부터 1주간 전에 채권을 공탁하지 아니하면 그 의결권을 행사하지 못한다(492(2)). 발행회사나 사채관리회사는 의결권은 없지만 그 대표자를 사채권자집회에 출석하게 하거나 서면으로 의견을 제출할 수 있다(493(1)). 주주총회에서의 의결권 대리행사 및 특별이해관계인의 의결권행사

게 유리한 내용으로 규정될 우려가 있으므로 상법에 규정을 두고 있다.

1) 상환받은 액은 제외한다.

2) 무기명사채권자는 그 채권을 공탁하여야 한다(491(4)).

금지에 관한 규정(368(3), (4))은 사채권자집회에도 준용된다(510(1)).

나. 결의요건

사채권자집회의 결의는 원칙적으로 특별결의에 의하므로 출석한 사채권자의 의결권 2/3 이상의 수와 사채총액 1/3 이상의 수로써 해야 한다(495(1)→434).[1] 사채관리회사의 사임에 대한 동의(481), 사채관리회사의 해임청구(482), 사채관리회사의 사무승계자 선정에 대한 동의(483), 발행회사에 대한 대표자 출석의 청구(494)는 보통결의, 즉 출석한 사채권자 의결권의 과반수로 정한다(495(2)). 정족수 및 의결권수의 계산에 관해서는 주주총회에 관한 규정(371)이 준용된다(510(1)).

다. 서면투표

사채권자집회에 출석하지 아니한 사채권자는 서면에 의하여 의결권을 행사할 수 있다(495(3)). 주주총회의 경우와 달리 사채권자집회의 경우에는 정관에 정함이 없는 경우에도 서면투표가 가능하다. 이는 사채권자집회 개최가 어려운 점을 감안한 것이다. 서면에 의한 의결권행사는 의결권행사서면에 필요한 사항을 적어 사채권자집회 전일까지 의결권행사서면을 소집자에게 제출해야 한다(495(4)). 서면으로 행사한 의결권의 수는 출석한 의결권자의 의결권 수에 포함한다(495(5)). 사채권자집회의 경우에도 회사는 이사회 결의로 전자적 방법에 의한 의결권행사가 가능함을 정할 수 있다(495(6)→368-4(1)).

라. 결의의 효력발생

사채권자집회 결의는 법원의 인가를 받음으로써 효력이 발생한다(498(1)본). 다만 사채권자 전원의 동의가 있는 경우에는 법원의 인가가 필요치 않다(498(1)단). 사채권자집회의 소집자는 결의한 날로부터 1주간 내에 결의의 인가를 법원에 청구하여야 한다(496).

다음 경우에는 법원은 사채권자집회 결의를 인가할 수 없다(497(1)).

① 사채권자집회 소집절차나 그 결의방법이 법령이나 사채모집 계획서 기재에 위반한 때
② 결의가 부당한 방법에 의하여 성립하게 된 때
③ 결의가 현저하게 불공정한 때
④ 결의가 사채권자의 일반의 이익에 반하는 때

다만 ①과 ②의 경우에는 법원은 결의 내용 등의 사정을 참작하여 결의의 인가가 가능하다(497(2)).

사채권자집회 결의는 그 종류의 사채를 가진 모든 사채권자에 대해서 효력이 있다(498(2)).

---

1) 담보부사채의 경우에는 원칙적으로 행사된 의결권의 과반수로써 결의한다(담보부사채신탁법 45(1)).

(5) 비용 부담

사채권자집회에 관한 비용은 발행회사가 부담한다(508(1)). 결의인가의 청구(496)에 관한 비용도 회사가 부담한다(508(2)본). 그러나 법원은 이해관계인의 신청이나 직권에 의하여 그 전부 또는 일부에 관하여 따로 부담자를 정할 수 있다(508(2)단).

(6) 대표자와 결의의 집행

사채권자집회는 사채 총액[1]의 0.2% 이상을 가진 사채권자 중에서 1명 이상의 대표자를 선임하여 그 결의사항의 결정을 위임할 수 있다(500(1)). 대표자가 복수인 때에는 그 과반수로 결정한다(500(2)).

사채권자집회 결의에서 집행자를 따로 정한 경우를 제외하고는 사채권자집회 결의는 사채관리회사가 집행하고, 사채관리회사가 없는 때에는 사채권자집회의 대표자(500)가 집행한다(501).

(7) 의 사 록

사채권자집회에 대해서도 주주총회 의사록에 관한 규정(373)이 준용된다(510(1)). 사채권자집회 의사록은 발행회사가 그 본점에 비치하여야 한다(510(2)). 사채관리회사와 사채권자는 영업시간 내에 언제든지 의사록 열람을 청구할 수 있다(510(3)).

3. 사채관리회사

(1) 서 설

가. 의 의

사채관리회사는 발행회사로부터 변제의 수령, 채권의 보전, 그 밖에 사채의 관리를 위탁받은 회사를 말한다(480-2). 과거에는 모집의 수탁회사가 사채발행 후 변제의 수령이나 채권의 보전과 같은 사채권자를 위한 업무까지 담당하였다(구상 484(1)). 그러나 발행회사를 위한 사무처리를 담당했던 수탁회사가 사채권자를 위해서 전력을 다하기를 기대하기 어렵다. 그리하여 2011년 개정 상법은 수탁회사와는 별도로 사채관리회사제도를 도입하였다(480-2). 다만 비용부담의 문제를 고려하여 사채관리회사의 선임은 발행회사의 선택에 맡기고 있다.[2]

나. 사채관리계약

발행회사와 사채관리회사 사이에는 사채관리계약이 체결된다.[3] 대법원은 과거 발행회사와 수탁회사 사이에 체결된 사채모집위탁계약 및 인수계약을 사채권자를 위한 일종의 제3자를

---

1) 상환받은 금액은 제외한다.

2) 이에 대해서는 일정 규모 이상의 사채가 발행되는 경우에는 사채관리회사의 선임을 강제해야 한다는 견해가 유력하다. 다만 증권회사가 무보증사채를 인수하는 경우에는 사채관리회사의 선임을 전제하고 있으므로(증권인수업무 등에 관한 규정 11-2(2)) 대규모공모의 경우에는 사채관리회사가 선임될 것이다.

3) 금융투자협회는 표준무보증사채 사채관리계약서를 모범규준으로 제시하고 있다.

위한 계약으로 보았다(대법원 2005. 9. 15, 2005다15550 판결). 사채관리계약도 제3자를 위한 계약으로 보아 사채권자는 수익의 의사표시에 의하여 사채관리계약 조항을 원용할 수 있다고 볼 것이다.[1)]

다. 한 계

사채관리회사는 사채권자가 직면하는 집단행동의 문제에 대처하기 위한 수단으로 도입된 것이다. 그러나 사채관리회사가 반드시 사채권자를 위해서 행동한다는 보장은 없다. 사채관리회사에 관한 상법 규정은 사채권자와 사채관리회사 사이에 발생하는 대리문제에 대처하기 위한 것으로 이해할 수 있다.

(2) 자격과 결격사유

가. 적격기관

사채관리회사가 될 수 있는 자는 은행, 신탁회사, 그 밖에 시행령으로 정하는 자에 한한다(480-3(1)).[2)]

나. 결격사유

상법은 결격사유를 두 가지로 규정하고 있다. ① 사채의 인수인은 당해 사채의 사채관리회사가 될 수 없다(408-3(2)). 인수인은 사채권자보다는 발행회사의 이익을 고려할 우려가 있기 때문이다. 일반적으로 자본시장에서 인수는 총액인수, 잔액인수, 모집주선의 세 가지 유형이 존재한다. 자본시장법은 이 중에서 총액인수와 잔액인수만을 인수로 정의하고(자시 9(11)) 모집주선은 투자중개업으로 분류하고 있다.[3)] 그러나 모집주선도 인수와 실질적으로 동일한 기능과 위험을 수반하므로 이 곳의 인수에는 모집주선도 포함하는 것으로 볼 것이다.[4)] ② 적격기관이라도 발행회사와 '특수한 이해관계가 있는 자로서 대통령령으로 정하는 자'는 사채관리회사가 될 수 없다(480-3(3)).[5)]

---

1) 표준무보증사채 사채관리계약서는 전문에서 그 점을 명시하고 있다.

2) 시행령은 적격기관을 다음과 같이 명시하고 있다(令 26).
   ① 은행법상의 은행
   ② 한국산업은행
   ③ 중소기업은행
   ④ 농협은행
   ⑤ 수산업협동조합중앙회의 신용사업부문
   ⑥ 자본시장법상 신탁업 인가를 받은 자로서 일반투자자로부터 금전을 위탁받을 수 있는 자
   ⑦ 자본시장법상 투자매매업 인가를 받은 자로서 일반투자자를 상대로 증권의 인수업무를 할 수 있는 자
   ⑧ 한국예탁결제원

3) 김/정4, 106~107면.

4) 인수인을 결격사유에 포함시키는 현행 상법의 태도에 대해서 실무상의 관점에서 비판하는 견해로는 김영민 외, 전게논문, 147~148면.

5) 대통령령은 발행회사가 사채관리회사의 대주주이거나 사채관리회사가 발행회사의 대주주인 경우, 사채발행회사

상법은 발행회사에 채권을 가지고 있는 금융기관을 배제하지 않고 있다. 예컨대 발행회사의 주거래은행이 채권관리회사가 되는 경우에는 자신의 채권회수를 우선시킬 가능성이 존재한다. 반면에 발행회사의 정보를 잘 파악할 수 있을 뿐 아니라 긴급융자와 같은 구제조치를 취하는 것도 가능하다는 장점이 있다.

(3) 권 한

가. 법정권한과 약정권한

사채관리회사의 권한은 상법에 정해진 법정권한과 발행회사와의 사채관리계약에서 정한 약정권한으로 나눌 수 있다. 금융투자협회의 표준무보증사채 사채관리계약서에서는 사채관리회사의 권한을 법정권한사항까지 포함하여 상세하게 규정하고 있으므로(4-1) 그 계약서를 채택하는 경우에는 법정권한은 실질적으로 거의 의미를 상실한다.

나. 채권의 행사와 보전

법정권한은 ① 채권의 행사와 보전과 ② 사채권자에게 불리할 우려가 있는 경우로 나뉜다. ①에는 사채권자집회의 결의가 필요치 않지만 ②에는 그것이 필요하다.

①은 사채권자를 위하여 사채에 관한 채권을 변제받거나 채권의 실현을 보전하기 위하여 필요한 재판상 또는 재판 외의 모든 행위를 할 수 있는 권한이다(484(1)). 변제의 수령에는 원금의 상환뿐 아니라 이자의 수령도 포함한다. 채권의 변제를 위하여 제소하는 행위는 당연히 이 권한에 포함된다. 채권보전을 위한 행위의 예로는 도산절차에서 채권을 신고하거나(도산 148, 447) 채권자취소권을 행사하는 경우(민 406)를 들 수 있다.

다. 사채권자에 불리할 우려가 있는 경우

사채관리회사는 다음과 같이 사채권자에게 불리할 우려가 있는 행위는 사채권자집회 결의에 의하여 할 수 있다(484(4)).

① 해당 사채 전부에 대한 지급의 유예, 그 채무의 불이행에 의해 발생한 책임의 면제 또는 화해
② 해당 사채 전부에 관한 소송행위 또는 채무자회생 및 파산에 관한 절차에 속하는 행위

①은 사채권자 권리의 일부 포기가 수반되는 행위이다. 책임의 면제에는 다양한 내용이 포함된다. 대표적인 예로는 발행회사가 사채계약에 포함된 재무상 특약에 위반하여 기한이익상실사유가 발생하였으나 그것을 포기하는 경우를 들 수 있다.

②에는 법문언으로 제소행위도 포함되는 것처럼 보이지만 제484조 제1항에 따라 사채관

와 사채관리회사가 공정거래법상의 계열회사인 경우, 기타 사채권자의 이익과 충돌하는 특수한 이해관계 때문에 공정한 사채관리가 어렵다고 법무부장관이 고시한 경우 등을 들고 있다(令 27).

리회사가 사채권자집회 결의 없이도 할 수 있다고 볼 것이다. 소송행위는 소의 취하, 청구의 포기, 재판상 화해와 같이 사채권자 권리의 실체적 내용이 변경되는 행위만을 의미한다. 도산절차 개시를 신청하는 권리(도산 34(2), 294)도 문언상으로는 ②에 포함되는 것처럼 보이지만 실질적으로는 채권의 보전행위로 볼 수도 있으므로 제소행위와 마찬가지로 사채권자집회의 결의를 요하지 않는 것으로 볼 것이다. 다만 발행회사는 ②의 행위는 사채관리회사가 사채권자집회 결의 없이 단독으로 할 수 있도록 정할 수 있다(484(4)단).[1)]

라. 기타의 권한

2011년 개정 상법은 사채관리회사에 대해서 위의 권한행사를 위하여 필요한 경우 법원 허가를 받아 사채발행회사의 업무와 재산상태를 조사할 수 있는 권한을 부여하고 있다(484(7)). 사채관리회사는 그 밖에 사채권자집회 소집(491(1), (2)), 사채권자집회 출석 또는 의견제출(493(1)), 사채권자집회 결의의 집행(501)에 관한 권한을 갖는다. 사채관리회사의 보수와 사무처리비용은 사채관리계약에 약정되지 않은 경우에도 법원의 허가를 얻어서 발행회사에 부담시킬 수 있다(507(1)). 사채관리회사의 보수와 사무처리비용은 변제받은 금액에서 사채권자보다 우선하여 변제받을 수 있다(507(2)).

또한 사채관리회사는 발행회사가 어느 사채권자에게 한 변제, 화해, 그 밖의 행위가 현저하게 불공정한 경우 그 행위의 취소를 구하는 소를 제기할 수 있다(511(1)).

마. 공동사채관리회사

사채관리회사는 복수 선임될 수도 있다. 그 경우 권한행사는 공동으로 해야 한다(485(1)). 공동사채관리회사가 변제를 받은 경우에는 사채권자에 대하여 연대하여 변제액을 지급할 의무가 있다(485(2)).

바. 사채권자의 개별적 권리행사

사채관리회사가 선임된 경우에도 사채권자의 개별적 권리행사를 제한하는 규정은 없다. 따라서 원칙적으로 각 사채권자는 개별적으로 권리를 행사할 수 있다.[2)] 다만 사채관리회사가 이미 원리금상환청구의 소를 제기한 때에는 사채권자가 개별적으로 제소할 수는 없다.

(4) 의　무

사채관리회사는 사채권자에 대하여 선량한 관리자의 주의로 사채를 관리해야 한다(선관주의의무)(484-2(2)). 이는 주의의무의 정도에 관한 규정이다. 2011년 개정 상법은 선관주의의무에 추가하여 사채관리회사에 사채를 공평하고 성실하게 관리할 의무를 부과하고 있다(484-2(1)).

---

1) 그에 따라 사채관리회사가 ②의 행위를 단독으로 행한 경우에는 지체 없이 공고하고 알고 있는 사채권자에게 통지해야 한다(484(5)).

2) 표준무보증사채 사채관리계약서는 그 점을 명시하고 있다(5-2).

공평의무는 같은 종류의 사채권자를 공평히 취급할 의무이고 성실의무는 이사의 충실의무에 상응하는 것으로 사채관리회사와 사채권자의 이익이 충돌하는 경우에 자신의 채권을 앞세우지 않을 의무이다. 전술한 바와 같이 사채관리회사가 발행회사에 대한 채권을 보유한 경우에도 결격사유가 되는 것은 아니다. 채무자인 발행회사가 어려운 상황에 빠져 채권 실현이 의문시되는 경우 사채관리회사는 사채권자보다 자신의 채권을 우선시킬 우려가 있다. 성실의무는 바로 이런 상황에 대처하기 위한 것이다.

(5) 책 임

사채관리회사가 상법이나 사채권자집회 결의를 위반한 행위를 한 때에는 사채권자에 대하여 연대하여 손해배상책임을 진다(484-2(3)). 따라서 사채관리회사가 발행회사로부터 자신의 채권을 변제받고 그 결과 발행회사가 도산한 경우에는 책임을 질 수 있다.

(6) 사임과 해임

사채관리회사는 발행회사와 사채권자집회의 동의를 받아 사임할 수 있고 부득이한 사유가 있는 경우에는 법원의 허가를 받아 사임할 수 있다(481).

사채관리회사가 그 사무를 처리하기에 부적절하거나 그 밖에 정당한 사유가 있을 때에는 법원이 발행회사나 사채권자집회의 청구에 의하여 사채관리회사를 해임할 수 있다(482).

사채관리회사의 사임이나 해임으로 인하여 사채관리회사가 없게 된 경우에는 발행회사는 그 사무를 승계할 사채관리회사를 정하여 사채권자를 위하여 사채 관리를 위탁하고 지체 없이 사채권자집회의 동의를 받아야 한다(483(1)).[1]

Ⅵ. 전환사채와 신주인수권부사채

1. 전환사채

(1) 서 설

가. 의 의

전환사채란 사채권자에게 일정한 기간 내에 일정한 조건에 따라 사채를 발행회사 주식으로 전환을 청구할 수 있는 권리가 부여된 사채를 말한다. 전환권을 부여할 수 있는 대상은 사채에 한한다. 대법원은 소비대차계약을 체결하면서 채권자에게 형성권으로서의 전환권을 부여하는 규정을 둔 사안에서 상법에 정한 방법과 절차에 의하지 않은 신주발행 내지는 주식으로의 전환을 예정하는 것이어서 무효라고 판시한 바 있다(대법원 2007. 2. 22, 2005다73020 판결).

---

1) 부득이한 사유가 있는 때에는 이해관계인은 사무승계자의 선임을 법원에 청구할 수 있다(483(2)).

나. 주식과 사채의 중간형태

전환사채는 발행 이후 전환권을 행사하기 전까지는 채권적 증권인 사채에 속한다. 그러나 전환권을 행사하면 사원권적 증권인 주식으로 전환된다는 점에서 주식과 사채의 중간형태로서 잠재적 주식으로 불린다. 전환사채는 잠재적 주식의 성격을 갖고 있기 때문에 주식과 마찬가지로 남용될 위험이 존재한다. 그러한 남용위험을 막기 위해서 상법은 주식의 경우와 유사한 규제를 가하고 있다.

다. 신주인수권부사채와의 차이

주식과 사채의 중간형태에 속하는 또 하나의 특수사채로 신주인수권부사채가 있다. 신주인수권부사채도 신주인수권을 행사함으로써 발행회사의 주주가 될 수 있다는 점에서 전환사채와 유사하다. 그러나 전환사채의 경우 전환권 행사 후에는 사채권자 지위가 소멸하는데 반하여 신주인수권부사채의 경우에는 원칙적으로 신주인수권 행사 후에도 사채권자 지위가 유지된다. 또한 신주인수권부사채의 경우 후술하는 바와 같이 신주인수권만을 분리하는 것이 가능한데 반하여[1] 전환사채의 경우에는 전환권은 분리할 수 없다.

라. 기 능

전환사채권자는 발행회사의 주가상승으로 인한 이익을 누림으로써 투자수익을 증대할 수 있다. 또한 전환사채도 채권이므로 고정적인 이자지급이 약속되고 도산 시에도 주식에 우선한다. 한편 발행회사로서는 일반사채보다 낮은 이율로 발행할 수 있다는 장점이 있다. 또한 전환권이 행사되면 원리금 상환의무가 사라지고 자기자본이 확충되는 효과가 있다. 다만 전환조건에 따라서는 주주의 이익이 손상될 우려가 있다.

(2) 발 행

가. 발행결정기관

상법은 전환사채 발행을 명시적으로 허용하고 있다(513(1)). 전환사채도 사채이기 때문에 발행하려면 원칙적으로 이사회 결의를 요한다(469(1)). 다음 사항 중 정관에 규정이 없는 것은 이사회가 결정한다(513(2)).[2]

① 전환사채의 총액
② 전환의 조건
③ 전환으로 인하여 발행할 주식의 내용
④ 전환을 청구할 수 있는 기간

---

1) 다만 상장회사는 분리형 신주인수권부사채의 발행이 허용되지 않는다(자시 165-10(2)).
2) 정관으로 주주총회에서 결정하기로 한 경우에는 그러하지 아니하다(513(2)단).

⑤ 주주에게 전환사채 인수권을 준다는 뜻과 인수권의 목적인 전환사채의 액

⑥ 주주외의 자에게 전환사채를 발행하는 것과 이에 대하여 발행할 전환사채의 액

다만 주주 이외의 자에 대하여 전환사채를 발행하는 경우 정관에 위 ①~④에 관한 규정이 없으면 주주총회 특별결의(434)로 결정한다(513(3)).[1] 신주발행의 경우와 마찬가지로 제3자에 대한 발행은 "신기술의 도입, 재무구조의 개선 등 회사의 경영상 목적을 달성하기 위하여 필요한 경우에 한한다"(513(3)후→418(2)단). 이처럼 제3자에 대한 전환사채발행을 엄격히 규제하는 것은 전환사채 발행이 신주발행과 실질적으로 같은 효과를 갖기 때문이다. 주주총회 특별결의를 거치는 것은 불편하므로 실무상으로는 정관에 미리 ①~④에 관한 규정을 두는 것이 보통이다.[2]

이사회의 적법한 결의가 없거나 결의에 위반하여 대표이사가 전환사채를 발행한 때라도 주주에게 그 인수권을 부여한 경우에는 거래의 안전을 위하여 유효한 것으로 본다.

나. 주주의 인수권

정관에 근거가 있거나 주주총회 특별결의로 달리 정하지 않는 한 주주는 전환사채의 인수권을 갖는다(513(2)(v), (3)). 전환사채 인수권이 있는 주주는 소유주식 수에 따라서 배정받을 권리가 있다(513-2(1)본).[3] 회사의 자기주식에 대하여는 전환사채 인수권이 인정되지 않는다.

다. 주주를 위한 배정일 공고

회사는 명의개서 전의 실질주주 보호를 위하여 일정한 날을 정하여 그 날에 주주명부에 기재된 주주가 전환사채 인수권을 가진다는 뜻과 인수권을 양도할 수 있을 경우에는 그 뜻을 그 날의 2주간 전에 공고해야 한다(513-2(2)→418(3)).[4] 주주는 신주인수권과 마찬가지로 전환사채 인수권도 양도할 수 있다.

라. 주주에 대한 최고 및 실권

주주가 전환사채 인수권을 갖는 경우 그 발행사항을 결정한 때에는 각 주주에 대하여 다음 사항을 통지하여야 한다(513-3(1)).

① 인수권을 가지는 전환사채의 액

② 발행가액

③ 전환의 조건

---

1) 이러한 결의를 위한 주주총회의 소집통지와 공고에는 전환사채의 발행에 관한 의안의 요령을 기재하여야 한다(513(4)).

2) 상장회사 표준정관에는 그에 관하여 비교적 상세한 규정을 두고 있다(상장회사 표준정관 14-2).

3) 그러나 각 전환사채의 금액 중 최저액에 미달하는 단주에 대하여는 그러하지 아니하다(513-2(1)단).

4) 그 날이 주주명부 폐쇄기간 중인 때에는 그 기간의 초일의 2주간 전에 공고하여야 한다(418(3)단).

④ 전환으로 인하여 발행할 주식의 내용
⑤ 전환을 청구할 수 있는 기간
⑥ 일정한 기일까지 전환사채 청약을 하지 않으면 그 권리를 잃는다는 뜻

이 통지는 ⑥의 기일의 2주 전에 하여야 한다(513-3(2)→419(2)). 통지 없이 행한 전환사채 발행은 실권예고부 최고를 하지 아니한 신주발행의 경우와 마찬가지로 무효이다. 이러한 최고에도 불구하고 ⑥의 기일까지 전환사채인수 청약을 하지 않은 때에는 주주는 전환사채 인수권을 잃는다(513-3(2)→419(3)).

마. 사채청약서 등의 기재와 등기

전환사채에 관하여는 사채청약서, 채권(債券), 사채원부에 ① 사채를 주식으로 전환할 수 있다는 뜻, ② 전환조건, ③ 전환으로 인하여 발행할 주식의 내용, ④ 전환청구기간, ⑤ 주식의 양도에 관하여 이사회의 승인을 얻도록 정한 때에는 그 규정을 기재해야 한다(514). 또한 전환사채를 발행한 때에는 납입이 완료된 날로부터 2주 내에 본점 소재지에서 전환사채의 등기를 하여야 한다(514-2).

상장회사의 전환사채발행 제한과 공시 특칙

전환사채는 잠재적 주식의 성질을 가지므로 제3자에게 배정하는 경우 경영권 방어수단의 효과를 갖는다. 그리하여 금융위원회의 발행공시규정은 경영권 분쟁이 있는 동안에는 상장회사가 주주배정발행이나 공모발행 이외의 방법으로 전환사채를 발행하는 것을 금지한다(발행공시규정 5-21(1)).

한편 상장회사의 전환사채 발행 및 거래에는 몇 가지 공시 특칙이 있다. 먼저 사모 전환사채를 발행할 때에는 그 발행결의일과 납입기일의 1주 전 중 먼저 도래하는 날에 주요사항보고서를 제출해야 한다(자시 161(1)(ix)). 상장회사가 기습적으로 발행결의한 후 사모 전환사채를 발행하는 행태를 막기 위한 것이다. 두 번째로 상장회사가 콜옵션부 전환사채 행사자를 지정하거나 콜옵션을 양도한 경우 또는 전환사채를 만기전 취득한 경우에는 주요사항보고서를 제출해야 한다(발행공시규정 4-4(2)(iii), (iv)). 회사가 제3자에 콜옵션부 전환사채를 발행한 다음 대주주로 하여금 콜옵션을 행사하여 전환사채를 취득하도록 하면 대주주는 이후 전환권을 행사하여 쉽게 지분율을 높일 수 있다(나아가 전환가액이 저가라면 재산상 이득도 발생). 또한 회사가 만기 전에 제3자로부터 전환사채를 매수하여 대주주에 양도한 경우에도 마찬가지 문제가 있다. 위 발행공시규정은 공시를 통해 이를 규율하고자 한 것이다.

(3) 불공정발행과 구제수단

가. 발행의 유지

회사가 법령 또는 정관에 위반하거나 현저하게 불공정한 방법에 의하여 전환사채를 발행

함으로써 주주가 불이익을 받을 염려가 있는 때에는 그 주주는 회사에 대하여 전환사채 발행을 유지할 것을 청구할 수 있다(516(1)→424). 유지청구는 전환사채 발행효력이 발생하기 전, 즉 전환사채의 납입기일까지 행사해야 한다(대법원 2004. 8. 20, 2003다20060 판결).

나. 통모불공정발행과 차액지급의무

이사와 통모하여 현저하게 불공정한 발행가액으로 전환사채를 인수한 자는 회사에 대하여 공정한 발행가액과의 차액에 상당한 금액을 지급할 의무가 있다(516(1)→424-2(1)). 이 책임의 추궁을 위하여 주주는 대표소송을 제기할 수 있으며(516(2)→424-2(2)), 이 경우 이사는 회사 또는 주주에 대한 손해배상의 책임을 면하지 못한다(516(1)→424-2(3)). 차액지급의무가 발생하는 예로는 발행가액이 전환조건이나 발행되는 주식의 내용에 비추어 현저하게 불공정한 경우를 들 수 있다.

다. 전환사채발행의 무효와 부존재

회사가 정관이나 주주총회 특별결의 없이 제3자에게 전환사채를 발행하는 등 위법하거나 현저하게 불공정한 방법으로 전환사채를 발행한 경우에 그 효력을 다투는 방법이 문제된다. 상법상 명문 규정은 없으나 전환사채발행은 신주발행과 사실상 유사하여 그 법률관계를 획일적·안정적으로 처리할 필요가 있으므로 전환사채발행의 경우에도 신주발행무효의 소에 관한 규정(429)이 유추적용된다는 것이 판례의 태도이다(대법원 2004. 6. 25, 2000다37326 판결).[1] 이에 따르면 발행일로부터 6개월 내에 주주, 이사, 감사에 한하여 소로써만 이를 주장할 수 있고, 소를 제기한 경우에도 발행일로부터 6개월이 지나면 새로운 무효사유를 주장하지 못한다. 무효사유는 신주발행무효의 경우와 대체로 같다. 종종 문제되는 것이 전환사채 발행 후 6개월이 경과하여 전환권이 행사되고 실제 신주가 발행되자 다른 주주 등이 (제소기간이 도과한 전환사채발행의 무효가 아니라) 신주발행무효를 다투는 경우이다. 법원은 이러한 경우 전환사채발행 당시에 문제된 무효사유는 제소기간 도과로 인해 다툴 수 없고, 실제 신주발행에 고유한 무효사유만을 주장할 수 있다고 본다.[2]

전환사채의 경우에도 대금납입이 없는 경우와 같이 사채발행의 실체가 없음에도 불구하고 전환사채발행의 등기라는 외관만이 존재하는 경우에는 이를 제거하기 위한 전환사채발행부존재확인의 소가 인정된다. 전환사채발행부존재확인의 소에는 6월의 제소기간 제한이 적용되지 않는다(대법원 2004. 8. 16, 2003다9636 판결(경기화학사건)).

---

1) 유추적용에 반대하는 견해로, 정동윤6, 567면; 정찬형, "신주인수권부사채 발행의 무효", 법조 최신판례분석 719 (2016), 708~710면; 김태진, "신주인수권부사채 발행의 무효", 기업법연구 32(3)(2018), 124면 등. 반대하는 입장에서는 6개월 제소기간의 제한을 받지 않고 대세효 없는 일반적인 무효확인의 소를 제기할 수 있다고 본다.

2) 대법원 2022. 10. 27, 2021다201054 판결; 대법원 2022. 11. 17, 2021다205650 판결. 사안의 상세한 소개는 제6장 제2절 VI. 3. (5).

라. 형사책임

사채대금을 제대로 납입하지 않은채 사채를 수령한 경우, 대법원은 주식과 달리 자본충실과 무관하다는 이유로 상법상 납입가장죄(628(1))의 성립을 인정하지 않는다(대법원 2008. 5. 29, 2007도5206 판결).[1] 이 경우 발행회사의 이사는 업무상 배임죄의 죄책을 진다(대법원 2015. 12. 10, 2012도235 판결).

(4) 전 환 권

가. 전환권의 법적 성질

상법에서는 전환의 '청구'라는 표현이 사용되고 있지만 전환권의 법적 성질이 전환주식의 경우와 마찬가지로 형성권이라는 점에 대해서 다툼이 없다(대법원 2004. 8. 16, 2003다9636 판결). 따라서 전환사채권자가 전환을 청구한 때에는 발행회사의 행위를 기다리지 않고 바로 전환의 효력이 발생하므로 그 시점부터 주주가 된다(516(2)→350(1)).

나. 전환가액

전환 조건은 전환가액이나 전환비율로 표시되는 것이 보통이다. 전환가액은 전환으로 발행되는 주식 1주에 필요한 사채의 액면금액을 말한다. 한편 전환비율은 전환사채의 한 단위당 발행되는 주식 수를 말한다. 실무상으로는 전환가액이 보다 널리 이용되고 있다.

전환가액은 전환으로 발행될 신주의 수를 결정한다. 상법은 전환사채 발행가액의 총액을 전환으로 발행하는 신주의 발행가액 총액과 일치시키고 있다(516(2)→348). 따라서 신주의 발행주식 수를 결정하는데 회사가 재량을 발휘할 여지는 크지 않다.

전환가액은 시장동향이나 주가수준 등 다양한 사항을 토대로 결정하므로 전환사채 모집 직전에 결정하는 것이 바람직하다. 그러나 주주배정발행의 경우 배정일 통지(513-2(2)→418(3))와 주주에 대한 최고(513-3(2)→419(3))를 해야 하므로 실제로는 발행일보다 4주 이상 전에 결정된다.[2] 전환가액에 대해서는 정관에서 구체적인 금액을 정하는 대신 이사회에 결정을 위임하는 것이 보통이다.[3]

다. 전환의 청구

전환을 청구하는 자는 전환청구기간(513(2)(iv)) 내에 청구서 2통에 채권을 첨부하여 회사

---

1) 다만 대법원 2008. 5. 29, 2007도5206 판결 및 대법원 2015. 12. 10, 2012도235 판결의 취지에 따르면, 전환사채가 주식발행 수단으로서 발행되었고 실제로 곧 전환권이 행사되었다면 납입가장죄가 성립할 수 있을 것이다. 제2장 제3절 VI. 4. 각주 1 참조.

2) 최근에는 이른바 "성장공유형대출"이란 명목하에 중소기업진흥공단 등의 공공기관이 유망한 벤처기업이 발행한 전환사채를 인수하는 사례가 늘고 있다. 이 경우 벤처기업의 가치평가가 어려운 점을 감안하여 전환가액은 미리 확정하지 않고 추후 기관투자자에 의한 평가 등에 연동되도록 설계되는 것이 일반적이다.

3) 발행공시규정은 상장회사가 발행하는 전환사채의 경우 전환가액에 대해서 규제를 가하고 있다(발행공시규정 5-22).

에 제출하여야 한다(515(1)).[1] 전환청구기간의 시기(始期)가 빠른 경우에는 사실상 주식을 발행한 것과 같은 효과를 발휘한다. 금융위원회의 발행공시규정은 상장회사의 경우 전환청구기간의 시기를 발행 후 1년이 경과한 후로 하도록 하고 있다(발행공시규정 5-21(2)).[2]

전환청구기간의 종기(終期)는 전환사채의 만기나 그 이전으로 정하는 것이 보통이다.[3] 전환청구는 주주명부 폐쇄기간 중에도 가능하다. 그러나 폐쇄기간 중에 전환된 주식의 주주는 그 기간 중에 개최된 총회에서 의결권을 행사할 수 없다(516(2)→350(2)).

라. 전환의 효력

전환의 효력은 전환청구가 있는 때에 바로 발생한다(516(2)→350(1)). 따라서 일단 전환청구가 행해지면 그 철회는 허용되지 않는다. 전환사채권자는 청구시점부터 주주가 된다. 기준일 이전에 주주가 되면 의결권, 이익배당청구권 등을 행사할 수 있다.

전환청구가 행해지면 회사에 제출된 채권은 효력을 상실한다. 전환사채에 대해서 질권을 보유하는 채권자는 전환사채권자가 전환으로 하여 취득하는 주식에 대해서도 질권을 행사할 수 있다(물상대위)(516(2)→339).

전환청구가 행해지면 신주발행과 마찬가지로 회사의 발행주식총수가 증가하므로 자본금도 그만큼 증가한다. 또한 전환사채는 그 전환에 의하여 등기사항에 변경이 생기므로 청구한 날이 속하는 달의 말일부터 2주간 내에 본점소재지에서 변경등기를 해야 한다(516(2)→351). 전환으로 인한 신주발행에 고유한 하자가 있으면, 전환사채발행에 대한 무효의 소와 별도로 전환으로 인한 신주발행을 대상으로 신주발행무효의 소를 제기할 수 있다(대법원 2022. 11. 17, 2021다205650 판결).

마. 미발행 수권주식수의 확보

전환청구는 바로 주식발행의 효과를 초래하므로 발행회사는 전환으로 발행할 주식 수를 전환청구기간 동안 발행예정주식 총수의 미발행 부분으로 남겨두어야 한다(516(1)→346(4)).

전환가액의 조정: 희석화방지조항과 리픽싱조항

일단 전환가액이 정해지면 전환으로 발행될 신주 수가 정해진다. 따라서 전환청구 전에 주식가치가 저하되면 그만큼 전환사채권자의 이익이 감소된다. 발행회사의 부진으로 인한 주식 가치 하락의 위험은 전환사채권자가 감수할 수도 있다. 그러나 발행회사의 임의적인 조치에 의한 가치

---

1) 사채를 전자등록한 경우에는 그 채권을 증명할 수 있는 자료를 첨부하여야 한다(515(1)단). 청구서에는 전환하고자 하는 사채와 청구의 연월일을 기재하고 기명날인 또는 서명하여야 한다(515(2)).

2) 예외적으로 공모의 경우에는 시기를 1월이 경과한 후로 정할 수 있다.

3) 다만 실무상 종기가 채권의 만기와 지나치게 근접하면 명의개서대리인 등의 업무 처리상 어려움이 있으므로 채권 만기일로부터 1개월 이상의 여유를 둘 것을 권장하고 있다(표준무보증사채 사채관리계약서 별첨3 전환권 관련 기재사항 다).

감소까지 전환사채권자가 감수하는 것은 부당하다. 예컨대 무상증자, 주식배당으로 인하여 주식수가 증가한 경우에는 전환권 가치도 그에 상응하여 감소한다. 그리하여 사채계약에서는 발행회사의 임의적인 조치로 인하여 주식 가치가 저하되는 경우에는 일정한 공식에 의하여 전환가액을 조정하는 것이 보통이다(**희석화방지조항**(anti-dilution clause)). 상장회사인 경우 조정된 전환가액은 유무상증자, 주식배당 등으로 인하여 주식가치가 하락한 비율을 적용하여 산정된 가액 이상이어야 한다(발행공시규정 5-23(iv)).[1]

한편 발행회사가 일반적인 주가 하락으로 인한 전환사채권자의 손실위험을 막아주기 위해 전환가액을 조정하는 경우도 있다. 이를 허용하는 조항을 **리픽싱조항**(refixing clause)이라 한다.[2] 상장회사의 리픽싱조항은 엄격한 규제를 받는다. 최초 전환가액의 70% 미만으로 하향 조정하는 것은 주주총회 특별결의 하에서만 예외적으로 허용된다(발행공시규정 5-23(ii)). 특히 사모발행의 경우 하향조정 후 다시 시가가 상승하면 전환가액을 상향조정해야 한다(발행공시규정 5-23(i)(나)). 금융투자협회는 모범적인 희석화방지조항,[3] 리픽싱조항을 제시하고 있다.

리픽싱조항에 따른 조정사유가 발생하였음에도 불구하고 발행회사가 전환가액의 조정을 거부하는 경우에는 전환사채권자는 발행회사를 상대로 조정절차의 이행을 구하는 소를 제기할 수 있고 그러한 제소는 전환권의 행사여부와 관계 없이 허용된다(대법원 2014. 9. 4, 2013다40858 판결(신주인수권행사가격조정이 문제된 사안)).

희석화방지조항은 일반적으로 적법하다고 인정되지만, 리픽싱조항에 대해서는 주주로부터 사채권자로 회사의 부(富)가 이전된다는 점에서 비판하는 견해가 많다.[4] 자본충실을 해하거나 기존주주의 이익을 심각하게 침해하는 경우 위법하다고 볼 것이다.[5]

---

(5) 전환사채와 유사한 증권[6]

가. 의무전환사채

의무전환사채란 주식으로 전환되지 않으면 사채 원리금지급채무가 소멸하는 조건으로 발행되는 증권을 말한다. 의무전환사채는 회계상 부채가 아닌 자본으로 처리할 수 있었기 때문에 부실기업이 상장폐지를 피하기 위한 수단으로 활용된 바 있다.[7] 그러나 의무전환사채는 전환권 행사여부와 관계없이 결국 원리금을 지급하는 경우는 없으므로 사채로 볼 수는 없

---

1) 구체적으로 조정 후 전환가액을 구하는 산식은 아래와 같다.

$$\text{조정후 전환가격} = \text{조정전 전환가격} \times \frac{\text{기발행주식수} + \left(\text{신발행주식수} \times \frac{\text{1주당발행가격}}{\text{시가}}\right)}{\text{기발행주식수} + \text{신발행주식수}}$$

2) 리픽싱조항은 신주인수권부사채의 경우에도 많이 사용된다.

3) 표준무보증사채 사채관리계약 별첨3 전환권 관련 기재사항 가.(3).

4) 예컨대 송옥렬9, 1181~1182면.

5) 한편 주식병합 등의 경우에는 전환가액을 상향조정할 필요도 있다. 발행공시규정은 원칙적으로 상향조정에 관한 조항을 포함하도록 요구하고 있다(발행공시규정 5-23-2).

6) 이하에 소개하는 증권에 관하여 상세한 것은 박준, 전게논문, 37~42면 참조.

7) 의무전환사채는 하이닉스반도체에 의하여 발행된 바 있고 그 경우에는 만기 전에도 이자를 지급하지 않는 내용으로 되어 있었다.

다.[1] 상법은 주식의 발행을 수반하는 증권은 한정적으로 허용하고 있으므로(대법원 2007. 2. 22, 2005다73020 판결) 상법에서 명시되지 않은 의무전환사채와 같은 증권은 발행이 허용되지 않는다고 볼 것이다.

나. 자동전환사채

자동전환사채란 일정한 기간의 경과나 일정한 조건의 성취 시에 자동적으로 주식으로 전환되는 사채를 말한다. 그 예로는 뒤에 설명하는 조건부 자본증권 중 주식으로 전환되는 형태를 들 수 있다. 자동전환사채는 ① 신주로 전환되는 경우와 ② 발행회사가 보유하고 있는 자기주식으로 상환되는 경우의 두 가지로 나눌 수 있다.

① 신주전환형 자동전환사채도 기한부 유형과 조건부 유형의 두 가지로 나눌 수 있다. 기한부 유형은 기한부 신주발행약정에 따른 신주대금의 사전 납입으로 볼 것이기 때문에 사채로 볼 수는 없다. 조건부 유형은 조건의 불성취 시에는 발행회사가 여전히 사채의 원리금지급의무를 부담한다는 점에서는 사채의 속성을 갖추고 있다. 그러나 일정한 조건 성취 시의 자동전환조건은 주주의 전환권을 전제하는 전환사채와는 조화되기 어렵다. 입법론적으로는 이러한 종류의 자동전환사채를 구태여 금지할 이유는 없다. 그러나 해석론상으로는 주식관련증권의 발행을 제한적으로 허용하는 현행 상법의 태도(대법원 2007. 2. 22, 2005다73020 판결)에 비추어 허용되지 않는다고 볼 것이다.

② 자기주식교부형 자동전환사채는 실질적으로 자기주식으로 상환하는 상환사채라고 할 수 있다. 현행 상법상으로는 그러한 상환사채도 명문으로 허용되고 있다(令 23(2), (3)).

다. 강제전환사채

강제전환사채란 사채권자가 아니라 발행회사가 전환권을 갖는 사채를 말한다. 이러한 사채는 상법상 사채의 속성은 갖추고 있지만 상법상 전환사채로 볼 수는 없다. 주식발행을 수반하는 증권을 한정적으로 허용하고 있는 상법의 태도에 비추어 상법에 명시되지 않은 강제전환사채의 발행은 인정할 수 없다. 그러나 입법론적으로는 구태여 강제전환사채의 발행을 금지할 이유는 없다. 강제전환사채는 현행 상법상 허용되는 자기주식교부형 상환사채(令 23(2))와 실질적으로 차이가 없으므로 발행을 허용할 필요가 있을 것이다.

자본시장법상의 조건부자본증권[2]

2013년 개정 자본시장법에 새로 도입된 조건부자본증권은 "해당 사채의 발행 당시 객관적이고 합리적인 기준에 따라 미리 정하는 사유가 발생하는 경우 주식으로 전환되거나 그 사채의 상환과

1) 박준, 전게논문, 37~38면. 법무부도 유권해석에서 사채성을 부정하였다고 한다.
2) 상세한 것은 박준, "기업금융활성화와 신종증권에 관한 자본시장법의 개정", 상사판례연구 24-3(2011), 29~93면; 정순섭, "조건부 자본증권에 대한 법적 연구", 상사법연구 30-3(2011), 9~45면 참조.

이자지급 의무가 감면된다는 조건이 붙은 것으로서" 상장회사가 정관에 정하는 바에 따라 이사회 결의로 발행하는 사채로 정의된다(자시 4(7)(iii)). 앞서 살펴본 바와 같이 신주전환형 자동전환사채나 의무전환사채가 허용되지 않는다는 관점에서는 이러한 조건부자본증권도 상법상으로는 허용되지 않는 것으로 볼 것이다. 그러나 자본시장법은 상장회사가 조건부자본증권을 사채로 발행하는 것을 허용하고 있다(자시 165-11(1)).

---

2. 신주인수권부사채

(1) 서 설

가. 의 의

신주인수권부사채란 신주인수권이 부여된 사채를 말한다. 이 곳의 신주인수권은 제418조에서와 같이 발행회사가 신주를 발행하는 경우에 신주를 배정받을 권리가 아니라 발행회사에게 신주를 발행할 것을 청구할 수 있는 적극적인 권리이다.[1] 신주인수권부사채는 전환사채와 마찬가지로 주식과 사채의 중간형태라고 할 수 있다.

나. 종 류

현행 상법상 신주인수권부사채는 분리형과 비분리형으로 나뉜다. **분리형**이란 신주인수권이 사채권으로부터 별도로 신주인수권증권에 의하여 표창되어 분리양도가 허용되는 형태인 것에 반하여 **비분리형**은 사채와 신주인수권이 동일한 사채권에 표창되어 분리양도가 허용되지 않는 형태이다. 분리형은 지배권 강화를 위해 남용될 우려가 있는바, 상장회사는 사모방식으로 분리형 신주인수권부사채를 발행할 수 없다(자시 165-10(2)).

다. 기 능

신주인수권부사채에서 신주인수권은 바로 투자자를 유인하는 감미제(甘味劑: sweetener) 역할을 하고 있다. 이러한 감미제 덕분에 발행회사는 금리를 낮출 수 있고 그 대신 신주인수권부사채권자는 발행회사의 발전에 따른 이익을 누릴 수 있다. 신주인수권부사채의 신주인수권은 경영권 방어에도 활용될 수 있다. 정부는 이를 부정적으로 보고 뒤에 보는 바와 같이 상장회사의 신주인수권부사채 발행에 대해서는 일부 규제를 가하고 있다.

(2) 발 행

가. 발행결정기관

상법은 신주인수권부사채 발행을 명시적으로 허용하고 있다(516-2(1)). 신주인수권부사채도 사채이기 때문에 발행하려면 원칙적으로 이사회 결의를 요한다(469(1)). 그러나 다음 사항 중 정관에 규정이 없는 것은 이사회가 결정한다(516-2(2)).[2]

---

1) 영어로는 warrant라고 하며 일본에서는 신주예약권이란 용어로 표현된다.

2) 정관으로 주주총회에서 결정하기로 한 경우에는 그러하지 아니하다(516-2(2)단).

① 신주인수권부사채의 총액
② 각 신주인수권부사채에 부여된 신주인수권의 내용
③ 신주인수권을 행사할 수 있는 기간
④ 신주인수권만을 양도할 수 있는 것에 관한 사항
⑤ 신주인수권을 행사하려는 자의 청구가 있는 때에는 신주인수권부사채의 상환에 갈음하여 그 발행가액으로 납입하는 것을 허용한다는 뜻(이른바 **대용납입**)
⑥ 주주에게 신주인수권부사채의 인수권을 준다는 뜻과 인수권의 목적인 신주인수권부사채의 액
⑦ 주주외의 자에게 신주인수권부사채를 발행하는 것과 이에 대하여 발행할 신주인수권부사채의 액

다만 주주 이외의 자에 대하여 신주인수권부사채를 발행하는 경우에는 위 ①~③에 관하여 정관의 규정이 없으면 주주총회 특별결의(434)로써 결정한다(516-2(4)).[1] 신주발행의 경우와 마찬가지로 제3자에 대한 발행은 "신기술의 도입, 재무구조의 개선 등 회사의 경영상 목적을 달성하기 위하여 필요한 경우에 한한다"(516-2(4)후→418(2)단). 이처럼 제3자에 대한 신주인수권부사채발행을 엄격히 규제하는 것은 신주인수권부사채의 발행이 신주발행을 수반할 수 있기 때문이다. 그러나 주주총회 특별결의를 거치는 것은 불편하므로 실무상으로는 정관에 미리 위 ①~③에 관한 규정을 두는 것이 보통이다.[2]

나. 주주의 인수권

정관에 근거가 있거나 주주총회 특별결의로 달리 정하지 않는 한 주주는 신주인수권부사채를 인수할 권리가 있다(516-2(2)(vii), (4)). 전환사채의 경우와 마찬가지로 인수권이 있는 주주는 소유주식 수에 따라서 신주인수권부사채를 배정받을 권리가 있다(516-11→(513-2(1)). 회사의 자기주식에 대하여는 신주인수권부사채의 인수권이 인정되지 않는다.

다. 주주를 위한 배정일 공고

회사는 명의개서 전의 실질주주 보호를 위하여 일정한 날을 정하여 그 날에 주주명부에 기재된 주주가 신주인수권부사채의 인수권을 가진다는 뜻과 인수권을 양도할 수 있을 경우에는 그 뜻을 그 날의 2주 전에 공고해야 한다(516-11→513-2(2)→418(3)).[3] 주주는 신주인수권과 마찬가지로 신주인수권부사채 인수권도 양도할 수 있다.

---

1) 이러한 결의를 위한 주주총회의 소집통지와 공고에는 신주인수권부사채의 발행에 관한 의안의 요령을 기재하여야 한다(516-2(5)→513(4)).
2) 상장회사 표준정관에는 그에 관하여 비교적 상세한 규정을 두고 있다(상장회사 표준정관 15).
3) 그 날이 주주명부 폐쇄기간 중인 때에는 그 기간 초일의 2주 전에 공고해야 한다(418(3)단).

라. 주주에 대한 최고 및 실권

주주가 신주인수권부사채의 인수권을 가진 경우에는 각 주주에 대해서 다음 사항을 통지하여야 한다(516-3(1)).

① 인수권을 가지는 신주인수권부사채의 액
② 발행가액
③ 신주인수권의 내용
④ 신주인수권을 행사할 수 있는 기간
⑤ 일정한 기일까지 신주인수권부사채의 청약을 하지 않으면 그 권리를 잃는다는 뜻

신주인수권의 양도나 대용납입을 허용하기로 한 경우에는 그 사항도 통지대상이다(516-3(1)후). 이 통지는 ⑤의 기일의 2주 전에 해야 한다(516-3(2)→419(3)). 이러한 통지 없이 행한 신주인수권부사채 발행은 실권예고부 최고를 하지 아니한 신주발행의 경우와 마찬가지로 무효라고 본다. 이러한 최고에도 불구하고 ⑤의 기일까지 청약을 하지 않은 때에는 주주는 신주인수권부사채의 인수권을 잃는다(516-3(2)→419(4)).

마. 사채청약서 등의 기재와 등기

신주인수권부사채에 관하여는 사채청약서, 채권(債券)과 사채원부에 일정한 사항을 기재하여야 한다.[1] 그러나 신주인수권증권(516-5(1))을 발행할 때에는 채권에는 이를 기재하지 아니한다(516-4). 또한 신주인수권부사채를 발행한 때에는 납입완료일로부터 2주 내에 본점 소재지에서 신주인수권부사채의 등기를 하여야 한다(516-8(2)→514-2).

상장회사의 신주인수권부사채 규제

신주인수권부사채는 대주주의 지분 확대수단으로 활용될 수 있고, 행사가격에 따라 기존주주와 이해충돌이 발생할 수 있다는 점에서 전환사채와 유사점이 있다. 따라서 상장회사의 전환사채 규율 중 많은 부분이 신주인수권부사채에 준용된다. 즉 상장회사는 경영권 분쟁이 있는 동안에는 주주배정발행이나 공모발행 이외의 방법으로 신주인수권부사채를 발행할 수 없다(발행공시규정

---

1) ① 신주인수권부사채라는 뜻
② 각 신주인수권부사채에 부여된 신주인수권의 내용
③ 신주인수권을 행사할 수 있는 기간
④ 신주인수권만을 양도할 수 있는 것에 관한 사항
⑤ 신주인수권을 행사하려는 자의 청구가 있는 때에는 신주인수권부사채의 상환에 갈음하여 그 발행가액으로 납입하는 것을 허용한다는 뜻
⑥ 납입을 맡을 은행이나 그 밖의 금융기관 및 납입장소(516-9(3))
⑦ 주식의 양도에 관하여 이사회 승인을 얻도록 정한 때에는 그 규정

5-24(1)→5-21(1)). 전환사채의 전환가액 결정, 희석화방지조항, 리픽싱조항 규제도 준용된다(발행공시규정 5-24(1)→5-22(1), 5-23). 한편 사모 전환사채와 마찬가지로 사모 신주인수권부사채를 발행할 때에도 그 발행결의일과 납입기일의 1주 전 중 먼저 도래하는 날에 주요사항보고서를 제출해야 한다(자시 161(1)(ix)).

(3) 불공정발행과 구제수단

신주인수권부사채의 경우에도 전환사채의 발행의 유지 및 통모불공정발행에 관한 규정이 준용된다(516-11→516(1)→424, 424-2). 신주인수권사채발행의 경우에도 전환사채발행의 경우와 마찬가지로 신주발행무효의 소에 관한 규정(429)이 유추적용되어 발행일로부터 6개월 내에 주주, 이사, 감사에 한하여 소로써만 무효를 주장할 수 있다(대법원 2015. 12. 10, 2015다202919 판결). 전환사채와 마찬가지로 신주인수권부사채의 경우에도 그 발행 후 6개월이 경과하여 신주인수권이 행사되고 실제 신주가 발행된 경우가 문제된다. 다른 주주 등이 위 신주발행의 무효를 주장하려면 신주인수권부사채 발행 당시부터 문제된 무효사유가 아니라 신주발행에 고유한 무효사유를 주장하여야 한다.[1] 한편 사채발행의 실체가 없이 외관만을 갖춘 경우에는 역시 신주인수권부사채발행 부존재확인의 소가 인정된다고 볼 것이다.

(4) 신주인수권부사채의 신주인수권

가. 법적 성질

전환권과는 달리 신주인수권을 행사하기 위해서는 납입이 필요하다(516-9(1)). 그러나 일단 신주인수권을 행사하면 바로 그 시점에 주주가 된다는 점(516-10)에서 신주인수권은 전환권과 마찬가지로 형성권이다.

나. 양도와 신주인수권증권

비분리형 신주인수권부사채의 경우에는 신주인수권만을 양도할 수 없다. 분리형 신주인수권부사채의 경우에는 채권과 함께 신주인수권증권을 발행해야 한다(516-5(1)). 신주인수권증권이 발행된 경우에 신주인수권은 신주인수권증권의 교부에 의하여 양도한다(516-6(1)). 신주인수권증권에 대해서는 주권에 관한 규정이 준용된다(516-6(2)→336(2), 360, 수표법 21).

다. 행사와 납입

신주인수권은 미리 정해진 행사기간(516-2(2)(iii)) 중에 미리 정해진 행사가격으로 행사할 수 있다.[2] 신주인수권 행사는 주주명부 폐쇄기간 중에도 가능하지만 그 기간 중에 개최된 총

1) 대법원 2022. 10. 27, 2021다201054 판결; 대법원 2022. 11. 17, 2021다205650 판결. 사안의 상세한 소개는 제6장 제2절 VI. 3. (5).

2) 신주인수권부사채의 경우에도 전환사채의 경우와 마찬가지로 신주인수권의 행사가격을 조정할 필요가 있는 경우가 발생한다. 발행공시규정은 상장회사가 발행하는 신주인수권부사채의 경우에 전환가액조정에 관한 규정을 준용

회에서는 의결권 행사가 허용되지 않는다(516-10→350(2)).

신주인수권을 행사하려는 자는 청구서 2통을 회사에 제출하고 신주 발행가액의 전액을 납입하여야 한다(516-9(1)). 신주인수권증권이 발행된 때에는 이를 첨부하고, 이를 발행하지 아니한 때에는 채권을 제시하여야 한다(516-9(2)).[1)]

납입은 채권이나 신주인수권증권에 기재한 은행 기타 금융기관의 납입장소에서 하여야 한다(516-9(3)).[2)] **대용납입**(516-2(2)(v))을 정한 경우에는 신주인수권자의 청구가 있으면 신주인수권부사채의 상환에 갈음하여 그 발행가액으로 납입이 있는 것으로 본다.[3)]

라. 신주의 발행가액

신주인수권 행사로 인하여 발행할 주식의 발행가액의 합계액은 각 신주인수권부사채의 금액을 초과할 수 없다(516-2(3)). 여기서 사채의 금액은 사채의 액면가액으로 보는 것이 일반적이다. 따라서 사채의 발행가액이 낮더라도 액면가액이 높다면 신주인수권을 다수 부여할 수 있다. 그리하여 과거에는 신주인수권을 다수 부여하기 위하여 일부러 사채부분의 발행조건을 극도로 불리하게 하여 발행가액을 낮춘 신주인수권부사채가 발행된 예도 있었다.[4)] 이처럼 신주인수권부사채의 형식으로 실질적인 신주인수권증권만을 발행하는 편법을 막기 위하여 발행공시규정은 상장회사가 신주인수권부사채를 발행하는 경우 신주인수권 행사로 발행하는 주식의 발행가액의 합계액은 각 신주인수권부사채의 발행가액을 초과할 수 없도록 하고 있다(5-24(2)).

마. 행사의 효력

신주인수권을 행사하면 납입한 때에 주주가 된다(516-10). 이 점에서 납입일 다음 날에 주주가 되는 통상의 신주발행(423(1))과 차이가 있다. 주주가 되는 시점이 기준일 이전이라면 의

하고 있다(발행공시규정 5-24(1)→5-23, 5-23-2).

1) 다만 전자등록한 경우에는 채권이나 신주인수권을 증명할 수 있는 자료를 첨부하여 제출하여야 한다(516-9(2)단).

2) 납입장소에 대해서는 납입보관자의 변경(306) 및 납입보관자의 증명과 책임(318)에 관한 규정이 준용된다(516-9(4)).

3) 따라서 대용납입을 채택한 경우 신주인수권을 행사하려면 신주인수권증권만을 첨부하는 것만으로는 충분하지 않고 채권을 함께 제시해야 할 것이다.

4) 1998년 신한은행은 주주에게 액면미달로 신주를 발행하면서 주주 불만을 진정하기 위하여 워런트적 성격이 강한 신주인수권부사채를 발행한 바 있다(상세한 것은 김건식, "워런트(warrant) 도입을 위한 소론", 연구Ⅱ, 94면). 그 내용은 다음과 같다.

액면이율: 0%

만기: 50년

할인매출가액: 액면 1만원당 10원

신주인수권행사비율: 사채액면 1만원당 신주(보통주) 2매행사가능

행사가격: 5천원

행사기간: 사채발행 후 3개월 경과하는 날부터 5년까지

조기상환선택권: 회사는 사채의 발행 후 5년이 되는 날에 조기상환선택권을 행사할 수 있으며 조기상환가액은 사채액면가액 1만원당 20원으로 함.

결권, 이익배당청구권 등을 행사할 수 있다.

신주인수권이 행사되면 회사의 발행주식총수가 증가하고 자본금도 그만큼 증가한다. 이처럼 등기사항이 변경됨에 따라 행사시점이 속하는 달의 말일부터 2주간 내에 본점소재지에서 변경의 등기를 해야 한다(516-11→351). 신주인수권 행사로 인한 신주발행에 고유한 하자가 있으면, 신주인수권부사채 발행에 대한 무효의 소와 별도로 신주인수권 행사로 인한 신주발행을 대상으로 신주발행무효의 소를 제기할 수 있다(대법원 2022. 10. 27, 2021다201054 판결).

바. 미발행수권주식 수의 확보

신주인수권을 행사하면 바로 주식발행의 효과를 초래하므로 발행회사는 신주인수권행사로 발행할 주식의 수를 신주인수권행사기간 동안 발행예정주식 총수의 미발행 부분으로 남겨두어야 한다(516-11→516(1)→346(4)).

Ⅶ. 기타의 특수사채

1. 서 설

종래 상법은 전술한 전환사채와 신주인수권부사채에 대해서만 규정을 두었다. 그러나 2011년 개정 상법은 전술한 바와 같이 다음의 사채도 사채의 범주에 포함됨을 명시하였다(469(2)).

① 이익배당에 참가할 수 있는 사채
② 주식이나 그 밖의 다른 유가증권으로 교환 또는 상환할 수 있는 사채
③ 유가증권이나 통화 또는 그 밖에 대통령령으로 정하는 자산이나 지표 등의 변동과 연계하여 미리 정하여진 방법에 따라 상환 또는 지급금액이 결정되는 사채

위 ①은 이익참가부사채, ②는 교환사채와 상환사채, ③은 통상 파생결합사채라고 불린다. 이하에서는 이들 사채 유형에 대해서 간단히 살펴본다.

2. 이익참가부사채

(1) 의 의

이익참가부사채란 이익배당에 참가할 수 있는 사채를 말한다(469(2)(i)). 이자를 받고 추가로 이익배당에 참가하는 사채는 물론이고 이익배당에만 참가하는 사채(이른바 소득사채)도 이에 포함된다.[1)] 한편 이자가 배당에 연동하여 결정되는 사채는 이익참가부사채가 아니라 이자의 결정방법이 특별한 일반사채라고 할 것이다.

---

1) 후자의 경우에는 주식에 한층 접근할 것이다.

(2) 발　　행

가. 발행의 결정

이익참가부사채를 발행하는 경우에 다음 사항 중 정관에 규정이 없는 사항은 원칙적으로 이사회가 결정한다(令 21(1)본).

① 이익참가부사채의 총액

② 이익배당 참가의 조건 및 내용

③ 주주에게 이익참가부사채의 인수권을 준다는 뜻과 인수권의 목적인 이익참가부사채의 금액

나. 주주의 인수권

이익참가부사채의 인수권을 가진 주주는 그가 가진 주식 수에 따라 이익참가부사채의 배정을 받을 권리가 있다(令 21(4)본).

다. 제3자에 대한 발행

이익참가부사채는 주주의 배당청구권을 위축시키는 효과가 있으므로 상법은 주주 외의 자에게 이익참가부사채를 발행하려면 일정한 요건을 갖추도록 하고 있다. 즉 발행할 수 있는 이익참가부사채의 가액과 배당참가의 내용에 대해서 정관에서 미리 규정하지 않은 경우에는 주주총회 특별결의로 정하여야 한다(469(3), 令 21(2)).[1] 다만 전환사채(513(3)2문) 또는 신주인수권부사채(516-2(4)2문)의 경우와는 달리 "신기술의 도입, 재무구조의 개선 등 회사의 경영상 목적을 달성하기 위하여 필요한 경우에 한한다"는 제418조 제2항 단서는 준용되지 않는다.

라. 기준일 공고

회사는 일정한 날을 정하여, 그 날에 주주명부에 기재된 주주가 이익참가부사채의 배정을 받을 권리를 가진다는 뜻을 그 날의 2주일 전에 공고하여야 한다(令 21(5)).[2]

마. 청약의 최고

주주가 이익참가부사채의 인수권을 가진 경우에는 각 주주에게 그 인수권을 가진 이익참가부사채의 액, 발행가액, 이익참가의 조건과 일정한 기일까지 이익참가부사채 인수의 청약을 하지 아니하면 그 권리를 잃는다는 뜻을 기준일 2주일 전까지 통지하여야 한다(令 21(6), (8)).

바. 실　　권

청약의 최고에도 불구하고 주주가 청약기간에 청약을 하지 않은 경우에는 인수권자는 인

1) 주주총회 결의를 할 때 이익참가부사채 발행에 관한 의안의 요령은 주주에 대한 통지와 공고(363)에 적어야 한다(令 21(3)).

2) 다만 그 날이 폐쇄기간(354(1)) 중일 때에는 그 기간의 초일의 2주일 전에 이를 공고하여야 한다(令 21(5)단).

수권을 상실한다(令 21(9)).

사. 등 기

이익참가부사채의 발행이나 변경의 경우에는 등기하여야 한다(令 21(10), (11)).

3. 교환사채

(1) 의 의

교환사채는 사채권자가 '주식이나 그 밖의 다른 유가증권으로' 교환할 수 있는 사채를 말한다(469(2)(ii)). 교환대상인 주식은 타회사 주식인 경우가 보통이지만 회사가 보유하는 자기주식을 교환대상으로 하는 것도 허용된다(令 22(2)). '그 밖의 다른 유가증권'은 타회사가 발행한 사채인 경우가 보통이지만 자신이 발행한 전환사채나 신주인수권부사채도 교환대상으로 할 수 있다.

(2) 발 행

가. 발행의 결정

교환사채를 발행하는 경우에는 이사회가 ① 교환할 주식이나 유가증권의 종류 및 내용, ② 교환의 조건, ③ 교환을 청구할 수 있는 기간을 결정한다(令 22(1)). 상장회사가 사모 교환사채를 발행하는 경우 사모 전환사채, 신주인수권부사채 발행과 마찬가지로 그 발행결의일과 납입기일의 1주 전 중 먼저 도래하는 날에 주요사항보고서를 제출해야 한다(자시 161(1)(ix)).

주주 외의 자에게 발행회사의 자기주식으로 교환할 수 있는 사채를 발행하는 경우 사채를 발행할 상대방에 관하여 정관에 규정이 없으면 이사회가 이를 결정한다(令 22(2)). 자기주식으로 교환할 수 있는 사채는 경제적 실질로는 전환사채와 유사하지만, 상법은 전환사채를 주주 외의 자에게 발행할 때에 적용되는 것과 같은 기존주주 보호장치(정관에 규정을 두거나 주주총회 특별결의를 거치도록 하고, 경영상 필요성을 요구하는 것)를 두고 있지 않다.[1] 심지어 이익참가부사채를 주주 외의 자에게 발행할 때에 적용되는 요건(정관의 규정 또는 주주총회 특별결의)조차 규정하지 않아서 형평에 맞지 않는다. 다만 발행인이 주권상장법인인 경우에는 엄격한 공시의무가 적용된다.[2]

---

1) 교환사채발행은 신주발행이 아니기 때문에 기존 주주에게 교환사채인수권, 교환사채발행유지청구권, 교환사채발행무효확인청구권(신주발행에 관한 418(1), 424, 429와 비교)이 인정될 수 없다는 하급심 판례로 서울중앙지방법원 2025. 9. 10, 2025카합21210 결정 참조(태광산업 교환사채 사건).

2) 자기주식으로 교환할 수 있는 교환사채를 발행할 경우 발행회사는 자기주식 대상 교환사채 발행을 선택한 이유, 발행시점의 타당성에 대한 검토 내용, 실제 주식교환 시 지배구조 및 회사 의사결정에 미치는 영향, 기존 주주이익 등에 미치는 영향 등을 공시해야 한다(기업공시서식 별지 38-26, 38-33).

나. 교환대상 유가증권의 예탁

교환의 확실성을 담보하기 위하여 발행회사는 교환대상인 증권을 사채권자가 교환청구를 하는 때 또는 그 사채의 교환청구기간이 끝나는 때까지 한국예탁결제원에 예탁하거나 전자등록기관에 전자등록해야 한다(令 22(3)).[1]

(3) 교　　환

교환을 청구하는 자는 청구서 2통에 사채권을 첨부하여 회사에 제출하여야 한다(令 22(4)).[2] 교환의 효력발생시기는 전환사채의 경우와 같다고 볼 것이다.[3]

4. 상환사채

(1) 의　　의

상환사채는 발행회사가 소유하는 '주식이나 그 밖의 다른 유가증권으로' 상환할 수 있는 사채를 말한다(469(2)(ii)). 상환대상인 증권의 의미는 교환사채의 경우와 같다. 교환사채와는 달리 상환사채의 경우에는 상환 청구를 회사의 선택으로 하는 것은 물론이고 일정한 조건의 성취나 기한의 도래에 따르게 할 수도 있다(令 23(1)(iii)).

(2) 발　　행

가. 발행의 결정

상환사채를 발행하는 경우 이사회는 다음 사항을 결정한다(令 23(1)).

① 상환할 주식이나 유가증권의 종류 및 내용
② 상환의 조건
③ 회사의 선택 또는 일정한 조건의 성취나 기한의 도래에 따라 주식이나 그 밖의 다른 유가증권으로 상환한다는 뜻

주주 외의 자에게 발행회사의 자기주식으로 상환할 수 있는 사채를 발행하는 경우 사채를 발행할 상대방에 관하여 정관에 규정이 없으면 이사회가 이를 결정한다(令 23(2)). 자기주식으로 상환할 수 있는 사채는 경제적 실질로는 전환사채와 유사하지만, 상법은 이 경우에 대해 기존주주를 위한 보호장치를 두고 있지 않다. 다만 발행인이 주권상장법인인 경우에는 자본시장법이 정한 주주보호장치가 적용된다는 점은 교환사채의 경우와 같다.

---

1) 이 경우 한국예탁결제원 또는 전자등록기관은 그 주식 또는 유가증권을 신탁재산임을 표시하여 관리하여야 한다.
2) 청구서에는 교환대상인 주식이나 유가증권의 종류 및 내용, 수와 청구 연월일을 적고 기명날인 또는 서명하여야 한다(令 22(5)).
3) 송옥렬9, 1187면.

나. 상환대상 유가증권의 예탁

일정한 조건의 성취나 기한의 도래에 따라 주식이나 그 밖의 다른 유가증권으로 상환할 수 있는 경우에는 발행회사는 조건이 성취되는 때 또는 기한이 도래하는 때까지 상환에 필요한 주식 또는 유가증권을 한국예탁결제원에 예탁하거나 전자등록기관에 전자등록해야 한다(令 23(3)).[1)]

5. 파생결합사채

(1) 도입배경

파생결합사채는 파생상품 요소가 가미된 다양한 신종사채를 포섭하기 위하여 도입된 것이다. 여기서 '파생상품 요소'란 지급할 금액이 다른 상품의 가격이나 지수 등에 따라 결정되는 것을 말한다. 종래 상법에 명문 규정이 없는 사채의 발행이 가능한지 여부가 불분명했다. 학설상으로는 발행회사의 주식발행과 연계된 것이 아닌 한 자유롭게 허용된다는 견해가 유력하였다.[2)] 그러나 감독당국과 실무계에서는 상법상 명시된 것이 아닌 한 허용되지 않는다는 보수적 해석이 여전히 사라지지 않았다. 그리하여 2007년 제정된 자본시장법이 국제자본시장의 조류를 반영하여 증권의 범위를 대폭 확장하였음에도 불구하고 파생상품과 연계된 사채의 발행은 활성화되지 못했다. 2011년 개정 상법은 불확실성을 해소하는 차원에서 파생상품 요소가 가미된 다양한 사채를 모두 포괄할 수 있도록 파생결합사채라는 일반추상적 유형을 명시적으로 도입하였다.

(2) 의　　의

상법은 파생결합사채를 '유가증권이나 통화 또는 그 밖에 대통령령으로 정하는 자산이나 지표 등의 변동과 연계하여 미리 정하여진 방법에 따라 상환 또는 지급금액이 결정되는 사채'로 정의하고 있다(469(2)(iii)). 파생상품 요소와 관련하여 상법은 기초자산, 파생상품의 거래구조나 거래장소를 제한하지 않음으로써 그 범위를 대폭 확장하였다.

파생상품 요소는 이자는 물론 원금에도 가미할 수 있다. 따라서 상법상으로는 이론상 원금 전액을 상실할 수 있는 사채를 발행하는 것도 가능하다.[3)] 이런 위험성이 높은 파생결합사채로부터 투자자를 보호하는 것은 주로 자본시장법에 맡기고 있다.

---

1) 이 경우 한국예탁결제원 또는 전자등록기관은 그 주식 또는 유가증권을 신탁재산임을 표시하여 관리하여야 한다.
2) 윤영신, "법률에 근거규정이 없는 사채의 발행가부", 상사법연구 22-1(2003), 468면 이하.
3) 사채권자가 기초자산의 변화에 따라 거꾸로 회사에 지급할 의무를 갖는 상품은 적어도 법문상 사채에 해당하지 않는다고 볼 것이다.

(3) 발 행

파생결합사채를 발행하는 경우에는 이사회가 다음 각 호의 사항을 결정한다(슈 24).

① 상환 또는 지급 금액을 결정하는 데 연계할 유가증권이나 통화 또는 그 밖의 자산이나 지표

② 위 ①의 자산이나 지표와 연계하여 상환 또는 지급 금액을 결정하는 방법

자본시장법상 파생결합증권과의 관계

상법상 사채는 자본시장법상 증권의 유형 중 채무증권에 속한다(자시 4(3)). 그러나 파생결합사채는 원칙적으로 자본시장법상 채무증권과 별도의 유형인 파생결합증권(자시 4(7))에 속한다.[1)]

자본시장법은 자기가 증권을 발행하는 것은 원칙적으로 투자매매업으로 보지 않는다(자시 7(1)). 그러나 환위험 헤지를 위하여 발행하는 경우를 제외한 파생결합증권을 발행하는 것은 예외적으로 투자매매업으로 보아 인가를 요한다(자시 7(1)(ii), 자시슈 7(1)). 따라서 일반 주식회사가 위에서 언급한 것 같은 파생결합사채를 발행하는 것은 현실적으로 불가능하다.

자본시장법상 파생결합증권으로 대표적인 것은 **주가연계증권**(ELS)과 **주식워런트증권**(ELW)이다. 주가연계증권은 증권회사가 발행하는 것으로 투자자에게 상환할 원금이 개별 주식의 가격이나 주가지수에 연계되어 결정되는 증권이므로 상법상 파생결합사채에 해당한다고 볼 수 있다.

한편 주식워런트증권은 특정 주식의 가격이나 주가지수의 변동과 연계하여 일정한 기간이 지나면 미리 약정된 방법에 따라 해당 주식을 매매하거나 차액을 수령할 수 있는 권리가 주어진 증권을 말한다. 예컨대 A회사의 주가가 3만원인 시점에 1년 후 A회사의 주식을 3만3천원에 매수할 수 있는 주식워런트증권을 2천원에 매수한 투자자는 1년 후 주가가 4만원으로 상승한 경우 주식워런트를 행사해서 3만3천원에 주식을 취득하거나(현물결제) 현재 주가와의 차액 7천원을 받을 수 있다(차액결제). 주식워런트증권도 종류에 따라서는 사채에 해당한다는 견해[2)]도 있지만 수긍하기 어렵다. 주식워런트증권은 자금조달목적으로 발행되는 것이 아니라 원금도 존재하지 않을 뿐 아니라 상법상 사채규정을 적용할 실익도 없기 때문이다. 주식워런트증권은 경제적 실질이 옵션으로 전형적인 파생상품이지만 자본시장법상으로는 파생결합증권으로 분류되고 있다(자시 4(7)(ii), 5(1)단). 따라서 이 점에서는 파생결합증권은 파생결합사채보다 더 넓은 측면이 있다.

한편 파생결합증권이 파생결합사채보다 더 좁은 측면도 있다. 2013년 개정 자본시장법은 파생결합사채 중에서 이자에 대해서만 다른 자산의 가격 등의 변동과 연계된 것(그리하여 원금에 대해서는 파생상품 요소가 없는 것)은 파생결합증권에서 명시적으로 배제하고 있다(자시 4(7)(i)).

---

1) 상세한 것은 김/정4, 49~50면.

2) 박준, 전게논문, 46~48면.

제 7 장

기업구조개편

제1절
총 설

I. 기업구조개편: 실질적 개편과 형식적 개편

기업은 마치 유기체와 같이 경영환경 변화에 맞추어 끊임없이 변모한다. 기업의 변모는 실로 무궁무진하지만 가장 극적인 형태는 기업의 구조개편[1]에서 찾을 수 있다. 기업의 구조개편은 크게 ① 실질적 개편과 ② 형식적 개편의 두 가지로 나누어 볼 수 있다. 실질적 개편이란 기업이 새로 사업을 인수하거나 사업일부를 처분함으로써 기존 사업영역을 확장하거나 축소하는 변화를 가리킨다. 흔히 M&A(mergers and acquisitions)라고 불리는 기업인수가 이에 속할 것이다. 반면에 형식적 개편이란 기업의 실질에는 변함이 없이 기업의 법적 구조만을 변경하는 경우를 가리킨다. 동일한 기업집단에 속하는 회사가 서로 합병하거나 하나의 회사가 모자관계의 두 회사로 나뉘는 것과 같은 구조개편이 그 예이다. 실질적 개편이 기업의 내용인 사업을 변경하는 것이라면 형식적 개편은 기업의 법적 구조를 바꾸는 것이다.

실질적 개편은 흔히 특정 사업에 대한 전망이 달라질 때 일어난다. 예컨대 T회사의 사업부문 I에 대해서 A회사가 그 가치를 더 높게 평가한다면 A가 T로부터 I를 인수하는 거래가 성립할 가능성이 크다. 반면에 형식적 개편은 기업운영상 편의를 위하여 실시하는 경우가 많다. 실질적 개편이든 형식적 개편이든 그것을 위하여 동원하는 법적 수단은 상당 부분 중복된다. M&A의 대표적 수단인 합병, 영업양수, 주식매수는 실질적 개편의 경우는 물론이고 형식적 개편의 수단으로도 널리 활용된다. 한편 회사분할이나 주식의 포괄적 교환은 주로 형식적 개편을 위해서 실행되지만 실질적 개편의 수단으로 이용되는 경우도 적지 않다. 그러나 주식의 포괄적 이전은 주로 형식적 개편의 목적으로 활용된다.

이 장에서는 이러한 구조개편의 주요 형태에 대해서 차례로 설명한다. 구체적인 설명에 앞서 구조개편의 중심을 이루는 기업인수의 기본 사항을 간단히 살펴본다.

1) "기업 활력 제고를 위한 특별법"에서는 사업재편이란 용어를 비슷한 의미로 사용하고 있다(2(ii)).

Ⅱ. 기업인수의 개요

1. 의 의

기업의 구조개편, 그 중에서도 실질적 개편은 흔히 기업인수 내지 M&A라는 용어로 표현된다. 기업인수는 법률상의 용어라기보다는 경제계의 일상용어로서 그 의미나 범위가 반드시 명확한 것은 아니다. 이곳에서는 기업인수를 인수회사가 다른 회사(대상회사)를 자신의 지배하로 끌어들이는 거래라는 의미로 사용한다.[1)]

2. 기본형태

기업인수를 달성하는 방법은 여러 가지가 있지만 기본적인 형태로는 **주식매수**, **영업양도**,[2)] **합병**의 3가지를 들 수 있다.[3)]

기업인수의 대가로는 현금 외에 주식 등 기타재산을 동원할 수도 있으므로 실제로 활용할 수 있는 인수형태는 한층 다양하다. 1990년대 말 외환위기 직후에는 이른바 부외부채(簿外負債)에 대한 우려 때문에 영업양도 방식이 널리 이용되었다. 그러나 현재는 절차가 가장 간편한 인수형태인 주식매수 방식이 널리 이용되고 있다.[4)] 반면에 가장 완전한 기업결합형태인 합병은 동일한 기업집단에 속하는 회사 사이에서가 아니면 거의 행해지는 예를 찾아보기 어렵다.

3. 인수형태의 결정

주식매수, 영업양도, 합병은 모두 기업인수라는 경제적 효과를 달성한다는 면에서는 공통된다. 그러나 어느 형태를 취하는가에 따라 구체적인 법적, 경제적 효과는 차이가 있다. 이런 차이는 인수형태를 선택할 때 상당한 영향을 미칠 수 있다. 이하에서는 인수형태 결정에 영향을 주는 주된 요소를 간단히 소개한다.

(1) 세법상 효과

세법상 효과는 기업인수에 관여하는 당사자의 판단에 가장 큰 영향을 미치는 고려요소이다. 특히 대상회사와 대상회사 주주의 세금부담을 최소화하는 인수형태가 선호된다.

---

1) 기업인수는 반드시 회사 사이에만 이루어질 수 있는 것은 아니다. 개인이 회사를 인수하거나 거꾸로 회사가 개인기업을 인수하는 것도 모두 가능하다. 그러나 이곳에서는 인수기업이나 대상기업이 모두 주식회사라는 전제 하에 설명한다.

2) 영업을 양수하는 관점에서는 영업양수라는 용어가 사용된다.

3) 주식의 포괄적 교환은 주식매수와 합병의 중간 형태라고 할 수 있다.

4) 2007년부터 2010년까지 국내회사를 대상으로 이루어진 기업인수 중 규모면에서 가장 큰 거래를 매년 10개씩 선정하여 분석한 결과, 전체 40건이 모두 우호적 기업인수로 그중 신주인수를 포함한 주식매수 방식이 37건이고 영업양수가 3건이었다고 한다. 천경훈, “한국 M&A의 특성과 그 법적 시사점에 관한 시론”, 선진상사법률연구 56(법무부, 2011), 139~145면.

(2) 인수회사의 자금부담

기업인수에는 막대한 자금이 소요될 수 있다. 인수회사의 자금조달가능성도 구체적인 인수형태의 결정을 좌우할 수 있다. 인수자금 조달이 어려운 경우에는 합병방식을 택하거나 인수대가로 현금 대신 주식이나 사채를 발행할 수도 있다. 또한 자금이 충분하지 않다면 반대주주에 의한 주식매수청구권 행사를 최소화할 필요가 한층 더 클 것이다.

(3) 부외부채에 대한 우려

인수 후 대상회사에서 부외부채가 발견되면 인수회사는 큰 타격을 받을 수 있다. 대상회사의 부외부채가 존재하는지 여부에 대해서 확신이 없는 경우에는 합병이나 주식매수 대신 대상회사의 채무를 제외한 적극재산만을 인수할 수 있는 영업양도 방식의 매력이 높아질 것이다.[1)]

(4) 인수회사의 경영권 안정

인수회사가 대상회사나 대상회사 주주에게 자신의 신주를 교부하는 인수형태를 택하는 경우에는 재정적 부담은 크지 않지만 발행주식 수의 증가로 인하여 주식소유구조가 변하게 된다. 심지어 인수회사 경영자가 경영권을 잃을 여지도 있다. 인수회사가 주식소유구조의 변화를 꺼린다면 주식 대신 현금이나 사채를 대가로 사용할 수밖에 없을 것이다.

4. 기업인수와 법

(1) 사법상 거래로서의 기업인수

기업인수, 특히 우호적 기업인수는 대상이 기업이란 점을 제외하면 일반 사법상 거래, 특히 매매거래와 별 차이가 없다. 다만 대상이 보통의 자산이 아니라 기업이기 때문에 거래당사자 사이에 이른바 정보비대칭이 심각한 경우가 많다.[2)] 상법은 인수회사와 대상회사의 주주와 채권자의 이익을 조정하는 관점에서 다수의 규정을 두고 있다. 한편 자본시장법도 특히 대상회사의 주주를 비롯한 일반투자자 보호를 위한 규정을 두고 있다. 이 곳에서는 기업인수를 상법과 자본시장법을 중심으로 설명한다. 그러나 기업인수는 상법과 자본시장법 외에 다른 여러 법분야와도 관련된다. 이하 간단히 살펴본다.

(2) 일반계약법[3)]

우호적 기업인수의 경우에는 당사자의 구체적 합의사항을 법적으로 실현시키는 것이 중요한 과제이다. 그 과제수행을 뒷받침하는 것은 바로 계약법적 수단이다. 대규모 기업의 인수

---

1) 실제 1997년 외환위기 직후에는 바로 그런 이유 때문에 영업양도 방식이 널리 이용되었다.
2) 이러한 다양한 문제들을 하나의 법으로 처리하고 있는 나라는 없다. 법적 규제의 구체적인 모습은 국가에 따라 각양각색이다. 그렇지만 기업인수에서 발생하는 법적인 문제들은 어느 나라에서나 대체로 유사하다.
3) 기업인수의 계약법적 문제에 관해서 상세한 것은 천경훈(편), 우호적 M&A의 이론과 실무(제2권) — M&A계약의 주요조항, 소화, 2017에 수록된 논문들 참조.

시에는 방대한 계약서가 체결되는 것이 보통이다. 일반 상거래에 비하여 기업인수계약은 체결 과정도 복잡할 뿐 아니라 이행이 완료되기까지 걸리는 시간도 길다. 통상의 절차는 다음과 같은 단계로 구성된다.

① 인수대상의 결정
② 인수방식의 결정
③ 기업가치 평가[1)]
④ 기밀유지계약 체결 및 협상개시
⑤ 양해각서 체결
⑥ 기업실사(due diligence)
⑦ 본(本)계약 협상 및 체결
⑧ 계약이행(closing)

일반 매매거래에 비하여 특이한 것은 ⑥ 기업실사이다. 이는 대상회사 평가에 필요한 여러 사항들을 확인하는 절차로서 ④의 기밀유지계약은 인수자가 실사 결과 취득한 대상회사 정보의 비밀을 유지하기 위한 것이다.

기업인수거래에서는 여러 가지 계약이 체결되지만 중요한 것은 ⑦의 본계약, 즉 기업인수계약이다. 기업인수계약은 구체적 인수형태에 따라 차이가 있지만 주로 다음의 요소로 구성된다.

① 목적물, 가격, 대금지급방법
② 진술 및 보장(representation and warranties)
③ 손해배상(indemnification)
④ 선행조건(condition precedent)
⑤ 약정사항(covenants)

이들 요소 중 특히 중요한 것은 ② 진술 및 보장조항이다. 이는 기업가치의 평가를 저해하는 정보비대칭 문제에 대처하기 위한 조항으로 기업인수계약에서 가장 큰 부분을 점하고 있다.

(3) 세 법

기업인수는 대상회사와 그 주주에 납세의무를 발생시키는 계기가 될 수 있다. 법인세법,

---

1) 인수회사가 기업인수에 나서는 이유는 다양하지만 그러한 결정의 밑바닥에 깔려있는 것은 대상회사의 가치가 인수가액보다 높다는 판단이다. 그러므로 인수회사는 인수여부 및 가액을 정하기에 앞서 대상회사의 가치를 제대로 평가할 필요가 있다. 기업가치의 평가는 대상회사의 경영자나 주주의 관점에서도 중요한 의미를 갖는다. 기업가치의 평가는 회사법의 다양한 국면에서 문제되지만 특히 기업인수분야에서는 핵심적인 위치를 차지한다.

소득세법, 조세특례제한법 등 세법에는 기업인수거래에 적용되는 규정들이 많다. 실무상으로는 세법상의 고려가 기업인수의 실시 여부와 그 형태를 결정하는 가장 중요한 요인이다.

(4) 독점규제 및 공정거래에 관한 법률(이하 '공정거래법')

기업인수는 경쟁을 제한하거나 경제적 집중을 초래할 수 있기 때문에 공정거래법은 경쟁을 실질적으로 제한하는 기업결합을 금지하고(공정거래 9) 일정한 기업결합에 대하여는 공정거래위원회에 신고할 의무를 부과한다(공정거래 11).

(5) 기 타

기업인수는 대상회사 근로자의 지위나 처우에 큰 영향을 미칠 수 있으므로 노동법적 쟁점도 문제된다. 근로관계의 승계 여부, 단체협약의 승계 여부, 기업인수에 관하여 노동조합의 합의를 요하는 단체협약 조항의 효력, 기업인수를 저지하기 위한 쟁의행위의 정당성 등이 그 예이다. 국제적 기업인수에 대해서는 외국환거래법, 외국인투자촉진법 등이 적용된다. 또한 은행과 같이 규제산업에 속하는 기업의 인수는 그 업종을 규제하는 법이 적용되고 회생절차가 개시된 기업의 인수에 대해서는 도산법도 적용된다.

Ⅲ. 기업인수와 회사법

1. 우호적 기업인수와 적대적 기업인수

(1) 의 의

기업인수는 대상회사 경영진의 의사에 반하는지 여부에 따라 우호적 기업인수와 적대적 기업인수의 두 가지로 나눌 수 있다. 마치 성을 차지하기 위한 공방전과 같은 적대적 기업인수가 세간의 주목을 끌지만 실제 기업인수는 대부분 우호적으로 진행된다. 이곳에서는 적대적 기업인수의 기본적인 쟁점만을 간단히 소개하기로 한다.

기업인수와 위임장 권유

대상회사의 경영권을 장악하는 것은 주주로부터 받은 위임장을 이용하여 주주총회에서 기존 경영자를 교체하는 방법으로도 가능하다. 주주에 대한 위임장 권유는 주식소유가 분산된 상장회사에서 주로 행해지며 자본시장법의 규제대상이다(자시 152). 경영권분쟁이 있는 회사에서는 경영진측도 위임장 권유에 나서기 때문에 이른바 위임장 경쟁(proxy contest)이 벌어지는 경우가 많다. 그러나 위임장 권유는 기업인수 수단으로는 지극히 불완전한 것이다. 비록 한 차례 위임장을 많이 확보하여 경영자를 몰아내는데 성공하는 경우에도 다음 주주총회에서 다시 위임장 경쟁이 벌어질 가능성이 높기 때문이다.

---

(2) 적대적 기업인수의 효용과 폐해

적대적 기업인수가 성공하면 인수에 반대한 경영자가 교체되는 것이 보통이다. 적대적 기업인수를 통한 경영진 교체를 흔히 **경영권시장**(market for corporate control)이라고 한다. 경영권시장은 다음과 같은 이유로 경영자의 대리비용을 억제하는 기능을 한다. ① 무능하거나 부정직한 경영자를 교체하고 잘못된 투자를 번복하는 방안으로 이용될 수 있다. ② 주가가 하락할수록 적대적 기업인수 위험이 높아지므로 경영자는 주가하락을 초래할 방만한 투자를 자제하게 된다.

그러나 적대적 기업인수의 대상이 되는 회사가 반드시 문제 있는 회사에 국한되는 것은 아니다. 대상회사의 시장가치가 인수기업측의 평가보다 낮기만 하다면 우량한 회사도 얼마든지 적대적 기업인수 대상이 될 수 있다. 적대적 기업인수가 활성화되는 경우에는 다음과 같은 폐해가 발생할 수 있다. ① 경영자가 회사의 장기적 성장을 소홀히 하고 주가의 단기적 변동에 지나치게 몰두할 가능성이 크다. ② 주가에 치중한 나머지 근로자를 비롯한 회사의 다른 이해관계자 이익을 소홀히 할 가능성이 크다. ③ 주가를 상승시키기 위하여 회사의 장기적 이익에 부합하지 않는 비합리적인 결정을 내릴 우려가 있다.

(3) 적대적 기업인수에 대한 방어

가. 기준으로서의 회사가치

적대적 기업인수는 이처럼 장·단점이 공존하는 거래이다. 그러므로 정책적 관점에서는 적대적 기업인수를 방치하는 것은 물론이고 봉쇄하는 것도 문제이다. 원론적으로는 바람직한 기업인수는 허용하고 그렇지 않은 기업인수는 억제할 필요가 있을 것이다. 양자를 가르는 기준은 '회사의 가치'에서 찾는 것이 일반적이다. 즉 회사가치를 높이는 기업인수는 허용하고 그것을 낮추는 기업인수는 억제할 수 있도록 제도를 운영할 필요가 있다.

나. 회사가치 판단의 주체

적대적 기업인수는 인수회사가 대상회사 주주로부터 직접 주식을 매수하는 것을 전제로 하기 때문에 매매 여부와 매매가격에 관한 주주의 판단이 요구된다. 주주이익은 회사가치에 좌우되기 때문에 주주는 회사가치를 정확하게 평가할 인센티브가 있다. 그러나 주주는 그에 필요한 정보나 전문성을 갖추지 못할 뿐 아니라 다른 이해관계자 이익을 경시할 가능성이 크다. 또한 다른 주주가 매도하는 경우에는 자신만 소수주주로 남을 위험이 있기 때문에 매매가격에 불만이 있더라도 매도할 가능성도 있다(이른바 **매도의 압력**).[1] 매도압력에 관계없이 회사가치를 기준으로 적대적 기업인수에 대한 방어여부를 결정할 주체로는 ① 주주총회, ② 이사회, ③ 법원의 세 가지를 생각해볼 수 있다. ① 매도결정을 각 주주에게 맡기는 대신 주주총회 결

---

1) 매도의 압력은 자본시장법상 공개매수의 규제 등을 통해서 다소 완화되지만 완전히 사라지는 것은 아니다.

의에 맡기는 경우에는 이해관계가 가장 큰 주주가 결정하면서도 매도압력을 피할 수 있다. ② 이사회는 정보와 전문성을 모두 갖추고 있지만 자신의 지위를 유지하려 할 인센티브가 있기 때문에 그 판단을 무조건 신뢰할 수는 없다. 외국에서는 이익충돌을 완화시키는 방안으로 의사결정과정에 사외이사와 외부 전문가의 참여를 권장하고 있다. ③ 법원은 중립성은 탁월하지만 전문성과 인센티브가 부족하다는 문제가 있다. 이론상 이들 세 가지 주체는 적대적 기업인수의 진행과정에서 개별적으로 또는 공동으로 영향력을 행사할 수 있다. 그 구체적인 모습은 나라에 따라서 차이가 있지만 우리나라에서는 ② 이사회와 ③ 법원이 중요한 역할을 수행한다.

다. 기존의 방어수단 — 제3자에 대한 신주발행 등

우리나라에서 적대적 기업인수에 대한 방어수단은 아직 별로 개발되지 않은 상태이다. 보유지분이 감소되는 상황에서 지배주주는 주로 계열회사로 하여금 다른 계열회사 주식을 보유하도록 함으로써 그룹전체에 대한 경영권을 유지하고 있다. 그럼에도 불구하고 간혹 외부세력에 의한 경영권 탈취의 우려가 있는 상황에서는 경영자가 우호적 제3자에게 신주나 전환사채와 같은 주식관련사채를 발행하는 사례가 많았다. 이러한 주식관련증권의 발행에 의한 방어행위는 법원에서 주로 주주의 신주인수권을 침해하는지의 관점에서 다투어졌다. 대법원은 "주식회사가 신주를 발행함에 있어 신기술의 도입, 재무구조의 개선 등 회사의 경영상 목적을 달성하기 위하여 필요한 범위 안에서 정관이 정한 사유가 없는데도 회사의 경영권 분쟁이 현실화된 상황에서 경영진의 경영권이나 지배권 방어라는 목적을 달성하기 위하여 제3자에게 신주를 배정하는 것은 상법 제418조 제2항을 위반하여 주주의 신주인수권을 침해하는 것"이라고 하면서(대법원 2009. 1. 30, 2008다50776 판결), 경영권 방어목적의 신주발행을 제한하고 있다.

경영권 방어수단으로 우호세력에 대한 제3자 배정 신주발행이 어려워짐에 따라 신주발행에 갈음하여 회사가 보유하는 자기주식을 우호세력에 매각하는 방법이 널리 활용되고 있다. 아직 대법원 판례는 없으나 하급심 판례는 자기주식을 미발행주식이 아닌 자산으로 보아 경영권 분쟁상황에서도 자기주식 처분에 별다른 제한을 두지 않는 것이 보통이다.[1] 그러나 설사 자기주식을 자산으로 보더라도 그 처분에는 이사의 신인의무가 적용되므로 경영권 분쟁국면에서 이사는 지배주주의 이익이 아니라 회사이익 및 총주주이익의 극대화를 위하여 행동할 의무를 부담한다고 볼 것이다.

---

1) 이에 관하여는 제6장 제3절 Ⅳ 참조.

포이즌필

포이즌필(poison pill)은 미국에서 널리 이용되는 경영권 방어수단으로 그 내용은 다양하지만 회사의 신주를 인수할 수 있는 권리,[1] 즉 워런트(warrant)의 형식을 취하는 경우가 일반적이다.[2] 포이즌필은 자기 회사의 신주를 대상으로 하여 발행하는 것이 보통이다(이른바 flip-in형).[3] 포이즌필의 내용은 다소 차이는 있지만 대체로 예컨대 시가의 1/10 가액으로 신주 1주를 인수할 수 있는 권리와 같이 행사가액이 시가보다 현저하게 낮은 수준이고 행사로 인하여 다수의 의결권이 발생하도록 설계된다. 통상 행사시기는 특정 주주의 보유주식이 일정 규모(흔히 20%)에 달하는 시점이고 당해 특정 주주는 권리행사가 금지된다. 이처럼 특정 주주의 권리행사를 배제하는 것이 주주평등원칙에 반하는지 여부에 대해서는 다툼이 있다.[4]

이런 포이즌필이 사전에 주주에게 분배된 경우[5] 특정 주주가 20%를 취득하게 되면 나머지 주주가 권리를 행사하여 신주를 취득하지만 당해 주주는 신주를 취득하지 못하므로 당해 주주는 지분이 의결권의 면에서는 물론이고 경제적인 면에서도 크게 희석되는 불이익을 입는다. 따라서 포이즌필이 발행된 회사에서 적대적 기업인수를 실행하는 것은 현실적으로 극히 어렵다. 그러나 완전히 불가능한 것은 아니다. 포이즌필은 이사회가 명목상의 가액으로 상환할 수 있게 되어 있으므로 포이즌필이 있는 회사를 인수하고자 하는 자는 먼저 포이즌필을 상환하도록 이사회를 설득하는 과정을 거치게 된다. 만약 이사회가 상환을 거부하는 경우에는 결국 주주총회에서 위임장권유를 통해서 이사를 교체하고 새로운 이사회가 포이즌필을 상환한 후에 주식을 취득할 수 있다.[6] 이런 관점에서 보면 포이즌필은 결국 주식매수를 통한 경영권 인수 시에 대상회사 주주총회의 승인을 얻도록 하는 기능을 한다고 볼 수 있다.

포이즌필은 기존 방어수단에 비하여 훨씬 비용이 덜 들뿐 아니라 설계하기에 따라서는 경영권 방어효과의 조절이 가능하다는 장점이 있다. 우리 상법상으로도 사실상 포이즌필과 유사한 기능을 하는 증권의 발행을 허용하기 위한 개정이 시도된 바 있으나 학계와 시민단체의 강력한 반대에 부딪혀 좌절된 바 있다.[7]

2. 기업인수와 이사의 신인의무

(1) 대상회사 이사의 의무

기업인수는 인수회사와 대상회사에게 모두 중요하지만 특히 대상회사의 관점에서는 기업의 사활이 걸린 문제이다. 따라서 일반 회사거래에서와는 달리 합병이나 영업양수의 경우 경

1) 그리하여 미국에서는 포이즌필이라는 부정적 용어 대신 주주권리계획(shareholder rights plan)이라는 중립적인 용어도 많이 사용된다.
2) 전환우선주의 형식을 취하는 것도 가능하다.
3) 자신을 흡수합병하는 회사의 신주를 대상으로 하는 경우(이른바 flip-over형)도 가능하다.
4) 그러한 차별적 취급에 대해서 미국 법원의 판례는 엇갈리고 있지만 일부 주법은 그것을 명시적으로 허용하고 있다.
5) 현물배당의 형식으로 지급되는 것이 보통이다.
6) 이사는 상환을 거부하는 결정을 내릴 때에도 신인의무의 구속을 받을 것이다.
7) 포이즌필의 실무상의 문제점에 관해서는 박준/송옥렬/최문희, "신주인수선택권의 바람직한 운용방안", 상사법연구 30-2(2011) 참조.

영자만이 아니라 주주도 의사결정에 참여한다. 그러나 실제로는 대상회사 이사회가 결정적인 역할을 수행한다. 이사의 행동은 일반적인 신인의무에 의하여 규율되지만 그 해석은 쉽지 않다. 이하에서는 기업인수맥락에서의 대상회사 이사의 의무에 대해서 설명한다. 인수회사 이사의 의무는 일반 투자거래의 경우와 특별히 다른 점이 없다.

대상회사 이사의 의무는 특히 적대적 기업인수의 경우에 많이 문제된다. 그렇지만 우호적 기업인수의 경우에도 문제가 없는 것은 아니다. 이하에서는 먼저 적대적 기업인수를 중심으로 설명하되 뒤에서 우호적 기업인수의 특수한 문제를 설명하기로 한다.

(2) 적대적 기업인수

적대적 기업인수의 경우 외국에서는 이사의 이익충돌을 고려하여 **중립의무**를 부과하는 입법례도 있다.[1] 그러나 중립을 명하는 규정이 없는 우리나라에서는 기업인수가 회사가치를 손상시키는 것으로 판단되는 경우에는 이사가 그에 대항하여 적절한 방어조치를 취할 권한과 의무가 있다고 볼 것이다. 구체적으로 어떠한 경우에 어떠한 방어조치가 허용된다고 볼 것인지는 결국 개별 사안에서 법원이 판단할 수밖에 없을 것이다.

우리나라에서 경영권방어는 주로 우호세력에게 주식(또는 주식관련증권)을 발행하거나 자기주식을 처분하는 방법으로 행해지다 보니 제3자배정증자가 상법 제418조 제2항 단서의 예외에 해당하는지 또는 자기주식처분의 법적 성격이 무엇인지의 문제로 논의되어 왔다. 그러나 경영권방어 목적의 신주발행 내지 자기주식 처분이 절대적으로 금지되거나 무제한 허용되는 것은 아니다. 그 허용여부는 이사의 신인의무의 관점, 즉 이러한 행위가 회사가치 유지 내지 극대화 측면에서 정당화될 수 있는지를 기준으로 판단해야 할 것이다.[2]

‡ 이사의 경영권방어행위에 대한 미국 델라웨어주법원 판례

경영권 방어행위의 적법여부가 가장 활발히 논의된 나라는 미국이다. 그러나 미국 판례는 이러한 방어조치에 대해서 통상의 경영행위로 보아 경영판단원칙을 적용할 것인가 아니면 그것을 경영자 자신의 지위보전을 위한 이익충돌행위로 보아 보다 엄격한 공정성기준을 적용할 것인가의

1) 해부, 366~373면.

2) 과거 하급심 판결 중에는 방어행위의 필요성과 합리성을 종합적으로 검토한 예가 있다. 즉 "적대적으로 기업취득을 시도하는 자본의 성격과 기업취득의도, 기존 지배주주 및 현 경영진의 경영전략, 대상회사의 기업문화 및 종래의 대상회사의 사업내용이 사회경제적으로 차지하는 중요성과 기업취득으로 인한 종래의 사업의 지속 전망 등에 비추어 기존 지배주주의 지배권 또는 현 경영진의 경영진이 유지되는 것이 대상회사와 일반 주주에게 이익이 되거나 특별한 사회적 필요가 있다고 인정되고, 한편 이러한 신주발행행위가 그 결의 당시의 객관적 사정에 의하여 뒷받침되고, 그 결의에 이르기까지의 과정에 대상회사의 경영권 분쟁 당사자인 기존 지배주주가 아닌 일반 주주의 의견과 중립적인 전문가의 조언을 듣는 절차를 거치는 등 합리성이 있는 경우"에는 신주의 제3자 배정이 허용된다고 보았다(수원지방법원 여주지원 2003. 12. 12, 2003카합369 결정). 자기주식의 처분이 방어권 남용에 해당하는지 여부가 문제된 사안에서 유사한 법리를 제시한 판결로 서울북부지방법원 2007. 10. 25, 2007카합1082 결정.

사이에서 논의가 진행 중이다. 델라웨어주법원은 이른바 **비례기준**(proportionality test)을 채택하여 이사가 다음 사항을 증명한 경우에만 방어조치를 취할 수 있다고 하고 있다: ① 상대방의 주식보유로 말미암아 회사정책과 효율성에 대한 위험이 존재한다고 믿을 합리적인 근거가 있을 것, ② 방어조치가 그러한 위험에 비하여 합리적일 것.[1)]

(3) 우호적 기업인수

대상회사 이사와 주주 사이의 이익충돌은 적대적 기업인수의 경우에는 물론이고 우호적 기업인수의 경우에도 존재한다. 이익충돌을 가장 전형적으로 보여주는 예는 인수회사가 대상회사 이사에게 일종의 뇌물을 주고 인수회사에 유리한 조건으로 기업인수가 이루어지도록 하는 경우이다. 뇌물이 아니라 계속적인 근무를 보장하거나 고문계약을 체결하는 경우에도 이익충돌 위험은 마찬가지로 존재한다.

이익충돌 관점에서 특히 어려운 문제를 야기하는 것은 이른바 **거래보호조항**(또는 lock-up 조항)이다. 기업인수를 준비하는 단계에서도 인수회사는 많은 비용을 지출하게 된다. 그리하여 인수회사가 대상회사와 인수에 대한 교섭을 개시하는 단계에서 대상회사에 어느 정도의 보장을 요구하는 경우가 있다.[2)] 이러한 보장을 흔히 거래보호조항이라고 부른다. 거래보호조항은 단순히 성실하게 교섭에 임할 의무를 부과하는 경우(best efforts clauses), 독점적 교섭권을 부여하는 경우, 기업인수가 성사되지 않을 때 거래금액의 1~5%에 달하는 금액(cancellation fees)을 지급하기로 하거나 인수회사에 주식이나 자산에 대한 매수선택권(call option)을 주는 경우 등 다양한 내용으로 구성된다.

거래보호조항은 특정 당사자를 우대하거나 대상회사의 행동범위를 제약하는 기능을 갖는다. 그러한 기능을 부정적으로 보는 견해는 거래보호조항이 신인의무에 따른 대상회사 이사의 매각대가 최대화를 저해한다는 점에서 무효라고 주장한다. 그러나 거래보호조항이 경영자 행동을 제약한다는 측면에만 초점을 맞추는 것은 부당하다. 거래보호조항은 그것이 합의된 후의 시점에서 보면 경영자 행동을 제약하는 측면이 있는 것은 사실이다. 그러나 거래보호조항의 효력은 그 체결시점을 기준으로 판단해야 한다. 인수를 희망하는 회사가 별로 없는 상황에서 인수의사를 가진 회사가 그러한 보호조항 없이는 인수교섭의 추진을 거부하는 경우에는 비록 그것이 대상회사 이사가 취할 수 있는 결정의 폭을 좁히는 기능이 있지만 인수희망회사를 유치하기 위한 불가피한 양보로 볼 여지도 없지 않다.

---

1) Unocal v. Mesa, 493 A.2d 946(Del.1985); Paramount v. Time, 571 A.2d 1140(Del.1989).
2) 대상회사의 인수에 관심 있는 회사가 많은 경우에는 그러한 요구가 불가능할 것이다.

제 2 절

영업양도

I. 서　설

기업인수를 위한 영업양도는 대상회사가 영업을 인수회사에 양도하는 방법으로 행한다.[1] 인수회사 관점에서는 영업양수이지만 이하에서는 편의상 영업양도라는 용어를 주로 사용한다. 영업양도란 기존의 영업을 동일성을 유지하며 양도하는 거래를 말한다. 양도대상인 자산이 영업의 요건을 충족하지 못하는 경우에는 자산양도에 해당한다. 자산양도도 계약법적 측면에서는 영업양도와 큰 차이가 없으나, 다만 그것이 영업양도에 해당할 경우 상법, 세법, 노동법 등의 영역에서 후술하는 몇 가지 중요한 차이를 가져온다.

영업양도의 대가는 금전인 것이 보통이지만 인수회사가 신주나 사채를 발행하는 경우도 있다. 인수회사가 대가로 신주를 발행하는 경우는 영업의 현물출자에 해당하는데, 이에는 상법상 현물출자에 관한 규정이 적용됨은 물론 영업양도에 관한 규정도 유추적용될 것이다. 영업양도를 그림으로 표시하면 [그림 7-1]과 같다.

다른 기업인수와 마찬가지로 영업양도의 법적 쟁점을 처리할 때 가장 중요한 것은 영업양도계약이다. 상법은 영업양도를 두 가지 측면에서 규율할 뿐이다. ① 양도인에게 경업금지의무를 부과하거나(41) 일정한 경우 양수인에게 양도인의 영업으로 인한 채무에 대해서 연대책임을 지움으로써(42, 44) 당사자 상호간 그리고 제3자에 대한 법률관계를 규율한다. ② 소수주주 보호를 위하여 영업양도를 주주총회 특별결의사항으로 삼는 동시에(374) 반대주주에게 주식매수청구권을 부여한다(374-2). 이하에서는 ②를 중심으로 설명한다.

1) 영업양도의 실무상 쟁점에 관한 전반적인 검토에 관해서는 강희철, “영업양수의 법률관계”, BFL 38(2009), 39면 참조.

그림 7-1 영업양도

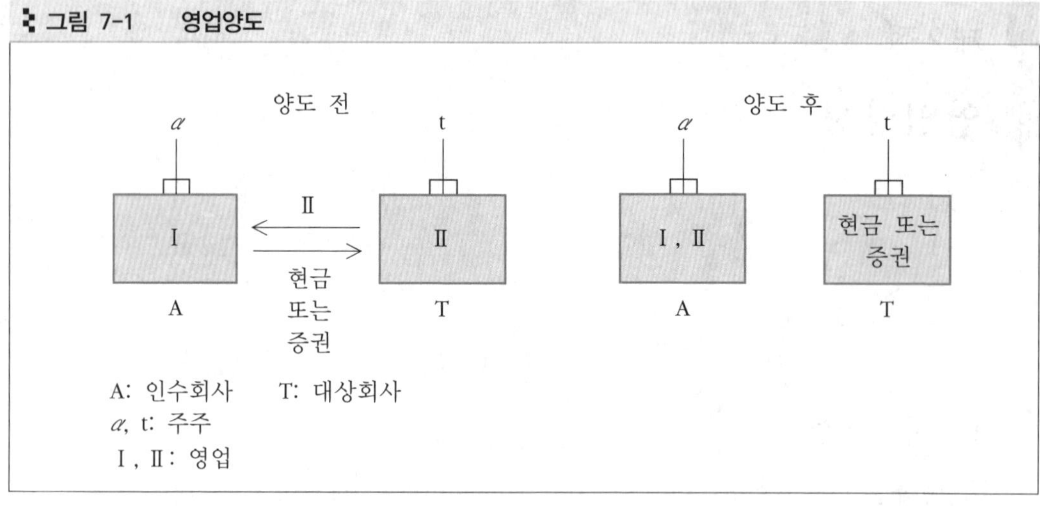

Ⅱ. 영업양도의 의의

대상회사는 자신의 영업전부나 중요한 일부를 양도하는 경우 주주총회 특별결의를 얻어야 한다(374(1)(i)). 이처럼 영업양도에 특별결의를 요하는 이유는 그것이 주주이익에 중대한 영향을 미치는 거래이기 때문이다.[1] 따라서 주주총회 특별결의를 요하는 영업양도의 범위를 획정할 때에는 주주이익에 중대한 영향을 미치는 것인지 여부를 기준으로 삼아야 할 것이다.

1. 영업의 개념

(1) 상법상 영업

상법상 영업양도와 관련하여 가장 문제되는 것은 영업의 개념이다. 이론상으로는 영업을 총칙과 회사편에서 반드시 동일하게 해석해야 할 이유는 없다. 양쪽에서 영업양도를 규율하는 취지가 서로 다르기 때문이다.[2] 그러나 판례는 양쪽에서 영업을 같은 의미로, 즉 '일정한 영업목적에 의하여 조직되고, 유기적 일체로 기능하는 재산'으로 해석한다(대법원 1994. 5. 10, 93다47615 판결 등). 이에 따라 일반적으로 영업이란 대차대조표상 적극재산과 소극재산은 물론이고 영업의 인적조직, 고객관계, 영업비결 등 영업활동의 승계를 뒷받침하는 재산적 가치 있는 사실관계를 포괄하는 것으로 이해되고 있다. 영업을 구성하는 재산 일부를 제외하고 양도한 경우에도 사회관념상 종래의 영업조직이 그대로 이전되는 것으로 인정되면 영업양

---

1) 영업양도의 상대방이 양도회사의 완전자회사인 경우에도 경제적으로는 영업이 기업외부로 유출되지는 않으나 상법 해석상 주주총회 특별결의가 필요하다고 볼 것이다.

2) 회사편의 규정은 영업양도가 회사에 중요한 영향을 가져오는 변경이라는 관점에서 마련된 것이므로 영업개념을 반드시 총칙편에서와 같이 엄격하게 해석할 필요는 없을 것이다.

도로 볼 수 있다(대법원 2009. 1. 15, 2007다17123, 17130 판결). 따라서 영업의 동일성이 유지되는 한 특정 재산을 제외하는 것은 물론이고 소극재산, 즉 채무만을 제외하고 양도하는 것도 영업양도에 해당한다.

다만 유기적 일체로서의 영업이 아닌 개별 자산만을 이전한다면 이는 자산양도에 불과하고 상법상 영업양도의 규율대상이 아니다. 자산양도인 경우 양도회사는 양도 후에도 경업금지약정이 없다면 계속 동일한 영업을 수행할 수 있으므로 사업포트폴리오가 변경되는 것은 아니다.[1] 따라서 자산양도가 후술하는 중요한 영업용 재산의 양도에 해당하지 않는 경우에는 영업양도와 동일시할 수 없으므로 주주총회 결의를 요하지 않는다.

(2) 중 요 성

상법상 영업양도 규율의 대상이 되는 것은 영업의 전부 또는 '중요한 일부'의 양도이다. 특히 복수 사업부문으로 구성된 회사에서 일부 사업부문만을 양도할 때 그 중요성 판단이 문제된다. 그 경우 중요성은 양과 질을 포함한 여러 사항을 고려하여 판단한다. 대법원도 양도대상 영업이 자산·매출액·수익에서 차지하는 비중, 장래 회사의 영업규모, 수익성에 미칠 영향을 종합적으로 판단해야 한다는 추상적 기준을 제시할 뿐이다(대법원 2014. 10. 15, 2013다33633 판결).

실무상으로는 다른 법령이 규정하는 양적 기준을 참고하는 경우가 많다. 자본시장법상 상장법인은 양도·양수하려는 영업부문의 자산액 또는 매출액이 최근 사업연도말 현재 연결기준 자산 또는 매출액의 10% 이상에 해당하는 경우 주요사항보고서를 제출해야 하고(자시슈 171(2)), 영업양수 금액이 양도회사의 자산총액의 10% 이상인 경우에 양수인은 공정거래법상 기업결합신고를 하여야 하는데(공정거래 11(1), 기업결합신고요령 Ⅲ-4), 이런 점에 비추어 양도회사와 양수회사의 자산과 매출의 10%를 하나의 보수적인 기준으로 참고하는 경우가 많다. 나아가 질적 기준으로서 해당 사업부문이 양도회사의 신용이나 이미지에 중요한 의미를 갖는지, 양도 이후 잔여 부분으로 여전히 정관상 사업목적을 추구할 수 있는지 등이 고려된다.[2]

양도대상인 영업 일부가 중요한 것인지 여부는 불명확한 것이 사실이다. 회사가 중요성에 대해서 자신이 없다면 예방차원에서 주주총회 특별결의에 의한 승인을 받아두는 방안도 생각해볼 수 있다. 그러나 이 경우에는 반대주주의 주식매수청구권 행사가 부담스러울 수 있다. 따라서 입법론으로는 소규모합병(527-3)의 경우와 마찬가지로 주주총회 특별결의가 면제되는 소규모 영업양도를 구체적으로 규정할 필요가 있다.[3]

---

1) 한편 영업양도의 경우에도 당사자 합의만 있다면 상법상 양도인에게 적용되는 경업금지의무(41)를 배제할 수는 있다.

2) '중요한 일부'의 실무상 판단기준에 관하여는 강희철, "영업양수도의 법률관계", BFL 38(2009), 44~45면 참조.

3) 일본 회사법은 장부가액이 총자산의 20%를 초과하지 않는 일종의 소규모 영업양도의 경우에는 특별결의대상에서 제외하고 있다(日會 467(1)(ii)).

2. 양도의 의미

영업의 양도는 대부분 매매방식으로 이루어지지만 교환으로도 할 수 있다. 기존 영업을 현물출자하는 것은 엄밀한 의미에서 양도는 아니지만 대상회사 일반 주주의 관점에서는 양도와 유사한 측면이 있으므로 양도에 포함되는 것으로 본다.[1] 후술하듯 중요한 영업용 재산을 '매각'하는 것도 영업양도에 준하여 규율되는바, 그 재산을 '담보'로 제공하는 것은 어떠한가? 담보제공도 넓은 의미의 처분행위인바, 담보권이 실행될 때 양도회사 영업의 전부 또는 일부의 양도·폐지에 이를 수 있는 재산이라면 그 담보제공은 영업양도에 준하여 규율되어야 할 것이다.[2]

3. 중요한 영업용 재산 또는 자회사 주식의 양도

영업용 재산 양도는 원칙적으로 자산양도에 불과하므로 주주총회 특별결의를 요하지 않는다. 그러나 대법원은 "회사존속의 기초가 되는 중요재산을 양도하는 경우" 또는 **"그 재산의 처분으로 말미암아 회사 영업의 전부 또는 일부를 양도하거나 폐지하는 것과 같은 결과를 가져오는 경우"**에는 영업양도와 마찬가지로 주주총회 특별결의를 요한다고 본다(대법원 1988. 4. 12, 87다카1662 판결 등). 양도로 말미암아 영업의 폐지나 중단을 초래할 수 있는 중요재산의 양도는 실질적으로 영업양도와 다를 바 없다는 실질적 사고에 따른 것이다. 따라서 재산의 양도 당시 이미 법적으로나 사실상으로 영업을 폐지하거나 중단한 상태인 경우에는 주주총회 특별결의를 요하지 않는다(대법원 1988. 4. 12, 87다카1662 판결).[3]

예를 들어 광업에 종사하는 회사가 그 광업권을 처분한 경우(대법원 1966. 1. 25, 65다2140, 2141 판결), 빌딩임대업을 하는 회사가 유일한 빌딩을 처분한 경우(대법원 1969. 11. 25, 64다569 판결), 관광호텔사업을 위해 설립된 회사가 그 신축 부지를 처분한 경우(대법원 1988. 4. 12, 87다카1662 판결), 암반 절단에 관한 특허권을 가지고 이를 이용한 공사를 주된 사업으로 하는 회사가 그 특허권을 양도한 경우(대법원 2004. 7. 8, 2004다13717 판결) 등은 영업의 양도나 폐지와 같은 결과를 초래하므로 주주총회 특별결의를 요한다고 판시하였다. 반면 건설회사가 분양용으로

---

1) 권기범6, 225면. 판례도 영업을 출자하여 주식회사를 설립하고 그 상호를 계속 사용하는 경우에 상법 제42조 제1항을 유추적용하여 현물출자로 신설된 법인은 출자자의 채무를 변제할 책임이 있다고 한다(대법원 1995. 8. 22, 95다12231 판결).

2) 대법원 1987. 4. 28, 86다카553 판결 참조(매도담보 사안). 한편 대법원 1971. 4. 30, 71다392 판결은 중요자산에 대한 저당권 설정에 주주총회 특별결의가 필요없다고 판단하였으나, 해당 자산이 회사존속의 기초가 되는 중요재산이었는지는 판시상 분명하지 않다.

3) 판례는 영업의 중단을 "영업의 계속을 포기하고 일체의 영업활동을 중단한 것으로서 영업의 폐지에 준하는 상태를 말하고 단순히 회사의 자금사정 등 경영상태의 악화로 일시 영업활동을 중지한 경우는 여기에 해당하지 않는다"고 판시한 바 있다(대법원 1992. 8. 18, 91다14369 판결).

건설한 아파트를 양도한 경우(대법원 1994. 10. 28, 94다39253 판결), 주된 영업이 금속제품생산업인 회사가 온천개발사업을 계획 중이던 부동산을 양도한 경우(대법원 1997. 7. 25, 97다15371 판결), 회사가 전세보증금 반환채권을 양도한 경우(대법원 1997. 6. 27, 95다40977, 40984 판결) 등은 영업의 양도나 폐지와 같은 결과를 초래하지 않으므로 주주총회 결의가 필요하지 않다고 하였다.

이러한 법리는 광업권, 유일한 부동산뿐 아니라 지배주식을 양도하는 경우에도 적용될 수 있다. 대법원도 자회사 주식양도가 모회사 영업의 전부 또는 일부를 양도하거나 폐지하는 결과를 가져올 때에는 영업양도와 마찬가지로 주주총회 특별결의를 요한다고 본다(대법원 2025. 10. 16, 2019다236385 판결). 이처럼 모회사에 의한 자회사 주식양도가 기능적으로 모회사의 영업양도에 준하는 것인 때에는 모회사 주주총회에 의한 통제가 필요하다고 볼 것이다.[1]

4. 영업양수와의 비교

상법은 양수회사 입장에서도 그 영업에 중대한 영향을 미치는 다른 회사 영업 전부 또는 일부의 양수에 주주총회 특별결의를 받도록 한다(374(1)(iii)). 영업양도 시 해당 영업의 중요성을 고려하여 양도회사로 하여금 주주총회 특별결의를 받도록 하는 것에 상응한다. 영업이 아닌 자산거래인 경우 원칙적으로 규율대상이 아니라는 점에서 영업양도 및 영업양수 규율은 동일하다. 다만 거래상대방을 묻지 않는 양업양도와 달리, 영업양수의 경우 법문상 회사가 아닌 자연인으로부터 영업을 양수할 때에는 양수회사의 주주총회 특별결의가 필요하지 않다.

한편 양수회사에 중대한 영향을 미치는 (영업이 아니라) 영업용 재산 또는 지배주식을 양수한 경우는 어떠한가? 앞서 영업양도에 관한 판례는 양도에 따른 영업의 폐지, 중단을 언급하고 있는바, 영업양수의 경우 이러한 상황이 발생할 수 없으므로 주주총회 특별결의가 필요 없다는 견해도 있다.[2] 하지만 위 판례가 기능적 동등성에 초점을 맞춘 것이라고 보면, 영업양수와 동일한 실질을 갖는 영업용 재산 등의 양수인 경우 양수회사 주주총회 통제가 필요하다고 볼 여지가 크다.[3]

Ⅲ. 영업양도의 절차

1. 영업양도계약의 체결

합병과 달리 영업양도의 경우에는 상법상 계약서 작성이 요구되는 것은 아니지만 실제로는 계약서를 작성하는 것이 보통이다. 계약서 자체에서는 영업양도임을 명시하기보다 '자산양

---

1) 부정설로는 이형근, "주식매수청구권", BFL 38(2009), 60면.
2) 송옥렬9, 955면.
3) 김태진, "영업양도: 거래법의 관점과 조직재편의 관점", 선진상사법률연구 78(2017), 137면 참조.

도계약'이라는 제목을 사용하는 경우가 많지만 그 실질상 영업양도에 해당한다면 영업양도에 관한 여러 법리를 적용받게 된다. 영업양도계약에서는 양도대상 영업 또는 자산을 특정하고, 가격 및 그 지급방법, 양도인과 양수인의 진술 및 보증, 손해배상, 양도인의 경업금지, 양도인이 보유하던 상표권 등 지식재산권의 사용관계, 근로자의 승계 여부 등에 관한 조항을 둔다.

2. 영업양도의 승인결의

전술한 바와 같이 영업 전부 또는 중요한 일부의 양도와 회사 영업에 중대한 영향을 미치는 다른 회사 영업 전부 또는 일부의 양수는 주주총회 특별결의가 필요하다(374(1)(i), (iii)). 모회사가 자회사로부터 영업을 양수하는 경우 모자회사 합병의 경우와 달리 모회사는 특별이해관계인(368(3))에 해당하여 자회사 주주총회에서 의결권을 행사할 수 없다(개인법설).

주주총회 결의 없이 행한 영업양도는 상대방의 선의·악의를 불문하고 무효이다(대법원 2012. 4. 12, 2011다106143 판결). 실제로 주주총회 결의가 형식에 불과한 폐쇄회사에서 영업이나 중요한 영업용재산을 양도한 후 주주총회 결의가 없다는 이유로 거래의 번복을 시도하는 사례가 있다(예컨대 대법원 1993. 9. 14, 91다33926 판결).[1]

간이영업양도

2015년 개정 상법에 의하면 영업양도 등에 대한 주주총회 결의가 필요한 경우에도 그 '회사 총주주의 동의가 있거나 그 회사 발행주식 총수의 90% 이상을 상대방이 소유하고 있는 경우에는' 이사회 승인으로 갈음할 수 있다(374-3(1)). 그 경우 회사는 계약체결일부터 2주 내에 주주총회 승인 없이 영업양도 등을 한다는 뜻을 공고하거나 주주에게 통지하여야 한다(374-3(2)). 주의할 점은 영업의 양수회사(A)와 양도회사(T)에게 모두 중요한 거래로 각 회사의 주주총회 특별결의가 필요한 사안인 경우, ① A회사가 T회사 주식 90% 이상을 소유한 때 T회사 주주총회를 생략할 수 있음은 물론이고, ② 반대로 T회사가 A회사 주식 90% 이상을 소유한 때에도 A회사 주주총회를 생략할 수 있다는 점이다. 간이합병의 경우 위 ②에서와 같이 소멸회사(T)가 존속회사(A) 주식 90% 이상을 소유한 경우에도 A회사 주주총회를 생략할 수는 없다(527-2(1)). 이처럼 간이영업양도와 간이합병에 대한 규율은 차이가 있다.

3. 공　시

합병의 경우와는 달리 영업양도 승인을 위한 주주총회와 관련하여 상법은 따로 영업양도의 요령에 대한 공시를 요구하고 있지 않다. 다만 주주총회 소집 시에 주식매수청구권의 내용 및 행사방법에 관한 공시를 요할 뿐이다(374(2)).

1) 그러한 무효주장은 경우에 따라 신의칙에 반하여 허용되지 않는 것으로 볼 수 있다.

4. 영업양도계약의 이행

재산이 포괄적으로 이전되는 합병과는 달리 영업양도의 경우에는 영업을 구성하는 각 재산에 대하여 개별적으로 이전절차를 밟아야 한다. 예를 들어 부동산에 대하여는 이전등기, 동산에 대하여는 점유이전, 계약에 관하여는 상대방의 동의에 의한 계약이전 등의 절차를 밟아야 하는 것이다. 한편 영업의 동일성이 유지되는 한 영업재산 일부를 제외하는 것도 가능하므로 인수회사가 대상회사의 채무를 제외한 자산만 양수하는 경우가 많다. 인수회사가 대상회사의 채무를 인수하는 경우에도 채권자와 면책적 채무인수의 합의를 하지 않는 한 대상회사는 면책되지 않는다.[1)]

자본시장법상의 절차

자본시장법은 두 가지 측면에서 영업양도에 관한 규정을 두고 있다. ① 하나는 공시규제로 '대통령령으로 정하는 중요한 영업'을 양수하거나 양도할 것을 결의한 때에는 다음 날까지 금융위원회에 주요사항보고서를 제출해야 한다(자시 161(1)(vii)). 공시가 강제되는 이유는 영업양도가 주가에 큰 영향을 줄 수 있는 중요한 거래이기 때문이다. 요구되는 결의는 이사회 결의이다.[2)] 한편 거래소 유가증권시장 공시규정은 영업양도결정을 주요경영사항으로 규정하여 당일 신고하도록 하고 있다(유가증권시장 공시규정 7(1)(iii)(가)⑤).

② 다른 하나는 양도가격의 적정성을 담보하기 위한 규제로 주권상장법인이 다른 법인과 중요한 영업양도거래를 하는 경우 가격의 적정성에 대하여 외부평가기관의 평가를 받도록 하고 있다(자시 165-4, 자시슈 176-6(3)).

Ⅳ. 영업양도의 효과

1. 반대주주의 주식매수청구권

영업양도에 반대하는 주주는 주식매수청구권이 있다(374-2). 이에 관해서는 뒤에서 따로 설명한다. 한편 중요한 영업용 재산 또는 자회사 주식의 처분에는 영업양도에 준하여 주주총회 특별결의가 필요한바, 이때의 반대주주 역시 주식매수청구권을 행사할 수 있다(대법원

1) 채무자가 영업을 양도함으로써 채무초과상태에 이르거나 이미 채무초과상태에 있는 것을 심화시킨 경우, 그 영업양도는 채권자취소권 행사의 대상이 된다. 만약 그 영업이 동일성을 유지한 채 채무자에게 회복되는 것이 불가능하거나 현저히 곤란하게 된 경우, 채권자는 사해행위취소에 따른 원상회복으로 피보전채권액을 한도로 하여 영업재산과 영업권이 포함된 일체로서의 영업의 가액을 반환하라고 청구할 수 있다(대법원 2015. 12. 10, 2013다84162 판결).

2) 시행령은 영업의 중요성을 인수회사의 자산, 매출, 부채규모 중 어느 하나의 10% 이상이거나 영업전부에 해당하는지 여부를 기준으로 삼고 있다(자시슈 171(1)).

2025. 10. 16, 2019다236385 판결).

2. 경업금지의무

영업을 양도한 회사는 다른 약정이 없는 한 10년간 동일한 특별시, 광역시, 시, 군, 그리고 인접한 특별시, 광역시, 시, 군에서 동종영업을 하지 못한다(41(1)). 약정으로 이 의무를 면제하거나 기간 또는 지역을 제한할 수 있다. 약정으로 기간을 연장하는 경우에는 20년을 초과하지 못한다(41(2)).

영업이 순차로 양도된 경우 최후의 양수인이 원래의 영업양도자를 상대로 경업금지청구권을 행사할 수 있는지 문제된다. 판례는 이를 긍정한다. 즉 영업양도계약에서 경업금지청구권의 양도를 제한하는 등 특별한 사정이 없다면, 원래의 양수인의 경업금지청구권은 영업재산의 일부로서 영업과 함께 그 뒤의 영업양수인에 전전양도되고 그에 수반하여 지명채권인 경업금지청구권의 양도에 관한 통지권한도 전전이전된다고 본다(대법원 2022. 11. 30, 2021다227629 판결).

3. 상호속용과 영업양수인의 책임

상법상 영업양수인이 양도인의 상호를 계속 사용하는 경우 양수인은 양도인의 영업으로 인한 제3자의 채권에 대해서 책임을 진다(42(1)). 이는 '채무승계가 없는 영업양도에 의하여 자기의 채권추구의 기회를 빼앗긴 채권자의 외관신뢰를 보호하기 위한' 규정이다(대법원 2009. 1. 15, 2007다17123, 17130 판결).[1] 이 조항은 영업의 양수인뿐 아니라 영업을 현물출자받은 자에 대하여도 유추적용된다(대법원 1995. 8. 22, 95다12231 판결). 영업의 이전이란 점에서 유사성이 있기 때문이다. 영업양도인의 영업으로 인한 채무와 영업양수인의 본 조항에 의한 채무는 부진정연대의 관계에 있다(대법원 2023. 12. 7, 2020다225138 판결).[2]

책임의 대상은 양도인의 영업활동에 관한 채무로서(대법원 2002. 6. 28, 2000다5862 판결), 영업양도 이전에 발생한 것에 한한다. 영업양도 당시까지 발생하지 않았다면 가까운 장래에 발생할 것이 확실한 상태였다 하더라도 대상이 아니다.[3] 다만 책임 한도가 영업양수한 재산으로 한정되는 것은 아니다.

---

1) 따라서 상호를 계속 사용하는 양수인이 영업양수 이후 부담하게 된 제3자에 대한 채무에 대해서 영업양도인이 함께 책임을 지도록 하는 취지는 아니다(대법원 2013. 4. 13, 2012다64116 판결). 채권자가 이 규정에 따라 갖게 되는 영업양수인에 대한 채권과 영업양도인에 대한 기존의 채권은 발생원인을 달리하는 채권이므로, 한쪽을 처분하는 경우에 다른 쪽이 수반된다고 볼 수 없고 채권양도의 대항요건도 각각 갖추어야 한다(대법원 2013. 3. 28, 2012다114783 판결). 한편 채권자에 대한 양도인의 책임은 영업양도 후 2년이 경과하면 소멸하는바(45), 이 기간은 제척기간으로서 법원이 직권으로 조사하여야 한다(대법원 2013. 4. 13, 2012다64116 판결).

2) 따라서 채권자가 영업양도인을 상대로 확정판결을 받아 소멸시효가 중단되거나 연장되더라도 그 효과는 영업양수인에게 미치지 않는다(대법원 2023. 12. 7, 2020다225138 판결).

3) 대법원 2020. 2. 6, 2019다270217 판결(영업양도인의 보증인이 영업양도일 이후 보증채무를 이행하고 영업양도인에 대한 구상권을 취득한 사안에서 상호속용 영업양수인의 책임이 부인된 사례).

실제로는 대상회사의 영업을 양수하며 소극재산을 제외한 인수회사가 대상회사 상호를 속용(續用)하는 경우는 많지 않을 것이다. 그러나 대법원은 인수회사가 대상회사의 상호를 자신의 상호로 사용하지 않는 경우에도 '대상회사의 상호를 자신의 영업 명칭 내지 영업 표지로서 속용하는 경우'이거나(대법원 2009. 1. 15, 2007다17123, 17130 판결), '대상회사의 옥호 또는 영업표지를 속용하는 경우'도(대법원 2010. 9. 20, 2010다351398 판결) 상호속용에 포함된다고 본다. 대법원은 또한 "채무승계의 사실 등이 없다는 것을 알고 있는 악의의 채권자가 아닌 한, 당해 채권자가 비록 영업의 양도가 이루어진 것을 알고 있었다고 하더라도 그러한 사정만으로 보호의 적격이 없다고는 할 수 없고, 이 경우 당해 채권자가 악의라는 점에 대한 주장·증명책임은 책임을 면하려는 영업양수인에게 있다"고 판시하였다(대법원 2009. 1. 15, 2007다17123, 17130 판결). 악의 여부의 판단은 영업양도 시점을 기준으로 한다(대법원 2022. 4. 28, 2021다305659 판결).

한편 영업임대차에 있어서는 영업임차인이 영업임대인의 상호를 속용하더라도 영업양수인의 책임을 유추적용할 수 없다(대법원 2016. 8. 24, 2014다9212 판결). 영업상 채권자에 대하여 실질적 담보기능을 하는 영업재산의 소유권이 임대인에게 속하므로 임차인의 책임을 묻더라도 제42조가 의도한 채권자 보호 목적을 달성할 수 없기 때문이다. 나아가 영업을 임대하였다가 반환받는 경우도 마찬가지이다. 즉 영업임차인의 채권자가 영업을 반환받은 영업임대인을 상대로 상호속용을 이유로 상법 제42조 제1항의 책임을 주장할 수는 없다(대법원 2017. 4. 7, 2016다47737 판결).

영업양도와 근로관계

영업양도에서 중요한 문제는 근로관계의 승계이다. 대법원은 영업양도 시 원칙적으로 해당 근로자들의 근로관계는 양수기업에 포괄적으로 승계되지만,[1] 근로자가 반대의사를 표시함으로써 양수기업에 승계되는 대신 양도기업에 잔류하거나 양도기업과 양수기업 모두에서 퇴직할 수도 있다고 한다(대법원 2012. 5. 10, 2011다45217 판결). 근로관계 승계에 반대하는 의사는 근로자가 영업양도 사실을 안 날로부터 상당한 기간 내에 양도기업 또는 양수기업에게 표시하여야 한다(대법원 2012. 5. 10, 2011다45217 판결). 양도인과의 특약으로 일부의 근로관계를 제외시키는 것은 실질적으로 해고와 다름없으므로 근로기준법상 '정당한 이유'가 있어야만 유효하다(대법원 2002. 3. 29, 2000두8455 판결).[2]

실제 전형적인 분쟁사례로는, 근로자들이 영업양도로 인한 근로관계 승계를 주장하며 양수인을 상대로 임금지급 또는 근로자지위확인 등을 구하는 경우가 많다. 이 경우 양수인은 해당 거래

1) 영업양수도 시 기존 근로자와의 근로계약이 양수인에 계약인수된 경우, 영업양수도 이전에 발생한 근로자의 사용자에 대한 근로계약상 채권, 채무 역시 영업양수인에 이전된다(대법원 2020. 12. 10, 2020다245958 판결. 근로자의 횡령에 따른 영업양도인의 손해배상채권이 영업양수인에 승계되었다고 본 사안).

2) 또한 근로관계를 배제함으로써 영업의 동일성이 훼손되는 경우에는 영업양도로 볼 수 없을 것이다.

가 영업양도가 아니라 단순한 자산양도에 불과하다고 주장하여 근로관계 승계를 부인할 것이다. 자산양도와 대비되는 영업양도의 개념에 관한 판례의 상당수는 이러한 맥락에서 나온 것들이다. 반대로 근로자들이 근로관계 승계에 반대하며 양도인을 상대로 근로자지위확인이나 퇴직금지급을 구하는 사례도 있다. 이 경우 양도인은 근로자들이 근로관계 승계에 묵시적으로 동의하였다거나 또는 별다른 의사표시 없이 상당한 기간이 경과하여 더 이상 근로관계 승계를 다툴 수 없게 되었으므로, 양수인이 사용자로서 책임을 질 뿐 양도인 자신은 책임이 없다고 반박할 것이다.

한편 근로자를 그대로 승계하는 영업양도의 경우에는 특별한 사정이 없는 한 종전의 단체협약도 잠정적으로 승계되어 존속하는 것이 원칙이다(대법원 1989. 5. 23, 88누4508 판결).

제3절

주식매수

I. 서 설

1. 의 의

기업인수 형태 중 가장 실행이 용이한 것은 대상회사 주식을 매수하는 것, 즉 주식매수이다. 인수대가로 현금을 지급하는 대신 인수회사 주식이나 사채를 발행하는 경우에는 엄격한 의미의 매매는 아니지만 적용되는 법리는 비슷하다. 따라서 이하에서 주식매수는 대가가 현금이 아닌 경우도 포함하는 의미로 사용한다.

기업인수를 위해서 반드시 대상회사 주식을 전부 매수해야 하는 것은 아니다. 경영권 확보에 충분한 주식, 즉 지배주식만을 취득하더라도 기업인수의 효과를 거둘 수 있다. 오히려 우리나라에서는 실제로 주식 전부가 아니라 지배주식만을 취득하는 것으로 그치는 예가 더 많다. 지배주식이 매수되면 이에 따른 부수적 효과로서 경영권이 이전되는 것이므로, 판례는 지배주식 매매계약에 따른 주식양도의무와 구분되는 별도의 경영권 양도의무를 인정하지 않는다(대법원 2014. 10. 27, 2013다29424 판결).

[그림 7-2]에서 보는 바와 같이 인수회사 A가 대상회사 T의 지배주식을 확보하게 되면 T는 A의 자회사가 된다. A는 T를 자회사로 운영할 수도 있고 합병을 통해 하나의 회사로 운영할 수도 있다.

주식매수는 느슨한 기업결합에 적합한 형태이다. 인수회사와 대상회사가 합병을 하면 하나의 회사로 되기 때문에 대상회사가 독자적인 기업문화나 고용조건을 유지하기 어렵다. 그러나 주식매수의 경우에는 대상회사가 인수회사의 자회사로서 종속적 지위에 서기는 하지만 독자적인 법인격을 가지므로 기존 사업을 그대로 영위할 수 있다. 또한 주식매수는 형성된 기업결합관계를 장차 해소하기에도 편리한 인수형태이다. 경영환경이 변화하는 경우 인수회사는 보유하는 대상회사 주식을 매각함으로써 기업결합관계를 해소할 수 있다.

주식매수는 인수회사가 대상회사 주식을 취득함으로써 대상회사를 자회사로 편입한다는 점에서는 후술하는 주식의 포괄적 교환(360-2)과 유사하다. 그러나 주식교환의 경우에는 거래

상대방이 대상회사 주주가 아니라 대상회사라는 점에 차이가 있다.

그림 7-2 주식매수

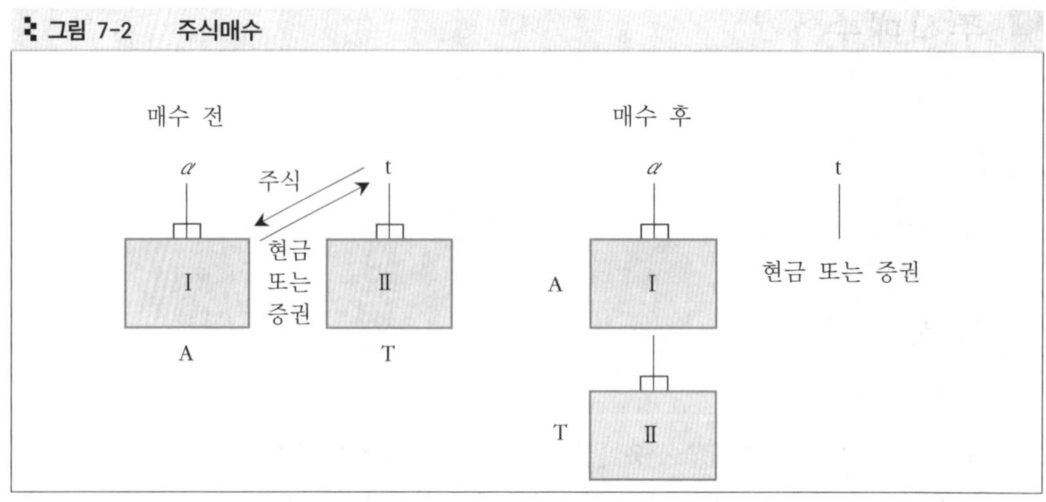

2. 주식매수의 3가지 유형

대상회사 주식을 매수하는 방법은 다시 세 가지로 나눌 수 있다. ① **상대거래**를 통한 매수이다. 이는 경제계에서 가장 널리 활용되는 방법으로 인수회사가 대상회사 주주와의 개별 교섭, 즉 상대거래를 통해서 지배주식을 취득하는 방법이다. 상대방인 주주는 소수의 지배주주인 경우가 보통이다.[1] 이와 유사한 형태로 대상회사의 기존 주식을 매수하는 대신 신주를 인수하는 방법이 있다. 신주인수방식은 주로 부실기업 경영권을 인수할 때 흔히 이용된다.[2] ② **시장거래**를 통한 매수이다. 이는 거래소에 상장된 주식을 매집하는 방법이다. 그러나 단기간에 주식을 대량 매집하는 경우에는 주가가 과도하게 상승하기 쉽다. 따라서 이 방법만으로 지배주식을 확보하기는 어렵다. 그리하여 이 방법은 주로 공개매수를 단행하기 전의 준비단계에서 시도하는 것이 보통이다. ③ 자본시장법상의 **공개매수**를 통한 매수이다. 이는 거래소 밖에서 대상회사 주주를 상대로 일정한 매수가격을 제시하고 그에 응하여 매도의사를 표시한 주주의 주식을 매수하는 거래로 단기간 내에 주식을 대량 확보하는데 적합한 방법이다.

이처럼 주식매수는 대상회사의 경영자가 아니라 주주를 직접 상대하는 거래이기 때문에 다른 형태의 기업인수와는 달리 경영자의 의사에 반해서도 실행할 수 있다는 특징이 있다.

1) 주주 수가 많은 경우에는 현실적으로 공개매수 방식을 취할 수밖에 없을 것이다.
2) 구주의 매수와 신주의 인수가 동시에 일어나는 경우도 없지 않다.

Ⅱ. 지배주주로부터의 주식매수

1. 절 차

(1) 이사회 결의

주식매수는 대부분 대상회사 지배주주와 직접 교섭하여 그의 보유주식을 취득하는 형태로 이루어진다. 상법에는 이런 거래를 규율하는 규정은 없다. 매수의 상대방은 대상회사가 아니라 대상회사 주주이므로 대상회사 이사회는 개입할 여지가 없다. 한편 인수회사의 관점에서는 다른 회사의 지배주식을 매수하는 것은 일상적인 업무집행의 범주에 속한다고 볼 수 없기 때문에 적어도 이사회 결의가 필요하다.[1)]

(2) 주주총회 결의의 요부

일반적으로 다른 회사 주식을 매수하는 거래에 대해서 인수회사의 주주총회 결의를 요하는 명시적인 규정은 없다. 다만 기업인수라는 점에서는 주식매수와 영업양수는 별 차이가 없으므로 '회사의 영업에 중대한 영향을 미치는' 경우에는 상법 374조 제1항 제3호에 따라 주주총회 결의를 요한다고 볼 것인지가 문제된다. '중대한 영향' 요건이 없었던 2011년 상법 개정 전에는 영업양수를 그렇게 넓게 해석하는 견해는 드물었다.[2)] 경제적 실질이 동일하다고 하여 주식매수를 곧 영업양수와 동일시하기는 어려울 것이다.[3)] 다만 영업양수에 따른 상법상 규제를 회피하기 위하여 주식매수의 외관만을 차용한 경우라면 통상적인 영업양수와 마찬가지로 주주총회의 특별결의, 주식매수청구권 부여절차가 필요하다고 볼 여지가 있다.[4)] 향후 입법적으로 주식양수도와 영업양수도의 요건 사이에 균형을 맞출 필요가 있다.[5)]

비슷한 논리는 회사가 보유 중인 다른 회사주식을 매도하는 경우에도 적용할 수 있다. 대법원은 매도한 주식이 보유주식의 일부에 해당하여 대상회사에 대한 매도회사의 지배권에 영향을 주지 않은 경우에는 "상법상 영업양도의 규제를 받아야 할 정도의 영업용 재산의 중요한 일부의 양도에 해당한다고 볼 수 없다"고 전제함으로써 주식의 양도도 일정한 경우에는 영업양도에 준하여 취급될 수 있는 여지를 열어두었다(대법원 2004. 9. 23, 2003다49221 판결). 그 후 지주회사가 자회사 주식을 매각한 경우에 영업의 일부를 폐지한 것으로 보아 영업양도에 준하여 주주총회 특별결의를 요한다고 한 하급심 판례가 있었고(서울고등법원 2008. 1. 15, 2007나

---

1) 실무상 다른 회사의 지배주식을 취득하는 것은 이사회규정에서 이사회결의사항으로 명시하는 경우가 많다.

2) 예외로 김교창, 주주총회의 운영(1992), 39면.

3) 주식의 100%를 인수할 때에도 주주총회 결의가 필요하지 않다는 것이 다수설이다. 송옥렬9, 1222면.

4) 예컨대 영업양수에 따른 주주총회 특별결의와 주식매수청구권을 피할 목적으로, 일차적으로 주식 100%를 인수하여 자회사를 만든 다음 자회사를 소규모합병으로 흡수하는 사안에 대하여는 영업양수에 준하는 절차통제가 이루어질 필요가 있다.

5) 노혁준, "기업재편의 활성화와 그 딜레마: 회사분할, 주식양수도에 관한 회사법 개정안들을 중심으로", 상사법연구 34-3(2015), 109~110면 참조.

35437 판결), 대법원도 중요한 해외 완전자회사의 주식 전부를 양도한 경우에 중요한 영업용 재산의 처분으로서 영업양도에 준하여 주주총회 특별결의를 요한다고 판시하였다(대법원 2018. 4. 26, 2017다288757 판결).

(3) 공　시

가. 인수회사

인수회사가 대상회사 주식의 10%를 초과하여 취득한 때에는 대상회사에 지체 없이 통지하여야 한다(342-3). 취득의 주체가 자연인인 경우에는 적용이 없다. 또한 일단 10%선을 넘고 나면 그 후의 변동에 대해서는 통지할 필요가 없다.[1]

한편 인수회사가 상장회사인 경우 일정 규모를 넘는 주식을 취득한 경우에는 거래소에 주요경영사항으로 신고할 의무가 있다(유가증권시장 공시규정 7(1)(ii)(나)③). 또한 대상회사가 상장회사인 경우 인수회사는 자본시장법상 대상회사 주식을 5% 이상 보유하게 된 때로부터 5일 이내에 보유상황을 금융위원회와 거래소에 보고할 의무가 있다(이른바 5%룰)(자시 147(1)). 이러한 대량주식보유보고의무는 실무상 매우 중요하지만 상세한 설명은 자본시장법 문헌으로 미룬다.[2]

나. 대상회사

상장회사인 대상회사는 최대주주가 변경된 사실을 확인한 때에 거래소에 주요경영사항으로 신고할 의무가 있다(유가증권시장 공시규정 7(1)(iii)(가)①).[3]

2. 대상회사 소수주주의 보호

대상회사의 지배주주가 지배주식을 매도하는 경우 대상회사의 소수주주들로서는 다음과 같은 우려를 가지게 된다. 첫째, 지배주식 매도가격은 시가를 상회하는 경우가 많은데(그 차액이 후술하는 경영권 프리미엄에 해당한다) 이를 지배주주만 독식하고 소수주주는 분배받지 못한다는 점이다. 둘째, 지배주주의 변경은 회사의 경영전략이나 사업내용 등에 큰 변화를 초래할 수 있는 중대한 변경인데 소수주주들은 이에 전혀 관여하지 못한다는 점이다. 이 두 가지 우려는 기업인수가 합병의 방식으로 이루어지는 경우와 비교하면 뚜렷이 드러난다. 합병의 경우에는 지배주주와 소수주주를 포함한 대상회사의 모든 주주들이 동일한 조건으로 합병대가를 받으므로 경영권 프리미엄도 균등하게 나눠 갖게 되고, 주주총회 특별결의 및 반대주주 매수청구권 등 소수주주 보호를 위한 제도가 존재하기 때문이다.

---

1) 다른 회사와 공동으로 10%를 초과하는 주식을 취득한 경우에는 통지의무가 없지만 그 다른 회사가 자회사라면 통지의무가 발생한다고 볼 것이다.

2) 대량보유보고제도에 대한 상세한 설명으로는 김/정4, 335~363면 참조.

3) 상장회사 지배주주나 비상장회사 비소액주주의 주식 등의 변동사항이 있는 경우에는 회사는 주식등변동상황명세서를 관할 세무관청에 제출할 의무가 있다(법세 119(1)).

그러나 현행법상으로는 위와 같은 우려에 대응한 소수주주 보호장치는 별다른 것이 없다. 상법상 대상회사의 지배주주로부터 지배주식을 매수하는 인수회사는 대상회사의 나머지 주주로부터 주식을 매수할 의무가 없다. 대상회사의 관점에서 인수회사는 외부자에 불과하기 때문에 **주주평등원칙**이 적용될 여지도 없다. 또한 주식을 매각하는 지배주주 쪽에서도 자신과 동등한 조건으로 주식을 처분할 수 있는 기회를 나머지 주주에게 제공할 상법상 의무는 없다.[1] 실무상 폐쇄회사에 소수주주로 참여하는 투자자는 투자회수를 보장받기 위하여 지배주식매도시 지배주주와 같은 조건으로 처분할 수 있는 기회를 자신에게도 제공하도록 **주주간계약**에 명시하는 경우가 많은데(이른바 tag-along권리), 이 역시 법적으로는 별다른 보호가 제공되지 않기 때문에 시도되는 계약적 장치인 것이다.

비교법적으로는 미국과 한국을 제외한 많은 나라에서 대상회사가 상장회사인 경우에는 소수주주 보호를 위하여 이른바 의무적 공개매수(mandatory bid) 제도를 채택하고 있다.[2] 상장회사 주식의 일정 수량(나라에 따라 다르지만 대개 20~30%) 이상을 취득할 때에는 모든 주주에게 동일한 가격을 제시·지급하는 공개매수 방법에 의하도록 하는 것이다. 그 방법에는 두 가지가 있다. ① 공개매수에 응한 주식 전부를 같은 조건으로 매수하도록 하는 방법과 ② 공개매수에 응한 주식 중에서 적어도 일정 수량(예컨대 50%+1주)을 응모주식의 수에 따라 안분비례하여 매수하되 주당 가격 등 매수조건은 동일하게 하는 방법이 그것이다. ①과 ② 어느 방법을 취하더라도 지배주주를 일반주주보다 우대하는 것은 불가능하다. 결과적으로 주주평등을 확보할 수 있지만 지배주주 주식만을 매수하는 경우보다는 주식매수의 비용은 늘어날 수밖에 없다. ①이나 ② 어느 쪽도 택하지 않은 현행법은 소수주주 보호보다는 기업인수 촉진을 중시하는 것으로 볼 수 있다. 그러나 최근에는 소수주주 보호 및 이를 통한 자본시장 신뢰 확보를 위해 의무적 공개매수를 도입해야 한다는 주장이 힘을 얻으면서 자본시장법 개정을 통한 위 ② 방식의 입법이 추진되고 있다.

경영권 프리미엄의 문제

회사에 대한 지배력을 행사할 수 있는 수량의 주식이 거래될 때에는 그 주식의 시가(즉 주당 시가에 주식 수를 곱한 금액)보다 더 높은 가격에 거래되는 것이 보통이다. 그러한 거래가격과 시가의 차이를 경영권 프리미엄(control premium)이라고 한다.[3] 경영권 프리미엄이 발생하는 이

1) 미국 판례 중에는 인수기업 대상회사의 주식전부(또는 회사의 전재산)를 매수할 의사를 표명해온 경우에 지배주주가 자신의 주식만을 프리미엄을 받고 양도하는 것은 허용되지 않는다고 판시한 것이 있다. 자세한 것은 김건식, “기업집단에서의 소수주주보호: 미국회사법을 중심으로”, 연구Ⅰ, 407~409면.

2) 의무공개매수에 대한 상세한 분석은 정준혁, “의무공개매수 제도의 기능과 도입 가능성에 대한 검토‘, 증권법연구 20(2)(2019), 79~123면.

3) 지배주식의 양도 시에 경영권 프리미엄이 항상 지급되는 것은 아니다. 회생가능성이 없는 부실회사의 경우에는

유로는 대체로 다음 세 가지를 들 수 있다. ① 지배주주는 여러 방법으로 회사재산을 빼돌릴 수 있기 때문에 그러한 경영권의 사적 이익(private benefit of control)이 경영권 프리미엄으로 나타난다. ② 인수회사와 대상회사 사이에 시너지가 존재하는 경우에도 경영권 프리미엄이 발생한다. 인수회사의 기존 사업과 관련하여 대상기업이 특별한 가치가 있는 경우에는 인수회사는 시장가격보다 높은 가격을 지급하고라도 대상회사 경영권을 인수할 인센티브가 있기 때문이다. ③ 인수회사가 대상회사 재산을 보다 효율적으로 운영함으로써 회사가치를 높일 수 있다면 경영권 프리미엄을 정당화할 수 있다.

경영권 프리미엄의 존재이유를 어떻게 보는가에 따라 그에 대한 규제방향이 달라질 수도 있다. ①의 경우라면 지배주주의 경영권 프리미엄 독점을 허용할 이유는 없을 것이다. 반면에 ②나 ③의 경우라면 경영권 프리미엄의 분배를 강제하는 것은 자원의 효율적 배분을 저해하기 때문에 바람직하지 않을 것이다. 현행법상으로는 지배주주가 보유주식을 처분할 때 경영권 프리미엄을 독점하는 것이 허용된다고 보는 견해가 일반적이다.[1] 그러나 전술하였듯이 최근에는 지배주주의 경영권 프리미엄 독점이 소수주주의 이익을 침해하고 거시적으로는 자본시장에 대한 신뢰를 저하시킨다는 이유에서 의무적 공개매수가 입법으로 추진되고 있다.

3. 대상회사 채권자의 보호: LBO

주식을 대규모로 인수하는 데는 막대한 자금이 소요된다. 기업인수자금을 조달하기 위하여 널리 활용되는 수단이 LBO(Leveraged Buy-Out: 차입매수)이다. LBO는 널리 '대상회사의 기업가치를 이용하여 인수자금의 상당 부분을 조달하는 기업인수'라고 정의된다. LBO의 유형은 대체로 다음 세 가지로 나눌 수 있다.[2] ① 대상회사가 인수회사(또는 SPC)의 인수자금 대출 시에 금융기관에 보증을 서거나 자산을 담보로 제공하는 형태(**담보제공형**), ② 인수자금을 차입한 인수회사와 대상회사의 합병을 통해서 대상회사의 재산을 차입채무에 대한 사실상 담보로 삼는 형태(**합병형**), ③ 인수회사가 대상회사 주식을 인수한 후 배당이나 유상감자 등을 통하여 상환자금을 확보하는 형태(**분배형**). 그러나 ③ 분배형은 LBO로 보기보다는 일반적인 배당이나 감자의 문제로 보는 것이 타당할 것이다.[3]

LBO는 미국, 유럽 등지에서 널리 활용되고 있지만 대상회사 채권자의 이익을 해칠 우려가 있기 때문에 어느 범위까지 허용되는지가 논의되고 있다. 우리나라에서는 LBO의 경우 대

주식시가보다 낮은 가격에 지배주식을 양도할 가능성도 있다.

1) 미국법도 비슷한 태도를 취하고 있다. 다만 대상회사 지배주주가 회사재산을 약탈(loot)할 의도를 가진 인수자에게 지배주식을 양도하는 것은 지배주주의 신인의무위반에 해당한다고 본다. 김건식, "기업집단에서의 소수주주보호: 미국회사법을 중심으로", 연구 I, 407면.

2) 상세한 것은 천경훈, "LBO판결의 회사법적 의미: 이사는 누구의 이익을 보호해야 하는가?", 저스티스 127(2011) 참조.

3) 대법원도 분배형에서 유상감자나 배당으로 인하여 회사의 적극재산이 감소한 경우에도 이는 주주의 권리행사에 따른 결과로 회사에 손해를 입힌 것으로 볼 수 없다는 이유로 배임죄 성립을 부정한 바 있다(대법원 2013. 6. 13, 2011도524 판결).

상회사 이사의 행위가 배임에 해당하는지 여부가 논의되고 있다.

먼저 ① **담보제공형**에 관하여, 대법원은 아무런 반대급부 없이 대상회사 자산을 담보로 제공한 것이라면 대상회사에 재산상 손해를 입힌 것이므로 배임죄가 성립한다고 본다(대법원 2006. 11. 9, 2004도7027 판결(신한사건); 대법원 2008. 2. 28, 2007도5987 판결 등). 다만 대상회사 주식 100%를 인수하는 인수회사를 위해 대상회사 자산을 담보로 제공한 경우 이사의 배임죄의 고의가 부인된 사례가 있다(대법원 2015. 3. 12, 2012도9148 판결(온세통신사건)).

반면 ② **합병형**의 경우 대상회사 자산이 직접 담보로 제공되지도 않았고[1] 합병의 실질이나 절차에 하자가 없었다면, 인수회사와 대상회사간 합병의 포괄적 승계 효과로 말미암아 대상회사가 인수회사의 부채를 승계했더라도 배임죄가 성립하지 않는다고 본다(대법원 2010. 4. 15, 2009도6634 판결).

MBO

공개매수는 외부의 제3자가 아니라 대상회사 대주주나 경영자에 의하여 실행될 수도 있다. 대주주에 의한 공개매수가 행해지면 회사가 공개회사에서 폐쇄회사로 전환되므로 이를 보통 'going private'(**폐쇄회사화**)라고 부른다. 우리나라에서는 아직 사례가 많지 않으나 미국이나 일본에서는 특히 경영자에 의한 공개매수가 많이 행해진다(이른바 Management Buy-Out: MBO). 이 경우에도 경영자는 부족한 자금을 외부에서 차입하고 그 담보로 회사재산을 제공하는 경우가 많다. MBO의 경우에는 경영자와 주주 사이의 이익이 충돌되므로 경영자의 신인의무와 관련하여 많은 논의가 있다.

Ⅲ. 거래소에서의 매수

대상회사에 지배주주가 없고 주식소유가 분산된 경우 인수회사는 대상회사 일반주주로부터 주식을 매수함으로써 경영권을 확보할 수도 있다. 일반주주로부터의 주식매수는 ① 거래소에서 매집하는 경우와 ② 거래소 밖에서 하는 경우로 나눌 수 있다. ②는 후술하는 공개매수에 의하는 것이 보통이다.

①의 경우에는 모든 주주가 매각기회를 갖게 되므로 주주간 평등은 유지된다. 그러나 ①의 경우 주주가 충분한 정보를 갖지 못한 상태에서 진행되면 주주는 전술한 '매도의 압력'을 받을 우려가 있다. 자본시장법상 공개매수는 거래소 외에서의 주식취득으로 정의되고 있으므로(자시 133(1)) ①의 경우 공개매수에 관한 규제는 적용되지 않는다.

---

1) 합병형의 외양을 갖추었지만 의사표시의 해석상 애초에 대상회사 자산이 인수회사를 위한 담보로 제공된 것으로 판단되어 배임죄 성립을 인정한 사안으로 대법원 2020. 10. 15, 2016도10654 판결(하이마트사건). 이 판결에 대한 평석으로 송옥렬, "하이마트 LBO판결", BFL 105(2021), 77~95면.

①의 방법만으로 대상회사 경영권을 취득하는 것은 쉽지 않다. 거래소에서 주식을 단기간에 대량 매집하는 경우 주가가 급속히 상승할 가능성이 높기 때문이다. 또한 주주가 반드시 처분에 나선다는 보장도 없다. 그러므로 ①은 후술하는 공개매수의 준비단계에서 행해지는 것이 보통이다.

전술한 바와 같이 인수회사가 대상회사 주식을 10%를 초과하여 취득한 때에는 대상회사에 지체 없이 통지하여야 한다(342-3). 또한 인수회사는 상장회사인 대상회사의 주식 5% 이상을 취득하는 경우 자본시장법상 대량보유보고의무(자시 147(1))를 부담한다.[1)]

Ⅳ. 공개매수를 통한 매수

1. 의 의

일반적으로 공개매수란 대상회사 주주를 상대로 일정한 매수가액을 제시하고 그에 응하여 매도의사를 표시한 주주의 주식을 거래소 외에서 매수함으로써 단기간 내에 대상회사 주식을 대규모로 취득하는 일련의 행위를 말한다.[2)] 공개매수의 대가로 현금은 물론이고 인수회사의 주식이나 사채를 이용하는 교환공개매수도 가능하다(자시 133(1)). 인수회사가 신주를 발행하는 경우에는 인수회사의 관점에서는 현물출자가 이루어지는 셈이다.[3)] 2011년 개정 상법은 현물출자의 목적재산이 거래소의 시세 있는 증권인 경우 검사절차를 면제할 수 있는 길을 열어줌으로써(422(2)(ii)) 교환공개매수가 한층 용이해졌다.

2. 자본시장법상의 규제

공개매수에 대해서는 자본시장법이 상세한 규정을 두고 있다(자시 133이하). 규제의 취지는 대상회사 주주가 매도압력 때문에 충분한 정보 없이 매도를 결정하는 것을 막고 주주간의 평등을 달성하는 것이다. 공개매수 규제는 또한 무질서한 적대적 기업인수로부터 대상회사 경영자를 보호하는 기능을 한다.

자본시장법은 거래소 외에서 6개월 사이에 10인 이상의 주주로부터 5%의 주식을 취득하

---

1) 대량보유보고의무에 관하여 상세한 것은 김/정4, 335~363면.

2) 공개매수에 관하여 상세한 것은 김/정4, 363~387면 참조.

3) 자본시장법 시행령은 공개매수신고서의 첨부서류를 규정하면서 교환공개매수의 경우에는 '교환의 대가로 인도할 증권의 확보를 증명하는 서류'를 첨부하도록 하되 예외적으로 공정거래법상 지주회사의 자회사 주식 보유요건을 맞추기 위한 목적의 신주발행을 통한 교환공개매수의 경우에는 '신주의 발행을 증명하는 서류'로 대체할 수 있음을 규정하고 있다(자시 令 146(4)(v)). 실무상 금융당국은 이 규정을 근거로 신주발행을 통한 교환공개매수가 위와 같은 목적으로 하는 예외적인 경우에만 허용된다고 보고 있다. 그러나 공개매수신고서의 첨부서류에 관한 사항에 대한 위임(자시 134(5))을 근거로 시행령을 통해서 공개매수의 허용범위를 제한하는 것은 선진적인 제도운영으로 보기 어렵다.

는 경우에는 공개매수절차를 밟도록 강제하고 있다(자시 133(3)). 공개매수를 하는 자는 공개매수에 관한 주요 사항을 일간신문에 공고해야 한다(자시 134(1)). 공개매수자는 공고일에 공개매수에 관한 상세한 사항을 담은 공개매수신고서를 금융위원회와 거래소에 제출하고(자시 134(2)) 신고서 사본을 대상회사에도 송부해야 한다(자시 135).

3. 대상회사 이사의 의무

자본시장법에 의하면 대상회사는 공개매수에 대한 의견을 표시할 수 있다(자시 138). 나아가 상법상 이사의 신인의무의 내용으로서 이사가 공개매수에 대해서 의견을 표시할 의무가 있다고 볼 수 있을까? 이사는 주주이익을 보호할 의무가 있으므로(382-3) 공개매수 조건이 주주에게 부당하게 불리함에도 이에 응할 것을 권유해서는 안 되지만, 더 나아가 일반적으로 주주의 매매결정을 돕기 위하여 의견을 표시할 법적 의무까지 존재한다고 볼 것인지는 의문이다.[1)] 실제로 보다 관심을 끄는 것은 전술한 대상회사 이사가 경영권방어행위를 할 수 있는지, 그리고 할 수 있다면 그 범위는 어디까지인지의 문제이다.

V. 주식매수계약의 체결과 주요내용

1. 주식매수계약의 체결

통상의 주식매수형 기업인수에서는 인수회사가 대상회사와의 사이에 ① 기밀유지계약을 체결하고 협상을 개시한 다음, ② 양해각서를 체결하고, ③ 기업실사를 진행하고, ④ 주식매수 본계약을 체결한 다음, ⑤ 계약을 이행하면서 거래를 종결하는 순서로 절차를 진행한다.[2)]

먼저 기밀유지계약에는 기밀정보의 정의, 기밀정보의 사용범위 및 예외적 허용, 기밀정보의 사용주체, 계약의 종료 및 종료후 효과 등이 포함된다.[3)] 기밀유지계약이 종료되는 경우 인수회사는 대상회사로부터 받은 기밀정보를 반환하거나 폐기하고 일정기간 동안 동일한 의무를 부담하게 되는 것이 보통이다.[4)]

양해각서는 본격적인 협상이 이루어지는 시점에서 당사자들의 예비적인 합의내용을 담은 것이다. 주요내용으로는 인수목적물과 범위, 잠정적 인수가격, 양수인의 배타적 협상권, 실사기간 및 범위, 양해각서의 효력 및 유효기간 등이 있다. 원래 양해각서는 구속력이 없는 것(non-binding)이 보통이다.[5)] 반면 법원 주도하의 입찰방식인 회생기업 M&A에서는 구속력이

---

1) 법적인 의무는 아니라도 이사회가 주주의 의사결정을 돕기 위해 의견을 표명하는 것은 좋은 시도이고, 나아가 자본시장법에서 법으로 그러한 의견표시를 의무화하는 것도 바람직할 것이다.
2) 부실기업의 지배주식을 공개입찰매각하는 경우의 절차는 조금 더 복잡하다.
3) 정영철, "기업인수합병 거래에 있어 기밀유지계약과 기업실사", BFL 20(2006), 6면 이하.
4) 만약 본계약으로 나아가는 경우 본계약에서 별도로 기밀유지조항을 두게 된다.

있는 양해각서가 체결되면서, 인수희망자가 입찰금액의 5% 정도를 보증금으로 납부하는 방식이 활용되고 있다.

이때 인수희망자(우선협상대상자)의 양해각서상 의무불이행을 이유로 매도인측이 위 보증금을 몰취할 수 있는지 문제된다. 판례 중에는 이행보증금의 성격을 위약벌로 보아 전액의 몰취를 인정한 예가 있었고(대법원 2008. 2. 14, 2006다18969 판결; 대법원 2025. 3. 13, 2024다234796(본소) 등 판결), 본계약 체결 후 매수인이 대금지급의무를 불이행한 사안에서 계약금을 손해배상액의 예정으로 판단하면서도 감액을 인정하지 않음으로써 역시 전액의 몰취를 인정한 예도 있었다(대법원 2008. 11. 13, 2008다46906 판결). 그러나 최근 대법원은 대우조선해양 사건(대법원 2016. 7. 14, 2012다65973 판결)[1]과 현대건설 사건(대법원 2016. 3. 24, 2014다3115 판결)[2]에서 양해각서 체결시 교부된 이행보증금을 손해배상액의 예정으로 판단하면서 감액을 인정하였다.

기업실사는 기업의 경영적, 재무적 상황에 대하여 전반적으로 조사, 검토하는 인수회사측의 활동을 뜻한다. 대상회사의 가치를 정밀하게 평가하여 인수가격에 반영하고, 법적·재무적·영업적인 위험을 인식하여 이에 대한 적절한 대응방안을 강구하며, 나아가 인수후의 경영에 참고하기 위한 것이다.

주식매수 본계약 체결 후에는 각종 인허가 등 기업인수에 필요한 제반 요건을 갖추고 인수금융 등을 마무리한 후 거래의 종결에 이르게 된다.

2. 주식매수계약의 주요내용

주식매수계약은 협의과정 및 실사결과를 토대로 상세한 내용을 규정한다. 주요한 내용으로는 ① 인수목적물, 인수대금 및 지급방법, ② 진술 및 보장(representations and warranties), ③ 손해배상(indemnification), ④ 선행조건(condition precedent), ⑤ 확약(covenant), ⑥ 가격조정(price adjustment) 또는 수익할당(earn-out), ⑦ 거래보호조항(deal protection clause) 등이 있다.

② 진술 및 보장이란, 대상회사로 하여금 계약 및 가격결정의 전제조건이 되는 일정한 사항(행위능력, 법규준수, 재무제표 등)을 진술하게 하고 그것이 틀림없다는 점을 보장하도록 하는 것이다. ③ 손해배상이란 진술 및 보장이 사실과 다르거나 본계약상 의무를 위반한 경우 피해를 입은 당사회사가 책임을 물을 수 있도록 한 조항이다. ④ 선행조건이란 계약 종결 이전에 앞서 취득되어야 할 인허가 이전 등 조건사항을 뜻한다. ⑤ 확약은 본계약체결 이후 종결시까지 당사회사가 지켜야 할 사항을 뜻한다. ⑥ 가격조정이란 본계약서상의 가격을 이후 정확한

5) 양해각서에 대해서 상세한 것은 이동진, "교섭계약의 규율: 기업인수 교섭과정에서 교환된 양해각서를 중심으로", 법조 665(2012), 95면 이하.

1) 이 사건의 1심과 2심은 이를 위약벌로 보아 감액을 인정하지 않았다.

2) 이 사건의 1심은 이행보증금 중 1/4의 몰취만을 인정하고 나머지 3/4을 반환하라고 판시하였고, 이는 2심, 3심에서도 유지되었다.

사정을 반영하여 거래종결시 변동시킬 수 있도록 한 것이고, 수익할당은 기업인수후 대상기업의 성과에 따라 주식양도자에게 일정 비율의 수익을 지급하기로 약정하는 것이다. ⑦ 거래보호조항은 기존 거래상대방의 대상회사 인수가 제3자의 개입으로 무산되는 것을 막기 위하여 마련된 조항을 말한다.

진술 및 보장은 미국의 기업인수 실무에서 유래한 것인바, 본계약 체결 후 위 내용이 거짓으로 판명된 경우 우리 법상의 효과에 관해서 다툼이 있다. 특히 진술 및 보장이 잘못된 것으로 판명되었으나 매수인측도 계약 당시 이러한 점을 알거나 알 수 있었던 경우, 매수인이 진술 및 보장 위반 책임을 추궁할 수 있을지가 소송상 문제된 바 있다. 당해 사건의 원심은 진술 및 보장 위반 책임이 민법상의 하자담보책임에 유사한 것이고 매수인의 고의, 과실에도 불구하고 매수인의 청구를 인정하는 것은 공평의 이념 및 신의칙에 반한다고 보아 청구를 기각하였다. 그러나 대법원은 위 주식양수도계약의 해석상 매수인에게 고의, 과실이 있는 경우에도 청구권을 인정하려는 취지라고 보아 원심을 파기하였다(대법원 2015. 10. 15, 2012다64253 판결).

제4절

합 병

Ⅰ. 서 설

1. 의의 및 종류

합병이란 두 개 이상의 회사(당사회사)가 계약(합병계약)에 의하여 하나의 회사로 통합되는 법현상을 말한다. 합병은 합병계약이 핵심을 이루지만 그 밖에도 유기적인 관련을 갖는 여러 행위로 구성된 절차이다. 합병으로 소멸하는 회사는 청산절차를 거치지 않고 바로 소멸하며 그 회사의 권리 · 의무가 포괄적으로 승계된다는 점이 특색이다.

합병은 당사회사가 모두 소멸하고 소멸하는 회사(소멸회사)의 권리 · 의무가 새로이 설립된 회사(신설회사)로 포괄적으로 승계되는 **신설합병**(consolidation)과 당사회사 중 하나의 회사를 제외한 나머지 회사가 소멸하고 소멸회사의 권리 · 의무가 존속하는 회사(존속회사)에 포괄적으로 승계되는 **흡수합병**(merger)의 두 가지로 나눌 수 있다(523, 524). 신설합병의 경우에는 소멸회사가 보유한 각종 허가의 명의를 변경해야 하는 등 불편이 따르기 때문에 실제로는 거의 흡수합병만이 행해진다.[1] 이하에서도 주로 흡수합병을 중심으로 서술하기로 한다. 흡수합병을 그림으로 표시하면 [그림 7-3]과 같을 것이다.

그림 7-3 합 병

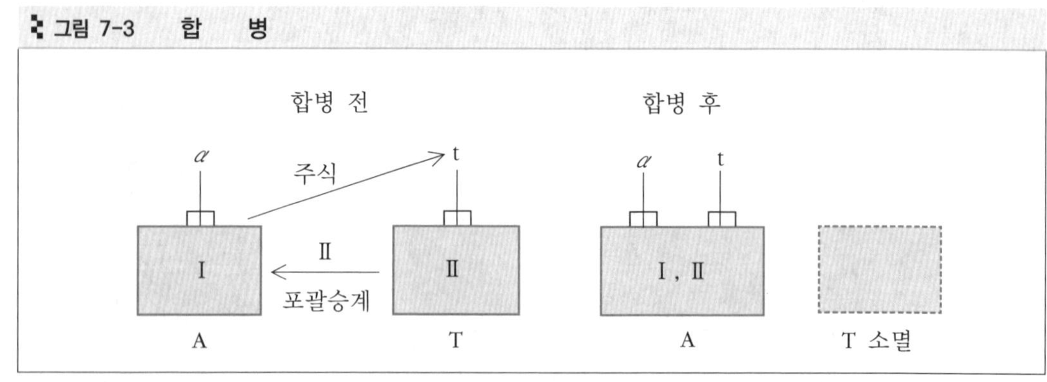

1) 소멸회사의 양도차익(법세 44)과 소멸회사 주주의 의제배당(법세 16(1)(v))에 대한 세부담이 소멸회사가 한 곳인 흡수합병의 경우와 달리 소멸회사 두 곳에서 발생한다는 점도 신설합병을 꺼리는 이유라고 할 수 있다. 다만 실제

2. 주식을 대가로 하는 인수

합병 시 소멸회사 주주에게는 존속회사의 신주를 발행하는 것이 원칙이다(523(iii)). 그러나 존속회사 주주는 신주발행으로 인한 지분 희석을 꺼릴 수 있다. 한편 소멸회사 주주도 환금성이 떨어지기 때문에 존속회사 주식이 달갑지 않을 수도 있다. 그리하여 2011년 개정 상법에서는 소멸회사 주주에게 존속회사 주식 대신 금전이나 기타 재산을 제공하는 것도 허용하게 되었다(523(iv)).

주식의 포괄적 교환과의 유사점

주식매수와는 달리 합병의 경우 합병에 반대하는 주주도 일단 주주총회에서 합병을 승인하면 합병의 효과를 피할 수 없다. 주식매수청구권을 행사하는 경우가 아닌 한 합병에 반대하는 소멸회사 주주도 존속회사 주식을 받는다는 점에서 주식의 포괄적 교환과 유사한 면이 있다. 다만 합병에서는 대상회사(소멸회사)가 소멸하는 반면 주식의 포괄적 교환의 경우 대상회사가 인수회사의 100% 자회사로 남게 된다는 점에서 차이가 있다.

3. 합병에 대한 제한

(1) 당사회사에 대한 제한

모든 회사는 합병의 당사회사가 될 수 있다(174(1)). 주식회사는 어떠한 종류의 회사와도 합병할 수 있다. 다만 합병 후 존속회사나 신설회사의 종류에 대해서는 제한이 있다(174(2)). 주식회사가 인적회사와 합병하는 경우에는 존속회사나 신설회사가 주식회사로 제한되고 주식회사, 유한회사 또는 유한책임회사와 합병하는 경우에는 주식회사, 유한회사 또는 유한책임회사로 제한된다(174(2)). 유한회사와 합병하는 경우에 존속회사나 신설회사를 주식회사로 할 때에는 법원의 인가를 얻지 않으면 합병의 효력이 없다(600(1)).[1)]

청산중인 회사라도 존립중의 회사를 존속회사로 하는 경우에는 합병이 가능하다(174(3)). 한편 **파산절차중의 회사**는 파산재단의 관리 및 처분권한이 파산관재인에게 전속하여(도산 384) 주주총회가 합병결의를 할 수 없기 때문에 합병은 불가능하다. 다만 **회생절차가 개시된 회사**는 회생계획이 정하는 바에 따라 합병이 가능하다(도산 210, 211).

상법의 합병규정은 상법상 회사에만 적용되는 것이기 때문에 내국회사가 **외국회사**와 직접 합병하는 것이 허용되지 않는다.

로는 대부분의 합병은 적격합병으로 진행되어 이에 대한 과세이연의 특례를 누리고 있다.

1) 사채상환을 완료하지 못한 주식회사는 존속회사나 신설회사를 유한회사로 하는 합병을 할 수 없다(600(2)).

(2) 규제법상의 제한

합병은 기업결합의 대표적 유형으로 공정거래법상 제한을 받는다. 공정거래법은 '일정한 거래분야에서 경쟁을 실질적으로 제한하는' 결과를 가져오는 합병을 금지하고 있다(공정거래 9(1)(iii)). 사전적 규제를 위하여 공정거래법은 일정한 규모 이상의 회사가 합병할 때에는 공정거래위원회에 신고하도록 하고 있다(공정거래 11(1)(iv)).[1] 합병이 공정거래법에 위반한 경우에는 공정거래위원회가 합병무효의 소를 제기할 수 있다(공정거래 14(2)).

한편 규제산업에 속하는 회사의 합병의 경우에는 해당업법에서 주무관청의 인가를 얻도록 하고 있다. 은행의 경우 금융위원회의 인가(은행 55(1)(i), 금산 4(1)), 금융투자업자의 경우 금융위원회 승인(자시 417(1)(i)), 기간통신사업자의 경우 방송통신위원회의 인가(전기통신사업법 18(1)(ii)) 등이 그 예이다.

합병의 본질

과거 합병의 본질을 둘러싸고 오랜 학설대립이 존재했다. 학설은 크게 인격합일설(人格合一說)과 현물출자설(現物出資說)로 나눌 수 있다. 인격합일설에 의하면 합병의 본질은 두 개의 인격이 하나로 합일되는 것으로 사원과 재산의 포괄적 승계는 인격합일의 결과이다. 한편 현물출자설은 합병을 소멸회사의 영업전부가 존속회사(또는 신설회사)에 현물출자되는 것이라고 설명한다. 그러나 이처럼 관념적 차원에서 전개되는 본질론은 합병에서 발생하는 구체적 문제에 대한 합리적 해결책을 찾는 데는 도움보다는 오히려 방해가 될 위험이 있다. 유럽이나 미국에서는 물론이고 학설대립이 성행하던 일본에서도 최근에는 본질에 관한 논의는 주목을 끌지 못하고 있다.

Ⅱ. 절　　차

1. 서　　설

합병은 당사회사의 주주나 채권자에게 중요한 영향을 미치는 변화이다. 그리하여 상법은 합병계약의 체결, 주주총회 승인, 채권자 이의절차 등 여러 단계를 거치도록 하고 있다.[2] 실무상으로는 합병계약 체결 전에 이미 당사회사 사이에 교섭과 정보교환이 이루어지고 그 과정에서 실사와 비밀유지에 관한 의향서나 양해각서와 같은 계약이 체결되는 경우가 많다. 이곳에서는 상법이 규정하는 일반적인 합병 절차를 중심으로 설명한다.

---

1) 신고 후 30일이 경과하기 전에는 합병등기를 금하고 있다(공정거래 11(8)).
2) 금융산업의 구조개선을 위해서 금융기관이 합병하는 경우에는 보다 간략한 절차를 거치도록 하고 있다(금산 5).

2. 합병계약의 체결

(1) 합병계약의 특수성

합병의 핵심을 이루는 것은 당사회사 사이에 체결하는 합병계약이다. 합병계약은 후술하는 바와 같이 강행규정의 간섭이 많기 때문에 단체법 내지 조직법적 색채가 강하다. 그러나 합병계약도 기본적으로는 사법상 채권계약으로 특별한 근거가 없는 한 사적자치를 존중한다.[1)]

(2) 합병계약서의 작성

합병계약은 서면으로 체결해야 한다(522(1)). 합병계약 체결을 위해서 사전에 이사회 결의가 필요한지 여부에 관해서는 명문 규정이 없다.[2)] 합병계약의 효력발생에는 주주총회 승인이 필요하다는 점에서 합병계약 체결이 회사의 최종 결정은 아니다. 합병계약이 체결되면 합병계약의 승인결의 전에도 당사회사는 그 내용에 따라 합병이 성취되도록 노력할 의무를 부담한다는 점을 고려하면 이사회 결의를 요한다고 볼 것이다.[3)]

(3) 법정기재사항과 임의적 기재사항

가. 법정기재사항

상법은 주주 등의 보호를 위해서 합병계약서에 기재할 사항(법정기재사항)을 상세히 규정한다(523, 524). 법정기재사항은 합병조건에 관한 사항, 존속회사(또는 신설회사)의 조직이나 체제에 관한 사항, 합병절차진행에 관한 사항 등으로 나눌 수 있다. 법정기재사항을 결한 합병계약은 무효이다.

나. 임의적 기재사항

실제 합병계약서에는 앞서 설명한 법정기재사항 외에 다양한 사항이 포함된다. 일반 기업인수계약에서 흔히 존재하는 진술 및 보장조항과 약정(또는 확약)조항 이외에 선행조건이나 계약의 해제에 관한 조항도 상세하게 규정되는 경우도 많다. 해제와 관련해서는 주식매수청구권 행사로 인하여 당사회사가 지급할 금액이 일정금액을 초과하는 경우를 해제사유로 규정하는 경우가 많다.

합병계약에도 계약자유의 원칙이 적용되므로 이러한 기재사항의 효력은 가급적 인정하는 것이 타당하다. 그러나 예컨대 소멸회사의 일부 주주만을 배제하거나 소멸회사 채무를 승계대

---

1) 합병계약이 단체법, 조직법적 색채가 있다고 해서 그것만을 근거로 사적자치의 여지를 부정하거나 제한하는 것은 바람직하지 않다. 노혁준, "합병계약에서의 불확실성", 상사판례연구 22-4(2009), 49~50면.

2) 다만 합병반대주주의 주식매수청구권에 관한 제522조의3에서는 합병에 관한 이사회 결의가 있는 때에 이에 반대하는 주주들이 회사에 반대의사 통지를 하도록 하고 있어, 절차상 이사회 결의를 요함을 전제로 하고 있다.

3) 권기범, 기업구조조정법(제4판 2011), 205면. 합병교섭과정에서 체결되는 의향서나 양해각서의 체결에도 이사회 결의가 필요한가? 합병계약 체결에 이사회 승인을 요하므로 사전적 합의에까지 이사회 결의를 요할 필요는 없을 것이다.

상에서 배제하는 등 합병의 개념이나 강행규정에 반하는 규정은 무효이다.[1)]

(4) 합병조건에 관한 사항

가. 합병조건, 합병대가, 합병비율

합병조건이란 소멸회사의 주주에게 합병대가로 무엇을 얼마나 제공하는가의 문제로서 합병계약에서 가장 중요한 사항에 속한다. 합병으로 인해 소멸회사 주주는 보유주식을 상실하므로 존속회사 또는 신설회사는 그 대가를 지급하여야 하는데, 이를 **합병대가**라 한다. 합병대가로는 소멸회사 주주에게 ① 존속회사 또는 신설회사의 신주(이를 합병신주라 한다)를 발행하는 것이 가장 전통적인 방법이지만(523(iii), 524(ii)), ② 존속회사의 자기주식을 이전하거나, ③ 금전 또는 그 밖의 재산을 지급할 수 있다. 합병대가로 이전할 수 있는 자기주식에는 존속회사가 원래 보유하고 있었던 자기주식은 물론 당해 합병으로 인하여 보유하게 된 자기주식도 포함된다.[2)]

합병대가로 신주를 발행하거나 자기주식을 이전하는 경우에는 상실하는 소멸회사 주식수에 대비한 비율로 합병대가의 크기를 표시할 수 있는데 이를 **합병비율**이라고 한다. 예컨대 소멸회사 주식 1주당 존속회사(또는 신설회사) 주식 0.5주를 준다는 식의 비율로 표시되는 것이다.[3)] 합병비율은 늦어도 주주총회 승인 시까지는 확정되어야 한다는 견해가 유력하지만 미리 변동에 관한 산식과 범위를 명확하게 정하는 경우 변동가능성을 유보하는 것을 구태여 금지할 필요는 없을 것이다.[4)]

종류주식과 합병비율

실무상 합병당사회사의 일부에만 종류주식이 발행되어 있는 경우의 합병비율 산정이 종종 문제된다. 예컨대 소멸회사에만 우선주가 발행되어 있는 경우, 소멸회사 우선주주에 배정될 존속회사 우선주 비율은 통상 다음 두 방식으로 산정된다.

① 존속회사의 보통주 기준시가와 소멸회사의 보통주 기준시가에 기초해 산정된 보통주 합병비율을 그대로 우선주 합병비율로 하는 방식이다(삼성물산-제일모직 합병사례). 위 산정된 합병비율을 일반적인 상장주식의 보통주/우선주 괴리율과 비교하여 검증하는 것이 보통이다.

② 소멸회사 우선주는 기준시가로 합병가액을 산정하고, 존속회사 우선주는 보통주 기준시가에 일정한 괴리율을 적용하여 합병가액으로 삼은 후 이들을 기초로 합병비율을 산정하는 방식이다(SK C&C-SK 합병사례).

위 ①의 방식은 원칙적으로 존속회사의 보통주/우선주 괴리율이 소멸회사의 그것과 동일하다

---

1) 田村諄之輔, 合併手續の構造と法理(1995 有斐閣), 34면.

2) 예컨대 소멸회사가 보유하던 존속회사 주식은 합병으로 인하여 존속회사가 자기주식으로 취득하게 되는데 (341-2(i)), 이것을 그 합병에서의 합병대가로 소멸회사의 다른 주주에게 지급할 수 있고 그런 실무례도 많다.

3) 제도적으로는 합병대가가 유연화되었음에도 불구하고 과세특례를 받기 위한 이유 등으로 여전히 합병대가로는 존속회사의 주식이 주종을 이루므로, 관행상 합병비율과 합병조건은 동의어처럼 사용된다.

4) 노혁준, 전게논문, 64~69면.

는 전제에서 출발하므로, ②에 적용되는 괴리율과 차이가 있을 수 있다. 결국 존속회사 우선주에 적용될 존속회사 보통주와의 괴리율을 얼마나 설득력 있게 산정할 수 있는지의 문제이다.

나. 금전이나 그 밖의 재산

과거에도 존속회사 주식 대신 금전(교부금)을 지급하는 것은 허용되었지만 그 허용범위와 관련해서는 다툼이 있었다. 상법에 명문 규정은 없었지만 주식 대신 금전만을 제공하는 이른바 **교부금합병**(또는 현금합병)은 과거 불가능한 것으로 보았다.[1] 소멸회사 주주는 1주 미만의 단주만을 취득하거나 주식매수청구권을 행사하는 경우 등과 같은 특별한 경우를 제외하고는 원칙적으로 합병계약상의 합병비율과 배정방식에 따라 존속회사의 주주가 된다고 판시한 대법원 판결도 이런 입장에 서 있었다(대법원 2003. 2. 11, 2001다14351 판결). 그러나 때로는 소멸회사 주주를 존속회사에서 배제할 필요가 있는 경우도 있었다.

이러한 실무상 수요를 고려하여 상법은 흡수합병 또는 신설합병의 대가 전부를 존속회사 주식 대신 '금전이나 그 밖의 재산'으로 하는 것도 허용하고 있다(523(iv), 524(iv))(**합병대가의 유연화**). 교부금합병에 대해서는 뒤에 따로 설명한다.

'그 밖의 재산'에는 사채(전환사채나 신주인수권부사채도 포함), 어음 등의 유가증권, 옵션과 같은 계약상의 권리도 포함될 수 있다.[2] 또한 모회사를 비롯한 다른 회사의 주식도 포함될 수 있다. 소멸회사 주주에 존속회사 모회사 주식을 교부하는 경우를 **삼각합병**이라고 한다. 삼각합병에 대해서도 뒤에 따로 설명한다.

상법이 존속회사가 소멸회사 주주에게 합병대가의 '전부 또는 일부'를 금전이나 그 밖의 재산으로 제공할 수 있다고 하는 이상, 예컨대 존속회사가 합병대가 일부를 존속회사 주식으로 교부하고, 나머지를 금전 기타의 재산으로 제공하는 것도 주주평등이 유지된다면 허용된다고 할 것이다.

다. 합병조건의 공정성

합병조건의 공정성은 당사회사 주주에게 가장 커다란 관심사이다. 상법은 이에 대해서 구체적으로 간섭하지 않고 있다. 이에 대해서는 후술한다.

라. 합병계약 이후의 이익배당한도

합병조건을 정한 후 당사회사가 임의로 배당할 수 있다면 원래의 합병조건이 불공정하게 될 수 있으므로 합병계약 이후 이익배당을 하는 때에는 그 한도를 미리 기재하도록 하고 있다(523(viii)).

---

1) 상업등기선례(200608-5 2006. 8. 29)도 교부금만을 지급하는 교부금합병은 허용하지 않았다.
2) 2011년 개정 상법에서는 사채발행의 한도를 정한 제470조가 폐지되었으므로 사채의 활용가능성이 커졌다.

(5) 존속회사(또는 신설회사)의 조직에 관한 사항

가. 회사의 인적조직

이사, 감사, 감사위원회 위원의 인적사항을 기재하여야 한다(523(ix), 524(vi)).

나. 회사의 물적조직

신설합병의 경우 수권주식의 총수, 종류와 수는 물론이고 합병 당시에 발행하는 주식의 총수, 종류와 수도 기재해야 한다(523(i), (ii)). 또한 신설회사의 자본금과 준비금의 총액을 기재해야 한다(523(iii)).

흡수합병으로 인하여 존속회사의 수권주식 수를 증가할 필요가 있는 때에는 증가할 주식의 총수, 종류와 수를 기재하고(523(i)) 합병당시에 발행할 주식의 총수, 종류와 수도 기재해야 한다(523(iii)). 또한 존속회사의 증가할 자본금과 준비금의 총액을 기재하여야 한다(523(ii)). 뒤에 설명하는 바와 같이 자본금 증가액은 반드시 소멸회사로부터 승계하는 순자산가액을 한도로 하는 것은 아니다.

다. 정관과 관련된 사항

신설합병은 새로 회사가 설립되는 경우이므로 정관기재사항인 회사의 목적, 상호, 본점소재지 등도 기재하여야 한다(524(i)). 흡수합병의 경우에도 합병으로 인하여 존속회사가 정관을 변경하는 경우에는 그 규정을 기재해야 한다(523(vii)).

(6) 절차진행에 관한 사항

절차진행과 관련해서는 합병승인총회의 기일과 합병을 할 날을 기재해야 한다(523(v), (vi), 524(v)). 주주총회 기일은 반드시 구체적으로 특정할 필요는 없고 예컨대 10월 하순이라는 식으로 기재해도 무방하다.

합병을 할 날은 흔히 합병기일이라고 불리며 소멸회사의 재산을 존속회사에 인도하고 주주에게 주권을 발행하는 등 실질적인 실무절차를 완료하기로 예정한 날을 말한다.[1] 그러나 상법상 법적으로 회사재산의 승계가 일어나는 것은 합병등기일이다(530(2)→234).

(7) 합병계약의 법적 효과

가. 주주총회 승인 전의 의무

합병계약에 의하여 당사회사는 다양한 의무를 부담하지만 주된 것은 합병기일에서의 이행의무이다. 그러나 주주총회의 승인이 있기 전에는 합병기일에서의 당사회사의 이행의무는 효력을 발생하지 않는다.[2]

---

1) 합병계약에서 합병기일은 당사회사 이사회의 협의로 변경할 수 있음을 유보할 수 있다. 노혁준, 전게논문, 57~58면.

2) 이와 관련해서 주주총회 승인은 합병계약의 정지조건이 아니라 합병의 달성을 위한 별개의 요건이라고 보는 견해가 유력하지만 양자 사이에 실질적인 차이는 없다.

합병계약이 체결되면 합병계약 승인결의 전에도 당사회사는 그 내용에 따라 합병이 성취되도록 노력할 의무를 부담한다. 계약상의 의무주체는 당사회사지만 실제로 의무를 이행하는 것은 대표이사를 비롯한 이사라고 할 것이다. 당사회사 이사는 정부 인가나 금융기관 동의가 필요한 경우 그것을 확보하기 위하여 노력해야 하고 합병계약의 승인안을 주주총회에 부의하여야 한다.[1] 이사회가 합병계약 승인안을 부의하고 그 의안의 통과를 위하여 노력하였음에도 불구하고 주주총회에서 부결된 경우에는 합병계약상 의무위반으로 볼 수는 없을 것이다.[2]

나. 합병계약의 해제

주주총회 승인이 있다고 해서 반드시 합병계약이 이행으로 이어지는 것은 아니다. 합병계약은 계약의 해제사유를 광범하게 규정하고, 해당 사유에 대해 귀책사유가 없는 당사자는 서면에 의한 해제의 의사표시로써 합병계약을 해제할 수 있다고 규정하는 것이 보통이다. 합병계약상 대표적인 해제사유로는 주주총회 승인 등 선행조건이 일정 기간 내에 충족되지 않은 경우, 당사회사에 도산절차가 개시되는 경우, 반대주주의 주식매수청구권 행사가 일정한 금액을 초과한 경우, 당사회사의 재무상태·영업상태 또는 전망에 중대한 부정적 변경 또는 영향[3]이 발생한 경우 등을 들 수 있다. 합병계약에는 당사자의 합의로 해제할 수 있음을 정하는 경우가 많은데, 그런 정함이 없더라도 당사자의 합의에 의한 해제는 가능할 것이다.

이처럼 합병계약에 해제사유와 해제절차가 정해져 있다면 그에 따라 일방 당사자가 해제할 수 있지만, 합병계약에 특별히 정함이 없는 한 일방적인 해제는 허용되지 않는다고 본다. 한편 당사회사가 합병계약을 이행하지 않는 경우 이행을 강제하는 것은 이론상 불가능한 것은 아니지만 현실적으로 바람직하지 않다.[4] 그 경우 구제수단으로는 합병계약의 해제와 손해배상에 의존하게 될 것이다.[5]

---

1) 합병의 성취를 위한 이사의 노력의무는 이사의 선관주의의무에서 유래하는 것으로 볼 수 있다.

2) 江頭憲治郎, 合併契約の不履行—存續會社の不履行と相手方の救濟, 企業法·金融法の新潮流(前田重行 古稀)(2013), 240면.

3) 흔히 MAC(material adverse changes) 또는 MAE(material adverse effect)라고 불린다. 대법원 2025. 6. 26, 2022다295513 판결은 MAC 또는 MAE에 따른 기업인수 계약의 해제가 인정된 매우 드문 사례이다(사안에 대한 소개는 신용섭, "중대한 부정적 영향 조항과 해제의 가능성", BFL 134(2025) 참조). MAC의 실무적 쟁점에 관한 문헌으로 신영재/황병훈, "중대한 부정적인 변경조항의 쟁점", BFL 67(2014), 6~18면 참조.

4) 田村, 전게서, 35면. 특히 주주총회승인 전이라면 주주의 승인을 강제할 수는 없다. 반면에 미국에서는 합병계약불이행 시의 구제수단으로 강제이행도 종종 이용되고 있다. 전통적으로 델라웨어주법원은 강제이행청구를 인용할 것인지 여부를 결정할 때 폭넓은 재량을 누려왔지만 근자에는 강제이행조항이 합병계약에 포함된 경우 강제이행을 허용하는 경향이 있다고 한다. KBLN 2025.9.6.자(https://kbln.org/archives/2470).

5) 합병계약불이행으로 인한 손해배상은 현실적으로 어려운 문제를 낳는다. 예컨대 존속회사에 의한 합병계약불이행의 경우 손해를 입는 것은 계약상대방인 소멸회사가 아니라 소멸회사 주주이다. 이 경우 소멸회사 주주는 계약당사자가 아니므로 적어도 합병계약상 책임을 묻기는 어렵다. 소멸회사도 신뢰이익은 몰라도 이행이익의 배상을 청구할 수 없다. 따라서 합병계약불이행을 억제하기 위해서는 위약금을 규정할 필요가 있을 것이다. 합병계약의 불이행에 관해서 상세한 것은 江頭憲治郎, 전게논문, 241면 이하.

3. 주주총회의 승인

합병계약서는 존속회사와 소멸회사의 주주총회 승인을 요한다(522(1), (3)).[1)]

(1) 소집의 통지와 공고

합병승인을 위한 주주총회 소집 시에는 통지와 공고에 합병계약의 요령을 기재해야 한다(522(2)). 합병계약의 요령은 합병계약서의 요점 내지 주요내용으로 주주가 합병에 대한 승인 여부를 결정할 때 필요한 정보를 말한다. 일반적으로 상대방의 명칭, 합병조건, 합병교부금, 합병차익 등이 이에 해당할 것이다. 주주의 판단을 돕는 차원에서는 단순한 합병조건뿐 아니라 그 산출근거와 방법 등 구체적 내용을 공시할 필요가 있다.

(2) 합병에 관한 정보공시

상법은 주주의 의사결정을 돕기 위해서 합병에 관한 정보를 공시할 것을 규정하고 있다. 이사는 총회 2주 전부터 합병계약서, 주식배정에 관한 이유기재서, 합병대차대조표와 손익계산서를 본점에 비치하고 주주나 채권자에게 열람시킬 의무가 있다(522-2).

(3) 결의요건

합병계약에 대한 승인은 특별결의를 요한다(522(3)→434). 따라서 출석주주 의결권의 2/3 이상의 수와 발행주식총수의 1/3 이상의 수의 찬성이 필요하다. 합병으로 인하여 종류주주가 손해를 입는 경우에는 종류주주총회의 결의도 필요하다(436).

(4) 모자회사합병과 특별이해관계인

우리나라에서는 합병이 동일 기업집단의 계열회사 사이에서 행해지는 경우가 대부분이다. 모자회사 사이의 합병에서 자회사 주주총회의 결의에서 모회사가 특별이해관계인에 해당하는가가 문제된다. 이익충돌이 있는 것은 분명하지만 모회사는 특별이해관계인으로 보지 않는 것이 통설이다.[2)] 만약 모회사를 특별이해관계인으로 보아 의결권 행사를 제한한다면 소수주주가 과도한 영향력을 갖게 될 것이기 때문이다.

(5) 신설합병과 설립위원

신설합병의 경우에는 새로이 회사를 설립하는 절차가 필요하다. 통상의 회사설립과는 달리 정관작성 기타 설립에 관한 행위는 발기인이 아니라 각 회사에서 선임한 설립위원이 공동으로 행한다(175(1)). 설립위원은 주주총회 특별결의로 선임한다(175(2)→434). 실제로는 당사회

---

1) 이론상으로는 합병계약의 내용이 구체적으로 확정되는 한 반드시 합병계약의 체결이 선행해야 하는 것은 아니다. 그러나 실무상으로는 그렇지 않은 경우를 찾아보기 어렵다.

2) 그러나 모자회사 사이에서 영업양수도거래를 행하는 경우에는 모회사가 자회사 주주총회에서 특별이해관계인에 해당할 것이다.

사 대표자가 설립위원이 되는 것이 보통이다. 설립위원은 선임한 회사와의 사이에 위임관계에 있고 정관의 작성 기타 설립에 관한 행위를 할 권한을 갖는다.[1)]

4. 반대주주의 주식매수청구권

합병계약을 체결하기로 하는 이사회 결의에 대해서 반대하는 주주는 회사에 대해서 보유주식의 매수를 청구할 수 있다(522-3).[2)] 주식매수청구권은 주주보호라는 면에서 큰 의미가 있지만 회사에게는 재정적 부담이 커질 수 있다. 이에 대해서는 뒤에서 상세히 설명한다.

5. 채권자 이의절차[3)]

(1) 상법 제527조의5

합병은 당사회사 주주만이 아니라 채권자에게도 중대한 영향을 미친다. 회사가 부실한 회사와 합병하는 경우에는 채권자의 담보라고 할 수 있는 회사재산이 부실해지기 때문이다. 따라서 상법은 채권자보호를 위하여 특별한 이의절차를 마련하고 있다. 일반적으로 채권자 이의절차는 합명회사의 합병에 관하여 규정된 것(232)이 감자, 분할 등 여러 경우에 준용되고 있다.[4)] 그러나 주식회사의 합병에 대해서는 비슷한 내용의 규정을 별도로 두고 있다(527-5). 채권자 이의절차는 먼저 ① 채권자에게 합병에 대해서 이의를 제출할 수 있음을 알리고, ② 채권자가 이의를 제출하며, ③ 이의를 제출한 채권자에 대해서 회사가 변제하거나 담보를 제공하는 세 가지 단계로 구성된다.

(2) 채권자에 대한 공고 또는 최고

주식회사는 주주총회 승인결의가 있는 날부터 2주 내에 채권자에 대해서 합병에 이의가 있으면 1월 이상의 기간 내에 제출할 것을 공고하고, 알고 있는 채권자에 대해서는 따로따로 이를 최고해야 한다(527-5(1)).[5)]

'알고 있는 채권자'는 개별적 최고를 요하기 때문에 그런 채권자가 다수 존재하는 경우에는 소요 비용이 상당할 수 있다. '알고 있는 채권자'의 범위는 실무상 매우 중요하지만 실제로

---

1) 신설합병을 이처럼 회사설립과 유사한 것으로 보고 설립위원을 따로 선임하도록 한 것에 대한 비판으로는 田村, 전게서, 247~249면.
2) 2015년 개정 상법은 의결권 없는 주주도 주식매수청구권이 있음을 명시하고 있다(374-2(1)).
3) 노혁준, "기업구조조정 시 채권자이의절차에 관한 연구", 기업법연구 34-3(2020); 정준혁, "합병 및 분할 관련 채권자보호제도 개정 제안", 저스티스 174(2019) 참조.
4) 제232조의 회사채권자 보호규정은 합자회사(269), 주식회사(527-5(3)→232(2), (3)) 및 유한회사(603)이 합병에 준용되고, 합명회사와 합자회사의 임의청산(247, 269), 주식회사의 자본감소(439), 유한회사의 자본감소(597) 및 주식회사와 유한회사 간의 조직변경(608)에도 각각 준용된다.
5) 간이합병(527-2) 및 소규모합병(527-3)의 경우에는 주주총회 결의가 생략되므로 이사회의 승인결의가 있은 날부터 2주 내에 공고와 최고를 마쳐야 한다(527-5(2)).

는 판단이 쉽지 않은 경우가 있다. 채권자에는 비금전채권은 물론이고 미확정채권을 가진 자도 포함된다. 회사가 보증채무를 부담하는 경우의 채권자와 같이 회사에 대해서 우발채권을 가진 자도 포함된다. 현행법상으로는 소액채권자가 다수 존재하는 경우에도 일일이 개별 최고를 해야 한다. 규제의 편익과 비용을 고려할 때 입법론상으로는 개별 최고를 제한할 필요가 있을 것이다.[1)]

(3) 이의제출

채권자가 이의제출기간 내에 이의를 제출하지 않은 때에는 합병을 승인한 것으로 본다(527-5(3)→232(2)). 합병을 승인한 채권자는 합병무효의 소를 제기할 수 없다(529(1)). 이의제출방식에는 아무런 제한이 없으며 그 이유를 진술할 필요도 없다. 사채권자가 이의를 제출하려면 사채권자집회의 결의에 따라야 하며 개별적으로는 할 수 없다(530(2)→439(3)).[2)]

(4) 회사의 변제 또는 담보제공

회사는 기간 내에 이의를 제출한 채권자에 대해서 변제 또는 상당한 담보를 제공하거나 이를 목적으로 하여 상당한 재산을 신탁회사에 신탁해야 한다(527-5(3)→232(3)).[3)]

이미 상당한 담보가 있는 채권자에 대해서는 이런 보호조치를 취할 필요가 없다. 문제는 부실회사가 건전한 회사와 합병하는 경우와 같이 부실회사의 채권자를 해할 우려가 없음에도 이의를 제출한 경우이다. 일본법과 같은 예외 규정(예컨대 日會 789(5)단)이 상법에는 없으므로 여전히 채권자에게 보호조치를 요한다고 해석할 수밖에 없다.[4)]

(5) 채권자 이의절차의 위반

채권자 이의절차를 위반한 경우에는 합병의 등기를 행할 수 없다(상등규 148(viii)).[5)] 또한 채권자 이의절차의 위반은 합병무효의 원인이 될 수도 있다. 합병무효의 소의 제기권자에 '합병을 승인하지 아니한 채권자'가 포함되고 있기 때문이다(236(1), 529(1)). 합병무효의 소를 제기할 수 있는 채권자에는 합병을 승인하지 아니한 채권자로서 합병에 대해 이의를 제출한 채권자와 알고 있는 채권자임에도 최고를 받지 않은 채권자가 포함된다. 다만 이의제출의 공고가 있었고 합병절차가 진행 중이라는 것을 알면서도 이의제출을 하지 아니한 자는 이의권을

---

1) 「금융산업의 구조개선에 관한 법률」에서는 금융기관 합병의 경우 2개 이상의 일간지에 공고할 때에는 개별 최고를 생략할 수 있도록 하고 있다(금산 5(3)). 일본 회사법도 마찬가지의 규정을 두고 있다(日會 789(3)).

2) 이 경우 사채권자집회 소집 등에 상당한 시일을 요하므로 법원은 이해관계인의 청구에 의하여 이의제출기간을 연장할 수 있다.

3) 상당한 담보인지 여부는 사회통념에 따라 객관적으로 판단할 것이다.

4) 그러나 합병을 계기로 무담보채권자가 자동적으로 담보채권자로 승격하는 것은 기업의 구조개편을 저해할 수 있다. 그리하여 입법론으로는 예외적으로 합병으로 인한 손해의 우려가 없는 채권자에 대해서는 보호조치를 면제할 필요가 있을 것이다.

5) 채권자 이의절차에 위반한 주식회사 이사는 과태료가 부과된다(635(1)(xiv)).

묵시적으로 포기한 것으로 본다.

6. 합병기일

합병기일은 일반 채권계약에서 채권·채무를 이행(closing)하는 날에 상응한다. 다만 이행일의 이행이 바로 법적 효력을 발생하는 일반 채권계약과는 달리 합병의 경우에는 상법이 합병의 법적 효력을 등기일에 발생시키고 있기 때문에(530(2)→234) 합병기일의 의의가 덜 부각되고 있다.

합병계약서에 기재된 합병기일에 소멸회사는 재산, 부채 및 주주관계 서류일체를 존속회사(또는 신설회사)에 인도하고 소멸회사 주주가 이 날 새로 주식의 배정을 받음으로써 당사회사가 실질적으로 합체된다. 소멸회사는 모든 영업을 존속회사에 인계하고 존속회사가 정상적으로 영업을 수행하도록 협조하여야 한다.

7. 주식의 병합 또는 분할

합병으로 인하여 주식을 병합하거나 분할할 필요가 있을 때에는 자본감소 시의 주식병합절차에 관한 규정을 준용한다(530(3)→440~443).[1)]

8. 합병보고총회 및 창립총회

존속회사 이사는 채권자보호절차 종료 후 지체 없이 주주총회를 소집하여 합병에 관한 사항을 보고해야 한다(526(1)). 주식병합이 필요한 경우에는 그 효력이 생긴 후, 병합에 적당하지 않은 주식이 있을 때에는 단주처리(443)를 한 후에 소집한다. 합병 당시 발행되는 신주의 인수인은 아직 법적으로는 존속회사의 주주가 아니지만 이 주주총회에서는 주주와 동일한 권리가 있다(526(2)). 새로 이사를 선임하거나 하는 등의 필요가 없는 경우에는 보고총회는 이사회 공고로 갈음할 수 있다(526(3)).

한편 신설합병의 경우에는 설립위원이 창립총회를 소집해야 한다(527(1)). 소집시점은 존속합병의 경우와 같다. 창립총회에서는 정관변경 결의를 할 수 있지만 합병계약의 취지에 반하는 결의는 할 수 없다(527(2)). 창립총회에 대해서는 회사의 모집설립 시에 소집하는 창립총회에 관한 규정들이 준용된다(527(3)). 창립총회에 대한 보고는 이사회의 공고로 갈음할 수 있다(527(4)).

---

1) 다만 주식병합의 효력은 제441조의 문언에도 불구하고 합병의 경우에는 합병등기시에 발생하는 것으로 볼 수밖에 없을 것이다.

9. 합병등기

합병은 당사회사의 근본적 변경을 가져올 뿐 아니라 대외적으로 중대한 영향을 미친다. 회사 설립과 마찬가지로 그 효력발생시기를 획일적으로 명확히 함과 동시에 제3자에 대항할 수 있도록 할 필요가 있다. 따라서 합병도 회사설립과 마찬가지로 등기에 의하여 비로소 효력을 발생한다(530(2)→234). 흡수합병의 경우는 보고총회가 종결된 날(또는 보고총회에 갈음하는 공고일), 그리고 신설합병의 경우는 창립총회가 종결된 날(또는 창립총회에 갈음하는 공고일)로부터 2주 내에 본점소재지에서 존속회사의 변경등기, 소멸회사의 해산등기, 신설회사의 설립등기를 하여야 한다(528(1)).

10. 사후적 합병정보의 개시

이사는 채권자보호절차의 경과, 합병기일에 소멸회사로부터 승계한 재산의 가액과 채무액 기타 합병에 관한 사항을 기재한 서면을 합병기일부터 6월간 본점에 비치하여야 한다. 주주 및 회사채권자는 그 서면의 열람을 청구할 수 있다(527-6(2)→522-2(2)).

Ⅲ. 특수한 합병

1. 서 설

전술한 일반 합병 외에 상법은 특수한 합병을 허용하고 있다. 특수한 합병은 두 가지로 나눌 수 있다. ① 회사의 근본적인 변경에 해당하지 않기 때문에 주주총회가 아니라 이사회가 결정하는 경우와 ② 합병대가로 주식 대신 다른 것을 제공하는 경우이다. ①에는 간이합병과 소규모합병이 속하고 ②에는 교부금합병과 삼각합병이 속한다. 이하 차례로 설명한다.

2. 간이합병: 소멸회사 주주총회 결의의 생략

(1) 의 의

간이합병(short form merger)이란 흡수합병 시에 소멸회사에서 주주총회 결의를 생략하고 이사회 결의만으로 합병을 승인할 수 있는 경우를 가리킨다.[1] 상법은 다음 두 가지 경우를 들고 있다(527-2(1)).

① 소멸회사 주주 전원의 동의가 있는 경우

② 소멸회사 발행주식총수의 90% 이상을 이미 존속회사가 소유하는 경우

---

1) 법문상 신설합병의 경우에는 간이합병이 허용되지 않는다.

이러한 경우에는 주주총회의 결과가 너무 분명하기 때문에 구태여 주주총회를 개최할 실익이 없을 것이다.[1)]

(2) 소멸회사 주주의 보호

간이합병의 경우 소멸회사는 합병계약서를 작성한 날부터 2주 내에 주주총회 승인 없이 합병한다는 뜻을 주주에게 공고하거나 통지하여야 한다(527-2(2)본).[2)] 주주 전원의 동의가 있는 경우에는 공고나 통지 절차는 필요하지 않다(527-2(2)단).[3)]

주주총회를 개최할 실익이 없다고 해서 소멸회사 소수주주의 보호 필요성이 없어지는 것은 아니다. 따라서 소멸회사의 반대주주는 주주총회 개최가 없더라도 주식매수청구권을 갖는다. 반대주주는 회사가 공고나 통지를 한 날로부터 2주 내에 합병 반대 의사를 통지하고 2주가 경과한 날로부터 다시 20일 내에 회사에 대해서 주식매수를 청구할 수 있다(522-3(2)).[4)]

(3) 존속회사에서의 절차

간이합병의 특례는 어디까지나 소멸회사에 대한 관계에서 인정되는 것이다. 따라서 존속회사에서는 여전히 주주총회 결의가 필요하고 반대주주는 주식매수청구권을 행사할 수 있다. 다만 간이합병이 동시에 소규모합병의 요건을 갖춘 경우에는 당연히 존속회사의 주주총회 결의를 생략할 수 있고 주식매수청구권도 발생하지 않는다.

3. 소규모합병: 존속회사 주주총회 결의의 생략

(1) 의 의

소규모합병은 **존속회사가 합병대가로서 발행하는 신주 및 이전하는 자기주식의 총수가 발행주식 총수의 10%를 초과하지 않는 합병**을 말한다(527-3(1)). 예컨대 발행주식총수가 100만주인 회사가 합병대가로 지급하는 주식(새로 발행하는 합병신주 및 원래 가지고 있다가 이전하는 자기주식)의 수가 10만주 이하라면 소규모합병에 해당한다. 소규모합병에 대해서는 존속회사 주주총회의 승인결의를 이사회결의로 갈음할 수 있을 뿐 아니라 반대주주도 주식매수청구권을 갖지 않는다(527-3(1), (5)). 따라서 소규모합병은 통상의 합병에 비하여 절차의 부담이 덜하기 때문에 존속회사 경영자로서는 가능하다면 소규모합병 형식을 택할 유인이 크다.

소규모합병으로 인정되는 경우 존속회사의 합병계약서에는 주주총회 승인을 거치지 않고

---

1) 그 논리를 따른다면 ②의 경우 주식보유요건이 2/3 이상이면 간이합병의 요건이 충족된 것으로 보자는 주장도 성립할 수 있을 것이다.
2) 법문은 그 시점을 합병계약서의 작성이란 사실행위를 기준으로 삼고 있으나 그것이 명확하지 않을 수 있으므로 체결시점을 의미하는 것으로 새겨야 할 것이다.
3) 존속회사가 소멸회사 주식 전부를 소유한 경우에도 마찬가지이다.
4) 간이합병의 경우 주주총회 소집이 필요하지 않지만 반대주주의 특정을 위하여 별도의 기준일을 설정할 필요가 있다.

합병한다는 취지를 기재하여야 한다(527-3(2)). 또한 존속회사는 합병계약서 작성일로부터 2주 내에 소멸회사의 상호 및 본점의 소재지, 합병을 할 날, 주주총회의 승인을 얻지 아니하고 합병을 한다는 뜻을 공고하거나 주주에게 통지하여야 한다(527-3(3)).

(2) 소규모합병의 기준

합병에 주주총회 특별결의를 요하는 이유는 주주 이익에 커다란 영향을 미치기 때문이다. 따라서 주주 이익에 별로 영향을 주지 않는 소규모합병의 경우에는 반드시 주주총회 결의를 요할 필요가 없을 것이다. 상법은 소규모합병의 기준을 **합병대가인 신주 및 자기주식의 수가 존속회사의 발행주식총수의 10%를 넘는지 여부**로 정하고 있다(527-3(1)). 10% 이하의 신주 발행 또는 자기주식 교부인 경우 기존 주주의 경제적 이익과 지배적 이익이 희석되는 정도는 크지 않다. 구법에서는 신주의 숫자만을 고려했으나[1] 2015년 개정 상법은 자기주식 교부가 신주발행과 동일한 효과를 가져옴을 고려하여 이를 신주발행과 마찬가지로 취급하고 있다.

발행신주 또는 자기주식의 규모가 크지 않으면 항상 존속회사 주주 이익에 별다른 영향을 미치지 못하는 것인가? 다음 두 가지 예를 본다. ① 자산규모가 크지만 부채비율이 높은 회사의 가치는 수익가치가 특별히 높지 않은 이상 낮게 평가될 것이다. 그러한 회사를 흡수합병하는 경우에는 소멸회사 주주에 발행할 신주(또는 자기주식) 비율이 10%에 미달하여 소규모합병에 해당할 가능성이 높다. 그 경우는 법적으로는 소규모합병에 해당하더라도 경제적으로는 포괄승계되는 소멸회사의 재산규모가 커서 존속회사의 경영에 큰 영향을 미칠 수 있다. ② 이른바 포합(抱合)주식, 즉 존속회사가 보유하는 소멸회사 주식의 규모가 큰 경우이다. 포합주식에 대하여는 상장회사가 합병당사회사인 경우 후술하는 바와 같이(제7장 제4절 Ⅶ. 3) 신주배정이 금지된다((자시(令) 176-5(16)). 신주를 배정하지 않는 경우에는 그만큼 신주발행 규모가 줄어들기 때문에 소규모합병으로 인정받기 쉽다. 이런 방법으로 소규모합병으로 인정받은 경우에도 소멸회사의 재산규모가 크다면 존속회사에 큰 영향을 미칠 수 있다. 이러한 경우를 고려할 때, 입법론적으로는 소규모합병 여부를 존속회사 자산에 대한 소멸회사 자산의 비율 기준으로 판단하는 것이 합리적이다.

(3) 소규모합병의 적용 예외

다음 두 가지 경우에는 소규모합병의 특례가 적용되지 않는다. ① 소멸회사 주주에게 지급되는 **금전이나 그 밖의 재산의 가액이 존속회사 최종 대차대조표상 순자산액의 5%를 초과**하는 경우이다(527-3(1)단). 합병대가로서 교부금 기타 재산을 교부함으로써 신주, 자기주식의 규모를 줄이려는 편법을 막기 위한 것이다. 앞서 본 포합주식과 관련하여 포합주식 매수를 위해서 지

---

1) 신주발행과 자기주식 교부를 엄격히 구분하여 소규모합병 요건을 판단한 구법하의 판례로서 대법원 2004. 12. 9, 2003다69355 판결.

급한 대금은 경제적으로는 미리 지급된 교부금으로 볼 여지도 있다.[1] 다만 대법원은 포합주식 매수대금을 교부금으로 보지는 않는다(대법원 2004. 12. 9, 2003다69355 판결).

② 존속회사 발행주식 총수의 **20% 이상을 소유한 주주가 소규모합병의 공고 또는 통지를 한 날부터 2주 내에 회사에 대하여 서면으로 합병에 반대**하는 의사를 통지한 경우이다(527-3(4)). 이런 예외를 인정하는 것은 실제로 별로 중요하지 않은 거래라도 주주의 상당수가 반대하는 경우에는 주주총회를 거치는 것이 좋겠다는 판단에 따른 것이다.

(4) 소멸회사에서의 절차

소규모합병의 특례는 어디까지나 존속회사에 대한 관계에서 인정되는 것이다. 따라서 소멸회사에서는 여전히 주주총회 결의가 필요하고 반대주주는 주식매수청구권을 행사할 수 있다. 다만 소규모합병이 동시에 간이합병의 요건을 갖춘 경우에는 당연히 소멸회사의 주주총회 결의를 생략할 수 있다.

교부금합병과 소규모합병

상법은 소멸회사 주주에게 존속회사 주식 대신 금전 등을 지급하는 형태의 합병, 즉 교부금 합병을 허용한다(523(iv), 524(iv))(**합병대가의 유연화**). 인수회사(존속회사)가 상대적으로 규모가 작은 대상회사(소멸회사)를 소규모합병하려고 하는 때에 통상의 합병 방식과 교부금합병 방식은 어떠한 차이를 가져오는가? 통상의 합병인 경우 인수회사가 발행주식 총수의 10%에 해당하는 신주를 발행한다면 소규모합병 특례를 적용받을 수 있다(527-3(1) 본문 적용). 반면 교부금합병에 의할 때에는 존속회사 순자산의 10%에 해당하는 금전을 지급한다면 이는 소규모합병이 아니다(527-3(1) 단서에 따른 5% 기준 위반). 교부금 합병을 전면 허용하면서 이러한 차별을 남겨두는 것은 합리적이지 않다. 교부금합병의 도입을 통해 합병대가를 유연화한 만큼, 소규모합병의 판단 기준인 대가의 규모도 신주(자기주식) 및 금전 등을 통합하여 판단할 필요가 있다.

4. 교부금합병

(1) 의 의

교부금합병(또는 현금합병)은 **소멸회사 주주에게 존속회사 주식 대신 금전만을 지급하는 합병**을 말한다. 교부금합병의 경우 소멸회사의 기존 주주는 존속회사에 참여할 수 없으므로 소수주주를 축출하는 수단으로 활용될 수 있다.

소수주주의 축출은 2011년 개정 상법이 도입한 지배주주의 매도청구권(360-24)을 통해서도 가능하다. 그러나 교부금합병은 존속회사가 지배주주 요건인 95% 지분보유를 하지 않은 경

1) 과거 세법상으로 합병 전 2년 내에 취득한 소멸회사 주식을 합병교부금으로 본 시기가 있었다. 자세한 것은 이창희12, 606~607면.

우에도 소수주주 축출이 가능하다는 점에서 지배주주의 매도청구권보다 더 편리한 수단이다.

교부금합병은 신주발행을 요하지 않으므로 존속회사 주주가 지주비율을 유지하고자 하는 경우 특히 유용하다. 또한 소멸회사 주주가 존속회사 주식보다 현금을 선호하는 경우에는 교부금합병이 더 매력적일 수 있다.[1] 다만 교부금합병을 통한 소수주주 축출은 다음 몇 가지 한계를 갖는다. 먼저 주주평등의 원칙이 지켜져야 하므로, 지배주주 소유 주식에 대하여는 합병신주를 발행하고 소수주주의 주식에 대하여는 현금을 지급하는 식의 차별이 불가능하다. 다만 각 주주에게 합병신주 또는 현금의 선택권을 부여하는 것은 동등한 기회를 주는 것이므로 허용될 것이다. 다음으로 세법적 문제점이다. 교부금합병의 경우 현금을 대가로 지급받게 되는 것이므로 투자연속성에 터잡은 과세이연 특례를 적용받을 수 없다.[2] 교부금합병은 교부금을 받는 주주들의 입장에서는 차익실현에 따른 세부담이 발생하게 되므로 이에 거부감을 가질 수 있다.

(2) 유 형

가. 2단계 합병형

A회사가 지배주주로부터 매수하거나 공개매수의 방법으로 T회사의 지배주식을 취득한 후 T회사를 흡수합병하면서 T회사 일반주주에게 A회사 주식 대신 금전을 지급하는 경우이다. 이러한 경우를 2단계 합병이라고 한다. 2단계 합병에 대해서는 후술한다.

나. 단순축출형

교부금합병은 기존 지배주주가 회사를 1인회사로 전환하기 위하여 일반주주를 축출하고자 할 때에도 활용할 수 있다. 위에서 T회사의 지배주주인 A회사가 T회사 소수주주를 축출하여 완전자회사로 전환하고자 하는 경우 A회사는 완전자회사인 S회사를 신설한 후 T회사를 S회사에 흡수합병하면서 교부금합병을 통해서 T회사 소수주주를 축출할 수 있다.

다. 차별적 축출형

A회사가 T회사를 흡수합병하면서 T회사 일부 주주에게는 A회사 주식을 배정하고 다른 주주에게는 금전을 지급하는 식으로 주주를 차별하는 것은 주주평등원칙에 반하므로 원칙적으로 허용되지 않는다.[3] 물론 예외적으로 소멸회사 주주 전원의 동의가 있는 경우라면 그러한 차별도 금할 필요가 없을 것이다.

(3) 경영상 목적의 필요여부

소수주주 축출만을 목적으로 하는 교부금합병이 허용되는가? 이 문제는 특히 소수주주

1) 특히 존속회사 주식을 처분하기 어려운 경우에는 더욱 그러할 것이다.

2) 법인세법은 과세가 이연되는 적격합병 요건 중의 하나로서 "피합병법인의 주주등이 합병으로 인하여 받은 합병대가의 총합계액 중 합병법인이나 합병법인의 모회사의 주식등의 가액이 100분의 80 이상일 것"을 요구한다(44(2)(ii)).

3) 소멸회사 기관인 이사회와 주주총회가 합병조건을 정하면서 주주를 차별하는 것은 주주평등원칙에 반한다고 할 것이다.

축출을 위한 또 다른 제도인 지배주주의 매도청구권과의 형평성 차원에서 문제될 소지가 있다. 95% 이상을 보유하는 지배주주가 소수주주를 축출하는 데 경영상 목적이 필요하다면 (360-24(1)) 주주총회 특별결의만으로 실행가능한 교부금합병의 경우에는 당연히 경영상 목적이 요구된다는 논리도 성립할 수 있다. 그러나 통상의 합병의 경우와 구분되는 별도의 경영상 목적을 요구할 법적 근거는 크지 않고,[1] 설사 이를 요구한다고 하더라도 넓게 인정되어야 할 것이다.[2]

(4) 교부금의 공정성

교부금합병에서 가장 중요하며 소멸회사 주주의 이익을 담보할 수 있는 것은 교부금의 공정성이다. 교부금은 원칙적으로 소멸회사의 가치에 상응하여 산정할 것이라는 점에서 주식매수청구권의 가치평가와 비슷한 문제를 낳는다. 다만 교부금합병의 경우 소멸회사 주주는 원치 않는 경우에도 마치 주식매수청구권을 행사한 것과 비슷한 처지에 놓이게 된다. 따라서 주식평가의 공정성은 교부금합병에서 더욱 중요한 의미를 갖게 된다.

5. 삼각합병과 역삼각합병

(1) 삼각합병

가. 의의와 기능

삼각합병은 존속회사가 소멸회사 주주에게 존속회사 주식을 교부하는 대신 존속회사의

그림 7-4 삼각합병

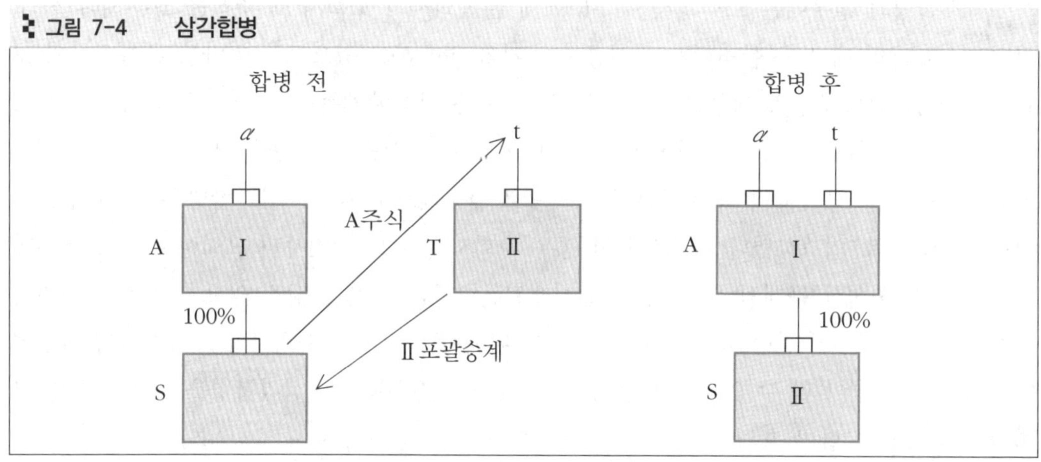

1) 과거 미국에서는 교부금합병 시에 정당한 사업목적을 요한다고 본 시기도 있었지만 최근에는 합병의 공정성만 충족되면 사업목적의 정당성은 따로 검토하지 않는다. 상세한 것은 김건식, "기업집단에서의 소수주주보호", 연구 I, 395~405면 참조. 이러한 미국법의 태도와 본문의 견해 사이에는 실질적으로 차이가 없다.

2) 이질적인 주주의 참여로 인한 불편과 비용을 회피하기 위한 것도 정당한 경영상 목적으로 볼 수 있을 것이다. 반면 교부금합병을 하는 목적이 순전히 주주를 낮은 가격에 배제하기 위한 것이라면 경영상 목적을 결한 것으로 볼 수 있다. 증명책임은 경영상 목적의 결여를 주장하는 주주측에서 부담한다.

모회사 주식을 교부하는 방식의 합병을 말한다.[1] 삼각합병은 [그림 7-4]와 같이 진행된다. T회사 인수를 원하는 A회사가 먼저 완전자회사인 S회사를 설립한 후 T를 S에 흡수합병시킨다. 소멸되는 T의 주주에게 존속회사인 S회사 주식 대신 S의 모회사인 A회사 주식을 교부한다.

종전 상법에 따르면 합병대가로 존속회사 주식을 교부하는 것이 원칙이었기 때문에 삼각합병은 허용되지 않는다는 것이 일반적인 견해였다. 2011년 개정 상법은 소멸회사 주주에게 존속회사 주식 외에 다른 재산을 지급하는 것을 허용하고(523(iv)), 소멸회사 주주에게 모회사주식을 제공하기 위한 목적으로 존속회사가 모회사주식을 취득하는 것을 허용함으로써(523-2) 삼각합병이 가능하게 되었다.[2]

이러한 삼각합병은 A회사가 T회사를 직접 합병하는 것과 비교할 때 ① T회사의 우발채무 등을 A회사가 떠안을 위험성을 제한할 수 있고, ② A회사가 직접 합병의 주체는 아니므로 A회사에서의 주주총회 특별결의에 의한 승인, 주식매수청구권 부여를 회피할 수 있는 장점이 있다. 삼각합병의 또 하나의 장점으로 외국회사에 의한 국내회사의 M&A를 촉진한다는 점을 들 수 있다. 현재 상법은 원칙적으로 내국회사에만 적용되므로 외국회사는 내국회사와 직접 합병할 수 없다고 보는 것이 통설이다. 그러나 삼각합병이 허용됨에 따라 외국회사의 국내자회사가 모회사주식을 교부하는 방법으로 내국회사와 합병하는 길이 열리게 되었다.

나. 모회사 주식의 제공방법

삼각합병의 경우에는 소멸회사 주주(t)에게 존속회사의 모회사(A) 주식을 교부해야 한다. 상법은 '그 밖의 재산'을 합병대가로 제공하는 것을 허용하고 있으므로(523(iv)) 존속회사의 모회사 주식을 합병대가로 제공할 수 있다. 상법상 제공의 주체는 존속회사로 되어 있으므로(523(iv)) 이를 위해서는 존속회사(S)가 미리 모회사(A) 주식을 취득해둘 필요가 있다. 그러나 상법상 자회사의 모회사 주식 취득은 원칙적으로 금지되므로(342-2) 삼각합병은 그 예외에 해당함을 명문으로 인정하였다(523-2).[3] 이 경우 자회사가 어느 시점부터 모회사 주식을 취득할 수 있는지가 해석상 문제될 수 있다. 현실적으로는 취득시점을 앞당길 필요가 있을 것이지만 모회사주식의 취득에 관한 규제의 회피를 막기 위해서는 적어도 자회사가 소멸회사와 합병계약을 체결한 후에야 할 수 있다고 보는 견해가 있다.[4] 존속회사는 삼각합병을 위해 취득한 모회사 주식을 삼각합병 효력 발생 후 6개월 이내에 처분하여야 한다(523-2(2)).

---

1) 삼각합병에 관한 상세한 문헌으로는 윤영신, "삼각합병제도 도입과 활용상의 법률문제", 상사법연구 32-2(2013), 9면 이하.
2) 이미 2012년 계열회사 사이의 삼각합병이 행해진 예가 있다(네오위즈).
3) 2015년 개정 상법은 자회사가 취득한 모회사 주식을 삼각합병 후에도 보유하는 경우에는 합병효력발생일부터 6개월 이내에 처분하도록 하고 있다(523-2(2)).
4) 윤영신, 전게논문, 20면. 그러나 단기간에 대규모의 주식을 확보하기는 현실적으로 어려움이 있을 것이다.

이처럼 상법은 존속회사가 모회사 주식을 취득하여 제공하는 경우를 상정하고 있으나 실제로는 모회사가 직접 신주를 소멸회사 주주에게 발행할 수 있다면 보다 편리할 것이다. 모회사의 신주발행과 관련해서는 ① 제3자에 대한 신주발행의 문제와 ② 자회사가 소멸회사 재산을 포괄승계한 것을 모회사에 대한 납입으로 볼 수 있는지의 문제가 있다. ①과 관련해서는 모회사 정관에 미리 제3자 발행에 관한 조항을 두면 될 것이다. 그러나 ②와 관련해서는 자회사가 소멸회사 재산을 포괄승계함으로써 자회사 주식가치가 증가한 것을 근거로 모회사에 대한 납입을 인정하기는 어려울 것이다.[1] 입법론적으로는 모회사가 신주를 직접 소멸회사 주주에게 발행하는 방법에 의한 삼각합병이 허용된다는 점을 상법에 명시할 필요가 있을 것이다.

다. 주주총회 결의의 필요성

삼각합병의 장점으로는 인수회사가 주주총회 결의와 주식매수청구권을 염려하지 않고도 대상회사를 인수할 수 있다는 점을 든다. 앞서의 예에서 본 바와 같이 형식적으로 합병의 당사회사는 모회사인 A가 아니라 자회사인 S이기 때문이다. 그러나 입법론적으로는 다음과 같은 이유로 A회사 주주총회에 의한 통제를 받도록 하는 것이 타당하다.[2] ① 현실적으로 삼각합병을 주도하는 것은 S가 아니라 모회사인 A이다. ② 실제로 A회사 주주의 이해관계가 크다. 특히 A의 신주발행에 의한 삼각합병이 허용되는 경우에는 더욱 그러하다. ③ 삼각합병과 경제적 실질이 유사한 주식교환의 경우에 인수회사의 주주총회 결의를 요한다(360-3).[3]

(2) 역삼각합병

미국에서는 삼각합병과는 반대로 S를 T에 흡수합병시키는 이른바 역삼각합병이 많이 행해진다. 역삼각합병은 [그림 7-5]와 같이 진행된다. T회사 주주에게 A회사 주식을 교부하는 것은 삼각합병과 같지만 S회사 주주인 A에게 T회사 주식을 교부함으로써 결국 T가 A의 완전자회사가 된다는 점이 삼각합병과 다르다. 일반 삼각합병과는 달리 역삼각합병의 경우에는 T가 그대로 존속하기 때문에 T의 브랜드가치와 인·허가 혜택을 그대로 누릴 수 있는 장점이 있다.[4]

---

1) 현실적인 대안으로 모회사가 발행한 신주를 자회사에 현물출자하여 자회사 신주를 인수하는 형식을 택할 수도 있을 것이다.

2) 노혁준, "기업재편제도의 재편: 합병, 주식교환 및 삼각합병제도를 중심으로", 경제법연구 13-2(2014), 68면은 주식교환 및 삼각합병 시에 인수회사에서 대량의 신주발행이 이루어지는 경우 인수회사 주주총회 보통결의에 의한 승인을 받도록 입법함으로써 규제의 형평성을 기할 것을 주장한다.

3) 거꾸로 주식교환의 경우 주주총회 승인을 면제하는 것이 더 합리적이라는 견해도 있다. 송옥렬9, 1237면. 그러나 그 견해에 따르면 인수회사가 아무런 제한 없이 대상회사와 합병할 수 있는 길이 열리게 되어 부당하다. 왜냐하면 삼각합병이나 주식교환으로 모자관계가 형성된 회사 사이에 합병이 행해지는 경우에는 소규모합병 및 간이합병에 해당하여 존속회사와 소멸회사 양쪽에서 주주총회 결의를 얻을 필요가 없기 때문이다.

4) 또한 대상회사 임직원의 사기저하를 막을 수 있는 것도 장점이 될 수 있다.

그림 7-5 미국의 역삼각합병

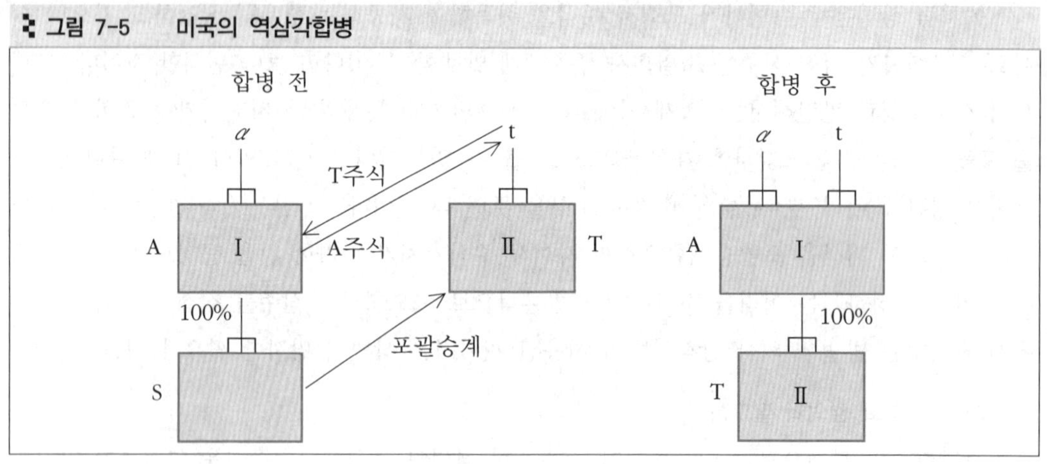

우리나라에서는 후술하는 포괄적 주식교환에 의하는 경우 (주주총회 특별결의절차, 주식매수청구권 부여를 회피할 수는 없지만) 역방향 삼각합병과 동일한 결과를 가져오게 된다. 미국식 역삼각합병을 추가적으로 도입할 것인지 여부가 논의되었는바, 우리 법제와 충돌하는 부분, 예컨대 합병을 통해 소멸회사 주주의 지위뿐 아니라 존속회사 주주의 지위가 변경되는 것 등을 어떻게 해결할지 난점이 있었다.[1] 2015년 개정 상법에 따르면 두 단계를 밟아 역삼각합병과 동일한 결과를 가져올 수 있다. 즉 개정 상법은 삼각주식교환(주식교환시 완전모회사가 되는 회사가 그 주식이 아니라 그의 모회사 주식을 교부함)을 허용하였는바, 제1단계로 삼각주식교환을 한 다음 제2단계로 역합병을 하게 되면 결국 미국식 역삼각합병을 한 것과 동일한 결과가 된다.

6. 2단계 합병

실제로 합병은 단계적으로 이루어지는 경우가 많다. 예컨대 A회사가 먼저 T회사 지배주주로부터 지배주식을 매수하거나 일반 주주에 대한 공개매수를 통해서 지배주식을 확보한 후 A회사가 T회사를 흡수합병하는 경우가 그 대표적인 예이다. 이 경우 1단계 주식매수는 이른바 경영권 프리미엄을 붙인 고가로 행해지는 것이 보통이다. 그러나 2단계 합병에서 T회사 주주에 대한 합병대가는 경영권 프리미엄을 붙이지 않은 상태에서 결정되기 때문에 동일한 주식임에도 불구하고 흔히 1단계 매수가격보다 훨씬 낮은 수준으로 결정된다. 2단계 합병이 교부금합병으로 이루어지는 경우에는 가격의 불공정성이 한층 두드러질 것이다. 1단계 매수가 공개

---

1) 흡수합병 계약서의 기재사항으로는 소멸회사 주주에게 존속회사 주식, 금전 기타의 재산을 제공하는 것만을 규정하고 있을 뿐이다(523(iii), (iv)). 그러나 이론상으로는 존속회사 주주를 축출하는 형태의 합병도 생각할 수 있고 그 도입을 주장하는 견해도 있다. 노혁준, “기업재편제도의 재편: 합병, 주식교환 및 삼각합병제도를 중심으로”, 경제법연구 13-2(2014), 49면 이하.

매수에 의한 경우에는 T회사 주주는 2단계 합병에서의 저가(低價)축출 가능성 때문에 불만이 있어도 공개매수에 응할 압력을 받을 것이다(이른바 **매도의 압력**). 입법론으로는 2단계 합병의 경우에는 T회사 주주 보호를 위하여 2단계 합병대가를 1단계 매수가격보다 낮출 수 없도록 하자는 견해도 있다.

그림 7-6 한국의 2단계 역삼각합병

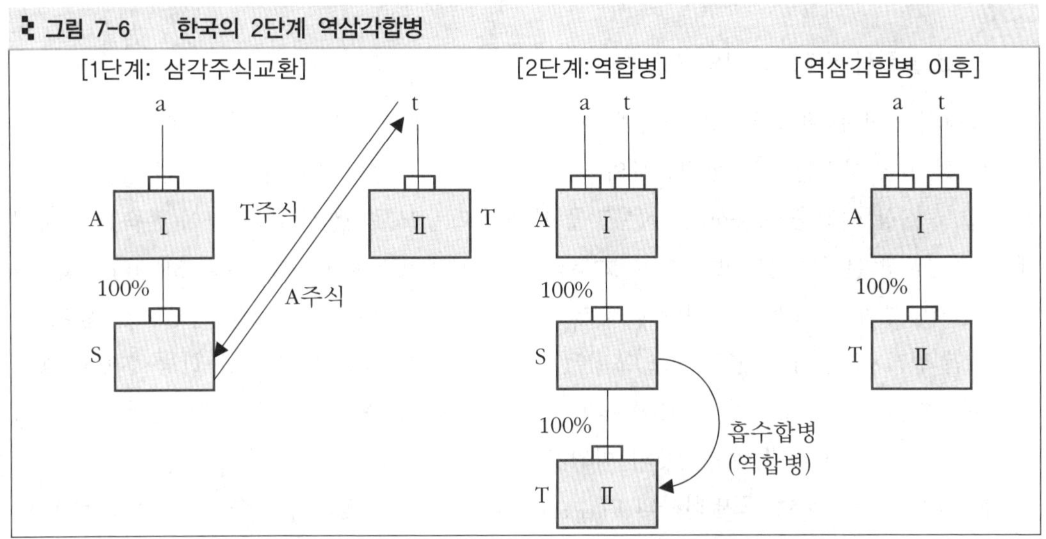

Ⅳ. 합병의 효과

합병절차가 종료되어 합병등기가 이루어지면 다음과 같은 효과가 발생한다.

1. 법인격의 변동

흡수합병의 경우 존속회사가 아닌 당사회사, 그리고 신설합병의 경우에는 모든 당사회사가 소멸한다. 합병은 해산사유로 규정되어 있지만(517(i)) 소멸회사의 권리·의무는 존속회사나 신설회사에 포괄적으로 승계되므로 따로 청산절차를 요하지 않는다. 신설합병의 경우에는 합병으로 인해 새로운 회사가 성립한다. 이에 따라 소송법적으로는 소멸회사가 당사자인 경우 해당 소송은 합병으로 인해 중단되고 존속회사나 신설회사가 이를 수계한다(민소 234)

2. 주주, 임원지위 등의 변동

소멸회사 주주는 합병계약의 정함에 따라 존속회사(또는 신설회사) 주식을 배정받아 존속회사 주주로 전환되는 것이 원칙이다. 예외적으로 흡수합병에서 소멸회사 주주에 대해서 '금전이나 그 밖의 재산'만을 교부하는 경우(523(iv))에는 그러한 전환은 일어나지 않는다.

소멸회사 이사나 감사는 합병으로 인하여 그 지위를 상실한다. 존속회사 이사나 감사도 합병계약서에 다른 정함이 있는 경우를 제외하고는 합병 후 최초로 도래하는 결산기의 정기총회 종료 시에 퇴임한다(527-4(1)). 합병으로 인하여 새로이 존속회사 주주가 되는 소멸회사 주주의 의사를 반영하여 이사회를 구성할 기회를 주기 위해서이다.

그 밖에 흡수합병의 경우 존속회사에는 자본금 증가나 정관변경과 같은 변화가 일어난다.

3. 소멸회사 권리·의무의 포괄승계

합병의 가장 큰 특징은 소멸회사의 권리·의무가 존속회사나 신설회사에 포괄적으로 승계된다는 점이다. 대법원은 '피합병회사의 권리·의무는 사법상의 관계나 공법상의 관계를 불문하고 그 성질상 이전을 허용하지 않는 것을 제외하고는 모두 합병으로 인하여 존속한 회사에게 승계'된다고 본다(대법원 1980. 3. 25, 77누265 판결, 대법원 1994. 10. 25, 93누21231 판결(소멸회사 건설업면허의 승계)). 개별적인 재산에 대한 이전절차나 채무의 인수절차도 필요하지 않다. 승계대상인 권리·의무에는 **근로관계**도 포함된다. 소멸회사에서의 근로조건은 합병 후에도 효력을 유지한다(대법원 1994. 3. 8, 93다1589 판결). 논란이 되는 것은 형사책임과 행정제재이다. 특히 "성질상 이전을 허용하지 않는 것"의 범위가 문제된다.

형사책임과 관련하여, 소멸회사의 미납벌금 납부의무는 존속회사에 승계된다(형소 479). 반면 소멸회사의 위법행위에 근거하여 합병 후 존속회사에게 양벌규정에 따른 벌금형을 부과할 수는 없다(대법원 2007. 8. 23, 2005도4471 판결).

행정제재와 관련하여, 개별법령에 (i) 소멸회사에 이미 내려진 제재의 승계 여부, (ii) 소멸회사의 위법행위를 근거로 한 존속회사 제재 여부에 관한 명시적 조항[1]이 없는 경우가 문제된다. 이때 (i)에 관하여는 이미 내려진 제재의 성격에 따라 개별적으로 판단할 수밖에 없다. 판례가 많은 것은 (ii) 사안이다. 대법원은 대체로 존속회사에 대한 제재를 긍정한다.[2]

V. 합병의 무효

1. 합병무효와 합병무효의 소

합병은 당사회사의 주주, 채권자 등 이해관계자 이익에게 큰 영향을 미친다. 이런 중대한 변화를 후에 번복하는 것은 법적 안정성을 해친다. 그리하여 합병등기 후에는 합병의 무효를

---

1) 예컨대 식품위생법 제78조는 일정 요건 하에 (i)의 승계를 인정하고, 공정거래법 제102조 제2항은 (ii)의 제재를 인정한다.

2) 대법원 2019. 12. 12, 2018두63563 판결(공정거래법상 이행강제금 부과처분을 받을 지위의 승계); 대법원 2022. 5. 12, 2022두31433 판결(공정거래법상 시정명령을 받을 지위의 승계); 대법원 2016. 6. 28, 2014두13072 판결(입찰참가자격 제한처분을 받을 지위의 승계).

다툴 수 없다고 보는 입법례도 있다.[1] 그러나 상법은 합병이 무효가 될 수 있다는 전제하에 그 주장은 합병무효의 소만으로 하도록 하고 있다(529(1)). 이는 형성의 소에 해당한다.

2. 무효사유

합병의 무효사유에 대해서는 상법에 규정이 없다. 마찬가지로 명시적 조항이 없는 신주발행무효의 소의 무효원인에 관하여 대법원은 "거래의 안전, 주주 기타 이해관계인의 이익 등을 고려하더라도 도저히 묵과할 수 없는 정도라고 평가되는 경우에 한하여 신주의 발행을 무효로 할 수 있을 것이다"라고 하여 엄격한 기준을 적용하고 있다(대법원 2010. 4. 29, 2008다65860 판결). 합병무효의 소인 경우 사후적으로 합병을 무효화하는 데에 따른 혼란은 신주발행 무효에 못지 않으므로 신중하게 판단하여야 할 것이다.

무효사유로는 먼저 상법상 강행조항에 위반하는 경우를 생각해 볼 수 있다.[2] 주식회사가 인적회사를 존속회사로 하는 흡수합병을 하는 경우(174(2)), 합병계약서가 법정기재사항(523, 524)을 누락한 경우,[3] 합병승인결의에 하자가 있는 경우,[4] 채권자보호절차를 위반한 경우 등이 그 예이다.

그 밖의 하자도 합병의 무효사유가 될 수 있다. 무효사유에 해당하는지 여부는 당해 하자의 중요성, 당사회사의 주주와 채권자에게 미칠 영향, 다른 구제수단의 존부 등 구체적 사정을 고려하여 판단할 수밖에 없다.[5]

합병의 무효사유와 관련하여 특히 문제되는 것은 **합병조건의 불공정**이다. 합병무효가 법적 안정성을 중대하게 해치는 점을 고려하여 합병조건의 불공정은 합병무효 대신 주식매수청구권에 맡기는 것도 일리가 있다.[6] 과거 하급심판례는 합병조건의 불공정을 이유로 합병무효를 선언한 일이 있다(인천지방법원 1986. 8. 29, 85가합1526 판결).[7] 대법원도 '합병비율이 현서히 불공정한 경우'를 합병무효사유로 본다(대법원 2008. 1. 10, 2007다64136 판결).[8] 다만 실제 불공정

1) 예컨대 독일 구조개편법 제20조.
2) 합병이 공정거래법에 위반한 경우에는 공정거래위가 합병무효의 소를 제기할 수 있다(공정거래 14(2)).
3) 다만 법정기재사항 중에서 합병승인 주주총회의 기일(523(v), 524(5))과 같이 상대적으로 덜 중요한 사항은 적절한 시기에 주주총회가 개최되는 한 하자가 치유된 것으로 본다. 권기범6, 169면(주 163).
4) 승인결의가 있었다는 점은 회사가 입증책임을 부담하지만 승인결의의 하자는 원고가 입증책임을 부담한다(대법원 2010. 7. 22, 2008다37193 판결).
5) 권기범6, 169면.
6) 일본의 판례는 같은 이유로 합병조건의 불공정은 무효사유가 될 수 없다고 본다. 東京高裁 1990. 1. 31, 資料版 商事法務 제77호, 193면.
7) 순자산가치가 17 : 1이었음에도 불구하고 특별한 사정이 존재하지 않음에도 합병비율을 1 : 1로 정한 사안이었다. 다만 이는 주식매수청구권이 인정되지 않았던 시절의 판결이다.
8) 판례의 태도에 찬성하는 견해로 권기범6, 171면; 정동윤6, 962면(합병비율이 현저하게 불공정한 경우에는 무효의 원인이 된다고 한다); 정찬형22, 522면; 최준선14, 775면.

한 합병비율을 이유로 합병을 무효로 판단한 대법원 판례는 없다.

3. 당 사 자

제소권자는 각 당사회사의 주주, 이사, 감사, 청산인, 파산관재인, 합병을 승인하지 아니한 채권자이다(529(1)).[1] 채권자와는 달리 주주에 대해서는 아무런 제한을 두고 있지 않으므로 결의에 찬성한 주주도 제소할 수 있다. 피고는 존속회사나 신설회사가 된다.

4. 소송절차상 특칙과 다른 소송과의 관계

다른 회사관계 소송과 마찬가지로 법률관계의 안정성을 위해 제소기간을 제한하고 있다. 합병무효의 소는 합병등기일로부터 6개월 내에 제기해야 한다(529(2)). 관할, 소제기의 공고, 소의 병합심리, 재량기각판결, 패소원고의 책임 등에 관해서는 회사설립무효의 소에 관한 규정이 준용되고 있다(530(2)→240→186~191). 채권자가 제소한 경우에는 회사가 채권자의 악의를 소명하여 담보제공을 청구할 수 있다(530(2)→237→176(3), (4)).

합병을 위한 이사회 결의 또는 주주총회 결의의 하자가 다투어지는 경우, 합병 등기 이후에는 별도의 이사회 결의 무효확인의 소, 주주총회 결의 하자에 관한 소를 제기할 수 없고 합병무효의 소를 제기하여야 한다(흡수설. 대법원 1993. 5. 27, 92누14908 판결 등). 합병무효의 소의 청구원인이 주주총회 결의취소 사유에 해당하는 하자인 때에는 결의취소의 소에 준하여 결의일로부터 2개월 내에 제기해야 한다는 견해도 있으나, 이런 경우에도 합병등기일로부터 6개월 내라는 법정의 제소기간은 동일하게 적용된다고 볼 것이다.[2]

5. 무효판결의 효과

(1) 대세적 효력

합병무효판결은 당사자뿐 아니라 제3자에게도 효력이 미친다(530(2)→240→190본). 당사회사와 이해관계자 사이의 법률관계를 획일적으로 확정할 필요가 있기 때문이다.

(2) 판결효력의 불소급

합병무효판결은 판결확정 전에 생긴 회사와 주주 및 제3자 간의 권리·의무에 영향을 미치지 않는다(530(2)→240→190단). 즉 소급효가 없다. 판결확정 전에 존속회사나 신설회사에서 행해진 행위는 모두 유효하다.

---

1) 합병이 공정거래법에 위반한 경우에는 공정거래위원회가 제소할 수 있다(공정거래 14(2)).
2) 제4장 제2절 Ⅶ. 6. 참조.

(3) 합병 전 상태로의 복귀

합병무효판결이 확정되면 당사회사는 합병 전 상태로 복귀한다. 흡수합병의 경우에는 소멸회사가 존속회사로부터 분리되어 부활하고, 신설합병의 경우에는 신설회사는 해산하고 소멸회사들은 부활한다. 합병 시에 존속회사와 신설회사에 포괄승계된 권리·의무는 당연히 부활된 소멸회사로 복귀한다. 다만 무효판결의 소급효는 없으므로(530(2)→240→190단) 존속회사나 신설회사가 처분한 권리는 복귀하지 않는다.

존속회사나 신설회사가 합병 후 취득한 재산은 합병당사회사의 공유로 한다(530(2)→239(2)). 존속회사나 신설회사가 합병 후 부담한 채무에 대해서는 합병당사회사가 연대책임을 진다(530(2)→239(1)). 당사회사가 협의로 그 지분이나 부담부분을 정하지 못한 때에는 법원이 합병 당시의 각 회사의 재산상태 기타의 사정을 참작하여 이를 정한다(530(2)→239(3)).[1] 그러나 합병 이후 두 회사 사이의 인적·물적 결합이 상당히 진행되었다면 이를 분리하는 것은 사실상 매우 어렵다.

(4) 등 기

합병무효의 판결이 확정된 때에는 존속회사의 변경등기, 소멸회사의 회복등기, 신설회사의 해산등기를 하여야 한다(238). 이러한 등기는 합병무효 판결의 효력 발생과는 무관하다. 예컨대 강제집행 수락 문언 있는 공정증서를 작성한 채무자 회사가 다른 회사(존속회사)에 흡수합병되어 그 공정증서에 의한 집행채권자가 존속회사에 대한 강제집행을 실시하기 위해 승계집행문을 부여받았는데 그 합병에 대한 무효판결이 확정되었다면, 더 이상 존속회사는 채무자회사의 승계인이라 할 수 없으므로 승계집행문을 취소해야 하며, 이것은 합병무효등기가 마쳐졌는지와 무관하다(대법원 2016. 6. 23, 2015다52190 판결).

Ⅵ. 합병조건 불공정의 규제

1. 서 설

합병의 당사회사 주주에게 가장 중요한 문제는 합병조건의 공정성을 확보하는 것이다. 합병조건의 공정성을 담보하는 가장 효과적인 수단은 당사회사 간의 교섭이다. 당사회사가 독립된 당사자로서 교섭을 수행한다면 그 결과 결정된 합병조건이 불공정하다고 볼 여지는 거의 없을 것이다. 그러나 우리나라에서 합병은 모자회사 내지 계열회사 사이에 행해지는 경우가 대부분이다. 이런 상황에서는 당사회사 사이에 진정한 교섭을 기대할 수 없기 때문에 합병조건이 불공정하게 결정될 위험이 크다. 따라서 계열회사 사이에 이루어진 합병에 대하여는 조

---

1) 이는 비송사건으로 제1심 수소법원의 관할에 전속한다(비송 99→98).

금 더 엄격한 판단기준을 적용할 필요가 있다. 합병비율에 관한 것은 아니지만, 대법원은 주식매수가격 산정에 관하여 "계열회사 사이의 합병에서 주식매수가격을 산정할 때는 합병 사실의 영향을 받는 시점을 보다 엄격하게 판단할 필요가 있다"고 설시한 바 있다(대법원 2022. 4. 14, 2016마5394, 5395, 5396 결정).

합병조건이 불공정한 경우에는 일방 당사회사의 주주가 손해를 보게 된다. 불공정한 합병으로부터 주주를 보호하기 위한 제도로서 가장 강력한 것은 법령에서 직접 합병비율을 규정하는 것이다. 후술하듯이 우리 자본시장법은 상장회사가 관련된 합병에서 합병비율을 정하는 산식을 규정한다(자시슈 176-5(1)). 과거 이러한 산식은 비계열사간 합병에도 적용되었으나 독립당사자들인 경우 불공정 우려가 크지 않으므로 2024년 시행령 개정 이후에는 계열사간 합병에만 적용된다. 다만 계열사간 합병의 경우에도 위 산식이 오히려 지배주주에게 가장 유리한 타이밍에 이루어지는 합병에 면죄부를 준다는 비판이 있다. 법정 합병비율보다는 아래의 간접적인 규제방식이 활성화될 필요가 있다.

2. 주주총회의 특별결의

합병은 당사회사 주주총회의 특별결의를 요하므로 일방 당사회사에 심하게 불리한 합병은 실현되기 어렵다. 그러나 모자회사나 계열회사 사이의 합병에서는 불공정한 합병도 주주총회 승인을 얻을 가능성이 높다. 예컨대 모자회사 간 합병에서는 두 회사의 이익이 충돌함에도 불구하고 모회사가 자회사 주주총회에서 의결권을 행사할 것이므로 자회사 주주의 이익은 충분히 보호받기 어렵다.[1]

3. 전문가에 의한 보호

합병조건의 공정성을 외부 전문가가 검사하는 절차가 있다면 불공정한 합병을 상당부분 방지할 수 있을 것이다.[2] 그러나 상법은 그러한 제도를 채택하고 있지 않다. 다만 자본시장법은 상장회사가 비계열회사와 합병하는 경우 및 계열회사와 합병하는 일정한 경우에는 외부평가기관이 합병가액의 적정성을 평가하도록 하고 있다(자시슈 176-5(8)).

4. 주식매수청구권: 탈퇴형 구제

합병조건에 불만이 있는 주주는 주식매수청구권을 행사함으로써 퇴사할 수 있다. 다수의 주주가 주식매수청구권을 행사한다면 회사의 자금부담이 커지므로 합병당사회사로서는 합병

1) 미국에서는 이러한 경우에 모회사로부터 독립적인 사외이사가 자회사를 대표하여 교섭하도록 함으로써 공정성의 확보를 도모하고 있다.

2) 독일에서는 주식회사의 합병 시에는 법원이 선임하는 합병검사인(Verschmelzungsprüfer)에게 합병조건의 공정성을 검사받도록 하고 있다(독일 조직변경법 9~12, 60).

조건의 공정성에 유의할 인센티브가 있다. 다만 주식매수청구권은 퇴사를 전제로 하므로 합병 자체에는 찬성하면서 합병조건에만 불만이 있는 주주, 합병당사회사에 대해 계속 투자하기를 원하는 주주를 위한 구제책으로는 완전하지 않다. 또한 회사와 매수가액 합의를 이루지 못한 경우 장기간이 소요되는 비송사건을 진행하여야 하는 점도 문제이다.

5. 합병무효와 가처분

합병비율이 불공정한 경우 합병무효의 소를 제기할 수 있음은 전술한 바와 같다. 그러나 사후적인 합병의 무효는 당사회사의 법률관계를 근본적으로 뒤흔드는 사태라고 할 것이므로 그보다는 사전에 저지할 필요가 있다. 사전적 구제수단으로는 각종 가처분이 있다. 특히 합병절차의 핵심인 주주총회 결의를 막으려는 가처분, 즉 주주총회 개최금지 가처분, 주주총회 결의금지 가처분, 주주총회 결의 효력정지 가처분 등이 시도되곤 한다. 또한 구체적 사정에 따라 합병절차 진행정지 가처분, 주식처분금지 가처분 등이 이루어질 수 있다. 특히 불공정한 합병조건을 들어 합병절차의 진행을 정지시키려 할 때 그러한 가처분의 피보전권리가 되는 본안사건이 무엇인지 문제된다.

먼저 합병무효의 소이다. 합병비율 불공정이 합병무효사유라는 점을 근거로 한다. 다만 이에 따르면 합병절차 진행정지 가처분이 내려진 후 법원이 본안제소명령(민집 287)을 내렸을 때, 합병 자체가 진행되지 않았으므로 가처분채권자가 합병무효의 소를 제기할 수 없다는 딜레마가 있다.[1] 하지만 실무에서는 절차진행을 방치했을 때 발생할 조건부권리도 피보전권리가 될 수 있다고 보아, 이러한 점을 큰 걸림돌로 삼지는 않는 것으로 보인다.[2]

다음으로 이사에 대한 유지청구의 소이다. 그러나 그 중 ① 신주발행 유지청구의 소(424)는 합병신주 발행 주체가 아닌 소멸회사의 주주에게는 피보전권리가 될 수 없고, 존속회사 주주 입장에서도 무증자합병 등 합병신주가 발행되지 않는 경우에는 피보전권리가 되기 어렵다. ② 위법행위 유지청구의 소(402)의 경우 불공정한 합병조건으로 손해를 보는 것은 주주이므로 제402조의 요건, 즉 '회사에 회복할 수 없는 손해가 생길 염려'가 없다고 볼 여지도 있다.[3][4]

---

1) 노혁준, "회사가처분에 관한 연구: 기본구조와 주요가처분의 당사자 및 효력을 중심으로", 민사판례연구 32(2010), 1007면; 신우진/김지평/고정은, "주주총회 관련 가처분의 실무상 쟁점", BFL 84(2017), 74면.

2) 주주총회 결의하자의 소를 본안으로 하는 주주총회 개최금지가처분 허용에 관한 고홍석, "주주총회·주식관련 가처분에 대한 최근의 실무상 쟁점", 민사판례연구 45(2023), 1037면; 전휴재, "주주총회 관련 가처분에 관한 연구" 사법 57(2021), 186면 참조.

3) 1987년 롯데그룹과 대림산업 사이의 분쟁(호남에틸렌사건)에서 롯데 측의 위법행위유지가처분이 바로 이러한 이유로 기각된 바 있다(서울민사지방법원 1987. 9. 9, 87카37879 결정). 이에 대하여는 존속회사에 불리한 합병조건인 경우 제3자 배정 신주발행에서 발행가액이 현저하게 저가일 때 회사의 손해를 인정하는 대법원 판례(대법원 2009. 5. 29, 2007도4949 판결)에 비추어 존속회사의 손해를 인정할 수 있고, 소멸회사에 불리한 합병조건의 경우에는 자산의 저가매각에 준하여 소멸회사의 손해를 인정할 수 있다는 반론이 제기될 수 있다.

4) 입법적으로는 주주의 손해 염려를 요건으로 하는 합병유지청구권을 신설하면 더 명확할 것이다(日會 784-2,

마지막으로 2025년 상법 개정으로 도입된 이사의 주주에 대한 충실의무조항(382-3)에 터잡은 금지청구의 소이다. 그러나 위 조항은 추상적인 일반 조항인바 곧바로 주주에게 구체적인 금지청구권을 부여한다고 보기는 쉽지 않다.[1)]

급박성을 요하는 가처분의 속성상, 복잡한 고려사항이 내포된 주식평가 내지 합병비율 판단을 법원이 단기간에 오류없이 처리할 수 있는지에는 의문이 남는다. 사후적 합병무효의 소를 통한 주주보호의 어려움을 고려할 때 사전적 가처분 제도는 중요한 기능을 수행하지만, 한편 가처분 단계에서의 섣부른 판단으로 바람직한 합병 자체를 무산시킬 우려가 있다는 것이 가처분 제도가 안고 있는 딜레마이다.

삼성물산과 제일모직 합병 사건[2)]

2015년 삼성물산과 제일모직 간의 합병은 많은 법적 쟁점과 분쟁을 야기하여 관심을 모았다. 두 회사는 상장회사이므로 자본시장법에서 정한 산식에 따라 합병비율이 결정되었으나, 삼성물산의 주주들은 당시 삼성물산의 주가가 지나치게 저평가되어 위 산식에 따른 합병비율은 삼성물산에 부당하게 불리하므로 합병절차를 중단하여야 한다고 주장하였다. 이에 관하여는 매우 다양한 소송이 진행되었다. 주된 민사사건으로는, ① 삼성물산의 주주인 엘리엇이 삼성물산 및 그 이사들을 상대로 제기한 주주총회 소집통지 및 결의금지 가처분(서울고등법원 2015. 7. 16, 2015라20485 결정으로 기각된 뒤 재항고취하로 확정), ② 합병의안의 가결을 위해 삼성물산이 KCC에게 자기주식을 처분하자 엘리엇이 삼성물산과 KCC를 상대로 제기한 주식처분금지 및 의결권행사금지가처분(기각 확정. 서울고등법원 2015. 7. 16, 2015라20503 결정), ③ 삼성물산의 일부 우선주주들이 우선주주의 이익이 침해당했다는 이유로 신청한 합병절차 진행정지 가처분(기각 확정. 서울중앙지방법원 2015. 9. 2, 2015카합80896 결정), ④ 삼성물산의 일부 반대주주들이 주식매수청구권을 행사한 후 자본시장법에 따라 산정한 매수가격이 부당하다면서 제기한 주식매수가격 결정 신청(대법원 2022. 4. 14, 2016마5394, 5395, 5396 결정으로 자본시장법의 산식에 따른 결과보다 높은 가격으로 인정), ⑤ 삼성물산의 일부 주주들이 제기한 합병무효의 소(서울중앙지방법원 2017. 10. 19, 2016가합10827 판결로 기각된 뒤 항소취하로 확정) 등이 있다.[3)] 주된 형사사건으로는, ① 삼성측 임원의 전대통령 등에 대한 뇌물공여죄 등(유죄 확정. 대법원 2019. 8. 29, 2018도2738 판결 참조), ② 위 합병을 주주로서 승인한 국민연금의 기금운용본부장 등의 업무상배임죄 등(유죄 확정. 대법원 2022. 4. 14, 2017도19635 판결), ③ 삼성물산에 불리한 합병을 진행한 삼성물산 이사 등의 업무상배임죄 등(무죄 확정. 대법원 2025. 7. 17, 2025도2805 판결) 등이 있다.

796-2 참조).

1) 서울중앙지방법원 2025. 9. 10, 2025카합21210 결정도 주주가 주주권 자체에 기해 금지청구권 내지 방해배제청구권을 갖지만, 상법 제382조의3에서 별도의 금지청구권이 도출되지는 않는다고 보았다.

2) 각 사안들에 대한 소개로, 임재혁, "삼성물산·제일모직 합병 관련 판결들에 대한 비판적 검토", 기업법연구 39-4(2025) 참조.

3) 이 사건의 각종 쟁점에 관하여는, 김건식, "삼성물산 합병 사례를 통해 본 우리 기업지배구조의 과제", BFL 74(2015), 83~101면 참조.

6. 이사에 대한 손해배상청구

기존 판례에 따르면 **존속회사에 불리한 합병조건**으로 합병을 추진하고 성사시킨 **존속회사의 이사**는 존속회사에 손해를 입힌 것으로 볼 수 있다. 합병대가로 현금 또는 현물을 불공정하게 많이 교부한 경우(교부금합병)에는 존속회사의 자산에 직접적 손실을 가한 것이고, 합병신주 또는 자사주를 공정가액보다 낮은 가액에 발행·교부한 경우(통상의 합병)에는 제3자에게 염가로 신주를 발행한 것과 동일하게 취급되어야 하기 때문이다(대법원(전) 2009. 5. 29, 2007도4949 판결). 이처럼 존속회사의 손해가 인정되므로 고의·과실 등 다른 요건이 갖추어지면 이사의 존속회사에 대한 손해배상책임(399)을 인정할 수 있을 것이다.[1] 합병과정에서 주주총회의 특별결의에 의한 승인을 받았다고 하여 존속회사의 이사가 면책되는 것으로 보기는 어렵다.

다만 교부금합병이 아닌 경우에는 소멸회사 주주도 합병후 존속회사 주주의 지위를 취득하게 되므로, 존속회사로의 배상을 명하게 되면 소멸회사 주주는 이중의 이득, 즉 불공정한 합병비율에 의한 이득에 더하여 이사의 손해배상금이 합병후 통합회사(=존속회사)에 지급됨으로써 발생하는 이득까지 누리게 되어 부당한 면이 있다. 이에 이러한 경우에는 존속회사 주주가 상법 제401조에 기하여 이사에게 직접 손해배상청구를 할 수 있다는 견해도 있다.[2]

소멸회사에 불리한 합병조건으로 합병을 추진하고 성사시킨 **소멸회사의 이사**는 어떠한가? 이 경우에는 합병후 통합회사(=존속회사)가 손해를 보았다고 할 수는 없고, 소멸회사가 청산되면서 그 주주들에게 불공정하게 적은 대가가 지급된 것으로 볼 수 있다. 즉 소멸회사 주주들은 합병비율이 공정했더라면 받았을 것보다 적은 대가만 받고 그들의 회사가 청산되는 상황에 처하게 된 것이므로, 다른 요건들이 충족된다면 소멸회사 주주들은 소멸회사 이사를 상대로 상법 제401조에 기한 손해배상청구권을 행사할 수 있다고 할 것이다.[3] 다만 이 경우 상법 제399조보다 까다로운 제401조의 요건(고의 또는 중과실)을 충족해야 하는 문제가 있으므로, 입법적으로는 불리한 합병비율로 인하여 손해를 입은 주주들의 이사에 대한 배상청구권을 별도로 규정하는 방안도 고려할 수 있을 것이다.[4]

1) 노혁준, "합병비율의 불공정성과 소수주주 보호: 유기적 제도설계를 향하여", 경영법률 26-2(2016), 113면 이하.
2) 천경훈·정준혁, "이사의 충실의무와 주주이익 보호", 상사법연구 43-3(2024), 43면. 적어도 논리적으로는 (회사가 아니라) 피해주주들이 직접 이사를 상대로 손해배상을 청구할 수 있도록 하는 방식이 우월하다. 불공정한 조건의 합병, 신주발행 등과 같이 사안 전후의 주주구성이 바뀌는 경우, 회사로 하여금 손해배상을 받도록 하면 유리하게 주식을 배정받은 신주주들의 이중이익 문제를 피할 수 없기 때문이다. 피해주주들의 상법 제401조에 의한 손해배상청구 외에 민법 제750조에 의한 손해배상청구를 고려할 수 있다는 것으로, 노혁준, "기업합병·분할과 2025년 개정 상법상 이사의 충실의무", 증권법연구 26-3(2025), 16면
3) 천경훈·정준혁, 상게논문, 43면; 노혁준, "합병비율의 불공정성과 소수주주 보호: 유기적 제도설계를 향하여", 경영법률 26-2(2016), 117면 이하.
4) 독일의 조직재편법(Umwandlungsgesetz) 제25조 참조.

Ⅶ. 회계와 재무상의 몇 가지 문제

1. 흡수합병 시의 자본금 증가

흡수합병의 합병계약서에는 '증가할 자본금과 준비금의 총액'을 정하도록 하고 있다(523(ii)). 자본충실을 중시하는 관점에 의하면 증가할 자본금액은 소멸회사의 순자산가액의 범위 내로 제한된다고 볼 수도 있다. 그러나 실제로 합병으로 포괄승계되는 재산(소극재산포함)은 반드시 순자산가액으로만 산정할 수는 없다. 소멸회사의 가치를 산정할 때 자산가치만이 아니라 수익가치도 참작할 수 있기 때문이다. 대법원은 상장회사인 존속회사가 비상장회사를 흡수합병한 사안에서 자본금의 증가액이 순자산가액을 초과할 수 있음을 인정한 바 있다(대법원 2008. 1. 10, 2007다64136 판결(남한제지)). 그러나 일반 회사 사이의 합병의 경우에도 같은 결론이 타당할 것이다.[1)]

반대로 존속회사 자본금의 증가액이 소멸회사의 순자산가액에 미달하는 경우도 있다. 그 경우 양자의 차액을 합병차익이라고 하며 존속회사의 자본준비금에 포함된다.[2)]

2. 채무초과회사와의 합병 및 무증자합병

(1) 채무초과회사의 합병

채무초과상태의 회사가 합병의 당사회사가 될 수 있는지에 대해서는 자본충실의 원칙, 존속회사 주주와 채권자의 보호를 근거로 반대하는 견해도 있다.[3)] 그러나 그처럼 경직적인 견해에는 찬성하기 어렵다. 대차대조표상 채무초과인 경우라도 기업가치란 반드시 자산가치에 국한되는 것은 아니다. 자산가치는 마이너스라도 회사의 수익력이 높다면 회사가치를 플러스로 평가하여 합병하는 것을 구태여 막을 필요는 없을 것이다.

채무초과회사를 존속회사로 하는 합병에 대해서 법무부는 소멸회사 이해관계자에 대한 법적 보호장치가 존재할 뿐 아니라 그러한 합병을 금지하는 규정이 없다는 이유로 적법하다는 유권해석을 내놓은 바 있다(법무부 유권해석 2009. 5. 10.). 같은 논리는 채무초과회사를 소멸회사로 하는 합병에 대해서도 적용될 수 있을 것이다. 대법원 등기선례는 과거 채무초과회사를 소멸회사로 하는 합병이 금지된다고 하였으나(상업등기선례 1-237 2001. 10. 31. 제정), 2014년 입장을 바꾸어 소멸회사가 채무초과회사인지 여부는 등기관의 심사범위 밖이라고 보았다(상업등기선례 201401-1 2014. 1. 9. 제정).

---

1) 이 경우 자본금의 증가액과 순자산가액의 차액은 존속회사의 영업권으로 계상한다.

2) 소멸회사의 순자산가액에 포함된 배당가능이익은 합병과정에서 배당이 불가능한 자본준비금으로 전환하게 된다. 기업회계에서 관점에서 볼 때, 종래의 기업회계기준에서는 합병차익을 부(-)의 영업권으로 처리하였으나, 국제회계기준(IFRS)에서는 이를 염가매수차익으로 보고 당기손익으로 인식한다.

3) 권기범6, 144면.

(2) 무증자합병

채무초과회사의 합병과 관련해서는 존속회사의 자본금을 증가하지 않고도 합병을 할 수 있는지, 즉 무증자(無增資)합병이 가능한지가 문제된다. 2015년 개정 상법은 합병계약서에 "존속하는 회사의 자본금 또는 준비금이 증가하는 경우에는 증가할 자본금 또는 준비금에 관한 사항"을 기재하도록 함으로써(523(ii)) 무증자합병이 가능함을 명시적으로 규정하였다. 종래의 대법원 상업등기선례는 존속회사가 소멸회사 주식을 전부 소유하거나 소멸회사 주주에게 자기주식만으로 배정할 수 있는 경우와 같이 관련회사 주주나 채권자의 이익에 영향이 없는 경우에만 무증자합병이 가능하다고 보았다(상업등기선례 1-237 2001. 10. 31. 제정). 그러나 위 개정 상법하에서 무증자합병을 등기선례와 같이 제한할 근거는 박약하다. 예컨대 채무초과회사의 합병, 상법 제523조 제4호에 따른 현금교부합병의 경우에 당연히 무증자합병이 가능하다고 볼 것이다.[1]

3. 합병당사회사가 자기주식이나 상대방 회사 주식을 갖는 경우의 처리

(1) 존속회사가 소멸회사 주식을 보유하는 경우

존속회사가 보유하는 소멸회사 주식을 포합주식이라고 한다. 포합주식에 대해서 신주를 배정할 수 있는가에 대해서는 학설의 다툼이 있다. 과거 실무에서는 신주배정이 가능한 것으로 보아 왔다(대법원 2004. 12. 9, 2003다69355 판결 참조). 어느 견해에 따르더라도 경제적 효과에 차이가 없으나, 이러한 경우에까지 구태여 자기주식의 창출을 인정할 필요는 없을 것이다. 법령상으로도 특히 합병당사회사가 상장회사인 경우 포합주식에 대한 신주배정이 명시적으로 금지된다(자시(令) 176-5(7)).

(2) 존속회사가 자기주식을 보유하는 경우

존속회사가 자기주식을 보유하는 경우 합병신주 발행에 갈음하여 자기주식을 교부할 수 있다. 이는 종래부터 인정되어 오던 실무였는바, 2015년 개정 상법은 명문으로 이러한 방식을 인정하였다(523(iii)).

(3) 소멸회사가 존속회사 주식을 보유하는 경우

소멸회사가 보유하는 존속회사 주식은 합병으로 존속회사에 포괄승계된다(341-2(i)). 존속회사는 이 주식을 소멸회사 주주에게 합병대가로 지급할 수도 있다.[2]

(4) 소멸회사가 자기주식을 보유하는 경우

소멸회사가 보유하는 자기주식에 대해서 존속회사가 신주를 배정할 수 있는지에 대해서

1) 채무초과의 소멸회사와의 합병을 긍정하는 이유를 기업가치가 자산가치에 국한되는 것이 아니라는 점에서 찾는다면 채무초과의 소멸회사와의 합병을 반드시 무증자합병으로 해야 하는 것은 아닐 것이다.

2) 권기범6, 152면.

도 다툼이 있다. 자기주식을 미발행주식으로 보는 관점을 관철한다면 이러한 경우 신주를 배정하지 않는 것이 옳다. 법령상으로도 특히 합병당사회사가 상장회사인 경우 소멸회사 자기주식에 대한 신주배정은 명시적으로 금지된다(자시(슈) 176-5(7)).

Ⅷ. 자본시장법의 특칙

1. 서 설

자본시장법은 합병이 당사회사의 투자자에게 중대한 영향을 미치는 거래라는 점을 고려하여 몇 가지 규정을 두고 있다(자시165-4, 자시슈 176-5). 그 핵심은 최근 일정 기간의 주가를 근거로 합병가액을 산정하는 일정한 기준을 규정하고 이에 따르도록 하는 것이다. 원래 합병은 당사회사들 간의 계약이므로 합병가액은 그들의 협상을 통해 정해지는 것이 원칙이다. 그러나 합병가액의 결정을 사적자치에만 맡겨 둘 경우 합병당사회사들이 임의로 부당하게 합병가액을 정하여 주주들에게 손해를 입힐 수 있으므로, 이를 방지하고 객관적인 시가에 따라 합병가액을 정하도록 함으로써 합병가액의 적정성을 확보하고 투자자를 보호하려는 것이 자본시장법상 합병 특칙의 입법취지이다.

1998년 처음 도입된 이 제도는 적어도 시가조차 무시할 정도로 부당한 합병비율로부터 주주들을 보호하는 기능을 수행한 것은 사실이다. 그러나 주식의 시가 자체가 공정가치를 제대로 반영하지 못하는 상황에서는 시가를 기준으로 한 일률적인 합병가액의 산정이 오히려 투자자의 권익을 침해하고 불공정한 합병에 대한 면죄부가 된다는 비판도 많이 제기되었다. 이에 2024년 시행령 개정을 통해 비계열회사간의 합병에 대하여는 합병가액 산정기준의 적용을 배제하였고, 외부기관의 평가를 대폭 확대하고 이사회 의견서를 요구하는 등 공정성 확보장치를 강화하였다.

2. 특칙의 적용범위

자본시장법상 합병의 특칙은 합병의 일방당사자가 상장회사인 경우에 적용된다(자시 165-4). 따라서 상장회사들간의 합병뿐 아니라 상장회사와 비상장회사의 합병도 특칙의 적용대상이다. 특히 상장회사가 자산총계, 자본금, 매출액 중 두 가지 이상에서 자기보다 규모가 큰 비상장회사와 합병하여 상장회사가 되는 경우에는, 당해 비상장회사는 상장규정이 정하는 일정한 요건을 갖추어야 한다(자시슈 176-5(4)(ii)).[1] 이는 비상장회사가 상장심사를 거치지 않고 상장효과를 달성하는 이른바 **우회상장**을 억제하기 위한 규제이다. 상장규정은 자기자본이

---

1) 특정 증권시장에 주권이 상장된 법인이 다른 증권시장에 주권이 상장된 법인과 합병하여 특정 증권시장에 상장된 법인 또는 다른 증권시장에 상장된 법인이 되는 경우에도 동일하다(자시슈 176-5(5)).

익률 등의 재무적인 수치는 물론이고 감사의견이나 소송계류와 같이 공정한 합병에 필요한 사항을 요건으로 규정하고 있다.

3. 합병의 요건과 방법

(1) 증권신고서 제출의무

자본시장법은 신주발행에 의한 합병의 경우에는 증권신고서에 합병에 관한 주요사항을 기재하도록 하고 있다(발행공시규정 2-9(1)). 이러한 증권신고서에는 합병의 개요와 당사회사에 관한 사항을 기재해야 한다. 합병의 개요에는 합병에 관한 일반사항, 합병가액 및 산출근거, 합병의 요령 등이 포함된다.

(2) 합병기준

가. 합병가액

시행령은 상장회사가 그 계열회사와 합병하는 경우 또는 상장회사인 기업인수목적회사가 다른 법인과 합병하는 경우에 적용할 합병가액을 산정하는 기준을 규정하고 있다(자시슈 176-5(1)).[1] 합병가액은 합병계약체결일(이사회 결의일이 더 빠른 경우에는 결의일)을 기준으로 다음 ①, ②, ③의 산술평균가격("기준시가")을 기준으로 10%(상장회사인 기업인수목적회사가 다른 법인과 합병하는 경우에는 30%) 범위에서 할인 또는 할증한 금액으로 한다(자시슈 176-5(1)(i)).

① 최근 1개월간 평균종가
② 최근 1주일간 평균종가
③ 최근일의 종가

한편 상장회사간 합병이 아니라 합병의 상대방이 비상장회사인 경우 별도의 조항이 적용된다. 이때 상장회사의 합병가액은 원칙적으로 위 산식에 의하되, 이 가격이 자산가치에 미달하는 경우 자산가치를 상장회사의 합병가액으로 삼을 수 있다(자시슈 176-5(1)(ii)(가)).[2] 비상장회사의 합병가액은 자산가치와 수익가치를 1 : 1.5로 가중산술평균한 가액에 의한다(자시슈 176-5(1)(ii)(나), 발행공시규정 시행세칙 4).[3] 수익가치는 현금할인모형, 배당할인모형 등 일반적으로 공정하고 타당한 것으로 인정되는 모형을 적용하여 계산한다(발행공시규정 시행세칙 6).

---

1) 과거에는 상장회사가 비계열회사와 합병하는 경우에도 시행령에서 정한 합병가액 산정기준이 적용되었으나, 2024년 시행령 개정으로 그런 경우에는 독립적인 협상에 의해 합병가액이 정해질 수 있다고 보아 이 기준을 적용하지 않는다. 계열회사간 합병의 경우에는 독립적인 협상이 사실상 불가능하다고 보아 여전히 시행령에서 합병가액 산정기준을 정한다.

2) 실제 2020년 상장회사인 삼광글라스는 합병 시 그 자산가치를 기준으로 합병가액을 산정하였다.

3) 이때 상대가치, 즉 유사한 업종을 영위하는 법인의 가치를 함께 비교하여 공시하여야 한다(자시슈 176-5(2)).

나. 합병가액의 구속력

실무상 상장회사를 당사자로 하는 합병에서는 위 합병가액 산정기준에 따라 합병가액과 합병비율을 정하고 있고, 자본시장법의 문언도 이를 단순한 권고가 아닌 의무로 규정하고 있다. 대법원도 "[구 증권거래법상의] 요건과 방법 및 절차 등에 기하여 합병가액을 산정하고 그에 따라 합병비율을 정하였다면 그 합병가액 산정이 허위자료에 의한 것이라거나 터무니없는 예상 수치에 근거한 것이라는 등의 특별한 사정이 없는 한, 그 합병비율이 현저하게 불공정하여 합병계약이 무효로 된다고 볼 수 없다"고 하여, 위 기준을 존중하는 태도를 보인다(대법원 2008. 1. 10, 2007다64136 판결). 그러나 위 기준에 위반하여 이행된 합병도 그 자체만을 이유로 당연 무효라고 볼 것은 아니다.[1)]

다. 공정성 확보장치: 이사회 의견서와 외부평가기관의 평가

상장회사가 다른 법인과 합병하려는 경우에는 합병에 관한 이사회 결의 이전에 일정 사항에 관한 이사회 의견서를 작성해야 한다(자시슈 176-5(6)). 여기에는 합병의 목적 및 기대효과, 합병가액의 적정성, 합병비율 등 거래조건의 적정성, 합병에 반대하는 이사가 있는 경우 반대사유 등을 기재하고 이사 전원이 기명날인 또는 서명해야 한다. 이 의견서에는 경영진의 설명내용(이사회 의안)과 이사들이 논의한 내용(이사회 논의 내용)이 구분되어 기재되어야 한다(기업공시서식 작성기준 별지 1-3). 공식에 따른 기계적인 합병가액 산정 외에 이사들이 합병의 공정성을 실질적으로 검토하고 그 결과를 서면으로 작성하게 함으로써 합병절차의 공정성을 확보하고 투자자들을 보호하려는 제도이다.

또한 합병가액의 적정성에 대하여 신용평가회사, 회계법인 등 외부평가기관의 평가를 받도록 하였다(자시슈 176-5(8)(9)). 상장회사가 비계열회사와 합병하는 경우에는 그 상대회사가 상장이든 비상장이든 외부기관 평가를 받아야 하고, 상장회사가 계열회사와 합병하는 경우에도 일정한 경우에는 외부기관 평가를 받아야 한다. 외부평가기관은 감사의 동의 또는 감사위원회의 의결을 받아 선정하고(자시슈 176-5(10)), 외부평가기관은 외부평가업무 품질관리규정을 마련해야 하는 등(자시슈 176-5(11)), 외부평가의 중립성과 객관성을 제고하기 위한 장치를 두고 있다.

라. 적용면제

이상의 합병기준은 '법률의 규정에 따른 합병'에 대해서는 적용이 없다(자시슈 176-5 (15) 본). 여기서 '법률의 규정에 따른 합병'은 어떤 경우를 의미하는가? 자본시장법상 합병규제의 입법취지를 합병가액 산정의 적정성 확보 등을 통한 투자자 보호에 있다고 본다면 여기서 말

---

1) 다만 위 기준을 벗어나기 위해서는 납득할 만한 근거를 제시해야 할 것이다. 실무상으로는 감독당국은 위 기준에 위반한 경우 신고서 접수를 거부하기 때문에 현실적으로 위 기준에 위반한 합병이 추진되기는 어렵다고 한다.

하는 법률의 규정에 따른 합병은 법률의 규정에 따라 이루어지는 합병으로서 합병가액의 산정 등에 관한 심사가 이루어지는 경우를 의미한다고 볼 것이다. 따라서 상법상 합병 규정에 따라 이루어지는 일반 합병은 여기에 포함되지 않는다. 일정한 기준에 대한 금융위 심사를 전제로 한 인가를 요구하고 있는 「금융산업의 구조개선에 관한 법률」에 따른 합병이 바로 여기에 해당한다(금산 4(3)). 다만 합병당사법인이 계열회사 관계에 있고, 합병가액을 시장가액에 의해 산정하지 않은 경우에는 합병비율의 적정성에 대해 외부평가기관의 평가를 받아야 한다(자시令 176-5(15)단)).

4. 합병에 관한 공시

합병은 당사회사 주가에 중대한 영향을 미칠 가능성이 있는 거래이다. 따라서 투자자에 대한 공시를 가급적 조기에 실행할 필요가 있다. 자본시장법은 합병사실을 주요사항보고서의 보고사항으로 규정하여 금융위에 신고하도록 하고 있다(자시 161(1)(vi)). 신고의무가 발생하는 것은 합병계약 체결 시나 주주총회 승인결의 시가 아니라 합병을 하기로 하는 이사회결의가 있은 때라고 할 것이다. 한편 거래소의 유가증권시장 공시규정은 합병에 대한 공시의무를 별도로 규정하고 있다. 상장회사가 합병에 관한 이사회 결의를 한 때에는 그 결의내용을 당일 거래소에 신고하여야 한다(유가증권시장 공시규정 7(1)(iii)(가)⑤).

합병과 회계

존속회사가 소멸회사로부터 포괄적으로 승계하는 자산과 부채의 가액을 회계상 어떻게 표시할 것인지에 대해서는 종래 매수법과 지분통합법이 대립하였다. 매수법에 의하면 승계하는 자산과 부채는 승계시점의 시가로 표시하고 지분통합법에 의하면 소멸회사의 장부가액을 그대로 반영한다. 한국채택 국제회계기준은 합병과 같은 사업결합 시 승계시점의 공정가치로 표시하도록 함으로써 매수법을 택하고 있다(기업회계기준서 제1103호 문단4, 18).

합병과 과세

합병을 계획할 때 당사자가 특히 관심을 쏟는 것은 세법상의 처리이다. 합병은 경제적 효과면에서 소멸회사가 재산의 현물출자를 통해서 취득한 존속회사 주식을 주주에게 분배하고 소멸하는 거래와 동일하다. 따라서 합병 시 과세는 이러한 거래에 관계가 있는 소멸회사, 소멸회사 주주, 존속회사의 세 가지 관점에서 문제된다.[1)]

① 소멸회사의 경우에는 소멸회사가 자산을 존속회사에 양도하는 것으로 보아 양도손익에 대해서 과세하는 것이 원칙이다(법세 44(1)). 예외적으로 합병이 일정한 요건[2)]을 충족하는 경우(적

1) 상세한 것은 이창희20, 667~702면.

2) ① 1년 이상 사업을 계속하던 내국회사 간의 합병일 것, ② 소멸회사 주주가 받은 합병대가 중 주식 등의 가액이 80% 이상이고 소멸회사 지배주주가 그 주식 등을 일정기간 보유할 것, ③ 존속회사가 승계받은 사업을 일정기간

격합병)에는 양도손익에 대한 과세가 이연된다(법세 44(2)).

② 소멸회사 주주의 경우에는 합병 시 취득하는 주식 및 현금에서 주식의 취득가액을 공제한 금액을 배당소득으로 의제하여 과세한다(이른바 의제배당)(소세 17(2)(iv)), 법세 16(1)(v)).

③ 존속회사의 경우에는 합병차익과 합병매수차손익이 주로 문제된다. 합병차익은 합병신주의 액면총액보다 소멸회사의 순자산가액이 큰 경우 그 차액을 말하며 과세대상이 아니다(법세 17(1)(v)). 합병매수차손익은 비적격합병에서 존속회사가 지급하는 양도대가와 소멸회사의 자산 및 부채의 시가가 다른 경우에 발생한다. 전자가 후자보다 큰 경우에는 합병매수차손(영업권)이 발생하고 작은 경우에는 합병매수차익(음의 영업권)이 발생한다. 합병매수차손은 "합병법인이 피합병법인의 상호·거래관계, 그 밖의 영업상의 비밀 등에 대하여 사업상 가치가 있다고 보아 대가를 지급한 경우"에 한하여 5년간 균등하게 나누어 손금에 산입하고, 합병매수차익은 5년간 균등하게 나누어 익금에 산입하도록 하고 있다(법세 44-2(2), (3)).

기업 활력 제고를 위한 특별법과 합병특례

2016. 8. 13.에 처음 시행된 이래 몇 차례 연장을 거쳐 현재는 2024. 8. 12.까지 한시적으로 적용되는 기업 활력 제고를 위한 특별법("기업활력법")은 과잉공급 분야의 기업들이 신속하게 사업재편을 할 수 있도록 합병 등의 절차적 요건을 완화하고 있다. 사업재편계획을 작성하여 주무부처장의 승인을 얻은 경우 합병에 관하여는 다음의 특례가 적용된다.

① 소규모합병 확대: 합병으로 인해 발행하는 신주 또는 자기주식의 총수가 발행주식 총수의 20%(일반 소규모합병은 10%)를 초과하지 않으면 소규모합병이 가능하다. 다만 10% 이내의 범위에서 대통령령이 정하는 비율(일반 소규모합병은 20%)에 해당하는 주식을 소유한 주주가 서면으로 반대하는 경우 주주총회의 승인절차로 되돌아간다(기업활력법 16). 즉 소규모합병 실행요건과 반대주주의 이의요건을 함께 완화하여 균형을 도모한 것이다.

② 간이합병 확대: 존속회사가 소멸회사 발행주식 총수의 80%(일반 간이합병은 90%) 이상을 보유하고 있으면 간이합병을 실행할 수 있다(기업활력법 17).

③ 각종 기간단축: 주주총회일 7일(일반 합병은 2주) 전에 총회소집통지를 하면 되고, 합병계약서 등 관련서류의 비치기간도 주주총회일 7일(일반 합병은 2주) 전에 시작되며, 주주명부 폐쇄나 기준일 설정에 관하여 2개 이상의 일간신문에 공고한다는 전제하에 폐쇄일 또는 기준일 7일(일반 합병은 2주) 전에 공고하면 충분하도록 하였다. 다만 위 특례기간 산정시 공휴일, 토요일, 근로자의 날은 제외된다(기업활력법 18).

④ 채권자보호절차 완화: 채권자의 이의제출기간을 10일(일반 합병은 1개월) 이상으로 단축하였고, 은행지급보증, 보험증권제출 등을 통해 채권자의 손해 없음이 입증된 경우에는 채권자이의 절차가 배제되도록 하였다(기업활력법 19).

⑤ 주식매수청구 관련 기간조정: 반대주주의 주식매수청구는 주주총회 결의일로부터 10일(일반 합병은 20일) 이내에 이루어져야 하는 반면, 회사측이 매수하여야 하는 기간은 상장법인인 경우 6개월(일반 합병은 2개월) 이내, 상장법인은 3개월(일반 합병은 1개월) 이내로 연장되어 있다(기업활력법 20).

계속할 것.

제 5 절

회사의 분할[1)]

I. 서　　설

1. 의　　의

상법상 회사의 분할은 회사의 영업 또는 자산의 일부를 분리하여 별도의 회사로 신설하거나 다른 회사에 합병시키는 회사법상의 행위를 말한다. 분할은 단순분할과 분할합병의 두 가지로 나눌 수 있지만 때로는 단순분할만을 가리키는 의미로 사용되기도 한다.

단순분할은 회사(분할회사)가 그 일부를 신설되는 회사(단순분할신설회사)에 포괄적으로 승계시킴으로써 회사를 분리하는 조직법적 행위를 가리킨다. **분할합병**은 분할회사의 일부를 존립중의 회사와 합병하는 방식으로 분리하는 경우, 즉 단순분할과 그로써 분할된 부분의 타회사와의 합병을 하나의 조직법적 행위로 하는 것을 말한다. 합병과 마찬가지로 분할합병도 ① **흡수분할합병**과 ② **신설분할합병**으로 나눌 수 있다. ①은 분할회사의 일부를 존립중의 회사(분할승계회사)에 포괄적으로 승계시키는 경우를 말한다. ②는 분할회사의 일부와 존립중의 회사가 분할합병을 통해서 새로운 회사(분할합병신설회사)를 설립하는 경우를 말한다. 단순분할신설회사, 분할승계회사, 분할합병신설회사는 분할에 의해서 포괄적으로 승계되는 재산에 대한 대가로 주식을 발행하며 그 주식은 분할회사나 분할회사의 주주에게 부여된다.

회사분할은 두 개 이상의 회사가 하나의 회사로 합체되는 경우인 합병과 반대의 경제적 수요를 충족하기 위한 행위이다. 그러나 회사재산의 포괄적 승계와 주식의 교부가 수반된다는 점에서는 합병과 유사하다.

2. 제도의 취지

여러 사업을 영위하는 회사가 자신의 사업을 별개의 회사로 분리하는 이른바 분사(分社)의 필요는 여러 경우에 발생할 수 있다. 사업 간에 특성이 다른 경우에는 사업을 분리함으로써 직원인사나 영업상 경영 합리화를 꾀할 수 있다. 미리 사업을 분리해둔다면 적절한 시기에 양

---

1) 회사분할에 관한 여러 쟁점에 대해서는 노혁준 편, 회사분할의 제문제(2013) 참조.

도하는 것이 용이하므로 분할은 신속한 구조조정을 촉진하는 장점도 있다. 또한 동업자 사이에 동업관계를 해소하기 위한 방편으로 사업을 분리할 수도 있다.

상법에 회사분할에 관한 규정이 도입되기 전에도 분사의 길이 막혀 있었던 것은 아니다. 가장 쉽게 생각할 수 있는 분사방법으로는 영업 일부를 현물출자하여 자회사를 설립하는 것이다. 또한 재산인수나 사후설립을 통한 자회사 설립으로도 같은 결과를 거둘 수 있다. 그러나 현물출자나 재산인수는 상법상 검사인의 조사절차(299, 310)를 거쳐야 하고 사후설립은 검사인의 조사절차는 피할 수 있지만 영업양도에 따른 불편은 피할 수 없다. 즉 영업을 구성하는 개별 재산을 이전하는 절차를 밟아야 함은 물론이고 분리되는 사업부문이 중요한 경우에는 '영업의 중요한 일부'의 양도에 해당하여 주주총회 특별결의에 의한 승인(374(1)(i))과 반대주주의 주식매수청구권(374-2)의 대상이 된다. 또한 위에 열거한 방식은 어느 것도 준비금, 충당금 등을 신설되는 자회사에 계승시킬 수 없고, 자산의 이전에 따른 과세도 문제된다.

한편 이러한 분사절차를 통해서 자회사를 설립한 후에도 자회사 주식을 배당이나 감자를 통해서 모회사 주주에게 직접 제공하는 것은 허용되지 않았다. 이러한 불편은 1997년 외환위기를 맞은 우리 기업이 구조조정을 할 때 장애요인이 되었다. 상법은 1998년 회사분할제도를 명문으로 도입함으로써 이상의 문제를 입법적으로 해결하였다.

자회사주식의 현물배당을 통한 분사

2011년 상법 개정으로 현물배당이 가능하게 되었으므로(462-4(1)) 이제 자회사 주식을 주주에게 배당함으로써 인적분할과 같은 효과를 거둘 수 있다. 다만 영업의 현물출자를 통한 자회사설립의 단계에서는 여전히 검사인의 조사절차가 필요하고 자회사 주식의 현물배당이 배당가능이익의 범위 내에서만 허용된다는 제약이 있다. 그러나 분할과는 달리 후술하는 분할 전 채무에 대한 연대책임(530-9(1))이나 채권자 이의절차(530-9(4)→527-5)의 적용은 없다.

3. 용어의 정리

회사분할에 관련된 회사에 대해서는 종래 용어가 통일되지 않아 다소 혼선을 빚었다. 2015년 개정 상법은 각 관련회사의 명칭을 다음과 같이 정리하였다. 먼저 분할의 주체가 되는 회사는 **분할회사**라고 한다. 단순분할에 의해 신설되는 회사를 **단순분할신설회사**, 분할합병에 의해 신설되는 회사를 **분할합병신설회사**라고 한다. 상법상 용어는 아니지만 이 절에서는 단순분할신설회사와 분할합병신설회사는 통칭하여 **신설회사**로 부르기로 한다. 분할합병의 경우 분할회사의 상대방이 되는 회사에 대해서는 '분할합병의 상대방 회사'라는 용어를 사용하고 있지만(530-6(1)) 이하에서는 편의상 **분할합병상대회사**라는 용어를 사용하기로 한다. 흡수분할합병의 경우에는 분할합병상대회사에 분할회사 일부가 포괄적으로 승계된다는 의미에서 특별히 **분할승계회사**라고 부른다. 이 모든 회사를 가리키는 용어는 상법이 정하고 있지 않지만 판례에서는 **분할당사회사**라는 용어가 사용되고 있다.

Ⅱ. 회사분할의 유형

상법상 회사분할은 다양한 형태로 일어날 수 있다. 이하에서는 상법상 가능한 모든 형태를 일일이 열거하는 대신[1] 현실적으로 이용가능성이 높은 주요 유형만을 간단히 소개한다.

1. 단순분할과 분할합병

전술한 바와 같이 분할은 단순분할과 분할합병으로 나뉜다. 단순분할은 분할회사가 단독으로 1개 이상의 회사를 설립하는 거래인 데 비하여(530-2(1)) 분할합병은 분할합병상대회사와의 합의가 필요한 거래로 항상 새로운 회사설립을 수반하는 것은 아니다.

단순분할은 분할회사가 그 일부를 단순분할신설회사에 포괄적으로 승계시키고 단순분할신설회사는 그에 대한 대가로 주식을 발행하여 분할회사 주주에게 교부하는 거래이다. 단순분할의 기본형은 [그림 7-7]에서 보는 바와 같다.

분할합병은 분할회사와 분할합병상대회사와의 사이에서 합병적인 거래가 일어나는 경우이다. 분할합병은 합병적 성격의 모습에 따라 ① 흡수분할합병과 ② 신설분할합병으로 나눌 수 있다. ①은 분할회사의 일부를 분할승계회사에 포괄적으로 승계시키는 경우(530-6(1))로 [그림 7-8]에서 보는 바와 같이 ②에 비해서 상대적으로 단순하다.

그림 7-7 단순분할

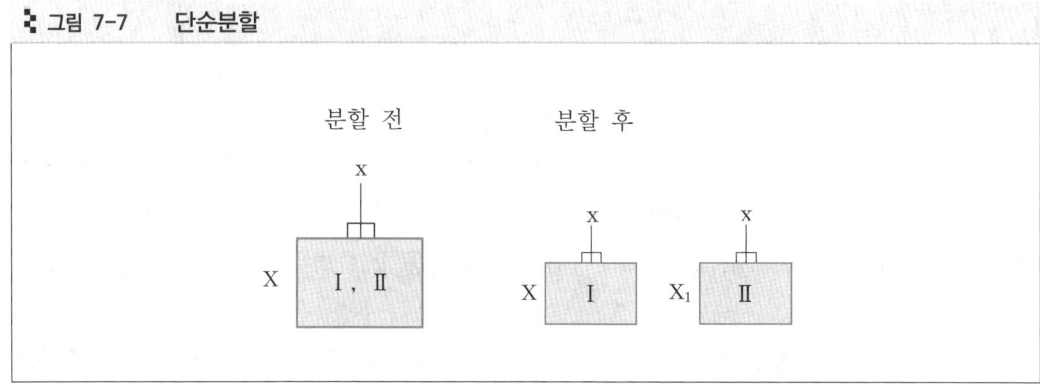

1) 현행법에서 가능한 분할의 유형에 관해서는 박태현, "회사분할의 유형", 회사분할의 제문제(2013), 70면 이하.

그림 7-8 흡수분할합병

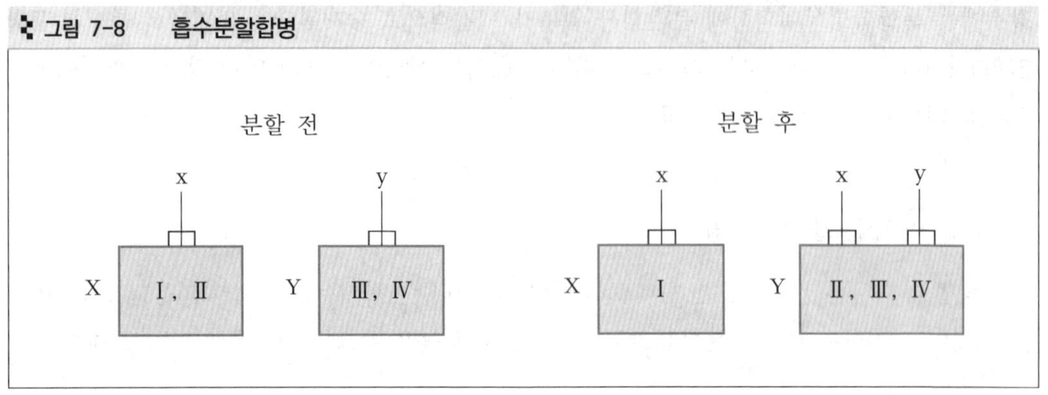

②는 분할회사의 일부가 분할합병상대회사와 분할합병을 통해서 새로운 회사인 분할합병신설회사를 설립하는 경우를 말한다(530-6(2)). 이 경우 분할합병상대회사는 자신도 분할을 통해서 그 일부만을 분할합병신설회사에 포괄적으로 승계시킬 수도 있다. [그림 7-9]는 그러한 복잡한 신설분할합병의 경우를 보여준다.

그림 7-9 신설분할합병

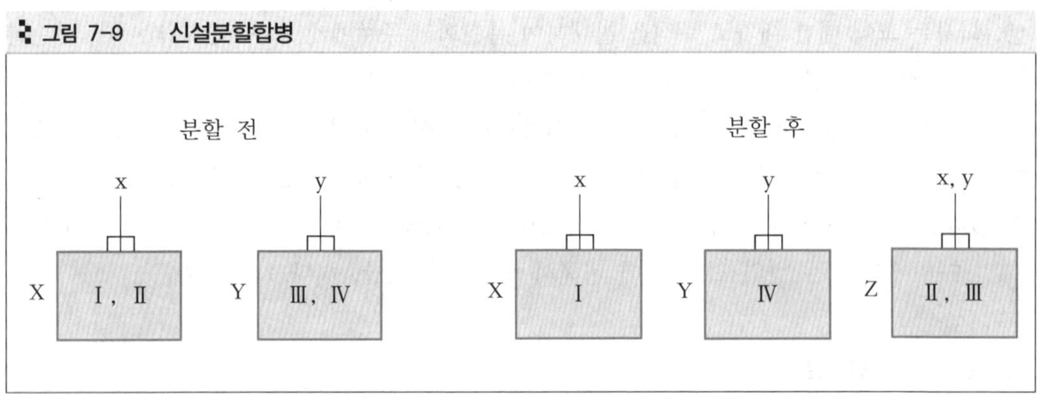

분할합병은 합병이란 용어가 포함되고 있는 것에서 알 수 있듯이 합병과 유사하다. 그러나 분할회사의 전부가 아닌 일부만이 분할합병상대회사(또는 그 일부)와 결합된다는 점에서 상법 제174조에서 말하는 합병과 구별된다.1) 그러나 합병과의 유사성 때문에 상법에서도 주식매수청구권, 채권자보호절차, 보고총회, 창립총회, 합병등기, 합병무효에 관한 규정이 준용된다(530-11).

2015년 개정 상법은 흡수분할합병의 경우에도 흡수합병의 경우와 마찬가지로 분할승계회

1) 법문상으로는 결합이란 용어 대신 흡수분할합병시에는 합병, 신설분할합병시에는 분할합병이란 용어를 쓰고 있으나 적절한 것인지는 의문이다. 실제로 분할회사의 일부와 다른 회사의 일부를 결합하여 새로운 회사를 설립하는 유형의 신설흡수합병은 합병의 측면보다는 두 건의 단순분할이 결합된 측면이 더 강한 것으로 볼 수 있다.

사가 분할회사 주주에게 신주를 발행하는 대신 자기주식을 이전하거나 금전이나 모회사 주식을 비롯한 재산을 제공할 수 있음(530-6(1)(iii), (iv), (4))을 명시하고 있다.[1)]

2. 물적분할과 인적분할

(1) 구별기준

물적분할과 인적분할의 구분은 분할에 의하여 승계된 재산에 대한 대가로 발행되는 주식(이른바 분할신주)이 어느 쪽에 귀속되는지에 따른 분류이다. 그 주식이 분할회사에 귀속되는 경우는 물적분할(530-12)이고 분할회사 주주에 귀속되는 경우는 인적분할이다. 상법은 인적분할을 분할의 원칙적인 형태로 상정하고 있으나 실제로는 물적분할이 훨씬 더 많다.[2)]

(2) 물적분할

가. 단순분할인 물적분할

통상 물적분할은 분할합병이 아닌 [그림 7-10]과 같은 단순분할의 형태로 행해진다. 이 책에서도 물적분할은 단순분할을 중심으로 설명한다. 단순분할형태의 물적분할에서는 주주의 변화 없이 회사재산만 자회사로 분리되며 영업을 현물출자하여 자회사를 설립하는 경우와 실질적으로 유사하다. 다만 영업이 포괄적으로 승계된다는 점이 현물출자에 의한 자회사 설립과는 차이가 있다.

나. 분할합병인 물적분할

물적분할에 관한 상법 제530조의12는 "… 분할합병으로 인하여 설립되는 회사의 주식의

그림 7-10 물적분할

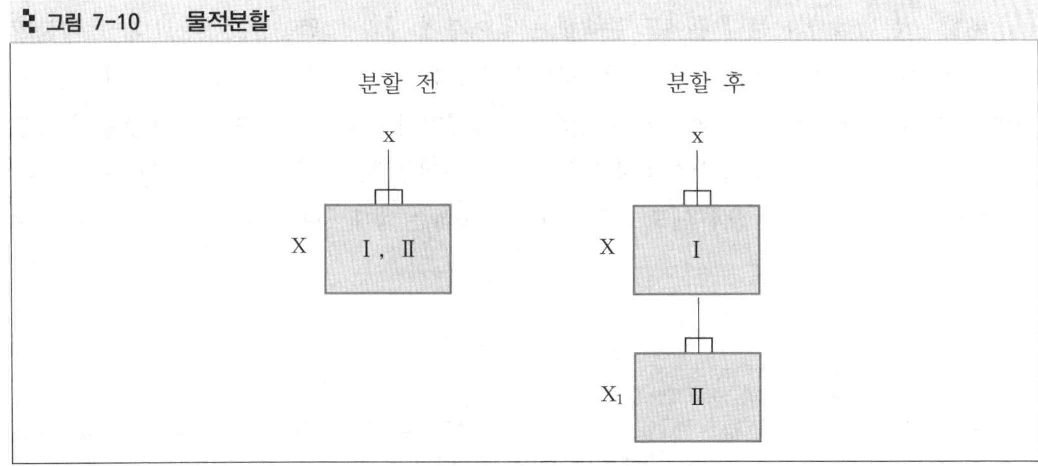

1) 분할승계회사의 모회사 주식이 제공되는 경우를 삼각분할합병이라고 한다.
2) 일본 회사법은 물적분할만을 규정한다. 다만 물적분할과 동시에 분할회사가 수령한 신설회사 주식을 현물배당 방식으로 분할회사 주주에게 분배함으로써 실제 우리나라의 인적분할과 동일한 구조의 실행이 가능하다.

총수를 취득하는 경우"라고 하여 회사의 신설이 없는 물적 분할합병, 즉 물적흡수분할합병이 허용되지 않는 것처럼 읽힌다. 그러나 이를 금지할 뚜렷한 이유가 없으므로 허용된다고 볼 것이고, 상업등기선례 역시 물적흡수분할합병을 인정하고 있다.[1)]

물적신설분할합병은 어떠한가? 분할회사 X, Y가 사업의 일부씩을 출연하여 신설회사 Z를 설립하면서 각기 출연분에 해당하는 Z의 분할신주를 교부받기로 하는 것이 그 예이다.[2)] 이때에는 위 조문 중 '설립되는 회사의 주식의 총수'를 X, Y 일방이 갖지 못하고 나눠 갖는 것이 위 조문과 맞지 않는 것처럼 읽히기도 한다. 위 주식의 총수의 의미를 포괄적으로 승계된 분할회사 재산에 상응하는 주식의 총수로 보아[3)] 물적신설분할합병도 해석상 허용된다고 볼 것이다.

(3) 인적분할

주식이 분할회사 주주에게 배정되는 인적분할의 가장 단순한 형태는 위 [그림 7-7]의 단순분할과 동일하다. 인적분할의 경우에는 분할회사의 재산뿐 아니라 주주도 분리되고 물적분할과 달리 분할회사와 신설회사 사이에 100% 지배관계가 성립되지도 않는다.

(4) 기　타

이론상 분할회사가 인적분할과 물적분할의 2건의 분할을 동시에 행하는 것은 가능하다.[4)] 그러나 물적분할을 하면서 발행된 주식을 일부는 분할회사에, 나머지는 주주에게 교부하는 방식으로 물적분할과 인적분할을 혼합하는 것은 허용되지 않는다. 상법이 물적분할을 분할회사가 신설회사의 주식총수를 취득하는 경우라고 보고 있기 때문이다(530-12).[5)]

3. 소멸분할(완전분할)과 존속분할(불완전분할)

분할은 분할회사가 분할 후에도 존속하는지 여부에 따라 소멸분할(완전분할)과 존속분할(불완전분할)로 나눌 수 있다. 소멸분할은 [그림 7-11]에서 보는 바와 같이 분할회사의 모든 재산이 둘 이상의 회사에 포괄승계되고 분할회사가 청산없이 소멸하는 경우이다. 소멸분할은 분할회사의 소멸을 초래하므로 분할회사에 주식이 귀속되는 물적분할의 형태는 취할 수 없다. 존속분할은 분할이 이루어진 후에도 분할회사가 존속하는 형태이다. 실제로 소멸분할은 그 예를 찾기 어렵다.

---

1) 상업등기선례 1-246(공탁법인 3402-239 질의회답).
2) X가 분할신주를 전부 받고, Y는 교부금을 받는 형태의 교부금분할합병도 생각할 수 있으나, 2015년 개정 상법은 흡수분할합병의 경우에만 교부금분할합병을 허용하였다(530-6(1)(iv)).
3) 박태현, 전게논문, 76~77면.
4) 실제로 그런 사례도 있다고 한다. 박태현, 전게논문, 86면.
5) 권기범6, 181~182; 박태현, 전게논문, 87~88면. 2011년 개정 상법에서는 현물배당이 허용되므로 신설회사 주식을 주주에게 배당함으로써 실질적으로 같은 결과를 달성할 수 있다.

그림 7-11 소멸분할

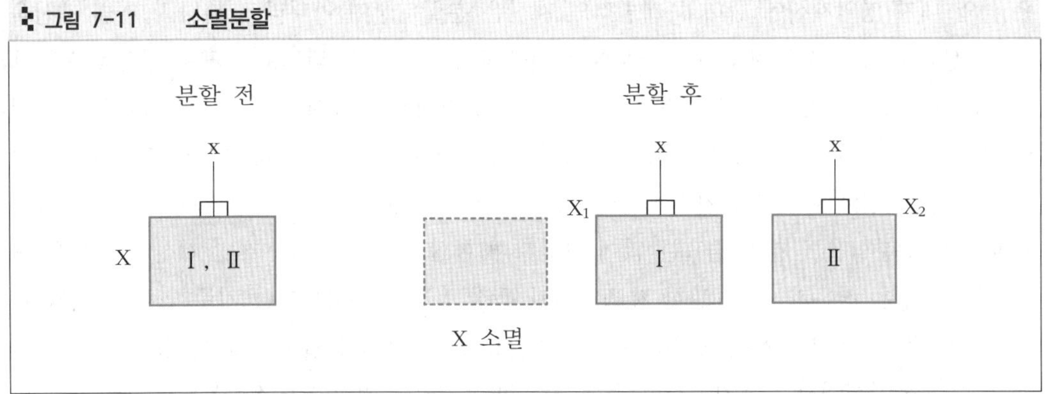

4. 분할유형의 조합

전술한 분할과 분할합병의 유형을 조합하면 다양한 유형의 분할을 창출할 수 있다.[1)] 특별한 이유가 없는 한 이러한 혼합분할은 가급적 모두 허용된다고 볼 것이다. 다만 실무상 분할에 대한 수요는 주로 단순한 유형에 집중되고 있다.

Ⅲ. 분할의 요건

1. 주체: 주식회사

분할은 주식회사의 경우에만 허용된다. 명시적 규정은 없지만 분할에 관한 규정(530-2 내지 530-12)이 주식회사에 관한 제4장에 담겨있기 때문이다. 따라서 분할은 분할회사는 물론이고 다른 분할당사회사도 모두 주식회사인 경우에만 허용된다.

해산 후의 회사를 분할회사로 하는 분할이나 분할합병은 새로 회사를 설립하거나 분할합병상대회사를 존속하는 회사로 하는 경우에만 허용된다(530-2(4)). 채무초과회사도 우량재산만을 분리하는 형태로 분할하는 것이 가능하다.

2. 분할의 대상: 영업인가 재산인가

상법상 분할은 주로 분할회사가 기존 영업의 일부를 분리하는 것을 상정하고 있다. 그러나 법문에서는 '회사의 일부'(530-6(1), (2)) 또는 '분할되는 부분'(530-7(1)(ii))이라는 표현을 쓰고 있을 뿐 분할의 대상에 대해서는 특별히 명시하고 있지 않다. 분할계획서와 분할합병계약시의 기재사항에 이전대상인 '재산'을 기재하게 되어 있다(530-5(1)(vii), 530-6 (1)(vi)). 소수설

1) (단순분할 또는 흡수분할합병 또는 신설분할합병)×(인적 또는 물적)×(소멸 또는 존속)의 조합이 가능하고 다만 이 중 물적×소멸이란 조합은 불가하므로, 결국 9개의 조합이 있게 된다.

은 영업 내지 영업재산에 한하고 개별적인 재산은 분할대상이 아니라고 본다.[1] 개별 재산을 분할대상으로 삼는 경우 세법상 적격분할 요건을 갖추지 못하게 되므로 대체로 영업을 분할대상으로 하는 경우가 많다.[2] 또한 특정 재산만을 분할대상으로 삼게 되면 현물출자와의 구별이 모호해지므로 현물출자에 대한 규제를 회피하는 편법으로 활용될 여지가 있다. 그러나 법문상 분할대상을 영업에 한정할 근거가 없을 뿐 아니라 세제상 불이익 등을 감수하면서 이루어지는 개별 재산의 분할을 금지할 필요는 없어 보인다.[3] 현실적으로 영업과 개별 재산의 집합은 구별이 쉽지 않은 경우가 있다. 또한 제조업체가 특정 공장을 분리하거나 지주회사로 전환하는 과정에서 주식만을 분리하는 경우와 같이 현실적으로 재산의 분할이 필요한 경우가 없지 않다. 대법원도 건설회사가 전기공사업 등록(면허)권 등 자격요건만을 이전하는 경우에도 분할합병이 성립할 수 있음을 인정한 바 있다(대법원 2009. 4. 23, 2008다96291, 96307 판결).

재산을 분할대상으로 할 때는 소극재산인 채무는 제외하고 적극재산만을 분할하는 것도 가능하다. 다만 후술하는 바와 같이 신설회사 또는 분할승계회사가 반드시 분할회사의 채무에 대한 책임을 면할 수 있는 것은 아니다(530-9. 제7장 제5절 V. 4). 한편 과거에는 다른 적극재산과 함께 분할회사의 자기주식도 분할대상에 포함시키는 경우가 있었는바, 자기주식은 영업과 무관할 뿐 아니라 그 과정에서 자기주식의 의결권이 부활하여 지배구조가 왜곡된다는 비판이 많았다.[4] 2024년 개정 자본시장법 시행령 제176조의6 제3항은 상장회사인 분할회사인 경우 자기주식을 분할대상으로 삼을 수 없도록 명시하였다.

3. 채무초과부문의 분할

상법은 법문상 재산의 분할을 요구하기 때문에 재산을 수반하지 않는 채무만의 분할은 허용되지 않는다고 볼 것이다(530-5(1)(vii)). 그렇다면 사업부문을 분할하는 경우에 채무초과부문의 분할은 가능한가? 채무초과가 장부가액기준인지 시가기준인지에 관계없이 허용된다고 볼 것이다. 뒤에서 보는 바와 같이 분할회사가 채무초과부문이 승계된 회사와 연대책임을 지는 점을 고려하면 채권자의 불이익은 없다고 볼 수 있기 때문이다.

---

1) 이철송30, 1145면.
2) 실제로는 영업단위로 재산이 분할되지 않는 경우는 드물다. 윤성조/김효민, "회사분할과 분할계획서의 기재사항", 회사분할의 제문제(2013), 101면.
3) 같은 견해로 김정호5, 720면; 임재연6 II, 751면; 홍/박7, 109면; 김상곤/이승환, "회사분할관련소송", 회사분할의 제문제(2013), 385~386면. 다만 과거 재산만의 분할에 대해서 유보적인 태도를 보인 법무부 유권해석(법무부 2004. 3. 11. 법무심의관실-995 상법상 분할합병 관련 질의에 대한 회신)이 존재한다.
4) 노혁준, "기업구조조정과 자기주식의 쟁점 및 입법적 개선방안", 연세대학교 법학연구 28-1(2018), 125면.

4. 전재산의 분할

분할은 원칙적으로 회사재산의 분리를 전제로 한다. 분할회사를 소멸시키는 소멸분할이 아닌 한, 분할회사에 재산을 남기지 않고 재산전부를 모두 승계회사에 이전하는 인적분할은 허용되지 않는다.[1] 다만 분할회사가 재산 전부를 이전하는 물적분할은 허용된다고 본다.[2] 그 경우 분할회사 전재산이 신설회사 주식으로 전환되는 것일 뿐 분할회사 재산이 없어지는 것은 아니고 구태여 그것을 금할 이유도 없기 때문이다.

Ⅳ. 상법상의 절차

1. 서　　설

분할은 경제적으로 합병과 반대의 효과를 노리는 행위지만 절차는 합병과 유사하다. 특히 분할합병은 상대방 회사와의 합의가 필요한 행위라는 점에서 합병과 더욱 유사하다. 합병에서와 마찬가지로 분할의 핵심은 분할계획서와 분할합병계약서의 작성과 그에 대한 주주총회의 승인이다. 상법에 명문 규정은 없지만 합병의 경우와 마찬가지로 이사회 결의를 요한다고 볼 것이다. 분할회사의 채권자는 원칙적으로 신설회사, 분할승계회사의 연대책임에 의하여 보호되므로 합병에서와는 달리 채권자 보호절차는 따로 밟을 필요가 없다. 다만 분할합병상대회사의 경우에는 합병과 마찬가지로 채권자 보호절차가 준용된다(530-11(2)→527-5).

2. 분할계획서와 분할합병계약서의 작성

(1) 분할계획서

가. 법정기재사항

단순분할의 경우 분할회사는 분할계획서를 작성하여 주주총회 승인을 받아야 한다(530-5). 분할계획서에 기재할 사항은 다음 네 가지로 분류할 수 있다: ① 단순분할신설회사에 승계되는 재산에 관한 사항, ② 분할의 조건, ③ 단순분할신설회사의 조직과 체제. 이하 차례로 설명한다.

나. 승계되는 재산에 관한 사항

분할계획서에는 단순분할신설회사에 이전될 재산의 범위와 가액을 기재해야 한다(530-5(1)(vii)). 분할 전의 채무에 대해서는 단순분할신설회사도 연대책임을 지는 것이 원칙이지만(530-9(1)) 예외적으로 승계받는 재산에 관한 채무만을 승계한다고 정한 경우에는 그 사항

1) 권기범6, 186면.
2) 권기범6, 186~187면.

을 기재해야 한다(530-5(1)(viii)).

이전되는 재산과 채무의 범위는 특정할 수 있는 정도로 기재해야 한다. 그러므로 예컨대 회사채무의 20%라는 식의 기재는 허용되지 않는다. 특정이 가능하다면 재산과 채무를 반드시 개별적으로 일일이 기재할 필요는 없다. 예컨대 A사업부문에 속하는 권리·의무일체라는 식의 개괄적인 기재도 무방하다.[1] 대법원은 어떠한 권리가 승계대상인지에 관해, 분할계획서의 객관적 의미를 합리적으로 파악하되 명확하지 않은 경우 "분할계획서에 기재된 분할의 원칙과 승계 대상 권리의 내용, 분할회사의 존속 여부, 분할계획서를 작성한 분할회사 및 이를 승인한 주주들의 합리적 의사, 분할의 경위 및 분할에 의하여 달성하려는 목적과 진정한 의사, 거래의 관행 등을 종합적으로 고려"하여야 한다고 본다(대법원 2014. 8. 28, 2012다99679 판결).

다. 분할의 조건 등

단순분할신설회사는 이전되는 재산에 대한 대가로서 주식을 분할회사의 주주에게 어떻게 배정하는지 배정비율과 분할교부금에 대해서 기재해야 한다(530-5(1)(iv), (v)). 물적분할의 경우에는 주식을 분할회사 주주가 아니라 분할회사에 배정한다.

분할비율

상법상 근거는 없지만 실무에서는 분할비율이란 용어가 많이 사용된다.[2] 분할비율은 대체로 분할회사의 순자산에서 분할되는 재산의 순자산이 차지하는 비율을 가리키는 것으로 볼 수 있다. 분할비율이 실제로 분할되는 재산의 가치의 비율과 상이한 경우에도 합병비율의 불공정과 달리 분할무효의 사유가 되는 것은 아니다. 어차피 분할회사 주주가 단순분할신설회사 신주를 그 보유 주식 수에 비례하여 배정받는 단순분할의 경우에는 주주의 이익에 아무런 변화가 없기 때문이다.[3]

분할기일

합병에서의 합병기일과 마찬가지로 분할에서도 분할기일이란 용어가 널리 사용되고 있다. 분할합병의 경우에는 분할합병기일이 분할합병계약서의 법정기재사항이다(530-6(1)(ix), (2)(vii)). 분할계획서에는 분할기일의 기재가 요구되지 않지만 현실적으로는 분할등기일 직전으로 기재되는 것이 보통이다. 2015년 개정 상법은 분할계획서에도 분할을 할 날을 기재하도록 하고 있다(530-5(1)(viii-2)).

---

1) 실무상으로는 "분할회사는 분할계획서가 정하는 바에 따라 분할대상부문에 속하는 일체의 적극·소극재산과 공법상의 권리·의무를 포함한 기타의 권리·의무 및 재산적 가치 있는 사실관계를 신설회사에 이전한다"는 식으로 개괄적으로 기재하고 첨부문서로 분할대차대조표와 승계대상 재산목록을 작성하는 것이 일반적이다. 윤성조/김효민, "회사분할과 분할계획서의 기재사항", 회사분할의 제문제(2013), 103면.

2) 분할비율에 관하여 상세한 것은 조현덕, "회사의 분할비율", 회사분할의 제문제(2013), 128면 이하.

3) 김상곤/이승환, "회사분할관련소송", 회사분할의 제문제(2013), 353~355면.

라. 단순분할신설회사의 조직과 체제

1) 인적조직

단순분할신설회사의 이사와 감사를 정한 경우에는 그의 인적사항에 대해서 기재해야 한다(530-5(1)(ix)).

2) 자본구조

단순분할신설회사의 수권주식에 관한 사항과 분할 당시에 발행하는 주식에 관한 사항을 기재해야 한다(530-5(1)(ii), (iii)). 또한 단순분할신설회사의 자본금과 준비금에 관한 사항을 기재해야 한다(530-5(1)(vi)). 상법에는 아무런 규정이 없지만 자본충실의 원칙상 분할회사에서 승계한 재산에서 분할교부금을 공제한 금액(승계재산액)을 한도로 해야 할 것이다. 승계재산액은 일부는 자본금으로 하지 않고 준비금으로 할 수도 있다.

3) 기타 정관에 기재할 사항

단순분할회사의 상호, 목적, 본점의 소재지, 공고의 방법을 비롯하여 정관에 규정된 기타의 사항을 기재해야 한다(530-5(1)(i), (x)).

마. 분할회사의 조직과 체제

분할회사가 존속하는 존속분할의 경우 분할회사는 분할로 인하여 큰 변화를 겪게 되므로 그에 대해서 기재해야 한다. 먼저 분할로 인하여 이전할 재산과 그 가액에 대해서 기재한다(530-5(2)(iii)).[1)]

물적분할과는 달리 인적분할의 경우에는 결국 분할회사의 자산이 감소한다. 그러나 자산이 감소한다고 해서 반드시 자본금이나 준비금을 감소시켜야 하는 것은 아니다.[2)] 그러나 자본금을 감소시키는 경우에는 그에 대해서 기재하고(530-5(2)(i)), 자본금감소의 방법에 대해서도 기재한다(530-5(2)(ii)).[3)] 발행주식총수를 기재하고(530-5(2)(iv)), 수권주식 수를 감소시키는 경우에는 그에 대해서도 기재한다(530-5(2)(v)). 그 밖에 정관변경을 초래하는 사항이 있는 경우에는 그것을 기재한다(530-5(2)(vi)).

---

1) 이는 530-5(1)(vii)와 중복된다.
2) 이철송30, 1153면.
3) 자본금을 감소하는 경우 분할절차와 별도로 감자절차를 밟아야 하는가? 두 가지 경우 모두 주주총회의 특별결의를 요하므로 실제로 차이가 있는 것은 채권자보호절차라고 할 것이다. 뒤에서 보는 바와 같이 기존 채권자들은 연대책임에 의하여 보호되므로 따로 채권자보호절차를 밟을 필요는 없을 것이다. 그러므로 회사분할의 경우에는 자본금감소가 수반되는 경우에도 따로 감자절차를 거칠 필요가 없다고 볼 것이다.

승계대상 재산목록과 분할대차대조표

실무상으로는 분할계약서와는 별도로 승계대상 재산목록과 분할대차대조표를 작성하여 분할계약서에 첨부하는 경우가 많다.

바. 분할계획서의 변경

분할계획서의 작성일로부터 주주총회 승인을 거쳐 분할기일에 이르기까지 사이에 분할계획서에 기재된 승계대상 재산이 분할기일 현재의 그것과 차이가 생길 수 있다. 주주총회 승인을 받기 전에는 분할계획서의 변경은 자유롭게 허용된다. 분할계획서에는 주주총회 승인을 받은 후에도 동질성을 해치지 않는 범위 내에서 변경이 가능하다는 취지의 규정을 두는 경우가 있다.[1] 다만 분할계획서의 변경이 중대하게 변경되는 경우에는 주주총회 승인을 다시 받아야 할 것이다.

사. 임의기재사항

분할과 관련하여 발생하는 당사자의 수요를 충족하기 위하여 실제로 분할계획서에는 법정기재사항 이외에 다양한 사항이 포함되는 경우가 많다. 그 예로는 분할회사가 신설회사로 승계되는 건물 또는 지적재산권에 관하여 일정기간 계속 사용권을 갖도록 하는 경우를 들 수 있다. 분할과 관련된 사적자치를 촉진하는 차원에서 이러한 분할계획서의 기재에 대해서는 가급적 법적 구속력을 인정하는 것이 타당할 것이다.[2]

(2) 분할합병계약서

분할합병은 분할합병계약서 작성을 요한다(530-6). 분할합병계약서는 흡수분할합병인지 신설분할합병인지에 따라서 기재사항을 달리하고 있다. 흡수분할합병의 계약서는 흡수합병계약서(523)와 유사하고 신설분할합병의 계약서는 분할계획서(530-5(1))와 유사하다.[3] 흡수분할합병계약서의 경우에는 분할승계회사의 정관변경사항도 기재하도록 하고 있다(530-6(1)(xi)).[4]

3. 분할에 관한 정보의 공시

(1) 분할계획서 등의 공시

분할회사는 주주총회일 2주 전부터 분할등기일 또는 분할합병을 한 날 이후 6개월 간 다

---

1) "수정 또는 변경이 합리적으로 필요한 경우로서 주주에게 불이익이 없고, 동질성을 해하지 않는 범위 내에서, 이사회의 결의로 분할계획서를 수정 또는 변경할 수 있다." 윤성조/김효민, 전게논문, 122면.

2) 윤성조/김효민, 전게논문, 123~125면은 이 문제를 상세히 논하면서도 다소 소극적 태도를 보이고 있다.

3) 분할합병계약서에는 주주총회일과 분할합병을 할 날을 기재하게 되어 있다(530-6(1)(viii), (ix), (2)(vi), (vii)). 2015년 개정 상법에서는 분할계획서에서도 분할을 할 날을 기재하도록 하고 있다(530-6(1)(viii-2)).

4) 이 경우 분할승계회사는 분할합병계약서의 승인만으로 정관이 변경된다.

음 서류를 본점에 비치해야 한다(530-7(1)).

① 분할계획서 또는 분할합병계약서
② 분할되는 부분의 대차대조표
③ 분할합병의 경우 분할합병상대회사의 대차대조표
④ 분할회사의 주주에게 발행할 주식의 배정에 관하여 그 이유를 기재한 서면

이들 서류는 주주가 분할을 승인할 때와 이전되는 채무를 제한하는 경우 분할회사의 채권자가 이의 제기 여부를 결정할 때 참고자료가 된다. 분할승계회사에 대해서도 비슷한 공시의무가 부과되고 있다(530-7(2)). 주주와 채권자는 영업시간 내에는 언제든지 위의 서류를 열람할 수 있다(530-7(3)→522-2(2)).

(2) 주주총회의 소집 시 공시

분할계획이나 분할합병계약의 요령은 주주총회 소집을 위한 통지에 기재해야 한다(530-3(4)).

4. 분할의 승인결의

(1) 분할회사 및 분할승계회사의 승인총회

분할회사는 분할계획서나 분할합병계약서를 작성하여 주주총회 특별결의를 받아야 한다(530-3(1), (2)). 분할합병의 경우 상대방 회사의 주주총회 결의를 명시적으로 요구하고 있지는 않지만 당연히 필요하다고 볼 것이다.[1] 주주총회 승인결의의 대상은 분할계획서 또는 분할합병계약서이다. 법정기재사항이 담겨있는 한 문서에 다른 명칭이 붙어 있더라도 무방하다.

(2) 의결권배제주주의 의결권

합병의 경우와 달리 분할승인 주주총회에서는 의결권이 배제되는 주주(344-3(1))도 의결권을 갖는다(530-3(3)). 의결권이 배제되는 주주를 특별히 보호하기 위한 규정이다. 그러나 실제 주주를 보호할 필요성은 합병의 경우가 더 큰 점을 고려하면 균형이 맞지 않은 규정이라고 할 것이다.

(3) 주주의 부담이 가중되는 경우

상법은 분할이나 분할합병으로 인하여 각 회사의 주주의 부담이 가중되는 경우에는 주주전원의 동의가 필요하다고 규정하고 있다(530-3(6)).[2] 그러나 상법상 실제로 분할이나 분할합

---

1) 분할합병계약서에 '각 회사'의 승인주주총회기일을 기재하도록 한 것(530-6(1)(viii))도 그러한 해석의 근거가 될 수 있을 것이다.

2) 이 규정은 원래 물적회사 사원의 책임이 무한책임으로 가중되는 경우에 대처하기 위한 프랑스 상법의 규정에서 근거한 것이라고 한다. 노혁준, "회사분할의 법률문제개관", 회사분할의 제문제(2013), 55면.

병으로 인하여 주주의 부담이 가중되는 경우는 상정하기 어렵다. 판례는 회사의 부담이 가중됨에 따라 간접적으로 주주의 부담이 가중될 뿐인 경우에는 이 규정의 적용이 없다고 본 바 있다(서울고등법원 2008. 11. 6, 2004나66911 판결).[1] 결국 상법상으로는 불필요한 규정으로 삭제하는 것이 타당할 것이다.

(4) 반대주주의 주식매수청구권

분할합병 반대주주에게는 주식매수청구권이 인정된다(530-11(2)→522-3). 분할합병시 주식매수청구권의 법리는 합병에 준한다. 따라서 분할회사의 주주뿐 아니라 분할승계회사의 주주에게도 주식매수청구권이 인정되는 것이 원칙이지만, 소규모분할합병의 분할승계회사 주주에게는 주식매수청구권이 인정되지 않는다.

상법상 주식매수청구권은 분할합병에만 준용되므로 단순분할인 경우 원칙적으로 그것이 인적분할이든 물적분할이든 분할회사의 주주들에게 주식매수청구권이 부여되지 않는다. 다만 자본시장법은 이에 대하여 두 가지 예외를 규정한다. ① 물적분할의 경우 일률적으로 주식매수청구권을 부인하는 것이 타당한지 논란이 있다. 물적분할 시 분할회사 주주는 분사되는 영업을 직접 감시, 통제할 수 없게 된다(주주권의 간접화). 특히 핵심사업이 분사되어 별도 상장된다면(이른바 이중상장), 그 모회사인 분할회사 주가에 악영향이 나타나게 된다(이른바 지주사 디스카운트).[2] 주요 영업을 현물출자하여 회사를 신설하는 경우 영업양도 회사의 반대주주에 주식매수청구권이 발생하는 것과의 형평성도 문제된다. 이를 고려하여 자본시장법은 상장회사의 물적분할 시 분할회사의 반대주주에 주식매수청구권을 인정하고 있다(자시 165-5(1),자시슈 176-7(1)(ii)).[3] ② 인적분할의 경우에도, 상장회사의 인적분할로 인해 설립되는 신설회사가 비상장이라면 기존 주주에게 불이익이 발생할 수 있다. 이를 고려하여 자본시장법은 상장회사의 인적분할 시 신설회사 주권이 상장되지 아니하는 경우 분할회사의 반대주주에 주식매수청구권을 인정하고 있다(자시 165-5(1), 자시슈 176-7(1)(i)).

---

1) 이 판결의 상고심에서는 이 규정의 보호대상은 주주이지 채권자가 아니므로 회사 채권자가 이 규정을 근거로 신설회사가 분할회사의 채무에 대한 연대책임이 있음을 주장할 수 없다고 판시하였다(대법원 2010. 8. 19, 2008다92336 판결).

2) 예컨대 2020. 12. 1 상장회사인 ㈜ LG화학은 회사내 핵심사업인 배터리사업을 물적분할해 ㈜ LG에너지솔루션을 설립한 다음 2022. 1. 27. 이를 상장하였고, 그 과정에서 ㈜ LG화학 기존 주주들은 지주사 디스카운트로 인해 크게 반발한 바 있다. 관련 논의로서 이상훈, "물적분할과 지주사 디스카운트: LG화학의 사례를 소재로", 경북대 법학논고 제71집(2020) 참조.

3) 상장회사의 물적 분할의 경우 분할회사 소수주주 보호 방안으로서, 정부는 2022년에 위 주식매수청구권 이외에 (a) 물적분할 시 제출되는 주요사항보고서에 분할목적, 기대효과 및 주주보호방안 등 공시(기업공시서식 작성기준 12-1-1, 12-8-7, 12-8-8), (b) 물적 분할로 신설된 자회사의 상장 시 심사 강화(유가증권시장 상장규정 시행세칙 별표 2의2 (2)마(iii)) 등 새로운 제도를 도입하였다.

(5) 간이분할합병

간이합병과 마찬가지로 분할회사 주주 전원의 동의가 있거나 흡수분할합병의 상대방 회사가 이미 분할회사 주식을 90% 이상 소유한 경우에는 분할회사 주주총회 승인은 이사회 승인으로 갈음할 수 있다(530-11(2)→527-2).

(6) 소규모 분할합병

소규모합병의 경우와 마찬가지로 흡수분할합병에서 분할승계회사가 발행하는 신주가 발행주식총수의 10% 이하인 경우에는 분할승계회사 주주총회의 승인은 이사회 승인으로 갈음할 수 있다(530-11(2)→527-3). 상법상 분할승계회사는 원칙적으로 분할회사의 채무에 대해서 연대책임을 진다. 따라서 분할승계회사 주주의 관점에서는 소규모분할합병이라고 해도 분할회사 채무가 많다면 위험하다는 점에서 소규모분할합병을 인정하는 데 반대하는 견해도 있다.[1] 물론 분할승계회사 발행주식총수 20% 이상을 보유하는 주주가 반대하면 주주총회 결의를 얻어야 한다는 점에서(527-3(4)) 주주의 의사를 반영할 길이 없는 것은 아니다. 그러나 20% 이상의 주주가 결속하는 것은 현실적으로 쉽지 않을 수도 있다.

5. 회사설립규정의 준용

(1) 설립절차에 관한 규정의 준용

분할로 인하여 회사가 설립되는 경우에는 신설합병의 경우와는 달리 회사의 설립에 관한 규정이 준용된다(530-4). 다만 단순분할신설회사는 분할회사의 출자만으로 설립될 수 있는 바(단독분할설립), 이때에는 현물출자에 관한 검사인의 조사, 보고규정(299)이 적용되지 않는다(530-4단).[2]

분할회사의 분할로 회사가 신설되는 경우로는 단순분할, 신설분할합병, 물적분할을 들 수 있다. 이하 차례로 살펴본다.

(2) 단순분할

단순분할의 경우 회사설립은 분할회사의 출자만으로 설립되는 단독분할설립이 보통이지만 상법은 예외적으로 신설회사가 분할회사뿐 아니라 제3자의 출자도 받는 경우(모집분할설립)도 상정하고 있다. 단독분할설립의 경우에는 분할계획으로 신설회사의 정관이 정해지고 분할회사가 신설회사의 1인 주주가 되는 등 발기인이 따로 처리할 사무가 없으므로 발기인이 불필

---

1) 이철송30, 1162면.

2) 채권자의 보호는 뒤에 보는 바와 같이 연대책임으로 해결한다. 구법에서는 분할회사의 주주에게 분할신주가 비례적으로 배분되는 비례적 분할의 경우에만 상법 제299조가 면제되었으나, 주주 전원의 동의 없이는 불비례적 분할이 불가능하고, 제299조는 채권자보호에 관한 것으로서 주주보호와 큰 관련성이 없으므로 2015년 개정 상법은 비례적 분할 요건을 삭제하였다.

요하지만, 모집분할설립의 경우에는 설립사무를 수행할 발기인을 선임해야 한다.[1] 전술한 바와 같이 단독분할설립의 경우에는 현물출자에 관한 검사인의 조사, 보고규정(299)이 적용되지 않는다(530-4단).

(3) 신설분할합병

신설분할합병의 경우에는 창립총회를 개최할 필요가 있다. 상법은 분할합병신설회사의 창립총회에 관해서 신설합병의 창립총회에 관한 규정(527)을 준용하고 있다(530-11(1)).

(4) 물적분할

물적분할의 경우 신설회사 주식을 배정받는 것은 분할회사 주주가 아니라 분할회사 자체이다.[2] 분할회사의 출자만으로 100% 자회사가 설립되는 형태의 물적분할이라면 제530조의4에 의하여 검사인의 조사, 보고규정(299)의 적용이 면제된다.

6. 채권자 이의절차

(1) 채권자 보호의 필요성

분할회사 채권자는 분할에 따라 실질적인 지위가 크게 변화될 수 있다. 분할회사 채권자는 분할로 인한 재산 감소로 인하여 불이익을 입을 우려가 있다. 또한 신설회사나 상대방 회사에 이전되는 채무의 채권자는 신설회사나 상대방 회사의 재산상태에 따라 그 이익이 크게 좌우된다. 상법은 분할회사 채권자의 보호를 위하여 승계회사도 '분할 또는 분할합병 전의 회사채무'에 대해서 연대책임을 진다고 규정한다(530-9(1)). 연대책임에 대해서는 뒤에서 자세히 설명한다. 연대책임이 인정되는 경우에는 따로 분할회사 채권자를 위한 절차는 불필요할 것이다.

(2) 채권자 이의절차를 요하는 경우

상법상 분할회사의 채권자 이의절차는 예외적으로 두 가지 경우에만 인정되고 있다.

① 분할합병의 경우 분할회사와 분할승계회사는 각각 채권자 이의절차를 거쳐야 한다(530-11(2)→527-5). 분할승계회사는 분할합병으로 인하여 합병과 마찬가지의 변화를 겪게 되므로 그 채권자를 보호할 필요가 있다. 한편 분할회사 채권자로서는 분할승계회사도 자신의 채권에 대해서 연대책임을 지지만 분할승계회사의 재산상태가 부실한 경우에는 변제받지 못할 위험이 있다. 그러므로 분할회사의 채권자도 보호할 필요가 있다.

② 단순분할신설회사의 연대책임을 제한한 경우에도 채권자 이의절차가 필요하다(530-

---

1) 이철송30, 1154면. 상업등기규칙도 그것을 전제한 규정을 두고 있다(상등규 150(vi), 129(iv)).

2) 물적분할을 통해서 신설회사 주식을 분할회사와 분할회사 주주가 나누어 받는 형태는 허용되지 않는다. 그러한 필요가 있는 경우에는 분할회사가 보유하는 신설회사 주식을 현물배당하는 방법을 취해야 할 것이다. 박태현, 전게논문, 14면.

9(4)→527-5). 즉 단순분할신설회사가 이전되는 재산에 관한 채무만을 부담하기로 하는 경우에는 분할회사는 채권자 이의절차를 거쳐야 한다. 연대책임의 제한과 채권자 이의절차의 내용에 대해서는 뒤에서 상세히 설명한다.

(3) 물적분할과 채권자 보호

분할 시 채권자 보호에 관한 규정은 물적분할의 경우에도 적용이 있다(530-12). 따라서 물적분할에서 분할회사와 단순분할신설회사가 연대책임을 지지 않고 분할책임을 지는 경우에는 채권자 이의절차가 적용된다(530-9(2), (4)→527-5). 따라서 ① 단순분할신설회사에 면책적으로 인수되는 채무의 채권자는 물론이고, ② 분할회사에 남은 채무의 채권자에 대해서도 채권자 이의절차가 적용된다. 물적분할의 경우 분할회사는 단순분할신설회사 주식을 전부 보유하므로 분할된 재산이 분할회사의 지배를 벗어나는 것이 아니다. 그러나 ②는 단순분할신설회사 재산에 관한 한 단순분할신설회사의 채권자에 대해서 후순위에 서므로(구조적 후순위) 보호의 필요성이 존재한다.[1] 한편 ①의 경우에는 단순분할신설회사의 재산상태에 따라 변제가능성이 악화될 수도 있으므로 보호의 필요성이 당연히 존재한다.

7. 분할의 등기

분할을 한 때에는 등기를 하여야 한다(530-11(1)→528)). 분할이나 분할합병으로 신설하는 회사는 설립등기를, 분할 또는 분할합병으로 소멸하는 회사는 해산등기를, 분할이나 분할합병 후에 존속하는 회사는 변경등기를 하여야 한다(상등 70).

합병과 마찬가지로 분할의 효력도 본점소재지에서 등기함으로써 발생한다(530-11(1)→234).

V. 분할의 효과

1. 서 설

단순분할과 분할합병은 다음과 같은 변화를 가져온다.

① 법인격과 관련된 변화
② 권리·의무와 관련된 변화
③ 관련회사의 조직이나 구조에 관한 변화

이곳에서는 ①에 대해서만 간단히 언급하고 ②와 ③은 뒤에 따로 설명한다. 단순분할의

---

1) 입법론적으로 채권자 보호의 필요성을 부인하는 견해로 노혁준, "회사분할시 채권자보호의 기본법리", 회사분할의 제문제(2013), 242~243면.

경우 분할회사는 소멸할 수도 있고 존속할 수도 있지만 존속하는 경우가 보통이다. 단순분할의 경우에는 인적분할이나 물적분할이나 모두 새로운 회사, 즉 단순분할신설회사가 설립된다.

분할합병의 경우 분할회사는 단순분할의 경우와 마찬가지로 소멸할 수도 있지만 존속하는 것이 보통이다. 흡수분할합병의 경우에는 새로운 회사의 설립이 없지만 신설분할합병의 경우에는 새로운 회사가 설립된다.

2. 권리와 의무의 부분적 포괄승계

(1) 포괄승계의 의의

신설회사 또는 분할승계회사는 분할계획서나 분할합병계약서가 정하는 바에 따라 분할회사의 권리와 의무를 승계한다(530-10). 분할의 효력은 등기 시에 발생하게 되어 있으므로(530-11(1)→234) 개별적인 재산이전 절차 없이 분할등기 시에 포괄적으로 승계된다. 다만 합병의 경우와는 달리 승계되는 권리와 의무를 분할계획서나 분할합병계약서에서 특정할 필요가 있다.

부동산의 경우에도 등기 없이 권리가 이전되며 지명채권의 경우에도 채무자에 대한 통지나 채무자의 승낙(민 450)이 필요치 않다. 면책적 채무인수의 경우에도 채권자와의 합의(민 453, 454)는 필요하지 않다. 다만 뒤에 설명하는 바와 같이 채권자는 연대책임과 채권자 이의절차에 의한 보호를 받을 뿐이다.

(2) 포괄승계의 대상

분할로 인하여 포괄적으로 승계되는 대상은 분할계획서나 분할합병계약서의 기재에 따라 결정되는 것이 원칙이다. 분할계획서, 분할합병계약서에 기재된 이상 승계대상에는 권리·의무 외에 재산적 가치 있는 사실관계(영업권), **발생이 불확정적인 우발채무 등도 포함**된다고 볼 것이다.[1] 다만 다음과 같은 쟁점이 존재한다.

가. 성질상 이전이 허용되지 않는 권리·의무

분할회사의 권리·의무는 사법상 관계나 공법상 관계를 불문하고 성질상 이전을 허용하지 않는 것을 제외하고는 분할합병으로 인하여 존속하는 회사에게 포괄승계된다(대법원 2011. 8. 25, 2010다44002 판결). 개별적 권리나 의무가 아닌 계약상 지위는 성질상 이전이 허용되지 않는 경우가 있을 것이다.[2] 다만 계약상 양도금지조항은 계약에서 특별히 명시한 경우를 제외하고는 포괄승계를 수반하는 분할에 적용되지 않는다고 볼 것이다.[3]

---

1) 윤성조/김효민, 전게논문, 117면.

2) 예컨대 민법상 조합에 속하는 공동수급체의 구성원 지위는 구성원 사이에서 그것을 제3자에게 양도할 수 있기로 약정하지 아니한 이상, 상속이 되지 않고 다른 구성원들의 동의가 없으면 이전이 허용되지 않는 귀속상의 일신전속적인 권리의무에 해당하므로, 원칙적으로 회사의 분할합병으로 인한 포괄승계의 대상이 되지 않는다(대법원 2011. 8. 25, 2010다44002 판결).

3) 윤성조/김효민, 전게논문, 109면.

나. 공법상의 권리 · 의무

공법상의 권리 · 의무의 승계여부는 결국 구체적인 권리 · 의무의 사안에 비추어 개별적으로 판단할 수밖에 없다.[1] 주로 문제가 되는 것은 형사책임, 행정제재와 조세채무이다.

형사책임과 관련하여, 분할회사가 분할계획서 또는 분할합병계약서를 통해 미납벌금 납부의무를 신설회사 또는 분할승계회사에 이전할 수는 없다고 볼 것이다.[2] 또한 분할 이전에 이루어진 분할회사의 위법행위를 이유로 해당 사업을 승계한 신설회사 또는 분할승계회사에 양벌규정에 따른 벌금형을 부과할 수도 없다(합병에 관한 대법원 2007. 8. 23, 2005도4471 판결 참조).

행정제재와 관련하여서는 두 개의 쟁점이 있다. 첫째는 분할회사에 이미 내려진 제재처분의 효과를 해당 사업을 승계한 신설회사 또는 분할승계회사가 이어받는지 여부의 문제이다. 관련 법령에 명시적인 조항이 있다면 그에 따를 것이나 그런 조항이 없다면 해당 제재의 성격에 따라 판단할 수밖에 없다. 대법원은 분할 전에 분할회사에 내려진 입찰참가자격 제한처분의 효력은 관련 사업부문을 승계한 분할신설회사에 미친다고 보았다(대법원 2019. 4. 25, 2018다244389 판결).[3]

둘째는 분할회사의 위법행위를 근거로 신설회사 또는 분할승계회사에 대하여 행정제재를 내릴 수 있는지 여부의 문제, 즉 제재처분 사유의 승계 문제이다. 이 경우도 관련 법령에 명시적인 조항이 있다면 그에 따른다. 예컨대 공정거래위원회는 분할 또는 분할합병 전의 행위에 대하여 분할회사, 분할신설회사, 분할합병신설회사, 분할합병승계회사 중 어느 쪽에도 과징금을 부과할 수 있다(공정거래 102(3)). 그런 조항이 없는 경우 대법원은 승계대상이 분할회사의 '권리와 의무'이고 사실행위는 아니라는 점을 들어 회사분할 전 분할회사의 위법행위를 이유로 신설회사에 과징금을 부과할 수 없다고 판단하였고(대법원 2007. 11. 29, 2006두18928 판결 등), 분할회사의 분할 전 '하도급거래 공정화에 관한 법률' 위반행위를 이유로 분할신설회사에 시정조치를 명할 수는 없다고 하였다(대법원 2023. 6. 15, 2021두55159 판결[4]). 이는 합병의 경우에

---

1) 판례는 정부투자기관이 정부투자기관 관리기본법 조항에 따라 행하는 입찰참가제한 처분 권한은 법령에 따라 부여된 공법상 권한이므로 특별한 규정이 없는 한 당사자의 의사에 따라 처분되거나 이전될 수 없다고 본다(대법원 2015. 2. 12, 2012두14729 판결. 한전이 회사분할을 실행한 이후에도 여전히 입찰참가제한 처분권을 갖는다고 본 사안).

2) 형사처벌은 특정 행위자에 부과되는 것이기 때문이다(江頭8, 930면). 다만 국가는 (비록 형사소송법 제479조는 분할에 적용되지 않지만) 신설회사 또는 분할승계회사에 대하여 분할회사의 벌금납부의무의 연대책임(530-9)을 구할 수는 있을 것이다.

3) 한편 대법원은 '하도급거래 공정화에 관한 법률'에 따라 분할 전에 분할회사에 부과된 벌점 역시 관련 사업부문을 승계한 분할신설회사에 승계된다고 보았다(대법원 2023. 4. 27, 2020두47892 판결). 사안에서 벌점에 기한 제재처분 자체는 분할 후에 신설회사를 상대로 내려졌다. 대법원은, 벌점 부과는 사실행위이므로 신설회사에 그 효력이 승계되지 않는다는 신설회사측 주장에 대하여, "하도급법에 따른 벌점 부과를 단순한 사실행위에 불과하다고만 볼 수 없고, 공법상 지위 내지 의무, 책임이 구체화된 경우라고 볼 여지가 크다"고 설시하여 승계를 인정하였다.

4) 이 판결에서는 하도급법에 공정거래법과 같은 명시적 규정이 없다는 점을 근거의 하나로 들었다.

합병 전 회사의 행위를 이유로 합병 후 존속회사에 시정명령을 내릴 수 있다고 하여 제재처분 사유의 승계를 인정한 판례(대법원 2022. 5. 12, 2022두31433 판결 등)와 구별된다.

마지막으로 **조세채무**에 대해서는 국세기본법이 명문으로 분할 전에 납세의무가 성립된 세금은 분할 후 회사가 연대하여 납부할 의무가 있다고 명시하고 있다(국세 25). 다만 분할당사회사 사이의 구상관계는 분할계획서나 분할합병계약서에 따라 처리할 것이다.[1]

다. 비대체적 채무

회사가 전환사채, 신주인수권부사채, 주식매수선택권을 발행한 경우 회사는 권리자의 권리행사에 응할 의무가 있다. 이러한 비대체적(非代替的) 채무도 포괄승계의 대상으로 할 수 있는가에 대해서 다툼이 있지만[2] 긍정하는 것이 타당하다. 다만 승계로 인하여 권리자가 불이익을 입을 수 있으므로 권리자의 동의가 필요하다고 본다. 권리자의 동의를 얻지 못한 경우 분할당사회사는 분할비율에 따라 권리자의 권리행사에 응할 의무를 부담하며 그 의무를 이행하지 못하는 경우에는 채무불이행 또는 불법행위로 인한 손해배상책임을 부담한다고 볼 것이다.[3]

라. 귀속이 불분명한 재산

분할계획서나 분할합병계약서의 기재가 불분명하여 어느 회사에 귀속되는지 여부가 불분명한 재산을 어떻게 처리할 것인가에 대해서 상법은 아무런 규정을 두고 있지 않다. 먼저 분할계획서나 분할합병계약서의 전체 취지에 비추어 귀속을 결정하되 분명치 않은 경우에는 결국 분할비율에 따라 분리이전할 수밖에 없을 것이다.[4]

3. 주식의 배정

(1) 배정의 상대방

분할로 인하여 승계된 재산의 대가로 신설회사, 분할승계회사는 주식을 발행한다. 이 주식은 인적분할의 경우에는 분할기일 현재 분할회사 주주에게, 그리고 물적분할의 경우에는 분할회사에게 귀속된다. 이에 관해서는 상법에 명시적 규정이 없으므로 분할계획서나 분할합병계약서에서 정한 바에 따른다(530-5(1)(iv)), 530-6(1)(iii), (2)(iii)).

(2) 자기주식의 처리

단순분할의 경우 분할회사가 스스로 분할을 실행할 뿐 별도의 상대방 회사가 존재하지 않으므로, 분할회사가 자기주식을 보유하는 경우만이 문제된다. 먼저 분할회사가 분할재산 중 자기주식을 포함시킬 수 있는지 문제되나, 분할회사가 상장회사인 경우 앞서 '분할의 대상'에

---

1) 윤성조/김효민, 전게논문, 120면.
2) 상세한 것은 김상준/이태현, "회사분할과 전환사채, 스톡옵션", 회사분할의 제문제(2013), 192면 이하 참조.
3) 이러한 처리는 하급심 판례에서도 채택된 바 있다. 김상준/이태현, 전게논문, 208, 216면.
4) 상세한 것은 윤성조/김효민, 전게논문, 111~116면.

서 살펴본 바와 같이 명시적으로 금지되어 있다(자시(令) 176-6(3)). 다음으로 분할회사의 자기주식에 대하여 분할신주를 배정할 수 있는지 문제된다. 특히 인적 단순분할인 경우 실무상 발행하는 사례가 많았는바, 이는 지배권 왜곡을 초래하므로 금지되어야 한다는 비판이 많았다.[1] 2024년 개정 자본시장법 시행령 제176조의6 제3항은 상장회사의 단순분할 시 자기주식에 대한 분할신주 배정을 금지하였다.

분할합병의 경우 앞서 합병에서의 자기주식 처리 문제와 비교하여 살펴볼 필요가 있다. ① 분할승계회사가 분할회사의 주식을 보유하는 경우 만약 분할신주를 배정한다면 분할승계회사는 자기주식(분할신주)을 취득하게 된다. 명시적 금지조항은 없으나 앞서 합병에서의 포합주식에 관한 논의를 일관하자면 배정을 부인함이 타당할 것이다. ② 분할승계회사가 자기주식을 보유하는 경우 신주를 발행하는 대신 보유 중인 자기주식을 교부하는 것이 허용된다(530-6(1)(ii), (iii)).[2] 합병과 마찬가지의 법리이다. ③ 분할회사가 분할승계회사의 주식을 보유하는 경우 이는 분할과 무관하므로 계속 보유할 수 있다. 합병과 달리 분할회사는 분할합병 이후에도 존속하기 때문이다. 한편 분할회사는 분할재산 중 분할승계회사의 주식을 포함하여 분리할 수 있고, 이를 분할승계회사는 자기주식으로 보유할 수 있다고 볼 것이다. ④ 분할회사가 자기주식을 보유하는 경우 앞서 단순분할의 경우와 동일한 법리가 적용된다. 즉 분할당사회사가 상장회사인 분할합병인 경우 분할회사의 자기주식에 대한 분할신주 배정은 금지된다(자시(令) 176-6(3)).

(3) 불비례적 배정의 허용여부

분할로 발행하는 신주는 주주의 보유주식 수에 비례하여 배정되는 것이 원칙이다. 그렇다면 보유주식 수에 비례하지 않는 배정, 즉 불비례적(不比例的) 배정은 불가능한 것인가? 불비례적 배정의 가장 극적인 예는 [그림 7-12]에서 보는 바와 같이 주식이 a와 b에 양분되어 있는 분할회사 X가 Y회사와 Z회사로 소멸분할하면서 Y주식은 a, 그리고 Z주식은 b에게 배정하는 경우이다. a와 b가 동업관계를 해소하고자 하는 경우 이러한 불비례적 배정이 가능하다면 현실적으로 편리할 것이다.

상법에는 비례적 배정을 강제하는 규정이 없을 뿐 아니라 비례적 배정의 경우에는 검사인 조사절차의 생략을 허용하는 2015년 개정 전의 규정(개정 전 530-4(2)) 등을 종합적으로 고려

---

1) 노혁준, "기업재편의 활성화와 그 딜레마: 회사분할, 주식양수도에 관한 회사법 개정안들을 중심으로", 상사법연구 34-3(2015), 67면 이하. 예컨대 분할회사 H의 대주주 X(42%), 소액주주(28%), 자기주식(30%)인 상태에서 자기주식에 분할신주를 배정하는 방식으로 인적 단순분할이 이루어진 경우 신설회사의 주식 분포는 대주주 X(42%), 소액주주(28%), 분할회사 H(30%)가 된다. 분할회사 H가 대주주 X에 의해 지배된다는 점을 감안하면, 분할이전의 대주주와 소액주주의 지분비율 42:28이 신설회사에 관하여는 분할 이후에 실질적으로 72(42+30) : 28로 급격하게 변화하는 문제점이 발생한다.

2) 종래의 상업등기선례도 그것을 긍정하고 있었다(상업등기선례 1-243, 2002. 1. 2. 등기 3402-2 질의회답).

그림 7-12 불비례적 배정

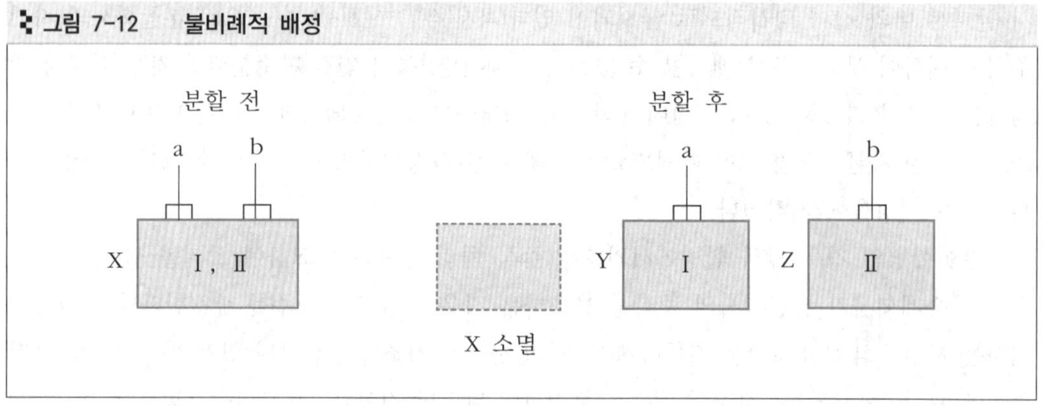

할 때 불비례적 배정도 가능하다고 볼 것이다. 다만 단순분할의 경우 반대주주에게 주식매수청구권이 인정되지 않는 상황에서 일반 특별결의에 의하여 불비례적 배정을 결정하는 것을 허용할 수는 없을 것이다. 따라서 불비례적 배정을 위해서는 주주 전원의 동의를 요한다고 볼 것이다.[1]

(4) 교부금분할

상법은 단순분할이나 분할합병의 경우 주식 대신 현금, 즉 분할교부금을 지급하는 것은 가능하다고 규정하고 있다(530-5(1)(v), 530-6(1)(iv)). 문제는 주식은 전혀 발행하지 않고 교부금만을 지급하는 교부금분할도 가능한가이다. 합병의 경우 2011년 상법 개정을 계기로 교부금합병이 정식으로 인정되었고(523(iv)),[2] 흡수분할합병의 경우 2015년 개정 상법이 이를 명시하였다(530-6(1)(iv)).[3] 나아가 2015년 개정 상법은 단순분할에서의 교부금에 관하여도 합병, 분할합병과 유사한 문구를 쓰고 있다(530-5(1)(v)). 그러나 신주를 전혀 발행하지 않는 형태로 회사를 신설하는 것은 불가능하다고 할 것이다. 신주를 일부만 발행하면서 대가의 대부분을 교부금으로 지급하는 경우에도 문제는 있다. 즉 분할회사와 신설회사간 연대책임이 인정되더라도, 분할회사의 자산유출이 수반되는 것이므로 분할회사의 기존채권자 보호에 허점이 발생할 우려가 있는 것이다.

1) 다만 불비례적 배정의 경우에는 법인세법상 적격분할의 요건을 충족하지 못하므로 세무상의 불이익이 따를 수 있다(법세 46(2)(ii)). 조현덕, "회사의 분할비율", 회사분할의 제문제(2013), 148면.

2) 다만 흡수분할합병의 경우에만 허용되고 신설분할합병의 경우에는 교부금분할합병이 허용되지 않는다(530-6(1)(iv)와 530-6(2)(v) 비교).

3) 다만 2015년 개정 상법 이전에도 교부금분할합병이 허용된다는 전제하에 내려진 판결들이 있다(대법원 2009. 4. 23, 2008다96291, 96307 판결; 대법원 2010. 8. 26, 2009다95769 판결).

무증자 분할합병

교부금분할합병의 경우, 분할승계회사의 자기주식이 충분한 경우, 분할사업부문의 대차대조표 가치가 0인 경우 등에는 분할승계회사가 분할합병신주를 발행할 필요 없다(상업등기선례 1-243, 2002. 1. 2. 등기3402-2 질의회답). 2015년 개정 상법은 분할승계회사의 자본금이나 준비금이 증가하지 않을 수 있음을 전제하고 있다(530-6(1)(v)).

4. 분할 전 채무에 대한 책임

(1) 분할계획이나 분할합병계약에 의한 특정 채무의 승계

합병의 경우 소멸회사의 채무가 존속회사 또는 신설회사에 포괄적으로 승계된다. 그러나 분할의 경우에는 분할계획서나 분할합병계약서에 특정된 채무만이 승계된다(530-10). 이는 채무자와의 계약에 의한 채무인수와 유사하므로 원칙적으로 채권자의 승낙을 요할 것이다(민 454(1)). 그러나 채권자의 승낙을 요한다면 현실적으로 분할의 실행이 어려울 것이므로 상법은 대신 두 가지 길을 열어두고 있다. 하나는 연대책임이고 다른 하나는 연대책임을 분할책임으로 변경하는 경우의 채권자 이의절차이다. 연대책임을 지는 경우에는 채권자의 불이익은 없고 채권자 이의절차를 거치는 경우에는 사실상 채권자의 승낙이 있는 것과 마찬가지이다.

(2) 연대책임의 주체

가. 범 위

상법은 연대책임의 주체를 분할회사, 단순분할신설회사, 분할승계회사, 분할합병신설회사로 규정한다(530-9(1)). 단순분할신설회사, 분할승계회사, 분할합병신설회사는 자신에게 승계된 채무에 추가하여 분할회사에 남아있는 채무에 대하여 일종의 채무 없는 책임을 지는 셈이다. 한편 분할회사도 단순분할신설회사 등으로 면책적으로 포괄승계된 채무에 관하여 이 조항에 따라 연대책임을 부담하게 된다.

나. 복수분할의 경우

한걸음 더 나아가 분할회사 X로부터 Y회사와 Z회사로 단순분할된 경우에 Y회사가 Z회사로 승계된 채무에 대해서 연대책임을 지는지 여부가 문제된다. 이 경우도 채권자 보호의 관점에서 연대책임을 긍정하는 것이 타당할 것이다.

다. 순차분할의 경우

X회사로부터 Y회사가 분할되고, Y회사에서 다시 Z회사가 분할되는 식으로 분할이 순차적으로 일어난 경우를 순차분할이라고 한다. 특정된 채무가 순차분할에 의하여 X회사에서 Y회사, 그리고 Y회사에서 Z회사로 순차 이전된 경우 Z회사의 채권자는 X회사와 Y회사에 대해서도 연대책임을 물을 수 있다. 채무가 분할이나 분할합병 전의 회사채무(530-9(1))이기 때문이다.

채무가 아닌 자산이 순차분할에 의하여 X회사에서 Y회사, Y회사에서 Z회사로 이전된 경우에는 X회사의 채권자가 분할이나 분할합병 전에 존재하는 경우에는 Y회사와 Z회사에 대해서도 연대책임을 추궁할 수 있다고 할 것이다.[1] 대법원도 그것을 전제하고 있다(대법원 2009. 4. 23, 2008다96291, 96307 판결).[2]

(3) 연대책임의 대상

이들 회사가 연대책임을 지는 채무는 '**분할 또는 분할합병 전의 분할회사의 채무**'이다(530-9(1)). 이는 분할 또는 분할합병 등기 이전에 성립한 분할회사의 채무로서[3] 분할 후 분할회사에 잔존하는 채무와 분할로 승계된 채무를 모두 포함한다. 이 채무는 성립원인을 묻지 않으므로 계약상 채무나 불법행위채무 같은 사법상 채무는 물론 납세의무 같은 공법상 의무도 포함된다. 주채무는 물론 보증채무나 어음상의 담보책임도 포함된다.[4] 금전채무는 물론이고 특정물급부의무 같은 비대체적 의무도 포함된다. 다만 비대체적 의무의 경우에는 그 불이행시의 손해배상채무에 대한 연대책임으로 본다.[5] 연대채무의 소멸시효 기간과 기산점은 분할 또는 분할합병 전의 회사가 채권자에게 부담하는 원래의 채무와 동일하다. 즉 채권자는 해당 채권의 시효기간 내에서 분할로 인하여 승계되는 재산의 가액과 무관하게 연대책임을 물을 수 있다(대법원 2017. 5. 30, 2016다34687 판결).

이미 성립한 채무라면 변제기 도래여부를 묻지 않으며(대법원 2008. 2. 14, 2007다73321 판결) 연대책임의 주체가 채무의 성립을 인식하지 못한 경우에도 연대책임의 대상에 포함된다.[6] 분할 전에 채무가 아직 성립하지 않았으나 이미 성립의 기초가 되는 법률관계가 발생한 채무도 포함된다.[7] 반면 채무가 분할등기 이전에 성립한 것이 아니라, 분할 전의 사실관계를 근거로 분할 후에 분할회사에 과징금이 부과된 경우[8] 원칙적으로 신설회사, 분할승계회사는 연대책임을 지지 않는다. 분할합병계약서 등에 근거하여 분할회사에 대한 구상의무가 발생할 여지가 있을 뿐이다.[9]

---

1) 노혁준, 전게논문, 258면.
2) 판례의 사안은 동일한 자산이 순차 이전된 경우이지만 X의 채권자를 보호한다는 관점에서는 재산의 동일성이 반드시 요구된다고 볼 것은 아니다.
3) 분할합병 전의 분할승계회사에 존재하던 채무는 당연히 연대책임의 대상이 아니다.
4) 권기범6, 197면.
5) 권기범6, 197면.
6) 노혁준, 전게논문, 247면.
7) 예컨대 분할회사에 대한 구상금채권 성립의 기초가 되는 신용보증약정 및 대출약정이 분할등기 전에 이미 존재한다면 대출채무의 대위변제가 분할등기 후에 이루어진 경우에도 구상금채권자가 분할회사와 신설회사에 연대책임을 주장할 수 있다(대법원 2010. 12. 23, 2010다71660 판결).
8) 공정거래위원회는 분할 전의 사실관계가 공정거래법 위반인 경우 단순분할 또는 분할합병 이후 분할회사에 과징금을 부과할 수도 있고, 신설회사 또는 분할승계회사에 과징금을 부과할 수도 있다(공정거래 102(3)).
9) 대법원 2016. 8. 29, 2014다210098 판결. 과징금을 납부한 분할회사가 분할계획서상의 구상조항에 근거하여 신설회사에 구상금청구를 한 사안에서 대법원은 원고 청구를 인용하였다.

(4) 연대책임의 성격

연대책임은 회사분할로 인한 채무자의 책임재산 변동에 따라 채권자가 불이익을 입지 않도록 상법이 특별히 규정한 법정책임으로 부진정연대책임에 해당한다(대법원 2010. 8. 26, 2009다95769 판결).[1] 특별한 사정이 없는 한 연대책임의 부담에 관하여 분할당사회사 사이에 주관적 공동관계가 없기 때문이다.

부진정연대채무에서는 채무자 1인에 대한 이행청구 또는 채무자 1인이 행한 채무의 승인 등 소멸시효의 중단사유나 시효이익의 포기가 다른 채무자에게 효력을 미치지 않는다. 따라서 채권자가 분할 후에 분할회사를 상대로 분할 전의 분할회사 채무에 관한 소를 제기하여 분할회사에 대한 관계에서 시효가 중단되거나 확정판결을 받아 소멸시효 기간이 연장된다고 하더라도, 그 효과는 다른 부진정연대채무자인 단순분할신설회사, 분할승계회사, 분할합병신설회사에 미치지 않는다(대법원 2017. 5. 30, 2016다34687 판결).

(5) 연대책임의 배제

가. 배제의 요건

분할회사의 채무에 대한 신설회사, 분할승계회사의 연대책임은 배제될 수 있다(530-9(2), (3)). 배제를 위해서는 분할회사는 분할합병계약서나 분할계획서에 신설회사, 분할승계회사가 분할회사로부터 **승계하기로 정한 채무에 대해서만 책임을 진다**는 뜻을 기재하고 주주총회 승인을 얻어야 한다.

주주총회 승인 외에 후술하는 바와 같은 **채권자 이의절차**를 거쳐야 한다(539-9(4)→527-5).[2] 절차적 요건이 충족되었다는 점에 관한 주장·증명책임은 분할당사회사가 연대책임관계가 아닌 분할채무관계에 있음을 주장하는 측에게 있다(대법원 2010. 8. 26, 2009다95769 판결).

분할회사가 A사업과 B사업을 하다가 B사업을 분할하여 신설회사를 설립하는 경우 통상적으로 B사업에 관한 자산, 권리뿐 아니라 부채, 의무도 신설회사에 넘겨준다. 구법은 이 점에 착안하여 연대책임 배제의 제한사유로서 '출자한 재산에 관한 채무'에 대하여는 연대책임이 배제될 수 없다고 규정하였다. 위 예에서 신설회사가 B사업에 관한 채권만을 이어받고 그 채무에 관하여는 아무런 책임을 지지 않는 방식을 금지한 것이다. 그러나 구법에 대하여는 출자한 재산에 관한 채무인지 여부가 불분명하여 분쟁을 야기하고, 분할회사의 의사를 제대로 반영하지 못한다는 비판이 있었다. 실제 분할회사의 채권자는 연대책임 배제시 별도의 채권자 이의절차를 통해 보호하면 충분하다. 이러한 점을 고려하여 2015년 개정 상법은 위 제한을 폐지하였다(530-9(2), (3)).

---

1) 노혁준, 전게논문, 249면.

2) 분할합병의 경우에는 연대책임의 배제여부와 무관하게 채권자 이의절차의 적용이 있다(530-11(2)→527-5).

나. 배제의 효과

이 경우에는 신설회사, 분할승계회사는 분할회사로부터 승계한 재산에 관한 채무에 대하여서만 책임을 진다. 이처럼 연대책임의 배제가 이루어진 경우에는 분할회사의 책임도 제한된다. 분할회사는 신설회사, 분할승계회사가 부담하지 않는 채무만을 부담한다(530-9(2)후, (3)후).

다. 채권자 이의절차

1) 개 요

채권자 이의절차는 다음과 같이 진행한다(527-5, 232(2), (3)). 먼저 채권자에게 분할에 대한 이의를 제출하도록 공고하고, 회사가 알고 있는 채권자에 대하여는 개별적으로 통지하여야 한다(527-5(1)). 이의를 제출한 채권자에 대하여는 변제 또는 담보제공 등의 조치를 취한다(527-5(3)→232(3)). 이의를 제출하지 않은 채권자는 분할을 승인한 것으로 보아(527-5 (3)→ 232(2)) 분할무효의 소를 제기할 수 없다(530-11(1)→529(1)).

2) 공고 또는 개별최고의 상대방

공고나 통지의 상대방은 채권자이다. 채권자에는 금전채권자만이 아니라 비금전채권자도 포함된다.[1] 개별최고의 대상인 '회사가 알고 있는 채권자'는 "채권자가 누구이고 그 채권이 어떠한 내용의 청구권인지가 대체로 회사에게 알려져 있는 채권자를 말하는 것이고, 그 회사에 알려져 있는지 여부는 개개의 경우에 제반 사정을 종합적으로 고려하여 판단하여야 할 것인바, 회사의 장부 기타 근거에 의하여 그 성명과 주소가 회사에 알려져 있는 자는 물론이고 회사 대표이사 개인이 알고 있는 채권자도 이에 포함된다고 봄이 상당하다"(대법원 2011. 9. 29, 2011다38516 판결).[2] 대법원은 회사가 발행한 수취인 백지 약속어음에 회사의 대표이사가 제1배서를 하여 A에게 배서양도한 사안에서, A가 다시 배서양도한 경우에도 향후 상환의무를 이행하고 어음을 회수하여 발행인인 회사를 상대로 어음상의 권리를 행사할 수 있는 잠재적인 권리자라는 이유로 개별최고의 대상이라고 판시하였다(대법원 2011. 9. 29, 2011다38516 판결).

3) 절차를 거치지 않은 경우의 효과

통상 문제되는 것은 알고 있는 채권자임에도 불구하고 개별최고하지 않은 경우이다. 합병의 경우와는 달리 개별최고의 누락은 특별한 효과를 발생시킨다. 이 경우 연대책임의 배제는 효과가 없으므로 신설회사, 분할승계회사는 분할회사의 채무에 대해서 연대책임을 부담한다(대법원 2011. 9. 29, 2011다38516 판결). 다만 개별최고를 하지 않은 경우에도 채권자가 회사분할에 관여하여 회사분할을 알면서도 이의제기를 포기하였다고 볼만한 사정이 있는 경우에는 연

---

1) 또한 채권의 존부에 관해서 다툼이 있는 채권자도 포함된다(대법원 2004. 8. 30, 2003다25973 판결).

2) 대표이사가 업무수행과 무관하게 알게 된 채권자는 개별최고의 대상에서 제외해야 한다는 견해로는 노혁준, "합병계약에서의 불확실성", 상사판례연구 22-4(2009), 108면.

대책임이 부활하지 않는다(대법원 2010. 2. 25, 2008다74963 판결(대우회사분할)).

4) 절차를 거친 경우의 효과

절차를 거친 경우에는 연대책임의 배제가 유효하다. 그러나 이의제출을 하지 않았지만 귀책사유가 없는 채권자에 대해서는 연대책임을 배제하는 약정이 효력을 미치지 않는다(서울중앙지방법원 2004. 7. 27, 2000가합78872 판결). 예컨대 채권자 이의절차가 행해질 시점에 불법행위의 존재, 손해발생, 불법행위자를 인식할 수 없었던 손해배상 채권자가 그러한 채권자에 해당한다.

5. 이사와 감사의 선임

단순분할과 분할합병의 경우 분할계획서나 분할합병계약서에 신설회사, 분할승계회사의 이사와 감사를 기재하도록 되어 있다(530-5(1)(ix), 530-6(1)(x), (2)(i)). 이 경우에는 주주총회 승인결의만으로 따로 선임절차가 필요 없이 이사와 감사가 된다.

6. 근로관계의 승계

분할 시 근로관계의 승계에 관해서는 상법은 물론 다른 법률에도 규정이 없다.[1] 상법상 승계회사는 분할회사의 권리·의무를 분할계획서나 분할합병계약서가 정하는 바에 따라 승계하므로(530-10) 회사의 근로관계도 승계대상에 포함된다는 논리도 가능하다(당연승계설). 반면에 민법은 근로계약의 전속성을 규정하면서 사용자의 변경 시 근로자의 동의를 요하도록 규정하고 있으므로(민 657(1)) 근로자의 개별동의가 필요하다는 논리도 가능하다(동의설).[2] 그러나 근로자의 개별동의를 요한다면 현실적으로 분할을 추진하기 어려울 것이다. 그리하여 대법원은 일정한 요건을 갖춘 경우에는 근로자의 개별동의를 얻지 못한 경우에도 신설회사, 분할승계회사에 승계되는 것으로 본다(대법원 2013. 12. 12, 2011두4282 판결). 대법원은 근로자의 개별동의를 면제하는 요건으로 분할회사가 주주총회 승인을 얻기 전에 '미리 노동조합과 근로자들에게 회사 분할의 배경, 목적 및 시기, 승계되는 근로관계의 범위와 내용, 신설회사의 개요 및 업무 내용 등을 설명하고 이해와 협력을 구하는 절차'를 거칠 것을 요구하고 있다. 다만 그 경우에도 "회사의 분할이 근로기준법상 해고의 제한을 회피하면서 해당 근로자를 해고하기 위한 방편으로 이용되는 등의 특별한 사정이 있는 경우에는, 해당 근로자는 근로관계의 승계를 통지받거나 이를 알게 된 때부터 사회통념상 상당한 기간 내에 반대 의사를 표시함으로써 근로관계의 승계를 거부하고 분할하는 회사에 잔류할 수 있다"고 하고 있다.

---

1) 상세한 것은 장주형, "회사분할과 노동법", 회사분할의 제문제(2013), 413면 이하.
2) 헌법상의 직업선택의 자유(15), 근로기준법상의 근로자의 자기결정권(4) 등도 근로자의 동의를 요하는 근거로 원용될 수 있다.

한편 단체협약은 사용자와 노동조합에 일신 전속적인 성격이 강하므로, 분할계획서나 분할합병계약서에 '일체의 권리·의무가 이전된다'라는 추상적인 기재를 두는 것만으로는 단체협약의 당연승계를 인정하기 어렵다. 하급심판례도 분할회사가 노동조합과 단체협약의 승계 여부에 대하여 합의를 거쳐 분할계획서에 단체협약이 승계됨을 명시하지 않는 이상, 단체협약상의 지위는 분할신설회사에 승계되지 않는다고 본다.[1]

Ⅵ. 분할의 무효

1. 합병무효의 소 등에 관한 규정의 준용

분할에 관해서는 합병무효의 소에 관한 규정이 준용된다(530-11(1)→529). 따라서 분할에 무효원인이 있는 경우에는 분할무효의 소로써 다툴 수 있다.

2. 무효원인

무효원인으로는 승인결의의 하자를 비롯한 분할절차상의 하자와 분할계획서나 분할합병계약서의 내용이 강행법규에 위반한 경우를 들 수 있다. 다만 단순한 절차상, 실체상의 하자로는 부족하고 하자의 중대성이 필요하다고 할 것이다.[2]

채권자 이의절차를 거치지 않은 경우에는 연대책임의 부활에 그치지 않고 분할자체가 무효가 될 수 있는지에 대해서는 하급심 판결이 대립하고 있다.[3] 연대책임을 배제하기 위한 채권자 이의절차인 경우 그 흠결시에 연대책임의 부활을 인정하면 충분하고 분할을 무효로 볼 필요까지는 없다.[4] 다만 분할합병의 경우에는 연대책임의 배제 여부와 관계없이 채권자 이의절차를 거쳐야 하므로(530-11(2)→527-5)) 채권자 이의절차의 흠결은 분할합병의 무효사유로 볼 것이다.[5]

1) 서울중앙지방법원 2017. 9. 11, 2017카합80551 결정. 그 밖에 서울고등법원(인천) 2019. 8. 28, 2019라10010 결정(대법원 2020. 1. 16, 2019마6332 결정으로 심리불속행 확정), 서울고등법원 2022. 1. 26, 2021나202243 판결(대법원 2022. 5. 26, 2022다214422 판결로 심리불속행 확정)도 단체협약의 승계를 인정하지 않았다.

2) 분할합병무효의 소에서 당사자 사이에 분할합병계약을 승인한 주주총회결의 자체가 있었는지 및 그 결의에 이를 부존재로 볼 만한 중대한 하자가 있는지 등 주주총회결의의 존부에 관하여 다툼이 있는 경우 주주총회결의 자체가 있었다는 점에 관해서는 회사가 증명책임을 부담하고 그 결의에 이를 부존재로 볼 만한 중대한 하자가 있다는 점에 관해서는 주주가 증명책임을 부담한다(대법원 2010. 7. 22, 2008다37193 판결).

3) 상세한 설명은 김상곤/이승환, "회사분할관련소송", 회사분할의 제문제(2013), 349~350면.

4) 김상곤/이승환, 전게논문, 351면.

5) 김상곤/이승환, 전게논문, 351면.

3. 원고와 피고

분할의 무효는 합병무효의 경우와 마찬가지로 분할당사회사의 주주, 이사, 감사, 청산인, 파산관재인 또는 분할을 승인하지 않은 채권자가 주장할 수 있다(530-11(1)→529(1)). 분할의 무효는 분할당사회사 모두를 공동피고로 하여 제기하여야 한다(고유필수적 공동소송).

4. 기타 절차

분할무효의 소는 분할등기 후 6월 이내에 제기해야 한다(530-11→ 529(2)). 주주총회의 절차상 하자가 분할무효 사유로 주장되는 경우, 설사 주주총회 결의취소의 소의 제소기간인 2개월이 경과되었다 하더라도 아직 위 6개월이 경과하지 않은 이상 이를 분할무효의 소에서 주장할 수 있다고 볼 것이다. 절차상 하자를 주주총회 결의취소 사유가 아니라 분할무효의 사유로 주장하는 것이기 때문이다.[1)]

일반적 소송 절차에 관해서는 합명회사의 설립무효·취소의 소에 관한 규정이 준용된다(530-11(1)→240→186~191). 따라서 분할무효의 소는 본점소재지 지방법원의 전속관할에 속한다(186). 여기서 본점은 분할당사회사 모두의 본점으로 볼 것이다. 제소가 있으면 회사가 지체없이 공고해야 한다(187). 수개의 소가 제기된 때에는 병합심리해야 한다(188).

법원의 재량기각에 관한 규정도 준용되고 있다(189). 따라서 분할무효의 소가 그 심리 중에 원인이 된 하자가 보완되고 회사의 현황과 제반사정을 참작하여 설립을 무효 또는 취소하는 것이 부적당하다고 인정한 때에는 재량기각이 가능하다. 법원이 분할합병무효의 소를 재량기각하기 위해서는 원칙적으로 그 소 제기 전이나 그 심리 중에 원인이 된 하자가 보완되어야 할 것이나, 그 하자가 추후 보완될 수 없는 성질의 것인 경우에는 그 하자가 보완되지 아니하였다고 하더라도 회사의 현황 등 제반사정을 참작하여 분할합병무효의 소를 재량기각할 수 있다(대법원 2010. 7. 22, 2008다37193 판결(레이크사이드판결)).

패소원고가 악의 또는 중대한 과실이 있는 때에는 회사에 대하여 연대하여 손해를 배상할 책임이 있다(191). 또한 원고가 회사채권자인 경우 법원은 회사의 청구에 의하여 상당한 담보제공을 명할 수 있다(530-11(1)→237→176(3)).

5. 무효판결의 효력

분할무효판결의 효력에 대해서도 합명회사의 설립무효·취소판결의 효력에 관한 규정(190)이 준용된다. 무효판결은 제3자에 대해서도 효력이 있다(대세적 효력). 다만 판결확정 전에

---

1) 같은 취지의 판결로서 서울서부지방법원 2007. 6. 15, 2006가합5550 판결(대법원 2010. 7. 22, 2008다37193 판결로 확정).

생긴 회사와 주주 및 제3자 간의 권리 · 의무에 영향을 미치지 않는다(효력의 불소급).

분할무효판결이 확정되면 단순분할신설회사는 소멸하고 소멸된 분할회사는 부활한다. 단순분할의 경우 단순분할신설회사의 권리 · 의무는 분할회사로부터 승계한 것인지 여부를 불문하고 모두 분할회사에 복귀한다. 분할합병의 경우에도 분할승계회사가 분할회사[1]로부터 승계한 재산과 채무는 모두 분할회사로 복귀한다. 문제는 분할 후에 발생한 재산관계를 어떻게 처리할 것인가이다. 이에 대해서 상법은 합명회사의 합병무효판결에 관한 규정(239)을 준용하고 있다(530-11(1)). 분할회사는 분할 후에 신설회사 또는 분할승계회사가 부담한 채무에 대해서 연대하여 변제할 책임이 있다(239(1)). 분할 후에 취득한 재산은 분할회사와 신설회사 또는 분할승계회사의 공유로 한다(239(2)).[2]

6. 무효의 등기

분할무효판결이 확정된 때에는 단순분할신설회사의 해산등기, 소멸된 분할회사의 회복등기, 분할승계회사의 변경등기를 해야 한다(530-11(1)→238).

회사분할과 자본시장법[3]

가. 분할의 기준

자본시장법상 상장회사가 분할이나 분할합병을 하는 경우에는 시행령이 정하는 요건, 방법 등의 기준에 따라야 한다(자시 165-4(1)(iv)). 시행령은 특히 분할합병의 경우 합병과 마찬가지의 기준을 적용하고 있다(자시슈 176-6(2), (3)).

나. 증권신고서 제출

분할이나 분할합병으로 인한 신주발행이 모집에 해당하는 경우에는 증권신고서 및 투자설명서를 제출하여야 한다(자시 119, 123, 발행공시규정 2-10).

다. 주요사항보고서 제출과 거래소 공시

사업보고서 제출대상법인이 분할이나 분할합병을 하는 경우에는 그 사실이 발행한 날의 다음 날까지 그 내용을 기재한 주요사항보고서를 금융위원회에 제출하여야 한다(자시 161 (1)(vi)). 이와는 별도로 상장회사는 분할이나 분할합병에 관한 이사회 결의가 있는 경우에는 당일 거래소에 신고하여야 한다(거래소 유가증권시장공시규정 7(1)(iii)가(5)).

---

1) 신설분할합병의 경우에는 분할회사의 상대방이 되는 회사도 포함한다.

2) 재산의 공유지분이나 연대채무에 대한 부담부분은 각 회사의 협의로 정하지만 협의가 불가능한 경우에는 법원이 여러 사정을 참작하여 정한다(239(3)).

3) 회사분할과 자본시장법에 관하여 상세한 것은 정준아, "회사분할과 자본시장법", 회사분할의 제문제(2013), 391면 이하.

회사분할과 과세

세법적으로는 회사분할이 과세이연되는 적격분할에 해당하는지가 중요한 고려요소이다. 적격분할에 해당하게 되면 (a) 자산양도 차익이 없는 것으로 간주되고, (b) 분할회사 주주에 대한 의제배당 법인세 및 소득세가 이연되고, (c) 자산 이전과 관련한 취득세, 증권거래세가 부과되지 않는다. 적격분할에 해당하려면 ① 사업영위기간이 5년 이상일 것, ② 분할대상이 독립된 사업부문일 것, ③ 자산, 부채가 포괄승계될 것, ④ 단독출자일 것, ⑤ 분할대가의 전액(분할합병의 경우에는 80%)이 주식으로서 기존 지분비율대로 배정될 것, ⑥ 신설회사가 사업을 계속할 것 등 요건을 충족해야 한다(법세 46(2), 법세슈 82-2).

기업 활력 제고를 위한 특별법과 분할특례

앞서 합병편에서 언급한 바와 같이 2016. 8. 13.부터 3년간 일정분야에 한시적으로 기업활력법이 적용된다. 분할 및 분할합병의 경우 합병에서 언급하였던 ① 소규모(분할)합병 확대, ② 간이(분할)합병 확대, ③ 각종 기간단축, ④ 채권자보호절차 완화, ⑤ 주식매수청구 관련 기간조정이 마찬가지로 적용된다. 나아가 기업활력법은 단순분할에 관하여 ⑥ 소규모 (단순)분할이라는 개념을 도입하였다. 상법상 소규모 분할합병은 있으나 소규모 단순분할은 존재하지 않는다. 기업활력법은 분할로 설립되는 신설회사의 총자산이 분할회사 총자산의 10% 미만인 경우 주주총회 승인을 이사회 승인으로 갈음할 수 있도록 하였다. 다만 소규모분할은 사업재편기간 중 1회만 실행할 수 있다(기업활력법 15).

제6절

주식의 포괄적 교환과 포괄적 이전[1]

Ⅰ. 서 설

1. 의 의

상법상 주식의 포괄적 교환(이하 주식교환)과 포괄적 이전(이하 주식이전)은 기존의 주식회사 S를 주식회사 P의 완전자회사로 전환하여 P와 S 사이에 완전모자회사관계를 창설하는 것을 목적으로 하는 조직법상의 행위를 말한다. 완전모자회사관계의 창설과 관련하여 주식교환은 P회사가 주도하는 경우이고 주식이전은 S회사(내지 그 주주)가 주도하는 경우이다. 주식교환은 [그림 7-13]에서 보는 바와 같이 P회사가 S회사 발행주식 전부를 자신의 주식과 교환으로 취득하여 S회사를 자신의 완전자회사로 만드는 행위를 말한다(360-2). 한편 주식이전은 [그림 7-14]에서 보는 바와 같이 S회사 주주가 P회사를 신설하여 P의 신주를 배정받는 대신 자신의 주식을 P회사에 포괄적으로 이전함으로써 S회사를 P회사의 완전자회사로 전환하는 행위를 말한다(360-15).

그림 7-13 주식교환

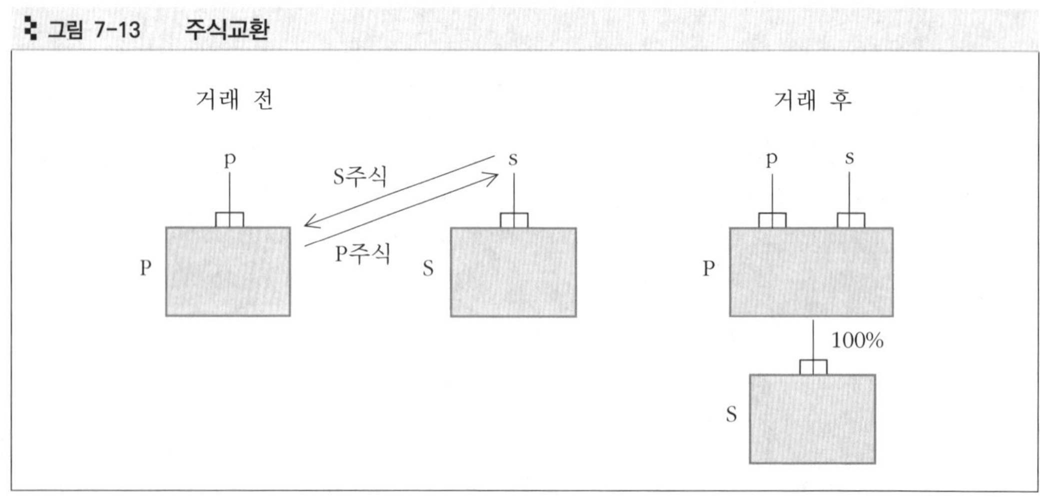

1) 상세한 것은 노혁준, "주식교환·주식이전을 통한 지주회사의 설립", 지주회사와 법(보정판 2008), 211면 이하 참조.

그림 7-14 주식이전

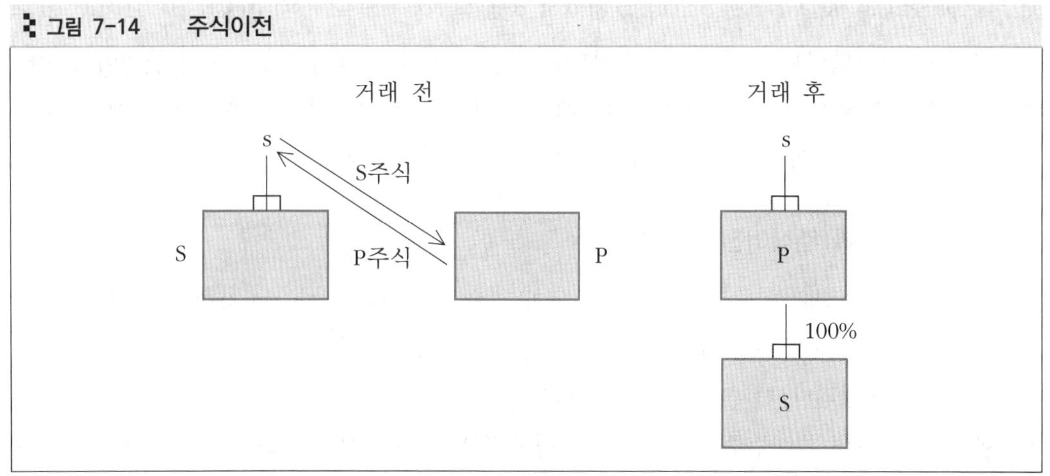

2. 연 혁

주식교환과 주식이전은 모두 1999년 공정거래법상 지주회사에 관한 규제가 완화되면서 지주회사체제의 창설을 위한 회사법적 수단으로 도입된 제도이다. 물론 그 이전에도 지주회사 형성에 이용가능한 수단이 전혀 없었던 것은 아니다. 그러나 자회사 주식 100%를 소유하는 완전모자회사관계를 형성하기에 적합한 수단은 존재하지 않았다. 자회사에 소수주주가 존재하면 모자회사 사이에 이익충돌의 여지가 있기 때문에 기동성 있는 경영이 어렵다. 그럼에도 불구하고 우리 경제계에서는 자금부담을 최소화한다는 차원에서 자회사의 일부 주식만을 보유하는 예가 많았다. 우리나라에서 완전자회사에 대한 수요는 외환위기 후 금융지주회사구조를 도입하면서 처음 발생하였다. 정부는 상법개정을 기다리지 못하고 2000년 제정된 금융지주회사법에서 먼저 주식교환과 주식이전을 도입하였다(금융지주 20~37). 그 직후인 2001년 마침내 상법도 주식교환과 주식이전을 도입하기에 이르렀다.

3. 모자회사관계를 형성하는 수단

모자회사관계를 형성하는 방법은 크게 대상회사 주식을 매수하는 방법(매수형)과 회사신설을 통하는 방법(신설형)의 두 가지로 나눌 수 있다. 매수형의 경우 모회사가 될 P회사가 나서서 대상회사인 S회사 주식을 공개매수 등의 방법으로 매수함으로써 모자관계를 형성한다. 그러나 S회사 주주가 일부라도 매수에 응하지 않으면 S회사 소수주주로 남게 된다. 주식교환은 바로 매수형에서 S회사에 소수주주가 생길 여지를 제거하기 위해서 도입된 제도이다.

신설형은 크게 ① 자회사 신설형과 ② 모회사 신설형의 두 가지로 나눌 수 있다. ①은 완전자회사를 설립하면서 자신의 영업 전부를 현물출자하는 방식이다. 그러나 영업의 현물출자는 영업을 구성하는 권리·의무의 개별적 이전을 요하기 때문에 실무상 불편이 크다. ②는 S회사 주주가 주식을 현물출자함으로써 모회사인 P회사를 신설하는 방식이다. ②는 주식을 현물출자하기 때문에 영업보다 이전이 간편하다는 장점이 있다. 그러나 S회사 주주 전원이 참여하지 않는다면 P와 S 사이에 완전모자회사관계가 생기는 것은 아니다. 주식이전은 ②에서 S회사의 소수주주가 생길 여지를 제거하기 위해서 도입된 제도이다.

4. 주식교환과 주식이전의 비교

기능상으로 주식교환과 주식이전은 다음과 같은 공통점이 있다. ① 자회사가 될 S회사의 주식이 모회사가 될 P회사에 현물출자로 제공된다. ② 그 대가로 S회사 주주에게 모회사가 될 P회사 주식이 부여된다. ③ 일반 현물출자의 경우와는 달리 일정 수 이상의 주주가 동의하는 경우에는 그에 반대하는 주주도 현물출자가 강제된다. 다른 것은 주식교환의 경우에는 모회사가 될 P회사가 기존 회사인데 비하여 주식이전의 경우에는 신설되는 회사라는 점이다.

5. 합병과의 비교

주식교환과 주식이전은 모두 자회사가 될 S회사 주주가 자신의 보유주식을 포기하는 대신 모회사가 될 P회사 주식을 취득한다는 점에서 합병과 유사하다. 또한 자회사가 될 S회사 주주의 일정 수가 찬성하는 경우에는 반대하는 주주도 주식을 P회사 주식과 바꿔야 한다는 점에서 합병과 유사하다.

주식이전은 복수의 회사가 동시에 실행하는 경우에는 기업결합의 수단이 될 수 있다. 그러나 한 회사가 단독으로 실행하는 통상의 경우에는 형식적 기업조직개편에 불과하다. 이 점에서 주식이전은 기업결합의 수단인 합병과 차이가 있다. 한편 주식교환은 합병과 마찬가지로 기업결합의 수단이다. 주식교환이 합병과 다른 것은 주식교환으로 인수회사와 대상회사가 합체되지 않고 서로 독립성을 유지한다는 점이다. 합병과 달리 주식교환의 경우 대상회사 채권자에 대한 보호절차를 두고 있지 않은 것도 대상회사 자산의 변동 없이 그 주주만 교체되는 점을 고려한 것이다. 인수회사로서는 대상회사를 자회사로 유지하기를 원할 때에는 주식교환을 실행하고 하나의 회사로 합체하기 원할 때에는 합병을 실행하면 된다.

2011년 개정 상법에 의하면 삼각합병과 교부금합병이 가능하므로 자회사를 이용하여 합병을 실행하면 주식교환을 하지 않더라도 완전모자회사관계를 유지할 수 있다. 즉 앞의 [그림 7-4]에서 보는 바와 같이 인수회사 A가 완전자회사 S를 설립한 후 대상회사 T를 S회사에 흡수합병시키면서 S회사 주식 대신 모회사인 A회사 주식이나 현금을 제공하는 경우에는 완전모자회사관계를 유지할 수 있다. 삼각합병에 비해서 주식교환은 자회사 설립 없이도 완전모자회사관계를 형성할 수 있다는 점이 장점이다.

6. 주주지위의 전환

주식교환이나 주식이전을 실행하는 경우 자회사가 되는 S회사의 원래 주주 s는 모회사인 P회사 주주가 된다. s는 S회사의 재산에 대한 지배를 완전히 상실하는 것은 아니지만 일단 한 단계 위인 모회사의 주주로 올라간다는 점에서 후술하는 주주권 감축의 문제가 발생한다. S회사 주주 s는 이제까지 주주총회에서 직접적으로 의결권을 행사하고 경영에 관여하던 위치로부터 모회사인 P회사 주주가 된다. 따라서 s는 이제 P회사 이사를 통해 간접적으로 관여할 수밖에 없는 지위에 서게 되므로 주주권이 감축되는 것으로 볼 수 있다. 주식교환과 주식이전에서 s의 지위변화는 합병의 경우에서 보다 더 크다고 할 수 있다.

주식교환과 원고적격

회사의 주주가 원고로서 소를 제기하여 소송계속 중에 주식교환이 일어나서 원래 회사의 주주지위를 상실하고 완전모회사의 주주가 된 경우, 원고적격이 유지될 것인가? 이는 주주총회결의의 하자를 다투는 소송과 주주대표소송 등에서 문제될 수 있다. 대법원은 주주총회결의 취소소송의 계속 중 원고가 주주의 지위를 상실하는 경우 원고적격을 상실한다고 하며, 이는 주식교환과 같이 원고가 자신의 의사에 반하여 주주 지위를 상실한 경우에도 마찬가지라고 하였다(대법원 2016. 7. 22, 2015다66397 판결). 이 판결은 원고가 주주총회결의 부존재 확인을 구할 법률상 이익마저도 부인하였다. 즉 문제된 이익배당 결의가 부존재하는 것으로 확인되어 배당액이 회사로 반환되더라도, 완전모회사의 주주에 불과한 원고는 사실상·경제상의 이익만을 가지므로 그 부존재 확인을 구할 법률상 이익도 없다는 것이다. 그러나 원고가 본인의 의사에 기하지 아니하고 완전모회사 주주로 지위가 변경된 경우에 원고적격을 부정함은 물론 형식적인 논리로 부존재확인을 구할 법률상 이익까지도 부정하는 판례의 태도에는 의문이 있다.

한편 앞서 살펴본 바와 같이, 대표소송 계속 중에 주식교환이 이루어져 원고주주가 완전모회사의 주주가 되었다면 단순대표소송으로부터 이중대표소송으로의 청구변경을 통해 소송을 유지할 수 있다고 볼 것이다.[1)]

Ⅱ. 주식교환

1. 의 의

주식교환은 인수회사(P)가 대상회사(S)의 주식 전부를 P회사 주식과 교환으로 포괄적으로 취득함으로써 S를 완전자회사로 만드는 행위를 말한다(360-2).[2)]

---

1) 제4장 제5절 V. 2 참조.
2) 실제로는 이미 같은 기업집단에 속하는 회사 사이에서 행해지는 경우가 많다.

주식교환은 P의 관점에서 보면 S회사 주주 s로부터 보유주식을 취득하는 대가로 P회사가 신주를 발행한다는 점에서 **현물출자**에 의한 신주발행과 유사하다. 그러나 s에 의한 현물출자가 그의 자유의사에 맡겨져 있는 것과는 달리 주식교환의 경우 의사결정은 s가 개별적으로 하는 것이 아니라 S회사 주주총회가 담당한다. S회사 주주총회에서 특별결의가 성립되는 경우에는 그에 반대한 주주도 구속된다. 또한 일반적인 현물출자와는 달리 현물의 가치를 담보하기 위한 검사인의 조사절차는 적용이 없다.

한편 2015년 개정 상법은 P회사가 s에게 P의 주식 대신 교부금을 지급하는 교부금 주식교환, P의 모회사 주식을 교부하는 삼각주식교환도 허용하고 있다(360-3(3)(iv), (6). 삼각주식교환의 형태에 관하여는 [그림 7-6] 참조)).

2. 절　　차

주식교환은 실질적으로는 현물출자보다는 합병에 더 유사하기 때문에 절차 면에서도 합병과 유사하다. 다만 S가 자회사로서 법인격을 유지하기 때문에 채권자 이의절차가 적용되지 않는다는 점이 합병과 다르다.

(1) 주식교환계약서의 작성

주식교환을 행할 때에는 먼저 인수회사와 대상회사 사이에 주식교환계약서를 작성하여 주주총회 승인을 받아야 한다(360-3(1)). 합병계약서와 마찬가지로 주식교환계약서에 기재할 사항(360-3(3))은 ① 주식교환의 조건, ② 인수회사의 조직에 관한 사항, ③ 주식교환의 절차진행에 관한 사항의 세 가지로 나눌 수 있다.

가. 주식교환의 조건

주식교환계약서에는 인수회사가 주식교환을 위하여 발행하는 신주의 총수, 종류와 종류별 주식의 수 및 대상회사 주주에 대한 신주 배정에 관한 사항을 기재해야 한다(360- 3(3)(ii)). 신주 대신 자기주식의 제공도 가능하므로 대상회사 주주에게 자기주식을 이전하는 경우에는 그에 관한 사항을 기재해야 한다(360-3(3)(ii)).

또한 대상회사 주주에게 인수회사 주식 대신 금액, 즉 **교환교부금**을 지급하는 경우 그것을 기재해야 한다(360-3(3)(iv)). 원래 교환교부금은 양사의 재산상황 등으로부터 교환비율을 산정한 결과, 주식병합, 분할 절차를 거쳐도 단순한 정수의 비율로 이를 계산하기가 곤란한 경우, 이를 조정하기 위해 대상회사의 주주들에게 지급하는 금액이다. 2015년 개정 상법은 교부금합병의 경우와 마찬가지로 대상회사 주주들에게 인수회사 주식 대신 교부금만을 지급하는 교부금 주식교환을 허용하고 있다. 다만 합병의 경우와는 달리 주식교환에는 별도의 채권자 이의절차가 없으므로 대상회사가 다액의 교환교부금을 지급하는 경우 기존채권자 보호에 허점이

생길 우려가 있다.[1)]

각 회사가 주식교환일까지 이익배당 또는 상법 제462조의3의 규정에 의한 금전의 배당을 하는 경우에는 그 한도액을 기재한다(360-3(3)(vii)). 주식교환비율은 주식교환계약서 작성 당시를 기준으로 하므로 그 후 각 회사가 교환까지의 기간에 이익배당 등을 한다면, 이것도 고려하여 주식교환비율의 적정성을 판단할 수 있도록 한 것이다.

주식교환조건의 불공정에 대한 법적 구제수단으로는 ① 이사에 대한 유지청구 또는 행위금지 가처분, ② 손해배상청구, ③ 주식교환 무효의 소 등을 생각할 수 있다. ①은 주식교환의 절에 명문의 규정이 없으므로 일반적인 이사의 위법행위유지청구(402)에 의할 수밖에 없다.[2)] 주식교환은 당사회사의 재산에 변동이 없기 때문에 '회사에 회복할 수 없는 손해가 생길 염려'가 없고 따라서 유지청구가 허용되지 않는다는 견해도 있을 수 있다.[3)] 그러나 인수회사의 경우 주식교환은 실질적으로 제3자배정증자와 유사하므로 제3자배정 신주발행에서 발행가액이 현저하게 저가인 경우 회사손해를 인정하는 대법원판례(대법원(전) 2009. 5. 29, 2007도4949 판결)의 논리에 의하면 주식교환비율이 불공정한 경우에도 인수회사의 손해를 인정할 수 있을 것이다. 인수회사의 손해를 인정하는 이러한 해석에 의하면 ①과 관련하여 인수회사 주주가 이사에 대한 위법행위유지청구도 가능하고 ②와 관련하여 이사를 상대로 대표소송으로 회사에 대한 손해배상을 청구할 수 있다고 할 것이다. ③에 대해서는 뒤에 따로 설명한다.

나. 인수회사의 조직

대상회사의 경우 주식교환은 회사 자체의 변화 없이 주주의 변화를 초래할 뿐이다. 그러나 인수회사는 신주가 대규모로 발행됨에 따라 상당한 변화를 겪을 수 있다.

1) 정　관

인수회사가 주식교환으로 인하여 정관을 변경하는 경우에는 그 규정을 기재해야 한다(360-3(3)(i)). 인수회사의 수권주식 수가 충분하다면 주식교환을 한다고 해서 정관을 변경할

---

1) 최근 들어 교부금 주식교환이 소수주주 축출 수단으로 많이 활용되고 있다. 예컨대 A회사가 B회사의 지배주주로부터 주식을 취득한 후 지배주주 매도청구권(360-24) 제도에 따라 나머지 소수주주의 주식을 매수하려면 대상회사 주식의 95% 이상을 소유해야 하고 매수가격에 관해 개별적인 협의 또는 법원의 결정을 거쳐야 하는 등 절차상 많은 장애가 있다. 반면 포괄적 주식교환에 의해 A회사가 B회사를 완전자회사로 만들면서 B회사의 주주들에게 교부금을 지급하면 훨씬 완화된 조건 하에 B회사의 주주들을 회사에서 내보낼 수 있다. 종래 소수주주 축출의 수단으로는 (병합비율을 크게 하는) 주식병합, 교부금합병, 지배주주 매도청구권 등이 활용되고 있었는데, 교부금 주식교환은 이들보다 훨씬 더 편리한 수단으로 각광받고 있다. 그러나 이는 주주보호의 관점에서는 새로운 문제를 야기하고 있다. 교부금 주식교환의 실무 및 거래사례에 관하여는 강한, "교부금 주식교환 제도 및 상장폐지: 실무 사례 분석", BFL 117(2023), 79~95면.

2) 주식교환은 통상 신주발행을 수반하므로 신주발행유지청구(424)를 하는 방법도 생각해 볼 수 있다. 그러나 신주발행유지청구는 신주발행으로 인하여 회사가 아닌 특정 주주가 불이익을 입는 경우를 전제한 것으로 불공정한 신주발행으로 인하여 회사가 손해를 입은 경우에는 허용되지 않는다.

3) 과거 하급심판결 중에는 합병에 관하여 유지청구를 부인한 예가 있다(서울지방법원 1987. 9. 9, 87카37879 결정).

필요는 없을 것이다. 그러나 주식교환으로 인하여 인수회사의 수권주식 수, 상호, 본점소재지, 이사 정원 등 정관기재 사항에 변경이 발생하는 경우에는 이를 주식교환계약서에 기재하여야 한다.

인수회사 정관에 대상회사가 영위하는 사업이 포함되어 있지 않은 경우에는 그것을 추가해야 할 것이다. 그러나 일반 지주회사에서 보는 것처럼 '자회사 주식의 소유를 통해서 자회사의 사업활동을 지배, 관리하는 것'이라는 형태로 규정하는 것도 가능하다.

2) 물적조직

인수회사의 자본금 또는 준비금이 증가하는 경우 이에 관한 사항도 기재해야 한다(360-3(3)(iii)). 조문에서는 합병에 관한 제523조 제2호와 마찬가지로 '준비금'이라고 표시하고 있으나 주식교환의 경우에는 이익준비금 기타 소멸회사에 유보된 이익의 승계가 일어날 여지가 없기 때문에 이는 자본준비금을 가리킨다.

3) 인적조직

인수회사의 인적조직에는 아무런 변화가 없을 수도 있다. 그러나 인수회사가 이사, 감사, 감사위원회 위원을 추가하는 경우에는 그에 대한 기재를 해야 한다(360-3(3)(ix)).

다. 절차진행

절차진행과 관련해서는 분할승인 주주총회 기일과 주식교환을 할 날을 기재해야 한다(360-3(3)(v), (vi)). 주식교환을 할 날은 주식교환의 효력이 발생하는 날을 말한다. 주식교환의 경우에는 따로 신주발행절차를 취하지 않고 신주의 납입기일이란 개념도 없기 때문에 주식교환계약서에 일정한 날을 기재하도록 하고 그 날에 효력이 발생하도록 하고 있다. 주식이전의 경우 '주식이전일'은 주식이전의 효력발생요건인 등기를 위한 기산일에 그치는 것에 비하여 주식교환을 할 날은 더 중요한 의미를 갖는다.

라. 임의적 기재사항

주식교환계약서에는 위에서 언급한 법정기재사항 이외의 사항도 임의로 기재할 수 있다. 상법이 예상한 예로는 인수회사 임원의 임기에 관한 사항을 들 수 있다(360-13). 그 밖에 주식교환계약의 이행을 위해서 당사회사들이 노력할 의무, 천재지변 등 당사회사 재산에 중대한 변동이 생긴 경우 교환계약의 변경이나 해제에 관한 사항 등이 있다.

(2) 주주총회 승인

가. 소집통지 및 공고

주주총회의 소집통지와 공고에는 ① 주식교환계약서의 주요내용, ② 반대주주의 주식매수청구권의 내용 및 행사방법, ③ 일방 회사의 정관에만 주식양도제한에 관한 사항이 있는 경우 그 뜻을 기재하도록 하고 있다(360-3(4)).

나. 승인결의

주식교환계약서는 대상회사와 인수회사 모두에서 주주총회 승인을 받아야 한다(360-3(1)). 승인결의는 출석주주 의결권의 2/3 이상과 발행주식총수의 1/3 이상의 찬성을 요한다(360-3(2)→434). 대상회사 주주총회 특별결의를 요하는 이유는 대상회사 주주가 주식교환으로 인하여 인수회사 주주가 된다는 점에서 합병과 유사하기 때문이다.[1] 그러나 인수회사의 경우에는 대상회사 주식을 취득할 뿐 대상회사의 권리·의무가 직접 포괄적으로 승계되는 것이 아니라는 점에서 합병보다는 주식매수와 유사하다. 영업양도와 달리 주식매수의 경우 인수회사의 주주총회 승인을 요하지 않지만 주식교환은 주주총회 승인을 요한다는 점에 차이가 있다.[2]

다. 간이주식교환과 소규모주식교환

합병과 마찬가지로 주식교환의 경우에도 예외적으로 주주총회 승인을 요하지 않는 경우가 있다. 먼저 대상회사 주주 전원의 동의가 있거나 인수회사가 대상회사 주식 90% 이상을 소유한 경우에는 대상회사 주주총회 승인을 요하지 않는다(간이주식교환)(360-9(1)). 이 경우 대상회사는 주식교환계약서를 작성한 날부터 2주 내에 주주총회 승인 없이 주식교환을 한다는 뜻을 공고하거나 주주에게 통지해야 한다(360-9(2)).[3]

인수회사가 주식교환에 따라 발행하는 신주 또는 이전하는 자기주식의 수가 발행주식총수의 10%를 넘지 않는 경우에는 인수회사 주주총회 승인은 이사회 승인으로 갈음할 수 있다(소규모 주식교환)(360- 10(1)본). 다만 교환교부금이 인수회사 순자산액의 5%를 초과하는 경우에는 주주총회 승인을 요한다(360-10(1)단). 그 취지 및 요건은 소규모합병(527-3)과 같다.

2011년 개정 상법에서는 회사분할에서와 마찬가지로 주식교환으로 인하여 주주부담이 가중되는 경우에는 주주전원의 동의를 얻도록 하였다(360-3(5)). 그러나 실제로 주식교환으로 인하여 주주부담이 가중되는 경우는 상정하기 어려우므로 불필요한 개정이라고 할 것이다.

(3) 주식매수청구권

주식교환에 대하여 반대하는 주주는 주식매수청구권을 행사할 수 있다. 상법은 주식교환을 대상회사는 물론이고 인수회사 주주총회 특별결의사항으로 하면서(360-3(2)) 반대주주에게 주식매수청구권을 부여하였다(360-5).[4] 주식매수청구권을 행사하려면 주주는 ① 이사회 결의 후 주주총회 전에 서면으로 그 결의에 반대하는 의사를 회사에 통지하고, ② 주주총회 결의일

1) 주식교환의 경우에는 인수회사가 대상회사의 모회사가 된다는 점에서 대상회사 주주에서 인수회사 주주로의 지위의 변화가 합병의 경우보다 더 크다고 할 수 있다.
2) 상법이 인수회사 주주총회 결의를 요하는 것에 대해서는 입법론상 의문을 표시하는 견해가 있다. 송옥렬9, 1246면.
3) 다만 주주전원의 동의가 있는 경우에는 예외이다.
4) 상법이 인수회사 주주총회 결의를 요하는 것에 입법론상 반대하는 견해에 따르면 당연히 주식매수청구권의 필요성도 부정될 것이다.

부터 10일 이내에 주식의 종류와 수를 기재한 서면으로 회사에 대하여 자기가 소유하는 주식의 매수를 청구해야 한다(360-5(1)). 간이주식교환의 경우에는 대상회사의 공고나 주주에 대한 통지가 있는 날로부터 2주 내에 반대의사를 통지하고 그 기간이 경과한 날로부터 20일 이내에 주식매수를 청구할 수 있다(360-5(2)). 매수청구가 있는 경우 회사의 매수의무, 주식의 매수가액 결정 등은 일반 주식매수청구권의 경우와 동일하다(360-5(3)→374-2(2)~(5)).

주식매수청구권을 행사하였으나 아직 매수대금을 지급받지 못한 반대주주인 경우, 합병에 관한 판례(대법원 2018. 2. 28, 2017다270916 판결)에 따라 주주지위를 갖는다고 볼 것이다. 즉 인수회사의 반대주주는 여전히 주주지위를 유지하고, 대상회사의 반대주주는 주식교환 효력 발생일에 일단 인수회사 주식을 취득한다고 볼 것이다. 한편 합병의 경우와 마찬가지로 주식교환의 경우에도 상장회사의 경우에는 특칙이 적용된다(자시 165-5, 자시슈 176-7).

(4) 공　　시

합병과 마찬가지로 주식교환과 관련된 공시도 이른바 사전공시와 사후공시의 두 가지로 나눌 수 있다. 이러한 공시는 주주에게 주식교환이 적절한지를 판단할 자료를 제공함으로써 주식교환의 공정을 담보하는 역할을 한다.

가. 사전공시

인수회사와 대상회사의 이사는 승인결의를 행할 주주총회일의 2주 전(간이주식교환의 경우에는 공고 또는 통지를 한 날)부터 주식교환의 날[1] 이후 6개월이 경과하는 날까지 주식교환에 관한 다음의 서류를 본점에 비치해야 한다(360-4(1)).

① 주식교환계약서
② 대상회사 주주에 대한 주식교환조건의 이유를 기재한 서면
③ 주주총회의 기일(간이주식교환의 경우에는 공고 또는 통지를 한 날) 이전 6개월 이내에 작성한 각 회사의 대차대조표와 손익계산서

이들 서류를 공시하는 이유는 두 가지이다. ① 주주가 주식교환에 대한 찬성 여부를 결정할 때 참고하기 위한 것이다. ② 주주가 사후적으로 주식교환무효의 소를 제기할지 여부를 결정할 때 참고하기 위한 것이다. 이들 서류의 비치기간 종기를 주식교환무효의 소 제소기간 종기와 같이 규정한 것은 그 때문이다. 따라서 공시의무를 위반한 경우에는 주식교환무효의 원인이 될 수도 있다. 주주는 영업시간 내에 회사에 대하여 이들 서류의 열람 또는 등사를 청구할 수 있다(360-4(2)→391-3(3)).[2]

1) 실제로 교환이 이루어진 날을 가리킨다.
2) 주식교환의 경우에는 대상회사의 재산상태에 변화가 없어 채권자를 해할 우려가 없으므로 원칙적으로 채권자의 열람은 허용되지 않는다.

공시사항 중 가장 중요한 것은 ② 주식교환조건과 그 이유라고 할 것이다. 나머지 서류도 모두 그 판단에 필요한 자료라고 할 수 있다. 이유서의 기재사항에 대해 특별한 규정은 없지만, 교환비율은 궁극적으로 당사회사의 기업가치를 기준으로 정하는 것이므로 기업가치 산정 방법을 구체적으로 기재해야 한다. 합병의 경우와 마찬가지로 상장회사 주식교환의 경우에도 자본시장법상 특례가 적용된다(자시 165-4(1)(iii), 자시슈 176-6).

나. 사후공시

주식교환의 당사회사 이사는 다음 사항을 기재한 서면을 주식교환의 날부터 6개월 간 본점에 비치하여야 한다(360-12(1)).

① 주식교환의 날
② 주식교환의 날에 대상회사에 현존하는 순자산액
③ 주식교환에 의하여 인수회사에 이전한 대상회사 주식의 수
④ 기타 주식교환에 관한 사항

이러한 서면은 주식교환무효의 소 제기 시에 참고하기 위한 것이다. ①의 기재를 요구하는 이유는 그 날에 주식교환의 효력이 발생하여 주식교환무효의 소의 기산점이 되기 때문이다. 또한 ②와 ③의 기재를 요구하는 이유는 후술하는 바와 같이 자본금 증가의 한도액이 그것을 기준으로 결정되기 때문이다(360-7(1)). ④에는 주식교환의 경위, 주식매수청구권 행사에 관한 사항, 소규모주식교환의 경우 반대주주의 수 등이 포함될 수 있다.

(5) 대상회사 주권의 실효절차

주식교환에 따라 인수회사는 대상회사 주주에게 신주를 배정하는 대가로 대상회사 주식을 취득한다. 대상회사 주식의 이전에 주권 교부는 필요하지 않다. 그 대신 대상회사 주주가 보유하는 주권을 실효시키는 절차를 마련하고 있다. 대상회사는 주식교환의 승인결의가 있는 때에는 다음 사항을 주식교환의 날 1개월 전에 공고하고, 주주명부에 기재된 주주 및 그 질권자에 대하여 별도로 그 사실을 통지하여야 한다(360-8(1)).

① 주식교환의 승인 결의를 한 뜻
② 주식교환의 날의 전날까지 주권을 회사에 제출하여야 한다는 뜻
③ 주식교환의 날에 주권이 무효가 된다는 뜻

그 밖에 주식병합에 관한 규정(442, 444)이 준용된다(360-8(2)). 따라서 주권제출이 불가능한 주주의 청구가 있으면 이해관계인에 대해 이의제기기회를 제공한 후 이의가 없으면 그 주주에게 신주권을 교부한다(360-8(2)→442(1)). 또한 교환비율에 따라 단주가 발생하는 경우에는

단주처리절차를 밟아야 한다(360-11(1)→443).

(6) 등 기

합병이나 회사분할과 달리 주식교환의 경우에는 등기가 주식교환의 효력발생요건이 아니다. 대상회사의 경우에는 단지 주주가 변경되는 것에 불과하고 회사 실체에는 변경이 없으므로 변경등기는 필요하지 않다. 그러나 인수회사의 경우에는 주식교환으로 등기사항에 변동이 발생하게 되므로 변경등기를 해야 한다(317(2), (4)→183).

3. 주식교환의 효과

(1) 효력의 발생시기

주식교환의 효력은 주식교환을 할 날(360-3(3)(vi))에 발생한다. 인수회사의 변경등기가 있는 경우에도 효력발생은 등기와 무관하다.

(2) 대상회사 주식의 이전과 인수회사 주식의 발행

주식교환을 할 날[1]에 대상회사 주주가 보유하는 모든 주식은 인수회사에 이전하고 그 대신 대상회사 주주는 인수회사가 발행하는 신주 배정을 받거나 자기주식을 이전받음으로써 인수회사의 주주가 된다(360-2(2)). 주식교환을 할 날에 대상회사 주주가 개별적으로 주식을 이전하는 행위를 할 필요는 없다. 주권은 주식교환을 할 날의 전날까지 회사에 제출하도록 하고 있지만(360-8(1)(ii)) 주식의 이전은 주권제출과 관계없이 일어난다.[2]

주식교환을 할 날에 대상회사 주주가 인수회사 주주가 되는 것도 일반적인 청약과 배정의 절차에 의한 것이 아니라 법규정(360-2(2))에 의한 것이다. 신주배정에 관한 사항은 주식교환계약서에 기재하여 주주총회 승인을 받으면 되고(360-3(3)(ii)) 따로 인수회사의 배정행위가 필요한 것은 아니다. 주식교환의 경우 대상회사 주식에 대한 질권에 관해서는 물상대위와 등록질에 관한 규정이 준용된다(360-11(2)→339, 340(3)).

(3) 이사 및 감사의 임기

인수회사의 이사 및 감사로서 주식교환 전에 취임한 자는 주식교환계약서에 달리 정함이 없는 한 주식교환 이후 최초로 도래하는 정기주주총회 종료일에 퇴임한다(360-13). 주식교환 후 새롭게 인수회사 주주가 된 대상회사 주주를 포함하여 주주 전원의 의사를 이사와 감사 인사에 반영하기 위한 규정이다.

---

1) 법문상은 "주식을 교환하는 날"로 되어 있지만 주식교환계약서상의 "주식교환을 할 날"(360-3(3)(vi))과 같다.
2) 대상회사 주주가 제3자와 주식양도계약을 체결한 경우에도 주식교환이 이루어지면 그 대상주식도 인수회사로 이전한다.

(4) 자본금증가

인수회사는 주식교환의 결과 신주가 발행되기 때문에 자본금을 증가시킬 필요가 있다. 합병의 경우와 달리 상법은 인수회사가 자본금을 증가할 수 있는 한도를 명시적으로 제한하고 있다. 자본금 증가액은 주식교환의 날 현재 대상회사의 순자산액에서 다음의 금액을 공제한 금액을 초과할 수 없다(360-7(1)).[1]

① 대상회사 주주에게 제공할 금전이나 그 밖의 재산의 가액
② 인수회사가 신주발행 대신 자기주식을 이전하는 경우 그 주식의 장부 가액의 합계액

또한 인수회사가 주식교환 이전에 이미 대상회사 주식을 소유하고 있는 경우에는 앞에서 대상회사의 순자산액을 산정할 때 인수회사의 지분비율에 해당하는 금액을 공제해야 한다(360-7(2)). 인수회사의 자본금 증가액이 위 한도액에 미달하는 경우에는 그 차액은 자본준비금으로 적립한다(459(1)(i-2)).

이와 관련하여 대상회사가 채무초과 상태인 경우에는 주식교환이 금지된다는 견해도 있지만 합병의 경우와 마찬가지로 구태여 금지할 이유는 없을 것이다. 그 경우에는 대상회사에 영업권이 인정된 것과 마찬가지로 보아야 할 것이다. 한편 상법은 명시적으로 자본금, 준비금의 증가가 없는 주식교환(360-3(3)), 신주 발행 또는 자기주식 이전이 없는 주식교환(360-3(2))의 가능성을 열어두고 있으므로, 무증자 주식교환도 당연히 허용된다.

4. 주식교환의 무효

(1) 주식교환 무효의 소

주식교환도 당사회사의 주주 등 이해관계자에 커다란 영향을 준다. 이러한 변화를 후에 뒤집는 것은 법적 안정성을 해칠 위험이 있다. 상법은 합병의 경우와 마찬가지로 주식교환 무효의 소에 대해서 특칙을 두고 있다(360-14).

(2) 무효사유

무효사유에 대하여는 명문의 규정이 없다. 무효사유로는 ① 상법에 위반하는 경우(예컨대 주식교환계약서를 작성하지 않았거나 법정기재사항을 누락한 경우, 주식교환계약서의 승인결의가 없거나 그 결의가 무효, 취소된 경우), ② 주식교환계약에 착오, 사기 등의 의사표시의 하자가 있는 경우, ③ 교환조건의 불공정 등을 들 수 있다.

(3) 당 사 자

제소권자는 각 회사의 주주, 이사, 감사, 감사위원회의 위원 또는 청산인이다(360-14 (1)).

---

1) 주식이전의 경우에도 비슷한 취지의 규정이 있다(360-18).

합병과 달리 채권자를 제소권자로 하지 않은 것은 주식교환의 경우 당사회사 자산에 변동이 없고 주주만 변동하기 때문이다. 제소한 자가 복수인 경우에는 유사필수적 공동소송으로 본다. 피고는 인수회사와 대상회사 모두가 된다.[1)]

(4) 절차상의 특칙

법률관계의 안정을 위해서 주식교환무효의 소도 주식교환의 날부터 6개월 내에 제기해야 한다(360-14(1)). 이 소는 인수회사 본점소재지 지방법원의 관할에 전속한다(360-14(2)). 인수회사를 기준으로 삼은 것은 주식교환에 따라 대상회사 주주도 모두 인수회사 주주가 되기 때문이다. 그 밖에 소제기의 공고, 소의 병합심리, 재량기각판결, 패소원고의 책임, 분할무효의 등기, 제소주주의 담보제공의무 등에 관해서는 회사설립무효의 소에 관한 규정이 준용된다(360-14(4) →187~189, 190본, 191, 192, 377).

(5) 무효판결의 효력

가. 대세적 효력

주식교환무효판결은 회사설립 무효의 판결과 마찬가지로 제3자에 대하여도 효력이 있다 (360-14(4)→190본).

나. 판결효력의 불소급

주식교환무효판결이 확정되면 인수회사가 발행한 신주는 장래에 대하여 그 효력을 잃는다(360-14(4)→431(1)). 주식교환의 경우에는 회사신설은 없이 단지 주식발행만이 일어나므로 제190조 단서 대신 주식의 실효에 관한 규정(431(1))을 준용한 것이다.

다. 주식교환 전 상태로의 복귀

주식교환무효판결이 확정되면 주식교환으로 형성된 인수회사와 대상회사 사이의 모자관계가 주식교환 이전상태로 복귀한다. 인수회사는 주식교환을 위하여 발행한 신주(또는 신주발행에 갈음하여 이전한 자기주식)의 주주에게 대상회사 주식을 이전하여야 한다(360-14(3)). 무효판결 확정 전에 위 주주가 주식교환으로 취득한 인수회사 주식을 타인에 양도하였다면 전술한 판결효력불소급원칙에 따라 그 양도행위는 유효하다. 따라서 인수회사가 대상회사 주식을 이전할 때에는 원래의 주주(양도인)가 아니라 무효판결확정 시의 주주(양수인)를 대상으로 하여야 한다.[2)] 그 대신 양수인이 취득한 인수회사 신주는 효력을 상실한다(360-14(4)→ 431(1)).

(6) 주주총회 결의취소의 소 등과의 관계

주식교환의 효력발생 전에는 주식교환계약을 승인하는 주주총회 결의에 대하여 취소나

---

1) 권기범6, 216면.

2) 만약 인수회사가 대상회사 주식의 일부를 제3자에 양도하였다면 금전으로 보상할 수밖에 없을 것이다.

부존재·무효확인의 소를 제기할 수 있다. 그러나 일단 주식교환의 효력이 발생하고 나면 합병의 경우와 마찬가지로 주주총회 결의를 다투는 소 대신 주식교환무효의 소를 제기할 수밖에 없다(흡수설). 따라서 이미 제기된 주주총회 결의를 다투는 소는 주식교환무효의 소로 변경해야 할 것이다.

5. 특수 문제

(1) 자기주식의 처리

가. 인수회사의 자기주식 활용

신주 대신 자기주식을 배정하는 것은 명시적으로 허용되고 있다(360-2(2), 360-3(3) (iii)).

나. 대상회사의 자기주식 처리

대상회사가 보유하는 자기주식에 인수회사 신주를 배정할 것인가에 대하여 상법은 규정하고 있지 않다. 당사회사에 관한 실질적 이해관계는 배정여부에 관계없이 동일하다. 그러나 신주를 배정하면 자회사가 모회사 주식을 취득하는 셈이므로 신주를 배정하지 않는 것이 타당할 것이다.

다. 인수회사가 보유하는 대상회사 주식

인수회사가 보유하는 대상회사 주식에 신주를 배정할 것인가에 대해서 상법은 규정하고 있지 않다. 다만 인수회사의 자본금 증가한도에 관한 규정(360-7(2))에서는 대상회사 순자산액에 발행주식총수 중 인수회사에 이전되는 주식이 차지하는 비율을 곱한 금액을 넘지 못한다고 하여 인수회사가 보유하는 대상회사 주식에는 자기주식을 배정하지 않는 것을 전제하고 있다. 배정이 허용된다면 인수회사가 대상회사 주식을 매집한 후 주식교환을 행하는 경우에는 자기주식이 대량 발생할 수도 있으므로 배정을 허용하지 않는 것이 타당하다.

라. 대상회사가 보유하는 인수회사 주식

상법상 자회사는 모회사주식을 취득할 수 없지만 주식교환의 경우에는 대상회사가 보유중인 인수회사주식은 모회사 주식이지만 보유가 허용된다(342-2(1)(i)). 다만 대상회사는 그 주식을 주식교환의 날 이후 6개월 이내에 처분하여야 한다(342-2(2)).

(2) 대상회사가 발행한 전환사채, 신주인수권부사채, 주식매수선택권의 처리

주식교환의 경우 대상회사 주식은 모두 인수회사로 이전되고 그에 대해서는 인수회사 신주가 배정되지만(360-2(2)), 잠재적 주식이라고 할 수 있는 대상회사의 전환사채, 신주인수권부사채, 주식매수선택권의 처리에 대해서는 상법에 명문 규정이 없다. 해석론상으로는 이들 잠재적 주식을 주식으로 볼 수는 없으므로 인수회사 신주를 배정할 수는 없다. 그런 해석에 의하면 이들 잠재적 주식은 주식으로 변화하는 경우 인수회사가 아닌 대상회사의 주식으로 변화하므로 대상회사에 소수주주가 발생하는 셈이다. 이는 인수회사의 관점에서는 물론이고 이들 잠재적 주식 보유자의 관점에서도 바람직한 것이 아니므로 입법적으로 해결할 필요가 있을 것이다.

Ⅲ. 주식이전

1. 서 설

(1) 의 의

주식이전은 위 [그림 7-14]에서 보는 바와 같이 S회사(이전회사) 주주가 P회사(피이전회사)를 신설하여 P의 신주를 배정받는 대신 자신의 주식을 P회사에 포괄적으로 이전함으로써 S회사를 P회사의 완전자회사로 전환하는 행위를 말한다(360-15). 주식교환의 경우에는 이미 존재하는 인수회사와 대상회사 사이에 모자회사관계가 성립되지만 주식이전은 기존의 독립된 S회사가 새로운 P회사를 신설하여 완전모회사로 삼음으로써 자신을 완전자회사로 탈바꿈하는 경우이다.

(2) 주식의 현물출자에 의한 모회사설립과 비교

과거 기존 회사가 모자회사형태로 조직을 개편하기 위해서는 주주가 보유주식을 현물출자하여 새로운 회사를 설립하는 방법이 있었다. 그러나 주주의 현물출자는 임의적인 것이므로 모든 주주가 참여하지 않는 경우에는 완전모자회사관계는 성립할 수 없었다. 주식이전은 주주총회 특별결의가 성립하는 경우 그에 반대하는 주주도 현물출자가 강제된다는 점에서 현물출자에 의한 모회사설립과 다르다. 또한 주식이전의 경우 모회사가 설립되지만 현물출자의 경우와는 달리 검사인의 조사절차는 필요하지 않다.

2. 절 차

(1) 주식교환과의 차이

주식이전의 절차는 대체로 주식교환의 경우와 유사하다. 다만, 피이전회사는 새로 설립되는 것이므로 이사 등의 임기가 문제되지 않고, 신주발행에 갈음하는 자기주식의 이전 규정도 적용될 여지가 없다. 또한 주식교환과 달리 계약의 상대방이 있는 것이 아니므로 주식교환계약서 대신에 주식이전계획서를 작성하면 된다. 이하에서는 주식교환과의 차이를 중심으로 살펴본다.

(2) 주식이전계획서

주식이전의 법정기재사항은 다음과 같이 정리할 수 있다(360-16(1)).

가. 주식이전의 조건

주식이전계획서에는 피이전회사가 발행하는 주식의 종류와 수 및 이전회사의 주주에 대한 주식의 배정에 관한 사항을 기재한다(360-16(1)(ii)).[1] 이전회사 주주에게 주식 대신 금전이나 그 밖의 재산을 제공하는 경우에는 그것을 기재해야 한다(360-16(1)(iv)).

주식이전은 상대방 없이 결정되는 행위로 이익충돌의 여지가 없기 때문에 그 공정성이 문제될 여지도 없다. 그러한 관점에서 보면 주식교환에서와 마찬가지로 주식이전의 경우에도 이전회사가 주식이전의 날까지 배당을 하는 것에 대해서 기재하도록 한 것(360-16(1)(vi))은 의문이다. 이 사항은 조건의 공정성을 따질 때 비로소 문제되는 것이기 때문이다.

나. 피이전회사의 조직

주식이전의 경우에는 피이전회사가 신설되므로 피이전회사의 조직에 관한 사항이 기재된다. 이전회사에 대해서는 회사자체에 변화가 없기 때문에 기재할 사항이 없다.

1) 피이전회사의 정관(360-16(1)(i))

일반 주식회사 설립 시에 정관에 기재할 사항(289(1))을 모두 기재한 정관을 작성하여야 한다.

2) 물적조직

피이전회사의 자본금 및 자본준비금에 관한 사항을 기재해야 한다(360-16(1)(iii)). 이전회사의 이익준비금 승계가 일어날 여지가 없기 때문에 자본준비금만을 명시하고 있다. 피이전회사의 자본금은 주식이전의 날에 회사에 현존하는 순자산액에서 이전회사의 주주에게 제공되는 금전 및 기타 재산을 공제한 액을 초과하지 못한다(360-18). 그 취지는 주식교환시 인수회사의 자본증가 한도조항과 동일하다(360-7).

3) 인적조직

피이전회사는 새로 설립되기 때문에 회사의 기관인 이사 및 감사의 성명 및 주민등록번호를 기재해야 한다(360-16(1)(vii)).

다. 절차진행

절차진행과 관련해서는 주식이전을 할 시기(주식이전기일)를 기재한다(360-16(1)(v)). 주식이전기일은 주식이전 등기를 제외하고 이전을 위해 필요한 법정 절차를 모두 종료하기로 예정된 날을 가리킨다. 주식이전에는 채권자 이의절차가 없기 때문에 구체적으로는 주권제출기간(360-19(1)(ii))의 말일을 의미하게 된다.

주식교환의 경우와는 달리 주식이전의 경우에는 주주총회의 기일은 기재사항이 아니다.

---

1) 주식교환의 경우와 달리 회사가 발행하는 주식의 총수는 포함되어 있지 않지만 신설되는 피이전회사의 정관의 기재사항(289(1)(v))이기 때문에 정관에 포함되어 주식이전계획서에 표시된다.

라. 공동주식이전

이전회사가 복수인 경우에는 그 취지를 기재한다(360-16(1)(viii)). 다른 이전회사가 존재하는 경우에는 다른 이전회사 주주에 대한 피이전회사 주식의 배정비율에 따라 이해관계가 영향을 받을 우려가 있다.

(3) 주주총회의 승인

주식이전은 이전회사의 주주총회 특별결의를 요한다(360-16(1), (2)). 주식이전이 실현되면 이전회사 주주는 모회사 주주로 전환됨으로써 주주권 감축이 발생하므로 주주의사를 반영할 기회를 제공한 것이다.

주주총회 소집통지와 공고에는 ① 주식이전계획서의 주요내용, ② 반대주주의 주식매수청구권의 내용 및 행사방법, ③ 일방 회사의 정관에만 주식양도제한에 관한 사항이 있는 경우 그 뜻을 기재하도록 하고 있다(360-16(3)→360-3(4)).

(4) 주식매수청구권

주식교환과 마찬가지로 주식이전의 경우에도 이전회사 반대주주에게는 주식매수청구권이 인정된다(360-22→360-5). 이전회사 주주의 주주권이 주식이전을 계기로 감축되는 것에 대한 구제수단으로 볼 수 있다.

(5) 공　　시

가. 사전공시

이전회사 이사는 승인결의를 행할 주주총회일의 2주 전부터 주식이전의 날 이후 6개월이 경과하는 날까지 주식이전에 관한 다음 서류를 본점에 비치하여야 한다(360-17(1)).

① 주식이전계획서
② 이전회사 주주에 대한 주식배정의 이유를 기재한 서면
③ 주주총회 회일 이전 6개월 이내에 작성한 이전회사의 대차대조표와 손익계산서

이들 서류를 공시하는 이유는 두 가지이다. ① 주주가 주주총회에서 주식이전에 찬성할 것인지 여부를 결정할 때 참고하기 위한 것이다. ② 주주가 사후적으로 주식이전무효의 소 제기여부를 결정할 때 참고하는 것이다. 이들 서류의 비치기간 종기를 주식이전무효의 소 제소기간의 종기와 같이 규정한 것은 그 때문이다. 따라서 공시의무를 위반하면 주식이전의 무효사유가 될 수도 있다. 주주는 영업시간 내에 회사에 대하여 위의 서류의 열람·등사를 청구할 수 있다(360-17(2)→391-3(3)).[1]

---

1) 주식이전의 경우 이전회사의 재산상태에 변화가 없어 채권자를 해할 우려가 없으므로 채권자에게는 원칙적으로 열람이 허용되지 않는다.

이전회사가 복수인 경우에는 주식이전의 조건과 그 이유가 중요한 의미를 갖는다. 합병이나 주식교환의 경우와 마찬가지로 상장회사의 주식이전의 경우에도 자본시장법상 특례가 적용된다(자시 165-4(1)(iii), 자시슈 176-6).

나. 사후공시

이전회사 이사는 다음 사항을 기재한 서면을 주식이전의 날부터 6개월 간 본점에 비치하여야 한다(360-22→360-12(1)).

① 주식이전의 날
② 주식이전의 날에 이전회사에 현존하는 순자산액
③ 주식이전에 의하여 피이전회사에 이전한 이전회사 주주의 주식의 수
④ 그 밖의 주식이전에 관한 사항

이러한 서면은 주식이전무효의 소의 제기 시에 참고하기 위한 것이다. ①을 기재토록 한 것은 그 날에 주식이전의 효력이 발생하여 주식이전무효의 소의 기산점이 되기 때문이다. 또한 ②와 ③을 기재하도록 하는 이유는 뒤에 보는 바와 같이 자본금 증가의 한도액이 그것을 기준으로 결정되기 때문이다(360-18). ④에는 주식이전의 경위, 주식매수청구권의 행사에 관한 사항 등이 포함될 수 있다.

(6) 주권의 실효절차

주식이전의 결과 이전회사 주주는 이전회사 주식 대신 피이전회사 주식을 취득한다. 피이전회사는 이전회사 주식을 취득하지만 주권의 교부는 필요하지 않다. 그 대신 이전회사 주주가 보유하는 주권을 실효시키는 절차를 마련하고 있다. 이전회사는 주식이전의 승인결의가 있으면 다음 사항을 공고하고, 주주명부에 기재된 주주 및 그 질권자에 대하여 그 사실을 통지하여야 한다(360-19(1)).

① 주식이전의 승인 결의를 한 뜻
② 1개월을 초과한 소정기간 내에 주권을 회사에 제출해야 한다는 뜻[1)]
③ 주식이전의 날에 주권이 무효가 된다는 뜻

주식이전 승인결의에 대해서는 그 밖에 주식병합에 관한 규정(442, 444)이 준용된다(360-19(2)). 따라서 주권제출이 불가능한 주주의 청구가 있으면 이해관계인에 대해 이의제기 기회를 제공한 후 이의가 없으면 그 주주에게 신주권을 교부하도록 하고 있다(360-19(2)→

1) 주식교환의 경우에는 주식교환의 날에 그 효력이 발생하므로 그 전날까지 주권을 제출하여야 하지만(360-8(1)(ii)), 주식이전의 효력은 주식이전 등기 시에 발생하고 주권제공의 공고 시에는 등기가 언제 이루어질지 모르는 상태이므로 소정의 기간 내에 주권을 제출하도록 한 것이다.

442(1)). 또한 주식교환의 경우와 마찬가지로 이전비율에 따라 단주가 발생하는 경우에는 단주처리절차를 밟아야 한다(360-22→360-11(1)→443).

(7) 등 기

주식이전에 따라 신설된 피이전회사는 주식이전일로부터 본점소재지에서는 2주 이내, 지점소재지에서는 3주 이내에 각각 소정의 사항을 등기하여야 한다(360-20).

3. 주식이전의 효과

(1) 효력의 발생시기

주식이전은 주식이전의 날이 아니라 피이전회사의 본점소재지에서 등기를 하여야 그 효력이 발생한다(360-21). 주식교환과는 달리 주식이전의 경우에는 새로운 회사의 설립이 필요하기 때문에 효력발생시기를 등기시점으로 규정한 것이다.

(2) 피이전회사의 설립

주식이전등기를 하면 피이전회사가 설립한다. 피이전회사의 정관, 인적·물적 조직은 모두 주식이전계획서에 기재된 바에 따른다.

(3) 주식의 이전과 피이전회사주식의 발행

주식이전의 결과 이전회사 주주가 소유하는 주식은 피이전회사에 이전하고 이전회사 주주는 그 대신 피이전회사가 주식이전을 위하여 발행하는 신주의 배정을 받아 피이전회사의 주주가 된다(360-15(2)). 이전회사 주주의 주식은 주식이전등기와 동시에 별도의 이전행위 없이 피이전회사로 이전된다. 주식의 이전은 주권제출과 관계없이 일어난다.

피이전주식회사의 신주가 이전회사 주주에게 배정되는 것도 일반적인 청약과 배정의 절차에 의한 것이 아니라 법규정(360-15(2))에 의한 것이다. 신주배정에 관한 사항은 주식교환계약서에 기재하여 주주총회 승인을 받으면 되고(360-16(1)(ii)) 따로 피이전회사의 배정행위가 필요한 것은 아니다.

주식교환의 경우와 마찬가지로 이전회사 주식에 대한 질권에 대해서는 물상대위와 등록질에 관한 규정이 준용된다(360-22→360-11(2)→339, 340(3)).

4. 주식이전의 무효

(1) 주식이전무효의 소

주식이전도 이전회사 주주 등 이해관계자에 커다란 영향을 준다. 이러한 변화를 후에 번복하는 것은 법적 안정성을 해칠 위험이 크다. 상법은 주식교환의 경우와 마찬가지로 주식이전의 무효에 대해서 특칙을 두고 있다(360-23).

(2) 무효사유

무효사유에 대해서는 명문의 규정이 없다. 무효사유로는 상법에 위반하는 경우를 들 수 있다. 예컨대 주식이전계획서를 작성하지 않았거나 법정기재사항을 누락한 경우, 주식이전계획서의 승인결의가 없거나 그 결의가 무효, 취소된 경우 등을 들 수 있다.

(3) 당 사 자

제소권자는 각 회사의 주주, 이사, 감사, 감사위원회의 위원 또는 청산인이다(360-23 (1)). 각 회사의 주주라고 하고 있으므로 피이전회사는 물론이고 이전회사 주주도 제소할 수 있다. 합병과 달리 채권자를 제소권자로 하지 않은 것은 주식이전은 주식교환과 마찬가지로 이전회사 자산에는 변동이 없고 주주만 변동하기 때문이다. 제소한 자가 복수인 경우에는 유사필수적 공동소송으로 본다. 명문의 규정은 없지만 피고는 이전회사와 피이전회사 모두가 된다.[1]

(4) 절차상의 특칙

법률관계의 안정을 위해서 주식이전무효의 소도 주식이전의 날부터 6개월 내에 제기해야 한다(360-23(1)). 이 소는 피이전회사 본점소재지 지방법원의 관할에 전속한다(360-23 (2)). 피이전회사를 기준으로 삼은 것은 주식이전에 의해 이전회사의 주주도 모두 피이전회사 주주가 되기 때문이다. 그 밖에 소제기의 공고, 소의 병합심리, 재량기각판결, 패소원고의 책임, 무효의 등기, 무효판결의 효과, 제소주주의 담보제공의무 등에 관해서는 회사설립무효의 소에 관한 규정이 준용된다(360-23(4)→187~193, 377).

(5) 무효판결의 효력

가. 대세적 효력

주식이전무효판결은 회사설립 무효의 판결과 마찬가지로 제3자에 대하여도 효력이 있다(360-23(4)→190본).

나. 판결효력의 불소급

무효판결이 확정된 경우에는 그 전에 발생한 피이전회사와 주주 및 제3자 간의 권리·의무에는 영향을 미치지 않는다(360-23(4)→190단).[2]

다. 주식이전 전 상태로의 복귀

주식이전무효판결이 확정되면 피이전회사의 설립은 무효가 된다. 따라서 피이전회사는 회사설립이 무효나 취소가 된 경우와 마찬가지로 청산을 해야 한다(360-23(4)→193).

---

1) 권기범6, 216면.
2) 주식교환의 경우와는 달리 주식이전의 경우에는 회사신설이 수반되므로 회사설립무효판결효력의 불소급에 관한 제190조 단서를 준용하였다.

피이전회사가 소멸하므로 피이전회사 주주는 주식을 상실한다. 그러면 그 주주는 무엇을 얻게 되는가? 회사설립무효의 원칙에 의하면 주주는 청산 후 잔여재산을 분배받게 될 것이다. 그러나 상법은 주식교환의 경우와 마찬가지로 피이전회사로 하여금 주식이전으로 취득한 주식을 주주에게 이전하도록 하고 있다(360-23(3)). 따라서 피이전회사의 채권자는 주주에 비하여 불리한 처지에 처할 우려가 있다.

(6) 주주총회 결의취소의 소 등과의 관계

주식이전의 효력발생 전에는 주식이전을 승인하는 주주총회 결의에 대하여 취소나 무효의 소를 제기할 수 있다. 그러나 일단 주식이전의 효력이 발생하고 나면 합병의 경우와 마찬가지로 주주총회 결의를 다투는 소송 대신에 주식이전무효의 소를 제기할 수밖에 없다. 따라서 이미 제기된 주주총회 결의를 다투는 소송은 주식이전 무효의 소로 변경해야 할 것이다.

기업 활력 제고를 위한 특별법과 주식교환, 주식이전특례

앞서 합병편에서 언급한 바와 같이 2016. 8. 13.부터 3년간 일정분야에 한시적으로 기업활력법이 적용된다. 주식교환 및 주식이전의 경우에도 원칙적으로 합병에서 언급하였던 각종 특례가 적용된다. 다만 합병, 분할합병과 달리 (a) 소규모주식교환에 관하여는 요건 완화를 명시하지 않았고(기업활력법 16(1)), (b) 간이주식교환에 관하여는 별다른 특례가 없는 등(기업활력법 17), 균형이 맞지 않는 면이 있다.

제 7 절

반대주주의 주식매수청구권과 지배주주의 주식매도청구권: 소수주주의 퇴사와 축출

Ⅰ. 주주의 퇴사와 축출

주식회사 주주 사이에는 일종의 동업관계가 존재한다. 주주가 동업관계에서 벗어나는 방법으로는 ① 보유주식을 타인에게 양도하거나 ② 다른 주주의 보유주식을 자신이 모두 매입하는 두 가지를 생각해볼 수 있다. 주식의 시장성이 떨어지는 폐쇄회사의 경우 ①은 쉽지 않다. 2011년 개정 상법상 자기주식 취득에 대한 규제가 완화됨에 따라 회사에 보유주식을 매각할 수 있는 가능성이 높아진 것이 사실이다. 그러나 조합과 달리 주식회사의 경우에는 주주에게 보유주식을 회사가 매수하도록 청구할 권리, 즉 퇴사권은 인정되지 않는다. 예외적으로 상법은 일정한 변화에 반대하는 주주의 경우 회사에 대해서 보유주식의 매수를 청구할 권리, 즉 반대주주의 주식매수청구권을 인정하고 있다(374-2). 주식매수청구권은 제한적 범위의 퇴사권이라고 할 수 있다.

한편 ②는 ①보다 더 어렵다. 설사 다른 주주의 보유주식을 모두 매입할 수 있는 자금이 있는 경우에도 주주의 매도를 강제하는 것은 계약자유의 원칙상 허용되지 않기 때문이다. 2011년 개정 상법은 예외적으로 지배주주가 소수주주의 보유주식을 그 의사에 반하여 매수함으로써 소수주주를 축출하고 동업관계를 해소할 수 있는 길을 열어주었다(360-24).

이러한 주주의 퇴사와 축출의 제도가 우리 상법에 도입된 것은 비교적 최근의 일이다. 먼저 퇴사를 실현하는 주식매수청구권은 1982년 당시 증권거래법에서 상장회사에 먼저 도입된 후 1995년 개정 상법에 의하여 비상장회사에도 적용되게 되었다. 한편 지배주주의 주식매도청구권 행사에 의한 소수주주 축출은 2011년 개정 상법에서 처음 허용되었다. 주주의 축출은 교부금합병을 통해서도 가능하지만 그에 대한 설명은 이미 마쳤으므로 이 곳에서는 지배주주의 주식매도청구권에 대해서만 설명하기로 한다.

퇴사와 축출제도의 바탕에는 주식에 대한 주주의 이익을 주로 경제적 관섬으로 파악하는 사고가 깔려 있다. 퇴사와 축출의 핵심은 주식의 경제적 가치평가이다. 주식의 평가가 제대로 이루어질 수 없는 상황에서는 두 제도의 효용보다는 폐해가 더 커질 수 있다. 주식의 과대평가는 주식매수청구권의 행사를 조장하여 회사에 심각한 자금부담을 초래할 위험이 있다. 반면에 주식의 과소평가는 지배주주가 주식매도청구권을 악용하여 소수주주를 헐값에 축출하려고 시도할 위험을 낳는다. 이처럼 제도의 남용으로 인한 위험은 퇴사와 축출의 경우에 모두 존재하지만 축출의 경우가 더 심각하다. 퇴사는 소수주주보호적인 기능이 있지만 축출은 지배주주가 주도하는 것이기 때문이다. 그리하여 후술하는 바와 같이 축출에 대해서는 퇴사보다 엄격한 요건이 적용되고 있다.

Ⅱ. 반대주주의 주식매수청구권

1. 의 의

주식매수청구권은 회사의 중요 결정에 반대하는 주주가 회사에 대해서 자신의 보유주식을 매수할 것을 청구할 수 있는 권리를 말한다. 주주의 퇴사가 인정되지 않는 주식회사에서 반대주주의 주식매수청구권은 퇴사가 허용되는 예외적인 경우이다. 상법은 1995년 개정 시에 처음 주식매수청구권을 도입하였다(374-2). 자본시장법은 상장회사에 대한 특례(자시 165-5)를, 벤처기업육성에 관한 특별조치법은 주식회사인 벤처기업의 합병에 대한 특례(벤처기업육성에 관한 특별조치법 15-3(4)~(6))를 각각 규정하고 있다.

2. 기 능

주식매수청구권은 연혁적으로 미국에서 주주총회의 결의요건을 만장일치에서 다수결로 변경함에 따른 주주의 거부권 상실에 대한 대가로 도입된 제도이다.[1] 그러나 현재 주식매수청구권은 주로 다수주주의 권한남용으로부터 소수주주를 보호하는 수단이라는 기능이 보다 부각되고 있다. 경영자가 권한을 남용하는 경우 소수주주는 주주대표소송을 통해서 회사의 손해에 대한 구제를 받을 수 있다. 그러나 개별 주주가 공정한 가격을 받고 퇴사할 수 있다면 주주대표소송과는 달리 직접 손해배상을 받는 것과 마찬가지의 효과를 거둘 수 있다. 이처럼 주식매수청구권을 행사하는 주주가 많아질수록 경영자의 권한남용을 억제하는 힘은 커진다(경영자견제기능). 주주대표소송과 같이 경영자의 권한남용을 억제하는 다른 제도적 장치가 미흡한 경우에는 주식매수청구권의 효용이 높아진다. 그러나 주식매수청구권의 효용은 비단 경영자의 권한이 남용되는 경우에 국한되지 않는다. 회사가 사업 내용을 크게 변화시키는 결정을 하는 경우 그것이 자신의 투자선호와 맞지 않는 주주는 주식매수청구권을 행사하여 퇴사할 수 있다(투자선호보호기능).[2]

---

1) 미국법상 주식매수청구권에 관해서는 김건식, "미국회사법상 반대주주의 주식매수청구권", 연구 Ⅰ, 277~316면.
2) 주식의 유동성이 떨어지거나 시장에서 저평가된 경우에는 특히 그 효용이 높을 것이다.

반면 주식매수청구권은 회사의 자금부담을 높이고 결과적으로 회사의 재무구조를 악화시키는 역기능도 있다. 경우에 따라서는 이러한 역기능 때문에 회사가 바람직한 변화를 포기할 수도 있다(변화억제기능). 특히 주식 평가가 왜곡되는 경우에는 주식매수청구권의 옵션가치를 노린 소수주주의 전략적 행동으로 인하여 주식매수청구권 행사가 증가하고 그로 인하여 효율적인 변화가 좌절될 위험이 있다.[1] 주식매수청구권 행사로 인하여 재무구조가 악화되고 결과적으로 채권자 이익이 침해될 위험이 명백함에도 불구하고 그러한 거래를 감행한 경영자는 채권자에 대해서 손해배상책임을 질 수 있다(401).

3. 실체적 요건

(1) 주식매수청구권을 발생시키는 회사의 결정

상법은 다음과 같이 회사의 중대한 결정에 한해서 주식매수청구권을 인정하고 있다. 이들 중대한 결정은 대부분 주주총회 특별결의사항이지만 주주총회 결의가 반드시 요구되는 것은 아니다. 한편 현행 상법은 정관변경이나 회사분할의 경우와 같이 주주총회 특별결의사항이라고 해서 항상 주식매수청구권을 인정하는 것은 아니다.

가. 주주총회 특별결의를 요하는 영업에 관한 주요거래(374-2(1))

영업양도와 **영업양수**는 물론이고 **영업의 임대, 경영위임, 손익공통계약** 등이 이에 포함된다. 특정거래가 이러한 주요거래에 해당하는지 여부는 주주총회 특별결의를 요하는지를 결정할 뿐 아니라 주식매수청구권을 발생시키는지 결정한다는 면에서도 중요하다.

한편 영업양도는 아니지만 **중요한 영업용 재산 또는 자회사 주식의 양도**도 주주총회 특별결의가 필요하고 주식매수청구권을 발생시킨다.[2] 대법원은 "그 재산의 처분으로 말미암아 회사 영업의 전부 또는 일부를 양도하거나 폐지하는 것과 같은 결과를 가져오는 경우" 영업양도와 마찬가지로 주주총회 특별결의가 필요하다고 본다(대법원 1988. 4. 12, 87다카1662 판결). 모회사에 의한 자회사 주식양도에도 마찬가지 법리가 적용된다. 이때 주주총회 특별결의에 반대하는 주주는 주식매수청구권을 갖는다(대법원 2025. 10. 16, 2019다236385 판결). 한편 **양수회사에 중대한 영향을 미치는 영업용 재산 또는 주식의 양수**도 양수회사의 주주총회 특별결의가 필요하고 반대주주에게 주식매수청구권이 부여된다고 볼 것이다.

나. 합병(522-3(1))

합병의 경우 존속회사 및 소멸회사의 반대주주는 주식매수청구권을 갖는다. 예외적으로 소규모합병의 경우 존속회사에서 주주총회의 승인은 필요 없고, 존속회사의 반대주주는 주식

1) 이러한 역기능을 고려하면 입법론상 주식매수청구권은 다수주주의 권한남용을 억제할 필요가 현저한 경우에 한정할 필요가 있을 것이다.

2) 상세는 제7장 제2절 Ⅱ. 3&4 참조.

매수청구권을 갖지 않는다(527-3(5)). 다만 주식매수청구권은 반드시 주주총회 결의가 있는 경우에만 부여되는 것은 아니다. 즉 간이합병에서 소멸회사의 주주총회 결의는 필요하지 않지만 그 반대주주는 주식매수청구권을 갖는다(522-3(2)).

다. 분할(자시 165-5(1)), **분할합병**(530-11(2))

상법상 단순분할의 경우에는 원칙적으로 주식매수청구권이 발생하지 않는다. 다만 자본시장법은 두 가지 예외를 인정한다. 즉 ① 상장회사의 물적분할인 경우와 ② 상장회사의 인적분할로서 신설회사 주권이 상장되지 아니하는 경우에는 각기 분할회사의 반대주주에 주식매수청구권이 인정된다(자시 165-5(1), 자시슈 176-7(1)).[1]

한편 분할합병은 합병적 요소를 포함하므로 분할회사와 분할승계회사 주주에 모두 주식매수청구권이 인정된다(530-11(2)→522-3). 다만 소규모분할합병의 분할승계회사 주주에게는 주식매수청구권이 없다.

라. 주식교환과 주식이전(360-5, 360-22)

간이주식교환을 포함한 일반적인 주식교환의 경우에는 인수회사와 대상회사의 주주 모두에게 주식매수청구권이 인정된다(360-5). 그러나 소규모 주식교환의 경우 인수회사 주주는 주식매수청구권이 없다(360-10(7)). 주식이전의 경우에도 이전회사의 반대주주에게는 주식매수청구권이 인정된다(360-22→360-5). 다만 소규모 주식이전이라는 개념은 없으므로 소규모 주식교환 시의 주식매수청구권 특례는 주식이전에 준용되지 않는다.

사적자치에 의한 주식매수청구권의 확장[2]

회사가 개별약정을 통해 특정 주주에 주식매수청구권을 부여하더라도 그 실행은 통상적인 자기주식 취득요건 및 절차를 따라야 하므로 새로운 주식매수청구권이 창설되는 것은 아니다(대법원 2021. 10. 28, 2020다208058 판결 참조). 나아가 상법과 다른 법률에서 인정하는 경우 이외에 정관으로 주주에게 주식매수청구권이 인정되는 경우를 확장하는 것은 어떠한가? 판례는 자기주식 취득사유를 확장하는 정관규정을 무효로 본다(대법원 2007. 5. 10, 2005다60147 판결). 그러나 주요 자회사 주식 처분과 같이 현행법상 주식매수청구권 발생사유에 해당하지 않는 경우에도 정관에 소수주주 보호수단을 정해 둘 필요가 있을 수 있다. 입법적으로 이러한 예외적인 경우 채권자 이익을 해하지 않는 범위에서 정관자치를 확대하는 방안을 고려할 필요가 있다.

---

1) 제7장 제5절 Ⅳ. 4. 참조.

2) 한편 회사와 무관하게 투자자들간 약정을 통해 주식을 일방적으로 매수할 권리가 부여되는 경우도 있고 이를 '주식매수청구권'으로 표현하기도 하나(대법원 2022. 7. 14, 2019다271661 판결), 이는 회사에 대한 권리가 아니라는 점에서 본 절의 주식매수청구권과는 구분된다.

⁑ 다른 법의 특례

금융산업의 구조개선에 관한 법률은 금융위원회의 감자명령에 따른 부실금융기관의 감자에 대해서 독자적인 주식매수청구권을 인정하고 있다(금산 12(7)~(9)).[1] 한편 채무자 회생 및 파산에 관한 법률은 회생절차에 따른 영업양수도, 주식교환, 주식이전, 합병, 분할합병 등의 경우에 주식매수청구권을 배제하고 있다(도산 261(2), 269(3), 270(3), 271(3), (5), 272(4)). 주식매수청구권 행사가 채권자 이익을 침해하는 것을 막기 위한 조치라고 할 것이다.

(2) 주식매수청구권을 갖는 주주

가. 주주명부에 기재된 주주

주식매수청구권을 갖는 자는 주주명부에 기재된 주주이다.[2] 자산운용회사와 같은 집합투자업자의 경우에는 자본시장법상 투자자가 아니라 집합투자업자가 의결권을 행사하므로(자시 184(1)) 주식매수청구권도 집합투자업자가 행사한다.

⁑ 예탁결제제도 하의 실질주주

예탁결제제도 하에서는 형식상 주주인 예탁결제원이 아니라 실질주주인 투자자가 주식매수청구권을 행사한다. 실질주주명부가 작성되면 실질주주인 투자자가 직접 회사에 대해서 주식매수청구를 하거나 예탁자를 통해서 예탁결제원이 투자자를 위해서 주식매수청구를 하도록 할 수 있다.[3]

나. 의결권의 유무

주식매수청구권은 의결권이 없거나 제한되는 주주도 행사할 수 있다(374-2(1)). 이는 종래의 통설이고 자본시장법도 마찬가지 입장을 취하고 있었는바(자시 165-5(1)), 2015년 개정 상법은 이를 명문화하였다. 주식매수청구권이 연혁적으로 주주총회 결의와 관련하여 형성된 것은 사실이지만 반드시 의결권 행사를 전제로 할 이유는 없다. 상법상 주식매수청구권은 주주총회에 출석하여 반대할 것이 행사요건이 아닐 뿐 아니라 간이합병과 같이 주주총회 결의가 없는 거래에서도 그것이 허용된다(522-3(2)).

1) 이 규정은 금융기관의 합병의 경우에 준용된다(금산 5(8)). 다만 상장된 금융기관이 정부 등의 지원 없이 합병하는 경우에는 자본시장법의 주식매수청구권규정(자시 165-5(3))이 준용된다.
2) 그러한 주주의 포괄승계인도 포함된다.
3) 한편 마찬가지로 형식상의 주주와 실질상의 주주가 분리되는 우리사주조합의 경우 우리사주조합원은 예탁기간 내라도 증권금융에서 우리사주를 인출하여 주식매수청구권을 행사할 수 있다(근로복지기본법 44, 동법 시행령 25(1)(iv), 동법 시행규칙 17(1)(i)).

다. 이사회 결의 후에 취득한 주주

자본시장법은 이사회 결의가 공시된 후에 취득한 주주에 대해서는 원칙적으로 주식매수청구권을 배제하고 있다(자시 165-5(1)). 자신이 반대하는 이사회 결의를 알면서도 주식을 취득한 자는 보호할 필요가 없다는 취지에서이다. 그러나 반대하는 주주의 지위를 양도할 가능성을 확보한다는 관점에서는 그러한 제한을 가하는 것은 불합리할 것이다.[1] 상법은 그러한 제한을 두고 있지 않으므로 적어도 비상장회사의 경우에는 이사회 결의를 알면서 취득한 주주도 주식매수청구권을 행사할 수 있다고 볼 것이다.[2]

상장회사주주와 주식매수청구권

주식매수청구권은 원래 주식의 유동성이 낮아 출자 회수가 어려운 소수주주를 보호하기 위하여 고안된 구제수단이다. 현재 특히 상장회사의 경우 불만 있는 주주는 언제든 주식을 처분하여 출자를 회수할 수 있으므로 주식매수청구권을 인정할 필요가 없다는 견해도 유력하다. 그러나 다음과 같은 이유로 상장회사 주주에게도 주식매수청구권을 부여하는 현행법의 태도가 타당하다. ① 시장가격이 반드시 적정한 것은 아니다. ② 합병 같이 주식매수청구권을 발동시키는 거래가 발표되어 주가에 부정적인 영향을 주는 경우에는 시장에서 처분하는 것만으로는 주주보호가 충분하지 않다.

(3) 주식을 매수할 당사자

주식매수청구권의 행사에 따라 주식을 매수해야 하는 주체는 원칙적으로 회사이다. 그 회사가 다른 회사에 흡수합병되어 소멸하는 경우에는 존속회사가 의무를 부담한다. 그러나 영업양도의 경우에는 양도회사가 부당하게 저가로 양도한 나머지 주식매수의무를 이행할 수 없게 된 경우에도 양수회사가 그 의무를 부담하는 것은 아니다.[3]

4. 절차적 요건

(1) 소집통지

회사가 주식매수청구권의 발생원인인 거래를 위하여 주주총회를 소집할 때에는 주주에 대한 통지 시에 주식매수청구권의 내용과 행사방법을 알려야 한다(374(2), 530(2), 자시 165-5(5)). 간이합병의 경우에는 소멸회사 주주총회는 개최할 필요가 없으므로 다른 방법으로 주주에게 알려야 한다(522-3(2), 527-2(2)). 의결권이 없거나 제한되는 주주도 주식매수청구권을 행사할 수 있으므로 주식매수청구권이 발생하는 사안인 경우 이들에 대하여도 통지를 해야 한다

---

1) 만약 그것이 허용되지 않는다면 불만 있는 주주가 구제를 받기 위해서는 계속 그 주식을 보유해야 할 것이다.
2) 송옥렬9, 953면.
3) 미국에서는 양수회사의 매수의무를 인정하자는 견해도 존재한다. Principles §1.12(b).

(363(7)단; 자시 165-5(5)). 주주에게 이상의 통지를 하지 않아 주주가 다음에 말하는 사전통지를 하지 못한 경우에도 주주는 매수청구를 할 수 있다(서울고등법원 2011. 12. 9, 2011라1303 결정).

(2) 사전통지

주주는 주주총회 전에 회사에 대해서 서면으로 그 결의에 반대하는 의사를 통지해야 한다(374-2(1), 522-3(1), 자시 165-5(1)).[1] 사전통지를 요하는 취지는 주식매수청구권의 행사가 회사의 자금부담을 발생시키므로 회사에게 그 거래를 재고할 기회를 주고, 자금조달계획을 세울 수 있게 하기 위한 것이다. 실제로 사전통지의 결과에 따라 회사가 거래를 포기하는 예도 적지 않다.[2]

반대의 통지는 주주총회 전에 도달해야 한다. 주주총회 전이란 실무상 주주총회 전일로 보고 있다. 사전통지를 요하는 취지가 회사에게 재고의 기회를 주는 것이라는 점을 고려하면 총회당일 회의개최 전에 제출하는 것은 허용되지 않는다고 볼 것이다. 실무상 예탁결제제도를 이용하는 회사의 실질주주는 총회일 3일 전까지 증권회사에 통지하도록 하는 예가 많다.[3] 그러나 실질주주가 회사에 총회일 전일까지 직접 통지하는 것도 허용된다고 볼 것이다.

(3) 주주총회에서의 반대

과거에는 주주가 주주총회에 출석하여 반대표를 던지는 것을 요구하였으나 현재는 반대주주의 편의를 고려하여 총회 출석을 요구하지 않는다. 따라서 주주총회에 불참하는 것은 무방하지만 참석하여 찬성하는 것은 반대의사의 철회로 간주한다.

주주총회에 출석이 요구되지 않으므로 반대주주가 출석하여 반대하였다면 통과될 수 없는 의안도 통과될 가능성이 있다.[4] 그러한 불합리를 막기 위해서 반대의 통지가 있는 주식은 반대표에 가산해야 한다는 견해도 있다.[5] 그러나 입법론으로는 몰라도 불출석한 주주가 의결권을 행사한 것처럼 해석하는 것은 주주총회의 기본원리에 반하므로 찬성하기 어렵다.[6]

(4) 매수청구

가. 20일 이내의 매수청구

반대주주는 주주총회의 결의일로부터 20일 내(매수청구기간)에 주식의 종류와 수를 기재한 서면으로 회사에 대해서 보유주식의 매수를 청구해야 한다(374-2(1), 522-3(1), 자시 165-5(1)).[7]

---

1) 금산법상으로는 그러한 사전통지가 불필요하다(금산 12(7), 5(8)).

2) 또한 합병과 같은 계약에서는 주식매수청구권의 행사가 일정한 한도를 초과하는 것을 계약해제원인으로 명시하는 경우가 많다.

3) 증권회사는 수령한 반대통지를 예탁결제원에 전달하고 예탁결제원은 이를 주주총회 전일까지 회사에 전달하도록 되어 있다. 이형근, "주식매수청구권", BFL 38(2009), 345면.

4) 예컨대 60%의 주주가 반대의사를 통지하고 출석하지 않은 주주총회에서 40%의 주주가 찬성한 경우에는 특별결의가 성립된다(374(1)→434).

5) 노혁준, 온주: 자본시장법 제165조의5(https://www.lawnb.com/Info/ContentMain/ONJU),

6) 권기범6, 743면; 송옥렬9, 954면.

7) 주주가 보유주식 전체에 관하여 반대투표를 하면서 그중 일부에 관하여만 주식매수청구권을 행사하는 것은 허용

간이합병의 경우에는 주주총회 결의가 없으므로 주주에 대한 공고나 통지한 날(527-2(2))로부터 2주 내에 반대의 통지를 하고 그 기간이 경과한 날부터 20일 이내에 매수청구를 해야 한다(522-2(2), 자시 165-5(1), 금산 5(8), 12(7)). 이처럼 기간을 제한한 것은 회사나 주주의 불안정한 상태를 최소화하기 위한 조치이다.

나. 매수청구를 하지 않는 경우의 효과

주주는 매수청구를 하지 않으면 사전통지의 철회와 같은 효과가 있다. 한편 일단 주식매수를 청구한 경우에는 후술하는 바와 같이 바로 매매계약이 성립되는 것으로 본다.

다. 반대통지한 주주와의 동일성

주주총회 전에 반대통지를 한 주주가 주식을 처분한 경우에는 매수청구를 할 수 없음은 당연하다. 그렇다면 그 주주로부터 주식을 매수한 주주는 매수청구가 가능한가? 적어도 반대통지를 한 주주로부터 주식을 인수하였음을 증명할 수 있다면 양수한 주주도 주식매수청구권을 행사할 수 있다고 볼 것이다. 주식매수청구권을 행사할 수 있는 주주가 자신의 지위를 그대로 양도하는 것을 허용할 필요가 있기 때문이다. 다만 이 경우 회사에 대한 채권이 양도된 경우에 준하여 양도인의 통지 또는 회사의 승낙이 필요할 것이다. 주주총회 후에 거래소에서 주식을 매수하여 실질주주가 된 주주는 그러한 증명을 할 수 없기 때문에 주식매수청구권을 행사할 수 없다고 볼 것이다.[1]

5. 주식매수청구권 행사의 효과

(1) 매매계약의 성립

주식매수청구권 행사의 효과에 대해서 상법은 회사가 그 주식을 매수해야 한다고 규정한다(374-2(2)). 그 의미에 관하여 다수설과 판례는 주식매수청구권을 형성권으로 보아 주식매수청구가 있으면 회사의 승낙여부와 상관없이 주식 매매계약이 성립된다고 본다(대법원 2011. 4. 28, 2009다72667 판결). 설사 매수가액이 결정되지 않았더라도 가격 확정이 매매계약의 필수 요소가 아니라는 점, 회사가 매매를 막을 수 있는 권한이 없다는 점을 고려할 때 타당한 해석이다. 매매계약이 성립된 후에는 주주가 매수청구를 철회하려면 회사의 동의가 요구된다.[2]

된다고 할 것이다. 다만 보유주식 중 일부에 관하여 반대하면서 주식매수청구권을 행사하고 나머지에 관하여는 찬성하는 경우, 별도의 의결권 불통일행사요건((368-2(1))을 충족시켜야 할 것이다.

1) 주주총회 전에 반대통지를 하였으나 주주총회 후 주식을 양도한 자도 양수인의 부탁을 받으면 주식매수청구권을 행사할 수 있다고 보는 견해(권기범6, 744면)가 있으나 그보다는 양수인이 직접 행사할 수 있다고 해석하는 것이 보다 자연스러울 것이다.

2) 실무상 회사는 자금부담을 덜기 위해서 동의를 해주는 것이 관행이라고 한다.

(2) 매매계약의 이행과 지체책임

회사는 매수청구기간(주주총회일로부터 20일)의 종료일로부터 2월 이내에 그 주식을 매수하여야 한다(374-2(2)).[1] 상장회사의 경우에는 매수청구기간의 말일로부터 1개월 이내에 매수하여야 한다(자시 165- 5(2)). 회사가 매수한 주식은 자기주식으로 처리한다(341-2(iv)). 자본시장법은 매수한 주식을 일정한 기간 내에 처분하거나 소각하도록 하고 있지만(자시 165-5(4)) 상법은 그러한 규정을 두고 있지 않다.[2]

매수청구기간 종료일부터 2월이 주식매매대금 지급의무의 이행기로 해석되기 때문에 이를 도과하면 지체책임이 발생한다. 매수가액이 확정되지 않은 경우에도 마찬가지이다(대법원 2011. 4. 28, 2010다94953 판결; 대법원 2011. 4. 28, 2009다72667 판결)). 매수가액에 관한 비송사건이 진행되어 가액확정이 늦어지는 경우, 회사 측이 나름의 매수가액을 공탁하여 그 부분 지연책임을 면하고자 하는 경우가 있다. 그러나 대법원은 일부 공탁은 반대주주가 이를 수령하지 않는 한 변제의 효력이 없고, 반대주주가 매수가액 확정 이후 회사에 그 전체에 대한 지연책임을 묻더라도 신의성실 원칙에 반하지 않는다고 본다.[3] 결국 회사는 고율(상사법정이율 6%)의 지연이자를 부담할 수밖에 없게 된다. 입법적으로 회사와 주주간의 다툼이 없는 부분에 대하여는 일부 공탁을 허용할 필요가 있다.

주식매수청구권과 채권자보호

주식매수청구권이 행사되면 회사는 그 주식의 매수의무를 부담한다. 이 경우는 이른바 특정목적에 의한 자기주식 취득(341-2(iv))에 해당하므로 일반적인 자기주식 취득에 적용되는 재원규제(341(1))는 적용이 없다. 주식매수청구권 행사의 결과 지급불능이나 채무초과의 결과를 가져오는 경우에는 이사가 스스로 주식매수청구권을 발생시키는 거래를 포기해야 할 주의의무가 있다고 볼 것이다. 한편 주식매수청구권이 행사 후 회사가 회생절차에 들어간 경우, 관리인은 채무자회생법 제119조 제1항에 따라 주식매매계약을 해제하거나 회사채무를 이행하고 주주의 채무이행을 구할 수 있는 선택권을 갖는다(대법원 2017. 4. 26, 2015다6517, 6524, 6531 판결).

(3) 매수대금 지급 이전 반대주주의 지위

주식매수청구권의 행사로 매매계약이 체결된 것으로 보는 경우, 일반 매매계약 법리를 적용한다면 주주는 회사가 대금을 지급한 시기에 비로소 주주지위를 상실하게 된다.[4] 이에 따라

1) 2015년 개정 상법은 2월의 개시시기를 매수청구기간의 종료일로 변경함으로써 주주에 대한 대금지급시기의 통일을 꾀하고 있다.

2) 입법론상으로는 상법에서도 특정목적으로 취득한 자기주식에 대해 처분의무를 부과하자는 견해가 유력하다.

3) 상환주식에 관한 대법원 2020. 4. 9, 2016다32582 판결 참조.

4) 상세한 것은 민정석, "합병반대주주의 주식매수청구권의 법적 성격과 주식매수대금에 대한 지연손해금의 기산점", BFL 48(2011), 80~82면; 노혁준 "주식매수청구권 행사 이후의 법률관계에 관한 연구", 인권과 정의 461(2016), 7면

대법원은 대금수령 이전의 반대주주의 지위를 채권자가 아니라 주주로 보면서(주주지위설), "주식매수청구권을 행사한 주주도 회사로부터 매매대금을 지급받지 아니하고 있는 동안에는 주주로서의 지위를 여전히 가지고, 특별한 사정이 없는 한 주주로서의 권리를 행사하기 위하여 필요한 경우에는 회계장부 열람등사권도 가진다"고 판시하였다.[1)]

반대주주가 주식매수청구권 행사를 통해 이미 주주 지위를 벗어나려는 의사를 명확히 했음에도 여전히 그에게 주주권을 부여함이 타당한지 논란이 될 수 있다. 한편으로는 대금지급시까지 지연이자를 받으면서 다른 한편으로는 이익배당을 받는 것도 형평에 맞지 않는다.[2)] 합병 등의 효력 발생과 동시에 주주 지위를 상실하고 대금채권자 지위를 갖도록 입법적으로 개선할 필요가 있다.[3)]

6. 매수가격의 결정

(1) 당사자의 협의와 법원에 대한 청구

주식매수청구권에 관하여 가장 중요한 것은 매수가격의 결정이다. 상법은 일단 주주와 회사가 협의하도록 하고(374-2(3)) 매수청구기간의 종료일로부터 30일 이내에 협의가 이루어지지 않는 경우에는 회사나 주주가 법원에 대해서 매수가액 결정을 청구할 수 있도록 하고 있다(374-2(4)). 일방이 협의를 명시적으로 거부한 경우 그 상대방은 위 30일을 기다릴 필요 없이 곧바로 법원에 청구할 수 있을 것이다.

(2) 상장회사의 특례

상장회사의 경우에는 협의가 이루어지지 않으면 시장가격을 기준으로 시행령이 정한 금액에 따르고 당사자 일방이 그 금액에 반대하는 경우에는 결국 법원이 정하도록 하고 있다(자시 165-5(3)).[4)] 시행령은 다음 가격을 산술평균한 가격으로 정하고 있다(자시슈 176- 7(3)(i)).[5)]

이하.

1) 대법원 2018. 2. 28, 2017다270916 판결. 상환주식의 상환금 미수령 주주의 지위에 관하여 동일한 법리를 적용한 것으로서 대법원 2020. 4. 9, 2017다251564 판결.

2) 주식매수청구권을 행사한 반대주주인 경우 존속회사에 이익배당청구권을 행사할 수 없다는 하급심 판결로서 서울동부지방법원 2023. 8. 31, 2022가합106581 판결("반대주주가 존속회사의 합병신주를 보유하였다고 하여 거기에 표창된 존속회사의 주주권을 온전히 행사할 수 있다고 보기는 어렵고 … 회계장부열람·등사를 청구하는 경우와 같이 반대주주의 매수가격에 대한 협상력을 제고하는 등 회사와 반대주주 간의 거래상 지위의 형평을 도모하기 위한 경우로 제한되어야 한다고 보는 것이 공평의 관념에 부합한다. 그런데 주주권 중 이익배당청구권은 위와 같은 주식매수청구권의 제도적 취지와는 관련이 있다고 보기 어려우므로 합병반대주주가 합병신주에 기하여 이익배당청구권을 행사하는 것은 제한되어야 한다고 해석함이 타당하다." 이 사안은 항소심에서 강제조정으로 종결됨).

3) 일본 회사법은 2014년 개정에서 주주지위를 상실하는 시점을 매수자금이 지급된 때가 아니라 합병 등의 효력발생일로 변경하였다.

4) 구 증권거래법(191)은 법원에 매수가액결정을 신청할 수 있다는 문구가 없어 실무상 시행령에 따른 금액에 불만이 있더라도 그에 따르는 것이 보통이었다. 그러나 대법원은 구 증권거래법 하에서도 시행령에 따른 금액에 불만이 있는 주주는 바로 법원에 매수가액결정을 청구할 수 있다고 판시한 바 있다. 대법원 2011. 10. 13, 2008마264 결정.

① 이사회 결의일 전 2개월 간의 가중평균시장가격
② 이사회 결의일 전 1개월 간의 가중평균시장가격
③ 이사회 결의일 전 1주일 간의 가중평균시장가격

이처럼 상장회사의 경우 매수가액 산정 시 과거 주가를 많이 반영하기 때문에 주가 하락 상황에서는 매수가액이 매수청구 시의 시가보다 높게 결정된다. 그러한 상황에서는 내심으로는 회사의 거래에 반대하지 않는 주주도 차익을 얻을 목적으로 반대의사를 표시하며 주식매수청구권을 행사하는 전략적 행동을 취할 가능성이 높다. 이론상으로는 회사가 그러한 매수가액에 반대하여 법원에 매수가액결정을 청구할 수 있지만(자시 165-5(3)) 실제로 회사가 법원의 결정을 구하기보다는 거래를 포기하는 것이 보통이다.

(3) 법원의 결정

법원의 매수가액 결정은 비송사건절차법상의 상사비송에 해당한다. 직권탐지주의(비송 11)에 의하므로 법원은 당사자의 주장에 구애받지 않고 직권으로 사실조사를 할 수 있다. 사실인정에는 통상의 민사소송과 마찬가지로 증명이 필요하고, 증명은 신뢰성 있는 자료에 근거해야 한다(대법원 2022. 4. 14, 2016마5394, 5395, 5396 결정). 법원은 재판 전에 주주와 매수청구인 또는 주주와 이사의 진술을 들어야 한다(비송 86-2(1)). 비송사건절차법은 복수의 신청사건이 동시에 계속한 때에는 심문과 재판을 병합함으로써(비송 86-2(2)) 매수가액의 통일과 평가비용의 절약을 꾀하고 있다. 회사가 제시한 매수가액에 합의하여 비송절차를 밟지 않은 주주는 재판 결과 다른 주주에게 더 높은 매수가액이 결정되더라도 회사에 그 차액을 청구할 수 없다고 할 것이다.

7. 가격결정의 기준

(1) 공정한 가격

법원은 매수가액을 '회사의 재산상태 그 밖의 사정을 참작하여 공정한 가액으로' 산정해야 한다(374-2(5)). 상장회사의 매수가액 산정 기준에 대해서는 자본시장법상 명시적인 규정은 없지만 역시 공정한 가격으로 산정해야 할 것이다. 공정한 가격의 기준에 대해서는 상법에 아무런 기준이 없으므로 주식매수청구권의 취지 등을 고려하여 결정해야 할 것이다.

이론적으로 주식 매수가액을 산정할 때에는 크게 두 가지 접근을 생각해볼 수 있다. ① 먼저 전체 회사 가치를 산정하고 이를 주식 수로 나누는 방식과 ② 개별 주식의 거래 현상을 포착하는 방식이 그것이다. 예컨대 회사가치가 100억원이고 발행주식총수가 100만주인 회사에서 ① 방식으로 매수가액을 산정하면 주당 1만원이다. 그런데 이 주식이 실제 시장에서 8천

5) 증권시장에서 거래가 형성되지 아니한 경우에는 자산가치와 수익가치를 1 : 1.5로 가중산술평균한 가액에 따르되 상대가치를 비교공시하여야 한다(자시슈 176-7(3)(ii)→176-5(1)(ii)나, 176-5(2), 발행공시규정 시행세칙 4).

원에 거래될 수도 있다. 이른바 소수주주 할인(minority discount), 즉 회사 경영에 아무런 영향력이 없는 탓에 과소평가되는 경향과 유통성 할인(marketability discount), 즉 유통주식 수가 많지 않아서 과소평가되는 경향이 반영되었을 수 있는 것이다. ② 방식에 의하면 매수가액은 주당 8천원이다. 이론적으로 ①의 방식이 이상적일 수 있다. 그러나 후술하듯이 상장주식 등 객관적 거래가격이 있는 경우 통상 ②의 방식을 채택함이 일반적이다. ②에 의하더라도 소수주주에게 시장가격에 의한 보상을 하는 것이므로 크게 불이익을 주는 것은 아니다.[1)]

(2) 평가의 기준시점

회사의 가치는 수시로 변화한다. 회사 가치를 산정할 때에는 이론상 당해 거래가 없었더라면 가졌을 가치를 기준으로 해야 한다. 예컨대 합병의 경우에는 합병이 없었더라면 가졌을 가치를 기준으로 해야 한다. 대법원은 "영업양도 등에 반대하는 주주의 주식매수청구에 따라 비상장주식의 매수가액을 결정하는 경우, 특별한 사정이 없는 한 주식의 가치가 영업양도 등에 의하여 영향을 받기 전의 시점을 기준으로 수익가치를 판단하여야 [한다]"고 판시한 바 있다(대법원 2006. 11. 23, 2005마958 결정).

문제는 구체적으로 어느 시점을 기준으로 할 것인가이다. 위 판례는 거래의 "영향을 받기 전의 시점을 기준으로" 한다고 하여 거래가 공표되기 전의 시점을 기준으로 하는 것처럼 보인다. 주권상장법인의 경우에는 통상 이사회 결의가 공시되고 있으므로 이사회 전일을 기준으로 하는 것이 일반적이다(대법원 2006. 11. 23, 2005마958 결정). 다만 대법원이 이사회 전일을 기준으로 삼지 않은 예도 있다. 즉 주권상장법인 X회사 합병반대주주의 주식매수청구 사안에서, X회사의 가치가 그의 합병상대방으로 예상되는 계열사 Y회사의 상장으로 인해 크게 영향받게 되었음을 들어 "주식매수청구권 행사 시기와 가장 가까운 시점으로써 합병의 영향을 최대한 배제할 수 있는 때는 합병가능성이 구체화된 Y회사의 상장 시점"이라고 보고, Y회사 상장일 전일을 기준일로 삼은바 있다(대법원 2022. 4. 14, 2016마5394, 5395, 5396 결정). 한편 비상장법인의 경우에는 이사회 결의가 공시되는 것도 아니므로 이사회 결의 전일을 반드시 기준으로 할 이유는 없을 것이다.[2)]

(3) 합병시너지의 배분

합병 성사로 통합법인에 이른바 시너지 효과가 발생할 수 있다. 이 시너지도 매수가액 산정시 고려해야 하는가? 합병에 반대하는 주주가 합병에 의해 회사가치가 증대될 것이므로 매수가액을 인상하라고 주장함은 모순이다. 다만 합병 자체에는 찬성하지만 합병조건이 부당하

---

1) 다만 시장가격에 의한 보상을 당연한 원칙으로 정하게 되면, 향후 지배주주가 소수주주에 불리한 방식으로 합병을 실행할 수 있다는 우려가 시장가격 하락요인으로 작동하는 이른바 레몬효과가 발생할 수도 있다. 관련 설명으로 노혁준, "합병비율의 불공정성과 소수주주 보호 — 유기적 제도설계를 향하여", 경영법률 26(2016), 97~98면.

2) 이형근, "주식매수청구권", BFL 38(2009), 73면.

다고 이의를 제기하는 주주를 상정할 때 시너지 분배가 터무니없는 것은 아니다. 그러나 다음과 같은 이유로 어느 경우이든 시너지 분배를 부정함이 타당하다.[1] ① 시너지는 불확실한 것으로 현실적으로 산정하기 어렵다. ② 시너지를 배분하면 합병자체에 반대한 주주도 합병으로 인한 이익을 얻는 부당한 결과가 된다. ③ 주식매수청구권과 같은 탈출 전략은 해당 사안이 발생하기 이전 상태를 기준으로 탈출권을 부여함이 논리적이다.

(4) 판례의 태도

가. 시장가격의 존중

판례는 정상적인 시장가격이 존재하는 경우에는 그것을 기초로 매수가액을 정한다는 태도를 취하고 있다. 먼저 비상장주식의 평가와 관련해서 대법원은 "그 주식에 관하여 객관적 교환가치가 적정하게 반영된 정상적인 거래의 실례가 있으면 그 거래가격을 시가로 보아 주식의 매수가액을 정하여야 할 것"이라고 하여 시장가격을 존중한다는 원칙을 밝히고 있다(대법원 2006. 11. 24, 2004마1022 결정(은평방송)).[2] 이러한 태도는 상장회사에서의 매수가액결정에 관한 대법원결정에서도 이어지고 있다. 대법원은 상장회사의 시장주가는 "당해 법인의 객관적 가치가 반영되어 형성된 것으로 볼 수 있으며" 주주는 "시장주가를 전제로 투자행동을 취한다는 점에서 시장주가를 기준으로 매수가격을 결정하는 것이 해당 주주의 합리적 기대에 합치하는 것이므로, 법원은 원칙적으로 시장주가를 참조하여 매수가격을 산정하여야 한다"고 판시하였다(대법원 2011. 10. 13, 2008마264 결정). 다만 참조할 시장가격은 반드시 전술한 공식에 구속되지 않고 자유로이 정할 수 있음을 밝히고 있다.[3]

나. 시장가격의 한계

1) 비상장주식의 경우

비상장주식의 경우 시장에서의 거래가격이 있는 경우에도 그것을 따를 수 없는 이유가 있는 경우에는 따르지 않아도 무방하다. "비상장주식에 관하여 객관적 교환가치가 적정하게 반영된 정상적인 거래의 실례가 있더라도, 거래 시기, 거래 경위, 거래 후 회사의 내부사정이나 경영상태의 변화, 다른 평가방법을 기초로 산정한 주식가액과의 근접성 등에 비추어 위와 같은 거래가격만에 의해 비상장주식의 매수가액으로 결정하기 어려운 경우에는 위와 같은 거래가액 또는 그 거래가액을 합리적인 기준에 따라 조정한 가액을 주식의 공정한 가액을 산정하

---

1) 시너지 배분에 대해서는 대체로 미국에서는 부정설이 우세한 반면에 일본에서는 긍정설이 우세하다. 상세한 것은 노혁준, 전게논문, 250~255면.

2) 이 결정은 후속 결정에서 계속 유지되고 있다.

3) 대법원은 "매수가격 결정 신청사건의 제도적 취지와 개별 사안의 구체적 사정을 고려하여 이사회 결의일 이전의 어느 특정일의 시장주가를 참조할 것인지, 또는 일정기간 동안의 시장주가의 평균치를 참조할 것인지, 그렇지 않으면 자본시장법 시행령 제176조의7 제3항 제1호에서 정한 산정방법에 따라 산정된 가격을 그대로 인정할 것인지 등을 합리적으로 결정할 수 있다"고 본다(대법원 2022. 4. 14, 2016마5394, 5395, 5396 결정).

기 위한 요소로 고려할 수 있다"(대법원 2006. 11. 23, 2005마958 결정 등).

예컨대 경영권이 포함된 주식을 양도하는 경우에는 그 거래가격을 일반적인 시가로 볼 수 없으므로 '경영권의 양도대가에 상당하는 액수를 공제한 액수'가 기준이 된다는 판결이 있다(대법원 2006. 11. 24, 2004마1022 결정(은평방송)). 일반 주식의 평가 시에 경영권 프리미엄을 반영하지 않는 것은 타당하다. 그러나 경영권 프리미엄을 제외한다고 해서 결과적으로 소수주식할인까지 인정해서는 아니 될 것이다.

2) 상장주식의 경우

상장주식의 시장주가는 비상장주식의 경우에 비하여 신뢰도가 높으므로 주식평가에서는 결정적으로 중요한 의미를 갖는다. 과거에 반대주주가 상장주식의 매수가격결정을 법원에 신청한 예는 많지 않았다.[1] 주주는 주가하락 시에는 앞서 설명한 공식이 유리하기 때문에 그것을 따랐고 주가상승 시에는 주식매수청구권을 행사하는 대신 시장에서 매각하였다. 그러나 상장주식의 경우에도 "당해 상장주식의 유가증권시장에서 거래가 형성되지 아니한 주식이거나 시장주가가 가격조작 등 시장의 기능을 방해하는 부정한 수단에 의하여 영향을 받는 등으로 당해 주권상장법인의 객관적 가치를 제대로 반영하지 못하고 있다고 판단되는 경우"에는 시장주가의 구속력은 인정되지 않는다(대법원 2011. 10. 13, 2008마264 결정).[2] 그 경우 시장주가를 배제하거나 또는 시장주가와 함께 순자산가치나 수익가치 등 다른 평가요소를 반영하여 당해 법인의 상황이나 업종의 특성 등을 종합적으로 고려한 공정한 가액을 산정할 수 있다. 또는 앞서 언급한 바와 같이 시장주가를 결정하는 기준시점 자체를 앞당기는 방식으로 공정한 가액을 산정하기도 한다(대법원 2022. 4. 14, 2016마5394, 5395, 5396 결정).

다. 시장가격이 없는 경우

시장가격이 없는 경우에는 결국 일반적으로 거래계에서 통용되는 평가방법에 의할 수밖에 없을 것이다. 판례는 "비상장주식의 평가에 관하여 보편적으로 인정되는 시장가치방식, 순자산가치방식, 수익가치방식 등 여러 가지 평가방법을 활용하되, 비상장주식의 평가방법을 규정한 관련 법규들은 그 제정 목적에 따라 서로 상이한 기준을 적용하고 있으므로, 어느 한 가지 평가방법[예컨대 자본시장법이나 세법상의 평가방법]이 항상 적용되어야 한다고 단정할 수는 없고, 당해 회사의 상황이나 업종의 특성 등을 종합적으로 고려하여 공정한 가액을 산정하여야 할 것"이라고 판시한 바 있다(대법원 2006. 11. 23, 2005마958외 결정(대우전자사건) 등).

주식의 평가와 관련하여 법원은 어느 한 가지 평가방법이나 법령상의 평가방법에 구속되

---

1) 과거 실무계에서는 구 증권거래법에 정한 공식에 따른 가격이 구속력이 있는 것으로 믿었기 때문으로 짐작된다.

2) 회사정리절차 중에 있는 상장회사의 합병에 관한 사안으로 대법원은 시장주가가 순자산가치나 수익가치에 기초하여 산정된 가격과 다소 차이가 난다는 사정만으로 위 시장주가가 주권상장법인의 객관적 가치를 반영하지 못한다고 쉽게 단정할 수 없다고 판시하였다.

는 것이 아니라 "당해 회사의 상황이나 업종의 특성 등을 종합적으로 고려하여 공정한 가액을 산정하여야 할 것"이라고 하여 폭넓은 재량을 허용하고 있다(대법원 2006. 11. 24, 2004마1022 결정(은평방송사건) 등).[1] 대법원은 세법상 평가방법을 택했다 하더라도 법령상 산식을 그대로 따르는 것이 부적절한 때에는 일부요소를 변경하여 적용해야 한다고 본다(대법원 2018. 12. 17, 2016마272 결정).[2]

기업 활력 제고를 위한 특별법과 주식매수청구권 특례

앞서 합병편에서 언급한 바와 같이 2016. 8. 13.부터 3년간 일정분야에 한시적으로 기업활력법이 적용된다. 기업활력법 제20조에 따르면, 반대주주의 주식매수청구는 주주총회 결의일로부터 10일(일반 합병은 20일) 이내에 이루어져야 하는 반면, 회사측이 매수하여야 하는 기간은 상장법인인 경우 6개월(일반 합병은 2개월) 이내, 상장법인은 3개월(일반 합병은 1개월) 이내로 연장되어 있다(기업활력법 20).

Ⅲ. 지배주주의 주식매도청구권: 소수주주의 축출[3]

1. 서 설

(1) 주주 제명의 금지와 주주의 축출

사원의 제명이 허용되는 합명회사나 합자회사의 경우(218(vi), 220, 269)와는 달리 주식회사에서는 폐쇄회사의 경우에도 주주의 제명은 허용되지 않는다(대법원 2007. 5. 10, 2005다60147 판결). 그러나 2011년 개정 상법은 주주가 다른 주주를 배제함으로써 동업관계를 해소할 수 있는 두 가지 방법을 정식으로 인정하였다. ① 이 곳에서 설명하는 지배주주의 주식매도청구권행사에 의한 소수주식의 강제매수 제도(360-24)와 ② 교부금합병(현금합병) (523(iv))이 그것이다. ②는 이미 설명하였으므로 이 곳에서는 ①만을 설명한다.

상법상 회사주식의 95% 이상을 보유한 지배주주는 '경영상 목적을 달성하기 위하여 필요한 경우' 소수주주가 보유하는 주식을 강제로 매수할 수 있는 권한이 있다(360-24(1)).[4] 이 제도가 도입되기 전에는 소수주주를 축출하기 위한 방안으로 예컨대 1만주를 1주로 병합하는

1) 일반적으로 대법원은 순자산가치를 중요 고려요소로 보지만, 관련자료가 제출되지 않았거나 순자산가치가 다른 평가방식에 의한 요소와 밀접하게 연관된 경우 순자산가치를 독립적 산정요소로 반영하지 않은 경우도 있다(대법원 2022. 7. 28, 2020마5054 결정).

2) 비상장주식의 매수가액 산정시 원심은 상속세 및 증여세법 및 시행령에 따라 평가기준일이 속한 사업연도의 순손익액을 제외하고 주당 수익가치를 계산하였다. 대법원은 상속세 및 증여세법 시행령 제56조 제1항을 그대로 따를 것이 아니라 위 순손익액을 포함시킴이 타당하다고 보아 원심을 파기하였다.

3) 이에 관한 문헌으로는 노혁준, "소수주주 축출제도의 도입에 관한 연구", 상사법연구 26-4(2008), 231면 이하 참조.

4) 이 조항은 독일 주식법(獨株 327a~327f)을 계수한 것이다.

것과 같은 높은 비율의 주식병합을 실행할 수 있는지 여부가 실무상 논의되었다. 그러나 이러한 소수주주 축출목적의 주식병합에 대해서는 주주평등원칙 위반 등의 이유로 그러한 주주총회 결의는 무효라는 주장도 유력하다. 그러나 소수주주 주식의 강제매수는 상법이 명시적으로 허용하고 있는 제도로 합헌이고 주주평등원칙에도 반하지 않는다고 볼 것이다.

(2) 기　능

가. 순 기 능

동업은 위험분담의 장점이 있는 반면 동업자 이익에 대한 고려 때문에 기동성 있는 결정이 어렵다는 단점이 있다. 이익충돌의 우려 때문에 효율적인 거래가 제한되는가 하면 주주총회의 소집과 운영에 비용과 시간이 소요된다. 동업의 효용보다 비용이 더 큰 경우에는 동업을 효과적으로 해소할 필요가 있다. 지배주주의 주식매도청구는 동업관계를 해소할 수 있는 편리한 수단이다.

나. 역 기 능

소수주주 주식의 강제매수는 지배주주가 이른바 **전략적 행동**을 택함으로써 남용할 여지가 있다. 예컨대 지배주주가 회사 전망이 좋아지는 상황에서 회사 발전의 혜택을 독점하기 위해서 소수주주 축출을 시도할 수 있다. 심지어는 지배주주가 주식평가를 왜곡하여 소수주주를 실제 가치보다 낮은 가격에 축출하려 할 수도 있다. 상법은 이러한 남용 가능성을 최소화하기 위해서 소수주주 주식의 강제매수를 매우 제한된 경우에만 인정한다.

(3) 교부금합병과의 비교

소수주주 주식의 강제매수는 후술하는 바와 같이 회사가 실질적으로 동업이 아닌 단독 기업에 접근하는 경우에만 가능하다. 따라서 가격산정만 제대로 이루어진다면 남용의 여지는 크지 않다. 그에 비하여 교부금합병은 특별결의요건만 충족하면 실행할 수 있으므로 남용의 여지가 더 크다. 합병이 서로 독립된 회사 사이에 행해지는 경우에는 당사회사 사이의 교섭이 남용의 여지를 거의 없앤다고 볼 수 있다. 그러나 우리 경제계에서 합병은 거의 모자회사나 계열회사 사이에서만 일어나고 있다. 이러한 상황에서는 교섭이 제대로 일어날 수 없기 때문에 결국 소수주주 보호가 중요한 과제로 대두된다.

2. 축출의 요건

(1) 주체: 지배주주

가. 특별지배주주

상법은 발행주식 총수의 95% 이상을 자기의 계산으로 보유하는 주주에게 그러한 권한을 인정하고 있다(360-24(1)).[1] 법문은 그러한 주주를 지배주주라고 부르고 있으나 이는 일반적인 용례에서 지배주주로 불리는 경우보다 훨씬 높은 기준이므로 혼란을 피하기 위해서 이곳에서는 특별지배주주라고 부르기로 한다.

상법은 '발행주식 총수'의 95% 이상이라고 하고 있으므로 의결권 없는 주식을 비롯한 모든 종류의 주식이 포함된다. 주식이라고 하고 있으므로 장차 주식을 발생시킬 수 있는 전환사채나 신주인수권부사채는 제외된다.[1] 자기주식은 배제되는 것으로 본다. 자기주식까지 포함하는 경우에는 자기주식 규모가 큰 회사에서는 대주주가 매도청구를 하는 길이 실질적으로 봉쇄되기 때문이다.[2] 그러나 판례는 상법 제360조의24 제1항은 회사의 발행주식총수를 기준으로 보유주식의 수의 비율을 산정하도록 규정할 뿐 발행주식총수의 범위에 제한을 두고 있지 않다는 이유로 자기주식도 발행주식총수에 포함된다고 한다(대법원 2017. 7. 14, 2016마230 결정).[3]

특별지배주주가 95%를 취득하는 방법에 대해서는 아무런 제한이 없다. 공개매수나 주주와의 사적 거래에 의하여 취득한 경우는 물론이고 합병이나 증자를 통해서 취득한 경우에도 강제매수가 허용될 것이다.

나. 자기의 계산

보유는 자기 계산으로 해야 하기 때문에 자기 명의지만 타인의 계산으로 보유하는 주식은 포함되지 않는다. 타인 명의지만 자기의 계산으로 보유하는 주식이 포함되는가에 대해서는 법적 안정성을 근거로 부정하는 견해가 유력하다.[4] 그러나 공동보유자나 일반 계열회사의 보유분을 합산하는 경우와는 달리 자기의 계산으로 보유하는 경우를 합산한다고 해서 법적 안정성을 크게 해치는 것은 아니고 소수주주 지위를 유지시켜 줄 필요가 더 큰 것도 아니다. 오히려 그러한 상황에서는 소수주주에게 후술하는 매수청구를 허용할 필요가 클 것이기 때문에 긍정설이 타당하다.

다. 합산의 대상

주식보유요건은 반드시 단독으로 충족해야만 하는 것은 아니다. 예외적으로 모회사와 자회사가 보유한 주식을 합산하며 회사가 아닌 지배주주가 발행주식총수의 50%를 초과하는 주식을 가진 다른 회사가 보유하는 주식도 특별지배주주 주식에 합산한다(360-24(2)).[5] 그러나

---

1) 일본 회사법은 90%를 기준으로 하고 있다(179(1)).

1) 노혁준, "2011년 개정 상법상 소수주주의 매수청구권에 관한 연구", 인권과 정의 429(2012), 131면.

2) 노혁준, 전게논문, 132면.

3) 나아가 이 판례에서는 95% 산정시 모회사와 자회사가 보유한 주식을 합산함에 있어 자회사가 보유하고 있는 자기주식은 모회사의 보유주식에 합산되어야 한다고 한다. 그리하여 A회사가 B회사의 84.96%를, B회사가 자기주식으로 13.14%를 각 보유하고 있고 이를 합산하면 98.1%가 되므로 A회사는 B회사의 특별지배주주에 해당한다고 판단하였다.

4) 노혁준, 전게논문, 123~126면.

5) 예컨대 자연인 A가 B회사의 주식 50%를 초과하는 주식을 보유하고 B회사가 C회사의 모회사인 경우에는 A, B, C의 보유주식을 모두 합산해야 할 것이다. 이 경우 어느 쪽이 매수의 주체가 되는가에 대해서는 의문이 있지만 어

이처럼 명시적으로 합산이 허용되는 관계가 아닌 제3의 주체와 공동으로 95% 요건을 충족하는 것은 불가능하다. 상법상 상장회사 소수주주권과 관련한 보유개념(542-6(8))이나 자본시장법상의 특별관계자(자시 133(3))와 같이 명시적인 근거가 없는 상황에서 비슷한 해석을 할 수는 없기 때문이다.

라. 주식보유요건의 판단시점

특별지배주주의 주식보유요건은 주주총회승인결의 시에 충족하고 있어야 한다.[1] 그러나 매매계약의 효력이 발생되는 매도청구 시에도 주식보유요건을 충족해야 한다고 볼 것이다. 주식보유요건을 갖추지 않은 자에게 매도청구권과 같은 특별한 권리를 인정할 이유가 없기 때문이다.

(2) 경영상 목적

상법은 '회사의 경영상 목적을 달성하기 위하여 필요한 경우'에만 강제매수를 허용한다(360-24(1)). 주주관리 및 주주총회의 운영비용을 줄이기 위한 것만으로는 부족하고 소수주주의 주주권 남용과 같은 추가적인 사정을 요하는 것이 아니냐는 의문이 있을 수 있다. 그러나 이미 95% 이상을 보유하는 주주가 존재하는 예외적인 상황에서 구태여 경영상 목적을 엄격히 요구함으로써 동업해소의 가능성을 제한할 이유는 없을 것이다. 따라서 특별지배주주가 주주관리와 주주총회 운영의 부담을 줄이기 위한 것이라는 점을 주장하면 족하다고 볼 것이다.[2]

(3) 절차적 요건

가. 주주총회의 승인

특별지배주주의 매도청구는 주주총회의 사전 승인을 요한다(360-24(3)). 매매의 당사자는 특별지배주주와 소수주주이지만 소수주주 보호를 위해서 주주총회 승인을 얻도록 한 것이다. 주주총회의 소집은 이사회 권한사항이므로 특별지배주주는 이사회에 주주총회 소집을 청구해야 할 것이다. 회사가 주주총회 소집을 통지할 때에는 다음 사항을 기재해야 하고 특별지배주주는 주주총회에서 그 내용을 설명해야 한다(360-24(4)).

① 특별지배주주의 회사주식 보유 현황
② 매도청구의 목적
③ 매매가액의 산정 근거와 적정성에 관한 공인된 감정인의 평가
④ 매매가액의 지급보증

느 쪽이든 모두 주체가 될 수 있다고 할 것이다. 노혁준, 전게논문, 126면.

1) 특별지배주주가 주주총회에서 주식보유현황을 설명해야 한다(360-24(4)(i))는 점도 그것을 전제하고 있다.

2) 독일 주식법도 유사한 규정을 두고 있으나(327a(1)) 경영상의 목적과 같은 특별한 사유를 요하지 않는다.

위에서 ①은 지배주주요건, ②는 '경영상 목적'요건이다. ④는 소수주주에 대한 지급을 확보하기 위한 것으로 금융기관의 잔고증명이나 대출약정을 제출하면 될 것이다. 가장 중요한 것은 ③으로 이에 대해서는 후술한다.

위의 사항은 소집통지에 기재해야 하지만 그것을 위해서는 특별지배주주가 주주총회 소집을 신청할 때에 회사에 제출해야 할 것이다. 이사회는 매도청구의 요건을 결한 것이 명백한 경우가 아닌 한 주주총회를 소집해야 할 것이다.

주주총회에서 특별지배주주는 위의 사항의 내용을 설명해야 한다(360-24(4)). 특별지배주주가 95% 이상의 주식을 보유하므로 주주총회에서 승인이 거부되는 경우는 상상하기 어렵다. 소수주주에 대한 주식매도청구와 관련하여 특별지배주주와 소수주주는 모두 상반되는 개인적 이익을 갖지만 어느 쪽도 특별이해관계인으로 볼 수는 없다. 그러므로 주주총회의 의의는 승인여부의 결정보다는 소수주주에 대한 정보제공에서 찾을 수 있다.

나. 매도청구에 관한 사전 공고와 통지

특별지배주주는 매도청구의 날 1개월 전까지 매매가액의 수령과 동시에 주권을 자신에게 교부하여야 한다는 뜻과 교부하지 아니할 경우 매매가액을 수령하거나 매매가액을 공탁한 날에 주권이 무효가 된다는 뜻을 공고하고 주주명부에 적힌 주주와 질권자에게 개별적으로 통지해야 한다(360-24(5)).[1] 이 통지는 형식적으로는 회사가 아니라 특별지배주주가 하는 것이므로 주주총회의 소집통지와는 별도로 하여야 한다. 공고와 통지는 매도청구의 날 1개월 전까지 하면 되고 반드시 주주총회 승인이 있은 후에 해야 하는 것은 아니다.

다. 소수주주에 대한 매도청구

특별지배주주는 주주총회 승인 후, 그리고 위의 공고와 통지 후 1개월 이상이 지난 날에 소수주주에게 주식의 매도를 청구할 수 있다(360-24(3), (5)). 매도청구는 반드시 위 통지와 별도로 해야 하는 것은 아니고 통지에 매도청구의 취지를 포함시킬 수도 있다. 다만 그 경우 매도청구의 효력발생일은 통지일로부터 1개월 이후로 해야 할 것이고 효력발생일까지의 기간 동안 주주의 변동이 있는 경우에는 새로운 주주에게 별도로 매도청구를 해야 한다. 매도청구는 소수주식 전부를 대상으로 하여야 한다(대법원 2020. 6. 11, 2018다224699 판결). 100% 지분획득으로 경영효율성을 향상시킨다는 취지로 특별히 도입된 제도이기 때문이다.

3. 매도청구의 효과

(1) 매매계약의 체결

특별지배주주가 소수주주에게 보유주식의 매도를 청구한 경우 소수주주는 2개월 이내에

---

1) 소재불명의 소수주주에 대한 통지와 매도청구는 결국 의사표시의 공시송달방법(민 113)에 의할 수밖에 없을 것이다.

지배주주에게 주식을 매도해야 한다(360-24(6)). 소수주주의 주식매수청구권의 경우와 마찬가지로 매도청구권은 형성권으로 본다. 따라서 매도청구와 동시에 특별지배주주와 소수주주 사이에는 아직 매매가액에 대한 합의가 없더라도 매매계약이 체결된 것으로 본다. 2개월 이내에 매도해야 한다는 의미는 주식매수청구권의 경우와 마찬가지로 매매계약의 이행을 가리키는 것으로 본다.

(2) 매매가액의 결정

매매가액은 특별지배주주와 소수주주 사이의 협의로 결정한다(360-24(7)).[1] 위에서 보는 바와 같이 주주총회를 소집할 때 매매가액을 제시하게 되어 있지만 이는 소수주주에 대해서 구속력이 없다. 매도청구일로부터 30일 내에 협의가 이루어지지 않은 경우에는 주식매수청구권의 경우와 마찬가지로 소수주주나 지배주주가 법원에 매매가액의 결정을 청구할 수 있다(360-24(8)).[2] 역시 주식매수청구권의 경우와 마찬가지로 법원은 회사의 재산상태와 그 밖의 사정을 고려하여 공정한 가액을 산정해야 한다(360-24(9)).[3] 다만 주식매수청구권의 경우와 달리 시장가격을 반영하는 것은 주의할 필요가 있다. 유동주식 수가 5% 미만으로 감소되는 경우에 주가는 소수주식 할인은 물론 유동성 부족으로 인한 할인을 반영할 수밖에 없기 때문이다.

(3) 주식의 이전

주식은 매매가액이 지급된 때에 이전되는 것으로 본다(360-26(1)). 소수주주를 알 수 없거나 소수주주가 그 수령을 거부할 경우에는 매매가액을 공탁할 수 있고 공탁한 날에 주식이 특별지배주주에게 이전된 것으로 본다(360-26(2)).[4] 매매가액을 공탁하면 소수주주가 소지한 주권은 무효가 된다(360-24(5)(ii)). 이때의 공탁할 매매가액은 지배주주가 일방적으로 산정하여 제시한 가액이 아니라 소수주주와 협의로 결정된 금액 또는 법원이 상법 제360조의24 제9항에 따라 산정한 공정한 가액으로 본다(대법원 2020. 6. 11, 2018다224699 판결).[5]

---

1) 주주평등원칙은 회사가 아닌 특별지배주주에게 적용되지 않으므로 특별지배주주가 나머지 주주를 평등하게 대우해야 할 의무는 없다. 따라서 특별지배주주가 주주별로 다른 가격에 합의하는 것도 가능할 것이다.

2) 매매가액결정사건은 상사비송에 해당하므로 비송사건절차법에 따라야 하지만 비송사건절차법에는 특별지배주주의 주식매도청구에 대한 규정은 없다. 따라서 성격상 유사한 주식매수청구권에 관한 규정을 유추적용하는 것이 타당할 것이다. 법무부 유권해석(상사법무과-83 2014. 1. 8).

3) 이는 영업양도의 경우의 주식매수청구권에 대한 규정과 동일한 문구로 되어 있다(374-2(5)).

4) 소수주주를 알기는 하지만 연락이 되지 않는 경우도 이에 포함되는 것으로 본다. 법무부 유권해석(상사법무과-83 2014. 1. 8).

5) 지배주주가 상당한 액수를 선의로 공탁하고자 할 때에도 그 효력을 인정받을 수 없는 문제가 주식매수청구권의 경우와 마찬가지로 발생한다. 이에 따라 지배주주는 나중에 확정되는 매매가액 전체에 대하여 고율(상사법정이율 6%)의 지연이자책임을 부담하게 된다. 반대주주 매수청구권의 경우와 마찬가지로 적어도 지배주주와 소수주주 간에 다툼이 없는 액수에 대하여는 입법적으로 일부 공탁을 허용할 필요가 있다. 제7장 제7절 Ⅱ. 5. (2) 참조.

Ⅳ. 소수주주의 주식매수청구권[1)]

1. 의 의

2011년 개정 상법상 특별지배주주가 존재하는 회사의 소수주주는 특별지배주주에 대하여 보유주식의 매수를 청구할 수 있다(360-25). 특별지배주주가 있는 경우 소수주주의 보유주식은 유동성이 떨어져 현실적으로 처분하기 어렵다. 또한 특별지배주주가 소수주주에 불리한 시점을 택하여 매도청구권을 행사할 위험도 있다. 소수주주의 주식매수청구권은 특별지배주주의 주식매도청구권과 균형을 맞추어 소수주주를 보호하기 위한 수단으로 도입한 것이다.

소수주주의 주식매수청구권은 특별지배주주의 주식매도청구권에 대응하여 인정되는 것이므로 양자는 여러 가지로 유사한 면이 있다(360-25(2)~(5), 360-26). 또한 매수청구의 상대방이 회사가 아닌 특별지배주주라는 점에서 반대주주의 주식매수청구권과 구별된다.

2. 행사의 요건

(1) 특별지배주주의 매도청구권과의 차이

소수주주의 매수청구권은 특별지배주주의 매도청구권과는 달리 남용의 우려가 적으므로 경영상 목적, 주주총회 승인, 사전공고 등의 요건은 필요하지 않다.

(2) 매수청구의 상대방

상법은 소수주주가 매수청구를 하는 상대방을 지배주주라고 하고 있지만(360-25(1)) 그것은 특별지배주주의 매도청구권에서 마찬가지로 특별지배주주를 의미한다.

(3) 매수청구의 주체

매수청구의 주체는 소수주주이다. 소수주주는 언제든지 특별지배주주에 대해서 보유주식의 매수를 청구할 수 있다(360-25(1)). 따라서 소수주주는 특별지배주주가 등장한지 상당한 시간이 경과한 후에도 주식매수를 청구할 수 있다.

소수주주의 매수청구는 반드시 모든 소수주주가 공동으로 할 필요는 없다. 개별적인 매수청구는 물론이고 보유주식의 일부에 대한 매수청구도 구태여 금할 이유가 없을 것이다.

(4) 매수청구의 방법

상법은 소수주주의 매수청구 방법에 관하여 구체적으로 규정하고 있지 않다. 그렇지만 사후 분쟁을 예방하는 차원에서 서면으로 행사하는 것이 바람직할 것이다. 매매가액은 소수주주와 지배주주가 협의로 결정해야 하므로(360-25(3)) 매수청구 시에 반드시 제시해야 하는 것은 아니다.

---

1) 이에 관한 상세한 문헌으로는 노혁준, 전게논문, 116면 이하.

3. 행사의 효과

소수주주가 지배주주에 대하여 매수청구권을 행사하는 경우 지배주주는 소수주주가 매수를 청구한 날[1]로부터 2개월 내에 소수주주로부터 그 주식을 매수해야 한다(360-25(2)). 특별지배주주는 승낙 여부와 무관하게 매수의무를 부담한다는 점에서 소수주주의 매수청구권도 반대주주의 주식매수청구권과 마찬가지로 형성권으로 볼 것이다. 따라서 매수청구권이 적법하게 행사되면 소수주주와 특별지배주주 사이에 주식의 매매에 관한 계약이 체결된 것으로 본다.

4. 매매가액의 결정

매매가액은 매수를 청구한 주주와 특별지배주주 간의 협의로 결정한다(360-25(3)). 매수청구를 받은 날부터 30일 이내에 그 협의가 이루어지지 아니하는 경우 특별지배주주나 매수를 청구한 소수주주는 법원에 매매가액의 결정을 청구할 수 있다(360-25(4)). 법원은 매매가액의 결정시 "회사의 재산상태와 그 밖의 사정을 고려하여 공정한 가액으로 산정하여야 한다"(360-25(5)).

5. 주식의 이전

주식은 특별지배주주가 매매가액을 소수주주에게 지급한 때에 이전된 것으로 본다(360-26 (1)).[2]

---

1) 도달주의 원칙상 지배주주가 청구를 받은 날이 기산일이다.
2) 소수주주의 매수청구에 의하여 개시되는 절차이므로 지배주주의 공탁에 의하여 주식이 이전하는 경우(360-26(2))는 거의 없을 것이다.

제 8 장

기타의 중요한 변경

제 1 절

정관변경

Ⅰ. 서 설

1. 의 의

주식회사의 정관변경이란 회사의 조직과 활동에 관한 근본규칙인 실질적 의의의 정관을 변경하는 것을 말한다. 정관을 구성하는 절대적 기재사항, 상대적 기재사항, 임의적 기재사항의 어느 부분을 변경하는 것도 정관변경에 해당한다. 기존 규정을 삭제하거나 수정하는 것은 물론이고 새로운 규정을 추가하는 것도 정관변경에 포함된다. 나아가 내용과 관계없이 표현만을 수정하는 것도 정관변경으로 본다.

2. 정관변경의 한계

정관변경이 가능한 범위에 대해서는 특별한 제한이 없다. 따라서 공서양속이나 강행법규에 위반되지 않는 한 변경이 가능하다. 회사의 목적이나 상호와 같은 중요 사항도 변경할 수 있다. 또한 정관에 특정 규정을 변경할 수 없다는 규정을 둔 경우에도 그 불변경 조항 자체를 변경함으로써 변경이 가능하다.

Ⅱ. 정관변경의 절차

1. 주주총회의 특별결의

정관변경은 주주총회 특별결의를 요한다(433(1), 434). 결의요건을 정관으로 완화할 수는 없으나 가중하는 것은 가능하다. 정관변경을 위한 총회소집의 통지와 공고에는 의안의 요령을 기재해야 한다(433(2)).

2. 종류주주총회

회사가 종류주식을 발행한 경우에 정관변경이 어느 종류주식의 주주에게 손해를 미칠 때에는 주주총회 결의 외에 그 종류주식의 주주의 총회 결의도 필요하다(435(1)).[1] 결의요건은 출석주주 의결권의 2/3 이상이고 그 종류의 발행주식총수의 1/3 이상이다(435(2)). 종류주주총회에는 의결권 없는 주식에 관한 규정을 제외하고는 주주총회에 관한 규정이 모두 준용된다(435(3)). 따라서 일반 주주총회(363(7))에서와는 달리 의결권 없는 주식에 대해서도 통지를 요한다. 종류주주총회의 결의가 없는 정관변경은 무효이다. 대법원은 회사가 정관변경이 우선주주에 손해를 미치지 않는다는 이유로 종류주주총회의 개최를 명시적으로 거부한 사안에서 우선주주는 주주총회 결의의 불발효확인을 구할 것이 아니라 정관변경의 무효확인을 구해야 한다고 판시한 바 있다(대법원 2006. 1. 27, 2004다44575, 44582 판결(삼성전자 종류주주총회)).[2]

3. 기타의 절차

(1) 반대주주의 주식매수청구권

정관변경은 회사의 중요한 변경임에도 불구하고 현행 상법에서는 이에 반대하는 주주에게 주식매수청구권을 부여하지 않는다.[3]

(2) 공증인의 인증

주식회사의 원시정관은 공증인의 인증을 받음으로써 효력이 발생하는 것이 원칙이다(292본). 그러나 일단 작성된 정관의 변경은 주주총회 특별결의만으로 유효하다. 대법원도 서면인 정관이 고쳐졌는지 여부, 변경 내용이 등기사항인 때의 등기 여부, 공증인의 인증 여부는 정관변경의 효력발생에 영향을 미치지 않는다고 본다(대법원 2007. 6. 28, 2006다62362 판결).

(3) 회사분할

회사분할을 하는 경우에는 존속회사나 흡수회사의 정관이 변경되는 경우에는 분할계획서나 분할합병계약서에 그 사항을 기재해야 한다(530-5(2), 530-6(1)). 그 경우에는 별도의 정관변경절차 없이 분할절차만으로 바로 정관변경의 효과가 발생한다.

---

1) 대법원은 종류주주에게 손해를 미치는 경우에는 "외견상 형식적으로는 평등한 것이라 하더라도 실질적으로는 불이익한 결과를 가져오는 경우도 포함되며, 나아가 어느 종류의 주주의 지위가 정관의 변경에 따라 유리한 면이 있으면서 불이익한 면을 수반하는 경우"도 포함된다고 하고 있다(대법원 2006. 1. 27, 2004다44575, 44582 판결(삼성전자 종류주주총회)). 제4장 제2절 Ⅷ. 2. 참조.

2) 종래 일부 학설은 정관변경에 종류주주총회 결의가 필요함에도 이것이 흠결되면 정관변경에 관한 주주총회결의가 불발효한다고 설명하였으나, 대법원은 주주총회결의 자체에는 문제가 없고 다만 정관변경의 효력이 없다고 본 것이다. 제4장 제2절 Ⅷ. 4. 참조.

3) 일본 회사법은 정관변경의 경우에도 반대주주의 주식매수청구권을 인정하고 있다(日會 116(1)(i), (ii)).

규제법상 주무관청의 통제

종래 금융, 통신 등 규제산업에 속하는 회사의 정관변경에 대해서는 특별법에서 주무관청의 승인을 요하는 경우가 있었다. 최근에는 이러한 통제는 대폭 사라졌지만 예컨대 은행법(은행 47(i)), 금융지주회사법(6-2(1)), 보험업법(126)에서는 정관변경 시에 주무관청인 금융위원회에 보고하도록 하고 있다.

Ⅲ. 정관변경의 효력

1. 효력발생의 시기

정관변경의 효력은 주주총회 결의가 성립함과 동시에 발생한다. 따라서 예컨대 이사 정원을 증가시키는 정관변경을 결의한 후 바로 같은 주주총회에서 다음 안건으로 이사를 추가 선임할 수 있다. 정관변경의 내용을 정관이 기재된 서면에 반영하는 것은 정관변경의 효력발생 요건이 아니다. 정관변경은 조건부나 기한부로 할 수 있다.[1)]

2. 등기사항의 변경등기

정관변경 자체는 등기사항이 아니다. 그러나 정관변경의 결과 등기사항이 변경되면 본점 소재지에서 2주일 내에 변경등기를 하여야 한다(317(4)→183). 이 경우에도 변경등기는 정관변경의 효력발생요건이 아니다(대법원 2007. 6. 28, 2006다62362 판결).

---

1) 조건부로 할 수 없다는 반대설로는 이철송30, 979면. 정관변경을 조건부로 할 필요가 있는 예로, 기업인수 또는 합작투자에 있어 거래종결(closing) 전에 주주총회결의를 통해 정관을 변경하면서 거래종결을 조건으로 정관변경이 효력이 발생하도록 하는 경우가 있다. 예컨대 A가 대주주이던 주식회사에 B가 신주인수를 통해 2대 주주로 새로 참여하면서 주주총회 및 이사회 등에 관한 정관조항의 변경을 요구한 경우, 주금납입 전에 정관변경 결의를 하면서 주금납입을 조건으로 발효되도록 하면 양측의 이해관계를 모두 충족시킬 수 있다. 특히 주주총회 소집 및 결의에 장시간이 소요되는 상장회사의 경우 이러한 필요성이 크다.

제 2 절

자본금의 감소

Ⅰ. 의 의

자본금의 감소(감자)란 회사가 자본금을 감소시키는 것이다. 자본금의 감소는 회사재산의 환급이 일어나는지 여부에 따라 형식적 감자와 실질적 감자로 나눌 수 있다. **형식적 감자**는 주로 회사의 순자산이 자본금과 법정준비금에 미달하여 결손이 생긴 경우에 그 결손을 전보하기 위한 목적으로 행해진다. 이 경우에는 순전히 계산상의 조작만이 일어날 뿐이고 회사재산의 외부유출은 발생하지 않으므로 **무상감자**라고 불린다. 무상감자의 경우에는 감자 결과 순자산이 자본금과 일치하거나 초과하게 됨에 따라 장차 이익배당의 가능성이 높아진다.

반면 **실질적 감자**는 회사재산이 주주에게 환급되는 경우로 보통 **유상감자**로 불린다. 사정의 변화로 회사재산과 자본금이 필요한 규모를 초과하여 회사재산을 주주에게 반환할 필요가 있는 경우이다. 이는 이익배당, 자기주식 취득과 함께 주주에게 자금을 반환하는 방안에 속한다.

감자차익

형식적 감자로 감소된 금액이 결손액보다 더 큰 경우나 실질적 감자에서 감소된 금액이 주주에게 환급된 금액보다 큰 경우에는 그 차액을 감자차익이라고 한다. 감자차익은 원래 주주 출자의 일부이고 사업에 의하여 얻은 이익이 아니기 때문에 자본준비금으로 적립한다.[1)]

Ⅱ. 주주와 채권자의 이해관계

1. 회사와 주주의 이익

감자에 대한 회사와 주주의 이해관계는 별로 크지 않다. 회사의 재산을 감소시키지 않는 형식적 감자에 대해서 회사와 주주가 이해관계가 없는 것은 당연하다. 실질적 감자에 대한 주

1) 2011년 개정 전 상법은 그 취지를 명시하였다(구상 459(1)(ii)). 2011년 개정 상법은 명시적 규정은 없지만 해석상 마찬가지로 처리해야 할 것이다.

주의 참여를 정당화하는 논리로는 두 가지를 생각해볼 수 있다. 하나는 회사재산이 주주에게 환급된다는 점에서 실질적 감자는 기능적으로 이익배당과 유사하기 때문에 일관성을 유지하기 위해서는 주주총회 결의사항으로 해야 한다는 점이다. 다른 하나는 실질적 감자가 일종의 일부청산에 의한 사업규모 축소의 효과를 갖는 경우에는 그것을 회사의 근본적 변경에 해당한다고 볼 수 있다는 것이다.

감자절차에 하자가 있어 무효임에도 감자환급금이 지급된 경우, 회사는 해당 금원만큼 손해를 입은 것이므로 고의 또는 과실로 이를 주도한 이사를 상대로 상법 제399조 제1항의 손해배상청구를 할 수 있다(대법원 2021. 7. 15, 2018다298744 판결). 이사가 감자절차는 제대로 밟았으나 유상소각되는 주식의 가치를 시가보다 높이 평가하여 환급금을 지급한 경우는 어떠한가? 이사의 배임이 문제된 사안에서 대법원은 원칙적으로 이사의 임무위배가 없다고 보았다. 즉 유상감자를 통해 회사 재산이 감소하더라도 동시에 주주의 회사에 대한 지분 가치도 감소하게 되므로, 주주평등원칙 및 상법상 감자절차를 준수했다면 원칙적으로 회사의 손해가 없다고 보았다. 다만 감자는 회사채권자 및 회사존속에 부정적 영향을 미칠 수 있는바, 감자로 인해 과다한 자산이 유출되고 이로 인해 회사의 경영과 자금 운영에 구체적이고 현실적인 위험이 초래되었다면 이사의 임무위배 및 회사의 손해를 인정할 수 있다고 판단했다(대법원 2025. 10. 16, 2020도17272 판결). 저가의 주주배정 신주발행에 임무위배를 인정하지 않은 기존 판례(대법원(전) 2009. 5. 29, 2007도4949 판결)에 비추어 볼 때 이사의 임무위배를 원칙적으로 부정한 위 판결은 타당해 보인다. 모든 주주들에 대한 저가발행이 주주간 부의 이전 문제가 없고 회사 손해가 없다고 본다면, 그 반대현상인 모든 주주들에 대한 고가환급 역시 (채권자 보호 및 회사 경영에 문제가 발생하지 않는 이상) 마찬가지로 해석해야 하기 때문이다.

2. 채권자의 이익

실제로 감자에 대해서 제일 이해관계가 큰 것은 채권자라고 할 것이다. 선순위권리자인 채권자가 후순위권리자인 주주에게 회사재산이 유출되는 실질적 감자에 대해서 이해관계를 갖는 것은 당연하다. 채권자 이의절차가 규정된 것은 그러한 채권자를 보호하기 위해서이다. 형식적 감자의 경우에는 배당가능이익 산정 시의 공제항목인 자본금이 감소함에 따라 앞으로 배당의 가능성이 높아지는 것은 사실이다. 그러나 단순히 그러한 가능성을 통제하기 위해서 구태여 채권자 이의절차까지 둘 필요는 없을 것이다.[1] 상법은 결손보전을 위한 형식적 감자의 경우에는 채권자 이의절차를 면제하고 있다(439(2)단).

---

1) 독일 주식법에서는 형식적 감자의 경우에는 이익배당이 제한될 뿐(獨株 233) 실질적 감자에서와 같은 채권자보호절차(獨株 225)는 적용되지 않는다.

Ⅲ. 자본금감소의 방법

액면주식의 경우 자본금을 감소하는 방법으로는 크게 ① 주식수의 감소와 ② 권면액의 감소, 두 가지를 생각해볼 수 있다.[1] 두 가지 중 보다 보편적인 방법인 ① 주식수 감소는 주식병합이나 주식소각에 의하여 행한다. 형식적 감자라면 주식병합(440~444)이나 무상소각, 실질적 감자라면 유상소각에 의할 것이다.

② 권면액 감소는 액면의 인하를 주주에 통지함으로써 행한다. 형식적 감자라면 금액을 감축하는 것으로 충분하지만 실질적 감자라면 일부환급이 수반될 것이다. 액면은 정관기재사항(289(1)(iv))이기 때문에 정관변경의 절차도 필요하다. 그러나 실제로 ②의 예는 찾아보기 어렵다.

한편 무액면주식을 발행한 경우에는 자본금과 발행주식총수가 관련이 없으므로 감자는 주식수의 감소와 관계없이 할 수 있다. 다만 액면주식을 무액면주식으로 전환하거나 무액면주식을 액면주식으로 전환함으로써 자본금을 변경하는 것은 허용되지 않는다(451(3)). 액면주식을 무액면주식으로 전환하는 경우 무액면주식을 몇 주 발행할 것인지에 대해서는 제한이 없다. 그러나 무액면주식을 액면주식으로 전환하는 경우 자본금의 변동이 허용되지 않으므로 발행주식총수나 액면가를 조정할 필요가 있다. 예컨대 자본금 1억원의 회사에서 무액면주식을 액면주식으로 전환하는 경우, 권면액을 1만원으로 하는 경우에는 발행주식수는 1만주로 제한된다.

자본금감소는 모든 주주에 대하여 그 지분율에 따라 균등하게 하여야 한다. 다만 불이익을 받는 주주의 동의가 있는 경우에는 주주별로 감자비율이나 감자대가를 달리하는 차등감자도 가능하다. 실무상으로도 차등감자는 종종 이루어지고 있는데, 특히 회생절차 또는 기업구조조정절차가 진행 중인 회사에서 대주주에게 불리하게 자본금 감소가 이루어지는 경우가 많다. 등기실무상으로도 불이익을 받는 주주의 동의가 있으면 자본금감소 등기를 허용한다.[2]

Ⅳ. 절 차[3]

1. 주주총회 특별결의

자본금의 감소에는 주주총회 특별결의가 필요하다(438(1)→434). 2011년 개정 상법은 결손보전을 위한 자본금감소는 보통결의(368(1))만으로 가능하도록 완화하였다(438(2)). 감자결의에서는 감소의 방법을 정해야 한다(439(1)). 감자의안의 주요내용은 주주총회의 통지(363)에 표시

1) 이론상으로는 두 가지를 동시에 실행하는 것도 가능할 것이다.
2) 상업등기실무 Ⅱ, 법원행정처, 2017, 305면.
3) 자본금감소 절차의 상세한 실무상 쟁점, 특히 상장회사의 자본금감소 시의 주요 절차에 관하여는 이동건 · 박동준, "상장회사의 자본금 감소에 관한 쟁점", BFL 117(2023), 54~78면.

해야 한다(438(3)).

2. 채권자 이의절차

감자에는 채권자 이의절차를 거쳐야 한다(439(2)→232). 즉 회사는 자본금감소의 결의가 있은 날부터 2주 내에 회사채권자에 대해 자본금감소에 이의가 있으면 일정한 기간(1월 이상이어야 함) 내에 제출할 것을 공고하고, 알고 있는 채권자에게는 따로따로 이를 최고하여야 한다(232(1)). 이의제출기간 내에 이의가 없으면 자본금감소를 승인한 것으로 보아 절차를 진행하면 된다(232(2)). 이의제출기간 내에 이의를 제출한 채권자가 있는 때에는 회사는 채무를 변제하거나, 상당한 담보를 제공하거나, 변제 또는 담보를 목적으로 상당한 재산을 신탁회사에 신탁하여야 한다(232(3)). 2011년 개정 상법에서는 결손 보전목적의 감자의 경우에는 그 절차를 면제하고 있다(439(2)단). 사채권자가 이의를 제기하려면 사채권자집회의 결의를 요한다(439(3)).[1)]

3. 주식의 병합 · 소각

자본금감소를 주식병합 또는 주식소각 방식으로 할 때에는 주식병합(440~443) 또는 주식소각(343(2)→440, 441)에 관한 절차를 따라야 한다. 즉 주식병합과 주식소각 모두 1월 이상의 기간을 정하여 주권제출을 공고·통지하여야 하고,[2)] 주식병합의 경우 신주권을 교부하는 절차가 추가된다. 이에 관하여는 제3장 제8절에서 상술하였다.

전자등록된 주식의 경우에는 구주권제출 절차를 거치지 않고 회사가 정한 일정한 날(병합기준일)에 주식이 병합된다는 뜻을 그 날부터 2주 전까지 공고하고 주주명부에 기재된 주주와 질권자에게 개별적으로 통지해야 한다(전등65(1)). 이는 주식의 소각 및 분할의 경우에도 적용된다(전등65(3)). 즉 주권이 발행된 경우에는 구주권 제출기간이 1개월 이상이지만, 전자증권법이 적용되면 2주로 단축되는 셈이다.

한편 자본금감소를 액면감액 방식으로 하는 경우에는 주권의 기재사항이 변경되므로 구주권을 제출받아 신주권과 교환해야 하며, 그 절차는 주식병합에 준하여야 할 것이다(440~442). 다만 액면감액 시에는 주식병합과 달리 단주가 발생하지 않으므로 단주처리에 관한 제443조는 적용이 없다.

---

1) 감자절차에서 이의를 제출할 수 있는 채권자는 회사법률관계의 획일적 처리의 관점에서 적어도 감자 당시 그 채권의 존재가 확정되어 있는 채권자일 것이 요구된다고 본 하급심 판결이 있다(서울고등법원 2003. 5. 13, 2002나65037 판결).

2) 그 취지는 신주권을 수령할 자를 파악하고 구주권을 회수하여 그 유통을 방지하려는 데에 있다. 사실상 1인 회사에서 주식병합에 관한 주주총회의 결의를 거친 경우에는 이러한 필요성이 있다고 보기 어려우므로, 주식병합에 관한 주주총회 결의에 따라 그 변경등기가 경료되었다면 주권제출공고 절차를 거치지 않았더라도 변경등기 무렵에 주식병합의 효력이 발생한다는 판례가 있다(대법원 2005. 12. 9, 2004다40306 판결).

V. 자본금감소의 효력

1. 효 력

자본금감소의 효력은 이상의 절차가 종료한 때에 발생한다. 권면액만을 감소하는 경우에는 채권자 이의절차가 완료하는 때에 발생한다. 한편 주식의 병합이나 소각이 수반되는 경우에는 그 절차가 완료되는 시점과 채권자 이의절차의 완료시점 중 늦은 시점이다. 주식이 전자등록된 회사의 경우에는 병합기준일(=소각기준일) 및 채권자 이의절차가 완료된 시점 중 늦게 도래하는 시점에 감자의 효력이 발생한다(전등65(2)).

자본금의 액은 등기사항이다(317(2)(ii)). 따라서 감자는 변경등기사항이다(317(4)→183). 그러나 등기를 하지 않더라도 감자의 효력에는 영향이 없다.

2. 자본금감소 무효의 소

자본금감소의 무효는 소로써만 주장할 수 있다(445). 이는 형성의 소이다(대법원 2009. 12. 24, 2008다15520 판결). 상법은 무효사유를 명시하고 있지 않지만 감자결의의 하자, 채권자 이의절차의 불이행, 주주평등원칙 위반 등을 들 수 있다. 판례는 "자본금감소의 방법 또는 기타 절차가 주주평등의 원칙에 반하는 경우, 기타 법령 · 정관에 위반하거나 민법상 일반원칙인 신의성실의 원칙에 반하여 현저히 불공정한 경우"에 이를 제기할 수 있다고 한다(대법원 2020. 11. 26, 2018다283315 판결).

감자결의에 하자가 존재하는 경우 원칙적으로 감자무효의 소에 의해서만 그 효력을 다툴 수 있고(대법원 2010. 2. 11, 2009다83599 판결),[1] 일반 민사상의 소로써 무효확인을 구하거나 다른 소송에서 선결문제로 감자무효를 주장할 수는 없다(대법원 2009. 12. 24, 2008다15520 판결). 예컨대 감자에 관한 주주총회결의에 취소사유가 있는 경우, 아직 감자의 효력이 발생하기 전에는 주주총회결의 취소의 소를 제기하여야 하지만 감자의 효력이 발생하면 감자무효의 소로 변경하여야 한다. 다만 감자의 절차적, 실체적 하자가 극히 중대하여 감자의 실체가 존재하지 않음에도 감자의 변경등기 등 외관이 존재하는 경우, 확인의 이익이 있는 자는 일반 민사상 확인의 소로서 '감자부존재확인의 소'를 제기할 수 있을 것이다(대법원 2009. 12. 24, 2008다15520 판결 참조). 한편 감자절차상 하자를 초래한 이사의 손해배상책임을 추궁하는 소는 감자무효 판결의 확정여부와 무관하게 제기할 수 있다(대법원 2021. 7. 15, 2018다298744 판결).

감자무효의 소의 제소권자는 주주, 이사, 감사, 청산인, 파산관재인, 감자를 승인하지 않은 채권자이고, 피고는 회사이다(445). 제소기간은 변경등기일로부터 6월이다. 감자결의에 취

1) 따라서 원고가 감자결의 무효확인의 소를 제기한 경우에도 법원은 원고의 의사가 감자무효의 소를 제기하는 것인지를 분명하게 정리하도록 석명하여야 한다(대법원 2010. 2. 11, 2009다83599 판결).

소사유가 있었다면 결의일로부터 2개월 내에 감자무효의 소를 제기해야 한다는 견해도 있으나,[1] 그러한 경우에도 변경등기일로부터 6월이라는 제소기간은 변함이 없다고 보아야 한다. 감자절차가 완료하여 감자의 효력이 생긴 이상 그 등기 전에도 소를 제기할 수 있다.

본점 소재지 지방법원의 전속관할(446→186), 소제기의 공고(446→187), 소의 병합심리(446→188), 재량기각판결(446→189),[2] 제3자에 대한 기판력(446→190본), 패소원고의 책임(446→191), 무효의 등기(446→192), 제소주주의 담보제공의무(446→377) 등에 관해서는 회사설립무효의 소와 주주총회결의취소의 소에 관한 규정이 준용되고 있다.

설립무효판결효력의 불소급에 관한 규정(190단)이 준용되지 않으므로 상법의 문언상 자본금감소무효 판결의 효력은 소급한다고 해석된다. 다만 그와 같이 자본금감소무효판결의 소급효를 인정할 경우 자본금감소를 통해 소각 또는 병합된 주식의 효력도 소급적으로 되살아나서, 자본금감소의 효력발생일로부터 자본금감소 무효판결의 확정일까지의 기간 동안 이러한 주식에 대해 소급적으로 주주권(의결권, 이익배당수령권 등)을 인정해야 하는 문제가 생긴다. 그렇다면 그 기간 동안 있었던 주주총회의 결의에도 하자가 있었던 것으로 인정될 수 있고 이익배당 등을 소급하여 지급해야 하는지 여부도 문제된다. 이는 신주발행무효의 소에 대해 소급효를 배제하는 상법의 태도(431(1))와 모순되는 면도 있다. 이에 조문상 제190조 단서가 준용되지 않음에도 불구하고 법률관계의 안정을 위해 소급효가 제한된다는 반론도 유력하다.[3]

---

1) 송옥렬9, 899.

2) 감자무효의 소를 재량기각하기 위해서는 원칙적으로 하자의 보완을 요하지만 그 하자가 추후 보완될 수 없는 성질의 것으로서 감자결의의 효력에 아무런 영향을 미치지 않는 경우에는 하자의 보완이 없더라도 '회사의 현황 등 제반 사정을 참작하여' 감자를 무효로 하는 것이 부적당하다고 인정한 때에는 재량기각할 수 있다(대법원 2004. 4. 27, 2003다29616 판결).

3) 이철송30, 975면. 일본회사법은 명문으로 자본금감소무효판결의 소급효를 제한한다(日會 839→834v).

제 3 절

조직변경

Ⅰ. 조직변경의 의의

기업은 사업목적에 가장 적합한 기업형태를 선택할 자유가 있다.[1] 기업형태 선택의 자유는 사업개시 후에도 보장되므로 기업은 여건변화에 따라 자유롭게 형태를 변경할 수 있다. 상법상 조직변경은 이러한 기업형태의 변경을 돕기 위한 제도이다.

상법상 회사의 조직변경은 회사가 그 법인격의 동일성을 유지하면서 다른 종류의 회사로 법적 형태를 변경하는 것을 말한다(대법원 2012. 2. 9, 2010두6731 판결). 따라서 다른 형태의 회사로 변경하고자 하는 회사가 해산하고 새로운 회사를 설립하는 번거로운 절차를 밟을 필요 없이 조직변경을 통해서 법적 형태를 변경할 수 있다. 새로 법인격이 창조되는 것은 아니라는 점에서 회사설립과 구분된다.

상법상 조직변경은 회사형태의 기업에만 허용된다. 따라서 조합이 인적회사로 전환하거나 인적회사가 조합으로 변경하는 것은 허용되지 않는다. 또한 상법은 조직변경이 허용되는 경우를 회사의 종류에 따라 제한하고 있다. 따라서 조직변경은 ① 합명회사와 합자회사(242, 286), ② 주식회사와 유한회사(604, 607), ③ 주식회사와 유한책임회사(287-43) 사이에서만 허용된다. 이처럼 사원의 책임형태가 유사한 회사 사이의 조직변경만 인정하는 이유는 사원의 책임이 달라지면 회사채권자의 이익이 영향을 받기 때문이다.[2] 이런 관점에서 보면 상법이 사원이 유한책임을 진다는 점에서 같은 유한회사와 유한책임회사 사이의 조직변경을 규정하지 않은 것은 입법론상 의문이 있다.[3] 조직변경이 허용되지 않은 회사 사이에서 조직변경을 하려면 먼저 원하는 형태의 회사를 자회사로 설립하고 기존 회사를 자회사에 흡수합병시키는 방식 또는 조직변경이 허용되는 유형의 회사로 조직변경을 한 후 다시 희망하는 유형의 회사로 조직

---

1) 일부 규제산업에서는 사업형태를 주식회사로 제한하는 경우가 있다.

2) 독일 조직변경법(Umwandlungsgesetz)은 인적회사와 물적회사 사이의 조직변경은 물론이고 회사를 조합으로 조직변경하는 것도 허용하고 있다(191(1), (2)).

3) 현재 법체제 하에서 유한회사가 유한책임회사로 조직변경하려면 (i) 유한회사에서 주식회사로의 변경과, (ii) 주식회사에서 유한책임회사로의 변경을 순차로 거쳐야 하는 번거로움이 있다.

변경을 하는 방식으로 달성할 수 있다. 이하에서는 위 세 유형 중 ② 주식회사와 유한회사 사이의 조직변경, 특히 주식회사가 유한회사로 조직변경하는 경우를 중심으로 설명한다.

Ⅱ. 조직변경의 절차 및 효과

1. 주주총회의 결의

주식회사가 유한회사로 조직변경하기 위해서는 주주 전원일치에 의한 총회 결의가 필요하다(604(1)). 사채상환을 완료하지 않은 경우에는 조직변경이 허용되지 않는다(604(1)단).

주주총회에서는 정관 기타 조직변경에 필요한 사항을 정하여야 한다(604(3)). 유한회사의 자본금을 정할 때 회사에 현존하는 순재산액을 초과할 수 없다(604(2)). 유한회사도 물적회사이므로 자본충실을 기할 필요가 있기 때문이다. 순재산액이 자본금에 미달하는 경우에는 위 결의 당시의 이사와 주주는 회사에 대해서 연대하여 그 부족액을 지급할 책임이 있다(605(1)). 이사의 책임은 총사원 동의로 면제할 수 있지만 주주의 책임은 면제할 수 없다(605(2)→550(2), 551(2), (3)).

2. 채권자 이의절차

무한책임사원이 존재하는 인적회사의 조직변경에서는 채권자 이의절차를 요하지 않지만 주식회사의 조직변경에서는 합병에서의 채권자 이의절차가 준용된다(608→232). 그러나 합병과 달리 회사의 동일성이 유지되는 조직변경의 경우에 채권자 이의절차가 필요한 이유는 분명치 않다.

3. 조직변경의 등기

주식회사가 유한회사로 조직변경하는 경우 주식회사는 해산등기, 그리고 유한회사는 설립등기를 하여야 한다(606). 해산등기와 설립등기는 등기의 기술적 처리를 위한 형식에 지나지 아니하므로 조직변경을 주식회사가 해산되고 유한회사가 신설되는 것으로 볼 것은 아니다. 조직변경의 효력은 등기 시에 발생한다.

4. 조직변경의 효과

주식회사가 유한회사로 조직변경이 되는 경우에도 법인의 동일성은 유지된다. 한 회사가 소멸하고 다른 회사가 그 권리, 의무를 포괄적으로 승계하는 합병과 달리 조직변경 결과 주식회사의 권리의무는 별도의 승계절차 없이 유한회사로 이전된다. 따라서 주식회사의 부동산인 경우 유한회사로의 이전등기가 아닌 변경등기를 해야 한다. 조직변경은 소송절차 중단사유가 아니므로 조직이 변경된 유한회사는 소송절차를 수계할 필요 없이 당사자 표시정정만 하면 된다(대법원 2021. 12. 10, 2021후10855 판결). 조직변경 전 주식을 목적으로 하는 질권은 유한회사의 지분에 대해서 행사할 수 있다(604(4)→601(1)→339). 다만 질권자가 출자좌수와 질권자의 성명 및 주소를 사원명부에 기재하지 않고서는 회사나 제3자에게 질권을 대항할 수 없다(601(2)).

5. 조직변경의 무효

상법은 명시하고 있지 않지만 조직변경 절차에 중대한 결함이 있으면 그 조직변경은 무효이다. 중대한 결함의 예로는 총사원의 동의가 없거나 그 동의에 하자가 있는 경우 등을 들 수 있다. 조직변경이 무효인 경우에도 변경후 회사가 사업에 착수하여 증자를 한 경우에는 상법 제328조를 유추적용하여 소만으로써 그 조직변경의 무효를 주장할 수 있으며 또 무효판결이 확정된 때에는 해산의 경우에 준하여 청산절차를 밟아야 한다. 조직변경의 무효에는 설립무효의 소에 관한 규정(184~192)이 유추적용되는 것으로 본다.

Ⅲ. 주식회사와 유한책임회사 사이의 조직변경

주식회사와 유한책임회사 사이에 조직변경을 할 때에도 총주주나 총사원의 동의가 필요하다(287-43). 유한책임회사의 경우에는 유한회사의 경우와는 달리 정관자치에 의한 결의요건 완화가 명시되지 않는다. 유한책임회사와의 조직변경에 관해서도 채권자 이의절차, 자본금이나 발행가액총액의 순재산액 초과금지, 부족액 전보책임 등에 대해서는 주식회사와 유한회사 사이의 조직변경에 관한 규정이 준용된다(287-44→232, 604~607).

제4절
영업양수도 이외의 경영관련계약

Ⅰ. 서　　설

상법은 영업양수도를 포함한 회사의 영업에 관한 중요한 계약에 대해서 주주총회 특별결의를 요하고 있다(374(1)). 다만 2015년 개정 상법은 특별결의 요건의 예외로서 간이 영업양수도 제도를 도입한 바 있다. 같은 논리로 일방 당사자가 상대방 회사 주식의 90% 이상을 소유하고 있는 경우 영업전부의 임대 등을 위한 주주총회 특별결의는 이사회 승인으로 갈음할 수 있다(간이 영업임대 등. 374-3). 영업양수도에 대해서는 이미 설명하였으므로 이곳에서는 그 외의 거래에 대해서 간단히 설명한다.

Ⅱ. 영업전부의 임대

영업전부의 임대는 회사 영업을 타인이 자기의 명의와 계산으로 사용, 수익하도록 하는 대가로 임대료를 수령하는 거래를 말한다.[1] 여기서 말하는 영업은 영업양도에서의 영업과 같다. 따라서 임차인은 영업재산만이 아니라 회사의 고객관계까지 이용할 수 있다. 임차인의 영업활동을 보호한다는 취지에서 보면 영업양도 시 양도인의 경업금지의무(41)는 임대인에게도 적용된다고 볼 것이다.

영업재산의 소유권은 임대인이 그대로 보유한다. 채권자의 담보기능을 하는 영업재산 소유권은 여전히 임대인에게 남아있기 때문에 상호를 속용하는 양수인의 책임을 규정한 제42조는 임차인에게 적용할 수 없을 것이다(서울고등법원 1973. 12. 26, 73나1624, 1625 판결). 반면에 영업재산과 달리 영업활동의 결과 임차인이 생산한 제품은 임차인의 소유에 속한다(서울고등법원 1973. 12. 26, 73나1624, 1625 판결).

영업의 임대는 영업재산이 회사 소유를 떠나는 것은 아니나 영업의 손익주체가 바뀐다는

1) 권기범6, 250면.

점에서는 유사하므로 주주총회 특별결의를 효력발생요건으로 한다. 영업의 일부 임대는 법문상 주주총회 특별결의를 요하지 않는다.[1] 상법은 임대계약의 체결뿐 아니라 변경이나 해지도 특별결의사항으로 하고 있다.

Ⅲ. 영업전부의 경영위임

경영위임은 회사가 타인에게 경영을 위탁하되 영업은 회사 명의로 수행하는 경우를 말한다. 타인에 대한 경영 위탁은 다양한 형태로 이루어질 수 있다. 수임인의 역할이 가장 미약한 것은 수임인이 단지 경영상 조언이나 노무를 제공하고 위임회사는 그에 구속되지 않는 경우이다. 이러한 상황은 손익주체에 변함이 없을 뿐 아니라 경영주체에도 변화가 없으므로 특별결의사항으로 할 이유가 없다. 따라서 그러한 형태는 이 곳에서 말하는 경영위임에 포함되지 않는다.

경영위임은 수임인의 지시가 구속력을 갖는 경우만을 가리킨다. 이 경우도 두 가지로 나눌 수 있다. ① **좁은 의미의 경영위임**으로 수임인이 경영을 맡을 뿐 아니라 내부적인 관계에서 손익의 주체가 되는 형태이다. 이 경우 회사는 일정한 대가를 받을 뿐이다. 이 형태는 명의가 위임회사라는 점을 제외하면 실제로 영업의 임대차와 유사하다. ② **경영관리계약**은 위임회사가 손익의 주체로 남는 경우를 말한다. 경영관리계약에서 수임인은 손익의 주체가 되는 대신 소정의 보수를 받을 뿐이다. ①은 영업의 임대차와 마찬가지로 회사가 영업의 실질적 손익주체가 아니라는 점에서 영업양도와 차이가 없다. 한편 ②는 손익주체는 변화가 없지만 경영결정을 주주가 선임한 이사가 아닌 제3자에게 맡긴다는 점에서 주주총회 특별결의를 요할 것이다.[2]

수임인은 대표이사를 맡지 않는 경우에는 적어도 포괄적 대리권을 받아야 할 것이다. 경영위임의 경우 회사경영은 수임인이 맡게 되므로 이사는 신인의무에서 해방된다. ①의 경우 회사는 손익주체가 아니므로 그래도 문제는 없을 것이다. 그러나 회사가 손익주체로 남는 ②의 경우에는 적어도 이행을 감시할 의무는 있다고 볼 것이다.

Ⅳ. 손익공동계약

손익공동계약은 '타인과 영업의 손익전부를 같이 하는 계약'을 말한다. 손익공동계약은 회사가 타인(통상 다른 회사인 경우가 많을 것임)과 손익을 합산하여 분배하기로 하는 계약을 말한다. 이들 회사 사이에는 일종의 조합(민 703 이하)이 형성된다. 손익공동계약은 문자 그대로

1) 권기범6, 251면.

2) 경영위임에 해당하지 않는다고 하더라도 적어도 그에 준하는 계약이라고 할 것이므로 여전히 특별결의를 요한다.

이익뿐 아니라 손실도 공동으로 나누는 계약을 가리킨다. 이익만을 공동으로 하는 계약은 손익공동계약은 아니지만 '이에 준하는 계약'으로 볼 수 있을 것이다. 또한 일정한 금전을 받는 것을 대가로 회사의 이익전부를 인도할 의무를 부담하는 계약[1]도 "이에 준하는 계약"이라고 할 것이다.

이들 계약은 회사에 경제적으로 중대한 영향을 미친다는 점에서 합병 또는 영업전부의 양도와 다를 것이 없다. 따라서 상법은 그 체결·변경 또는 해약에 주주총회 특별결의를 요구하며 이러한 결의 없이 행한 계약의 체결, 변경 또는 해약은 무효이다.

독일 주식법상의 지배계약

독일 주식법은 자신의 경영을 다른 기업에 전적으로 종속시키는 것을 내용으로 하는 이른바 지배계약(Beherrschungsvertrag)을 명시적으로 허용한다(獨株 291(1)). 지배계약을 체결한 지배회사는 종속회사의 이사회에 법적 지시권을 갖고(獨株 308(1)) 종속회사는 그 지시에 복종할 의무가 있다(獨株 308(2)). 그러나 이처럼 종속회사의 독립성을 상실시키고 지배회사의 일부로 전락시키는 계약은 상법상 명시적 근거 없이 인정하기는 어려울 것이다.

1) 예컨대 독일 주식법상의 이익인도계약(Gewinnabführungsvertrag)(獨株 291(1)).

제 5 절

회사의 해산과 청산

Ⅰ. 해　산

1. 의　의

회사의 해산은 회사가 법인격을 소멸시키는 원인이 되는 사실을 말한다. 해산사유 중 합병이나 분할의 경우를 제외하고는 회사의 법인격이 해산으로 바로 소멸하는 것이 아니라 해산 후 청산 등의 절차가 종료된 후에 비로소 소멸한다.

2. 해산사유

주식회사의 해산사유는 다음과 같다(517).

① 존립기간의 만료 기타 정관으로 정한 사유의 발생[1)]

② 회사의 합병[2)]

③ 파산

④ 법원의 명령 또는 판결

⑤ 회사의 분할 또는 분할합병

⑥ 주주총회의 특별결의(518)

⑦ 휴면회사의 정리(520-2)

3. 해산명령

(1) 의　의

법원은 회사의 종류를 막론하고 일정한 사유가 있는 경우에는 해산을 명할 수 있다(176(1)). 해산명령은 공익에 반하는 회사를 배제하기 위한 제도로 이해관계인[3)]의 청구가 있는

1) 이 사항은 등기를 요한다(317(2)(iv)).

2) 합병등기 시에 청산절차 없이 소멸한다(530(2)→234)).

3) 이해관계인이란 '회사 존립에 직접 법률상 이해관계가 있는 자'에 한하므로 예컨대 휴면회사의 상호와 동일한 상호로 상호변경등기를 하고자 하는 자는 이해관계인으로 볼 수 없다(대법원 1995. 9. 12, 95마686 결정).

경우에는 물론이고 검사의 청구나 법원의 직권에 의해서도 할 수 있다.

(2) 사 유

해산명령의 사유는 다음과 같다(176(1)).

① 회사의 설립목적이 불법한 것인 때
② 회사가 정당한 사유 없이 설립 후 1년 내에 영업을 개시하지 아니하거나 1년 이상 영업을 휴지하는 때
③ 이사 또는 회사의 업무를 집행하는 사원이 법령 또는 정관에 위반하여 회사의 존속을 허용할 수 없는 행위를 한 때

①은 정관에 기재되었는지 여부를 묻지 않는다. ②와 관련해서는 회사의 기본재산에 대한 소송 때문에 영업을 개시하지 못하였으나 마침내 승소하여 영업을 개시한 경우는 정당한 사유에 해당할 것이나(대법원 1978. 7. 26, 78마106 결정), 사업자금부족이나 주주 사이의 갈등과 같은 내부적인 사정으로 영업을 하지 못한 경우에는 정당한 사유라고 볼 수 없다.[1] ③과 관련해서는 이사의 위법행위가 사기나 환경오염행위와 같이 제3자나 공익을 해하는 것은 물론이고 행위자를 교체하는 것만으로는 위법행위의 반복을 방지할 수 없는 경우가 그에 해당한다.

(3) 절 차

법원은 해산명령 전에도 관리인 선임과 같이 회사재산의 보전에 필요한 처분을 할 수 있다(176(2)). 이해관계인이 해산명령을 청구한 경우 회사가 그 청구가 악의임을 소명하면 법원은 담보제공을 명할 수 있다(176(3), (4)).[2]

(4) 효 과

해산명령이 확정되면 회사는 해산한다. 일부 규제산업의 경우에는 주주총회 결의에 의한 해산에 대해서 감독관청의 인가를 요하는 경우가 있지만(예컨대 은행 55(1)(ii)) 법원의 해산명령에 대해서는 그런 인가가 필요하지 않다(대법원 1980. 3. 11, 80마68 결정).

4. 해산판결

(1) 의 의

법원이 해산을 명하는 재판으로 해산명령이 공익을 위한 것이라면 해산판결은 소수주주 이익을 위한 것이라고 할 수 있다. 해산에 필요한 주주총회 특별결의를 얻지 못한 때에도 일정한 상황에서는 부득이한 사유가 있으면 발행주식총수의 10%에 해당하는 주식을 가진 주주는

---

1) 이철송30, 140면.
2) 해산명령은 비송사건이므로 비송사건절차법의 적용을 받는다.

법원에 해산을 청구할 수 있다(520(1)).

(2) 사 유

'부득이한 사유가 있는 때'란 회사를 해산하는 것 외에는 달리 주주의 이익을 보호할 방법이 없는 경우를 말한다(대법원 2015. 10. 29, 2013다53175 판결). 한편 회사법이 열거하는 해산판결 청구가 가능한 상황은 다음 두 가지이다(520(1)).

① 회사 업무가 현저한 정돈상태를 계속하여 회복할 수 없는 손해가 생긴 때 또는 생길 염려가 있는 때
② 회사재산의 관리 또는 처분의 현저한 실당으로 인하여 회사의 존립을 위태롭게 한 때

①의 전형적인 예는 주주 사이의 대립으로 회사의 의사결정이 지속적으로 불가능한 경우인바, 대법원은 "이사 간, 주주 간의 대립으로 회사의 목적 사업이 교착상태에 빠지는 등 회사의 업무가 정체되어 회사를 정상적으로 운영하는 것이 현저히 곤란한 상태가 계속됨으로 말미암아 회사에 회복할 수 없는 손해가 생기거나 생길 염려가 있는 경우"라고 판시하고 있다(대법원 2015. 10. 29, 2013다53175 판결). ②의 예로서는 지배주주가 회사재산을 대규모로 외부로 빼돌리고 있지만 교체가 사실상 불가능한 경우를 들 수 있다. 해산판결은 주로 불만이 있어도 현실적으로 주식을 처분할 길이 없는 폐쇄회사 소수주주를 위한 제도이다. 그러나 소수주주의 불만이 아무리 크더라도 회복할 수 없는 손해의 염려가 없거나 회사 존립이 위태로운 경우가 아닌 한 해산은 허용되지 않는다.

(3) 절 차

해산명령의 경우와는 달리 해산판결은 비송이 아닌 소송사건이다. 소는 본점소재지를 관할하는 지방법원에 전속하며 패소한 원고가 악의 또는 중과실이 있는 때에는 회사에 대하여 연대하여 손해배상책임을 진다(520(2)→186, 191).

5. 휴면회사의 해산

과거 실제로 영업을 폐지하였음에도 해산되지 않고 등기부상 법인격을 유지하는 휴면(休眠)회사가 많았다. 이들 휴면회사가 사기 등의 수단으로 악용되는 것을 막기 위하여 1984년 개정 상법에서는 휴면회사 정리를 위한 근거를 마련하였다(520-2). 그에 따르면 법원행정처장이 '최후의 등기 후 5년을 경과한 회사'에 대해서 영업을 폐지하지 않았다는 신고를 하도록 관보로 공고하고 공고일로부터 2월 내에 신고가 없는 때에는 신고기간이 만료된 때에 해산한 것으로 본다. 공고기간 내에 등기한 회사는 영업을 폐지하지 않은 것으로 보아 해산한 것으로 보지 않는다(520-2(1) 단). 법원이 공고한 때에는 해당 회사에 대하여 공고가 있었음을 통지해야 한다(520-2(2)).

6. 해산의 효과

주식회사는 위 해산사유 중 ② 합병, ③ 파산, ⑤ 분할 및 분할합병의 경우를 제외하고는 해산으로 인하여 청산절차가 시작된다. 해산한 회사는 청산의 목적범위 내에서 권리능력을 갖는다(542(1)→245). 해산한 회사는 존립중 회사를 존속하는 회사로 하는 경우에만 합병을 할 수 있다(174(3)).[1] 파산을 제외한 회사 해산의 경우에는 이사는 지체 없이 주주에 대하여 그 통지를 해야 한다(521). 또한 해산 사유가 있은 날로부터 2주일 내에 본점 소재지에서 해산등기를 해야 한다(521-2→228).

7. 회사의 계속

(1) 회사계속의 의의

회사가 존립기간의 만료 기타 정관에 정한 사유의 발생이나 주주총회 결의로 해산한 경우에는 주주총회 특별결의로 회사를 계속할 수 있다(519). 회사의 계속이란 일단 해산한 회사가 사원들의 자발적인 의사에 의해 해산 전의 상태로 복귀하여 해산 전 회사와 동일성을 유지하면서 회사로서 존속하는 것을 말한다. 해산사유 중에서 객관적이고 중대한 것들이 존재하는 경우에는 사원들이 회사의 존속을 원하더라도 이를 함부로 허용할 수 없을 것이나, 그렇지 않은 경우에는 회사의 존속을 원하는 사원들의 결정을 존중할 필요가 있을 것이다. 이에 상법은 회사의 종류별로 일정한 해산사유에 대해서는 사원들의 의사에 의해서 해산을 번복하고 회사로서 존속하는 것을 허용한다.

(2) 회사계속의 요건 및 절차

주식회사의 경우 회사의 계속이 가능한 해산사유는 (i) 존립기간의 만료 기타 정관에 정한 사유의 발생 또는 (ii) 주주총회의 결의에 의한 해산이다(519). 또한 최후의 등기후 5년이 경과하여 해산이 간주된 휴면회사라도 해산간주된 때부터 3년 이내에는 회사의 계속이 가능하다(520-2(3)). 파산으로 해산된 회사가 파산폐지의 신청을 하고자 하는 때에도 회사의 계속이 가능하다(도산540).[2] 그 밖의 해산사유(합병, 분할 또는 분할합병, 해산명령 또는 해산판결)로 인해 해산된 경우에는 회사의 계속이 가능하지 않다.

회사의 계속을 위해서는 주주총회의 특별결의가 필요하다. 회사의 계속이 가결된 경우 이에 반대한 주주도 존속회사의 주주로서의 지위가 계속 유지되며, 일부 주주의 퇴사라든가 반대주주의 주식매수청구권은 인정되지 아니한다. 회사계속의 결의는 청산 중에는 물론이고 해산등기 후에도 할 수 있다. 다만 해산등기 후에 회사계속을 결의한 경우에는 결의일로부터 2

1) 일본 회사법은 해산한 회사가 주식교환이나 주식이전을 하는 것을 허용하지 않고 있다(日會 509(1)(iii)).
2) 다만 회생절차가 개시된 회사는 회생절차에 의하지 않고서는 회사의 해산·계속을 할 수 없다(도산55(1)(vi)).

주일 내에 본점 소재지에서 회사계속의 등기를 해야 한다(521-2→229(3)). 이러한 등기는 대항요건일 뿐 효력요건은 아니므로, 회사계속의 효력은 주주총회의 특별결의로써 발생한다.

회사계속의 결의가 언제까지 가능한지에 대해서는 견해가 대립된다. 잔여재산을 분배받은 주주는 주주 지위를 상실하여 주주 구성이 변경되므로 잔여재산 분배가 개시된 후에는 회사계속이 허용될 수 없다는 견해도 있다.[1] 그러나 주주들이 청산 후 재설립 대신 회사의 계속을 선택하는 것을 금지할 근거는 없으므로 청산이 종료될 때까지는 계속결의가 가능하다는 견해도 유력하다.[2]

(3) 회사계속의 효과

회사계속으로써 회사는 권리능력을 회복하고 해산 전의 상태로 복귀한다. 회사계속은 소급적으로 해산을 실효시키는 것은 아니고 장래를 향하여 효력을 가지므로, 해산 후 계속이 있기까지 청산인이 한 청산사무의 효력에는 영향이 없다.[3] 회사계속 전까지 청산절차를 담당하던 청산인·청산인회·대표청산인은 회사계속으로써 이사·이사회·대표이사로 교체되어야 하지만, 해산할 때에 이사였던 자가 당연히 이사로 복귀하는 것은 아니므로 회사계속을 결의하는 주주총회에서는 이사의 선임도 동시에 해야 한다.[4]

Ⅱ. 청 산

1. 서 설

(1) 의 의

청산이란 회사의 법인격 소멸 전에 현존사무를 종결하고 채권 추심과 채무 변제를 마친 후에 잔여재산을 주주에게 분배함으로써 회사를 소멸시키는 절차를 말한다. 주식회사에서는 회사채권자에 대한 책임재산이 회사재산에 한정되므로 청산은 엄격한 절차에 따를 필요가 있다. 따라서 인적회사에서와 달리 임의청산이 아닌 법정청산만이 허용된다.

(2) 청산회사의 권리능력

청산회사의 권리능력은 청산의 목적범위 내로 감축된다(542(1)→245). 따라서 현존사무를 종결하는 등 청산인 직무권한(254)의 범위를 넘는 영업 거래를 한 경우에는 회사에 대해서 효력이 없다. 회사의 기관 중에서 주주총회와 감사는 청산이 개시되어도 여전히 존속하지만, 이

---

1) 이철송30, 147면.

2) 정동윤6, 818면; 권창환, 주석상법(회사1), 한국사법행정학회, 2021, 484면(합명회사에 관한 논의).

3) 이철송30, 148면; 정동윤6, 818면; 권창환, 주석상법(회사1), 485면.

4) 정동윤30, 819면. 다만 감사는 회사의 해산으로 자동적으로 그 지위를 잃지는 않으므로 회사계속 당시에 감사가 있었다면 다시 선임할 필요는 없다.

사 · 이사회 · 대표이사는 그 지위를 잃고 청산인 · 청산인회 · 대표청산인이 각각 이에 갈음하여 청산업무를 수행하게 된다.[1)]

(3) 관할 법원

회사의 청산에 대해서는 비송사건절차법이 적용된다. 청산에 관한 사건은 회사 본점 소재지의 지방법원 합의부 관할에 속하고, 청산은 그 감독을 받는다(비송 117(2), 118).

2. 청 산 인

(1) 의　　의

청산인은 청산회사의 청산사무를 담당하는 자이다. 청산회사는 영업을 하지 않기 때문에 이사 대신 청산인을 둔다. 청산인의 원수에 대해서는 상법에 규정이 없으므로 1인만을 선임하여도 무방하다.[2)] 청산인과 회사와의 관계는 이사와 마찬가지로 위임이다(542(2)→382(2)).

상법은 청산인의 자격을 따로 정하고 있지 않지만 감사는 청산인을 겸할 수 없다(542(2)→411). 비송사건절차법은 미성년자 등 청산인의 결격사유를 정하고 있다(비송 121).

(2) 선임과 종임

가. 선　　임

정관에 다른 정함이 있거나 주주총회에서 타인을 선임하는 경우를 제외하고는 이사가 청산인이 된다(531(1)).[3)] 결원의 경우 법원이 선임하는 일시이사(386(2))나 일시대표이사(389(3)→386(2))도 청산인이 될 수 있다(대법원 1981. 9. 8, 80다2511 판결). 회사가 해산명령이나 해산판결에 의하여 해산한 때에는 법원이 주주 기타의 이해관계인이나 검사의 청구나 직권으로 청산인을 선임한다(542(1)→252).[4)] 주주총회나 법원에서 선임하는 경우에도 감사를 청산인으로 선임할 수는 없다.

청산인은 취임한 날로부터 2주 내에 해산 사유와 그 연월일, 청산인의 성명 · 주민등록번호 및 주소를 법원에 신고하여야 한다(532). 청산인 선임은 등기사항이다(542(1)→253(1)). 청산인 등기는 제3자에 대한 대항요건에 불과하므로 취임등기가 없다 해도 청산인 자격에는 영향이 없다(대법원 1981. 9. 8, 80다2511 판결).

상법은 청산인의 임기를 정하고 있지 않다. 청산인의 임기가 만료되더라도 새로 청산인이 선임되어 취임할 때까지는 청산인으로서 권리의무를 가진다(542(2)→386(1)).

---

1) 이철송30, 1101면.
2) 이철송30, 1102면. 반면에 복수의 청산인을 선임해야 한다는 견해도 있다(최기원14, 968면).
3) 그러한 청산인이 없는 경우에는 이해관계자의 청구에 의하여 법원이 선임한다(531(2)).
4) 설립무효판결이 확정된 때에도 법원이 주주 기타의 이해관계인의 청구에 의하여 청산인을 선임한다(328(2)→193(2)).

나. 종 임

청산인은 사임, 파산 등 위임의 종료사유(민 689(1), 690)로 종임한다. 청산인은 법원이 선임한 경우 외에는 언제든지 주주총회 결의로 해임할 수 있다(539(1)). 청산인이 그 업무를 집행함에 현저하게 부적임하거나 중대한 임무에 위반한 행위가 있는 때에는 발행주식총수의 3% 이상에 해당하는 주식을 가진 주주는 법원에 청산인의 해임을 청구할 수 있다(539(2)).[1] 청산인의 종임도 등기사항이다(542(1)→253).

(3) 청산인회와 대표청산인

청산인이 1인인 경우에는 청산인회는 존재할 수 없으나 청산인이 복수인 경우에는 이사회에 관한 규정이 준용되며(542(2)→390~393) 대표청산인을 두어야 한다(542(2)→389(1)).[2] 기존 이사가 청산인이 되는 경우에는 기존 대표이사가 대표청산인이 되고 법원이 청산인을 복수 선임하는 경우에는 법원이 대표청산인을 정할 수 있다(542(1)→255). 대표청산인은 대표이사와 마찬가지로 포괄적 권한을 갖는다(542(2)→389(3)→209).

(4) 청산인의 직무권한

청산인은 다음과 같은 직무권한을 갖는다(542(1)→254(1)).

① 현존사무의 종결
② 채권 추심과 채무 변제
③ 재산의 환가처분
④ 잔여재산의 분배

청산인은 그 밖에 주주총회 소집이나 제소 등 이사의 직무도 수행한다(542(2)→362, 376 등).

(5) 감 사

청산이 개시된 경우에도 감사는 권한을 그대로 유지하며 청산절차가 적법하게 진행되는지 여부를 감사한다. 청산인은 정기총회 회일로부터 4주 전에 대차대조표 및 그 부속명세서와 사무보고서를 작성하여 감사에게 제출해야 하고(534(1)), 감사는 정기총회 회일로부터 1주간 전에 그 서류에 관한 감사보고서(447-4)를 청산인에게 제출해야 한다(534(2)).

---

1) 상장회사의 경우에는 0.05%의 주식을 6개월 이상 보유한(대규모 상장회사의 경우에는 0.025%) 주주도 그러한 청구를 할 수 있다(542-6(3)).

2) 청산인이 1인인 경우에는 당연히 대표청산인이 된다(대법원 1989. 9. 12, 87다카2691 판결).

3. 청산의 실행

(1) 회사재산의 조사·보고

청산인이 가장 먼저 할 일은 회사의 재산상태를 파악하는 것이다. 청산인은 취임 후 지체 없이 회사의 재산상태를 조사하여 재산목록과 대차대조표를 작성하고 이를 주주총회에 제출하여 그 승인을 얻어야 한다(533(1)). 승인을 얻은 후에는 그것을 지체 없이 법원에 제출해야 한다(533(2)).

(2) 현존사무의 종결

청산인은 현존사무를 종결해야 한다((542(1)→254(1)(i)). 예외적으로 재산환가를 위하여 영업양도를 할 예정인 경우에는 영업의 감가를 방지하기 위하여 영업을 계속할 수 있다.[1)]

(3) 채무의 변제

가. 채권의 신고

청산사무 중 가장 관심이 집중되는 것은 채무의 변제이므로 상법이 상세한 규정을 두고 있다. 먼저 청산인은 취임일로부터 2월 내에 회사채권자에 대하여 일정한 기간 내에 그 채권을 신고할 것과, 그 기간 내에 신고하지 않으면 청산에서 제외될 뜻을 2회 이상 공고로써 최고하여야 한다(535(1)). 알고 있는 채권자에 대하여는 각별로 그 채권의 신고를 최고해야 하고 그 채권자가 신고하지 않은 경우에도 청산에서 제외하지 못한다(535(2)).[2)]

나. 신고기간 내의 변제금지

청산인은 채권의 신고기간 내에는 변제하지 못하는 것이 원칙이다(536(1)).[3)] 예외적으로 소액채권, 담보부채권 '기타 변제로 인하여 다른 채권자를 해할 염려가 없는 채권'은 법원의 허가를 얻어 변제할 수 있다(536(2)).

다. 변 제

위와 같은 채권신고의 최고에도 불구하고 신고를 하지 않은 채권자는 회사가 알고 있는 경우가 아닌 한 청산에서 제외되고 미분배 잔여재산에 대해서만 변제를 청구할 수 있다(537(1)). 일부 주주에 대해서 이미 잔여재산이 분배된 경우에는 다른 주주에게 같은 비율로 분배하기 위하여 필요한 재산은 미신고 채권자가 변제를 청구할 수 없다(537(2)).

청산인은 변제기에 이르지 아니한 회사채무도 중간이자를 공제하여 변제할 수 있다(542(1)

---

1) 江頭8, 1055면.
2) 해산결의 전에 제소한 채권자는 알고 있는 채권자이므로 신고가 없더라도 청산에서 제외할 수 없다(대법원 1968. 6. 18, 67다2528 판결).
3) 다만 변제지연으로 인한 손해배상책임은 면할 수 없다(536(1)단).

→259(1), (2)). 조건부채권 등 가액이 불확정한 채권에 대해서는 법원이 선임한 감정인의 평가에 따라 변제한다(542(1)→259(4)). 청산중 회사재산이 채무를 완제하기에 부족한 것이 분명하게 된 때에는 청산인은 지체 없이 파산선고를 신청하고 이를 공고하여야 한다(542(1)→254(4)→민 93).

(4) 재산의 환가처분

재산의 환가방법에 대해서는 상법에 제한이 없다. 따라서 임의매각도 가능하고 영업전체를 양도하는 것도 가능하다.

(5) 잔여재산분배

주주에 대한 분배는 채무를 완전히 변제한 후에만 할 수 있다(542(1)→260).[1] 잔여재산은 잔여재산분배우선주의 경우를 제외하고는 각 주주가 가지는 주식 수에 비례하여 분배한다(538).

4. 청산의 종결

(1) 결산보고서의 승인

청산사무가 종결된 때에는 청산인은 지체 없이 결산보고서를 작성하고 이를 주주총회에 제출하여 승인을 얻어야 한다(540(1)). 승인이 있는 때에는 회사가 청산인의 책임을 해제한 것으로 본다(540(2)). 다만 청산인의 부정행위의 경우에는 예외이다(540(2)단). 회사의 법인격은 주주총회 승인 시에 소멸한다.

(2) 청산종결의 등기

청산인은 승인이 있은 날로부터 2주일 내에 본점 소재지에서 청산종결의 등기를 해야 한다(542(1)→264). 청산종결 등기는 창설적 효력을 갖는 것이 아니므로 법인격 소멸의 효력이 그 등기 시부터 생기는 것은 아니다. 또한 청산종결 등기를 마친 경우에도 회사의 채권·채무가 남아있는 이상, 청산은 종료되지 아니하므로, 그 범위에서는 청산회사가 권리능력을 유지한다(대법원 2001. 7. 13, 2000두5333 판결; 대법원 1994. 5. 27, 94다7607 판결).

(3) 중요서류의 보존

청산종결 등기를 한 후 회사의 장부 기타 영업과 청산에 관한 중요한 서류는 10년간, 전표 또는 이와 유사한 서류는 5년간 본점 소재지에서 보존하여야 한다(541(1)). 그 보존인과 보존방법은 청산인 기타 이해관계인의 청구에 의하여 법원이 정한다(541(2)).

---

1) 다만 다툼이 있는 채무의 경우에는 그 변제에 필요한 재산을 보류한 상태에서 잔여재산을 분배할 수 있다.

(4) 휴면회사의 청산종결의제

해산한 것으로 의제된 휴면회사가 3년의 기간 내에 회사를 계속하지 아니한 경우에는 그 3년이 경과한 때에 청산이 종결된 것으로 의제된다(520-2(4)). 해산의제만으로는 휴면회사 정리가 종결되지 않기 때문에 실제 청산이 종결되지 않은 경우에도 청산종결을 의제한 것이다.

제 9 장

기타의 기업형태

- 제 1 절 합명회사
- 제 2 절 합자회사
- 제 3 절 합자조합
- 제 4 절 유한회사
- 제 5 절 유한책임회사
- 제 6 절 외국회사
- 제 7 절 특별법상의 기업형태

제 1 절
합명회사

I. 서 설

1. 의 의

합명회사는 회사채무에 대해서 무한책임을 지는 사원만으로 구성된 회사이다. 회사사업의 리스크를 그대로 부담하기 때문에 각 사원이 회사 업무를 집행하고 회사를 대표하는 것이 원칙이다(200, 207). 이처럼 사원이 대외적으로 책임을 지고 업무집행도 담당하기 때문에 각 사원의 신용과 능력이 중요한 의미를 갖는다. 따라서 지분의 양도도 제한된다(197).

합명회사도 다른 회사와 마찬가지로 법인격을 갖지만(169) 사원의 개성이 중요하다는 점에서 주식회사나 유한회사와 같은 물적회사에 대비하여 인적회사로 분류된다.

2. 기 능

합명회사는 회사재산보다는 사원의 신용이나 능력이 더 중요한 기업형태이다. 사업 리스크가 크기 때문에 각 사원이 소극적 투자자에 머물지 않고 적극적으로 경영에 참여할 의사가 있거나 적어도 경영을 맡는 다른 사원을 충분히 신뢰할 수 있는 경우에 이용된다. 따라서 서로 인적 신뢰관계가 있는 소수인이 동업하는 데 적합한 기업형태이고 대규모 자본조달을 위하여 다수의 출자를 받아야 하는 사업에는 적합하지 않다.

3. 조합과의 비교

합명회사는 사원의 개성이 중요하다는 점에서 상법상의 회사형태 중에서 가장 민법상 조합에 가까운 형태이다. 그리하여 내부관계에 관해서는 조합에 관한 민법규정이 준용된다(195).

설립과 관련하여 합명회사와 조합은 모두 2인 이상의 참여가 필요하지만 조합과는 달리 합명회사의 경우에는 등기가 필요하다(180). 회사는 다른 회사의 무한책임사원이 되지 못하므로(173) 합명회사의 무한책임사원은 회사여서는 안 되지만, 조합의 경우에는 회사도 조합원이 될 수 있다.

조합과는 달리 합명회사는 법인격이 있다(169). 따라서 합명회사는 자신의 이름으로 재산을 소유하고, 합명회사 그 자체가 법률행위의 주체가 되며, 합명회사 그 자체가 소송의 당사자가 될 수 있다. 반면 조합재산은 조합의 소유가 아니라 조합원의 합유에 속하고(민 704), 법률행위를 할 때에도 원칙적으로 조합이 아니라 모든 조합원의 이름으로 하여야 하며,[1] 조합 자체는 소송당사자가 되지 못하고 조합원 전원이 필수적 공동소송의 형태로 소송당사자가 되어야 한다.[2]

조합과 합명회사는 업무집행과 관련하여 각 사원과 각 조합원이 업무집행을 담당한다는 점에서 공통된다(200(1), 민 706(3)). 또한 업무집행을 전담하는 자를 선임할 수 있다는 점에서도 공통된다(201(1), 민 706(1)). 합명회사의 업무집행사원과 조합의 업무집행자는 모두 선관주의의무를 부담한다(195, 민 707→681).

조합의 경우와 마찬가지로 합명회사 사원은 회사 채권자에 대해서 무한의 인적책임을 부담한다(212(1)). 분할책임을 지는 민법상 조합원과는 달리 회사 채무에 대해서 전원이 연대책임을 부담한다.[3] 다만 조합과 달리 사원이 회사채권자에 대해서 먼저 회사재산으로부터 변제받을 것을 청구할 수 있다.[4]

조합원과 마찬가지로 합명회사 사원은 임의탈퇴가 가능하지만(217, 민 716) 지분의 양도는 사원 전원의 동의가 필요하다(197).

Ⅱ. 설 립

1. 개 요

합명회사의 설립도 회사실체를 형성하는 행위와 설립등기를 요한다. 회사실체형성행위는 크게 사원의 확정, 정관작성, 회사재산형성, 기관구성의 4가지 요소로 나눌 수 있다. 인적회사인 합명회사에서는 회사재산이 상대적으로 덜 중요하고 각 사원이 업무집행에 참여하는 것이 원칙이기 때문에 기관구성이 반드시 필요한 요소가 아니다. 사원은 정관에서 확정되기 때문에(179(iii)) 결국 합명회사 설립에서 가장 중요한 것은 정관 작성이다. 따라서 합명회사 설립절차는 주식회사에 비하여 훨씬 간단하다.

---

1) "민법상 조합의 경우 법인격이 없어 조합 자체가 본인이 될 수 없으므로, 이른바 조합대리에 있어서는 본인에 해당하는 모든 조합원을 위한 것임을 표시하여야 하나, 반드시 조합원 전원의 성명을 제시할 필요는 없고, 상대방이 알 수 있을 정도로 조합을 표시하는 것으로 충분하다"(대법원 2009. 1. 30, 2008다79340 판결).

2) 따라서 조합원 일부가 원고 또는 피고에서 제외된 경우 소는 부적법 각하된다(대법원 2012. 11. 29, 2012다44471 판결).

3) 다만 민법상 조합에서도 상행위로 인한 채무에 관하여는 조합원 전원이 연대책임을 부담한다(57(1)).

4) 신입사원은 입사 전에 생긴 회사채무에 대해서도 책임을 지고(213) 퇴사원은 퇴사의 등기 후에도 2년간 책임을 진다(225(1)).

2. 조합계약과 정관의 작성

합명회사를 설립하려면 2인 이상의 사원[1]이 공동으로 정관을 작성해야 한다(178). 그러나 정관작성에 앞서 이들 사원 사이에는 일종의 조합계약이 체결된다. 즉 이들 사원은 합명회사 설립을 목적으로 하는 조합계약을 체결하고 그 이행으로 설립에 필요한 행위를 하게 된다. 주식회사의 경우와 같이 설립행위를 담당하는 발기인 같은 주체는 존재하지 않는다. 설립에 필요한 행위의 핵심은 정관 작성이다.

합명회사의 사원은 모두 무한책임사원, 즉 회사의 재산으로 회사채무를 완제할 수 없는 경우에는 연대하여 회사채무를 변제할 책임이 있는 사원이다(212(1)). 그런데 회사는 다른 회사의 무한책임사원이 되지 못하므로(173), 결국 회사는 합명회사의 사원이 될 수 없다, 이는 회사(특히 사원들이 유한책임을 누리는 주식회사·유한회사·유한책임회사)가 무한책임사원이 되는 경우 그 회사의 사원들이 궁극적으로 무한책임을 회피할 수 있음을 우려한 제한으로 보인다. 그러나 ① 현대 사회에서 자연인이 아닌 회사가 주된 경제활동의 주체인 점, ② 실제로 자연인보다 회사의 자력이 월등한 경우가 많은 점, ③ 민법상 조합, 상법상 합자조합, 각종 특별법상의 투자조합 등에서 회사가 무한책임을 지는 조합원이 될 수 있는 점 등에 비추어보면 입법론적으로는 더 이상 합리적이지 않은 제한이라고 할 것이다.

3. 정관의 기재사항

(1) 절대적 기재사항

정관에는 다음 사항을 기재하고 각 사원이 기명날인 또는 서명한다(179).[2]

① 목적
② 상호
③ 사원의 성명·주민등록번호 및 주소
④ 사원 출자의 목적과 그 가격 또는 평가의 표준
⑤ 본점의 소재지
⑥ 정관의 작성연월일

②에서 회사의 상호에는 합명회사라는 문자를 포함시켜야 한다(19). ③에서 사원의 인적사항을 기재하도록 한 것은 합명회사에서는 사원의 개성이 중시되기 때문이다. ④에서 '출자

1) 엄밀히 말하면 사원이 되려는 자라고 할 것이다. 일본에서는 사원 1인에 의한 설립도 가능하다(日會 575, 641(iv)). 독일에서도 1인 인적회사의 필요성을 인정하는 견해가 유력하다. Grunewald8, 5.
2) 주식회사와 같은 공증인의 인증(292)은 요건이 아니다.

의 목적'은 출자의 객체를 말한다. 출자에 대해서는 후술한다. 이들 절대적 기재사항 중 어느 하나를 결하더라도 정관은 무효가 되고 설립무효의 원인이 된다.

(2) 상대적 기재사항과 임의적 기재사항

위와 같은 절대적 기재사항 외에 상대적 기재사항이나 임의적 기재사항을 기재할 수 있다. 상대적 기재사항은 이를 기재하지 않더라도 정관의 효력에는 영향이 없으나 법적 효력을 갖기 위해서는 정관에 이를 기재해야만 하는 사항이다. 상법에서는 업무집행사원(201), 회사대표(207), 퇴사사유(218(i)), 해산사유(227(i)), 임의청산(247(1)) 등을 개별적으로 정하고 있다.

임의적 기재사항이란 절대적 기재사항과 상대적 기재사항 이외에 정관에 기재할 수 있는 사항이다. 법률상 특별한 제한이 없으므로 강행법규나 공서양속에 반하지 않는 한 어떠한 사항도 정관에 기재할 수 있다. 예컨대 사원총회, 감사 등에 관해서 정관에 규정을 두는 경우이다. 임의적 기재사항이 위법인 경우 그 기재사항은 무효지만 정관 그 자체의 효력에는 영향이 없다.

4. 설립등기

합명회사는 조합원의 합의만으로 성립하는 조합(민 703(1))과는 달리 정관 작성 후 본점소재지에서 설립등기를 함으로써 성립한다(172).[1] 등기사항은 다음과 같다(180).

① 목적, 상호, 사원의 인적사항,[2] 본점과 지점의 소재지
② 사원 출자의 목적, 재산출자에는 그 가격과 이행한 부분
③ 존립기간 기타 해산사유를 정한 때에는 그 기간 또는 사유
④ 회사를 대표할 사원을 정한 때에는 그 인적사항
⑤ 수인의 사원이 공동으로 회사를 대표할 것을 정한 때에는 그 규정

지점을 설치하는 경우에는 본점소재지에서 2주일 내에 그 지점의 소재지와 설치연월일을 등기해야 한다(181).[3] 그러나 설립과 동시에 지점을 설치하는 경우에도 지점설치 등기는 회사의 성립요건은 아니다(172). 본점이나 지점을 이전하거나 등기사항에 변경이 있는 경우에는 이전등기(182)나 변경등기(183)를 해야 한다.

---

1) 합명회사에서는 합자회사에서와 같이 설립등기기간을 정하고 있지 아니하다. 그러나 합명회사의 설립등기를 해태하였을 때에는 제635조 제1호에 의하여 과태료의 벌칙이 있다.
2) 회사를 대표할 사원을 정한 때에는 나머지 사원의 주소는 제외한다.
3) 과거에는 지점을 설치한 경우 본점소재지와 지점소재지에서 각각 등기하도록 정하고 있었으나 2024. 9. 30. 개정된 상법(2025. 1. 31. 시행)은 지점소재지에서의 별도 등기 의무를 폐지하고 본점소재지에서만 등기를 요구한다.

5. 설립의 무효와 취소

(1) 개 요

합명회사 설립에 하자가 있는 경우에는 설립이 무효나 취소가 될 수 있다. 그러나 무효나 취소가 사법상 일반원칙에 따른다면 회사를 둘러싼 법률관계의 안정을 해칠 우려가 있다. 그리하여 상법은 법적 안정성과 법률관계의 획일적 처리를 위하여 설립무효의 소와 취소의 소라는 제도를 마련하고 있다.

(2) 무효원인

무효원인에 대해서는 상법에 아무런 규정이 없다. 일반적으로 무효원인은 객관적 원인과 주관적 원인으로 나눈다.

가. 객관적 원인

객관적 원인으로는 정관의 절대적 기재사항의 누락 또는 위법, 설립등기의 무효를 들 수 있다. 예컨대 사원의 주소기재가 잘못된 것과 같이 절대적 기재사항에 단순한 오류가 있는 경우에는 무효원인에 해당한다고 볼 수 없을 것이다. 절대적 기재사항의 성격상 실제로 위법이 발생하는 경우는 거의 없다.

나. 주관적 원인

주관적 무효원인으로는 사원의 심신상실, 의사표시의 흠결이 있다. 민법상 진의 아닌 의사표시(민 107(1))나 허위표시(민 108(1))로 인한 무효는 적용이 없다.[1] 정관의 작성행위에 상대방을 인정하기도 어렵거니와 그러한 경우에까지 사원을 보호할 필요는 없기 때문이다.

(3) 취소원인

무효원인의 경우와는 달리 취소원인에는 사원이 관련된 주관적 원인만이 존재한다. 사원이 제한능력자인 경우(민 5, 10, 13), 착오(민 109(1)), 사기·강박(민 110(1))의 경우가 그것이다. 상법은 사원이 채권자를 해할 것을 알면서 회사를 설립한 사해설립의 경우도 설립취소의 소의 대상으로 삼고 있다(185). 이는 민법상 채권자취소권(민 406)의 특칙으로 회사설립에 관한 법률관계의 획일적 확정을 위한 것이다. 따라서 채권자가 설립취소의 소를 제기하는 대신 채권자취소권을 행사할 수는 없다.[2]

(4) 소송절차

설립의 무효는 그 사원에 한하여, 설립의 취소는 그 취소원인이 있는 자에 한하여 회사성

1) 반대: 이철송30, 156면.
2) 송옥렬9, 1291면.

립 후 2년 내에 소만으로 주장할 수 있다(184(1)). 사해설립취소의 소는 채권자가 그 사원과 회사에 대한 소로서 청구할 수 있으며 제소기간의 제한은 없다(185).

위의 소는 모두 본점소재지 지방법원의 관할에 전속한다(186). 위의 소가 제기된 때에는 회사는 지체 없이 공고해야 한다(187). 무효나 취소 판결의 효력이 제3자에 대해서도 미치기 때문이다.

복수의 소가 제기된 때에는 법원은 이를 병합심리해야 한다(188). 심리 중 원인이 된 하자가 보완되고 회사 현황과 제반사정을 참작하여 설립을 무효 또는 취소하는 것이 부적당하다고 인정한 때에는 법원은 그 청구를 기각할 수 있다(189).

(5) 판결의 효과

가. 원고 승소판결의 효력

설립무효·취소판결이 확정되면 회사설립 효력이 상실되는 형성력이 발생한다. 이 판결의 효력은 제3자에 대하여도 미치지만(대세적 효력) 판결확정 전에 생긴 회사와 사원 및 제3자 간의 권리의무에 영향을 미치지 아니한다(소급효의 제한)(190단). 따라서 실제로는 회사가 유효하게 존재한 것과 마찬가지로 회사 이해관계자의 이익이 보호된다(이른바 사실상 회사).

설립무효·취소의 판결이 확정된 때에는 본점 소재지에서 등기해야 한다(192).설립무효·취소의 판결이 확정된 때에는 해산의 경우에 준하여 청산하여야 한다(193(1)). 그러나 그 무효나 취소 원인이 특정 사원에 한한 것인 때에는 다른 사원전원의 동의로써 회사를 계속할 수 있다(194(1)). 이 경우 그 무효 또는 취소 원인이 있는 사원은 퇴사한 것으로 본다(194(2)).

나. 원고 패소의 경우

원고 패소 판결의 효력은 일반 민사소송법의 원칙에 따라 소의 당사자 사이에만 미친다(민소 218(1)). 그러므로 아직 제소기간이 도과하지 않았다면 다른 사원이 다시 제소하는 것도 이론상 가능하다. 설립무효·취소의 소를 제기한 자가 패소한 경우에 악의 또는 중대한 과실이 있는 때에는 회사에 대하여 연대하여 손해를 배상할 책임이 있다(191).

Ⅲ. 내부관계

1. 의 의

합명회사의 내부관계란 회사와 사원과의 관계 및 사원상호 간의 관계를 말한다. 내부관계에 대해서 정관이나 상법에 다른 규정이 없으면 조합에 관한 민법 규정을 준용한다(195). 합명회사의 내부관계에 관한 상법 규정은 원칙적으로 임의규정이므로 정관에서 상법 규정과 달리 정하는 것이 허용된다(대법원 2015. 5. 29, 2014다51541 판결). 주식회사 주주와는 달리 합명회사

사원은 전문성 있고 경영에 능동적으로 참여하는 자이기 때문에 조합에서와 같이 사적자치를 폭넓게 허용하는 것이 더 효율적이라는 판단에 따른 것이다.

상법상 내부관계에 관한 규정으로는 출자(196), 지분 양도(197), 사원의 경업금지와 자기거래제한(198, 199), 업무집행(202, 203) 및 정관변경(204) 등에 관한 규정이 있다. 이하에서는 이들 규정을 ① 출자, ② 업무집행, ③ 사원의 권리의무, ④ 손익분배, ⑤ 지분의 순서로 설명하기로 한다.

2. 사원의 출자

(1) 출자의 의의 및 종류

합명회사는 설립 시 정관에 '사원의 출자의 목적과 그 가격 또는 평가의 표준'을 기재하여야 한다(179(iv)). 여기서 출자란 회사의 재산적 기초를 제공하는 것을 말한다. 사원이 무한책임을 지는 합명회사에서 재산적 기초는 상대적으로 덜 중요하다. 그러나 각 사원은 반드시 출자를 하여야 하며(179(iv), 195→민 703) 출자를 하지 않는 사원은 정관으로도 인정할 수 없다.

사원의 지위에 따르는 추상적 출자의무는 현실적으로 출자의 목적을 제공하여야 할 구체적 출자의무와는 구별된다. 구체적 출자의무는 정관 또는 총사원의 동의에 의하여 달리 정하지 않는 한 회사의 청구에 의해서 발생한다.

추상적 출자의무에 대응하는 추상적 출자청구권은 양도나 전부명령 또는 강제집행의 목적이 되지 아니한다. 이에 대하여 구체적 출자의무에 대응하는 구체적 출자청구권은 양도, 압류 및 상계의 대상이 된다.[1]

출자의 목적으로는 금전을 비롯한 재산은 물론이고 노무나 신용도 될 수 있다.[2] 다만 노무나 신용은 평가가 어렵기 때문에 평가의 표준을 기재하도록 하고 있다. 평가가 필요한 이유는 회사의 손익분배, 잔여재산 분배 등과 관련하여 기준으로 삼기 위해서이다.

(2) 현물출자

현물출자의 경우에는 위험부담(민 537), 매도인의 담보책임(민 570), 하자담보책임(민 580) 등이 적용된다(195, 민 567). 채권을 출자하는 경우에는 당해 채권이 변제기에 변제되지 않는 경우 채권을 출자한 사원이 그 채권액을 변제할 책임을 진다(196).[3] 일반원칙에 의하면 채권을 출자한 사원은 변제기에 채무자의 자력을 담보한 것으로 추정되지만(민 579) 그 담보책임을 면제하는 특약도 원칙적으로 유효하다(민 584). 그러나 이처럼 담보책임을 면제하는 특약이 인정되면 무책임한 출자가 이루어질 우려가 있다. 따라서 일반원칙에 대한 특칙으로서 채권의

---

1) 노무나 신용의 출자청구권은 그 성질상 양도할 수 없다고 볼 것이다.

2) 지분의 환급에 관한 제222조는 노무나 신용을 출자의 목적으로 하는 경우를 전제하고 있다.

3) 이 경우에는 이자를 지급하는 외에 이로 인하여 발생한 손해를 배상해야 한다.

출자자인 사원에 대하여 무조건적인 담보책임을 부담시킨 것이다.

여기서 출자의 목적인 채권은 금전채권은 물론이고 불특정물의 급부를 목적으로 한 채권을 말한다. 특정물의 급부 또는 노무, 신용의 제공을 목적으로 한 채권은 사원이 채무자를 대신하여 변제하는 것이 성질상 불가능하기 때문에 제외된다.

(3) 출자의 이행

출자의 이행기는 정관이 정하는 바에 따른다. 정관에 달리 정함이 없으면 회사가 업무집행의 방법으로 자유로이 이행을 청구할 수 있다. 출자가 현실적으로 이행되었는지 여부는 회사의 성립 여부에 아무런 영향을 미치지 않는다. 출자의무의 불이행은 채무불이행의 일반적 효과를 발생시킬 뿐 아니라 제명의 원인이 된다(제220(1)(i)).[1]

3. 회사의 업무집행

(1) 의 의

업무집행이란 회사운영에 관한 사무전반을 가리킨다. 따라서 회사가 주력할 사업분야를 결정하는 것에서부터 사업목표를 설정하고 그 목표달성을 위한 구체적 계획수립과 실천을 포함한 모든 행위가 업무집행에 속한다. 업무집행은 원료구매나 제품판매와 같은 법률행위뿐 아니라 직원의 지휘감독, 제품제조, 내부통제와 같은 사실행위까지 모두 포함한다. 업무집행의 대외적 측면은 회사를 대표하는 행위로 외부관계에서 설명한다.

(2) 업무집행기관

가. 자기기관

각 사원은 정관에 다른 규정이 없는 때에는 회사의 업무를 집행할 권리와 의무가 있다(200(1))(자기기관). 정관에 정함이 없는 경우에는 각 사원은 자동적으로 업무집행기관이 된다. 그러나 정관으로 사원 중 일부를 업무집행사원으로 정할 수도 있다(201(1)). 사원이 아닌 제3자에게는 정관으로도 업무집행권을 부여할 수 없다.[2] 업무집행사원이 아닌 사원은 업무집행권을 상실한다.[3]

업무집행사원이 복수 있는 경우에는 각자 업무집행권을 갖는다. 이들을 공동업무집행사원으로 정할 수도 있다(202).

나. 회사와의 관계

업무집행사원과 회사와의 관계에는 위임에 관한 민법규정이 준용된다(195→민 707). 따라

---

1) 업무집행사원이나 대표사원인 경우에는 업무집행권이나 대표권을 상실할 수도 있다(205(1), 216).

2) 이 점은 제3자의 업무집행자 선임을 허용하는 민법상 조합과 차이가 있다(민 706(1)).

3) 업무집행권이 없는 사원이 업무집행에 관여하는 것은 제명선고사유에 해당한다(220(1)(iii)).

서 업무집행사원은 선량한 관리자의 주의로써 회사의 업무를 집행할 의무가 있다(민 681). 또한 정당한 사유 없이 사임하지 못하며 다른 사원의 일치가 아니면 해임하지 못한다(195→민 708).

다. 업무집행권한의 상실

사원이 업무를 집행함에 현저하게 부적임하거나 중대한 의무에 위반 행위가 있는 때에는 법원은 사원의 청구에 의하여 업무집행권한의 상실을 선고할 수 있다(205(1)). 이는 업무집행사원에 대해서는 물론이고 업무집행사원이 없는 경우 특정 사원의 업무집행권한을 상실시키는 경우에도 적용할 수 있다. 대법원은 정관에서 업무집행사원의 현저한 부적임이나 중대한 의무위반에 대해 '총사원의 결의'로써 업무집행권한을 상실하게 할 수 있다고 규정한 것만으로는 법원에 대한 업무집행권한 상실청구(205(1))를 배제한 것이라고 볼 수 없다고 하고 있다(대법원 2015. 5. 29, 2014다51541 판결).[1]

업무집행권한의 상실사유에 사원의 제명사유(220(1))가 포함되는가? 제명과 업무집행권한의 상실은 서로 다른 제도이지만 사원자격을 박탈하는 제명이 더 엄격한 제도라는 점에서[2] 업무집행권한 상실사유는 제명사유를 포함한다고 보는 것이 합리적이다. 업무집행권한 상실사유는 내부관계에 관한 사항으로 공서양속에 반하지 않는 범위 내에서 추가나 축소가 가능하다.

업무집행권한의 상실선고에는 사원의 청구가 필요하다(205(1)). 원고가 되는 사원은 반드시 업무집행사원일 필요는 없고 단독 청구도 가능하다.[3] 업무집행권한상실의 소는 본점소재지 지방법원의 관할에 전속한다(206→186).

업무집행권한상실판결은 특정 업무집행사원으로부터 업무집행권을 박탈하는 형성판결로서(대법원 2021. 7. 8, 2018다225289 판결) 그 판결 확정에 의하여 업무집행권이 전면적으로 상실되는 효력이 발생한다. 업무집행사원에 대한 권한상실선고의 판결이 확정된 때에는 본점소재지에서 등기해야 한다(205(2)).[4]

라. 업무집행정지 · 직무대행자

사원의 업무집행을 정지하거나 직무대행자를 선임하는 가처분을 하거나 그 가처분을 변경 · 취소하는 경우에는 본점소재지의 등기소에서 이를 등기해야 한다(183-2). 직무대행자는 가처분명령에 다른 정함이 있는 경우 외에는 법인의 통상업무에 속하지 아니한 행위를 하지 못

---

1) 물론 합명회사의 내부관계에 관한 상법 규정은 원칙적으로 임의규정이고 정관에서 상법 규정과 달리 정하는 것이 허용되므로 정관으로 상법 제205조 제1항을 명시적으로 배제하는 것은 가능하다(대법원 2015. 5. 29, 2014다51541 판결).

2) 법원에 제명의 선고를 청구하는 경우에는 다른 사원 과반수의 결의가 필요하다(220(1)).

3) 다른 사원 전원의 동의에 의한 청구가 필요하다는 견해도 있으나 그러한 경우에는 구태여 법원의 도움을 받을 필요 없이 해임할 수 있다(195→민 708). 즉 업무집행사원의 업무집행권한을 상실시키는 방법으로는 법률로 정해진 것만도 ① 사원의 청구에 의하여 법원의 선고로써 권한을 상실시키는 방법과 ② 총사원이 일치하여 해임하는 방법이 있는 것이다(대법원 2015. 5. 29, 2014다51541 판결).

4) 대표사원의 경우(180(iv))와는 달리 업무집행사원 자체는 등기사항이 아니다.

한다.[1] 다만, 법원 허가를 얻은 경우에는 그러하지 아니하다(200-2(1)).

(3) 업무집행의 방법

가. 업무집행의 두 단계

합명회사의 업무집행도 ① 업무집행의 의사결정과 ② 결정된 의사의 실행이라는 두 단계로 나눌 수 있다. 상법은 합명회사의 경우 업무집행의 의사결정을 할 기관에 대한 규정을 두고 있지 않으므로 ①과 ②의 구별은 별로 부각되지 않는다. 그러나 정관으로 사원총회를 설치하고 중요한 업무집행사항의 결정을 맡기는 것은 금지되지 않는다. 사원총회가 따로 없는 경우에는 업무집행의 의사결정도 후술하는 바와 같이 사원이나 업무집행사원이 맡는다.

나. 업무집행사원이 없는 경우

사원은 정관에 달리 정함이 없는 한 각자 업무를 집행할 권한이 있다(200(1)).[2] 이 권한에는 업무집행에 관하여 회사의 의사를 결정할 권한도 포함된다. 다만 다른 사원이 이의를 제기하는 경우에는 행위를 중지하고 총 사원 과반수의 결의에 의하여 결정한다(200(2)). 이 경우 정관에 따로 정함이 없는 한 사원총회를 개최해야만 하는 것은 아니다. 따라서 사원들이 개별적으로 서면이나 전화로 의사를 표시하는 것도 가능하다. 그러나 합명회사는 사원의 인적 신뢰관계가 중요하므로 의결권의 대리행사는 허용되지 않는다. 사원의 결의 시에는 1인이 1의결권을 갖는다(頭數主義). 그러나 정관으로 의결권을 출자가액에 상응하여 부여하는 것도 가능하다.[3]

다. 업무집행사원이 있는 경우

정관으로 수인의 업무집행사원을 정한 경우에도 각 업무집행사원에게 업무집행권한이 있다(201(1)). 특정 업무집행사원의 업무집행에 관해서 다른 업무집행사원의 이의가 있는 때에는 그 행위를 중지하고 업무집행사원의 과반수 결의에 따라야 한다(201(2)).

라. 공동업무집행사원

정관으로 수인의 사원을 공동업무집행사원으로 정한 때에는 업무집행의 의사결정은 공동업무집행사원 전원의 동의를 요한다(202). 그러나 지체할 염려가 있는 때에는 그러하지 아니하다. 지체할 염려가 있는 때란 주관적으로 공동업무집행사원 중 1인의 출장, 질병, 결근 등과 같은 경우 그리고 객관적으로 그 사원의 동의를 얻지 못하여 업무집행에 관한 행위를 하지 못

---

1) 직무대행자가 가처분명령에 위반한 행위를 한 경우에도 회사는 선의의 제3자에 대하여 책임을 진다(202(2)).

2) 이 경우 각 사원은 회사를 대표할 권한도 갖는다(207전).

3) 조합에 관련된 판례로서 대법원 2009. 4. 23, 2008다4247 판결 참조("민법 제706조에서는 조합원 3분의 2 이상의 찬성으로 조합의 업무집행자를 선임하고 조합원 과반수의 찬성으로 조합의 업무집행방법을 결정하도록 규정하고 있는바, 여기서 말하는 조합원은 조합원의 출자가액이나 지분이 아닌 조합원의 인원수를 뜻한다. 다만, 위와 같은 민법의 규정은 임의규정이므로, 당사자 사이의 약정으로 업무집행자의 선임이나 업무집행방법의 결정을 조합원의 인원수가 아닌 그 출자가액 내지 지분의 비율에 의하도록 하는 등 그 내용을 달리 정할 수 있고, 그와 같은 약정이 있는 경우에는 그 정한 바에 따라 업무집행자를 선임하거나 업무집행방법을 결정하여야만 유효하다").

할 경우 영업상 현저히 불리한 결과를 초래할 우려가 있는 때를 의미한다.

전원의 동의를 요하는 것은 업무집행의 의사결정에 국한되므로 결정된 사항을 실행하는 것은 단독으로 할 수 있다.

마. 예외적인 업무집행사항

지배인 선임은 업무집행사원이 있는 경우에도 총사원 과반수의 결의에 의하여야 한다(203). 자기거래 승인은 다른 사원 과반수의 결의가 필요하지만(199) 경업행위 승인은 다른 사원 전원의 동의를 요한다(198). 정관변경은 총사원의 동의가 있어야 한다(204).

(4) 업무집행의 감시권

합명회사에서 업무집행권이 없는 사원은 언제든지 회사의 업무 및 재산상태를 검사할 수 있다(195→민 710). 이 사원의 권리를 감시권이라 한다. 합명회사의 사원은 직접 업무집행에 관여하지 않더라도 회사채무에 대해서 직접·무한책임을 지므로 자기 이익을 보호하기 위하여 사원 자격에서 이 권리를 가진다. 사원의 감시권은 공익권적 성질을 가지므로 정관이나 총사원의 동의로도 제한할 수 없다.

4. 사원의 의무

(1) 선량한 관리자의 주의의무

합명회사의 내부관계에는 정관이나 상법에 다른 규정이 없으면 조합에 관한 민법규정이 준용된다(195). 조합업무를 집행하는 조합원에는 위임에 관한 민법규정이 준용되므로(195→민 707) 선량한 관리자의 주의로써 조합의 업무를 집행할 의무가 있다(민 681). 따라서 업무집행사원은 물론이고 업무집행사원이 없는 경우 합명회사 업무를 집행하는 사원은 선량한 관리자의 주의의무를 부담한다. 사원의 충실의무에 대해서는 따로 규정이 없지만 사원의 선관주의의무에 충실의무가 포함된다고 볼 것이다. 상법은 후술하는 바와 같이 그밖에 충실의무에 근거한 규정을 두고 있다.

(2) 사원의 경업의 금지

가. 경업금지의무

사원은 다른 사원의 동의가 없으면 자기 또는 제3자의 계산으로 회사의 영업부류에 속하는 거래를 하지 못하고 동종영업을 목적으로 하는 다른 회사의 무한책임사원 또는 이사가 되지 못한다(198(1)). 사원은 반드시 업무집행사원에 한정되지 않는다. 다만 업무집행사원이 따로 있는 합명회사의 수동적인 투자자에 그치는 사원이라면 정관에 의하여 경업금지의무를 완하하는 것도 가능하다. 자기 또는 제3자의 계산이란 누구의 명의로 하든 그 행위의 경제적 효과가 자기 또는 제3자에게 미치는 경우를 말한다.

동종영업을 목적으로 하는 회사에 관여하는 것을 금지하기 때문에 다른 영업을 목적으로 하는 회사에 관여하는 것은 허용된다. 그러므로 사원의 겸직금지는 노력분산을 막는 차원보다는 회사와의 이익충돌을 방지하는 것이 주목적이라고 할 수 있다.[1)]

동종의 영업을 목적으로 하는 것인가의 여부는 정관기재의 문언을 형식적으로 판단할 것이 아니고 실질적으로 회사 영업과 시장에서 경합되는지 여부에 따라 결정해야 한다. 한편 법문상 무한책임사원이나 이사가 될 수 없다고 하고 있으므로 유한책임사원, 감사, 사용인이 되는 것은 금지대상에서 벗어난다. 이익충돌의 여지를 최소화하기 위해서는 정관으로 경업금지의무를 한층 강화할 필요가 있을 것이다.

나. 사원의 동의

사원의 경업은 전면적으로 금지되는 것이 아니라 다른 사원의 동의가 있으면 허용된다. 다만 업무집행권의 유무를 불문하고 나머지 사원 전원의 동의를 얻어야 한다. 경업금지는 사원의 이익을 보호하기 위한 제도이므로 사원의 동의가 있으면 허용해도 무방하다고 본 것이다.

동의의 방식에는 제한이 없으나 사후동의는 허용되지 않는다는 견해도 있다. 물론 사후동의는 엄격히 보아 경업의 허용을 동의하는 것이 아니고 경업금지의무 위반으로부터 발생한 회사의 권리를 포기하는 것이라는 점에서 성질상 차이가 있다. 그러나 효력 면에서는 동일하므로 사후동의도 추인으로 보아 허용된다고 할 것이다.

다. 의무위반의 효과

사원이 경업금지의무를 위반한 결과 회사에 손해가 발생한 경우에는 회사가 손해배상을 청구할 수 있다(198(3)). 위반행위 자체의 사법적 효력에는 원칙적으로 아무런 영향이 없다.

상법은 회사의 개입권을 인정한다(198(2)). 사원이 자기 계산으로 경업거래를 하였을 때에는 이를 회사의 계산으로 한 것으로 볼 수 있다. 제3자의 계산으로 하였을 때에는 그 사원에 대하여 이로 인한 이득의 양도를 청구할 수 있다(198(2)). 개입권은 회사가 손해를 증명할 필요가 없다는 점이 장점이다. 개입권은 사원 과반수의 결의에 의하여 행사하여야 한다(198(4)).[2)] 이 권리는 일종의 형성권이다.

사원이 경업금지규정을 위반한 경우에는 다른 사원 과반수의 결의에 의하여 그 사원의 제명 또는 업무집행권이나 대표권상실의 선언을 법원에 청구할 수 있다(220(1)(ii), 205(1), 216).

1) 이 점에서 상업사용인의 경업피지의무(17(1))와 대조된다.

2) 다만 개입권은 다른 사원의 1인이 그 거래를 안 날로부터 2주간을 경과하거나 그 거래가 있는 날로부터 1년을 경과하면 소멸한다(198(4)). 이 기간은 제척기간이다.

(3) 사원의 자기거래제한

가. 자기거래의 금지

자기거래란 사원이 자기 또는 제3자의 계산으로 회사와 거래하는 것을 말한다. 사원은 다른 사원의 과반수 결의가 있는 때에 한하여 자기거래를 할 수 있다(199전). 그 경우 자기계약이나 쌍방대리를 금지하는 민법규정(민 124)은 적용되지 않는다(199후). 민법상 자기계약이나 쌍방대리는 본인 동의가 없는 한 그 거래가 금지되지만(민 124) 상법상 합명회사에서는 다른 사원과반수의 결의가 있으면 결국 본인 동의가 있는 것과 마찬가지로 보는 셈이다.

여기서 사원은 대표권이나 업무집행권의 유무를 묻지 않는다. 주식회사의 경우와 마찬가지로 누구의 명의로 하든 경제적 효과가 누구에게 귀속되든 회사와 이익충돌 위험이 있는 거래는 자기거래에 해당한다.

나. 사원의 결의

자기거래는 다른 사원 과반수의 결의가 있으면 허용된다(199). 따라서 사원이 2인인 회사에서는 다른 1인의 동의로 충분하다.

다. 제한위반의 효과

사원이 다른 사원 과반수의 결의 없이 자기거래를 한 경우 그 거래 자체의 효력에 대해서는 견해가 나뉜다. 이 경우에도 주식회사의 자기거래와 마찬가지로 그 행위는 당사자 사이에서는 무효이지만 선의의 제3자에게는 그 무효를 주장할 수 없다고 보는 상대적 무효설이 타당하다.

사원의 자기거래로 인하여 회사에 손해가 발생한 경우에는 사원은 손해배상책임을 진다. 그 밖에 해당사원은 제명, 업무집행권이나 대표권의 상실선고의 대상이 될 수 있다(220(1)(iv), 205, 216).

5. 회계와 손익의 분배

(1) 회　계

상법은 합명회사의 회계에 관하여 규정하고 있지 않다. 합명회사는 상인(의제상인)이므로(5(2)) 상업장부에 관한 규정(29~33)의 적용을 받는다. 따라서 회계장부와 대차대조표를 작성해야 하고 그것을 작성할 때에는 상법에 정한 것을 제외하고는 일반적으로 공정·타당한 회계관행에 따른다(29). 합명회사의 경우에는 주식회사와는 달리 자본금이나 준비금에 관한 규정이 없다.

이처럼 상법이 주식회사와는 달리 합명회사의 경우에 회계에 관한 규정을 따로 두지 않은 것은 사원이나 채권자 보호의 필요성이 상대적으로 덜하기 때문이다. 합명회사 사원은 능동적으로 사업에 참여하는 자로서 회계정보를 이미 가지고 있을 것이고 채권자는 사원에게 책임을 물을 수 있기 때문에 회사의 재무상태와 경영성과를 파악할 실익이 크지 않다.

(2) 손익분배의 자유

상법은 합명회사의 손익분배에 대한 제한을 두지 않고 있다. 합명회사의 사원은 회사채무에 대하여 무한책임을 지므로 사원에 대한 재산분배를 규제할 필요는 상대적으로 적다. 그리하여 사원에 대한 재산분배를 주식회사에서와 같이 대차대조표상의 배당가능이익에 국한할 필요는 없다. 심지어 이익이 없음에도 불구하고 재산을 분배하더라도 바로 위법이라고 볼 수는 없다.[1)]

(3) 손익분배의 시기와 기준

손익분배의 시기는 정관 또는 총사원의 동의로 자유로이 정할 수 있다. 합명회사도 상인으로서 매 결산기에 대차대조표를 작성해야 하므로(30(2)) 손익분배의 시기는 결산기와 일치하는 것이 보통이다.

손익분배의 기준도 상법에 아무런 규정이 없으므로 정관 또는 총사원의 동의로 자유로이 정할 수 있다. 정관에도 아무런 정함이 없으면 민법의 조합에 관한 규정이 준용된다(195). 따라서 조합에서와 마찬가지로 손익분배의 비율은 달리 정함이 없는 한 사원의 출자가액에 비례한다(민 711(1)). 이익 또는 손실의 일방에 관해 분배의 비율을 정한 경우에는 그 비율은 손익 양자의 분배에 공통된 것으로 추정된다(민 711(2)). 다만 합명회사도 영리법인이므로 정관으로도 이익분배에 전혀 참가하지 않는 사원을 둘 수 없다.

(4) 손익분배의 방법

손익분배의 방법도 정관 또는 총사원 동의로 자유로이 정할 수 있다. 회사의 이익은 금전으로 분배하는 것이 일반적이지만 현물분배도 금지할 이유는 없다. 한편 이익을 분배하지 않고 사내에 유보하여 사원의 지분을 증가시킬 수도 있다.

손실의 분배는 계산상의 관념이며 현실적으로 손실분담액을 출연시키는 것은 아니다. 오직 사원의 지분평가액을 감소시킬 뿐이다. 이에 따라 퇴사 또는 해산의 경우 사원이 청구할 수 있는 금액이 감소될 뿐이다.

6. 지 분

(1) 지분양도에 대한 제한

상법상 지분은 사원 자격에서 회사에 대하여 갖는 권리·의무의 총체, 즉 사원권 내지는

---

1) 민법상의 채권자취소권이나 도산법상의 부인권이 적용되는 경우도 있을 것이다.

회사에 대한 사원의 법적 지위를 가리킨다.[1] 경제적으로 지분은 사원이 회사재산에 대하여 가지는 몫을 표시하는 계산상 수액을 가리킨다. 지분은 통상 법적 의미로 사용되나 지분의 환급(222)은 경제적 의미로 사용되는 경우이다.

합명회사에서는 사원의 개성이 중요하기 때문에 사원이 그 지분을 양도하기 위해서는 다른 사원 전원의 동의를 필요로 한다(197). 양도에는 다른 사원에 대한 명의신탁을 해지하고 지분을 이전하는 경우도 포함된다(대법원 1989. 11. 28, 88다카33626 판결).

다른 사원의 동의는 서면으로 할 필요는 없고 양도계약의 전후를 불문한다. 지분양도의 등기가 있는 경우에는 다른 사원 전원의 동의가 있었던 것으로 추정된다. 또한 지분양도로 인하여 사원 변경이 초래되는 경우에는 정관의 변경이 따르지만 정관변경에 필요한 총사원의 동의(204)는 이미 양도에 대한 동의에 포함된 것으로 본다. 다른 사원 전원의 동의는 양도의 효력발생요건이므로 이 동의를 얻지 않은 양도는 무효이다. 지분양도에 관한 규정은 내부관계에 속하는 사항이기 때문에 정관의 규정으로 요건을 완화할 수 있다.

(2) 지분양도의 효과

지분양도의 효과는 양수인이 사원인지 여부에 따라 다르다. 먼저 양수인이 다른 사원인 경우 전부 양도 시에는 양도한 사원은 이에 의하여 퇴사하고 양수사원의 경제적 지분은 양도사원의 몫만큼 증가한다. 일부양도의 경우에는 사원은 변동이 없지만 사원의 경제적 지분은 변동한다.

한편 양수인이 사원이 아닌 경우 전부 양도 시에는 사원의 교체가 일어난다. 즉 양도사원이 퇴사하고 양수인이 새로 사원의 지위를 취득한다. 일부 양도의 경우에는 양도사원의 경제적 지분이 감소하고 양수인이 새로운 사원으로 입사한다. 지분을 전부 양도하여 퇴사한 사원도 그 퇴사등기 이전의 회사채무에 대하여는 등기 후 2년 내에는 다른 사원과 동일한 책임이 있다(225(1)).

(3) 지분양도의 등기

사원의 인적사항은 정관의 절대적 기재사항(179(iii))인 동시에 등기사항(180(i))이다. 따라서 지분양도에 의하여 사원이 변경되는 경우에는 변경등기를 해야 한다(183). 변경등기가 없으면 지분양도에 관하여 제3자에게 이를 대항할 수 없다(37). 다만 제3자에 대한 관계를 제외하면 양도의 효력은 등기의 유무에 영향을 받지 않는다.

(4) 지분의 입질

지분의 입질에 대해서는 상법에 아무런 규정이 없지만 그것이 허용된다는 점에는 다툼이 없다. 입질도 양도와 마찬가지로 다른 사원 전원의 동의가 필요한지에 관해서는 다툼이 있다.

---

1) 권기범6, 301면; 최기원14, 1025면.

가급적 담보대상을 확대한다는 관점에서 사원 전원의 동의가 없는 경우에도 입질을 허용하는 것이 타당할 것이다. 그 경우 질권의 효력은 이익배당, 지분환급청구권, 잔여재산분배청구에 한하여 미치고 경매는 허용되지 않는다.[1)]

(5) 지분의 압류

사원 지분의 압류는 집행법의 적용대상이지만 상법은 그 효력에 관해서 특별히 규정을 두고 있다. 지분의 압류는 사원이 장래이익의 배당과 지분환급을 청구하는 권리에 대하여도 그 효력이 있다(223). 또한 지분을 압류한 채권자는 회사와 그 사원에 6월 전에 예고한 후 영업연도 말에 퇴사시킬 수 있다(224(1)).[2)] 그 사원이 변제를 하거나 상당한 담보를 제공한 때에는 예고의 효력이 상실된다(224(2)).

회사가 임의청산을 할 때에는 압류 채권자의 동의를 받아야 한다(247(4)). 동의를 받지 않고 임의청산을 한 경우에는 회사에 지분에 상당하는 금액의 지급을 청구할 수 있다(249).

(6) 지분의 상속

합명회사의 경우 사원의 개성이 중요하므로 사원의 사망은 퇴사원인이다(218(iii)). 상속인은 지분의 환급청구권만을 상속받을 뿐이다. 그러나 정관에서 상속인의 지분승계를 인정한 경우에는 승계가 가능하고 상속인은 상속의 개시를 안 날로부터 3월 내에 회사에 대해서 승계여부의 통지를 발송해야 한다(219(1)).

Ⅳ. 외부관계

1. 의 의

합명회사의 외부관계란 회사와 제3자와의 관계 및 사원과 제3자와의 관계를 말한다. 회사는 법인이므로 대외관계는 회사와 제3자와의 관계가 중심을 이룬다. 그러나 물적회사와 달리 사원의 개성이 중시되는 합명회사에서는 사원과 제3자와의 관계가 문제된다. 그런 의미에서 합명회사의 법인격은 주식회사의 경우보다 덜 엄격한 것으로 볼 수 있다.

내부관계와는 달리 외부관계에 관한 법규정은 강행법적 성격을 갖는다. 외부관계는 거래의 안전 기타 공공적 이익의 보호가 요구되므로 당사자의 자치에 맡길 수는 없기 때문이다. 따라서 정관 또는 총사원의 결의로도 이를 변경할 수 없다.

---

1) 이철송30, 174면; 정동윤6, 887면.

2) 다만 회사와 그 사원에 대해서 6월 전에 예고를 하여야 한다. 지분의 압류는 사원의 지분환급청구권에도 미치므로 그것을 전부받아 채권을 만족할 수 있을 것이다.

2. 회사대표

(1) 사원의 대표권과 대표사원

회사대표는 업무집행의 대외적 측면으로, 상법은 대표권을 업무집행권과 결합시키고 있다. 그리하여 정관으로 업무집행사원을 정하지 아니한 때에는 각 사원이 회사를 대표하지만 업무집행사원이 있는 경우에는 그 업무집행사원만이 회사를 대표한다(207본). 수인의 업무집행사원이 있는 경우에는 각자 회사를 대표하지만 정관이나 총사원의 동의로 그 중에서 특별히 회사를 대표하는 사원을 정할 수 있다(207단). 이처럼 대표권을 가진 사원을 대표사원이라 한다. 대표사원은 등기사항이다(180(iv)).

(2) 공동대표

대표권 있는 사원은 각자 회사를 대표하는 것이 원칙이다(207)(단독대표). 다만 회사는 정관 또는 총사원의 동의로 수인의 사원이 공동으로 회사를 대표할 것을 정할 수 있다(208(1)).[1] 대표사원의 대표권 남용을 방지하기 위한 제도라는 점에서 주식회사 공동대표이사(389(2))제도와 같으므로 유사한 법리가 적용될 것이다. 따라서 공동대표사원 중 1인에 대한 포괄적 위임은 실질적으로 단독대표와 다름이 없으므로 공동대표의 취지에서 허용되지 않지만 특정한 행위의 위임은 남용 위험도 적고 회사 편의에도 부합하므로 허용된다고 볼 것이다.

제3자가 회사에 의사표시를 할 때에는 공동대표사원 중 1인에 대하여 하더라도 무방하다(208(2)). 제3자의 편의는 물론이고 의사표시의 수령은 대표권 남용의 여지가 별로 없다는 점을 고려한 것이다. 따라서 변제의 청구, 서류의 송달, 어음의 제시 등은 공동대표사원 중 1인에 대하여 하여도 무방하다.

(3) 회사와 사원 간의 소에 관한 대표권

회사가 사원에 대해서, 또는 사원이 회사에 대해서 소를 제기하는 경우 그 사원이 회사를 대표하는 것은 불합리하다. 상법은 그 경우 그 사원과 별도로 회사를 대표할 사원이 없는 경우에는 다른 사원의 과반수 결의로 회사를 대표할 자를 선정하도록 하고 있다(211). 이 자의 대표권은 당해 소송에 한정된다.

(4) 대표사원의 대표권

가. 영업에 관한 행위

대표사원의 대표권은 회사의 영업에 관한 재판상 또는 재판외의 모든 행위에 미친다(209(1)). 사원의 자기거래와 같이 업무집행의 의사결정에 다른 사원의 과반수 결의를 요하는 경우(199)에도 대표행위 자체는 대표사원이 할 수 있다.

---

1) 공동대표도 등기사항이다(180(v)).

회사의 영업에 관한 행위에 해당하는지 여부는 대표사원의 구체적, 주관적 의도가 아니라 당해 행위의 추상적, 객관적 성질에 의해 결정하여야 한다. 따라서 어떤 대표행위가 객관적으로 회사의 영업에 관한 행위에 속하는 한 대표사원의 사익을 목적으로 한 것일지라도 일단 대표권의 범위에 속하는 것으로 본다.

나. 재판상 또는 재판외의 행위

재판상 행위란 소송행위를 말한다. 대표사원은 회사의 법정대리인 지위를 갖는다(민소 64). 대표사원은 타인을 소송대리인으로 선임하여 소송행위를 할 수 있다.

재판 외의 행위에는 사법상의 적법행위가 모두 포함된다. 법률행위와 준법률행위는 물론이고 유상행위와 무상행위를 모두 포함한다. 다만 대표사원의 행위가 회사에 귀속하려면 회사의 목적범위 내에서 회사 명의로 하여야 한다.

다. 대표권의 제한

대표사원의 권한에 대한 제한은 선의의 제3자에게 대항하지 못한다(209(2)). 대표권 제한은 정관 또는 총사원의 결의로 거래의 규모, 금액, 종류 등에 관해서 제한을 두는 방법으로 행한다. 대표권 제한은 대내적으로는 유효하다. 따라서 대표사원이 대표권 제한에 위반하여 거래를 한 때에는 회사에 대하여 의무위반으로 인한 손해배상책임을 지고 대표권의 상실사유(216→205) 및 제명사유(220(1)(iii))에 해당할 수 있다. 대표사원의 행위가 대표권의 내부적 제한에 위반한 것임을 상대방이 알았거나 또는 중과실로 알지 못한 경우에는 그 상대방에 대해서 내부적 제한을 대항할 수 있다.

(5) 대표권의 상실

업무집행사원의 권한상실선고에 관한 규정(205(1))은 대표사원에도 준용된다(216).[1] 따라서 대표사원이 업무를 집행함에 현저히 부적임하거나 중대한 의무위반이 있는 때는 법원은 다른 사원의 청구에 의해 대표권한의 상실을 선고할 수 있다.[2]

3. 사원의 책임

(1) 회사채무에 대한 책임

합명회사의 특징은 회사채무에 대한 사원의 책임에서 찾아볼 수 있다. 회사재산으로 회사채무를 완제할 수 없는 경우 각 사원은 연대하여 변제할 책임이 있다(212(1)). 회사재산에 대한 강제집행이 주효하지 못한 때에도 사원이 책임을 진다(212(2)). 다만 사원이 회사에 변제의 자

---

1) 업무집행권이 반드시 대표권을 수반해야 하는 것은 아니므로 대표사원의 권한상실선고를 별도로 할 수 있도록 한 것이다. 다만 업무집행권이 없는 대표권은 상정할 수 없는바, 대표사원의 업무집행권에 대한 권한상실선고가 내려진다면 대표권 역시 당연히 상실된다(대법원 1977. 4. 26, 75다1341 판결).

2) 대표사원의 권한상실도 등기사항이다(216→205(2)).

력이 있고 집행이 용이한 것을 증명한 때에는 그렇지 않다(212(3)).

사원이 회사채권자에 대하여 직접·연대·무한책임을 진다는 점에서 합명회사는 조합적 성격이 강하다. 다만 사원의 책임은 회사재산에 의한 변제가 불가능할 때 2차적으로 발생하므로 민법상 보증과 마찬가지로 보충성이 있다.

사원의 책임은 제3자인 회사채권자 이익에 관한 것이므로 정관이나 사원 간 약정으로 변경할 수 없다. 그러므로 사원 사이에 특정사원의 책임을 면제하는 특약을 해도 제3자인 회사채권자 권리에는 영향을 미치지 않는다.

(2) 책임주체인 사원

회사채권자에 대하여 연대책임을 지는 사원은 원칙적으로는 채무가 발생할 당시에 사원으로 있는 자이다. 업무집행권이나 대표권의 유무와는 아무런 관계가 없다. 이 원칙에 대해서는 다음과 같은 예외가 존재한다.

가. 신입사원의 예외

회사성립 후에 가입한 사원은 그 가입 전에 생긴 회사채무에 대해서도 다른 사원과 동일한 책임을 진다(213).

나. 자칭사원의 예외

사원이 아니면서 타인에게 자신이 사원이라고 오인시키는 행위를 한 자는 오인으로 인하여 회사와 거래한 자에 대해서 사원과 동일한 책임을 진다(215). 신입사원과 달리 자칭사원의 책임은 오인한 상대방에 대한 책임으로 한정된다. 회사의 설립이나 입사계약이 무효 또는 취소되는 결과 발생한 표현(表見)사원은 여기에서 말하는 자칭사원이 아니다.

다. 퇴사원의 예외

사원은 퇴사등기 전에 생긴 회사채무에 대해서 등기 후 2년 내에는 다른 사원과 동일한 책임이 있다(225(1)). 지분을 양도한 사원도 마찬가지로 책임을 진다(225(2)).

(3) 책임의 요건

사원의 책임은 보충적이다. 사원이 책임을 이행해야 하는 경우는 ① 회사재산으로 회사채무를 완제할 수 없는 때와 ② 회사재산에 대한 강제집행이 주효하지 못한 때의 두 가지이다(212(1), (2)).[1)]

①은 회사채무 총액이 자산 총액을 초과하는 상태, 즉 채무초과 상태를 의미한다. 채무초과 상태를 판단할 때에는 "회사가 실제 부담하는 채무의 총액과 실제 가치로 평가한 자산의

---

1) 사원이 책임을 이행해야 하는 것은 ①이나 ②의 요건이 충족한 때이지만 대법원은 책임이 성립하는 것은 회사의 채무가 성립한 때라고 보고 있다(대법원 2012. 4. 12, 2010다27847 판결).

총액을 기준으로 판단하여야 하고, 대차대조표 등 재무제표에 기재된 명목상의 부채 및 자산의 총액을 기준으로 판단할 것은 아니[다]"(대법원 2012. 4. 12, 2010다27847 판결).[1]

그러나 회사 채권자가 채무초과를 증명하는 것은 반드시 현실적으로 용이한 것은 아니다. ②는 회사 채권자가 강제집행이 주효하지 못하였다는 객관적 사실을 증명함으로써 사원의 책임을 물을 수 있는 길을 열어주고 있다. ②는 회사 채권자가 회사재산에 대하여 실제로 강제집행을 했으나 채권의 만족을 얻지 못한 경우를 말한다(대법원 2011. 3. 24, 2010다99453 판결). ②의 강제집행은 반드시 당해 회사채권자가 하였을 필요는 없을 것이다. 강제집행이 주효하지 않은 경우에도 사원이 회사에 변제자력이 있으며 집행이 용이한 것을 증명한 때에는 사원에게 책임을 추궁할 수 없다(212(3)).

(4) 책임의 내용

사원의 책임은 회사의 모든 채무에 미친다. 회사채무는 그 종류나 발생원인을 묻지 않는다.[2] 비대체적 채무는 포함되지 않지만(대법원 1956. 7. 5, 4289민상147 판결) 채무불이행으로 인하여 손해배상채무로 전환된 경우에는 포함된다.

사원의 책임은 회사채무 전액에 관한 책임이고 회사재산으로 지급되지 않은 잔액에 한정되지 않는다. 이 점에서 조합채권자에 대해서 분할책임만을 지는 조합원의 경우(민 712)와 다르다.[3]

(5) 사원의 항변

사원의 책임은 어디까지나 보충적이므로 회사채무에 관한 변제청구를 받은 때에는 회사가 주장할 수 있는 항변으로 그 채권자에게 대항할 수 있다(214(1)). 사원은 회사채무가 발생하지 않았거나 소멸하였음을 항변으로 주장할 수 있다.

회사가 그 채권자에 대하여 상계, 취소 또는 해제할 권리가 있는 경우에는 사원은 회사채무에 관한 변제를 거부할 수 있다(214(2)). 이 거부권은 회사의 권한을 사원이 대신 행사하는 것이 아니고 단지 채무이행을 거부하는 것에 지나지 않는다. 회사가 그 상계권, 취소권, 해제권 등을 행사하면 사원의 책임은 소멸한다.

(6) 책임이행의 효과

사원이 회사의 채권자에게 변제하거나 기타 면책행위를 하면 회사채무가 소멸한다. 이 경우 그 변제는 보증인의 변제와 마찬가지로 변제한 사원은 회사에 대하여 구상권을 가지며(민 441) 회사의 채권자를 대위하여 회사에 대한 채권을 취득한다(민 481). 또한 다른 사원과의 관

---

1) 회사의 신용·노력·기능(기술)·장래의 수입 등은 원칙적으로 회사의 자산 총액을 산정할 때 고려할 대상이 아니다.
2) 회사가 사원에 대해서 부담하는 채무도 대상이 될 수 있다고 볼 것이다.
3) 다만 조합채무가 조합원 전원을 위하여 상행위가 되는 행위로 인하여 부담하게 된 경우에는 상법 제57조 제1항에 따라 조합원들이 연대책임을 진다(대법원 1992. 11. 27, 92다30405 판결).

계에서는 연대채무자의 대내관계가 있으므로 다른 사원에 대하여 각자의 손실분담 비율에 따라 부담부분에 대한 구상권을 갖는다(민 425(1))). 변제한 사원은 회사에 대한 구상권과 다른 사원에 대한 구상권을 선택적으로 행사할 수 있다.

(7) 책임의 소멸

사원의 책임은 퇴사와 지분양도(225), 그리고 회사의 해산(267)을 계기로 소멸한다. 퇴사와 지분양도의 경우에는 등기 후 2년이 경과해야 완전히 책임을 면하지만(225) 해산의 경우에는 해산등기 후 5년이 경과해야 소멸한다(267(1)).

4. 회사의 불법행위책임

(1) 대표사원의 행위로 인한 회사의 책임

대표사원이 그 업무집행으로 인하여 타인에게 손해를 가한 때에는 회사는 그 대표사원과 연대하여 배상할 책임이 있다(210). 이 조항은 민법 제35조 제1항(법인의 불법행위 능력)의 특칙이다(대법원 2011. 7. 28, 2010다103017 판결). 대표사원이 아닌 회사의 피용자가 업무집행으로 인해 타인에게 손해를 가한 경우 회사는 민법 제756조의 사용자책임을 진다. 피용자 선임 및 감독상 과실이 없는 경우 면책되는 사용자책임과 달리 본 조의 경우 회사는 면책가능성이 배제되어 있다.

(2) 책임의 요건

회사의 책임이 발생하기 위해서는 다음 요건을 갖춰야 한다.

① 대표사원의 행위일 것
② 업무집행 범위 내의 행위일 것
③ 민법상 일반불법행위(민 750)의 요건을 충족한 행위일 것

②의 행위는 업무집행 그 자체는 물론이고 행위의 외형상 대표사원의 업무집행에 속하는 행위와 업무집행과 관련 있는 행위로서 사회통념상 회사의 목적을 달성하기 위한 것으로 인정되는 행위를 포함한다. 행위의 외형상 대표사원의 업무집행으로 인정할 수 있는 것이라면 설사 그것이 대표사원의 사익을 위한 행위나 법령에 위반한 행위라도 모두 그에 포함된다. 대표사원의 행위가 업무집행의 범위를 벗어난 경우에는 회사의 불법행위로 인정되지 않으므로 회사의 책임은 없다.

③과 관련해서는 회사가 직접행위자인 대표사원에 대한 선임·감독에 관하여 과실이 있을 것을 요하지 아니한다. 이 점에서 민법의 사용자책임(756)과 구별된다.

본 조의 책임은 피해자가 그 손해 및 가해자를 안 날로부터 3년, 불법행위일로부터 10년

(민 766)이 경과하면 시효소멸된다(대법원 2022. 5. 12, 2020다255375 외 판결).

(3) 대표사원 개인의 책임

상법은 회사가 "그 사원과 연대하여 배상할 책임이 있다"(210)고 하여 실제 행위자인 대표사원의 책임을 전제하고 있다. 따라서 피해자는 회사나 대표사원 어느 쪽에 대하여도 배상을 청구할 수 있다.

V. 사원의 입사와 퇴사

1. 입 사

사원의 입사는 회사 성립 후 회사와 입사계약을 체결하여 사원자격을 원시취득하는 것을 말한다. 입사는 사원권을 원시취득하는 경우로서 지분의 양수나 상속과 같은 승계취득과 구별된다.

사원의 인적사항은 정관의 절대적 기재사항(179(iii))이므로 입사를 위해서는 입사계약의 체결은 물론이고 정관변경도 필요하다. 정관변경에는 사원 전원의 동의가 필요하므로(204) 결국 입사를 위해서도 사원 전원의 동의가 필요한 셈이다. 또한 사원의 인적사항은 등기사항이므로 입사 후 일정 기간 내에 변경등기를 하여야 한다(183, 180(i)).

2. 퇴 사

(1) 의 의

사원의 퇴사는 회사존속 중 사원자격이 절대적으로 소멸하는 것을 말한다. 퇴사는 사원자격이 회사존속 중 소멸한다는 점에서 합병, 청산, 파산과 같이 회사소멸로 인하여 사원자격이 상실되는 경우와 구별된다. 또한 퇴사는 사원자격이 절대적으로 소멸한다는 점에서 지분의 전부양도로 인하여 사원자격이 상대적으로 소멸하는 경우와도 다르다.

인적회사에서는 사원 상호간의 신뢰가 중요하다. 신뢰가 상실된 경우에는 회사를 통한 동업관계를 해소할 필요가 있다. 또한 인적회사에서는 사원의 개성이 중요하므로 사원에 특별한 사정이 있으면 역시 동업관계에서 벗어날 수 있어야 한다. 그렇다고 해서 회사가 해산을 해야 한다면 기업유지가 어려워진다. 반대로 해산을 막는다면 출자회수를 위해서는 지분을 양도해야 하지만 그것은 쉽지 않다. 인적회사의 퇴사제도는 기업유지라는 회사의 목표와 출자회수라는 사원의 목표 사이에서 타협점을 찾은 것이라고 할 수 있다. 퇴사는 임의퇴사와 법정퇴사로 나눌 수 있다.

(2) 임의퇴사

임의퇴사는 사원의 의사에 의하여 퇴사하는 경우를 말한다. 정관이 회사의 존립기간을 정하지 아니하거나 어느 사원의 종신까지 존속할 것을 정한 때에는 사원은 영업연도 말에 한하여 퇴사할 수 있다(217(1)). 다만 6월 전에 이를 예고하여야 한다(217(1)단).

회사의 존속기간이 영구적이거나 어느 사원의 종신까지인 경우 억지로 동업을 강요하는 것은 불합리하므로 퇴사라는 탈출구를 허용한 것이다. 사원이 6월 전에 예고하였다면 기간이 만료한 때 다시 퇴사의 의사표시를 할 필요는 없다.

퇴사시기를 영업연도 말로 제한한 것은 퇴사원의 지분계산을 간편히 하기 위해서이다. 퇴사시기에 대한 제한에도 불구하고 사원이 부득이한 사유가 있을 때에는 언제든지 퇴사할 수 있다(217(2)). 민법상 조합에서는 조합원이 조합에 불리한 시기에 탈퇴하는 것을 원칙적으로 금하고 있다(민 716(1)단)). 그러나 상법에는 이러한 제한이 없으므로 비록 회사에 불리한 시기일지라도 퇴사할 수 있다. 또 퇴사의 이유도 불문한다. 예고에 의한 퇴사 규정은 사원의 자유를 오랫동안 구속하지 않기 위하여 설정된 것이므로 이 요건을 퇴사원에게 불이익하게 변경할 수 없다.

(3) 법정퇴사

가. 퇴사원인

퇴사할 사원의 의사와 관계없이 일정한 퇴사원인이 있으면 법률상 당연히 퇴사하는 것을 법정퇴사라고 한다. 그 퇴사원인은 다음과 같다(218).

① 정관으로 정한 사유의 발생
② 총사원의 동의
③ 사망
④ 성년후견개시
⑤ 파산
⑥ 제명

그 밖에 회사계속에 동의하지 않는 사원의 퇴사(229(1)), 지분압류채권자의 청구에 의한 퇴사(224(1)), 설립무효, 취소의 경우에 회사를 계속할 때 설립무효, 취소의 원인이 있는 사원의 퇴사(194(2))도 법정퇴사에 속한다.

나. 정관에 정한 사유의 발생

강행규정이나 공서양속에 반하지 않는 한 정관에서 퇴사원인을 추가할 수 있다. 따라서 사원인 자격, 조건, 기간 등을 정한 때에는 자격의 소멸, 조건의 성취 또는 기간의 만료로 당연히 퇴사하게 된다.

다. 총사원의 동의

총사원의 동의가 있으면 부득이한 사유가 없어도 퇴사가 가능하다. 총사원의 동의요건을 사원의 과반수나 업무집행사원의 동의로 완화하는 것도 가능하다. 이 경우에는 앞서 설명한 정관에 정한 사유의 발생(218(i))에 해당할 것이다.

라. 사 망

사원이 사망하면 퇴사하는 것이 원칙이다. 사망에 의한 퇴사의 경우 상속인은 사망사원의 지분환급청구권, 회사채권자에 대한 책임 기타 사망자가 가지는 권리의무를 승계한다. 합명회사는 사원의 개성이 중요하므로 상속인이라 할지라도 당연히 사원의 지위를 승계할 수는 없다. 그러나 정관에서 상속인이 승계할 수 있음을 정할 수 있다(219(1)). 상법은 상속인으로 하여금 상속의 개시를 안 날로부터 3월 내에 승계 또는 포기의 통지를 발송할 것을 요구한다(219(1)).

상속인은 승계의 통지를 발송한 때부터 사원인 지위를 가진다. 상속인이 피상속인의 권리의무에 대해 승계 또는 포기의 통지 없이 3월을 경과한 때에는 사원이 될 권리를 포기한 것으로 본다(219(2)).

상법은 청산중인 회사에서는 사망은 퇴사원인이 아니고 상속인이 당연히 승계하여 사원이 되는 것을 전제하고 있다(246 참조). 청산은 회사재산을 정리하는 절차로 사원의 개성이 덜 중요하기 때문이다.

마. 성년후견개시와 파산

사원에 대한 성년후견개시 또는 사원의 파산은 사원의 신용을 크게 손상하므로 퇴사사유로 규정하고 있다.

(4) 제 명

가. 의 의

법정퇴사원인인 제명은 특정사원의 사원자격을 그 의사에 반하여 박탈하는 행위이다. 제명은 동료 사원의 신뢰를 상실한 사원을 배제함으로써 기업을 유지하기 위한 제도이다. 그러나 제명 대상인 사원의 이익에 중대한 영향을 미치므로 상법은 제명사유와 절차를 정하고 있다(220, 221).

나. 법정제명사유

상법이 정하는 제명사유는 다음과 같다(220(1)).

① 출자의무를 이행하지 아니한 때

② 경업금지의무에 위반한 행위가 있는 때[1)]

③ 부정하거나 권한 없는 업무집행이나 대표행위

④ 기타 중요한 사유가 있는 때

④는 ①~③의 경우와 마찬가지로 사원간의 신뢰를 손상시키는 사유가 있는 때를 말한다.

다. 법정제명사유의 변경

법정제명사유를 정관으로 변경할 수 있는가에 대해서는 다툼이 있지만 긍정하는 것이 타당하다. 제명은 궁극적으로 사원 사이의 관계를 단절하는 것이므로 사적자치를 존중할 필요가 있기 때문이다. 제명은 법원의 판결을 요하므로(220(1)) 남용될 위험도 크지 않을 것이다.

라. 제명절차

제명은 다른 사원 과반수의 결의에 따라 회사가 법원에 청구할 수 있다(220(1)). 여기서 다른 사원이란 제명되는 사원을 제외한 다른 사원 전원을 의미한다. 결의 방식은 자유이며 또 소집에 따른 특별한 절차를 요하지 않고 서면결의도 무방하다. 다만 수인의 사원을 제명할 경우 이들을 일괄하여 피제명사원으로 삼고 나머지 사원의 과반수 결의로 제명을 청구할 수 있는지에 대해서 견해가 대립한다. 판례와 다수설은 제명은 개별적인 절차라는 점에서 일괄제명을 부정한다(대법원 1976. 6. 22, 75다1503 판결(합자회사사원의 제명)). 복수의 사원에 대한 신뢰가 상실된 경우에 개별적인 제명절차를 통해서 제명할 수 없다면 결국 해산이나 퇴사를 할 수밖에 없을 것이다.

제명은 법원의 판결에 의해서만 가능하다. 제명청구는 회사 본점소재지 지방법원의 전속관할이다(220(2)→206(2)→186). 원고는 회사이며 피고는 제명청구를 받은 사원이다. 제명판결은 특정한 사원으로부터 사원자격을 박탈하는 형성판결이므로 그 확정에 의하여 제명의 효력이 발생한다. 제명판결이 확정된 때에는 본점 소재지에서 등기하여야 한다(220(2)→205(2)).

마. 제명의 제한

대법원은 사원이 2인뿐인 회사의 경우 사원 1인을 제명하면 회사의 해산을 초래할 수 있으므로 인정되지 않는다고 본다(대법원 1991. 7. 26, 90다19206 판결). 그러나 피제명사원이 아닌 1인사원의 의사는 다른 사원 전원의 의사와 같고 1인회사가 인정되지 않더라도 잔존사원이 신입사원을 구하여 회사를 계속할 수 있으므로 구태여 제명을 제한할 이유는 없다.

사원의 제명은 당해 사원의 의사에 반하여 사원자격을 박탈하는 것이어서 사원의 이익에 미치는 영향이 매우 크다. 하급심 판결 중에는 그 점을 고려하여 "형식적으로는 제명의 요건에

---

1) 경업피지의무 위반에 대하여 회사는 개입권을 가지지만(198(2)) 사원의 신뢰는 회복되지 않을 수 있으므로 제명사유로 하고 있다.

해당된다 하더라도 당해 사원의 개인적 특질을 고려하여 그와 같이 회사를 존속하는 것이 경제상이나 신용상 곤란하리라고 보이는 사정이 있고, 회사내부조직을 공고히 하고 사업수행을 용이하게 하기 위하여 불가피한 경우에 한하여 제명할 수 있다"고 신중한 태도를 취한 것이 있다(부산지방법원 동부지원 1991. 8. 16, 90가합3057 판결(합자회사 대표사원이 회사자금을 횡령하였음에도 제명청구를 기각한 사례)).

바. 제명사원과 회사 간의 계산

제명된 사원과 회사 사이의 계산은 제명의 소를 제기한 시점의 회사재산 상태에 따라서 하며 그 시점부터 법정이자를 붙여야 한다(221). 만약 조합에서와 같이 퇴사한 때를 기준으로 재산을 환급한다면(195→민 719(1)) 제명판결이 확정된 때를 기준으로 삼아야 할 것이다. 그러나 재판에 오랜 시간이 소요되면 재산상태의 변동으로 부당한 결과를 낳을 수 있으므로 판결 확정 시가 아니라 제소 시를 기준으로 하였다.

(5) 지분의 환급

임의퇴사든 법정퇴사든 사원의 퇴사가 있으면 원칙적으로 지분의 환급이 이루어진다. 지분의 계산은 회사 내부관계에 관한 사항이므로 정관으로 정할 수 있다. 정관에 특별한 정함이 없는 때에는 상법 및 민법의 조합 규정에 따른다(195). 앞서 설명한 제명에 의한 퇴사를 제외하고는 퇴사원의 지분계산은 퇴사 당시의 회사재산상태에 의한다(195→민 719(1)). 지분을 계산할 때에는 반드시 장부가치에 구속되는 것은 아니므로 회사의 영업권도 반영해야 할 것이다.[1] 퇴사 당시 아직 완결되지 않은 사항에 대하여는 완결 후 계산할 수 있다(195→민 719(3)).

노무나 신용을 출자한 경우에는 퇴사에 의하여 노무 또는 신용의 제공을 중지할 것이다. 기왕에 출자된 부분에 관해서는 정관에 달리 정함이 없는 한 지분의 환급을 받을 수 있다(222). 지분의 환급은 그 출자의 종류 여하에 관계없이 금전으로 할 수 있다(195→민 719(2)).

회사에 대한 퇴사원의 지분환급청구권은 퇴사원이 회사에 대하여 가지는 제3자적 권리이기 때문에 다른 사원도 연대책임을 진다(212).

(6) 지분의 압류

채무자가 강제집행을 면탈하거나 재산은닉을 위하여 합명회사를 설립하는 경우 채권자는 사해행위에 의한 설립취소의 소(185)에 의하여 그 설립행위를 취소할 수 있다. 그러나 설립취소의 소에서 사해의사의 증명이 어렵기 때문에 보다 현실적인 구제수단은 사원 지분을 압류하는 것이다. 상법상 지분 압류는 장래이익의 배당과 지분 환급을 청구하는 권리에도 미친다(223).

지분을 압류한 채권자는 영업연도 말에 그 사원을 퇴사시킬 수 있다(224(1)). 채권자는 퇴

---

1) 대법원은 조합원의 탈퇴 시의 지분평가와 관련해서 영업권을 포함할 것을 명시하고 있다(대법원 1997. 2. 14, 96다44839 판결).

사청구 6월 전에 회사와 그 사원에 대해서 예고를 해야 한다(224(1)단). 예고기간을 준수하여 예고하면 영업연도 말에 다른 의사표시 없이 당연히 퇴사의 효력이 생긴다. 퇴사 예고는 사원이 변제를 하거나 상당한 담보를 제공한 때에는 그 효력을 잃는다(224(2)). 그 경우 채권자가 사원을 퇴사시켜 지분 환급을 받을 필요가 없기 때문이다.

Ⅵ. 퇴사원의 책임

1. 회사 채권자에 대한 책임

퇴사는 회사 채권자의 의사와 관계없이 이루어지므로 사원의 신용을 신뢰한 회사 채권자를 보호할 필요가 있다. 상법은 퇴사한 사원은 본점소재지에서 퇴사 등기를 하기 전에 생긴 회사책임에 대해서 등기 후 2년 내에 다른 사원과 동일한 책임을 지우고 있다(225(1)).

퇴사한 사원의 책임은 회사와 거래한 상대방이 퇴사 사실을 알았던 경우에도 인정되는가? 여기서 말하는 퇴사원 책임은 등기 유무에 따라 일률적으로 결정되므로 거래의 상대방인 제3자의 선의, 악의에 의하여 영향을 받지 않는다. 퇴사원의 책임은 외관주의에 바탕을 둔 것이 아니라 법률관계의 획일적 처리를 위한 것이기 때문이다.

2. 사원의 사망과 상속인의 책임

사원이 사망하여 퇴사한 경우(218(iii)) 그 상속인은 피상속인인 사원이 사망한 후 퇴사등기 전에 생긴 회사채무에 관해 책임을 져야 할 것인가? 부정설은 상법이 합명회사에서 사원의 사망을 퇴사원인으로 들고 있는 것은 상속인이 당연히 사원의 지위를 승계할 수 없음을 밝힌 것이므로 사망한 사원의 상속인은 상속의 법리에 따라 상속개시 당시 이미 발생한 채무에 관해서는 변제 책임을 승계할 것이지만 상속 후에 발생한 회사 채무에 대해서까지 변제 책임을 승계할 이유가 없다는 점을 근거로 상속인의 책임을 부정한다. 그러나 긍정설은 다음과 같은 이유로 상속인 책임을 긍정한다. ① 제225조의 입법취지가 채권자 보호의 견지에서 퇴사 후의 책임을 대외적으로 불명확한 퇴사 시점이 아니라 등기 시점을 표준으로 하여 인정하는데 있다고 본다면 특별히 사망퇴사의 경우만 달리 볼 이유가 없다. ② 상속의 법리상 상속인은 피상속인으로부터 퇴사원의 지위를 승계하며 퇴사원 지위는 사망 당시 이미 발생한 회사채무는 물론 그 후 등기시점까지 발생한 채무에 대한 책임도 포함된다. 제225조의 취지나 상속의 법리의 양면에서 볼 때 긍정설이 타당하다.[1)]

---

1) 상속인이 등기시점까지 발생한 회사채무를 우려하는 경우에는 한정승인(민 1019(1))을 할 수도 있다.

3. 상호변경청구권

회사의 상호에 퇴사원의 성명이 사용된 경우에는 사원은 다른 증명 없이 그 성명의 사용 폐지를 청구할 수 있다(226). 퇴사원의 성명이 회사 상호 중에 사용된 경우에는 퇴사원이 자칭 사원으로서의 책임(215)이나 명의대여자로서의 책임(24)을 부담할 우려가 있기 때문이다. 사용 폐지 청구가 인용된 경우에는 정관(179(ii))의 변경은 물론이고 변경등기(180(i))가 수반된다.

Ⅶ. 중요한 변경

1. 정관변경

실질적으로 조합과 유사한 합명회사에서 정관은 조합계약과 유사하다. 그리하여 주식회사와 달리 정관을 변경하려면 사원 전원의 동의가 필요하다(204). 다만 정관변경은 회사 내부관계에 속하는 사항이므로 정관으로 결의요건을 변경할 수 있다.[1] 정관에 규정이 없더라도 예외적으로 사원전원의 동의 없이 변경이 가능한 경우가 있다. 그것은 정관기재사항의 기초가 된 사실이 변경된 경우이다. 예컨대 사원의 사망, 사원의 주소지 변경, 회사의 본·지점소재지의 지번변경, 행정구역변경 등의 경우에는 정관변경절차를 요하지 않고 대표사원이 그 사실을 증명하는 서면을 첨부하여 정관을 변경할 수 있다. 또한 법률이 정관변경을 당연히 예상하고 있는 경우에도 사원 전원의 동의를 요하지 아니한다. 예컨대 사원의 파산 등에 의한 퇴사(218)나 제명(220) 등의 경우에는 정관변경 절차를 거치지 않고 당연히 정관이 변경된다. 등기사항인 정관의 기재사항이 변경된 때에는 변경등기를 하여야 한다(183, 180).

2. 합 병

합명회사의 합병은 사원전원의 동의를 요한다(230). 합명회사의 사원은 회사채무에 대해서 무한책임을 지지만 합병 시에는 채권자보호절차를 거쳐야 한다(232). 합병은 등기를 요하고(233) 합병의 효력은 등기 시에 발생한다(234). 합병 후 존속회사나 신설회사는 특별한 절차 없이 자동적으로 소멸회사의 권리의무를 승계한다(235).

합병무효는 합병등기 후 6월 내에 각 회사의 사원, 청산인, 파산관재인 또는 합병을 승인하지 아니한 회사채권자에 한하여 소만으로 주장할 수 있다(236). 채권자가 제소하는 경우에는 해산명령 시의 담보제공명령에 관한 규정(176(3), (4))이 준용된다(237). 합병무효의 소에 대해서는 설립무효·취소의 소에 관한 규정(186~191)이 준용된다(240).

합병무효의 판결이 확정되면 필요한 등기를 해야 하고(238) 합병당사회사는 존속회사나

---

1) 결의요건의 변경이 가능함을 전제한 판결로 대법원 2010. 9. 30, 2010다21337 판결.

신설회사가 합병 후 부담한 채무에 대해서 연대책임을 진다(239(1)). 존속회사나 신설회사가 합병 후 취득한 재산은 합병당사회사의 공유로 한다(239(2)).

3. 조직변경

합명회사는 사원 전원의 동의로 일부사원을 유한책임사원으로 하거나 유한책임사원을 새로 가입시켜서 합자회사로 변경할 수 있다(242(1)). 사원이 1인이 된 때에는 새로이 사원을 가입시켜 계속할 수 있지만 유한책임사원을 가입시켜 합자회사로 조직변경할 수도 있다(242(2)→229(2)).

채권자 이의절차는 따로 거칠 필요가 없다. 조직변경을 한 때에는 합명회사는 해산등기, 합자회사는 설립등기를 하여야 한다(243). 조직변경은 회사법인격의 동일성을 유지하면서 다른 종류의 회사로 변경하는 것이므로 해산등기와 설립등기는 형식적인 것에 불과하다. 그러나 조직변경의 효력은 법적 확실성의 요청상 등기 시에 발생한다.

합명회사 사원이 조직변경으로 인하여 유한책임사원으로 된 경우 등기 전에 생긴 회사채무에 대해서 등기 후 2년 동안 무한책임을 진다(244).

Ⅷ. 해산과 청산

1. 해 산

(1) 해산사유

상법에서 정한 해산사유는 다음과 같다(227).

① 존립기간만료 기타 정관으로 정한 사유의 발생

② 총사원의 동의

③ 사원이 1인으로 된 때

④ 합병

⑤ 파산

⑥ 법원의 명령 또는 판결

(2) 해산의 효과

회사가 해산한 때에는 본래의 목적인 영업활동의 능력을 상실하고 합병과 파산의 경우를 제외하고는 청산절차가 개시된다. 해산 후 회사의 권리능력은 청산의 목적범위 내로 축소된다(245). 영업을 전제로 하는 사원의 업무집행권과 대표권은 소멸하고 이에 갈음하여 청산인이 그 권한을 행사한다(254). 회사의 능력과 기관에 관한 이러한 변화는 회사관계자의 이익에 중

대한 영향을 미치므로 회사는 합병과 파산의 경우를 제외하고는 일정한 기간 내에 해산등기를 해야 한다(228).[1] 해산등기를 게을리 한 때에는 과태료의 제재가 있다(635(1)(i)).

(3) 회사의 계속

위 해산사유 중 ①과 ②의 경우에는 사원 전부 또는 일부의 동의로 회사를 계속할 수 있다(229(1)). 이 경우 동의하지 않은 사원은 퇴사한 것으로 본다. 또한 ③의 경우 새로 사원을 가입시킴으로써 계속할 수 있다(229(2)). 이미 해산등기를 마친 경우에도 회사의 계속이 가능하지만, 이 경우 회사의 계속이 있은 날로부터 2주일 내에 본점 소재지에서 계속등기를 해야 한다(229(3)).[2]

2. 청 산

(1) 의 의

청산은 해산한 회사가 잔여재산을 처분하고 일체의 대내적 · 대외적 법률관계를 종국적으로 정리하는 절차이다. 합병을 원인으로 해산한 경우에는 그 권리의무가 포괄적으로 승계되기 때문에 청산절차가 필요 없다. 또한 파산의 경우에는 도산법에 규정된 파산절차를 거쳐야 하기 때문에 상법의 청산절차는 적용이 없다.

주식회사와 달리 합명회사의 경우에는 법정청산뿐만 아니라 임의청산의 방법도 인정된다.

(2) 임의청산

가. 의 의

임의청산이란 정관 또는 사원전원의 동의로 정한 회사재산의 처분방법에 따라서 하는 청산을 말한다(247(1)). 주식회사의 경우와 달리 임의청산이 인정되는 이유는 합명회사 사원은 해산등기 후에도 5년간 무한책임을 지므로(267) 회사 채권자의 이익을 해할 우려가 크지 않기 때문이다.

나. 임의청산의 제한

예외적으로 사원이 1인으로 되었거나 또는 법원의 명령이나 판결에 의해서 해산한 경우에는 임의청산이 허용되지 않는다(247(2)). 이 경우에는 재산처분의 공정성을 기대하기 어렵기 때문이다. 따라서 임의청산은 정관이 정한 사유의 발생으로 해산하거나 사원전원의 동의로 해산한 때에 한해서 인정되는 셈이다.

다. 임의청산의 방법

임의청산의 경우에는 법정청산절차에 의하지 않고 정관이나 사원 전원의 동의로 정한 방

---

1) 합병의 경우에는 소멸회사의 합병등기(233), 파산의 경우에는 파산등기(도산 23)를 하여야 한다.

2) 이러한 회사계속은 특정사원의 주관적 사유로 인한 회사설립의 무효나 취소의 경우에도 인정된다(194).

법에 의한다. 예컨대 영업양도나 경매의 방법으로 처분하고 대가를 분배하는 것은 물론이고 영업의 일부를 각 사원에 대해 분배하는 것도 가능하다.

라. 채권자 보호의 절차

상법은 임의청산의 경우 재산처분이 채권자에게 불리하게 행해질 위험이 있음을 고려해서 채권자 보호를 위한 절차를 마련하고 있다. 채권자 보호 절차는 일반 채권자와 사원의 지분을 압류한 채권자로 나누어 볼 수 있다.

먼저 일반 채권자 보호를 위한 절차를 본다. 회사는 해산사유가 있는 날로부터 2주 내에 재산목록과 대차대조표를 작성해야 한다(247(1)후). 중요한 것은 합병의 경우와 마찬가지로 채권자 이의절차를 밟아야 한다(247(3)→232)는 점이다. 채권자 이의절차를 위반하여 회사재산을 처분함으로써 회사 채권자를 해한 때에는 회사 채권자가 그 처분의 취소를 법원에 청구할 수 있다(248(1)).

사원의 지분을 압류한 채권자가 있는 경우에는 그의 동의를 얻어야 한다(247(4)). 회사가 지분압류채권자의 동의를 얻지 않고 회사재산을 처분한 때에는 지분압류채권자가 회사에 대해서 그 지분에 상당하는 금액의 지급을 청구할 수 있고(249전), 일반 회사 채권자와 마찬가지로 그 처분의 취소를 법원에 청구할 수도 있다(249후).

마. 등기 등

임의청산이 종료하면 청산종결 등기를 해야 하고(247(5)) 회사의 장부와 영업 및 청산에 관한 서류는 해산등기 후 일정기간 보존하여야 한다(266).

(3) 법정청산

가. 의 의

법정청산이란 임의청산과 달리 상법에 정한 절차에 따른 청산을 말한다. 정관이나 사원전원의 동의로 재산처분방법을 정하지 아니한 때에는 법정청산의 절차에 따라야 한다(250). 사원이 1인으로 되어 해산한 때(227(iii))와 법원의 해산명령이나 해산판결에 의해서 해산한 때(227(vi))에는 임의청산이 허용되지 않으므로(247(2)) 반드시 법정청산에 의하여만 한다. 법정청산의 주된 목적은 청산이 일부 사원의 의사에 따라 임의로 진행됨으로써 다른 사원의 이익이 침해되는 것을 막는 것이다.

나. 청산인의 임면

청산인이란 청산사무를 집행하고 청산중의 회사를 대표하는 자를 말한다. 청산인은 회사가 해산된 때 총사원 과반수의 결의로 선임한다(251(1)). 청산인은 반드시 사원 중에서 선임해야 하는 것은 아니다. 청산인을 선임하지 아니한 때에는 업무집행사원이 당연히 청산인으로 된다(251(2)). 이 자를 법정청산인이라고 한다.

사원이 1인이 되거나 법원의 명령이나 판결로 해산한 경우에는 법원이 사원 기타의 이해관계인이나 검사의 청구 또는 직권으로 청산인을 선임한다(252).[1)]

사원이 선임한 청산인은 총사원 과반수의 결의로 해임할 수 있다(261). 청산인이 그 직무집행에 현저하게 부적임하거나 중대한 임무를 위반한 행위가 있는 때에는 법원도 청산인을 해임할 수 있다(262).

청산인의 선임과 해임은 모두 등기사항이다(253(1), 253(2)→183).

다. 청산인의 권한: 청산사무의 집행 및 회사대표

청산인은 청산사무의 집행과 회사대표를 담당한다. 청산인이 수인인 경우에는 청산의 직무에 관한 행위는 그 과반수로 결정한다(254(2)). 다만 청산인이 회사 영업의 전부 또는 일부를 양도할 때에는 총사원 과반수의 결의를 요한다(257).

업무집행사원이 청산인이 된 경우에는 종전의 정함에 따라 회사를 대표한다(255(1)). 법원이 수인의 청산인을 선임한 경우에는 회사를 대표할 자를 정하거나 수인이 공동으로 회사를 대표할 것을 정할 수 있다(255(2)). 사원이 청산인을 선임하는 경우의 대표에 관한 규정은 없지만 당연히 사원의 결의로 정하는 것으로 볼 것이다.

라. 청산인의 직무

청산인은 다음과 같은 직무권한을 갖는다(254(1)).

① 현존사무의 종결
② 채권의 추심과 채무의 변제
③ 재산의 환가처분
④ 잔여재산의 분배

위 ② 채권의 추심과 관련하여 제3자에 대한 채권의 추심은 당해 채권이 변제기에 있어야 가능하지만 사원에 대한 출자청구권에 관해서는 주식회사와는 다른 특칙이 있다. 즉 회사에 현존하는 재산이 그 채무를 변제함에 부족한 때에는 변제기에도 불구하고 청산인은 각 사원에 대하여 출자를 청구할 수 있다(258(1)). 이 경우 출자액은 각 사원의 출자비율로 정한다(258(2)). 이는 회사에 대한 출자책임에 관한 것이고 사원은 회사 채권자에 대해서 연대·무한 책임을 지므로 사원이 자기의 지분비율에 따른 출자를 이행하였다고 하더라도 회사 채권자에 대한 책임이 완전히 소멸하는 것은 아니다.

② 채무의 변제와 관련하여 청산인은 변제기에 이르지 아니한 회사채무도 중간이자를 공

1) 2인의 청산인 중 한 명이 사망해서 청산인이 1인이 되거나 청산인이 있다 하더라도 직무를 수행할 수 없는 경우에도 법원에 의한 청산인의 선임에 관한 규정을 유추적용하여 법원이 청산인을 선임할 수 있다고 한 하급심판례로 서울민사지방법원 1971. 7. 9, 66가6853 판결.

제하여 변제할 수 있다(259(1), (2)). 조건부채권 등 가액이 불확정한 채권에 대해서는 법원이 선임한 감정인의 평가에 따라 변제한다(259(4)).

청산 중 회사재산이 채무를 완제하기에 부족한 것이 분명하게 된 때에는 청산인은 지체 없이 파산선고를 신청하고 이를 공고하여야 한다(254(4)→민 93).

③ 재산의 환가와 관련해서는 특별한 규정이 없다. 재산은 개별적으로 처분하는 것도 가능하고 총사원 과반수의 결의가 있으면 영업의 전부 또는 일부의 형태로도 처분할 수 있다.

④ 잔여재산분배는 회사채무를 완제한 후가 아니면 할 수 없다(260본). 그러나 다툼 있는 채무에 대해서는 그 변제에 필요한 재산을 보류하고 잔여재산을 분배할 수 있다(260단).[1] 분배액은 정관에 다른 정함이 없는 한 각 사원의 출자액에 비례하여 정한다(195→민 724(2)).

마. 청산인의 의무와 책임

청산인에 대해서는 주식회사 이사에 관한 규정이 준용된다(265→382(2), 399, 401). 따라서 청산인과 회사 사이의 관계에는 위임 규정이 준용되므로 청산인은 회사에 대하여 선관주의의무를 부담한다(382(2)→민681).

청산인은 취임 후 지체 없이 회사의 재산상태를 조사하고 재산목록과 대차대조표를 작성하여 각 사원에게 교부해야 한다(256(1)). 사원의 청구가 있는 때에는 언제든지 청산의 상황을 보고하여야 한다(256(2)).

상법은 청산인의 책임에 관해서 주식회사 이사의 책임에 관한 규정을 준용한다(265→399, 401). 청산인이 법령이나 정관을 위반하거나 그 임무를 해태한 때에는 회사에 대해서 손해배상책임을 지고 청산인이 악의 또는 중대한 과실로 임무를 해태한 때에는 제3자에 대해서도 회사와 연대해서 손해배상책임을 진다.

바. 청산의 종결

청산인은 그 임무가 종료한 때에는 지체 없이 계산서를 작성해서 각 사원에게 교부하고 승인을 얻어야 한다(263(1)). 계산서를 받은 사원이 1월 내에 이의하지 않는 때에는 승인한 것으로 본다(263(2)). 청산은 총사원의 승인을 얻은 경우에 비로소 종결된 것으로 본다. 청산이 종결된 때에는 청산인이 청산종결의 등기를 해야 한다(264). 회사의 장부와 영업 및 청산에 관한 서류는 일정기간 보존하여야 한다(266(1)).

---

1) 이러한 규정에 위반해서 잔여재산의 분배가 이루어진 때에는 회사는 그 반환청구권을 가지고 청산인은 과태료의 제재를 받는다(635(1)(xv)).

제 2 절

합자회사

Ⅰ. 서 설

1. 의 의

합자회사는 회사채무에 대해서 무한책임을 지는 사원과 유한책임을 지는 사원 각각 1인 이상으로 구성되는 회사이다(268). 무한책임사원은 회사의 업무집행과 회사대표를 담당하고 (273, 278) 유한책임사원은 업무집행에 관여하지 않고 회사의 업무와 재산상태에 관한 감시권만을 갖는다(277).

합자회사는 경제적으로는 무한책임사원의 사업에 유한책임사원이 자본적 참가를 한다는 점에서 인적 요소와 물적 요소가 결합된 회사형태이다. 그러나 무한책임사원의 존재로 인하여 물적 요소보다는 인적 요소가 부각되므로 특별한 규정이 없는 한 합명회사의 규정이 그대로 준용되고 있다(269). 그리하여 내부관계에는 합명회사와 마찬가지로 조합에 관한 민법규정이 준용된다(269→195).

합자회사의 연혁

합자회사는 익명조합과 같이 10세기 이후 지중해 연안에서 널리 이용된 콤멘다(commenda) 계약에서 기원한다. 그 계약은 투자자(commentator)가 금전 또는 상품을 사업경영자(tractator)에게 위탁하고 경영자는 이것으로 무역거래를 하여 그 이익을 서로 분배하는 내용의 계약이다. 이러한 '콤멘다'는 사업경영자 자신도 자본의 일부를 투자하게 되어 조합적 공동기업형태로 발전하였다. 이를 '콜레간티아'(collegantia)라고 한다. '콜레간티아'는 15세기경 투자자도 공동기업자로서 대외적으로 관계를 가지는 합자회사와 투자자가 대외적으로 전혀 나타나지 않는 익명조합으로 분화하였다.

합자회사에 관한 최초의 입법은 1673년의 프랑스 상사조례이다. 상사조례의 합자회사에 관한 규정은 1807년 '나폴레옹' 상법전에 계승되었고 1861년 독일 구(舊)상법에서 이를 구체적으로 규정하게 되었다. 대륙법계 국가에서는 거의 이 독일 구상법의 영향 하에 합자회사를 입법화하였다. 영국에서는 1907년의 법률로서 limited partnership을 인정하고 미국에서는 거의 대부분의 주가 주법으로 이를 인정하고 있다. 우리나라는 독일 구상법과 같이 합자회사를 회사편에 규정하여 합명회사와 거의 유사한 취급을 하고 있다.

---

2. 기 능

합자회사는 기업가와 자본가가 합작하는데 적합한 회사형태이다. 자본가가 자금을 대여하는 소비대차와는 달리 기업가는 이자지급의 의무가 없고 만기에 원금을 상환할 의무도 없으므로 안정적인 사업운영이 가능하다. 한편 자본가의 관점에서는 조합이나 합명회사의 경우와는 달리 회사채무에 대해서 유한책임을 지므로 안심하고 투자할 수 있다.

합자회사는 경제적으로 무한책임사원이 경영하는 사업에 유한책임사원이 자본을 제공하여 그로부터 생긴 이익을 서로 분배한다는 점에서 익명조합과 유사하다. 그러나 법적으로는 합자회사가 법인이며 사원의 공동기업으로 나타나는데 대하여 익명조합은 출자를 하는 익명조합원과 사업을 하는 영업자 간의 채권계약에 지나지 않는 점에서 근본적인 차이가 있다. 익명조합보다 더 합자회사에 유사한 것은 2011년 개정 상법에서 처음 도입된 합자조합(86-2 이하)이다. 합자조합은 명칭이 보여주는 것처럼 법인격이 없다는 점을 제외하고는 거의 모든 면에서 합자회사와 유사하다. 양자의 비교는 합자조합을 설명할 때로 미룬다.

합자회사는 중세 이후에 순수한 자본적 결합체로서 상당히 활용되었으나 오늘날 우리나라에서는 거의 이용되지 않고 있다.

Ⅱ. 설 립

1. 개 요

합자회사의 설립은 유한책임사원이 참여한다는 점을 제외하고는 합명회사와 같다. 합자회사 정관에는 합명회사 정관에 기재할 사항(179) 외에 각 사원의 책임이 유한책임 또는 무한책임인지를 기재해야 한다(270). 그 밖의 사항은 합명회사에서와 마찬가지이므로 사원이 되고자 하는 2인 이상이 정관을 작성하여 설립등기를 함으로써 회사설립은 완료한다(269→178, 180).

2. 유한책임사원의 참여

합자회사는 적어도 유한책임사원이 1인 이상 있어야 한다. 유한책임사원이 될 수 있는 자격에 관해서는 아무런 제한이 없으므로 자연인뿐 아니라 회사도 유한책임사원이 될 수 있다. 유한책임사원의 출자는 재산에 한하고 노무나 신용은 출자할 수 없다(272).[1)]

---

1) 이 규정은 강행규정이므로 이를 변경할 수 없으나 입법론으로는 의문이 있다.

3. 등 기

합자회사의 설립등기사항도 합명회사와 같다(269→180). 다만 합자회사의 경우 합명회사와 달리 유한책임사원이 존재하므로 각 사원이 부담하는 책임의 한도와 종류를 등기사항으로 공시할 필요가 있다(271).

4. 설립의 무효·취소

합자회사의 설립무효·취소에 관해서는 아무런 규정이 없으므로 전적으로 합명회사의 관련 규정(184~194)이 준용된다(269).

Ⅲ. 내부관계

1. 의 의

합자회사의 내부관계, 즉 회사와 사원 및 사원 상호 간의 관계에 대해서도 합명회사와 마찬가지로 정관이나 상법에 달리 정함이 없으면 민법상 조합 규정이 준용된다(269→195). 합자회사의 경우 합명회사와 달리 무한책임사원 외에 유한책임사원도 참여하지만 사적자치에 의한 변경이 폭넓게 허용된다.

2. 사원의 출자

합자회사 사원의 출자에 관해서도 합명회사 규정이 준용된다(269). 다만 유한책임사원은 재산출자만 허용되고 신용이나 노무의 출자는 금지된다(272). 유한책임사원은 그 출자가액에서 이미 이행한 가액을 공제한 가액을 한도로 회사채무를 변제할 책임이 있다(279(1)).

3. 회사의 업무집행

(1) 무한책임사원의 업무집행권

무한책임사원은 정관에 다른 정함이 없는 때에는 각자 회사업무를 집행할 권리와 의무를 갖는다(273). 반면에 유한책임사원은 업무집행이나 대표행위를 할 수 없다(278). 그러나 회사의 업무집행권은 내부관계에 속하는 사항이므로 정관의 정함에 따라 유한책임사원에게 업무집행권을 부여할 수 있다.[1)] 다만 회사대표권은 대외관계에 관한 사항이므로 정관의 정함이나 사원 전원의 동의로도 유한책임사원에게 부여할 수 없다(대법원 1977. 4. 26, 75다1341 판결). 그러나

1) 대법원도 방론으로 그 점을 인정하고 있다(대법원 1977. 4. 26, 75다1341 판결).

유한책임사원도 지배인 기타 회사의 대리인으로서 회사의 대외행위를 하는 것은 무방하다.

유한책임사원은 원칙적으로 업무집행권이 없지만(278) 사원의 지위를 가지므로 회사조직에 영향을 미치는 중요한 사항(예컨대 정관의 변경(269→204), 무한책임사원의 지분양도(269→197), 무한책임사원의 제명(269→220), 업무집행권의 박탈(269→205), 합병(269→230), 해산(269→227)등)에 관하여 관여할 수 있다. 이 경우 사원전원의 동의 또는 과반수 결의가 성립하였는지를 판단할 때에는 유한책임사원도 포함하여 판단하여야 한다.

(2) 업무집행의 방법

합자회사의 업무집행방법에 관해서도 민법의 조합 규정이 준용된다(269→195). 업무집행의 의사결정은 정관의 정함에 따르고 정관에 아무런 정함이 없는 때에는 무한책임사원의 과반수, 별도로 업무집행사원을 정한 경우에는 그 사원의 과반수로 결정한다(269→195→민 706(2)). 공동업무집행사원을 정한 때에는 공동업무집행사원 전원의 동의로 결정한다(269→202).

회사 통상사무(일상거래)의 결정은 각 무한책임사원이 단독으로 할 수 있다. 그러나 그 의사결정의 실행행위 완료 전에 다른 무한책임사원의 이의가 있는 때에는 곧 그 행위를 중지하고 무한책임사원 과반수의 결의에 의해야 한다(269→200(2)). 또 지배인 선임과 해임은 업무집행사원이 있는 경우에도 무한책임사원 과반수의 결의에 의해야 한다(274). 원래 회사에서 지배인 임면은 영업에 관한 행위로서 대표사원의 권한에 속한다. 그러나 영업에 관한 광범한 대리권을 갖는 지배인은 회사사업에 중대한 영향을 미치므로 합명회사(203)와 마찬가지로 업무집행사원이 있는 경우에도 무한책임사원 과반수의 결의로 임면하도록 한 것이다. 다만 지배인 임면은 내부관계에 속하는 사항이므로 정관으로 달리 정할 수 있다.[1] 무한책임사원의 경업에 대한 승인이나 정관변경은 사원전원의 동의로 결정한다(269→198, 204).

(3) 유한책임사원의 감독권

합자회사에서 업무집행권은 무한책임사원에 있고(273) 유한책임사원은 업무집행이나 대표행위를 하지 못한다(278). 그러나 유한책임사원도 업무집행과 회계처리의 적정한 수행에 중대한 이해관계를 갖기 때문에 업무집행에 대한 감독권이 있다. 즉 유한책임사원은 영업연도말 영업시간 내에 회사의 회계장부, 대차대조표 및 기타 서류를 열람하고 회사의 업무와 재산상태를 검사할 수 있다(277(1)). 다만 중요한 사유가 있는 경우에는 법원 허가를 얻어 위와 같은 시간적 제약을 받지 않고 감독권을 행사할 수 있다(277(2)).

업무집행으로부터 배제된 무한책임사원이 갖는 이의권(200(2))에 비하여 유한책임사원의 감독권은 범위가 좁다. 이미 수행된 업무집행의 결과를 사후적으로 검사하는데 그치고 이의권의 경우처럼 사전적으로 방지하기는 어렵다.

---

1) 합명회사의 경우(203)와는 달리 그 취지가 법문상 분명히 드러나 있지는 않다.

4. 사원의 의무

(1) 선량한 관리자의 주의의무

합자회사에서 업무집행을 담당하는 무한책임사원은 합명회사의 무한책임사원과 마찬가지로 선관주의의무를 부담한다(269→195→민 707→민 681). 합명회사의 경우와 마찬가지로 선관주의의무에는 충실의무가 포함된 것으로 볼 것이다.

(2) 사원의 경업금지

무한책임사원은 합명회사의 사원과 마찬가지로 다른 사원의 동의가 없으면 자기 또는 제3자의 계산으로 회사의 영업부류에 속하는 거래를 하지 못하며 동종영업을 목적으로 하는 다른 회사의 무한책임사원 또는 이사가 되지 못한다(269→198(1)). 그러나 유한책임사원은 경업금지의무를 지지 않지만(275) 정관으로 경업금지의무를 부과하는 것은 가능하다.

유한책임사원에게 원칙적으로 경업금지조항이 적용되지 않는 것은 유한책임사원이 업무집행이나 회사대표를 담당하지 않기 때문에 이익충돌의 여지가 없다는 판단에 기한 것이다. 따라서 유한책임사원이 정관 또는 사원전원의 동의로 업무집행권을 가지게 된 때에는 이익충돌의 우려가 있으므로 유한책임사원에게도 경업금지의무를 인정해야 할 것이다.

(3) 사원의 자기거래제한

경업금지와는 달리 자기거래에 대해서는 유한책임사원에 대한 예외를 인정하는 규정은 없다. 그러므로 유한책임사원에 대해서도 합명회사의 자기거래금지규정(199)이 준용된다(269)고 볼 수밖에 없다.[1] 그러나 유한책임사원은 업무집행을 담당하지 않으므로 회사와 거래하는 경우에도 이익충돌이 발생할 여지는 별로 없다. 따라서 입법론상으로는 유한책임사원이 회사와 거래하는 것은 자기거래로 규제하지 않아도 무방할 것이다.

5. 회계와 손익분배

상법은 합자회사의 회계에 관하여 특별히 규정하고 있지 않다. 합자회사는 상인(의제상인)이므로(5(2)) 상업장부에 관한 규정(29~33)의 적용을 받는다.

손익분배에 관해서는 아무런 규정이 없으므로 합명회사의 경우와 같은 법리가 적용된다(269→195→민 711). 합명회사와 마찬가지로 합자회사에도 무한책임사원이 존재하므로 재산분배를 엄격히 제한할 필요성은 그렇게 높지 않다. 또한 정관에 달리 정함이 없는 한 손익분배는 출자액에 비례한다(민 711(1)).

유한책임사원에게 그 출자액을 초과하여 손실을 분담시킬 수 있는가? 물론 사원의 대외

---

1) 이철송30, 191면; 최기원14, 1062면.

적 책임과 대내적 손실분담은 관념상 별개의 것으로서 반드시 양자가 일치해야 하는 것은 아니다. 그러나 일반적으로 유한책임사원은 외부관계에서 출자가액을 한도로 책임을 부담함과 동시에 내부관계에서도 출자액을 초과하여 손실을 분담하지 않는다고 보는 것이 당사자 의사에 합치된다. 그러나 손실분담은 내부관계이므로 정관으로 달리 정하는 것은 무방하다.

6. 지 분

(1) 지분양도의 요건

합명회사의 경우 무한책임사원의 지분양도는 사원 전원의 동의를 얻는 경우에만 허용된다(197). 합자회사 사원의 지분양도에도 그에 관한 규정이 준용되는 것이 원칙이다(269). 따라서 무한책임사원의 지분양도는 유한책임사원을 포함한 사원 전원의 동의가 필요하다고 볼 것이다. 무한책임사원의 개성은 유한책임사원에게도 중요한 의미를 갖기 때문이다. 그러나 유한책임사원의 경우에는 개성이 중요하지 않다. 따라서 유한책임사원의 지분양도에 대해서는 예외적으로 요건을 완화하고 있다. 즉 유한책임사원의 지분 양도나 입질은 사원 중에서 무한책임사원 전원의 동의만 받으면 할 수 있다(276).

(2) 지분양도로 인한 사원의 변동

지분양도가 사원의 변동을 초래하는 경우가 있다. 사원이 아닌 제3자에게 지분을 양도하면 제3자는 양도된 지분에 따라 무한책임사원 또는 유한책임사원인 지위를 취득하게 된다. 다른 사원에게 지분 전부를 양도하는 경우에는 양도인이 사원지위를 상실한다. 이처럼 사원변동을 초래하는 경우에는 정관변경 절차를 밟아야 한다. 정관변경은 유한책임사원을 포함한 사원 전원의 동의를 요한다(269→204). 지분을 전부 양도한 무한책임사원에 대해서는 퇴사원의 책임이 적용된다(269→225(2)).

유한책임사원의 지분양도도 사원의 변동을 초래할 수 있다. 그 경우 정관을 변경해야 하지만 무한책임사원 전원의 동의만 얻으면 정관변경이 가능하다(276후). 유한책임사원의 지분양도로 사원의 변동을 가져온 경우에는 변경등기 절차를 밟아야 한다(269→183, 271). 이 경우 양수인은 회사에 대하여 직접 변경등기를 할 것을 청구해야 한다.

무한책임사원이 유한책임사원 지분을 양수한 때에는 무한책임사원으로서의 지분이 증가하는데 그친다. 반면에 유한책임사원이 무한책임사원 지분을 양수한 경우 양수인이 무한책임사원이 된다고 보는 견해가 있지만 사원의 종류에는 변경이 없고 유한책임사원으로서의 지분이 증가될 뿐이라고 볼 것이다. 그렇게 해석하더라도 무한책임사원은 퇴사원의 책임을 지므로(269→225(2)) 채권자 보호에는 큰 문제가 없을 것이다.

Ⅳ. 외부관계

1. 의 의

외부관계에 관한 규정은 합명회사의 경우와 같이 원칙적으로 강행규정이다. 회사와 제3자 및 사원과 제3자 간의 관계에서는 거래의 안전 기타 공공적 이익을 보호할 필요가 있기 때문이다. 따라서 내부관계와는 달리 정관 또는 사원전원의 동의로도 이를 변경할 수 없다. 외부관계에 관해서도 합명회사 규정이 거의 준용되지만 유한책임사원이 있기 때문에 일부 다른 규정도 존재한다. 이곳에서는 합자회사에 고유한 규정을 중심으로 설명한다.

2. 회사대표

유한책임사원은 대표행위를 하지 못하므로(278) 합자회사에서도 대표권을 갖는 것은 무한책임사원에 한한다. 무한책임사원은 원칙적으로 각자 회사를 대표한다(269→207본). 정관으로 업무집행사원을 정한 경우에는 각 업무집행사원이 대표권을 갖고, 업무집행사원 중 정관 또는 사원 전원의 동의로 회사를 대표할 사원을 정한 경우에는 대표사원이 대표권을 갖는다(269→207).

제278조는 강행규정이므로 유한책임사원은 정관이나 사원전원의 동의로도 회사대표행위를 할 수 없다. 유한책임사원의 대표행위는 강행규정에 위반되므로 회사에 대하여 효력이 없다. 설사 정관이나 사원 전원의 동의로 대표사원으로 선임되어 등기를 마친 경우에도 대표권은 없다. 이 경우 무권대리 내지 무권대표의 법리가 적용된다. 유한책임사원은 대표권은 없지만 무한책임사원인 대표사원의 권한상실선고를 법원에 청구할 권한은 있다(서울고등법원 1974. 1. 24, 72나1588 판결).

합자회사 대표사원의 권한상실선고에 관하여는 합명회사 대표사원에 관한 조항이 준용된다(216→205, 216). 합명회사와 달리 합자회사에서는 사원들 중 일부, 즉 무한책임사원만이 대표사원이 될 수 있는바, 합자회사의 무한책임사원이 1인인 경우가 문제된다. ① 유일한 무한책임사원이자 대표사원인 자에 대하여 권한상실선고를 할 수 없다. 달리 대체가 불가하여 대표사원이 없는 합자회사가 되어버리기 때문이다(대법원 1977. 4. 26, 75다1341 판결). ② 이미 어떤 무한책임사원의 대표권에 대해 권한상실선고가 내려진 상태에서 다른 무한책임사원들의 퇴사로 해당 무한책임사원만이 남게 된 경우는 어떠한가? 이 경우 무한책임사원의 대표권 및 업무집행권이 부활하지는 않는다(대법원 2021. 7. 8, 2018다225289 판결[1]). 결국 정관이나 총사원 동의

1) 유일하게 남게 된 무한책임사원이 (이미 권한상실선고가 내려진 상태임에도 불구하고) 정관상 무한책임사원들에게 대표사원 선임권이 부여되어 있음을 기화로 단독으로 스스로를 선출하여 다시 대표사원이 되려고 한 사안이다. 대법원은 권한상실선고의 취지 및 유한책임사원의 업무감시권, 신의칙을 고려할 때 이러한 자기선출은 허용되지

로 위 무한책임사원을 다시 대표사원으로 선임하든지, 아니면 다른 무한책임사원을 영입할 수 밖에 없게 된다.

그 밖에 공동대표(208), 대표사원의 권한(209), 손해배상책임(210) 등 합명회사에 관한 규정은 합자회사의 대표에도 그대로 준용된다(269).

3. 사원의 책임

(1) 회사채무에 대한 유한책임사원의 책임

무한책임사원의 책임은 합명회사의 경우와 같다(269→212~215). 유한책임사원의 책임도 직접·연대책임이란 점에서는 무한책임사원과 같지만(269→212) 출자가액을 한도로 하는 점이 다를 뿐이다(279(1)). 출자가액은 정관 기재사항인 동시에 등기사항이다(269→179(iv), 271).

법적으로 유한책임사원의 출자는 회사에 대한 것이므로 회사 채권자에 대한 책임과는 무관하다. 그러나 유한책임사원이 회사사업과 관련하여 부담하는 위험을 출자가액으로 제한하기 위하여 출자의 이행분을 회사 채권자에 대한 책임액에서 공제한다(279(1)). 반면에 회사 채권자에 대하여 책임을 이행한 때에는 그 액만큼 출자의무가 감소된다. 또한 이익이 없음에도 불구하고 배당을 받은 금액은 채권자에 대한 책임액을 산정할 때 가산한다(279(2)).

(2) 변제청구와 관련된 증명책임

회사채권자가 유한책임사원에게 변제를 청구할 때에는 회사재산으로 채무를 완제할 수 없거나 회사재산에 대한 강제집행이 주효하지 않았다는 점(269→212)과 아울러 청구액이 출자가액의 범위 내에 있음을 증명해야 한다. 이에 대하여 유한책임사원은 이미 출자의무를 이행하였거나 다른 채무자에게 변제하였음을 항변으로 주장할 수 있다.

(3) 출자를 감소한 유한책임사원의 책임

유한책임사원이 출자를 감소한 경우에도 등기 전에 생긴 회사채무에 대해서는 등기 후 2년 내에는 출자감소 전과 마찬가지의 책임을 진다(280). 합명회사와 마찬가지로 합자회사의 경우에도 주식회사 자본금과 같은 제도는 없다. 따라서 각 사원의 재산출자는 자유롭게 감소할 수 있다. 출자의 감소는 출자의무의 일부면제 또는 이행된 출자의 일부반환의 형태로 실행된다.[1] 출자감소는 기존 회사 채권자를 해칠 우려가 있으므로 그에 대한 보호조치가 필요하다. 그렇다고 해서 출자를 감소한 사원의 책임을 무한정 연장하는 것도 출자감소의 실익을 반감시킨다는 점에서 바람직하지 않다. 상법은 출자감소의 변경등기를 기준으로 2년에 한하여 출자감소 전의 책임을 부담시킴으로써 사원과 채권자 이익의 조화를 꾀하고 있다.

않는다고 보았다.

1) 다만 출자는 정관의 절대적 기재사항이므로(270) 출자의 감소는 정관변경의 절차를 밟아야 할 것이다.

(4) 자칭무한책임사원으로서의 책임

유한책임사원이 타인에게 자기를 무한책임사원이라고 오인시키는 행위를 한 때에는 오인으로 인하여 회사와 거래한 자에 대하여 무한책임사원과 동일한 책임이 있다(281(1)). 이러한 자칭무한책임사원의 책임이 인정되기 위해서는 다음 요건을 갖춰야 한다. ① 유한책임사원이 타인에게 자기를 무한책임사원이라고 오인시키는 행위(자칭행위)를 해야 한다. 과실여부는 불문한다. ② 타인이 오인으로 인하여 회사와 거래하여야 한다. 즉 오인과 거래 사이에 인과관계가 있어야 한다. 회사와의 거래는 회사에 대한 채권을 발생시키는 거래를 말한다. 그 거래는 반드시 자칭무한책임사원이 회사를 대표한 경우에 한정되는 것은 아니다. 다른 사원이 회사를 대표하여 거래한 경우에도 상대방이 자칭무한책임사원의 무한책임을 믿고 거래한 때에는 무한책임사원과 동일한 책임을 진다.

이 법리는 유한책임사원이 그 책임의 한도를 오인시키는 행위를 한 경우에도 적용된다(281(2)). 예컨대 유한책임사원이 거래상대방에게 자신의 책임한도가 1억원임에도 불구하고 10억원인 것처럼 오인시킨 경우에는 그 상대방에 대해서는 10억원을 한도로 책임을 부담한다.

(5) 책임변경사원의 책임

유한책임사원을 무한책임사원으로 전환하거나 그 반대의 경우에는 정관변경을 요하고 정관변경은 사원 전원의 동의를 요한다(270, 269→204)(대법원 2010. 9. 30, 2010다21337 판결). 유한책임사원이 무한책임사원으로 전환된 경우에는 전환 전에 생긴 회사채무에 대해서도 무한책임을 부담한다(282→213). 반대로 무한책임사원이 유한책임사원으로 전환된 경우에는 퇴사한 무한책임사원과 마찬가지의 책임을 진다(282→225).

Ⅴ. 사원의 입사와 퇴사

1. 입 사

유한책임사원이나 무한책임사원의 입사는 모두 정관변경을 요한다(270). 법원은 사원의 입사는 회사와 계약을 통해서 이루어진다고 본다(대법원 2002. 4. 9, 2001다77567 판결). 합자회사 설립 후 제3자가 합자회사의 사원으로 되는 방법으로는 ① 입사에 의하여 원시적으로 사원 자격을 취득하는 방법과 ② 기존 사원으로부터 지분을 양수하는 방법이 있다. ①은 입사하려는 자와 회사 사이의 입사계약으로 이루어지고 ②는 사원이 되기를 원하는 자와 기존 사원 개인 사이의 지분매매계약으로 이루어진다.

2. 퇴 사

(1) 퇴 사

무한책임사원의 퇴사원인에 대해서는 합명회사사원의 퇴사원인에 관한 규정이 준용된다(269→217, 218). 다만 유한책임사원은 업무집행과 무관한 소극적 투자자로 개성이 중요하지 않기 때문에 예외를 인정하고 있다.

(2) 사망, 성년후견개시, 파산

유한책임사원이 사망한 때에는 상속인이 지분을 승계하여 사원이 된다(283(1)). 유한책임사원은 성년후견개시 심판을 받은 경우에도 퇴사하지 않는다(284). 한편 파산에 대해서는 달리 규정이 없으므로 퇴사원인에 해당한다(218(v)). 정관으로 유한책임사원의 사망, 성년후견개시를 퇴사원인으로 정할 수 있다.

유한책임사원이 사망하여 수인의 상속인이 이를 상속하는 경우에는 각자가 분할된 지분을 승계하여 사원이 되는 것이 아니라 공동으로 유한책임사원의 지위를 승계한다. 따라서 이 경우에는 수인의 상속인 가운데 권리를 행사할 1인을 정하여야 한다(283(2)). 만일 이를 정하지 아니한 때에는 회사의 통지 또는 최고는 그들 중 1인에 대하여 하면 전원에 대하여 그 효력이 있다(283(2)). 그러나 이 규정은 임의법규이므로 정관에서 달리 정할 수 있다. 출자의무의 이행은 수인의 상속인이 연대하여 책임을 부담한다(333 유추적용).

유한책임사원이 사망한 경우 상속인이 그 지분을 승계하는 것이 원칙이지만 상속인이 그 상속을 포기한 때에는 처음부터 상속인이 되지 않았던 것으로 보기 때문에(민 1042) 사원자격을 취득하지 아니한다.

(3) 제 명

법인이 유한책임사원인 경우 퇴사원인에 관해서 달리 규정이 없으므로 법인의 해산은 파산의 경우를 제외하고는 그 퇴사를 가져오지 않는다. 유한책임사원의 제명에 관해서도 아무런 정함이 없으므로 퇴사원인에 해당한다(269, 218(vi)). 무한책임사원이 1인밖에 없는 경우 그를 제명할 수는 있으나, 그 제명으로 무한책임사원이 부존재하게 되므로 회사해산 사유(285(1))에 해당하게 된다(대법원 1977. 4. 26, 75다1341 판결 참조).

(4) 퇴사의 효과

퇴사원은 퇴사로 사원 자격을 상실한다. 그 결과 퇴사원은 회사에 대하여 지분의 환급을 청구할 수 있으며(269→222), 퇴사원은 회사상호에 자신의 성명이 사용된 경우에는 회사에 대하여 그 사용의 폐지를 청구할 수 있다(269→226). 퇴사원은 퇴사 후에도 본점소재지에서 퇴사등기를 하기 전에 생긴 회사채무에 대해 등기 후 2년 내에는 다른 사원과 같은 책임을 진다(269→225(1)).

Ⅵ. 중요한 변경

1. 정관변경

합자회사의 정관변경에 관해서는 상법이 특별히 규정을 두고 있지 않으므로 합명회사에 관한 규정이 준용된다(269→204). 합자회사도 조합의 실질을 가진다는 점에서 합명회사와 차이가 없으므로 정관변경은 사원 전원의 동의를 요한다. 다만 내부관계에 관한 사항이므로 정관으로 결의요건을 완화하는 것이 가능하다.[1)]

2. 합 병

합병에 관해서도 상법에 달리 규정이 없으므로 합명회사에 관한 규정이 준용된다(269→230 이하).

3. 조직변경

합자회사는 사원전원의 동의로 그 조직을 합명회사로 변경하여 계속할 수 있다(286(1)). 동의를 요하는 사원에는 무한책임사원은 물론 유한책임사원도 포함된다. 유한책임사원 전원이 퇴사한 경우 남은 무한책임사원 전원의 동의로 합명회사로 조직변경할 수 있다(286(2)). 회사 채권자를 보호하는 절차는 요구되지 않는다. 유한책임사원이었던 자가 조직변경으로 모두 무한책임사원이 되는 것은 회사 채권자에게 전혀 손해될 일이 아니기 때문이다.

합자회사가 합명회사로 조직을 변경하는 경우 합자회사에서는 해산등기를, 합명회사에서는 설립등기를 하여야 한다(286(3)).

Ⅶ. 해산과 청산

1. 해 산

해산에 관해서도 원칙적으로 합명회사의 해산 규정이 준용된다(269→227 이하). 다만 합자회사에는 유한책임사원도 존재하기 때문에 일부 특별한 규정이 요구된다. 합자회사는 무한책임사원과 유한책임사원이 모두 필요하기 때문에 어느 한쪽 사원이 모두 퇴사한 때에는 해산사유에 해당한다(285(1)).

---

1) 결의요건의 변경이 가능함을 전제한 판결로 대법원 2010. 9. 30, 2010다21337 판결.

2. 회사의 계속

합자회사의 계속에 관해서도 합명회사의 규정이 준용된다(269→229). 계속의 사유도 합자회사에 특유한 예외를 제외하고는 합명회사의 경우와 동일하다. 합자회사에서는 어느 한 종류의 사원 전원이 퇴사한 때에도 해산원인으로 되지만(285(1)), 이 경우에도 잔존한 사원 전원의 동의에 의하여 다른 종류의 사원을 가입시킴으로써 회사를 계속할 수 있다(285(2)). 이처럼 다른 종류의 사원을 가입시켜 회사를 계속하는 경우 새로 가입한 사원은 그 가입 전에 생긴 회사채무에 대하여 다른 사원과 동일한 책임이 있다(285(3)→213).[1] 또한 회사가 이미 해산등기를 하였을 때에는 회사의 계속이 있었던 날로부터 2주일 내에 본점소재지에서 회사의 계속등기를 하여야 한다(285(3)→229(3)).

전술한 바와 같이 유한책임사원이 없게 된 때에는 무한책임사원 전원의 동의로 합명회사로 조직을 변경하여 회사를 계속할 수 있다(286(2)). 이 경우 일부 사원이 반대한 경우라도 합명회사 계속의 경우(229(1))와 마찬가지로 반대하는 사원을 퇴사한 것으로 보고 나머지 사원만으로 회사를 계속할 수 있다.

3. 청　　산

청산에 관해서도 합명회사의 청산 규정이 그대로 준용된다(269→245이하). 다만 청산인 선임은 무한책임사원 과반수의 결의로 하되 무한책임사원이 이를 선임하지 않는 때에는 업무집행사원이 청산인이 된다(287). 한편 사원이 1인이 되어 해산하는 경우(227(iii))와 법원의 명령 또는 판결에 의해 해산하는 경우(227(vi))에는 법원이 청산인을 선임한다(269→252). 무한책임사원 전원의 퇴사로 해산하는 경우(285(1)) 청산인이 없거나 또는 가처분에 의해 직무집행이 금지된 경우에도 이해관계인은 법원에 청산인 선임을 청구할 수 있다고 본다. 이 경우 잔존사원의 채권자도 청산인 선임의 청구권자인 이해관계인에 포함된다. 이 밖에 법원이 선임한 청산인에 관한 선임청구권자, 선임절차, 선임자격, 회사와 청산인과의 관계 등에 관해서는 합명회사의 관련규정이 그대로 준용된다.

---

1) 제213조는 무한책임사원만이 존재하는 합명회사에 적용되는 규정이므로 그 규정이 합자회사에 준용되는 경우 다른 사원은 잔존하는 다른 종류의 사원이 아니라 퇴사한 사원을 가리키는 것으로 해석해야 할 것이다.

제 3 절

합자조합

Ⅰ. 서 설

1. 의 의

2011년 개정 상법은 미국의 limited partnership과 유사한 새로운 기업형태로 합자조합을 도입하였다. 합자조합은 업무집행자로서 조합채무에 대하여 무한책임을 지는 업무집행조합원과 출자가액을 한도로 유한책임을 지는 유한책임조합원으로 구성하는 조합이다. 합자조합은 조합에 속하는 기업형태로 법인격이 인정되지 않는다.[1]

2. 유사한 기업형태와의 비교

(1) 조 합

가. 공 통 점

합자조합은 기본적으로 민법상 조합에 속하므로 설립, 운영, 소멸과 관련하여 사적자치가 폭넓게 허용된다. 합자조합에 관하여 상법이나 조합계약에 달리 규정이 없으면 민법상 조합에 관한 규정을 준용한다(86-8(3)).

나. 차 이 점

민법상 조합에서 조합원이 모두 무한책임을 지는 것과는 달리 합자조합에서는 유한책임조합원이 존재한다. 따라서 조합에 관한 규정을 준용하면서도 유한책임조합원에 대해서는 조합원에 대한 채권자의 권리행사에 관한 규정(민 712, 713)은 준용하지 않는다(86-8(4)).

또한 지분양도가 인정되지 않는 민법상 조합과는 달리 합자조합에서는 지분양도가 인정된다(86-7).

1) 당초 개정안에는 소송상의 당사자능력을 인정하는 규정이 들어 있었으나 합자조합에 대한 판결을 가지고 조합원에게 강제집행하는 것이 곤란할 것이라는 이유로 입법과정에서 삭제되었다.

(2) 합자회사

가. 공 통 점

합자조합은 유한책임을 지는 조합원과 무한책임을 지는 조합원이 공존하는 2원적 조직이라는 점에서 합자회사와 유사하다. 따라서 유한책임조합원에 대해서는 합자회사 규정이 준용된다(86-8→272, 275, 277, 278, 283, 284).

나. 차 이 점

합자조합은 합자회사와는 달리 법인격이 없다. 또한 합자회사 유한책임사원과는 달리 유한책임조합원은 조합계약에서 정하는 경우에는 업무집행이나 대표행위를 할 수 있다(86-8(3)→278)).[1]

합자회사의 경우 회사는 무한책임사원이 될 수 없지만(173), 합자조합에 대해서는 그러한 제한이 없으므로 회사도 합자조합의 업무집행조합원이 될 수 있다. 따라서 회사가 외부투자자의 투자를 얻어 사업을 하는 경우에 적합한 기업형태라고 할 수 있다.

또한 합자조합은 뒤에 설명하는 바와 같이 합자회사에 비하여 설립, 해산이 용이할 뿐 아니라 지분양도에 관한 규제도 보다 융통성이 있다.

(3) 특별법상의 유사조합

합자조합과 같은 2원적 조직을 갖춘 기업형태는 특별법에서 채택된 예가 있다. 이는 합자조합이 상법에 도입되기 전에 경제계의 수요를 충족하기 위하여 제한적으로 도입된 것이다. 중소기업창업지원법상의 중소기업창업투자조합(중소기업창업지원법 20(2)), 자본시장법상의 투자조합(자시 219(1)) 등이 그 예이다.

3. 기 능

합자조합은 특히 정부가 **사모투자펀드**(private equity fund: PEF)를 위한 기업형태로 도입을 요망함에 따라 도입한 것이다. 그러나 사적자치가 폭넓게 허용되고 투자자의 유한책임이 확보되며 세제상 이점도 있기 때문에 일반 기업형태로도 활용될 여지가 있다.

Ⅱ. 설 립

1. 업무집행조합원과 유한책임조합원

합자조합은 업무집행자로서 무한책임을 지는 조합원(업무집행조합원) 1인 이상과 출자가액을 한도로 유한책임을 지는 조합원(유한책임조합원) 1인 이상이 상호출자하여 공동사업을 경

---

1) 다만 합자회사의 경우에도 정관으로 유한책임사원에게 업무집행권을 줄 수 있다고 보는 것이 일반적이다.

영할 것을 약정함으로써 성립한다(86-2). 조합원 자격에는 제한이 없다. 따라서 회사도 유한책임조합원뿐 아니라 무한책임조합원이 될 수 있다.[1)]

2. 조합계약

민법상 조합에서와는 달리 조합계약에 기재할 사항이 법정되어 있다(86-3).

① 목적[2)]
② 명칭
③ 업무집행조합원의 성명 또는 상호, 주소 및 주민등록번호
④ 유한책임조합원의 성명 또는 상호, 주소 및 주민등록번호
⑤ 주된 영업소의 소재지
⑥ 조합원의 출자에 관한 사항
⑦ 조합원에 대한 손익분배에 관한 사항
⑧ 유한책임조합원의 지분의 양도에 관한 사항
⑨ 둘 이상의 업무집행조합원이 공동으로 합자조합의 업무를 집행하거나 대리할 것을 정한 경우에는 그 규정
⑩ 업무집행조합원 중 일부 업무집행조합원만 합자조합의 업무를 집행하거나 대리할 것을 정한 경우에는 그 규정
⑪ 조합의 해산 시 잔여재산 분배에 관한 사항
⑫ 조합의 존속기간이나 그 밖의 해산사유에 관한 사항
⑬ 조합계약의 효력 발생일

조합계약을 변경하려면 원칙적으로 조합원 전원의 동의가 필요하다. 다만 조합계약으로 변경요건을 완화하는 것은 허용된다.

3. 출 자

출자의 목적은 유한책임조합원과 업무집행조합원에 대해서 달리 규제되고 있다. 먼저 유한책임조합원의 출자에 관해서는 합자회사의 유한책임사원에 관한 규정(272)이 준용된다(86-8(3)). 따라서 조합계약에서 달리 정하지 않는 한 노무나 신용은 출자목적으로 할 수 없다. 그러나 업무집행조합원의 출자목적에는 제한이 없다. 따라서 노무나 신용도 출자의 목적이 될 수 있다.

---

1) 회사가 무한책임사원이 되는 것을 금지하는 규정(173)이 합자조합의 업무집행조합원에도 유추적용된다고 보는 견해도 있다(송옥렬9, 150면). 그러나 위 규정이 입법론적으로 비판이 있는 점을 고려하면 적용범위를 확대하는 것은 바람직하지 않을 것이다.

2) 반드시 영리목적일 필요는 없다.

합자조합은 무한책임을 지는 조합원이 존재하므로 자본금제도를 채택하지 않았고 등기시까지 출자의 이행을 마칠 것을 요구하지도 않는다.[1)]

4. 등 기

합자조합은 조합과 달리, 그리고 합자회사와 마찬가지로 일정한 사항은 등기를 요한다(86-4). 등기에 관해서는 합명회사 등기에 관한 규정(본점 이전등기(182(1)), 해산등기(228), 청산인의 등기(253), 청산종결의 등기(264))이 준용된다(86-8(1)).

Ⅲ. 운 영

1. 내부관계

(1) 업무집행조합원의 권한

합자조합의 업무집행은 조합채무에 대해서 무한책임을 지는 업무집행조합원이 담당한다. 유한책임조합원은 합자회사 유한책임사원과 마찬가지로 업무집행이나 대리행위를 할 수 없고 감시권을 가질 뿐이다(86-8(3)→277, 278). 다만 합자회사의 경우와 마찬가지로 조합계약에서 유한책임조합원에게 업무집행권을 부여하는 것은 가능하다.[2)]

업무집행조합원이 복수인 경우에도 조합계약에 다른 규정이 없으면 각자가 업무를 집행하고 대리할 권리와 의무가 있다(86-5(1)). 업무집행조합원이 복수인 경우에 조합계약으로 일부 업무집행조합원만 업무를 집행하고 대리할 것을 정할 수 있다(86-3(x)). 조합계약에 다른 정함이 없으면 업무집행조합원의 업무집행에 관한 행위에 대하여 다른 업무집행조합원의 이의가 있는 경우에는 그 행위를 중지하고 업무집행조합원 과반수의 결의에 따라야 한다(86-5(3)).

(2) 업무집행조합원의 의무

업무집행조합원은 선량한 관리자의 주의로써 업무를 집행할 의무가 있다(86-5(2)). 업무집행조합원에 대해서는 합명회사 사원의 경업금지 및 자기거래에 관한 규정이 준용된다(86-5(2)→198, 199). 이들 규정은 조합계약에 의하여 유한책임조합원이 업무집행권을 갖는 경우 유한책임조합원에게도 준용된다.

(3) 손익분배

상법은 합자조합의 손익분배에 대해서는 아무런 규정도 두고 있지 않다. 조합계약에 의한 자치가 허용되기 때문에 조합원의 출자가액에 비례하지 않은 손익분배도 가능하다. 조합계약

---

1) 등기사항으로 재산출자의 경우에는 이행한 부분을 기재하도록 하고 있다(86-4)(1)(ii)).

2) 송옥렬9, 147면.

에 달리 규정이 없다면 결국 조합법리에 따라 출자가액에 비례하여 분배한다(86-8(4)→민 711).

2. 외부관계

(1) 대 리

업무집행조합원은 조합계약에 달리 규정이 없으면 각자가 합자조합을 대리할 권리와 의무가 있다(86-5(1)). 또한 합명회사 대표사원과 마찬가지로 회사의 영업에 관하여 재판상 또는 재판 외의 모든 행위를 할 권한이 있다(86-8(2)→209(1)). 반면에 유한책임조합원은 조합계약에 달리 정함이 없는 한 합자조합을 대리할 권한이 없다(86-8(3)→278).[1]

(2) 조합원의 책임

가. 업무집행조합원

업무집행조합원은 조합재산으로 조합채무를 완제할 수 없는 경우 연대하여 변제할 책임이 있다(86-2, 86-8(2)→212). 채권자는 먼저 조합재산에 대해서 채권을 행사하고 변제받지 못한 금액에 대해서는 업무집행조합원을 상대로 변제를 청구할 수 있다. 여기서 말하는 업무집행조합원에는 조합계약으로 업무집행권이 배제된 업무집행조합원(86-3(x))도 포함된다.

나. 유한책임조합원

유한책임조합원은 조합계약에서 정한 출자가액에서 이미 이행한 부분을 뺀 가액을 한도로 조합채무를 변제할 책임이 있다(86-6(1)). 합자회사 유한책임사원의 경우(279(2))와 마찬가지로 유한책임조합원이 이익이 없음에도 배당을 받은 경우 그 금액은 변제책임의 한도액에 추가한다(86-6(2)).

조합계약에 의하여 유한책임조합원이 업무집행에 참여하는 경우에 업무집행조합원과 마찬가지로 조합채무에 대해서 무한책임을 지는가? 이에 대해서는 명시적인 규정이 없으나 부정하는 것이 타당하다. 어차피 업무집행조합원의 책임은 업무집행여부와 무관하게 부과되는 것이기 때문이다.

Ⅳ. 조합원의 변동과 지분양도

1. 지분양도

업무집행조합원의 지분양도는 조합원 전원의 동의를 요한다(86-7(1)). 반면 유한책임조합원의 지분은 조합계약에서 정하는 바에 따라 양도가 가능하다(86-7(2)).[2] 조합계약에 달리 정

---

1) 송옥렬9, 149면. 이 점은 합자회사의 유한책임사원과 차이가 있다.

2) 합자회사 유한책임사원의 경우에는 무한책임사원 전원의 동의를 요하는 것(276)에 비해서는 양도요건이 완화된 것으로 볼 수 있다.

함이 없다면 결국 조합계약의 변경이 있는 것으로 보아 조합원 전원의 동의를 요한다고 볼 것이다. 유한책임조합원의 지분을 양수한 자는 조합에 대한 양도인의 권리·의무를 승계한다(86-7(3)).

2. 탈 퇴

조합원의 탈퇴에 관해서는 따로 규정이 없으므로 민법상 조합 규정에 따른다(86-8(4)→민 716 이하). 따라서 조합원은 원칙적으로 탈퇴가 가능하다(민 716(1)). 이 경우 탈퇴한 조합원은 탈퇴당시의 조합재산에 따라 지분을 환급받을 수 있다(민 719(1)). 그러나 업무집행조합원의 경우에는 지분양도에 조합원 전원의 동의를 요하는 점에 비추어 탈퇴에도 조합원 전원의 동의를 요한다고 볼 것이다. 상법이 업무집행조합원에 대해서 합명회사에 대한 규정을 준용하면서(86-8(2)) 사원의 퇴사권에 관한 규정(217)을 제외한 것도 그러한 취지라고 볼 것이다.

3. 가 입

조합원의 가입에 관해서는 아무런 규정이 없다. 조합계약에는 조합원의 인적사항을 기재하게 되어 있으므로 그것을 조합원 전원의 동의로 변경하는 형태로 가입이 이루어질 수 있을 것이다.

4. 제 명

조합원의 제명은 조합계약에 달리 정함이 없는 한 민법의 조합규정(718(1))에 따라 정당한 사유가 있는 때에 한하여 다른 조합원 전원의 동의로 할 수 있다.

V. 해산 및 청산

2011년 개정 상법은 해산과 청산에 관한 등기에 대해서는 합명회사의 해산과 청산에 관한 등기 규정을 준용하고 있다(86-8(1)→228, 253, 264). 그러나 합자조합의 해산원인이나 청산절차에 대해서는 업무집행조합원이나 유한책임조합원 전원이 탈퇴한 경우를 해산원인으로 들고 있을 뿐(86-8(1)→285) 그 밖에 아무런 규정을 두고 있지 않으므로 결국 조합에 관한 규정을 준용할 것이다(86-8(4)→민 720~724). 합자조합은 조합 형태를 취하므로 회사에 인정되는 합병, 조직변경 등은 허용되지 않는다.

제 4 절

유한회사

I. 서 설

1. 의 의

유한회사는 주식회사와 마찬가지로 회사채무에 대해서 유한책임을 지는 사원으로 구성되지만(553) 주식회사에 비해서 조직과 운영이 간편한 회사형태이다. 사원이 유한책임을 진다는 점에서 기본적으로 주식회사와 유사하지만 조직 및 운영의 면에서 사적자치가 광범하게 인정되고 있는 점에서는 인적회사와 유사하다.

유한회사는 비교적 소수의 투자자가 참여하는 소규모 중소기업에 적합한 회사형태임에도 불구하고 실제로는 많이 활용되고 있지 않으나, 2010년 이후에는 그 수와 비율이 다소 증가하는 추세이다.[1)] 일반 중소기업보다는 외국회사의 국내 자회사가 유한회사 형태를 이용하는 예가 많고,[2)] 각종 프로젝트 금융이나 구조화 금융에서 특수목적법인(special purpose vehicle: SPV)으로 유한회사를 활용하는 예도 많다. 그 밖에 유동화전문회사(자산유동화에 관한 법률 17(1))와 투자유한회사(자시 207)는 법률로 유한회사 형태를 취하도록 되어 있다.

2. 주식회사와의 비교

유한회사는 사원이 유한책임을 지는 물적회사라는 점에서 주식회사와 동일하므로 기본적인 조직과 운영의 면에서 주식회사와 유사한 법리가 적용된다. 그러나 소수의 투자자가 참여하는 폐쇄성으로 인하여 다음과 같은 차이를 보인다.

① 발기설립에 해당하는 방법만이 인정된다.

---

1) 예컨대 2018년에는 설립등기 기준으로 7,859개의 유한회사가 설립되어 그해에 설립된 회사 중 7.47%에 달했다.

2) 그 배경에는 (i) 다국적기업의 조세설계상 도관(pass-through)으로 인정받으려는 목적과 (ii) 종래 일정 규모 이상의 주식회사에만 적용되던 외부감사를 받을 의무 및 감사보고서 공시의무를 적용받지 않으려는 목적이 있었던 것으로 보인다. 다만 2018년 개정된 '주식회사 등의 외부감사에 관한 법률'에서 일정 규모 이상의 유한회사에 대해서도 외부감사 및 감사보고서 공시를 의무화함에 따라 위 두 번째 이유는 약화되었다.

② 발기인이 따로 없이 사원이 되고자 하는 자 전원이 설립절차를 취하며 출자의 인수는 정관작성과 동시에 한다. 또한 기관구성도 정관으로 확정할 수 있다.
③ 설립경과의 조사가 요구되지 아니한다.
④ 설립무효의 소 이외에 설립취소의 소도 인정된다.
⑤ 사원의 지위, 즉 지분은 유가증권으로 발행할 수 없다.
⑥ 사원 이외의 자에 대한 지분양도는 사원총회 특별결의를 요한다.
⑦ 사원은 소정의 출자의무 이외에 설립 또는 자본증가의 경우 자본충실을 위한 전보책임을 지는 수가 있다.
⑧ 이사의 수와 그 임기에 제한이 없다.
⑨ 이사회 제도가 없고 대표이사도 반드시 선임하여야 하는 것은 아니다.
⑩ 감사는 임의적 기관으로 정관에 규정이 있을 때에만 둘 수 있다.
⑪ 자본증가는 반드시 사원총회의 특별결의에 의한 정관변경을 수반한다.
⑫ 공모의 방법이 금지되어 있다.
⑬ 사채발행을 하지 못한다.
⑭ 대차대조표를 공고할 필요가 없다.

이처럼 유한회사와 주식회사는 차이가 있지만 그것이 근본적인 차이는 아니다. 주식회사에 사적자치가 폭넓게 허용되는 경우에는 유한회사의 실익은 한층 줄어들 것이다. 실제로 일본에서는 새로 회사법을 제정하면서 주식회사가 폐쇄적 기업에도 적합하도록 융통성을 부여함과 동시에 유한회사 형태를 폐지한 바 있다.[1)]

Ⅱ. 설 립

1. 총 설

유한회사의 설립은 주식회사에 비하여 훨씬 간단하다. 주식회사와는 달리 모집설립은 없고 발기설립에 해당하는 방법만이 존재한다. 발기인 제도도 없고 사원이 될 자가 사실상 발기인 역할을 할 뿐이다. 설립은 기본적으로 사원이 될 자가 정관을 작성하고 정관에 규정된 출자를 이행한 후 설립등기를 하는 식으로 진행된다. 주식회사와 달리 따로 인수계약은 체결되지 않고 정관에 사원의 출자좌수가 기재됨으로써(543(2)(iv)) 인수가 이루어진다. 회사 성립을 위해서는 사원이 될 자가 출자를 이행해야 하지만(자본충실의 원칙) 주식회사에서와 같은 검사제

1) 우리 상법개정 과정에서도 유한회사의 폐지론이 제기된 바 있으나 향후 경제계에서의 이용실태를 관찰한 후 폐지 여부를 판단하기로 결정하였다.

도는 없다. 이하에서는 유한회사의 설립요건인 ① 정관작성, ② 이사 선임, ③ 출자금액의 납입, ④ 설립등기에 대해서 차례로 설명한다.

2. 정관의 작성

(1) 사원에 의한 정관 작성

유한회사를 설립하려면 사원이 정관을 작성하고 기명날인 또는 서명하여야 한다(543). 유한회사의 설립은 사원이 정관을 작성하고 출자를 전담한다는 점에서 사실상 주식회사의 발기설립과 유사하다.

사원은 1인으로도 족하다. 사원이 복수인 경우에는 설립절차 중에는 이들 사원 사이에 주식회사에서의 발기인조합과 같은 관계를 인정할 수 있다. 정관은 공증인 인증을 받음으로써 효력이 생긴다(543(3)→292).

(2) 절대적 기재사항

정관의 절대적 기재사항은 다음과 같다(543(2)).

① 목적, 상호, 사원의 인적사항
② 자본금의 총액
③ 출자 1좌의 금액
④ 각 사원의 출자좌수
⑤ 본점의 소재지

상호에는 유한회사라는 문자를 사용해야 한다(19). 유한회사는 물적회사임에도 불구하고 원시사원의 인적사항은 정관기재사항이다. 인수절차를 정관작성으로 대신하기 때문에 사원이 될 자를 확정할 필요가 있기 때문이다.[1] 과거에는 사원 총수를 50명 이하로 제한하였으나(2011년 개정 전 구상 545(1)) 2011년 상법 개정 시 그 제한을 폐지하였다. 회사성립 후 사원의 변동은 사원명부에 기재하여야 회사와 제3자에 대항할 수 있지만(557) 정관변경을 요하지는 않는다.

수권자본제도를 취하는 주식회사와는 달리 유한회사에서는 자본금 총액이 절대적 기재사항이다. 과거에는 최저한도가 천만 원으로 규정되어 있었으나(2011년 개정전 구상 546(1)) 2011년 상법 개정에서 그 한도가 삭제되었다.

출자 1좌의 금액은 100원 이상으로 균일하게 해야 한다(546). 무액면주식에 상응하는 것은 존재하지 않는다. 사원의 출자좌수는 역시 설립 시에 인수한 수이다. 성립 후의 변동은 정관에

---

1) 따라서 실제로 출자의무를 제3자가 이행하는 경우에도 제3자의 변제(민 469)에 지나지 않으며 그 제3자가 원시사원이 되는 것은 아니다.

반영할 필요가 없다.

유한회사는 주식회사와는 달리 폐쇄적 회사를 고려하여 마련된 기업형태이기 때문에 회사가 공고를 하는 방법은 절대적 기재사항으로 하고 있지 않다.

(3) 상대적 기재사항

상대적 기재사항은 정관에 기재하지 않아도 정관 자체의 효력에는 영향이 없으나 기재하지 아니하면 효력이 발생하지 않는 사항을 말한다. 주식회사의 경우와 마찬가지로 변태설립사항(544)은 상대적 기재사항으로 되어 있다.

유한회사는 폐쇄성을 갖는 조직으로 사원의 사적자치를 폭넓게 허용하므로 정관에 달리 정할 수 있는 여지를 인정한 경우가 많다. 대표이사 선임(562(2)), 감사의 설치여부(568(1)), 사원총회소집기간(571(2)단), 사원의 의결권에 관한 특칙(575단) 등이 그 예이다.

(4) 변태설립사항

주식회사에서와 마찬가지로 유한회사의 경우에도 자본충실을 위하여 회사재산을 위태롭게 할 우려가 있는 다음 사항을 변태설립사항으로 규제하고 있다(544).

① 현물출자자의 성명과 목적재산의 종류, 수량, 가격과 이에 대하여 부여하는 출자좌수(현물출자)
② 회사설립 후에 양수할 것을 약정한 재산의 종류, 수량, 가격과 그 양도인의 성명(재산인수)
③ 회사가 부담할 설립비용

주식회사에서의 발기인의 보수(290(iv))나 특별이익(290(i))에 상응하는 규정은 없다. 그러나 설립에 특히 공이 있는 사원에 대해서 정관으로 그러한 보수나 특별이익을 부여하는 것은 정관자치의 원칙상 가능하다.[1] 주식회사에서와는 달리 변태설립사항에 대한 검사인의 조사는 필요치 않다.

(5) 임의적 기재사항

임의적 기재사항의 예로는 앞서 언급한 초대이사의 지정, 이사, 감사의 수, 이사의 자격, 영업연도 등이 있다.

3. 회사기관의 구성

초대이사는 정관으로 정할 수 있지만 이를 정하지 아니한 때에는 회사성립 전에 사원총회를 열고 선임하여야 한다(547(1)). 이 경우 사원총회는 각 사원이 이를 소집할 수 있다(547(2)).[2]

---

1) 江頭(子), 73면.
2) 이 단계에서는 아직 회사가 성립되기 전이므로 엄격히 말하면 사원이 아니라 정관에 사원으로 기재된 자, 즉 사원

감사는 유한회사의 필요적 기관은 아니지만 정관으로 1인 이상의 감사를 둘 수 있다(568(1)). 정관에 둘 것을 정하고 있을 뿐 최초의 감사를 특정하지 아니한 때에는 초대이사 선임과 마찬가지로 회사성립 전에 사원총회를 개최하여 선임한다(568(2)→547).

4. 출자의 이행

앞서 언급한 바와 같이 유한회사에서 출자의 인수는 정관에 의한다. 이사는 회사성립 전에 사원이 출자전액의 납입 또는 현물출자의 이행을 마치도록 해야 한다(548(1)). 현물출자의 경우 목적재산 인도 외에 등기, 등록 기타 권리의 설정 또는 이전을 요할 경우 납입기일에 이에 관한 서류를 완비하여 교부해야 한다(548(2)→295(2)). 다만 그 절차의 이행은 성립 후에 해도 무방하다.

5. 설립등기

설립등기는 출자의 이행이 완료된 날로부터 2주 내에 해야 한다(549(1)). 회사는 본점소재지에서 설립등기를 함으로써 성립하고 법인격을 취득한다(172).[1)]

6. 설립에 관한 책임

(1) 서　설

유한회사 설립에 관한 책임도 주식회사의 경우와 대체로 유사하다. 그러나 유한회사의 경우에는 발기인도 없고 인수도 없으므로 발기인 책임이나 인수담보책임은 존재하지 않는다.

유한회사 이사도 형사벌(예컨대 628(납입가장))과 과태료(635)가 부과될 수 있는 대상이지만 이하에서는 민사책임에 한정하여 설명한다.

(2) 자본충실책임

가. 출자미필액에 대한 회사성립시의 사원 등의 책임 — 출자전보책임

출자의 이행이 완료되기 전에는 원칙적으로 설립등기를 할 수 없다. 그러나 현실적으로 설립등기가 됨으로써 회사가 성립하는 경우가 있다. 이처럼 회사성립 후에 현물출자를 포함한

이 될 자라고 할 것이다.

1) 설립등기사항은 다음과 같다(549(2)).
① 목적, 상호, 본점소재지, 지점을 둔 때에는 그 소재지
② 자본금의 총액 및 출자 1좌의 금액
③ 이사의 인적사항(대표이사를 둔 경우 그 외의 이사는 주소기재 필요 없음)
④ 대표이사를 둔 경우에는 그 인적사항
⑤ 수인의 이사가 공동으로 회사를 대표할 것을 정한 때에는 그 규정
⑥ 존립기간 기타의 해산사유를 정한 때에는 그 기간과 사유
⑦ 감사가 있는 때에는 그 인적사항(주소제외)

출자의 이행이 완료되지 않은 것이 발견된 때에는 회사성립 당시의 사원, 이사와 감사는 회사에 대하여 미이행금액(현물출자의 경우에는 가액)을 연대하여 지급할 책임이 있다(551(1)).

책임의 주체는 주식회사 발기인의 납입담보책임과는 달리 발기인과 같은 역할을 하는 회사성립당시의 사원 외에 이사 및 감사가 포함된다. 이 책임은 주식회사 발기인의 책임(321)과 마찬가지로 무과실책임이다. 사원의 책임은 면제할 수 없고(551(2)) 이사와 감사의 책임을 면제하려면 사원 전원의 동의가 필요하다(551(3)).

원래 출자의무가 있는 사원의 의무와 출자전보책임은 부진정연대채무의 관계가 있다. 출자전보책임을 이행한 사원, 이사, 감사는 사원이 되는 것이 아니라 원래 의무가 있는 사원을 포함한 다른 사원, 이사, 감사에 대한 구상권을 갖는다(민 425).

나. 현물출자 및 재산인수에 관한 회사성립시의 사원의 책임 — 재산가격전보책임

주식회사와 달리 유한회사에는 현물출자와 재산인수에 대한 검사인의 조사절차가 없다. 대신 회사성립 당시의 사원은 현물출자나 재산인수의 목적인 재산의 회사성립 당시 실가가 정관에 정한 가격에 현저하게 부족한 때에는 회사에 대하여 연대하여 그 부족액을 지급할 책임을 진다(550(1)).

책임의 주체는 회사성립 당시의 사원이다. 전술한 출자전보책임과는 달리 이사나 감사는 책임의 주체가 아니다. 그 사원의 상속인이나 포괄승계인은 책임을 진다. 사원이 지분을 양도한 경우에는 양도인만이 책임을 진다.

책임의 요건은 회사성립 당시 재산의 실가가 정관에 정한 가격에 현저하게 부족한 것이다. 부족의 원인은 과대평가로 인한 경우뿐 아니라 회사 성립 전에 물가변동으로 하락한 경우도 포함한다. 따라서 이 책임은 무과실책임이다. 이 책임은 면제할 수 없다(550(2)).

회사에 재산전보책임을 이행한 사원은 다른 사원의 부담부분에 대하여 구상권을 갖는다.

(3) 이사 등의 임무해태에 관한 책임

이사나 감사가 설립에 관한 임무를 해태하여 회사에 손해를 입히거나 악의 또는 중과실로 임무를 해태하여 제3자에게 손해를 입힌 경우에는 그 손해를 배상할 책임이 있다(567→399, 401; 570→414).

7. 회사설립과정의 하자: 불성립, 설립의 무효, 취소

(1) 불 성 립

회사설립과정의 하자는 불성립, 무효, 취소의 세 가지로 나눌 수 있다. 불성립은 회사설립이 등기에 이르지 못하고 중도에 좌절된 경우를 말한다. 불성립의 경우에는 이미 이행된 출자를 반환하고 설립비용을 분담하는 등의 처리가 필요하다. 이에 관해서 주식회사에는 따로 규

정(326)이 있지만 유한회사에 대해서는 아무런 규정이 없다.[1)]

주식회사는 설립의 무효에 관해서만 규정하지만(328) 유한회사에서는 인적회사와 마찬가지로 설립의 무효와 취소를 모두 인정하고 있다(552).

(2) 무　　효

회사설립의 무효사유는 정관의 절대적 기재사항의 흠결, 사원의 심신상실 등이다. 출자이행이 완료되지 않은 경우도 무효사유에 해당하지만 후에 사원 등이 전보책임을 완전히 이행한 경우에는 하자가 치유된 것으로 볼 것이다. 무효는 회사의 성립일로부터 2년 내에 사원, 이사, 감사가 소만으로 주장할 수 있다(552(1)).

(3) 취　　소

회사설립의 취소는 취소권자가 회사의 성립일로부터 2년 내에 소만으로 이를 주장할 수 있다(552(1)). 취소사유로는 사원의 의사표시 하자에 기한 회사설립, 채권자를 사해할 목적의 회사설립 등을 들 수 있다.

(4) 준용규정

설립무효 또는 취소의 소에는 합명회사의 설립무효 또는 취소의 소에 관한 규정, 즉 취소권자(184(2)→민 140), 채권자에 의한 설립취소의 소(185), 전속관할(186), 소제기의 공고(187), 소의 병합심리(188), 하자의 보완 등과 청구의 기각(189), 판결의 효력(190), 패소원고의 책임(191), 설립무효, 취소의 등기(192), 설립무효, 취소판결의 효과(193) 등에 관한 규정이 준용된다(552(2)).

Ⅲ. 사원과 지분

1. 사원의 수와 자격

유한회사의 사원의 수와 자격에는 법률상 아무런 제한이 없다. 과거 사원의 수를 원칙적으로 50인 이하로 제한한 시기도 있었지만(구상 545(1)) 2011년 개정 이후 사원 수에 대한 제한은 없다.[2)]

2. 사원의 권리와 의무

(1) 사원의 권리

사원의 권리도 주주의 경우와 마찬가지로 공익권과 자익권으로 나눌 수 있다. 자익권은 이익배당청구권과 같이 사원이 회사로부터 직접 경제적 이익을 받는 권리이다. 공익권은 사원이 회사

1) 사원이 되려는 자가 2인 이상이었던 경우에는 결국 민법의 조합에 관한 규정에 따라 처리해야 할 것이다.

2) 다만 지분을 수인이 공유하는 것은 가능하다(558→333).

경영에 참여하거나 이사의 행위를 감독·시정하는 권리로 자익권을 뒷받침하는 기능을 한다.

유한회사 사원의 자익권으로는 이익배당청구권(580), 잔여재산분배청구권(612), 증자 시의 출자인수권(588) 등이 있다.[1)]

공익권에는 의결권(575), 서류열람청구권(566(3)), 회사설립무효의 소권(552), 증자무효의 소권(595), 사원총회결의취소 또는 무효 주장의 소권(578, 376~380) 등이 있다. 또한 일부 경우에는 일정 규모 이상의 지분을 가진 사원만이 권한을 행사할 수 있다. 사원총회소집청구권(572), 회사의 업무 및 재산상태검사청구권(582), 이사해임청구권(567→385), 회계장부열람권(583→466), 대표소송제기권(565), 이사의 위법행위유지청구권(564-2), 청산인해임청구권(613(2)→539) 등이 그 예이다.

(2) 사원의 의무와 책임

사원은 원칙적으로 그 출자금액을 한도로 회사에 대하여 책임을 지고(553), 회사채권자에 대하여는 직접 책임을 지지 않는다(간접·유한책임). 이 점은 주식회사 주주와 같고 합자회사 유한책임사원과는 다르다. 다만 간접·유한책임의 예외로서 회사성립 당시의 사원은 앞서 설명한 바와 같이 자본충실의 책임을 진다(550, 551).

사원의 자본충실책임은 설립 시뿐 아니라 증자 시에도 인정된다. 사원은 현물출자나 재산인수의 대상인 재산의 실가가 증자결의에서 정한 가격에 현저하게 부족한 때에는 회사에 대하여 그 부족액을 연대하여 지급할 책임을 진다(593).

3. 지 분

(1) 의 의

사원이 회사와의 관계에서 갖는 권리·의무의 총체 또는 그 기초가 되는 사원의 지위를 지분이라고 한다. 각 사원은 그 출자좌수에 따라 지분을 갖는다(554). 지분에 관해서는 단일지분주의와 복수지분주의의 두 가지 선택지가 존재한다. 단일지분주의는 사원이 각자 그 크기가 다른 1개의 지분을 갖는다고 보는데 반하여 복수지분주의는 사원이 균일한 내용의 지분(지분균일주의)을 복수 가질 수 있다고 본다. 상법상 유한회사에서는 사원의 지분이 그 출자좌수에 따른다는 점(554)에서 복수지분주의를 택한 것으로 본다.

주식회사와 달리 지분의 분할은 인정되지 않지만 지분의 공유는 허용된다(558→333). 지분의 병합에 대해서는 아무런 정함이 없지만 구태여 부정할 이유는 없다. 상법도 자본금감소와 관련하여 주식회사 단주의 처리에 관한 규정(443)을 준용함으로써 지분의 병합이 가능함을 전제하고 있다(597).

---

1) 주주의 주식매수청구권에 상응하는 권리는 인정되지 않는다.

유한회사는 설립 시 정관에 출자 1좌의 금액을 정하여야 한다(543(2)(iii)). 이는 주식액면에 상응하는 것으로 유한회사에서는 무액면주식에 상응하는 제도는 존재하지 않는다. 종래 출자 1좌의 금액은 5천원 이상으로 되어 있었으나 2011년 개정 상법에서 100원 이상으로 인하되었다(546).

(2) 지분의 내용의 차이

가. 이익배당

지분의 내용은 균일한 것이 원칙이다. 지분에 대해서 종류주식과 같은 정함은 없지만 변용을 가하는 것은 가능하다(이른바 종류지분). 상법이 변용가능성을 명시한 경우가 있다. 먼저 이익배당과 관련해서 정관으로 배당을 출자좌수에 비례하지 않도록 정하는 것이 가능하다(580). 예컨대 우선주와 같이 배당의 순위에서 일반 지분에 우선하는 우선지분에 관한 규정은 물론이고 사원의 출자좌수에 관계없이 동일한 금액을 배당하거나 특정 사원을 우대하는 규정도 허용된다.[1)]

나. 의 결 권

의결권과 관련하여 상법은 1좌 1의결권원칙을 선언하면서도 정관으로 '의결권의 수에 관하여' 다른 정함을 할 수 있음을 명시하고 있다(575). 의결권 수에 관한 다른 정함은 특정지분에 적용되는 것이 보통이다. 그러한 다른 정함을 특정사원을 대상으로 할 수 있는지에 대해서는 의문이 있지만 사적자치의 관점에서 구태여 금할 이유는 없을 것이다.

다. 기타의 차별

문제는 상법이 특별히 규정하지 않은 사항에 대해서도 지분 내용을 달리 정할 수 있는가이다. 사적자치를 강조하는 관점에서는 정관에서 다른 내용의 정함을 할 수 있다고 볼 것이다. 다만 이러한 차별은 경제적 합리성도 있고 다른 회사관련자에게 불측의 피해를 주지 않아야 한다. 예컨대 일정 지분에는 의결권만을, 다른 지분에는 배당청구권만을 주는 형태로 지배권(control right)과 금전수령권(cash flow right)을 절연하는 것은 대리비용을 극대화할 우려가 있으므로 허용되지 않는다. 한편 회사 또는 지분권자에게 (전환주식의 경우와 유사한) 전환청구권을 부여할 수 있는지 문제되는바, 전환조건이 특정되어 있고 총 사원이 이에 동의하면 허용된다고 볼 것이다.

(3) 지분에 관한 증권의 발행금지

유한회사는 사원 지분에 관하여 유가증권을 발행하지 못한다(555).[2)] 이에 위반하여 발행

---

1) 江頭(구), 146면.

2) 법문상으로는 지시식, 무기명식 증권의 발행만을 금지하고 있지만 취지상 기명식 증권의 발행도 금지되는 것으로 본다.

한 경우에는 과태료의 제재가 따른다(635(1)(xxvii)). 이것은 유한회사의 폐쇄성을 고려한 규정이다. 따라서 회사에 대한 관계에서는 물론이고 제3자에 대한 관계에서도 다음에 설명하는 사원명부의 명의개서가 중요한 의미를 갖는다.

(4) 사원명부

유한회사 이사는 사원의 성명, 주소, 출자좌수를 기재한 사원명부를 본점에 비치해야 한다(566(1), (2)).[1] 지분 이전이나 입질은 취득자의 성명, 주소, 취득한 출자좌수가 사원명부에 기재되지 않는 한 회사와 제3자에게 대항할 수 없다(557, 559(2)). 사원명부가 작성되지 않은 경우에는 정관의 사원관련사항을 변경함으로써 이전하는 것이 가능하다.[2]

사원과 회사채권자는 사원명부의 열람 또는 등사를 청구할 수 있다(566(3)). 사원이나 질권자에 대한 회사의 통지나 최고는 사원명부에 기재한 주소나 그 자가 회사에 통지한 주소로 하면 된다(560(2)→353(1)).

(5) 지분의 양도 및 담보화

가. 양도와 담보화의 자유

2011년 개정 전 상법은 유한회사 사원의 지분을 타인에 양도할 때에는 사원총회 결의를 요하되 다른 사원에 양도할 때에는 정관으로 달리 정할 수 있도록 하였다(구상 556(1), (3)). 그러나 2011년 개정 상법은 지분의 양도와 상속을 허용하되 양도는 정관으로 제한할 수 있다고 하고 있다(556). 그 반대해석에 의하면 상속은 정관으로도 제한할 수 없다. 지분의 양도담보도 양도와 같은 방법으로 행할 수 있다.

상법은 지분의 입질도 명시적으로 허용한다(559(1)). 다만 정관으로 제한할 수 있다(559(2)→556). 지분을 표창하는 증권이 없기 때문에 약식질은 인정되지 아니한다.

나. 대항요건

지분 이전은 취득자의 성명, 주소와 그 목적이 되는 출자좌수를 사원명부에 기재하지 아니하면 회사와 제3자에게 대항하지 못한다(557). 주식회사에서 기명주식 이전의 대항요건(337(1))과 같은 것이다. 입질을 회사와 제3자에게 대항하기 위해서는 질권자의 성명, 주소와 그 목적이 되는 출자좌수를 사원명부에 기재해야 한다(559(2)→557).

회사가 질권자 성명과 주소를 사원명부에 기재한 때에는 질권자는 회사로부터 이익배당을 받을 수 있고 잔여재산 분배를 청구할 수 있다(560(1)→340(1)). 이는 주식의 등록질의 경우와 같다.

주식에 대한 질권의 물상대위에 관한 규정(339)도 사원 지분에 준용된다(560(1)). 그러므로

---

1) 비치의무를 위반한 경우에는 과태료에 처한다(635(1)(xxi)).

2) 江頭(구), 195~196면.

지분의 소각, 병합 등의 경우에 사원이 받을 금전의 지급을 받을 수 있고 회사의 합병이나 조직변경의 경우 지분 대신에 교부되는 주식 또는 지분에 대하여서도 질권을 행사할 수 있다.

다. 양도의 제한

2011년 개정 상법상 사원은 지분양도의 자유가 있지만 그 자유는 주식회사에서와 마찬가지로 정관으로 제한할 수 있다(556). 그러나 제한 방법을 이사회 승인으로 국한한 주식회사의 경우(335(1)단)와는 달리 제한 방법은 정관으로 자유롭게 정할 수 있다.

라. 자기지분의 취득, 질취, 처분 및 지분의 소각

유한회사의 경우에도 자기지분 취득은 논리적으로 불가능한 것이 아니다. 그러나 상법은 주식회사의 경우와는 달리 특정목적을 위한 경우에만 자기지분 취득을 허용한다(560(1)→341-2). 따라서 배당가능이익이 있더라도 특정목적 취득 이외의 자기지분 취득은 금지된다. 유한회사는 총출자좌수의 1/20을 초과하여 자기지분을 질권의 목적으로 받지 못한다(560(1)→341-3).[1] 자기지분을 처분하는 경우에는 자기주식 처분절차를 따른다(560(1)→342). 자기지분 소각을 제외하고는 지분소각은 자본금감소의 규정에 따라야 한다(560(1)→343(1)).

(6) 지분에 대한 강제집행

지분은 재산적 가치가 있으므로 강제집행 대상이다. 다만 그 사원권적 성격으로 인해 일반적 추심명령, 전부명령에 의할 수는 없고 채권자는 특별현금화명령(민집241. 매각명령, 양도명령 등)을 신청해야 할 것이다. 다만 정관에서 지분양도를 제한하고 있다면(556), 지분양도에 대한 다른 사원들 전체의 동의서가 없는 이상 지분 자체를 현금화하기는 쉽지 않다. 이 경우 채무자인 사원의 이익배당청구권, 잔여재산분배권이 구체화될 때 이에 대하여 전부명령 등 현금화과정을 거치는 수밖에 없다(대법원 2004. 7. 5, 2004마463 결정).[2]

Ⅳ. 기 관

1. 서 설

유한회사의 기관은 주식회사에 비해서 간단하고 융통성이 있다. 필요적 기관으로는 기본적 의사결정을 담당하는 사원총회와 업무집행을 담당하는 이사가 있을 뿐이다. 감사는 정관으로 설치할 수 있는 임의기관이다. 또한 일시적 감사기관으로 검사인이 있다.

---

1) 다만 합병, 다른 회사 영업전부의 양수, 회사의 권리실행을 위한 경우에는 그러한 제한이 적용되지 않는다.

2) 유한책임회사의 경우 사원의 지분 압류채권자는 6개월 전에 회사 및 해당 사원에게 예고하고 채무자인 사원을 퇴사시킬 수 있다(287-29, 224). 유한회사에는 이러한 강제퇴사조항이 없다.

2. 사원총회

(1) 의 의

사원총회는 회사 구성원인 사원이 직접 참가하여 회사의 기본적 의사를 결정하는 기관으로 주식회사의 주주총회보다 운영이 훨씬 간편하고 융통성이 있다. 주주총회와 마찬가지로 사원총회도 소집시기를 표준으로 하여 정기총회와 임시총회로 구별할 수 있다(578→365).

(2) 권 한

상법은 영업양도, 사후설립, 경업, 정관변경 등에 대해서는 사원총회 승인사항임을 명시하고 있다(576, 567→397, 584). 주식회사의 경우 주주총회는 상법 또는 정관에 정하는 사항에 한하여 결의할 수 있으나(361) 유한회사의 사원총회에는 이러한 권한의 제한이 없다. 따라서 강행규정이나 공서양속에 반하지 않는 한 어떠한 사항에 대해서도 결의할 수 있고 이론상으로는 사원총회중심으로 운영하는 것도 가능하다.

(3) 소 집

가. 소집권자

사원총회 소집권자는 원칙적으로 이사이지만(571(1)) 임시총회는 감사도 소집할 수 있다(571(1)단). 청산중의 회사에서는 청산인이 소집한다(613(2)→571(1)).

사원총회는 예외적으로 소수사원이 소집할 수도 있다. 즉 자본총액의 3% 이상에 해당하는 출자좌수를 가진 사원은 회의의 목적사항과 소집의 이유를 기재한 서면을 이사에게 제출하여 총회 소집을 청구할 수 있다(572(1)). 이에 관하여는 정관으로 다른 정함을 할 수 있다(572(2)). 따라서 요건을 경감하는 것은 물론이고 가중하는 것, 나아가 소수사원의 소집권을 배제하는 것도 가능하다.[1]

만일 소수사원의 청구를 받은 이사가 지체 없이 총회소집 절차를 밟지 아니한 때에는 청구한 사원은 법원 허가를 얻어 총회를 소집할 수 있다(572(3)→366(2)).

나. 소집절차

사원총회 소집은 주주총회의 경우보다 간편하다. 소집통지는 회일 1주 전에 서면으로 하면 되고 각 사원의 동의가 있으면 전자문서로도 가능하다(571(2)).[2]

통지서에는 회의의 목적사항을 기재하여야 한다(571(3)→363(2)). 총회는 정관에 다른 정함이 없으면 본점소재지 또는 이에 인접한 곳에 소집해야 한다(571(3)→364). 사원 전원의 동의가 있으면 소집절차 없이 사원총회를 열 수 있다(573).

---

1) 이것이 유한회사가 폐지되기 전 일본의 통설이었다. 日注會(14)(1990), 296~297면(前田重行).

2) 2011년 상법 개정 전에는 통지기간은 정관으로 단축할 수 있었지만(구상 571(1)단) 현행 상법상 통지기간의 단축은 사원 전원의 동의를 요한다.

(4) 의 결 권

사원은 정관에서 달리 정하지 않는 한 출자 1좌마다 1개의 의결권을 가진다(575). 정관에 정하는 경우에는 지분 수와 관계없이 각 사원에게 1개의 의결권을 주는 것(두수(頭數)주의), 의결권에 상한을 두거나 의결권을 체감하여 부여하는 것, 1좌에 복수의결권을 부여하는 것 등이 모두 가능하다.[1] 그러나 특정사원의 의결권을 박탈하는 것과 같이 의결권에 관한 정관의 변용을 지분에 대해서가 아니라 특정사원에 가하는 것도 구태여 막을 이유는 없다.[2]

여기서 말하는 정관은 반드시 원시정관이나 사원 전원의 동의로 변경된 정관에 한하지 않는다. 다만 정관변경으로 불이익을 입는 사원이 있다면 그의 동의를 요한다.[3]

유한회사사원의 경우에도 의결권의 대리행사(368(2)), 특별이해관계인의 의결권 배제(368(3)), 자기지분의 의결권 휴지(369(2)), 의결권 없는 지분의 불산입(371(2)) 등은 주주총회의 경우와 같다(578). 다만 유한회사인 경우 주식회사의 상호주 의결권 제한에 관한 상법 제369조 제3항이 준용되지 않는다는 하급심 판례가 있다.[4]

(5) 의사와 결의

가. 의 사

사원총회의 의사(議事)는 주주총회의 경우와 같다. 의장에 관한 규정은 없지만 주식회사의 경우(366-2)와 마찬가지로 해석해야 할 것이다. 소집통지에는 회의의 목적사항을 기재하여야 하므로(571(3)→363(2)) 목적사항이 아닌 사항에 대해서는 결의할 수 없고 사원이 총회에 직접 의제를 제안하는 것도 허용되지 않는다.[5] 다만 연기, 속행 등 의사운영에 관한 결의나 검사인 선임에 관한 결의는 예외적으로 허용된다(578→367, 372).

총회의 의사에는 의사록을 작성하고 의사의 경과요령과 그 결과를 기재하여 의장과 출석한 이사가 기명날인 또는 서명하여야 한다(578→373).

나. 결 의

주주총회와 같이 사원총회에도 보통결의와 특별결의가 있고 드물게 특수결의를 요하는 경우도 있다. 보통결의는 총사원 의결권의 과반수를 가지는 사원이 출석하고 그 의결권의 과

---

1) 江頭(구), 299면.

2) 江頭(구), 147면.

3) 江頭(구), 299면.

4) 서울중앙지방법원 2025. 3. 7, 2025카합20144 등 결정(고려아연사건). A회사의 주주총회 직전에 A회사의 손자회사인 B회사(우리 상법상 유한회사에 해당)가 A회사 주주인 X회사 주식을 10.33% 취득하고, A회사는 그 주주총회에서 상호주 법리를 내세워 X회사의 의결권을 박탈했던 사안이다. 법원은 유한회사에는 상법 제369조 제3항의 상호주 법리가 작동되지 않는다는 점을 들어 위 의결권을 제한했던 주주총회결의 효력을 정지하였다.

5) 일본에서는 회의 목적사항을 통지서에 기재할 것이 요구되지 않았기 때문에 사원이 의제제안권을 갖는다고 보는 견해가 유력했다. 日注會(14)(1990), 290~291면(前田重行).

반수로써 결의하는 방법으로 정관이나 상법에 다른 규정이 없는 경우에 적용된다(574).

특별결의는 총사원의 반수 이상이며 총사원 의결권의 3/4 이상을 가지는 자의 동의로 하는 결의방법을 말한다(585(1)). 이는 지분에 따른 의결권 수 외에 사람 수도 고려하여 총사원의 반수 이상의 동의를 요한다는 점에서 주식회사의 특별결의 요건과 구별되며, 유한회사에서 주식회사보다는 인적 요소가 드러나는 하나의 예라고 할 수 있다. 이러한 특별결의 요건은 정관으로 더 완화할 수는 없지만 가중하는 것은 허용된다고 볼 것이다.[1] 특별결의 요건 판단 시에 의결권을 행사할 수 없는 사원은 총사원 수에 산입하지 않으며 그 행사할 수 없는 의결권은 의결권 수에 산입하지 않는다(585(2)). 특별결의사항은 다음과 같다.

① 정관변경(585)
② 영업양수도, 임대 등에 관한 사항(576(1)→374(i)~(iii))
③ 사후설립(576(2))
④ 자본증가 시 출자인수권의 부여(587)
⑤ 사원의 법정출자인수권 제한(588단)
⑥ 사후증자(596→576(2))[2]
⑦ 합병(598)
⑧ 설립위원의 선임(599)
⑨ 회사의 해산(609)
⑩ 회사의 계속(610)

이상의 특별결의사항을 보통결의사항으로 변경할 수는 없다. 그러나 보통결의사항을 정관에서 특별결의사항으로 규정하는 것은 가능하다.

특수결의는 총사원의 일치에 의한 예외적인 결의방법이다. 특수결의사항으로는 유한회사를 주식회사로 조직변경하는 경우(607(1))와 이사와 감사의 책임면제의 경우가 있다(551).

다. 서면결의

주식회사에서와는 달리 유한회사에서는 서면결의가 명시적으로 인정된다(577). 서면결의란 사원총회를 열지 아니하고 각 사원의 서면에 의한 의사표시에 따라서 결의하는 방법이다. 서면결의는 사원 전원이 동의한 경우에 비로소 가능하다(577(1)). 다만 결의의 목적사항에 대하여 사원 전원이 서면으로 동의한 경우에는 서면결의가 있은 것으로 본다(577(2)).

서면결의는 총회 결의와 동일한 효력이 있다(577(3)). 사원총회에 관한 규정은 서면결

---

1) 정대익, 주석상법6(회사6), 322면.
2) 주식회사의 경우와는 달리 유한회사에서는 증자의 경우에도 사후설립과 비슷한 규제를 부과하고 있다.

의에 준용된다(577(4)). 준용되는 규정의 범위는 반드시 분명한 것은 아니지만 서면결의의 성격상 회의와 밀접한 관계가 있는 규정(소수사원에 의한 소집(572), 소집절차의 생략(573))을 제외한 결의에 관한 일반적인 규정(예컨대 결의요건에 관한 제574조, 제585조 등)이 준용된다고 본다.[1)]

(6) 총회의 연기, 속행

주주총회에서와 마찬가지로 사원총회에서도 회의의 속행 또는 연기를 결의할 수 있으며 이 경우에는 소집의 통지, 공고 등의 절차를 새로 취할 필요가 없다(578→372).

(7) 총회결의의 하자

사원총회 결의의 내용이나 절차에 하자가 있는 경우에는 무효나 취소의 주장은 일반원칙에 의하지 않고 소에 의하도록 하고 있다. 그리하여 주식회사의 총회결의취소의 소(376~379), 결의무효 및 부존재확인의 소(380) 및 부당결의의 취소, 변경의 소(381)에 관한 규정은 사원총회결의의 하자에 관해서도 준용된다(578).

3. 이 사

(1) 이사 및 이사회

유한회사는 1인 이상의 이사를 두어야 한다(561). 이사의 자격이나 임기에 대해서는 아무런 제한이 없으므로 임기를 무기한으로 정해도 위법하지 않다. 이사가 수인인 경우에는 정관에 달리 정함이 없으면 업무집행의 결정은 이사과반수의 결의로 해야 한다(564(1)). 그러나 이사가 수인인 경우에도 정관에 다른 규정이 없는 한 이사회가 구성되는 것은 아니다. 따라서 법문이 결의라는 표현을 쓰고 있지만 반드시 모여서 회의를 해야 하는 것은 아니고 전화 등을 통해서 각 이사의 의사를 확인하는 것도 가능하다. 이처럼 유한회사의 경우 이사는 각자 단독으로 기관을 구성한다는 점에서 이사회 구성원에 불과한 주식회사 이사와 구별된다. 다만 유한회사의 정관에서 이사회를 두도록 하고 이사회의 소집방법과 결의요건 등을 정하는 것은 가능하며, 그러한 회사에서는 이사회의 구성, 소집, 운영, 결의는 정관에서 정한 바에 따라야 할 것이다.

(2) 이사의 선임 및 종임

회사성립 전에는 정관에서 미리 이사를 정할 수 있으나 정관으로 정하지 아니한 때에는 사원총회에서 선임하여야 한다(547). 회사성립 후에도 사원총회에서 선임한다(567→382(1)). 성질상 이사는 자연인에 한한다는 점을 제외하고는 이사 자격에 대한 법적 제한이 없다. 다만 감사는 이사가 되지 못한다(570→411).

---

1) 日注會(14)(1990), 328면(内海健一).

주식회사 이사의 경우(383(2))와는 달리 유한회사 이사에 대해서는 임기에 관한 규정이 없다. 그러나 정관 또는 총회에서의 선임결의에서 임기를 정하는 것은 무방하다.

회사와 이사의 관계에는 위임에 관한 규정이 준용되므로(570→382(2)) 위임의 종료사유로 인하여 이사는 종임한다(민 689, 690). 또한 이사의 해임에 관해서는 주식회사 이사에 관한 규정(385)이 준용된다(567). 따라서 임기 전에 정당한 이유없이 해임된 이사는 손해배상청구권을 갖는다. 다만 임기가 무기한인 경우 임기가 정해지지 않은 것(대법원 2001. 6. 15, 2001다23928 판결 참조)과 마찬가지이므로 손해배상청구권이 부인된다고 볼 것이다.

(3) 이사의 권한과 의무

가. 권 한

이사는 회사의 업무집행기관인 동시에 대표기관이다. 이사가 수인인 경우 업무집행의 결정은 이사 과반수의 결의에 의한다(564(1)). 지배인 임면과 지점 개폐에 관한 사항도 업무집행에 포함되는 것으로 본다.[1]

이사는 회사를 대표한다(562(1)). 다만 이사가 수인인 경우에는 정관이나 사원총회에서 회사를 대표할 이사(대표이사)를 선정해야 한다(562(2)). 수인의 이사가 회사를 공동으로 대표하도록 할 수도 있다(562(3)).[2] 대표이사가 선임된 경우 나머지 이사는 여전히 대내적인 업무집행권을 갖는다.[3]

이사와 회사 사이의 소에 관해서는 사원총회가 그 소에 관하여 회사를 대표할 자를 선정하여야 한다(563). 특정 이사가 소의 상대방이 아닌 한 사원총회는 당해 이사를 대표자로 선임하는 것도 가능하다.

표현대표이사의 행위에 대한 회사의 책임에 관한 규정(395)은 유한회사의 경우에도 준용된다(567).

나. 선관주의의무 등

주식회사에서와 마찬가지로 이사와 회사와의 관계에는 위임에 관한 규정이 준용되므로 이사는 회사에 대해서 선관주의의무를 부담한다(567→382(2)→민 681). 이로부터 파생된 것으로서 일반적인 감시의무와 법령준수의무도 부담한다고 할 것이다.

또한 이사는 정관과 사원총회의 의사록을 본점과 지점에, 그리고 사원명부를 본점에 비치하여야 하며 사원명부에는 사원의 성명, 주소와 그 출자좌수를 기재하여야 한다(566(1), (2)). 사원과 회사채권자는 영업시간 내에는 언제든지 이러한 서류의 열람 또는 등사를 청구할 수 있다(566(3)).

---

1) 다만 사원총회에서도 지배인을 임면할 수 있다(564(2)).
2) 이 경우 회사에 대한 의사표시는 공동대표이사 중 1인에 대해서 해도 무방하다(562(4)→208(2)).
3) 江頭(子), 368면.

다. 충실의무

상법은 주식회사와 마찬가지로 이사와 유한회사의 이익충돌을 방지하기 위한 여러 조항을 두고 있다. ① 이사가 자기 또는 제3자의 계산으로 회사와 거래하려면 감사가 있는 때에는 그의 승인을, 감사가 없는 때에는 사원총회의 승인을 얻어야 한다(564(3)). ② 주식회사 이사의 경업금지에 관한 규정은 유한회사 이사에도 준용된다(567→397), ③ 이사의 보수는 정관에 정함이 없는 경우에는 사원총회 결의로 정한다(567→388).

(4) 이사의 책임

가. 손해배상책임

이사의 손해배상책임과 관련해서는 주식회사 이사의 책임에 대한 규정, 즉 회사에 대한 책임(399)과 그 면제(400), 제3자에 대한 책임(401)이 준용된다(567).

나. 자본충실책임

회사성립 후에 출자의 미이행사실이 발견된 때에는 회사성립당시의 사원 외에 이사도 회사에 대하여 미이행된 금액 또는 가액을 연대하여 지급할 책임이 있다(551(1)). 이사의 책임은 총사원의 동의 없이는 면제할 수 없다(551(3)). 또한 자본금 증가 후에 아직 인수되지 아니한 출자가 있는 때에는 이사와 감사가 공동으로 인수한 것으로 본다(594(1)). 자본금 증가 후에도 출자의 이행이 완료되지 않은 때에는 이사와 감사가 미이행된 금액이나 현물의 가액을 지급할 책임이 있다(594(2)).

다. 사원대표소송과 유지청구권

주식회사에서와 같이 유한회사에서도 사원에 의한 대표소송이 허용된다. 자본금 3% 이상에 해당하는 출자좌수를 가진 사원은 회사에 대하여 이사의 책임을 추궁할 소의 제기를 청구할 수 있다(565(1)). 나머지 사항에 대해서는 주식회사의 주주대표소송에 관한 규정이 준용된다(565(2))→403(2)~(7), 404~406). 위와 같은 소수사원은 주식회사의 경우에서와 같이 사전적 구제수단으로 이사의 위법행위를 유지할 것을 청구할 수 있다(564-2).

(5) 그 밖의 준용규정

유한회사의 이사에 대하여는 이 밖에 합명회사 대표사원의 권한(209)과 손해배상책임(210), 그리고 주식회사 이사결원의 경우의 직무대행자(386), 이사의 보수(388), 이사선임결의무효나 취소 또는 이사해임의 소가 제기된 경우의 직무집행정지 또는 직무대행자의 선임(407) 및 직무대행자의 권한(408)에 관한 규정이 준용된다(567).

4. 감 사

(1) 임의기관

유한회사는 소규모의 폐쇄회사인 경우가 많기 때문에 사원에 의한 감시도 가능하다. 사원에 의한 감시가 가능하기 때문에 감사를 임의기관으로 하였다. 유한회사에서 감사는 정관에 규정하는 경우에 한하여 둘 수 있다(568(1)).

(2) 임 면

감사는 원칙적으로 사원총회에서 선임하지만(570→382(1)) 초대감사는 정관에서 미리 정할 수 있다(568(2)→547). 회사나 자회사의 이사나 지배인을 비롯한 사용인은 감사가 될 수 없다(570→411). 이사의 경우와 마찬가지로 감사의 임기에 관하여는 법률상 제한이 없다.

감사는 사원총회 특별결의에 의하여 언제든지 해임할 수 있다(570→385(1)). 그러나 주식회사에서와는 달리 소수사원에 의한 해임청구(385(2))는 인정되지 않는다. 감사결원 시 직무대행자 선임(386), 감사선임결의의 무효나 취소의 소가 제기된 경우의 직무대행자 선임(407) 등은 주식회사의 경우와 같다(570). 감사의 보수는 정관이나 사원총회 결의로 정한다(570→388).

(3) 권한, 의무, 책임

가. 권 한

감사는 언제든지 회사의 업무와 재산상태를 조사할 수 있고 이사에 대하여 영업에 관한 보고를 요구할 수 있다(569). 감사는 이사의 위법행위에 대해서 유지를 청구할 수 있다(564-2). 감사는 이사가 사원총회에 제출할 의안 및 서류를 조사하여 법령 또는 정관에 위반하거나 현저하게 부당한 사항이 있는지 여부에 관하여 사원총회에 그 의견을 진술해야 한다(570→413). 주식회사의 경우와는 달리 감사록 작성은 강제되지 아니한다.

나. 의 무

감사와 회사의 관계에 대해서는 민법상 위임에 관한 규정을 준용한다(570→382(2)). 따라서 감사도 회사에 대해서 선관주의의무를 부담한다.

다. 책 임

유한회사의 감사도 주식회사의 경우와 마찬가지로 회사와 제3자에 대한 책임을 질 수 있다(570→414). 회사에 대한 책임은 사원전원의 동의로만 면제할 수 있다(570→400). 회사에 대한 감사의 책임도 이사의 경우와 마찬가지로 사원대표소송의 대상이 될 수 있다(570→565).

5. 검 사 인

유한회사의 경우에도 검사인을 선임할 수 있다. 유한회사에서 검사인이 선임되는 경우는 두 가지이다. ① 이사가 제출한 서류와 감사의 보고서를 조사하게 하기 위하여 사원총회가 선임하는 경우이다(578→367). ② 회사의 업무집행에 관하여 부정행위 또는 법령이나 정관에 위반한 중대한 사유가 있는 때에 소수사원이 회사의 업무와 재산상태를 조사하게 하기 위하여 법원에 청구하여 선임하는 경우이다(582(1)). 검사인은 그 조사의 결과를 서면으로 법원에 보고하여야 한다(582(2)). 법원은 검사인의 보고에 의하여 필요하다고 인정한 경우에 감사가 있는 때에는 감사에게, 감사가 없는 때에는 이사에게 사원총회 소집을 명할 수 있다(582(3)).

주식회사와는 달리 유한회사의 설립 시에는 사원이 자본전보책임을 지므로(550) 검사인을 선임할 필요가 없다.

V. 회 계

1. 서 설

유한회사도 주식회사와 같은 물적회사이므로 회계처리방식도 유사하다. 다만 종래 외감법은 주식회사를 적용대상으로 한정하였기 때문에 유한회사에 대하여는 외감법이 적용될 여지가 없었다. 이에 따라 유한회사 형태를 취하면 실제 대규모 물적회사임에도 외감법 적용을 회피할 수 있었다. 이에 대한 형평성 문제가 제기되어 2017년 개정 외감법은 일정 범위의 유한회사 역시 외부감사 대상으로 포함시켰다(외감법 4(1)(iii)). 다만 일반에 공개되는 감사보고서의 범위는 매출액, 이해관계인의 범위 또는 사원 수 등을 고려하여 시행령에서 따로 정하도록 되어 있다(외감법 23(2)). 외감법이 적용되면 앞서 살펴본 주식회사에 관한 외부감사 절차가 그대로 적용된다. 이하에서는 상법상의 계산절차를 중심으로 설명한다. 상법상 유한회사에 관한 계산 조항도 주식회사와 마찬가지로 채권자와 소수사원 보호에 중점을 두고 있다. 다만 이해관계자가 많지 않기 때문에 대차대조표 공고를 요구하지는 않는다.

2. 결산절차

(1) 재무제표의 작성과 승인

주식회사와 마찬가지로 유한회사에서도 이사는 매결산기에 재무제표와 영업보고서를 작성해야 한다(579(1), 579-2(1)). 주식회사와 마찬가지로 재무제표는 대차대조표, 손익계산서, 기타 회사의 재무상태와 경영성과를 표시하는 것으로서 시행령으로 정하는 서류, 그 부속명세서를 가리킨다(579(1)→447(1)(iii)).

감사가 있는 때에는 이사는 재무제표와 영업보고서를 감사에게 정기총회회일로부터 4주 전에 제출해야 한다(579(2), 579-2(2)). 감사는 위 서류를 받은 날로부터 3주 내에 감사보고서를 이사에게 제출해야 한다(579(3), 579-2(2)).

감사가 없는 때에는 이사는 재무제표와 영업보고서를 바로 정기총회에 제출하여 재무제표는 승인을 받고 영업보고서는 보고해야 한다(583(1)→449(1), (2)).

이익준비금(458), 자본준비금(459), 법정준비금의 사용(460)에 관해서는 주식회사 규정이 준용된다(583(1)).

(2) 재무제표의 비치 및 공시

이사는 정기총회 회일 1주 전부터 5년간 재무제표와 영업보고서(감사가 있는 경우 감사보고서 포함)를 본점에 비치하여야 한다(579-3(1)). 주주와 회사채권자는 이를 열람할 수 있다(579-3(2)).

(3) 승인의 효과

주식회사에서와 마찬가지로 유한회사에서도 재무제표 승인에 대해서는 이사와 감사의 책임을 해제하는 효과가 인정된다(583(1)→450).

3. 이익배당

이익배당에 대해서도 주식회사 규정이 폭넓게 준용된다(583(1)→462, 462-3). 따라서 이익배당은 배당가능이익의 한도 내에서 지급해야 하며 그에 위반한 경우에는 회사채권자가 회사에 반환할 것을 청구할 수 있다. 주식회사의 현물배당에 관한 조항(462-4)은 준용되지 않으나, 특별히 유한회사의 현물배당을 금지할 이론적 근거는 없다.

이익배당의 기준은 각 사원의 출자좌수에 따라야 하지만 정관으로 달리 정할 수 있는 여지를 인정하고 있다(580). 정관에서 어느 범위까지의 예외를 인정할 수 있는지는 분명하지 않다. 우선주에 상응하는 우선배당, 출자좌수와 무관한 균등배당 등을 상정할 수 있을 것이다.[1] 다만 이렇듯 특례를 도입하기 위해 이루어지는 정관 변경의 경우, 그로 인해 불이익을 입는 사원의 동의가 필요하다고 할 것이다.

4. 사원의 회계장부열람권

주식회사에서와 마찬가지로 자본금 3% 이상에 해당하는 출자좌수를 가진 사원은 회계장부열람권을 갖는다(581(1)). 주식회사에서와는 달리 회사는 정관으로 모든 사원에게 이 권리를 인정할 수도 있다(581(2)).[2] 단독사원권으로 하는 것이 허용되기 때문에 지분요건을 정관에서 3% 미만으로 인하하는 것도 허용된다고 볼 것이다.[3] 회사는 사원의 청구가 부당함을 증명하

---

1) 日注會(14)(1990), 343면(龍田節).

2) 이처럼 단독사원권으로서 회계장부를 열람하는 경우에는 부속명세서는 작성하지 아니하도록 한다(581(2)후). 재무제표에 관하여 상세한 사항을 알고자 하는 사원은 회계장부를 열람하면 될 것이기 때문이다.

3) 日注會(14)(1990), 348면(森本滋).

지 않는 한 이를 거부하지 못한다(583(1)→466). 소수사원은 이 밖에 일정한 경우에 회사의 업무와 재산상태의 검사를 위한 검사인 선임을 청구할 수 있다(582).

5. 사용인의 우선변제권

신원보증금의 반환을 받을 채권 기타 회사와 사용인 간의 고용관계로 인한 채권이 있는 자는 회사의 총재산으로부터 우선변제를 받을 권리가 있으며 그 권리가 질권이나 저당권에 우선하지 못하는 것 등은 주식회사의 경우와 같다(583(2)→468).

Ⅵ. 자본금의 변동

1. 서 설

주식회사에서와는 달리 유한회사에서는 수권자본제도는 채택되지 않았다. 유한회사의 경우 자본금 총액은 정관의 절대적 기재사항이다(543(2)(ii)). 따라서 자본금 증가나 감소는 정관변경을 요한다. 후술하는 바와 같이 정관변경에는 사원총회 특별결의가 필요하다(584, 585(1)).

2. 자본금의 증가

(1) 증자의 결정

자본금 증가는 정관변경을 초래하므로 사원총회 특별결의를 요한다(584, 585). 사원총회 결의에서는 증자 후의 자본금 총액과 증자의 방법은 물론이고 현물출자, 재산인수, 출자인수권자 등에 대해서 정할 수 있다(586). 주식회사와는 달리 현물출자와 재산인수는 정관기재를 요하지 않는다.

현물출자에 대한 규제의 편법적 회피를 막기 위하여 사후설립에 관한 규정을 준용하고 있다. 유한회사가 그 증자 후 2년 내에 증자 전부터 존재하는 재산으로서 영업을 위하여 계속하여 사용할 것을 자본금의 1/20 이상에 상당한 대가로 취득하는 계약을 체결하는 경우에는 사원총회 특별결의를 요한다(596→576(2)).

(2) 증자의 방법: 출자좌수와 출자 1좌의 금액

자본금을 증가하는 방법에는 ① 출자좌수를 증가하는 방법과 ② 출자 1좌의 금액을 증가하는 방법이 있다. 양자를 병용하는 것도 가능하다. 주식회사와 마찬가지로 증자는 ①에 의하는 것이 보통이다. 상법 규정도 이를 전제로 하고 있다.

(3) 출자의 인수

가. 출자인수권과 그 제한

사원은 증가할 자본금에 대하여 그 지분에 따라 출자를 인수할 권리, 즉 출자인수권이 있다(588본). 사원의 출자인수권은 두 가지 경우에 제한될 수 있다(588단). ① 정관이나 자본금 증가의 결의에서 출자인수권을 특정인에게 부여하는 경우(586(iii))와 ② 사원총회의 특별결의에 의하여 장래 증자할 때 특정한 자에 대해서 출자인수권을 부여하기로 약속한 경우(587)가 그것이다.

사원이 출자인수권을 갖는 경우에는 정관에 정한 출자 1좌의 금액(543(2)(iii))을 납입금액으로 정하는 것이 보통이다. 그러나 제3자가 출자인수권을 갖는 경우에는 납입금액의 공정성이 중요한 의미를 가질 것이다.

출자인수권을 갖는 제3자의 권리를 무시한 증자의 경우 출자인수권자가 사원이 아닌 한 증자무효의 소는 제기할 수 없고(595(1)) 단지 손해배상만을 청구할 수 있을 뿐이다.[1)]

출자인수권의 양도에 대해서는 아무런 규정이 없다. 당사자 사이에서 양도의 채권적 효력을 부정할 이유는 없지만 회사사무의 편의상 회사에는 대항할 수 없다고 볼 것이다.[2)]

나. 출자인수의 방법

주식회사의 경우와는 달리 유한회사에는 신주배정기일(418(3))에 상응하는 제도는 없다. 따라서 사원총회에서 증자결의 후 바로 사원명부상의 주주에 대해서 출자의 인수의사를 물을 수 있다. 주식회사에서와는 달리 특정기일까지 인수하지 않으면 출자인수권을 상실시키는 인수기일제도(419(1))는 없다. 출자인수권을 가진 자가 실권한 경우의 처리에 관해서는 사원총회 증자결의 시 미리 정해둘 필요가 있다. 그렇지 않은 경우에는 다시 사원총회를 개최하여 결정할 수밖에 없을 것이다.[3)]

출자의 인수는 인수를 증명하는 서면에 그 인수할 출자의 좌수와 주소를 기재하고 기명날인 또는 서명하는 방식으로 이루어진다(589(1)). 이 서면에 의하지 않고 이루어진 인수는 무효이다.[4)]

다. 인수의 공모금지

유한회사는 어떠한 경우에도 광고 기타의 방법에 의하여 인수인을 공모하지 못한다(589(2)). 공모금지는 자본시장법에서와는 달리 투자자보호를 위한 것이라기보다 유한회사의 폐쇄성에 근거한 것이므로 공모의 의미는 불특정다수인을 대상으로 권유하는 것을 가리킨

1) 江頭(구), 598~599면.
2) 江頭(구), 604면.
3) 江頭(구), 604면.
4) 이 서면은 증자의 변경등기신청서에 첨부하여야 한다(상등 105(i)).

다.[1] 공모금지를 위반한 인수에 대해서는 과태료가 부과될 뿐이고(635(1)(xiii)) 인수자체가 당연무효가 되는 것은 아니다.[2]

(4) 출자의 이행

인수가 완료되면 이사는 인수인으로 하여금 출자금액의 납입 또는 현물출자의 목적인 재산전부의 급여를 시켜야 한다(596→548(1)). 현물출자의 경우에 목적재산의 인도 외에 등기, 등록 기타 권리의 설정 또는 이전을 요할 때에는 이에 관한 서류를 완비하여야 한다(596→548(2)→295(2)). 회사의 동의가 있으면 인수인이 납입채무와 자신의 채권을 상계할 수 있으므로(596→421(2)), 출자전환도 가능하다.

(5) 자본금증가의 등기

회사는 자본금증가를 위한 출자의 이행이 완료된 날로부터 2주 내에 본점소재지에서 변경등기를 해야 한다(591). 증자는 이 등기 시에 효력이 발생한다(592). 다만 이익배당에 관해서는 인수인은 출자의 납입기일 또는 현물출자의 목적인 재산의 급여기일로부터 사원과 동일한 권리를 가진다(590). 출자의 이행 후 등기가 지연되는 경우에 이익배당을 받지 못하는 것은 불합리하다는 판단에 따른 것이다.[3]

사원의 인적사항과 출자좌수는 정관의 절대적 기재사항이지만(543(2)(i), (iv)) 증자 시에 변동사항을 반영하기 위하여 정관을 변경해야 하는 것은 아니다.

(6) 자본금 증가에 관한 책임

가. 현물출자 등과 관련된 재산가격전보책임

자본금 증가의 경우에도 대체로 설립에서와 같은 전보책임이 인정된다. 먼저 현물출자와 재산인수 목적인 재산의 자본금증가 당시의 실가(實價)가 증자결의에서 정한 가격에 현저하게 부족한 때에는 그 결의에 동의한 사원은 회사에 대하여 그 부족액을 연대하여 지급할 책임이 있다(593(1)). 취지는 설립 시의 전보책임(550)의 경우와 같다. 따라서 사원 이외의 자가 현물출자를 하여 사원으로 된 경우에 이 자는 책임을 지지 않는다. 사원의 전보책임은 면제하지 못한다(593(2)→550(2)).

나. 인수 및 납입담보책임

자본금 증가 후 아직 인수되지 아니한 출자가 있는 때에는 이사와 감사가 공동으로 인수한 것으로 본다(594(1)). 자본금 증가 후에 아직 출자가 이행되지 않은 부분이 있는 경우에는 이사와 감사는 연대하여 미이행 금액이나 가액(현물출자의 경우)을 지급할 책임이 있다(594(2)).

---

1) 日注會(14)(1990), 410~411면(塩田親文).
2) 日注會(14)(1990), 411면(塩田親文).
3) 日注會(14)(1990), 412면(塩田親文).

설립 시의 납입담보책임과는 달리 책임을 지는 자는 이사와 감사에 한정되고 사원은 배제된다. 이 경우 이사와 감사의 책임은 사원 전원의 동의 없이는 면제할 수 없다(594(3)→551(3)).

(7) 증자의 무효

증자의 무효는 사원, 이사 또는 감사가 본점소재지에서의 증자등기 후 6월 내에 소만으로 주장할 수 있다(595(1)). 증자무효의 소에는 주식회사의 신주발행무효의 소에 관한 규정이 준용된다(595(2)→430~432). 그리하여 합명회사의 설립무효취소의 소에서의 전속관할(186), 소제기의 공고(187), 소의 병합심리(188), 하자의 보완 등과 청구의 기각(189), 판결의 효력(190본), 패소원고의 책임(191), 설립무효, 취소의 등기(192)에 관한 규정과 제소주주의 담보제공의무(377), 신주발행무효판결의 효력(431), 무효판결과 주주에 대한 환급(432)에 관한 규정이 준용된다.

3. 자본금의 감소

(1) 사원총회의 특별결의

자본금감소도 자본금 증가와 마찬가지로 정관변경을 초래하므로 사원총회 특별결의를 요한다. 이 결의에서는 감자의 방법을 정하여야 한다(597→439(1)). 감자는 출자좌수의 감소, 출자 1좌 금액의 감소 및 이 두 가지 방법을 병용하는 방법으로 할 수 있다.

출자좌수를 감소하는 방법으로는 지분의 소각과 지분의 병합이 가능하다. 지분의 소각은 원칙적으로 자본금감소의 규정에 의하여야 하지만 자기지분을 소각하는 경우에는 그렇지 않다(560(1)→343(1)). 지분의 병합의 경우 병합에 적당하지 아니한 지분은 단주 처리에 관한 규정에 따라서 처분한다(597→443).

한편 출자 1좌의 금액을 감소하는 경우에는 1좌의 금액을 100원 미만으로 인하할 수 없다(546).

(2) 채권자 보호절차

유한회사 감자의 경우에도 주식회사에서와 마찬가지로 채권자 보호절차를 거쳐야 한다(597→439(2)→232).

(3) 등 기

자본금감소는 등기사항의 변경이므로 변경등기를 요한다(549(4)→183). 증자의 경우(592)와는 달리 감자의 효력은 자본금감소의 등기에 의하여 발생하는 것이 아니고(592 참조) 감자결의, 채권자 보호절차 기타 감자에 필요한 절차를 완료한 때 발생한다.

(4) 자본금감소의 무효

자본금감소의 무효는 주식회사의 경우와 같다. 즉 감자무효는 사원, 이사, 청산인, 파산관재인 또는 감자를 승인하지 아니한 채권자가 감자로 인한 변경등기일로부터 6월 내에 소로써만 주장할 수 있다(597→445). 이 밖에 소의 절차도 주식회사의 경우와 같다(597→446).

Ⅶ. 정관의 변경, 사채 발행

유한회사에서 정관이 변경되는 경우는 여러 가지이다. 가장 중요한 것은 전술한 자본금 증가나 감소로 인한 정관변경이다. 원칙적으로 정관변경은 사원총회 특별결의를 요한다(584). 이 결의는 총사원의 과반수 이상이며 총사원의 의결권 3/4 이상을 가지는 자의 동의로 한다(585(1)). 이 경우 의결권을 행사할 수 없는 사원은 총사원 수에 산입하지 아니하며 행사할 수 없는 의결권은 의결권 수에 산입하지 않는다(585(2)).

상법 해석상 유한회사는 사채를 발행할 수 없다고 본다. 주식회사와 유한회사 간 합병 시 주식회사의 미상환사채가 남아 있다면 존속회사 내지 신설회사를 유한회사로 할 수 없는 것(600(2)), 주식회사를 유한회사로 조직 변경할 때에도 미상환사채가 없어야 하는 것(604(1)단)이 그 근거이다. 입법정책적으로는 유한회사의 사채발행을 금지할 이유는 찾기 어렵다.[1)]

Ⅷ. 합　병

1. 서　설

유한회사도 주식회사와 마찬가지로 사원총회 특별결의로 합병할 수 있다(598). 합병은 의의, 효과 등 대부분의 면에서 주식회사와 유사하게 규율된다. 이하에서는 주식회사와 차이가 있는 점을 중심으로 설명한다.

2. 요　건

합병은 사원총회 특별결의를 요한다(598). 주식회사에서 인정되는 간이합병(527-2)이나 소규모 합병(527-3)과 같은 특례는 인정되지 않는다.

신설합병의 경우 정관의 작성 기타 설립에 관한 행위를 담당할 설립위원(175)은 사원총회 합병결의에서 선임한다(599).

합병당사회사의 일방 또는 쌍방이 주식회사 또는 유한회사인 때는 합병 후 존속하는 회사 또는 합병으로 인하여 설립되는 회사는 주식회사 또는 유한회사이어야 한다(174(2)).

유한회사와 주식회사의 합병에서 존속회사나 신설회사를 주식회사로 하는 경우에는 법원 인가를 얻지 아니하면 합병의 효력이 없다(600(1)). 이는 합병을 통해서 주식회사 설립이나 신

---

1) 상법상 유한회사 규정의 모델이 되었던 일본의 구 유한회사법은 사채발행을 금지하였으나, 현행 일본 회사법은 모든 회사의 사채발행을 허용한다.

주발행에 관한 엄격한 규제를 회피하는 것을 막기 위한 것이다. 합병당사회사의 일방이 사채의 상환을 완료하지 아니한 주식회사인 경우에는 합병 후 존속하는 회사 또는 합병으로 인하여 설립되는 회사는 유한회사로 하지 못한다(600(2)).

3. 물상대위

유한회사와 주식회사의 합병에서 존속회사 또는 신설회사가 유한회사인 경우 소멸회사 주주는 합병으로 인하여 유한회사의 사원이 되며 보유주식 대신 유한회사 지분을 새로 취득하게 된다. 이 경우 기존 주식을 목적으로 하는 질권은 물상대위에 의하여 주주가 받는 유한회사의 지분 또는 금전 위에 존재한다(601(1)→339). 이 경우 질권의 목적인 지분에 관하여 출자좌수와 질권자의 성명 및 주소를 사원명부에 기재하지 않으면 그 질권을 회사 기타의 제3자에 대항하지 못한다(601(2)).

4. 합병등기

합병 시에는 소정의 기한 내에 합병 후 존속하는 유한회사는 변경등기, 소멸하는 유한회사는 해산등기, 신설되는 유한회사는 설립등기를 해야 한다(602). 합병의 효력은 본점소재지에서 등기를 마침으로써 발생한다(603→234).

5. 준용규정

유한회사의 합병에 대해서는 이 밖에도 주식회사의 경우와 같이 채권자의 이의(232), 합병의 효과(235), 합병무효의 소를 제기한 채권자의 담보제공(237→176(3), (4)), 합병무효의 등기(238), 합병무효판결의 확정과 회사의 권리의무의 귀속(239), 합병무효에 관한 소에 대한 준용규정(240), 합병에 부적당한 단주의 처리(443), 합병계약서와 총회 승인(522(1), (2)), 흡수합병의 합병계약서(523), 신설합병의 합병계약서(524), 흡수합병의 보고총회(526(1), (2)), 신설합병의 창립총회(527(1)~(3)) 및 합병무효의 소의 제기권자와 그 방법(529)에 관한 규정이 준용된다(603).

Ⅸ. 조직변경

주식회사와 유한회사 사이에는 서로 조직변경이 가능하다. 이곳에서는 유한회사가 주식회사로 조직변경하는 경우에 대해서만 설명한다. 유한회사는 주식회사로만 조직변경을 할 수 있다(607(1)). 주식회사와는 달리 유한회사는 유한책임회사로 조직변경하는 것이 허용되지 않는다.

조직변경 시에 발행하는 주식의 발행가액 총액은 회사에 현존하는 순재산액을 초과하지 못한다(607(2)). 이는 자본충실을 위한 것이다. 이 규정에 위반하여 주식의 발행가액 총액이 순재산액을 초과하는 경우에는 이사, 감사 및 사원의 보전책임이 발생하지만(607(4)) 조직변경 자체가 무효가 되는 것은 아니다. 이사나 감사의 책임은 총주주의 동의로 면제할 수 있지만 사원의 책임은 면제할 수 없다(607(4)→550(2), 551(2), (3)).

이 밖에 주식회사는 사채의 상환을 완료한 경우라야 유한회사로 조직변경을 할 수 있다(604(1)단).

1. 조직변경의 절차

조직변경을 위하여는 다음 세 가지 절차가 필요하다. ① 조직변경은 **사원 전원에 의한 총회결의**를 요한다. 다만 정관으로 결의요건을 특별결의로 완화하는 것은 허용된다(607(1)). 사원총회에서는 정관 기타 조직변경에 필요한 사항을 정하여야 한다(607(5)→604(3)). ② 주식회사와 마찬가지로 **채권자 이의절차**를 밟아야 한다(608→232). ③ 조직변경은 **법원의 인가**를 요한다(607(3)). 간이한 절차에 의하여 유한회사를 설립한 후 바로 주식회사로 조직변경함으로써 주식회사 설립에 관한 까다로운 절차를 회피하는 것을 방지하기 위한 것이다. 법원의 인가가 없는 조직변경은 무효이다(607(3)).

2. 조직변경의 효과

조직변경이 효력을 발하기 위해서는 유한회사 해산등기와 주식회사 설립등기가 필요하다(607(5)→606). 유한회사가 주식회사로 조직변경이 되는 경우에도 법인의 법적 동일성이 유지된다. 따라서 유한회사의 권리의무는 별도의 승계절차 없이 주식회사의 권리의무로 인정된다.

조직변경 전 지분을 목적으로 하는 질권은 주식에 대해서 행사할 수 있다(607(5)→601(1)→339). 지분에 대한 등록질권자는 회사에 대해서 주권의 교부를 청구할 수 있다(607(5)→340(3)).

X. 해산과 청산

1. 해　　산

(1) 해산사유

유한회사는 다음의 사유로 인하여 해산한다(609).

① 존립기간의 만료 기타 정관으로 정한 사유의 발생(227(i))

② 합병(227(iv))

③ 파산(227(v))

④ 법원의 명령 또는 판결(227(vi))

⑤ 사원총회의 특별결의(609(1)(ii), (2)→585)

(2) 회사의 계속

회사가 존립기간의 만료 기타 정관 소정의 사유의 발생, 또는 사원총회의 특별결의로 인하여 해산한 경우에는 사원총회 특별결의로 회사를 계속할 수 있다(610(1)). 이미 해산등기를 마친 경우에는 회사의 계속등기를 해야 한다(611→229(3)).

(3) 해산등기

회사가 해산된 때에는 합병과 파산의 경우를 제외하고 소정의 기간 내에 해산등기를 해야 한다(613(1)→228).

2. 청 산

(1) 서 설

유한회사의 경우 인적회사에서와 같은 임의청산은 인정되지 않고 반드시 법정청산의 방법에 따라야 한다. 청산절차는 대체로 주식회사의 경우와 같으므로 그 규정이 폭넓게 준용된다. 다만 주식회사와 같은 청산인회의 제도는 없으며 각 청산인이 청산중의 회사의 사무집행 및 회사대표를 담당한다.

(2) 청 산 인

청산사무를 담당하는 청산인에 대해서는 주식회사의 청산인과 합명회사의 대표사원에 관한 규정이 폭넓게 준용된다(613). 법정청산인(531(1)본), 정관에 의한 청산인(531(1)단), 사원총회에서 선임되는 청산인(531(1)단), 합명회사 대표사원의 권한(209), 대표사원과 회사의 제3자에 대한 손해배상책임(210) 등이 그것이다(613). 그 밖에 다시 주식회사의 소수주주에 의한 임시총회 소집청구(366(2), (3)), 총회의 검사인 선임(367), 총회의 의사록(373(2)), 총회결의취소의 소(376), 제소자의 담보제공의무(377), 회사와 이사 간의 위임관계(382(2)), 이사의 결원(386), 이사의 보수(388), 이사의 위법행위로 인한 회사에 대한 책임의 면제(400), 이사의 제3자에 대한 책임(401), 이사의 위법행위에 대한 유지청구와 조사권한(402, 412), 감사의 총회에서의 조사·보고의무(413), 감사와 이사의 제3자에 대한 손해배상의 연대책임(414(3)), 이사·감사의 책임해제(450), 사원의 회계장부열람청구에 대한 거부의 조건(466(2)), 청산인의 해임(539)에 관한 여러 규정과 유한회사 이사의 회사대표(562), 이사와 회사 간의 소에 관한 대표(563), 이사의 자기거래(564(3)), 이사의 책임 추궁을 위한 사원의 대표소송(565), 의사록과 사원명부의 비치와 열람(566), 사원총회의 소집(571), 소수사원에 의한 총회소집청구(572(1)) 및 사원의 회계장부열람권(581)에 관한 규정이 유한회사의 청산인에 준용된다(613(2)).

(3) 잔여재산의 분배

잔여재산의 분배는 정관에 그에 관한 규정이 있으면 그에 따르고 규정이 없는 경우에는 각 사원의 출자좌수에 따라 사원에게 분배해야 한다(612).

(4) 기타 청산에 관한 준용규정

또한 청산에 대해서는 합명회사의 청산중의 회사(245), 청산인의 등기(253), 청산인의 직무권한(254), 청산인의 회사대표(255), 채무의 변제(259), 잔여재산 분배의 시기(260), 청산종결의 등기(264)에 관한 각 규정이 준용되는 외에 주식회사에서의 청산인 결정(531), 청산인의 신고(532), 회사재산 조사보고의무(533), 감사에 대한 대차대조표 등의 제출의무(534), 회사채권자에 대한 최고(535), 채권신고기간중의 변제(536), 제외된 채권자에 대한 변제(537), 청산의 종결(540), 서류의 보존(541)에 관한 규정이 준용된다(613(1)).

제 5 절

유한책임회사

Ⅰ. 서 설

1. 의 의

2011년 개정 상법은 새로운 기업형태로 유한책임회사를 도입하였다. 유한책임회사는 내부관계로는 합명회사나 합자회사와 마찬가지로 조합의 실질을 가지면서도 외부관계로는 사원이 유한책임을 지는 회사로 미국의 limited liability company(LLC)를 모방한 것이다.[1)]

유한책임회사는 법인격이 인정되고 모든 사원이 유한책임을 진다는 점에서 유한회사와 유사하지만 사원의 자치가 보다 폭넓게 인정된다는 점에서 합명회사나 합자회사와 유사하다. 그리하여 상법은 유한책임회사의 내부관계에 관해서는 합명회사에 관한 규정을 준용한다(287-18).

2. 기 능

유한책임회사는 IT와 같이 인적자본이 중요한 업종의 회사에서 특별한 기술이나 경영능력을 가진 자에게 출자비율에 구속되지 않고 이익과 권한을 분배할 수 있도록 고안된 기업형태이다. 즉 조합에서와 마찬가지로 사적자치가 폭넓게 인정되면서도 사원의 유한책임이 유지되는 장점을 갖는다.

유한책임회사의 활용도를 높이기 위해서는 세법상 조합과 같이 처리될 필요가 있다. 그러나 아직 조세특례제한법상 동업기업과세특례의 적용을 받는 회사에서는 제외되고 있다(조특 100-15(1)).

---

1) 미국의 LLC는 사원이 유한책임을 짐에도 불구하고 세제상 조합으로 취급되는 것이 장점이다. 일본은 유사한 기업형태가 합동회사란 명칭으로 도입되었다. 일본의 합동회사와의 비교를 중심으로 유한책임회사를 간단히 설명한 글로는 노혁준, "우리나라와 일본의 새로운 공동기업형태의 비교검토", BFL 32(2008), 28~36면.

Ⅱ. 설 립

1. 사 원

유한책임회사를 설립하려면 사원이 정관의 작성(287-2), 출자의 이행(287-4), 설립등기(287-5)를 마쳐야 한다. 사원의 부존재를 해산사유로 규정할 뿐(287-38(ii)) 사원 수에 대해서는 아무런 규정이 없으므로 1인 설립도 가능하다.

2. 정관의 작성

정관의 기재사항은 다음과 같다(287-3).

① 목적, 상호, 사원의 인적사항, 본점소재지, 정관작성연월일(179(i)~(iii), (v), (vi))
② 사원 출자의 목적 및 가액
③ 자본금의 액
④ 업무집행자의 성명(법인인 경우에는 명칭) 및 주소

3. 출자의 이행

금전이나 재산이 아니라 신용이나 노무를 출자의 목적으로 삼는 것은 허용되지 않는다(287-4(1)). 인적자본을 중요시하는 유한책임회사에서 신용이나 노무의 출자를 금하는 것에 대해서는 비판이 있지만 이는 남용을 방지하기 위한 규정이라고 할 것이다.[1)]

사원은 정관 작성 후 설립등기 전까지 금전이나 그 밖의 재산의 출자를 전부 이행하여야 한다(287-4(2)). 이는 자본충실을 고려한 규정이다. 현물출자를 하는 사원은 납입기일에 지체 없이 회사에 출자의 목적인 재산을 인도하고, 등기, 등록, 그 밖의 권리의 설정이나 이전이 필요한 경우에는 이에 관한 서류를 모두 갖추어 교부해야 한다(287-4(3)).

다만 다른 회사 유형에 비해 유한책임회사의 자본충실 규제는 완화되어 있다. 즉 주식회사에서와 달리 인수담보책임이나 납입담보책임(321, 428)과 같은 규정이 없다. 주식회사에서의 현물출자 검사절차(422(1)), 사후설립 승인절차(375)도 적용되지 않는다. 또한 유한회사에서와 달리 사원의 전보책임(550, 551, 593(1), 607(4))도 없다. 이러한 점을 고려할 때 유한책임회사의 동의 하에 출자전환도 허용된다고 볼 것이다(421(2) 유추적용).

4. 등 기

유한책임회사는 본점소재지에서 일정한 사항을 등기함으로써 성립한다(287-5(1)). 업무집

1) 미국의 LLC에서는 신용이나 노무의 출자가 허용된다고 한다.

행자는 등기사항이지만(287-5(1)(iv)) 일반 사원은 등기사항이 아니다.

5. 설립무효와 취소

설립무효와 취소에 관해서는 합명회사의 규정을 준용한다(287-6→184~194).

Ⅲ. 기관 및 운영

유한책임회사에는 유한회사와 달리 사원총회, 감사 관련 규정이 없다. 업무집행자가 대내외적 업무를 담당하도록 규정할 뿐이다. 소규모폐쇄회사의 기동적 운영을 전제하여 기관구조를 단순히 설계한 것이다. 별도의 사원총회가 없으므로 정관변경, 합병 등 전체 사원의 동의가 필요한 경우에도 총회 소집 없이 개별 사원의 의사를 확인하면 족하다. 이하 업무집행자를 중심으로 설명한다.

1. 내부관계

(1) 업무집행자의 선임

유한책임회사의 업무는 정관에서 정한 업무집행자가 담당한다. 합명회사에서와는 달리 업무집행자로는 사원은 물론이고 사원이 아닌 자도 선임할 수 있다(287-12(1)). 업무집행자는 복수 있는 경우에도 각자 회사의 업무를 집행할 권리와 의무가 있다(287-12(2)).[1] 정관으로 2인 이상을 공동업무집행자로 정한 경우에는 그 전원의 동의가 없이는 업무집행에 관한 행위를 하지 못한다(287-12(3)). 주식회사의 이사와 달리 업무집행자의 임기를 무기한으로 정하는 것도 가능한 것이다.

업무집행자는 법인이 될 수도 있다. 법인이 업무집행자인 경우에는 그 법인은 해당 업무집행자의 직무를 행할 자를 선임하고, 그 자의 성명과 주소를 다른 사원에게 통지하여야 한다(287-15(1)). 법인의 직무수행자에 대해서도 경업금지와 자기거래에 관한 규정(287-10, 287-11)이 준용되므로[2] 경업이나 자기거래를 하는 경우에는 필요한 사원의 동의를 받아야 한다.

(2) 업무집행자의 의무

상법은 업무집행자의 선관주의의무나 충실의무에 대해서는 직접 규정하고 있지 않다. 그러나 업무집행자에게는 민법상 수임인과 마찬가지로 선관주의의무가 적용된다(287-18→195→

1) 다른 업무집행자의 이의가 있는 경우에는 그 행위를 중지하고 업무집행자의 과반수의 결의에 따라야 한다(289-12(2)→201(2)).

2) 법문에서는 287-11과 287-12로 되어 있는데 착오로 보인다.

민 707→민 681).

한편 충실의무에 대한 규정은 없지만 충실의무를 뒷받침하는 경업금지나 자기거래에 관한 규정은 존재한다. 업무집행자는 사원 전원의 동의 없이는 회사의 영업부류(영업부류)에 속한 거래를 하거나 같은 종류의 영업을 목적으로 하는 다른 회사의 업무집행자·이사 또는 집행임원이 될 수 없다(287-10(1)). 또한 업무집행자는 다른 사원 과반수의 결의가 있는 경우에만 자기 또는 제3자의 계산으로 회사와 거래할 수 있다(287-11).[1] 이처럼 경업거래를 자기거래보다 엄격히 규제하는 근거는 분명치 않다.

(3) 업무집행자에 대한 감독

업무집행자가 아닌 사원은 합자회사의 유한책임사원과 마찬가지로 감시권을 갖는다(287-14→277).

(4) 업무집행자의 책임

사원은 회사에 대한 업무집행자의 책임을 추궁하기 위하여 주식회사에서와 마찬가지로 대표소송을 제기할 수 있다(287-22). 또한 대표권 있는 업무집행자가 그 업무집행으로 타인에게 손해를 입힌 경우에는 회사는 그 업무집행자와 연대하여 배상할 책임이 있다(287-20).[2]

2. 외부관계

(1) 대 표 권

업무집행자는 회사를 대표할 권한도 있다(287-19(1)). 업무집행자가 복수인 경우에는 정관이나 사원전원의 동의로 회사를 대표할 업무집행자를 정할 수 있고(287-19(2)), 공동으로 회사를 대표하도록 정할 수 있다(287-19(3)).[3]

대표권 있는 업무집행자는 회사 영업에 관한 재판상 또는 재판 외의 모든 행위를 할 권한이 있다(287-19(5)→209).

회사와 업무집행자를 포함한 사원 사이에 소를 제기하는 경우 회사를 대표할 사원이 없을 때에는 다른 사원 과반수의 결의로 대표할 사원을 선정하여야 한다(287-21).

(2) 책　　임

사원의 책임은 원칙적으로 그 출자금액을 한도로 한다(287-7).

---

1) 1인 사원이 업무집행자를 겸하는 경우에는 다른 사원이 없으므로 선관주의의무의 범위 내에서라면 임의로 회사와 거래할 수 있다고 볼 것이다.

2) 책임주체인 업무집행자를 대표권 있는 자에 한정하고 있는 것이 주식회사 이사의 제3자에 대한 책임과는 차이가 있다.

3) 이 경우에도 제3자의 유한책임회사에 대한 의사표시는 공동대표의 권한이 있는 자 1인에 대하여 함으로써 그 효력이 생긴다(287-19(4)).

Ⅳ. 사원의 가입, 탈퇴, 지분의 양도

1. 지분양도

사원의 지분양도에 관해서는 합명회사의 경우와는 달리 정관자치가 허용된다(287-8(3)). 그러나 정관에 달리 정함이 없는 경우에는 합명회사에서와 마찬가지로 사원은 다른 사원의 동의 없이 지분을 양도할 수 없다(287-8(1)). 예외적으로 일반 사원은 업무집행자인 사원 전원의 동의가 있으면 양도가 가능하다(287-8(2)).

유한책임회사는 자기 지분을 양수할 수 없다(287-9(1)). 유한책임회사가 지분을 취득하는 경우에 그 지분은 취득한 때에 소멸한다(287-9(2)). 구체적으로, 사원에 퇴사사유가 발생한 때 지분취득이 이루어진다. 나아가 합병 등으로 인해 부득이하게 자기지분을 취득하게 되는 경우도 상정할 수 있을 것이다(341-2 유추적용).

2. 가입, 탈퇴, 제명

(1) 가　　입

사원의 인적사항은 정관기재사항이므로(287-3(i)→179(iii)) 사원의 가입은 정관변경을 요한다(287-23(1)). 정관변경은 원칙적으로 사원 전원의 동의를 요하므로(287-16)) 결국 가입과 관련해서도 인적회사적 성격이 강하다. 사원의 가입은 정관을 변경한 때에 효력이 발생한다(287-23(2)). 다만, 그 시점까지 출자에 관한 납입이나 재산의 출자를 완전히 이행하지 않은 경우에는 그 납입이나 이행을 마친 때에 사원이 된다.

(2) 퇴　　사

사원의 퇴사에도 정관자치가 허용된다. 정관에 달리 정함이 없는 경우에는 합명회사 사원의 퇴사에 관한 규정이 준용된다(287-24→217(1)). 사원의 임의퇴사는 원칙적으로 영업연도 말에 한하여 허용된다(287-24→217(1)). 합명회사 사원의 경우와 달리 부득이한 사유에 의한 퇴사의 경우에도 시기의 제한이 적용된다.[1] 사원이 유한책임을 진다는 점에 비추어 퇴사 시기가 제한되더라도 별 문제는 없을 것이다. 그 밖에 사원은 합명회사의 경우와 마찬가지로 정관에 정한 사유의 발생, 사원 전원의 동의, 사망, 성년후견개시, 파산, 제명의 경우에 퇴사한다(287-25→218)(법정퇴사).[2] 또한 사원의 지분을 압류한 채권자도 영업연도 말에 그 사원을 퇴사시킬 수 있다(287-29→224).

---

1) 일본의 합동회사에서는 부득이한 사유에 의한 퇴사를 허용하고 있다(日會 606(3)).

2) 사원의 사망과 관련하여 정관으로 상속인에 의한 승계를 정한 경우에는 상속인은 상속의 개시를 안 날로부터 3월 내에 승계 또는 포기의 통지를 발송해야 한다(287-26→219)). 사원의 제명에 관하여 제명사유는 합명회사 사원의 경우와 같지만 결의요건은 정관으로 달리 정할 수 있다(287-27).

퇴사 사원의 지분 환급은 정관에 달리 정함이 없는 한 퇴사 시의 회사 재산상황에 따라 금전으로 받을 수 있다(287-28(1)). 환급금이 법에 따른 잉여금을 초과하는 경우에는 회사 채권자가 이의를 제기할 수 있다(287-30(1)). 이의제기에 관해서는 채권자이의절차가 준용되지만 '채권자에게 손해를 끼칠 우려가 없는 경우에는' 변제나 담보제공은 하지 않아도 무방하다(287-30(2)).

퇴사한 사원의 성명이 상호 중에 사용된 경우에는 회사에 사용 폐지를 청구할 수 있다(287-31).

V. 회계 및 재무

유한책임회사의 회계는 이 법과 대통령령으로 규정한 것 외에는 일반적으로 공정하고 타당한 회계관행에 따른다(287-32). 사원이 유한책임을 지므로 유한책임회사의 회계와 잉여금분배 등에 관해서는 주식회사와 유사한 규제를 받는다. 다만 유한회사와 마찬가지로 유한책임회사도 사채를 발생할 수 없다고 본다.[1)]

1. 재무제표

업무집행자는 결산기마다 대차대조표, 손익계산서, 그 밖에 회사의 재무상태와 경영성과를 표시하는 것으로서 시행령으로 정하는 서류를 작성하여야 한다(287-33). 시행령에서는 자본변동표와 이익잉여금 처분계산서(또는 결손금 처리계산서)를 포함시키고 있다(令 5).

업무집행자는 위의 재무제표를 일정 기간 비치하고 사원과 회사채권자의 청구가 있으면 영업시간 내에 언제든 공개해야 한다(287-34). 주식회사의 경우(449(3))와는 달리 공고의무는 없다.

2. 자 본 금

사원은 회사채무에 대하여 책임을 지지 않으므로 채권자 보호를 위해서 주식회사와 마찬가지로 자본금제도를 채택하고 있다. 자본금은 사원이 출자한 금전이나 그 밖의 재산의 가액으로 구성한다(287-35).[2)] 출자된 재산 전체를 자본금으로 산입하는 것이므로 주식회사, 유한회사와 달리 자본준비금을 계상할 수 없다. 자본금은 정관변경을 통해서 감소할 수 있다(287-36(1)).

---

1) 그 근거로서 주식회사가 유한책임회사로 조직변경될 때에 미상환사채가 없어야 한다(287-44→604)는 점을 들 수 있다. 다만 주식회사와 유한책임회사의 합병으로 유한책임회사가 존속회사가 되는 경우 상법 제600조 제2항이 준용되지는 않으므로 논란의 여지가 있기는 하다.

2) 정관기재사항인 동시에 등기사항이다(287-3(iii), 287-5(iii)).

자본금감소로 자본금의 액이 순자산액에 미달하는 경우에는 채권자보호절차를 밟아야 한다(287-36(2)→232).

3. 잉여금의 분배

유한책임회사는 대차대조표상의 순자산액으로부터 자본금의 액을 뺀 액(잉여금)을 한도로 분배할 수 있다(287-37(1)). 분배한도액 산정 시 유한회사와 달리 이익준비금의 의무적립(583(1)→458), 미실현이익 공제(583(1)→462) 등이 적용되지 않는다. 그 한도를 위반하여 잉여금을 분배한 경우에는 회사 채권자는 그 잉여금을 분배받은 자에게 회사에 반환할 것을 청구할 수 있다(287-37(2)).[1] 주식회사의 현물배당 조항(462-4)에 해당하는 조문은 없는바, 굳이 현물분배를 금지할 이론적 근거는 없다.

정관에 달리 정함이 없으면 잉여금은 각 사원이 출자한 가액에 비례하여 분배한다(287-37(4)). 잉여금 분배를 청구하는 방법이나 그 밖에 잉여금의 분배에 관한 사항은 정관으로 정할 수 있다(287-37(5)).[2] 다만 중간분배는 어렵다고 볼 것이다. 주식회사 또는 유한회사와 달리 근거조항이 없을 뿐 아니라 이사의 엄격한 책임(462-3(4), 583(1)) 등 견제장치가 없어 외부채권자를 해할 수도 있기 때문이다.

Ⅵ. 중대한 변경

1. 해산 및 청산

유한책임회사의 해산사유는 사원이 1인인 경우에도 해산사유가 되지 않는다는 점을 제외하고는 합명회사의 경우와 같다(287-38). 다만 해산사유가 존립기간 만료 기타 정관으로 정한 사유의 발생인 경우에는 합명회사에서와 같이 회사를 계속할 수 있다(287-40→229(1)~(3)). 합명회사의 경우와 마찬가지로 부득이한 사유가 있는 경우에는 사원이 법원에 해산을 청구할 수 있다(287-42→241).

해산 시에는 합병과 파산의 경우 외에는 해산등기를 해야 한다(287-39). 청산에 관해서도 합명회사 규정이 준용되지만 임의청산은 허용되지 않고 법정청산만 허용된다(287-45→245, 246, 251~257).

2. 합　　병

합병에 관해서도 합명회사의 규정이 준용된다(287-41→230, 232~240). 따라서 사원 전원의

---

1) 이 청구는 본점소재지의 지방법원의 관할에 전속한다(287-37(3)).

2) 사원의 지분의 압류는 잉여금의 배당을 청구하는 권리에 대하여도 그 효력이 있다(287-37(6)).

동의와 채권자 이의절차를 요한다(230, 232). 합병의 상대방으로는 합명회사와 합자회사를 포함한 모든 회사가 가능하다(174(1)). 다만 존속회사나 신설회사는 주식회사, 유한회사 또는 유한책임회사가 되어야 한다(174(2)).

유한책임회사가 주식회사에 흡수합병되는 경우에는 유한회사의 경우(600(1))와 달리 명문의 규정은 없지만 법원의 인가를 요한다.[1]

3. 조직변경

유한책임회사의 조직변경은 주식회사로 하는 경우에만 가능하고 유한책임회사로 조직변경할 수 있는 것은 주식회사로 제한된다(287-43). 두 가지 경우 모두 사원 또는 주주 전원의 동의가 필요하다. 유한책임회사와 주식회사 사이의 조직변경에 대해서는 채권자 이의절차(232) 및 주식회사와 유한회사 사이의 조직변경에 관한 규정(604~607)이 준용된다(287-44).[2] 따라서 유한책임회사를 주식회사로 조직변경할 때에는 법원의 인가가 필요하다(607(3)).

---

1) 노혁준, 전게논문, 34면.
2) 그러나 같은 물적회사 사이의 조직변경에 채권자를 특별히 보호할 필요가 있는지는 의문이다.

제 6 절

외국회사[1)]

Ⅰ. 서 설

1. 외국회사의 국내활동

오늘날 기업활동은 흔히 국경을 넘어서 이루어지고 있다. 내국회사가 외국에서 활동하는 경우는 물론이고 외국회사가 우리나라에서 활동하는 경우도 적지 않다. 이 곳에서는 후자를 중심으로 살펴본다.

외국회사가 국내에서 활동하는 형태는 다양하다. ① 첫 단계는 국내 판매업자와 대리점계약을 체결하는 것이다. ② 대리점과의 관계가 중요해지는 경우에는 연락사무소를 개설하여 직원을 상주시킬 수 있다. ③ 직접 영업을 하기 위해서 지점, 즉 영업소를 둘 수도 있다. ④ 보다 본격적인 영업을 위해서는 국내기업과 합작으로 또는 단독으로 국내에 자회사를 설립할 수 있다.[2)] 자회사를 두는 경우 외국회사의 자회사는 어디까지나 내국회사이므로 상법의 회사편이 그대로 적용된다. 이들 다양한 형태 중에서 상법은 ③ 외국회사가 영업소를 통해서 직접 영업을 하는 경우에 대해서 특별히 규정을 두고 있다(614~621).

2. 외국회사에 대한 법적용

(1) 속인법과 외인법

국내에서 직접 영업활동을 하는 외국회사에 대한 법적용과 관련해서는 두 가지 문제를 구별할 필요가 있다. ① 하나는 그 회사의 대내외적 법률관계의 준거가 되는 법, 즉 국제사법상 속인법(屬人法)에 관한 문제이다. 속인법이 한국법이라면 한국회사이고 외국법이라면 외국회사이므로, 어떤 회사가 '외국회사'인지 여부를 판단하려면 먼저 속인법이 정해져야 한다. ② 다른 하나는 속인법이 외국법인 회사, 즉 외국회사의 국내활동에 대해서 한국법이 어떻게 규

1) 일반적으로 김연미, "상법상 외국회사의 지위", BFL 42(2010), 6면 이하; 천경훈, "상법상 외국회사 규정의 몇 가지 문제점", 상사법연구 32-4(2014), 237면 이하.

2) 외국회사의 자회사 설립에는 「외국인투자촉진법」도 적용된다.

율할 것인가라는 이른바 외인법(外人法)에 속하는 문제이다. 외국회사에 관한 상법 규정은 외인법에 해당한다. ①은 국제사법적 문제지만 이 곳에서 간단히 설명한 후에 ②에 관해서 살펴보기로 한다.

(2) 회사의 속인법

회사의 속인법(또는 종속법)이란 회사의 법인격, 설립, 조직, 운영, 소멸과 같은 기본적인 사항에 관해서 적용되는 법을 말한다. 회사의 속인법 결정에 관해서는 다양한 학설이 존재하지만 특히 설립준거법설과 본거지법설이 중요하다. **설립준거법설**은 회사가 설립 시 준거한 법을 속인법으로 보는 견해로 법적 안정성의 면에서 장점이 있다. 한편 **본거지법설**은 실질을 중시하여 회사의 본거지(본점소재지)법을 속인법으로 보는 견해이다. 국제사법은 법인은 '그 설립의 준거법'에 의한다고 하여(국제사법 30) 설립준거법설을 취하고 있다. 다만 외국법에 의하여 설립된 법인이라도 우리나라에 '주된 사무소가 있거나' 우리나라에서 '주된 사업을 하는' 경우에는 우리 법을 적용한다(국제사법 30단)고 하여 예외적으로 본거지법설을 따르고 있다.[1]

(3) 속인법의 적용범위

속인법이 결정된 경우 그것이 어느 범위에서 적용되는지에 대해서는 국제사법이 아무런 규정을 두고 있지 않다. 속인법의 적용범위에 대해서는 학설의 다툼이 있지만 회사의 설립, 권리능력의 유무와 범위를 비롯하여 조직과 내부관계, 사원의 권리와 의무, 합병, 해산이나 청산 등 회사의 설립에서 소멸에 이르기까지 모든 사항을 규율한다고 볼 것이다.[2]

Ⅱ. 상법상 외국회사의 범위

1. 준거법설과 본거지법설

상법은 제614조 이하에서 외국회사에 대한 일련의 규정을 두면서도 그에 대한 정의를 두고 있지 않다.[3] 따라서 상법상 외국회사의 의미가 무엇인지를 정할 필요가 있다. 이는 법인의 속인법을 정하는 국제사법적 문제와는 구별되는 문제이지만 이와 관련해서도 비슷한 학설대립이 존재한다. 외국회사를 외국법을 준거법으로 설립된 회사로 보는 설립준거법설과 영업의 본거지(本據地)가 외국에 있는 회사로 보는 본거지법설이 있지만 우리나라에서는 설립준거법설이 통설이다.[4] 상법이 회사설립의 준거법을 등기사항으로 한 것(614(3))은 그 당연한 귀결이

---

1) 본거지가 우리나라가 아닌 제3국에 있는 경우에는 본거지법이 아니라 설립준거법에 의한다는 점에서 본거지법이 적용되는 범위는 제한적이다.
2) 석광현, 210면.
3) 다른 법에서는 외국법인에 대한 정의를 두고 있는 경우가 있다(예컨대 자시 9(16)).
4) 천경훈, 전게논문, 239면.

라고 할 수 있다. 다만 상법은 외국회사라도 영업의 본거지가 우리나라인 유사외국회사는 내국회사와 같이 규율하고 있다(617).[1] 준거법설의 남용을 막기 위한 범위에서는 본거지법설을 채택한 것으로 볼 수 있다.

2. 외국회사의 의의

(1) 회사의 의미

외국회사는 '회사'라는 같은 용어를 사용하고 있지만 외국의 법체계가 우리와 다른 점을 고려하면 이것을 상법상의 회사와 완전히 같은 의미라고 볼 수는 없다.[2] 이와 관련해서는 우리와 마찬가지로 설립준거법설을 취하고 있는 일본 회사법의 정의가 참고가 된다. 일본 회사법은 외국회사를 "외국의 법령에 준거하여 설립된 법인 기타의 외국의 단체로서 회사와 동종의 것 또는 회사와 유사한 것"이라고 정의하고 있다(日會 2(ii)). 우리 상법의 해석으로도 결국 외국회사는 비슷하게 해석할 수밖에 없을 것이다.[3]

(2) 법인 기타의 단체

상법은 회사를 모두 법인으로 하고 있지만(169) 외국의 기업형태 중에는 법인격을 갖지 못한 것들도 많다. 외국기업의 국내영업활동을 규율할 필요성은 법인격 유무와는 무관한 것이므로 법인이 아닌 단체에도 외국회사로 규율할 필요가 있다.[4] 예컨대 독일 상법상 합명회사(offene Handelsgesellschaft)나 합자회사(Kommanditgesellschaft)는 법인격이 없지만 당연히 외국회사로 인정된다.

(3) 동종성 또는 유사성

상법상 외국회사는 '동종의 회사 또는 가장 유사한 회사'의 지점과 동일한 등기를 하여야 한다(614(2)). 따라서 외국회사는 상법상 회사와 적어도 유사성이 있는 것이어야 한다.

미국법상의 합자조합(limited partnership)은 상법상 합자조합과 동종의 것이지만 법인격이 없다는 점을 제외하면 합자회사와 유사하므로 외국회사로 볼 수 있다. 일반 조합(general partnership)도 우리 민법상 조합에 상응하는 것이지만 그 실질이 합명회사와 유사한 경우에는 외국회사로 볼 수 있다.[5] 결국 외국회사를 규율하는 취지가 외국회사와 거래하는 내국인 보호를 위한 것이라는 점에서 회사와의 유사성을 너무 엄격하게 해석할 필요는 없을 것이다.

---

1) 내국회사는 본점소재지에서 설립등기를 하여야 하므로(172) 본점소재지를 외국에 두는 것은 허용되지 않는 것으로 본다.

2) 상법도 외국회사가 우리 상법상 회사와 의미가 완전히 같지 않음을 인정하고 있다(예컨대 614(2)).

3) 외국회사의 정의를 두지 않았던 일본의 구 상법에서도 그 의미는 회사법의 정의규정과 비슷한 것으로 해석하고 있었다. 江頭憲治郎, "「外國會社」とは何か", 會社法の硏究(2011), 503면.

4) 김연미, 전게논문, 11면; 천경훈, 전게논문, 240~241면.

5) 江頭憲治郎, 전게논문, 503면 이하. 江頭憲治郎/門口正人 편, 會社法大系(1), 446면(相澤 哲 집필).

(4) 영 리 성

상법은 회사에 영리성을 요구하고 있지만(169) 외국에서는 영리성이 필수적인 요소가 아닌 경우도 있다. 외국법에 의하여 설립된 비영리회사가 국내에서 영업활동을 하는 경우에는 상법을 적용할 필요가 있다. 따라서 비영리회사라도 외국회사로 보아 규율해야 할 것이다.[1]

Ⅲ. 외국회사의 국내영업

1. 국내영업의 요건

외국회사는 국내에서 당연히 영업을 할 수 있는 것이 아니다. 상법은 외국회사와 거래하는 상대방을 보호하기 위하여 외국회사에 대해서 다음의 요건을 갖출 것을 요구하고 있다(614).

① 국내에서의 대표자를 정하여야 한다.
② 국내에 영업소를 설치하거나 대표자 1명은 국내에 주소를 두어야 한다.
③ 적절한 등기를 하여야 한다.

2. 국내에서의 영업

영업은 통상 이윤의 획득을 목적으로 계속적, 반복적으로 거래하는 것을 의미한다. 그리하여 상법은 외국회사가 등기 전에 계속하여 거래하는 것을 금지하고 있다(616(1)).[2]

어느 정도의 활동이 영업에 해당하는지는 명확하지 않다. 계속적, 반복적인 거래가 아닌 1회적 거래가 배제되는 것은 분명하다. 계속성 판단에 중요한 것은 거래의 건수보다는 계속적 영업활동의 일환으로 이루어지는 것인지 여부이다.[3]

독립된 대리점을 통해서 제품을 판매하는 것만으로는 영업에 해당하지 않는다.[4] 연락사무소 직원이 시장조사, 정보수집, 대리점감독 등의 활동에 그치는 경우에도 영업으로 볼 수 없다. 그러나 광고선전에 부수하여 계약의 청약을 받는 경우에는 영업의 준비행위로서 영업에 포함된다. 외국회사가 주식이나 사채를 발행하여 자금을 조달하는 것은 영업에 해당한다고 볼 수 없을 것이다.[5] 국내투자자 보호는 다른 방법으로 강구하는 것이 더 효과적일 것이기 때문이다.

해외에서 설립된 특수목적회사가 증권 등 국내 자산에 투자하는 경우에도 영업으로 보아

---

1) 김연미, 전게논문, 11면; 천경훈, 전게논문, 240면.
2) 일본 회사법은 영업 대신 계속적인 거래를 대상으로 삼고 있다(日會 817(1)).
3) 江頭8, 1033면 주 2.
4) 河村博文, 國際會社法論集(2002), 71면.
5) 河村博文, 전게서, 71면.

위의 요건을 적용하는 것은 바람직하지 않다.[1] 예컨대 케이먼제도(Cayman Islands)와 같은 외국에서 설립된 특수목적회사(special purpose company: SPC)가 국내의 유동화자산을 보유하는 경우에는 영업으로 볼 수 없을 것이다. 그러나 외국회사가 국내 자산을 매매하는 것에서 나아가 국내법에 따라 설립된 투자조합의 업무집행조합원으로 국내에서 투자유치활동을 하는 경우라면 국내 영업으로 볼 수 있을 것이다.[2]

3. 대표자의 선임과 주소

외국회사가 국내에서 영업하려면 국내의 대표자를 선임하여야 한다. 대표자에 대해서는 합명회사 대표사원에 관한 규정(209, 210)이 준용되므로(614(4)) 대표자는 영업에 관한 재판상 또는 재판 외의 모든 행위를 할 권한이 있다. 여기서 영업이란 외국회사의 전체 영업이 아니라 국내 영업만을 가리킨다.[3] 상법은 국내에서 영업을 하는 외국회사는 영업소를 설치하지 않는 경우에는 적어도 대표자 1인의 주소를 국내에 둘 것을 요구하고 있다(614(1)).[4]

4. 영업소의 설치

상법총칙상 영업소는 일정한 범위에서 독자적인 결정권을 갖고 대외적인 거래를 하는 장소이다. 그리하여 정보교환이나 업무연락과 같은 사실행위만을 수행하는 곳은 영업소의 실질을 갖추지 못한 것으로 본다. 대법원은 표현(表見)지배인의 성립여부가 문제된 사안에서 "본·지점의 지휘·감독 아래 기계적으로 제한된 보조적 사무만을 처리하는 데 필요한 지방영업소는 상법상의 영업소인 본점 또는 지점의 실질을 갖추지 못하였다"고 판시하였다(대법원 1978. 12. 13, 78다1567 판결 등). 그러나 제614조에서 말하는 영업소는 외국회사의 영업과 관련하여 등기할 대상을 정하기 위한 수단에 불과한 것이므로 구태여 이처럼 엄격하게 해석할 필요는 없을 것이다.

2011년 상법 개정 이전에는 영업소의 설치가 강제되었다. 그러나 인터넷 등 통신수단이 발달한 현대사회에서 영업은 반드시 위와 같은 영업소를 설치하지 않고서도 가능하다는 점을 고려하여 대표자 1인의 주소를 국내에 두면 영업소의 설치 없이도 영업하는 것을 허용하였다.

---

1) 김연미, 전게논문, 14면.
2) 천경훈, 전게논문, 247면.
3) 김연미, 전게논문, 13면.
4) 과거에는 실무상 영업소를 설치하는 경우 대표자 1인의 주소는 국내에 둘 것을 요구하기도 했으나(김연미, 전게논문, 13면) 현재는 그런 요구를 하지 않는다고 한다.

외국회사의 영업소와 재판관할

외국회사가 영업소를 국내에 설치하는 경우에는 그 보통재판적은 영업소의 주소에 따라 정한다(민소 5(2)). 대법원은 특별한 사정이 없는 한 분쟁이 외국회사의 국내 영업소의 영업에 관한 것이 아니라 하더라도 우리 법원의 관할권을 인정하고 있다(대법원 2000. 6. 9, 98다35037 판결).[1]

5. 등 기

외국회사가 영업소를 설치할 때에는 그 설치일로부터 3주일 내에 영업소의 소재지에서 다음 사항을 등기해야 한다(614(2)).

① 목적
② 상호
③ 회사를 대표할 자의 성명·주소 및 주민등록번호(외국인의 경우 외국인등록번호로 하되, 외국인등록번호가 없는 경우에는 생년월일)
④ 공동으로 회사를 대표할 것을 정한 때에는 그 규정
⑤ 본점소재지
⑥ 영업소 소재지(다른 영업소의 소재지는 제외)
⑦ 회사의 존립기간 내지 해산사유
⑧ 대한민국에서 같은 종류의 회사 또는 가장 비슷한 회사가 주식회사인 경우에는 본국에서의 공고방법 및 제616조의2에 따른 대한민국에서의 대차대조표 등의 공고방법

이러한 등기에는 회사설립의 준거법과 국내의 대표자에 관한 등기가 포함되어야 한다(614(3)). 이러한 등기사항(614(2)(3))이 변경되었을 때에는 영업소 소재지에서 3주일 내에 변경등기를 해야 하고(614-2(2)), 외국회사가 영업소를 이전한 경우에는 3주일 내에 종전 소재지와 새 소재지에서 일정한 사항을 등기해야 한다(614-2(1)). 이러한 등기사항이 외국에서 발생한 경우 등기기간은 그 통지가 국내에 도달한 날부터 기산한다(615).

법문상으로는 영업소를 설치하지 않고 국내의 대표자만을 선임한 경우에는 등기의무가 없는 것처럼 해석된다. 그러나 국내에서 거래하는 상대방에 정보를 제공할 필요를 고려하면 외국회사는 영업소 설치 여부와 관계없이 등기할 필요가 있다. 또한 외국회사는 영업소 소재지에서 제614조에 따른 등기를 하기 전에는 계속하여 거래를 하지 못하는데(616(1)), 영업소를 두지 않고 국내의 대표자만을 선임한 경우에는 등기의무가 없기 때문에 계속하여 거래를 할

1) 외국은행이 국내에 지점이 있다는 이유로 그 은행의 신용장거래가 국내 지점과 아무런 관련이 없음에도 불구하고 한국의 국제재판관할을 인정한 사례이다. 이 판결에 대한 비판으로는 석광현, 131~132면.

수 없다는 불합리한 해석에 이르게 된다. 이런 불합리를 피하기 위해서는 법문에 불구하고 국내의 대표자만을 선임한 경우에도 등기의무가 있는 것으로 해석할 수밖에 없다. 상법 개정 시에 정리할 대목이라고 할 것이다.

등기 전에 이루어진 거래도 외국회사의 대표권이나 대리권이 있는 자가 회사 명의로 한 경우에는 회사는 상대방에게 그 거래의 사법적 효력을 부인할 수 없다.[1] 회사는 상대방이 등기 없음을 알았던 경우라도 무효를 주장할 수 없다. 다만 외국회사에 대한 권리행사가 현실적으로 어려울 수 있으므로 실제로 거래한 자에게 외국회사와 연대하여 책임을 지도록 하고 있다(616(2)).[2]

Ⅳ. 대차대조표의 공고

외국회사와 거래하는 상대방의 보호를 위해서는 외국회사의 재산상태에 대한 정보를 제공할 필요가 있다. 상법은 비용측면을 고려하여 등기한 외국회사 중 주식회사에 상응하는 것에 대해서만 주주총회 승인과 같은 절차가 종결된 후 지체 없이 대차대조표에 해당하는 서류를 국내에서 공고하도록 하고 있다(616-2(1)). 공고방법에 대해서는 회사의 공고방법에 관한 규정이 준용된다(616-2(2)→289(3)~(6)).

여기서 말하는 대차대조표가 외국회사 전체에 관한 것인지 아니면 국내영업부문에 한정되는 것인지 분명치 않다. 그러나 국내에서의 거래에 대해서도 외국회사가 전체적으로 책임을 진다는 관점에서 보면 외국회사 전체의 대차대조표라고 보는 것이 타당할 것이다.[3]

Ⅴ. 유사외국회사

1. 의 의

실제로는 국내에서 영업할 목적이 있으면서도 상법의 적용을 피하기 위해서 외국에서 설립하는 경우도 상정할 수 있다. 우리나라에는 아직 그러한 예가 별로 없지만 유럽에서는 특히 근로자의 경영참여나 최저자본금과 같은 규제를 피하기 위하여 그러한 예가 많다고 한다. 상법은 국내에서 본점을 설치하거나 영업할 것을 주된 목적으로 하는 외국회사를 유사외국회사라고 하여 국내에서 설립된 회사와 같은 규정에 따르도록 하고 있다(617).[4] 따라서 국내법의

---

1) 김연미, 전게논문, 14면; 河村博文, 전게서, 76~77면.
2) 등기해태에 따른 과태료도 부과된다(635(1)(i)).
3) 천경훈, 전게논문, 259면.
4) 국제사법 제30조 단서도 같은 취지를 정하고 있다. 또한 상법은 우리법에 의하여 설립되었으나 실제로는 주로 외국에서 영업활동을 하는 유사내국회사에 대해서는 아무런 규정도 두고 있지 않다.

적용을 피하기 위하여 실질적인 내국회사를 외국법에 의하여 설립하는 것은 불가능하고 우리 회사법과 외국회사법 사이의 경쟁은 일어날 여지가 없다.

2. 효 과

유사외국회사에 적용되는 규정에는 회사 설립에 관한 규정도 포함되는지가 문제된다. 포함설을 따르는 경우에는 유사외국회사는 국내법상의 설립절차를 거치지 못하여 법인격이 부정될 것이고 결국 다시 국내법에 따라 설립해야 할 것이다.[1] 그 경우에는 그 회사와 거래한 제3자가 회사에 책임을 물을 수 없으므로 오히려 통상의 외국회사로 보는 것보다도 불리한 결과가 될 수 있다. 따라서 불포함설을 취하는 것이 옳을 것이다.[2]

설립에 관한 규정을 제외하고는 원칙적으로 국내법이 유사외국회사에 적용된다고 할 것이다.[3] 예외적으로 회사이익을 위하여 거래의 효력을 부정하는 근거가 되는 국내법 규정은 적용되지 않는다고 보는 견해도 있다.[4] 유사외국회사제도는 유사외국회사와 거래한 거래상대방의 보호를 위한 것이므로 거래상대방의 희생하에 설립준거법에 따른 경우보다 더 두텁게 그 회사를 보호하는 것은 입법취지에 어긋난다는 점을 근거로 든다. 그러나 그러한 견해에는 찬성하기 어렵다. 법문상 근거도 없을 뿐 아니라 유사외국회사와 거래한 상대방에 대해서 내국회사와 거래한 경우보다 더 두텁게 보호할 필요는 없을 것이기 때문이다.

유사외국회사(617)에 대한 입법론적 비판

상법 제617조 및 그와 유사한 국제사법 제30조 단서[5]에 대해서는 입법론적 비판이 있다.

첫째, 국제사법 제30조 단서와 상법 제617조의 관계가 혼란스럽다는 점이다. 법적용의 논리적 선후관계에 의하면 저촉법 규정인 국제사법이 먼저 적용되므로, 설립준거법이 외국법이더라도 주된 사무소 소재지 또는 주된 사업지가 한국인 회사는 국제사법 제30조 단서에 따라 한국법이 속인법이 되어 '한국회사'에 해당하게 된다. 그 결과 본점소재지 또는 주된 영업지가 한국인 '외국회사'를 규율대상으로 하는 제617조는 적용될 여지가 거의 없다. 설립준거법이 외국법이라도 내국관련성이 높은 경우에 한국법을 적용하려면, 속인법 자체를 한국법으로 지정하는 방법과 속인법은 외국법으로 두되 외인법으로서 한국법을 적용하는 방법이 있는데, 국제사법과 상법이 상이한 방법을 규정하여 혼란스러운 것이다.[6]

1) 동일한 내용의 규정을 두고 있던 일본 구 상법(日會 482)하의 통설, 판례도 같은 견해를 취하고 있었다. 江頭8, 1036면 주 9; 河村博文, 전게서, 80~81면.

2) 일본 회사법은 유사외국회사는 일본에서 거래를 계속할 수 없다고 규정할 뿐 법인격은 부인하지 않고 단지 그에 위반하여 거래한 사람은 외국회사와 연대하여 책임을 지도록 함으로써 이 문제를 해결하였다(日會 821).

3) 상세한 것은 천경훈, 전게논문, 265~267면.

4) 천경훈, 전게논문, 266~267면.

5) "외국에서 설립된 법인 또는 단체가 대한민국에 주된 사무소가 있거나 대한민국에서 주된 사업을 하는 경우에는 대한민국 법에 따른다."

6) 황남석, "유사외국회사에 관한 고찰", 법학논총 39-2, 전남대 법학연구소(2019), 183면.

둘째, 국제사법 제30조 단서와 제617조는 그 규율내용이 불분명할 뿐 아니라 회사의 국경간 활동을 과도하게 제약할 수 있다는 점이다. 예를 들어 2021년 한국회사인 쿠팡의 완전모회사인 Coupan Inc.(미국 델라웨어주 법에 따라 설립)가 미국 뉴욕증시에 상장했는데, 공시서류 등에 의하면 그 주된 사무소(principal executive office)는 서울에 있다. 이에 따라 국제사법 제30조 단서에 따르면 주된 사무소 소재지법인 한국법이 속인법이 되고, 속인법이 델라웨어주법이라도 상법 제617조에 따르면 본점소재지법인 한국법이 적용되어, 한국법에 따라 설립된 적이 없는 Coupan Inc.는 아예 법인격을 인정받지 못한다는 추론이 있을 수 있다.[1] 본점소재지 또는 주된 영업의 장소 같은 불분명한 개념에 따라 설립준거법과 무관하게 한국 회사로 간주하거나 일괄적으로 한국법을 적용하는 현재의 조문은 폐지하거나 대폭 정비할 필요가 있을 것이다.[2]

Ⅵ. 주식 및 사채에 관한 준용규정

외국회사가 국내에서 주식이나 사채를 발행하거나 양도하는 경우 주주 또는 사채권자와 회사나 제3자와의 관계는 회사속인법에 의하는 것이 원칙이다.[3] 그러나 이 경우에는 외국법인 회사속인법에 익숙하지 않은 국내 투자자가 혼란에 빠질 수 있다. 상법은 외국회사의 주식이나 사채 발행, 주식의 이전이나 입질, 사채의 이전이 국내에서 일어나는 경우에는 일부 사항에 관해서 회사속인법을 배제하고 상법을 준용하도록 하였다(618(1)). 그리하여 주식의 양도성(335), 주식의 양도방법(336), 주식이전의 대항요건(337(1)), 주식의 입질(338), 주식의 등록질(340(1)), 사채발행 시 기재사항(478(1)), 기명사채의 이전(479), 기명식, 무기명식 사채 사이의 전환(480) 등에 관한 규정이 준용되어 내국회사의 주식이나 사채와 마찬가지로 취급된다.[4] 발행할 수 있는 주식이나 사채의 종류, 발행절차 등과 같은 회사의 내부사항은 여전히 회사속인법의 적용을 받는다.

Ⅶ. 영업소 폐쇄 및 청산

상법은 외국회사의 영업소가 바람직하지 못한 결과를 낳는 경우 법원이 폐쇄할 수 있는

1) 석광현, "쿠팡은 한국 회사인가—쿠팡의 뉴욕 증시 상장을 계기로 본 국제회사법", 법률신문 2021. 2. 25. 다만 이 글에서는 한미 간에는 한미우호통상조약(1957년 발효)에 의하여 상대국 법에 따라 설립된 회사의 법률상 지위를 자국에서도 인정하게 되어 있으므로 Coupan Inc.의 법인격은 부정되지 않는다고 한다.

2) 제617조는 1899년 제정된 일본 구 상법을 거의 그대로 계수한 것이나, 일본은 2005년에 회사법을 제정하면서 이 조문을 대폭 수정하여, 유사외국회사의 법인격을 부정하거나 일본법을 일괄적으로 적용하지는 않는다.

3) 河村博文, 전게서, 81면.

4) 사채발행의 경우에는 외국법을 사채계약의 준거법으로 정하는 경우가 많다. 그러한 경우에도 이들 사채관련규정은 준용된다고 볼 것이다. 河村博文, 전게서, 83면.

길을 열어주고 있다. 법원은 외국회사가 다음의 사유가 있는 때에는 이해관계인 또는 검사의 청구에 의하여 그 영업소의 폐쇄를 명할 수 있다(619(1)).[1)]

① 영업소의 설치목적이 불법한 것인 때
② 영업소의 설치등기를 한 후 정당한 사유 없이 1년 내에 영업을 개시하지 아니하거나 1년 이상 영업을 휴지한 때 또는 정당한 사유 없이 지급을 정지한 때
③ 회사의 대표자 기타 업무를 집행하는 자가 법령 또는 선량한 풍속 기타 사회질서에 위반한 행위를 한 때

법원이 영업소 폐쇄를 명한 경우에는 이해관계인의 신청에 의하여 또는 직권으로 국내 재산의 전부에 대한 청산의 개시를 명할 수 있다. 이 경우에는 법원은 청산인을 선임해야 한다(620(1)).[2)] 외국회사가 스스로 영업소를 폐쇄하는 경우에도 마찬가지이다(620(3)).

Ⅷ. 외국회사의 지위

국내에서 영업을 하는 외국회사의 경우 속인법에 의하여 규율되는 사항, 즉 회사의 설립, 조직, 운영, 소멸에 관한 사항에 대해서는 상법 규정 대신 속인법이 적용된다. 그러나 나머지 사항(예컨대 상인자격, 상업등기, 상호 등)에 관한 상법규정은 모두 외국회사에도 적용이 있다, 이처럼 상법은 원칙적으로 내국회사에만 적용되므로 외국회사가 내국회사와 직접 합병할 수는 없다.

한편 국내에서 영업을 하는 외국회사에 상법 외의 다른 법률을 적용할 때에는 그 "법률에 다른 규정이 있는 경우 외에는 국내의 동종 또는 가장 유사한 회사로 본다"(621). 여기서 다른 법률에는 상법 이외의 법률, 즉 자본시장법, 도산법, 공정거래법, 민사소송법, 각종 세법, 노동관련법률, 각종 산업규제법 등이 모두 포함된다. 또한 여기서 "동종 또는 가장 유사한 회사"는 상법상 인정되는 5가지 종류의 회사, 즉 합명회사, 합자회사, 유한책임회사, 주식회사, 유한회사 중에서 찾아야 할 것이다.

상장회사에 관한 특례규정과 외국회사

과거 증권거래법에 포함되었던 상장회사에 관한 특례규정은 자본시장법의 제정을 계기로 자본시장법(165-2~165-19)과 상법(542-2~542-13)으로 나뉘어 이전되었다. 자본시장법에서는 그 특례규정이 외국회사에 적용되지 않는다는 점을 명시하고 있다(165-2(1)(i)). 상법은 아무런 규정을 두고

1) 이와 관련해서는 합명회사의 해산명령에 관한 규정이 준용된다(619(2)→176(2)~(4)).
2) 이 경우 주식회사 청산에 관한 규정이 폭넓게 준용된다(620(2)).

있지 않지만 상장회사에 대한 특례규정이 외국회사에 적용될 여지는 없다고 할 것이다. 이들 특례규정의 규율대상은 회사의 내부사항으로 속인법이 규율할 사항일 뿐 아니라 상법상의 일반규정이 외국회사에 적용되지 않는데 특례규정만 외국회사에 적용된다고 해석하는 것은 불합리하기 때문이다.

제7절

특별법상의 기업형태[1)]

1. 서　설

기업활동은 주로 민법상 조합이나 상법상 회사 등의 기업형태로 수행되는 것이 일반적이다. 그러나 민법과 상법 외에 각종 특별법에서 특정한 기업활동을 위한 기업형태를 따로 정하는 경우가 늘고 있다. 이들 기업형태는 상법상 회사와 마찬가지로 다수인의 동업을 위해서 마련된 경우가 많지만 최근에는 재산의 보유를 위한 일종의 용기(vehicle)로 제공되는 경우도 적지 않다. 이러한 특별법상 기업형태는 그 목적에 따라 다양한 내용으로 구성된다. 상법상 회사의 법적 처리를 준용하는 경우가 많지만 그 경우에도 특별한 법목적에 따라 변용을 가하는 경우가 많다. 이하 주요한 기업형태에 대해서 간단히 살펴본다.

2. 협동조합

(1) 농업협동조합법과 수산업협동조합법상의 협동조합

상법상 회사와 구별할 기업형태로 협동조합이 있다. 협동조합은 농민, 어민 등 경제적인 약자가 상호부조와 지위향상을 도모하기 위하여 단결한 조직을 말한다. 그 대표적인 예로는 농업협동조합, 축산업협동조합, 수산업협동조합 등을 들 수 있다. 협동조합은 경제활동을 위한 조직이기는 하지만 그 활동을 통한 이익획득을 목적으로 하는 것이 아니라 그 활동을 통해서 조합원에게 직접 경제적 이익을 제공하는 것을 목적으로 한다. 이들 조직은 비록 조합이란 명칭을 사용하지만 성질상 민법상 조합이 아니고 농업협동조합법, 수산업협동조합법 등 특별법의 적용을 받는 법인이다. 민법상 조합보다는 현저하게 많은 수의 조합원이 존재하기 때문에 이사, 감사, 총회와 같은 기관을 갖춘 사단의 실질을 갖는다.

협동조합은 생산, 구입, 판매 등을 위한 공동시설을 운용하고 여·수신과 보험 같은 금융

---

1) 이에 관해서 상세한 것은 강희철/조상욱, "특별법상의 법인기업의 설립, 조직, 운영상의 특수성", BFL 32(2008), 6면 이하 참조.

업무를 수행하는 것이 보통이다.[1] 이러한 시설이나 서비스의 이용은 원칙적으로 조합원에 한하지만 일정한 범위 내에서 비조합원의 이용도 허용되고 있다(예컨대 농업협동조합법 58). 협동조합의 직접 목적은 조합원의 생업을 돕는 것이므로 사업에서 발생하는 잉여금을 분배하는 것은 협동조합의 직접 목적이 아니다. 잉여금 배당을 행하는 경우에도 조합원의 출자액보다는 사업이용실적이 우선한다(예컨대 농업협동조합법 68). 또한 조합원이 될 수 있는 자격을 예컨대 특정지역의 농업인에 한정하고(농업협동조합법 19(1)), 출자액에 관계없이 1개의 의결권만을 부여하는 등(농업협동조합법 26)의 점에서 협동조합은 일반 영리법인인 회사와 구별된다.

(2) 협동조합기본법상의 협동조합

이러한 협동조합은 농수산업에 한정되었으나 2012년에는 「협동조합기본법」이 제정되어 앞으로는 일반적으로 모든 재화와 용역의 구매·생산·판매·제공 등을 협동으로 영위하기 위한 협동조합의 설립이 가능하게 되었다. 협동조합기본법은 "지역주민들의 권익·복리 증진과 관련된 사업을 수행하거나 취약계층에게 사회서비스 또는 일자리를 제공하는 등 영리를 목적으로 하지 아니하는 협동조합"(사회적협동조합)의 설립도 허용하고 있다(협동조합기본법 2(iii)). 협동조합기본법상의 협동조합의 경우 조합원은 출자규모가 제한되고(협동조합기본법 22(2)), 의결권은 출자규모에 관계없이 1개만이 부여되며(협동조합기본법 23(1)) 이익배당 시에도 출자액보다 이용실적을 중시하는(협동조합기본법 51(3)) 점에서 상법상 회사와는 차이가 있다.[2]

3. 보험업법상의 상호회사

앞서 설명한 협동조합과 유사한 기업형태로 보험업법상 상호회사를 들 수 있다. 보험업법은 보험회사를 주식회사나 상호회사에 한정하고 있다(보험업법 4(6)). 상호회사는 비록 회사란 명칭이 붙어 있지만 출자자가 아니라 보험계약자가 사원이 된다는 점(보험업법 2(vii)에서 상법상 회사와 구별된다. 상호회사는 사원이 보험사업에 따른 이익을 노리는 조직이 아니라 같은 위험에 노출된 자들이 보험혜택을 누리기 위하여 이용하는 기업형태이다. 고객이 사원으로 참여한다는 점에서 회사보다는 전술한 협동조합과 유사하지만 실제로는 회사와 공통점이 많으므로 회사에 관한 규정이 폭넓게 준용된다(보험업법 44, 59 등). 실제로 우리나라에는 상호회사 형태를 취한 보험회사는 아직 없다.[3]

---

1) 법 개정으로 2012년부터 농협중앙회의 금융사업은 별도의 법인형태로 분리운영하도록 하고 있다(농업협동조합법 134-3~134-5).

2) 협동조합기본법에 관한 최근 문헌으로 심인숙, "영리기업조직의 한 유형으로서의 협동조합에 관한 소고", 선진상사법률연구 68(2014), 33면 이하.

3) 과거 미국과 일본에서는 상호회사형태의 보험회사들이 다수 존재하였으나 대부분 일반 회사로 전환하였다.

4. 금융거래와 관련된 특수회사

금융관련법률은 금융거래와 관련하여 다양한 형태의 특수한 회사를 도입하고 있다. 이들은 크게 ① 순수한 재산분리를 주된 목적으로 하는 명목상 회사(paper company)와 ② 실제로 특정의 기업활동을 수행하는 특수회사의 두 유형으로 나눌 수 있다.[1] ②의 예로는 주택저당채권유동화회사법상의 주택저당채권유동화회사를 들지만 이는 상법상 주식회사로서(주택저당채권유동화회사법 3(2)(i)) 실제로 특정한 기업활동을 수행한다는 점에서는 은행, 증권회사와 같은 금융회사와 크게 다를 바가 없다. 이곳에서는 ①에 대해서만 간단히 설명한다.

재산분리를 주목적으로 하는 명목상 회사는 흔히 특수목적회사(special purpose company: SPC)로 불린다. 원론상으로는 상법상 주식회사나 유한회사도 특수목적회사로 활용될 수 없는 것은 아니다. 그러나 이들 회사의 설립, 운영에 관한 상법 규정은 사업활동을 하지 않는 특수목적회사에는 불편할 뿐이다. 따라서 각종 금융관련법률에서 특수목적회사의 형태에 대해서 상법 규정을 배제하거나 변경하는 규정을 두고 있다. 이러한 특수목적회사의 예로는 유동화전문회사(자산유동화에 관한 법률 17~26(유한회사)), 기업구조조정투자회사(기업구조조정투자회사법 3~40(주식회사)), 투자회사(자시 8(18)(ii), 194~206(주식회사)), 투자유한회사(자시 8(18)(iii), 207~212(유한회사)), 투자합자회사(자시 8(18)(iv), 213~217(합자회사)), 투자합자회사의 일종인 사모투자전문회사(자시 8(18)(vii))와 그것이 설립하는 투자목적회사(자시 271(1), 자시슈 296), 기업인수목적회사(SPAC)(자시 6(5)(iii), 자시슈 6(4)(xiv)) 등이 있다.

---

1) 상세한 것은 강희철/조상욱, 전게논문, 10~15면.

판례색인

[대법원]

[서울동부지방법원]

[서울북부지방법원]

[서울서부지방법원]

[서울중앙지방법원]

[대구지방법원]

[대전지방법원]

[부산지방법원]

[수원지방법원]

[인천지방법원]

[전주지방법원]

[제주지방법원]

[헌법재판소]

사항색인

저자 주요 약력

김건식

서울대 법대 법학사 및 법학석사
하버드법대 LL.M.
워싱턴주립대 법대 J.D. & Ph.D.
서울대 법대 학장 겸 법학전문대학원 원장 역임
한국상사법학회 회장 역임
서울대 법학전문대학원 교수
현재 서울대 법학전문대학원 명예교수

주요 저서
회사법연구 Ⅰ, Ⅱ (2010), Ⅲ (2021)
기업지배구조와 법 (2010)
자본시장법 (제4판 2023 공저)
자본시장법 강의 (2026)
Corporate Law and Governance-Collected Papers (2020)

노혁준

서울대 법대 법학사, 법학석사 및 법학박사
서울지방법원 남부지원 판사
법무법인 율촌 변호사
현재 서울대 법학전문대학원 교수

주요 저서
지주회사와 법 (보정판 2008 공편)
회사분할의 제문제 (2013 편저)
신탁법의 쟁점 1, 2 (2015 공편)
증권불공정거래의 쟁점 1, 2 (2019 공편)

천경훈

서울대 법대 법학사, 법학석사 및 법학박사
듀크대 로스쿨 LL.M.
김·장 법률사무소 변호사
현재 서울대 법학전문대학원 교수

주요 저서
우호적 M&A의 이론과 실무 (1)(2) (2017 편저)
이익충돌에 관한 법적 연구 (2018 공저)
주석상법 회사 (6) (2021 공저)
민법주해 총칙 (2) (2022 공저)

제10판
회 사 법

초판발행 2015년 1월 10일
제10판발행 2026년 2월 25일

지은이 김건식·노혁준·천경훈
펴낸이 안종만·안상준

편 집 김선민
기획/마케팅 조성호
표지디자인 벤스토리
제 작 고철민·김원표

펴낸곳 (주) 박영사
서울특별시 금천구 가산디지털2로 53, 210호(가산동, 한라시그마밸리)
등록 1959. 3. 11. 제300-1959-1호(倫)
전 화 02)733-6771
f a x 02)736-4818
e-mail pys@pybook.co.kr
homepage www.pybook.co.kr
ISBN 979-11-303-9957-7 93360

정 가 64,000원